최신 구약 개론

제2판

An Introduction
to the Old Testament

제2판

트렘퍼 롱맨 3세 · 레이몬드 딜러드

박철현 옮김

CH북스
크리스천
다이제스트

제2판

차례

제2판 서문

　　레이 딜러드(Ray Dillard)와 내가 이 최신 구약개론의 초판을 완성하기 위해 함께 땀을 흘리던 때가 바로 어저께처럼 느껴진다. 그러나 다른 한편으로는 그 때로부터 많은 시간이 흘렀고, 개정판이 나와야만 할 때가 되었다.

　　초판의 서문에서 나는 이 개론서가 세상에 처음 등장하게 되었을 때 느꼈던 큰 기쁨과 슬픔을 묘사하였다. 슬픔은 나의 멘토이자 공동저자이고 친구였던 레이 딜러드가 갑작스러운 죽음으로 인해 최종 원고가 책으로 출판되는 것을 보지 못하게 되었다는 것 때문이었다. 지난 2년 어간 이 책의 개정작업을 하면서 나는 레이의 탁월한 지성과 뛰어난 의사소통 능력을 회상하곤 했다. 나는 지금도 여전히 그를 막역한 친구로서 그리워하고 있다. 나는 또한 이 책의 개정 작업을 하는 동안 그의 도움을 받을 수 있다면 얼마나 좋을까 하는 생각을 하곤 하였다.

　　이 책의 초판을 쓴 이후로 나는 웨스트민스터 신학대학원(Westminster Theological Seminary)에서 산타 바바라(Santa Barbara)의 웨스트몬트 대학(Westmont College)으로 옮기게 되었다. 그럼에도 불구하고 여전히 나는 북미의 신학대학원들, 그리고 때로는 해외의 신학대학원들에서 강의할 기회를 많이 얻고 있다. 나는 현재 삶의 변화를 통해 대학 수준에서 강의를 하는 것을 즐기고 있는 중이다. 그러나 나는 또한 대학원 수준에서 계속 강의를 할 수 있다는 것에 대해서도 역시 기쁨을 느끼고 있다. 특히 이 책이 주로 대학원의 학생들을 대상으로 하고 있다는 점 때문에 더욱 그러하다.

　　레이와 내가 초판을 썼을 때 그의 세 아들과 나의 세 아들은 집에서 살고 있었다. 이제 이들은 모두 성인이 되어 집을 떠나 자기 꿈을 쫓고 있는 중이다. 나는 나의 세 아들인 트렘퍼(Tremper), 팀(Tim), 앤드류(Andrew)와 트렘퍼의 아내인 내 며느리 질(Jill), 그리고 내 첫 손녀인 개브릴(Gabrielle)이 아주 자랑스럽다. 또한 나는 레이 역시 자기 아이들을 무척이나 자랑스러워

할 것이라고 믿는다. 이 제2판은 초판과 마찬가지로 내 아내 앨리스(Alice)
와 레이의 미망인인 앤(Ann)에게 헌정한다.

트렘퍼 롱맨 3세
Robert H. Gundry 성경신학 교수
Westmont College

약어표

AB	Anchor Bible
AJSL	*American Journal of Semitic Languages and Literature*
AnBiB	Analecta Biblica
ANET	*Ancient Near Eastern Texts*, 3rd ed., ed. J. B. Pritchard (Princeton, 1969)
ANETS	Ancient Near Eastern Texts and Studies
AS	Assyriological Studies (Oriental Institute of the University of Chicago)
ASTI	*Annual of the Swedish Theological Institute*
ATANT	*Abhandlungen zur Theologie des Alten and Neuen Testaments*
ATD	*Das Alte Testament Deutsch*
AUSS	*Andrews University Seminary Studies*
BA	*Biblical Archaeologist*
BAR	*Biblical Archaeological Review*
BASOR	*Bulletin of the American Schools of Oriental Research*
BBB	Bonner biblische Beiträge
BCOTWP	Baker Commentary on the Old Testament Wisdom and Psalms
BETL	Bibliotheca Ephemeridum Theologicarum Lovaniensium
BHS	Biblia Hebraica Stuttgartensia
Bib	*Biblica*
BibRes	*Biblical Research*
BibSac	*Bibliotheca Sacra*
BJRL	*Bulletin of the John Rylands Library*
BJS	Brown Judaic Studies
BKAT	Biblischer Kommentar: Altes Testament
BN	*Biblische Notizen*
BS	Bibliotheca Sacra

BSC	Bible Student's Commentary
BST	Basel Studies of Theology
BTB	*Biblical Theology Bulletin*
BWANT	Beiträge zur Wissenschaft vom Alten und Neuen Testament
BZ	Biblische Zeitschrift
BZAW	*Beihefte zur Zeitschrift für die alttestamentliche Wissenschaft*
CAT	Commentaire de l'Ancien Testament
CBC	Cambridge Bible Commentary
CBOTS	Coniectanea Biblica Old Testament Series
CBQ	*Catholic Biblical Quarterly*
CBQMS	Catholic Biblical Quarterly Monograph Series
CC	Continental Commentaries
CEB	Commentaire Evangélique de la Bible
CTM	*Concordia Theological Monthly*
CTR	*Criswell Theological Review*
CurrTM	*Currents in Theology and Missions*
DH	Deuteronomic (or Deuteronomistic) History
DOTHB	*Dictionary of the Old Testament: Historical Books*, IVP Bible Dictionary Series
DOTP	*Dictionary of the Old Testament: Pentateuch*, IVP Bible Dictionary Series
DSB	Daily Study Bible
EBC	Expositor's Bible Commentary
EphTL	*Ephemerides Theologicae Lovanienses*
ETRel	*Études Théologiques et Religieuses*
EvQ	*Evangelical Quarterly*
EvTh	*Evangelische Theologie*
ExpTim	*Expository Times*
FCI	Foundations of Contemporary Interpretation Series
FOTL	Forms of Old Testament Literature Series
FRLANT	Forschungen zur Religion und Literatur des Alten und Neuen Testaments
FTS	Frankfurter theologische Studien
GraceTJ	*Grace Theological Journal*
HAR	*Hebrew Annual Review*
HAT	Handbuch zum Alten Testament
HCOT	Historical Commentary on the Old Testament
HKAT	Handkommentar zum Alten Testament
HS	*Hebrew Studies*
HSM	Harvard Semitic Monograph Series
HTR	*Harvard Theological Review*

HUCA	*Hebrew Union College Annual*
IB	*Interpreter's Bible*
ICC	International Critical Commentary
IDBSup	*Interpreter's Dictionary of the Bible, Supplementary Volume*
IEJ	*Israel Exploration Journal*
Interp	*Interpretation* (journal)
Interp	Interpretation: A Bible Commentary for Teaching and Preaching
IOT	*Introduction to the Old Testament* R. K. Harrison (Eerdmans, 1969) E. J. Young (Eerdmans, 1958)
IOTS	*Introduction to the Old Testament as Scripture*, B. S. Childs
ITC	International Theological Commentary
JAOS	*Journal of the American Oriental Society*
JBL	*Journal of Biblical Literature*
JBR	*Journal of Bibles and Religion*
JETS	*Journal of the Evangelical Theological Society*
JJS	*Journal of Jewish Studies*
JNES	*Journal of Near Eastern Studies*
JNWSL	*Journal of North West Semitic Languages*
JPS	Jewish Publication Society
JR	*Journal of Religion*
JSOT	*Journal for the Study of the Old Testament*
JSOTS	Journal for the Study of the Old Testament Supplements
JSS	*Journal of Semitic Studies*
JTS	*Journal of Theological Studies*
KAT	*Kommentar zum Alten Testament*
LTQ	*Lexington Theological Quarterly*
LXX	The Septuagint
MGWJ	*Monatsschrift für Geschichte und Wissenschaft des Judentums*
MT	Masoretic Text
NAC	New American Commentary
NCB	New Century Bible
NIB	New Interpreter's Bible
NIBCOT	New International Bible Commentary, Old Testament
NICOT	New International Commentary on the Old Testament
NIVAC	The NIV Application Commentary
OSt	*Ostkirchliche Studien*
OTE	*Old Testament Essays* (Journal of the Old Testament Society of South Africa)
OTI	*The Old Testament: An Introduction*, R. Rendtorff
OTL	Old Testament Library Commentary Series

OTM	Old Testament Message Series
OTS	Oudtestamentische Studien
OTSWA	*Oud Testamentiase Werkgemeenschap in Suid-Afrika*
PEQ	*Palestine Exploration Quarterly*
PTR	*Princeton Theological Review*
RB	*Révue Biblique*
ResQ	*Restoration Quarterly*
RevQ	*Revue de Qumran*
RSciRel	*Recherches de Science Religieuse*
RTP	*Review of Theology and Philosophy*
RTR	*Reformed Theological Review*
RvExp	*Review and Expositor*
SBLDS	Society of Biblical Literature Dissertation Series
SBLMS	Society of Biblical Literature Monograph Series
SBT	Studies in Biblical Theology
SCM	Studies in the Christian Movement
SHBC	Smith and Helwys Bible Commentary
SJT	*Scottish Journal of Theology*
SOTI	*A Survey of Old Testament Introduction*, G. L. Archer
SPCK	Society for the Propagation of Christian Knowledge
SSN	Studia semitica Neerlandica
ST	*Studia Theologica*
SWJT	*Southwestern Journal of Theology*
TBC	Torch Bible Commentaries
TDOT	*Theological Dictionary of the Old Testament*
TJ	*Trinity Journal*
TOTC	Tyndale Old Testament Commentaries
TynBul	*Tyndale Bulletin*
TZ	*Theologische Zeitschrift*
USQR	*Union Seminary Quarterly Review*
VT	*Vetus Testamentum*
VTSup	*Vetus Testamentum* Supplements
WBC	Word Biblical Commentary
WEC	Wycliffe Exegetical Commentary
WMANT	Wissenschaftliche Monographien zum Alten und Neuen Testament
WTJ	*Westminster Theological Journal*
YNER	Yale Near Eastern Researches
ZAW	*Zeitschrift für die alttestamentliche Wissenschaft*
ZDMG	*Zeitschrift der Deutschen Morganländischen Gesellschaft*
ZNW	*Zeitschrift für die neutestamentliche Wissenschaft*
ZTK	*Zeitschrift für Theologie und Kirche*

서론

예 비 적   고 찰

장르

개론이라는 장르는 구약학 내에서 분명하게 설정된 자리를 차지하고 있다. 개론은 성경을 정식으로 공부하는 학생들이 본문을 이해하기 위한 탐구를 시작할 때 맨 처음 만나게 되는 책들 중의 하나이다. 개론이라는 용어 자체가 그 주제의 예비적인 성격을 내포하고 있다. 영(E. J. Young)이 지적한 바와 같이 이 용어는 "안으로 안내하다"(lead in) 혹은 "소개하다"(to introduce)라는 뜻을 가진 라틴어 단어 introducere에서 파생되었다(1949, 15).

그러므로 이 개론서의 목적은 다른 모든 개론서들의 경우와 마찬가지로 독자들이 구약을 제대로 이해하면서 읽고자 할 때 알고 있어야 할 중요한 정보들을 제공해 주는 것이다. 더 현대적인 용어를 빌린다면 우리의 목표는 학생들이 해석 능력(reading competence)을 얻는데 필요한 자료들을 제공해 주는 것이다.[1]

성경학의 역사를 보면 지금까지 많은 개론서들이 존재해 왔다. 이 장르의 역사에 대해서는 다른 곳(Young 1945, 15-37; Childs, 1979, 27-47)에서도 찾을 수 있기 때문에 여기에서는 다시 반복해서 다루지는 않을 것이다. 그러나 독자들이 이 장르의 발전과정에 대해서 어느 정도 이해를 가질 수 있도록 해주기 위해서, 그리고 이 책의 틀을 잡는데 어느 정도 도움을 얻기 위해서 몇 가지 중요한 전환점들에 대해서 언급하고자 한다.

교회 교부들은 우리가 오늘날 구약 개론서라고 부르는 종류의 책들을 쓰

---

1) J. Culler, *Structuralist Poetics: Structuralism, Linguistics, and the Study of Literature*(Ithaca, NY: Cornell University Press, 1975), 113-30.

지는 않았다. 그러나 그들은 나중에 개론서라는 이름으로 불리게 될 책에 들어갈 만한 주제들에 대해서 취급을 했다. 다시 말해서 제롬(Jerome), 아우구스티누스(Augustine), 오리겐(Origen) 등은 저작권, 문체, 정경성, 사본, 신학적 문제들 등의 주제들에 대해서 글을 썼다. 그러나 이런 주제들에 대한 그들의 견해들은 한 권의 책에 들어 있는 것이 아니라 여기저기 흩어져 있다.

차일즈(Childs)와 영(Young)은 근대적인 의미에서의 구약개론이 처음으로 등장한 시기가 언제인가 하는 것에 대해서 의견을 달리하고 있다. 영은 미카엘 발터(Michael Walther, 1636년)가 총론적인 개관과 각론적인 개관의 문제를 구분하고 있다는 사실에 근거해서 그의 책이 첫 개론서라고 주장한다(아래를 보라). 반면에 차일즈는 1780년부터 1783년에 걸쳐 세 권으로 된 개론서(*Einleitung*)를 펴낸 아이히호른(J. G. Eichhorn)을 첫 개론서의 저자로 본다. 이런 견해 차이는 영감성에 대해 높은 평가를 한 발터의 책의 가치를 인정하는 보수주의자 영과 비평학적인 방법 도입 여부를 최초의 "진정으로 근대적이고 역사비평학적인 개론서"(1979, 35)의 기준으로 삼은 비평학자 차일즈(비록 온건하기는 하지만)간의 입장 차이로부터 파생된 것이다.

20세기의 개론서들은 구약학의 전반적인 발전 방향들을 따라 진화를 거듭했다. 그래서 율리우스 벨하우젠(Julius Wellhausen)이 문서설을 도입한 후에는 모든 개론서들은 그의 이론을 다뤄줘야만 했다(아래의 역사적 배경을 보라). 양식비평과 전승사비평 등 새로운 발전들이 이뤄질 때에도 이 점은 마찬가지였다.

비록 주류를 차지하고 있는 개론서들이 비평학적인 방법들을 수용하고 있다는 점에서는 일치하고 있지만 이러한 비평학적인 개론서들 사이에서도 차이점들은 여전히 존재한다. 이 점들은 현재도 계속 사용되고 있는 개론서들을 표본조사해 보면 드러난다. 아이스펠트(Eissfeldt)의 개론서는 고전적인 독일 비평학계를 대표하고 있다. 이 책의 상당부분은 성경의 각 부분들의 형성과정의 역사를 재구성하는데 할애되고 있다. 그는 오경의 문서설적인 분석에 깊은 관심을 기울였다. 물론 그의 책이 세부적인 내용들에 있어서 나름대로의 독특한 점들을 갖고 있는 것은 사실이다. 비평학적인 전통 속에서 렌토르프(Rendtorff)는 다소 다른 접근방법을 채택하고 있다. 오경과 관련하여 노트(Noth) 및 폰 라트(von Rad)의 노선을 따르고 있는 그는 더욱 역사적인 분석을 내세우고 있다. 반면에 차일즈(Childs)는 구약성경의 각 책들의 역사적인 발전과정의 문제들을 괄호 속에 집어넣고 대신 각 책들의 정경상의 기능들에 대해서 개괄하고 있다(Brueggemann, 2003).

앞의 문단들은 구약 학계의 주류에 대한 전반적인 윤곽을 묘사하고 있다. 특히 유럽, 영국, 미국의 비평학적인 개신교 구약학계의 발전 사항들을 개관하고 있다. 개신교 구약학계는 지금까지 주류를 차지해 왔다. 왜냐하면 19세기 초 이래로 성경 본문에 대한 이들의 접근방법이 대부분의 큰 교회집단들, 그리고 사실상 거의 전 학계의 중심을 지배해 왔기 때문이다. 같은 시기에 저술 및 교육 활동을 한 가톨릭 학자들과 유대교 학자들 역시 이들이 개진한 학문적 주장들을 대부분 받아들였다.

그럼에도 불구하고 비록 수가 적기는 하지만 이 분야에는 단호한 입장을 가진 보수적 개신교 학자들도 역시 나름대로의 활동을 하면서 구약 개론서들을 출판했다. 그중에서도 가장 중요한 개론서들로는 영(Young), 아처(Archer), 해리슨(Harrison), 라솔-부쉬-허버드(LaSor-Bush-Hubbard) 등이 쓴 책들을 꼽을 수 있다. 이 개론서들은 그 길이나 관심분야에서 서로 차이가 난다. 그리고 신학에 있어서도 서로 다르다. 비록 이 책들이 다 보수적인 시각을 가지고 성경 본문을 접근하기는 했지만 말이다. 이 책들 대부분에서 드러나 있는 보수적인 학자들의 특징은 변증학적인 사항들에 대한 관심이다. 비록 이러한 관심이 라솔-부쉬-허버드의 개론서의 경우에는 아주 미미하게만 드러나 있는 것도 사실이기는 하지만 보수주의 학자들은 자신들의 대부분들의 논의를 역사비평학적인 방법에 대항해서 싸우는데 초점을 맞추어야 한다고 생각했다. 특히 오경의 문서설적 연구에 대해서는 더욱 그래야만 한다고 생각했다.

이 책의 목적

앞의 논의는 이 책의 목적들과 목표들을 기술하는데 있어서 배경의 역할을 하고 있다. 앞으로 진술하는 내용들은 이 개론서의 구도에 대해서 지침을 제공해 주고, 이 책에 채택된 접근방법의 이론적 토대를 제공해 준다. 우리는 이 개론서가 지향하고자 하는 점들과 이 개론서가 다른 통상적인 개론서들과 다른 점들을 부각시키고자 한다.

신학적인 시각

우선 이 개론서는 본문에 대해서 프로테스탄트적이고 복음주의적인 접근방법을 채택하고 있다. 이러한 신학적인 성향은 여러 가지 비평학적인 문제들을 논의할 때 특히 분명하게 드러날 것이다. 그러나 성경에 대한 복음주의적인 교리가 모든 해석학적이고 주석적인 문제들을 다 해결해 주지는 않으며, 또한 이런 태도가 우리로 하여금 역사비평학의 전통으로부터 어떤 것을 배우는데 방해하는 것은 아니다. 우리 개론서는 복음주의적인 진영과 더불어 비평학적인 학자들이 수고해서 얻은 결실들에도 의존하고 있는 경우들을 많이 보여주게 될 것이다. 지금까지 복음주의 학자들과 비평학자들의 사이를 갈라놓은 많은 문제들은 과거와 마찬가지로 지금도 여전히 논란의 대상이 되고 있다. 그러나 이제 우리는 상호간에 감사하는 마음을 가질 수 있는 상호대화와 상호존경의 새로운 시대에 진입하고 있는 것으로 생각된다. 이 개론서는 비평학적인 연구들이 잘 준비해서 내린 결론들과 많은 경우 의견을 달리하게 될 것이다. 그러나 우리는 미움을 가지고 그렇게 하는 것이 아니라 존경심을 가지고 그렇게 할 것이다. 우리는 또한 복음주의 학자들이 때로는 오직 학계에서 환영을 받기 위한 일념으로 무비판적으로 비복음주의 학계의 흐름들을 따라가는 것을 비판한 건드리(R. H. Gundry)의 지적에 동의한다. 우리는 이런 유혹에 빠지기 않기 위해 최선을 다할 것이다.

복음주의적 시각에서 개론서를 쓴다는 것은 무엇을 의미하는가? 여러 가지 의미가 있지만 그 중에서도 특히 중요한 것은 교회가 물려받은 그대로 성경을 취급한다는 것을 의미한다. 문서들이 존재했을 가능성이나 개별적인 성경책들의 형성과정의 역사를 부인하는 것은 아니지만 이 개론서는 최종적인 형태의 정경 본문에 정통으로 초점을 맞추고 있다. 이런 접근태도는 정경

신학, 그리고 성경의 문학적인 연구에 대한 최근의 관심과 잘 조화를 이룬다. 그러나 비록 이것이 환영할 만한 것이기는 하지만 그럼에도 불구하고 양자 사이의 유사성은 어떤 의미에서는 피상적인 것이다. 왜냐하면 성경 본문에 대해서 공시적인 접근방법(synchronic approach)을 취하는 비평학자들의 대부분이 사실은 통시적(diachronic)인 문제들을 단지 일시적으로 괄호 속에 집어넣고 있는 것이기 때문이다. 차일즈가 그 좋은 예이다. 그는 한편으로는 전형적인 역사비평학을 버리지 않으려고 조심하면서 다른 한편으로는 성경이 신학과 교회에서 하고 있는 정경적인 역할을 강조해 주기 위해 이런 관심사들을 격하시키고 있다. 출애굽기에 대한 그의 주석(1974)은 공시적인 문제들과 통시적인 문제들의 관계에 대해서 아주 좋은 예를 보여주고 있다. 그의 주석에서 이 두 부류의 문제들은 공존하기는 하지만 서로 통합되어 있지는 않다.

범위

구약의 개론서는 총론적인 개론과 각론적인 개론의 두 가지 영역으로 보통 나뉜다. 총론적인 개론은 전 성경을 포괄하는 주제들, 즉 사본이나 정경 등의 문제들을 다룬다. 각론적인 개론은 개별적인 책들을 다룬다. 우리 개론서는 각론적인 개론에 초점을 맞출 것이며, 성경상의 책 순서에 따라 진행될 것이다. 특히 이 책에 채용된 순서는 영어성경의 독자들이 알고 있는 순서가 될 것이다. 이 순서는 맛소라 전통에 서 있는 히브리어 성경의 순서를 따르는 다른 많은 개론서들과 차이가 난다(예를 들어 영[Young]과 차일즈[Childs]의 개론서).

위에서 언급된 대부분의 개론서들은 성경의 각 책과 관련된 역사적인 문제들에 초점을 맞추고 있다. 이런 통시적인 것에 대한 관심은 보수적인 노선이나 비평학적 노선의 구분이 없다. 저작권, 저작연대, 사본 발전 과정의 문제, 각 책 내용의 역사적 배경의 문제 등이 통시적인 문제의 전형적인 예들이다. 이런 문제들은 이 책에서도 필요한 경우에는 역시 다루어질 것이다. 그러나 이것들 이외에도 독자들에게 구약의 책들에 대한 개관을 제공해 주는데 있어서 중요한 논제들이 많이 있다. 예를 들어, 문학적인 장르, 형태,

문체 등의 문제들은 바른 개관을 하는데 있어서 중요한 요소들이다. 게다가 비록 성경의 각 책이 정경상의 다른 책들과는 별개로 만들어졌을 가능성은 있지만 그럼에도 불구하고 각 책의 현재의 의미는 정경의 다른 책들과의 관계 속에서, 그리고 기독교인들의 경우에는 신약과의 관계 속에 존재한다. 따라서 우리는 성경의 각 책의 신학적인 메시지를 광범위한 정경적 맥락 속에서 다소 충분하게 고찰해 보고자 한다. 결론적으로 말해 이 세 가지 문제, 즉 역사적 배경, 문학적인 분석, 그리고 신학적인 메시지의 문제가 각 장의 논의의 내용을 구성할 것이다. 우리는 이 장의 두 번째 부분에서 이 세 가지 화제에 대한 전반적인 개관을 제공할 것이다.

지금까지 우리의 독자들은 이런 주제들을 다 포괄하면서 어떻게 이 개론서의 길이를 적당한 크기로 유지하려고 하느냐는 질문을 하고는 했다. 우리는 이 책이 수업시간에 효율적으로 사용되기 위해서는 책의 크기를 제한하는 것이 중요한 문제라고 생각한다. 이 때문에 다른 개론서들의 경우보다 조금 덜 다루는 주제가 한 가지 있는데 그것은 연구사에 대한 것이다. 오경의 문서 분석 등과 같은 몇 가지 비평학적인 문제들을 제외하고는(이 경우에도 이에 대한 논의는 간략하다) 우리는 연구사 속에서 중요한 순간들만을 포착하고자 할 것이며, 과거의 학자들에 대한 총괄적인 개관을 하기보다는 대표적인 학자들만을 언급하고자 할 것이다. 물론 우리는 우리의 눈을 밝게 해 준 연구들에 대해서는 그 가치를 인정해주려고 노력할 것이다. 또한 참고문헌 목록들은 관심 있는 독자들이 해당 책의 연구사를 접근하는데 도움을 주는 책들의 목록을 제공해 줄 것이다. 참고문헌들의 경우에는 영어로 쓰인 책들과 소논문들에 우선권이 주어져 있음을 독자들은 발견할 것이다. 그 이유는 부분적으로는 독일 학계가 이 분야에서 첨병의 역할을 하던 것으로 생각되던 시대가 종결되었다는 것을 알려 준다. 그러나 더 중요한 이유는 영어를 모국어로 하는 신학대학원 학생들에게 이런 참고문헌 목록들이 유효적절한 것이 되게 하려는 우리의 노력에서 기인한다. 외국의 참고문헌 목록들은 오직 논의에 매우 중요한 경우에만 목록에 포함되었다.

중요한 논제들

우리가 말한 바와 같이 각 장은 우리가 논의하고 있는 각 책의 역사적 배경, 문학적인 분석, 신학적인 메시지를 다루고 있다. 이 개론적인 장의 나머지 부분에서는 이 세 가지 논제들을 설명하는데 할애하고자 한다. 다음의 내용들은 독자들로 하여금 본 필자들의 성향을 이해시키고, 또한 본 필자들이 이런 더 일반적인 내용들에 대해서 재론할 필요가 없도록 하기 위한 것이다.

이 세 가지 논제가 비록 분리되어서 다뤄지고 있기는 하지만 독자들은 이 주제들이 성경 본문에서는 완전히 통합된 형태로 작용하고 있다는 것을 염두에 두어야 할 것이다(Sternberg). 다시 말해 역사는 신학적인 의미를 갖고 있으며, 신학은 역사적인 사건들에 근거하고 있다. 이처럼 신학적인 역사 혹은 역사화된 신학을 펼치고 있는 본문들을 우리가 문예적인 작품으로 부르는 것은 타당성이 있다.

역 사 적 배 경

주의할 사항들

성경을 처음으로 읽기 시작한 독자들마저도 듣게 되는 조언은 성경본문을 읽을 때 문맥에서 떼어내지 말고 "맥락 속에서"(in the context)에서 읽어야 한다는 것이다. 그러나 많은 사람들은 여기에서 "맥락"이란 말을 문학적으로만 이해하고, 역사적인 맥락 속에서 읽어야 한다는 것은 망각하고는 한다. 즉 성경이 쓰인 시대나 성경이 서술하고 있는 시대에 대해서는 간과하고 만다는 것이다.

그 이유 중의 하나는 성경이 시간을 초월한 책이란 말을 잘못 이해하고 있기 때문이다. 성경은 모든 세대에 영향을 끼치고 있다는 측면에서는 분명히 시간을 초월한 책이다. 그러나 성경의 책들은 문화적인 면에서는 어느 시기로 한정되어 있다. 즉 성경의 책들은 고대에 고대의 사람들이 이해할 수 있는 언어와 문화와 문학적인 양식들을 사용해서 기록되었다.

우리 현재의 독자들은 성경의 책들을 기록하는 동기가 된 사건들로부터 멀리 떨어져 있다. 그러므로 비록 성경의 권위가 그 성경이 서술하고 있는 사건들에 있는 것이 아니라 그 본문 자체에 있다 할지라도 그 성경이 파생된 시대의 조명에 비추어서 성경을 읽는 것은 아주 중요한 일이다.

성경의 책들은 각자의 상대적인 연대들을 표시해 주는 데에 주의를 기울이고 있다. 물론 우리가 모든 책의 연대를 다 정확하게 추정할 수는 없지만 그럼에도 불구하고 각 책은 그 저작 연대에 대해서 독자들에게 정보를 제공해 주고 있으며, 역사적인 인물들이 겪은 사건들을 서술하고 있다.

성경의 역사적인 맥락에 대해서 무지한 것은 성경을 정확히 이해하는데 있어서 조심해야 할 일이다. 그러나 조심해야 할 사항이 한 가지 더 있는데, 이것은 구약의 역사적인 기록들에 현대의 서구적인 가치체계들을 강요하는 것이다.

그러므로 구약에 대한 역사적 접근방법에 대해서 다루어 주는 것도 중요하지만 구약의 역사기록이 어떤 성격을 갖고 있는가 하는 것에 대해서 탐구해 보는 것도 아주 중요한 일이다.

역사란 무엇인가?

우선 역사(history)와 역사 기록(historiography)을 구분하는 것이 중요하다. 전자는 과거에 일어났던 사건들을 의미하는 것이고, 후자는 그 사건들에게 대해서 기록하는 것을 말한다. 어떤 책이 역사적이냐 아니냐 하는 문제는 복잡한 문제이다. 그것은 한 저자의 의도가 무엇이냐 하는 것을 의미할 수도 있고, 그가 그 의도를 달성하는데 있어서 성공을 했느냐 하는 것을 의미할 수도 있다.

이 책에서 우리가 성경상의 어떤 책의 장르를 역사적인 것이라고 정의할 때 그것은 그 저자가 과거의 일을 다루고 있다는 것을 의미한다. 그러나 또한 우리는 그보다 더 나아가야 한다. 성경상의 책이 역사적일 수도 있지만 그것이 현대적인 의미에 있어서의 역사 교과서과 같은 것을 의미하는 것은 아니다. 다시 말해서 역사는 과거를 비디오 테입처럼 다시 재현해 보여주는 것이 아니다. 역사기록에는 역사가가 개입되어 있으며, 그는 자기 동시대의 청중들을 위해서 자신이 다루고 있는 사건들을 해석해야만 한다. 따라서 하워드(Howard)가 제대로 지적한 바와 같이 "과거의 일들에 대해서 어느 정도 일관성을 부여하고자 하는 것만이 '역사' 이다"(1993, 30). 또한 "모든 역사 기록은 저자가 자료들을 취사선택해서 전달하는 행위를 통해서 그 모양을 갖추게 된다는 의미에서 볼 때 '관점' 을 갖고 있을 수밖에 없으며, 더 나아가서는 '주관적' 일 수밖에 없다"(1993, 35). 그러므로 일부 회의주의자들의 주장과는 달리 역사 기록이 주관성을 갖고 있다고 해서 그것의 역사 기록으로서 가치가 무효화되는 것은 아니다. 오히려 성경의 역사 기록을 해석하는 사람들은 그것을 기록한 사람의 시각을 고려해 주어야만 한다.

성경의 역사는 과거의 일들을 다루고 있다. 성경의 저자들은 실제로 과거에 하나님께서 우주를 창조하셨으며, 아브라함이 메소포타미아에서 팔레스타인으로 이주했으며, 모세가 홍해를 갈랐으며, 다윗이 이스라엘의 왕좌에 올랐으며, 왕국이 솔로몬의 아들의 치세 때에 분열되었으며, 바벨론 사람들이 이스라엘인들을 패배시켰으며, 에스라와 느헤미야가 포로기 이후 시대에 개혁을 영도했다는 것을 믿었다. 그러나 이것들의 역사성은 이것들이 증명되었다는 사실에 전제되어 있는 것이 아니라 이것들이 그렇게 기록되어 있다는 사실에 전제되어 있다. 성경 본문의 관심은 역사를 증명하는 데 있는 것이 아니라 이러한 사건들의 신학적인 의미를 통해서 독자들을 감화시키는 데 있다. 성경 본문 속에서 역사와 신학은 밀접하게 연결되어 있다.

성경의 역사는 객관적인 역사 — 즉 해석되지 않은 역사 — 가 아니라 하나님이 가진 목적에 따라서 서술된 역사이다. 이러한 이유 때문에 주석가들은 성경의 역사를 "신학적인 역사", "선지자적인 역사", "언약적인 역사"라고 불렀다. 특히 마지막의 칭호는 호소력이 있는데 그 이유는 언약이 하나님과 인간 사이의 관계를 비유적으로 나타내는데 있어서 가장 중요한 표현수단이기 때문이며, 또한 성경의 이러한 관계를 아담과 하와의 시대(창세기)로부터 마지막 시대(계시록)까지 열거하고 있기 때문이다.

더 나아가서 우리는 올터(Alter 1981) 등의 학자들의 업적에 비추어서 양자의 관계를 조명해 볼 필요가 있는데, 그들은 특히 역사와 허구의 관계를 혼동하는 경향이 있다. 올터는 성경의 역사적인 책들의 문학적인 성격을 관찰하고 그것을 "허구적인 역사"(fictional history) 혹은 "역사적인 허구"

(historical fiction)라고 불렀다. 그러나 롱(Long 1994, 66)이 지적한 바와 같이 "허구는 성경의 역사적인 기록을 취급하는데 있어서 사용가능 하기는 하지만 또한 그릇 인도하는 경향이 있는 범주이다. 왜냐하면 어떤 것에 대한 기록이라고 하는 것이 결국 그것 자체는 아니기 때문이다. 그러나 허구는 아예 그 '어떤 것'에 의해서 제약을 받지 않는 장르다." 그는 "과거의 중요한 사건들이나 일련의 사건들을 묘사하고 해석하려는 창조적이면서도 제약적인 시도"를 지칭하는데 있어서 "허구적"(fictional)이라는 형용사 대신 "예술적인"(artistic)이라는 형용사를 사용할 것을 제안하였다.[2]

이 문제는 역사성의 문제로 이어진다. 사건들이 실제로 과거의 시공 속에서 일어난 것이 과연 그렇게도 중요한 것인가? 램지(Ramsey)는 다음과 같은 날카로운 질문을 던졌다. "만약 여리고가 무너지지 않았다면 우리의 신앙은 헛된 것인가?"(1981; Long 1994, 83이하의 논의를 보라).

이 질문의 문구는 우리로 하여금 단순화된 대답을 하도록 미끼를 던지고 있다. 여리고성이 무너진 것은 그리스도에 대한 우리의 신앙과는 직접적인 관련은 없다. 그럼에도 불구하고 이 질문은 간접적인 측면에서 중요하다. 이 질문은 우리 신앙의 인식론적인 근거의 문제를 제기하고 있다. 많은 사람들, 심지어는 현대의 사람들조차도 사도 바울의 다음의 말에 동의를 한다. "그리스도께서 만일 다시 살지 못하셨으면 우리의 전파하는 것도 헛것이요 또 너희 믿음도 헛것이며"(고전 15:14, 램지는 이 문구를 흉내내서 자신의 질문을 만든 것이다). 부활에 대한 우리의 지식은 스스로 하나님의 말씀이므로 진실하다고 주장하는 성경으로부터 나온 것이다. 복음서들은 비록 신학적이고 예술적인 성격을 갖고 있기는 하지만 그럼에도 불구하고 또한 부활에 대해서 역사적인 기록으로서의 모습을 갖추고 있다. 구약의 역사서들 중의 하나인 여호수아서 역시 자기 백성을 구원하시기 위한 하나님의 과거의 행위

---

2) 이러한 문제들에 대한 광범위한 논의에 대해서는 Provan, Long, and Longman(2003)의 서론적인 장들을 참고하라. 이 책의 나머지 부분들은 본문의 문학적인 사항이나 신학적인 사항들을 충분히 고려하면서 이스라엘의 역사를 서술하려는 시도를 담고 있다.

들에 대한 기록으로서의 모습을 갖추고 있다. 우리가 현대인들의 변덕스러운 구미(口味)와 생각들을 배제하고 볼 때 과연 복음서들의 가르침들은 받아들이면서도 여호수아서의 가르침은 배격할 수 있는 근거가 있을 수 있는가? 결국 여리고의 멸망의 역사성을 의심하거나 배격하는 것은 신앙에 장애가 된다. 구약의 역사서들의 역사성은 다음과 같은 이유에서 중요하다. "성경은 자신이 기록하고 있는 사건들의 역사성에 대해서 — 명백하게 혹은 암시적으로 — 수많은 주장들을 하고 있다. 기독교 신앙의 핵심에, 가장 근본적인 차원에는 그리스도께서 진정 인류의 죄를 위해 죽으셨으며, 사망에 대한 커다란 승리와 더불어 무덤 속에서 일어나셨다는 사실이 들어 있다. 이 사실은 우리 신앙의 근거이자 토대를 이루고 있다"(Howard 1993, 35).

역사와 초자연

우리들이 역사와 성경이라는 주제를 접근할 때 부딪치게 되는 한 가지 중요한 문제는 성경에 초자연적인 사건들이 등장한다는 것이다. 이 때문에 해석자가 어떤 기본적 사고방식을 받아들이느냐 하는 문제가 아주 중요해지게 된다.

구약에서 우리는 떨기나무가 불붙었는데도 불구하고 타들어가지 않는다거나, 당나귀가 말을 한다거나, 죽은 사람들이 다시 살아난다거나, 바다가 갈라진다거나, 해가 중천에서 멈춘다거나 하는 등의 이야기를 읽게 된다. 만약 해석자가 다른 책에 접근할 때와 같은 태도로 — 즉 만약 인간의 시각에서 인간의 일을 기록해 놓은 책에 접근할 때와 같은 태도로 — 구약에 접근한다면 회의적인 태도가 생길 수밖에 없다. 그러나 하나님께서 실제로 존재하심을 인정하고, 하나님이야말로 성경의 궁극적이고 인도하시는 목소리라는 것을 믿는 해석자라면 성경상의 초자연적인 사건들을 받아들이는데 어려움을 느끼지 않을 것이다.

물론 이 부분은 보수주의 학자들과 비평주의 학자들간의 대화를 가로막는 부분이다. 그럼에도 불구하고 보수주의 학자들은 성경을 너무 지나치게 역사화하는 것에 대해서 조심해야 한다. 성경의 책들을 다룰 때 우리는 장르가 무엇인가 하는 질문을 반드시 던져야 한다. 사무엘서-열왕기와 역대기에서 같은 사건들이 서로 다르게 서술되어 있는 이유는 무엇인가? 욥기 이야기의 역사적인 골격은 무엇인가? 요나서는 역사인가, 비유인가? 이러한 문제들은 이후의 장들에서 다루어질 것이다.

미니멀리즘(Minimalism)의 도전

1990년대에는 히브리 성경에 기초해서 실제의 역사를 재구성해낼 수 있느냐 하는 가능성에 대해서 점점 더 회의주의가 득세를 하였다. 여러 학자들 중에서 특히 데이비스(Davies), 톰슨(Thompson), 화이틀램(Whitelam), 렘케(Lemche) 등의 학자들은 본문 속에서 아주 최소한도의 역사적인 기억만을 찾아볼 수 있다는 결론을 내렸기 때문에 이를 따라서 통상적으로 미니멀리즘(minimalism)이라고 불리는 학파의 일원으로 간주되기에 이르렀다. 비록 이들이 서로들 간에 어느 정도씩의 차이가 없는 것은 아니었지만 말이다. 특히 화이틀램(1996, 69)은 "'성경 역사'의 종언"(the death of 'biblical history')을 선포하였다.

이들의 핵심적인 주장은 성경의 본문들이 객관적인 역사기록이 아니기 때문에 이 본문들의 역사적인 주장들이 진실한 것으로 받아들여지기 위해서는 반드시 성경외적인 증거들에 의해서 지지를 받을 수 있어야만 한다는 것이다. 성경의 본문들에 대한 직접적이고 구체적인 증거들이 드물고, 또한 많은 경우들에 있어서는 이러한 증거들을 현실적으로 기대할 수 없기 때문에 이들의 이러한 주장은 역사적인 자료로서의 성경 본문의 가치를 극적으로 축소시킨다. 심지어 이 미니멀리즘 학자들은 우리가 갖고 있는 작지만 직접적인 증거들(메르넵타 석비[the Merneptah Stela], 다윗 금석문[the David inscription] 등)에 대해서도 의심의 눈길을 보낸다. 이들은 신빙성 있는 역사기록으로서의 성경 본문의 가치를 훼손하려는 의도를 갖고 있는 것으로 보인다. 대신 이들은 자신들이 생각하기에 팔레스타인의 역사를 재구성하는 더욱 객관적인 방법인 고고학을 전면에 내세운다. 그러나 이들은 이 고고학이란 학문이 분명히 가지고 있는 해석학적이고 이데올로기적인 문제들에 대해서는 눈을 감는다(아래를 보라).

미니멀리즘의 이러한 무차별적인 회의주의는 좀체 정당화될 수 없는 것이

며, 심대한 비판들을 받았다(Provan; Provan, Long, and Longman 등을
보라). 비록 그렇다 할지라도 이들의 비판은 성경 역사기록의 성격에 대해
더 정교한 관점으로 인도해 줄 수 있다. 이 주제로 우리는 눈을 돌리고자 한
다.

성경상의 역사적인 기록들의 성격

그러므로 성경의 역사는 순전히 인간적
인 사건을 객관적으로 기록한 글이 아니다. 성경은 하나님께서 자기 백성을
구원하시기 위해서 이 세상에서 그가 하신 일들의 역사를 열정을 가지고 기
록한 글이다. 따라서 성경은 "신학적", "선지자적", "언약적" 역사이다. 성
경 역사의 특징으로서는 다음과 같은 것들을 들 수 있다.

선별성. 그 어떤 역사도 자신이 다루고 있는 주제에 대해서 모든 것을 다
기록할 수는 없다. 만약 역사 기록자의 목표가 전포괄적인 것이라고 한다면
어떤 사건을 경험하는데 드는 시간보다는 그 사건에 대해서 기록하는 일에
드는 시간이 더 길어지게 될 것이다. 따라서 모든 역사 기록은 선별성이라는
특징을 갖고 있다. 무엇이 포함되고 무엇이 제외될 것인가?

다윗 왕의 통치에 대한 사무엘서-열왕기와 역대기의 공관(共觀)적인 기록
을 살펴보면 이 점이 이해가 된다. 사무엘서-열왕기의 경우는 다윗이 밧세바
와 함께 저지른 죄 및 그녀가 솔로몬에게 왕권이 이양되는 과정에서 한 역할
에 대해서 길게 다루고 있다(삼하 11-12; 왕상 1-2). 그러나 역대기에는 이러
한 것들에 대한 언급이 전혀 없다(대상 3:5의 족보의 경우를 제외하고는).

그러나 선별성이라는 것은 지면상의 한계 때문일 수도 있지만 또한 역사
를 기록하는 사람이 가진 기능과 목적의 일부분이기도 하다. 성경의 역사 기
록자는 과거 사실의 모든 측면에 다 관심이 있는 것이 아니라 이스라엘 공동
체(왕에 의해서 대표되어지는 경우가 자주 있음)에 관심의 초점을 맞추고 있
다. 또한 비록 이 공동체의 관심이 하나님의 백성의 정치 및 군사 활동을 통
해서 표현되어지는 경우가 자주 있기는 하지만 그 자체의 정치 및 군사 활동
에는 관심이 없고, 그러한 정치 및 군사 활동이 이스라엘과 하나님의 관계에
어떻게 영향을 미치는가 하는 것에만 관심이 있다.

성경의 역사서들을 바로 해석하는데 있어서 필요한 한 가지 열쇠는 저자가 어떤 목적을 갖고 있느냐 하는 것과 더불어 그러한 저자의 목적이 선별성의 원리에 어떤 영향을 미쳤느냐 하는 것을 찾아내는 것이다. 이러한 문제들은 우리가 개별적인 책들을 다룰 때 논의할 것이다. 그러나 여기에서 우리는 비록 우리의 이러한 논점을 포괄적으로 다 다루어주지는 못한다 할지라도 사무엘서-열왕기와 역대기를 비교하는 것을 통해서 어느 정도는 간략하게 다루어주고자 한다.

사무엘서-열왕기는 이스라엘과 유다의 왕들의 죄들을 강조하고 있는데, 그 중에서도 특히 그들이 예배 중앙화의 율법(the law of centralization)을 어긴 것을 강조하고 있다. 또한 선지자들이 한 역할을 강조하고 있으며, 그와 더불어 하나님의 책벌이 연기되어진 것에 대해서도 강조하고 있다. 사무엘서와 열왕기의 마지막 장들은 이 책들이 포로기 시대의 것이며, 그 저작 의도는 "하나님의 은혜를 받는 백성인 우리가 왜 포로가 되어야 하는가" 하는 질문에 대하여 답을 주기 위한 것임을 증명해 준다. 예를 들어, 다윗의 죄들을 강조하기 위해 밧세바 사건을 포함시킨 점은 이 역사가의 목적과 잘 어울린다. 반면에 역대기 기자는 유다에만 초점을 맞추고 있으며, 왕들의 죄들을 최소화하고, 유다가 역사적으로 과거와 연결되어 있느냐 하는 것 등의 질문들을 던진다. 또한 역대기 기자는 성전에 대한 기록에 대해서도 강조점을 두고 있다. 일단 우리가 이 역대기의 저작연대가 포로생활로부터의 귀환기라는 점을 발견하고 나면 이 책이 가진 자료 선별성의 원리는 "이제 본토로 돌아온 우리는 무엇을 해야 하는가", 그리고 "과거 이스라엘과 우리는 어떤 연관성을 갖고 있는가" 하는 등의 문제에 의해 좌우되었다는 것을 깨닫게 된다.

강조성. 이 특징은 앞의 원리와 밀접하게 연결되어 있다. 하나님의 모든 행동, 그리고 이스라엘에게 일어난 모든 일들이 다 성경 역사가에게 동일하게 중요한 것은 아니었다. 사건들은 사람에 따라 다르게 강조되어지게 마련이다. 그러므로 강조성이라는 원리는 선별성이라는 원리와 비슷한 방식으로 개별적인 책들의 저작의도를 지지해 준다. 예를 들어, 역대기는 사무엘서-열왕기와는 대조적으로 성전에 대해서 강조하고 있는데, 그 이유는 어느 정도는 역대기의 저작 당시에 성전이 재건되고 있었기 때문이었다. 따라서 강조성의 원리를 사용해서, 그리고 과거와의 유비(類比)를 통해서 역대기 기자는 구약시대 말기의 하나님의 백성과 모세 및 다윗 시대의 하나님의 백성간의 연속성을 보여주었다.

그러나 때로는 강조성의 원리가 다른 좀 더 교훈적인 목적들에 도움을 주는 경우가 있다. 정복시대에 정복된 다른 많은 도시들 중에서도 강조성의 원리에 따라서 여리고 성과 아이 성이라는 두 개의 도시가 내러티브 속에서 두드러지게 강조되어 있다. 이 도시들이 강조된 이유는 이 도시들이 첫 번째의 것들이기 때문이기도 하지만 또한 이 도시들이 거룩한 전쟁을 어떻게 바르게 치르는가 하는 것에 대한 패러다임을 제공해 주고 있기 때문이다. 여리고 성의 교훈(수 6장)은 하나님께 대한 순종이 군사적인 승리를 가져다준다는 것이고, 아이 성의 교훈(수 7장)은 불순종이 단지 어느 한 개인에게 국한된 것이라고 할지라도 정복활동을 멈추게 만든다는 것이다.

순서. 대부분의 경우 성경의 역사는 대략적인 연대기적 순서를 따르고 있다. 대부분의 성경의 역사는 이스라엘의 역사를 그 여러 왕들의 통치순서를 따라서 배열하고 있다. 그러나 내러티브상의 여러 곳에서 발견할 수 있는 바와 같이 연대기적인 순서가 항상 유효하게 적용되어지는 것은 아니다. 때로는 다른 종류의 순서, 예를 들어 종종 주제별 순서가 우선성을 갖는 경우들도 있다.

예를 들어, 삼상 16:14-23은 다윗이 음악가로서의 재능을 가지고 사울의 고통 받는 영혼을 달래주는 것에 대해서 다루고 있다. 그 다음 장은 두 번째로 다윗을 소개하면서, 그를 골리앗을 무찌르는 자로 소개하고 있다. 후자의 이야기가 가진 문제는 다윗이 사울에게 소개되었을 때 이 왕이 그를 못 알아보았다는 것이다(17:58). 이것은 만약 그가 상당 기간 동안 사울의 궁전에서 봉사를 하고 있었던 것이 사실이라면 이상한 일일 것이다. 이러한 비정상적인 경우에 대해서 그럴 듯한 설명은 이 본문이 연대기적인 사건보도에 관심이 있는 것이 아니라 다윗이라는 인물을 주제별로 이중으로 소개하는 것에 관심이 있다고 보는 것이다. 즉, 그 관심이 이 다윗이라는 인물이 여러 가지 재능을 가지고 이스라엘의 시편 가수로서 뿐만 아니라 하나님의 강한 용사로 명성을 갖고 있었다는 것을 보여주는데 있었다고 보는 것이다.

적용성. 우리는 성경의 역사가들이 좌우로 치우치지 않고자 노력하는 사람들이 아니라는 사실을 이미 언급했다. 그들은 있었던 그대로의 사실들의 역사를 추구하는 현대적인 의미의 역사가들이 아니었다. 그들은 하나님의 말씀을 그 백성들에게 중개해주는 선지자들이었다. 그들은 하나님의 거룩한 행위들에 대한 하나님 자신의 해석을 전달해주는 도구들이었다.

사실 이스라엘의 역사가들을 설교자들로 보는 것은 사실을 오도하는 것이 아니다. 그들이 자신들의 설교에 사용한 본문은 사건들 그 자체였다. 그들은 열정을 가지고 그 사건들을 이스라엘 공동체에 적용했다. 이렇게 해서 그들이 기록한 본문들은 역사, 문학, 도덕성, 신학을 놀랍게 하나로 묶어 놓은 것들이었다.

성 경 역 사 와 고 고 학

성경은 역사적인 의도를 갖고 있기 때문에 과거에 일어난 일들에 대해서 그 나름대로 주장하는 바가 있다. 또한 고고학은 어떤 문명의 잔해들을 연구해서 그 역사를 재구성하려고 하는 학문이다. 따라서 성경 본문과 고고학이 발견한 문명의 잔존물들이라는 두 가지 자료는 모든 과거에 대해서 그 나름대로의 주장을 갖고 있다.

이 두 가지 학문 대상이 어떤 관계를 갖고 있느냐 하는 것에 대해서는 논쟁이 아주 심하다. 어떤 학자들은 고고학이 성경학의 시녀라고 주장한다. 전자는 말이 없다. 그러므로 역사의 잔존물들이 제 목소리를 내도록 하기 위해서는 우리는 성경과 같은 문헌들로 고개를 돌려야 한다는 것이다. 반면에 어떤 학자들은 고고학이 그러한 복종적인 역할을 하는 것에 강력하게 반대하며 (Dever 1980), 성경 고고학이라는 용어를 거부하고 더 중성적인 시리아-팔레스타인 고고학(Syro-Palestinian archaeology)이라는 용어를 선호한다 (최근에 와서 Dever는 자신의 입장을 뒤집었다). 심지어 오늘날 어떤 학자들은 구약과 같은 문헌 자료들은 이데올로기적으로 덧씌워져 있기 때문에 고고학만이 고대의 역사를 재구성하는데 있어서 유일하게 진실성을 가진 길잡이라고 주장한다(위의 미니멀리즘에 대한 항목과 더불어 Finkelstein and Silberman을 보라. 이 후자의 학자들은 성경의 역사는 대부분의 경우 주전 7세기의 요시야 왕의 치세 때의 상상력의 산물이라고 주장한다).

이 책은 성경 역사학에 대한 책이 아니다(이에 대해서는 Provan, Long, and Longman 2003; Kitchen 2003을 보라). 그러나 고고학이 성경의 역사기록과 관련해서 지니고 있는 가치를 평가하기 위해서는 고고학에 연루되어 있는 해석학적인 문제들에 대해서 잠깐 다루어줄 필요가 있다. 이 문제는 사실 아주 복잡하기 때문에 이 문제에 관심이 있는 학생들은 더 심도 있는 공부를 하기 위해서는 다른 책들을 참고해야만 할 것이다(참고문헌을 보라). 여기에서 우리가 당면한 목적과 관련해서만 이야기하자면 고고학의 용도는 단지 유물들을 발굴해서 성경의 사실들과 대조해 보는 것 이상이다.

우리는 이미 문헌적인 측면에 연루된 문제들에 대해서는 어느 정도 고려해 본 바가 있다. 예를 들어, 성경은 우리에게 단순한 원래 그대로의 사건들을 제공해 주고 있지 않다. 반면에 우리는 고고학적인 유물들도 해석을 필요로 한다는 점을 지적해야겠다. 문헌을 해석하는 자가 어떤 전제를 깔고 본문을 보기 시작하듯이 고고학에서도 역시 해석자의 전제들이 개입되어 있다. 정말 어찌 보면 사건들에 대한 해석을 제공해 주는 성경 본문에 대비해 볼 때 고고학적인 유물들은 말이 없기 때문에 고고학은 더욱 주관적인 학문이라고 말할 수도 있다(성경외적인 문헌 자료들의 경우는 예외인데, 이 경우는 성경 문헌을 해석할 때와 같은 문제들에 의해 지배를 받는다).

최종적으로 말해서 고고학에서 성경의 내용에 대한 어떤 독립적인 증거나 어떤 과학적인 증명거리를 찾아내기를 기대한다는 것은 너무나도 단순주의적인 발상이다. 구체적인 예를 보려면 출애굽의 연대문제에 대한 논의를 보라.

문 학 적 인 분 석

이야기와 시

구약은 아주 기술적인(technical) 내용의 글들은 거의 담고 있지 않다. 대부분의 경우 그 내용은 이야기와 시라는 두 개의 범주로 나누어진다. 물론 여호수아서의 후반부에 나오는 지파들의 경계선의 목록이나 레위기의 첫 장에 나오는 중요한 희생제사들에 대한 서술들이나 오경의 율법들, 그리고 역대기 첫 부분의 끝이 없는 듯한 족보 등의 문헌들이 존재하는 것도 사실이다. 그러나 이러한 문헌들도 이스라엘의 과거 및 그들 가운데서 행하신 하나님의 위대한 행위들에 대한 이야기들의 맥락 속에 들어 있다. 우리는 현대의 역사서나 과학 교과서와 같은 것들을 만나지 못하며, 신학 논문이나 신앙 고백문과 같은 것에 버금가는 것들도 역시 만나지 못한다. 놀랍게도 우리는 이야기들과 시들을 만나게 된다.

이야기들은 전문적이고 정교한 의사소통을 하려고 하기보다는 하나님의 백성 중 폭넓은 대상을 향하여 말을 하고자 하며, 시들의 경우도 역시 마찬가지이다. 아주 어린 사람들과 교육받지 못한 사람들도 삼손과 들릴라, 에스더, 룻 등의 이야기들을 감상하고 이해할 수 있다. 또한 이야기들과 시들은 우리의 지성에 정보를 더해 주는 것 이상의 역할을 한다. 이것들은 우리의 감정을 자극하며, 우리의 의지에 호소하고, 우리의 상상력을 북돋워 주는데, 이런 일들은 현대의 조직신학이 할 수 없는 일들이다.

구약의 상당 부분은 이야기와 시의 형태로 되어 있기 때문에 그 구체적인 각 부분을 개관하는 일을 시작하기 전에 해석의 문제를 먼저 다루어 보는 것은 중요한 일이다. 각 문화마다 그 나름대로 이야기를 전개하는 방식이 있고, 시를 쓰는 방식이 있다. 그러므로 우리는 "이방인" 해석자들이기 때문에 성경 저자들의 글쓰는 방법의 원리들에 대해서 알아야 할 필요가 있다. 아래에서 우리는 고대 이스라엘의 이야기 전개 방식과 시 작법에 대한 분석을 제공해 주고자 하는데, 이것의 의도는 해석을 위한 "독서 전략"을 발전시키기 위한 것이다.

구약의 시들이 사용하고 있는 기법들

시는 매우 정교화된 문체를 갖

고 있기 때문에 보통 산문체 이야기들과는 쉽게 구분된다. 시는 통상적인 의사소통 방식들을 따르지 않는다는 의미에서 하나의 인공적인 언어이다.

시의 특징은 여러 가지가 존재한다. 그러나 어떤 것을 시라고 단정할 수 있게 해주는 어떤 유일한 또는 집단적인 특징은 존재하지 않는다. 아주 드문 경우이기는 하지만 특히 선지서들의 경우에 있어서 어떤 본문이 시이냐, 아니면 매우 고도화된 문체를 쓴 산문이냐 하는 것은 단정해서 말하기가 어렵다.

간결성(terseness). 시의 주도적인 특징은 간결성 혹은 집약성이다. 산문은 문장과 문단으로 구성되어 있는 반면에 시들은 다양한 차원의 반복 기법을 사용한 짧은 절들과 연들로 이루어져 있다. 따라서 시의 행들은 아주 짧은데, 이러한 특징은 많은 영어 성경 번역본들을 보면 분명해진다. 왜냐하면 시 문헌들은 훨씬 더 넓은 여백을 갖고 있기 때문이다.

시는 많은 분량의 내용을 아주 적은 수의 어휘들을 사용해서 말해 준다. 이러한 언어의 경제성은 여러 가지 방법들을 통해서 얻어지는데, 그 중에서도 가장 흥미로운 방법 두 가지는 (1) 접속사들 및 불변화사(不變化詞, particles)들의 생략, 그리고 (2) 비유법들의 빈번한 사용이다. 후자의 경우는 나중에 논의하도록 하겠지만 전자의 경우는 직접 여기에서 다루도록 하자. 접속사(conjunction)들은 절들이 서로 어떤 관계를 갖고 있는가 하는 것을 보여주는 짧으면서도 중요한 어휘들이다. 그러나 시에서는 접속사들이 아주 드물게 사용되어지는데, 그것은 의도적으로 그렇게 된 것이다. 시 23:1에서 예를 볼 수 있는 바와 같이 접속사들은 그냥 문장 속에 의미상으로만 내포되어 있는 경우가 자주 있다: "여호와는 나의 목자시라. 내게 부족함이 없으리로다." 원문의 시는 접속사를 사용하고 있지 않다. 그럼에도 불구하고 두 문장 사이에는 인과관계가 뚜렷하게 함축되어 있다. 다시 말해, 바로 여호와께서 나의 목자이시기 때문에 나에게는 부족함이 없을 것이라는 것이다.

시에서 비교적 접속사가 잘 사용되지 않는 것은 시의 간결성에 도움을 주며, 느리고 더 사색적인 독서를 하게 만들어준다.

평행법(parallelism). 대부분의 히브리 시들에는 반복구들이 아주 높은 빈도로 나타난다. 가장 흔하게 나타나는 형태의 반복구들은 시편의 한 절이나 한 행 속에 반복구가 등장하는 형태이다. 그러나 시편 속에서도 아주 멀리 떨어져서 반복구가 나타나는 경우도 있다(시 8:1, 9를 보라). 반복구들은 때때로 거의 동어반복적이기도 하지만 완전히 문자 그대로 동일한 경우는 드물다.

평행법은 시에서 거의 항상 나타난다. 또한 이 평행법은 언어적인 장식품으로 이따금씩 산문 속에서 나타나기도 한다. 따라서 이것만으로는 시를 정의하는 충분조건이 되지는 못한다. 그러나 평행법적인 행들이 차지하는 비율이 높을 경우 우리는 우리가 시로 된 부분을 읽고 있다고 확신할 수 있다.

평행법으로 이루어져 있는 행들은 엄격하게 말해서 동일하지는 않다. 다시 말해서 이 행들은 서로 유사하기는 하지만 서로 다르다. 평행법은 "같은 것을 다른 어휘를 사용해서 말하는 것"이 아니다. 평행법의 두 번째 부분에 사용된 다른 어휘는 첫 번째 부분의 사상을 우리가 파악할 수 있는 방식으로 발전시키고 있다.

> 나는 당신을 찬양하리라, 오 주여, 나의 온 마음으로;
> 나는 당신의 모든 기이한 일들을 말하리라. (시 9:1)

이 전형적인 이행 형식(二行 形式, bicolon) 형태의 평행법의 두 번째 행에서 시편 기자는 자신의 찬양의 성격을 구체적으로 밝힌다. 그는 내가 하나님을 어떤 식으로 찬양할 것인가 하는 문제에 대해서 대답한다. 그는 역사 속에서의 하나님의 위대한 행위들에 대해서 증거함으로써 여호와를 찬양하고자 한다.

그러므로 평행법을 해석하는 바른 방법은 평행법 내의 두 부분 사이의 관계에 대해서 심사숙고하는 것이다. 두 번째 행이 첫 번째 행의 생각을 어떤 식으로든 정교화하거나 구체화할 것이라는 점을 빼고는 우리는 그 어떤 것도 미리 추정해서는 안 된다(Kugel; Alter; Berlin; Longman 1988).

평행법은 시를 읽을 때 속도를 느리고 만들고 심사숙고하게 만드는 또 하나의 이유이다. 구약의 시의 평행법의 행들 간에, 그리고 기타 시행들 간에 어떤 관계가 있을 것인가를 파악하기 위해서는 약간의 사색의 시간이 필요하다.

보법(Meter). 보법은 세상의 대부분의 시들에 있어서 중요한 역할을 한다. 헬라어와 라틴어 시들은 정형화된 보법 구도를 가지고 있다. 그러므로 고전적인 수사법을 훈련받은 초기의 주석가들이 고전적인 시들의 범주를 사용하여 히브리 시들 속에서 보법을 찾아내려고 노력한 것은 당연한 일이다(예를 들어, 요세푸스[Josephus], 아우구스티누스[Augustine], 제롬[Jerome] 등).

성경의 보법의 신비를 푸는 열쇠를 찾으려는 노력은 그 이후로도 계속되어 왔다. 18세기에 히브리 시에 대해서 권위서를 쓴 로우쓰 감독(Bishop Lowth)은 평행법과 더불어 보법이 시의 중요한 특징 중의 하나라고 생각했다. 그러나 그는 성경의 시에 어떤 형태의 보법이 사용되었는지 발견해내지는 못했으며, 그러한 실패의 원인이 자신이 그 시들의 원래의 저작연대로부터 멀리 떨어져 있기 때문이라고 생각했다.

그러나 그의 추종자들은 로우쓰의 이러한 조심성을 따르지 않았다. 지난 200년 동안 여러 학자들은 자신들이 보법의 원칙들을 마침내 찾아내었으며, 우리들이 그 법칙들을 따라서 시들을 검토하고 더 나아가서는 시들을 재구성할 수 있다고까지 주장했다. "보법에 근거해서"(metri causa)라는 이유를 가지고 본문 수정이 가해진 경우가 얼마나 많은지를 보려면 우리는 단지 히브리어 성경의 사본비평란을 보기만 하면 된다.

보법에 대해서 더 최근의 학자들의 태도는 상당히 많이 달라졌다. 점점 더 많은 수의 학자들은 히브리 시에 보법이 존재하지 않는다는 결론에 도달하고 있다(O' Connor 1980; Kugel 1981). 보법 체계를 지지하는 학자들이 계속 존재하기는 하지만(Stuart 1976) 그들의 견해가 많은 학자들을 설득시키지는 못하고 있다(Longman 1982).

비유법(imagery). 비유법은 성경 전체에 걸쳐서 나타나기는 하지만 특히 시 문헌들에서 훨씬 더 빈번하게 나타난다. 비유법은 시의 축약성에 도움을 준다. 왜냐하면 비유법을 통해서 저자들은 자신들이 전하고자 하는 바를 더 적은 수의 단어들을 사용해서 표현할 수 있기 때문이다.

비유법은 말을 하거나 글을 쓰는데 있어서 간접적인 진술방법이다. 직접적인 진술과 달리 비유법은 사람이나 사물을 다른 사람이나 사물과 비교한

다. 예를 들어 아가서 1:9를 참고해 보자:

> 나는 당신을, 나의 사랑이여, 암말에 비유하네,
> 바로의 병거들 중의 하나에 매여 있는 (암말에).
> (한글판 개역성경은 "암말"을 "준마"라고 번역하고 있지만 이것은 정확한 번역이
> 아니다-역주)

이 구절에서 화자는 두 가지 대상, 즉 자신이 사랑하는 사람과 바로의 병거에 매여 있는 암말을 비교한다. 우선 비교대상이 되고 있는 이 두 대상 간의 차이가 우리의 주의를 끌며, 우리로 하여금 생각을 하게 만든다. 두 번째 단계는 이 비교대상들을 서로 동일시하는 것이다. 우리가 다루고 있는 이 경우에는 이 찬사의 내용을 이해하는데 있어서 어느 정도의 역사적인 배경에 대한 지식이 필요하다. 이집트의 전차들이 암말을 사용한 것이 아니라 숫말들을 사용했다는 것이 그동안의 연구를 통해서 밝혀졌다. 그러므로 암말이 등장하게 되면 숫말들은 성적으로 흥분하게 된다. 포프(Pope)는 이스라엘이 암말을 적군의 병거들의 말들 사이에 풀어 놓음으로써 그들의 주의를 분산시키는 전술을 알고 있었다는 사실을 자신의 주석 속에서 지적했다(1977, 336-41).

요약하자면, 시는 비유법을 높은 빈도로 사용한다는 점을 특징으로 한다 (Caird). 비유법은 글을 읽는 속도를 늦추고 심사숙고하게 만드는 또 하나의 요소이다. 비유법은 우리의 상상력을 자극한다. 이것은 적은 수의 단어들로 많은 말을 하는 방법이다. 이것은 또한 본문의 감성적인 특질을 만들어내는 데 있어서 상당한 공헌을 한다.[3]

결론. 간결성, 평행법, 비유적 표현들은 히브리 시의 가장 보편적인 특징들이다. 구약을 바르게 해석하려면 이러한 특징들을 잘 숙지할 필요가 있다. 그러나 시는 엄격한 공식을 적용해서 읽으라고 되어 있는 것은 아니다. 평행

---

[3] 성경의 비유법의 대표적인 것들에 대한 개관은 Ryken, Wilhoit, and Longman 1998을 보라.

법적인 시행들은 여러 가지 배열방법들을 취하고 있다. 그리고 일부 비유적 표현들은 흔히 볼 수 있는 것들이지만 어떤 것들은 독특하며 문맥과 더불어 주의 깊게 연구해야 하는 경우도 있다.

또한 이것들이 시를 구성하는 중요한 장식품들이기는 하지만 성경의 시들은 그 외에도 다른 많은 기교들을 사용하고 있다. 빈도수가 덜한 다른 기교들에 대해서는 성경의 시들에 대한 지침서들을 참고해야 할 필요가 있다 (Watson 1984; Longman 1988).

성경의 시들은 읽기가 쉽지 않다. 이러한 형태의 표현방식들은 우리로 하여금 천천히 시행들과 그 시행들의 관계와 의미에 대해서 음미하게 만든다. 거기에는 공을 들일 만한 가치가 있다. 결국 구약의 많은 부분들은 시적인 형태를 띠고 있다. 사실 구약의 모든 시들을 한 곳으로 모아 놓으면 그 분량은 신약보다도 더 방대하다.

구약의 이야기들이 사용하고 있는 기법들

비록 구약이 상당수의 시들을 담고 있기는 하지만 대부분은 산문으로 쓰여 있다. 산문은 시보다는 통상적인 대화체 언어에 가깝다. 콜론(colon)과 연(stanza)이 히브리 시의 벽돌이라고 한다면 히브리 산문의 재료는 문장과 문단이다. 또한 대부분의 경우에 있어서 산문이 시보다 덜 "문학적"이라고 하는 말은 사실이다. 다시 말해서 산문의 경우는 어떤 식으로 말하는가 하는 것에는 관심을 덜 기울인다. 통상적으로 산문의 언어는 "고양된"(high) 혹은 정형화된 언어가 아니며, 직유나 은유가 사용되는 빈도수도 적다.

그러나 성경의 산문과 시를 이분법적으로 구분하는 것은 커다란 잘못이다. 구약의 대부분의 내러티브들은 문학적으로 정교화되어 있다. 구약의 산문은 우리가 소위 문학적인 이야기라고 부르는 것들과 비슷하다. 그러므로 구약의 이야기들이 문학적으로 분석할 만한 가치가 있다는 것은 놀라운 것이 아니다.

소위 문학적인 분석에서는 현대적인 문학이론들의 범주들과 연구방법들을 사용하여 히브리 문학의 기법들을 찾아내고자 한다. 올터(Alter 1983,

113-17)는 다음과 같이 지적하였다:

> 모든 문화, 그리고 더 나아가서는 그 문화를 구성해 온 모든 시대는 각자 그 나름대로의 독특하고 정교한 이야기 전개 기법들을 개발해 왔는데, 이 기법들 속에는 내러티브의 시점(視點), 서술 및 인물 묘사 방식들, 대사 활용 기법 등은 물론이고 시간 순서의 배열 및 플롯의 조직 기법까지 다 포함되어 있다.

문학적인 접근방법은 성경 문헌들이 전달하고자 하는 메시지들을 바로 이해하기 위해 거기에 사용된 기법들을 탐구하고 조명한다. 다음의 몇 페이지에서 우리는 히브리 산문에 대한 문학적인 접근방법의 핵심적인 내용들을 개관해 보고자 한다. 이것에 대한 공부는 참고문헌 목록 속에 들어 있는 더 자세한 연구서들을 통해서 보충되어야만 할 것이다.

장르. 장르라는 개념은 사실은 산문과 시에 다 관계가 있는데 우리는 지금까지 이에 대한 논의를 미루어 왔다. 장르는 아주 중요한 문제인데, 그 이유는 독자들이 어떤 본문을 읽으면서 그 본문의 장르가 무엇이라고 보느냐에 따라서 그 독자의 독서 전략이 달라지기 때문이다(장르의 문제를 중요하게 취급하는 해석학적인 개관에 대해서는 Osborne 1991과 Longman 1997을 보라).

장르에 대한 연구는 문학 내에 여러 가지 다른 형태의 문헌들이 있다는 것을 인정하고 들어간다. 저자들은 자신들이 독자들에게 메시지를 전달하고자 할 때 어떤 그릇에 그 메시지를 담을 것인가 하는 것을 선택을 하며, 그가 선택한 장르는 독자들에게 그 메시지를 "어떤 식으로 받아들일 것인지"에 대해서 신호를 보내 준다.

예를 들어 어떤 본문이 "옛날 옛날에…"로 시작하는 경우 그 저자는 이 전통적인 문구를 사용함으로써 의도적으로 독자들에게 신호를 보내고 있는 것이다. 교육받은 사람이나 아이들을 불문하고 독자들은 자신들이 지금 듣고 있는, 혹은 읽고 있는 이야기가 역사적 사실성이 있는 이야기가 아니라 동화라는 것을 이 신호를 통해서 알게 된다.

그러나 성경은 우리와 거리가 먼 고대의 문헌이다. 단지 시간적으로만 거리가 먼 것이 아니라 문화적으로도 거리가 멀다. 위에서 인용한 올터의 말과 같이 장르는 어떤 문화에 국한된 문학적 관행들 중의 하나이다. 우리는 성경의 각 책을 공부할 때 본문의 장르를 파악해야 하며, 또한 그 장르가 해석상으로 가진 의미들을 파악해야 한다. 이 서론적인 장에서 우리는 구약을 해석하는데 있어서 필요한 장르 연구를 폭넓게 개관하고자 한다(구약을 해석하는데 있어서 필요한 장르의 연구를 더 상세하게 개관해 놓은 것을 보려면 Longman 1987, 76-83; 1988, 19-36을 보라). 성경의 개별적인 책을 다루는 이하의 장들은 해당 책의 장르에 대한 논의를 포함하고 있다.

장르란 무엇인가? 장르란 어떤 특징들을 공유하고 있는 일련의 문헌들을 가리키는 말이다. 같은 장르 안의 문헌들은 그 내용, 구조, 언어, 기능, 문체, 그리고/혹은 분위기 등에서 서로 비슷하다.

저자가 글을 쓸 때 그는 문헌상으로 어떤 맥락 속에서 글을 쓴다. 다시 말해서 그들은 이전에 존재했던 그 어떤 것과도 관련이 없는 전혀 새로운 글을 만들어내는 것이 아니다. 그들은 어떤 전통 속에서 글을 쓴다. 혹시 그들이 그 전통을 확장시킬 수는 있지만 결코 그 전통을 깨뜨릴 수는 없다.

예를 들어, 전기(傳記)들은 서로 매우 다르다. 그러나 정의상 전기들은 비슷한 주제, 즉 어떤 사람의 일생을 다룬다는 점에서는 서로 유사하다. 단편소설들은 그 주제에 있어서는 서로 다를 수 있다. 그러나 그것들은 길이와 허구성이라는 점에 있어서는 서로 통일되어 있다.

그러나 우리는 결국 장르란 것이 유동적인 범주라는 것을 인정해야만 한다(Longman 1985). 이 유동성은 두 개의 차원에서 찾아볼 수 있다. 첫째, 한 본문이 같은 차원에 속한 서로 다른 장르에 해당될 수 있다. 예를 들어, 시편 20편은 제왕시 장르에 포함될 수 있고 찬양시 장르에 포함될 수도 있다. 미가야 이야기(왕상 22; 대하 18장)는 왕의 자서전이나 전쟁기록, 혹은 예언의 효력에 대한 이야기로 볼 수 있다.

둘째, 장르는 해당 본문을 어느 정도 추상화해서 장르 설정을 하느냐 하는 것에 따라서 여러 차원의 범주들이 존재한다는 측면에서 유동적이다. 장르는 공통적인 특징들에 의해서 정의되는 것이기 때문에 그 본문이 몇 가지의 유사점들을 갖고 있느냐 하는 것에 따라서 여러 가지 다른 차원의 장르들이 존재하게 된다. 광범위한 범주의 장르는 서로 공통점이 몇 개 안 되는 다수의 문헌들을 포괄할 것이고, 협소한 장르는 서로 많은 공통점을 소유하고 있는 소수의 문헌들을 포괄할 것이다.

시편 98편을 예로 들어 보자. 이 시는 평행법, 간결성, 비유법 등의 측면에서 "히브리 시"라는 장르에 포함시킬 수 있다. 다른 차원에서 볼 때 이 시는 주체할 수 없는 기쁨을 표현하고 있다는 측면에서 "찬양시"(hymn)라는 더 협소한 범주에 포함시킬 수 있다. 더 협소한 범주로 내려가 보면 이 시는 특히 전쟁의 상황 속에서 구원자로서의 하나님의 능력을 찬양하고 있으므로 "용사로서의 하나님에 대한 찬양시"(divine warrior hymn) 속에 포함시킬 수 있다.

해석을 하는데 있어서 장르의 중요성. 장르에 대한 연구는 해석을 하는데 있어서 많은 중요한 점들을 내포하고 있다(Longman 1985). 그 중에서도 특히 두 가지 점, 즉 독서 전략을 수립하는 열쇠로서의 장르와 제2의 문맥으로서의 장르라는 점이 특별히 중요하다.

의식적으로든 무의식적으로든 장르 파악은 독자 쪽에서의 어떤 기대감을 촉발시킨다. 장르는 독서 전략을 수립하는 열쇠가 된다. 시편 1편의 두 번째 연을 고려해 보자:

> 악인은 그렇지 않음이여!
> 그들은 바람에 나는
> 겨와 같도다.
> 그러므로 악인이 심판을 견디지 못하며,
> 죄인이 심판을 견디지 못하리로다.

여러 가지 근거들에 의해서 우리는 이 행들이 시라는 것을 즉시 인식하게 된다. 그리고 우리는 비유법이나 반복구들이 사용될 것이라고 예상한다.

다른 글을 읽어 보자. "유다의 왕 아하스 제십이년에 엘라의 아들 호세아가 사마리아에서 이스라엘 왕이 되어 구 년간 다스리며"(왕하 17:1). 이번에는 우리는 이 글이 역사적인 글이라는 것을 즉각적으로 파악하게 되며, 이 글의 저자가 역사적이거나 연대기적인 내용을 전달하고자 한다는 것을 인식하게 된다.

"두 사람이 기도하러 성전에 올라가니 하나는 바리새인이요 하나는 세리라"(눅 18:10)는 예수님의 말씀을 듣는다면 아마 우리는 비슷한 식의 반응을 처음에 나타낼 것이다. 그러나 이 말씀들의 앞에는 "이 비유로 말씀하시되"라는 문구가 나온다. 그러므로 이 글에서는 왕하 17장에 사용된 장르 신호와는 전혀 다른 장르 신호가 사용되고 있다는 것을 알 수 있다. 예수님의 이야기는 허구이다. 더 구체적으로 말하자면 이것은 교훈적인 허구이다. 즉 청중이나 독자에게 어떤 교훈적인 내용을 전달하기 위해 만들어진 허구이다.

장르 연구가 주는 두 번째 유익은 이 장르란 것이 제2의 문맥이라는 것을 제공해 준다는 점이다. 프라이(N. Frye 1957, 247-48)는 이 점을 다음과 같이 정리한다:

장르에 의한 비평의 목적은 … 전통들이나 유사점들을 분류하기 위한 것이라기보다는 명백하게 만들기 위한 것이며, 그렇게 함으로써 그것들 사이에 확립된 맥락이 없었더라면 찾아내지 못했을 여러 가지 문학적인 관계들을 도출해내는 것이다.

다시 말해서 서로 유사한 문헌들의 집합을 검토하는 것은 거기에 속한 개별적인 문헌을 이해하는데 도움을 줄 수 있다. 즉 장르 분석은 잘 이해가 안 되는 본문을 다룰 때 그 본문과 같은 장르에 속한 문헌들 중 잘 이해가 되는 것들과 비교함으로써 해석상의 도움을 받을 수 있다는 점에서 특히 유용하다.

그러므로 이런 여러 가지 이유들 때문에 본문의 장르를 파악하는 것은 중요하다. 장르 분류작업은 독서 전략을 수립하고, 해당 본문에 대한 잘못된 기대감이나 기준을 배제시킬 수 있게 해준다는 점에서 본문의 의미를 파악하는 통로가 된다.

내러티브의 역동성. 지면이 제한되어 있기 때문에 성경에 나오는 내러티브의 역동성에 대해서 길게 논의하는 것은 불가능하다. 그러나 최근의 많은 문헌들을 통해서 이 짧은 개관을 보충하도록 하라(Alter; Longman; Berlin; Sternberg; Trible). 여기에서 우리는 단지 몇 개의 선정된 주제들만을 다룰 것이다. 이 주제들은 문화에 따른 독특한 기법들을 드러내 줄 것이며, 이 독특한 기법들은 독서 전략을 수립하는데 있어서 통찰력을 제공해 줄 것이다.

내레이터(narrator)와 시점(視點, point of view). 이야기 내에서 내레이터가 하는 역할에 대한 논의는 시점의 문제와 밀접하게 연관되어 있다. 내레이터는 독자가 자신이 읽고 있는 본문에 어떤 식으로 반응을 할 것인지를 결정짓는데 있어서 중추적인 역할을 한다. 내레이터는 독자에게 분명한 해설에 대한 정보를 제공해주거나 제공해주지 않는 방식 등을 통해 다양한 방식으로 독자의 반응을 유도해낸다.

내러티브는 일인칭 시점의 내러티브와 삼인칭 시점의 내러티브로 나누어 볼 수 있다. 전자의 경우에는 내레이터는 보통 이야기 속의 한 등장인물이며, 그로 인해서 제한된 시점을 갖게 된다. 삼인칭 시점의 내러티브는 모든 인물을 초연한 태도로 기술하며, 내레이터는 전지성(全知性, omniscience)과 무소부재성(無所不在性, omnipresence)을 발휘할 수 있다. 우리가 주목해야 할 점은 성경의 대부분의 내러티브들이 삼인칭 전지적 시점의 내러티브라는 점이다(예외로는 에스라서-느헤미야서의 일부분, 전도서에 나오는 코헬렛의 "자서전", 그리고 사도행전의 "우리"[일인칭 복수] 부분 등을 그 예로 들 수 있다). 로우즈와 미치(Rhoads and Michie)는 마가복음에서의 내레이터의 시점을 다음과 같이 기술하고 있다(36).

내레이터는 이야기의 사건들 속에 등장하지 않는다. 그는 삼인칭으로 말하고 있다. 그는 이야기 속에서 말해지고 있는 시간과 공간의 구속을 받지 않는다. 그는 모든 장면에 보이지 않는 존재로서 내재하고 있다. 그는 행동을 "서술(to recount)하기 위해" 어느 곳에나 갈 수 있다. 그는 많은 등장인물들의 생각이나 감정, 혹은 감각적인 경험들을 기술함으로써 완전한 전지성을 보여주고 있다. 그는 관습에 대해서 설명을 하고 어떤 단어를 번역해 주거나 혹은 자신이 전달하고 있는 이야기에 대해서 설명을 제공해 주는 "부수적인 내용들"(asides)을 취급하기 위해 종종 이야기의 본 줄거리를 떠나기도 한다. 그리고 그는 하나의 포괄적인 이데올로기적인 시점을 가지고 이야기를 풀어나간다.

그들이 요약한 이런 내용은 성경의 대부분의 내러티브들에 적용될 수 있다. 내레이터의 목소리는 이야기를 주도적으로 이끌어가는 지침이며, 시점(point of view)을 제공해 준다. 내레이터는 이야기 속의 사건들이나 등장인물들에 대한 독자의 분석을 좌지우지한다.

독자들은 삼인칭 전지적 내레이터에게 무의식적으로 복종적인 태도를 취한다는 지적이 있다. 로우즈와 미치는 다음과 같이 말한다. "내레이터가 전지적이고 비가시적(invisible)일 때 독자들은 내레이터의 편견, 가치관, 세계관 등을 의식하지 못하는 경향이 있다"(1982, 39). 이처럼 설득력이 강한 문학적 기교를 성경이 선택하고 있다는 점은 권위적인 메시지를 전달하고자 하는 성경의 의도와 잘 일치된다.

플롯과 등장인물. 플롯과 등장인물은 서로 밀접하게 연결되어 있기 때문에 오직 분석상의 편의를 위해서 나누는 경우를 제외하고는 양자를 나누는 것은 불가능하다. 헨리 제임스(Henry James: Chatman 1978, 112-13에 인용되어 있음)는 "등장인물은 사건의 결정적인 요인 외에 다른 무엇이겠는가? 사건은 등장인물의 성격의 표출 외에 다른 무엇이겠는가?"(What is character but the determination of incident? What is incident but the illustration of character?)라는 질문을 던짐으로써 두 가지 요소를 서로 연결지었다.

플롯의 역동성에 대한 비평학자들의 설명은 그 세부적인 내용에 있어서 서로 차이가 난다. 첫 번째의, 그리고 가장 간단한 것은 아리스토텔레스의 설명이다. 그는 플롯이 처음과 중간과 끝을 가진 것이라고 말한다. 브룩스(P. Brooks 1984, 5)는 다음과 같이 플롯을 정의하는데, 이 정의는 유용해 보인다. "플롯은 우리가 내러티브 내의 개별적인 요소들 — 사건들, 에피소드들, 행동들 — 사이를 왔다갔다하는데 있어서 없어서는 안 될 상호관련성과 의도성의 원리이다." 포이트리스(Poythress: Longman 1987, 92를 보라)는 더 정교한 내러티브 분석을 제공하고 있는데 이것을 그림으로 그리면 다음과 같이 될 것이다.

도해 1   **내러티브의 분석**

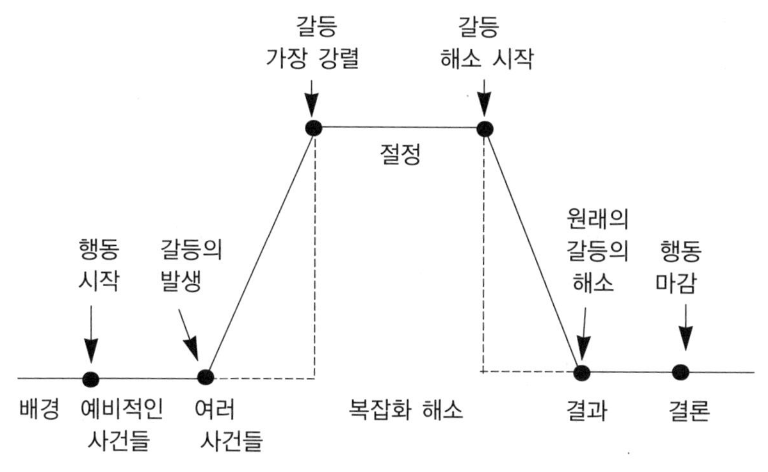

    일반적으로 말해서 플롯은 갈등을 통해서 전진한다. 갈등은 그것이 해소될 것인가 하는 것에 대한 관심을 불러일으킨다. 따라서 이야기는 갈등을 통해서 시작되며, 중간 과정을 거쳐서 그 갈등이 해소되는 지점까지 우리를 끌고 나간다.

    우리가 구약을 공부할 때 도움이 되는 첫 번째 단계는 간단한 플롯 분석을 하는 것이다. 이것에 대한 연구는 이후의 분석을 위한 틀을 제공해 준다.

    위에서 언급한 바와 같이 등장인물들은 플롯에 있어서 핵심적인 사항이다. 일부 성경 독자들은 이것에 대해서 망설임을 느낄 것이다. 다윗, 솔로몬, 에스라, 에스더, 요나 ― 심지어는 예수님 ― 를 등장인물로 여겨야만 하는가? 이러한 태도는 성경의 인물들을 아더 왕이나 빌리 버드, 펠릭스 홀트, 혹은 에이하브 선장(모비딕) 등과 마찬가지로 취급해서 그들을 허구적인 인물로 격하시키는 것처럼 느껴질 수가 있다.

    그러나 다윗을 본문 내의 하나의 등장인물로 취급한다고 해서 그가 역사상에 실존했던 한 왕이었다는 것을 부인하거나 사무엘서나 열왕기에 보도된 사건들의 정확성을 부인하는 것은 결코 아니다. 그러나 또한 우리는 우리가 다윗의 생애 중 선별된 기록들만을 갖고 있다는 것을 인정해야만 한다. 그리고 우리는 본문이 다윗 등의 인물들을 어떻게 그리고 있는가 하는 것에 대해서 면밀하게 살펴보는 것이 가치 있는 일이라는 것을 인정할 수 있다. 다시 말해서 우리는 이러한 기록들이 어떤 모습을 갖추고 있도록 만들어졌다는 점을 인정해야만 한다. 즉 성경이 역사적인 사건에 대해서 어떤 주안점을 가진, 선별적이고 해석된 기록들을 제공해 주고 있다는 점을 인정해야만 한다.

결론. 구약의 산문체 내러티브들은 다중적인 기능을 갖고 있다. 성경의 대부분의 내러티브들은 역사적으로 정확한 정보들을 제공해 주려고 의도하고 있는 것과 더불어 또 다른 한 편으로는 독자들로 하여금 하나님 및 하나님이 자기 백성과 맺고 있는 관계의 성격에 대해서 좀 더 깊은 신학적 이해를 제공해주려고 하는 의도를 갖고 있다. 대부분의 경우 성경의 이야기들은 주의 깊게 작성된 문학작품들이다. 예를 들어, 요셉 이야기와 레위기는 그 의도나 상세한 내용에 있어서 차이점들을 갖고 있다. 그러나 대부분의 경우에 있어서 우리는 그 말해지고 있는 내용이나 말해지고 있는 방법에 대해서 그 본문이 의도하는 바를 파악할 수가 있다. 문학적인 분석방법은 비록 부분적인 분석방법에 불과하기는 하지만 그럼에도 불구하고 여전히 저자가 성경의 책이나 본문을 통해 말하고자 하는 바를 파악하는데 있어서 유용한 방법이다.

신 학 적 인　메 시 지

앞으로 나오는 각 장들은 구약의 각 책의 신학적인 메시지를 다루는 항목으로 끝을 맺을 것이다. 신학에 대한 긴 논의들을 개론서에 포함시키는 경우는 드문 일이므로 여기에 대해서는 약간의 설명이 필요하다. 위에서 말한 바와 같이 우리는 구약 개론서의 목표가 학생들로 하여금 성경의 각 책을 이해할 수 있도록 준비시키는 것, 즉 그들로 하여금 구약의 고대 상황과 현대의 시대 사이에 놓여 있는 틈새에 다리를 놓을 수 있도록 해주는 것이라고 믿는

다. 구약을 연구할 때에 우리가 다리를 놓아 주어야 하는 중요한 영역은, 역사, 문학, 신학의 세 영역이다.

첫째, 각 책은 구체적인 역사적 상황 속에서 기록되었으며, 과거와 현재의 역사에 대해서 말하고 있다. 현대의 독자들은 이 고대의 상황으로부터 멀리 떨어져 있기 때문에 개론서들은 당연히 이러한 것들에 대한 정보를 제공해 주어야 한다. 둘째, 각 책은 서로 간에 다른 문학 양식을 갖고 있다. 그리고 고대 문명의 문학적인 기법들이 현대의 것들과는 틀리기 때문에 현대의 독자들은 이것들을 감상하기가 쉽지 않다. 그러나 비록 이러한 세 가지 범주들을 과격하게 분리시키고자 하는 것은 아니지만 아무래도 성경의 목적은 역사적인 것도 아니고 문학적인 것도 아니라 신학적인 것이다. 그래서 셋째로, 우리는 독자들의 이해를 돕기 위해 구약의 여러 책의 신학적인 기능을 학생들에게 소개해 주는 것이 당연하고 또한 필요한 일이라고 믿는다. 사실 우리가 이 항목에서 제공하고 있는 종류의 정보들은 다른 논저들, 소논문들, 그리고 특별히 주석들 등에서도 찾아볼 수 있다. 그러나 이러한 것들은 흩어져 있는 자료들이므로 구약의 각 책의 신학적인 메시지들을 한 권의 책에 간단하게 모아두는 것도 가치 있는 일이다.

구약 개론서에 신학을 포함시키는 일이 정당함을 밝히는 또 하나의 방법은 역사적·문학적·신학적 문제들이 서로 얽혀 있기 때문에 함께 다루는 것이 대체로 유익하다는 점을 지적하는 것이다. 경우야 어찌 됐든 이 개론서가 채택한 형태의 신학적인 접근방법은 어느 정도의 설명을 필요로 한다. 이제 그 쪽으로 들어가 보자.

구약적인 맥락에서의 신학

여기에서의 신학은 하나님과 그분의 성격, 그리고 더욱 중요한 것으로는 그분과 그분의 피조물의 관계에 대해서 논하는 것이다. 신학은 성경의 각 책이 하나님에 대해서, 그리고 그분과 독자들의 관계에 대해서 무엇을 이야기하고 있는가 하는 질문을 독자들에게 던진다.

각 책의 신학적인 목적이 무엇인가 하는 것에 대해서 바르게 접근하는 첫 번째 단계는 그 책의 메시지가 고대의 청중, 즉 그 책의 내용을 처음 들었거나 읽었던 청중에게 어떻게 이해되어졌을까 하는 것을 묻는 것이다. 그들은 하나님에 대해서 어떤 것들을 배웠을까? 여기에 대한 우리의 논의는 제한적이며, 우리가 생각하기에 이 책의 중심적인 주제들이라고 생각되는 것들에만 초점을 맞출 것이다. 이 정보는 해석자들이 자신들의 현재 배경을 떠나 자신들이 그 책의 원래 배경의 한 부분이라고 상상할 때 얻어질 수 있다. 본문을 이러한 식으로 해석하는 것은 신약이 구약의 내용에 대해서 조명해 주는 바들을 잠깐 미루어 놓고 생각한다는 것을 의미한다. 또한 존 머레이(John Murray)가 오래 전에 지적한 바와 같이 성경신학은 주석학과 조직 신학의 중간에 서 있다. 즉 성경의 중요한 주제들은 개별적인 성경 본문들을 주의 깊게 주석하는 작업을 통해서 이해될 수 있다. 또한 성경 주제에 대한 이러한 연구는 조직 신학 작업을 위한 자료를 제공해 준다.

구약 신학의 중심?

구약의 메시지에 통일성이 존재하는가, 아니면 돌이킬 수 없는 다양성을 갖고 있는가(더 최근의 Enns [2005]의 훌륭한 저작을 보라)? 이 문제는 구약 성경에 대한 최근의 신학적인 연구들의 중심을 차지해 왔다. 또한 이 문제는 좀 더 넓은 범위의 성경신학에 있어서 아주 중요한 문제였다.

아주 최근까지도 구약 신학을 제시해 보려는 많은 시도들이 있어 왔다(Hasel). 최근의 복음주의자들 가운데에서는 이러한 시도들은 구약의 전 메시지를 포괄하는 하나의 중심주제를 찾아내려는 식의 연구형태로 나타났다. 구약 신학의 중심주제로 선택된 가장 인기 있는 주제들은 하나님의 약속(Kaiser), 하나님의 계획(Martens), 언약(Robertson; McComiskey; Dumbrell), 신현(神顯, theophany; Kline) 등이다.

그러나 이러한 시도들은 학계의 다수를 설득하는 데에는 실패했다. 성경의 모든 계시를 한 가지 중심주제로 정리하는 것은 불가능한 것으로 보인다. 지혜 문학은 가장 골칫거리이다. 그 결과 구약 신학자들은 과연 중심이 존재하는가 하는 것에 대해서 의문을 품어 왔다. 이러한 상황에서 가장 생산적인 대답은 성경의 계시들이 서로 유기적인 통일성을 갖고 있지만 또한 서로 적당한 다양성을 갖고 있다고 주장해 온 사람들로부터 나왔다. 포이트리스 (Poythress)는 이러한 접근방법을 "다시각적"(multiperspectival) 접근방법 이라고 불렀다. 다시각적인 성경신학 방법론은 성경의 계시가 가진 풍부하 면서도 미묘한 성격과 좀 더 잘 어울린다.

성경신학은 성경의 메시지가 무엇인가 하는 질문을 던진다. 다시각적인 접근 방법은 성경이 하나님에 대해서 말하고 있다고 대답한다. 특히 구약은 이스라엘의 하나님에 대해서 이스라엘의 하나님으로부터 온 메시지이다. 그 러나 그것은 추상적인 여호와에 대한 것은 아니다. 구약에는 추상적인 신학 화 경향이 혹시 존재한다고 해도 거의 없다시피 하다. 아니 구약은 여호와와 인간의 관계에 대해서, 더 구체적으로 말해서 그의 선택받은 백성과의 관계 에 대한 계시이다. 또한 이 계시는 이 관계를 설명문적으로 기술하기보다는 내러티브적으로 제시하고 있다 . 그러므로 바른 성경신학은 하나님과 인간 의 관계가 어떠한가라는 성경의 주제에도 신경을 써야 하지만 이와 더불어 이 성경의 메시지가 시간을 매개로 해서 우리에게 주어졌다는 점에도 주의 를 기울여야 한다.

테리엔(Terrien)은 여호와라는 주제를 열쇠로 해서 신학을 썼다. 그러나 이 주제는 구약신학의 중심으로 사용되기에는 너무 일반적이다. 구약이 하 나님에 대해서 말하고 있다고 주장하는 것, 그리고 더 나아가서 구약이 자기 백성과의 관계 속에 있는 하나님에 대해서 말하고 있다고 말하는 것은 사실 그렇게 내용이 있는 말은 아니다. 다시각적인 성경신학은 하나님과 그분의 피조물의 관계의 다면적인 성격을 고려한다. 특히 이것은 양자가 맺고 있는 관계의 서로 다른 측면들을 강조해주는 여러 가지 다양한 비유적 표현 (image)들에 주목한다. 어느 단일한 비유적 표현도 하나님이 갖고 계신 풍 부한 속성들, 혹은 그분이 자신의 피조물들과 맺고 있는 놀라운 관계들을 다 표현할 수가 없다. 하나님이 자신의 피조물에게 보여주시는 연민과 사랑은 어머니-자녀 관계의 은유(시 131편) 및 결혼에 대한 은유(아가서)를 통해서 표현되어 있다. 자기 백성을 사랑하시는 그분의 성품은 목동과 양의 은유를 통해 표현되어 있다(시 23편). 여호와의 지혜는 여인으로 의인화된 지혜(the Lady of Wisdom)를 통해서 묘사되어 있다(잠 8-9장). 자기 백성에 대한 하나님의 능력과 권위는 왕(언약-조약 등의 이미지들은 이것과 관련되어 있다) 및 용사로서의 하나님이란 빈번한 은유를 통해서 표현되어 있다.

따라서 가장 결실 있는 성경신학적 연구는 하나님과 그분의 백성의 관계에 대한 이러한 중요한 비유적 표현들에 초점을 맞추어서 그러한 표현들을 성경 계시의 처음부터 끝까지, 즉 창세기부터 계시록까지 추적해 보는 것이다. 오래 전에 현대 성경신학의 아버지인 보스(Vos)는 어떻게 계시가 구속사를 반영하고 있는지를 보여주었다. 하나님의 구속적인 계획이 시대를 통해 전진해 나가는 것처럼 구속사도 시대를 통해 드러났다.

신약의 관점에서의 구약

앞으로의 각 장은 "신약으로의 접근"이라는 제목이 붙은 항목을 담고 있다. 이 항목에서는 구약의 각 책의 중심주제들 중 한 가지 혹은 그 이상을 신약까지 추적하고 있다. 구약의 계시와 신약의 계시의 관계에 대해서 이 책이 가정하고 있는 견해에 대해서는 여러 가지 의문들이 제기되어 있지만 이러한 의문들에 대해서는 다른 책들에서 이미 논의되어 있다(Vos; VanGemeren; Longman 1997). 이 책의 접근방법을 고무시켜 주는 가장 중요한 본문은 누가복음서에 나온다. 예수님께서는 부활 이후에 두 명의 익명의 제자들에게 나타나셔서 이렇게 말씀하신다. "미련하고 선지자들이 말한 모든 것을 마음에 더디 믿는 자들이여 그리스도가 이런 고난을 받고 자기의 영광에 들어가야 할 것이 아니냐?"(눅 24:25-27). 그리고 다시 좀 더 많은 수의 제자들 앞에서 예수님께서는 이렇게 말씀하셨다. "내가 너희와 함께 있을 때에 너희에게 말한 바 곧 모세의 율법과 선지자의 글과 시편에 나를 가리켜 기록된 모든 것이 이루어져야 하리라"(44절).

로저 베퀴스(Roger Beckwith, 111-15)는 그리스도께서 이 두 본문에서 구약의 전체에 대해서 말씀하고 계시다는 것을 설득력 있게 증명하여 주었다. 다시 말하자면 구약은 단지 오실 메시야에 대해서 증빙자료들만 제공해 주고 있는 것이 아니다. 구약의 중심주제들은 그리스도가 당하실 고난과 영광에 대해서 미리 제시해 주고 있다. 본 필자들의 소망은 구약의 그리스도 중심적인 성격을 우리의 독자들이 배웠으면 하는 것이다.

창 세 기

성경을 여는 첫 번째 책은 아주 적절하게도 "태초에"란 문구로 시작된다. 이 문구(브레쉬트)는 유대교의 전통 속에서는 이 책의 제목으로 사용되어지기도 했다. 진실로 이 책은 시작들 혹은 영어 제목인 Genesis(70인경으로부터 파생됨[창 2:4a가 그 원자료인 듯함])가 시사해 주듯이 "기원들"(origins)의 책이다. 이 책은 토라(성경의 처음 다섯 권의 책), 구약, 신약의 나머지 부분의 기초가 된다. 비록 이 책이 이러한 부분들에서 자주 인용되어지는 것은 아니지만 말이다.

토라의 다섯 권은 전통적으로 그 저자를 한 명 — 모세(아래를 보라) — 으로 보고 있는 것에서 알 수 있는 바와 같이 역사, 플롯, 주제에 있어서 하나의 통일성을 이루고 있다. 이 다섯 권의 책은 이러한 것들에 의해서 하나로 묶여 있다. 따라서 앞으로의 저작권, 문체, 신학적인 메시지에 대한 논의에 있어서 창세기만을 따로 분리해서 다루는 것은 전연 불가능하다.

창세기는 아마 성경의 나머지 모든 부분들이 다루고 있는 기간을 모두 다 합쳐 놓은 것보다도 긴, 아주 긴 기간을 다루고 있을 것이다. 이 책은 우리가 그 절대적인 연대에 대해서 전혀 알 수가 없는 사건인 아주 먼 과거의 창조의 사건으로부터 시작되며, 오랜 기간을 거쳐서 11장 마지막의 아브라함에 이른다. 이 시점에서부터 이야기의 흐름은 늦추어진다.

이야기의 초점은 땅에 대한 약속을 가지고 메소포타미아로부터 옮겨온 한 가족의 네 세대에 걸친 이야기에 맞추어지게 되는데, 이들이 이집트로 가는 것으로 그 내용이 끝이 나게 된다. 따라서 우리는 시간적으로 우리가 알 수 없는 미지의 기간을 다루고 있으며, 하나님의 백성이 근동의 한 쪽 끝으로부터 다른 한 쪽 끝으로 옮겨가는 것을 따라 이동해 가고 있는 모든 것의 기초들에 대한 책을 다루고 있다.

역 사 적 배 경

형성과정 및 저작권의 문제

창세기의 저작권의 문제는 오경 전체의 형성과정의 문제와 불가분의 관계를 맺고 있다. 그러므로 저작권의 문제에 대해서 다루고 있는 이 항목은 다른 장들의 경우보다 길어질 수밖에 없으며, 또한 이것은 이후의 다른 장들의 기초가 될 것이다. 그럼에도 불구하고 이 주제는 좀 더 상세한 논의를 필요로 하며, 이러한 이유 때문에 이차적인 참고문헌들에 대해서 특별히 주목할 필요가 있다. 이 문제에 대해서 보수주의 학자들은 다른 노선의 학자들과 심하게 분리되어 있다. 아래에서 정의하겠지만 이 문제의 논쟁의 초점은 모세 저작권의 문제이다. 그러나 논쟁이란 말은 어쩌면 이 경우에 있어서는 너무 강한 용어인지도 모르겠다. 왜냐하면 비보수적인 학자들은 저작권에 대해서 전통적인 견해를 여전히 옹호하는 학자들을 아무 말 없이 무시해 왔기 때문이다(Eissfeldt, *OTI*, 166). 공정하게 말해서 보수주의 기독교인들은 문서들의 존재 가능성에 대해 너무나 성급하게 자신들을 격리시켜 왔으며, 또한 모세 시대 이후의 저작 활동들에 대한 증거들로부터 자신들을 너무 폐쇄시켜 왔다. 보수주의 학자들과 다른 부류의 학자들 사이의 날카로운 분리는 최근에 와서 완화되었다. 비평학자들은 오경의 주제적인 통일성에 대해서 더 많은 강조를 하고 있으며, 보수주의 학자들 편에서는 문서들에 대해서 언급하는 것에 대해 덜 망설이는 태도(예를 들어 Ross; Wenham)를 취하고 있다. 그럼에도 불구하고 이 문제가 가진 성격과 그 중요성 때문에 우리는 보수주의 학자들과 비평주의 학자들의 전통적인 입장을 기술해주고, 현재의 논의 상태에 대해서 취급해줌으로써 이에 대해서 어느 정도 최종적인 결론들을 도출해 내고자 한다.

본문과 전통

　　　　　엄격한 의미에서 토라는 익명의 저자에 의한 것이다. 이 다섯 권의 책은 모세가 유일한 저자라는 주장을 그 어느 곳에서도 명백하게 혹은 암시적으로 하고 있지는 않다(Aalders 1981, 5). 그러나 다른 한편 초기의 유대교와 기독교의 전통(집회서[Ecclesiasticus] 24:23, 필로[Philo], 요세푸스[Josephus], 미쉬나[the Mishnah], 탈무드[the Talmud] 등을 언급하고 있는 해리슨[Harrison, *IOT*, 497]을 보라)은 창세기부터 신명기까지를 그의 것으로 보는데 있어서 사실상 의견의 일치를 보이고 있다. 그 근거가 도대체 무엇인가?

　모세와 현재의 토라간의 관계가 (오경에서) 분명하게 언급된 적은 분명히 없지만 그럼에도 불구하고 그의 저술활동에 대한 언급은 여러 번 나온다(Allis 1943, 1-18). 하나님은 그로 하여금 몇 가지 역사적인 사건들(출 17:14; 민 33:2)과 율법들(출 24:4; 34:27), 그리고 노래들(신 31:22, 신 32장을 보라)을 기록하라고 명령하셨다. 모세가 토라의 많은 부분의 저자라는 것이 밝혀져 있지는 않지만 본문은 그가 계시의 수여자였으며, 구속적인 행위들의 목격자였다는 것을 증거하고 있다.

　성경상의 후대의 증언에 따르면 모세의 이름과 연결되어 있는 율법책이 존재했었다(수 1:7, 8). 그리고 이후의 이스라엘의 역사에서 이스라엘인들은 "모세의 책"에 대해서 언급하고 있다(대하 25:4; 스 6:18; 느 13:1). 이러한 구절들은 비록 이 책의 형태나 범위에 대해서는 구체적으로 밝히고 있지는 않지만 모세의 기록에 대한 성경내적인 강력한 증거들을 제공해 주고 있다. 예수님과 초대 교회도 혹시 전부는 아니라 할지라도 토라의 상당 부분을 모세와 연결시키고 있음이 분명하다(마 19:7; 22:24; 막 7:10; 12:26; 요 1:17; 5:46; 7:23).

　이러한 증거들은 모세가 율법을 썼다는 확신을 가져다주었다. 그러나 이 견해에는 일부 구절들이 모세의 사후에 덧붙여졌다는 것에 대한 인정이 항상 따라다녔다. 이러한 모세 사후의 증보 부분으로 가장 명백한 것은 모세의 죽음에 대한 기록이다. 비록 이 장이 모세의 것이라고 보는 학자들이 일부 있기는 했지만 대부분의 보수주의 학자들은 이 장이 후대에 첨가된 것이라고 주장했다. 여호수아가 이것을 첨가했을 것이라고 보는 견해(Archer, *SOTI*, 83)가 있기는 하지만 좀 더 후대의 연대로 보는 것이 더욱 가능성이 있다. 모세 시대 이후에 쓰였을 것으로 보이는 구절들 중에는 창세기 11:31도 포함되어 있다. 이 구절은 아브라함의 출신지인 우르를 갈대아와 연결시키고 있다(갈대아인들은 기원전 일천년기에 메소포타미아 남부를 지배했던 민족이다). 또한 창세기 14:14도 여기에 포함된다. 이 구절은 단에 대해서 언급하고 있는데 이 도시는 훨씬 후대에야 이 이름으로 알려졌다(또한 창 32:32; 35:31; 40:15; 신 3:14; 34:1, 6, 10). 모세의 사후에 쓰였을 가능성이 아주 높은 이러저러한 구절들 외에도 모세의 것이라고 보기에는 어울리지 않는 구절들이 조금 더 있다. 예를 들어, 민 12:3은 모세가 다른 모든 사람들보다 온유함이 뛰어난 자라고 말하고 있는데, 이러한 말은 세상에서 가장 온유한 자가 자기 자신에 대해서 할 말은 아니라고 생각된다.

그러므로 보수적인 견해는 항상, 그러나 미묘한 태도로, 토라에 모세의 것이 아닌 부분들(non-Mosaic elements)이 있다는 것을 인정해 왔다. 물론 모세의 것이 아닌 것으로 여겨지는 이러한 부분들은 대부분 사람들이 보기에는 아주 적다. 그러나 그럼에도 불구하고 이것들이 존재한다는 사실은 모세가 오경의 저자라는 말이 꼭 오경의 모든 단어가 다 그의 것임을 의미하는 것은 아니라는 것을 보여준다. 오경에는 후대의 것으로 보이는 것들, 혹은 후대의 것임이 분명한 것들이 들어있기 때문에 많은 보수주의 학자들은 "본질적 모세저작설"(the essential authorship of Moses)이라는 용어를 쓴다. 이 용어는 모세가 오경의 저자라는 것을 확실하게 나타내면서도 후대의 정경상의 증보 부분들이 존재할 가능성을 열어 놓는다. 그러나 모세 이후의 증보 본문(post-Mosaica)이나 비모세적 증보 본문(a-Mosaica)은 진실로 단지 빙산의 일각일 뿐일 것이다. 또한 구약 역사의 가장 최후의 시기에까지 이르는 후대의 편집 작업이 상당량 있었을 수도 있다.

이와 더불어 오경을 저술할 때 자료들이 사용되었을 가능성을 인정해야만 한다. 이러한 자료들이 명백하게 언급된 경우는 드물다(민 21:14는 정복활동 이후의 문서로 보이는 "여호와의 전쟁기"에 대해서 말하고 있으며, 출 24:7은 "언약의 책"에 대해서 말하고 있음을 참고하라). 또한 톨레도트 문구

(the Toledoth formula)는 창세기에 광범위하게 자료들이 사용되었음을 나타내주는 것일 수 있다(아래의 구조에 대한 논의를 보라). 그러나 어찌 됐든 간에 성경 본문이나 성경에 대한 전통적인 교리가 성경 저자들이 자료들을 폭넓게 활용했을 것이라는 견해와 갈등을 일으키지 않는다.

역사비평학적 접근방법

지면상의 문제 때문에 오경의 형성과정에 대한 역사비평학적 접근방법의 문제는 아주 개관적으로 다룰 수밖에 없다. 이 방법의 발전과정과 그 결론들에 대한 상세한 논의는 크라우스(Kraus), 로저슨(Rogerson), 톰슨(R. J. Thompson)의 글에서 찾아볼 수 있다.

비록 오래 전부터 창세기에서 신명기까지의 문헌이 일관성을 갖고 있다는 것에 대해서 의심을 품은 사람들이 존재하기는 했지만 그 중에서도 가장 유명한 사람은 철학자 스피노자(Spinoza, 1632-1677년)이다. 그의 생각은 아스트뤽(J. Astruc, 1684-1766년)에 의해서 계승되었는데, 그는 의사였으며, 창세기의 저작에 사용된 것으로 확실시되는 두 개의 문서를 구분해 내는 간단한 기준을 제시하였다. 비록 그가 하나님에 대해서 두 개의 이름(엘로힘과 여호와)이 사용된 것에 기초해서 이 두 문서를 구분하기는 하였지만 기실 아스트뤽 자신은 창세기에 대한 모세 저작설을 옹호하고자 하였다. 그러나 그가 제시한 방법론은 그가 내린 결론들로부터 곧 분리되어졌으며, 그 다음 세기의 학자들(아이히호른[Eichhorn; 1788년부터 1827년까지 괴팅겐의 교수]이 가장 잘 알려져 있음) 및 그 이후의 학자들은 문서들을 찾는 일을 계속하였다. 1880년에 이르러서는 네 개의 기본 문서들, 즉 여호와 문서(the Jehovistic source, J), 엘로힘 문서(the Elohistic source, E), 제사 문서(the Priestly source, P), 신명기 문서(the Deuteronomic source, D)를 구분해 내는 여러 가지 많은 기준들이 제시되었다. 그리고 이 문서들 중에서 모세와 직접적인 관련을 맺고 있는 것은 전혀 없다고 생각되었다.

1880년대는 오경에 대한 역사비평학의 발전과정에 있어서 전환점적인 십 년 간의 기간이었다. 왜냐하면 이 기간 중에 벨하우젠(J. H. Wellhausen)의 기념비적인 「이스라엘 역사 서설」(*Prolegomena zur Geschichte Israels;*

1883년에 출판되었으며, 영어로는 1885년에 출판됨)이 출판되었기 때문이다. 이 벨하우젠의 책은 거대한 영향력을 행사하였다. 왜냐하면 그는 오경의 발전과정의 역사를 이스라엘 종교의 발전과정의 역사와 처음으로 설득력 있게 연결지었는데, 그 결과 유럽, 영국, 미국의 주도적인 학자들 대부분이 설득을 당했으며 그에 대한 비판자들(헹스텐베르크[Hengstenberg]와 델리취 [Delitzsch]가 가장 유명함)은 학계의 변경으로 밀려났기 때문이다. 심지어 문서설에 대한 근본적인 비판들이 일고 있는 오늘날에도 그것을 거부하는 것은 "천진하고 오만한"(naive and arrogant) 태도인 것으로 비하된다 (Childs, 127).

문서설에 대한 고전적인 견해는 벨하우젠의 시각과 관련이 있다. 물론 오늘날 스스로를 벨하우젠주의자로 간주하는 사람은 아주 적다. 그러나 그럼에도 불구하고 모든 사람들이 항상 자신의 견해를 벨하우젠의 견해와 비교하기 때문에 그것을 다루어주는 것이 도움이 될 것이다.

벨하우젠은 자기 이전의 학자들과 마찬가지로 오경이 네 개의 문서로 이루어져 있다고 주장했다. 그리고 이 문서들은 다음의 기준들에 근거해서 구분될 수 있다고 그는 생각했다:

1. 하나님에 대한 상이한 이름의 사용, 특히 여호와(J)와 엘로힘(E).
2. 중복 기사(doublets)의 존재. 즉 등장인물이 다른 경우도 있기는 하지만 기본적으로 동일한 이야기가 한 번 이상 반복적으로 나타나는 것(예를 들어 아내-누이 동생 이야기, 창 12:10-20; 20; 26), 혹은 한 내러티브 속에 동일한 목적을 가진 사건이 따로따로 등장하는 것(예를 들어, 창세기 37:5-11의 별들과 곡식 단들에 대한 요셉의 꿈들).
3. 문체의 차이. 동일인물이나 부족, 장소 등을 두 가지 다른 이름으로 사용하는 경우 등(르우엘/이드로; 호렙 산/시내 산; 야곱/이스라엘; 이스마엘 사람들/미디안 사람들).
4. 상이한 신학. 예를 들어 J는 하나님을 신인동형론적으로 그리고 있으며, D는 일종의 인과응보의 신학을 담고 있고, P는 제사에 대한 관심으로 가득 차 있으며 또한 하나님의 초월성을 강조하고 있는 경향이

있다고 주장됨. 이러한 문서들 사이의 상이한 시각 차이는 이스라엘의 신학이 동물숭배에서 단일신 신앙(henotheism: 다른 신들의 존재는 부인하지 않으면서 한 신만 믿는 것 ― 역주)으로, 그리고 마지막으로 유일신론으로 발전한 것을 보여주고 있다는 주장이 종종 제기되어졌다. 또한 전통적인 비평학자들은 예배 형태, 즉 예배의 중앙화 문제에 있어서 문서들 사이에 연대기적인 순서로 발전과정이 나타나 있다고 보았다. 전통적인 비평학에 따르면 J는 중앙화에 대해서 모르고 있으며(출 20:24-26), D는 그것을 요청하고 있으며(신 12:1-26), P는 그것을 가정하고 있다(출애굽기 25-40, 민수기, 레위기 1-9장).

이러한 기준들에 근거해서 벨하우젠은 다음의 문서들을 구분하였다(연대와 설명이 주어져 있음).

J. 벨하우젠의 시대 무렵에 J는 보편적으로 가장 오래된 문서인 것으로 인식되어 있었다. 그러나 그의 책이 나오기 얼마 전까지만 해도 현재 P라고 불리고 있는 E1이 가장 오래된 문서로 간주되어졌었다. J란 문서의 이름(Jahwist[독일어], Yahwist[영어])은 이 책이 가진 특징, 즉 이 책이 사용하고 있는 하나님의 언약적인 이름 때문이었다. 대부분의 비평학자들은 J의 저작연대를 왕정시대, 즉 주전 10세기 혹은 9세기로 보며, 이 책이 창세기 49:8-12 등과 같은 본문에서 유다에 대해 긍정적인 언급들을 하고 있다는 점 때문에 이 책이 그곳에서 기원했을 것이라고 믿는다. J의 문체는 보통 "명쾌하고 직설적이며, 그 단순성은 지고의 예술이다"(Speiser 1964, xxvii)라고 평가된다. 그 문체나 신학에 있어서 J는 P와 가장 날카롭게 대조된다. P는 하나님에게 초점을 맞추고 있는 반면에 J는 인간과 땅에 관심을 기울인다. J는 신인동형론적으로 하나님을 묘사한다. 예를 들어 하나님은 땅의 흙을 가지고 인간을 만드시며, 동산에서 아담과 함께 거니신다. J는 창세기 2장(소위 두 번째의 창조 기록)에서 시작되어서 민수기까지 계속 이어지는데 신명기의 몇 절이 여기에 포함될 수도 있다. J와 관련된 구절들의 완전한 목록은 아이스펠트(Eissfeldt, *OTI*, 199-201)를 참고하라. 문학비평가인 해롤드 블

룸(Harold Bloom)은 J에 대해서 아주 독창적인 분석을 해서 아주 폭넓은 주목을 받았다. 하지만 J가 여성이었으며, 아마도 다윗의 손녀였을 것이란 주장은 순전한 억측에 지나지 않는다(Alter 1990).

E. J가 여호와란 하나님의 이름과 관련되어 있는 반면에 E는 좀 더 일반적인 엘로힘(Elohim)이란 이름을 사용하고 있다는 점에서 구별이 된다. 이 문서는 J보다 한 세기 정도 이후에 쓰인 것으로 간주되며(왜냐하면 이 책이 왕국의 분열을 가정하고 있기 때문에; 참고, Soggin, 107), 북왕국을 배경으로 하고 있는 것으로 여겨진다(비록 Eissfeldt, *OTI*, 203은 이 점을 의심스러워하고 있지만). 후자의 견해는 북왕국의 문제 및 요셉과 같은 북왕국적인 인물들에 강조를 두고 있다는 사실에 의해서 추론된 것이다. 신학에 있어서는 E는 좀 더 "종교적이고 도덕적인" 관심사들에 초점을 두고 있다(Harrison, *IOT*, 502). E는 J나 P보다 단편(斷片)적이다(아래에서 언급될 것이지만 최근의 경향은 E의 부분들을 점점 더 많이 J의 것으로 보는 것이다). 이 문서는 창세기 15장에서 시작되며, 민수기 32장까지 계속된다. 그리고 신명기의 몇몇 구절도 역시 E에 속한 것으로 간주된다(Eissfeldt, *OTI*, 200-201의 완전한 목록을 보라).

D. 벨하우젠의 공헌 중의 하나는 D와 P의 순서를 뒤집은 것이다(Rogerson 1985, 266). 따라서 고전적인 문서비평학이 구분해낸 세 번째 자료층은 바로 D(Deuteronomic, 신명기적, 申命記的)이며, 이 문서는 오경 중에서 그 이름의 기원이 된 신명기에 전적으로 연결되어 있다(신명기를 다루는 장에 가서 이에 대한 광범위한 논의를 보라). 신명기의 핵심 부분은 요시야의 치세 중에 성전에서 발견된 문서로 이루어져 있었다고 생각되어지는 경우가 자주 있다(왕하 22-23장, 그러나 Wenham, 1985를 보라). 물론 이때 발견된 문서가 어떤 형태를 갖고 있었느냐 하는 것에 대해서는 큰 논쟁들이 있어 왔지만 말이다. 경우야 어찌됐든 거의 모든 비평학자들은 D를 요시야 시대의 것으로 본다(7세기말). D가 오경의 처음 네 권으로까지 확장되는 경우는 드물지만 이 문서의 영향력은 정경의 전체에 걸쳐서 강하게 느껴진

다. D의 신학은 신명기를 다루는 장에서 설명될 것이다.

P. P는 아마 오경의 네 자료층 중에서 가장 독특할 것이다. 이 문서의 관심사는 연대기, 족보, 의식(儀式), 예배, 율법 등인데, 이러한 영역들은 제사장 직분과 쉽게 연관되어지며, 따라서 제사 문서(the Priestly source)라는 이름이 붙게 되었다.

이 문서에는 전통적으로 5세기 혹은 4세기의 늦은 연대가 주어지며, 포로 시대 혹은 그 이후 시대가 연관되어진다. P는 포로기 이후 시대의 제사장 계층의 역할을 반영하며, 또한 그 시대의 율법에의 순종에 대한 관심을 반영하고 있다. 이 연대는 현재 P를 구성하고 있는 내용들이 수집된 연대가 그렇다는 것이며, 이 문서의 많은 내용들은 그보다 이른 시기에 파생된 것으로 여겨지고 있다. 이 문서의 후대성을 지지해 주는 근거 중의 하나는 P가 기껏해야 5세기의 것으로 간주되는 역대기에만 그 영향을 보여주고 있기 때문이다 (Eissfeldt, *OTI*, 208).

P는 창세기에서부터 민수기까지 광범위하게 분포되어 있다. 이 책들 중의 상당한 부분이 P에 속한 것으로 분류되었으며, 신명기에도 몇 절이 들어 있는 것으로 생각되었다(Eissfeldt, *OTI*, 188-89를 보라). P의 각 부분들은 다른 문서들에 속한 부문들과 병렬되어 있거나(예를 들어 창세기 1:1-2:4=P이며 창세기 2:4b-25=J임) 다른 문서들과 얽혀져 있다(홍수 이야기를 J와 P로 분류하는 전통적인 분석을 보라).

맥에버뉴(McEvenue)는 신비평(New Criticism)의 방법론(close reading[주의 깊게 읽기])을 가지고 P의 문체를 연구했다. 그는 P의 문학적인 가치와 신학적인 공헌도에 대한 통상적인 부정적 견해들에 반대했다.

일부 학자들은 P가 연속된 내러티브로 이루어진 문서가 아니며, "P"는 단지 오경의 최종적인 편집자를 가리키는 것일 뿐이라는 결론을 내렸다 (Wenham 1987, xxxii 및 참고문헌 목록).

편집자들. 지금까지 우리는 오경의 네 개의 중요한 내러티브 문서들에 대해서 기술했다. 이 문서들은 그냥 단순하게 병렬적으로 합쳐진 것이 아니라 창조적으로 엮어진 것이다. 이 문서들을 편집한 사람들은 보통 편집자들 (redactors or editors)로 불린다. 이 편집자들은 처음에 J와 E가 연결되고, 그 다음에 D가 JE와 연결되며, 마지막으로 P가 JED와 연결되어지는 전승들의 발전과정에 일익을 담당한 사람들이다. 이들 중에서 가장 중요한 편집자는 마지막 사람이 될 것이다. 왜냐하면 그는 토라의 마지막 형태에 독특성을 주었기 때문이다. 최근에 제기된 문서설의 한 흥미로운 견해는 프리드만 (Friedman, 2003)을 보라.

대안적인 비평학적 견해들

지금까지 우리는 고전적인 문서설을 다루었다. 아래에서 우리가 다루게 되겠지만 이 문서설에는 수많은 변이형들이 존재하며, 또한 몇 가지 근본적인 의문들도 제기되어졌다. 그러나 문서설을 평가하기 이전에 다음의 세 가지 비평학적인 견해들을 먼저 간단하게 기술하도록 하자: (1) 단편설(斷片說, the fragmentary approach), (2) 보충설(the supplementary approach), (3) 양식 비평 및 전승사 비평(form criticism and tradition history).

단편설적 접근방법

문서설(문서 분석 방법의 하나로서의)이 독특한 점은 오경의 형성과정을 설명하는데 있어서 문서들이 존재했다는 것을 주장하는 것에 있는 것이 아니라 이 문서들이 원래 네 개의 독립적이고 연속적인 내러티브들로 이루어져 있었다고 주장하는 점에 있다. 그러나 단편설은 문서들이 원래 독립적이고 통일된 문헌들이라는 것을 받아들이지 않는다. 이러한 접근방법을 처음으로 심각하게 제시한 학자들로는 게데스(A. Geddes), 파터(J. S. Vater), 데 베테(W. M. L. de Wette) 등이 있다(18세기 말과 19세기 초, Rogerson 1985, 35, 154-57을 보라). 문서설은 자신의 학설이 옳다는 것을 증명하는데 있어서 훨씬 더 큰 부담을 갖고 있다. 왜냐하면 문서설은 개별적인 문헌 덩어리들(단편들, fragments)이 어느 문서에 속하는 것인지를 파악하며, 또한 이 단편적인 문헌들이 문서설이 상정하고 있는 네 개의 연속성을 가진 문서들 속에 원래부터 들어 있었다는 것을 증명해야만 하기 때문이다.

보충설적 접근방법

어떤 학자들은 하나의 바탕이 되는 문서가 후대의 저자에 의해서 증보되었거나, 혹은 후대의 편집자가 하나의 문서를 기본으로 하고(바탕문서 [Grundschrift]) 이것을 다른 문서를 활용해서 보충했다고 생각하기도 했다. 초기의 에발트(Ewald, 19세기)나 기타 학자들(초기의 델리취 [Delitzsch])에 의해서 전개된 이 이론에 의하면, E는 바탕문서이며, J는 후대에 이것을 보충하기 위해 사용된 문서이다. 그러나 곧 E는 두 개의 독립된 문서(이후로는 E와 P라고 불림)로 나뉘게 되었으며, 결국은 하나의 연속된 문서가 아닌 다른 것이 되고 말았다. 그러나 최근의 일부 연구들(Wenham, 아래를 보라)은 요즈음 E가 독립된 문서로 간주되는 경우가 드물다는 사실에 근거해서 일종의 보충설로 돌아가고 있다.

양식 비평과 전승사 비평

자기 시대의 민담연구들에 영향을 받은 궁켈(H. Gunkel)은 오경의 기원에 대한 연구의 경로를 눈에 띄게 바꾸어 놓았는데, 최소한 독일의 중요한 많은 학자들의 경우에 있어서 그러했다(Longman 1985). 문서들(그는 이 문서들이 존재했다는 사실을 전혀 의심하지 않았다) 대신에 궁켈은 이 문서들의 구전(口傳)적인 기원과 그 시간에 따른 발전과정에 초점을 맞추었다. 그의 다음 세대에 와서 그의 생각은 특히 노트(Noth), 폰 라트(von Rad), 베스터만(Westermann)에게 영향을 주었는데, 이들 모두는 (궁켈과 마찬가지로) 전통적인 문서설을 계속해서 지지했다. 하지만 노트는 자신이 오경의 기본적인 주제라고 생각한 여섯 가지 기본 주제에 관심을 집중했다.

1. 원역사(Primeval History)
2. 족장들의 이야기(Patriarchal stories)
3. 출애굽 전승(Exodus)
4. 시내 산 전승(Sinai)
5. 광야 방랑기(Wilderness Wanderings)
6. 정착 전승(Settlement)

노트는 이 여섯 가지 기본주제가 서로 독립적으로 기원하고 발전되었으며, 이것들이 함께 엮어지게 된 것은 후대의 일이라고 주장했다. 폰 라트는 이에 동의하는 것과 아울러 출애굽 전승에 시내 산 전승이 결여되어 있다는 사실을 지적했다. 그는 이 두 전승이 서로 독립된 발전의 역사를 갖고 있다는 것을 증명해주는 강력한 증거로서 신명기 26:5-10(시내 산에 대한 언급이 결여되어 있는 이른 시기의 전승)을 인용했다.

전승사 비평과 문서설이 양립할 수 없다는 것을 인식한 사람은 바로 독일 학계의 전통 속에 서 있는 렌토르프(Rendtorff)이다(*OTI*, 160-63, 1977).[1] 그의 책에서 그는 어떻게 독립적인 전승들(independent traditions)이 개별적인 복합전승들(individual complexes of tradition; 아브라함, 이삭, 야곱, 요셉 등과 같이 서로 다른 족장들에 대한 이야기들)로 엮어지게 되는지를 기술하고 있다. 이러한 복합전승들은 나중에 좀 더 큰 복합전승군(lager complexes; 족장들의 이야기[the patriarchal narrative], 전승들을 하나로 묶어주기 위해 여러 부분들이 증수되어짐)으로 묶여졌다. 이후에 이 족장들의 이야기는 신학적인 편집 작업에 의해서 더 큰 문헌단위들(larger units) 속으로 삽입되었으며, 최종적으로는 신명기사학파 및 제사장 계층의 수정 작업(a Deuteronomistic and Priestly revision)을 받았다.

렌토르프는 현재의 본문이 서로 상이한 연속적 문서들이 조잡하게 연결된 것이라고 보는 문서설로부터 거리를 두고 있다는 점에 있어서는 확실히 옳

---

1) 또한 I. Engnell, *Critical Essays on the Old Testament*, ed. J. T. Willis and H. Ringgren(London, 1970)에 의해서 대표되는 스칸디나비아 학계를 보라.

다. 그의 접근방법은 옛날의 비평학적인 접근방법과는 전혀 다른 태도로 내러티브의 흐름의 자연스러움을 고려하고 있다. 그러나 좀 더 최근의 문학적인 접근방법들은 옛날의 접근방법들, 그리고 특히 전승사 비평적인 접근방법에 좀 더 깊은 차원의 의문을 표시하고 있다.

비평학적인 접근방법들에 대한 평가

오경에 대한 비평학적인 접근방법은 항상 유대교와 기독교 학계 양쪽의 보수주의자들로부터 저항을 받았다. 방법론에 대한 뚜렷한 공격은 19세기의 헹스텐베르크(Hengstenberg)와 델리취(자신은 나름대로의 수정된 문서설적 접근방법을 취했다), 그리고 20세기의 앨리스(O. T. Allis), 카수토(U. Cassuto), 키친(K. Kitchen), 웨넘(G. J. Wenham) 등에 의해서 제기되었다. 이러한 저서들은 오늘날에도 여전히 커다란 유익이 된다. 하지만 이들의 날카로운 비판은 벨하우젠을 향해 있는데, 그의 독특한 견해들은 이제는 더 이상 살아 있는 견해가 아니다. 이 학자들은 성경학계의 주류를 차지하고 있는 학자들에 의해서 부당하게 무시를 당해 왔다. 그러나 전통적인 오경 연구에 대해 최근 비평학계내로부터 비판들이 제기되기 시작하면서 그들이 주장한 바들이 다시 등장(그들의 견해에 대한 인정이 없이)하고 있는 것을 보게 되니 참으로 다행한 일이다. 현재 전통적인 문서비평은 모든 학파에서 쇠퇴하고 있다. 아주 최근의 학계는 문서들의 문제에 대해서 점점 더 힘을 덜 기울이고 있으며(예외들도 있다; Emerton을 보라), 대신에 오경과 그 안의 개별적인 책들의 최종적인 구성형태에 대해서 점점 더 많은 힘을 기울이고 있다. 문서설적인 접근방법으로부터 점점 멀어지는 이러한 경향이 나타나고 있는 이유는 두 가지가 있다. 즉 (1) 이 방법론이 갖고 있는 내적인 문제들과 (2) 본문에 대하여 더 새롭고 총체론적(holistic)인 접근방법들의 등장이 그 이유들이다. 이 두 가지 이유는 서로 밀접하게 연결되어 있다. 즉 문서설이 갖고 있는 문제들은 해석자들로 하여금 총체론적인 본문 읽기를 하도록 고무시킨다. 또한 총체론적인 독법은 문서설의 문제점들을 뚜렷하게 부각시켜 준다. 이처럼 이 두 가지 이유들은 서로 맞물려 있다. 하지만 우리는 이 두 가지 사항을 분리해서 기술하도록 하겠다.

문서설이 가진 문제점들

최근에 이르러 문서설에 회의적인 시각들이 쏟아져 나오고 있다(Kikawada and Quinn; Whybray; Alexander). 우선 문서들을 나누는데 사용된 기준들(위에서 언급함)에 대한 의심이 제기되고 있다. 예를 들어, 하나님에 대해 서로 다른 이름들(특히 엘로힘과 여호와)이 사용된 것은 서로 다른 문서가 존재했기 때문이라기보다는 문체적인 이유 때문일 수 있다. 키카와다와 퀸(Kikawada and Quinn 1985, 19)은 이에 대해서 다음과 같이 대안적인 설명을 제시했다:

> 원역사(the primeval history: 창세기 1-11장을 가리키는 학술 용어 — 역주) 중에서 지혜문학에 적합한 측면을 논의할 때는 그는 엘로힘을 사용하고 있다. 그리고 특별 계시를 강조하는 측면을 다룰 때는 그는 여호와라는 이름을 사용하려고 하는 경향이 있다.

엘로힘과 여호와라는 이름이 모든 경우에 있어서 이처럼 의도적인 용법을 갖고 있다는 것을 증명하는 것은 불가능할 것이다. 그러나 최소한 이것을 문서를 나누는 근거로 사용하는 것에는 의심을 품게 만든다(또한 제3의 대안을 위해서는 Millard and Wiseman 1980, 157-88에 나오는 웨넘[Wenham]의 글을 보라). 또한 하나의 본문 속에서 한 신의 이름을 여러 가지 이름으로 부르는 것은 성경 이외의 고대 근동의 문헌들에서 꽤 흔한 일이다.

오경의 내러티브들 중에 중복기사들(doublets, 유사한 혹은 거의 유사한 이야기들)이 있다는 것은 부정할 수 없다. 창세기 12:10-20; 20; 26(사실은 삼중기사!)을 잠깐만 읽어보는 것만으로도 이것은 분명한 일이다. 각각의 본문에서 족장들은 자기 아내를 자기 누이로 가장함으로써 이방의 궁정에서 자신을 보호한다. 문서비평적 접근방법을 취하는 전통적인 비평학계는 첫 번째와 마지막 것은 J에, 그리고 중간의 이야기는 E에 할당한다(Speiser

1964, 91). 셈족어계 문헌들의 문체에 대한 최근의 연구에 의하면 이러한 반복적인 내용들은 어떤 효과를 얻기 위해 의도적으로 사용된 것들이다. 올터 (Alter)의 연구들은 이러한 중복기사들이 사실은 "의도적으로 사용된 문학 기법"이라는 것을 보여주었으며, 그는 이것을 "정형화된 장면들"(type scenes)이라고 불렀다(1981, 50). 올터는 이 정형화된 장면들이 공통적인 내용을 반복하는 이야기 형식이라고 정의하였는데, 저자는 두 이야기 사이의 연결성에 대해 독자의 주목을 끌기 위해 양자 사이의 비슷한 점들을 강조해 주는 수단으로 이 정형화된 장면들을 사용한다. 올터는 문서설에 대항해서 "중복기사들"이 존재하는 이유에 대해 이러한 문학적인 해결책을 제시한다. 그는 이 이야기들 사이의 문학적인 연결점들이 있다는 것을 부각시키는 것으로 만족한다. 하나님께서 역사 속에서 목적을 가지고 활동하신다는 것을 믿는 사람들은 본문의 배후 속에서 사건들을 빚어나가시는 그분의 손길을 보게 된다(Alter 1981, 47-62와 Moberly, 31-32에 있는 상세한 논의를 보라).

우리는 이야기 같은 성격의 J문서와 목록 같은 것을 나열하기 좋아하고 형식적인 P문서 간의 차이를 쉽게 구별할 수가 있다. 그러나 이것이 저자의 차이 때문인가, 아니면 주제의 차이 때문인가? 그리고 또한 저작권의 차이(또는 좀 더 엄밀하게 이야기해서 족보들과 같은 기존 자료들이 사용되었다는 점)를 인정하고 들어갈 경우 도대체 어떤 것에 근거해서 P가 J보다 후대의 것이라고 추정할 수 있는가?

어떤 장소나 사람이나 사물에 대한 이름이 두 개가 등장하는 경우 그 해결책은 중복기사들에 대한 경우와 상당히 흡사하다. 이러한 현상은 저자가 단일한 것이 확실한 성경외적 문헌들에서 살펴볼 수 있다(Harrison, *IOT*, 521-22; Kitchen 1967). 그리고 또한 어떤 경우에는 문학적인 이유 때문일 수도 있다(Alter 1981, 131-47).

문서를 구분하는 마지막 기준은 신학적인 차이점들이다. 사실상 오늘날 구약에서 동물숭배로부터 단일신 신앙을 거쳐 유일신 신앙에 이르는 종교적 진화의 흔적을 찾아볼 수 있다는 벨하우젠의 생각을 받아들이는 사람은 없다. 그의 헤겔주의적인 전제들은 너무나 잘 알려져 있으며, 동시대의 비평학자들에 의해 거부를 당했다. 또한 벨하우젠은 이상형, 즉 원시적 과거를 회복하고자 하는 낭만주의적 열망에 의해 자극을 받았으며, 이러한 생각을 자기의 성경 연구에 적용했다.

오늘날의 사고방식은 대부분의 경우 이와 다르다. 벨하우젠으로부터 직접 파생된 비평학파들의 경우에서조차도 관심의 초점은 문서 분석으로부터 본문의 최종형태 쪽으로 이동했다. 게다가 문서들을 나누는데 사용된 많은 신학적인 차이점들은 다른 식으로 해석되어질 수 있으며, 또한 다른 방향으로 이해되어질 수도 있다. 예를 들어, 예배의 중앙화의 문제(앞의 p. 55를 보라)로 돌아가 보자. 사실상 이 문제는 오경이 중앙 제단에 대한 다른 태도들을 기록하고 있다는 것을 제외하고는 아무 문제가 없다. 출애굽기 20장이 한 개 이상의 예배 처소를 가정하고 있는 반면에 신명기 12장은 중앙화를 요구하고 있고, 레위기와 민수기의 본문들도 이 점을 가정하고 있다는 것은 사실이다. 그러나 신명기 12장에 대한 면밀한 연구를 해보면 이러한 요구가 즉각적인 중앙화를 요구하는 것이 아니라 하나님께서 그들에게 "사방의 모든 대적을 이기게 하시고 … 안식을 주사 … 평안히 거하게 하실"(신 12:10) 때에야 비로소 효력이 발휘되어지게 될 것이라는 것을 의미하고 있음이 드러난다. 이러한 조건은 다윗 왕이 성전을 지으려고 하기 직전까지는 조성되어지지 않았다(삼하 7:1). 그 때까지는 출애굽기 20장이 효력을 발휘하고 있었으며, 여러 제단을 만드는 것에 대해서 관장을 했다. 레위기와 민수기는 중앙 성소가 지어질 때를 고대하고 있다. (대안적인 절충안에 대해서는 맥콘빌 [McConville]을 보라).

이러한 기준들 이외에도 비평학적인 접근방법은 문서들의 범위에 대해서 의견의 일치를 일구어내는데 항상 실패해 왔다. 그러므로 여기에 주관적인 요소가 개입되어 있다는 것이 분명하며, 이것은 이 방법론의 학문적인 기초에 의심을 품게 만든다. 이처럼 의견의 일치를 만들어내는데 있어서 실패했다는 사실은 하나의 문서층을 여러 개의 층(Smend의 J[1], J[2]를 보라)으로 다시 나누는 것에 의해서 드러나는데, 이러한 경향은 종종 새로운 기호의 등장을 가져 왔다. 예를 들어, 아이스펠트(Eissfeldt)의 L(Laienquelle, 평민 문서), 노트(Noth)의 G(Grundschrift, 바탕문서), 포러(Fohrer)의 N(Nomadic, 유목민문서), 파이퍼(Pfeiffer)의 S(Seir, 세일문서) 등을 보라. 전통적인 문서 가설의 붕괴를 보여주는 또 하나의 신호는 E가 독립된 문서로서 존재한 적이 있었느냐 하는 것에 대한 의심이 폭넓게 표현되고 있다는 점이다(Volz, Rudolph, Mowinckel, cf. Kaiser, *IOT*, 42 n. 18). 이와 유사한 의견의 불일치는 문서들의 연대를 추정하는데 있어서도 발견된다. 폰 라트는 J의 연대를 솔로몬의 시대로 보았는데, 슈미트(Schmidt)는 7세기의 연대를 주장했으며, 반면에 최근의 반 시터스(van Seters 1992, 34)는 포로기 시대의 연대를 선호했다. 또한 대부분의 학자들은 P의 연대를 포로기 이후 시대로 보는 반면에 하란(Haran)은 이 문서가 주전 8세기의 히스기야의 개혁과 연결되어 있다고 주장했다.

비록 이러한 의견의 불일치가 실망스럽기는 하지만 이것이 문서들의 존재를 완전히 부정하게 만드는 것은 아니다. 하지만 최소한 이러한 의견의 불일치는 최종적인 형태의 본문 속에서 문서들을 확실하게 구분해내는 것이 가능한가 하는 것에 대해 의심을 품게 만들어 주며, 학자들이 최종적인 형태의 본문에 더욱 관심을 갖도록 격려해 준다.

오경에 대한 최근의 접근방법들

1970년대, 그리고 특히 1980년대와 1990년대에 성경에 대한 문학적인 접근방법이 성경학자들의 주의를 다시 사로잡았다(1장, 문학적인 분석을 보라). 이러한 관심은 성경의 많은 부분의 문학적인 특질들을 다시 부각시켜 주었는데, 특히 창세기의 내러티브들의 경우에 더욱 그러하였다(Fokkelman, Clines, Kikawada and Quinn, Wenham, Whybray). 문학적인 접근방법은 종종 기원과 역사적인 측면에 대한 문제들을 잠깐 보류한다. 따라서 이러한 연구를 하는 학자들은 문서들의 문제를 밀쳐둔다. 그러나 그들이 산출해 낸 연구결과들은 창세기가 문학적인 통일성을 갖고 있으며, 그 자체의 셈족 문화의 기준들에 근거해서 판단해 볼 때 예술적인 탁월성을 보여주고 있다는 것을 증명해 준다.

이러한 연구들은 문서비평을 약화시키는 효과를 갖고 있다. 많은 학자들은 문서 분석이 문학적인 접근방법과 병행될 수 있다고 믿는다. 반면에 또한 어떤 학자들은 문학적인 접근방법이 문서 분석이 가능하다는 생각에 타격을 주며, 또는 최소한 문서 분석을 할 필요가 있다는 생각에 타격을 준다고 생각한다. 예를 들어, 요셉 이야기는 현재의 본문 그 자체로 아주 뛰어난 일관성과 문학적인 탁월성을 보여주고 있다. 따라서 이 이야기는 두 개의 다른 문서들을 기계적으로 합친 것의 결과가 아니라는 것이 거의 확실하다. 정경비평에 대한 최근의 경향(Childs)도 역시 주석학적인 연구의 대상은 바로 우리 앞에 놓여 있는 본문이라는 사실을 지적해 주고 있다(문학적인 접근방법과 정경비평의 밀접한 관계에 대해서는 바튼[Barton]을 보라).

요약과 결론들

오경의 형성과정의 문제에 대한 비평학적 접근방법들 가운데서 문서 가설은 이백년 이상(아이히호른[Eichhorn] 이래로) 지배적인 위치를 차지해 왔다. 이 가설은 지난 한 세기(벨하우젠[Wellhausen]의 저작 이후로)에 걸쳐 큰 신뢰 속에서 "비평학의 확고한 결실들" 중의 하나인 것으로 간주되어 왔다. 따라서 오늘날 이 가설이 가진 문제들이 인식되고, 대안들이 주어지고, 학자들의 열심이 다른 방향들로 나아가게 됨에 따라 이 가설이 강력하게 주장되어지지 않게 된 것은 놀라운 일이다. 다음 십년 동안에도 이 방법론에 대한 어느 정도의 변론이 이루어지리라는 것은 쉽게 예상할 수 있지만 이러한 변론들은 이제는 그 타당성이 보이지 않는 하나의 접근방법의 마지막 가쁜 숨과 같은 것이 될 것이다.

도우즈만(Dozeman 1989, 1)은 현재의 문제 상황을 "창조적인 시기"라는 말로 표현했는데, 이 표현은 타당성이 있다. 이 표현을 통해서 그는 부분적으로는 이 시기가 고전적인 문서 가설로부터 이탈하는 전이의 시기라는 것을 말하고자 했다. 새로운 의견의 일치가 어떤 것이 될 것인지, 아니면 혹은 과연 의견의 일치 자체가 이루어질 것인지에 대해서는 뭐라고 말하기가 어렵다. 그러나 그 대안이 비평학 이전의 시대로 돌아가서 아주 사소한 예외들(소위 a-Mosaica[오경 중 모세의 것이 아닌 부분들]와 post-Mosaica[모세 이후에 더해진 부분들])을 제외하고는 모세의 저작권을 받아들이게 되거나 고전적인 문서설적 접근방법과 같은 것으로 돌아가지는 않을 것이라는 것만은 확실하다. 이 책의 초판이 출판되기 직전의 시기의 비평학계는 렌토르프와 도우즈만이 제시한 노선들을 따라 전승사 비평적인 접근방법 쪽으로 경도되는 것으로 보였다. 어찌됐든 관심은 점점 더 최종적인 형태의 본문에 주어지게 될 것이다. 도우즈만의 견해 역시 전승의 최종적인 편집자들의 업적을 긍정적으로 묘사하는데 중점을 두고 있다. 그러나 오경 연구의 초점을 다시 통시적인 논제들로 이동시키려는 가장 최근의 시도들 중의 하나가 카(Carr)의 「창세기의 쪼개진 깨진 틈들을 읽기」(*Reading the Fractures of Genesis* 1966)로부터 나왔다. 이 책에서 그는 공시적인 내러티브 분석으로부터 얻어진 통찰들을 참고하고 심지어는 해체문학(deconstruction)적 통찰들마저도 고려하는 형태의 통시적 접근방법 형태를 주창한다. 그럼에도 불구하고 그는 여전히 P문서와 비P문서(non-P source)를 구분할 수 있다고 믿는다.

반면에 오경의 형성과정의 문제에 대한 전통적인 복음주의적 입장 역시 미묘하면서도 중요한 변화를 경험하고 있다. 복음주의 학자들은 오경이 모세 이전의 문헌들과 아울러 모세 이후에 증보된 부분들을 갖고 있다는 것을 인정하고 있다. 게다가 어떤 학자들은 옛 문서 가설의 노선을 따라서 문서들의 존재를 기꺼이 인정하고 있다. 예를 들어, 웨넘(Wenham 1987, xxxvii-xlv)은 P가 고대 문서이며, J는 최종적인 편집자-저자라고 믿고 있다(그리고 그는 J가 모세라는 생각을 은근하게 내비치고 있다). 한편, 로스(Ross 1988, 35 n. 12)는 기호를 뒤집어서 J는 문서이고 P가 모세라고 주장하고 있다.

결국 여기에서 분명한 점은 증거가 어느 하나를 뚜렷하게 말해주지 않는다는 것이다. 자료들에 대한 가장 좋은 해석은 문서들의 범위나 연대에 교조주의적인 선을 긋지 말고 그냥 문서들의 존재와 발전과정의 흔적을 인정하는 것이다. 모세 이후에 증보된 부분들과 모세의 것이 아닌 부분들의 존재는 후대에 덧붙여진 부분들이 있음을 보여주는데, 그것들의 범위가 어디까지이냐 하는 것은 의문으로 남아 있다.

최종적인 분석을 통해서 볼 때 몇 가지 내적 증거들과 강력한 외적 증거들을 따르면 몇 가지 모세 이전의 문서들과 모세 이후의 삽입구들 및 증보 부분들을 어느 정도 인정함과 아울러 오경의 상당 부분에 대한 모세 저작권을 주장하는 것이 가능하다. 본문의 구체적인 구성요소들(예를 들어, 무엇이 모세 이전의 것이고 무엇이 모세의 것이며 또 다른 무엇이 모세 이후의 것인가 하는 것 등: 크리스텐센과 나루키[Christensen and Narucki]에서 몇 가지 도움이 되는 비근한 예들을 볼 수 있다[특히 468])에 대해서 열린 태도를 가지고 교조주의적이지 않은 태도를 취하는 것이 본문상의 증거와 보조를 맞추는 일이다. 어찌됐든 우리의 관심의 대상은 최종 형태의 본문이다. 왜냐하면 바로 이것이 하나님께서 교회에 감화(感化)를 주시기 위해 주신 것이기 때문이다.

고대 근동의 배경

구약의 모든 본문들은 다 고대 근동의 배경을 갖고 있다. 그러나 그 중에서도 특히 창세기의 해석은 메소포타미아, 가나안, 이집트의 비교 가능한 문헌들에 대한 지식들로부터 많은 도움을 얻는다. 여기에서는 더 상세하게 다룰 수는 없지만(Longman 2005를 보라) 그 중요성을 보여줄 만한 개관을 부분적으로 제공하는 것이 좋은 듯하다.

첫째, 창조 기록은 반드시 고대 근동의 문헌들의 맥락, 그 중에서도 특히 바벨론과 우가릿 문헌들의 맥락에서 연구되어야 한다. 바벨론으로부터 우리는 에누마 엘리쉬(Enuma Elish) 같은 창조에 대한 문헌을 찾아냈는데, 이 문헌은 마르둑(Marduk) 신이 바다 괴물 티아맛(Tiamat)에게 승리를 거두고 그의 시체로부터 하늘과 땅을 만든 이야기를 기술하고 있다. 나중에 마르둑은 티아맛의 심복이자 부하인 킹쿠(Qinqu)를 처단하고 그의 피와 땅의 진흙을 가지고 인간을 만든다. 아트라하시스(Atrahasis) 신화는 인간 창조의 목적에 대한 내용을 더해준다. 인간은 관개수로를 파는 일을 하던 열등한 신들의 역할을 대신하기 위해 만들어진 것이다. 바알에 대한 우가릿 신화는 이 이야기의 서부 셈족 판본을 담고 있다. 이에 따르면 최고신인 바알은 바다의 신 얌(Yam)을 무찌른다. 이 대목에서 진흙 토판이 깨져 있기는 하지만 대부분의 학자들은 이 깨진 부분이 하늘과 땅의 창조에 대한 내용을 기술하고 있을 것이라고 생각한다. 창세기 1-2장의 이야기를 이 신화들의 맥락에서 읽을 때 우리는 그 논쟁적인 성격을 선명하게 보게 된다. 바벨론에서는 창조는 신의 성적 행위와 갈등의 결과이다. 반면에 창세기에서는 하나님은 주권적이고, 자기충족적이며, 지고의 존재이다. 고대 근동에서는 창조는 이미 존재하는 물질로부터 파생된다. 반면에 성경에서는 창조는 무로부터 이루어진다(Levenson과 대조).

둘째, 홍수 이야기는 고대의 홍수신화들, 그 중에서도 특히 길가메쉬 서사시(가장 최근에 나온 Mitchell 2004를 보라)의 열한 번째 토판에 기록된 것의 맥락 속에서 읽어야 한다. 이 두 기록간의 유사점들은 압도적이다. 신의 분노는 홍수로 전 지구를 멸망시키는 것으로 귀결된다. 그러나 한 사람과 그의 가족이 방주를 만들고 거기에 짐승들을 태움으로써 살아남는다. 홍수로 찬 물이 물러갔을 때 방주는 한 산에 정박한다. 배에서 나가는 것이 안전한지를 확인하기 위해 홍수 이야기의 주인공인 우트나피쉬팀(Utnapishtim)은 세 마리의 새를 연속으로 내보낸다. 방주에서 나가자마자 그는 우선 제사를 드린다. 그러나 양 이야기 사이의 차이점들 역시 아주 현저하다. 그 중에서도 가장 두드러진 것은 신들 사이의 갈등과 홍수가 차오를 때에 신들이 겪는 공포이다. 게다가 홍수로 심판을 한다는 착상은 완전히 잘못된 것이었음이 드러난다. 왜냐하면 그들은 인간이 드리는 제사에 자신들의 음식을 의존하고 있었기 때문이다. 우트나피쉬팀이 제사를 드릴 때 이 문헌은 신들이 "파리 떼처럼" 그 주변에 몰려들었다고 말하고 있다. 성경과 이 문헌 간의 관계에 대해서는 논쟁이 많은데 어떤 이들은 성경 본문이 이 바벨론의 원본을 손질해서 기록한 것이 명백하다고 주장한다. 그러나 이 바벨론의 이야기와 성경의 이야기가 공통된 전승으로부터 파생된 것이라는 주장 역시 가능하나. 성경적 세계관을 믿는 사람들에게 있어서는 바벨론 판 이야기가 그 민족의 다신교적인 종교에 맞춤으로써 원래의 이야기로부터 훼손된 것이라고 추정할 수도 있다.

셋째, 족장들의 내러티브들은 유사한 사회적 관습들을 담고 있는 마리와 누지의 동시대 문헌들의 조명 속에서 읽어야 한다. 비록 양자의 유사성이 과거에는 과대평가되고, 때로는 이 본문들의 초기 저작설을 지지하기 위해 잘못 사용되기는 했지만 이 문헌들은 지금도 여전히 이 시대에 대한 우리의 이해를 풍성하게 해주는데 도움을 주는 정보들을 담고 있다(Selman). 마찬가지로 요셉 내러티브를 우리가 이집트의 관습에 대해서 알고 있는 것들에 비추어서 읽으면 많은 도움이 된다(Hoffmeier).

문 학 적 인   분 석

구조

창세기는 독자의 시각이나 관심에 따라서 여러 가지 방법으로 자를 수 있는 파이와 같다. 아마 창세기의 구조에 사용된 가장 매혹적인 문학적인 장치는 소위 톨레도트(Toledoth)란 문구일 것이다. 엘레 톨레도트란 히브리어 문구는 열한 번 나타난다(2:4; 5:1; 6:9; 10:1; 11:10; 11:27; 25:12; 25:19; 36:1; 36:9[36:1에 의해서 표시된 부분의 일부분일 수도 있음]; 37:2). 이 문구는 "내력", "계보", "족보" 등의 여러 가지 다른 표현으로 번역되었다. 이 문구는 "천지"에 대해서 언급하고 있는 첫 번째의 경우를 제외하고는 사람의 이름을 따라 나온다. 처음의 문구를 뒤이어 나오는 이야기의 흐름은 아담, 노아, 노아의 아들들, 셈, 데라, 이스마엘, 이삭, 에서(이 문구는 이 부분에서는 36:1, 9에 두 번 나온다), 야곱의 "족보는 이러하니라"라는 부분들로 나뉜다. 따라서 창세기는 하나의 서론(1:1-2:3)을 뒤이은 열 개의 에피소드로 이루어져 있다. 이 문구는 그 문구와 함께 언급된 사람이 꼭 그 에피소드의 중심인물인 것이 아니라 그 항목의 시작을 나타내며, 그 항목은 그의 죽음으로 끝이 난다. 따라서 이 문학적인 장치는 앞에서 언급한 가설적인 문서들을 횡으로 가르면서 창세기에 통일감을 부여해 준다. 비평학자들은 이 문구를 P문서와 연관시킨다.

창세기의 구조에 대한 두 번째 접근방법은 창세기의 내용들 중에서 내용과 문체 면에서 변화가 일어나는 부분들을 고려한 것이다. 우선 우리는 창세기를 1:1—11:32과 12:1—50:26의 두 부분으로 나눌 수 있다. 전자는 원역사로서, 창조로부터 바벨탑까지의 시간을 포괄한다. 이 부분에 포함된 장들은 먼 과거의 정확히 말할 수 없는 아주 긴 시간을 다루고 있다. 창세기의 두 번째 부분은 플롯이 천천히 흘러가는 것에 의해 특징지어지며, 아브라함과 그의 네 대에 걸친 가족에게 초점을 맞추고 있다. 이 장들은 보통 족장들의 이야기라고 불리며, 창세기 12장에서의 아브라함의 부름 받음으로부터 시작해서 이 책 마지막의 요셉의 죽음에 이르기까지 약속의 백성의 움직임을 따라다닌다. 창세기의 이 두 부분은 각각 하나님의 말씀에 의해 시작되어지는 창조의 이야기로 시작된다. 창세기 1:1에서는 하나님은 자신의 말씀의 힘에 의해서 우주가 존재하게 되라고 말씀하신다. 창세기 12:1에서는 하나님은 자신의 말씀에 의해서 하나의 특별한 백성이 존재하게 되라고 말씀하신다(Brueggemann, 105).

창세기의 두 번째 부분은 다시 족장들의 이야기와 요셉 이야기로 나누어 볼 수 있다. 전자는 아브라함과 이삭과 야곱의 삶에 일어난 에피소드적인 짧은 기록들이다. 요셉 이야기(창 37, 39-50장)는 하나의 연결된 플롯으로서, 어떻게 아브라함의 가족이 애초에 애굽으로 가게 되었는지를 기록하고 있다. 이 이야기는 출애굽기에서 계속 이어진다(신학 항목을 보라). 이 이야기는 애굽으로 내려간 칠십에서 칠십오 명의 한 가족과 사백년 후에 막 출애굽을 하려고 하고 있는 한 백성 사이의 전환점을 제공해 주고 있다.

창세기의 장르

이 항목에서의 우리의 초점은 현재의 정경적인 형태 속에서의 이 책 전반에 대한 것이다. 우선 이에 대한 논의는 창세기 속에 명백한 다양성이 존재하고 있음을 부인하지 않는다. 즉 독자들은 처음의 열한 장에서 시간적, 공간적으로 광대한 범위를 섭렵하다가, 그 다음에는 족장들에 대한 일화적인 기록들로 옮겨가며, 마지막으로는 이야기와 같은 성격을 가진 요셉에 대한 기록으로 옮겨갈 때 이러한 다양성을 느끼게 된다. 또한 이 책은 족보(창 5장), 전쟁 기록(창 14장), 유언의 시(49장) 등의 여러 가지 다양한 요소들로 구성되어 있다.

그러나 비록 이 책에 이러한 여러 가지 다양한 점들이 들어 있다는 것이 명백하기는 하지만 그럼에도 불구하고 이 책 전체의 장르에 대해서 생각해 보는 것은 유용한 일이다. 창세기는 내러티브 플롯에 있어서의 통일성을 가지고 세상의 창조로부터 애굽에서의 우거까지 독자들을 인도해 간다. 이 마지막 문장은 마치 역사서에 대한 정의처럼 들리는데, 이러한 정의는 독자가 이 책을 접할 때 만나게 되는 장르 표시들과 통하는 바가 있다.

예를 들어, 이 책의 상당 부분은 히브리 성경의 내러티브의 근본적인 특징인 소위 봐브 계속형(waw consecutive)을 사용해서 기록되어 있다 (Aalders, 45). 그리고 이 책의 구조를 형성하고 있는 빈번한 톨레도트 문구 역시 이 책의 역사적인 동기를 보여준다. 또한 창세기와 오경의 나머지 책들, 그리고 오경과 소위 역사서들 간에는 우리로 하여금 창세기를 역사가 아닌 다른 어떤 것으로 읽도록 유도할 만한 급격한 장르상의 변화가 존재하지 않는다. 따라서 성경 저자(들)의 원래 의도에 근거해서 말하자면 이 책의 문체는 저자가 우리로 하여금 이 책을 먼 과거에 일어난 일들에 대한 기록으로 읽어주기를 바라고 있다는 분명한 결론을 내리게 만든다. 또 이 점에 대해 반박할 거리를 별로 남겨 놓지 않는다.

우리는 우리가 창세기의 저작목적에 대해서 본문으로부터 파악할 수 있는 정도까지만 기술하고 있다는 점을 강조하고자 한다. 어떤 책이 비록 역사기록으로서 의도되었지만 역사기록으로서는 성공적이지 못할 경우도 물론 있다. 그러나 유대교와 기독교계의 오랜 학적 전통은 이 책의 내러티브가 먼 과거의 사건들과 인물들에 대해서 정보를 제공해 주려고 하고 있다는 견해를 지지하고 있다. 물론 창세기는 성경의 다른 역사기록들과 마찬가지로 우리가 1장에서 정의한 "신학적 역사기록"이라고 정의될 수 있을 것이다.

대안적인 장르들이 심각하게 제시된 것은 겨우 20세기에 들어와서의 일이다. (20세기에 들어와서의 창세기에 대한 비평학적인 태도들을 상세하게 다루어놓은 것을 보려면 반 시터스[Van Seters 1992, 10-23]를 참고하라.) 예를 들어, 궁켈은 창세기가 주로 영웅담(saga)으로 구성되어 있다고 믿었다. 코우츠(Coats)는 영웅담이 "긴 산문체의 전통적 내러티브로서 어떤 정형화된 주제들이나 대상들을 중심으로 해서 발전된 에피소드적 구조를 갖고 있다 … .에피소드들은 현재의 내레이터의 의도에 부합하는 과거의 사건이나 미담들을 담고 있다"라고 정의했다(1983, 319). 물론 이러한 정의 자체가 본문의 역사기록적인 의도에 배치되는 것은 아니다. 그러나 이 정의는 보통 이러한 영웅담들이 "역사적으로 실제 일어났을 가능성도 있는 핵심적인 사건을 중심으로 해서 주로 비역사적인 내용들이 덧붙여진 경향을 가진 것"이라

는 가정을 깔고 있다(Moberly, 36). 창세기의 여러 부분들에 대해 제시되어
진 기타 장르들로는 짧은 소설(novella), 전설(legend), 우화(fable), 기원담
(起源譚, etiology ― 어떤 것의 기원에 대해 다루고 있는 이야기), 신화
(myth) 등이 있다(Coats, 5-10). 이러한 용어들은 이 책의 역사기록적인 의
도에 대해 다른 견해를 표명하고 있음이 분명하다. 이 용어들은 본문이 의도
하고 있는 바에 대한 분명한 통찰로부터 파생된 것이라기보다는 창세기의
사실감을 받아들이지 못하거나 받아들이기를 꺼리는 현대 해석자들의 태도
로부터 파생된 것들이다.

반 시터스(1992)는 헬라 역사기록들과의 비교를 통해 창세기(혹은 최소한
여호와 기자)가 역사기록적인 의도를 갖고 있다는 것을 강력하게 주장하고
있는 최근의 비평학자의 한 예이다. 물론 이것은 그가 여호와 기자가 서술하
고 있는 이야기들이 실제로 시공 속에서 일어났다는 것을 믿고 있다는 의미
는 아니다.

이 책의 장르 신호들은 독자들이 이 책을 이스라엘의 과거에 대해 설명하
려는 시도로, 즉 하나의 역사기록으로 받아들이기를 요구하고 있다. (성경의
역사 기록에 대한 좀 더 상세한 기술은 서론을 보라.) 이 책의 기록의 정확성
에 대해서는 많은 논의가 쏟아져 나왔다. 이 책의 앞의 장들은 성경으로 하
여금 과학과 충돌하게 만들었으며(Blocher), 성경학자들은 족장들에 대한
기록을 둘러싼 성경외적 증거들을 가지고 격렬한 논쟁을 벌여 왔다(가장 유
용한 참고문헌으로는 Selman을 보라; 더 최근의 것으로는 Provan, Long,
and Longman, 112-17을 보라).

창세기의 역사기록은 이스라엘 민족의 시작과 출애굽기의 율법 수여에 대
한 기록의 서장(序章) 및 토대로서의 역할을 하는 것이다. 창세기는 하나님
이 어떻게 아브라함을 선택하셨으며, 그의 가족을 자신의 특별한 백성이 되
도록 인도하셨는가 하는 것에 대해서 기록하고 있다.

창세기의 문학 기법

성경의 문학적인 기법과 본문을 자세하게 읽는
것(close reading)에 대한 관심의 결과(1장의 "문학적인 분석" 항목을 보라)

로 창세기는 다시 제대로 된 평가를 받게 되었다. 학자들은 창세기의 이야기들이 성경의 정교한 문학적 산문의 탁월한 예라고 말하고 있다. 창세기의 문체에 대한 상세한 논의를 하기에는 지면이 너무 좁은데, 이 주제에 대해서 흥미를 느끼는 독자들은 올터(Alter), 벌린(Berlin), 포켈만(Fokkelman) 등의 유용한 연구들을 참고할 수 있을 것이다. 주석가들로 하여금 문서설에서 떠나 창세기의 전체적인 신학적 메시지에 대한 새로운 관심을 불러일으키게 만든 것은 바로 이 책이 가진 예술성에 대한 인식이었다.

한 가지 간단한 예를 드는 것만으로도 창세기가 풍부하게 가지고 있는 심오한 문학적 예술성을 충분하게 보여줄 수 있을 것이다. 바벨탑 이야기(창 11:1-9장)에 대한 포켈만의 자세한 분석은 이 이야기가 가진 정교한 구도를 드러내 주었다. 그는 이 짧은 에피소드 전반에 걸쳐서 나타나는 언어유희를 관찰하는 것으로부터 연구를 시작하였다. "벽돌을 만들어"(닐브나 르베님), "견고히 굽자"(니스레파 스레파); "역청"과 "진흙"(헤마르/호메르) 등의 어구들은 비슷한 소리들을 통해서 연결되어 있다. 또한 "벽돌"(르베나)이라는 문구와 "돌을 대신하며"(르아벤)라는 문구는 두운(頭韻, alliteration)을 통해서 연결되어 있다. 이러한 거의 비슷한 소리들은 이야기에 리듬감을 주며, 독자들로 하여금 그 단어들의 내용들뿐만 아니라 그 단어들 자체에 관심을 기울이게 만든다. "이름"(셈), "거기/거기서"(샴), "하늘"(샤마임) 등 반복적으로 사용된 다른 단어들도 서로 소리가 비슷하다. "거기"는 이 반항자들이 "이름"을 내기 위해 "하늘"까지 접근하고자 하는 발판으로 사용한 곳이다. 그러나 하나님께서는 그 상황을 뒤집으신다. 왜냐하면 그분께서 반역자들을 흩어버리시고 그들의 계획을 좌절시킨 곳이 바로 "거기"이기 때문이다 (8절). 반역자들의 악한 의도들이 아이러니컬하게 뒤집어진 이야기는 어휘들의 문학적인 사용을 통해서 여러 가지 방식으로 강조되어 있다. 포켈만은 이 이야기에 나타나는 lbn의 자음들로 이루어진 수많은 단어들과 어구들을 열거하고 있는데, 이 단어들은 모두 하나님에 대한 인간의 반역들에 대해서 말해주고 있다. 하나님께서는 심판을 내리시면서 그들의 언어를 혼잡케 하셨다(nbl). 자음들의 순서가 뒤집힌 것은 반역자들의 계획들을 뒤집으신 하나님의 심판을 보여준다. 이러한 반전은 또한 이 이야기의 교차대조법적

(chiastic)인 구조 속에 반영되어 있는데, 이 점 또한 포켈만의 분석 속에 들어 있다.

  A 11:1
    B 11:2
      C 11:3a
        D 11:3b
          E 11:4a
            F 11:4b
              X 11:5a "여호와께서 ⋯ 내려오셨더라"
            F' 11:5b
          E' 11:5c
        D' 11:6
      C' 11:7
    B' 11:8
  A' 11:9

언어(A), 장소(B)의 통일 및 활발한 의사소통(C)은 인간들의 계획과 의도(D), 특히 건설계획(E), 즉 한 도시(E)와 탑(F)의 건설계획을 불러일으킨다. 하나님의 개입은 전환점이 된다(X). 그는 건물들(F') 및 그것을 만드는 사람들(E')을 보시고, 반대되는 계획(D')을 세우신다. 왜냐하면 이 계획 때문에 의사소통이 불가능해지고(C'), 장소(B') 및 언어(A')의 통일성이 깨지기 때문이다(Fokkelman).

창세기 11:1-9에 대한 포켈만의 분석은 거시적인 측면에서의 사실(즉, 창세기가 예술적인 문학적 글이라는 사실)을 미시적인 측면에서 증명해준다.

신 학 적 인 메 시 지

　　토라의 첫 번째 책이자 정경의 첫 번째 책인 창세기는 모든 것의 기초가 되
는 책이다. 이 책은 모세 율법의 서론이며, 성경 나머지 부분에 나오는 구속
사의 시작이다. 이 책이 통일성을 갖고 있다는 것은 플롯을 통해서 나타나
있기는 하지만 이 책을 크게 세 부분으로 나누어서 그 신학적인 메시지를 고
찰하는 것이 방법상 가장 나을 것이다.

창세기 1-11장: 창조로부터 바벨탑까지

　　　　　　　　　　　　　　　　　　성경은 창조로부터 타락으로,
타락에서 구속으로, 그리고 마지막으로는 재창조로 나아가는 네 악장으로
이루어진 교향곡이라고 묘사될 수 있을 것이다. 창세기는 처음의 두 악장을
간략하게 기술함으로써 성경의 나머지 부분의 기초를 놓아 주는 것과 아울
러 세 번째 악장을 시작한다. 네 번째 악장은 성경의 마지막 두 장(계 21-22
장)의 주제인데, 이 두 장에 창조의 이미지들이 풍부하게 들어 있다는 점이
흥미롭다(계 21:1, 5; 22:1-6). 역사의 종말은 하나님과의 조화롭고 놀라운
관계가 재건되게 되는 새로운 시작과 같다.

　　창세기는 창조로 시작한다. 과거 일세기 반 기간 동안의 논의들에 비추어
볼 때 창세기의 본문은 창조의 과정에 대해서 놀라울 정도로 적은 관심을 기
울이고 있다(Walton, 82-92를 보라). 창조에 대해서는 하나님이 우주와 인
간의 창조 배후에 있는 유일한 근원이시라는 것을 보여주는 정도로 묘사되
어 있다. 창세기 1장과 2장은 하나님이 주권적인 창조자이시며, 인간은 그에
게 의존하는 피조물이라는 것을 말해주고 있다. 그러나 이 두 장에 나오는
창조 기사는 하나님이 창조하시는데 들이신 시간의 길이나 그 순서에 대해
서 우리가 독단적인 생각을 갖지 못하도록 만든다(예를 들어, 창세기 1장의
하루를 24시간으로 보는 이론, 한 지질학적 시기로 보는 이론, 하나의 구조
적 틀로 보는 이론 사이의 논쟁을 보라).

　　한편으로 볼 때 본문은 신화적이나 비유적인 해석을 전적을 거부하고 있
다(Goldingay, 42-130에 반대됨; 위의 장르에 대한 논의를 보라). 다른 한편
으로 볼 때 창세기의 1장과 2장의 주제는 하나님이 어떻게 세상을 창조하셨
는가 하는 것에 있는 것이 아니라 바로 하나님께서 피조물을 창조하셨다는

사실에 있으며, 또한 세상을 창조하시되 근동의 다른 종교들과는 달리 무로부터 창조(*creation ex nihilo*)하셨다는 것에 있다. 또한 하나님께서 세상을 창조하셨을 때 보시기에 좋으셨다는 선언을 하셨다는 점이 강조되어 있다. 이 구절의 효과는 창세기가 피조물이 더 이상 보기에 좋지 않게 되었을 때, 즉 세상이 죄와 불의로 가득 차 있게 되었을 때 쓰였다는 사실을 생각해 보면 알 수 있다. 그러므로 독자들은 현재의 죄악에 찬 세상이 하나님의 활동의 결과가 아니라 그분의 피조물들의 활동의 결과라는 것을 깨닫게 된다.

게다가 창세기 3-11장은 하나님의 창조물들이 저지르는 죄와 반역을 강조해 주는 이야기들을 열거하고 있다. 이 이야기들은 시간이 흐름에 따라 인간이 급격한 도덕적 타락을 하고 있는 것을 서술하고 있다. 죄가 만연되고 증가하는 것과 더불어 하나님은 자신이 자신의 피조물들에 대해 길이 참으시고 인내하신다는 것을 드러내신다. 베스터만(Westermann 1984)은 창세기 3장에서 11장에 걸친 다섯 개의 중요한 이야기들을 관찰함으로써 이러한 흐름을 생생하게 보여주었다. 그는 죄악에 찬 모습을 뒤이어 심판의 말씀이 따라나오고 결국 하나님의 심판이 행해지는 것에 주목한다. 인간은 죽어야 마땅하다. 그러나 인간이 처음으로 죄를 저질렀을 때(창 2:17)부터 하나님께서는 항상 심판을 완화시키기 위해서 은혜로운 방법으로 그들에게 다가오신다.

도표 1	**창세기 1-11장의 문학적인 형태**			
	죄	말씀	완화	심판
타락	3:6	3:14-19	3:21	3:22-24
가인	4:8	4:11-12	4:15	4:16
하나님의 아들들	6:2	6:3	6:8,18이하	7:6-24
홍수	6:5,11이하	6:7,13-21	6:8,18이하	7:6-24
바벨탑	1:4	11:6이하	10:1-32	11:8

자세하게 검토를 해 보면 베스터만의 형태 분석은 상세한 부분까지 맞아

들어가지는 않는다(6:8, 11이하와 7:6-24가 반복해서 사용된 것을 주목하라). 그러나 그럼에도 불구하고 그의 분석은 여전히 창세기 3-11장의 중요한 신학적 모티프들을 드러내 주고 있다(Clines, 63). 첫째, 죄는 시간이 흐름에 따라 강화된다. "에덴으로부터 바벨까지 … 계속해서 죄가 '눈덩이' 처럼 자라고 있는데 … 불순종으로부터 살인으로, 무자비한 살해행위로, 거대한 탐욕으로, 완전한 부패와 폭력으로, 인간성의 완전한 말살로 나아가고 있다"(Clines, 65).

둘째, 죄에 대한 심판도 역시 증가한다. 이러한 심판의 강화는 에피소드들 자체에서만 나타나는 것이 아니고 인간의 수명이 점점 줄어드는 것에서도 나타나는데, 우리는 이 점을 족보들 속에서 발견할 수 있다(창 5장). 그러나 아마 창세기 3-11장에서 들을 수 있는 가장 놀라운 메시지는 하나님의 놀라운 인내와 사랑이다. 그는 이 반항적인 사람들에게 축복을 베푸신다.

그러나 클라인스(Clines)가 지적한 바와 같이 이러한 구도는 창세기 1-11장에 들어 있는 홍수 이야기의 중요성을 정당화시켜 주지 않는다. 홍수는 이 세상의 반역적인 사람들에 대한 하나님의 심판의 절정이다. 사실 홍수 이야기의 중요성을 강조할 때에야 우리는 비로소 창조 이야기와 홍수 이야기 사이의 연결성을 찾아볼 수 있게 되며, 창조(Creation)로부터 비창조(Uncreation)로, 그리고 재창조(Recreation)로 나아가는 삼단계의 형식을 세울 수 있게 된다(Clines 73-76). 홍수는 그 본질상 창조의 과정으로부터 뒤로 크게 한 걸음 물러서는 것이다. 물이 세상을 "공허하고 혼돈하며"(창 1:2)라고 불릴 수 있을 정도의 상태로 되돌려 놓는다. 노아와 그의 가족은 옛 창조 질서와의 연결을 제공해 준다. 그러나 노아 언약(9:1-7)의 언어는 창세기 1-2장의 언어의 메아리를 반영해 줌으로써 노아가 사실상 새로운 시작임을 알려 준다. 창조 이야기와의 유사성들로는 번성하라는 명령(9:1, 7), 인간이 하나님의 형상으로 만들어졌다는 말씀(6절), 날과 계절의 순환을 재확립하시는 하나님의 명령들(8:22) 등이 있다.

창세기 1-11장에서 가장 긴 이야기는 결국 홍수 이야기인데, 이 홍수 이야기가 이렇게 크게 강조되어져 있다고 한다면 바벨탑의 이야기는 그 절정의 하향으로 볼 수 있는 듯하다. 그러나 이 간결하고 예술적으로 정밀한 본문(Fokkelman)은 아브라함 이야기로의 도입부로서의 역할을 한다. 그에 따라 내러티브의 초점은 전 세계적인 것으로부터 한 사람에게로 옮겨지게 된다. 이 사람은 새로운 민족을 세울 것이다.

창세기 12-36, 38장: 족장 이야기들

어떤 의미에서 이러한 구분들은 인위적이다. 창세기 38장이 족장들의 이야기들을 요셉 이야기와 어떻게 연결시키는지를 주목해 보라. 그러나 설명의 목적을 위해서 우리는 이 두 부분을 따로 다루기로 한다.

창세기 11:27-32(창세기 11:10-26의 족보의 결론)는 아브람이 자기 아버지와 함께 우르에서 하란으로 이동했다는 사실을 말해줌으로써 원역사와 족장 이야기를 연결시켜 준다. 하나님께서 아브라함을 부르신 것은 그가 하란에 있을 때였는데, 그 중요한 부르심의 말씀은 정경 전체에 걸쳐서 계속 다시 언급되고 있다:

> 너는 너의 고향과 친척과 아버지의 집을 떠나
> 내가 네게 보여 줄 땅으로 가라.
> 내가 너로 큰 민족을 이루고
> 네게 복을 주어
> 네 이름을 창대하게 하리니
> 너는 복이 될지라
> 너를 축복하는 자에게는 내가 복을 내리고
> 너를 저주하는 자에게는 내가 저주하리니
> 땅의 모든 족속이 너로 말미암아
> 복을 얻을 것이라. (창 12:1-3)

하나님께서는 아브람이 강대한 나라를 이루게 될 수많은 후손을 얻게 될 것이라고 약속하셨는데, 이것은 그가 하나님으로부터 땅의 선물을 받게 될 것이라는 것을 내포하고 있다. 또한 하나님은 그가 축복을 받을 것이며, 다른 사람들이 하나님의 축복을 받게 되는 통로가 될 것이라고 말씀하셨다. 이러한 약속들에 근거해서 아브람은 하란을 떠나 팔레스타인으로 여행을 했다.

이후에 이어지는 이야기들은 이러한 약속들의 성취 및 그 약속들에 대한 족장들의 반응이라는 일관된 주제를 갖고 있다. 특히 아브라함의 삶은 하나님께서 자신의 약속들을 지키실 수 있는 능력이 있는가 하는 것에 대한 그의 신앙의 여정에 초점을 맞추고 있다.

그의 삶 속에 일어났던 일화들은 그가 하나님의 약속에 대해서 어떤 식으로 반응했는가 하는 측면에서 이해되어질 수 있다. 예를 들어, 아브람이 처음 팔레스타인에 도착했을 때 그 땅이 가뭄을 겪고 그 때문에 그가 애굽으로 도피할 수밖에 없게 됨으로 해서 그는 땅의 약속의 성취에 대한 첫 번째 장애에 부딪히게 된다(창 12:10-20). 그는 하나님께서 자신을 돌보시는 것에 대해 신뢰를 갖고 있지 않았던 것이 분명하다. 왜냐하면 그는 자기 목숨을 부지하기 위하여 사라로 하여금 그녀와 자신의 관계에 대해서 거짓말을 하도록 강요하고 있기 때문이다. 대조적으로 그 다음 이야기(13장)에서는 아브라함은 하나님께서 자기와 함께 하신다는 것에 대한 조용한 신뢰로 반응한다. 하나님께서 아브라함을 아주 번영하게 하셨기 때문에 그와 그의 조카 롯은 서로 다른 목초지를 찾아야만 했다. 아브라함은 하나님께서 땅에 대한 약속을 주신 것은 바로 자기이기 때문에 자기가 우선적인 선택권을 가지고 있다는 것을 주장할 수도 있었으며, 또한 그렇게 함으로써 자신이 더 좋은 땅을 차지할 수도 있었다. 그러나 그는 그렇게 하지 않았으며, 대신 롯에게 우선권을 양보해서 그가 먼저 선택을 할 수 있도록 해 주었다. 아브라함도 미리 예상했을 것이라고 생각되어지는 바와 같이 롯은 가장 좋은 땅, 소돔과 고모라 주변의 지역(주의 깊은 독자는 이 이름들을 들을 때 곧바로 창세기 18장을 떠올릴 수 있을 것이다)을 선택했다. 아브라함은 망설이지 않았으며, 롯이 이 좋은 땅을 갖도록 허락해 주었다.

그러나 이것이 이야기의 끝이 아니다. 후에 아브라함은 자식이 없는 경우에도 후사를 가질 수 있는 방법으로 고대 근동지방에서 통상적으로 사용된 수단들(창 15:3[집안의 노예를 양자로 받아들이는 것]; 16장[첩을 들임])을 사용했는데, 이것들은 그가 약속을 성취하시는 하나님의 능력을 신뢰하는 것으로부터 멀어지고 있음을 보여준다. 그러나 하나님은 약속을 지키시겠다는 자신의 의지를 확실히 보여주시기 위해 몇 번이나 아브라함에게 거듭 찾아오시는 은혜를 베푸신다(창 15, 17, 18장). 아브라함과 사라가 아이를 갖기에는 너무나 늙어버린 나이가 된 이후에야 하나님께서는 이 아이가 진정으로 하나님의 선물이라는 것을 보여주신다. 이삭은 순수한 인간의 통상적인 방법을 통해서 얻어진 아이가 아니다. 이삭이 태어난 이후에 아브라함은 마침내 자신이 약속을 지키고자 하시는 하나님의 의지와 능력을 아주 깊이 신뢰한다는 것을 보여준다. 창세기 22장에서 하나님께서는 아브라함에게 이 약속의 자식을 모리아 산으로 데려가서 희생을 바치라고 명령하신다. 아브라함은 자신이 하나님을 철저히 신뢰한다는 것을 보여준다. 독자들은 내러티브를 통해서 그가 조용히, 그리고 아무런 불평도 없이 하나님의 명령을 실행하는 것을 보게 된다. 독자들은 이 희생제사와 관련된 모리아 산(창 22:2)과 미래의 성전이 지어질 장소(대하 3:1) 사이의 연관을 지어볼 수 있다. 어쨌든 아브라함과 다른 족장들의 삶은 독자들에게 믿음으로 사는 삶이 어떤 것인지를 보여준다. 하나님께서 여러 가지 장애와 방해들에도 불구하고 자신의 약속들을 성취하심으로써 그것들이 바로 하나님의 선물임을 보여주신 것을 그들의 삶은 나타내 준다.

창세기 37, 39-50장: 요셉 이야기

요셉 이야기는 비록 그 문체에 있어서는 다른 족장들의 이야기들과 차이가 나지만 족장들의 이야기의 주제 ─ 즉 하나님께서 약속의 성취를 위해 장애들을 극복해 나가신다는 주제 ─ 를 계속 연결시켜 나간다. 이 이야기에서 하나님의 가족은 하나님의 모든 약속들을 곧 무효로 만들어 버릴 수 있을 만큼 심한 가뭄 때문에 위험에 처하게 된다. 그러나 하나님께서는 거의 기적적인 수단들을 통해서 자신의 백성을 놀랍게 보호하신다.

요셉은 자신의 생애에 일어난 사건들을 어떻게 보아야 할 것인지에 대해서 스스로 우리들에게 신학적인 틀을 제공해 준다. 그의 아버지가 죽은 이후에 그의 형제들은 이제 요셉이 자신들에게 복수를 하지 않을까 하고 걱정을 한다. 그래서 그들은 요셉에게 나아가 자신들의 목숨을 살려 달라고 간청한다. 그에 대한 요셉의 반응은 자신의 삶 속에서 역사하신 하나님의 인도하시는 손길을 그가 어떻게 이해했는가 하는 것을 보여준다. "두려워 마소서. 내가 하나님을 대신하리이까? 당신들은 나를 해하려 하였으나 하나님은 그것을 선으로 바꾸사 오늘과 같이 많은 백성의 생명을 구원하게 하시려 하셨나니"(창 50:19-20).

하나님께서는 자신이 역사의 세세한 부분까지도 다 주관하시는 분이시라는 것을 요셉의 생애와 이야기를 통해서 계시하신다. 인간의 시각에서 보면 요셉이 팔레스타인에서 애굽으로, 보디발의 집에서 감옥으로 끌려 다닐 때 그는 나쁜 운명의 먹이가 된 것처럼 보인다. 진정으로 그의 삶은 그의 형제나 보디발의 아내처럼 그를 해하려고 하는 사람들에 의해 좌우되고 있는 것처럼 보인다. 그러나 요셉은 하나님이 자신의 삶 배후에 계시다는 것을 인식하고 있다. 또한 그는 하나님께서 자기 형제들이나 기타 다른 사람들의 악한 의도들을 지배하시고, 자기 가족의 구원과 언약의 약속 준수를 위해 자기를 총리의 자리에까지 높이셨다는 것을 알고 있다.

하나님께서 자신의 백성을 구원하시기 위해서 사람들의 나쁜 의도들까지도 지배하신다는 이 주제는 구약 전체를 통해 면면히 흐르고 있다. 그러나 특히 요셉의 이야기에서는 그 주제가 더욱 두드러진다.

신 약 으 로 의   접 근

이처럼 풍부하고 다양한 성격을 가진 책에서 우리가 예상할 수 있는 바와 같이 우리는 이 책의 성경신학적인 의미들을 다 다룰 수는 없다. 기껏해야 우리는 몇 가지 제안을 제시할 수 있을 뿐이다.

창세기 1-11. 앞에서 여러 번 말한 바와 같이 창조는 이후에 오는 모든 것들의 기초이다. 에덴 동산은 인간이 과거에 자신들의 죄 때문에 잃어버린 모든 것들, 그리고 현재 그들이 갈망하는 모든 것들을 상징한다. 타락에 대한 이야기(창 3장)는 구속사의 시작점으로서 구약과 신약의 거의 모든 내용과 관련이 있다. 반면 창조의 기록은 특히 계시록 21-22장에서 그 메아리를 찾아볼 수 있다. "새 하늘과 새 땅"은 에덴 동산의 많은 요소들을 반영하고 있다. 따라서 종말이 최초의 창조의 회복을 내포하고 있다는 신앙이 여기에 반영되어 있다.

타락의 기록은 하나님의 심판에 대해서만 기록하고 있는 것이 아니다. 이 장은 또한 심판의 완화에 대한 내용도 담고 있다. 아마 이와 관련해서 가장 주목할 만한 내용은 뱀에게 주어진 저주일 것이다:

> 네가 모든 가축과 들의 모든 짐승보다
> 더욱 저주를 받아
> 배로 다니고
> 살아 있는 동안 흙을 먹을지니라
> 내가 너로 여자와 원수가 되게 하고
> 네 후손도 여자의 후손과 원수가 되게 하리니
> 여자의 후손은 네 머리를 상하게 할 것이요
> 너는 그의 발꿈치를 상하게 할 것이니라. (창 3:14-15)

이 저주는 원시복음(the Protoevangelium), 즉 구원의 복음에 대한 최초의 선포로 알려져 있다. 비록 이것의 타당성에 대해서는 어느 정도의 논쟁이 있기는 하지만 말이다. 여기에 구원자 그리스도에 대한 고대의 소망이 들어 있다는 점은 로마서 16:20에 이 저주에 대한 언급이 나온다는 사실, 그리고 그리스도께서 십자가 위에서 사탄을 무찌르셨다는 것을 신약 전체가 증거하고 있다는 사실에 의해서 지지를 받고 있는 듯하다(사탄을 뱀과 동일시하는 것에 대해서는 계시록 16:9를 보라). 이 그리스도의 승리는 인류에 대한 하나님의 심판을 뒤바꾸어 놓는 결과를 가져 왔다. 이와 더불어 오순절 날 외국어를 말하는 은사가 내린 것에 대한 기록을 바벨탑의 이야기에 비추어서 이해해 보는 것도 아주 흥미롭다.

창세기 12-36. 신학적으로 말해서 창세기의 이 중간 부분의 핵심은 아브라함 언약이다. 여기에서 하나님은 아브라함에게 후손들과 땅의 약속을 주시며, 또 그가 열국에게 축복의 근원이 될 것이라는 것을 확약하신다. 구약은 이삭이 태어나고, 그를 통해서 이스라엘 나라가 이룩되며, 이스라엘이 팔레스타인을 차지하고, 이방의 개별적인 사람들(라합, 나아만, 느부갓네살)이 이스라엘의 하나님에게로 돌아섬으로써 이러한 약속들이 구약의 시대 속에서 부분적으로 성취되었다는 것을 인정하고 있다. 그러나 아브라함에게 주어진 약속들을 포함한 하나님의 모든 약속들은 "그리스도 안에서 '예(Yes)'"가 되며(고후 1:20), 그리스도인들은 "아브라함의 씨"(롬 9:8)로 여겨지고 있다. 아브라함 언약과 새 언약의 관계에 대한 좀 더 상세한 논의는 로버트슨(O. P. Robertson, 1980)의 글을 참고하라.

그러나 또한 히브리서(11:8-19)는 신앙적인 투쟁의 삶으로서의 아브라함의 생애에 우리의 주목을 끌고 있다. 위에서 설명한 바와 같이 아브라함은 하나님의 약속을 받고 나서, 그 약속의 성취를 방해하고자 하는 것들에 맞서서 투쟁을 했다. 그렇게 함으로써 히브리서는 기독교인들과의 유비(類比, analogy)를 끌어내고 있다. 기독교인들 역시 하나님의 약속을 받았지만 매일의 방해거리들에 직면해 있다. 아브라함은 기독교인 독자들이 이러한 투쟁을 하는 것을 격려하기 위한 한 가지 예로 제시되었다.

창세기 37-50. 요셉은 자신이 우연에 의해서 좌우되고 있는 것이 아님을 알고 있었다. 그는 자신의 인생에 하나님의 손이 작용하고 있다는 것을 깊이 인식했으며, 그 손이 자신을 자기 백성의 구원자로 세우셨다는 것을 알고 있었다(창 50:20). 이러한 점에 있어서 요셉의 생애는 예수 그리스도의 그림자이다. 요셉의 경우에서와 마찬가지로 하나님께서는 구원을 가져오시기 위해 악한 사람들의 의도들을 분쇄하신다. 결국 그리스도는 그를 멸망시키려고만 하는 사람들에 의해 십자가에 달리셨다. 그러나 하나님께서는 "그것을 선으로 바꾸사 오늘과 같이 많은 백성의 생명을 구원하게 하시려" 하셨다(창 50:20; 행 2:22-24를 보라). 하나님께서 선을 위해서 악을 누르신다는 이러한 진리에 비추어 볼 때 기독교인들은 "하나님을 사랑하는 자 곧 그의 뜻대로 부르심을 입은 자들에게는 모든 것이 합력하여 선을 이루느니라"(롬 8:28)는 잘 알려진 약속 안에서 평안을 누릴 수 있다.

출 애 굽 기

오경의 두 번째 부분으로서의 출애굽기는 창세기에서 시작된 이야기를 계속 이어 나간다(Fokkelman, 59-62). 이 책의 히브리어 제목은 "그리고 이것들이 그 이름들이다"(베엘레 쉬모트, 이 책의 가장 처음에 나오는 두 단어임)인데, 이 제목은 이 책이 창세기와 연결되어 있음을 두 가지 측면에서 보여준다. 첫째, 이 책은 접속사 "그리고"로 시작하는데, 이것은 이 책이 앞의 내러티브의 연속임을 보여준다. 둘째, 이 책의 서두의 문구는 창세기 46:8의 문구를 반복하고 있는데, 이 두 문구는 요셉의 때에 애굽으로 내려간 "이스라엘의 아들들"의 이름들을 언급하고 있다(이 문구의 히브리어는 모두 다 이스라엘의 아들들"인데, 개역한글판과 개정개정판은 창세기 46:8에서는 이 문구를 "이스라엘 가족"이라고 번역하고 있음에 유의하라 — 역주). 창세기의 마지막 에피소드(창 50:22-26) 역시 창세기와 출애굽기 간의 연결을 강조하고 있다. 죽기 직전에 요셉은 자기의 뼈를 애굽으로부터 옮겨가 줄 것을 부탁했다. 이스라엘이 마지막으로 애굽을 떠날 때 출애굽기의 본문은 모세가 요셉의 뼈를 취해 갔다는 것을 언급하고 있다(출 13:19).

그러므로 출애굽기는 창세기의 이야기를 이어나가고 있다. 그러나 이 두 책 사이에는 상당한 시간상의 차이가 있다. 창세기의 막이 내릴 때 하나님의 백성은 애굽 땅에서 번성하고 있는 적당한 크기의 대가족이었다. 출애굽기의 막이 열릴 때 그들은 한 국가 크기의 거대한 집단으로서 억압과 잔인한 압제 속에서 살고 있었다.

역 사 적   배 경

저작권 및 형성과정의 문제

오경의 일부분으로서의 출애굽기의 저작권과 형성과정의 문제는 앞 장에서 전반적으로 다루어졌다. 따라서 출애굽기에 한정된 몇 가지 구체적인 문제들을 다루는 것만이 남아 있다.

전통적인 비평학계에 따르면 출애굽기는 오경의 처음 네 권을 구성하고 있는 세 개의 주요 문서, 즉 J, E, P의 내용을 계속 이어가고 있다. 그러나 노트가 지적한 바와 같이 "문서상의 관계들은 창세기의 경우보다 다소 더 복잡하다"(Noth 1962, 13). 우선 J와 E를 나누는 것이 매우 난감하다. 그리고 또한 P가 중요한 역할을 하고 있는 것이 분명하며, 특히 이 책의 후반부에서 제의적인 내용들에 초점이 맞추어지면서 더욱 그러해지지만 이 P가 독립적인 문서인지 아니면 광범위한 편집층인지가 분명하지 않다. 그리고 또한 신명기적 편집층이 개입되어 있을 가능성이 있다.

출애굽기와 관련해서 처음으로 만나게 되는 중요한 문제는 내러티브와 율법 문헌 사이의 관계이다. 출애굽기 내에는 십계명(출 20:1-17), 언약의 책(출 20:22-23:19) 등이 있다. 한때는 십계명이 E로부터 파생되었다고 생각되었지만(그래서 신명기 5장=J와 대조된다고 생각되었지만) 지금은 대부분의 학자들이 율법 부분(출애굽기 34장=J를 제외하고는)은 먼저 독립적으로 저술되어 있었으며, 나중에 가서야 내러티브 속으로 삽입되어졌다고 생각하고 있다.

반면에 멘덴홀(Mendenhall) 이후의 학자들은 히타이트 조약들에서 법적인 조항들과 역사적인 서언이 통일되어 있다는 점을 들어서 이 두 부분 사이의 통일성을 주장하였다. 최근에 와서 히타이트 조약 모델은 비판을 받았으며, 더 나아가서는 특히 그 장르상의 유동성 때문에 배척을 당하였다. 그러나 법적인 조항들이 역사적인 내용으로부터 흘러나온다는 기본적인 요점은 변함이 없다. 최근에 키친(Kitchen 2003, 283-307)은 증거들이 전통적인 저작연대를 지지해 준다는 견해를 뒷받침하기 위해 지금까지 발견된 모든 관런 고대 조약문헌들을 상세하게 논의하였다.

창세기에 대한 장에서 내려진 우리의 결론에 비추어 볼 때 모세의 저술활동에 대한 출애굽기의 증거들은 출애굽기 17:14; 24:4; 34:4, 27-29 등의 세 장에 분명하게 나타나 있다는 점을 지적하고자 한다.

출애굽의 성격과 연대

아무런 선입견을 갖지 않고 자연스럽게 읽을 때 성경기록은 최소한 그 전반적인 윤곽에 있어서 직설적인 출애굽 이야기를 제공해 주고 있다. 아브라함의 후손들은 하나님의 약속(창 12:1-3; 15:5)의 성취를 따라 강대한 민족으로 자라났다. 민수기(1:46)에 따르면 광야 방랑의 초기에 20살 이상의 남자들의 수가 603, 550명으로 계수된 것을 우리는 알고 있다. 이것은 인구의 총 수가 몇 백만 명이 된다는 것을 의미한다. 이 민족은 노예의 상태에서 바로를 위해 일하고 있었다. 하나님께서는 모세를 그들의 지도자로 세웠으며, 그를 사용해서 이스라엘을 놀라운 기적들과 재앙과 홍해 횡단을 통해 애굽의 압제로부터 구원하셨다. 출애굽기는 또한 광야 방랑의 초기, 그 중에서도 특히 시내 산에서의 율법 전수와 성막 건설에 대해서 기술하고 있다.

본문이 출애굽 당시의 이집트의 바로의 이름을 밝히고 있지 않기 때문에 출애굽 연대를 파악하는 작업은 쉽지가 않다. 출애굽의 연대와 관련해서는 특히 두 개의 성경 본문이 중요하다. 첫 번째의, 그리고 가장 직접적인 진술은 왕상 6:1이다. "이스라엘 자손이 애굽 땅에서 나온 지 사백팔십 년이요 솔로몬이 이스라엘 왕이 된 지 사 년 시브월 곧 둘째 달에 솔로몬이 여호와를 위하여 성전 건축하기를 시작하였더라." 이 본문은 출애굽이 솔로몬 제4년째 되는 해의 480년 전에 일어났다고 말하고 있는데, 학자들은 솔로몬 제4년이 주전 967년이라는 것을 확실하게 말할 수 있다. 따라서 출애굽의 연대는 주전 1447년이 되며, 어림수의 가능성을 계산해도 그 어간이 된다(Bimson, 81-86을 보라). 두 번째의 관련 구절은 삿 11:26이다(Bimson, 86-111). 이 본문의 문맥은 입다가 암몬 왕과 외교적인 의견교환을 하고 있는 것에 대한 것이다. 암몬 왕은 모압이 전에 암몬 족속의 통치하에 있었기 때문에 자기의 것이라고 주장하면서 모압 지역을 다시 차지하려고 하고 있는 중이었다. 그에 대한 대답으로 입다는 이스라엘이 삼백년 전에 이 땅에 들어 온 이래로 이땅을 차지하고 있었다는 주장을 하고 있으며, 따라서 이스라엘 민족의 방랑이 자기 시대로부터 삼백년 전에 끝난 것으로 보고 있다. 우리가 이 본문으로부터 출애굽의 시대를 추산하려고 할 때 우리는 이 증거가 왕상의 본문만큼 강력하지 못하다는 것을 인정해야 한다. 왜냐하면 우리는 입다의 연대에 대해서 솔로몬의 연대만큼 확실하게 말할 수가 없기 때문이다. 사사기의 연대적인 언급들에 대한 면밀한 연구를 해보면 학자들은 입다의 활동시기에 대한 대략적인 연대를 찾아낼 수 있다. 그 결과에 근거할 때 이 사사기의 구절은 열왕기상의 본문과 더불어 출애굽의 연대를 주전 15세기로 잡는데 도움을 준다.

현대에 와서 출애굽과 광야 방랑에 대한 이러한 기술(記述)은 때로는 대수롭지 않게, 때로는 극단적으로 의문시되었고, 또한 수정되었다. 그리고 때로는 전적으로 배척되기까지 했다(미니멀리즘 학자들의 견해가 이렇다; 1장의 미니멀리즘[Minimalism]의 도전 항목을 보라). 출애굽에 대한 성경의 기술에 대해 제기된 문제들 중에서 가장 중요한 것은 애굽을 떠난 사람들의 숫자이다. 일부 학자들은 "1,000"이라고 번역된 히브리어 단어가 사실은 천 명보다는 적은 집단을 나타내는 숫자라고 주장했다(Mendenhall; Wenham; 가장 최근의 논의는 Humphreys를 보라). 반면 다른 학자들은 성경의 기록이 대책 없이 과장되어 있다고 여겼으며, 사실은 단지 아주 작은 집단만이 애굽을 떠났다고 추정했다. 보통 레위 지파로 간주되어지는 이 작은 집단은 후에 가나안 땅의 좀 더 큰 집단과 결합했으며, 그 결과 출애굽 전승이 전체 집단의 전승으로 받아들여졌다고 그들은 생각했다. 두 번째 문제는 모세에 관한 것이다. 모세에 관련된 전승이 과연 정확한 것인가? 때때로 학자들은 모세의 실존성에 대해서까지 의문을 품기도 했다. 세 번째로 출애굽의 연대에 대한 문제가 자주 도전을 받아 왔다. 많은 학자들은 실제의 출애굽의 연대가 위에서 언급한 성경 구절들이 제시하고 있는 것으로 보이는 연대보다 후대라고 생각한다. 어떤 학자들은 성경이 제시하고 있는 연대를 거침없이 배격하고 다른 고고학적 연구들이 제시하고 있는 증거들을 따라서 13세기설을 제시했으며(Hoffmeier 1997; Kitchen 2003), 그보다는 더 적은 수이기지만 12세기설이나 11세기설을 제시한 학자들도 있다. 또 어떤 학자들은 이후대의 연대를 채택하기는 했지만 문제의 성경 구절들에 대한 대안적인 설명들을 찾아냈다(Kitchen 1966, Harrison, *IOT*). 출애굽기의 마지막 부분에 나오는 성막에 대한 묘사도 역사학적인 관점에서 의문의 대상이 되었다. 많은 학자들은 성막이 전혀 존재한 적이 없었으며, 단지 성전을 광야 시대로 투영한 것이라고 주장하고 있다.

이러저러한 문제들은 출애굽과 가나안 정복 활동에 대한 대안적인 가설들을 만들어냈다. 사실은 출애굽과 가나안 정복 활동은 서로 밀접하게 연결되어 있으며, 광야 방랑은 하나님의 이 삼 단계 구원활동의 중간 부분을 구성하고 있다. 그러나 정복활동에 대한 상세한 논의는 여호수아서에 가서야 다루어질 것이다.

이보다 급진적인 접근방법들(Waltke가 이에 대해서 기술한 글을 보라)도 있기는 하지만 출애굽과 관련해서 제기되어지는 가장 흔한 해결책은 출애굽을 13세기의 일로 보고, 또한 성경이 분명하게 묘사하고 있는 것과는 달리 사실은 좀 더 소규모의 집단이 애굽을 떠났다고 보는 것이다.

성경 본문에 대한 가장 자연스러운 해석이 15세기설을 제시하고 있음에도 불구하고 이 설이 자주 배척을 당하는 데에는 두 가지 중요한 이유가 있다. 첫째는 출애굽기 1:11이다. 이 구절은 이스라엘이 "바로를 위하여 국고성 비돔(Pithom)과 라암셋(Rameses)을 건축" 했다고 말하고 있다. 고고학자들은 이 두 성을 텔 엘 마스쿠다(Tell el-Maskhouta)와 타니스(Tanis)라고 보았다(Bimson 1978, 37, Naville을 인용). 이 두 장소는 15세기에는 사람이 살고 있지 않았으며, 내빌(Naville)은 엘 마스쿠타가 라메세스 2세(Rameses II, 주전 1290-1224년경)에 의해서 지어졌다는 것을 증명했다. 또한 라암셋이라는 이름도 이 이름을 가진 이 바로와 연결시키는 것이 가장 자연스럽다.

출애굽의 연대를 13세기로 보는 두 번째 이유는 올브라이트(Albright), 라이트(Wright), 야딘(Yadin) 등의 학자들이 정복활동과 관련하여 연결시킨 팔레스타인의 고고학 유적지들 때문이다. 이 모든 장소들은 13세기에 파괴된 유적층을 갖고 있으며, 이 유적층들은 여호수아 및 이스라엘이 팔레스타인으로 침입한 것과 연결되어졌다. 이러한 유적층 위에는 경제적으로 열등한 거주자들이 살았었다는 증거가 있는데, 이 증거는 반유목민적인 이스라엘이 이러한 장소들을 파괴하고 거기에 거주한 것에 대한 또 하나의 증거로 간주되어졌다.

출애굽의 초기연대설에 대한 논거들을 대기 전에 우리는 잠깐 멈추고 이런 두 가지 문제들을 다루어 보고자 한다. 빔슨(Bimson 1978)은 라암셋과 비돔을 타니스 및 텔 엘-마스쿠타와 연결시키는 것이 얼마나 불확실한 것인지를 증명했다. 그는 "현재의 학계는 칸티르(Qantir)를 피-라아메세"(Pi-Ra’messe)와 연결시키는 설을 상당히 선호하고 있다(42)고 기술했으며, 타니스와는 달리 칸티르는 이 지역에 15세기에 사람이 살았다는 것을 보여줄 만큼 충분히 이른 시기(중왕국[Middle Kingdom])의 거주 흔적을 드러내고 있다는 것을 보여주었다. 출애굽기 1:11의 라암셋이란 도시 이름은 창 14:14의 단과 마찬가지로 후대에 성경본문을 당대의 언어에 맞게 개정작업을 한 결과일 수 있다. 또한 빔슨은 비돔이라는 도시는 텔 엘-레테바(Tell el-Retebah) (Kitchen 2003, 257-58이 채택) 혹은 헬리오폴리스(Heliopolis) 등과 동일시될 수 있는 가능성이 있는데, 이 유적지들 역시 13세기보다는 이른 시기의 역사를 갖고 있다는 것을 보여주었다(Bimson, 47-48).

고고학적 증거들에 대한 빔슨의 해석은 15세기설을 반대하는데 사용된 두 번째 논거에 대해서 아주 통렬한 반박 근거를 제공해 주고 있다. 그는 위에서 언급한 13세기 유적층들이 여호수아의 정복과 연결되어야 한다고 믿을 만한 이유가 없다는 점을 지적했다. 그는 군사적으로 무기력했던 사사 시대 중에 성읍들이 불타게 된 원인들을 설명해 줄 다른 가능성들이 많이 있다는 것을 지적했다. 또한 그는 이른 시기에 파괴된 유적층들은 청동기 시대 중기에 팔레스타인에 있던 힉소스 요새들에 대한 이집트의 공격 때문일 것이라고 보았다. 따라서 그는 초기의 유적층들을 여호수아의 정복에 따른 것으로 보고, 그 연대를 15세기로 보는 것이 성경 본문과 고고학을 좀 더 잘 조화시키는 길이라고 생각하고 있다.

고고학적 증거들을 해석하는 데에는 어려움들이 따르기 때문에 빔슨은 자신의 결론들을 독단적으로 주장할 수 없다는 것을 잘 인식하고 있다. 그러나 그의 대안적인 접근방법은 13세기설을 주장하는 학자들의 교조주의적인 결론들을 회의적인 시각을 갖고 보아야 한다는 것을 보여준다.

아마 출애굽의 후대 연대설을 지지해 주는 가장 중요한 두 번째 논거(Bimson, 67-80을 보라)는 트랜스요르단 지역에 대한 넬슨 글루엑(Nelson Glueck)의 조사 작업에 근거한 것일 것이다. 1930년대에 행해진 일련의 연구들을 통해서 글루엑은 요르단 건너편 지역에 대한 자신의 표면 탐사작업의 결과들을 출판했다. 민수기에 따르면 이스라엘이 모압인들과 에돔인들 등의 집단을 만나게 된 것은 바로 이 지역이다. 그러나 글루엑은 이 지역에 주전 1900년부터 1300년까지 영구적인 거주지가 존재했다는 증거가 없다는 주장을 했으며, 그 결과 후대 연대설을 지지해 주는 하나의 논거를 더해 주었다. 이 조사 작업은 출애굽과 정복 활동에 대한 성경의 기록에 의심을 던지는 논거로서 많은 학자들이 현재까지도 사용하고 있다.

그러나 글루엑의 조사 작업은 현재의 기준에 비추어 보면 원시적인 것이었다. 그는 단순히 조사팀들을 파견해서 유적지들의 지도를 그리고, 유적지의 가장 위로부터 토기 조각의 유형들을 선택해서 그것들을 가지고 그 거주 시기들을 추정하는데 사용하였다. 오늘날은 토기 조각을 선택하는데 있어서 정교한 방법, 예를 들어 유적지를 작은 면적의 단위들로 나눈 다음에 각 단위 면적당 일정 비율로 모든 토기 조각들을 선택(컴퓨터에 의해 무작위로 추출)하는 능의 방법이 필요하다는 것이 인식되었다. 이렇게 하지 않으면 표본 추출자들은 어떤 특정한 유형의 토기 조각들(채색이 되어 있거나 어떤 특정한 형태의 테두리들을 가진 것)에 이끌리게 되며, 결국 추정연대를 심하게 왜곡시키게 된다. 또한 글루엑의 조사 결과와 상반되는 확실한 증거가 암몬 주변 지역의 청동기 중기 시대 무덤 및 고고학 구조물들로부터 발굴되었다(Bimson, 70-71). 글루엑의 조사 작업은 이제는 출애굽의 초기 연대설을 반대하는 증거로는 더 이상 사용되지 말아야 한다.

결론적으로 말해, 일부 학자들로 하여금 출애굽의 후기 연대설을 확고부동하게 지지하도록 만든 고고학적인 논거들은 의심스럽거나 잘못된 것들이다. 빔슨의 비판 작업이 가진 가치는 고고학적 연구결과들에 대해 좀 더 나은 시각을 얻게 해 준 점이다. 고고학적인 연구결과들은 성경의 내용이 반드시 그에 따라가야 하는 기정사실들이 아니며, 성경의 내용을 승인하거나 기각하는데 사용될 수 있는 것도 아니다. 고고학이 제공해 주는 증거들은 성경과 마찬가지로 해석을 필요로 한다.

빔슨은 고고학적인 증거들이 성경의 내용과 조화를 이룰 수 있는가 하는 질문에 대해 아주 놀라운 학식을 가지고 자기 나름대로 고고학적 증거들을 재구성해서 제시해 주었다. 그는 여호수아가 정복 활동 중에 파괴한 것으로 여겨져 온 성읍들에 두 개의 파괴 유적층(destruction layers)이 존재한다는 점을 지적했다. 즉 하나는 13세기의 것으로 추정되고, 올브라이트(Albright), 라이트(Wright), 야딘(Yadin) 등에 의해 여호수아의 정복활동과 연결되어진 것이고, 또 다른 하나는 전통적으로 16세기(청동기 시대 중기)의 것으로서 이집트 군대가 힉소스를 팔레스타인으로 추적하면서 남긴 흔적으로 간주되어지는 것이다. 위에서 우리는 빔슨이 이스라엘의 정복 활동과 13세기의 증거들을 어떻게 구분지었는지를 보았다(그리고 또한 그는 이 13세기의 증거들을 군사적으로 무기력했던 사사 시대의 것으로 제시했다).

더 나아가서 그는 좀 더 이른 시기의 파괴 유적층들을 힉소스와 연결시키는데 사용된 증거들의 빈약성을 비판하고, 이 유적층들이 15세기의 것들로 추정되어야 하며, 또한 여호수아의 정복활동과 연결되어야 한다고 주장했다. 빔슨은 다음과 같이 주장한다. "나는 정복 활동과 청동기 시대 중기 말엽의 성읍들이 같은 연대의 것으로서 하나의 동일한 사건으로 간주될 수 있다는 것을 증명하고자 했다"(229). 그는 또한 파괴된 성읍들에 대한 성경의 기록이 15세기에 파괴된 것으로 보이는 성읍들과 거의 일치하고 있으며(230), 반면에 13세기에 파괴된 것으로 보이는 유적층을 가진 성읍들과는 상치된다는 점을 지적했다. 단 하나의 예외는 아이 성인데, 이 성은 출애굽의 연대에 대한 어느 학설과도 일치하지 않는다. 아마 이 아이 성의 위치에 대한 파악이 잘못된 것이기 때문일지도 모른다(Livingston 1970; Bimson, 218-25).

따라서 고고학적인 증거들은 출애굽과 정복활동이 15세기에 일어난 것으로 묘사하고 있는 성경 기록에 대한 가장 자연스러운 해석과 조화를 이루고 있다. 그러나 성경 본문은 이 주제에 대해서 확실성을 제공해 주지는 않는다. 성경본문을 성실하게 취급하면서도 출애굽에 대한 후대 연대설(Harrison; Kitchen; Bright)과 이스라엘 인구 중의 작은 수만이 출애굽을 했을 가능성(Wenham)을 지지해 주는 논거들이 있다. 그러므로 우리는 정복활동의 연대에 대한 왈트키(Waltke, 20)의 다음과 같은 입장에 동의한다(물론 이것은 출애굽의 연대와도 본질적으로 연결되어 있다). "아무런 의문 없이 정복활동의 연대를 확정할 수 있는 좀 더 많은 자료들이 등장하기 전까지는 판단 유보를 해야 한다. 그리고 이처럼 판단 유보가 필요하다는 생각이 옳다고 한다면 두 가지 연대설이 모두 하나의 임시 가설로서 받아들여질 수 있으며, 둘 중 그 어느 것도 교조주의적으로 주장되어서는 안 된다."[1]

문 학 적 인 분 석

출애굽기가 창세기의 연속이기는 하지만(그리고 창세기에 대한 논의의 많은 부분이 출애굽기에도 적용될 수 있기는 하지만) 출애굽기를 따로 떼어내서 그 자체의 구조, 장르, 문체를 검토해 보는 것도 여전히 유용한 일이다.

구조

출애굽기는 독자가 어떤 점에 치중을 하느냐 하는 깃에 따라 여러 가지 방식으로 단락 구분을 할 수가 있다. 예를 들어, 더럼(Durham 1987)은 배경 장소에 근거해서 삼층 구조를 주장했다.

제 1 부: 애굽에서의 이스라엘(1:1―13:16)

제 2 부: 광야에서의 이스라엘(13:17―18:27)

제 3 부: 시내 산에서의 이스라엘(19:1―40:38)

---

1) 구체적으로 한 특정한 전승에 노트의 접근방법을 적용한 것을 보려면 Coats 1968 를 보라.

이 책의 구조에 대한 또 하나의 좋은 분석은 그 내용에 중점을 둔다.

I. 하나님께서 이스라엘을 애굽의 압제에서 구원하심(1:1—18:27)
II. 하나님께서 이스라엘에게 율법을 주심(19:1—24:18)
III. 하나님께서 이스라엘에게 성막을 지으라고 명령하심(25:1—40:38)

이 구조를 활용할 때 우리는 구원, 율법, 예배에 대한 이 책의 관심사를 분명하게 볼 수 있다.

하나님께서 이스라엘을 애굽의 압제에서 구원하심(1:1—18:27). 첫 번째 부분은 이 책 중에서 가장 움직임이 활발한 부분이며, 이런 움직임의 활발성은 오직 32-34장에 가야만 다시 찾아볼 수 있다. 게다가 출애굽 기록은 구약 성경의 가장 중심적인 이야기들 중의 하나이며, 고대 이스라엘의 구원 사건의 패러다임이다("신학적인 메시지" 항목을 보라).

첫 장은 곤란한 상황의 문제로 시작하며, 갈등을 도입하는데, 이 갈등은 이 책의 플롯에 추진력을 제공해 준다. 하나님의 백성은 애굽에서 노예 생활을 하도록 강요당하고 있다. 그 뿐만 아니라 바로는 이스라엘을 너무나도 두려워했기 때문에 무자비한 인구통제 정책을 시도하였다(출 1:18-22). 상황은 너무나도 침울했다. 두 번째 장에서는 이 책의 주인공인 모세가 소개된다. 아마 구약에서 그 중요성을 따져볼 때 그에게 버금갈 수 있는 인물은 오직 아브라함과 다윗밖에 없을 것이다. 모세의 탄생과 성장과정은 기적적인 사건들로 가득 차 있다. 하나님은 그가 어린 아기일 때 구원을 주셨을 뿐만 아니라 그가 바로의 집에서 양육되도록 하셨다. 따라서 이 이야기는 하나님이 이스라엘의 구원을 위해 역사하셨을 때 놀라운 일들로 가득 채우셨다는 것을 강조하고 있다. 3장과 4장은 중간 다리의 역할을 하는 장이다. 섭리적인 활동들을 통해서 어쩔 수 없이 모세는 애굽에서 광야로 옮겨가게 되며, 거기에서 그의 삶의 거의 대부분을 보냈다. 회전축이 되는 3장에서 모세는 하나님의 속성과 자신의 사명의 초점에 대해서 더 많은 것을 배우게 된다. 즉 애굽에 있는 이스라엘을 구원하기 위한 하나님의 인간 대리자가 되는 것을 배운다.

출애굽기 5장부터 12장은 모세와 바로의 대결을 이야기하고 있는데, 이 싸움은 또한 신들 사이의 싸움이었다. 왜냐하면 모세는 여호와를 대표하고, 바로는 그 자신이 곧 애굽의 신들 중의 하나였기 때문이다. 독자들은 하나님께서 애굽인들을 벌하시고 자기 백성 이스라엘을 구원하셨을 때 일거양득의 일을 하시는 것을 보게 된다. 재앙이 하나씩 내릴 때마다 재앙은 점점 파괴의 정도를 더해 간다. 그리고 그 재앙들은 더욱 분명하게 이스라엘을 구분해 주는데, 이스라엘 사람들은 재앙이나, 애굽인들로부터 해를 입지 않았으며, 애굽인들은 공포에 질렸다. 이 재앙들은 애굽의 모든 처음 난 것들이 죽임을 당하는 열 번째 재앙을 통해 절정에 이르며, 이스라엘 사람들은 유월절을 기념한다.

그러나 출애굽기의 첫 부분의 대단원을 장식하는 것은 13:17—15:21, 즉 애굽에서의 탈출과 홍해(the Red Sea)(히브리어로는 갈대 바다[the Reed Sea; 이 바다가 사실은 홍해의 서쪽 돌출 부분의 끝에 위치한 민물 호수 중의 하나라는 주장은 Hoffmeier 1977을 보라) 횡단에 대한 기록이다. 이 부분에서 하나님은 이스라엘을 압제에서 구출해 내시며, 애굽인들에게 죽음을 가져다주신다. 홍해 횡단은 하나님의 구원사역의 정수(精髓)이다. 왜냐하면 이 하나의 사건 속에서 그분은 바다를 가르셔서 구원을 가져다주시고, 또한 그 바닷물을 다시 닫히게 하심으로써 심판을 내리시기 때문이다. 하나님께서 자신을 용사이신 하나님으로 분명하게 드러내시는 첫 번째 사건이 바로 이 사건이다(출 15:3). 그의 전투행위 및 바다에 대한 통제능력은 고대 근동의 종교에서 그 배경을 찾아볼 수 있으며, 또한 이방종교들에 대한 논책(論責)을 담고 있다.

더럼(Durham)이 지적한 바와 같이, 그 다음에 나오는 장들(15:22—18:27)은 장소의 변화를 보여주고 있다. 이스라엘은 애굽에서 광야로 옮겨 간다. 그리고 이 광야란 장소는 오경의 나머지 부분에서 계속 무대로 남아 있게 된다. 그 다음의 장소 이동은 정복활동과 더불어 약속의 땅으로 들어갈 때 일어난다. 광야 전승(the Wilderness tradition)의 특징적인 주제, 즉 감사할 줄 모르는 이스라엘의 불평, 불만스러운 모습이 처음부터 등장한다. 그들은 하나님께서 커다란 권능을 가지고 함께 하신다는 것을 거듭거듭 목격하면서도 계속해서 하나님께 불만을 토로한다.

하나님께서 이스라엘에게 율법을 주심(19:1－24:18). 애굽을 떠난 지 삼 개월 만에 이스라엘은 시내 산에 도착했는데, 이곳에서 그들은 거의 이 년을 머무른다. 그리고 우리가 더욱 주목해야 할 점은 출애굽기의 나머지 부분과 레위기 전부와 민수기의 첫 부분(10:11까지)이 이 시내 산을 배경으로 하고 있다는 것이다. 시내 산에서 일어나는 첫 번째의 중요한 사건은 율법의 수여이다. 이 이야기는 하나님의 신현(神顯)현상(theophany)이 엄숙하게 나타나는 것으로 시작된다. 그는 연기 및 불과 더불어 산 위에 나타나신다(출 19:16-19). 이 산은 그의 나타나심 때문에 거룩한 장소가 된다. 모세는 산에 올라가서 십계명(20:1-17) 및 소위 언약의 책(the Book of Covenant, 20:22-24:18)을 받는다. 이 문서들의 중요성에 대해서는 "신학적인 메시지" 항목을 보라.

하나님께서 이스라엘에게 성막을 지으라고 명령하심(25:1－40:38). 출애굽기 기록은 성막에 많은 주의를 기울이고 있다. 현대의 독자들은 이 부분이 매우 반복적인 것을 보게 된다. 특히 성막을 지으라는 하나님의 명령과 그 계획들의 실행이 명령-실행의 양식을 따라 동일한 언어를 사용하여 상세하게 기술되어 있기 때문에 더욱 그러하다. 이 점은 출애굽기의 이 세 번째 부분의 구조를 분석하는 열쇠들 중의 하나이다. 이 점은 또한 광야 세대들에게 성막의 중요성을 강조해 준다. 이러한 상세한 내용들은 성막이 하나님께서 이스라엘 가운데 거하신다는 것의 가장 중요한 상징이기 때문에 그렇게 소중하게 다루어졌다. 따라서 이 부분은 성막을 지을 재료들을 헌납하라는 요청으로 시작된다(25:1-9). 광야에서 이러한 귀중한 재물들이 있을 수 있었던 이유는 애굽인들에게서 물건들을 취한 사건으로 설명할 수 있다(출 12:33-35). 이렇게 해서 하나님께서는 자신의 집을 위한 재물들을 직접 제공해 주셨다. 이 책의 나머지 부분의 대부분은 성막의 여러 부분들, 성막의 기구들, 제사장들의 의복들을 만드는 방법들에 대한 지시들 및 이러한 명령들의 실행에 대한 상세한 기록(35:1-40:38)으로 채워져 있다.

장르

이 항목에서 우리는 부분들이 아닌 전체를 다루고자 한다. 출애굽기 전체는 내러티브, 율법, 시 등을 포함한 다양한 문학양식들로 구성되어 있다. 이 책 전체를 규정짓는 가장 좋은 방법은 어떤 것인가?

구약의 다른 많은 책들과 마찬가지로 출애굽기를 규정짓는 가장 우선적인 장르는 선지자적 역사, 혹은 신학적 역사가 될 것이다. 이 책의 저작 목적은 독자들로 하여금 하나님께서 과거에 하신 위대한 행위들에 대해서 알려 주는 것이다. 이 역사 기록은 그 행위들 속에 나타난 하나님의 속성을 드러내고자 하는 특별한 의도를 가진 역사 기록이기 때문에 "신학적" 혹은 "선지자적"이라고 불려진다. 성경의 역사 기록은 그 역사적인 저작의도 이외에도 신학적이고 교육적인 기능을 갖고 있다(Sternberg 및 Longman 1987을 보라; 또한 Provan, Long, and Longman 2003을 보라; 또한 이 책 서론의 "성경상의 역사적인 기록들의 성격" 항목을 보라).

출애굽기는 성경의 다른 많은 역사서들과는 다소 차이가 나는데, 그 이유는 율법이 이 책에서 중요한 역할을 하고 있기 때문이다. 율법의 양식학적인 분석에 대해 행해진 중요한 업적들을 다루는 것은 이 책의 범위를 넘어서는 일이다(이에 대한 논의와 참고문헌은 클라크[Clark]를 보라). 그러나 우리는 이 책에서 내러티브와 율법 문헌이 밀접한 관련을 맺고 있다는 것을 보여주기에 충분한 정도로 이것을 다룰 것이다. 율법 문헌은 단지 이 책의 부록이나 분리된 부분이 아니라 구속사 속에서 함께 흐르고 있다("신학적인 메시지" 항목을 보라).

신 학 적 인   메 시 지

우리가 지금까지 본 바와 같이 출애굽기는 출애굽 및 애굽의 압제로부터의 구원 등의 위대한 사건들뿐만 아니라 광야 방랑의 시작에 대해서도 기술하고 있다. 방랑기의 가장 중요한 일들 중 두 가지, 즉 율법의 전수와 성막 건설에 대한 기록이 이 책에 기록되어 있다. 이 세 가지 사건 ― 즉 출애굽, 율법, 성막 ― 은 한 가지 중요한 진리, 즉 하나님이 이스라엘의 구원자이자 왕으로서 이스라엘과 함께 하신다는 점을 강조해 주고 있다. 이제 우리는 하나님의 함께 하심(the presence of God)이라는 좀 더 광범위한 주제를 탐구하기 위해 먼저 이스라엘의 구속사 속에서 중요한 이 세 가지 순간들을 검토할 것이다.

애굽으로부터의 탈출

그 의의. 사건 자체의 중요성으로 볼 때, 그리고 정경 내에서 이 사건이 계속 언급되고 있다는 것을 볼 때 출애굽 사건이 구약에서 하나님의 가장 위대한 구원의 사건이었다는 점은 분명하다. 하나님의 선택된 백성인 이스라엘은 애굽에서 억압을 받으며 살고 있었다. 그들은 노예들로 취급을 받았으며, 노동력을 싼 값에 착취당하고 있었다. 본문상으로 볼 때 이스라엘이 애굽에서의 우거 기간 동안 하나님을 잊었던 것 같은 느낌은 있지만 하나님께서는 이스라엘을 잊지 않으셨다. 특히 그는 아브라함과의 언약(창 12:1-3; 15장; 17장)을 기억하셨다. 이 언약을 통해서 그는 아브라함에게 무수한 후손과 땅의 약속을 주셨다(12:1-3). 원래 이스라엘은 이 약속의 성취를 위해 애굽에 왔다. 만약 야곱과 요셉의 시대에 이스라엘이 그냥 팔레스타인에 있었더라면 기근으로 죽음을 당했을 것이기 때문이다. 그러나 출애굽기가 서술하고 있는 시대의 애굽인들은 요셉을 모르는 사람들이었다. 이러한 상황들 속에서 하나님께서는 놀라운 일들을 통해 한 구원자를 세우셨다. 구약에 여러 번 등장하는 사건들처럼 하나님께서는 미래의 구원자의 유아 시절의 생명을 여러 가지 위험들로부터 지켜주신다(출 1, 2장). 하나님께서는 그냥 단순하게 모세의 생명을 부지하게 하신 것이 아니고 그가 애굽 왕 바로의 코 앞에서 양육을 받도록 하셨다(출 2:5-7). 하나님께서는 이스라엘을 애굽의 압제로부터 구원하시는데 있어서 바로 이 모세를 쓰셨다.

자기 백성을 억압으로부터 구원하신 분이 바로 하나님이시라는 것은 재앙들에 대한 기록과 홍해에서 바로의 군대로부터 이스라엘을 기적적으로 구원하신 사건을 통해서 볼 수 있다. 열 가지 재앙은 그 강도와 범위를 점점 더해가다가 처음 난 모든 것들이 죽게 되는 무서운 마지막 장면을 통해서 절정에 이른다. 열 가지 재앙을 통해서(네 번째 재앙을 시작으로 해서) 이스라엘은 애굽인들과 분명하게 구분된다. 애굽인들의 땅은 흑암(아홉 번째 재앙, 출 10:21-29)으로 뒤덮여 있었던데 반해 "이스라엘 자손의 거하는 곳에는 광명이" 있었다(24절). 가장 중요한 점은 이런 애굽 사람들과 이스라엘 사람들 사이의 구분이 열 번째 재앙, 즉 처음 난 것들이 죽임을 당하는 재앙에 나타난다는 점이다. 이 사건은 유월절 준수를 통해서 기념되었다(출 12장). 결국 바로는 마지못해서 이스라엘을 보내 주었다. 모세가 애굽을 떠나라는 허락을 받아 내기 위해 처음 바로에게 접근했을 때 바로는 "나는 여호와를 알지 못하니 이스라엘도 보내지 아니하리라"(출 5:2)라고 말했다. 재앙들을 겪은 이후에 바로는 하나님께서 이스라엘과 함께 하시며, 또한 애굽에 일어난 모든 일을 주재하셨다는 것을 알게 되었다.

그러나 이스라엘을 떠나도록 허락한 바로의 결정은 마지못해서 내려진 것이었으며, 바로는 곧 마음을 바꾸어서 자기의 전차부대로 하여금 이스라엘을 추격하게 하였다. 하나님께서 권능으로 이스라엘과 함께 하신다는 것을 가장 극적으로 보여주신 곳은 바다에서였는데, 이 일은 구원의 순간(출 15장)과 그 이후(시 77편)에 불린 노래를 통해서 기억되어졌다. 하나님께서 자신이 용사로서의 하나님이심을 처음으로 보여주신 것도 바로 이 때였다(Miller 1973; Longman 1982; Longman and Reid 1995).

> 여호와는 용사시니
> 여호와는 그의 이름이시로다.
> 그가 바로의 병거와 그의 군대를
> 바다에 던지시니
> 최고의 지휘관들이
> 홍해에 잠겼고 (출 15:3, 4)

위에서 언급한 바와 같이 출애굽 때의 구원은 이스라엘이 하나님의 백성으로서의 자기 이해를 형성하는데 있어서 커다란 기여를 한 사건이었다. 이 사건의 중요성은 출애굽이라는 주제가 구약과 신약에 걸쳐서 계속해서 다시 활용되고 있다는 점을 통해서 분명하게 드러나 있다.

진실로 이 위대한 구원의 행위는 본질상 미래의 구원들을 위한 하나의 패러다임으로서의 역할을 하고 있다. 이 점은 선지자들이 바벨론 유수와 이스라엘의 궁극적인 회복을 고대할 때 특히 두드러지게 나타난다. 선지자들은 바벨론 유수가 제2의 애굽 포로생활이라고 보았으며, 이 포로생활이 궁극적으로는 광야라는 과정을 거쳐 약속의 땅으로의 귀환으로 이어질 것을 꿈꾸었다(예를 들어, 사 35:5-10; 40:3-5; 43:14-21; 호 2:14-16). 사실 이러한 회복은 고레스의 조서 및 에스라와 느헤미야의 영도(領導)를 통해 이루어졌다.

신약으로의 접근. 앞으로 올 것이 더 남아 있다는 점이 마가복음의 시작 부분에 언급되어 있는데, 이 구절은 이사야서 40:3과 말라기서 3:1을 인용하고 있다:

> 보라 내가 내 사자를 네 앞에 보내노니
> 그가 네 길을 준비하리라.
> "광야에 외치는 자의 소리가 있어 가로되
> '너희는 주의 길을 준비하라.
> 그의 오실 길을 곧게 하라.'" (막 1:2, 3)

그리고 나서 세례 요한이 바로 예수 그리스도의 길을 예비할 자로 소개되고 있다. 예수 그리스도는 이 땅에서의 자신의 사역을 광야에서 시작하였으며, 복음서들은 그의 삶이 출애굽의 완성이라는 것을 분명하게 보여주었다.

예수의 사역의 시작점은 그가 세례를 받은 사건이다. 출애굽 경험과의 유비 속에서 보면 세례는 예수의 홍해 횡단이다(참고, 고전 10:1-6). 그리고 나서 예수는 광야로 들어가셨으며, 거기에서 40일간의 시험을 경험하셨다(40년의 광야 생활에 상응)(마 4:1-11). 주목할 만한 점은 예수께서 받으신 세 가지 시험이 모두 이스라엘이 광야에서 경험한 시험들과 관계가 있다는 점이다. 이스라엘은 그 시험들에 굴복을 하였었던 반면에 그리스도께서는 그 시험들을 모두 극복하셨다. 사탄에게 준 예수 그리스도의 대답은 이러한 유비를 확증시켜준다. 왜냐하면 예수의 대답은 신명기에 기록된 모세의 연설들로부터 나온 것이기 때문이다(8:3; 6:13; 6:16). 모세는 그 연설들 속에서 이스라엘이 광야에서 행동한 것처럼 행동하지 말 것을 훈계하였었다. 따라서 예수는 이스라엘이 하나님께 거역하였던 바로 그 점들에 있어서 자신이 순종하였다는 것을 그 추종자들에게 증명하셨다.

광야에서의 시험들과 상응하는 그 다음의 중요한 에피소드로서 마태복음에 나오는 것은 산상수훈이다. 마태가 이 설교를 산 위에서 일어난 것으로 기술하고 있다는 점은 독자들의 주의를 끈다. 왜냐하면 누가복음에서는 이 설교가 평지에서 주어진 것으로 되어 있기 때문이다(눅 6:17). 이 두 기록의 차이를 절충시키는 것이 가능하기는 하지만 산이라는 배경은 예수의 설교가 율법에 초점을 맞추고 있다는 사실과 율법이 시내 산에서 주어졌다는 점 사이의 밀접한 연결을 보여준다.

이스라엘의 광야 생활과 그리스도의 지상 사역 사이에는 여러 가지 다른 유사점들을 찾아볼 수가 있다(Stock, Dennison). 그러나 이 모든 점들은 그의 고난 받음 속에서 그 절정에 이른다. 예수는 유월절 중에 십자가에 달리셨다(마 26:19; 막 14:16; 눅 22:13). 본질상 그는 다른 사람들을 위해 죽임을 당한 유월절 양이셨다(고전 5:7).

따라서 한편으로는 그리스도는 자신의 지상 사역 중에 출애굽을 완성하셨으며, 다른 한편으로는 오늘날의 그리스도인들은 출애굽의 마지막에 올 안식, 즉 약속의 땅(하늘)에 들어가는 것을 위해 미래를 바라보고 사는 광야 방랑생활을 경험하고 있다(히 3:7-4:13).

시내 산 — 하나님의 율법(19-24장)

율법의 의의. 하나님께서는 출애굽을 통해서, 그리고 특히 홍해 횡단 사건을 통해서 자신이 구원자로서 이스라엘 가운데 거하심을 보여주셨다. 이스라엘이 자신들의 노예의 땅을 떠나 약속의 땅으로 가는 동안 하나님께서는 계속해서 그들과 함께 하셨다. 이 여정 중에서 가장 중요한 것으로 보이는 사건은 그들이 출발한지 세 달 만에 시내 산에 도착했을 때 일어났다. 여기에서 하나님께서는 자신의 의지를 율법을 통해서 이스라엘에게 보여주심으로써 다시 한 번 자신이 권능으로 그들과 함께 하심을 드러내 보여주셨다.

　율법이 수여되는 이야기 앞에 나오는 에피소드는 하나님의 거룩하심과 백성의 죄를 강조하고 있다(출 19장). 하나님께서는 자신을 구름과 불과 연기 속에서 계시하셨다. 그 산은 그의 현존하심을 통해 거룩한 장소가 되었다. 이 백성은 하나님과의 만남을 위해서 제의적인 차원에서 준비하도록 요구를 받았으며, 오직 모세와 아론만이 산에 접근하도록 허락을 받았다.

　하나님께서는 이스라엘에게 율법을 주시기 위해서 그들을 만나셨다. 이 율법은 이스라엘의 집단적, 개인적 삶을 향한 하나님의 의지를 기록한 것이었다. 율법이 그 자체로 독립성을 갖고 있다고 생각하기가 쉽지만 사실은 이 율법이 언약이라는 맥락 속에서 주어졌다는 점을 인식하는 것이 중요하다. 클라인(M. Kline)은 출 19-24장이 조약문서의 형태를 갖고 있다는 점을 잘 지적하였다. 역사적 서언(the historical prologue, 출 20:2)은 율법의 전수자이신 분이 이미 은혜를 통해 그들을 구원하신 분이시라는 것을 밝히고 있다. 따라서 출애굽기 20-24장에서 발견되는 율법은 이미 구약 시대 중에도 신-인 관계의 기초가 아니라 그 신-인 관계의 유지를 위한 지침이라는 것을 알 수 있다. 율법은 하나님과의 관계를 세우는 열쇠가 아니라 그 관계를 지속시키고 풍부하게 하는 열쇠이다. 사실 율법의 수여는 출애굽의 사건(이 사건은 아브라함 언약에 근거해서 일어났음)을 돌아볼 때, 그리고 약속의 땅의 정복과 정착의 이야기를 바라볼 때 역사적으로나 정경상으로 하나님의 은혜의 사건들에 둘러싸여 있다.

　이 본문의 율법은 두 가지, 곧 십계명과 언약의 책으로 나눌 수 있다. 십계명(출 20:3-17)이 먼저 주어졌는데, 이것은 청중-독자에게 직접적으로 말하는 직접화법의 형태로 되어 있다. 이 계명들은 신-인 관계(처음의 네 계명)뿐만 아니라 인간끼리의 관계들(나중의 여섯 개의 계명)의 근본적인 내용들을 포괄하고 있다. 언약의 책(the Book of the Covenant; 이 이름은 출 24:7로부터 파생됨)을 구성하고 있는 여러 가지 다양한 율법들은 십계명에서 제시된 기본적인 원리들로부터 파생되었다. 이 율법들은 출애굽 당시의 하나님의 백성의 문화적, 구속사적 순간에 맞추어서 십계명을 밝히고 있다. 예를 들어, 뿔로 받는 습성이 있는 황소에 대한 법(출 21:28-36)은 여섯 번째 계명을 농경 사회에 맞추어서 구체화한 것이며, 출애굽기 23:10-13은 안식일에 대한 네 번째 계명을 좀 더 자세하게 다룬 것이다.

　신약으로의 접근. 언약의 책에서 발견되는 율법들과 책벌들을 현대 사회에 부과하려고 하는 시도들, 즉 신율론(神律論, theonomy)과 같은 움직임들(Bahnsen, Rushdoony)은 잘못된 기초 위에 서 있으며, 또한 위험하다(Longman, 1990). 이러한 움직임들은 구약의 이스라엘과 현대사회 사이의 전혀 다른 문화적인 차이들, 그리고 좀 더 중요한 것으로는 구속사적인 차이들을 전혀 고려하지 않고 있다. 불행하게도 신율론은 사회가 세속화하는 것을 두려운 눈으로 바라보며 교회가 좀 더 강력한 영향력을 갖게 되기를 갈망하는 많은 기독교인들, 특히 개혁교회와 오순절 교회들에게 인기가 있다.

　그러나 율법조항들의 배후에 있는 원리들이 보통 십계명으로 요약될 수 있다는 점에서 볼 수 있는 바와 같이 율법은 오늘날에도 여전히 상황적합성을 갖고 있다. 기독교인들은 신약에서 언약의 책이나 오경의 다른 율법 본문들의 노선을 따르는 상세한 율법을 갖고 있지 않다. 그러므로 기독교인들은 현대의 윤리적인 문제들을 십계명을 지침으로 해서 고찰해야 한다. 도적질을 하지 말라는 계명은 컴퓨터 범죄와 어떻게 연결될 수 있는가? 살인하지 말라는 계명은 낙태약과 어떻게 연결될 수 있는가? 또 핵무기와는 어떤 관계가 있는가?

　물론 신약이 율법에 대한 언급들을 전혀 하고 있지 않은 것은 아니다. 예수께서는 산상수훈을 통해 율법에 대한 우리의 이해를 깊게 해주시면서 자신이 바로 하나님이시라는 것을 보여주셨다(마 5-7장). 율법에 대한 신약의 가장 놀라운 소식은 예수 그리스도께서 자신을 따르는 자들로 하여금 율법의 저주로부터 벗어나게 하셨다는 소식임이 분명하다(롬 7장). 그러므로 이제 율법은 기독교인들에게 있어서는 자신들의 삶을 위해 하나님의 뜻을 나타내주는 안내자가 되었다. 물론 율법이 하나님과 관계를 맺는 수단이었던 적은 결코 없었지만 말이다.

성막-하나님께서 자기 백성 가운데 거하심(25-40장)

　　　　　　　　　　　　　　　성막의 의의. 마지막 부분(출 25-40장)은 대부분 성막에 대한 내용으로 채워져 있다(성막에 대한 더 상세한 논의 및 성스러운 장소에 대한 성경신학은 Longman 2001을 보라). 성막은 모세로부터 다윗까지의 기간 동안 하나님의 지상 처소였다. 그가 거하시는 장소로서의 성막은 하나님께서 자기 백성 가운데 함께 하신다는 것을 보여주고 있으며, 출애굽 전체를 흐르는 주제를 계속해서 말해 주고 있다.

성막의 중요성을 이해하기 위해서는 성막을 건설하게 된 동인이 무엇이었느냐 하는 점을 상기시키는 것이 좋다. 아담과 하와가 처음 창조되었을 때에는 하나님과의 만남을 위한 특별한 장소가 필요 없었다. 그들은 에덴 동산의 어디에서나 하나님을 만날 수 있었다. 그러나 타락은 하나님과 그의 피조물 간의 관계를 근본적으로 벌려 놓았으며, 더 이상 그들은 하나님의 함께 하심을 누릴 수가 없었다. 타락 이후에도 인간은 하나님 앞으로 나아갈 수는 있었지만 그것은 오직 특별히 지정된 장소들을 통해서였다. 족장들의 시대에는 가족의 장(長)이 제사를 지내기 위해서 제단을 건설했다(창 12:8; 13:18). 그러나 출애굽의 때에는 하나님의 백성은 더 이상 확대된 형태의 가족이 아니라 거대한 나라였다. 따라서 이스라엘이 처한 구속사적인 시기 및 사회적인 상황에 맞추어서 하나님께서는 모세로 하여금 성막을 짓게 하였으며, 그것을 통해서 사람들은 예배라는 수단을 통해 그에게 나아갈 수 있었다.

성막은 유목민의 천막과 같은 형태를 갖고 있었다. 이 천막은 거두어서 싼 다음 그 다음 장소로 옮겨갈 수가 있었다. 하나님의 백성은 광야에서 방랑하고 있었고 아직 땅에 정착하지 않았기 때문에 이러한 이동성이 필요했다. 성막에서 좀 더 영구적인 형태의 하나님의 처소로서의 변천은 솔로몬의 시대에 땅의 정복이 완성된 다음에 가서야 가능하게 되었다(왕상 6-8장).

시내 산에서 솔로몬에 이르기까지의 기간 동안 성막은 하나님의 지상 처소로서의 구실을 했다. 이 성막은 하나님의 백성이 하나님을 만나기 위해 찾아가는 장소였다. 하나님의 특별한 현현의 장소로서의 성막은 거룩한 땅이었다. 이 성막의 장소, 건축적인 구조, 재료 및 접근성 등은 모두 다 이 거룩하신 하나님이 이스라엘 백성 가운데 거하신다는 사실을 부각시켜 주고 있다.

광야 방랑의 시기 동안 이스라엘이 진을 칠 때마다 성막은 진의 한가운데에 세워졌다. 그리고 각 지파는 성막 둘레의 각자 지정된 곳에 그 위치가 배정되었다. 고대 근동의 전통에 따르면 진의 가운데 부분은 왕의 천막이 위치하는 곳이었다. 하나님은 이스라엘의 왕이시기 때문에 그의 천막이 가운데에 위치한 것은 적절한 것이었다. 이 성막이 거두어지고 이스라엘이 행군 중에 있을 때에는 성막의 지성소 안에 놓여 있는 법궤가 길을 인도하였다. 이것은 고대 근동의 왕이 자기 군대를 전쟁터로 인도해 가는 것과 상응하는 것이었다.

성막의 구조 또한 거룩하신 하나님이 이스라엘 가운데 거하신다는 것을 보여주고 있다. 성막의 영내는 여러 부분, 예를 들어 뜰(출 27:9-19), 성소, 지성소(26:31-35)로 나뉘어져 있다. 아래에서 다시 지적하겠지만 성막으로 접근하는 데에는, 그리고 다시 성막 안의 여러 부분으로 들어가는 데에는 거룩성의 정도에 있어서 여러 단계의 차이가 있었다. 이스라엘 진 밖은 이방인들과 부정(不淨)한 자들의 영역이었다.

이스라엘 사람들 중 어느 누구가 제의적으로 부정하게 되면 그는 일정한 기간 동안 진 밖으로 나가야만 했다. 진 자체는 하나님의 현존하심으로부터 좀 더 가까운 장소였으며, 하나님과의 언약 관계 속에 있는 모든 이스라엘 사람들이 거하는 장소였다. 그러나 성막 둘레의 장소에는 오직 레위인들만이 접근할 수 있었다. 그들은 하나님을 섬기기 위해 특별히 구별된 자들이었다. 성소의 뜰을 지나 지성소에 이르기까지 우리는 점점 더 하나님의 현존하심에 가까이 이르게 되며, 그 장소들은 점점 더 그 거룩성의 정도가 커지게된다. 이 점은 성막의 재료들이나 그 접근허용성의 정도가 차이가 나는 것을 통해서 알 수 있다.

법궤를 보관하고 있는 지성소로부터의 거리와 성막 건설에 사용된 재료 사이에는 상관관계가 존재한다. 즉 지성소에 가까울수록 귀한 재료가 사용된다. 이러한 차이는 우선 성막을 덮는 네 가지의 덮개들에 나타난다. 가장 바깥에 있는 휘장은 가장 기능성이 높다. 이것은 해우(海牛, sea cows)의 껍질을 재료로 하고 있다(출 26:14). 이 덮개는 바깥 기후에 노출되어 있다. 그러므로 물에 잘 젖지 않는 이 재료가 성막의 겉 덮개로는 최적이다. 그 다음으로는 붉은 물 들인 숫양의 가죽으로 된 덮개(14절)와 염소털(7절)이 이 구조물의 내용을 보호하기 위해서 사용되었다. 가장 안쪽에 사용된 휘장은 성막의 안쪽에서 봐야 보이는 덮개이다. 이 휘장이 하늘색을 사용하고 있으며, 또한 천상적인 존재를 도안으로 하고 있다는 점은 이 성막이 지상에 있는 하늘로 여겨졌다는 점을 증명해 준다. 따라서 법궤에 가까운 곳일수록 더욱 귀중한 재료가 사용되어졌다.

이 원리는 금속 재료의 경우에도 마찬가지이다(Haran 1978). 성막 바깥쪽의 뜰에는 동이나 은과 같은 덜 귀중한 재료들이 사용되었다(출 27:9-19). 성막 안쪽을 보자. 성막의 기구들에는 금, 혹은 그보다 귀한 "순금"이 사용되었다(법궤[출 25:10-22], 상[25:23-30], 등잔대[25:31-40]).

따라서 성막에 사용된 재료들은 거룩하신 하나님이 자기 백성들 가운데 거하신다는 것을 그 자체로 상징적으로 보여주고 있다. 성막의 상징적인 기능을 이것보다 더 공상적이고 알레고리적으로 해석하는 것(Keine 1977, Soltau 1865)은 불필요한 것일 뿐만 아니라 어리석은 것이다.

마지막으로, 성막 및 그 지성소로의 접근성 여부 또한 하나님께서 이스라엘 가운데 거하신다는 것을 증명한다. 성막 둘레에는 거룩성의 정도에 따라 테두리들이 존재한다. 진 밖은 이방인들과 제의적으로 부정한 자들의 영역이었다. 이 영역에 거하는 데에는 아무런 특별한 자격이 필요하지 않았다. 그러나 진 가운데로 들어가는 것은 하나님과의 언약 속에 있는 정결한 자들에게만 허락되어 있었다.

그리고 성막 근처에 자신들의 천막을 치는 일은 오직 하나님을 섬기기 위해 특별히 구별된 레위인들에게만 허락되었다. 그들은 그 성막을 둘러싸고 천막을 설치했다. 다시 말해서, 레위인들은 성막과 진의 나머지 지역 사이의 완충 역할을 했다. 그러나 레위인들 가운데서도 대부분은 성막 가까이에서 사역을 하는 것이 허락되어지지 않았다.

이러한 사역은 오직 레위인들중의 한 가문, 아론의 후예들에게만 허락되었다. 또한 모든 거룩한 곳들 중에서도 법궤가 안치된 성막의 내부 성소는 가장 제한된 지역이었다. 오직 현직에 있는 대제사장만이 그 곳에 들어갈 수 있었으며, 그것도 일 년에 딱 한 번, 오직 대속죄일(레 16장) 때뿐이었다.

도해 2　　　**성막의 거룩성에 따른 테두리들**

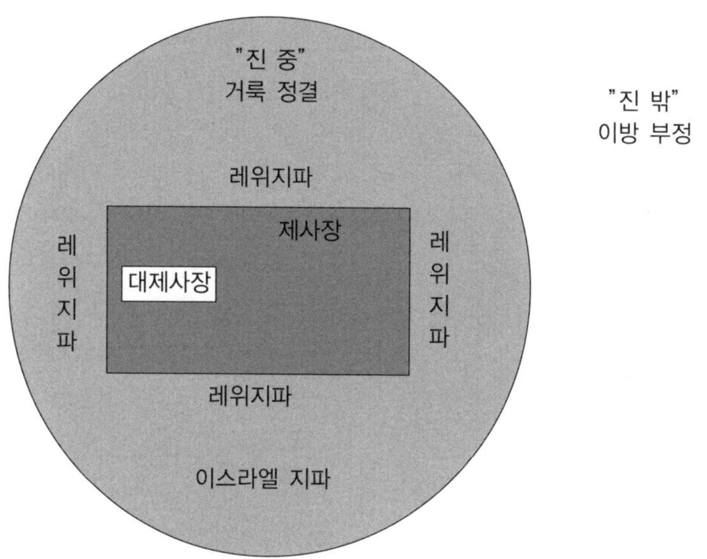

성막에는 일반 가정집들과 마찬가지로 가구들이 있었다. 이 중 가장 중요한 것은 언약궤와 등잔대(the menorah)였는데 이 둘은 하나님의 임재를 강력히 상징하는 것이었다. 궤는 디자인이 단순하였다. 본질적으로 이것은 3.75피트 길이에 2.25피트 너비에 2.25피트 높이를 가진 작은 상자였다. 이것은 또한 측면에 고리가 있었는데, 이 고리를 통해 운반용 채를 끼웠다. 비록 이처럼 단순하기는 하지만 이 궤는 고급스러운 아카시아 나무로 이루어져 있었고, 안과 밖에 금으로 씌워져 있었다. 이 궤에 대해서는 많은 말들을 할 수가 있겠지만 현재 중요한 것은 이 궤가 하나님의 임재를 나타내는 역할을 한다는 것이다. 이스라엘이 정착하고 성막이 세워지면 궤는 그 양 끝에서 궤 위로 날개를 펼치고 머리를 아래로 향하고 있는 모습의 형상을 하고 있는 그룹 둘에 의해서 보호를 받았다. 이 그룹들이 이런 모습을 하고 있는 이유는 궤가 하나님의 임재를 나타내는 강력한 상징물이었기 때문이다. 궤는 하나님의 보좌의 발등상(대상 28:2) 혹은 때로는 보좌 그 자체(렘 3:16-17)로 간주되었다. 왕이신 하나님은 이 지상의 당신의 집에서 자기 보좌에 앉으시고, 그 날개로 그를 떠받드는 그룹들은 그의 영광의 광채로부터 자신들의 눈을 보호하기 위해서 땅을 바라보고 있는 것이다.

등잔대(the menorah)는 출애굽기 25:31-40에 묘사된 등잔받침대를 가리킨다. 이 등잔대에 대한 묘사는 그 세부적인 사항에서는 논란이 되고 있다. 그러나 이것이 가지와 아몬드 꽃을 가진 나무의 형상을 하고 있다는 것에는 의문의 여지가 없다. 이 나무 모양의 등잔대는 에덴 동산을 연상시키며, 땅에 거하는 하나님의 임재를 상징한다.

따라서 이러한 여러 가지 점들은 성막이 하나님의 지상 처소임을 보여주고 있다. 하나님께서 광야 여정 전체를 거쳐 약속의 땅에 안주하기까지 이스라엘과 함께 하셨다는 것을 이 성막은 보여주고 있다.

신약으로의 접근. 하나님께서 이스라엘과 함께 하신다는 것의 상징으로서의 성막은 하나님의 백성의 삶과 종교에 있어서 중요한 기능을 하였다. 그러나 이것은 일시적인 제도일 뿐이었다. 솔로몬의 치세에 이 성막은 성전에 의해서 대체되었다. 이제 하나님의 백성은 약속의 땅의 영구적인 거주자들이 되었기 때문이 하나님의 처소는 유목민의 천막보다는 집의 형태를 띠었다. 그러나 하나님의 지상 처소에 대한 구약의 모든 상징들은 결국 제한적이고 임시적인 것이었다. 이것들은 하나님의 아들 예수 그리스도, 즉 "육신이 되어 우리 가운데 성막을 치신(tabernacled)*"(요 1:14) 분의 오심을 예시(豫示)하고 바라보고 있다. 지상의 하늘을 상징하는 성막과 성전은 궁극적으로는 신약에서 하늘과 땅이 새로 나타나는 것을 고대하고 있다(계 21-22장).

---

* 이 단어의 헬라어는 σκηνοω이다. 이 단어는 한글판 개역 성경에는 단순하게 "거하다"라고 번역되어 있지만 좀 더 신학적인 번역을 한다면 "성막을 치다"라는 번역이 맞을 것이며, 이것이 이 개론서의 저자들이 원문에서 주장하고 있는 바이다. 따라서 이 번역본에서는 그들의 의도를 따라 후자의 뜻으로 번역을 하였다. 한글판 개역 성경을 읽는 독자들은 이 점을 유념해주기 바란다 ― 역주.

레 위 기

레위기는 오경의 세 번째 책이다. 성막의 건설에 초점을 맞추고 있는 출애굽기의 마지막 장들(25-40장)은 성소에서 행해지는 다양한 제사들을 기술하고 있는 레위기의 처음 장들(1-7장)로 자연스럽게 연결되어진다. 레위기(Leviticus)란 이름은 70인경에서 파생되어서 불가타역(the Vulgate)을 통해 우리에게 전해졌는데, 이 책의 중심 주제를 잘 부각시켜 주고 있다. 이 이름은 "레위 지파에 관한"이란 뜻을 갖고 있다.

비록 이 책에서 이 지파가 강조되어 있지는 않지만 이 책이 제사장에 관한 주제들을 다루고 있다는 점은 이 제목이 적절함을 드러내 준다. 오경의 다른 책들과 마찬가지로 이 책의 히브리어 제목은 이 책의 처음에 나오는 단어들로 이루어져 있다. 따라서 레위기의 히브리어 제목은 바이크라, 즉 "그가 부르셨다"이다.

레위기는 보통 오늘날 교회와는 상관이 없는 책으로 여겨지고 있다. 중요하다고 여겨지는 몇 가지 사항들에 대해서는 구약의 시대와 오늘날 사이의 "간극을 메꾸기 위해서" 알레고리적인 해석이 사용되었다. 그러나 그 내용을 면밀하게 연구해 보면 알레고리에 의존하지 않고도 이 책이 하나님 및 구속사에 대한 우리의 이해를 돕는데 많은 공헌을 하고 있다는 사실이 드러난다.

역 사 적   배 경

　레위기의 형성과정은 오경 전체의 형성과정과 밀접하게 연관되어 있다. 따라서 다음의 내용들은 p.51의 역사비평학적 접근방법 항목에서 볼 수 있는 더 광범위한 논의 속에서 이해해야만 한다.

　오경의 문서설적인 분석이 불확실한 점들이 많기는 하지만 대부분의 비평학자들은 P의 성격 및 범위에 대해서는 의견의 일치를 보이고 있다. 레위기의 사실상 전부가 P로 간주되어진 것은 별로 놀라운 일이 아니다. 왜냐하면 결국 그 내용이 제의 및 율법 등의 제의적인 문제들과 연관되어 있으며, 아주 간혹 나오는 내러티브 부분들(8-10, 16장)도 제의적인 문제들과 연관되어 있기 때문이다.

　하지만 비평학자들은 후대의 문서인 P가 이전의 자료들을 어느 정도나 사용했느냐 하는 문제들에 대해서 여전히 의문을 갖고 있다. 17-27장의 소위 성결법전(the Holiness Code)은 제사 문서(the Priestly document, P)에 이전의 자료가 흡수되어진 것을 보여주는 좋은 예이다. 이 장들은 그 구조나 주제적인 측면에 일관성을 가지고 있으며, 이 점 때문에 많은 학자들은 이 장들이 원래 독립된 저작이었을 것이라고 생각한다. 더 나아가서 많은 학자들은 진정으로 P가 독자적인 기여를 한 부분은 간혹 나오는 내러티브 부분들(8-10, 16장; Wenham 1981, 7에 논의되어 있음)이라고 생각한다. 그러나 율리우스 벨하우젠(Julius Wellhausen)으로 거슬러 올라가는 비평학계의 만장일치적인 견해에 의하면 P는 신명기 이후의 것이며, 따라서 가장 이른 시기를 잡는다 해도 요시야 시대(7 세기)의 것에 불과하다(Levine 1974, xxviii- xxix). 덜 급진적이기는 하지만 여전히 비전통적인 접근방법은 카우프만(Kaufmann)의 접근방법이다. 그는 레위기가 P로 이루어져 있으며, 이 P는 모세 시대까지 거슬러 올라가지 않을 수는 있지만 포로기 이후 시대나 신명기 이후 시대의 것은 결코 아니라고 주장한다.

　레위기의 형성에 대해서 전통적인 입장을 변호하고 있는 경우들을 보려면 위에서 언급된 논의들을 참고하라(p.59의 비평학적인 접근방법들에 대한 평가 항목을 보라). 레위기는 모세가 저자라는 주장을 하고 있지는 않지만 내적인 증거들은 그 내용들이 모세를 통해 백성들에게 주어졌다는 것을 강하게 시사해 주고 있다. 이 책은 "여호와께서 … 모세를 부르시고"라는 말로 시작되어지며, 또한 "여호와께서 모세에게 일러 가라사대"(때로는 "아론에게"라는 말이 첨가되어짐)라는 문구가 본문의 여러 전환적인 부분들에서 반복되어 사용되고 있다(예를 들어 4:1; 5:14; 6:1, 8, 19, 24; 11:1; 12:1; 13:1; 14:1, 33; 15:1; 16:1; 19:1; 20:1; 21:1; 24:1; 27:1 등). 레위기가 포로기 이전 시대의 말엽, 혹은 포로기 이후 시대의 내용들을 담고 있다는 뚜렷한 증거는 없다(그러나 이에 반대되는 견해를 보려면 Levine 1974, xxix-xxx를 참고하라).

문 학 적 인 분 석

장르

레위기에는 율법이 상당 부분을 차지하고 있기는 하지만 이 점이 이 책의 내러티브의 흐름을 모호하게 만들지는 않는다. 처음의 에피소드는 성막에서의 장면을 다루고 있다. 거기에서 모세는 이스라엘이 어떤 식으로 행동해야 할 것인지에 대한 가르침을 하나님으로부터 듣는다. 이 책의 모든 율법들은 이러한 내러티브상의 배경을 갖고 있다.

또한 비록 간단하기는 하지만 이 책에는 비율법적인 내러티브들이 존재한다(8-10, 16장). 이러한 모든 점들은 레위기가 오경의 전체적인 장르, 즉 교훈적인 역사라는 핵심적인 장르를 계속 이어가고 있다는 것을 보여준다. 이 책은 독자들에게 과거에 있었던 일들, 특히 이 경우에 있어서는 율법의 역사적인 배경에 대해서 알려 주고 있다. 담로쉬(Damrosch)는 이 점을 이렇게 지적했다. "이야기 본문은 율법 본문들을 위한 외곽틀로서 존재한다"(66).

구조

레위기는 다음과 같이 개관할 수 있다:

I. 제사법(1:1—7:38)

  A. 일반 백성들을 위한 지침(1:1-6:7)

    1. 번제(1장)

    2. 소제(2장)

    3. 화목제(3장)

    4. 속죄제(4:1-5:13)

    5. 속건제(5:14-6:17)

  B. 제사장들을 위한 지침(6:8-7:38)

II. 제사장 내러티브(8:1—10:20)

  A. 제사장 제도의 공식적인 출범(8:1-9:24)

  B. 제사장 직급에 대한 제한들 — 나답과 아비후(10장)

III. 제의적인 정결을 보호하기 위한 율법들(11:1—16:34)

  A. 음식물에 대한 규정들(11장)

  B. 출생에 관한 율법들(12장)

  C. 피부병들에 관한 확인방법 및 다시 정결하게 하는 방법(13-14장)

    1. 병에 대한 확인방법(13장)

    2. 병을 다시 정결하게 하는 방법(14장)

  D. 유출병(15장)

  E. 속죄일(16장)

IV. 성결법전(Holiness Code)(17—27장)

  A. 율법들(17:1-24:23)

    1. 피의 취급방법(17장)

    2. 근친상간에 관한 법들(18장)

    3. 잡다한 법들(19-20장)

    4. 제사장들과 제사들에 대한 법들(21-22장)

    5. 안식일과 절기들(23장)

    6. 성막에 관한 법(24:1-9)

    7. 신성모독자에 대해서 벌을 준 이야기(24:10-23)

    8. 희년(25장)

　　B. 축복과 저주(26장)
　　　1. 순종에 대한 축복들(26:1-13)
　　　2. 불순종에 대한 저주들(26:14-46)
　　C. 하나님에 대한 예물들(27장)

문체

　　　　이 책의 가장 두드러지고 뚜렷한 특징은 그 분명하고 단순한 구조이다. 이 책은 율법과 제의에 대한 내용이 대부분을 차지하고 있기 때문에 직설적인 본문 형태를 필요로 한다. 이 책의 목적은 거룩하신 하나님 앞에서 어떻게 적절하게 행동해야 하는가 하는 것에 대해서 제사장들과 일반 백성들에게 지침을 제공해 주고 있으며, 따라서 미묘하고 다듬어진 문학적 기교들보다는 정보를 제공해 주는 것에 강조를 두고 있다.

　따라서 레위기는 오경의 책들 중에서 문학적인 성격이 가장 적은 책이다(Damrosch의 견해에 반대됨). 이러한 판단은 이 책에 대한 무시가 아니다. 왜냐하면 이 책은 성경의 다른 책들과 같은 수준의 심미적인 상상력을 독자들에게 불러일으키고자 하는 것이 아니기 때문이다. 원래의 청중이나 동시대의 독자에 대한 관심은 다른 곳, 예를 들어 신학적인 의미들 같은 것에서 찾을 수 있다.

신 학 적 인　메 시 지

구약적인 맥락

　　　　하나님의 거룩하심. 레위기의 상당 부분은 이스라엘의 정형적인 예배를 둘러싼 율법과 제의를 내용으로 하고 있다. 여러 가지 내용들 중에는 제사 제도에 내용과 음식 및 성(性)적인 정결성에 대한 율법들이 포함되어 있다. 세부적인 내용들에 들어가서 길을 잃기 전에 우리는 이러한 모든 율법들과 정결 및 청결이라는 중요한 개념의 배후에 있는 이 책의 핵심적인 가르침 – 즉, 하나님은 거룩하시다는 가르침 – 을 파악하는 것이 중요하다. 여러 가지 계명들 배후에는 "나는 여호와 너희 하나님이라"(18:2, 4, 5; 19:3-4, 10; 20:7)는 하나님의 말씀이 그 동기로 깔려 있다. 그러나 하나님은 함께 하시는 분이실 뿐만 아니라 거룩하신 분이시기도 하다. "내가 거룩하니 너희도 거룩할지어다"(11:45; 또한 19:2; 20:26을 보라).

따라서 레위기는 하나님이 이 세상으로부터 분리되어 계시며, 오직 죄의 오염으로부터 자유로운 자들만이 그의 앞으로 들어갈 수 있다는 것을 가르치고 있다. 아래에서 우리는 이러한 점이 레위기의 세 가지 중요한 영역, 즉 제사 제도, 제사장 제도, 정결법의 영역에서 어떻게 작용하는지를 관찰해 볼 것이다. 비록 이러한 관찰이 레위기의 모든 내용들에 대한 포괄적인 분석은 아니지만 이 책의 전반적인 신학에 대한 단서를 제공해 줄 것이다.

제사 제도. 레위기는 제사들에 대한 긴 서술로 시작을 한다(1-7장, Wenham 1995를 보라). 제사들이 구약의 시기 중 정형적인 예배에서 가장 중요한 순서였다는 점을 생각해 볼 때 제사 제도에 대한 이러한 강조는 놀라운 일이 아니다. 우리 현대인들의 관점에서 볼 때 놀라운 점은 이러한 제의의 의미나 중요성을 밝히는데 본문이 별로 관심을 기울이고 있지 않다는 점이다. 본문의 초점은 단지 그 제사 제도를 서술하는데 있다. 제사 제도의 의미는 제사장이건 보통 사람이건 간에 원래의 청중들에게는 잘 알려져 있었던 것이 분명하며, 단지 필요한 것은 바른 절차를 밝히는 것이었던 것 같다. 다행히도 우리는 전체적인 제사 제도와 개별적인 제사들의 의미를 거기에 포함된 상징적인 행위들이나 예배에서의 용례들을 통해서 추론해 볼 수 있다.

개별적인 제사들을 검토해 볼 때 우리는 이스라엘의 희생 제도를 언약적으로 해석하게 된다. 언약은 하나님과 그의 백성 이스라엘 사이에 존재하는 관계를 가리키는 것이다. 이 언약 관계는 세 가지 방향에서 제사 제도와 연결되어 있다. 첫째, 우리는 제사 제도가 하나님과의 언약 속에 있는 예배자의 입장에서 볼 때 하나의 선물이라는 것을 알 수 있다. 둘째, 여러 가지 제사 제도들은 언약 당사자들간의 교제(communion) 혹은 친교를 포함하고 있다. 마지막의, 그리고 어쩌면 가장 중요한 요점은 제사 제도가 언약 관계의 벌어진 틈을 메우는데 있어서 중요한 역할을 한다는 것이다. 이 기능은 속죄(expiation)라는 신학 용어를 통해 보통 표현된다. 웨넘(Wenham

1979, 26)은 이 마지막 기능을 다음의 도표를 통해 생생하게 보여주었다.

도표 2   **제사제도와 속죄**

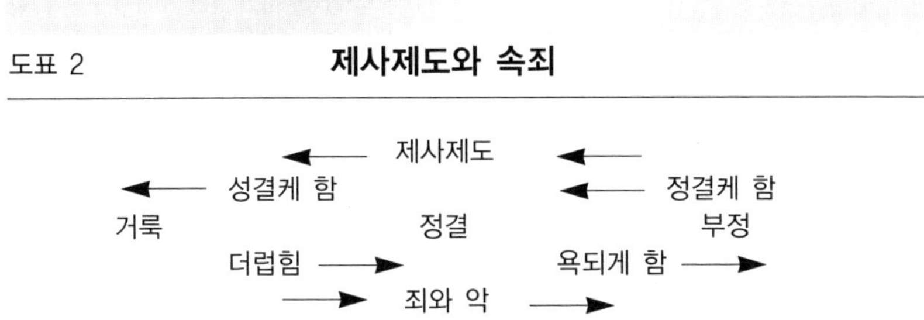

어떤 위반 행위들을 통해서 언약 관계가 깨졌을 때 이스라엘의 참회자는 자신들의 죄에 대한 어떤 대체물을 제공함으로써 하나님의 용서를 찾았다. 그리고 이러한 점에서 희생 제사는 언약 관계를 회복하는데 있어서 하나님이 승인한 수단으로서의 역할을 했다. 따라서 제사 제도는 하나님의 거룩성이라는 전반적인 신학과 매우 잘 어울린다. 하나님은 거룩하시기 때문에 죄나 부정이 존재하는 것을 참지 못하신다. 제사 제도는 거룩하지 않은 것을 다시 정결하게 하고, 하나님 앞에서의 관계를 회복하게 한다. 제사 제도는 하나님의 면전에서 떨어질 수밖에 없는 부정한 자들이 다시 거룩의 영역인 진(陣) 안으로 돌아오게 해 준다.

우리가 앞으로 보게 되겠지만 제사 제도는 항상 그렇지는 않지만 희생제물의 피를 요구하는 경우가 많다. 일부 비평학자들은 이 점이 희생 제사에 대한 마술적인 생각 때문이라고 주장하며, 일부 복음주의자들노 이러한 생각을 갖고 있는 듯한데, 그러한 생각은 그 피가 상징하고 있는 죽음이라는 개념보다도 "피" 자체를 더 강조하기 때문이다. 그러나 제사들을 효과 있게 만드는 것은 사실은 희생제물의 죽음이다. 그리고 피를 가지고 하는 절차들은 그 피를 갖다 바치는 죄인의 죽음을 대신한 희생제물의 죽음을 부각시키는 것이다.

번제(burnt offering, 1장). 이 제사를 지칭하는데 보통 쓰이는 영어 명칭은 헬라어 번역으로부터 나왔다. 원래의 히브리어는 "올라가다"(ascending)는 의미를 갖고 있으며, 희생제물의 향기가 연기의 형태로 하늘로 올라간다는 점으로부터 파생되었다.

예배자는 흠 없는 동물을 제사장들에게 가져가는데, 예배자는 그 동물을 이 제사를 위해 준비하여야만 한다. 흠 없는 동물을 요구하는 이유는 꼭 한 가지만이 아니었을지도 모른다. 하여튼 확실한 것은 예배자가 온전치 못한 동물을 가져옴으로써 진정한 대가를 치르지 않고 희생 제사를 드리는 것이 금지되어 있다는 점이다.

그러나 이 제사의 목적은 사람을 가난하게 만드는 것이 아니었다. 따라서 율법은 값이 덜 드는 형태의 대체물들을 사용하는 것을 허락하고 있는데, 아마 이러한 율법은 예배자의 경제적인 처지에 따라 적용되어진 듯하다:

소(1:3-9)
양과 염소(10-13절)
새(14-17절)

번제는 속죄(expiation)과 관련되어 있는 제사이다. 이 제사에는 "대속이 되다"(make atonement for, 키페르, kipper)라는 전문용어가 사용되었다 (1:4). 이 용어는 한 가지 이상의 제사에 사용되어지는데, 이 용어의 어원이 무엇인가 하는 것에 대해서는 논쟁이 있다. 어떤 학자들은 이 용어를 "대속 물"(ransom, 코페르, koper)이란 동사와 연결시키는 반면에 또 어떤 학자들 은 이 단어를 "깨끗하게 하다"란 아카드어(kuppuru)와 연결시킨다 (Wenham 1979, 28에 있는 논의를 보라). 레빈(Levine)은 후자의 견해 쪽 으로 기울었다. 그러나 그는 이 용어의 의미와 의의가 레위기의 문맥 속에서 특수성을 띠게 되었다고 주장한 점에 있어서는 옳다(포괄적인 전문적 논의 를 보려면 Kiuchi 1987, 87-109를 참고하라).

이 제사가 속죄적 기능을 갖고 있음을 지지해 주는 또 하나의 증거는 희생 제물의 머리에 안수를 하는 의식이다. 이 의식은 희생제물이 죽임을 당하기 전에 예배자를 희생제물과 동일시하는 행위로 해석하는 것이 옳다.

그러나 이 제사는 또한 하나님께 드리는 선물이었다. 제사장에게 주어지 는 가죽을 제외하고는 모든 희생제물은 태워져서 하나님께 드려졌다(7:8).

번제는 아마 가장 자주 드려지는 제사였던 것 같다. 비록 이 제사가 다음에 다루어지는 다른 두 가지 제사와 연결되어져 있기는 했지만 말이다(출 29:38-41; 민 6:11-12; 28:2-8; 대하 29:20-24).

소제(grain offering, 2장; 6:14-23). 소제(grain offering)란 용어는 그 중심 재료인 고운 가루에서 그 이름을 얻었다. 이 제사에 사용되어지는 나머지 두 가지 재료는 기름과 유향(incense)이다. 고운 가루와 기름 중에서는 작은 분량만이 유향 전부와 함께 섞여져서 하나님께 헌물로 드려졌다. 유향은 이 제사에 좋은 냄새를 제공해 주었다. 그러나 이 유향은 제사장들의 음식으로 사용되어지는 나머지 곡식 가루와 기름에는 사용되어지지 않았다.

이 제사는 위에서 언급된 헌물적인 기능을 강조하고 있다. 여러 번 지적되고 있는 바와 같이 "소제"라는 이름으로 사용된 히브리어 단어(민하, minha)는 "공물"이라는 용어로 번역되어지는 경우도 자주 있다(예를 들어 삿 3:15, 17-18; 삼하 8:6; 왕상 4:21). 따라서 이 제사는 언약의 하나님이신 여호와께 드려진 선물이었다.

이 제사는 앞에 나오는 번제와 더불어 드려지는 경우가 아주 많았다(출 29:40-41; 민 15:1-10; 20:5-8). 이 제사는 세 가지 범주로 나뉜다:

요리되지 않은 소제(2:1-3)
요리된 소제(4-10절)
다른 종류의 소제들(11-16절)

친목제(fellowship offering, 3장; 7:11-38) (한글판 개역 성경은 '화목제' — 역주). 이 제사의 히브리어 용어(쉴라밈)는 "평강"(peace)을 의미하는 통상적인 히브리어 단어인 샬롬으로부터 파생되었다. 따라서 많은 영어 번역본들은 이 용어를 화목제(peace offering)란 용어로 번역했다. 그 대안적인 번역인 "친목제"(fellowship offering)란 용어는 이 제사가 주로 예배자와 하나님 사이, 그리고 예배자들 사이의 교제를 위한 것이기 때문이다.

"평강"이란 용어는 성경에서 뚜렷한 언약적인 의미를 갖고 있으며, 언약 당사자들 사이의 "온전한" 관계를 의미하고 있다. 이 제사의 결과 이루어지는 공동 식사는 이러한 관계를 기념하는 것이다. 이 관계 속에 해당되는 모든 당사자들, 즉 하나님(3:3-4), 제사장(7:28), 그리고 예배자들은 각각 이 제사 제물의 일부분씩을 취한다.

이 제사가 선물로서의 기능을 갖고 있다는 점이 강조되고 있기는 하지만 또한 우리는 이 제사가 선물 겸 속죄 행위라는 점을 놓쳐서는 안 된다. 이 후자의 기능은 희생제물의 머리에 안수를 하는 의식에서 찾아 볼 수 있다(3:2).

앞의 두 장에서처럼 이 장도 역시 희생제물의 형태에 따라 세 부분으로 나누어 볼 수 있다. 예배자는 다음 중 어느 것이나 드릴 수가 있다:

소(3:1-5)
양(6-11절)
염소(12-17절)

정결제(purifiaction offering, 4:1-5:13; 6:24-30) (한글판 개역 성경은 '속죄제' – 역주). 때때로 속죄제(핫타아트, Kiuchi 1987과 Jenson 1995, 29를 보라)라고도 알려져 있는 정결제는 죄를 제거하는 것과 관련이 있음이 분명하다. 그러나 우리가 이미 본 바와 같이 이 제사가 속죄 기능을 가진 유일한 제사는 아니다. 단지 이 제사가 다른 제사들과 차이가 나는 점은 이 제사가 부지중에 죄를 지은 사람들에게 효과가 있다는 것이다. 부지중에 지은 죄의 예들은 5:1-6에서 찾을 수가 있으며, 부지중에 지은 죄와 "고의로 지은"(high-handed) 죄의 구분은 민수기 15:22-31에서 찾아볼 수 있다.

이 제사의 형태는 죄를 지은 사람의 지위에 따라 달라진다. 가장 지위가 높은 사람으로부터 낮은 사람까지 이 제사는 이렇게 구분될 수 있다:

제사장(4:3-12)
이스라엘 온 회중(13-21절)
이스라엘 회중의 지도자(22-26절)
이스라엘 평민(27-35절)

속건제(guilt offering, 5:14-6:7; 7:1-10). 속건제는 속죄제와 공통되는 점

이 많다. 그러나 속건제를 드려야 하는 경우에 제시되어진 예들은 "하나님의 성물들"(the things of the Lord — 즉, the sancta[Milgrom 1976])과 관련해서 지은 죄들에 국한되어 있다. 이 죄를 배상하기 위해서는 오분의 일을 추가적으로 더 지불할 것을 요구하고 있다. 이러한 특징 때문에 밀그롬(Milgrom)과 웨넘(Wenham)은 이 제사를 배상 제사(賠償 祭祀, the reparation offering)라고 불렀다.

제사장 제도. 제사 제도와 더불어 제사장 제도도 이 책의 중요한 관심사이다. 레위기라는 이름 자체가 이 책이 제사장 제도를 잘 강조하고 있음을 보여주고 있다. 이 책의 많은 부분은 제사장들에 대한 지침들이거나 보통 사람들이 제사장과 상대를 할 때 어떤 식으로 행동할 것인가 하는 것에 대한 지침이다. 또한 레위기의 간략한 내러티브 부분들은 제사장의 임명에 대해서 초점을 맞추고 있으며, 제사장 직분이란 책임이 갖고 있는 고유한 위험들에 대한 이야기를 제공해 주고 있다(레 8-10장).

제사장 제도의 신학을 완전히 이해하기 위해서는 구약의 여러 부분들을 다 고려해야 하기는 하지만 레위기는 우리가 제사장 제도를 이해하는데 있어서 가장 핵심적인 정보들을 제공해 준다.

우선 레위기에서의 제사장 제도에 대한 가르침은 하나님의 거룩하심이란 총체적인 주제를 강조해 주고 있다. 제사장들은 이 거룩하신 분의 앞에서 많은 시간을 보낸다. 따라서 그들의 행동은 그들 역시 거룩해야만 한다는 사실에 의해서 상당 부분 규제를 받는다.

이 점을 우리는 임명식에서 볼 수 있다(레 8장). 이 임명식은 아론과 그의 자식들로 하여금 특별히 하나님을 섬기기 위해 구별되게 만들었다. 그들에게 의복을 입히는 의식과 그들에게 기름을 뿌리는 의식은 하나님의 거룩하심을 위해 구별된 장소인 성막과 그들을 동일시하고 있다(Kline 1980). 그들은 또한 자신들의 죄들을 보상하기 위해 희생제물들을 제공하였다. 이렇게 해서 그들 자신이 거룩하게 되었다.

이렇게 임명식을 거치고 나서 제사장들은 제사를 통해서 이스라엘 진의 거룩성을 보호하는 사역을 시작한다(레 1-7; 9장). 레위기는 또한 제사장들이 하나님 앞에 있는 동안 매우 잘 처신해야 한다는 것을 경고하고 있다. 아론의 두 아들 나답과 아비후가 하나님 앞에서 "다른 불"(strange fire)을 하나님 앞에 가져갔다가 그 즉시 불에 타서 죽임을 당했다(10장). 그리고 하나님께서는 다음과 같이 선언을 하셨다:

> 나는 나를 가까이 하는 자 중에서
> 내 거룩함을 나타내겠고
> 온 백성 앞에서
> 내 영광을 나타내리라. (10:3)

레위기의 많은 율법들은 제사장들에 대한 것으로서 그들이 어떻게 그들의 거룩성을 유지할 수 있느냐 하는 것에 대한 것들이다(레 21-22장). 또한 이스라엘 백성들이 진중에서 하나님의 거룩성을 보존할 수 있도록 그들에게 율법을 가르치는 것이 제사장들의 의무사항들 중의 하나였다. 하나님께서는 레위기 10:11에서 아론에게 이렇게 말씀하셨다. "여호와가 모세로 명한 모든 규례를 이스라엘 자손에게 가르치리라."

따라서 간단히 말해 우리는 레위기의 제사장 제도의 중요한 기능을 이렇게 요약할 수 있다. 그들은 진중에서 하나님의 거룩성을 보존하는 역할을 하는 것을 목적으로 하고 있다.

정결법. 레위기의 율법의 중요한 관심사의 하나는 소위 제의적인 정결(cultic purity)로서, 깨끗함(cleanness)이라고도 불렸다. 음식(11장), 출산(12장), 피부병과 곰팡이(13-14장), 유출병(15장)등은 정결과 관련하여 이 책에서 다루어진 여러 가지 주제들 중의 일부이다. 하나님께서 이스라엘과 함께 하시고 계셨기 때문에 이스라엘 진영에는 정결성이 보존되어야 했다. 이러한 율법들은 이스라엘, 그리고 하나님의 거룩성의 수호자들인 제사장들에게 어떻게 이스라엘 진영을 정결하게 보존할 것인가 하는 것에 대한 지침을 제공해 주었다.

진영의 가운데는 성막이 있었으며, 그곳에는 하나님의 함께 하심의 가장 중요한 상징인 법궤가 놓여 있었다. 바로 이곳을 중심으로 해서 거룩성의 정도가 표시되어졌는데, 가장 중요한 표시 방법은 각 계층에 따라 사람이 그곳으로 접근할 수 있는 정도를 제한하는 것이었다(105페이지의 도해 2를 보라). 진 밖에는 모든 사람, 즉 그 어떤 사람도 거주할 수 있었는데, 이곳은 부정한 자들과 이방인들의 영역이었다. 진 안에서 거주하도록 허용된 사람들은 오직 이스라엘 사람들뿐이었다. 레위인들은 진 내부의 다른 영역들과 성막 사이의 완충지대의 역할을 하였다. 그리고 성막 안으로 들어갈 수 있도록 허용된 사람은 오직 제사장들뿐이었다(하나님의 거룩성의 호위대로서의 제사장들의 역할에 대해서는 Longman 2001, 139-50을 보라). 레위기 16장은 일 년에 단 한 번 오직 대제사장만이 속죄의 의식을 행하기 위해 지성소로 들어갈 수 있었다는 것을 말해주고 있다.

그러나 이 항목에서의 초점은 정결함과 부정함의 구분이다. 제사장은 이 두 가지를 구분짓는 일을 담당하고 있었으며, 또한 하나님께서 진노하시지 않도록 누가 진중에서 살고 누가 진 밖에서 살아야 하는지를 파악하는 역할을 하였다.

레위기의 정결법들의 배후에 있는 사상에 대해서는 여러 가지 해석들이 제시되었다. 한 가지 인기 있는 해석은 하나님께서 이러한 율법들을 통해서 이스라엘의 건강을 보호하고 계시다는 것이다. 예를 들어, 그는 레위기 18장과 20장에 있는 율법들을 통해서 근친상간에 의한 선천적 기형들을 방지하려고 하셨다는 것이다. 또한 레위기 11장의 음식에 관한 법들(the kosher laws)을 통해서는 이스라엘을 병으로부터 보호하려고 하셨다는 것이다. 그러나 이 접근방법이 어느 정도 타당성은 있다 해도 이러한 율법들을 해석하는데 있어서 총체적인 설명을 제공해 주지는 못한다. 음식들 중의 일부는 건강에 나쁜 것들이 결코 아니었기 때문이다. 여러 가지 이유들을 들 수 있겠지만 그 중에서도 특히 예수 그리스도께서 이러한 음식들을 깨끗하다고 하신 점은 이것의 문제가 단지 위생적인 것 이상이라는 것을 지적해 준다 (Wenham 1979, 166-67).

이러한 율법들에 대한 두 번째의 통상적인 해석은 이 율법들이 이스라엘을 우상 숭배로부터 지키고자 하고 있다는 것이다. 그러나 이 방법으로는 이 율법을 별로 많이 설명할 수가 없다. 이 당시 가나안에서 가장 강력했던 상징적 동물은 황소였던 것 같은데, 이 동물은 바알 숭배자들에게는 바알의 상징이었다. 따라서 제의적인 해석에 따르면 왜 소를 먹는 것이 이스라엘에게 금지되지 않았느냐 하는 점을 설명할 수가 없다.

웬넘(Wenham)은 이러한 율법들에 대한 논의에 있어서 가장 유익이 되는 학자이다(1979, 18-25과 166-77). 그는 자신의 시각들을 인류학자 메리 더글라스(Mary Douglas)의 작업에 기초하였다. 그녀는 "거룩이라는 것은 단순히 하나님을 섬기기 위해 구별된 것 이상의 의미를 갖고 있는 것으로서 완전성과 완결성을 의미한다"라고 말했다. 따라서 창조의 본래적인 질서를 따르는 동물들은 정결하며, 종들을 모호하게 하는듯한 동물들은 부정한 것으로 간주되었다.

더글라스의 말을 따르면 "거룩성은 개별적인 존재들이 스스로가 속한 계급을 따르는 것을 의미한다"(Douglas 1969, 53). 따라서 레위기 11장의 율법들은 이렇게 해석될 수 있다:

> 어떤 형태로든 경계들을 위반하는 이러한 동물들은 부정하다. 따라서 지느러미와 비늘이 없는 물고기는 부정하다(레 11:10; 신 14:10). 날기는 해도 다리가 많은 곤충들은 부정하다. 반면에 날개를 갖고 오직 두 개의 뛰는 다리가 있는 메뚜기들은 정결하다(레 11:20-23). 정형화되지 않은 동작을 취하는 동물들, 즉 "기어다니는" 동물들은 부정하다 (레 11:41-44).

"완전성"이 정결한 것을 결정하는데 있어서 근본적인 원칙이라는 점은 율법이 오직 부분적으로만 피부병으로 뒤덮인 사람들을 부정하다고 말하고 있다는 점으로 확증된다. 피부가 아무런 문제가 없는 사람과 피부가 완전히 병으로 뒤덮인 사람(피부 표면이 갈라지지 않은 경우)은 둘 다 정결한 것으로 간주된다(레 13장, 그 중에서도 특히 12-17절을 보라).

신 약 으 로 의 접 근

　레위기의 영구적인 가치는 무엇인가? 이 문제는 수 세기 동안 유대교와 기독교의 독자들을 괴롭혀 왔다. 유대인들에게 있어서는 성전의 상실이 이 문제를 제기하였다. 그러나 음식법을 계속해서 지키고, 언젠가는 성전 예배가 다시 시작될 것이라는 희망이 최소한 부분적인 대답을 제공해 준다(Levine). 기독교인들에게는 이 책이 자신을 완전한 제사로 드린 완전한 대제사장인 예수 그리스도를 보여주고 있다는 점에 있어서 지침을 제공해 준다. 히브리서 9:26의 말씀처럼 "이제 자기를 단번에 제사로 드려 죄를 없게 하시려고 세상 끝에 나타나셨느니라."

　예수는 궁극적인 대제사장이시다. 구약의 보통의 제사장 제도를 신비적인 인물인 멜기세덱과 대조시킴으로써 히브리서의 저자는 또한 예수 그리스도께서 레위 지파의 배경을 갖지 않고 계시다는 문제를 해결한다(7:14). 경우야 어찌 됐든 아론적 제사장직과 구약의 희생 제사 제도는 모두 더 위대한 실체, 즉 최종적인 제사장이자 완전한 제물이신 예수 그리스도를 고대하였다(히 4:14-5:10; 7-10; 또한 롬 8:3; 엡 5:1).

민수기

비록 설명적이기는 해도 평범하기만 한 제목인 민수기(Numbers, 70인경의 Arithmoi에서 파생)는 기독교 공동체에서 이 책이 별로 인기가 없게 만드는 데 기여를 하였다. 이 제목은 민수기에 나오는 인구조사 기록 및 기타 목록들을 고려해서 만들어진 것이다. 사실 이 책에 그러한 요소들이 많이 나타나 있는 것은 사실이다(민 1; 3:15-31; 7:10-83; 26:5-51; 28-29장; 31:32-52). 그러나 이러한 요소들조차도 신학적인 내용들을 담고 있지 않는 것이 아니다(아래를 보라). 또한 민수기의 내러티브들(발람 ― 22-24장)과 율법들에는 상당히 흥미로운 것들이 많이 존재한다.

유대교 집단들에서는 이 책은 "광야에서"(본문상의 다섯 번째 단어)라는 제목으로 불려진다. 이 칭호는 이 책 전체의 배경을 지칭하고 있다. 이 책에서 이스라엘은 시내 광야(1:1)로부터 바란 광야(10:12)로, 그리고 마지막으로는 모압 평지(22:1; 36:13)로 이동한다. 출애굽기와 레위기처럼 민수기는 "그리고"란 접속사로 시작함으로써 오경의 책들 사이에 존재하는 연속성을 보여주고 있다.

민수기는 한 가지 중요한 역할을 하고 있는데, 그것은 이 민수기가 애굽을 떠나 광야에서 죄를 지은 구세대로부터 약속의 땅 바로 앞에 서 있는 신세대로의 전이(轉移)를 기술하고 있다는 점이다. 그러므로 이 책은 독자들에게 새로운 시작들과 소망에 대한 꿈을 제공해 준다.

역 사 적 배 경

저작권과 형성과정의 문제

민수기는 앞에 나오는 세 책의 내용을 계속 이어나가고 있는 책이기 때문에 오경의 나머지 책들과 전반적인 형성과정의 문제를 공유하고 있다(pp. 51-66를 보라). 민수기 내에는 모세의 저술 활동에 대한 언급이 단 한 번밖에 안 나온다(33:1-2). 그러나 모세가 이 책의 상당 부분의 계시를 수여한 자라는 점은 이 책 전체를 통해서 자주 언급되고 있다(1:1; 2:1; 4:1 등을 그러한 점들에 대한 몇 가지 예로 들 수 있다). 이 책이 모세를 일인칭보다는 삼인칭으로 언급하고 있다는 사실은 모세저작설과 상치되지 않는다(Gray 1903, xxix-xxx과 반대됨). 왜냐하면 이것은 고대의 통상적인 문체를 반영하고 있기 때문이다(Harrison 1990, 23-24).

또한 민수기는 모세 시대 이후에 첨가된 것으로 보는 것이 좋은 내용들을 어느 정도 포함하고 있다. 우선 "여호와의 전쟁기"(21:14-15)에서 발췌된 짧은 시들을 들 수 있다. 그리고 민수기 32:34-42는 정복 활동 이후에 요단 강 건너편 지역에 정착한 두 지파 반의 건설 활동에 대해 기술하고 있다. 이 부분은 모세 이후에 이 장이 증보된 것으로 이해하는 것이 가장 그럴 듯하다. 모세가 이 땅에서 살아 온 그 누구보다도 온유한 사람이라고 말하고 있는 그 유명한 구절(민 12:3)도 역시 모세가 아닌 다른 사람에 의해 덧붙여진 해설로 이해하는 것이 가장 자연스럽다. 물론 이 구절이 모세에게서 나온 것일 수도 있다는 것을 다소 무리한 논증을 통해서 주장하는 것이 가능하기는 하다.

더 나아가서 우리는 모세가 자신의 책을 만드는데 있어서 기록 자료들을 사용했으리라는 것을 말해 줄 필요가 있다. 민수기 1장과 26장의 인구조사 기록은 비록 동시대의 것이기는 해도 민수기 이전의, 그리고 민수기와는 독립되어 있는 실체이다. 또한 발람 이야기도 원래는 독립된 이야기인데 모세의 저작 속에 포함되어진 것으로 볼 수 있다.

민수기에 대한 이러한 분석은 오경 전체의 특징에 대한 우리의 설명과 잘 일치한다. 다시 말해서 민수기는 본질적으로는 모세의 것이기는 하지만 문서 자료와 후대의 해설 부분들을 포함하고 있다. 그러나 이러한 모든 지적들과 더불어 우리는 오경의 형성과정에 대해서 우리가 정확하고 엄밀하게 재구성할 수 없다는 점을 기억해야 한다. 문서 비평(source criticism)이 보통 하는 식으로 그 형성과정을 좀 더 자세하게 논구하려고 하는 것은 무익한 일이다.

민수기에 대한 비평사를 조사해 보기 전에 먼저 해리슨(R. K. Harrison 1990, 15-21)이 제시한 새롭고 재미있는 주장을 간단하게 언급하도록 하자. 그는 민수기 11:16-18과 여호수아서 1:10에 근거해서 이스라엘에 연대기 기자들 혹은 서기관들(쇼트림)이라는 계층이 존재했다는 점을 밝혔다. 그는 이 서기관들이 인구조사 목록들을 기록하는 것뿐만 아니라 사건들의 기록들을 보관하는 책임을 맡고 있었다고 생각한다. 그러나 비록 이 이론이 재미있고 가능성이 있는 것이기는 하지만 본문상의 증거는 꼭 이런 식으로만 해석되는 것이 아니다. 그의 이론은 하나의 가설로 머물러야 한다. 그러나 그러한 기록의 보관작업이 있었다는 사실만은 의심의 여지가 없다. 최소한 최종적인 모세오경의 일부인 고대 전승들의 개연성을 시사해준다.

민수기에 대한 비평학적인 연구는 긴 역사를 갖고 있다. 올슨(Olson)은 지난 백 년 동안 이 분야의 연구에 있어서의 중요한 흐름들을 탁월하게 잘 종합했다(1985, 9-30). 그는 세 단계의 중요한 시기들을 구분한다. 첫 번째 시기는 1886년에 쓰인 딜만(Dillmann)의 주석으로부터 시작된다. 이 주석에서 딜만은 벨하우젠(Wellhausen)의 문서 가설을 민수기에 적용했다(이에 대해서는 P. 51의 역사비평학적 접근방법을 보라).

그 이후로 오늘날까지 민수기는 P가 주도적인 위치를 차지하고 있는 책으로 특징지어졌다. 예를 들어, 버드(Budd, xviii)는 현재의 견해를 다음과 같이 정리한다:

> 민수기에 대해서는 1-9, 15, 17, 26-31, 33-36장 등이 완전히 제사 문서이며, 10, 13-14, 16, 20, 25, 32장 등이 이 문서에 의해서 상당한 영향을 받았다는 것이 아주 일반적으로 받아들여진 견해이다. 제사 문서의 영

향을 받지 않은 장들은 11-12, 21-24장뿐인 것으로 보인다.

P가 아닌 것으로 간주되어진 부분들은 JE와 연결되어졌다. 일부 초기의 학자들은 민수기에서 J와 E를 구분하려고 했으나 요즈음은 그러한 구분이 불가능한 것으로 여겨지고 있다.

비평학적인 재구성안에 따르면 D는 민수기에서 아주 사소한 역할만을 하고 있는 것으로 생각되어진다.

민수기에 대한 비평학적인 연구의 두 번째 단계는 그레스만(Gressmann)의 양식비평학적인 연구로부터 시작된다(1913). 그레스만은 자신의 스승 궁켈(H. Gunkel)의 연구방법을 적용했다. 민수기에 대한 이후의 연구들은 문서비평학적인 접근방법과 연결되어서 이루어졌다. 그러나 올슨(Olson 1985, 19)이 지적한 바와 같이 이 단계에서는 민수기의 개별적인 에피소드들이 문헌화되기 이전에 어떤 구조를 갖고 있었는가 하는 것에 초점을 맞춤으로써 민수기에 사용된 자료들의 고대성에 대해 점점 더 열린 태도가 존재하게 되었는데, 이 점은 후대의 P 문서에 들어 있는 것으로 간주된 자료들의 경우에도 마찬가지였다.

세 번째 단계는 위의 두 단계에 기초하고 있으며, 노트(M. Noth)의 영향력과 연결되어 있다. 민수기에 대한 그의 주석은 1966년에 처음 등장했다. 그는 오경의 다섯 가지 중요 주제들에 대한 전승사적인 연구를 지지했으며, 이 다섯 가지 주제들이 하나의 문헌 형태로 결합되어지기 이전에 각각 오랜 동안의 구전 단계를 거쳐서 독립적인 발전을 했을 가능성이 있다는 생각을 했다. 따라서 그의 분석은 극히 복잡하다. 그는 "이 책은 통일성을 결여하고 있으며, 그 구성에 있어서 어떤 형태를 파악하기가 힘들다"는 결론을 내렸다(Olson, 21에서 인용됨).

문 학 적 인   분 석

장르

우리가 민수기를 볼 때 놀라는 점은 그 장르가 무척 다양하다는 점이다. 다시 말해서 독자들은 민수기의 처음부터 끝까지 서로 다른 많은 형태의 장르들을 만나게 된다. 밀그롬(Milgrom 1990, xiii)은 여러 가지 장르들을 그 예들과 더불어 다음과 같이 열거한다: "내러티브(4:1-3), 시(21:17-18), 예언(24:3-9), 승리의 노래(21:27-30), 기도(12:13), 축도(6:24-26), 풍자(22:22-35), 외교 서신(21:14-19), 시민법(27:1-11), 제의법(15:7-21), 신탁에 의한 재판(15:32-36), 인구조사 목록(26:1-51), 성전 문헌(7:10-88), 방랑기(33:1-49)." 이러한 자료들의 엄청난 다양성은 현대의 독자들을 혼란스럽게 하고, 본문을 이해하기 어렵게 만들 가능성이 있다. 그러나 이러한 장르들의 대부분은 오경 전체를 특징짓는 교훈적인 역사라는 좀 더 넓은 맥락 속에서 존재한다. 또한 이 책이 오경의 나머지 부분들(특히 레위기)과 갖고 있는 본질적인 연결성을 볼 때 이 책 전체의 장르는 오직 이보다 넓은 맥락 속에서만 적절하게 논의될 수 있다.

위에서 언급한 모든 범주들은 이 문헌의 개별적인 에피소드들의 장르들을 말하고 있다. 그러나 좀 더 면밀하게 검토해 보면 이 장르들은 내러티브와 율법이라는 넓은 맥락 속에 들어 있다. 예를 들어, 21장에서 밀그롬이 지적한 시는 신탁에 의한 재판, 예언, 승리의 노래, 기도, 축도, 외교 서신, 인구조사 목록, 성전 문헌, 방랑기 등과 마찬가지로 한 내러티브의 일부분이다. 그리고 시민법과 제의법은 물론 "율법"이라는 광의의 장르의 일부분이다. 바루디(Baroody 1993, 126)가 지적한 바와 같이 "율법 부분들 속에 들어 있는 짧은 내러티브들의 경우를 제외하고도 열두 번이나 커다란 전환(내러티브에서 율법으로, 그리고 율법에서 내러티브로)이 이루어진다는 점은 거의 아찔할 정도다." 또한 레위기에서처럼 율법은 내러티브를 배경으로 하고 있다. 결국 민수기의 장르를 교훈적인 역사 기록으로 정의하는 것이 가장 적절하다.

구조

민수기의 양식상의 다양성, 그리고 그와 연결된 민수기의 에피소드적인 성격은 이 책의 구조를 개관하기 아주 어렵게 만든다. 올슨(Olson 1985, 31)은 46권의 주석들을 살핀 후에 이 책의 구조에 대해서 24개의 안이 제시되었음을 밝혔다. 아마 그 중에서 가장 흔한 제안들은 연대기와 지리(地理)에 기초하고 있는 듯하다.

밀그롬(1990, xi)은 연대기에 기초해서 민수기를 세 부분으로 나눈다:

1:1-10:11:　　　광야 생활 제 2월 1일부터 19일까지
21:10-36:13:　　광야 생활 제40년째 되는 해의 5개월
10:12-21:9:　　　날짜는 언급되지 않았지만 40년 안에 포함된 기간

이 구조에 따르면 독자들은 40년 광야 방랑 생활의 시작부터 끝까지 인도된다.

밀그롬은 이 책의 지리학적인 구조에 따라 다시 이 책을 세 부분으로 나눈다(xiii). 그는 이 세 중요한 단계 속에 40 곳의 방랑 장소에 대한 언급이 나온다는 점을 지적했다:

1:1-10:10:　　　시내 광야
10:11-20:13:　　가데스 주변 지역
20:14-36:13:　　가데스에서 모압으로

반면에 버드(1984, xvii)는 주제적인 개관을 한다:

1:1-9:14:　　　시내 광야에서 공동체를 이룸
9:15-25:18:　　여정 ― 그 좌절들과 성공
26:1-35:34:　　정착을 위한 최후의 준비들

민수기의 구조에 대한 이러한 개요들을 최종적으로 분석해 볼 때 그 어느것도 이 책이 의도하고 있는 구조로는 설득력이 없지만 각각 그 나름대로 그 내용에 대한 통찰력 있는 시각들을 제공해 주고 있다. 이 개요들은 이 책이 갖고 있는 시간과 배경이라는 요소들을 밝혀준다. 그러나 올슨의 최근의 연구는 민수기의 개요에 대해서 좀 더 의미심장한 점을 드러내 보여주고 있는

데, 그의 개요는 이 책의 신학적인 메시지를 강조하고 있다. 이 항목에서 우리는 그 구조에 대해서 서술하고, 그 신학적인 의미들에 대해서는 다음 항목에서 다루고자 한다.

민수기의 개요에 대한 올슨의 접근방법의 첫 번째 단계는 민수기가 오경의 일부이면서도 또한 그 안에 들어 있는 독자적인 문헌단위임을 증명하는 것이다(43-53). 그는 독립된 책으로서의 민수기의 고대성을 증명하기 위해 히브리어 및 헬라어 사본의 전통과 랍비들의 언급들을 지적한다. 이러한 외적인 증거들은 민수기를 포함한 오경의 각 책이 서로간의 경계를 구분짓는 명백한 서론과 결론을 갖고 있는 점에 의해서 지지된다.

다음 단계로 올슨은 이 책의 두 인구조사 목록(민 1장과 26장)의 중요성을 연구한다. 그는 이 두 목록이 이 책의 구조를 이루는 근간이며, 광야 시기의 두 세대를 구분짓는 선이라는 결론을 내린다. 민수기 1-25장은 첫 세대, 즉 그들을 도와서 팔레스타인의 거주민들을 쫓아내실 수 있는 하나님의 능력을 의심한 죄를 지은 세대에 대한 이야기이다. 이 세대는 광야에서 죽고 그 후손들에 의해서 대체되는데, 이 새로운 세대는 민수기 26장의 인구조사에 의해서 대표된다. 이 책은 이들의 발흥에 대한 이야기로 결론을 짓는다. 「옛 세대의 죽음과 새 세대의 등장」(*The Death of the Old and the Rise of the New*)이라는 올슨의 책의 제목은 이러한 중요한 구조적인 표시에 주목을 함으로써 드러나는 신학적인 의미를 포착하고 있다. 아래의 개요는 올슨에게서 빌려온 것이다(1985, 118-20):

I. 옛 세대의 종말: 애굽을 나와서 광야에서 행군하는 하나님의 백성의 첫 세대 (1:1-25:18)

A. 이스라엘의 하나님의 백성의 행군 준비 및 시작 (1:1-10:36)

1. 행군 준비 및 제의적인 조직 (1:1-10:10)

2. 행군 시작 (10:11-10:36)

B. 이스라엘의 거룩한 백성의 반역, 죽음, 구원의 순환: 소망적인 요소가 있지만 궁극적으로는 실패와 죽음 (11:1-25:18)

1. 반복적인 반역과 속죄의 사건들: 각각의 사건들은 첫 세대의 사망

그리고/혹은 사망에 대한 위기가 포함되어 있음(11:1-20:29)

　2. 첫 세대의 종말: 소망에 대한 신호들이 궁극적인 실패와 병행됨
　(21:1-25:18)

II. 새 세대의 탄생: 애굽에서 나온 하나님의 백성의 두 번째 세대,
　약속의 땅으로 들어갈 준비(26:1-36:13)

　A. 하나님의 새로운 거룩한 백성의 준비와 조직:
　약속의 땅으로 들어갈 준비 (26:1-36:13)

　B. 이 새로운 세대가 신실한가, 또 과연 이 세대는 약속의 땅에
　들어갈 수 있는가(약속); 아니면 첫 번째 세대처럼 반역하고
　실패할 것인가(경고)?

　민수기의 구조 연구에 대해서 가장 최근에 이바지한 책을 통해서 리(Lee 2003)는, 구조를 나누고자 한 이전의 시도들은 오직 이야기의 표면적 요소들에만 초점을 맞추었기 때문에 설득력이 없다고 주장하였다. 대신 리는 표면의 아래에 있는 개념적 분석에 따른 상세한 논의를 하였는데, 그 결과 그는 1:1-10:10을 10:11-36:13으로부터 분리하였다. 이 중 첫 부분은 그가 소위 "이주적 성소 운동"(migratory-sanctuary campaign)이라고 부르는 것의 준비과정이고, 두 번째 부분은 이 운동의 실행 과정에 대한 것이다. 민수기의 두 번째 부분의 중심에는 이 운동의 실패가 자리 잡고 있는데, 그 이유는 13:1-14:45에 서술되어 있는 바와 같이 정탐꾼들의 보고가 불러일으킨 이스라엘의 공포 때문이었다. 그러나 전반적으로 고려할 때 리의 분석은 때로는 통찰력을 보여주기는 하지만 올슨(Olson)의 견해를 개선한 것이라고 볼 수는 없다. 우리는 민수기와 같은 책의 플롯과 메시지를 이해하는데 있어서 적절하게 맞는 개관을 찾아내는 것이 정말로 얼마나 중요한 것인가 하는 것에 대해서 의문을 제기할 수 있을 것이다.

문체

　민수기는 문체상으로 구약의 책들 중에서 높은 수준에 있지 않다. 이러한 평가는 문체에 대한 현대의 문학적인 시각에서 볼 때 사실이며, 또한

우리가 알고 있는 그 어느 것으로 보아도 고대인들의 감각이 이것과 달랐다고 생각하게 할 만한 것은 없다. 이러한 이유 때문에 민수기는 심미학적인 분석의 대상이 된 적이 없다.

성경에 대한 우리의 문학적인 감성을 너무 지나치게 확장시키는 것을 방지하기 위해서 이 점이 인정되어야 하지만, 또한 다른 한편으로는 이 책이 문학적인 관점에서 흥미로운 부분들도 갖고 있다는 것을 인정해야 한다. 독자들은 이 책의 내러티브 부분들(특히 발람 이야기[22-24장])이 창세기나 사무엘서 등 아주 잘 연구된 책에서 발견되는 이야기들처럼 심미적으로 뛰어나다는 점을 유념할 필요가 있다. 이 내러티브들은 구약의 다른 산문체 이야기들과 마찬가지의 방식으로 분석할 만하다(서론의 구약의 이야기들이 사용하고 있는 기법들 항목을 보라).

이 책에 대한 위의 분석이 부정적인 것으로 받아들여져서는 안된다. 단지 어떤 책이 성경 내에 들어 있다는 사실 때문에 그 책이 문학적으로 꼭 탁월한 작품이어야 할 이유는 없다. 성경은 좋은 이야기들의 모음집 이상의 것이며, 민수기는 아주 중요한 메시지를 전달하고자 하는 의도를 갖고 있다. 또한 이 책 중에서 우리의 문학적인 감성에 대한 호소력을 갖고 있지 않은 부분들마저도 눈에 띄는 문학적인 기교들을 사용하고 있다. 밀그롬(Milgrom)은 자신의 주석에서 이 점들을 매우 민감하게 포착하고 있다:

> 민수기의 개별적인 이야기들(pericopes)은 나름대로의 구상에 따라 쓰인 것들임을 보여주고 있다. 이 이야기들은 주로 교차대조법(chiasm)과 역순대구법(introversion)의 구조를 갖고 있다. 또한 평행대구법(parallel panels), 후기(後記) 및 반복구(subscripts and repetitive resumptions), 예변법(豫辨法, prolepses), 칠중 반복 구조(septenary enumerations) 등의 기교들도 눈에 띈다. 각 이야기들은 서로를 연결해주는 단어들이나 주제들에 의해서 연결되어 있으며, 여정을 표시해주는 어구들(the itinerary formula)에 의해서 출애굽기의 비슷한 이야기들과 연결되어 있다(1990, xxxi).

밀그롬은 이러한 사항들을 수많은 예들을 가지고 증명한다. 그는 이 책의 구조를 형성하는데 가장 흔하게 사용된 문학기법은 교차대조법과 역순대구법이라고 지적했다. (교차대조법은 ABCXC'B'A'의 구조를 말하며, 역순대구법[introversion]은 ABCC'B'A'의 구조를 말하는데 양자의 차이는 가운데의 X 부분이 존재하느냐 하는 것의 차이이다 ― 역주) 그는 14:2; 30:15; 30:17; 33:52-56을 미시적 차원에서의 교차대조법의 예로 들었으며, 5:11-31; 31장; 32장을 더 긴 형태의 교차대조법의 세 가지 예로 들었다. 구조를 형성하는 두 번째의 문학적 기교는 "평행대구적 형태"(parallel patterns)이다. 교차대조법이 엇갈리는 구조(ABCDC'B'A')를 갖고 있는 것과는 달리 이 방법은 두 부분이 같은 순서로 나란히 배열되게 하는 것이다(ABCDABCD). 11장과 12장이 그 예에 속하는데, 각 장은 그 구조상 서로 병치되어 있다. 그가 지적한 나머지 기교들 중 가장 흥미로운 것은 칠중반복구조(七重反復構造, septenary repetition)이다. 이 방법은 "한 단어나 문구를 일곱 번 반복하는 것이다"(xxxi). 그는 32장에서 다섯 단어가 각각 일곱 번씩 사용되었다는 점을 지적했는데 이것은 우연의 일치가 아님이 명백하다(또한 pp. 492-94의 그의 논의를 보라).

신 학 적 인 메 시 지

민수기에 대한 올슨의 구조 분석은 그가 이 책의 신학을 이해하는데 있어서 서론적인 역할을 하는 것이었다. 민수기는 첫 번째 광야 세대의 죽음(처음 스물다섯 장의 주제)에 대한 이야기와 더불어 두 번째 세대가 그들을 대체하는 것의 이야기(26-36장)를 기록함으로써 구속사에 있어서 중요한 전환기를 다루고 있다.

따라서 이 책의 첫 번째 부분의 이야기는 죄와 심판의 이야기이다. 평민 지도자들 및 제사장 계급 지도자들은 하나님이 임명하신 지도자인 모세에게 대항한다(민 12, 16-17장). 백성들은 광야에서의 하나님의 섭리하심에 대해 끊임없이 불평한다(예를 들어, 민 11장). 그러나 하나님의 심판의 방아쇠를 당기는 것은 민수기 13-14장에 기록된 첩자 이야기이며, 그 결과로 첫 번째 세대는 광야에서 죽고 약속의 땅을 보지 못하게 될 운명에 처하게 된다. 이 첩자들 중 하나님이 자신들을 약속의 땅으로 인도할 것이라는 것을 믿은 단 두 명, 즉 갈렙과 여호수아만이 이러한 심판으로부터 면제를 받았다(민 26:26-35). 그럼에도 불구하고 하나님은 광야에서 이스라엘을 위해 역사하시기를 계속하셨으며, 백성들도 반역하고 불평하기를 계속하였다. 수수께끼 같은 한 문단(민 20:1-13)에 의하면 모세마저도 하나님을 기쁘시지 않게 만들었으며, 그 결과 약속의 땅으로 들어가지 못하게 되었다.

하지만 하나님께서는 계속해서 이스라엘을 자신의 특별한 백성으로 대우하셨는데, 이 점은 발람 이야기에서 두드러지게 나타난다(민 22-24장). 이스라엘인이 아닌 선지자 발람(현재 성경외적인 문헌들에서도 알려져 있음; Hackett 1984를 보라)은 모압 왕 발락에 의해서 부름을 받았는데, 발락은 이스라엘이 모압 땅으로 다가오자 발람으로 하여금 그들을 저주하도록 시켰다. 그러나 하나님의 개입에 의해서 발람은 이스라엘을 저주하는 대신 축복했다. 이러한 하나님의 모든 돌보심과 관심에도 불구하고 이스라엘은 계속해서 하나님께 거역을 했으며, 이 이야기는 이 하나님의 백성이 그 지역 신인 바알에게 경배함으로써 하나님을 거역하는 것으로 끝을 맺는다.

이 책의 첫 번째 부분이 첫 세대의 심판에 초점을 맞춘 반면에 두 번째 부분(26-36장)은 "근본적으로 긍정적이며 희망적"이라고 올슨(Olson)은 주장한다(1985, 151). 첩자 이야기 당시에 어른이었던 사람들 중에 살아남은 사람은 이제 하나도 없다. 이제 새로운 세대가 하나님 앞에 서 있으며, 약속의 땅에 들어갈 시기가 무르익었다. 따라서 올슨이 지적한 바와 같이 이 장들의 내용들은 확실히 긍정적이다:

첫 세대가 모두 죽은 이후에 두 번째 세대 중의 그 어느 한 사람도 죽었다는 이야기가 기록되어 있지 않다. 군사적인 행동들은 성공적이며(민 28장), 잠재적인 위험들은 해소되었다(민 32장). 그리고 가나안 땅에서의 미래의 생활을 예견하는 율법들이 공포되었다(민 34장). 위협은 남아 있다. 그러나 미래에 대한 약속이 이 책의 마지막 부분의 지배적인 어

조를 차지하고 있다. (151)

이 책은 바로 이런 기대에 찬 희망으로 끝을 맺는다. 그러나 이 희망이 결코 확실하게 드러나 있지는 않다는 것을 주목하라. 다시 말해서 이 두 번째 세대의 희망은 아직 현실에서 시도해보지 않은 희망이다. 이 세대 역시 그 신앙에 대한 치열한 위협들에 직면할 것이다(여호수아서를 보라). 그리고 그들이 이러한 위협들에 대해 어떻게 대처할 것인지는 아직도 지나 보아야 알 일이다.

올슨은 민수기의 지속적인 중요성은 이 민수기가 "하나님의 백성의 모든 세대들에게 하나의 패러다임으로서의 역할을 하고 있다"는 점이라고 주장했다(183). 민수기는 "모든 세대가 새 세대의 자리에 설 것을 초청하고 있다"(183).

신 약 으 로 의   접 근

하나님은 여전히 개입하신다

민수기는 성경 전체의 중요한 주제들 중의 하나를 보여준다. 첫 세대의 죄가 구속의 이야기에 종말을 가져오고 하나님의 백성을 멸망시킬 수도 있었다. 그러나 하나님은 그들의 반역과 죄에도 불구하고 자신의 백성을 버리지 않으셨다. 밀그롬은 이 점을 이렇게 잘 이야기하고 있다. "민수기의 주인공은 여호와이시다. 극도로 분노하신 가운데서도 그는 이스라엘과의 약속을 지키시며, 광야의 모든 여정에서 그들을 인도하시며, 그들의 필요를 채우신다"(1990, xxxvii). 하나님은 그들에 대한 언약적인 사랑 때문에 자기 백성들의 일에 계속 개입하신다.

신약은 이 주제를 이어 나간다. 진정 신약은 이것의 정점이다. 구약은 앞으로 십자가에서 일어날 일에 대한 서곡일 뿐이다. 하나님의 백성은 계속해서 그에게 반역하였지만 그는 자기 아들 예수 그리스도를 보내셨다. 그러나 그들은 그에게 정말 잔인하게 대하였다(막 12:1-12). 그럼에도 불구하고 하나님께서는 자기 백성을 버리지 아니하셨으며, 예수 그리스도에 의해 제공된 구원 속에서 그들에게 희망을 부여하셨다.

모든 세대의 기독교인들은 민수기의 새로운 세대의 자리에 자신을 갖다 놓아야 한다. 하나님은 우리 가운데서 구속적으로 역사하셨으며, 그렇게 하심을 통해서 그는 우리들의 삶에 의미와 희망을 가져다 주셨다. 민수기 세대와 마찬가지로 우리도 하나님의 은혜에 순종으로 응답하기를 초청받았다.

광야란 주제

광야는 출애굽기, 레위기, 민수기, 신명기의 대부분의 배경의 역할을 하고 있다. 출애굽기에서 설명한 바와 같이 출애굽-광야 방랑-정복이란 주제는 성경 전체를 통해서 계속 반복되어지는 중요한 주제이다. (민수기에 대한 이러한 중요한 신학적 시각에 대한 더 많은 정보는 출애굽기의 애굽으로부터의 탈출 항목을 보라)

하나님의 거룩성

이 책은 또한 하나님의 함께 하심과 그의 거룩성이라는 중요한 주제를 이어나가고 있다. 이 점은 하나님의 거룩하심의 수호자들인 레위인들의 지위(민 3장)와 성막 및 그 기구들을 나르는 그들의 책임(민 4장)에 대해 이 책이 기울이고 있는 관심을 통해서 엿볼 수 있다. 민수기 전체를 통해서 등장하는 많은 율법들은 진(陣)의 순결성을 보장하기 위한 것들이다. 하나님의 함께 하심 및 그의 거룩하심이라는 성경신학적인 주제는 레위기에서 이미 탐구되었으므로 관심 있는 독자는 그 곳을 보기 바란다(하나님의 거룩하심 항목을 보라).

신 명 기

이 책의 영어 이름은 헬라어 합성어에서 파생된 것으로서 "두 번째 율법" 혹은 "율법의 반복"이라는 의미를 갖고 있다. 아이러니컬하게도 이 제목은 왕이 이 율법을 등사할 것을 명한 신명기 17:18의 히브리어 구절을 70인경이 잘못 해석한데서 파생되었다. 비록 이 책의 제목이 70인경의 오역에 기초하고 있기는 하지만 이것은 다행스러운 실수이다. 왜냐하면 신명기는 출애굽기, 레위기, 민수기에 기록된 시내 산의 율법의 두 번째 판본을 담고 있기 때문이다.

이 책은 주로 모세가 모압 평야에서 행한 연설들로 구성되어 있다. 여기에서 모세는 언약 갱신 의식을 인도하고 있는데, 이 의식은 이 백성들이 약속의 땅을 차지하기 위한 정복 전쟁을 시작하기 전에 치러진 것이었다. 그는 자신이 곧 죽을 것에 대비해서 이들을 준비시키고 있다.

신명기는 거의 분명히 구약의 가장 중요한 책이라고 할 수 있다. 이 책은 오경의 정점이며, 구약의 나머지 부분들, 즉 역사서(특히 사무엘서-열왕기)와 선지서들(예를 들어 예레미야서)에 그 뚜렷한 신학적 관점의 영향력을 보여주고 있다. 웨넘(1985)은 신명기가 구약의 핵심적인 책(linchpin)이라고 불렀는데 이 지적은 타당성이 있다.

역 사 적 배 경

이 단원에서는 신명기의 저작권, 역사적 배경, 연구사 속의 논제들에 대해서 다루고자 한다.

신명기는 주로 모세가 요단 강 동편에서 죽음을 맞이하기 직전에 행한 연설들의 기록으로 이루어져 있다. 그 양식상 신명기는 모압 평야에서의 언약 갱신 의식에 대한 기록이다. 이곳에서 이스라엘은 하나님에 대한 충성과 그의 법을 지킬 것에 대한 국가적인 헌신을 다시 한 번 다짐했다(신 29:1-31:29). 어떤 점에서 보면 신명기는 또한 "모세의 마지막 의지이자 유언"이다. 시내 산에서 이미 세워진 언약을 다시 반복해서 말하는 것(29:1) 이외에도 이 책은 이스라엘 국가가 곧 맞이하게 될 두 가지 문제들, 즉 (1) 모세 없는 생활과 (2) 땅의 정복을 위한 전쟁이라는 이 두 가지 문제들과 관련해서 이스라엘을 준비시키고 있다. 이 책의 상당 부분은 모세 사후의 사사들 및 유사들, 제사장들과 레위인들, 왕들, 그리고 선지자들을 통한 질서 있는 통치에 대해 다루고 있다(신 16:18-18:22). 신명기는 거룩한 전쟁에 대한 율법들을 제정함으로써 정복 전쟁들을 위해 이 백성을 오경의 다른 책들의 경우보다 더 잘 준비시키고 있다(7, 20장).

비평학이 등장하기 이전의 시대에는 유대교나 기독교의 전통은 모두 이 책의 저자를 모세로 보았다. 유대교나 기독교의 주석가들이 여기저기에서 언급한 내용들을 보면 그들이 보통 "모세 사후 문헌"(post-Mosaica) 혹은 "모세의 것이 아닌 문헌"(a-Mosaica)으로 알려진 일련의 구절들을 알고 있었음을 볼 수 있다. 이러한 부분들은 지리적인 정보(2:10-11, 20-23; 3:9, 11, 13b-14)나 역사적인 정보(10:6-9) 등을 시대에 맞게 고치거나 밝혀 주기 위해 후대의 편집자들에 의해 본문에 여기저기에 첨가된 독립된 증보 부분들인 것으로 간주되었다. 이 책의 표제는 이 책이 "요단 저편"에서 모세가 모든 이스라엘에게 말한 내용들을 담고 있다고 말해 주고 있다(1:1). 따라서 이 표제는 모세가 요단 강 동편에서 사망한 이후에 요단 강 서편에서 살았던 어떤 사람에 의해서 쓰였다고 보아야 한다. 또한 모세가 자신의 죽음에 대한 기록을 기록했을 리가 없다는 것은 자명한 일이다(34장). 이러한 몇 가지 부분들을 제외하고는 이 책은 모세가 직접 기록한 것으로 받아들여졌다. 이 책의 끝부분으로 갈수록 모세가 만든 언약 문헌이 성문화된 것임을 말해주는 언급이 빈번해진다(27:3, 8; 28:58; 29:21, 29; 30:10, 19; 31:24).

계몽주의의 발흥 및 성경에 대한 역사비평학의 발전과 더불어 신명기는 모세와의 역사적인 관계로부터 단절되어졌다. 비록 많은 학자들이 계속해서 이 책이 본질적으로 모세의 것이라는 견해를 옹호했지만 비평학계는 본문 자체가 말하고 있는 것과는 사실상 매우 다른 이스라엘 종교의 역사를 복구하려는 자신들의 노력에 있어서 신명기에 중요한 역할을 부여하였다. 신명기에 대한 참고문헌의 양은 방대하며,[1] 신명기의 역사적인 배경 및 발전과정에 대해서는 당혹스러울 만큼 많은 견해들이 제시되었다. 이것들을 종합하거나 요약하려고 할 때 우리는 이것들을 과도하게 단순화시키는 수밖에 없다. 우리는 비평학적인 연구의 역사에 있어서 몇몇 아주 중요한 순간들을 대략 연대기적인 순서로 개관하고자 한다. 그러나 어떤 특정 입장들을 기술할 경우에는 우리가 연대기적인 순서를 벗어날 수도 있다.

19세기

신명기를 요시야 치세 중 성전에서 발견된 율법책과 동일시하는 견해는 아주 이른 제롬의 시대 때부터 제시되었다(주후 342-420년). 그러나 합리주의의 발흥과 더불어 1805년에 데 베테(W. M. L. de Wette)는 신명기가 요시야의 율법책이라고 지적함으로써 이후의 오경 비평학의 초석을 놓았다. 오경의 가상적인 문서들(J, E, D, P)의 연대를 정하려는 이후의 시도들은 이 각각의 문서들이 D(신명기)에 나오는 율법에 대한 지식을 반영하고 있느냐 하지 않느냐 하는 것에 따라 D의 앞뒤로 배열되어졌다. 신명기를 주전 7세기 후반의 것으로 보는 것은 문서비평이 전성기를 구가할 때의 비평학계의 핵심이론이었다(Wenham 1985). 신명기와 모세와의 연결성은 거의 완전히 단절되었다.

요시야의 율법책이 신명기 자체였다고 보거나 혹은 신명기 이전의 어떤 다른 문헌이었는데 그것이 결국 신명기로 만들어지게 되었다는 주장은 그럴

---

1) Christensen의 주석(2001, 2002)은 신명기 연구에 대한 오늘날까지의 가장 방대한 참고문헌 목록을 담고 있다.

듯한 근거를 갖고 있다. 열왕기는 전반적으로 신명기의 율법들에 의해서 영향을 받은 것으로 보통 인정되고 있다. 율법책에 대해서 요시야가 보인 반응들은 그가 신명기에만 독특하게 들어있는 율법들의 영향을 받았다는 것을 시사해 준다. (1) 신명기 12장은 가나안 산당들을 파괴하고 중앙화된 성소에서 예배를 드리라고 요구하고 있는데 요시야는 이러한 규정들을 따랐다(왕하 23:4-20). (2) 출애굽기 12장은 유월절을 가족의 범위에서 드리라고 명시하고 있는 반면에 신명기 16장은 유월절을 중앙성소에서 드릴 것을 요구하고 있다. 요시야의 유월절은 출애굽기 12장의 규정들이 아닌 신명기 16장의 규정들을 따라 드려졌다(왕하 23:21-22). (3) 신명기는 또한 길흉을 말하는 자나 복술자나 영매 등을 이스라엘에서 쫓아낼 것을 명하였으며, 이스라엘은 이러한 수단들을 통해서가 아니라 선지자들을 통해서 하나님의 뜻을 듣도록 되어 있었다(신 18:14-22). 요시야는 율법책의 요구사항들을 수행하기 위해 신접한 자와 박수들을 쫓아내었으며(왕하 23:24), 여자 선지자에게 가르침을 구했다(23:14). (4) 요시야에게 주어진 책은 일련의 저주들을 담고 있는데(왕하 22:13, 19) 이 저주들은 아마 신명기 28장의 것들인 듯하다. (5) 신명기는 이스라엘의 왕들이 율법책을 따라서 통치하도록 요구하고 있는데(신 17:18-19) 그것들을 따라 행동한 왕은 바로 요시야였다(왕하 22:11; 23:2-3). (6) 율법책은 "언약책"(23:2)이라고 되어 있는데, 이 점은 후대의 비평학적인 연구들이 신명기와 고대 근동의 언약 문서들 사이의 구조적인 유사성을 증명함으로써 확인되었다. (7) 열왕기의 기록은 신명기의 "이름 신학"을 반영하고 있으며(신 12:5, 11; 왕하 23:27), 또한 신명기에서 이미 선언된 하나님의 심판의 불가피성을 다시 말해주고 있다(신 31:24-29; 왕하 22:16-20; 23:26-27).

비평학계는 이 책이 성전에서 발견된 시대가 바로 이 책의 대략적인 저작 연대라고 주장하였으며, 따라서 신명기의 저작 연대 혹은 신명기의 형성과정의 첫 번째 단계의 연대가 7세기라고 보았다. 이 때문에 비평학계는 요시야와 그 일당이 요시야의 권력 추구를 정당화시키고, 예루살렘의 영향력을 여타 지역들로 확장시키기 위해서 만들어낸 경건한 사기(a pious fraud)로 이 책을 이해할 수밖에 없었다.

19세기 말과 20세기 초

오경의 배후에 깔려 있는 중요한 문서들을 성공적으로 파악해 냈다는 데 대해 대체로 만족감을 가진 비평학자들은 이제는 신명기 자체에 깔려 있는 문헌층들을 연구하는 데로 관심을 돌렸다. 슈토이어나겔(C. Steuernagel 1923)과 슈테르크(W. Staerch 1924)는 연설의 양식이 이인칭 단수와 이인칭 복수 사이에서 변화를 일으키는 것에 근거해서 이 책의 편집층을 찾아냈는데, 좀 더 이른 시기의 문헌층이 단수 형태를 사용한 것으로 생각했다. 자신의 주석에서 스미스(G. A. Smith 1918) 역시 단수와 복수간의 차이를 검토했으며, 이것들이 서로 다른 저자를 반영하고 있을 가능성은 있지만 문헌들을 구분해 내기에는 충분히 명확하지가 않다는 결론을 내렸다. 이러한 이인칭 단수 및 복수 형태의 연설 양식은 오늘날까지도 이 책의 편집사를 연구하는데 있어서 그 역할을 하고 있다. 니콜슨(Nicholson 1967, 22-36)은 이인칭 단수에서 복수로의 변화를 기준으로 해서 신명기 내에 들어있는 후대의 증수(增修) 부분과 원신명기(Ur-deuteronomy)를 구분해 내었다. 반면에 메이스(Mayes 1979, 35-37)는 이러한 접근방법을 사용하는데 있어서 좀 더 조심성을 띠고 있다.

드라이버(S. R. Driver 1895)는 모세 저작권의 문제들에 대해 철저한 연구를 하였다. 그는 신명기와 창세기-민수기 사이의 명백한 모순점들을 찾아냈으며, 개별 율법들 사이의 차이들을 대비시키고, 오경의 나머지 책들과 대조하여 신명기가 갖고 있는 독특한 문체를 명시하고, 신명기는 모세 이후의 시대에 나온 것이 분명하다는 결론을 내렸다. 그리고 신명기를 요시야의 개혁과 연결시켰다. 중앙화된 예배 의식이나 유월절 준수에 관한 다른 규정들 등의 신명기의 독특한 율법 규례들 외에도 고전적인 문서 가설의 지지자들은 어느 정도는 제사장들과 레위인들의 관계에 대한 자신들 각자의 견해들에 기초해서 오경의 문서들을 분리했다. 제사장 직분의 역할은 왕정시대 중의 어느 때인가는 레위 지파와 연결되어 있었다. 따라서 신명기에서는 (7세기부터) 모든 레위인들은 다 제사장들이었다(신 18:1-8; 21:5; 33:8-11). 반면에 오경의 P문서의 문헌층(즉 후대의 문헌층)에서는 제사장들(아론의 후예들)의 역할과 그들의 아래에 있는 보조자들인 레위인들의 역할 사이에는 뚜렷한 차이가 있었다.

신명기의 몇몇 규율들은 다른 율법 문헌들의 경우와 차이가 난다. 비평학자들에게 있어서 이러한 차이점들은 신명기가 다른 율법집들과 저자 및 배경에 있어서 차이가 나기 때문인 것이다. 예를 들어, 정혼하지 않은 처녀를 유혹한 것에 대한 율법의 경우에 출애굽기는 처녀의 아버지가 두 사람의 결혼을 거부하는 것을 허락하고 있다(출 22:17). 반면에 신명기는 양자의 결혼 및 미래의 이혼 금지를 규정하고 있다(신 22:28-29). 출애굽기에서는 안식일을 지켜야 하는 이유(20:11)는 하나님 자신이 창조 이후에 휴식을 취하셨기 때문이다. 신명기(5:15)에서는 이것은 이스라엘이 애굽에서 노예 생활한 것을 기념하기 위한 것이다. 레위기(17:3-5)는 모든 도살된 동물들, 심지어는 집에서 쓸 목적으로 도살된 동물들까지도 분명히 희생제사적인 성격을 갖고 있다. 그러나 신명기(1215-17)에서는 예배가 한 곳에서만 드려지게 되는 중앙화의 결과로 성소 밖에서 사사로운 도살을 해도 된다는 규정이 만들어졌다. 십일조는 다른 율법집들 속에서는 레위인들을 위한 것이다(민 18:21-24; 레 27:30-33). 하지만 신명기(14:22-29)에서는 그 중 한 부분이 헌납자와 그의 가족을 위해서 사용되었다. 대체적으로 신명기의 율법들은 다른 율법집들보다 "인도주의적인"(humanitarian) 태도를 더 많이 드러내고 있는 것으로 여겨졌다(Weinfeld 1972, 282-97).

폰 라트(G. von Rad)는 문서비평을 위해 사용된 전통적인 비평학적 기준들을 신학적인 주제들 및 문제들에 대한 관심으로 보충하였다(전승사 비평).[2] 폰 라트는 출애굽 전승과 시내 산 전승은 원래는 서로 독립된 것이었다고 생각했다. 그는 시내 산 전승 문헌들은 원래는 세겜에서의 언약 갱신 의식 속에서 그 제의적인 배경을 갖고 있었다고 결론지었다. 폰 라트에게 언약의 책(출 19-24)과 신명기는 동일한 제의를 반영하고 있다. 신명기가 대개 권면적인 성격(일군의 사람들에게 한 연설들, 설교들, 훈계들)을 갖고 있으

---

2) 그가 1938년에 *Beiträge zur Wissenschaft vom Alten und Neuen Testament*, 4th series, 26(1938)에 처음 발행했으며, "The Form Critical Problem of the Hexateuch", *The Problem of the Hexateuch and Other Essayes*(McGrawHill, 1966), 1-78에 영어로 번역된 논문을 보라.

며, 주로 설교체로 주어진 율법으로 이루어져 있기 때문에 그는 이 책이 레위인들 사이에서 기원했다고 주장했다. 또한 이 책이 모든 이스라엘에게 주어졌으며 세겜(27장)을 강조하고 바알 신앙을 반대하고 있기 때문에 그는 이것이 북왕국에서 기원했다고 주장했다. 이 책의 일부는 유다에 의해서 채택되었으며, 요시야의 개혁의 토대로 사용하기 위해 수정되어졌다. 이 책은 포로시기 중에 다시 다듬어졌다. 비록 우리가 갖고 있는 좀 더 다듬어진 형태의 이 책은 상당히 후대의 것이기는 하지만 이 책은 고대의 문헌들을 많이 담고 있다.

레위인들과 제사장들이 율법의 "설교자들"과 "선생들"(신 33:10; 레 10:11; 대하 15:3; 17:7-9; 렘 18:18; 말 2:7; 호 4:6)로 제시되어 있기 때문에 신명기의 권면적인 성격은 레위인들 사이에서 나온 것임을 시사해 주고 있는 것으로 간주되어졌다. 그러나 다른 학자들은 신명기가 이스라엘의 선지자들 사이에서 발전했다는 주장을 했다. 이 책은 모세를 이상적인 선지자로 다루고 있으며(신 18:14-22), 다른 선지서들(호세아서, 예레미야서)은 신명기와의 뚜렷한 연결성을 보여주고 있다. 원신명기는 북왕국에서 발전하였으며, 반(反)왕정제적인 성격을 갖고 있고, 선지자들의 설교를 반영하고 있는 것으로 주장되었다. 이 책이 선지자적인 배경을 갖고 있다는 주장은 벨하우젠(Wellhausen), 드라이버(Driver), 알트(Alt) 등에 의해 주장되었으며, 좀 더 최근에는 니콜슨(Nicholson 1967, 76)에 의하여 주장되었다. 와인펠트(Weinfeld)는 이 책이 레위적인 배경을 갖고 있다는 것을 논박했다. 왜냐하면 레위인들이 예배의 중앙화를 주장했다고 한다면 그들은 지방 성소들에서의 자신들의 직업들을 도려내야 했을 것이기 때문이다. 대신에 와인펠트는 신명기가 지혜 문헌과 관련을 갖고 있는 것에 주목을 했으며, 신명기가 이스라엘의 지혜 전통들을 배경으로 하고 있다고 주장했다. 호프(Hoppe 1983)는 신명기의 배경이 된 집단을 찾아내려는 이전의 모든 시도들을 거부했으며, 대신에 신명기가 이스라엘의 장로들을 배경으로 하고 있다고 주장했다. 결국 이스라엘의 모든 권위 있는 집단들(레위인들, 선지자들, 장로들, 궁정의 지혜자들)이 이 책의 배경의 가능성으로 제시되었다.

20세기 중반부터 현재까지

1943년에 노트(M. Noth)는 신명기부터 열왕기에 걸친 문헌이 대체적으로 한 저자에 의해서 쓰인 단일한 역사라는 자신의 주장을 출간했다.[3] 노트는 포로시대의 이 신명기적 역사가(Dtr)는 4:44—30:20에 나오는 신명기 법전(the Deuteronomic code)을 활용했으며, 이 법전은 우리가 현재 갖고 있는 것과 대체로 같은 형태를 갖고 있었을 것이라고 주장하였다(1981, 16). 학자들은 이 책이 두 개의 역사적 서언(1-3장 혹은 4장과 5-11장)을 갖고 있다는 것을 오래 전부터 지적해 왔다. 노트는 신명기 1-3(혹은 4)장이 신명기 자체의 서론을 담고 있는 것이 아니라 신명기 주의적 역사(the Deuteronomistic History; DH — 이 용어는 신명기의 일부, 그리고 여호수아서-열왕기에 이르는 역사기록을 통칭해서 부르는 비평학적 학술용어이다 — 역주) 전체의 서론을 담고 있다고 주장했다. 노트는 이 책의 핵심 부분은 이인칭 단수와 이인칭 복수 문단들에서 발견되며, 이 핵심부분이 주로 이 율법책을 구전으로 낭독하거나 주해하는 과정을 통한 점차적인 성장과 손질작업(31:9-13)을 통해서 증수되었다고 보았다. 노트의 이러한 주장은 이후의 모든 연구들에게 기념비적인 영향을 주었으며, 그의 견해들은 보통 이후의 모든 학자들의 출발점이 되었다. 노트에 따르면 비록 현재 형태의 신명기는 포로 시대에 만들어진 것이기는 하지만 많은 고대의 문헌들을 담고 있다.

이 기간 중에 학자들은 또한 고대 근동의 나라들 사이에 체결한 조약 문서

---

3) 비록 이 책이 제2판의 제목인 *Überlieferungsgeschichtliche Studien* (Tübingen: Max Niemeyer Verlag, 1957; 무수정 제 3판, 1967)으로 보통 알려져 있지만 이 책의 초판은 *Schriften der Königsberger Gelehrten Gesellschaft*란 제목으로 1943년에 출판되었다. 신명기적 역사(the Deuteronomistic HIstory)에 대한 노트의 접근 방법을 다루고 있는 이 책의 전반부는 *The Deuteronomistic History* (JSOTS 15; Sheffield: JSOT, 1981)란 제목으로 영어로 번역,출간되었다. 이 책의 후반부는 역대기 기자(the Chronicler)의 저작에 대한 노트의 접근방법에 할애되어 있는데, 이 부분은 윌리엄슨(H. G. M. Williamson)에 의해서 영어로 번역되어서 *The Chronicler's History* (JSOTS 50; Sheffield: JSOT, 1987)라는 제목으로 출판되었다.

들의 구조가 신명기의 구조와 닮았다는 것을 파악하기 시작했다. 클라인(M. G. Kline 1963)은 신명기가 주전 일천년기의 앗시리아 시대의 조약 형태와는 뚜렷하게 다르며, 주전 이천년기의 국제 조약의 노선을 따라 구성되었다는 것을 주장했다. 그 결과 클라인은 신명기의 고대성에 대한 강력한 논거를 제공하였다. 비록 모든 학자들이 클라인의 주장을 따르지는 않았지만 신명기와 고대 근동의 언약들 및 조약들 사이의 관계는 학계에서 커다란 역할을 계속했다. 클라인의 견해는 최근에 키친(Kitchen 2003, 283-94)에 의해서 지지를 받고 더욱 폭넓게 전개되었다. 아래의 "문학적인 분석" 항목의 논의를 보라.

지난 이십년간의 성경 학계는 점점 성경을 공시적(共時的, synchronic)으로 읽는 쪽으로 방향을 돌렸다. 공시적인 접근방법을 따르는 학자들은 어떤 책의 형성과정의 배후에 깔린 문서들이나 역사를 재구성하는 것보다는 현재 그 책이 가진 그대로의 모습에 더 큰 흥미를 갖는다. 문학적인 접근방법들은 이 책이 통일성을 갖고 있다는 것을 가정하며, 저자의 수사학적인 의도 및 저술 기법들을 설명하려고 한다(Polzin 1980; McConville 1987 and 1994; Lohfink 1963). 전통적인 비평학계가 어떤 합성된 책의 편집층들에 대한 단서들로 간주했던 사항들은 문학적인 분석에 따르면 복잡한 신학적 문제들을 통일된 태도로 정교하게 취급한 것의 증거가 된다. 예를 들어, 맥콘빌(McConville 1984)은 신명기의 제의법들의 독특한 점들을 이 책의 신학의 측면에서 설명했다. 다시 말해서 그는 이러한 특징들을 이 책이 합성된 문헌이라는 것에 근거해서 설명한 것이 아니라 신명기 전체의 맥락 속에서 설명했다. 폴진(Polzin 1980)의 분석은 신명기적 본문(원신명기, Ur-deuteronomy)과 신명기주의적 본문(deuteronomistic material, DH에 나중에 추가된 본문들) 사이의 가상적인 구분들을 가로지른다.

신명기를 둘러싼 대부분의 논제들에 대해서는 어떤 뚜렷한 의견의 일치가 존재하지 않는다. 이 책의 연대 및 저작권에 대한 문제들은 이 책과 나머지 신명기적 역사(여호수아서-열왕기)의 관계, 장르 및 배경에 있어서 조약문서들과의 상관성, 기원의 문제들(북왕국으로부터? 레위인들, 선지자들, 지혜자들로부터?), 그리고 이 책과 요시야의 개혁이 가진 관계의 문제 등과 밀접하게 연결되어 있다.

문학적인 분석

신명기의 문학적인 특징들은 여러 가지 관점들을 통해서 탐구되었지만 이것들이 모두 다 중요하거나 유익한 것은 아니다.

조약으로서의 신명기

다른 학자들의 예비적인 연구들을 따라서 메레디쓰 클라인(Meredith Kline 1963)은 신명기가 주전 이천년기의 히타이트 문명으로부터 알려진 국제 조약들과 같은 윤곽 및 구조를 갖고 있다는 것을 주장했다. Kitchen(2003)은 최근에 클라인의 견해를 보강하였다.

도표 3   **조약들과 신명기**

    I. 전문(前文)(1:1-15)

    II. 역사적 서언(1:6-3:29)

    III. 규례들(4-26장)

        A. 기본적인 규례들(4:1-11:32)

        B. 상세한 규례들(12:1-26:19)

    IV. 저주와 축복, 비준(27-30장)

    V. 승계를 위한 절차들(31-34장)

        A. 증인들에 대한 호명

        B. 공적인 낭독을 위한 규정

클라인은 정복자 왕과 복속된 민족 사이의 조약관계가 종주(宗主, suzerain lord)로서의 하나님과 그의 속민 이스라엘 사이의 관계를 정의하는 패러다임으로 사용되었다고 주장했다. 조약 당사자들은 조약의 전문에

명시되어 있다. 주전 이천년기의 조약들에 따르면 이 전문 뒤에는 종주와 속주(the vassal, 屬主)의 과거의 관계를 서술하는 역사적 서언이 뒤따라 나오는데, 이 역사적 서언은 왕이 자신의 신하에게 베푼 은덕들이 강조되어 있다. 규례들 중에는 속주가 자신의 종주에게 순종하기로 하면서 받아들인 상세한 법률 조항들이 들어 있다. 가장 중요한 요구사항은 속주가 오직 자신의 종주에게만 충성할 것을 요구한 점이었다. 보통 규례들은 속주가 자신의 종주에게 바쳐야 할 공물들에 대한 규정들을 포함하고 있었다. 이스라엘과 여호와의 관계 속에서는 이러한 공물은 제의법들 속에 명시된 제물들과 제사들의 항목에 들어 있다. 또한 주전 이천년기의 조약들은 이 언약 규례들에 대한 순종이나 불순종에 따른 축복과 저주의 긴 목록이 포함되어 있었다. 이러한 축복과 저주들은 종주와 속주의 신들의 이름으로 기원되었다. 또한 이 신들은 비준을 동반하는 서약들의 증인으로서 호명되었다.

하나님과 이스라엘간의 언약에서는 언약의 비준에 대한 증인으로서 제 3자인 신들을 호명하는 식의 사고방식이 끼어들 여지가 없다. 따라서 대신에 "하늘과 땅"이 이 기능을 하도록 부름을 받았다(신 4:26; 30:19; 31:28). 조약들은 나중에 이 언약 문서를 공개적으로 낭독할 것에 대한 규정들(31:9-22)을 담고 있는데, 이것은 종주와 속주가 자신들의 의무들을 다시 기억할 수 있도록 해 주기 위한 것이었다. 조약들은 속주의 아들들이 자신들의 아버지를 승계하는 것에 대한 규정들을 담고 있다(1-8절). 또한 조약 문서의 복사본이 만들어졌으며("두 돌판" ─ 출 34:1, 28; 신 10:1 5; 17:18-19; 31:24-26), 각각 하나씩 종주와 속주의 성소들에 보관되어졌다. 하나님과 이스라엘간의 언약에서는 이 성소가 하나이자 같은 것이었기 때문에 이 돌판들은 언약궤 안에 놓여졌다.

신명기가 주전 일천년기의 조약들의 구조와는 다르게 주전 이천년기의 조약들과 강한 유사성을 갖고 있기 때문에 클라인(Kline)의 주장은 신명기를 주전 7세기보다는 모세 시대에 가까운 연대로 잡는데 분명한 근거를 제시했다. 앗시리아 시대의 조약들은 역사적 서언을 갖고 있지 않다. 또한 저주와 축복들의 목록 대신에 앗시리아의 조약들은 단지 불순종하는 속주에게 닥칠 악한 일들만을 언급하고 있다. 조약의 등사본을 종주와 속주의 성소에 보관해야 한다는 규정은 일천년기의 문서들에서는 나타나지 않는다. 히타이트 조약들에서는 속주가 종주를 사랑해야(신실하게 받들어야) 한다는 요구는 종주의 인애(성심)에 대한 확약과 함께 나오는데, 이 점은 앗시리아 조약들에서는 발견되어지지 않는다. 물론 이러한 사항들이 문헌상의 증거 중 결여된 부분에 들어 있었을 가능성이 있다 — 즉 이러한 요소들을 가진 앗시리아 조약 문헌들이 장차 출토될 가능성도 있다. 현존하는 다섯 개의 중요한 앗시리아 조약들 중에 세 개는 역사적 서언이 들어 있었을 것으로 보이는 부분에 손상을 입었다(Weinfeld 1972, 63-65, 67-69). 그러나 대체적으로 신명기는 성경외적인 조약 문헌들과 뚜렷한 유사성을 보이고 있으며, 좀 더 구체적으로 말하면 이천년기의 조약 문헌들과 관련성을 보이고 있다. 또한 신명기가 "언약"(29:9, 12, 14, 21) 문헌으로 언급되고 있다는 점도 매우 확실하다.

많은 학자들은 클라인이 주장한 것과 비슷한 접근방법을 취하였다(Craigie 1976). 키친(Kitchen 1989, 2003)과 웨넘(Wenham 1969)은 신명기에 조약이라는 양식이 끼친 영향이 폭넓게 드러나 있다는 점에는 동의했다. 그러나 그들은 또한 신명기가 조약 양식들을 고대 근동의 법전 구조와 융합시키고 있다고 보았다. 와인펠트(Weinfeld 1972, 146-57) 역시 법전과 조약 양식들이 이와 유사한 방식으로 결합되는 현상을 발견하였다.

다른 학자들은 주전 일천년기와 이천년기의 조약들이 뚜렷하고 상이한 차이를 갖고 있다는 것을 지적하는 것에 반대했다(McCarthy 1978). 와인펠트(Weinfeld 1978)는 신명기가 조약 구조를 갖고 있다는 사실은 시인했지만 이 책이 주전 일천년기 조약들의 구조, 특히 에살핫돈(Esarhaddon)의 종속(從屬) 조약들(the vassal treaties)로 알려진 것의 구조를 따르고 있다고 주장했다. 와인펠트(1972, 121-22)의 중요한 논거는 앗시리아 조약들의 마지막에 나오는 저주들이 앗시리아 신들의 순서를 따라 언급되고 있다는 점이다. 이러한 조약들 중의 하나에 나오는 저주들의 주어의 순서는 신명기 28장의 저주들의 주제들의 순서와 유사하다. 와인펠트는 이 점이 신명기를 주전 일천년기의 것으로 잡는 강력한 증거라고 간주하였다. 그러나 이러한 유사점들은 전혀 정확하지 않으며, 단지 일반적인 주제적 차원에서만 관계가 있을 뿐이다. 맥콘빌(McConville 2002, 24)이 지적한 바와 같이 "신명기가 고대 근동의 조약 전통들에 다소 자유로운 방식으로 의존하고 있다고 생각하는 것이 최선이다."

신명기의 구조 및 신명기가 성경외적 문헌들과 갖고 있는 관계에 대한 논쟁은 아직 끝나지 않았다. 그러므로 신명기에 대한 앞으로의 연구들은 이 논제에 대해 새롭게 주목해야 할 것이다.

통치체제로서의 신명기

비록 신명기가 실제로 조약 문서였을 뿐만 아니라 법전의 특징들을 갖고 있었지만 결국 이것은 고대 이스라엘의 "헌법"이 되었다. 이것은 이스라엘의 사회 질서, 성문화된 법률 원리들 및 재판 절차들, 그리고 하나님의 통치 하에서의 이스라엘의 자기 이해를 정의해 놓은 성문화된 보고(寶庫)였다. 하나의 문서로서 이 책은 하나님의 백성의 언약적인 삶을 총괄하였다. 맥브라이드(McBride 1987)는 신명기를 조약 문헌으로 정의하는 데에는 별로 관심을 갖지 않았지만 이 "신명기적 헌정주의"(the deuteronomic constitutionalism)의 많은 특징들에 주의를 환기시켰다. 그는 신명기가 백성들 중 학대받기 쉬운 계층의 사람들에게 어떻게 힘을 부여해 주고 그들을 보호하고 있는지를 강조했다. 맥브라이드는 신명기가 현대 서구의 헌정주의의 원형이자 선구자로 이해되어야 한다고 주장했다.

연설로서의 신명기

오래 전부터 신명기는 모세가 모압 평야에서 이스라엘에게 행한 세 개의 연설을 모아 놓은 것으로 이해되어 왔다. 각 연설은 그 연설이 주어진 장소와 배경을 밝히는 것으로 시작된다: "요단 강 저편 모압 땅에서"(1:5), "요단 동편 벳 브올 맞은 편 골짜기에서"(4:44-49),[4] "모압 땅에서"(29:1) — 이 세 구절은 모두 다 같은 장소를 말하는 것일 수도 있다. 모세의 첫 번째 연설(1-4장)은 과거를 향해 있으며, 약속의 땅의 경계선까지의 이

---

4) 4:44-49가 두번째 연설의 도입부라기보다는 첫번째 연설의 요약이자 결론구라고 이해하는 것도 가능하다.

스라엘의 여정에 대해서 구술하고 있다. 두 번째 연설(5-28장)은 미래를 향해 있으며, 약속의 땅에서의 율법 하에서의 이스라엘의 삶에 관심을 기울이고 있다. 세 번째 연설(29-32장)에서 이 나라는 언약 갱신 의식으로 인도되고 있다. 마지막으로 이 연설들은 모세의 죽음에 대한 기록으로 보충된다(33-34장).

폴진(R. Polzin 1981, 1983, 1987)은 신명기에 대한 문학적인 접근방법이란 영역을 개척했는데, 그는 연설들의 분석에 초점을 맞추고 있다. 신명기에는 두 개의 지배적인 목소리, 즉 모세의 목소리와 하나님의 목소리가 들어 있다. 이 책의 대부분의 경우에는 하나님의 말씀들을 듣는 자이자 보고자인 모세 혼자만이 이야기를 한다. 이 책에 대한 기존의 전통적인 해석들은 일련의 모세 이후 문헌(post-Mosaica)이나 모세의 것이 아닌 문헌(a-Mosaica)을 찾아낸 반면에 폴진은 이 책에서 세 번째의 목소리를 찾아낸다. 이 목소리는 모세 이후의 역사적인 시점들에서 때때로 이 책에 내용을 첨가한 서기관들의 것이 아니다. 이것은 내레이터(a narrator; 폴진에 따르면 그는 포로시대의 사람임)의 목소리이다. 이 내레이터는 이 책에 틀을 제공해 주고 있으며, 때때로 자기 자신의 목소리를 가지고 내러티브에 끼어든다. 이 세 번째 목소리, 즉 내레이터의 목소리는 단지 오십육 개의 구절들 속에만 들어 있다(1:1-5; 2:10-12, 20-23; 3:9, 11, 13b-14; 4:41-5:1a; 10:6-7, 9; 27:1a, 9a, 11; 28:69; 29:1; 31:1, 7a, 9-10a, 14a, 14c-16a, 22-23a, 24-25, 30; 32:44-45, 48; 33:1; 34:1-4a, 5-12). 그러나 우리가 내레이터의 존재를 느낄 수 있게 만드는 이러한 "틀의 파격들"(the frame breaks)은 내레이터 자신이 자신의 목소리를 모세처럼 신뢰성 있고 권위 있게 만들기 위한 것이었다. 이런 식으로 해서 내레이터는 신명기적 역사(DH)의 나머지 부분에 있는 자신의 권위 있는 이스라엘 역사의 기록을 독자들이 받아들일 수 있도록 준비시키는 효과를 얻는다. 이렇게 해서 내레이터는 모세가 광야 세대에게 중요하고 필요했던 것처럼 자신도 자신의 동시대인들에게 중요하고 필요한 존재가 된다. 신명기에는 연설 형태의 본문이 지배적으로 나타나는 대신에 내레이터의 내레이션은 극히 적게 나타나지만 신명기주의적 역사의 나머지 부분에서는 이러한 배율이 뒤바뀐다. 그러나 이것은 오직 독자들이 이미 신명기에서 이 권위 있는 내레이터의 말을 들을 준비가 된 이후의 일이다. 모세 자신만이 하나님을 얼굴을 마주하고(face to face) 알았던 것처럼 진정으로 모세를 알고 있는 유일한 사람은 이 내레이터뿐이다. 모세와 내레이터는 하나님의 권위 있는 말씀을 이스라엘에게 전달해 주는 전달자가 된다.

십계명의 해설로서의 신명기

코프먼(Kaufman 1978-79)은 신명기가 십계명에 깔려 있는 도덕적인 원리들을 밝히기 위한 구조를 갖고 있다고 주장했으며, 월튼(Walton 1987; 또한 Kaiser를 보라)은 이 주장의 정당성을 세우려고 노력했다. 월튼은 십계명을 네 개의 중요한 주제들을 중심으로 구분했는데, 이 각각의 주제는 신명기의 십계명 뒷부분에 나오는 율법들을 통해서 주해, 해설되고 있다고 그는 주장했다. 예를 들어, 하나님의 이름을 잘못 사용하는 것을 금하고 있는 세 번째 계명은 하나님을 신중하게 대하는 다른 방법들(13:1-14:21), 즉 거짓 선지자들을 용납하지 않거나(13:1-5) 가족, 친구들, 전 성읍 중에서 악함을 용납하지 않는 것(13:6-18)에 의해서 설명된다. 하나님을 신중하게 모시는 것, 즉 그의 이름을 숭상하는 것은 이스라엘의 특별한 음식법을 준수하는 것을 포괄한다(14:1-21). 하나님의 이름을 망령되이 일컫지 말라는 계명은 다른 이들에 대해서 거짓 증언을 하지 말라는 아홉 번째 계명과 유사성을 갖고 있다. 아홉 번째 계명은 거짓 고소의 문제, 그리고 이웃들 사이에 발생하는 다른 관계의 문제들을 예로 들어 해설된다(24:8-16).

신명기에 대한 이러한 접근방법은 윤리적인 문제들을 사색하는데 있어서 비옥한 토양의 역할을 한다. 이 방법은 모든 율법들이 정도의 차이는 있지만 어떻게든 십계명들 중의 어느 하나를 반영하고 있거나, 그것들 중의 하나와 깊은 연관을 갖고 있다는 것을 보여준다. 그러나 실제로 신명기의 저자-편찬자가 원래부터 이러한 본문상의 구조를 의도했었는지는 분명하지가 않다. 한 가지 예를 들자면, 월튼(1987: 219)은 제7 계명과 관련하여 이러한 분류체계에 필요한 주제적 연결점들을 찾아내는데 있어서 많은 고생을 한다. 신명기는 저자가 이러한 것을 의도했었다는 분명한 단서를 보여주지 않는다.

도표 4

십계명의 해설서로서의 신명기
(월튼(1987)에서 차용)

주제들	하나님	인간
권위	제1 계명 5:7 (6-11장)	제5 계명 5:16 (16:18-17:13)
위엄	제2 계명 (19:1-24:7)	제6-8 계명 5:8-10 (12:1-32) 5:17-19 6 계명: 19:1-21:23 7 계명: 22:1-23:14 8 계명: 23:15-24:7
헌신	제3 계명 5:11 (13:1-14:21)	제9 계명 5:20 (24:8-16)
권리와 특권들	제4 계명 5:12-15 (14:22-16:17)	제10 계명 5:21 (24:17-26:15)

개별적인 율법들은 좀 더 일반적인 계명들을 구체적으로 법률화한 것으로 보는 것이 더 자연스러운 듯하다.

그러나 사실이 이러할지라도 이 접근방법은 신명기와 오경의 다른 법전들 사이의 차이점을 이해하는데 있어서 어느 정도 도움을 준다. 신명기의 관심은 더 권계적(hortatory)인 데 있다. 즉 이것은 법령이라기보다는 권면의 글(exhortation)이다. 따라서 이 책의 규정들은 다른 법전들에 비해서 덜 엄밀하거나 덜 구체적이다. 신명기는 율법의 "문자"보다 "정신"에 더 많은 관심이 있다.

신 학 적 인   메 시 지

어떤 점에서는 신명기는 이상적인 이스라엘이 어떠해야 하는지에 대해서 그리고 있다. 이 책은 "한 하나님, 한 백성, 한 땅, 한 성소, 한 율법"을 가진 이스라엘에 대해서 제시하고 있다. 이 책의 신학적인 공헌들은 이 책을 오경의 나머지 부분들로부터 구분해 주는 몇 가지 뚜렷한 점들과 밀접하게 연결되어 있다.

신명기에서의 이스라엘

시내 산에서 맺어지고 모압 평야에서 갱신된 하나님과 이스라엘간의 언약은 통일되고 단합된 백성으로서의 이스라엘을 가정하고 있다. 신명기는 백성들의 단합을 요구하거나 권면하는 것이 아니라 그것을 가정하고 있다. 이 백성은 여호와와의 언약 속에 있는 백성으로서 존재한다 — 즉 그 속에서 그 국가적인 특징을 얻는다. 이 백성은 이 언약에의 충성이라는 점에 의해서 구분되고 정의되어지는 나라이다(신 5:1-3; 6:1-25). 이 언약은 지속적인 관계이며, 이후의 계속적인 세대들에 의해 정기적으로 갱신되어져야 하는 관계였다. 이스라엘이 맺은 언약은 상세한 내용의 계약에 대한 법률적인 동의가 아니었다. 이것은 양 집단 사이의 애정 어린 헌신을 요구하는 살아있는 관계였다(6:5; 7:9, 12-13; 11:1, 13, 22; 13:3; 33:3).

이스라엘이 통일된 존재라는 점은 이 백성의 일원들을 "형제"라고 부르고 있는 이 책의 관행 속에도 역시 반영되어 있다(히브리어 아힘; 예를 들어 1:16; 3:18, 20; 10:9; 15:3, 7, 9, 11; 17:20; 18:15, 18).[5] 이 명칭은 이 백성

---

5) 코란은 히브리 성경이 자신의 등장을 예언했다는 것이 마호메트의 확신이었다고 기록하고 있다. 어디에 그런 예언이 있느냐고 물으면 대부분의 지식있는 모슬렘들은 모세 같은 선지자가 "너의 형제들 가운데"에서 일어날 것임을 예언한 신명기 18:15,18을 언급한다. 누가 이스라엘의 형제들인가? 아랍어를 말하는 이슬람 민족들의 조상인 에서와 이스마엘이라고 그들은 주장하며, 이들 가운데서 마호메트가 나타났다고 말한다. 이 주장은 신명기의 "형제들"이라는 단어의 용법을 단순하게 본 것이다. 다른 모든 구절들에서 이 단어는 단지 "동료 이스라엘 사람들"을 의미할 뿐이다.

을 하나의 차별 없는 통일체로 취급하기 위해 지파별 구분이나 다른 기타 구분점들을 의도적으로 무시한 것이다.

신명기는 또한 이스라엘을 하나님에 의해 선택된 백성으로 이해한다 (4:37; 7:6-7; 10:15; 14:2). 하나님은 이스라엘을 선택하셨을 뿐만 아니라 또한 왕(17:15)과 제사장들(18:5; 21:5)과 그를 예배할 장소를 선택하셨다 ("선택하다"라는 단어는 20번 중 16번이 12-26장에 사용되었다 — McConville 1984, 30). 이 책은 이스라엘의 언약의 하나님, 즉 이스라엘을 자기의 신비스러운 사랑으로 선택하신 분의 선도(先導)적인 주권성을 강조하고 있다. 그리고 이 은혜는 백성 쪽에서 애정 어린 순종으로 반응할 것을 요구하고 있다. 이스라엘은 독특한 나라, 즉 창조주이자 그들의 구원자이신 분과 언약 관계를 맺고 있는 나라이다. 이 언약은 이 책 전체에 스며 있으며, 또한 이 책의 구조에까지 스며들어 있다(위를 보라).

신명기에서의 하나님의 이름

신명기는 하나님의 이름을 스물한 번 언급하고 있다. 비록 자신을 계시하시는 수단으로서의 하나님의 이름이 신명기에만 독특한 것은 아니지만 비평학계(예를 들어 von Rad 1953, 37-38)는 이 책이 이 점을 독특하게 강조하고 있다는 점 속에서 이전의 좀 더 열악한 사고방식들에 대한 신학적인 교정제, 즉 하나님 자신이 실제로 어느 정도 이스라엘의 성소들 속에서 현존하신다는 개념들에 대한 교정제의 역할을 발견하였다. 신명기는 어느 정도는 하나님의 함께 하심을 "비신화화" (demythologizing)하고 있는 것으로 주장되었다. 즉 신명기는 하나님 자신이 함께 하시는 것이 아니라 그의 "이름"이 함께 하는 것으로 말하고 있는 것으로 주장되었다(왜냐하면 하나님은 하늘에 거하시기 때문이다). 이 신학은 법궤의 상실이나 혹은 왕국의 분열 사건 등을 통해서 북왕국 지파들이 더 이상 이 중요한 성물들에 접근할 수 없게 된 이후에 발전된 신학이라고 보통 이해되어졌다.

그러나 맥콘빌(McConville 1979)은 이 "이름"은 보통 개인적인 헌신이나 개인적인 관계에 관련된 경우들, 즉 언약이 포괄적인 신학적인 주제로서 작용하고 있는 부분들에서 언급되고 있는 반면에 하나님께서 "영광" 속에서 함께 하신다는 주제는 좀 더 보편적이고 극적인 맥락에서 사용되고 있다는 것을 보여주었다. 하나님의 이름을 선포하는 것은 하나님께서 자신의 백성들에게 베푸신 행위들 속에 계시되어 있는 그의 속성을 공개적으로 천명하는 것이다(32:3).

이와 비슷한 표현이 주전 이천년기의 후반부에 나온 아마르나 서신들(the Amarna letters)에서도 역시 발견된다(de Vaux 1967; Mayes 1979, 224). 왕 압두-헤바(Abdu-Heba)는 "자신의 이름을 예루살렘 땅에 두었다"(set his name in the land of Jerusalem). 이 표현은 소유권과 정복을 나타낸다. 하나님에게 있어서는 자신의 이름을 어떤 장소나 국가에 둔다는 것은 그것들이 그의 소유라는 것을 의미한다 — 즉 세상, 이스라엘, 이스라엘의 땅이 그의 것이라는 것을 의미한다. 땅 및 하나님과 이스라엘간의 언약을 강조하는 신명기에서는 하나님의 "이름"을 통해서 그의 함께 하심을 표현하는 것은 이 국가에게 그의 소유권과 통치를 상기시킨다. 따라서 신명기에서의 하나님의 이름은 하나님의 함께 하심이라는 개념을 축소시키거나 수정하기보다는 하나님의 진정한 함께 하심을 그의 완전한 속성 속에서, 그리고 그가 자신의 이름을 둔 백성들에 대한 언약적인 헌신 속에서 확인시켜 준다.

신명기에서의 하나님의 말씀

신명기에서 하나님의 말씀은 권위적이며 또한 기록된 것이다. 언약 문서로서 모세가 쓴 "율법책"의 말씀들은 이 백성이 자신들의 종주인 하나님과 맺고 있는 관계, 그리고 백성들 서로가 맺고 있는 관계를 주관하고, 질서잡고, 규제한다. 이 책은 "정경"(canon)이란 개념, 즉 한 국가의 삶을 지배하는 기록 문헌들의 모음집이라는 개념을 이스라엘 속에서 다시 한 번 확인시켜 준다.

원래 이 나라는 하나님의 실제 목소리를 시내 산에서 들었다. 그러나 이 일이 그들에게 두려움을 불러일으켰기 때문에 그들은 자신들이 이것을 다시 반복해서 경험하고 싶지 않다고 호소하였다. 그래서 하나님은 자신의 말씀을 선포하는 일을 인간들 — 먼저는 모세에게(5:22-23), 그리고 나중에는 그의 모범을 따르는 일련의 선지자들에게(18:14-22) — 에게 맡겼다. 이 선지자들은 언약에 대한 충성심에서(13:1-5), 그리고 자신들이 선포한 일이 성취되는 것에 의해서(18:21-22) 거짓 선지자들과 구별된다. 우주의 전 주권을 가진 분의 말씀으로서 모세와 선지자들의 입에 주어진 하나님의 말씀은 땅에 떨어지지 않는다 — 그가 계시한 일들은 반드시 성취된다. 이스라엘이 하나님과의 언약이 요구하는 일에 주의를 기울이지 않고 돌아설 것이라는 것을 예견한 사람은 다름 아닌 위대한 선지자 모세였다(31:27-29). 이러한 점에 있어서는 신명기 자체가 예언이 되며, 신명기적 역사의 나머지 부분은 성취가 된다. 이 책에 나오는 하나님의 말씀은 언약 하의 삶을 통치하는 기록된 문헌일 뿐만 아니라 또한 모세 및 그를 계승하는 사람들의 권위 있는 설교이자 가르침이다.

예배의 중앙화

신명기는 이스라엘이 "너희 하나님 여호와께서 … 택하신 곳"에서 드릴 예배에 대해서 자주 반복해서 언급하고 있다(12:5, 11, 14, 18, 21, 26; 14:23-25; 15:20; 16:2, 6, 11, 15; 17:8, 10; 18:6; 26:2). 전통적으로 비평학계는 이스라엘의 예배를 위한 한 장소의 선택을 보통 예배를 예루살렘에 중앙화시키려는 요시야의 노력과 관련되어 있는 것으로 여겨 왔다. 또 어떤 학자들은 한 장소로 예배를 중앙화할 것을 강조하고 있는 구절들은 기존의 신명기 문헌에 첨가된 후대의 증수 부분들이라고 생각한다. 예를 들어, 핼펀(Halpern 1981)은 중앙화에 대해 모호한 태도를 가진 이른 시기의 문헌층과 이러한 모호성을 배제시킨 후대의 문헌층을 구분한다. 다윗 시대 및 그 이후의 문헌들을 보면 사무엘서와 열왕기가 예루살렘을 이 배타적인 성소로 선택된 장소로 보고 있다는 것에 아무런 문제가 없다.

한 장소로 예배를 중앙화하는 것에 내용이 이 책의 후대성을 주장하는 충분한 기준이 될 수 있는가? 아니면 이 책이 이른 시기의 것이라는 견해와 병존할 수 있는 다른 설명들이 존재하는가? 일부 학자들은 신명기 12장이 배분적인(distributive)인 내용을 담고 있다고 생각한다(McConville 1984, 36). 다시 말해 이 12장은 지파들이 각자 "중앙성소"(a central sanctuary)를 가질 수 있으며, 이 "중앙성소들"이 서로 공존할 수 있도록 허용한다는 것이다. 이 경우 어느 "중앙성소"도 "유일무이한 성소"(the sole sanctuary)의 자리를 차지하지 않는다.

그러나 신명기 12:5이 지파들 가운데에 있는 단일한 성소를 묘사하고 있다는 점은 부인하기가 어렵다. 예배의 중앙화는 "한 하나님, 한 백성, 한 성소"라는 신명기의 이상적인 개념을 반영하고 있다. 그러나 "중앙화"는 다소 잘못된 이름이다. 어느 정도는 이스라엘의 예배는 법궤가 안치된 성소들에 항상 중앙화되어 있었다(예를 들어 벧엘과 실로; 참고, McConville 1984, 23-29; Thompson 1974, 36-37). 법궤는 하나님의 함께 하심에 대한 두드러진 상징이다. 법궤가 있는 곳에는 항상 하나님의 "이름"도 함께 있다. 신명기가 예배를 예루살렘에만 제한시키고 있는 것이 옳다면 세겜의 제단(27장)은 의미가 없게 된다.

신명기 12장이 대비시키고 있는 것은 가나안인들이 자신들의 예배처로 선택한 다수의 "장소들"과 하나님이 선택하실 "곳" 사이의 대비이다(12:5 — McConville 1984, 29-38). 하나님께서 한 백성을 택하신 것처럼 그는 또한 한 장소를 선택하시고, 그곳에서 드려질 예배의 성격을 규정하실 것이다. 그가 선택한 곳에서 하나님이 지시하는 방법으로 하나님께 예배를 드리는 것은 이스라엘의 언약적인 충성의 한 부분이었다. 이것은 하나님을 위해 성결하게 구분되어진 귀한 백성(7:6; 14:2; 26:18)으로서의 이스라엘의 지위를 국가적인 차원에서 반영하고 있는 것이다. 그러나 이 율법은 이 선택된 장소가 때에 따라 변할 가능성을 배제하지는 않는다.

신명기에서의 인과응보와 땅

이 땅은 "너의 조상들의 하나님이 너희에게 주는 땅"이라는 표현으로 자주 묘사되고 있다. 다시 한 번 이 책은 하나님께서 은혜로운 섭리 가운데서 이스라엘에게 베푸신 이전의 행위들과 선도(先導)하심에 대해서 강조해 주고 있는데, 이러한 것들은 그가 이들의 조상들에게 주신 약속과 조화를 이루는 것이었다. 이 책에는 "주다"라는 단어가 167번 나오는데 그 중 131번의 경우에 있어서 행위의 주체는 여호와이시다

(McConville 1984, 12). 하나님께서 자기 백성에게 주시는 은혜롭고 다양한 선물들이 이 책의 지속적인 주제이다.

그러나 하나님의 베푸시는 행위는 또한 이스라엘로부터의 반응을 필요로 한다. 땅의 소유 및 보존 여부는 이스라엘이 하나님의 명령들에 순종하느냐 하는 것에 따라 좌우된다(4:25; 6:18; 8:1; 11:8-9, 18-21; 16:20). 이러한 조건성이라는 주제는 보통 신명기의 인과응보의 신학과 연결되어 있다(4:25-31; 11:26-28; 28:1-2; 30:15-20). 하나님의 의로우신 명령들에 대한 순종은 땅을 소유하고 보존하는 결과를 가져올 뿐만 아니라 번영과 복지를 가져온다. 반면에 불순종은 재난과 병과 죽음과 땅의 상실을 가져온다. 하나님이 이스라엘에 은혜로운 약속-선물을 주신다는 점과 이스라엘의 유업이 조건부라는 점 사이의 해소되지 않는 갈등 때문에 크로스(F. M. Cross)는 신명기적 역사가 이중으로 편집되었다는 자신의 해결책을 내어 놓았다. 그는 이 두 개의 편집층들 중 하나는 하나님의 은혜와 신실하심을 강조하던 요시야 시대, 즉 포로기 이전 시대의 편집층이고, 다른 하나는 조건성을 강조하고 있는 편집층인데, 이 후자의 편집층은 바벨론 유수를 야기시킨 파멸적인 사건들의 입장에서 내용을 수정한 편집층이라고 주장했다. 그러나 이러한 접근방법은 신명기와 신명기적 역사의 핵심적인 내용을 배제시켜 버린다. 이 접근방법에 따르면 신명기의 가설적인 첫 편집본은 "실패한 설교, 즉 그 근본적인 이념이 이후의 역사적 사건들에 의해서 부적절한 것으로 밝혀지게 된 실패한 설교"가 되어버리고 만다(Polzin 1989, 12).[6] 따라서 이 접근방법은 현재 형태의 신명기적 역사의 본문을 매우 흠집이 많은 문헌으로 만든다. 왜냐하면 두 번째 편집층의 편집자는 자기가 가진 자료들을 이념적으로는 평가절하했지만, 자기 자신의 편집 작업에 의해 본문에 존재하게 된 긴장들을 파악하지도 못하고 해소시키지도 못했기 때문이다. 이 접근방법은 고대 이스라엘의 신학 사상이 복잡하고 다면적인 문제들을 충분히 취급할 수 있을 만큼 세련되지 못했다는 생각을 전제로 하고 있는 듯이 보인다.

그러나 이러한 생각은 신명기를 오해하는 것이다. 신명기에는 율법과 은

---

6) R. H. Polzin, *Samuel and the Deuteronomist* (Harper & Row, 1989), 12.

혜가 해소되지 않는 긴장 속에 자리 잡고 있는데, 이 긴장은 나머지 신명기적 역사에 활력을 불어넣어 준다. 이스라엘은 어떻게 될 것인가? 위협과 약속 중에 어느 것이 더 득세하게 될 것인가? 신명기는 신학적인 사고에 있어서 현대의 학자들이 생각했던 것보다 훨씬 더 깊이와 미묘함을 갖고 있으며, 크로스가 추론한 편집층들의 배후에 깔린 평이하고 단조로운 이념 이상의 것을 갖고 있다. 율법과 은혜 사이의 긴장은 이차적인 편집에 의해서 수정된 결과가 아니라 신명기와 신명기적 역사의 본질적인 요소이다.

신 약 으 로 의   접 근

구약의 책들 중 신명기만큼 신약의 저자들에게 큰 영향을 끼친 책은 없었다. 신명기는 신약에서 가장 자주 인용된 구약의 네 개의 책들 중의 하나였다.

신명기는 하나님께서 장차 모세 같은 선지자를 세우실 것이라고 말하였다 (18:14-22). 비록 문맥으로 볼 때는 일련의 많은 수의 선지자들이 뒤를 이을 것이라는 점도 시사되어 있기는 하지만 이 선지자에 대한 이 문단의 언어는 모두 다 단수로 되어 있다. 이 책이 모세 같은 선지자가 일어난 적이 없다고 말한 것으로 끝나고 있다는 점(34:10) 때문에 유대교 주석가들은 다음의 단순한 삼단논법에 영향을 받았다:

1. 하나님께서 모세 같은 선지자 하나를 일으키실 것이다(18장)
2. 모세와 같은 선지자가 일어난 적이 없다(34장)
 따라서 우리는 그러한 선지자를 계속 고대해야 한다.

이 삼단논법은 유대인들이 세례 요한(요 1:21)과 예수를 대면할 때 제기했던 많은 추론들의 배경을 형성했다. 예수는 모세가 광야에서 했던 것과 마찬가지로 그들에게 빵과 고기를 주었다. 그는 모세가 했던 것과 같은 기사와 이적들을 행한 선지자임에 분명하다(신 34:11-12; 요 6:14). 예수가 끊임없이 솟아나는 생수의 강에 대해서 약속했을 때 군중들은 광야에서 모세가 베풀었던 기적들 및 그러한 일들을 행할 한 선지자에 대한 약속을 기억했다. 베드로와 스데반은 예수가 모세와 같은 선지자라는 점에 있어서 아무런 의문의 여지를 남겨 두지 않았다(행 3:22; 7:37).

자신과 아버지가 하나라는 예수의 주장(요 10:30; 17:21-23)은 쉐마에 들어 있는 이스라엘의 가장 위대한 핵심적 신앙고백을 배경으로 하고 있는 것으로 이해되어야 한다: "이스라엘아 들으라 우리 하나님 여호와는 오직 하나인 여호와시니"(신 6:4). 구약은 하나님을 언급할 때 아버지라는 칭호를 자주 사용하지 않는다. 그러나 이 칭호가 신약, 그 중에서도 특히 요한복음에서는 아주 빈번하게 사용되고 있다는 점은 아마 신명기로 거슬러 올라가는 듯하다(1:31; 8:5; 32:6). 예수 또한 광야에서 사탄의 시험을 받으시면서 그를 물리칠 때 신명기를 직접 인용하셨다(신 6:13, 16; 8:3; 마 4:1-10). 신실한 이스라엘의 화신으로서 예수는 하나님의 입으로부터 나온 모든 말씀에 따라 살아가셨다. 이스라엘은 자신들의 사명을 완수하는데 있어서 실패한 반면에 예수는 그 사명을 실천하는데 성공하셨다. 의로운 왕으로서 그분은 커다란 부를 축적하지도 않으셨고, 자신이 자기 형제들보다 높다고도 생각하지 않으셨다. 그는 하나님의 계명들에 따라 다스리셨다(신 17:14-20). 하나님의 영이 피조물(창 1:2)과 광야의 이스라엘(신 32:10-11) 위에 계셨던 것처럼 예수는 자기 백성을 자신의 날개 아래로 모으시려고 하셨다(마 23:37; 눅 13:34). 착취와 학대를 받기 쉬운 사회계층들에 대한 신명기의 지대한 관심(예를 들어 15:1, 9)은 과부와 가난한 자들에 대한 예수의 사역에 반영되어 있다. 예수는 가장 큰 계명을 재천명하셨다(신 6:5; 마 22:37-40). 이스라엘이 열방의 가장 작은 자들 가운데서 선택된 것(신 7:6-7)처럼 교회도 약하고, 어리석고, 비천한 자들 가운데서 선택되었다(고전 1:26-30). 이스라엘이 하나님의 귀한 소유물(신 7:6; 14:2; 26:18; 참고, 출 19:5)인 것처럼 새로운 이스라엘도 그의 귀한 소유물이 될 것이다(엡 1:14; 딛 2:14; 벧전 2:9).

이 새로운 이스라엘은 하늘의 시온성에 그 중앙성소를 갖고 있다(히 12:18-24). 신명기에서 하나님이 자신의 말씀을 인간 대리자들 — 모세

(5:22-33)와 선지자들(18:14-22) — 에게 주셨던 것처럼 교회 또한 모여서 그의 말씀이 설교되는 것을 듣는 중에 하늘로부터 오는 하나님의 말씀을 듣는다(히 12:25-28). 하나님은 이스라엘과 교회에게 소멸하는 불이시다(신 4:24; 히 12:29). 이스라엘이 하나님의 앞에 있는 중보자를 필요로 한 것처럼(신 5:27) 교회도 예수 안에서 의로운 중보자를 갖고 있다(히 4:14-16).

초대 교회는 자신들이 이상적인 이스라엘의 새 피조물이라고 보았다. 신명기 속에서 이스라엘이 한 하나님, 한 백성, 한 나라, 한 성소, 한 율법을 가진 하나의 통일체로 묘사되어 있는 것처럼 교회도 그와 비슷한 한 몸이 되라는 권면을 받았다. 왜냐하면 교회 안에 한 몸, 한 성령, 한 소망, 한 주, 한 신앙, 한 세례, 한 하나님과 아버지를 갖고 있기 때문이다(엡 4:4-5). 예수는 자신의 백성이 하나가 되기를 위해 기도하셨다(요 17:11).

여 호 수 아

구약에서의 가장 위대한 구원의 행위는 출애굽만이 아니다. 출애굽은 하나의 거대한 구원행위의 절반 부분이었다. 하나님께서는 자기 백성에게 예속으로부터의 구원만 약속하신 것이 아니었다. 그는 또한 그들의 조상들에게 기업으로 주시기로 약속한 땅을 그들에게 주시겠다고 약속하셨다(창 12:2-3; 15:18-21). 애굽의 노예생활로부터의 구속이라는 위대한 하나님의 역사는 하나님이 약속하신 땅의 기업과 분리될 수가 없다. 여호수아서는 우리를 이 기업으로 인도한다. 즉 이 책은 땅의 정복과 분배에 대해서 기술하고 있는 것이다. 그러므로 우리는 여호수아서를, 이스라엘이 약속의 땅에 들어갈 채비를 차리고 있는 상태를 보여주는 것으로 끝을 맺은 오경의 이야기와 자연스럽게 연결되는 것으로 이해할 수 있다.

역 사 적   배 경

저작권과 연대

이 항목에서는 저작권과 저작연대를 같이 고려하고자 한다. 구약의 다른 모든 역사서들과 마찬가지로 여호수아서의 저자는 익명인 채로 남아 있다. 이 책의 저작권 및 저작 시기에 대한 결정들은 좀 더 큰 범위의 역사적·신학적 문제들과 아주 밀접하게 연결되어 있다.

비록 탈무드는 여호수아가 자신의 사망기록을 제외한 나머지 부분을 담은

"자신의 책을 썼다"고 말하고 있지만[1] 이 책의 내적인 증거들은 이러한 주장을 불가능하게 만든다. 계속해서 반복되고 있는 "오늘까지"란 어구(4:9; 5:9; 6:25; 7:26; 8:28-29; 9:27; 10:27; 13:13; 15:63; 16:10 — Childs 1963을 보라)는 이 책에 기록된 사건들의 연대와 이 사건들이 기록된 연대 사이에 어느 정도의 시간이 흘렀음을 시사해 주고 있다. 또한 이 책의 형성과정 중의 최소한 어느 한 단계에서 저자는 이전의 사건들을 기록하고 있는 기존의 기록문헌들을 사용하고 있는데(10:13), 이 점은 저자가 이 기존의 기록문헌보다 늦은 시기의 사람임을 보여주고 있다. 저작권의 문제에는 다음과 같은 두 개의 상이한 접근방법이 논의를 지배해 왔다.

문서비평적 접근방법

전통적인 오경비평학의 전성기에는 어떤 학자들은 여호수아서에서 오경의 문서들(J, E, D, P)의 흔적들을 찾을 수 있다고 믿었다. 이들은 다섯 권의 책을 가리키는 "오경"(pentateuch)란 용어 대신에 여섯 권의 책을 가리키는 "육경"(hexateuch, 즉 율법과 여호수아서)이란 용어를 사용하였다. 땅의 소유에 대해서 족장들에게 주어진 약속이 오경에서 그렇게도 중요한데 어떻게 이 문헌이 이 약속의 실현에 대해서 기록하지 않고 끝날 수 있겠는가? 사사기 1장의 정복에 대한 기록은 여호수아서 1-12장의 기록과 약간 차이가 난다. 그런데 사사기 1장이 많은 학자들에 의해서 J, 즉 여호와 기자(the Yahwist)의 문서라고 간주되어졌기 때문에 정복에 관해 그에 병행하는 기록을 담고 있는 여호수아서 1-12장은 어느 정도는 E, 즉 엘로힘 기자(the Elohist)의 문서에 할당되어야 한다고 생각되어졌다. 또한 성읍들과 도성들의 목록(수 13-22장), 그리고 특히 레위지파의 성들과 도피성들의 목록은 대개 P, 즉 제사 문서의 기자(the priestly writer)의 것으로 간주되어졌다. 여호수아서 전반에 걸쳐 신명기의 언어와 신학이 광범위하게 사

---

1) Baba' Bathra 15a. 탈무드는 여호수아의 사망 기록(24:29-30)을 아론의 아들 엘리아살의 것으로 간주하고 있으며, 엘리아살의 사망 기록(24:33)은 그의 아들 비느하스의 것으로 간주하고 있다.

용되고 있다는 점은 이 책이 이 학파에 의해서 최소한 한 번의 편집과정을 거쳤다는 것을 의미했다. 이러한 논쟁과 이것의 다양한 변이형들이 19세기 및 20세기 초 이 책에 대한 논의를 지배했다. 그러나 대체적으로 요즘의 학자들은 여호수아서에서 오경의 문서를 찾아내려는 시도를 포기했다. E 문서는 오경 내에서 그 실체를 파악하기가 거의 어렵게 된 상태이며(심지어는 존재하지 않는다고 보기도 한다), 오경 이후의 본문들에서는 더욱 그러하다.

전승사비평적 접근방법

전승사비평적인 접근방법을 택한 학자들은 개별적인 문서들을 추적하기보다는 좀 더 큰 단위의 복합 내러티브들의 배경에 깔려 있는 작은 단위의 문헌들을 찾아내려고 하였다. 이 학파의 학자들은 각각의 이야기들은 그 이야기들이 전수되고, 다듬어지고, 수집되어진 각각의 특정 지역과 연결되어 있다는 견해(Ortsgebundenheit)에 영향을 받았다. 이 이야기들은 주로 기원담(起源譚, etiological story)들인데, 이 기원담이라는 것은 현재의 어떤 것이 왜 그러한지 그 기원에 대해서 말해주고 있는 이야기들이다. 이 기원담적인 이야기들이 등장하게 된 이유는 "아빠, 왜 우리 가족/지파는 여기에서 살아요?"(정복 혹은 이주 기사가 나오게 만든 질문)라거나 "아빠, 왜 기브온 사람들은 성막에서 이스라엘 사람들을 위해 봉사해요?"(여호수아서 9장의 이야기가 나오게 만든 질문)라는 등의 질문들 때문이다.

노트(Noth)는 1-9장이 주로 길갈이나 주변의 베냐민 자료들에서 파생된 기원담들이며, 10장은 에브라임 지파로부터, 그리고 11장은 갈릴리 전통들로부터 나온 기원담들이고, 12장은 독립된 내러티브라고 생각했다. 이 이야기들, 그리고 여러 지파들이나 지역들에서 나온 산재된 정보들은 여호수아라는 인물을 중심으로 해서 통일되었다. 노트는 13-19장을 두 개의 문서 자료에 배분했는데, 지파들 사이의 경계선들에 대한 목록은 사사 시대에 나온 것이고, 그 이후의 다른 한 목록은 요시야 시대에 나온 것이라고 보았다. 노트와 알트(Alt)는 이전의 다른 어떤 학자들보다 도성 및 경계선들의 목록에 고대성을 부여하였다. 세겜(수 24장)과 실로(수 18-22장) 지역에서 나온 전통들 또한 이 책에 포함되었다.

그러나 노트가 한 가장 큰 공헌은 히브리 정경의 "전선지서들"이 오경의 다른 어떤 가상적인 문서들보다도 더 신명기와 많은 공통점을 갖고 있다는 것을 주장한 점이다. 노트는 이 책들을 신명기적 역사, 즉 여호수아서로부터 열왕기에 이르는 단일한 문헌으로 인식했다(아래의 "신학적인 메시지" 항목을 보라). 여호수아서의 형성과정에 대한 연구는 다음의 좀 더 큰 두 가지 문제들에 의해서 더욱 복잡해진다: (1) 출애굽 및 정복 활동의 연대; (2) 정복 활동의 성격.

출애굽 및 정복 활동의 연대. 성경 본문 자체의 증거로 볼 때는 출애굽과 정복 활동을 주전 15세기 중반 및 14세기 초로 보아야 한다는 데에 거의 의심의 여지가 없다. 솔로몬은 출애굽 이후 480년 만에 성전 건설을 시작하였는데(왕상 6:1), 이 경우 출애굽의 연대는 대략 주전 1446년이 된다. 우리가 이 480년이란 숫자를 어림수(즉 열두 세대를 가리키는 수)로 보거나 연대기 중 겹치는 부분의 연도들을 차감하지 않은 채 그냥 더해서 총합을 낸 숫자로 보지 않는 한 이 숫자는 출애굽 사건이 15세기에 일어났다고 보게 만든다. 만약 사사 입다를 이스라엘에 왕정제가 등장하기 대략 한 세기 전의 인물로 본다면 그가 이스라엘이 그 땅에 들어 온 지 300년이 되었다고 암몬 사람들에게 자랑하면서 한 말(삿 11:26)은 정복 활동이 40년의 광야 생활 이후인 1400년 어간에 시작되었다는 것을 말해준다. 역대상 6:33-37에 따르면 출애굽 시절의 고라로부터 다윗 궁정의 음악가인 헤만 사이에는 최소한 열여덟 세대가 들어 있다. 각 세대를 대략 25년으로 잡을 경우 출애굽과 솔로몬 사이의 연대는 480년에 가까운 숫자가 나온다.

그러나 많은 학자들은 이 "이른 시기의 연대"(the "early date")가 고고학적인 기록과 조화될 수 없다고 주장하며, 대신에 출애굽의 연대를 주전 13세기 중반으로 본다(주전 1250년경, "늦은 시기의 연대"[the "late date"]). 문제가 되는 것은 여리고, 아이, 하솔이 14세기 초에 파괴된 층을 갖고 있다는 증거를 보여주지 않는 반면에 주전 13세기의 팔레스타인의 다른 지역들(라기스, 벧엘, 에글론, 드빌, 하솔 등)은 불에 탄 파괴층들을 갖고 있다는 고고학자들의 주장이다. 이스라엘이 군사적인 정복 활동과 더불어 도착했다는 가정을 가지고 고고학자들은 광범위한 파괴의 증거를 찾았으며, 따라서 이러한 파괴층들을 이스라엘의 침략과 연결시켜서 정복 활동이 13세기에 있었다고 주장했다.

그러나 이러한 파괴층들을 이스라엘의 침략과 동일시하는데 있어서 중요한 난점은 성경 본문 자체이다(Merrill 1982). 이스라엘의 군사적인 관행과 정복 활동들에 대한 기록은 매우 다른 그림, 즉 거주민들을 쫓아내고 그 성들은 이스라엘이 사용하기 위해 보존해 두는 식의 그림을 제공해 준다(신 6:10-11; 19:1-2). 이방 사람들은 추방되어야 했고, 그들의 성소들은 파괴되어야 했다(출 23:23-30; 민 33:50-56). 그러나 여리고, 아이, 하솔(수 6:24; 8:28; 10:1; 11:13)을 제외하고는 성읍들을 파괴한 것에 대한 언급은 없다(신 20:10-20). 이스라엘은 많은 성들을 "취하고", 거기에 대신 거주했다. 그러나 그 성들을 태우지는 않았다(수 11:10-13). 그러므로 이스라엘의 많은 장소들에서의 불에 탄 층들은 정복 활동의 연대를 파악하는데 근거로 사용될 수 없다.

그럼에도 불구하고 여리고, 아이, 하솔은 불에 탔으며, 이러한 출토지들에서 나온 증거들이 난점으로 남는다. 몇 세대 동안 케넌(Kathleen Kenyon)이 내린 결론들이 여리고의 폐허들에 대한 해석을 지배해 왔다. 그녀는 여리고가 청동기 시대 중기(the Middle Bronze period)의 말엽(주전 1550년경)에 파괴되었으며, 청동기 시대 후기(the Late Bronze period, 주전 1550-1200년경), 즉 전통적으로 이스라엘의 정복과 연결되어 온 시기 동안 사람이 거주하지 않는 지역으로 남아 있었다고 주장했다. 케넌은 이스라엘의 침략이 있었다는 증거가 없음을 발견했다. 그러나 이 연대에 대한 최근의 재평가 작업은 격렬한 논쟁을 불러일으켰다(참고, Wood 1990과 Bienkowski 1990). 우드(Wood)는 자신이 주전 1400년경의 것으로 잡은 무너진 성벽의 폐허들이 성경의 자료와 주목할 만큼 잘 조화된다는 사실을 발견했다. 하솔에서의 발굴 작업들은 1a층에서 이 도시가 광범위하게 파괴된 것을 밝혀냈다. 그리고 발굴자(Y. Yadin)는 이 파괴 활동을 주전 1230년의 이스라엘 정복과 연결시켰다. 그러나 아직까지는 이른 시기의 연대에 이스라엘이 이 도시를 불태웠다는 것과 연결시킬 만한 파괴 활동의 뚜렷한 증거는 나타나지 않았다. 아이에서는 발굴자들은 초기 청동기 시대 3기(Early Bronze III, 주전 2300년경)와 철기 시대 1기(Iron I, 주전 1200년경) 사이에 이 장소에 사람들이 정착했었다는 증거가 없다는 것을 발견했는데, 이 사이 기간 동안 성경 기록(수 7장)이 가정하고 있는 청동기 시대 후기(The Late Bronze)의 성읍에 대한 흔적이 없다. 다른 학자들은 성경의 아이와 에트-텔(et-Tell)을 동일시하는 것에 반대했다(Livingston 1970, 1971). 주전 1200년경에 이스라엘에 수백 개의 새로운 정착지들이 발전했다는 점은 늦은 시기의 정복 연대를 지지해 준다. 전반적으로 말해 고고학적인 자료들은 정복 활동의 연대의 문제를 해결해 주지 못한다(Waltke 1990). 오늘날의 고고학 역시 미래에는 앞선 세대의 잘못으로 각주에나 언급되어지게 될 경우들이 허다하다. 우리는 앞으로의 발굴 작업이 정당한 의문들을 넘어서서 연대의 문제를 해결해 주기를 희망한다.[2]

정복 활동의 성격. 여호수아서는 이스라엘이 땅을 정복할 때 이미 수립된 정복 계획에 따라 여호수아의 영도 아래에서 모든 지파가 단합된 노력을 보였다는 것을 보여주고 있다. 이 책은 여호수아가 지휘권을 부여받는 것에 대한 이야기를 언급한 후에 여리고와 아이의 정복(수 2-8장), 남부 지역에 대한 정복 활동(9-10장), 북부 지역에 대한 정복 활동(11장), 정복된 도성들에 대한 요약(12장), 지파들의 땅의 분배(13-22장), 여호수아의 죽음(23-24장) 등에 대한 내용을 기술하고 있다. 전반적으로 볼 때 이 책은 역사적인 사건들을 상당히 직설적으로 기술하고 있다는 인상을 준다.

그러나 학자들은 이 기록을 실제적인 역사로 받아들이는 것이 어렵다는 것을 발견했다. 그 주된 이유는 성경 기록이 단합된 공격에 의해 획득한 총체적인 승리를 말하고 있는 부분(11:23; 18:1; 21:43-44)과 그 땅의 원주민을 제대로 뿌리 뽑지 못한 채 개별적인 부족들이 상당한 기간 동안에 걸쳐서 그 땅을 정복했다는 기록(15:13-19, 63; 16:10; 17:11-13; 19:47; 삿 1장)이

---

2) 출애굽기와 정복활동의 초기연대설을 지지하는 논거들에 대한 아주 상세한 논의는 Bimson 1978과 Provan, Long, and Longman 2003, 131-32를 보라. 출애굽기의 후기 연대설에 대한 최근의 주장은 Kitchen을 보라. 미니멀리즘 학자들은 출애굽과 정복활동이 있었다는 것 자체를 부인한다(서론을 보라).

갈등을 일으키고 있기 때문이다. 이러한 난점 때문에 집단적인 침공에 의한 정복 이론에 대한 대안들이 나오게 만들었다.

(1) 정복활동의 전적인 부인. 미니멀리즘 학자들(서론의 "미니멀리즘의 도전" 항목을 보라)은 이스라엘이 페르시아 시대나 그 이후까지 존재한 적이 없다고 결론 내린다. 이 입장에 따르면 출애굽과 정복활동, 그리고 소위 포로기 이후 시대까지의 이스라엘의 역사는 고고학에 의해서 지지를 받을 수 없는, 문학적이고 신학적인 창작물일 뿐이다(Davies; Lemke).

(2) 이민 모델. 알트(Alt 1959, 1966)는 중왕국 시대(주전 2000-1800년 경)에 가나안에 이집트인들이 많이 존재했고 또 영향력을 끼쳤지만 신왕국 시대(주전 1580-1350년경)의 금석문들로부터 나온 자료들을 볼 때 힉소스 시대 이후에는 이 지역에 강력한 민족 국가들이 등장하고 있음을 주목했다. 그의 견해에 따르면 이스라엘은 산지(山地)로 평화롭게 침투함으로써 그 땅에 들어갔다. 이곳의 희박한 인구는 이스라엘 국가의 발전을 저지할 수가 없다. 노트(Noth), 바이퍼트(Weippert) 등은 대개 알트의 생각들을 따랐다. 노트는 개별적인 지역들의 전설들과 기록들은 후대에 가서야 모든 지파가 공통적인 기원을 가지고 합력해서 정복 활동을 했다는 기록으로 통합되어지게 되었다고 주장했다. 이 접근방법은 성경 기록의 역사적 타당성에 대해서 커다란 회의주의를 갖고 있다는 점이 특징이며, 여러 성경 본문들에 땅의 정복이라는 개념이 깊이 뿌리박혀 있는데도 불구하고 기본적으로 정복이라는 개념을 제거해 버린다. 이것은 입증되지 않은, 다소 임시변통적인 자료 해석으로 남아 있다.

(3) 소작민 혁명 모델. 알트가 주로 성경외적인 문헌들에 근거했다면 혁명 모델은 주로 사회 과학들에 호소했다. 그 결과 멘덴홀(Mendenhall 1962, 1976)과 갓월드(Gottwald 1979)는 사회-정치적 모델을 주장했다. 이 모델에 따르면 외국의 군사 귀족들에 의해 통치되던 거대한 봉건적 도시 국가들은 소작민 혁명에 의해서 전복되었는데, 이 혁명의 봉기에는 13세기에 이집트를 탈출한 소수의 노예-노동자 포로들(Israel)이 부분적인 기여를 하였다. 이 농노들은 자신들의 압제자들을 뒤집어엎기 위해 다른 피억압 집단들과 연대를 형성했다. 그들은 자유를 향한 평등주의적 희망들을 종교적으로 표

현한 여호와 신앙을 받아들였다. 이 모델은 아주 최근에 브루그만
(Brueggemann, *IOT* 2004, 112)의 강력한 지지를 받았다. 그러나 이 모델
은 매우 공상적이며, 성경 및 성경외적 문헌들로부터 직접적인 지지를 거의
받지 못하고 있다. 우리는 이 모델이 성경 자체에 바탕을 두고 이론이 전개
되었다고 생각되기보다는 미리 구상된 어떤 해석모델에 의해 본문의 해석이
지배를 당하고 있다는 인상을 받게 된다.

　(4) 붕괴 모델. 이 견해는 탁월한 고고학자인 데버(W. Dever 2003)의 연
구와 아주 밀접하게 연결되어 있다. 이 모델은 소작민 혁명 모델과 마찬가지
로 이스라엘이 가나안 내부로부터 생성되었다고 주장한다. 그는 철기 시대
초기의 팔레스타인 중부의 고원 지대에 많은 새로운 소규모 정착지(약 300
개)가 존재한다는 것을 증거로 들었다. 이들은 농업기술을 발전시켰는데, 이
러한 기술들로는 돌로 지은 곡식 창고, 회칠한 우물들, 구릉지의 단층화 작
업 등이 포함된다. 말기 청동기 시대(the Late Bronze Age)의 끝 무렵에 가
나안 해안의 대단위 도시들이 붕괴의 흔적들을 보여주고 있다는 점에 비추
어서 데버는 해안으로부터 구릉 지역으로의 이러한 움직임이 이스라엘의 기
원이라고 보았다. 그는 이 장소들이 돼지 뼈의 흔적을 전혀 보여주고 있지
않다는 점에 주목했다.

　(5) 순환론적 견해. 역사학적인 자료로서의 성경의 가치에 대해서 데버보
다 훨씬 더 회의적인 이스라엘 핑켈스타인(Israel Finkelstein 2001)이란 고
고학자는 이 동일한 증거에 다른 시각을 제시했다. 그는 중부 고원 지대의
거주지들이 말기 청동기 시대의 해안 도시들의 붕괴로 인해 만들어졌다는
것을 인정하지 않았다. 대신 그는 이러한 거주지들이 유목민들이 결국 정착
하게 될 순환적인 장소의 일부라고 생각했다. 따라서 그는 이곳들을 정착한
유목민들과 연결시켰다.

　또 어떤 학자들은 총체적인 정복과 불완전한 정복 사이의 긴장이 편집층
들이나 모순된 문서들이 갖고 있는 독자적인 시각들 때문이라고 생각했다.
즉 어떤 편집자는 은혜와 약속에 좀 더 경도되어 있고, 또 어떤 편집자는 율
법과 조건에 더욱 경도되어 있었다는 식의 생각이다. 그러나 이 긴장은 신명
기 자체에 깊이 뿌리박혀 있는 것이다. 하나님은 땅을 주실 것이다. 그러나

이스라엘은 언약을 지키지 않을 것이다(신 31:15-18, 27-29). 이스라엘이 원주민들을 제거하는데 있어서 실패할 것이라는 것에 대한 암시들은 우상 숭배가 점점 영향력을 발휘해서 결국 나라를 삼킬 것이라는 지적의 배경이 된다(신 31:20-21). 모순되는 문서들이나 편집과정들에 대한 문서비평적인 주장들은 신명기적 역사, 그리고 더 구체적으로는 여호수아서가 제기하고 있는 신학적인 문제들의 심오함을 평가절하하고 있다. 여호수아서 9-12장을 고대 근동의 다른 정복 기사들과 비교해서 연구한 영거(Younger)의 연구(1990, 197-240)는 철저한 완전 정복에 대한 과장된 주장 등 성경 기록상의 다양한 요소들이 성경외적인 기록들에서도 발견된다는 것을 보여주었다(1990, 241-43, 248; J. G. McConville 1993). 또한 헤스(Hess 1996, 26-31)의 글을 보라. 그는 여호수아서의 일부 내용들이 주전 2천년기 후기와 관련이 있다고 주장한다.

이러한 논쟁들의 결과 여호수아서의 역사성 및 연대에 대한 광범위한 평가 작업이 이루어졌다. 이 책의 발전과정의 역사에 대한 어떤 재구성안들에 따르면 독립적으로 회자되던 내러티브들("전승들")은 오직 여호수아란 인물과만 연결되어 있는데, 그의 존재는 이러한 다양한 문헌들을 통합시키는 한 방편이었으며, 따라서 본문의 사실성을 거의 신뢰할 수 없다는 것이다. 이 책의 연대로는 포로기 이후 시대라는 늦은 연대가 제시되었는데, 이때는 바로 땅의 소유에 대한 문제가 이스라엘에게 크게 부각되어진 시기이다. 보수주의 학자들은 보통 이 책에 언급된 사건이 발생한 이후의 멀지 않은 시대(Woudstra 1981)나 왕정시대 초기(Harrison 1969, 673)의 연대를 상정한다. 그러나 저작 연대를 이 무렵으로 잡기는 매우 힘들다. 물론 좀 더 비평적인 접근방법들의 부정적인 회의적 사고방식은 배격해야 하겠지만 문서들의 연대와 그것들을 현재 형태의 책으로 만들어낸 후대의 편집자(들)의 연대를 여전히 구분해 줄 필요가 있다. 이 책은 신명기적 역사(Joshua-Kings)의 관점을 공유하고 있으며, 포로 시대의 열왕기 편집자와 같은 늦은 시대의 저술 혹은 편집 작업을 반영하고 있을 가능성이 있다(왕하 25:27-30).

문학적인 분석

여호수아서는 그 내러티브 맥락 속에서 읽혀져야 한다. 신명기가 모세의 죽음으로 끝을 맺는 것과 마찬가지로 여호수아서도 여호수아의 죽음으로 끝을 맺는다. 이 책은 "모세가 죽은 후에"라는 문구로 시작되며, 사사기는 "여호수아가 죽은 후에"라는 문구로 시작된다(수 1:1; 삿 1:1; 삼하 1:1; 참고 Gunn 1987, 102). 여호수아서는 이스라엘의 광야 생활에 대한 기록과 땅을 정복하기 위한 이른 시기의 투쟁들의 기록(사사기) 사이를 메워 주는 문학적인 가교이다.

1-12장은 약속의 땅에 대한 이스라엘의 군사적인 정복 활동에 대해 기록하고 있다. 이 장들은 전투들, 성공과 실패, 승리와 패배에 대해서 생생하고 자세하게 다루고 있다. 이스라엘 군대는 그들의 승리에 대한 소식들만큼이나 신속하게 그 땅에 퍼져 나가고 있다(9:3; 10:1; 11:1). 이 장들은 이스라엘을 위해서 발휘된 하나님의 능력에 대해서 크게 기뻐하고 있다. 하나님은 이스라엘을 위해 싸우셨으며, 그가 족장들에게 맹세한 땅을 이스라엘이 차지하게 해 주셨다.

13-22장에서 우리는 약속된 것의 성취로부터 그것을 즐기는 것으로 옮겨간다. 여기에서 저자의 전략은 전쟁에 대한 극적인 기록들로부터 목록과 정리로 옮겨간다. 내러티브의 속도는 줄어들고, 좀 더 정적이고, 행정적인 산문으로 바뀐다(Gunn 1987, 103). 이 "백성"의 안정성과 통일성, 즉 약속의 땅에서의 이스라엘의 새로운 존재양식이 지파들과 가문들 및 그들이 할당받은 영토들에 대한 목록을 통해서 묘사되어진다.

23-24장은 이스라엘이 하나님과 맺은 옛 언약을 갱신하고, 이 백성이 자신들의 기업들을 누리도록 여호수아가 그들을 파견하고, 여호수아가 사망하는 것으로 매듭을 짓는다. 여기에서 모세와 여호수아 간의 유사성을 간과해서는 안 된다. 그는 자신의 생애의 끝에 가서 이스라엘의 옛 언약을 갱신시켰다(신 26:16-19; 29:1-32:47). 그리고 이 백성은 자신들의 기업을 소유하도록 보내졌다. 그러나 여호수아의 생애의 마지막에는 새로운 부분이 있다. 여호수아의 생애의 마지막 부분에는 간극이 존재하는데, 바로 이것이 사사기의 기록으로 나아가는 길을 예비해 준다. 모세가 죽을 때에는 여호수아에게 지도력을 이양하는 작업들이 이루어졌었다(신 31:1-8; 34:9). 반면에 여호수

아가 죽을 때에는 지도권의 계승을 위한 아무런 조처들이 취해지지 않았다. 우리는 이 백성과 함께 이 땅에 남겨졌다. 그러나 그들이 하나님을 섬기도록 지도를 해 줄 지도자가 없다. 이것이 어떤 상황으로 발전할 것인가? 바로 이 것이 사사기의 이야기이다.

성경의 거의 모든 부분에 깊이 뿌리박혀 있는 것은 바로 하나님의 거룩하심과 그의 은혜로우심 사이의 긴장이다. 거룩하신 하나님으로서 그는 율법을 따를 것을 요구하시며, 인간에게 순종과 불순종 간의 선택을 요청하시는데 그들이 어떤 것을 선택하느냐 하는 것에 따라 축복과 심판이 판가름난다. 반면에 자비로우시고 은혜로우시고 인자하신 하나님으로서 그는 무조건적인 약속들을 주시는데, 이 약속들은 그가 자기 백성들에게 허락하신 은혜와 호의를 반영하고 있다. 그러면 땅의 문제는 어떠한가? 땅은 하나님께서 족장들에게 주신 무조건적인 약속으로서, 애굽으로부터의 구원에 수반된 기업인가? 아니면 이것은 오직 순종에 근거해서만 소유되어질 수 있는 것인가? 이 땅이란 것은 하나님께서 맹세하신 것 때문에 일방적으로 주어지는 선물로서, 하나님의 말씀 중의 하나도 땅에 떨어지지 않기 위해서 그가 이스라엘을 위해 투쟁하심으로써 성취되어지는 것인가(11:23; 21:43-45; 23:14-15)? 아니면 이것은 불완전한 기업, 불완전한 정복, 열방들이 그 땅에 여전히 남아 있는 그러한 유의 것이며(13:13; 15:63; 16:10; 17:11-12), 이스라엘의 계속적인 소유 여부는 그들의 신실함에 달려 있는 그러한 성질의 것인가(23:6-8; 참고, 신 20:17-18)? 성취에 대한 묘사와 불완전한 성취에 대한 묘사 사이의 간극 가운데서 다음과 같은 근본적인 질문들이 야기된다(Gunn 1987, 109). 땅의 선물은 무조건적인 것인가? 아니면 이 백성이 하나님의 명령들을 지키지 못한 것의 결과로 주어지는 벌이 약속들을 뛰어넘을 것인가? 이미 신명기에서 모세는 이 백성이 뒷걸음치는 성격이 있으며, 그 때문에 결국 재난이 닥칠 것임을 말했다(신 31:27-29). 하나님께서는 자비와 용서가 풍부하시고 노하기를 더디하시는 분(신 5:8-10; 민 14:18)이시지만 죄를 지은 자들을 벌하지 않고 내버려 두시지는 않으실 것이다. 이스라엘은 그 땅에 남은 가나안 사람들을 흉내낼 것이며, 바로 그들이 쫓겨나게 된 것과 동일한 이유 때문에 그 땅에서 쫓겨나게 될 것이다(신 18:9-12; 왕하 17:8-18; 21:3-15).

따라서 결국 바벨론 유수에 이르게 될 동인이 이미 여호수아서 안에 들어 있다. 이 책은 이 커다란 맥락으로부터 분리되어 이해되어서는 안 된다. 이 긴장은 모순된 편집자들 때문에 생긴 것이 아니다. 이 문제는 이미 신명기 속에서 암시되어 있는 것과 같은 방식으로 내러티브를 끌고 나간다.

코오레바르(Koorevar 1990)는 여호수아서를 네 개의 큰 부분으로 나누었는데, 이 네 부분은 각각 하나씩의 히브리어 단어와 개념에 의해서 지배되고 있다: (1) 건너감(1:1-5:12); (2) 취(取)함(l5:13-12:24); (3) 나눔(13:1-21:45); (4) 섬김(22:1-24:33). 히브리어를 읽는 사람들은 비슷한 자음들로 형성되어 있는 단어쌍들에 의한 언어유희를 파악할 수 있을 것이다. 코오레바르(1990, 290)는 실로에 회막을 세운 것을 언급하고 있는 18:1이 이 책의 중대한 대목이라고 본다. 회막을 세운 이 일은 이 땅 전체가 이스라엘의 통제 하에 들어왔음을 알리는 신호탄이자 여호와께서 거하시고자 선택하신 장소가 확립되었음을 알리는 신호탄이었다.[3]

신 학 적 인 메 시 지

여호수아서의 신학에 대해서 가장 중요한 영향을 끼친 것은 신명기이다. 이 책에 이미 들어있는 율법과 은혜 사이의 긴장 이외에도 웨넘(Wenham 1971)은 신명기와 여호수아서를 묶어주는 다섯 개의 중요한 신학적 주제들을 지적한다. 이 다섯 개의 주제 이외에도 신명기의 언어와 시각이 이 책의 도처에서 발견된다.

거룩한 전쟁

신명기는 이스라엘이 전투를 할 때 지켜야 할 거룩한 전쟁의 원리들에 대해서 명시하고 있다(7:1-26; 20:1-20; 21:10-14; 25:17-19). 여호

---

3) J. G. McConville, Grace in the End: A Study of Deuteronomic Theology(Zondervan, 1993)에 나오는 코오레바르의 저작에 대한 논의를 보라.

수아서는 여리고 및 아이의 정복에 대한 기사(2, 6, 8, 10, 11장)를 통해서, 그리고 아이 성을 첫 번째 공격했을 때와 기브온 사람들과 조약을 맺을 때 이러한 원리들을 따르는데 실패한 것(7, 9장)을 통해서 이러한 거룩한 전쟁의 원리들을 예시하고 있다. 이 기록들은 전쟁터에서의 연설들(수 1:6, 9; 6:2; 8:1; 10:8; 11:6), 여호와께서 이스라엘을 위해 싸우심과 적들의 마음속에 공포를 불어넣으심(수 2:9, 24; 5:1; 9:24; 10:21), 그리고 전 나라가 하나님의 명령에 순종할 것에 대한 내용 등을 포함하고 있다. 하나님의 명령을 따르는 것에 대한 실패는 패배 및 아간과 그의 가족에 대한 하나님의 심판을 가져온다(신 7:25-26; 수 7장). 여호수아가 하늘 군대의 군대장관을 만났을 때 드러난 바와 같이 여호와께서는 이스라엘의 전쟁에 함께 하신다(5:13-15). 그 땅에 남겨진 기브온 사람들 및 몇몇 민족들을 제외하고는 가나안 사람들은 추방을 당하고 그 땅에서 뿌리가 뽑혀졌다(신 7:1-5; 수 6:21; 8:24-25; 10:10, 28-40; 11:11, 14, 21; 참고, 9:16-18).

땅

신명기는 약속의 땅의 경계선을 배경으로 하고 있다. 이 책은 사실상 모세의 유언이었으며, 또한 이 나라가 약속된 소유물을 차지하도록 준비시키는 것이었다(신 1:8; 6:10, 18; 7:8). 여호수아서는 땅의 정복(창 1-12장)과 그것을 지파들에게 분배하는 것에 대해서 기록하고 있다(13-23장). 이 책의 저자에게 있어서는 땅의 분배에 대한 장들(13-22장)은 하나님께서 자신이 약속한 것을 이스라엘에게 준다는 점에 있어서 하나님을 찬양하는 찬양의 노래에 버금간다. 결국 정복과 정착은 아브라함의 땅의 대한 약속의 성취가 시작되었음을 나타낸다. 13-22장을 진정으로 이해하기 위해서는 각 도성이나 경계표지들을 언급할 때마다 야기된 흥분을 상상할 필요가 있다. 마침내 성취가 이루어졌다.

이스라엘의 통일성

신명기는 이스라엘을 언제나 "온 이스라엘"(예를 들어 5:1, 3; 11:6; 29:9)이라고 부르는데, 이와 비슷한 시각이 여호수아서에 산재해 있다(예를 들어 3:7, 17; 4:14; 7:23-24; 24:1). 모든 지파가 다 악을 벌하는 일(신 13:10; 수 7:25)과 국가적인 정복 전쟁에 함께 참여한다. 이스라엘 국가는 힘을 모아 함께 행동하는 열두 지파의 연합으로 이루어지며(18:2), 각 지파는 기업의 일부씩을 받으며(13-21장), 길갈 가까운 곳의 돌기둥에 의해 기념되어진다(4장). 요단 강 저편의 지파들은 다른 지파들과의 통일성을 보여주는 가시적인 상징으로서 제단을 세운다(22장).

여호수아의 역할

신명기는 여호수아가 모세의 계승자이자 이스라엘을 약속의 땅으로 인도할 자로 하나님께서 선택하신 자라고 말하고 있다(예를 들어 신 1:38; 3:21, 28; 31:3; 34:9). 그리고 여호수아서는 이 여호수아가 이 역할을 담당하고 있는 것을 기술하고 있다. 여호수아는 모세가 한때 갖고 있었던 군사적인 지휘권을 갖고 있으며, 모세가 쓴 율법책을 가지고 백성들을 다스린다(수 1:8-9). 사실상 여호수아는 이 백성을 그들의 기업으로 인도함으로써 모세의 업적을 완성시킨다. 이 백성은 여호수아를 모세의 계승자로 인식한다(1:17; 4:14). 홍해를 건넌 일과 유사한 일이 여호수아의 영도 아래에서 재현되어졌다(수 3-4장). 모세와 마찬가지로 여호수아는 하나님의 앞에서 자신의 신발을 벗으며(5:15; 출 3:5), 이 백성들이 죄를 지었을 때 그들을 위해 중보의 기도를 한다(7:7-9; 참고, 신 9:25-29). 여호수아는 모세와 한 것과 마찬가지로 이 백성이 유월절을 준수히게 한다(5:10-11). 이 양자는 군사적인 측면에서도 서로 비슷하다: 여호수아서 12:1-6은 모세가 거둔 승리들을 나열하고 있으며, 12:7-24는 여호수아가 거둔 승리들을 나열하고 있다. 양자는 땅의 할당에 대한 규정들을 만든다. 여호수아서 13:8-32는 모세가 할당한 땅의 목록을 나열하고 있다. 그리고 14:1은 여호수아가 주도해서 할당한 땅의 목록을 나열하기 시작한다.

언약

학계는 신명기가 여러 가지 측면에서 고대 근동의 왕들과 나라들의 조약들과 유사하다는 점을 인정하게 되었다. 이 조약(혹은 언약) 양식의 많은 요소들이 이 책에서 발견된다. 신명기는 그 자체가 "율법책"(31:26), 즉 이스라엘이 하나님과 맺고 있는 언약의 맹세들과 규정들을 담고 있는 문서이다. 이 언약은 이 기록된 문서의 조항들에 따라서 시행되어지도록 되어 있다. 여호수아서는 이 "율법책" 하에서의 삶을 보여주는데 관심이 있다(1:8-9). 이 책은 모세의 계명들이 행위 규범으로서의 역할을 어떻게 하고 있는지를 보여줌으로써 이 국가의 역사에서 모세의 율법이 차지하고 있는 권위를 강조해 준다(예를 들어 수 1:13; 4:10; 8:30-35; 9:24). 여호수아는 모세의 구체적인 명령에 따라서 그리심 산과 에발 산에서 언약 갱신 의식을 주도한다(신 27:1-8).

모세의 명령들이 구체적으로 언급되어 있지 않은 경우에도 신명기의 세부적인 규정들을 준수하는 것에 대한 내용들이 여호수아서의 여러 이야기들의 배후에 깔려 있다. 이스라엘이 기브온 사람들에 속임을 당한 이후로는 신명기 20:10-11의 규정들이 이스라엘과 이 민족의 관계를 규정지어 주었다(수 9:23-27). 죽임을 당한 다섯 왕의 시체들은 신명기 21:23의 규정에 따라 그들을 목매달았던 나무들로부터 해가 지기 전에 거두어졌다(신 10:27). 아간은 신명기의 규정들에 따라 벌을 받았다(신 7:25; 신 13장). 모세가 죽을 때 이스라엘이 맺은 언약 속에 있는 율법들의 규정들 속에 정리되어 있는 바와 동일하게 여호수아가 죽을 때에도 역시 저주와 축복들이 이스라엘 앞에 제시되어졌다(수 23:14-16; 신 28장). 모세처럼 여호수아도 역시 이 나라가 언약을 지키지 않으리라는 것을 자신이 죽을 때에 알고 있었다(24:19-20; 신 31:15-29).신명기의 영향은 다른 많은 측면에서도 역시 느껴진다. 아낙 사람들은 약속된 대로 말살을 당했다(11:21; 신 9:2). 누구도 이스라엘을 막을 수 없다(1:5; 신 11:25). "왕벌"(hornet)이 적들을 쫓아낸다(24:12; 신 7:20).

신약으로의 접근

예수란 이름은 여호수아란 히브리어 이름의 헬라어식 표기이다. 그러므로 신약이 여호수아가 지휘한 이스라엘과 예수 아래에서의 새 이스라엘 형성 사이에 많은 유사점들을 이끌어내고 있는 것은 전혀 놀라운 일이 아니다. 특히 히브리서의 저자는 이러한 연결점들을 빈번하게 언급하고 있다(히 4:8).

약속된 안식

여호수아는 이스라엘을 그들의 기업으로, 그들의 안식으로 인도했다(신 3:20; 12:10; 25:19; 수 1:13, 15; 14:15; 21:44; 22:4; 23:1). 그러나 이것은 기껏해야 적들로부터의 일시적인 안식에 불과했다. 왜냐하면 이스라엘은 몇 세기 후에 더욱 많은 적들을 만나게 될 것이기 때문이다. 비록 여호와께서 자기 백성에게 기업을 주시긴 했지만 이 기업은 또한 빼앗길 수도 있는 것이었으며, 실제로 북왕국과 남왕국은 그 땅에서 쫓겨났다. 여호수아서는 끝이 열려 있는 책이다(Woudstra 1981, 33). 이 백성이 기업을 갖고 있기는 하지만 그 땅은 아직 소유되지는 않았다(수 13:1-7; 15:63; 17:12). 신약의 관점에서 보면 여호수아의 성공들은 부분적인 것에 지나지 않다. 따라서 그가 거둔 성공들은 여호수아의 이름을 따르고는 있지만 여호수아보다 위대하신 분인 예수께서 하나님의 백성을 영원히 빼앗기지 않을 기업으로 인도할 미래를 예시하고 있다(벧전 1:3-5). 예수는 여호수아가 갖지 못한 안식을 가져다주실 것이다(히 3:11, 18; 4:1-11).

신앙의 모델들

여리고 전생 때의 이스라엘 및 기생 라합은 신앙의 모델들로 제시되어 있다. 그들은 한 나라를 바라보기는 했지만 약속받은 것을 얻지는 못한 사람들이었다(히 11:30-31; 11:14-16). 왜냐하면 하나님께서 더 나은 것을 계획하고 계셨기 때문이다.

하나님의 용사

신약에 따르면 예수는 여호수아란 이름을 가지고 있으면서도 더욱 위대하신 분이실 뿐만 아니라 또한 하나님의 용사이시다(Longman 1982; Longman and Reid 1995). 그는 자기 백성을 위해서 싸우시고, 또한 승리를 쟁취하시는 하나님의 군대의 장관이시다(수 5:13-15;

계 19:11-16). 그가 준 기업은 지중해 동쪽의 돌이 많은 땅이 아니라 새 하늘과 새 땅이며, 또한 하늘의 도성이다(계 21:1-2).

정복

많은 사람들은 여호수아서와 사도행전을 비교했다. 출애굽을 통해서 애굽으로부터 구속을 받은 후에 이스라엘은 땅의 정복을 시작했다. 예수께서 십자가에서 승리를 거두신 구속 사역을 하신 후에 그의 백성들은 그의 이름으로 세상을 정복하기 위해 나아간다. 이스라엘은 땅의 기업과 땅의 나라를 차지했다. 그러나 교회가 속해 있는 나라는 영적이며, 천상적인 것이다.

사 사 기

사사기는 여호수아의 죽음과 왕정체제의 시작 사이의 기간을 추적하고 있다. 몇 가지 점에 있어서 이 책의 제목은 영어권 독자들을 다소 오도한다. "사사"(the judges)는 원래 재판관들이 아니라 군사적인 지도자이자 가문의 어른들이다. 이들은 간헐적으로 지파들에 따라 다른 지역들에 등장했으며, 이스라엘의 일부를 위협하는 적들로부터 구원을 가져다주는 일을 했다. 이 책은 여러 가지 측면에서 한 가지 관계, 즉 하나님과 이스라엘 간의 관계에 대한 대화를 반영하고 있다. 자애로운 하늘 아버지는 이스라엘에 대한 자신의 선택을 취소하지 않으신다 — 그는 스스로 아브라함의 후손들에게 돌이킬 수 없는 약속을 하셨다. 그러나 자기 백성들에게 충성과 복종을 요구하시는 거룩하신 하나님이 그들의 계속적인 죄와 반역을 참고 보실 수 있는가? 몇몇 사사들은 아주 깊은 흠을 가진 인간들로서, 깊은 흠을 가진 나라를 구원하기 위해 선택된 자들인 것으로 그려지고 있다. 이 책의 독자들은 하나님이 길이 참으시고 자비로우시다는 것을 배운다. 그러나 모든 독자들이 다 자신의 삶이 이 내러티브의 인물들 속에 반영되어 있다는 것을 깨닫게 되는 것은 아니다.

역 사 적 배 경

사사기는 여호수아의 죽음으로부터 왕정체제의 등장까지의 사이 기간을 다루고 있다. 이 시기에 해당하는 주전 이천년기의 후반부에는 근동지방 전역에 걸쳐 거대한 민족 이동들이 이루어지던 시기였다. 이 시기에 많은 거대한 문명들(소아시아의 히타이트 족, 미노아 족, 그리고 미케네 족)이 멸망을 당했으며, 근동 지방에 철기 시대가 시작되고, 블레셋인들이 해변 평야 지역에 도착하였다.

구약의 다른 역사서들의 경우와 마찬가지로 사사기의 저자는 익명인 채로 남아 있다. 이 책의 저자는 이스라엘에 왕정체제가 시작된 이후의 어느 시기에 살았던 것이 확실하다(17:6; 18:1; 19:1; 21:25). 이 책의 저작 시기에 대한 선명한 단서 중 유일한 다른 단서는 사사기 18:30-31에 나온다. 여기에서 저자는 모세의 아들 요나단의 후손인 제사장들이 "이 백성이 사로잡히는 날까지"(until the captivity of the land) 계속해서 일을 했으며, 법궤가 실로에 있는 기간 동안 미가의 우상들이 계속해서 사용되어졌다는 것을 말하고 있다. "이 백성이 사로잡히는 날"에 대해서는 다음의 몇 가지 견해가 있다.

(1) 많은 학자들은 신명기-열왕기하 전체가 포로 시대의 저자-편찬자의 손에 의해서 만들어졌다고 본다. 따라서 그들은 "이 백성이 사로잡히는 날"은 바벨론 유수를 의미하며, 이것은 6세기 정도의 늦은 저작 연대를 제시해 준다고 본다.

(2) "이 백성이 사로잡히는 날"은 단 주변 지역이 빼앗긴 날, 즉 이 부분의 이스라엘이 이 나라의 일부로서 존재하지 않게 된 때를 가리킨다고 본다. 단의 이스라엘 성소는 디글랏-빌레셀 3세(Tiglath-pileser III, 주전 733년, 왕상 15:29-30) 하의 앗시리아의 침략 때까지, 혹은 사마리아 멸망(주전 722년) 후 사르곤에 의한 인구 강제 이주 때까지 존재했던 것 같다. 이 설은 주전 8세기의 저작연대를 주장한다.

(3) "이 백성이 사로잡히는 날"은 (a) 법궤가 실로에 있는 중에 블레셋이 침입한 때(삼상 4:1-11)를 가리키거나 (b) 사울이 죽은 직후에 다윗이 유다를 다스리고 사울의 후손들이 요단 강 저 편에서 밑둥치가 잘린 나라를 다스리며, 그 나머지는 블레셋의 수중으로 들어갔던 때를 말할 수도 있다. 실로가 멸망한 것은 예레미야서 7:12, 14; 26:6; 시편 78:60에 기념되고 있다. 이 마지막 설은 이 책이 상당히 이른 시기의 저작 연대를 갖고 있음을 주장하고

있다.

이 책의 마지막 장들 역시 이 책의 연대와 관련된 뚜렷한 정치적 시각을 갖고 기록되었다. 미가의 우상들과 단 지파의 이동에 대한 기록(삿 17-18장)은 저자가 북왕국 지파들의 우상 숭배를 지적하고 있음을 시사해 준다. 미가의 성소와 우상들은 원래는 에브라임 산지에 있었는데(아마 벧엘 근처 — 17:1; 18:2), 탈취를 당해서 단에 안치되었다. 어쩌면 저자는 북왕국 지파들이 항상 우상 숭배를 해 왔다는 것을 지적하고 있는 것일 수도 있다. 왕국의 분열 때부터, 그리고 여로보암이 단과 벧엘에 황금 송아지를 세운 이래로 북왕국은 항상 우상 숭배를 저질러왔는데, 저자는 여기에서 "자 봐라. 이것은 전혀 새로운 일이 아니다. 이 지파들은 항상 잘못된 예배와 우상 숭배를 저지르는 경향을 갖고 있다"라고 말하고 있는 것일 수도 있다. 이 경우 이 책의 연대는 왕국의 분열 이후가 될 것이다.

레위인과 그의 첩(19장)에 대한 기록 및 그에 이은 베냐민 지파와의 전쟁(20-21장)에 대한 기록은 이 책의 연대와 관련된 몇 가지 정치적인 사항들을 보여주고 있다. 앞에 나오는 한 이야기에서는 한 레위인이 에브라임의 산지에서 살기 위해 베들레헴을 떠난 바가 있었다(17:8). 이제 이 이야기에서는 에브라임의 산지에 사는 한 레위인이 자기 첩을 그녀의 집으로부터 데려오기 위해 베들레헴으로 간다. 베들레헴에서 그는 융숭하게 대접을 받고 모든 환대를 다 받는다. 이 레위인은 자신의 첩 및 하인과 함께 돌아가는 중에 이스라엘이 아직 정복하지 못한 성읍(여부스 혹우 예루살렘)에서 하룻밤 묵고 가기가 꺼림칙해서 밤이 오기 전에 베냐민 지파의 기브아로 걸음을 옮긴다. 기브아(사울의 고향)에서 그의 일행은 원주민들로부터 환영을 받지 못했지만 결국 에브라임에서 온 한 사람에 의해 도움을 받게 된다. 그 레위인 일행은 그러나 곧 소돔과 고모라의 악을 연상시키는 커다란 악에 처하게 된다(삿 19:22-26; 참고, 창 19:1-11). 자기 첩이 죽임을 당한 이후에 그 레위인은 지파들을 규합하여 베냐민과 전쟁을 벌이게 한다.

이 이야기의 바탕에 깔린 것은 에브라임 지파 등의 북쪽 지파 출신자들을 향한 하나의 정치적 알레고리이다. 누가 당신들을 잘 대접하겠는가? (베들레헴 출신의 사람) 누가 당신들을 나쁘게 대접하겠는가? (기브아 출신의 사람) 누가 여부스에서 이방인들을 제거하고 그곳을 안전한 곳으로 만들겠는 가? 이 이야기를 읽는 사람들은 누구나 다윗 및 그의 후손이 베들레헴 출신 이며, 다윗이 여부스/예루살렘을 안전한 도성으로 만들었다는 것을 알고 있 다. 이 이야기는 북쪽 지파의 사람들이 기브아 출신의 가문(사울 및 그의 후 손들)보다 베들레헴 출신의 가문에게 충성하기를 촉구하고 있는 듯이 보인 다. 이 역사기록은 친(親)다윗적이자 반(反)사울적인 성격을 강하게 드러내 보여주고 있는데, 이러한 성향으로 볼 때 이 이야기는 왕정시대의 상당히 이 른 시기를 반영하고 있는 듯하다. 그러므로 이 책의 내적인 증거는 왕국의 분열 직후의 시기를 시사해 주고 있다. 그러나 주전 6세기의 늦은 시기도 가 능하다. 전통적으로 학계는 사울의 통치 말엽이나 다윗 시대 초기의 이른 시 기를 선호하여 왔다(Davis 1978, 24, 80-82, 130-31).

비평학계는 대부분 이 책의 형성과정의 역사에 집착하는 경향을 보여 왔 다. 오경의 문서설을 지지하는 학자들은 오경의 가상적인 문서들을 여호수 아서나 사사기에서도 찾아내려고 했다(Moore 1895; Burney 1918). 그러나 이러한 접근방법은 이제는 거의 버려졌는데, 그 이유는 주로 노트(M. Noth) 가 "신명기주의적 역사"(Deuteronomistic History: DH)에 대해 쓴 1943년 의 기념비적인 논저의 영향 때문이다.

노트는 신명기로부터 열왕기하에 이르는 책들이 출애굽으로부터 포로 시 대까지 이르는 이스라엘의 역사를 다루고 있는 하나의 단일하고 뚜렷이 구 분되는 신학적 저작이라는 주장을 했으며, 이 저작 속에서 오경의 문서들을 찾아 내려는 시도를 거부했다. 물론 노트의 주장은 우리가 여기에서 다룰 수 있는 것보다는 훨씬 더 복잡하다. 그러나 그는 기본적으로 DH의 단일한 저 자-편찬자(author-compiler)가 두 부류의 기존 문헌, 즉 (1) 부족 영웅들에 대한 일련의 이야기들과 (2) 사사들의 목록들("소[小]사사들")을 하나로 엮 었다는 식의 주장을 하였다. 노트에 따르면 이 "소사사들"(10:1-5; 12:7-15) 은 지파 동맹체(an "amphictyony")의 확고한 지도자들이었으며, 주로 중앙 성소에서 성스러운 임무들을 담당했었다. 그러나 이 소사사들의 가상적인 목록이 부족 영웅들의 이야기들과 결합되어지게 되자 이들 역시 "사사"들로 알려지게 되었다. 그리고 나서 저자는 이 문헌에 DH의 일부로서의 신학적 · 연대기적 틀을 부여해 주었다. 노트는 또한 많은 구절들이 후대의 편집자들에 의해 덧붙여진 것들이라고 구분해냈다. 노트는 자신의 신명기 사학자(Dtr)의 문체 및 이념을 후대의 삽입 부분들로부터 구분해내려고 했다. 예를 들어 그는 사사기 17-21장의 친왕정체제적인 시각이 사사기의 순환론적 이야기들의 특징인 반왕정체제적인 색깔과는 대조적으로 후대에 신명기적 역사에 덧붙여진 부분이라고 생각했다.

이후의 학자들은 이스라엘에 지파동맹체가 존재했느냐 하는 것에 대해 심각한 문제들을 제기했다. 또한 소사사들에 대해서 조금 알려진 요소들을 살펴볼 때 이들은 대사사들과 마찬가지로 군사적인 지도자이자 가문의 우두머리들이었던 것으로 보인다(Hauser 1975; Mullen 1982). 사사들의 시대는 당대의 가나안 도시국가들의 경우에서도 발견되어지는 바와 같이 일종의 지방 분권 및 자치의 형태를 띠었던 것으로 보인다(Hauser 1979). 그 어떤 종교적 · 정치적 직책도 통일성을 부여해 주지는 못했으며, 부족들 사이의 연대감은 다소 느슨했던 것 같다.

노트 이후의 주석가들은 DH의 존재 및 그 속에서의 사사기의 위치에 대한 그의 이론을 대체로 받아들였다. 리히터(Richter 1964)는 이 책에 세 번의 편집작업이 이루어졌다고 주장했는데, 그는 이 책이 북 이스라엘의 "구원자들의 책"(Retterbuch)에서 시작되었으며, DH에 포함되기 전에 최소한 두 번의 편집 작업을 통해 확장되었다고 보았다. 디트리히(Dietrich 1977)와 스멘트(Smend 1971)는 근간이 되는 신명기 사학자의 문헌(DtrG)이 선지적 편집자(DtrP)와 율법주의적인 편집자(DtrN)에 의해서 개정되었다고 보았다. 비욜라(Viejola 1977)는 이 세 개의 가상적인 편집층들이 왕조에 대해서 가진 태도들을 검토했으며, 사사기 17-21은 후대에 첨가된 부분이 아니라 DtrG의 한 부분이라고 결론내렸다. DH에 대한 또 하나의 접근방법은 크로스(Cross) 및 그의 제자들과 관련되어 있다. 크로스(1973)는 DH에서 두 개의 중요한 편집층을 찾아내었는데, Dtr1은 요시야 시대에 나온 것이고, Dtr2는 포로 시대에 나온 것이라고 보았다. 이 각각의 편집층들을 찾아내는 기준은 왕조에 대해서 어떤 태도를 갖고 있는가 하는 점이었다. 무조건적인 약속들은 포로기 이전 시대 및 요시야 시대의 낙관주의적인 분위기에 해당하는 것이었고, 조건성을 강조하는 것은 왕정체제가 재난으로 끝이 난 이후의 포로기 시대의 편집 작업에 속한 것이었다. 이러한 모든 접근방법들은 이 책이 서로 다른 이념들과 문체를 사용한 다양한 문서들/편집층들로 이루어져 있으며, 따라서 그 형성과정의 역사를 재구성할 수 있다는 견해를 공유하고 있다.

최근의 학계는 DH의 형성과정의 역사를 복구해내는 일에는 좀 덜 관심을 갖게 되었으며, 대신에 본문이 이념적이나 신학적으로 통일된 일관성 있는 문헌이라고 보는 공시적 연구방법들(문학 비평, 내러티브 분석, 수사학적 비평)로 주의를 돌렸다. 이러한 접근방법을 취하는 학자들은 문헌의 조직, 상징들과 주제들, 인물 성격 묘사, 플롯의 전개, 이념 및 시점(視點) 등의 문제에 더 많은 관심을 갖고 있다. 현재의 본문을 좀 더 이전의 자료나 이후의 자료 등으로 조각내는 대신에 이러한 접근방법들은 하나의 통일성을 이루고 있는 본문 전체의 구조, 일관성, 저자의 저술기법 등을 강조한다(Lilley 1967; Gros Louis 1974; Webb 1987; Klein 1988). 또한 이 책에 나오는 수많은 강력한 여성 등장인물들(드보라, 야엘, 시스라의 어머니, 입다의 딸, 삼손의 아내들) 및 남성과 여성의 관계 문제들을 반영하고 있는 여러 가지 빈번한 사건들은 수많은 여권(女權)신장론적인(feminist) 해석들을 산출해 내었다(M. Bal 1988a, 1988b). 아래의 "문학적인 구조" 항목을 보라.

이 책에 나오는 연대기적인 언급들 역시 출애굽의 연대 문제과 관련되어 있기 때문에 상당한 논란의 대상이 되어 왔다. 이 책의 연대기적인 언급들을 합산하면 땅의 정복을 시작한 때로부터 삼손의 사망 때까지의 연대가 410년이 된다(LaSor, Hubbard, and Bush, 220). 이 숫자는 출애굽으로부터 성전 건설 사이의 기간인 480년이란 숫자와 꽤 근사치에 가깝다. 이러한 이유 때문에 이러한 언급들은 사사기 11:26에 나오는 입다의 말과 더불어 이른 시기의 출애굽 연대를 지지해 주고 있는 것으로 생각되어졌다. 그러나 사사기의 저자는 이스라엘이 사사들 사이의 공백 기간 동안 우상 숭배를 한 기간의 길이에 대해서는 정보를 제공해 주고 있지 않기 때문에 이러한 우상 숭배의 시기들이 사사들이 활동하고 있던 시기들과 중복된다고 가정하지 않는 한 이 책에 나오는 시간의 총 길이는 우리가 출애굽의 연대를 이른 시기로 잡든지 늦은 시기로 잡든지 간에 상관없이 정복시기로부터 삼손의 사망 때까지의 시간의 길이를 초과하는 것으로 보인다. 이러한 이유를 고려해 볼 때 몇몇 사사들이 이스라엘의 각기 다른 지역에서 중복된 시기에 활동을 했던 것으로 보이기는 하지만 그것들을 재구성해 내기에는 자료가 충분치가 않다.

사사기에 대한 고대의 헬라어 번역본들은 이 책에 대해서 두 가지 다른 형태의 본문을 보존하고 있는데, 이에 대한 연구들은 (1) 이 두 본문이 서로 독자적인 번역인가 아니면 어느 하나가 다른 하나를 개정한 것인가 하는 문제, (2) 사본 집단들의 분류 및 파악 문제, (3) 어느 것이 복구 가능한 헬라어 번역본 중 가장 이른 시기의 것인가 하는 문제에 초점을 맞추고 있다. 이에 대한 연구들의 현재 상황에 대해서는 보딘(Bodine 1980)을 보라.

문 학 적 인   구 조

대부분의 학자들은 이 책이 서론(1:1-2:5), 중심 본문(2:6-16:31), 그리고 두 개의 이야기로 구성된 에필로그 혹은 부록(17:1-21:25) 등의 세 부분으로 이루어져 있다는 사실에 동의한다.

서론

이 책은 여호수아서 24:29-31에 기록된 여호수이의 죽음을 다시 언급하고, 그의 사후에 어떻게 정복활동이 계속되어졌는지를 말하는 것으로 시작된다(1:1-36). 여호수아의 유업은 이미 깨어지고 있었다(Childs, *IOTS*, 261). 여호와의 사자는 이스라엘이 원주민들과 유대관계에 들어간 것 때문에 이스라엘이 그들을 쫓아낼 수 없을 것이며, 이 민족들이 "옆구리에 가시"가 될 것이라고 선포하였다(2:1-5). 그러나 이 서론 부분은 단순히 계속적인 역사를 이전의 여호수아에 대한 기록과 연결시키는 기능만을 하고 있는 것이 아니라 또한 이후에 나오는 이야기들, 즉 이스라엘이 주변의 남아 있는 민족들에 의해서 자꾸 억압을 당하는 이야기들(3:1-5)의 무대를 제공해 주는 역할도 하고 있다. 지파들이 협력하여 정복활동(1:1)을 하는 것으로 시작되는 이 책은 지파들이 자기들 중의 한 지파에 맞서 연합해서 싸우는 것(20-21장)으로 끝을 맺는다. 예루살렘에 대한 정복의 실패(1:19-21)는 결국 끝에 가서 암울한 결과들을 가져온다(19:10-13).

클라인(Klein 1988, 11-21)은 자신의 책 제목에서 암시하고 있듯이 사사기가 사건들에 대한 여호와의 시각과 백성의 시각의 차이에서 오는 아이러니를 잘 다룬 걸작이라고 보고 있다. 이러한 시각상의 차이는 이 책의 서론에서 이미 그 틀을 제시하고 있는데, 이 서론은 정복에 대한 이 백성의 시각(1:1-36)과 여호와의 시각(2:1-3:6)을 각각 제시해주고 있는 두 개의 기록을 담고 있다. 웹(Webb 1987, 81-122)도 역시 1:1-3:6을 이 책의 서론으로 보고 있으며, 이 서론은 이 책 전체의 주제, 즉 왜 가나안 사람들이 그 땅에서 완전히 쫓겨나지 않았는가 하는 것에 대한 질문을 제기하고 있다고 생각했다.

중심 본문

사사기에 대해 별로 잘 알지 못하는 사람도 일련의 이야기들(2:6-16:31)이 이 책의 중심을 형성하고 있다는 것은 잘 알고 있을 것이다. 대(大)사사들(옷니엘, 에훗, 드보라, 기드온, 입다, 삼손)에 대한 기록들은 성경에서 가장 잘 알려져 있는 이야기들이다. 이 부분은 보통 이 이야기들이 공통적으로 갖고 있는 확연한 틀 때문에 "순환론적 역사관"(a cyclical view of history)을 갖고 있는 것으로 간주되는 경우가 자주 있다. 이러한 틀은 사사들에 대한 기록의 서문(2:6-3:6)에 나타나 있는데, 이 서문은 뒤이어 나오는 기록들의 패턴을 요약하고 있다. 반복적으로 등장하는 많은 문구들이나 모티프들이 이러한 틀을 형성하고 있는데(Greenspan 1986), 이 문구들이나 모티프들이 모든 사사들의 이야기에 전부 다 등장하는 것은 아니다:

1. 이스라엘 자손이 하나님이 보시기에 악을 행한다(2:11; 3:7, 12; 4:1; 6:1; 10:16; 13:1).
2. 이 악이 어떠한 것인지가 명시된 경우는 드물지만 그들의 이러한 죄악은 하나님의 분노를 자아내며, 결국 이스라엘이 이방 나라로부터 압제

를 당하는 결과를 가져온다(2:14; 3:8; 4:2; 10:9). 이스라엘이 저지르는 악은 바로 우상 숭배와 잡혼이라고 2:10-3:5에 요약되어 있다. 이스라엘은 자신들의 죄 때문에 가나안 족속들을 쫓아내지 못하며, 오히려 자신들이 이방 세력의 수중에 떨어진다.

3. 억압을 당하는 가운데서 이스라엘은 하나님께 부르짖는다(3:9, 15; 6:6-7; 10:10).

4. 하나님은 그들의 부르짖음을 들으시고 구원자, 즉 한 사사를 세우신다(2:16; 3:9, 15; 10:1, 12). 이 구원자는 하나님의 영에 의해서 선택되고 능력을 부여받는다(3:10; 6:34; 11:29; 13:25; 14:6, 19).

5. 이 구원자는 원수의 항복을 얻어내며, 이 구원자가 이스라엘을 통치하는 기간 동안 평화의 시기가 이어진 것에 대한 기록과 더불어 그 사사의 죽음과 장례에 대한 기록이 나오는 경우가 자주 있다(3:10- 11; 8:28-32; 10:2-5; 12:9-15).

이러한 죄-압제-구원의 반복은 보통 "순환론적"(cyclical)이라고 불리어 왔다. 그러나 각 "주기"의 영웅담(cycle)이 어떤 방향성이 없다거나 서로 동등한 자리를 차지하고 있다는 뉘앙스를 줄 수 있다는 점에 있어서 이 명칭은 다소 오해의 소지가 있다. 좀 더 나은 용어는 "나선형 하강"(downward spiral)이다. 각 주기의 영웅담은 그 이전에 나오는 영웅담들과 대동소이한 내용들을 반복하고 있는 것이 아니라 각 사사들의 자질 및 그들의 지도력이 점점 더 하락하고 있음을 보여주고 있다.

옷니엘(3:7-11)은 사사가 과연 어떠해야 하는가 하는 것에 대한 첫 번째의 모델로 등장한다. 그는 하나님에 의해 세움을 받았고, 하나님의 영에 의해 덧입혀졌다. 그는 여호수아가 살아 있었던 당시에 활동했던 능력 있는 용사였다(수 15:13-19). 그는 여호수아처럼 전쟁을 성공적으로 이끈다.

그러나 에훗(3:12-30)의 경우는 몇 가지 중요한 점들을 결여하고 있다. 저자는 하나님께서 옷니엘을 세우신 것처럼 에훗을 세웠다는 말을 하고 있지 않다. 그리고 에훗은 하나님의 신에 의해 씌움을 받지도 않았으며, 이스라엘을 "치리"(judge)하지도 않았다. 우리는 그가 베냐민 지파들 가운데서 많이 찾아볼 수 있는 특징처럼 "왼손잡이"였다는 것만을 안다(20:16; 대상 12:2). 비록 베냐민이 히브리어로 "내 오른손의 아들"이라는 뜻을 갖고 있기는 하지만 말이다. 에훗은 속임수와 배반에 의해 이스라엘을 구원하는데 본문은 여호와의 뜻 및 그와 여호와의 관계에 대해서 침묵하고 있다.

드보라(4:1-5:31)는 여자 선지자로서 이스라엘을 치리했다. 그러나 그녀와 야엘의 업적에도 불구하고 그녀가 사사로서 활동했다는 사실은 이스라엘의 남자들의 지도력에 대해 의문을 불러일으킨다. 바락과 시스라는 자신들이 차지해야 할 영광을 한 여자에게 빼앗긴다(4:9). 이스라엘은 자신의 땅을 위한 전쟁에서 활약할 남자 지도자를 배출할 능력이 없었던 것인가? 또한 이 전쟁에서의 승리 또한 정당한 전쟁에서 달성된 위업이라기보다는 배신에 의한 것이다. 최종적으로 시스라를 죽인 야엘은 사사도 아니고 여자 선지자도 아닌 혼혈 이스라엘인이었다(11, 17절; 5:24). 드보라의 노래는 서로 신앙 안에서 합력한 자신의 나라를 찬양하기보다는 그 전투에 참여하지 않은 다른 지파들에 대한 저주들을 포함하고 있다(5:15b-18, 23). 그녀에 대한 기록은 분파주의와 지파 간의 분열을 예상케 하며, 결국 이것은 이 책의 마지막 이야기들에 가서 그 절정을 이루게 된다(20-21장).

농부 기드온(6:1-9:56)은 하나님께서 자신을 이스라엘의 지도자로 부르시는 것을 늦게서야 깨닫고 반응한다. 이 망설이는 기드온에게 확신을 주기 위해서는 세 번의 기적이 필요했다. 그리고 그가 순종을 하고 나서도 그는 용기가 있지 못했다. 그는 하나님께서 명령하신 대로 바알 제단과 아세라 상을 부수었지만 여전히 약간 겁쟁이이며 회의적인 태도를 갖고 있었다. 그래서 그는 그 일을 밤에 한다(6:25-27; Klein 1988, 54). 비록 기드온은 여룹바알("바알이 더불어 쟁론할 것이라"라는 뜻, 6:32)이라는 별명을 얻기는 했지만 결국은 그 자신이 이스라엘을 잘못된 길로 인도한 우상 숭배에 빠진다(8:22-27). 신앙적인 순종을 통하여 삼백 명을 가지고 훨씬 더 많은 수의 적과 싸워 이긴 후에도 기드온은 그것에 대한 하나님의 의도(7:2)를 망각하고 자신의 예비군, 즉 삼만 이천 명의 군대를 소집한다(3, 24절). 이 위대한 승리는 다시 한 번 분파적인 경쟁과 지파 및 가문들 사이의 다툼으로 점철된다(8:1-9). 하나님께서 약속하시고 주신 승리를 넘어서서 기드온은 자신의 개인적인 피의 복수를 추구한다(10-21절). 그의 이야기는 이스라엘이 추수를 위하여 뿌린 씨앗들에 대한 내용(6:2)으로 시작하는데 기드온 자신도 자신의 씨앗을 널리 뿌려서 칠십 명의 아들을 낳았으며, 그 중에는 세겜 출신 첩으로부터 얻은 아들도 포함되어 있다(8:31).

기드온이 죽은 후에 이스라엘은 다시 잘못들을 행하며(8:30-35), 이에 따라 사람들은 다른 사사/구원자의 등장을 기대한다. 그러나 사실은 그렇지가 못했다. 대신에 기드온의 첩이 낳은 아비멜렉이 권력을 얻고자 시도한다. 하나님께서 그를 세우시지도 않았고 그를 그 자리에 부르지도 않았다. 식물들의 생장(6:2-6)에 대한 내용으로부터 시작한 이야기는 나무들과 덤불들에 대한 요담의 우화(9:7-15)로 연결되어진다. 기드온의 치세 동안의 지파 간의 갈등(8:1-9)은 이제는 가족 내부의 갈등 및 살인극으로 이어진다. 기드온이 이스라엘에 행한 선한 일들에도 불구하고 그의 아들은 구원자가 아닌 압제자가 되며, 국가의 종이 아닌 이스라엘과 자기 가족의 살인자가 된다.

입다는 그 다음의 등장인물이다. 그의 이야기는 하나님과 이스라엘 간의 관계에 있어서의 갈등을 내용으로 하고 있다(Webb 1987, 48). 이스라엘은 그 죄로 인해서 하나님을 진노하게 만든다(10:6-16). 그들이 너무나 죄를 짓기 때문에 하나님은 다시는 이스라엘을 구원하지 않겠다고 맹세하신다(13절). 그러나 그럼에도 불구하고 그는 이스라엘에게 전적으로 자신을 헌신하셨기 때문에 그는 이스라엘이 당하는 고통 때문에 어쩔 줄 몰라 하시고, 분노를 느끼시게 된다(16절). 입다는 바로 이 장면에서 등장하는데, 이 때 하나님은 그 장면으로부터 물러난 상태였다. 소외된 자였던 입다는 권세 있는 자리를 차지하기 위해 아주 이기적인 자세로 협상을 한다(11:1-11). 암몬과의 전쟁을 위해 이미 하나님의 영이 임한 상태(29절)였지만 그는 마치 승리를 얻기 위해서는 그 이상의 것이 필요한 것인양 성급하고 불필요한 맹세를 한다(30절). 너무 타산적으로 자신의 이익만을 추구한 그는 결국 자신이 가장 소중하게 여기는 자신의 자식을 잃게 되고 만다(11:34-40). 다시 한 번 승리는 지파간의 쟁탈과 지역간의 갈등으로 떨어지고 만다(12:1-6).

삼손은 대사사들 중의 마지막 인물이다. 그러나 사사가 갖추고 있어야 하는 자질과는 먼 어두운 측면들을 갖고 있다. 그는 자만에 가득 차 있고, 자신의 성욕을 절제하려고 하지 않는다. 이방 여인들을 좋아하는 그의 성향은 이스라엘이 이방 신들을 좇아 행음하기를 삼가지 않는 것의 상징이다(2:17; 8:27, 33). 비록 이스라엘처럼 그도 탄생시부터 하나님에 의해 구별(13:5)되었지만 그는 자신의 잠재적인 가능성을 추구하려고 하지 않는다. 가나안 사람들과의 잡혼은 그들을 그 땅에서 쫓아내라는 명령을 어긴 것이었다(3:5-6). 그런데 어떻게 그가 이스라엘의 지도자로서 성공할 수가 있었겠는가? 그는 살아 있는 동안보다 죽을 때 더 큰 일을 하였다(16:30).

에필로그

이러한 사사들의 지도력을 가지고는 이스라엘 영토가 안전하게 보존될 수가 없었다. 사사들도 역시 이스라엘과 마찬가지로 이기심, 자만, 그리고 기타 하나님을 진노하게 만든 모든 죄들을 갖고 있었다. 여호수아가 유산으로 남긴 통일된 이스라엘은 분파적이고 지역주의적인 갈등으로 변질되고 말았다. 종교적 · 정치적 혼란 때문에 이스라엘은 자신들의 땅을 보존하기 위해서는 새로운 형태의 지도력이 필요하였다. 왕정체제를 도입하는 것이 상황을 변화시킬 것인가(17:6; 18:1; 19:1; 21:23)? 왕정체제가 이 나라의 종교적(17-18장)이고 사회적(19-21장)인 문제들을 해결할 수 있을 것인가? 마지막의 두 개의 이야기들(앞 항목을 보라)은 이스라엘이 왕정체제를 통해서 하나님과의 관계를 유지하는 쪽으로 변화하는 것에 대한 준비단계이다. 이 이야기는 사무엘서와 열왕기에서 계속되어진다.

신 학 적 인 메 시 지

사사기의 주제들과 중심적인 사항들은 다음 두 가지 중요한 신학적인 문제들을 내러티브 형태로 제공해 주고 있다.

1. **은혜와 율법, 조건성과 무조건성.** 신명기적 역사(여호수아-열왕기) 전체를 통해서 내레이터는 하나님께서 이스라엘과 맺고 있는 관계를 탐구하고

따져 본다. 하나님의 거룩하심 및 그의 명령에 복종하라는 그의 요구가 그가 이스라엘에게 주신 약속들을 압도할 것인가? 아니면 그가 이 백성에게 바치고 있는 전적인 관심 및 그가 족장들에게 준 은혜로운 약속들 때문에 그가 그들의 죄를 어느 정도 간과할 것인가? 신학자들은 율법이 은혜보다 앞선다거나 아니면 그 반대라는 식으로 양자 사이에 우선순위를 정하려고 하지만 사사기는 이 문제를 해결하려고 하지 않는다. 사사기가 제공해 주고 있는 것은 조직신학이 아니라 관계의 역사이다. 사사기는 우리에게 하나의 역설, 즉 하나님께서 이스라엘과 맺고 있는 관계는 조건적이자 무조건적이라는 역설을 남겨 놓는다. 그는 자신의 은혜를 거두시지 않으실 것이다. 그러나 이스라엘은 그의 약속들을 상속받기 위해서는 순종과 믿음 속에서 살아야 한다. 전체의 내러티브를 끌고 나가는 동인은 바로 이 양자 사이의 긴장이다.

2. 자기 백성에 대한 하나님의 통치. 하나님은 이스라엘의 왕이자 주인이셨다(8:23). 그러나 선민에 대한 그의 통치는 역사 속에서 어떻게 표현될 것인가? 사사기는 비중앙집권적인 통치가 비록 때때로 국가의 지도자나 전쟁 문제에 대해서 하나님의 개입을 통해 도움을 받는다고 할지라도 결국 거룩한 나라를 만들어낼 수 없다는 것을 분명하게 보여주고 있다. 모세는 이스라엘이 언젠가는 왕을 갖게 될 것임을 알았다(신 17:14-20). 그리고 사사기는 왕정체제로의 변천에 대해서 준비를 하고 있다. 왕정체제, 즉 이미 권력 남용의 가능성을 안고 있는 왕정체제(삿 9장)가 과연 다르게 효과적으로 작용할 것인가? 이 책은 왕정체제라는 다음의 불가피한 단계를 위해 우리를 준비시키고 있다. 달리 어떻게 이스라엘이 땅을 보존하고 그 안에서 계속 거할 수 있을 것인가? 왕정제도가 결국 가나안 사람들을 몰아낼 수 있을 것인가? 무정부주의적인 상태를 종결지을 수 있을 것인가? 이 나라가 여호와께 순결하게 충성을 지킬 수 있도록 해 줄 것인가?

신 약 으 로 의 접 근

사사기는 얼마나 인간 군상을 잘 집대성하고 있는가! 사사들은 정말 이상한 영웅들이었다. 그들은 망설이는 농부, 여자 선지자, 왼손잡이 암살자, 쓸모없는 떠돌이, 성적인 것에 집착하는 나실인 등이었다. 이 하향적인 이야기에 나오는 중심인물들의 약점들과 실패들을 먼발치에서 지적하는 것은 쉬운 일이다. 그러나 우리가 지나치게 교만해지지 않도록 바울은 "너희 중에 이와 같은 자들"(고전 6:11)이 있다는 것을 일깨워 주었다. 그들과 마찬가지로 무지하고, 제대로 순종하지 못하고, 얽히고설킨 동기들을 가진 우리들 역시 그들처럼 하나님의 은혜에 의해 "씻음과 거룩함과 의롭다 하심"을 입었다. 또한 우리는 그들의 모든 흠집들에도 불구하고 그들이 가진 신앙에 대해서 배워야 한다. 왜냐하면 그들이 "나라들을 이기기도 하며 의를 행하기도 하며 약속을 받기도"(히 11:32-33) 한 것은 바로 그들의 믿음 덕분이었기 때문이다.

그들이 저지른 실패들에도 불구하고 그들의 신앙은 바뀌지 않았다. 그들은 우리로 하여금 인내하고 예수를 바라볼 수 있도록 요구하고 있는 증인들의 허다한 구름 중의 일부이다(히 12:1-2). 우리 역시 우리를 위해 우리의 싸움을 대신 싸워 이기신 분, 하나님에 의해 일으킴을 받으시고 그의 성령을 충만하게 받으신 분을 필요로 한다. 우리 역시 우리를 위해서 하나님이 약속하신 기업들을 대신 얻어 주실 지도자, 우리의 신앙을 완전하게 하실 지도자를 필요로 한다.

룻 기

룻기는 폭풍 속의 짧은 고요이다(Fewell and Gunn 1990, 11). 현대판 성경들에서는 이 책은 이 책의 이야기의 시대적 배경인 사사기의 바로 다음에 나오며, 또한 사무엘상하 직전에 나오는데, 룻기는 바로 이 책들의 서론격인 역할을 한다. 그러나 사사기와는 대조적으로 룻기는 강한 윤리적 성격을 가진 인물들의 이야기들을 기술하고 있으며, 그 플롯은 평화롭게 해결된다. 가족 및 국가의 정치 및 싸움을 내용으로 하고 있는 사무엘서와 달리 룻기의 성(性)과 관련된 책략은 파멸적인 결말을 가져오는 것이 아니라 은혜로운 결말을 가져온다.

룻기를 사사기 다음에 배열하는 영역판 성경(한글판도 마찬가지 — 역주)의 순서는 대략적으로 말해 연대기적인 순서를 따르고 있는 70인경과 불가타 역의 순서에서 파생된 것이다. 대부분의 히브리어 성경에서 룻기는 히브리 성경(타나크, the Tanak)의 세 번째 부분인 성문서 속에서 잠언 다음이자 아가서 앞에 위치해 있다. 이러한 배열 순서를 통해 룻기는 현숙한 여인에 대한 시를 담고 있는 잠언 31장, 그리고 여인이 관계의 주도권을 쥐고 있는 아가서와 연관되게 된다. 히브리 성경은 또한 룻기를 전통적으로 메길롯(Megillot) 혹은 "두루마리들"이라고 부르는 성문서의 하부 단위(아가서, 전도서, 애가, 에스더서를 포함하고 있음)의 첫머리에 위치시킨다. 이 책들은 유대교의 축제들과 관련되어 있는데, 그 중에서 룻기는 오순절과 관련되어 있다.

간단하게 훑어볼 때는 이 책의 플롯은 단순하고, 분명하고, 짧으면서도 매력적인데, 이 점 역시 주변의 내러티브들과 대조가 되는 점이다. 비록 모든 인물들이 다 용감하지는 않지만 그들은 칭찬할 만하며, 기품이 있다. 룻기에 는 악한 사람이라고 불릴 만한 사람이 없다. 그럼에도 불구하고 그 단순성과 명료성의 배후에는 이 책을 깊은 이해력을 가지고 읽어야 하게 만드는 다수 의 어려운 문제들이 들어 있다.

역 사 적   배 경

저작연대, 저작권, 저작목적

룻기의 표제(1:1)는 이 책이 사사 시대에 대 한 것임을 말해 주고 있다(아래를 보라). 그러나 이 책은 이 책의 저작 시기 나 저자에 대해서는 아무것도 말해 주지 않는다. 그럼에도 불구하고 학자들 은 내적인 증거들에 의해서 이 책의 연대를 파악하고자 시도한다. 하지만 명 백한 결론은 내려지지 않았다. 최근의 연구는 포로기 이전 시대를 선호하는 경향(Berquist, 23과 대조됨)이 있지만 이전 세대의 학자들은 포로기 이후 시대를 주장했었다. 이 책의 연대 문제는 이 책의 저작 목적과 밀접한 관련 이 있으므로 우리는 이 주제들을 여기에서 함께 다루고자 한다.

후대저작설을 위한 논거들은 다음과 같다.

1. 이 책이 아람어의 영향(Aramaisms)을 보여주고 있다는 주장이 유행한 적이 있었다. 그러나 한때 확실한 것으로 여겨진 바 있으며 또한 성경의 다 른 많은 책들에도 적용되어진 바 있었던 이러한 주장은 이제는 그다지 크게 주장되어지지 않는다. 우리가 주전 이천년기의 이른 시기부터 아람어가 통 용되었다는 점을 점점 더 많이 알게 되면서 비슷한 단어들이나 어구들의 존 재는 우리가 이 책의 연대를 설정하는데 있어서 점점 더 그 영향력을 상실해 가고 있다.

2. 학자들은 룻기에 나오는 일부 법률적인 관행들(형사취수 제도 및 신발 을 벗는 의식)이 신명기의 경우와 상충된다는 점을 지적한 적이 있었다. 룻 기에서는 신발을 벗는 의식은 사라진 것으로 생각되어졌으며, 따라서 이 책

은 신명기보다 한참 이후의 것으로 간주되어졌다(25:9, 비평학자들은 이것이 요시야의 개혁[주전 7세기 후반] 때의 것으로 본다). 또한 룻기에 서술되어 있는 형사취수 제도는 율법을 잘못 적용한 것으로 보이는데 이것은 그 배경을 오해할 만큼 오랜 세월을 반영하고 있는 것으로 여긴다. 그러나 허버드(Hubbard 1987, 26-27, 48-63)와 더불어 우리는 룻기의 상황을 신명기적 율법과 비교하는 것에 대해서 다음의 근거들에 기초해서 반대를 한다. 첫째, 신발을 벗는 의식은 비록 비슷하기는 하지만 서로 다른 상황들에 기초해 있다. 둘째, 룻기에 나오는 것은 형사취수 제도가 아니라 친척에 의한 가산(家産)의 되무름 제도이다.

3. 표제(1:1)가 신명기 신학과 연결되어 있다는 점, 그리고 족보(4:18-22)가 P 문서의 문체와 관련이 있다는 점은 신명기의 신학을 포로 시대의 것으로 보고 제사 문서의 신학을 포로기 이후 시대로 보는 학자들로 하여금 룻기를 후대의 책으로 보게 만들었다. 그러나 이런 견해와는 상치되게 많은 비평학자들은 P와 D가 비록 역사적으로 늦은 시기에 최종적으로 완성되어지기는 했지만 이른 시기의 전통들을 보존하고 있다는 점을 주장하고 있다.

4. 일부 학자들은 룻기가 히브리 성경의 세 번째 부분인 성문서(the Writings, Ketubim)에 들어 있다는 점은 이 책이 포로기 이후 시대에 나온 것임을 말해 주고 있다고 주장한다. 그러나 베퀴스(Beckwith)는 이 책이 성문서에 포함되어 있다는 사실이 꼭 이 책이 후대의 것임을 말해 주는 것은 아니라는 것을 잘 증명했다. 왜냐하면 정경의 책들을 범주별로 묶은 데에는 연대 이외의 다른 이유들이 관련되어 있기 때문이다(Beckwith, 138-53을 보라).

그러나 많은 학자들이 룻기를 이스라엘 역사의 후기의 것으로 연대를 설정하고자 하는 가장 중요한 이유는 아마도 이 책의 저작 목적에 대한 분석에서 파생된 듯하다. 룻기는 한 헌신적인 모압 여인의 희생적인 사랑 때문에 한 이스라엘 가족이 완전히 망각될 위험으로부터 구출되고 다윗 왕조의 영광에 이르게 되는 것을 이야기하고 있다. 많은 학자들의 눈에는 이 책의 이러한 메시지는 에스라(10장) 및 느헤미야(13:23-27)의 포로기 이후 시대의 가혹한 정책들과는 날카로운 대조를 이룬다. 그러므로 이러한 가혹한 정책들에 대안적인 시각을 보여주고 있는 룻기 역시 포로기 이후 시대의 것으로 간주되어져야 한다는 것이다.

그러나 이러한 가설에는 수많은 약점들이 있다. 첫째, 룻기는 논쟁적인 어조를 띠고 있지 않다. 확실히 논쟁적인 어조로 말할 만한 기회가 있을 때에 조차도 룻기는 에스라와 느헤미야가 주창한 정책에 대해 아무런 뚜렷한 비난을 가하지 않는다. 예를 들어, 땅을 대신 무를 익명의 친척이 룻과 결혼하기를 반대했을 때 이 책은 그를 은근슬쩍 비판한다(4:6). 만약 그가 모압 여인과의 결혼은 다소 부적절한 것이라고 말을 했더라면 이러한 비난을 쉽게 피하고 자랑스러운 태도를 취할 수 있었을 텐데 말이다.

이 책에 대한 이러한 접근방법이 가진 약점들은 점점 더 분명해졌으며, 오늘날에 와서는 이러한 이 접근방법은 널리 받아들여지지 않는다. 반면에 이 책의 저작목적을 재검토해보면 이 책이 포로기 이전 시대를 배경으로 하고 있을 가능성이 있다는 점이 드러난다.

허버드(Hubbard 1988)는 이 책의 두 가지 저작 목적에 대해서 지적했다. 첫째 목적은 이 책 전체에 풍부하게 퍼져 있는데, 이것은 하나님께서 엘리멜렉의 가족을 섭리로써 구원하신다는 주제이다(아래의 "신학적인 메시지"란을 보라). 둘째, 허버드에 따르면 "이 책은 하나의 정치적인 목적을 갖고 있다. 즉 그것은 여호와께서 이스라엘의 조상들과 다윗의 생애에 계속적인 섭리를 베푸셨다는 점에 호소함으로써 다윗이 왕이 되는 것이 폭넓게 받아들여질 수 있도록 하는 것이다"(42). 하나님의 섭리로 해서 오벳이 탄생하게 되는데, 이 오벳은 다윗의 할아버지가 된다. 이러한 연결을 열거해 주는 족보는 유다가 다말을 통해서 나은 아들인 베레스(창 38:27-30)로부터 시작된다(다말 역시 가문의 혈통을 잇기 위해서는 장애들을 극복하여야 하였다).

이러한 정치적인 목적이 어느 때를 배경으로 하고 있다고 보는 것이 가장 그럴 듯하겠는가? 허버드는 여러 가지 가능성들을 검토해 보고 나서 다윗의 시대가 가장 적합하다는 점을 발견했다. 그러나 그는 이러한 역사적인 배경과 상치되는 유일한 문제가 4:7에 들어 있다는 점을 지적했다. 이 구절은 이 책이 성문화된 율법 문서들이 기준이었을 시절, 그리고 신발을 벗는 관습이 잊혔을 시절에 이 책이 쓰였다는 것을 보여주고 있다. 허버드는 4:7이 하나의 문학적인 수법이라고 주장하며(아래의 "율법적 전통들" 항목을 보라), 이 구절 때문에 솔로몬 저작설을 선호한다. 그러나 그는 이 책의 형성 시기가 다윗의 시대일 수도 있음을 인정하며, 다음의 이유들을 생각해 볼 때 이 책이 가장 필요한 것은 바로 이 때임을 지적한다. 첫째, 사울의 집안을 지지하는 자들은 다윗을 왕위 찬탈자로 보았을 가능성이 있으며, 따라서 다윗의 왕권은 "정당성"을 부여받을 필요가 있었다. 둘째, 이방인들은 다윗의 권력의 토대 중 큰 부분을 차지하고 있었다. 이방인이 이스라엘과 여호와에게 충성하는 것의 한 전형을 보여주고 있는 룻기는 이러한 상황에 큰 도움이 되었을 것이다. "여호와를 받아들이고 헤세드(hesed)에 있어서 이스라엘 사람들보다 뛰어난 이방인들은 완전한 이스라엘인들로서 받아들여질 자격이 있다"(45).

어쩌면 우리는 이러한 결론에 교조주의적인 태도를 취해서는 안 될지도 모른다. 왜냐하면 이 결론은 정황적인 증거에 근거하고 있기 때문이다. 하여튼 룻기의 저작 목적에 대한 가장 좋은 해답은 이 책이 포로기 이전 시대에 쓰였다고 보는 것인 듯하다.

탈무드는 사울이 저자라고 본다. 그러나 그는 너무 이른 시기에 살았던 사람이다. 티쉴러(Tischler 1993)는 이 책이 여성의 관심사들을 염두에 두고 쓰였다는 흔적들을 보여주고 있으므로 이 책의 저자는 여인이라고 주장했다. 그러나 그녀는 남자들도 이처럼 감성적으로 쓸 수 있다는 점을 인정했다. 그러므로 그녀의 가설은 매력적이기는 해도 증명될 수는 없을 것이다.

율법적 전통들

이 책의 플롯은 다수의 율법적인 전통들에 의존하고 있는데, 이러한 율법적 전통들은 구약에 뿌리를 두고 있기는 하지만 해석상 몇 가지 문제들을 제공해 주고 있다. 왜냐하면 이것들은 오경의 평행구절들에서 우리가 생각할 수 있는 바와는 다르게 적용되고 있기 때문이다.

그러나 룻기는 율법 문헌이 아니라 하나의 내러티브이다. 비록 역사에 근거하고 있기는 하지만 율법들이나 관습의 실제 적용은 현실적인 상황들 속에서는 무시되어질 수 있다. 또한 고대의 법전들은 모든 사항들을 다 포함하거나 다루고 있는 것이 아니다. 이 율법 문헌들은 원리들을 제공해 주고 있을 뿐이며, 이것들은 구체적인 상황들 속에서 융통성 있게 적용되어질 수 있는 성질의 것이다(Hubbard 1988, 48-51).

우리가 이 책에서 적용되고 율법적인 원리들을 살필 때 우리는 이런 점들을 염두에 두고 있어야 한다. 우리는 논란이 되는 율법 중의 하나를 살펴봄으로써 이 점을 설명하고자 한다. 3장에서 룻은 보아스가 "땅을 대신 무를 친척"(kinsman-redeemer) 혹은 "고엘"(레 25:25-30, 47-55을 보라; 참고, 렘 32:1-15)이라는 것에 근거해서 그에게 구혼을 했다. 그러나 관련된 율법들을 살펴보면 죽은 친척의 아내와 결혼하는 것은 땅을 대신 무를 친척의 의무사항에 들어 있지 않다. 그러나 이 점이 룻기의 역사성에 대하여 부정적인 결론을 내리게 만들어서는 안 된다. 이 책이 원래의 독자들에게 신빙성 있게 받아들여졌다는 점은 이 율법이 이러한 판례를 갖고 있었다고 보게 만들어 준다. 아마 고엘의 의무사항들은 오경의 율법들에 명시된 것을 넘어서서 "가난한 친척들, 특히 죽은 친척들을 도와주기 위한 여러 가지 의무들을 포괄하고" 있었던 것 같다(Hubbard 1988, 52).

문 학 적 인   분 석

장르

궁켈의 연구는 이 책의 문학적인 분석에 있어서 전환점을 마련해 주었다. 그는 이 책이 기존의 영웅담(saga)에서 파생된 노벨라(novella)로서, 허구성을 내포하고 있다고 느꼈다. 일부 학자들(Campbell 1975, 3-4, 9-10; Hubbard 1988, 47-48; Howard 1993, 126-27)은 "짧은 이야기"(short story)라는 용어를 선호하며(또한 Bush 1996, 30-47; Block 1999, 599-603을 보라), 그와 더불어 "역사적"이라는 형용사를 덧붙이는 경우가 왕왕 있다. 우리는 아주 예술적으로 쓰인 내러티브는 비역사적인 글이라고 보는 견해에 대해서는 동의하지 않는다(서론 "역사적 배경"을 보라).[1]

구조

티쉴러(Tischler 1993, 151-53)는 이 책이 서론에 뒤이은 다섯 개의 막과 한 개의 결장(結章)으로 이루어져 있다고 개관했는데, 이것은 매우 유용하다:

서장 (1:1-5)
제 1 막: 모압을 벗어남(1:6-18)
제 2 막: 베들레헴(1:19-22)
제 3 막: 보아스의 등장(2:1-23)
제 4 막: 계획(3:1-18)
제 5 막: 공개적인 선언(4:1-12)
결장 (4:13-22)

문체

룻기는 그 명료하고 단순한 문체 때문에 항상 주목을 끌어 왔다. 이 책의 플롯은 그 균형미와 극적인 성격으로 해서 독자들을 매혹시킨다. 그러나 로버(Rauber 1970, 35)는 다음의 점을 잘 지적했다. 룻기는 "그저 앙증맞게 매력적인 책이 아니다. 우리는 이 책이 주는 거대한 반향 때문에 깊은 인상을 받는다. 이 책은 진정으로 보석이다. 그러나 결집되고 축적된 힘을 가지고 있다는 의미에서의 보석이다. 이 보석은 서정적인 우아함과 단순성이라는 다소 아리송한 배경의 배후에 아주 커다란 밝음을 갖고 있는 보석이다."

이 플롯의 배경과 그 중요한 관심사들은 이 책의 매혹적인 단순성을 고양시켜준다. 라이켄(Ryken 1992, 669)은 "가정, 가족, 종교적 헌신, 땅, 추수, 사랑, 나라"에 대한 관심은 이 책을 목가적인 문학과 연결시켜 준다고 지적했다.

---

1) 구조주의적 해석 노선을 따라 민담으로 해석하는 입장을 상세하게 다루고 있는 것을 보려면 Sasson 1989를 보라.

로버(1970)는 가정과 안위에서 그 해답을 찾는 "공허와 충족"(emptiness and fullness)이란 주제가 이 이야기의 심장이라고 지적했다. 그린(Green 1982, 56)은 들과 그 소산은 여성과 그녀의 필요들을 상징하고 있다고 간파했다. 나오미와 룻의 빈손은 나오미의 가족을 이스라엘에서 내몰아낸 가뭄과 상응한다. 비록 후자가 전자보다 우선하기는 하지만 말이다. 플롯은 룻의 새로운 충족감(결혼과 출산)을 추수와 연결시킴으로써 해소된다(아마 이 책이 가볍다는 편견을 조장시키는 것은 이 책이 해피엔딩으로 끝이 나기 때문일 것이다). 로버는 이러한 결론이 이전의 두 개의 일화들(2:18과 3:17을 보라)에서 보아스가 나오미에게 가져갈 곡식을 룻에게 주는 것을 통해서 기교 있게 암시되어 있다는 점을 지적했다. 2장과 3장의 일화들 사이의 연결은 버트맨(Bertman 1965)이 지적한 내러티브상의 균형에 의해서 고양되어 있다.

신 학 적 인   메 시 지

룻기는 언뜻 보기에는 깊이가 없는 결혼 이야기인 것처럼 보인다. 첫 눈에 보기에는 이 책의 메시지는 신학적인 것이 아니라 윤리적인 것으로 보인다. 이 책은 충성, 친절, 관대함 등의 미덕들을 모범적인 예들을 통해서 보여주고 있다. 룻은 강한 충성심을 보여주고 있으며, 오르바는 단지 그녀를 돋보이게 만들어주는 장식품인 것으로 보인다. 보아스는 익명의 다른 친척과는 대조적으로 친절함과 관대함의 화신인 것으로 보인다. 이 책의 메시지는 이런 식으로 정리될 수 있을지도 모른다: "룻처럼 충성스럽고 보아스처럼 친절하면 하나님께서 당신에게 보상하실 것이다." 좋은 사람들에게는 선이 악을 뛰어넘는다.

그러나 이러한 공허한 해석은 이 책을 왜곡시키고, 이 책의 심오한 신학적 가르침을 간과하게 만든다. 할스(Hals 1969)와 프린슬루(Prinsloo 1980)는 이 책의 미묘한 신학을 탐구하고, 이 책의 핵심적인 가르침이 하나님의 숨겨진, 그러나 지속적인 섭리라는 것을 지적했다(Sasson 1989과 대조됨 — p. 221 등을 볼 것). 할스 등이 지적한 바와 같이 하나님의 이름은 이 짧은 책에서 스물세 번이나 사용되었는데, 그 중에서 내레이터가 이 하나님의 이름을 사용한 것은 단지 두 번 뿐이다. 이 책은 바로 이러한 미묘함을 통해서 평범한 사람들의 삶 속에서 계속적으로 이루어지는 하나님의 계속적인 사역에 대해서 가르치고 있다.

이 책의 신학을 가장 두드러지게 잘 보여주고 있는 것은 2:3후반절이다. 이 구절에서 우리는 룻이 "우연히 엘리멜렉의 친족 보아스에게 속한 밭에 이르렀더라"는 내용을 발견한다. 할스가 지적한 바와 같이 이 구절은 이 구절이 말하고 있는 것처럼 보이는 내용의 정반대의 내용을 말하고 있다. "룻과 보아스의 만남을 '우연'이라고 말하고 있는 것은 그 만남에 아무런 인간적인 조작이 없었다는 것을 말하는 것일 뿐이다"(Hals 1969, 12).

룻기에는 초자연적인 사건들이나 기적들이 등장하지 않는다. 그러나 주의 깊은 독자들은 출애굽의 이야기에서만큼이나 하나님의 손이 이 이야기의 사건들을 인도하고 계시다는 것을 이 이야기의 끝에 가서 깨닫게 된다. 프린슬루(Prinsloo)의 말을 들어보자. "인간의 행동은 때로는 하나님의 행동을 대체하기까지 한다. 그럼에도 불구하고 … 인간의 주도권에는 한계가 있으며, 하나님의 축복이나 역사하심이 없으면 인간의 주도적인 행위는 허무한 것이다"(1980, 339). 이러한 점에 있어서 룻기는 요셉 이야기나 에스더서와 비슷하다.

또한 하나님의 감추어진 계속적 섭리는 엘리멜렉의 가족을 놀라운 방식으로 구원하신 것을 부각시켜 주는 것 이상의 일을 하고 있다. 이 가족은 비록 평범한 가족에 불과하기는 하지만 결국 구약 역사에서 가장 중요한 인물들 중의 하나인 다윗을 태어나게 하는 역할을 한다. 그렇기 때문에 저자는 다윗이 이스라엘에 주신 하나님의 선물이라고 이야기한다. 이런 점에 있어서 룻기는 이스라엘의 다른 지도자들의 출생에 대한 구약의 수많은 이야기들과 꼭 동일하지는 않다고 하더라도 비슷한 점을 갖고 있다. 이러한 이야기들 속에서 하나님은 엄청난 장애들(보통 불임)을 극복하시면서 마침내는 지도자를 주신다(이삭, 야곱, 삼손, 사무엘).

신 약 으 로 의   접 근

마태의 족보는 룻이 다윗의 할머니임을 상기시켜 주고 나서 그 후로 예수에 이르는 후손들의 계보를 계속해서 보여준다. 이 족보에는 여인들로서는 오직 다말, 라합, 룻, 마리아 등 몇 명만 포함되어 있다. 이들은 모두 기생이라는 직업, 이방인, 미혼모 등의 결함들을 가지고 있다. 그러나 하나님께서는 이들을 통해서 메시야에 이르는 계보가 이어지게 만드셨다.

할스(Hals 1969, 17)는 룻기를 "메시야적 역사"라고 부르는데, 이것은 아주 돋보이는 제언이다. 티쉴러(Tischler 1993)는 룻과 마리아 사이의 비슷한 점들을 지적했는데, 그 중 가장 두드러진 것은 베들레헴이라는 동일한 배경이다. 로소우(Rossow 1991, 17)는 고엘의 역할을 하는 보아스와 예수 그리스도 사이에 존재하는 비슷한 점들에 대해 우리의 주의를 환기시켰다. 양자는 곤경에 빠진 사람들을 구속하기 위해 자발적으로 자신들을 희생시켰다.

그러나 이와 더불어 우리는 하나님께서 자기 백성들을 구속하실 때 은밀하면서도 기적적인 섭리를 계속 행사하신다는 점을 주목해야 한다. 이 점은 그리스도가 십자가 처형에 이르게 되기까지의 상황들 속에서 발견된다. 비록 예루살렘에 있던 많은 사람들에게 있어서 이것은 하나의 사형집행에 지나지 않는 것이었을 뿐이며, 또 그를 십자가에 못 박았던 사람들에게는 이것은 단지 그를 죽이고 싶다는 자신들의 욕망의 표현일 뿐이었다. 그러나 하나님의 감추어진 손이 그 배후에 있었다. "그가 하나님께서 정하신 뜻과 미리 아신 대로 내준 바 되었거늘 너희가 법 없는 자들의 손을 빌려 못 박아 죽였으나 하나님께서 사망의 고통에서 풀어 살리셨으니 이는 그가 사망에 매여 있을 수 없었음이라" (행 2:23-24).

사 무 엘 서

사무엘서는 주로 세 명의 인물, 즉 이스라엘의 마지막 사사인 사무엘, 이스라엘의 첫 번째 왕 사울, 그리고 3세기에 걸쳐 지속될 왕조의 건설자인 다윗에 대한 이야기를 말하고 있다. 이 책은 하나의 전환 ─ 즉 신정정치(theocracy)로부터 왕정정치(monarchy)로의 전환 ─ 에 대한 책이다. 신정정치 하에서는 하나님이 이 백성이 필요로 하는 지도자들(사사들)을 때에 따라 보내셨다. 그러나 이제 이 지도력이 제도화되고 상속 가능한 것이 되려고 하고 있다.

역 사 적 배 경

저작권

　　　　성경의 다른 역사가들처럼 사무엘서의 저자도 익명으로 남아 있다. 사무엘서는 원래는 하나의 책이었다. 그러나 아마 그 방대한 분량 때문에 70인경에서는 둘로 나눠지게 된 것 같다(제 1 왕국기[1 Kingdoms], 제 2 왕국기[2 Kingdoms]로 부름). 이 책의 첫 번째 부분은 사울의 죽음으로 끝나며, 두 번째 부분은 대체적으로 다윗의 통치기에 초점을 맞추고 있다. 이 책은 그 내용상의 첫 번째의 중요한 인물의 이름을 따서 지어졌다. 사무엘의 탄생은 이 책의 첫 장에 기록되어 있는데, 그의 죽음이 사무엘상 25장에 기록되어 있다는 사실은 그가 이 책을 썼을 가능성을 배제시킨다(참고, 대상 29:29-30). 탈무드는 사무엘상 1-24장을 사무엘과 연결시키고 있고, 나머지 부분은 나단과 갓에게 연결시키고 있다(b. Bat. 14b; 15a).

사무엘서가 신명기적 역사의 일부이기 때문에 대부분의 학자들은 포로시대의 편집자들-저자들(the editors-authors)의 작업이 이 책의 형성과정의 마지막 단계들을 형성하고 있다고 보고 있다. 그러나 이 책의 형성과정의 역사를 복구해 내는 것은 거의 불가능하며, 아주 이른 시기에 현재 형태의 본문과 본질적으로 동일한 형태의 본문이 만들어졌을 가능성이 있다.

형성과정의 역사

지난 일세기 반 동안 비평학계는 이 책의 형성과정의 역사를 밝히는데 심혈을 기울였다. 그들의 접근방법들은 그들이 채택한 다양한 비평학적 방법들에 의해서 요약될 수 있다.

문서비평적 접근방법들. 어떤 학자들은 오경비평학에서 제시된 것과 유사한 방법으로 이 책의 배후에 있는 문서들을 찾으려고 했다. 반복기사들, 중복기사들, 긴장들, 갈등 등의 잘 알려진 통상적인 기준들이 이른 시기의 내러티브 층들을 구분해 내는데 사용되었다. 사울이 다윗을 처음 만난 것은 언제인가? 골리앗과의 전투 전인가(삼상 17:31, 55-58), 아니면 사울이 음악을 통한 위안을 필요로 하고 있을 때인가(16:14-25)? 골리앗을 죽인 것은 누구인가? 다윗인가(17:50), 엘하난인가(삼하 21:19)? 이스라엘에 왕정제도를 세우는 것에 대한 하나님의 입장은 무엇인가? 긍정적이시며 승인하시는 것인가(삼상 9:15-16; 10:23-25), 아니면 부정적이시며 불허하시는 것인가(8:4-22; 12:16-19)?

이러저러한 긴장들을 가지고 분석가들은 기존의 내러티브 층들을 구분하고 파악하려고 하였다. 예를 들어, 벨하우젠(Wellhausen)은 주로 왕정체제에 대한 각각의 입장에 근거해서 두 개의 자료를 파악했다. 이른 시기의 문서는 왕정체제를 선호하는 시각을 갖고 있고, 역사적인 가치가 더 높다. 이것은 이스라엘이 왕정체제를 여전히 역사의 정점으로 보고 있을 때의 상황을 반영하고 있다. 늦은 시기의 문서는 바벨론 유수 및 그 이후에 이스라엘이 왕정체제의 최종 결과들을 경험했을 때의 상황을 반영하고 있다. 이것은 신명기 사학자의 태도들을 반영하고 있으며, 따라서 그 어조에 있어서 왕정체제에 반대적이다. 또한 이것은 늦은 시기의 자료이기 때문에 역사적인 가치가 많지 않다. 예를 들어, 사울의 등극에 대한 기록은 왕정체제에 모순적인 태도들로 보이는 것들, 즉 호의적인 시각(삼상 9:1-10:19; 11:1-11)과 비호의적인 시각(7:1-8:22; 10:17-27; 11:14-12:25)을 담고 있다.

벨하우젠의 접근방법에 의해서 제시된 추정연대는 도전을 받았다. 많은 학자들은 반(反)왕정체제적인 태도가 왕정시대 이전의 상황에 좀 더 적합하며, 왕정체제로의 전환에 대한 이스라엘 내의 실제 논란을 반영하고 있다고 주장했다(Weiser 1962; Tsevat 1980; Ishida 1977). 이스라엘이 왕정시대 이전에 근본적인 국가제도들을 만들었기 때문에 왕정체제에 대한 저항이 우리가 기대할 수 있는 바이다. 친(親)왕정체제적인 요소와 반왕정체제적인 요소 사이의 긴장에 대한 기록들은 이 시대의 사회적인 상황들을 반영하고 있다. 반왕정체제적인 감정은 기드온 시대까지 거슬러 올라가는 논란(삿 8:22-9:57)을 반영하는 것일 수도 있다.

맥카씨(McCarthy 1973; cf. Long 1989, 174-75)는 친왕정체제적인 문단과 반왕정체제적인 문단이 본문 속에서 교대로 나오고 있다는 점을 지적했다:

도표 5	친왕정체제적 문헌 및 반왕정체제적 문헌
B (−): 8:4-22	백성들의 총회의 기록: 백성들이 왕을 구함
A (+): 9:1-10:16	이야기: 비밀히 사울을 기름부음
B (−): 10:17-27	백성들의 총회의 기록: 대중적인 공개
A (+): 11:1-13	이야기: 사울의 첫번째 업적
B (−): 11:14-12:25	백성들의 총회의 기록: 사무엘의 연설

더 부정적인 요소들은 일관되게 백성들의 총회 속에서 등장하는데, 이런 총회에서는 다양한 찬반 논쟁이 일어나기 마련이다.

이 문제에 대한 문서비평적인 접근방법은 대부분 인기를 상실했지만 핼펀(B. Halpern 1981)은 사무엘상 8-31장의 문단들을 대체적으로 이전의 학적인 견해들과 일치하는 방향으로 분배함으로써 이 견해를 되살리려고 시도하였다.

전승사비평적인 접근방법. 두 개의 평행하면서도 연속적인 문서들 대신에 전승사비평적인 접근방법을 택한 학자들은 특별한 주제들에 관련된 이야기들의 모음집들을 현재의 본문에서 구분해 낼 수 있다고 생각한다. 로스트(Rost 1926; 영역본 1982)는 사무엘서의 중요한 구성 문헌들로서 정경화 이전의 법궤 이야기(삼상 4:1-7:1), 다윗의 등극 이야기(삼상 16:14-삼하 5:10), 계승 이야기(삼하 9-20장; 왕상 1-2장) 등의 이야기들을 구분해 냈다. 비록 개별적인 분석들은 차이가 나지만 다음의 문헌 모음집들의 존재가 여러 학자들에 의해서 주장되어졌다.

1. 사무엘의 어린 시절에 대한 이야기들(삼상 1-3장).

2. 법궤 이야기(삼상 4:1-7:2 — 참고, Campbell, 1975; Miller and Roberts, 1977). 이 이야기가 법궤를 예루살렘으로 옮긴 것에 대한 기록(삼하 6:1-15)에서 계속되고 있다는 주장이 자주 제기되었다.

3. 미스바 및 라마에서의 사무엘과 사울에 대한 이야기들(삼상 7:3-12; 8:1-22; 10:17-27; 12:1-25; 15:1-35). 이 이야기들은 특정한 장소들에서 발전되었으며, 주로 반(反) 사울적인 경향, 혹은 반왕정체제적인 경향을 갖고 있다. 선지자들의 신탁들이 두드러진다.

4. 길갈과 관련된 사무엘과 사울의 이야기들(삼상 9:1-10:16; 13:1-14:46). 어떤 학자들은 삼상 11, 15, 28장과 31장이 이 문헌에 속한다고 생각한다. 이 가상적인 문서는 보통 왕조 및 사울에게 좀 더 동정적이다.

5. 궁정 이야기 혹은 계승 이야기(삼하 9-20장; 왕상 1-2장). 비평학자들은 소위 궁정 이야기(the Court History) 혹은 계승 설화(the Succession Narrative)란 것을 따로 분리해 내고 그것의 존재를 인정하는 데 있어서 아주 보기 드문 의견의 일치를 보여주고 있다. 이 설화는 다윗 왕조 시대의 사건들에 대한 매우 이른 시기의, 그리고 거의 목격담적인 기록으로 보통 간주되고 있다. 로스트의 논문(1926 [1982])은 이후의 학자들이 이런 식으로 생각할 수 있는 길을 제시했는데, 이 견해를 따르면 비교적 완성된 형태의 문헌들(literary units)이 각기 이스라엘 역사의 일정 부분들을 다루면서 서로

맞닿아 있는 형태로 배열되어 하나의 더 큰 작품을 구성하고 있다는 식으로 생각하는 것이다. 이런 식의 생각은 오경의 비평학적인 모델의 경우처럼 본문 내에서 병행하는 내러티브들을 끝없이 찾아내려고 하는 태도와는 차이가 난다. 계승 설화 속에는 인간의 관심사들을 다루고 있는, 짜임새 있게 잘 짜인 일련의 이야기들이 다윗과 그의 아들들 사이의 관계에 대해서 초점을 맞추고 있다.

특히 이 이야기들은 아들 중 누가 왕위를 계승할 것이냐 하는 문제를 중심으로 전개되고 있다. 이 이른 시기의 문헌을 제대로 파악하기 위한 노력들 중에는 이 문헌이 과연 어떤 문헌인가 하는 것을 밝히려는 노력들이 있었는데, 그 결과 이 문헌은 역사 기록, 정치적 선전문(Rost 1926 [영역본 1982]; Whybray 1968; Würthwein 1974), 그리고 지혜 문학(Whybray 1968) 등으로 인식되었다. 이 문헌의 시작점이 어디인가 하는 문제에 대해서는 많은 논쟁이 있다. 비록 사무엘하 9장이 그 시작점으로 널리 받아들여지고 있기는 하지만 이 내러티브는 삼상 16장-삼하 8장에 기록된 사건들에 대한 많은 언급들을 내포하고 있다.

6. "부록"(삼하 21-24장). 삼하 21-24장의 본문은 계승 설화(the Succession Narrative) 속에 억지로 집어넣어진 본문으로 솔로몬의 계승 이야기(왕상 1-2장)와 이 계승에 이르기까지의 사건들을 다루고 있는 앞의 내러티브들 사이를 분리시키고 있다는 것이 널리 받아들여진 견해이다. 이 부록에 들어 있는 문헌들은 두 개의 이야기, 두 개의 목록, 두 개의 시로 이루어져 있는데, 이것들은 연대기 순서상으로 뒤바뀌어 있으며, 서로 다음과 같은 교차대조법적 구조를 이루고 있다:

A 내러티브: 삼년의 기근과 사망, 희생제사로 물러감 (삼하 21:1-14)

  B 다윗의 용감한 군대들 (21:15-22)

    C 사울로부터 구원을 받았을 때의 다윗의 노래 (22장)

    C' 다윗의 마지막 노래 (23:1-7)

  B' 다윗의 용감한 군대들 (23:8-39)

A' 내러티브: 삼년의 재난과 죽음, 희생제사로 물러감 (24장)

학자들에 의해서 보통 제기되어진 이러한 긴 이야기 문헌들 이외에도 사무엘서의 저자들-편집자들과 이른 시기의 내러티브 모음집들은 기타의 개별적인 내러티브들이나 시들(삼상 2:1-10; 15:22-23; 삼하 1:17-27; 3:33-34; 22:1-5; 23:1-7), 목록들이나 연대기 등과 같은 보관문서들(삼상 7:13-17; 14:47-52; 삼하 3:2-5; 5:13-16; 8:15-18; 20:23-26; 23:8-19; 24:5-9), 선지자들의 신탁들에 대한 문헌들(삼상 2:27-36; 3:11-14; 6:3-9; 8:7-18; 9:15-16; 10:17-19; 12:6-17, 20-25; 15:10-11; 17:45-47; 삼하 7:3-17; 12:7-14; 24:11-13)을 활용할 수 있었던 것 같다.

편집비평적 접근방법. 전승사비평적인 방법의 결과들에 기초한 편집비평은 뚜렷이 구분되는 편집 작업들이나 편집층들을 찾아내려고 하였다. 사실 노트(M. Noth)는 계승 설화(the Succession Narrative)에 대한 로스트의 접근방법에 의해서 대표되어지는 방법론의 변화를 끝까지 밀고 나갔다. 노트(1943)는 신명기를 오경으로부터 떼어 내었으며, 이 신명기가 신명기의 시작부분부터 시작해서 여호수아서, 사사기, 사무엘서를 거쳐 열왕기에 이르기까지에 걸쳐 있는 통일된 이스라엘 역사의 이념적인 토대이자 문헌상의 시작점이라고 생각했다.

그에 따르면 이 신명기적 역사(the Deuteronomistic History: DH)는 포로 시대 중에 저술 작업을 한 한 명의 저자의 작품이며, 왜 하나님께서 이스라엘을 배척하셨는지를 설명하고 있다고 한다. 이 포로 시대의 저자는 기존의 문헌들을 활용하였으며, 이 책들의 본문 안에 있는 몇몇 구절들은 이 신명기 기자(the Deuteronomist: Dtr)의 작품이 완성된 이후에 첨입되어진 부분들이다. 예를 들어 "부록" 부분(삼하 21-24장) 전체가 그러하다. 또한 노트는 이 저자 자신이 자유로이 창작한 부분도 몇 군데 있다고 보았다. 사무엘서의 경우 삼상 7:2-8:22(왕에 대한 요구), 10:17-27a(미스바에서 사울을 기름 부은 사건), 12:1-25(사무엘의 요약적인 연설)이 바로 이 신명기 기자의 글들이다. 노트는 DH가 통일성을 갖고 있다는 점을 강조했는데, 이 점은 기존의 문서비평학적 접근방법들과는 날카로운 대조를 이룬다. 이 신명기 기자는 포로 생활의 이유를 설명하고자 했으며, 미래에 대한 소망을 제시하지 않았다.

비록 노트의 주장이 널리 채택되고 이후의 논의들의 출발점이 되기는 했지만 많은 학자들은 노트의 접근방법이 약점들을 갖고 있다는 것을 지적했다. 가장 중요한 약점은 노트가 DH 전체를 관통하는 다윗에 대한 하나님의 약속의 중요성을 충분하게 설명하지 못했다는 점이다. 다윗 언약의 영원성은 노트의 부정적인 해석과는 대조적으로 낙관적인 느낌을 던져 주고 있다. 노트는 부정적인 내용을 갖고 있지 않은 부분들은 Dtr이 활용한 기존 문헌들 속에 이미 들어 있었던 것들로, Dtr이 이것들을 수정하거나 제거하지 않고 그냥 자기의 작품 속에 집어넣었다고 주장했다.

노트의 접근방법이 해결하지 못한 긴장들에 근거해서 다른 학자들은 그의 분석을 수정하거나 정교화하려고 노력했다. 노트의 주장을 완벽하게 만들려는 노력들은 여러 가지 다른 방향들을 낳았다. 그 중 두 개가 특히 중요한데, 첫 번째는 크로스(F. M. Cross)와 그의 많은 제자들에 의한 이중편집 접근방법(the double redaction approach)이며, 또 다른 하나는 괴팅겐 대학 학자들인 디트리히(Dietrich), 스멘트(Smend), 비욜라(Viejola)가 채택한 방법이다. 크로스(1973)는 DH의 초판이 요시야 시대 것이라고 보았다.

이것은 요시야의 개혁을 지지하고 정당화하기 위해 이 왕의 일파 중의 하나에 의해서 쓰였으며, 친왕정체제적이고 낙관적인 성향을 띠고 있다. 이 초판은 포로시대의 한 편집자에 의해서 보충되어졌는데, 그는 포로시대까지 이르는 나머지 왕들의 기록들을 덧붙였으며, 기존의 판본을 손질하였다. 이 두 번째 판은 다윗 약속들의 조건성을 강조하고 있으며, 좀 더 부정적인 시각을 갖고 있다. 이러한 이론을 가지고 크로스는 하나님께서 다윗에게 주신 약속의 조건성 및 무조건성 사이의 긴장을 해소하고자 하였다.[1]

크로스의 접근방법이 주로 미국에서 영향력을 발휘했던 반면 대륙에서는 괴팅겐 학자들인 디트리히(Dietrich), 스멘트(Smend), 비욜라(Viejola)가 세 개의 편집층을 구분해 내었으며, 이것들 모두가 주전 586년의 예루살렘 멸망 이후의 것들이라고 주장했다.[2] 첫 번째 판(DtrG)은 기본적인 이야기를

---

1) 이 논의는 어느 정도는 열왕기에서 더 상세하게 다루어진 문헌들과 불가피하게 중복될 수밖에 없다.

제공해 주고 있으며, 낙관적인 태도를 띠고 있고, 정복활동이 완성되었다고 가정하고 있다. 두 번째 판(DtrP)은 선지자들의 이야기들을 집어넣었다. 세 번째 판(DtrN)은 "율법주의적인" 혹은 율법적인 문헌들을 집어넣었다. 이 편집층은 정복을 불완전한 것으로 보았으며, 땅에 대한 지배력이 미약하다고 보았다. 이 이론에서도 역시 신학적인 긴장들은 가상적인 편집층들에 의해서 해결되었다. 그러나 후대의 편집자들은 일관성이 없는데 왜 문서들은 일관성이 있을 수 있느냐 하는 문제는 대답되지 않은 채로 남겨졌다. 편집비평적인 설명들에 따르면 최종적인 판본은 신학적인 일관성과 자료 취급 능력이 결여된, 이념적으로 혼란된 문서로 남아 있다.

최근 몇십 년 동안 사회학적인 접근방법들은 성경 연구에 있어서 점점 더 중요한 역할을 하고 있다. 다수의 학자들(예를 들어 Birch 1976, Flanagan 1988)은 내러티브가 그 배후에 깔린 사회적인 긴장들을 어떻게 드러내고 있는지에 초점을 맞추어 왔다. 특히 왕정체제의 등장(삼상 7-10장), 성전에 대한 계획들(삼하 7장), 조세와 징집을 위한 목적의 인구조사(삼하 24장) 등에 대한 이야기들은 정치적·종교적 권력의 중앙화를 향한 압력들을 보여주고 있다. 이러한 이야기들은 중앙화에 저항하는 다른 이야기들과 병렬되어 있다(삼상 8장; 삼하 8, 24장).

종교적·정치적 권력의 중앙화가 경제적으로 가져온 결과들도 또한 중요하다. 왕정제는 조세, 무보수의 노력 동원, 상비군 등을 의미했다. 성전 건설은 그 자체의 관료조직과 제물 및 헌물들에 대한 요구 등을 의미했다. 왕정체제와 성전은 철기 시대의 이스라엘과 같은 영세한 농업 경제가 가진 자원들을 고갈시키게 마련이며, 또한 계급화된 사회를 촉진시킬 수 있었다. 중앙화는 또한 발전하고 있는 행정적 관료제에 직면해서 전통적 부족 위계질서의 영향력의 상실을 의미했다. 중앙화된 나라를 유지시키기 위한 자원들을 추구하는 일은 또한 잉여적인 부와 풍성함을 위해서 다른 나라들을 군사적으로 정복해야 하는 결과를 낳았다.

---

2) 이 각각의 저작들에 대해서는 사사기의 참고문헌 목록을 보라.

문 학 적 인   구 조

수십 년 동안 학자들의 논쟁은 가상적인 문서들, 모음집들, 혹은 편집층들의 이데올로기, 연대, 범위, 혹은 이차적인 편집활동 등의 문제들에 의해 지배되어 왔다. 학적인 논쟁 속에서 이러한 가상적인 문서들이나 편집층들의 저작목적 및 이데올로기가 이 책 전체의 이데올로기보다 더 우월성을 갖고 있는 것처럼 보이는 경우가 자주 있었다. 어떤 점에서 보면 이것은 여러 자료들의 상호모순되고 반대되는 신학적 경향들을 반영하고 있는 조화불가능한 최종적인 본문에 치중하기보다는 이념적으로 좀 더 일관성이 있는 것으로 여겨지는 이전 단계의 문헌들을 찾아내고자 하는 방법론이 가진 필연적인 귀결이다. 그러나 좀 더 최근의 연구들은 현재 있는 본문 그 자체의 문학적이고 심미적인 측면들에 초점을 맞추고 있다.

성경의 그 어떤 책도 사무엘서만큼 문학적인 분석가들의 강렬한 관심의 대상이 된 책은 없다. 이 책에 대한 내러티브 기법 및 기교에 대한 연구들은 풍부하다(Fokkelman, Garsiel, Gros-Louis, Gunn, Humphreys, Long, Miscall, Polzin). 이러한 연구서들은 그 문헌의 발전과정에 대한 가설적인 재구성 이론에 의존하지 않고 현재 있는 그대로의 사무엘서의 본문의 이데올로기 및 문학적 탁월성에 대한 문제들에 관심을 집중하고 있다.

비록 사무엘서가 거의 전적으로 산문으로 이루어져 있기는 하지만 또한 다수의 시들이 내러티브 곳곳에 산재해 있다. 이 시들 중 득히 두 개의 시가 전 책의 외곽틀을 제공해 준다. 이 시들은 바로 사무엘상 2:1-10의 한나의 기도와 삼하 22:1-23:7의 다윗의 노래이다. 폴진(1989, 33-34)은 이 승리감에 겨운 왕의 감정들이 기쁨에 겨운 어머니의 감정들과 어떻게 상호침투하고 있는지를 보여주었다.

이 두 시는 적들로부터 구원(2:1; 22:3-4)을 기뻐하고, 반석이신 하나님을 기념하고(2:2; 22:32), 스올에 대해서 언급하고(2:6; 22:6), 하나님께서 어둠 속에서 뇌성을 발하시는 것(2:10; 22:14, 29)과 그가 신실한 자들을 보호하시는 것(2:9; 22:26)과 그가 하나님의 기름 부은 자에 대한 신실하신 사랑을 보여주시는 것(2:10; 22:51; 23:1)을 묘사하고 있다. 한나의 송가는 이 책 전체를 채우는 주제들을 미리 요약해 주고 있다. 한나의 예언적인 노래는 이스라엘의 왕권의 등장을 고대하고 있으며, 다윗이 역사적인 실존인물로서 축하하게 될 승리를 바라보고 있다. 하나님께서 기름 부음을 받은 자를 인정하시고 보호하신다는 것은 이 책의 통일된 주제들 중의 하나이다(삼상 16:3, 6, 12-13; 24:6; 26:9, 11, 16, 23; 삼하 1:14, 16; 3:39; 19:21).

아들에 대한 한나의 간구 역시 다른 방식으로 이 책의 나머지 부분들을 예비하고 있다(Polzin 1989, 24-25). 사무엘상 1:17, 20, 27; 2:20에서 한나와 엘리는 그녀의 아들을 하나님께 "구한"(asked) 혹은 "간구한"(requested) 아들이라고 부르고 있는데, 이와 동일한 히브리어 동사 어근이 백성들이 왕을 구할 때 동일하게 사용되고 있다(삼상 8:10; 12:13, 17, 19). 사울의 이름도 역시 동일한 동사 어근을 바탕으로 하고 있다(간구된 자[the one requested]). 아이러니컬하게도 한나는 사무엘의 이름을 설명할 때(삼상 1:20) 사울의 등장을 예견하는 식으로 말하고 있다. 하나님께서 한나의 아들에 대한 간구를 들어 주시는 이야기 속에는 하나님께서 왜 이스라엘에게 왕을 허락해 주셨는가 하는 더 큰 이야기가 예술적으로 기교 있게 암시되어 있다.

사무엘서의 이야기들에서 또 하나의 중요한 주제는 운명의 반전이다. 엘리가 버림을 받게 된 이유는 또한 사울이 버림을 받게 되는 이유가 된다. 건(Gunn 1980), 험프리스(Humphreys 1978), 브루그만(Brueggemann 1990)은 사울이 통치를 시작하자마자 그만 두게 된 불행한 왕이라고 생각한다. 브루그만은 사무엘이 자신에게 순종적이고 공손한 사울에게 너무 까다롭고 무자비하게 대한다고 생각한다. 건(1980, 131)은 사울이 하나님의 "어두운 측면"(the dark side)을 경험한 대신에 다윗은 그 반대쪽 면만을 경험한다고 결론 내렸다. 이러한 해석들은 사울을 악한 사람보다는 희생자로 보는 견해들이다. 반면에 롱(Long 1989)은 본문이 선지자 사무엘이 이스라엘의 첫 번째 왕을 꾸짖는 것에 대한 일관성 있는 이유(삼상 13:13)를 제시해 주고 있다고 주장한다. 처음부터 내레이터는 사울을 머뭇거리고 주저하는 인물로 묘사하고 있다. 그는 짐보따리들 사이에 숨으며(삼상 10:22), 블레셋인들과 맞서 싸우지 못하고(대신 요나단이 함 — 삼상 13:1-10), 골리앗 앞에서 얼어붙었다(삼상 17장). 롱에 따르면, 하나님이 이스라엘의 첫 번째 왕을 물리치신 것은 그의 사소한 잘못들을 가지고 임의적으로 무작정 물리치신 것이 아니라 하나님의 선함, 거룩성, 정의에 따라 일관성 있게 처리하신 것이다. 저자는 이 왕과 그의 후계자 간의 날카로운 대조를 강조하는 수단으로써 이 양자 사이의 비슷한 처지들을 강조하고 있다(참고, 삼상 13:22). 사울의 변명할 수 없는 쇠퇴는 다윗의 부각과 대비되는 주제이다.

다윗 내러티브에 대한 건의 분석(Gunn 1978, 87-111)은 왕으로서의 다윗과 인간으로서의 다윗이라는 두 가지 중심주제에 초점을 맞추고 있다. 왕으로서의 역할을 보자면 다윗은 왕국을 획득하고 자기 자리를 확보하였으며(다윗과 사울에 대한 기록들, 압살롬과 시바의 반역들), 왕조를 세웠다(솔로몬의 탄생, 아도니야의 반역, 다른 경쟁자들 및 파벌들의 제거). 이러한 내러티브들은 인간으로서의 다윗, 즉 남편(미갈, 밧세바), 아버지(암논, 압살롬, 솔로몬, 아도니야) 등의 인간으로서의 다윗이라는 주제와 얽혀 있다. 이 기록들은 성(性)과 정치적 음모라는 주제들로 덧씌워져 있다. 성은 밧세바와의 간음 이야기, 그 간음을 통해 얻은 아이가 죽은 이야기, 아들이 이복 여동생을 겁탈한 이야기, 아버지의 침대에서 수종 드는 여인 아비삭을 두고 경쟁하는 이야기, 우리야가 자기 아내를 방문하기를 거부한 이야기, 다윗의 첩을 취한 이야기, 사울의 딸이 자식이 없는 이야기 속에 들어 있는 주제이다. 폭력과 정치적 음모는 다윗의 전쟁 이야기, 사울이 다윗의 목숨을 노린 이야기, 요압과 그 형제들이 폭력을 행사한 이야기, 다윗의 아들들 사이에서 살인이 자행된 이야기, 무기력한 압살롬을 죽인 이야기, 다윗이 자기 사후에 즉시 적들을 죽이라고 계획한 이야기 속에 골고루 흩어져 있다.

다윗과 밧세바의 관계에 대한 기록은 솔로몬의 궁극적인 왕위 계승을 준비시킨다. 그러나 이 기록은 또한 다윗의 남은 인생을 두고두고 괴롭힐 저주의 시작점이 된다. 죽음과 성적인 폭력들이 난무하고, "칼이 [그의] 집에서 영원토록 떠나지 않게" 된다(삼하 12:10). 칼이란 단어는 사무엘서와 열왕기에 걸친 내러티브의 요소들을 통합시키는 핵심 용어가 된다. 다윗에 대한 모든 기록은 그의 공적인 역할(왕)과 사적인 역할(아버지, 남편)의 상호작용을 통해 제시되고 있으며, 누가 그의 왕좌를 계승할 것인가 하는 문제에 영향을 미친다. 건(Gunn 1978, 94-108) 역시 주는 것(giving)과 붙드는 것(grasping)이라는 주제를 강조한다. 그에 따르면, 어떤 기록들은 다윗 등의 등장인물들이 다소 수동적인 역할을 하는 것으로 그리고 있는 반면에, 또 어떤 기록들은 그들이 상대방의 호의나 권력을 움켜쥐려고 하는 것으로 그리고 있다. 예를 들어 다윗은 사울로부터 왕국을 찬탈하려고 들지 않는 모습(삼하 2-5장)도 보여주긴 하지만 자기 욕망의 대상인 여인(밧세바)은 기꺼이 차지하려 든다. 밧세바는 유혹의 이야기 속에서는 수동적인 것처럼 보였지만 솔로몬을 위해서는 왕국을 차지하려고 든다. 전체적으로 볼 때 사무엘서의 기록은 다윗이 어떻게 보좌를 얻었다가 반역에 직면해서 잠깐동안 그것을 상실했다가 즉시 그 자리를 차지하고, 결국은 죽음으로써 그것을 상실하게 되는가 하는 이야기이다. 이 기록은 인간의 위대함과 어리석음, 지혜와 죄, 신앙과 불신앙, 대조적인 시각들, 서로 상충하는 욕망들이 뒤얽힌 복잡한 그림을 제공해주고 있다.

다윗의 이야기를 읽는 새로운 시도들에 대해서는 핼펀(Halpern 2001)과 맥켄지(McKenzie 2000)를 보라. 이들은 이 왕에 대한 다소 좋지 못한 초상을 제공하고 있다는 점에서 일치한다. 왜냐하면 이들은 이 이야기 속에 담긴 기본적인 사실들은 인정하면서도 성경이 이 왕에 대한 변명을 제공해 주기 위해 그의 삶을 "윤색하고"(spin) 있다고 믿기 때문이다. 다윗에 대한 이러한 내용 재구성적 접근방법들에 대한 강력한 반박은 롱(Long)의 글에서 찾아볼 수 있다(Provan, Long, and Longman, 217-27에 있음).

전체 작품의 심미적인 우수성은 큰 단위의 내러티브들의 구조 속에서 뿐만 아니라 작은 크기의 에피소드들과 문단들 속에서도 발견된다. 이에 대해서는 포켈만(Fokkelman)의 분석이 가장 상세하다. 그의 번역된 본문으로 계산할 때 매 페이지마다 약 13쪽에 해당하는 해석 본문이 달려 있다(Polzin 1989, 301). 여기에는 그냥 짧은 예들만 좀 살펴보기로 하자.

저자에 의해서 가장 빈번하게 사용된 저작 기법 중의 하나는 핵심 어휘들을 반복하는 것이다. 예를 들어 삼상 15장에서는 "듣다"라는 단어와 "소리"라는 단어가 교호적으로 반복된다. 사울은 하나님의 소리를 들을 것인가?

그는 그렇게 하겠다고 주장한다(15:13). 그러나 사무엘이 듣는 것은 가축의 소리이다(15:14) 그래서 사무엘은 사울이 하나님의 소리보다는 백성의 소리를 들었다고 판단한다(15:19-24). 다른 예를 들자면 히브리어 어근 kbd는 "무겁다"(to be heavy), "중하게 여기다"(consider weighty, honor), "영광"(glory) 등의 뜻을 나타낼 수 있는데, 이 뜻들은 서로 연관되어 있다. 엘리에 대한 내러티브 속에서 이 제사장은 하나님께 드려진 제물의 가장 좋은 부분들을 자기 아들들이 차지하게 내버려 두었는데, 이 때문에 그는 하나님 대신에 자기 아들들을 더 "중히 여겼다"고 묘사된다. 하나님은 "나를 존중히 여기는 자를 내가 존중히 여기고 나를 멸시하는 자를 내가 경멸하리라"고 말씀하신다(2:30). 엘리는 무거운 몸집 때문에 목이 부러져 죽는다(4:18). 그리고 법궤의 상실은 그의 손자 이가봇의 이름의 토대가 된다("영광이 없다", 4:21).

사무엘서의 기록들은 또한 풍부한 아이러니들을 담고 있다. 사무엘의 아들이나 엘리의 아들들은 "여호와를 알지 못한다"(삼상 2:12; 3:13). 신실한 우리야는 자기에게 불신실하게 행동한 불신실한 왕에게 부지중에 영광을 돌린다. 그는 전쟁 중에 성관계를 삼감으로써 전쟁 중에 자신의 제의적 정결성을 보존한다. 그러나 그 때문에 왕에 의해서 전쟁터로 보내져서 죽임을 당하게 된다. 이 왕은 전쟁에 나가는 대신에 자기 아내와 통정을 한 사람인데 말이다(삼하 11장).

많은 본문들에는 반복이 특징적으로 나타난다. 예를 들어(Gunn 1980, 77) 사무엘하 2장에서 아브넬과 이스보셋의 아들들은 나가서(2:12) 기브온 연못에서 함께 만난다(2:13). 또한 요압과 다윗의 신하들은 나가서(2:13) 전투 중에 함께 쓰러진다(2:16). 이 본문에서 반복은 이 이야기 전체의 인클루지오(inclusio)를 형성한다. 또한 사무엘서의 많은 기록들 속에서는 어휘나 주제들이 역순으로 사용됨으로써 교차대조법을 형성하고 있는 경우가 비일비재하다. 포켈만은 사무엘서의 내러티브 속에서 이런 경우들을 많이 찾아내었다. 이런 비근한 예는 소위 "부록"(the appendix) 본문 속에 나타나 있는 것으로 오래 전부터 파악된 것과 비슷한 것들이다(위를 보라).

사무엘, 사울, 다윗의 이야기들은 다른 어떤 본문들보다도 문학, 예술, 설교의 역사에서 많은 사람들을 매료시켜 왔다.

사본비평학적인 문제들

학자들은 사무엘서의 맛소라 사본이 그다지 손상을 입은 것은 아니지만 그럼에도 불구하고 성경의 본문들 중에서는 전승이 가장 잘 이루어지지 못한 책들 중의 하나라고 오래 전부터 생각해 왔다. 70인경의 번역자들이 사용한 히브리 성경과 맛소라 사본 사이에 중요한 차이가 나는 부분들이 여러 군데 있으며, 또한 역대기의 저자가 사무엘서를 인용할 때 맛소라 사본(MT)과는 다른 사무엘서 본문을 따르고 있는 것으로 보이는 경우도 자주 있다.

지난 여러 세대 동안 학자들은 이러한 상이한 본문들의 특징들에 대해서 논쟁을 해 왔다. 역대기 기자가 기존의 본문을 신학적으로 편집한 것인가, 아니면 어떤 독립된 문헌을 따르고 있는 것인가? 또는 70인경의 번역자들이 자신들의 신학을 반영시키고 본문을 손질한 것인가, 또는 그냥 부주의하게 번역한 것인가 — 아니면 그들은 MT와는 다른 히브리어 본문을 조심스럽게 따르고 있는 것인가?

쿰란의 사본들 및 단편(斷片)들을 통해서 이 논쟁은 대체로 해결되었다. 쿰란의 제 4 동굴에서 발견된 사무엘서에 대한 세 개의 상이한 사본들과 단편들 중에서 두 개는 대체적으로 MT와 비슷한 것으로 보이는 반면에 세 번째 사본의 조각들과 단편들(벌레들이 남겨 놓음)은 역대기 기자와 70인경의 번역자들이 사용한 본문과 비슷한 본문을 담고 있다. 따라서 다른 형태(혹은 형태들)의 히브리어 본문이 존재했다는 것에는 이제는 더 이상 의심의 여지가 없다.

사무엘서의 MT 사본이 제기한 종류의 문제들을 파악하기 위해서는 단지 몇 가지의 예를 살펴보는 것으로 충분하다. MT와 70인경에서 발견되어지는 사무엘상 14:41의 본문을 예로 들어 보자. 이 두 사본에 대한 번역을 영어로 제공해 놓았다. 그러나 어떻게 차이점들이 발전되어 나왔는지를 보여주기 위해 그 배후에 깔린 히브리어에 대한 단서들이 표시되어 있다.

도표 6   **서기관들과 히브리 성경 I**

70인경	맛소라 사본
이에 사울이 이르되,	이에 사울이 이르되,
"오 여호와,	"오 여호와,
이스라엘의 하나님이여,	이스라엘의 하나님이여,
왜 오늘날 당신의 종에게	
대답하지 않으셨나이까?	
만약 이 죄가 나나 나의 아들	
요나단에게 있다면	
오 여호와,	
이스라엘의 하나님이여,	
원컨대 우림을 주소서.	원컨대 주소서"
그러나 만약 이 죄가	
당신의 백성 이스라엘에게	
있다면 원컨대 둠밈(tmym)을	바른 답(tmyt — 개역개정 "실상")을
주소서."	
그리고 나서 요나단과 사울이	
제비 뽑혔으며, 백성은	
면죄되었다.	

어느 시기에 일어난 일인지는 몰라도 히브리 서기관의 눈이 첫 번째에 나오는 "오 여호와, 이스라엘의 하나님이여"에서 두 번째의 동일 구절로 건너뛰고, 또한 첫 번째의 명령형 "주소서"에서 두 번째의 명령형 "주소서"로 건너뛴 것 같으며, 그 결과 히브리어 본문 중의 상당 부분이 빠지게 된 것 같다. 히브리어 tmyt는 "둠밈"(Thummim)과 "실상"(the right answer)이라는 두 가지 번역의 배후에 깔려 있다. 그러나 "실상"이라는 번역이 이 단어의 뜻으로 옳다는 것은 다른 곳에서 증명되어지지 않았다. 즉, "실상"이라는 번역은 우림이라는 단어가 맛소라 사본에서 빠져 있기 때문에 다소 억지로 짜맞춘 것이다.

이와 비슷한 예가 사무엘하 5:21과 역대상 14:12의 평행구절에 들어 있다.

도표 7	서기관들과 히브리 성경 II

사무엘하 5:21	역대상 14:12
거기서 블레셋 사람들이	블레셋 사람이 그 우상을
그 우상을 버렸으므로	그 곳에 버렸으므로
다윗과 그 종자들이 치우니라.	다윗이 명하여 불에 사르니라.

학자들은 역대기 기자가 이방의 우상들을 태우라는 하나님의 명령(신 12:2-3)을 따라서 다윗이 이러한 행동을 취한 것으로 만들기 위해 자신이 가진 문헌을 편집했다고 주장하는 경우가 자주 있었다. 그러나 사무엘하 5:21에 대한 70인경의 루키아누스 역본은 역대기의 본문과 같은 본문을 보존하고 있다. 따라서 역대기 기자가 MT와는 다른 어떤 사무엘서 본문을 따르고 있을 가능성이 최소한 어느 정도는 있다.

우리의 목적을 위해서는 한 가지 예를 더 들어 보는 것만으로도 충분할 것이다. 다윗의 인구조사가 파멸적인 결과를 가져온 것에 대한 이야기에서 역대기 기자는 다윗이 눈을 들어 보니 하나님의 사자가 천지 사이에 서서 예루살렘을 가리키며 서 있는 것을 보았다고 말하고 있다(대상 21:16). 이 기록은 사무엘하 24장의 기록에는 빠져 있는데, 그것이 거기에 들어 있었다면 16절에 들어 있었을 것이다. 많은 학자들은 포로기 이후 시대에 천사론이 많이 발전되었기 때문에 역대기 기자가 이 구절을 여기에 추가했다고 생각했다. 그러나 4QSamb의 단편들은 확실히 이 구절을 포함하고 있으며, 이 경우 역시 역대기 기자가 MT와는 다소 차이가 나는 어떤 사무엘서 판본을 갖고 있었음을 시사해 준다.

전반적으로 볼 때 사무엘서에 대한 쿰란 문헌들의 발견은 70인경 번역자들과 역대기 기자가 사용했을 것으로 추정되는 사무엘서 본문에 대한 관심을 고조시켰다. 울리치(Ulrich)는 이 문제를 상세하게 다루고 있다.

신 학 적 인 메 시 지

사무엘서는 보통 신명기적 역사의 한 부분으로 생각되고 있는데, 이 신명기적 역사란 것은 여호수아서로부터 열왕기까지에 걸쳐 있는 일련의 책들로서 신명기의 율법들과 세계관을 나라의 역사에 적용시키고 있다. 사무엘서에 대한 신명기의 영향은 문구와 어휘의 차원에서 자주 눈에 띄고 있다. 신명기의 세 가지 중요한 신학적인 관심사들이 이 책에서 중요한 역할을 하고 있다.

1. 신명기는 이스라엘이 왕을 갖게 될 시절을 예견하고(17:14-20), 왕의 통치원칙들에 대해서 제시하고 있다. 실제로 이스라엘은 "열방과 같이"(신 17:14; 삼상 8:5, 20) 왕을 구했으며, 사무엘서는 이스라엘이 왕정제도와 관련하여 겪은 첫 번째의 경험들에 대해서 기록하고 있다. 신명기와 사무엘서는 부와 권력을 너무 많이 축적하는 왕들에 대해서 경고하고(신 17:16-17; 삼상 8:10-18), 왕들이 하나님의 기록된 명령들에 따를 의무가 있다는 것을 선포했다(신 17:18-19; 삼상 10:25). 이스라엘에서의 왕이라는 존재는 과연 어떤 존재일 것인가? 이 왕들이 하나님의 명령들을 따르고, 자신들을 자신들의 동포들과 동등한 존재들이라고 생각할 것인가? 사사기는 무정부적인 상태로 종결을 맺었다. 그러면 과연 왕정체제는 이것보다 나을 것인가?

2. 신명기는 또한 이스라엘이 주변의 적들로부터 안식을 얻을 날에 대해서 이야기하고 있다(12:12). 그 때에는 하나님께서 자기 백성들이 예배를 위한 제물들을 갖다 바칠 한 장소를 선택하실 것이다(12:1-14, 20-25). 사무엘서는 이동 성소로부터 곧 성전이 지어질 것에 대한 첫 번째 암시(삼하 7:1-2)로의 전환을 기록하고 있다. 예루살렘을 하나님의 집을 위한 처소로 선택한 점은 하나님께서 다윗을 선택하셨다는 점과 밀접하게 연결되어 있다. 다윗의 집과 하나님의 집은 나머지 열왕기의 내용을 구성하고 있다.

3. 신명기는 또한 자기 백성에게 응답하시는 하나님을 그리고 있다. 그는 그들이 순종할 때는 축복으로 응답하시고, 그들이 순종하지 않을 때에는 심판으로 응답하신다(28장). 비록 그가 모든 면에서 전능하신 분이시기는 하지만 그럼에도 불구하고 이스라엘은 개인이나 국가로서 많은 선택들을 내려야 한다. 하나님은 그들의 선택에 따라서 반응하실 것이다. 사무엘서 전체에 걸쳐서 독자들은 하나님의 축복과 심판이 역사하고 있는 것을 본다. 하나님

은 역사 속의 사건들을 주관하신다. 그는 개인과 국가의 경로를 선택하시고 예정하신다(삼하 7:7-9). 그러나 그는 또한 인간들이 자신들에게나 남들에게 중요한 영향들을 미칠 의미심장한 도덕적 선택들을 내리도록 하시는 하나님이시다. 하나님은 모든 백성들이 순종하고 자신만을 경배할 것을 요구하신다(삼상 7:3-4). 인간은 창조주께서 세우신 우주의 도덕적인 질서의 결과들을 피할 수가 없다. 인간은 하나님의 인과응보에 따라 자신들의 죄 때문에 고통을 받는다. 그러나 인간의 모든 선과 악의 많고 적음을 초월해서 전능하신 하나님께서는 자신이 선택한 백성과 왕들을 향한 자신의 은혜로운 뜻을 위해서 역사하신다.

신명기, 그리고 신명기적 역사의 책들은 모두 해결되지 않은 긴장을 내포하고 있다. 여호수아서와 사사기에서는 하나님의 선택-은혜-약속과 하나님의 거룩하심- 정의-율법 사이의 긴장이 땅의 정복 및 소유라는 주제를 중심으로 해서 드러나 있다. 이스라엘이 땅을 모두 차지하게 될 것인가? 영원히? 이 책들 속에서 이러한 긴장은 땅을 완전히 정복할 것이냐 아니면 부분만 정복할 것이냐, 그리고 이 땅을 하나님의 약속에 의한 선물로 받게 될 것이냐 아니면 불순종 때문에 상실하게 될 것이냐 하는 문제를 중심으로 해서 전개된다.

사무엘서에서는 하나님의 은혜와 율법 사이의 이러한 긴장이 왕정체제의 문제에 적용되어짐으로 해서 더욱 확장된다. 이제 이 책에서는 땅의 소유는 왕권과 연결되어 있다(삼하 7:10-11). 왕정체제가 과연 땅의 유지에 도움이 될 것인가? 하나님께서는 이스라엘의 처음 두 왕(사울과 다윗)을 선택하고 이들에게 권위를 부여하셨다. 그러나 왕에 대한 요청은 어떤 면에서는 하나님의 직접적인 통치를 거부하는 것이다. 한 국가에게 있어서 왕정체제라는 것은 어떤 의미가 있는가? 하나님께서는 보좌에 앉을 후손이 결코 끊어지지 않을 것이라는, 취소 불가능한 약속을 다윗에게 주셨다(삼하 7:16, 29). 그러나 열왕기의 역사의 끝에 가면 불순종 때문에 땅과 왕 모두가 상실되었다. 바로 이러한 모순, 즉 하나님의 약속들과 하나님의 정의 사이의 긴장은 신명기적 역사 전체를 통해서 해소되지 않는 상태로 남아 있다. 사실 신명기적 역사 전체의 내용을 이끌어가는 것은 바로 이 긴장이다.

신 약 으 로 의 접 근

사울이 지은 죄들이 다윗이 지은 죄들보다 크지 않은 듯하다. 과연 다윗은 어떻게 해서 "하나님의 마음에 합한 사람"(삼상 13:14)으로 묘사될 수 있었는가? 이스라엘은 사울의 큰 키와 잘 단련된 몸매를 보았다. 모든 백성 중에 그와 같은 사람은 없었다(삼상 10:24). 비록 하나님께서는 사울을 택하셨지만 그의 마음속에 무엇이 있는지를 아셨다. 인간은 외모와 키를 보지만 하나님께서는 다윗의 마음을 보셨다. 사울은 자신의 장막에서 웅크리고 있었던 반면에 다윗은 골리앗과 싸우면서 사실상 전혀 무장을 하지 않고 단지 신앙으로 승리를 얻을 생각으로 출전할 정도의 마음가짐을 갖고 있었다(삼상 17장). 하나님과의 언약 속에서 사는 삶이 요구하는 핵심적인 내용은 모세와 예수의 입을 통해서 말했듯이 그를 전심으로 사랑하는 것이다(신 6:5; 막 12:30).

그러나 다윗에게도 문제들이 생겼다. 사무엘서에서 우리가 처음 그를 보았을 때 그는 양들을 위하여 지팡이로 곰과 사자를 죽이는 자였다(삼상 17:34-35). 그러나 이 책의 마지막 부분에서는 그는 자신을 위해서 양들이 죽도록 하는 결정을 내렸다. 그러나 이번에는 그 양들은 바로 백성들이었다(삼하 24:14, 17). 다윗은 양들을 위하여 자기 목숨을 버리는 좋은 목자가 아니었다. 우리는 다른 좋은 목자를 찾기 위해서는 성경을 더 계속 읽어 나가야만 한다(요 10:11).

사무엘서에서 계속 반복되어지는 주제들 중의 하나는 "하나님의 기름 부은 자"에 대한 언급이다(삼상 16:3, 6, 12-13; 24:6; 26:9, 11, 16, 23; 삼하 1:14, 16; 3:39; 19:21). 히브리어 메시야(messiah)는 "기름 부음을 받은 자"를 의미하는데, 이스라엘에게 있어서 메시야란 개념은 정의로운 왕, 즉 다윗 같은 왕에 대한 이스라엘의 이념으로부터 파생되었다. 하나의 인물로서의 메시야는 역사 속에서의 이스라엘의 독특한 자아인식, 즉 하나님께서 열방들을 축복하기 위해서 처음부터 자신들을 선택된 백성으로 택하셨다는 인식과 밀접하게 연결되어 있다. 하나님께서는 이스라엘의 역사를 통해서 위대한 지도자들과 구원자들을 세우셨다. 그러나 그는 메시야란 한 인물을 통해서 여전히 동일한 일을 하실 것이다. 다윗을 계승한 왕들의 실패 때문에 그는 점점 더 아름답게 채색되어졌으며, 따라서 이스라엘의 소망들은 미래에 다윗이 도래할 것을 중심으로 해서 결정(結晶)되어졌다(겔 34:23). 두 종류의 본문(제왕시들과 이사야서 7-12장)이 이러한 기대를 가장 잘 보여주고 있다. 제왕시들은 세상의 반대를 받지만 결국 승리를 거두고, 시온으로부터 온 열방들을 의롭게 통치하시는 한 왕에 초점을 맞추고 있다. 그의 왕국은 평화롭고, 번영하고, 영원하며, 하나님께 신실하다. 그는 가난한 자들의 친구이자 억압하는 자들의 적이다. 그는 다윗에게 주어진 약속들의 후사이다. 그는 그 자신이 신(시 45:6)이다. 하나님의 천사처럼 그는 하나님이면서도 하나님과 구별된다. 임마누엘의 책(사 7-12장)에서 선지자는 구원자이자 세상의 통치자이자 의로운 왕이 될 한 놀라운 아기의 모습에 대해서 묘사하고 있다. 신약의 저자들은 예수가 이스라엘의 의로운 왕의 화신이라고 본다. 그들은 예수가 다윗의 후손임을 보여주기 위해 애를 쓰고 있다(마 1:1, 6, 17). 군중들, 그리고 심지어는 악마들도 그를 다윗의 아들이자 이스라엘의 메시야로 인식한다(마 12:23; 20:30-31; 21:9, 15).[3]

　선택을 통한 하나님의 사랑과 그의 거룩한 정의 사이의 이러한 긴장은 십자가에서 해소된다. 거기에서 신실한 이스라엘의 화신 — 그 자신 하나님께서 이스라엘에게 의도하셨던 모든 것이 되신 분, 하나님의 선택하신 자, 그의 아들 — 께서 죄에 대한 하나님의 심판의 벌을 감당하셨다. 한나의 노래 속에 들어 있는 한 아기에 대한 기대와 의로운 왕 및 기름 부음을 받은 자에 대한 기대(삼상 2:10)는 마리아가 이스라엘의 왕이자 메시야이신 분의 탄생을 고대하며 부른 마리아 자신의 송가에서 다시 들려진다(눅 2:32-33, 46-55, 69). 다윗은 하나님께서 아브라함에게 큰 이름을 주시겠다고 한 약속의 후사가 되었다(창 12:2; 삼하 7:9). 다윗의 큰 아들은 모든 이름 위에 뛰어난 이름을 받는다(빌 2:9-10). 그리고 다윗이 이스라엘의 큰 적과 홀로 전투를 한 것(삼상 17장)처럼 예수 역시 우리 영혼의 적에게 홀로 승리를 거두실 것이다.

---

3) 구약의 메시야 주제에 대한 최근의 글은 Kaiser 1995를 보라.

열왕기

현대의 대부분의 번역본들은 열왕기를 여호수아서에서 시작해서 에스라서-느헤미야서와 더불어 에스더서로 끝나는 역사서 모음집의 한 부분으로 간주하는 점에 있어서 70인경과 기독교의 전통을 따르고 있다. 그러나 히브리어 성경은 다른 분류체계를 따르고 있다. 이것은 세 개의 부분, 즉 율법(the law), 선지서(the prophets), 성문서(the writings)로 나뉘어져 있으며, "선지서"는 다시 "전선지서"(The former prophets)와 "후선지서"(the latter prophets)로 나뉘어져 있다. 그리고 전선지서는 여호수아서, 사사기, 사무엘서, 열왕기로 구성되어 있다. 이 전선지서들 뒤에는 "후선지서"가 따라나오는데, 이 후선지서의 범주에는 보통 선지자들과 관련된 통상적인 책들이 포함되어 있다(다니엘서와 애가는 예외인데, 이 책들은 세 번째 부류인 성문서에 포함되어 있다).

현대 번역본들의 책 분류 방법에 익숙해져 있는 독자들에게는 여호수아서-열왕기가 선지서들 가운데 분류되어 있다는 점은 첫 눈에 보기에는 어느 정도 놀라운 일로 보인다. 역사적인 내용들을 취급하고 있는 이 책들은 다른 전형적인 선지서들과는 문학적으로 상당히 다르기 때문이다. 그러나 깊이 생각해 보면 왜 열왕기가 히브리 성경에서 이런 식으로 분류되어 있는지를 이해하기가 어렵지 않다. (1) 다수의 선지자들의 행위들과 업적들이 열왕기에 기록되어 있다. 우리는 엘리야와 엘리사의 사역에 대한 장대한 기록(왕상 17-왕하 6, 13)을 언급하지 않더라도 나단, 아히야, 예후, 미가야, 이사야, 훌다 및 익명의 선지자들에 대한 이야기를 대면하게 된다. (2) 또한 선지서들은 열왕기에 기록된 역사를 활용하고 있으며, 이 열왕기나 어떤 공통 자료를 거의 문자 그대로 길게 인용하는 경우도 자주 있다(렘 52; 왕하 24:18-25:21; 사 36:36-39; 왕하 18:13-20:19). (3) 역대기가 이러한 분류방식에 영향을 주었을 수도 있다. 역대기 기자가 언급한 몇몇 자료들은 선지자들이 왕들의 통치에 대한 역사를 기록했다는 것을 시사해 주고 있다(대상 29:29; 대하 9:29; 12:15; 20:34; 26:27; 32:32). (4) 여호수아서-열왕기는 신명기에 의해서 강하게 영향을 받은 관점에 의해서 쓰였었기 때문에 종종 "신명기적 역사"(the Deuteronomic History)라고 불린다. 모세의 계승자들(신 18)로서의 선지자들은 신명기가 끝난 시점으로부터 시작해서 이스라엘의 역사를 계속해서 기록했다(신 1-4; 34). 그들은 불순종하는 나라에 대한 모세의 선지자적인 저주들이 역사상에 실현되는 것을 실증해서 보여주었다(신 28).

어쩌면 유대교 전통이 열왕기의 저자를 예레미야로 보는 이유는 바로 이러한 점들 때문일지도 모른다. 탈무드(the Talmud, Baba' Bathra 15a)는 "예레미야가 자신의 책, 열왕기, 애가를 썼다"고 말하고 있다. 예레미야는 예루살렘의 파괴시에 활동했으며, 그의 이름을 제목으로 하고 있는 책은 열왕기(위를 보라)의 마지막 장들로부터, 혹은 이 두 책이 공통으로 의존하고 있는 어떤 다른 자료부터 많은 내용을 인용하고 있다. 그럼에도 불구하고 예레미야는 열왕기의 실제 저자가 아닐 수도 있다. 예레미야는 예루살렘의 멸망 후에 애굽으로 갔다(렘 43:1-8). 비록 이 선지자가 떠난 후에 그에게 무슨 일이 일어났는지 우리는 모르지만 열왕기의 마지막 몇 절은 포로 시대에 바벨론에 있던 익명의 저자에 의해 쓰였을 가능성이 가장 높다(왕하 25:27-30). 이 점은 이 책의 저작권에 대한 유대교 전통의 결론들을 지지해 주지 않는다. 이 책의 실제 형성과정의 역사는 다소 복잡할 수도 있다(아래를 보라).

이 책의 영어 이름인 열왕기(Kings)는 이 책의 히브리 성경 제목으로부터 파생되었다. 70인경은 이 책을 1-2 통치기(1-2 Reigns; 사무엘상·하의 70 인경 이름)에 뒤이은 "3-4 통치기"(3-4 Reigns)라고 불렀다. 열왕기의 두 책은 원래는 한 책이었음이 분명하다. 아하시야에 대한 기록의 중간에서 이 책을 두 개로 나눈 것은 인위적인 것으로 보인다.

역 사 적 배 경

열왕기는 다윗에서 솔로몬으로 권력이 전수(주전 931년경; 왕상 1:1-2:12)된 것을 시작으로 해서 이스라엘의 역사를 기록하고 있으며, 바벨론 유수 중에 여호야긴이 석방(주전 562-561년; 왕하 25:27-30)된 것으로 끝을 맺고 있다.[1] 열왕기는 여호수아서-사무엘서와 독특한 신학 주제들 및 언어를 공유하고 있다. 그러므로 이 책들과 열왕기가 단일한 책이라고 생각하는 것이 옳다. 다윗으로부터 솔로몬으로의 권력이동에 대한 기록은 사무엘하 2장으로부터의 사무엘서의 내러티브를 이어나가고 있다.[2]

이 책에 대한 학자들의 논의는 최소한 다음의 세 가지 중요한 질문들에 의해서 지배되었다. (1) 누가 이 책을 만들었는가? 어떻게 이 책이 존재하게 되었는가? 그리고 그 저작목적은 무엇인가? (2) 고대의 헬라어 역본들은 정도의 차이는 있지만 MT와 상당히 다르다. 믿을 만한 본문은 어느 것인가? (3) 이 역사서의 저자 혹은 편집자들은 연대기에 특별한 관심을 갖고 있음이 분명하다. 그러나 면밀하게 검토해 보면 이 책에 나오는 여러 가지 연대기적인 사항들은 상호모순적인 것으로 보인다. 우리는 이러한 연대기적인 사항들을 어떻게 이해하거나 평가할 것인가?

형성과정의 역사[3]

오경의 문서들의 확장. 오경에 대한 전통적인 문서비평적 분석이 발전되고 지배적인 위치를 차지하던 시절(주로 19세기 말)에는,

---

1) 루키아누스 수정본(the Lucianic recension: 순교자 루키아누스의 것으로 간주된 헬라어 역본)에 따르면 이 책들은 다윗의 사망에 대한 기록 이후인 열왕기상 2:11에서 나뉜다. 따라서 열왕기상 1:1-2:10의 문헌은 사무엘서의 마지막에 덧붙여지고, 제3통치기(열왕기상의 70인경 이름)는 솔로몬의 단독 통치에서 시작된다.

2) 사무엘하 21-24장은 다윗의 제위 기간 중 이른 시기의 잡다한 문헌들을 집대성해 놓은 것이다. 사무엘서에 대한 장을 보라.

3) 열왕기의 형성과정에 대한 연구사를 다룬 가장 최근의, 그리고 자세한 연구 논문 두 개는 프로반(Provan 1988, 1-32)과 존스(Jones 1984, 1:2-82)의 것이다.

열왕기에 대한 많은 주석가들은 역사서들에서도 오경의 가설적인 문서들을 찾아낼 수 있다고 생각했다. 학자들은 사사기부터 열왕기에서 J(the Yahwist)와 E(the Elohist)의 혼적들을 찾을 수 있다고 생각했다. 그러나 이러한 접근방법을 택한 학자들은 이 문서들의 범위와 성격에 대해서 엄청나게 다양한 결론들에 도달했기 때문에 결국은 이 이론을 폐기하기에 이르렀다. 여호수아서에서 열왕기에 전체에 걸쳐 신명기의 영향이 강하게 드러나 있다는 점은 문서들이 다소 기계적으로 조합되어졌다는 옛 문서비평의 사고방식과는 잘 조화가 되지 않는다. 따라서 역사서들에서 오경의 가상적인 문서들을 찾아내려는 시도들은 이제는 포기되었다. 최근의 대부분의 학자들은 열왕기에서 발견되는 아주 다양한 내용의 본문들을 전통적인 문서비평학이 구분해낸 작은 수의 연속적인 내용의 문서들을 가지고 설명하는 대신에 편찬자들-저자들이 다수의 독립적인 자료들을 자신들의 기록에 사용했기 때문이라는 이론으로 설명하려고 하는데, 이러한 접근방법들은 오경에 대한 "단편설" 적인 접근방법(the fragmentary approach)이나 "보충설" 적인 접근방법(the supplemental approach)과 비슷하다.

이중편집설. 학자들은 여호수아서부터 열왕기까지의 역사기록을 "신명기적 역사"(the Deuteronomic History) 혹은 "신명기주의적 역사"(the Deuteronomistic History)라고 부른다(DH). 이 책들은 그 신학, 주제들, 언어에 있어서 신명기의 영향을 받았음을 보여주고 있다.[4] 비평학자들은 신명기의 연대를 요시야 시대로 잡았다. 요시야가 성전에서 발견한 율법책(주전 621년)은 이스라엘의 예배의 중앙화를 요구했다(신 12). 따라서 신명기는 사실은 예루살렘에서의 요시야의 정치적·종교적 권력을 정당화하기 위한 방편으로 작성되었다는 주장이 있었다. 일단 이 주장이 받아들여지고 나자 요시야의 개혁 운동의 한 구성원, 혹시 신명기를 만드는데 참여했을 가능성이 있는 이 구성원이 요시야가 얼마나 이상적인 왕이었는지, 즉 얼마나 잘

---

4) DH의 특징적인 어구나 어휘에 대한 분석은 Weinfeld 1972, 320-65를 보라. DH의 신학이나 주제들에 대해서는 아래의 "문학적인 분석" 란이나 "신학적인 공헌" 란을 보라.

율법책을 따라 통치를 하고 다윗의 모범을 따르는 왕(신 17:14-20)이었는지를 보여주기 위해 이 역사기록을 작성했다는 주장이 제기되었다. 왕국의 분열은 통일왕국을 북왕국과 남왕국으로 갈라놓았다. 이 역사가는 왕국의 분열 이후의 한 예언, 즉 요시야란 사람이 여로보암이 저지른 악행들을 제거할 것이라는 예언(왕상 13:2)을 시발점으로 해서 자신의 이스라엘사를 시작했으며, 요시야가 이것을 어떻게 완수했고(왕하 23:15-20), 북쪽 지역에 대해 권력을 행사하는 것을 통해서 왕국의 통일을 회복했는지를 보여주는 것으로서 자신의 기록을 끝맺었다. 요시야에 대한 이러한 언급들은 분열왕국 시대를 구분해 주는 경계선이다. 이것들은 수미쌍괄식 구조를 통해서 그에게 초점을 맞추고 있다. 이처럼 요시야 및 그의 신명기적 개혁에 초점을 맞추는 것이 이 책의 최초의 판본을 만드는 동기가 되었다.

포로시대 중에 살았던 한 후대의 역사가는 (1) 요시야의 개혁 이후부터 여호야긴의 석방에 이르는 기간의 역사를 보충해주고 (2) 기존 판본에 자신의 해석들을 덧붙임으로써 이 최초의 판본을 개정했다. 이 두 번째의 편집자-편찬자(the editor-compiler)는 왜 바벨론 유수가 일어나게 되었는지에 대한 신학적인 해석을 제공하는데 관심이 있었다. 다수의 문단들은 바벨론 유수 및 예루살렘의 멸망을 전제로 하고 있는데, 이 문단들은 보통 이 두 번째 판본의 편집자의 것으로 간주된다(왕상 5:4; 9:1-9; 11:9-13; 왕하 17:19-20; 20:17-18; 21:11-15; 22:15-20; 23:26-27; 24:2-4; 24:18-25:30). 비록 많은 학자들이 일찍이 이 "이중편집" 가설(the double redaction hypothesis)을 예견하였지만 이것을 수정해서 고전적인 형태로 다듬은 사람은 크로스(Cross 1973, 274-89)와 그의 제자 넬슨(R. Nelson 1981)이다. 최근에 이르러 프로반(Provan) 역시 이 책의 이중편집설을 주장했다(더 최근의 것으로는 Sweeney와 Knoppers의 글을 보라). 프로반은 첫 번째 판본이 요시야의 치세 기간 중에 쓰였으며, 두 번째 판본이 포로시대 중에 쓰였다는 것에 동의한다. 그러나 그는 첫 번째 판본이 단지 히스기야의 통치기간까지의 기록만을 포함하고 있었다고 주장한다(1988, 171-73). 이 책이 두 개의 판본을 갖고 있었다거나 두 개의 편집과정을 거쳤다고 주장하는 학자들은 원래 언어 및 주제-신학의 차이점들에 주목했다. DH1(요시야 시대 판본)은 다윗 언약의 영원성 및 무조건성을 강조하였으며(왕상 2:4, 24; 3:6-7; 6:12; 8:15-26; 9:5; 11:12-13, 32-39; 15:4-5; 왕하 8:19; 19:34; 20:6; 21:7-8), 또한 이것이 요시야의 대에 이르러 궁극적인 열매를 맺었다는 것을 강조하였다. 반면에 DH2(포로시대 판본)는 포로시대의 시각에서 쓰였으며, 나라가 백성들의 죄악 및 언약의 조건성에 좌우된다는 점을 강조하였다(신 17:20; 왕상 2:4; 왕하 17:7-23; 21:8b, 10-16). 또한 이중편집을 주장하는 학자들은 왕위 승계 및 왕의 사망에 대한 언급들의 변화에 주목하였다.

단일 역사가. 노트(Noth, 영역본 1981)는 오경의 문서들이 DH에서 찾아질 수 있다는 생각과 열왕기의 형성과정에 두 가지 다른 단계가 있었다는 주장을 거부했다. DH의 언어 및 주제적 통일성에 깊은 인상을 받은 노트는 DH가 신명기 1:1-4:43을 쓴 단일한 저자에 의한 통일된 작품이라는 주장을 했다. 노트는 이 단일하고 연속적인 기록이 이후에 단편적으로 증수되기는 했지만 이러한 증수된 부분들은 오경비평학에서 제시된 것과 같은 연속적인 기록들도 아니고 편집층들도 아니라고 지적했다. 이것들은 이 단일한 저자가 아주 광범위한 자료들로부터 선택한 것이며, 이것들이 수정된 정도는 서로 다르다. 이 저자는 자신의 기록의 핵심부분들에는 연설들을 삽입했는데(수 12, 23; 삼상 12; 왕상 8), 이 연설들을 통해서 중요한 등장인물들은 국가의 역사를 다시 언급하고 장래에 백성들이 취해야 할 행동들에 대해서 충고들을 전달하였다. 저자의 저작목적은 바벨론 유수를 하나님의 인과응보로 설명하는 것이었다. 이 저자는 어떻게 하나님께서 이 백성들의 삶 속에 역사하였으며, 또한 불순종과 우상 숭배에 대해서 경고하셨는지를 보여주고자 하였다. 노트는 이 역사가 본질적으로 부정적인 태도를 가지고 바벨론 유수의 이유를 설명하고 있으며, 귀환에 대한 희망이나 예상을 제시하고 있지 않다고 주장했다. 다른 학자들은 DH가 여호수아서에서 열왕기에 이르는 통일된 역사라는 것에 대해서 노트에게 동의했다. 그러나 그들은 이 역사가 본토로의 귀환 및 하나님의 은혜에 대한 희망을 보여주고 있다고 주장했다 (Wolff 1961; von Rad 1966).

맥켄지(McKenzie 1991)는 편집비평적인 이론들이 점점 복잡한 편집층들로 해서 복잡해지는 경향이 있음을 인정했다. 크로스를 따라 그는 요시야 때의 DH 판본이 신명기적 역사 이후에 방대하게 증수된 부분들(post-Dtr additions)(예를 들어 왕상 13, 17-19, 20, 22; 왕하 2; 3:4-8:15; 13:14-25)에 의해 증보되었다는 이론을 주장했다. 그러나 맥켄지(135-45)의 견해에 따르면, 이러한 증수된 부분들은 하나의 단일한 편집자의 것으로 간주할 수 있는 문체적·주제적 통일성을 보여주지 않는다. 이것들은 그 수를 파악할 수 없는 다수의 후대의 서기관들에 의해 그때그때 증수된 잡다한 부분들일 뿐이다. 비록 어떤 의미에서는 맥켄지가 DH의 본질적인 통일성을 주장한다는 점에 있어서 노트를 따르는 것으로 간주될 수도 있지만 사실 그는 DH2를 셀 수 없이 많은 작고 단절된 단편(斷片)들로 쪼갬으로써 그렇게 하였다.

맥콘빌(McConville 1989)은 열왕기가 통일된 저작이라는 것을 주장하였다. 그는 열왕기의 신학적-주제적 긴장들을 편집층들에 대한 판단기준으로 사용하는 것에 대해 경고하였다. 대신에 그는 DH가 땅의 약속과 이 약속이 이스라엘의 경험 속에서 실제적으로 성취되는 것 사이의 틈이 점점 더 커지고 있는 것을 보여주고 있다고 주장했다(33). 계속적인 불순종을 통하여 이 나라는 땅에 대한 권리를 상실하며, 심판에 처하게 된다. 맥콘빌에 따르면, 열왕기는 잘못된 왕들이 점점 더 실패해가는 것을 추적하고 있다. 책의 뒤로 갈수록 다윗에게 주어진 하나님의 약속에 대한 호소는 점점 줄어들며, 반대로 하나님의 약속이 가진 조건성이 점점 더 많은 주목을 받게 된다. 맥콘빌은 기대와 그것의 실제의 성취 사이의 점증하는 차이를 추적한다. 열왕기는 유다가 다윗 계보의 왕 때문에 구원을 소망할 수 있다는 것을 독자들에게 보여주는 것이 아니라 그 반대의 것을 보여준다. 개혁적인 왕들의 경건성은 일시적인 것에 불과하며, 이 국가를 패망의 길에서 돌이키지는 못한다. 사사기의 특징은 지속적인 나선적 하강(downward spiral)인데 열왕기도 이러한 특징을 공유하고 있다. 이러한 나선적 하강과 더불어 회개하는 자에 대해서는 하나님의 은혜가 지속적으로 베풀어진다.

신명기 학파(a Deuteronomic Circle). 다른 학자들은 이 책의 형성과정의 역사가 이중편집이나 단일한 역사가 등의 것보다 더욱 복잡한 것이라고 생각했다. 그들은 열왕기가 신명기 "학파" 혹은 "집단" 내에서 발전되었다고 생각했다. 후에 동일한 역사철학을 가진 다른 세대가 선지자들에 대한 이야기들을 더했으며, 그 이후에 또 다른 세대가 율법을 지키는 것에 관련된 논제들에 대해서 문헌을 더했다(Jones 1984, 1:42-43). 이 익명의 전승자들은 누구인가? 이에 대해 학자들은 의견이 일치하지 않는다. 어떤 학자들은 이들이 레위인들이나 예루살렘 제사장의 분파들이었다고 생각한다. 또 어떤 학자들은 이들이 예루살렘 궁정의 모사들과 지혜자들이었다고 주장한다(Jones, 44-46). 또 어떤 이들은 이들이 어느 단일한 사회 집단이나 직업을 가진 집단들이 아니라 이스라엘 사회의 모든 분야들로부터 나온 사람들이었는데, 이들이 동일한 역사철학을 통한 하나의 운동에 힘을 합쳤으면서도 각자의 관심들을 보존했다고 주장한다. 이러한 접근방법을 지지하는 학자들은 이것이 열왕기 내의 통일성과 다양성을 동시에 설명해 준다고 생각한다. 그러나 이 접근방법이 가진 근본적인 약점은 이 책의 형성단계나 편찬자들이 형체가 없이 그림자 같다는 것이다. 다시 말해서, 이 접근방법은 알려지지 않은 어떤 것("학파" 혹은 "집단")을 가지고 알려지지 않은 다른 것(열왕기의 형성과정의 역사)을 설명하려고 하는 것이다. 열왕기의 형성과정의 역사가 가진 수수께끼가 쉽게 대답될 수 없다는 것은 암묵적으로 인정된 바이다. 아마 이 방법이 산출한 결과들 중 가장 기념할 만한 일은 요시야 시대 이전의 상당 기간 동안 이스라엘에 신명기의 영향이 있었다는 점을 인식한 점일 것이다.

열왕기의 저자(들)-편찬자(들)(the author[s]-compiler[s])이 다양한 자료들을 사용했다는 것은 분명하다. "유다 왕 역대 지략"(예를 들어 왕상 14:29; 15:7; 왕하 8:23; 12:29; 14:18; 24:5), "이스라엘 왕 역대지략"(예를 들어 왕상 14:19; 15:31; 왕하 1:18; 10:34; 13:8, 12), "솔로몬의 행장"(왕상 11:41) 등은 가장 중요한 자료들이었던 것으로 보인다. 저자가 독자들에게 이러한 자료들에 대해서 언급한 점은 그가 자신의 자료들을 다루는데 있어서 의도적으로 선별적이었으며, 그것들을 포괄적으로 다루지 않았다는 것을 보여준다(Jones 1984, 1:47). 이처럼 자료들에 대한 언급들이 나온다는 점은 열왕기의 저자가 자신의 책을 자신이 사용한 자료들만큼이나 역사적인 것으로 이해했음을 보여주는 장르 신호이다. 그러나 비록 언급은 되어 있지 않지만 다른 자료들도 사용되었을 가능성이 있다. 예를 들어, 엘리야와 엘리사의 생애에 대한 광범위한 이야기들(왕상 17-왕하 6; 13:10-21)은 이 역사가가 사용한 공식적인 "역대지략"들의 일부분이 아니었을 것으로 보인다. 엘리야-엘리사 이야기는 달리 알려져 있지 않은 어떤 선지 문헌으로부터 파생되었을 것이다. 한편 오므리 왕조 때에 바알 숭배가 흥왕했었다는 점에 대한 강조는 예후의 쿠데타 및 그가 바알 신앙을 억압한 점을 정당화하기 위한 작업의 일환으로 처음 쓰였을 가능성도 있다(왕하 9-10장). 이러한 추론들은 흥미롭다. 그러나 우리는 그 결과들에 대해서 별로 신뢰할 수가 없다. 열왕기를 단일 저자의 작품으로 보는 견해는 최소한 그 형성과정의 역사에 관계된 해결할 수 없는 문제들에 초점을 맞추기보다는 최종적인 형태의 본문에 초점을 맞추는 우연한 결과를 가져다주었다.

다양한 사본들

맛소라 사본, 헬라어 역본들, 헬라어 수정본들, 그리고 쿰란에서 발견된 사본 간의 차이점들은 맛소라 사본이 구약의 정통 사본 전승으로 받아들여지기 이전에 열왕기가 어느 정도 유동성을 갖고 있었다는 것을 보여준다. 학자들은 이러한 차이점들이 전부 MT 사본의 전승에 대한 이차적인 변이형들이라고 보기보다는 그 중의 어떤 차이점들은 MT가 제시하고 있는 전승 이전의 어떤 본문 전승을 보여주고 있다고 인식했다. 이 문제에 대한 논의에 있어서 특히 중요한 위치를 차지하고 있는 것은 쿰란에서 발견된 사무엘서 본문의 단편(斷片)들이다. 쿰란의 문헌들 중 최소한 한 개의 사무엘서 히브리어 본문 단편(4QSamb)은 70인경의 번역자들 및 수정본 역자들이 사용한 본문 전통을 반영하고 있는 듯이 보인다. 이것은 70인경 번역자들이 자신들의 문헌들을 꼭 자유스럽게 편집한 것이 아니라 MT의 전통과는 다른 대안적인 본문을 따르고 있었다는 것을 의미한다. 이 사실은 MT와 차이가 나는 다른 헬라어 본문들의 변이형들을 좀 더 긍정적으로 평가하는 결과를 가져 왔으며, 특히 루키아누스 수정본(the Lucianic recension)에 보존된 변이형들의 경우에 더욱 그러하다. 쉥켈(Shenkel 1968)은 열왕기의 연대기적인 언급상의 차이점들이 MT보다 오래된 본문 전통을 반영하고 있을지 모른다고 주장했다. 구(舊)헬라어 역본 및 루키아누스 수정본상의 연대기적인 언급들은 대개 MT의 열왕기상과는 차이가 나면서도 서로는 일치한다. 그러나 열왕기하의 경우에는 구헬라어 역본은 원(原)테오도티온 수정본(the proto-Theodotion [kaige] recension)(역주: 원래 이 수정본은 주후 2세기 말엽의 테오도티온(Theodotion)의 것으로 간주되어 왔다. 그러나 학자들은 이 역본이 그보다 이른 주전 1세기 중엽의 연대를 갖고 있는 것으로 보인다는 점 때문에 곤란을 겪었으며, 따라서 그들은 이 이른 시기의 사본을 원(原)테오도티온 역본(the proto-Theodotionic version)으로 부르고, 후에 테오도티온이 이것을 기본으로 해서 수정본을 만들었다고 생각했다. 그러나 이제는 이 가상적인 원테오도티온 역본이 바로 카이게-테오도티온 역본(the kaige-Theodotion version)으로 불려지고 있다. 이 역본을 카이게-테오도티온이라고 부르는 이유는 이 역본이 히브리어 גם을 언제나 헬라어 καιγε로 번역했기 때문이다. 이 이름은 바르텔레미에 의해 붙여졌다)을 반영하고 있으며, 또한 대개 MT와 일치한다. 반면에 루키아누스 수정본은 MT와는 다른 열왕기 본문에 근거한 구헬라어 역본의 연대기를 보존하고 있는 듯이 보인다.

어떤 경우들에 있어서는 70인경의 번역자들과 그 이후의 수정본 역자들은 히브리어 본문에 대한 이차적인 주석을 제공해 주고 있으며, 이것은 다시 일부 본문의 재배열 및 재해석을 가져 왔다(Jones 1984, 1:7; Gooding 1967, 1969, 1972; Klein 1973, 1973). 솔로몬과 여로보암의 치세에 대해서 70인경이 광범위한 증수(소위 잡록[雜錄, miscellanies]: 제 3 통치기 2:35a-o; 2:46a-l; 12:24a-z)를 한 것은 솔로몬의 지혜에 대해서 미드라쉬적인 윤색을 가하고, 또한 여로보암을 더욱 악해 보이게 만들기 위한 노력들을 반영하고 있다.

열왕기상 20-21장의 본문 배열 순서 역시 70인경에서는 뒤집혀져 있는데, 이것은 아람과의 전쟁 기록들을 하나로 모으기 위해 나중에 순서를 변경한 것일 가능성이 있다(왕상 20, 22).

요약해서 말하자면, 열왕기의 사본상의 차이점들에 대해서 어떤 일반화를 하는 것은 위험하다. 어떤 차이점들은 MT보다 더 오래된 본문상의 증거를 반영하고 있는 것일 수 있는 반면에, 또 어떤 차이점들은 번역자들이나 수정본 역자들에 의한 후대의 편집 작업에 의한 것일 수도 있다. 각 차이점들은 그 자체로 평가되어져야 한다.

연대기적인 언급들

연대기는 역사 기록의 뼈대이다. 확고한 연대기가 없다면 역사는 뼈대를 상실하고 만다. 열왕기의 저자들-편집자들은 연대기에 대해서 뚜렷한 관심을 갖고 있었다. 연대기적인 정보들은 이 책에서 최소한 세 가지의 뚜렷한 형태들을 갖고 있다. (1) 한쪽 왕국의 왕의 등극에 대한 기록은 보통 반대편 왕국의 동시대의 왕의 통치 연도와 함께 언급되어졌다. 예를 들어, 시므리는 아사 왕 27년에 일주일간의 통치를 한 왕이 되었다(왕상 16:15). 그리고 여호사밧의 아들 여호람은 아합의 아들 요람 5년에 통치를 시작했다(왕하 8:16). (2) 등극에 대한 기록은 또한 보통 그 왕의 통치기간에 대해서도 알려 준다. 예를 들어 여호람은 팔 년을 통치했으며(왕하 8:17), 그의 아버지 여호사밧은 이십오 년을 통치했다(왕상 22:42). (3) 어느 한 왕국에서 일어난 사건들은 다른 나라들과 관련된 사건들과 함께 연대가 주어졌다. 예를 들어, 바로 시삭이 유다와 이스라엘에 쳐들어온 사건은 르호보암 오년에 일어났다(왕상 14:25). 그리고 앗시리아는 호세아 9년에 북왕국 사람들을 사로잡아갔다(왕하 17:6).

열왕기에 나오는 풍부한 연대기적 정보들은 상대적인 연대기와 절대적인 연대기를 구분하는데 있어서 도움이 되는 수가 많다. 상대적인 연대기는 우리가 이 책에서 갖고 있는 연대기적 자료들을 이해하기 위한 것이다. 그리고 절대적인 연대기는 이 상대적인 자료들을 오늘날 사용하고 있는 그레고리우스 력(曆) 등의 역법에 의해서 정해진 연대와 연결시키고자 하는 것이다. 성경외적인 연대기적 자료들 중에는 다음의 두 자료가 주전 일천년기에 대한 상당히 절대적인 연대기를 제공해준다. (1) 주후 2세기에 알렉산드리아에서 살았던 그리스 천문학자 프톨레마이오스(Ptolemy)는 자신의 책 「알마게스트」(*Almagest*)에서 주전 747년부터 자신의 시대까지의 고대 근동의 왕들의 통치기간을 제공해 주었다. 그는 자신의 연대들을 절대적인 역법과 연결시킬 수 있게 만드는 태양, 달, 혹성 등의 천문학적인 현상들에 대한 관찰사항들을 포함시켰다. (2) 앗시리아 왕들은 자신들의 통치기간들 중의 특정한 연도들을 자신들이 기념하고 싶어하는 사람들의 이름으로 불렀다. 그 해의 이름으로 불리게 된 이름을 가진 사람은 그 해의 림무(limmu), 즉 그 해의 이름의 소유자였다. 이러한 사람들의 이름들의 목록들은 또한 중요한 사건들이나 천문학적인 식(蝕) 현상들에 대해서 언급하고 있다. 따라서 이것들 또한 천문학적인 계산들을 통해서 절대적인 연대기와 연결시킬 수 있다. 이 림무 목록들을 연결시키면 주전 649년부터 주전 10세기까지의 앗시리아 왕들의 통치기간들이 드러나게 된다. 다행스럽게도 이 목록들은 프톨레마이오스의 자료와 약 일 세기 정도가 겹쳐지며, 이 둘은 비옥한 초승달 지역의 다른 곳들에서 나온 이러한 기록들의 건실성을 확인시켜 준다.

그러나 성경내외의 풍부한 연대기적 자료들에도 불구하고 열왕기에 나오는 연대기적인 자료들을 일관성 있게 이해할 수 있는 체계는 아직 찾아내지 못했다. 열왕기의 연대기적인 자료들이 서로 모순되는 경우가 많다는 것은 명백하다. 예를 들어, 유다의 아하시야는 이스라엘의 요람 11년(왕하 9:29)과 12년(8:25)에 권좌에 올랐다고 말해지고 있다. 이스라엘의 요람은 열왕기하 3:1에 따르면 여호사밧 18년에 통치를 시작했다. 그러나 1:17에 따르면 그는 유다의 여호람 2년에 통치를 시작했다. 이 후자의 정보는 유다의 여호람이 이스라엘의 요람 전체 통치를 시작했음을 말해 준다. 그러나 왕하 8:16에 따르면 유다의 여호람은 이스라엘의 요람 5년에 왕좌에 올랐다(Thiele 1983, 36). 유다와 이스라엘의 왕들에게 부여된 통치기간의 총수를 더해 보면 다른 문제들이 등장한다. 예를 들어 유다의 아하시야와 이스라엘의 요람은 예후의 쿠데타 가운데 거의 같은 시기에 죽었다. 그러나 왕국의 분열 이후 이 때까지의 통치기간을 더해 보면 남부에서는 그 총수가 95년인 반면에 북왕국에서는 그 수가 98년을 약간 넘는다. 또한 호세아 9년의 북왕국의 멸망은 히스기야 6년의 일이라고 되어 있다(왕하 18:10). 이스라엘의 예후와 유다의 아달리야로부터 북왕국의 멸망까지의 총 통치기간을 더해 보면 이스라엘의 경우는 그 기간이 143년 7개월이고, 유다의 경우는 166년이다 (Thiele 1983, 36-37).

왕국들의 연수에 대한 연대기의 수수께끼를 풀기 위해서는 다음과 같은 여러 가지 문제들이 먼저 대답되어져야 한다. 두 왕국은 통치기간을 산정하는데 있어서 동일한 체계를 사용하였는가, 아니면 두 왕국은 다른 체계를 따랐는가? 연대기적인 자료들을 기록하는 방법은 각 왕국의 역사 전체를 통해서 언제나 동일했는가, 아니면 어느 시기에 변화되었는가? 만약 상이한 체계들이 사용되었다면 한 왕국의 서기관은 다른 왕국의 왕의 치세기간들을 어떻게 다루었는가? 이 책의 후대의 편찬자들-편집자들은 어떤 체계를 사용하였는가? 각 왕국의 왕좌에 공백 기간은 없었는가, 아니면 공동섭정기간(co-regency)이 있지는 않았는가? 새해는 언제 시작되었는가? 연수를 산정할 때 남는 달의 수는 어떻게 처리하였는가? 반올림하였는가? 아니면 그냥 버렸는가? 맛소라 사본과 70인경 및 그 수정본들 사이의 연대기적인 정보상의 차이점들을 어떻게 취급할 것인가(앞의 "다양한 사본들" 항목을 보라)?

지면상 이러한 질문들을 전부 다 다룰 수는 없다. 이 주제에 대해서는 수많은 책들과 소논문들이 출판되었다. 우리의 목적을 위해서는 몇 가지 사항들을 관찰하는 것으로 충분할 것이다.

이스라엘을 둘러싼 큰 제국들(메소포타미아와 이집트)은 통치기간을 산정하는데 있어서 서로 다른 방법들을 사용했다. 이집트에서는 선연산법(先年算法, antedating)을 사용했는데, 이 연대계산 방식에 따르면 그의 통치 제1년은 그가 등극한 날로부터 계산되었다. 따라서 이 방법에 근거할 경우 만약 어떤 파라오가 어떤 해의 제11월에 등극했다고 할 경우 그의 제1년은 단지 한 달밖에 되지 않는다. 그리고 그의 제2년은 새해와 더불어 시작한다. 그는 단지 두 달밖에 왕위에 있지 않았지만 이론상으로는 그 해는 그의 통치 제2년이 된다. 메소포타미아에서는 후연산법(後年算法, postdating)을 사용했다. 이 방식에 따르면, 왕의 등극과 새해 사이의 기간은 "통치 시작의 해"의 해였으며, 실제 통치 제1년은 새해와 더불어 시작했다. 이 체계에 따르면, 어떤 왕이 새해가 시작된 지 얼마 안 돼서 등극을 했을 경우 그는 실제로는 왕위에 오른 지 스물세 달이 되었음에도 불구하고 여전히 통치 1년째일 수도 있다. 이스라엘과 유다는 그 각자의 역사 속에서 어떤 시기들에 있어서는 서로 다른 연대계산법을 사용했었던 것이 확실해 보인다. 이스라엘은 이집트의 방식을 따랐던 것으로 보이는데, 여로보암 1세가 솔로몬의 통치기간 동안 거기에서 피난생활을 했던 점을 생각할 때 놀라운 일이 아니다(왕상 11:40; 12:2). 선연산법은 열왕기에 알려져 있으며(왕하 25:27), 유다에서 사용되었던 것 같다. 틸레(Thiele)는 이 두 왕국이 연대계산법을 때때로 바꾸었다고 주장했다. 이것에 근거해서 그는 두 왕국간의 연대상의 몇몇 차이점들을 설명했다. 또한 유다와 이스라엘에서 신년(新年)이 언제 시작하는 것으로 간주되었느냐 하는 것에 대해서도 확실치 않은 점들이 좀 있다. 미쉬나(Rosh ha-shanah 1:1)는 봄의 니산 월(the month of Nisan)에 시작하는 왕력(王曆)("왕들을 위한 신년")과 가을의 티쉬리 월(the month of Tishri)에 시작하는 월력("연도를 위한 신년")을 구분하고 있다. 학자들은 이 두 연대 계산법이 모두 다 고대 이스라엘에 알려져 있었다고 생각한다. 그러나 이 역법들이 이 두 왕국의 연대 기록들에 어느 정도 영향을 끼쳤는가 하는 것에 대해서는 서로 상당히 의견을 달리 한다(Jones 1984, 1:16-17). 틸레는 최소한 어느 기간 동안 이스라엘은 티쉬리 월로 통치의 해를 시작했고, 유다는 니산 월로 시작했다고 주장했다.

MT의 연대기적인 정보들 사이의 차이점들 중 많은 것들은 두 왕국에 공동 섭정 기간이 여러 번 있었다고 가정하면 해결된다. 두 왕에게 부여된 통치년 수 중 겹치는 부분의 연수를 중첩시키면 그 만큼의 햇수가 줄어들게 된다. 틸레는 특히 다음 세 번의 공동섭정은 구체적으로 언급되어 있다고 주장했다. (1) 오므리와 디브니는 동시에 왕이었다(왕상 16:21). (2) 여호람과 여호사밧도 마찬가지였다. (3) 요담과 아사랴/웃시야도 후자의 문둥병 때문에 동시에 왕의 자리에 있었다(왕하 15:5). 더 나아가서 틸레는 비록 성경 본문 자체의 증거는 없지만 이중 연대와 통치 기간의 중복에 근거해서 다섯 개의 다른 공동섭정의 경우가 있었음을 주장했다. 필요한 경우마다 이 방법을 사용해서 틸레는 헬라어 역본들의 대안적인 본문의 증거에 의존하지 않고도 MT의 숫자들을 의미가 통하게 만들었다. 그러나 우리는 틸레가 성경 본문의 증거를 따르기보다는 MT의 자료들을 자신의 체계와 일치시키기 위해서 공동섭정의 경우들을 억지로 늘린 것 같다는 인상을 받는다.[5]

---

5) Dillard 역시 다른 각도에서 틸레의 방법을 비판했다. 틸레는 아사의 통치기간과 관련해서 그의 끼워맞추기 식의 방법(a harmonization)을 사용함으로써 스스로 문제에 봉착했다. 그의 방법은 오직 성경 저자의 의도를 희생할 때에만 가능하다. Dillard, "The Reign of Asa(2 Chr 14-16): An Example of the Chronicler's Theological Method," *JETS* 23(1980): 207-18을 보라.

전반적으로 볼 때 열왕기의 연대기적인 자료들은 어느 정도 수수께끼로 남아 있다. 그러나 이집트와 메소포타미아의 기록들은 이 두 왕국의 여러 사건들에 대한 다소 확고한 절대적 연대들을 제공해 준다. 이 자료들은 다음의 연대들을 고정시켜 준다. (1) 아합은 주전 853년에 카르카르(Qarqar) 전투에 참가했다. (2) 예후는 841년에 살만에셀 3세(Shalmaneser III)에게 공물을 바쳤다. (3) 이스라엘의 요아스는 796년에 아닷-니라리 3세(Adad- nirari III)에게 조공을 바쳤다. (4) 세 왕이 디글랏-빌레셀(Tiglath- pileser)에게 조공을 바친 것으로 알려졌다: 므나헴, 738년; 아하스, 733년; 호세아, 731년. (5) 사마리아는 722년에 살만에셀 5세(Shalmaneser V)에게 멸망을 당했다. (6) 바로 느고는 609년에 요시야와 대적했다. (7) 바빌로니아 연대기(the Babylonian Chronicles)는 느부갓네살의 군대가 시리아-팔레스타인에서 활동한 것에 대한 연대기적 자료들을 제공해 주고 있다. (8) 예루살렘의 멸망은 587/86년에 일어났다. (9) 아멜-마르둑(Amel-Marduk, 에윌 므로닥 [Evil Merodach])은 562년에 왕좌에 올랐다.

　연대기적인 자료들이 주는 문제들과 당혹스러운 점들에도 불구하고 열왕기에 있어서 이러한 자료들이 문학적 · 정경적으로 하고 있는 기능을 잊어서는 안 된다. 차일즈(Childs 1979, 297-300)는 이것과 관련해서 세 가지 점을 지적했다. (1) 연대기적인 자료들은 이스라엘의 역사 경험에 있어서 연속성을 부여해 준다. 이것들은 저자의 시대와 국가의 과거 사이에 연결성을 제공해 준다. (2) 양 왕국의 언대기적 기록을 다 포함시킴으로써 이스라엘의 이야기는 두 왕국의 상호관련성을 확립시키고, 하나님의 백성 전체를 포함시키는 포괄적인 성격을 가질 수 있게 되었다. (3) 이 연대기적인 자료들은 두 왕국 밖의 사건들과 관련해서 언급되어짐으로 해서 더 큰 세계의 역사와 이스라엘의 역사를 연결시킬 수 있게 해 주었다. 비록 열왕기의 연대기적인 문제들에 관해서는 많은 문제들이 해결되지 않은 채로 남아 있지만 이러한 연대기적인 정보들은 이 책이 기록하고 있는 역사의 구조를 잡는데 있어서 중요한 도구인 것은 분명하다.

문 학 적 인 분 석

열왕기의 저자는 솔로몬의 통치에 대한 기록(왕상 2:12-11:43)을 다룬 후에 왕국의 분열을 둘러싼 사건들을 보도한다(왕상 12-14장). 그리고 나서 저자는 두 왕국의 역사를 전적으로 다루는데, 여기에서 저자는 각 왕국의 동시대의 왕들의 기록 사이를 왔다갔다한다(왕상 15장-왕하 17장). 한 쪽 왕국의 각 왕의 통치 기록은 그의 치세 기간 중에 왕좌에 오른 반대편 왕국의 왕 혹은 왕들의 기록들로 이어진다. 예를 들어, 유다의 아사의 통치 기록(왕상 15:9-24)은 북왕국의 나답, 바아사, 엘라, 시므리, 오므리, 아합에 의한 북왕국의 통치 기록(15:25-16:34)에 의해서 이어지는데, 이들 모두는 아사의 통치기간 중에 왕좌에 올랐다. 유다에서 아사를 계승한 여호사밧의 통치에 대한 기록(왕상 22:41-50)은 아합의 사망에 대한 기록 이후에야 등장한다. 북왕국과 남왕국의 기록 간의 이러한 교호현상은 북왕국이 앗시리아인들에 의해 멸망할 때까지 계속된다. 유다는 이스라엘의 두 왕국의 영적인 계승자로서 홀로 남쪽에 남았다(왕하 18-25장). 그리고 유다에 대한 기록은 바빌로니아의 정복 활동과 예루살렘의 멸망, 그리고 여호야긴이 포로 생활 중에 감옥에서 풀려나게 된 이야기까지 계속 이어진다.

각 왕의 통치에 대한 기록들은 하나의 틀을 갖고 있는데, 이 점은 이 책에 상당히 독특한 문학적 특성을 부여해 준다. 각 통치기간에 대한 기록은 각각 독자적인 서론과 결론을 갖고 있다. 이 서론과 결론의 언급들은 각 통치기간마다 약간씩 차이가 나며, 유다와 이스라엘 사이에 약간 차이가 난다. 그러나 기본적인 요소들은 꽤 일관성을 갖고 있다.

서론적 내용들. (1) 등극에 대한 언급: 두 왕국이 함께 존재했을 때에는 한 쪽 왕국의 왕의 등극에 대한 기록은 그것이 반대편 왕국의 동시대의 왕의 몇 년째의 일인지를 항상 알려 준다. (2) 유다 왕들의 경우에는 그들의 등극시의 나이가 얼마인지가 지적되어 있다. (3) 통치기간의 길이: 이 통치년수에는 공동섭정을 했던 기간도 포함되어 있다. 이스라엘의 왕들에게 있어서는 왕의 도성의 위치가 보통 언급되어 있다. (4) 조상: 유다 왕들의 경우에는 왕의 어머니의 이름이 주어져 있는데, 이것은 유다에 다윗 왕조가 계속되고 있음을 반영해 주고 있다. 반면에 이스라엘에서는 왕의 아버지의 이름이 보통 주어져 있다. (5) 신학적 혹은 도덕적 평가: 왕의 경건성에 대한 이러한 평가들은 규칙적인 양식을 갖고 있다(아래의 "신학적인 메시지" 항목을 보라). 이러한 기본적인 신학적인 평가들은 그러한 평가들의 정당성을 증명하기 위한 자세한 이야기로 이어진다(예를 들어 왕상 15:12-15; 22:53).

결론적 내용들. (1) 자료에 대한 언급: 좀 더 자세한 정보를 얻을 수 있는 다른 자료들(위의 "형성과정의 역사" 항목을 보라). 저자는 각 통치기간 중의 다른 흥미로운 사건들이나 업적들에 대해서 언급하고 있다. 열왕기의 경우는 이것을 더 자세하게 다루지 않지만 역대기의 저자는 보통 이러한 사항들에 대해서 좀 더 자세한 내용을 제공해 준다. (2) 사망에 대한 언급: 왕의 사망이 언급되어 있다. 유다 왕의 경우에는 보통 이것 뒤에 그들을 장사지낸 것에 대한 언급이 뒤따라나오는데 이 내용은 이스라엘 왕들의 경우에는 언급되어지지 않는다. (3) 계승에 대한 사항: 유다와 이스라엘의 왕들 공히 어떤 아들에 의해서 왕권이 계승되었는지가 언급되어 있다. 다만 이스라엘의 경우에는 왕위 찬탈자가 없을 경우에 그러하다.

열왕기의 저자는 유다의 다윗 왕조의 계속성을 보여주는데 관심이 있었다. 이것은 하나님께서 자신이 하신 약속들에 대해서 신실하다는 것을 보여주는 것이었다(삼하 7장). 이러한 이유 때문에 아달리야의 경우는 각 통치기록에 대한 이러한 특성적인 들이 제공되어 있지 않다. 그녀는 유다의 통치자들 중의 하나로 간주되어진 것이 아니라 찬탈자이자 무단침입자로 간주되었다.

이러한 각 왕의 통치기록의 서론의 내용들과 결론의 내용들 사이에 열왕기의 저자-편집자는 아주 다양한 문헌들을 포함시켰다. 각 왕들은 자신들의 통치기간 중 있었던 최소한 한 가지 이상의 중요한 사건들에 의해서 기억되고 있는데, 이 사건들은 군사적인 활동과 관련되어 있는 경우가 자주 있다(예를 들어 왕상 14:25-28; 15:16-22; 왕하 13:4-7). 그러나 항상 그런 것은 아니었다(예를 들어 왕상 16:24).

신학적인 메시지

당신이 헌 책을 파는 책방을 둘러보다가 세계사에 관한 책을 한 권 집어든다고 하자. 만약 제목과 발행에 관한 정보가 상실되었다고 할 경우 당신은 이 책이 언제 쓰였는지를 어떻게 알아낼 것인가? 아마 가장 좋은 방법은 이 책의 마지막 페이지들을 살펴보는 것일 것이다. 만약 이 책이 "대전"(the Great War)이나 "모든 전쟁들을 마감시킨 전쟁"(the war to end all wars)을 마지막으로 언급은 하고 있지만 제2차 세계대전의 사건들에 대해서는 기술하지 않고 있다면 이 세계사 책이 1917년 이후부터 1940년 이전까지의 어떤 시기에 쓰인 것이라고 가정하는 것이 아마 안전할 것이다. 제2차 세계대전에 대한 어느 정도의 논의를 다루지 않고 세계사를 쓰는 사람은 거의 없을 것이기 때문이다.

열왕기는 익명의 책이다. 그러나 앞에서 말한 예가 이 책이 쓰인 시기를 파악하는데 도움을 준다. 이 책은 여호야긴이 아멜-마르둑(Amel- Marduk, 주전 562년)의 등극년에 감옥에서 풀려났다는 것을 마지막으로 기록하고 있다(왕하 25:27-30). 이 책은 유대인들로 하여금 예루살렘으로 돌아가서 성과 성전을 재건하도록 허락해 준 고레스의 조서(대하 36:22-23; 스 1:2-4)에 대해서는 알고 있다는 흔적을 보여주고 있지 않다. 이 점과 더불어 이 책이 포로시기에 대해서 관심을 보이고 있다는 점(" 역사적인 배경" 하의 "형성과정의 역사: 이중편집설" 항목을 보라)은 현재 형태의 이 책의 저자-편집자가 본질적으로 포로시대 중에 살았다는 것을 확증해 준다(주전 586-539년).

역사가들은 자신들의 자료들을 자신들의 역사철학과 자기 독자들의 필요에 맞추어서 선별한다. 포로시대의 유배자들에게 특히 중요한 관심사들은 무엇이었겠는가?

포로시대 이전의 이스라엘의 신앙은 하나님의 두 가지 약속을 중심으로 해서 세워졌다: (1) 예루살렘을 자신의 거처로 삼으신다는 선택과 (2) 다윗에게 주신 영원한 왕조의 약속. 역사는 이러한 약속들에 대한 국가적인 확신을 확립시켜 주었다. 다윗 왕조는 삼백년 이상을 지속했다. 한 세기 전에 하나님은 예루살렘의 히스기야를 치러 온 앗시리아 군대들을 흩으심으로써 자신이 시온을 택하셨다는 것을 확인시켜 주셨다(왕하 18:13-19:37). 그러나 포로시대의 사람들에게 있어서 이러한 약속들은 이제 공허한 메아리들일 뿐이었다. 예루살렘을 통치하는 왕도 없고, 보좌를 계승할 합법적인 계승자는 포로로 잡혀 갔다(왕하 24:8-17). 예루살렘 성전은 연기 나는 폐허로 바뀌었다. 하나님이 실패하셨는가? 그가 자신의 약속들을 계속해서 지키실 수 있으신가? 바빌로니아인들의 신인 마르둑이 이스라엘의 여호와보다 강한가?

열왕기의 저자는 이러한 질문들에 맞서서 이 백성의 신앙을 구해내기 위해 바벨론 유수와 유다의 멸망을 설명하고자 한다. 이 책을 그냥 읽을 때에는 이 책이 역사를 고무적인 시각에서 다루는 것이 아니라 나선적 하향 곡선의 역사를 다루고 있다는 인상을 받는다. 왜 꼭 이런 식으로 다루어야 하는가? 최소한 부분적으로 그 이유는 저자가 바벨론 유수가 하나님이 실패했기 때문이 아니라 반대로 하나님께서 이 백성의 악을 벌하심으로써 자신의 거룩함을 증명하시고자 했기 때문에 그렇게 하셨다는 것을 보여주고 있기 때문이다. 바벨론 유수는 여호와께서 힘이 없다는 것을 보여주고 있는 것이 아니라 그 반대이다. 이 사건은 그가 역사를 지배하고 계시다는 것에 대한 증거였으며, 바벨론의 군대가 단지 그의 명령을 행하고 있을 뿐이라는 것의 증거였다. 신명기적 역사는 주로 이 국가가 하나님과의 약속을 지키는데 실패한 것의 역사이다. "애굽에서 나온 그 열조 때부터 오늘까지"(왕하 21:15) 계속해서 이 백싱은 악을 행함으로써 하나님을 회나게 하였으며, 하나님께서는 결국 재앙을 내리시게 되었다.

이런 의미에서 우리는 열왕기를 신정론(神正論, theodicy)적인 글의 한 가지 예로 볼 수 있다. 신정론적인 글이라는 것은 하나님께서 사람들을 다루시는 법을 정당화하고자 하는 취지의 글을 가리킨다. 이러한 유의 글은 악에 직면해서 하나님의 속성을 변호하고자 한다. 우리는 이런 맥락에서 욥기를 생각해 볼 수 있다. 욥은 하나님의 속성에 대해서, 특히 하나님이 의로운 사람에게 보상을 해 주시는 방식에 대해서 어떤 기대감들을 갖고 있었다. 그러나 욥이 하나님에 대해 기대한 것과 그가 그의 가족 및 자신의 몸을 통해서 경험한 것 사이에는 긴장이 있었다. 이와 비슷하게 포로시대 이전 시기의 말기에 있어서 유다는 앞에서 언급한 두 가지 약속들에 근거해서 하나님에 대한 기대감들이 있었다. 그러나 그들이 경험한 바는 그들의 기대와는 상치되는 것들이었다. 욥기가 하나님께서 각 개인들을 다루시는 방법에 대해서 정당화하기 위해 쓰였다고 한다면 열왕기는 하나님께서 한 국가를 다루시는 방법을 정당화하기 위해 쓰인 것이다.

바벨론 유수가 이 국가의 불순종의 산물임을 보여주기 위해 열왕기의 저자는 정밀한 문학적 도구를 사용한다. 그는 국가적인 역사를 평가하는 도구로서 신명기에만 고유하게 들어 있는 율법들을 사용한다. 이러한 점에 있어서 열왕기는 분명히 "신명기적 역사"이다. 다음의 내용들은 열왕기에서 두드러지게 작용하고 있는 신명기의 율법들이다.

예배의 중앙화(신 12장)

신명기는 약속의 땅을 바로 앞에 두고 있는 상황, 즉 그 땅에 대한 정복 활동을 이제 막 시작하려고 하고 있는 상황을 배경으로 하고 있다. 이 책은 모세가 없는 생활, 그리고 하나님께서 허락하신 기업에 들어가서 겪게 될 변화들을 위해서 이 백성을 준비시키고 있다. 광야 방랑 기간 중에는 이 백성은 이동 가능한 성소에서 예배를 드렸다. 그들은 자신들이 이동하는 것에 따라서 성막을 싸서 옮겼다. 그러나 그들이 그 땅에 들어가게 되면 하나님께서는 자신이 거하실 장소를 택하실 것이고(신 12:5), 이스라엘은 자신들의 희생 제사, 제물들, 선물들을 그곳에서 드리도록 되어 있었다(5-7절). 그들은 이제 더 이상 자신들이 이동하는 중에 맘에 드는 곳에서 제물을 드리는 것이 아니라(8-14절), 오직 하나님께서 택하시는 장소에서 그 제물을 드려야 했다. 그 땅의 이전 거주민들이 예배를 드리는데 사용한 모든 장소들은 이제 파괴되어져야 했다(1-4절).

열왕기의 저자는 이스라엘과 유다 왕들에 대한 자신의 신학적인 평가의 중심축으로 이 법을 사용하였다. 일단 왕국이 북과 남으로 갈라지게 되자 북왕국의 여로보암이 취한 첫 번째 행동은 북왕국 지파들의 종교적인 관심을 하나님께서 택한 장소인 예루살렘으로부터 돌려 놓기 위해 단과 벧엘에 그에 상응하는 성소들을 세우는 것이었다(왕상 12:25-30). 북왕국의 초기에 저질러진 이 죄악은 이스라엘의 이후의 거의 모든 왕들을 평가하는 도구로 사용되었다(도표 8을 보라). 거의 모든 왕들은 "여로보암의 죄"를 좇았다는 질책을 받았다. 심지어는 단지 한 주밖에 통치를 하지 못한 시므리조차도 "여로보암의 길로 행하며"라는 비난을 받았다(왕상 16:19). 한편 북왕국의 왕들 중 가장 유능한 왕이었던 것으로 보이는 오므리는 여섯 절밖에 안 되는 짧은 글을 통해서 무시되었는데, 그 여섯 절중 두 절은 그가 여로보암을 따라 저지른 죄들에 대한 것이다(25-26절). 따라서 열왕기 저자가 왕들의 군사적인 성공이나 정치적인 성공에 관심이 있었던 것이 아니라 각각의 왕이 하나님의 명령에 신실하게 순종했느냐 아니냐 하는 것에 관심이 있었다는 것이 명백하다.

도표 8	여로보암과 이스라엘 왕들의 죄들
여로보암:	왕상 11:26,28,29,31; 12:26,31; 13:1,4,33,34; 14:16
나답:	왕상 15:29–30
바아샤:	왕상 15:34; 16:2–3,7
시므리:	왕상 16:19
오므리:	왕상 16:26
아합:	왕상 16:31; 21:22; 22:52
요람:	왕하 3:3; 9:9
예후:	왕하 10:29,31
여호아하스:	왕하 13:2,6
요아스:	왕하 13:11,13; 14:16
여로보암 2세:	왕하 14:24
스가랴:	왕하 15:9
므나헴:	왕하 15:9
브가히야:	왕하 15:24
베가:	왕하 15:28
종합적인 진술:	왕하 17:21
요시야:	왕하 13:15

예루살렘 성전이 남왕국의 수도에 위치해 있기 때문에 우리는 예배의 중앙화에 대한 명령이 남왕국에서는 따르기 쉬운 것이라고 생각하기 쉽다. 유다에서 그 어떤 것이 이 성전만큼 종교적으로 사랑을 받은 것이 있겠는가? 그러나 불행하게도 거기에는 많은 경쟁 상대가 있었다. 신명기 12장이 가나안 종교의 예배에 사용된 모든 산당 등의 장소들을 파괴하라고 명령하고 있지만 산당들은 계속해서 번성했으며, 또한 예루살렘 성전과 경쟁하였다. 비록 솔로몬이 기브온에서 하나님으로부터 지혜를 받기는 했지만 열왕기의 저자는 솔로몬이 이 유명한 산당을 다닌 일을 지적하면서 약간 반감을 두고 있다는 점에 있어서 일관성을 보여주고 있다(왕상 3:3-4). 산당들은 솔로몬의 마음을 훔쳤으며(11:7-13), 결국 그는 자신의 왕국으로 그 대가를 치러야 했다. 솔로몬을 따르던 사람들도 이와 비슷하게 유혹을 당하였으며, 결국은 유다 왕국 자체가 멸망을 당하게 되었다. 여로보암이 경쟁적으로 세운 제단들이 이스라엘의 왕들에 대한 평가기준이 되었던 것과 마찬가지로 산당들은 유다의 왕들을 측정하는 잣대가 되었다. 유다의 왕들 중 두 명의 왕(히스기야와 요시야)은 옳은 일을 하였다. 그들은 예루살렘 성전에 대해 신실한 태도를 취했을 뿐만 아니라 산당들을 억제하기도 하였다. 여섯 명의 다른 왕들은 개인적으로 하나님이 보시기에 옳은 일들을 하였다. 그러나 그들이 통치하는 중에도 산당들은 번성했다. 그 나머지 대부분의 왕들은 산당들에서 유행하던 일들에 참여했다(도표 9를 보라).

도표 9	열왕기의 산당들
솔로몬:	왕상 3:2-4; 11:7
여로보암(북왕국의 첫번째 왕):	왕상 12:31-32; 13:2,32-33
르호보암:	왕상 14:23
아사:	왕상 15:14
여호사밧:	왕상 22:43
요아스:	왕하 12:3
아마샤:	왕하 14:4
아사랴/웃시야:	왕하 15:4

요담:	왕하 15:35
아하스:	왕하 16:4
호세아(북왕국의 마지막 왕):	왕하 17:9,11,29,32
히스기야:	왕하 18:4,22
므낫세:	왕하 21:3; 23:5
요시야:	왕하 23:8-9,13,15,19-20

하나님께서 선택하신 장소에서 하나님을 경배하라는 중차대한 명령은 이스라엘과 유다의 거의 모든 왕들을 평가하는 기준으로 사용되었다. 그 결과는 실망스러운 것이었으며, 결국 하나님께서는 자신의 성전을 자신의 백성들에게서 거두어 가셨다.

왕정체제

이스라엘이 왕을 요구하게 될 때가 언젠가는 올 것이었다. 따라서 요단 강 저편에서 모세는 왕이라는 직분이 이스라엘에서 어떤 역할을 해야만 하는가 하는 것에 대해서 지침과 규율을 주었다(신 17:14-20). 이 책을 "열왕기"(Kings)라고 부른 것은 아주 잘한 것이다. 왜냐하면 이 책은 이스라엘과 유다에서의 이 왕이라는 직책의 역사를 다루고 있기 때문이다. 신명기 17장에 있는 규정들 중 최소한 두 가지 점이 열왕기와 관련해서 중요성을 갖고 있다. 첫째, 왕은 국가의 기본적인 종교적인 성향을 결정짓는 역할을 한다(18-19절). 열왕기는 이스라엘과 유다의 왕들이 이 책임을 어떻게 수행하였는가 하는 것을 추적하고 있다. 좀 더 구체적으로 말하면, 율법책을 담고 있는 두루마리에 따라서 통치를 한 사람은 바로 다름 아닌 요시야였다(왕하 22:8-23:25). 둘째, 이스라엘에서 왕권의 유지 및 왕조의 계승 문제는 왕들의 신실함과 연결되어 있다. 오직 순종의 삶을 통해서만 그들은 이스라엘 왕국을 오랫동안 통치하게 될 것이다(신 17:20). 그리고 이스라엘과 유다의 왕들의 불충성은 두 왕국을 재난으로 인도할 것이다.

열왕기에 대한 신명기의 영향은 또한 솔로몬 시대의 통치 상황에 대한 기술을 하면서 신명기 17:16-17을 사실상 인용하고 있다는 점에서 찾아볼 수 있다(왕상 4:26; 9:19; 10:14-28; 11:3). 그리고 왕정체제에 대한 관심은 DH의 앞부분의 책들의 주제이다. 사울과 다윗의 통치가 사무엘서에 서술되어 있으며, 이러저러한 본문들은 과연 왕이 있는 것이 좋은 것인가 하는 것의 문제를 제기하고 있다(삿 9; 18:1; 19:1; 21:25; 삼상 8; 12:13-15).

선지자들의 말의 효력(신 18:9-22)

오경의 많은 구절들은 선지자들에 대해서 언급하고 있다(창 20:7; 출 4:15-17; 6:28-7:2; 민 12:1-8; 신 13:1-5[MT 2-6]). 그러나 진정한 선지자를 어떻게 알아내느냐 하는 문제를 그 예언의 성취성의 문제로 파악하고 있는 성경 구절은 오직 신 18:21-22뿐이다. 선지자의 말이 가진 능력과 성취는 열왕기에 자주 나오는 주제이다(예를 들어 왕상 13:1-2, 5, 21, 26, 32; 15:29; 왕하 1:17; 7:1; 9:26, 36; 10:17). 하나님의 약속들이 실패한 것처럼 보이는 것을 목도한 청중에게 저자는 하나님의 말씀이 여전히 강하시고 진실하시다는 것을 확신시켜 주는 일에 관심이 있다. 이와 관련해서 바벨론 유수는 하나님께서 자신의 말씀을 지키시는데 실패하신 것을 보여준 것이 아니라 자신이 이 나라에게 경고하신 일이 일어난 것임을 보여준 것이었다. 여호와께서는 자신이 "그 종 선지자들로 하신 말씀과 같이"(왕하 24:2) 갈대아의 부대와 아람의 부대와 모압의 부대와 암몬 자손의 부대를 보내셨다. 그러므로 바벨론 유수는 하나님의 약속들에 대한 확신을 해치는 것이 아니라 그 확신을 더욱 강화시켜 주는 것이었다. 하나님께서는 자신의 말씀과 약속들을 확증시켜 주기 위해 항상 이스라엘의 역사 속에서 능동적으로 역사하셨으며, 이러한 점은 예루살렘의 파괴에 이르는 일련의 사건들의 경우도 역시 마찬가지였다.

언약 파괴에 대한 저주들의 성취(신 28장)

모세는 이스라엘의 선지자들의 모범이자 선지자란 직분의 설립자이다(신 18:15, 18). 그러므로 선지자들의 말들이 실현된다고 한다면 모세의 말들은 더욱 그러하지 않겠는가! 신명기의 끝 부분에는 이스라엘이 하나님과의 언약을 지킬 경우 찾아올 축복들

(28:1-14) 및 불순종할 경우 주어질 저주들(신 28:15-68)에 대해서 나열하고 있는 장이 들어 있다. 신명기적 역사의 저자는 이러한 사망(28:21-22; 삼하 24장), 가뭄(28:23-24; 왕상 17-18장), 인육의 섭취(28:53-57; 왕하 6:24-30) 등의 저주, 그리고 가장 중요한 포로생활이나 패망(28:36-37, 49-52; 왕하 17:24-32; 25:18-24) 등의 저주들이 역사적으로 실현된 것을 의도적으로 보여주고자 하고 있는 것으로 보인다. 요시야는 율법책에 쓰인 모든 일들이 일어날 것이라는 점에 대해서 관심을 갖고 있었다. 그러나 훌다는 그러한 저주들이 그의 생애 중에 일어나는 것이 아니라 그의 사망 이후에 일어날 것이라고 말했다(왕하 22:11-20). 바벨론 유수는 이스라엘에게 갑작스러운 일이 아니었다. 열왕기의 저자는 만약 이 나라가 하나님과의 언약을 깨뜨릴 경우 그런 일들이 일어날 것임을 모세가 오래 전에 예언했었음을 독자들에게 상기시켜 주고 있다.

다른 예들

열왕기에 대한 신명기의 영향은 도처에 퍼쳐 있으며, 위에서 말한 것 이외에도 다른 많은 점들에서 나타나 있는 듯이 보인다. 예를 들어, 신명기의 본문은 아마샤의 통치 때의 사건들과 관련해서 언급되어 있다(신 24:16; 왕하 14:6). 출애굽기 12:1-30에 나오는 유월절 법은 유월절을 가족을 중심으로 해서 다루는 축제로 다루고 있다. 그러나 신명기 16:1-7에서는 유월절은 중앙성소에서 지켜지는 순례자 축제이다. 열왕기는 유월절에 대해서 다룰 때 신명기의 규정들을 따라서 다루고 있다(왕하 23:21-23).

열왕기가 어떻게 끝나는지를 기억하는 것도 중요하다. 하나님께서 역사 속에서 권능 있게 역사하시는 것과 그가 선지자들을 통해서 주신 저주와 약속들을 성취하시는 것을 강조하고 있는 이 책은 다윗에 대한 하나님의 약속에 대해서 어떻게 다루고 있는가? 열왕기의 저자는 이 약속 역시 실패하지 않았다는 것을 독자들이 알기를 원한다. 비록 다윗의 계보와 함께 했던 하나님의 은혜의 물결이 지금은 거의 흐르지 않는 것처럼 보일 수도 있지만 이 포로 시기에서조차도 하나님께서는 다윗의 후손들을 잊지 않으셨다(왕하 25:27-30). 바빌로니아인들을 예루살렘으로 쳐들어오게 만든 그 하나님은 그들이 다윗의 자손에게 호의를 보이게 만드실 수도 있었다. 하나님께서는 먼 땅과 어려운 상황들 속에서도 자신의 약속을 잊지 않으셨다. 이 책은 포로 시대에서 끝이 난다. 그러나 거기에는 하나님께서 다윗에게 주신 자신의 약속들을 계속 기억하실 것이라는 소망이 암시되어 있다.

신 약 으 로 의 접 근

열왕기처럼 방대하고 또한 수많은 주제들 및 구속사적 모티프들을 다루고 있는 책의 경우에는 신약 성경의 저자들이 어떻게 이 책을 반영하고 있으며 또한 이 책의 흥미 있는 주제들을 발전시켰는지를 빠짐없이 기술하는 것이 불가능하다. 그저 한두 가지의 예를 드는 것으로 만족해야 한다.

열왕기의 저자는 하나님께서 다윗에게 주신 약속을 신실하게 지키신다는 것을 증명하는데 관심이 있다. 그는 유다에게 약 3세기 반 동안 중단 없이 이어진 왕조를 선사하셨다. 또한 이 책은 포로생활과 이방인의 통치 아래서도 하나님의 은혜가 여전히 다윗의 자손들과 함께 하고 있다는 희망어린 어조로 마감을 하고 있다. 그리고 신약은 이 희망이 로마인들의 통치기 중에도 이스라엘 속에 여전히 살아 있었음을 보여주고 있다. 복음서 기자들은 예수가 다윗을 조상으로 하고 있다는 점을 추적하며, 그가 "다윗의 아들"이란 칭호로 불릴 자격이 있고, 또한 하나님께서 다윗에게 주신 약속들로 인해서 장차 세우실 왕국의 후사가 될 적격자라는 것을 보여주는 데 관심이 있다(마 1:1, 6, 17, 20; 9:27; 12:23; 15:22; 20:31; 21:9, 15; 막 10:47-48; 11:10; 눅 1:27, 32, 69; 2:4; 3:31; 18:39; 요 7:42).

구약 자체가 엘리야를 기억하고 그가 다시 오리라는 것을 선포함으로써 끝나고 있다는 점은 놀라운 일이다(말 4:5). 신약의 저자들 역시 엘리야 및 엘리사의 이야기를 광범위하게 활용하고 있다. 마태는 신약의 저자들이 이 자료들을 어떻게 발전시켰는가 하는 것에 대한 좋은 본보기가 된다.

마태는 엘리야 및 엘리사의 삶과 세례 요한 및 예수의 삶 사이에 비슷한 점이 있음을 문학적인 기교를 통해 보여주고 있다. 그는 요한이 엘리야가 올 것이라는 말라기의 예언의 성취라고 보았으며(말 4:5), 예수는 새로운 엘리사라고 보고 있다. 예수 시대의 유대인들은 엘리야가 문자 그대로 무덤으로부터 일어날 것이라고 기대했던 것이 분명하다. 그래서 세례 요한은 자신이 엘리야냐 하는 질문을 받았을 때 "나는 아니라"(요 1:21)라고 대답했다. 세례 요한은 최소한 자신의 사역의 초기에는 자신이 그 예견된 엘리야의 역할을 수행하고 있다는 것을 깨닫지 못했던 것으로 보인다. 반면에 예수는 요한을 "오리라 한 엘리야"라고 지적했다(마 11:14; 17:12). 그리고 마태는 이것이 어떻게 해서 그러한가 하는 것을 보여주기 위해 자신의 길에서 약간 비켜선다.

1. 엘리야는 독특한 옷차림으로 알려져 있었다. 아하시야가 에그론의 왕 바알스붑에게 신탁을 받기 위해 사자들을 보냈을 때 그 사자들은 한 신비로운 인물을 만났으며, 이 인물은 그들을 왕에게 돌려보냈다. 왕이 사자들에게 "너희를 만나 이 말을 너희에게 고한 그 사람의 모양이 어떠하더냐" 물었을 때 사자들은 "그는 털이 많은 사람인데 허리에 가죽띠를 띠었더이다"라고 대답했다(왕하 1:7-8). 왕은 이 간단한 인물묘사를 듣고 바로 자신의 사자들이 엘리야를 만났다는 사실을 깨달았다. 세례 요한이 말씀을 전파하기 시작했을 때 마태는 그를 이렇게 소개한다. "이 요한은 약대 털옷을 입고 허리에 가죽띠를 띠었더라"(마 3:4). 이러한 독특한 옷차림은 엘리야를 상기시켰다.

2. 엘리야와 세례 요한은 전 생애에 걸쳐서 적대적인 정치 권력에 직면했다. 득히 이 두 사람의 가장 중요한 대적은 그들의 목숨을 찾는 여인들이었다. 엘리야의 경우에는 그 여인은 이세벨이었으며(왕상 19:2, 10, 14), 요한의 경우에는 헤로디아였다(마 14:3-12).

3. 엘리야와 세례 요한은 자신들의 후계자를 요단 강에서 임명했다. 엘리사는 엘리야를 따라 요단 강으로 갔으며, 엘리야가 받은 영의 두 몫이 자기에게 임하기를 간구했다(왕하 2:9-14). 요한이 요단 강에서 예수에게 세례를 베풀었을 때 그는 하늘이 열리고 하나님의 영이 하나님의 아들 위에 임하는 것을 보았다(마 3:13-17). 엘리야는 엘리사의 선구자였던 것과 마찬가지로 세례 요한은 예수의 선구자였다. 누가는 이 주제를 잘 지적하고 있다. 세례 요한의 탄생이 그의 아버지 스가랴에게 예언되어졌을 때 가브리엘 천사는

요한이 "엘리야의 심령과 능력으로 주 앞에 앞서" 갈 것이며, "아비의 마음을 자식에게" 돌이키게 하는 말라기서의 엘리야의 임무를 성취할 것이라고 말했다(눅 1:17; 말 4:6).

4. 구약 중에서 아마 엘리사의 이야기만큼 기적이 풍부하게 등장하는 부분은 없을 것이다. 엘리사가 간구한 대로 두 몫의 영을 부어 주신 하나님께서는 이 선지자에게 권능을 부여하셨음을 증명하셨으며, 엘리사의 사역을 동반한 기적들을 통해서 그가 선포한 메시지들을 입증하셨다. 이와 마찬가지로 하나님께서 자기 아들의 사역을 친히 증거하실 때에도 기적들이 풍부하게 일어났다(히 2:3-4). 엘리야의 등장은 "여호와의 크고 두려운 날"의 시작을 알리는 것이었다. 이 날 하나님께서는 자기 백성은 보호하시고 보존하시지만 악은 심판하실 것이다. 요한이 감옥에 갇혔을 때 그는 예수가 갈릴리에서 설교와 가르침을 행하신다는 것을 들었다. 그래서 요한은 심부름꾼들을 보내서 이렇게 물었다. "오실 그이가 당신이오니이까? 우리가 다른 이를 기다리오리이까?" 마태는 예수가 요한의 제자들에게 이렇게 말했다고 기록하고 있다. "너희가 가서 듣고 보는 것을 요한에게 고하되 소경이 보며 앉은 뱅이가 걸으며 문둥이가 깨끗함을 받으며 귀머거리가 들으며 죽은 자가 살아나며 가난한 자에게 복음이 전파된다 하라"(마 11:4-5). 이러한 예수의 사역의 나열은 대체적으로 엘리사가 행한 이적들의 목록과 일치한다. 엘리사는 장님의 시력을 회복시켜 주었으며(왕하 6:18-20), 문둥병을 고치고(5장), 죽은 자를 살리고(4:32-37; 8:4-5; 13:21), 가난한 자들에게 복음을 전파했다(1-7장; 7:1-2; 8:6). 또한 이 목록은 엘리사의 기적들은 약속된 여호와의 종의 기적들과 연결시키고 있다(사 61:1-3). 예수는 사실 요한에게 이렇게 말하고 있었다. "엘리야의 계승자가 임하였다. 나는 네가 고대하고 있는 바로 그 사람이다."

마태는 엘리야와 요한, 엘리사와 예수 사이에 있는 이러한 비슷한 점들을 지적하였다. 이렇게 함으로써 마태는 기독교인들이 구약의 이 이야기들을 읽는데 있어서 필요한 여러 가지 해석학적 틀 중의 하나를 제공해 주고 있다. 다른 복음서 기자들도 엘리야-엘리사 이야기를 이와 동일하게 독창적이고 유용한 방법으로 활용하고 있다. 예를 들어 열왕기는 엘리야와 모세 사이에 여러 가지 비슷한 점들을 제공해 주고 있다. 모세 역시 산 위에서 하나님의 능력을 체험하고 내려올 때 우상 숭배에 직면한 적이 있었다(출 32장; 왕상 18장). 하나님께서는 모세를 통하여 광야 생활 40년 동안 이스라엘에게 음식과 물을 제공하셨던 것(출 17장; 민 11, 20장)처럼 엘리야에게 40일 동안 목숨을 부지할 떡과 물을 제공해 주셨다(왕상 19:8). 모세는 하나님을 시내 산에서 만났는데, 이제 하나님께서는 이 선지자 또한 이곳으로 인도하셨다(왕상 19장). 거기에서 모세처럼 엘리야는 바람과 지진과 불 속에서 하나님의 임재를 경험했다(참고, 출 19:16-19). 엘리야가 피신을 했던 동굴(왕상 19:9)은 모세가 몸을 숨겼던 바위틈을 연상시킨다(출 33:22). 바로 그 산에서 하나님은 이 두 사람을 "지나가셨으며"(19, 22절; 왕상 19:11), 이 두 사람은 하나님을 보아서는 안 되었다(출 33:22; 34:33; 왕상 19:13). 양자는 자신들의 임무를 수행하도록 보냄을 받았으며, 하나님을 섬기는 그들의 임무는 재개되었다(출 33:12; 왕상 19:15-16). 그러나 모세와 엘리야는 자신들이 이제 신물이 나기 때문에 이제는 하나님께서 자신들의 생명을 거두어 가실 것을 간구했다(민 11:15; 왕상 19:4; 참고, 출 32:32). 그리고 하나님께서는 그들을 돕기 위해 선지자들을 임명하셨다(민 11:16-17, 25; 왕상 19:16-17).

하지만 모세와 엘리야는 장차 다른 시대에 다른 산에서 하나님의 영광을 보고 그의 목소리를 듣도록 되어 있었다(마 17:1-13). 거기에서 하나님의 본체의 광휘가 하나님의 아들 예수를 둘러쌌는데, 그는 바로 "하나님의 영광의 광채시요 그 본체의 형상"이었디(히 1:3). 엘리야처럼 예수도 광야에서 사십 일을 보내셨다(마 4:2). 그러나 엘리야와는 달리 그는 절망에 압도당하지 않으셨다.

성경의 저자들은 또한 엘리야와 모세를 여호와의 날(말 4:4-5), 변화산(마 17:3-4; 막 9:4-5; 눅 9:30-33), 계시록(계 11:3-6)과 관련해서 연결시킨다. 모세는 율법을 대표하며, 엘리야는 선지자들을 대표한다. 예수를 통해서 모세나 엘리야보다 큰 분이 오셨으며, 모든 율법과 선지자들은 그에 대해서 이야기하고 있다(눅 24:27).

역 대 기

히브리어 정경에서는 역대기의 두 책은 한 권으로 계산된다. 이 책들은 성문서(the Writings)의 마지막에 들어 있으며, 히브리 성경의 마지막에 나오는 책들이다. 이 책들이 두 권으로 나뉘게 되고, 또 영어 성경에서 열왕기 뒤에 오게 된 것은 70인경의 영향 때문이다. 이 책들의 히브리어 이름은 "그 날들의 사건들"이다. 이 동일한 문구는 성경의 역사가들이 공식적인 역사기록들로 보이는 것들을 언급할 때 성경에서 자주 사용하고 있다(예를 들어, 왕상 14:19; 15:31; 16:5, 14, 20, 27). 역대기는 창조로부터 저자의 때까지 인간의 모든 역사를 포괄하는 성경의 두 책 중의 하나이다. 마태복음과 역대기는 이 목적을 달성하기 위해 족보들을 사용하고 있다. 사무엘서와 열왕기에 대한 자신의 번역본의 서문에서 제롬은 이 책들이 "거룩한 역사 전체의 연대기"를 담고 있다고 말했다. 이 책들을 역대기(Chronicles)라고 부르게 된 관행은 바로 그의 이 말로부터 시작되었다.

70인경에서 역대기는 "빠진 것들, 남겨진 것들"(Paralipomenon)이라고 불렸는데 이 제목은 하나의 전조가 되었다. 오랫동안 역대기는 다음의 몇 가지 이유들 때문에 히브리 성경 중 가장 무시되는 책들 중의 하나가 되었다. (1) 이미 오래 전부터 이 책들은 단순히 사무엘서 및 열왕기의 정보를 보충해 주고 있는 것으로 격하되어 왔다. (2) 현대의 독자들은 어느 저술가가 "성경의 수면제"(Scriptural Sominex)라고 부른 처음 아홉 장, 즉 지파들의 족보들을 잘 뚫고 나가지 못한다.(3) 이 책들은 구약의 가장 후대의 책들 중의 하나이며, 저자-편집자는 자신이 기술하고 있는 사건들로부터 상당 정도 시간이 지난 후에 살았기 때문에 비평학계는 그 역사적인 가치에 대해서 상당히 회의적이었다.

최근 몇십 년 동안 이 책에 대한 관심이 재개되었다. 역대기는 그 자체로 매력적인 문학적 특징들과 신학적인 주장들을 갖고 있다.

역 사 적 배 경

역대기의 저자-편집자는 자신을 밝히지 않았기 때문에 우리는 그가 쓴 내용으로부터 추론을 해야 한다. 그가 고레스의 조서(대하 36:22-23)에 대해서 기록하고 있는 것을 볼 때 그는 포로기 이후 시대에 살았던 것이 분명하다. 우리의 그의 저작 시기로 잡을 수 있는 가장 이른 시기에 대한 단서들을 두 개의 본문에서 찾아볼 수 있다. 비록 몇 가지 난점이 있기는 하지만 포로 귀환 이후의 다윗 왕가에 대한 계보는 주전 6세기의 마지막 사반세기에 활동했던 스룹바벨의 이후의 두 세대까지 기록되어 있다(대상 3:17-24). 그리고 대상 29:7에서는 성전 건설을 위하여 백성들이 바친 헌물 중의 일부가 다릭(daric)으로 기록되어 있다. 다릭은 다리우스의 이름을 따라서 이름 지어진 동전이다. 이 동전은 주전 515년 이전에는 만들어지지 않았으며, 이 동전이 유다에서도 통화의 기준으로 널리 받아들여지기 위해서는 상당한 기간이 필요했을 것이다(물론 비록 이것이 후대의 편집에 의한 개정 때문일 수도 있기는 하다). 그러므로 이 두 본문은 역대기 기자가 아무리 일러도 5세기 중엽 이전에는 이 책을 쓰지 않았다는 것을 시사해 준다.

그 저작 시기의 하한선을 파악하기는 더욱 어렵다. 그러나 그가 4세기 초보다 늦은 시기에 이 책을 썼을 가능성은 없다. 비록 모든 학자들이 다 동의하지는 않겠지만 이 책은 단일한 저자의 것으로 보는 것이 가장 자연스러운 것으로 여겨진다. 그렇지만 후대의 사람에 의해서 약간의 편집이나 손질을 받았을 가능성도 역시 있다. 이른 시기든 늦은 시기든 간에 역대기 기자가 페르시아 시대(the Persian period) 혹은 제2 성전 시대(the Second Temple period) (주전 539-333년) 중의 어느 시기에 쓰인 것은 틀림없다.

듀크(Duke)가 지적한 바와 같이 이 "시기는 이스라엘 공동체 중 여호와 신앙을 가진 종교적 핵심 주체가 현대의 유대교와 기독교의 토대가 되는 형태로 재편된 시기였다"(2005, 162).

비록 이 책이 단일한 저자의 언어 및 신학적인 시각을 보여주고 있기는 하지만 이 저자는 아주 다양한 문헌들을 독자들에게 직접 전달해 주고 있다. 우리는 그가 사무엘서-열왕기를 길게 인용하는 경우가 자주 있으며, 성경의 다른 많은 책들을 활용하고 있다는 점을 알고 있다. 학자들은 역대기 기자가 스스로 쓴 부분과 그냥 다른 문헌들을 단순하게 인용하고 있는 부분의 비율이나 그 자신의 저술이 후대의 사람들에 의해서 보충된 정도에 대해 동의를 하지 않는다. 역대기는 성전, 그리고 특히 그 성전의 레위인 직원들에 대해 커다란 관심(대상 6장; 9:2-34; 15:2-27; 23:2-6, 26-32; 24:30-31; 26:17-20; 28:13-21; 대하 5:4-12; 11:13-16; 13:9-10; 17:8; 19:8-11; 20:14, 19; 23:2-8, 18; 24:5-6, 11; 29:4-34; 30:15-27; 31:2-19; 34:9-13, 20; 35:3-18)을 보여주고 있기 때문에 많은 학자들은 저자가 레위인이며, 더 나아가서는 혹시 레위인 음악가일 가능성이 있다고 주장했다.

19세기 중엽부터 학자들 사이에서는 역대기와 에스라서-느헤미야서가 원래 하나의 작품이었다는 만장일치적인 견해가 이루어져 왔다. 역대기와 에스라서-느헤미야서가 연결되어 있다고 보는 데에는 네 가지 중요한 근거가 있다.

(1) 역대기는 고레스의 조서로 끝이 나며, 에스라서는 그것으로 시작한다(대하 36:23; 스 1:1-4). 이러한 내용의 중첩은 이 두 역사가 원래는 하나로 연결되어 있었으며, 고레스의 조서는 아마 이 책이 두루마리의 길이에 맞추기 위해 두 개로 나뉘어졌을 때 양자 사이의 연결성을 보여주기 위한 증거로 보통 간주되어졌다.

(2) 외경 에스드라 1서는 역대하 35장으로부터 에스라서-느헤미야서의 상당 부분까지를 인용하고 있다. 이 책이 이처럼 역대기를 에스라서-느헤미야서와 연결시키고 있는 점은 이 책이 나뉘기 전의 원래의 상황을 보여주는 증거로 이해되어졌다.

(3) 역대기와 에스라서-느헤미야서는 언어와 구문론적인 측면에서 수많은

특징들을 공유하고 있다.

(4) 이 책들은 동일한 이데올로기와 신학들을 공유하고 있으며, 특히 제의에 관심이 있으며, 또한 목록들을 광범위하게 활용하는 것에 관심이 있다.

그러나 면밀하게 검토해 보면 이러한 논거들은 압도적이지가 않다.

(1) 고레스의 조서가 반복되어 나옴으로써 생긴 내용상의 중첩은 원래 분리되어 있던 두 책을 하나로 연결시키기 위한 것이라고도 볼 수 있다.

(2) 학자들은 에스드라 1서가 역대기와 에스라서-느헤미야서가 히브리 성경에서 나뉘기 전의 상태를 나타낸다고 보는 견해에 동의하지 않는다. 많은 학자들은 에스드라 1서가 역대기와 에스라서-느헤미야서의 통일성을 보여주는 증거가 아니라 후대의 발전과정을 보여주는 것이라고 생각한다.

(3) 역대기와 에스라서-느헤미야서가 언어적으로 비슷한 점들을 많이 갖고 있다는 것을 보일 만한 증거가 충분하지 않다. 이러한 언어적인 공통점들은 4세기에 유다에서 살던 유대인들이 사용하던 공통적인 언어를 보여주는 것에 불과할 가능성이 있다. 자펫(Japhet 1968, 330-71)은 어휘와 구문적인 측면에서 동일할 것으로 여겨지는 점들이 역대기와 에스라서-느헤미야서 사이에 수많은 차이점들을 갖고 있다는 주장을 했다.

(4) 역대기와 에스라서-느헤미야서 사이에는 또한 몇 가지 중요한 시각적 차이들이 있다. 예를 들어 에스라서-느헤미야서에서는 안식일이 그렇게도 중요한 반면(느 9:14; 10:31; 13:15-22) 역대기에서는 이 안식일이 아무런 역할도 하지 않는다. 반대로 역대기는 선지자들에 대해 커다란 관심을 보여주고 있으며, 그들이 한 설교들에 대해서 많이 기록하고 있다. 하지만 에스라서-느헤미야서는 여기에 관심을 기울이고 있지 않다. 다윗 왕가의 계승의 문제는 역대기에서는 중요한 주제이지만 에스라서-느헤미야서에서는 사실상 거의 하는 역할이 없다. 또한 에스라서-느헤미야서가 옛 북왕국 이스라엘의 영토에 거주하고 있는 자들에게 증오심(스 4-6장; 느 2:19-20; 4:1-15; 6:1-14; 13:4-29)을 보여주고 있는 반면에 역대기 기자는 그들이 국가에 동참하는 일에 상당한 관심을 보여주고 있다(대상 11:1-3; 12:23-40; 대하 19:4; 30:1-2; 34:6-7). "온 이스라엘"이 함께 행동하는 것은 역대기의 두드러진 주제 중의 하나이다(아래의 "족보들" 항목을 보라).

한편 역대기 기자는 많은 아내들과 관련된 솔로몬의 죄악들에 대해서 기록하지 않는다. 그러나 느헤미야서 13:26에서는 솔로몬은 잡혼이라는 악을 행한 예로 사용되었다. 최근 몇십 년 동안 역대기 연구는 역대기와 에스라서-느헤미야서를 하나의 통일체로 보는 것에 반대하는 쪽으로 흘러가고 있다. 윌리엄슨(Williamson), 자펫(Japhet), 브라운(Braun)은 이 양자의 관계를 단절시키는데 있어서 두드러진 목소리를 내고 있는 학자들이다. 역대기의 이데올로기와 신학은 이 책을 에스라서-느헤미야서의 일부로 읽기보다는 그 자체로 읽게 되면 다른 색깔을 드러내게 된다.

역대기 기자는 광범위한 성경적 · 성경외적 자료들을 활용하였다. 그는 사무엘서와 열왕기를 길게 인용하고, 상당수의 다른 성경 문헌들을 활용하였다. 역대기가 인용한 성경의 다른 책들은 때때로 맛소라 사본과 차이가 나는데, 특히 사무엘서의 경우가 더욱 그러하다. 이 사무엘서의 경우에 역대기 기자는 70인경의 번역자들과 수정자들이 사용한 것과 유사한 본문을 사용하고 있는 것으로 보인다(Lemke 1965, 345-63). 열왕기에서는 저자가 독자들에게 언급하고 있는 자료들이 주로 공식적인 기록들이나 역사문헌들(예를 들어 "유다 왕 역대 지략"이나 "이스라엘 왕 역대 지략" 등)인 반면에 이와 대조적으로 역대기 기자는 독자들에게 여러 종류의 선지 문헌들(예를 들어 "선견자 사무엘의 글과 선견자 나단의 글과 선견자 갓의 글" [대상 29:29]; "선지자 스마야와 선견자 잇도의 족보책" [대하 12:15]; "선지자 잇도의 주석책" (13:22])을 언급하고 있다. 역대기의 두 구절(대하 20:34; 32:32)에 따르면, 이 책들은 독립적인 문헌들이 아니라 이미 더 큰 문헌 속으로 통합되어 있었으며, 역대기 기자는 바로 이 문헌을 각 왕의 통치기에 사역했던 선지자의 이름으로 언급하고 있는 것으로 보인다. 역대기 기자의 인용문들은 언제나 사무엘서-열왕기의 평행본문에서 자료 문헌들을 언급하고 있는 것과 동일한 장소(요시야의 경우는 예외, 대하 35:27)에서 자신의 자료 문헌들을 언급하고 있기 때문에 어떤 학자들은 역대기 기자가 사무엘서-열왕기 자체를 독자들에게 언급하고 있는 것이라고 생각하고 있다.

역사적인 자료로서의 역대기

데 베테(de Wette 1806)의 시대 이래로 역대기는 진정한 역사 자료로서의 가치에 대해서는 의심의 눈초리를 받아 왔다. 사무엘서-열왕기의 기록과 역대기의 기록을 비교해보면 비록 후자가 전자의 본문을 상당량 수용하고 있기는 하지만 여전히 역사에 대한 다른 시각을 담고 있음이 분명해진다. 역사란 것에 대한 근대주의적인 시각은 진정한 역사라는 것은 오직 하나만이 가능하다고 주장한다. 그러나 프로반, 롱, 롱맨(Provan, Long, and Longman 2003, 3-104)이 지적하고 있듯이 이러한 시각은 맹목적인 사실의 역사가 가능하다고 보는 극히 순진무구한 시각일 뿐이다. 사실 역대기 기자는 자기 당대의 문제들에 대해서 대답을 줄 수 있는 방식으로 족보들과 자료들을 활용하는 데에 관심이 있었다(Japhet 1993, 14-23; Peltonen 1996). 그러므로 역사적 자료로서의 역대기의 가치를 폄훼하는 것보다는 이것을 과거의 사건들에 대한 하나의 해석적 경향이 매우 강한 기록으로 취급하는 편이 더 낫다. 이렇게 볼 때 현대의 독자들은 마치 세 개의 공관복음서들처럼 이스라엘 역사에 대한 두 개의 공관적 기록을 갖고 있다고 볼 수 있다. 듀크(Duke 2005, 162)의 말을 따르자면 다음과 같다. "역사를 서술하는 과정에 대해서 점점 더 깨닫게 되는 바는 다른 시대의 다른 사람들이 과거의 하나의 동일한 시기의 역사를 반추할 때 서로 다르면서도 여전히 똑같은 정당성을 가진 이야기 줄거리를 도출해 낼 수 있다는 점이다. 이 섬은 한 사람이 자기 삶의 각기 다른 시기에 과거의 이 동일한 시기의 역사를 회고할 때도 역시 마찬가지이다. 역사 서술 과정에 대한 이러한 깨달음을 비유적으로 말하자면 두 명의 실력 있는 화가가 한 인물에 대해서 각자 독립적으로 초상화를 그릴 때 각자 서로 다르면서도 나름대로 '정확한' 초상화를 그려낼 수 있다는 것과 같다."

문학적인 분석 및 신학적인 메시지

성경의 역사가들은 나라의 역사를 일어난 그대로 기록했을 뿐만 아니라 또한 자기 동시대의 청중들에게 신학적인 문제들을 말해 주기도 했다. 저자의 세대의 필요와 그가 자료들을 선별하고 제시한 작업 사이에는 상당한 상호관련이 있다. 열왕기의 저자는 포로 시대 중이나 포로기 이후 시대의 아주 이른 시기에 살았다. 그의 독자들은 최근에 예루살렘의 멸망과 다윗 왕조의 종언을 경험했다. 그들이 신앙을 계속 보존하기 위해서 던져야만 했었던 치열한 신학적 문제는 "하나님께서 실패하셨는가?", "어떻게 이런 일이 우리에게 일어날 수 있었는가?", "바벨론의 마르둑이 정말 여호와보다 강한가?" 하는 것이었다. 열왕기의 저자는 하나님께서 실패하신 것이 아니라 자신이 미리 경고하신 대로 이 나라가 언약에 순종하지 못했을 때 치러야 할 결과들을 그들이 치르게 하신 것이라는 것을 보여줌으로 이러한 질문들에 대답을 했다. 포로 시대는 여호와의 권능을 의문시하게 만든 것이 아니라 그것을 확인시켜 준 것이었다.

역대기 기자는 열왕기의 저자보다 늦은 시대에 살았다. 그의 청중들이 가진 문제들은 다른 것이었다. 귀환 공동체는 "어떻게 이 일이 일어날 수 있었는가?" 하는 문제를 갖고 있었던 것이 아니다. 이들은 자신들과 과거의 관계에 대해서 다음과 같은 질문들을 갖고 있었다. "포로로 잡혀가는 심판을 통해서 하나님께서는 이스라엘과의 언약관계를 끝내신 것이 아닌가?" "우리가 아직도 하나님의 백성인가?" "이스라엘, 예루살렘, 다윗에 대한 하나님의 약속들은 후에 사는 우리와 무슨 관계가 있는가?" 그래서 역대기 기자는 열왕기에 영향을 주었던 문제들과는 다른 문제들을 다루고 있는 또 하나의 역사를 기술하였다.

역대기는 족보들(대상 1-9장), 다윗과 솔로몬 하의 통일 왕조(대상 10-대하 9장), 그리고 분열왕국(대하 10-36장)이라는 세 부분으로 나눌 수 있다. 이 각각의 부분에서 역대기 기자는 자신의 저술 기법을 달리 하고 있다. 물론 이 책에 단일한 신학 주제가 들어 있기는 하지만 또한 이 각각의 부분들은 그 나름대로의 상이한 신학적 강조점들을 갖고 있다.

족보들(대상 1-9장)

오늘날 서구의 독자들은 역대기가 다소 맥빠지게 보이

는 시작 부분을 갖고 있기 때문에 이 책을 공부하거나 읽는 일을 하기 힘든 경우가 자주 있다. 그러나 역대기 기자나 그의 청중들은 이 아홉 장의 족보들을 상당히 다른 시각으로 보았을 것 같다. 과거의 이스라엘과 자신들의 관계에 대해서 질문을 던지고 있는 세대에게 이 족보들은 단도직입적으로 회복 공동체와 옛 이스라엘의 연속성의 문제에 대해서 말해 준다. 족보들을 사용함으로써 역대기 기자는 자신의 세대를 아담에게 연결시켰다(대상 1:1). "하나님께서 여전히 우리에게 관심을 기울이고 있는가" 하는 점에 대해서 의문을 갖고 있는 자들에게 역대기 기자는 이렇게 말한다: "그렇다. 그는 항상 그래 오셨다." 족보들은 이스라엘의 연속성 및 이스라엘이 하나님의 선민임을 말해주고 있다.

역대기의 가장 두드러진 주제는 "온 이스라엘"에 대한 저자의 관심이다 (예를 들어 대상 9:1; 11:1, 10; 12:38; 14:8; 15:3, 28; 18:14; 대하 1:2; 7:8; 9:30; 10:3, 16; 12:1; 13:4, 15; 18:16; 24:5). 북쪽 지파들이 추방을 당한지 오랜 시간이 지난 바로 그 시기에 역대기 기자는 모든 지파들의 족보들을 제공해 주고 있다(스불론과 단은 제외). 이러한 목록을 통해서 역대기 기자는 (1) 자신이 다수 대중의 연속성을 인식하고 있음을 표현하고 있으며, (2) 북왕국 지파들을 제외시키는 것이 아니라 포함시키는데 대한 자신의 관심을 보여주고, (3) 자신은 왕국의 분열이 영속적인 것이거나 잘한 것이라고 보지 않는다는 점을 주장하고 있으며, 또한 어쩌면 (4) 나라가 더 크게 재건될 것임에 대한 종말론적인 희망을 어느 정도 표현하고 있다. 족보들은 또한 귀환 공동체를 위해서 아주 실제적인 기능을 갖고 있다. 이 족보들은 과거와의 연속성 문제를 말해주고 있을 뿐만 아니라 또한 현재의 정당성과 적법성의 문제를 다루고 있다. 누가 왕이나 제사장이 될 수 있는가(느 7:61-65)? 사회적인 지위, 군사적인 의무, 땅의 분배, 상속권의 문제 등도 부분적으로는 족보들에 의해서 다루어지고 있다.

비록 이 고대의 족보들이 현대의 독자들에게는 다소 "따분한 것"이 될지 모르겠지만 개별 지파들의 족보들은 그것들을 연구하는데 있어서 들어간 노력을 충분히 보상해 주는 재미있는 내용들을 담고 있다.

통일왕조(대상 10-대하 9장)

다윗과 솔로몬에 대한 역대기 기자의 기록을 사무엘서-열왕기의 기록과 비교할 때 가장 놀라운 차이점은 아마 역대기가 생략하기로 한 부분들일 것이다. 다윗의 인구 조사에 대한 기록(대상 21장; 참고, 삼하 24장)을 제외하고는 역대기 기자는 다윗이나 솔로몬에 대해 나쁜 인상을 줄 만한 사건들을 기록하지 않았다. 역대기 기자는 다윗이 헤브론에서 통치한 칠 년 동안 사울의 후손에 의해서 다스려진 경쟁 왕국에 대해서 기록하지 않았으며, 다윗이 북쪽 지파들을 통치하는 것에 대해서 협상을 한 것도 기록하지 않았다. 그는 압살롬과 아도니야의 반역 및 암논과 시므이의 행위 등에 대한 기록도 생략하고 있다. 또한 그는 다윗이 밧세바 및 우리야와 관련하여 지은 죄악들에 대해서도 전혀 언급하고 있지 않다. 역대기 기자는 솔로몬이 다윗의 적들에게 복수한 기록을 지워버렸으며(왕상 2장), 열왕기에 따르면 왕국의 분열의 궁극적인 원인이 된 솔로몬의 죄악들에 대해서도 기록하고 있지 않다(왕상 11장). 심지어는 왕국의 분열에 대한 책임도 솔로몬으로부터 여로보암에게로 전가되어 있다(대하 13:6-7).

역대기에서는 다윗과 솔로몬은 하나님의 축복뿐만 아니라 온 나라의 지지를 받고 있는 영광스럽고, 충성스럽고, 전권을 누리고 있는 인물로 그려져 있다. 나이 많아 침대에 누워 있는 다윗이 밧세바와 나단의 재촉에 못이겨서 마지막 순간에 왕국을 솔로몬에게 넘겨 주는 이야기(왕상 1장) 대신에 역대기 기자는 왕권이 조금의 반대도 없이 순조롭게 이동된 것으로 말하고 있다. 다윗 자신은 솔로몬이 자신의 계승자로 임명되었음을 공개적으로 발표하며, 이 발표는 백성들의 열광적이고 전적인 지지를 받았는데(대상 28:1-29:25), 여기에는 다윗의 다른 아들들과 군대장관들, 그리고 아도니야의 쿠데타 시도를 지지했던 사람들도 포함되어 있다(대상 29:24; 참고, 왕상 1:7-10). 열왕기에서는 솔로몬의 죄들이 분열의 이유가 되며, 솔로몬은 자기 아버지 다윗과 대조되고 있는데(왕상 11장; 참고, 11:11-13, 32-36), 역대기에서는 르호보암이 "다윗과 솔로몬의 길로 행하였음이었더라"라고 말해지고 있다(대하 11:17).

이처럼 다윗과 솔로몬의 통치를 이상화하는 것은 "좋았던 옛 시절"을 막

연히 찬양하는 것으로 비판할 수도 있다. 그러나 하나님께서 다윗에게 주신 영속적인 왕조에의 약속을 역대기 기자가 강조(대상 17:11-14; 대하 13:5, 8; 21:7; 23:3)하고 있다는 점에 비추어 볼 때 다윗과 솔로몬에 대한 역대기 기자의 취급방법은 "메시야적인 역사 서술방법"(a messianic historiography)을 반영하고 있다. 역대기의 다윗과 솔로몬은 단순한 역사상의 실존인물로서의 다윗과 솔로몬이 아니라 역대기 기자의 종말론적인 소망에 따른 다윗과 솔로몬이다. 이스라엘이 페르시아의 통치를 받고 있던 시대에 역대기 기자는 여전히 다윗의 통치가 회복될 것이라는 희망을 갖고 있었으며, 과거의 다윗과 솔로몬의 영광스러운 통치를 미래에 대한 자신의 소망의 측면에서 서술하였다.

다윗과 솔로몬에 대한 역대기 기자의 기록이 가진 또 하나의 특징은 그들의 통치가 주로 성전의 건설과 관련해서 기록되어 있다는 점이다. 다윗은 등극하자마자 법궤를 예루살렘으로 옮기는 일에 즉시 관심을 기울인다(대상 13-16장). 역대기 기자는 다윗이 솔로몬에게 남겨 줄 일에 대한 준비를 하는 것에 대해서 방대한 본문을 첨가한다(22-27장). 심지어는 왕권의 이양을 둘러싼 대중적인 의식조차도 주로 성전의 건설과 관련이 있다(28-29장). 열왕기에서는 솔로몬의 지혜가 주로 통치를 위한 지혜(왕상 3:7-15; 참고, 3:16-4:34)인 반면에 솔로몬은 이전에 성막을 지었던 브살렐이 만든 제단(대하 1:5)에서 지혜를 부여받는다.

역대기 기자의 가장 두드러진 저술 기법 중의 다른 한 가지는 "반복적 역사서술 방법"(recapitulative historiography)이다. 역대기 기자는 이스라엘의 이전의 역사에서 이미 발생했거나 그 자신의 글에 들어 있는 사건들을 취해서 그것들을 그 이후의 상황에 대한 패러다임이나 모델로 사용하였다. 역대기 기자는 다윗과 솔로몬의 계승의 이야기를 다루는데 있어서 모세와 여호수아 사이의 관계를 활용하였다(Williamson 1976, 351-6). 그는 또한 솔로몬과 두로의 장인(匠人) 후람-아비를 제2의 브살렐과 오홀리압으로 그리고 있다. 브살렐은 성경 중 오직 역대기와 출애굽기에서만 언급되어 있다. 브살렐이 성막을 짓는데 있어서 지혜의 영을 부여받은 것과 마찬가지로 솔로몬도 브살렐에 의해 만들어진 제단에서 동일한 영을 받았다(대상 2:20; 대하 1:5; 참고, 출 35:30-31). 브살렐과 솔로몬은 모두 유다 지파 출신이다(출 35:30).

역대기 기자는 후람-아비와 오홀리압 사이에 유사성을 부여하기 위해 네 가지 점에 있어서 열왕기의 기록을 수정하였다. (1) **도착시기**. 열왕기에서 후람은 성전 건물이 이미 완성된 시기에 도착한 것으로 보인다(왕상 7:13). 그러나 역대기 기자는 오홀리압이 처음부터 브살렐과 연결되어 있었던 것처럼 처음부터 그를 등장시키고 있다(대하 2:7, 13). (2) **기술의 목록**. 열왕기에서 후람은 놋을 다루는 전문가였으며(왕상 7:14), 수많은 놋 주물들을 만들었던 것으로 보인다(15-47절). 그러나 역대기에서는 후람-아비의 기술 목록은 훨씬 더 길며, 브살렐 및 오홀리압의 기술 목록과 거의 동일하다(대하 2:7, 14; 참고, 출 35:31-36:1). (3) **이름**. 열왕기에서는 이 두로의 장인은 히람 혹은 후람이라고 불렸다. 그러나 역대기에서는 그의 이름은 후람-아비로 되어 있다. 그의 이름 끝에 이처럼 다른 요소가 덧붙여진 점은 그의 이름이 오홀리압이란 이름과 동일한 어미를 갖도록 하기 위한 것이다. (4) **조상**. 열왕기는 후람이 납달리의 한 과부의 아이라고 말하고 있는 반면에(왕상 7:14), 역대기는 그녀가 단 지파의 한 과부라고 밝힌다. 이렇게 해서 후람-아비는 오홀리압과 동일한 조상을 갖게 된다(대하 2:14; 출 35:34). 이 모든 차이점들은 그다지 어렵지 않게 조화될 수 있지만 우리가 여기에서의 역대기 기자의 의도를 파악하는 것이 중요하다. 그는 성막 건설과 솔로몬의 성전 건설 사이에 여러 가지 유사점들을 지적함으로써 옛 이스라엘과 제2 성전을 목도한 세대 사이의 연속성을 부각시키고 있다. 이와 유사한 패턴을 가진 예들을 우리는 역대기 기자가 유다의 마지막 네 왕을 다루는데서 찾아볼 수 있다. 또한 그는 히스기야를 제2의 솔로몬으로 다루고 있으며, 아비야 시대의 사건들과 아하스 시대의 사건들 사이에 유사점들을 지적하고(대하 13, 28장), 여호사밧을 그의 아버지 아사를 따라서 그리고 있다.

분열왕국(대하 10-36장)

열왕기의 중요한 관심사들 중의 하나는 바벨론 유수에 이르기까지 악행들이 누적되는 역사를 보여주는 것이다. 예를 들어

"이는 애굽에서 나온 그 열조 때부터 오늘까지 나의 보기에 악을 행하여 나의 노를 격발하였음이니라 하셨더라"(왕하 21:15)는 구절을 들 수 있다. 포로 시대의 사람들이 이러한 설명에 전적으로 동감하기만 한 것은 아니다. 그들은 자신들이 저지르지 않은 죄 때문에 벌을 받는다는 사실을 불평했다: "아비가 신 포도를 먹었으므로 아들들의 이가 시다 하지 아니하겠고"(렘 31:29; 겔 18:2). 역대기 기자가 유다의 역사를 다시 기록할 때 그는 죄에 대한 심판이 항상 연기되기만 한 것은 아니며, 오히려 각 세대는 그 자신들의 행위 때문에 축복이나 심판을 받았다는 것을 보여주는데 관심이 있었다. 역대기 기자의 이러한 특징은 보통 "즉각적인 인과응보의 신학"(the theology of immediate retribution)으로 알려져 있다. 비록 이 인과응보의 신학이 꼭 분열왕국 시대에 대한 그의 기록에만 국한되어 있는 것은 아니지만 이 부분에 좀 더 많이 적용되어졌다.

역대기에만 독자적으로 들어 있는 내용들(즉, 사무엘서-열왕기에서는 발견되어지지 않는 내용들) 속에서 특히 저자는 급박한 사건들에 대해서 하나님께서 즉각적인 반응을 보이신다는 주제를 명확하게 밝히고 있다(대상 28:8-9; 대하 12:5; 15:2; 20:20). 비록 역대기하 7:14(역대기의 구절들 중 가장 유명한 구절)는 이러한 주제에 대한 첫 번째의 구절은 아니지만 전체의 흐름을 밝히는 중요한 구절이다. "내 이름으로 일컫는 내 백성이 그들의 악한 길에서 떠나 스스로 낮추고 기도하여 내 얼굴을 찾으면 내가 하늘에서 듣고 그들의 죄를 사하고 그들의 땅을 고칠지라."

성전 봉헌시의 솔로몬의 기도와 그 기도에 대한 하나님의 반응(대하 6:1-7:22)은 이후의 이 나라의 역사에 대한 하나의 "헌장"(憲章)이다. 솔로몬의 기도에 대한 하나님의 반응은 열왕기상 9:1-9의 평행구절로부터 거의 문자 그대로 인용되고 있는데, 역대기 기자는 여기에 7:13-15의 글을 덧붙였다. 이 구절에 사용된 어휘들은 역대기 기자가 자신의 즉각적인 인과응보의 신학의 타당성을 증명하고자 할 때마다 거듭거듭 반복되어진다. "하나님을 찾음"이라는 주제는 행복과 불행의 시금석이 된다(대상 10:13-14; 22:19; 28:9; 대하 11:16; 12:14; 14:4, 7; 15:2, 4, 12, 13, 15; 16:12; 17:4; 18:4; 19:3; 20:4; 22:9; 25:20; 26:5; 30:19; 31:21; 33:12; 34:3). 이와 마찬가지로

"겸비함" 혹은 겸비치 못함은 하나님의 반응을 결정짓는다(대하 12:6, 7, 12; 28:19; 30:11; 33:12, 19, 23; 34:27; 36:12). 기도(대상 4:10; 5:20; 21:26; 대하 13:12-15; 14:11; 18:31; 20:9; 30:18, 27; 32:20, 24; 33:13, 18-19)와 "돌이킴"(대하 15:4; 30:6, 9; 36:13) 역시 역사의 중요한 전환점들에서 등장한다.

이러한 어휘들과 아울러 그 반대어들 또한 역대기 기자의 신념을 끌고 나가는 도구가 된다. 하나님을 찾거나 겸비한 것에 대한 반대의 태도는 "버림"('zb: 대상 28:9, 20; 대하 7:19, 22; 12:1, 5; 13:10-11; 15:2; 21:10; 24:18, 20, 24; 28:6; 29:6; 34:25) 혹은 "범죄함"(m 'l: 대상 2:7; 5:25; 10:13; 대하 12:2; 26:16, 18; 28:19, 22; 29:6; 30:7; 36:14) 등의 표현으로 소개되어 있다.

우리가 유다의 어떤 왕의 통치에 대한 기록을 열왕기의 기록과 비교해 볼 때 양자의 대부분의 차이점들은 역대기 기자의 즉각적인 인과응보의 신학과 관련이 있다. 역대기 기자의 독자적인 문헌들은 그가 기술하고 있는 사건들에 대한 신학적인 이유를 제공해 주거나 하나님께서 자신의 명령에 대한 반응에 따라 각 세대를 축복하거나 심판하고 있음을 보여주고 있다. 역대기 기자는 하나님의 인정이나 거부를 나타내는데 있어서 상당히 일관성 있는 일련의 모티프들을 사용하고 있다. 경건이나 순종의 행위들은 성공과 번영(대상 22:11, 13; 29:23; 대하 14:7; 26:5; 31:21; 32:27-30 — 대조, 13:12), 건설 사업(대하 11:5; 14:6-7; 16:6; 17:12; 24:13; 26:2, 6, 9-10; 27:3-4; 32:3-5, 29-30; 25:14; 26:11-15; 27:5-7; 32:20-22), 많은 수의 자녀들(대상 3:1-9; 14:2-7; 25:5; 26:4-5; 대하 11:18-22; 13:21; 21:1-3), 대중적인 지지(대하 11:13-17; 15:10-15; 17:5; 19:4-11; 20:27-30; 23:1-17; 30:1-26; 34:29-32; 35:24-25), 많은 군대(대하 11:1; 14:8; 17:12-19; 25:5; 26:10) 등으로 보상을 받는다. 반대로 불순종과 신실치 못함은 군사적인 패배(대하 12:1-9; 16:1-9; 21:8-11, 16-17; 24:23-24; 25:15-24; 28:4-8, 16-25; 33:10; 35:20-24; 36:15-20), 대중적인 반감(대하 16:10; 21:19; 24:25-26; 25:27-28; 28:27; 33:24-25), 병(16:12; 21:16-20; 26:16-23 — 대조, 32:24) 등을 가져온다. 제의적인 죄나 하나님을 찾고 자신을 겸비하게 만드는 것에 대한 실패와 아울러 외국과 동맹을 맺는 것 또한 하나님을 신뢰하지 않는다는 것을 나타내며, 따라서 언제나 심판을 불러일으킨다(16:2-9; 19:1-3; 20:35-37; 22:3-9; 25:7-13; 28:16-21; 32:31). 역대기에서 사악한 왕들은 건설 사업을 하지 않는다. 그들은 많은 아내와 자식들을 거느리지 못하며, 많은 부를 누리지 못하고, 커다란 군대를 소유하지 못한다. 이러한 하나님의 축복의 상징들은 오직 경건한 자들을 위해서만 존재한다.

즉각적인 인과응보를 강조하면서 역대기 기자는 귀환 공동체가 심판이 과거처럼 연기될 것이라고 생각하면서 마음을 놓는 것에 대해서 경고를 하고 있다. 다시 한 번 "열국을 섬기는"(대하 12:8) 이 나라는 하나님을 찾고 그 앞에서 자신들을 겸비케 함으로써 나라의 존속과 축복을 찾았다.

역대기가 교회사 속에서 대체적으로 무시를 당해 왔다는 것은 부끄러운 일이다. 역대기 기자는 능력 있는 역사가이자 신학자로서 열렬한 주목을 받을 만한 가치가 있다. 기독교인 독자들은 이 책이 아주 교훈적이라는 것을 발견하게 될 것이다. 거시적인 차원에서 보면 족보들은 하나님의 백성의 목록 속에 자신의 이름이 포함되어지기를 원하는 신자들의 소망을 웅변적으로 말해주고 있다(단 12:1; 빌 4:3; 계 3:5; 13:8). 그들은 역대기에 기록된 다윗과 솔로몬의 영광 속에서 다윗보다 더욱 위대한 아들의 영광을 고대하게 된다.

에스라서 – 느헤미야서

비록 현대의 성경의 독자들은 에스라서와 느헤미야서를 분리해서 취급하는데 익숙해져 있지만 고대의 전통은 이 둘을 한 책으로 본다. 이 두 권의 각 책의 제목은 이 책의 두 중심인물에 따른 것이다. 이들이 강하고 중요한 인물들이었던 것은 사실이지만 끝까지 분석해보면 사실 이 책은 전체 공동체에 초점을 맞추고 있다.

이 책들은 구약 시대의 마지막 사건들을 기록하고 있다. 이 책들은 포로시대 직후의 시기(고레스의 조서, 주전 539년)로부터 느헤미야의 활동 시기(주전 5세기 말)의 기간을 포괄하고 있다. 후대의 전통은 에스라를 구약 시대의 마지막으로 보며, 그를 정경을 완성한 자로 묘사한다.

이 책들은 변화의 시기를 기술하고 있다. 에스케나지(Eskenazi)가 지적한 바와 같이 이 시기는 바로 공동체가 개인의 엘리트적 지도력을 넘어선 시기이며, 성전뿐만 아니라 전 도시가 거룩한 땅이 된 시기이며, 기록된 문헌들이 그 권위에 있어서 구전적인 연설들의 권위를 넘어선 시기이다.

역 사 적 배 경

저작권, 형성과정, 연대

전통에 따르면 이 책의 저자는 에스라이다(Baba' Bathra 15a). 그러나 비록 이것이 불가능한 것은 아니지만 구체적인 내적 증거가 결여되어 있다. 현대 학계의 만장일치적인 견해와는 달리 아처(Archer, *SOTI*, 419-20)는 에스라서 8-10장에서 에스라가 일인칭으로 말하고 있기 때문에 그가 이 책 전체(느헤미야 회고록[the Nehemiah Memoir]를 포함한 전체)를 쓴 저자라고 주장하고 있다.

사실 저작권, 형성과정, 연대의 문제는 서로 얽혀져 있으며, 또한 매우 복잡하다. 우리는 이 책의 형성과정의 문제부터 다루고자 한다.

에스라서-느헤미야서의 통일성. 첫째, 이 두 책을 분리해서 인쇄하는 통상적인 관행 때문에 우리는 이 두 책의 통일성에 대한 증거들을 검토해 보아야만 한다. 현대의 히브리어 및 영어 판본들은 이 두 책을 나누어서 인쇄하는데, 이 점은 이 두 책이 고대에 하나의 단일한 책이었다는 점을 모호하게 만든다. 사실 이 두 책은 중세 시대에 이르러서야 히브리어 성경상에서 둘로 분리되어졌다. 그 이전에는 이 두 책은 하나로 이루어져 있었으며, 맛소라 학자들은 이 책의 절수를 계산할 때 에스라서-느헤미야서의 합본상의 절 수를 세었다. 또한 그들은 느헤미야 3:32를 이 합본된 책의 한가운데에 위치한 구절로 보았다. 오리겐(Origen)은 이 두 책을 구분하려고 한 첫 번째의 학자이며, 제롬(Jerome)의 불가타 역본(the Vulgate)은 성경의 판본 중 이러한 입장을 반영한 첫 번째 판본이다(Howard, 275; Williamson 1985, xxi). 그러므로 우리는 에스라서와 느헤미야서를 다루는데 있어서 이 두 책을 하나로 다루고자 한다.

역대기와의 관련성. 두 번째의 문제는 에스라서-느헤미야서와 역대기와의 관련성의 문제이다. 1832년의 춘츠(L. Zunz) 이래로 최근까지 대부분의 학자들은 역대기 기자가 에스라서-느헤미야서를 썼다고 믿었었다. 이 이론의 가장 확실한 열쇠는 역대기의 마지막 부분과 에스라서의 첫 부분이 중첩된다는 점이다. 그러나 이 이론의 지지자들은 또한 양자 사이의 언어적·신학적 유사점들에 대해서 지적을 했다. 또한 그들은 에스드라 1서라는 외경의 책을 근거로 제시하고 있는데, 이 책은 역대하의 끝부분부터 에스라서에 걸친 이야기를 같이 연결해서 인용하고 있기 때문에 이 두 책 사이에 단절이 있다는 것을 보여주지 않는다. 오늘날 학자들 사이에서 이 견해에 대해서 거의 만장일치적 의견의 통일이 존재함에도 불구하고 최근에 판데어캄

(VanderKam)은 이 두 책이 서로 다른 기원을 갖고 있다는 것을 주장했다.

역대기와 에스라서-느헤미야서 간의 통일성에 대한 논쟁은 여기에서 상세하게 다루기에는 복잡하다. 양자 사이의 밀접한 관계를 지지해 주는 입장을 보려면 아크로이드(Ackroyd)의 글을 참고하고, 비록 에스케나지(Eskenazi) 자신의 입장은 아니지만 그녀가 요약한 바(1988, 14-32과 1986)를 참고하라. 그러나 자펫(Japhet), 윌리엄슨(Williamson) 등이 에스라서-느헤미야서와 역대기를 분리하는 쪽으로 새로운 의견의 일치를 창출해 냈다고 보는 것이 공정하다. 민(Min 2004)은 이 입장에 대한 지지를 담고 있는 아주 최근의 저서이다. 증거들을 평가해 볼 때 우리는 에스라서-느헤미야서가 서로 독립된 저작이라는 견해에 동의하며, 그런 입장 속에서 이 책들을 다룰 것이다.

자료들. 에스라서-느헤미야서의 최종적인 편집자-저자가 여러 가지 자료들을 자신의 글 속에 활용했다는 것은 명백한 사실이다. 이 책이 일인칭에서 삼인칭 사이에 변화를 보이고 있는 점은 이 점을 시사해 주는 중요한 근거이다. 나중에 우리는 일인칭 화법으로의 변이가 중요한 문학적 기능들을 갖고 있다는 점을 살펴볼 것이다. 그러나 여기에서는 우리는 이 현상이 자료들이 사용되었다는 것에 대한 단서가 된다는 점에만 초점을 맞출 것이다. 양자는 서로 배타적인 것이 아니다. 하워드(Howard 1993, 278-79)는 이 책에서 발견되는 크고 작은 자료들의 목록을 제시해 주고 있다:

대규모적 자료들
1. 역사적인 개관(스 1-6장)
2. 에스라의 회상록(스 7-10과 느 8-10장)
3. 느헤미야의 회상록(느 1-7장, 11-13장)

소규모적 자료들
1. 목록들(스 1:9-11; 2장; 7장; 8:1-14; 느 3장; 10:18-43; 11:3-36; 12:1-26)
2. 편지들(스 1:2-4; 4:11-16; 4:17-22; 5:7-17; 6:2-5; 6:6-22; 7:12-26)

윌리엄슨(Williamson 1985)은 에스라서-느헤미야서의 형성과정이 다음의 노선을 따랐을 것이라는 점을 설득력 있게 주장하였다. (1) 위의 자료들은 그 다루고 있는 사건들에 가까운 시기에 쓰였다. (2) 에스라 회상록과 느헤미야 회상록이 합본되었다. (3) 에스라서 1-6장이 전체 책의 서론으로 덧붙여졌다. 이 전자의 문헌은 여러 가지 자료들로 이루어져 있으며, 고레스의 조서가 나온 때로부터 에스라와 느헤미야의 도착 때까지 일어난 일들을 다루고 있다. 최근에 민(Min)은 비록 우리가 에스라-느헤미야서의 구체적인 저자의 신원을 파악해 낼 수는 없지만 이 책의 내용으로 볼 때 이 책이 주전 400년경에 레위 집단에서 파생되었다는 것을 알 수 있다는 주장을 했다.

연대. 우리는 저자가 누구인지 확인할 수 없기 때문에 그 연대에 대해서도 정확하게 말할 수가 없다. 물론 최종적인 책의 완성 시기에 대한 대략적인 연대를 말해주는 것마저도 그 내용이 되는 사건들의 연대를 우리들이 확정할 수 있느냐 하는 것에 의존한다. 학자들의 의견이 일치하지 않기는 하지만 우리들은 에스라가 임무를 수행한 연대에 대해서 전통적인 견해를 따른다 (주전 458년). 그러므로 우리는 이 책의 저작연대를 이 세기의 전환기라는 이른 시기로 잡는다(400년). 그러나 이러한 증거는 에스라와 느헤미야의 회상록이 합본된 시기를 나타내는 것일 수도 있으며, 에스라서 1-6장이 이 책의 서론으로 덧붙여진 것은 그보다 한 세기 이후(300년)의 일일 가능성도 있다(Williamson 1983과 1985, xxxvi; Japhet 1982, 88을 보라).

에스라 및 느헤미야의 임무 수행 연대

학자들은 느헤미야가 예루살렘으로 임무를 띠고 온 연대에 대해서 의견의 일치를 보이고 있다(다음의 내용에 대해서는 Klein, 370-72를 보라). 느헤미야서 1:1은 "제 이십년 기슬르월 (the month of Kislev)에 내가 수산 궁에 있는데 "라고 말하고 있다. 비록 왕의 이름이 주어져 있지 않지만 느헤미야가 아르타크세르크세스 1세(주전 465-425년) 제 이십 년에 예루살렘에 간 것으로 추정되어 왔다. 이러한 직관적인 견해는 이제 엘레판틴 파피루스(the Elephantine papyri) 중에서 발견된 한 편지에 의해서 확증되었다. 이 편지는 주전 408년의 것이다(다리우스 2세 제7년). 이 편지는 예후드(Yehud)의 행정관으로 느헤미야를 추종한 사람인 바고아스(Bagoas)에게 보내졌으며, 느헤미야와 동시대 사람인 엘리아십(느 3:1; 13:28)을 계승한 두 번째 사람인 대제사장 요하난(느 12:10, 22)에 대해서 언급하고 있다. 이 편지는 또한 산발랏의 아들들에게도 보내졌다. 이 사람들은 느헤미야 이후의 세대이기 때문에 느헤미야의 사역은 아르타크세르크세스(아닥사스다)의 통치 기간 중에 이루어졌다고 보는 것이 합리적이다. 따라서 그의 사역에 대한 기술은 주전 445년부터 시작한다. 그의 첫 번째 재임 기간은 십이 년이었다(느 5:14).

느헤미야의 사역의 연대는 확정되어졌지만 에스라의 사역의 연대는 파악되지 않았다. 연대에 대한 본문상의 언급은 느헤미야의 것만큼은 나와 있다. "바사 왕 아닥사스다가 위에 있을 때 에스라라 하는 자가 … 바벨론에서 올라 왔으니 … 왕의 칠년 오월이라"(스 7:1-8).

에스라를 느헤미야보다 앞선 인물로 보는 전통적인 견해에 따르면 이 왕은 아르타크세르크세스 1세이며, 그의 사역 시작의 연대는 주전 458년이 된다. 물론 이것은 445년에 느헤미야가 예루살렘에 도착할 때까지 에스라가 기다렸다는 것을 의미한다. 그러나 이 책들이 이 두 지도자 간에 아무런 중첩이 있었다는 것을 보여주지 않는다는 점이 많은 학자들에게는 장애가 되어 왔다.

이러한 문제는 연대를 구성하는데 있어서 두 가지 대안이 나오게 만들었다. (1) 에스라가 아르타크세르크세스 2세 제 칠 년에 등장한 것으로 보는 경우 그의 연대는 주전 398년이 된다. (2) 본문을 "제 삼십칠 년"으로 수정해서 읽을 경우(삼십과 칠은 같은 히브리어 자음 shin으로 시작된다) 에스라의 연대는 428년이 된다. 많은 학자들은 이처럼 본문을 자유로이 수정하는 것에 반대하기 때문에 주전 398년이란 연대가 가장 폭넓게 받아들여진 대안이 되었다(Emerton을 보라).

그러나 성경 본문에서 에스라와 느헤미야 사이에 중첩되는 부분이 결여되어 있다는 사실에 대해서 너무 많은 의미가 부여되는 것 같기도 하다. 물론 에스라와 느헤미야가 동일한 목표를 가진 사람들이었다는 점에는 틀림이 없다. 그러나 그들은 다른 강조점들을 갖고 있었다. 그러므로 최근의 학계가 에스라와 느헤미야의 순서 및 연대에 대해서 전통적인 견해로 회귀하고 있다는 것은 놀라운 일이 아니다(Hoglund 1992).

시대

이 책이 에스라와 느헤미야의 사역들에 대해서 초점을 맞추고 있기는 하지만 이 책은 포로들의 귀환을 허용하는 페르시아의 고레스의 조서로 시작된다. 이 조서의 진정성은 고레스가 바빌로니아에 의해 복속된 나라들을 자기 고국으로 돌려보내 재건을 하도록 허락하는 정책을 취했다는 사실에 의해서 뒷받침된다. 이어서 주전 539년 및 515년경에 일어난 사건들에 대한 기록이 뒤따른다.

물론 성과 성전을 재건하기 위해 멸망당한 본토로 귀환을 하고자 결정한 사람은 별로 되지 않는다. 돌아가기로 한 사람들은 다윗의 후손인 스룹바벨(이 사람이 다윗의 후손이라는 정보는 에스라서로부터 나온 것이 아니라 대상 3:19 등으로부터 나왔다)과 세스바살(이 인물의 정체에 대해서는 Japhet 1982를 보라)을 따랐다.

이 조서가 바빌로니아인들 및 그 이전의 앗시리아인들에 의해서 포로로 잡혀온 많은 사람들에 대한 제국의 책략의 하나였던 것임을 보여주는 증거들이 몇 가지 존재한다. 이 정책 때문에 많은 사람들은 페르시아를 해방자로 생각했다.

페르시아(아케메니드[Achaemenid]) 제국은 지방 총독들의 관할지역들로 구분되어 있었으며, 팔레스타인은 강 건너편(Beyond the River — 한글판 개역 성경은 "강 서편"이라고 번역함)이라고 불리는 큰 지방에 속해 있었다. 스룹바벨은 이 총독 관할지역에 속한 여러 지방들중 예후드라고 불린 지방의 지방 장관이었다.

팔레스타인 귀환의 목적으로 명시된 사항은 바로 성전의 재건이었다. 제사장들은 희생 제사를 시작하기 위해서 제단을 재건하기 시작하였다(스 3:1-6). 기초가 놓이기는 했으나(10-13절) 성전의 본 건물이 지어지기 전에 반대가 일어났다. 그 반대는 유대인들이 도착했을 때 이미 그 지역에 있었던 자들로서 북왕국 출신으로 보이는 사람들로부터 나왔다. 그들은 자신들이 성전 재건을 도와주겠다고 제안했다. 그러나 스룹바벨 및 기타 지도자들은 그들의 제안을 거절했다(스 4:1-3). 호글룬드(Hoglund 1992, 26-27)는 이러한 반대를 나중에 발생한 유대인-사마리아인 간의 분리와 구분했다. 그들은 페르시아의 권위자들에게 재건 활동을 중단해 달라고 호소하는 것으로 그에 대한 반응을 나타냈다.

아르타크세르크세스(Artaxerxes)가 성전 건설을 중단하라고 명령함으로써 성전 재건을 방해하려는 노력들은 성공을 거두었다(4:18-22). 이 일은 주전 515년의 다리우스의 치세 때까지 완성되어지지 못했다.

에스라서 7장부터 느헤미야서 13장까지의 성경 본문은 주전 458-433년의 사건들을 기록하고 있다(Howard, 284-85). 바로 이 때에 에스라와 느헤미야가 유다로 돌아와서 이 백성의 영적·국가적 부흥을 인도했다. 예루살렘의 회복의 초점은 성벽의 재건이었다.

호글룬드의 연구는 에스라 및 느헤미야의 사역들을 이해하기 위해서 필요한 좀 더 폭넓은 정치적-군사적 맥락을 조명하고 있다. 왜 페르시아 정부는 속국의 성벽들의 재건을 격려하였는가? 이 일은 반역을 부추기고 계속해서 그들을 괴롭힐 가능성도 있었다. 호글룬드는 예루살렘의 회복을 주전 5세기 중엽에 이집트에서 일어난 사건들과 연결시킨다. 이 반역에 대한 우리의 대부분의 정보들은 헬라 역사가들인 헤로도토스(Herodotos), 투키디데스(Thucydides), 크테시아스(Ctesias), 디오도루스 시쿨루스(Diodorus Siculus) 등으로부터 나온 것이다. 그들의 기록들 사이에는 어느 정도 불일치점들이 있으므로 사건들을 재구성할 때 조심스러운 태도를 취할 필요가 있다. 그러나 전반적으로 볼 때 다음과 같은 그림이 떠 오른다.

주전 464년에 크세르크세스(Xerxes)가 죽었는데, 이 사건은 그 당시 속국이었던 이집트에서의 모반을 부추겼다. 이 반역 활동의 지도자들은 "리부의 위대한 영도자"인 이나로스(Inaros)와 "메쉬웨쉬의 위대한 영도자"인 아미르테우스(Amyrtaeus)였다. 그들은 새로운 페르시아 왕인 아르타크세르크세스 1세의 삼촌이자 이집트 총독인 아케메네스(Achaemenes)와 파프레미스(Papremis) 전투에서 맞닥뜨렸다. 이 전투에서 이집트인들은 커다란 승리를 거두었다. 아케메네스는 죽임을 당하였고, 생존자들은 멤피스로 도망을 했는데, 거기에서 그들은 맹공격을 예상하고 땅을 팠다.

아테네인들이 이끄는 헬라의 델로스 동맹(the Delian League)은 이 반역을 지중해 서쪽 지역에 있어서 자신들의 이익을 추구할 황금의 기회로 보았다. 그래서 그들은 그 전투에 참여했다. 그러나 이집트와 헬라의 연합군은 멤피스의 페르시아 요새를 돌파해서 파괴하지 못했으며, 페르시아가 반격을 할 시간을 허용하고 말았다.

이 반격은 메가비조스(Megabyzos)가 이끄는 군대에 의해서 이루어졌는데, 메가비조스는 반군을 분쇄하고, 왕의 삼촌의 죽음을 앙갚음했다. 어떤 학자들은 반군들이 불명예스럽게 다뤄지고 있다는 생각에 분노한 메가비조스의 반역에 대해서 이야기하기도 한다. 그러나 호글룬드는 크테시아스에게서만 발견되는 이 기록에 가치를 두지 않는다(1992, 119-27).

이러한 점에도 불구하고 자료들로부터 재구성해낸 그림을 볼 때 이 제국은 그 서쪽 지방에서 문제들을 갖고 있었던 것 같다. 이집트인들은 모반을 했으며, 헬라인들은 이 지역에서 페르시아 제국을 약화시킬 기회를 찾고 있었다. 제국은 자신의 이익을 지켜줄 강한 친구를 필요로 했으며, 에스라와 느헤미야의 팔레스타인은 이것을 제공해 주었을 것이다. 페르시아 제국이 왜 예루살렘의 군사적 강화(성벽 재건을 통해서)를 가져올 일을 부추겼느냐 하는 것에 대한 대답으로 호글룬드는 이 도시가 이집트인들과 헬라인들에 대항한 유격대의 역할을 할 수 있었다고 대답했는데 이 대답은 타당성이 있다. 이 대답은 또한 아르타크세르크세스 1세가 이 도성의 재건에 대해서 자신의 통치 초기의 태도를 바꾼 이유를 설명해 준다(에스라서 4:17-22; Hoglund 1992, 223을 보라). 자신들의 대의에 봉사하도록 지역 지도사들을 활용하는 페르시아의 방식은 두 명의 페르시아 왕, 즉 캄비세스(Cambyses)와 다리우스 1세(Darius I)를 섬긴 이집트 총독 우드야호레스네트(Udjahorresnet)의 유사한 경우를 통해 확인이 된다. 다리우스 1세가 이집트의 법을 법전화하도록 우드야호레스네트를 지원해 준 것을 볼 때 아르타크세르크세스가 에스라를 지원한 것도 같은 동기가 깔려 있었을 가능성이 있다. 에스라의 주요 임무는 토라에 대한 준수를 고양시키는 것이었다(Provan, Long, and Longman 2003, 290).

문학적인 분석

장르

이 책들은 기존하고 있던 자료들을 무수히 담고 있는데, 그 중에서도 특히 에스라와 느헤미야의 회고록이 유명하다(아래를 보라). 그러나 부분들을 좀 더 면밀하게 살펴보기 전에 우리는 이 책 전체의 장르가 무엇인가 하는 문제를 먼저 살펴보아야 한다.

에스케나지(Eskenazi 1988, 7) 및 기타 많은 학자들과 더불어 우리는 에스라서-느헤미야서가 역사 기록이라는데 동의한다. 이러한 장르 인식은 본 개론서의 서론("방향설정 — 역사적인 배경")에 나오는 성경의 역사 기록의 논의에 비추어서 이해해야 한다. 에스케나지는 이 책이 문학적으로 구성되어 있다는 것을 강조한다. 그러나 우리의 견해로는 이러한 점이 역사기록의 정확성을 떨어뜨리지는 않는다.

이 역사서는 그 자체의 장르를 가진 많은 수의 다른 문헌들로 구성되어 있다. 예를 들어 편지들, 왕의 조서들, 목록들이 이 책 전반에 걸쳐 나타난다. 이 중에서 가장 유명하고 가장 많은 논의가 이루어진 것은 일인칭으로 된 에스라의 문헌(스 7-10장; 느 8장[일부 학자들은 느 9-10장을 추가하기도 함])과 느헤미야의 문헌(느 1-7장; 12:27-43과 13:4-31의 부분들)이다.

이 문헌들은 문학에서는 "회고록"(Memoirs)이라고 불리는데, 이 문헌들은 정말 이 장르와 유사성을 갖고 있다. 회고록은 일인칭 화법으로 쓰인 글로서 "회고록은 저자 자신이 스스로 관찰했거나 참여했던 커다란 사건들에 초점이 맞추어져 있는 반면에 자서전은 그 사건들을 관찰하고 참여한 사람 자신에 초점이 맞추어져 있다는 점에서 차이가 난다"(Longman 1991, 42). 학자들은 느헤미야 회고록을 고대 근동의 제후들의 금석문들(Mowinckel)이나 이집트의 묘실 금석문들(von Rad)과 비교함으로써 그 성격을 파악하려고 했다. 윌리엄슨(Williamson)은 느헤미야와 에스라의 회고록이 예루살렘에서의 움직임들을 페르시아 궁정에 알린 보고서라고 주장했다. 그러므로 이 회고록들은 사실 "문학 장르들의 혼합물"이다(Williamson 1985, xxviii).

구조

하워드(Howard 1993, 278)는 이 책의 일인칭 화법과 삼인칭 화법 사이의 변화에 근거해서 대략적인 개관을 했다. 그의 개관은 비록 본문의 몇 가지 중요한 점들을 무리하게 다루는 감이 없지는 않지만 그럼에도 불구하고 좋은 길잡이가 된다:

역사적인 개관 (스 1-6장)
에스라의 회고록, 제 1 부 (스 7-10장)
느헤미야의 회고록, 제 1 부 (느 1-7장)
에스라의 회고록, 제 2 부 (느 8-10장)
느헤미야의 회고록, 제 2 부 (느 11-13장)

그러나 이 책의 이야기의 흐름을 가장 주도면밀하게 추적한 것은 에스케나지(Eskenazi 1988, 38)이다. 그녀는 자신의 목적을 위해서 구조주의 학자 브레몬드(Bremond)의 용어가 유용함을 깨달았다. 다음의 개관은 그녀의 것을 좀 더 이해하기 쉽게 손질한 것이다:

I. 목표의 시작: 하나님의 전을 지으라는 고레스의 조서(스 1:1-4)
II. 공동체가 하나님의 성전을 짓다(스 1:5—느 7:72)
　　A. 서론: 백성들이 본토 귀환을 준비함(스 1:5-6)
　　B. 공동체가 귀환해서 반대 속에도 제단과 성전을 재건함(1:7-6:22)
　　C. 에스라와 백성들이 본토로 귀환해서 민족 간의 잡혼의 갈등 속에
　　　　있는 공동체를 건설함(스 7:1-10:44)
　　D. 느헤미야가 반대에도 불구하고 성벽을 재건하기 위해 본토로
　　　　귀환함(느 1:1-7:5)
　　E. 종언: 귀환자들의 목록(느헤미야 7:6-72, 에스라서 2장을
　　　　반복하며, 전체를 묶어줌)

III. 목표의 달성: "공동체가 하나님의 전의 완성을 토라를 따라
　　축하함" (느 7:73—13:31)

문제

　　　　처음 언뜻 볼 때는 에스라서-느헤미야서는 문학적인 관점에서 다소
흥미롭지 못한 것으로 보인다. 일인칭에서 삼인칭으로의 갑작스러운 변화,
수많은 목록들, 그리고 자주 등장하는 편지들은 지겹게 느껴진다. 또한 때때
로 이러한 것들은 플롯과 인물묘사를 모호하게 하는 듯이 보인다. 그러나 이
책이 플롯, 인물표사, 시점의 변화 등을 정교하게 사용하고 있는 것을 좀 더
깊게 분석해 보면 독자들의 눈길을 사로잡는 깊고 풍부한 면이 나타난다
(Eskenazi와 Green은 문학적인 측면에서 특히 도움이 된다).

　지면상의 이유 때문에 우리는 이러한 점들 중 단지 두 가지 점에 대해서만
간략하게 다루고자 한다. 첫 번째의 것은 삼인칭 시점에서 일인칭 시점으로
의 전환인데, 이 점은 쉽게 눈에 띈다. 이것은 문서비평학적인 차원에서 분
석할 수도 있을 것이다. 즉 이 책이 기존의 두 개의 기록된 회고록을 합본했
다고 보는 것이다. 그러나 좀 더 주의 깊은 연구를 해 보면 이 두 시점을 결합
한 것의 효과가 드러난다. 일인칭 문헌은 개인적, 혹은 주관적인 시점을 제
공해 준다. 전지(全知)적 시점을 가진 삼인칭 문헌은 객관적이고 권위적이
다(Eskenazi, 129-30). 이러한 점을 고려하고 나면 이 두 시점 간의 비교가
가능해진다. 객관적인 내레이터가 일인칭 화자의 시각을 확증하고 있는 것
인가?

　이 연구는 문학적으로 미묘한 두 번째 논제로 우리를 이끌어가는데, 이것
은 에스라와 느헤미야라는 두 대조적인 인물에 대한 묘사이다. 간단히 말해
서, 전지적 내레이터는 에스라의 시각을 일관성 있게 확증하는 반면에 느헤
미야의 시각에 대해서는 약간 거리를 둔다. 그것은 내레이터가 느헤미야를
경멸하는 것이 아니다(어떤 학자들은 양자 사이의 대조를 너무 과장한다).
단지 내레이터는 느헤미야의 대담하고, 뽐내는 듯한 진술들을 그에 대응하
는 평가들을 통해서 조절하고 있는 것이다. 이 점은 특히 중요한데, 그 이유
는 이 책의 저작목적들 중의 하나가 전체 공동체의 관심사들을 위해서 지도

자 개개인을 약간 억누르고 있는 것이기 때문이다(아래를 보라).

시점, 인물묘사, 플롯 간의 상호작용은 에스라서-느헤미야서의 메시지에 공헌을 하며, 바로 이 점이 우리가 다음에 다룰 주제이다.

신 학 적 인   메 시 지

에스케나지(Eskenazi)는 이 책의 세 가지 중요한 주제에 대해서, 그리고 또한 이 주제들이 이 책 전체를 통하여 어떻게 반영되어 있는지에 대해서 뛰어난 공헌을 했다. 이 주제들은 에스라와 느헤미야의 시대가 소수의 지도자와 제한된 거룩성과 구전 전승의 권위의 시대로부터 전 공동체와 확대된 거룩성과 기록 전승의 권위의 시대로의 전환기였다는 것을 보여주고 있다. 헤겔(Hegel)의 표현을 사용하여 그녀는 시적인 시대(a poetic age)로부터 산문적인 시대(a prosaic age)로의 전이가 일어났음을 지적했다. 그녀는 이러한 전이를 비판하는 것이 아니라 산문 시대를 긍정적으로 인식했다는 점에서 찬탄할 만하다(1988, 1).

첫째, 우리는 지도자들로부터 공동체로의 전이를 보게 된다. 구약에는 카리스마적인 인물들이 많이 있는데, 아브라함, 모세, 사무엘, 다윗, 다니엘 등은 그 중의 일부이다. 그리고 에스라와 느헤미야 역시 두드러진 인물이기는 하다. 그러나 에스케나지는 이 두 사람이 어떻게 공동체 속으로 흡수되는지를 보여준다. 물론 에스라는 기꺼이 그렇게 했으며, 느헤미야는 거리낌을 가지고 그렇게 했지만 말이다. 성전과 예루살렘 성벽을 재건하는 임무를 완수한 것은 바로 공동체이다. 결국 집단적인 신실함으로 하나님께 돌아선 것은 바로 이 공동체이다.

둘째, 거룩성은 이제 더 이상 몇몇 장소들에 국한되어 있지 않다. 이 주제는 특히 성전이 재건되어질 때 명백해진다. 이것이 바로 귀환의 목적이었으며, 성전이 완성되어 성별되어졌을 때 우리는 이 책이 거의 끝나가고 있음을 예상하게 된다. 그러나 성전이 완성되었다고 해서 하나님의 집이 지어진 것은 아니다(스 6:15). 일은 계속되고, 예루살렘의 더 많은 부분이 지어진다.

성벽이 완성되었을 때 이 성벽들 역시 성별되어졌다(consecrated, TNIV 느 3:1의 "dedicated"가 아님). 이것은 이 성벽들이 새로 지어진 "거룩한 성"의 한 부분으로서 간주되어졌음을 시사해 주고 있다(느 11:1). 일단 성전, 도시, 성벽들이 재건되자마자 "대 개막식" 의식들이 치러졌다(느 8-13장; Eskenazi 1988, 57을 보라).

에스케나지의 분석에 따르면, 이 책의 세 번째 중심주제는 구전 전승으로부터 기록 전승으로의 권위의 이전이다. 이 책에서 기록 문서들이 하고 있는 역할은 놀랍다. 왕들의 편지들은 실제적인 사건 및 이야기에서의 행동을 유발시키고 또한 끝맺게 한다. 하지만 기록 문서들 중 가장 중요한 것은 인간이 쓴 문서가 아니라 여호와의 토라이다. 이 백성은 이 책의 끝에 나오는 거대한 언약갱신의식을 치르는 속에서 하나님이 주신 이 책에 자신들을 다시 헌신한다(느 8-10장).

에스케나지의 분석이 매혹적이고 풍성한 소산을 거두고 있기는 하지만 그럼에도 불구하고 그녀의 분석이 이 심오한 책의 신학적인 메시지를 다 지적한 것은 아니다. 그린(Green, 1993)은 에스라서-느헤미야서가 "두 벽"의 건설에 대한 책이라고 지적했다. 우선 우리는 "느헤미야의 벽"을 파악할 수 있다. 이 벽은 하나님의 백성을 물리적으로 그 적들, 즉 부정한 "이방인들"로부터 분리시켜주는 벽이었다. 두 번째, "에스라의 벽"은 하나님의 율법이다. 에스라는 이 율법을 가르칠 사명을 받았는데, 이 하나님의 율법은 이스라엘과 열방들 간에 영적인 경계선을 세웠다. 본질적으로 볼 때 잡혼에 대한 금지를 강조하고 있는 에스라의 율법은 느헤미야의 벽 속에서 살기에 적합한 백성을 만들어 내는 것이었다. 에스라서의 마지막 부분에서 우리는 거룩한 도성 가운데 거하는 거룩한 백성을 발견하게 된다.

신 약 으 로 의 접 근

에스라서-느헤미야서의 마지막 부분은 신기하게 보이기도 하고, 언뜻 보기에는 이상하게 보이기도 한다. 느헤미야서 13장은 이 책의 마지막에 별 생각 없이 덧붙여진 것처럼 보인다. 앞 부분에서 우리는 거룩한 도성 가운데 사는 거룩한 백성이라는 정점에 도달했으며, 또한 그 점을 기념했다. 그러나 이 마지막 장에 가서는 느헤미야가 다루어야 할 산적한 문제들에 대해서 언급하고 있다.

그 중의 한 가지 문제는 이스라엘인이 아닌 도비야에게 성전 안의 방들을 빌려준 대제사장 엘리아십에 대한 것이다(13:4-9). 또한 예루살렘의 관리들은 레위인들의 생계를 보장해 주는 일에 실패했으며, 성전은 방치되어졌다. 다시 한 번 느헤미야가 개입해야만 했다(10-13절). 게다가 유다 사람들은 안식일을 범하고 있었다(14-22절). 그러나 아마도 가장 심각한 일은 잡혼이 다시 성행하고 있었다는 점일 것이다. 그린(Green 1993, 214)은 여기에서 솔로몬에 대한 언급을 하고 있는데, 이 점은 아주 중요하다(26-27절). 결국 제기되는 문제는 이스라엘이 과거의 죄들을 다시 반복하고 말 것인가 하는 점이다. 잡혼을 통해서 솔로몬과 전 국민들은 결국 바벨론 유수에 이르고야 마는 운명의 소용돌이 속으로 휘말려 들어가게 된 바 있었다. 포로기 이후 시대의 세대도 그와 같은 전철을 밟고야 마는가?

에스라서-느헤미야서는 이 열린 문제와 미래에 대한 전망으로 결론을 맺는다. 한 마디로 말해 완전함은 아직 이루어지지 않았다(Eskenazi 1988, 126).

신약성경은 우리를 에스라서-느헤미야서 너머로 데리고 간다. 코흐(Koch 1974, 197)의 말대로 "에스라는 미(未)종말적(pre-eschatological) 단계들 속에서 일부 선지자들의 예언들을 실현하고 있기는 하지만 이것들은 진정으로 종말에 가서야 완성되는 것들과는 다른 것이었다 … .그는 토라를 또한 약속의 책으로 사용하고 있었다." 예를 들어, 에스라서-느헤미야서는 거룩이 성전의 범위를 넘어서서 예루살렘 전체를 포괄하게 되는 것으로 바라보고 있다. 그럼에도 불구하고 거룩한 것과 세속적인 것, 정결한 것과 부정한 것 사이의 강한 구분이 여전히 남아 있다. 이 "막힌 담"을 허무실 분은 예수 그리스도이시다. 먼저 그분은 지성소와 나머지 피조물을 구분하던 휘장을 찢으셨다. 또한 그분은 유대인과 이방인을 구분하는 담을 허무셨다(엡 2:14-18).

에스더서

어떤 점에 있어서는 에스더서는 구약에서 가장 독특한 책일 것이다. 우리는 보통 성경이 하나님의 속성과 행위를 통해서 하나님의 본성에 대해 계시해 주는 책이라고 생각한다. 그러나 에스더서에서는 하나님이 언급되어 있지 않으며, 기도나 희생 제사를 통해서 그를 경배하는 것에 대한 언급도 없다. 표면적으로 볼 때 이 책은 자신들을 예루살렘의 귀환 공동체와 동일시하지 않는 디아스포라의 유대인들의 철저히 세속적인 이야기로 보인다. 이 책은 유대인들의 생존을 위협하는 위험들과 그 위험들에 유대인들이 어떻게 대처했는가 하는 것에 대한 또 하나의 이야기이다. 그러나 아래에서 다루게 될 바와 같이 좀 더 면밀한 검토를 해 보면 이 책은 성경의 계시를 다루고 있는 다른 장들과 깊게 연결되어 있다.

해석의 역사를 살펴보면 이 책은 다양한 반응들을 불러일으켰다. 우선 유명한 유대인 학자인 마이모니데스(Maimonides, 주후 1135-1204)는 에스더서가 중요성에 있어서 토라 다음이라고 생각했다. 반대편 극단의 견해는 루터의 유명한 말에서 찾아볼 수 있다. 그는 에스더서(와 마카베오 2서)에 아주 적대적이었기 때문에, "나는 이 책들이 전혀 존재하지 않았으면 한다. 왜냐하면 이 책들은 너무나 유대교적이며, 이교도적인 부적절한 내용들을 너무 많이 담고 있기 때문이다"라고 하였다. 에스더서는 가장 오래된 정경 목록에 따르면 구약의 책들 중에 들어 있지 않다(Bishop Melito). 이 책은 구약의 책들 중 쿰란에서 발견되어지지 않는 유일한 책이다. 그러나 이것은 이 책의 정경적인 지위에 반하는 것이라기보다는 발견상의 우연일 가능성도 있다. 얌니아(Jamnia, 주후 100년경)의 랍비들이 이 책의 정경성에 대해서 논의를 하기는 했지만 이 책의 정경성의 문제를 결정하기 위한 것이라기보다는 이 책이 그 당시 누리고 있던 지위를 정당화하기 위한 것이었다. 유대교와 기독교의 다른 문헌들은 이 책의 정경적인 지위에 대해서 의문을 표시해 왔다. 이 책의 형성과정의 역사, 이 책의 저작목적, 이 책의 역사성 및 신학은 모두 뜨거운 논쟁의 대상들이었다. 성경이 흥미롭게도 침묵하고 있는 부분들의 이야기들은 외경의 이야기들이 등장하게 된 동인이 된 경우가 자주 있었다. 에스더서의 경우도 이런 경우에 해당한다. 에스더서에 첨가된 외경적인 부분들(로마 가톨릭의 정경에 포함되어 있는 부분들)은 하나님이나 종교적인 예배에 대해서 이 책이 전혀 언급하지 않고 있다는 난점을 없애주려고 하고 있다.

개 관

I. 크세르크세스(아하수에로)의 축제들(1:1─2:18)
    A. 와스디가 축출당함(1장)
    B. 에스더가 왕비가 됨(2:1-18)
II. 에스더의 축제들(2:19─7:10)
    A. 모르드개가 반역음모를 발견함(2:19-23)
    B. 하민의 음모(3장)
    C. 모르드개가 에스더에게 도와줄 것을 요청함(4장)
    D. 에스더의 첫 번째 연회(5:1-8)
    E. 잠 못 이루는 밤(5:9-6:14)
    F. 에스더의 두 번째 연회(7장)
III. 부림절(8─10장)
    A. 유대인들을 위한 왕의 조서(8장)
    B. 부림절의 제정(9장)
    C. 모르드개의 승진(10장)

역사적 배경

에스더서의 저자는 익명인 채로 남아 있다. 이 책이 기록하고 있는 사건들은 크세르크세스(주전 486-465년)의 치세를 배경으로 하고 있으며, 이 책의 초판은 그 이후 얼마 안 되어 쓰였던 듯하다. 이 책의 저자가 페르시아 궁정의 생활에 대해서 잘 알고 있다는 점과 헬라어 어휘들이 결여되어 있다는 점은 이 책이 알렉산더의 정복 이전에 쓰였음을 말해준다. 일부 학자들은 그보다 후대의 연대를 주장했는데, 그들은 이 책에서 유대인들과 이방인들이 대적하고 있는 것은 하스모네 시대에 유대교와 헬라주의가 강하게 충돌한 것을 반영하고 있다고 주장했다. 이 책에 대한 첫 번째의 역사적 언급은 이 시기에 나온다(마카베오 2서 15:36, "모르드개의 날").

현재 형태의 이 책의 목적은 부림절이라는 유대교 축제의 기원을 설명하고자 하는 것임이 분명하다(9:18-10:3). 이 축제의 이름은 "제비"(3:7)를 뜻하는 아카드어 푸르(pur)에서 나왔으며, 하만이 던진 제비들을 가리키는 말이다.

성경학계의 전형적인 태도를 따라 학자들은 이 책의 기원에 대해서 이 책 자체가 말하고 있는 바를 수긍하려고 하지 않았다. 그들은 후대의 유대교 저자들이 이 책을 자신들의 목적에 맞게 각색해 버렸다고 생각했으며, 따라서 원래 모습의 이 책이 나오게 된 다른 배경을 찾아내기 위해 행간(行間)을 읽으려고 해 왔다. 부림이라는 단어의 뜻을 설명하기 위해서는 여러 가지 다양한 어원들이 제시되어졌다. 어떤 학자들은 유대인들이 바빌로니아나 페르시아의 종교적인 의식이나 축제를 역사화한 것을 이 책이 보여주고 있다고 주장했다. 이 방법에 따르면 에스더와 모르드개란 이름은 바빌로니아의 신인 이쉬타르(Ishtar) 및 마르둑(Marduk)과 관계가 있다. 또 어떤 학자들은 페르시아의 미트라(Mithra) 제의의 도입에 따른 바벨론의 전통적인 종교와의 갈등이 바로 이 이야기가 나오게 된 배경이라고 보았다. 즉 에스더와 모르드개는 하만과 크세르크세스에 의해서 대표되어지는 페르시아 지배자들의 종교에 대항한 이쉬타르와 마르둑 제의의 종교적인 투쟁을 나타내고 있다는 것이다. 비커만(Bickerman 1967, 171-240)은 에스더서와 아라비안 나이트

간의 수많은 유사점들에 주의를 환기시켰으며, 에스더서가 순수한 민담이라고 생각했다.

이 책의 근간이 되는 이야기의 기원에 대한 다른 설명들은 이 책의 형성과정의 역사에 대한 논의와도 연결되어 있다. 많은 학자들은 9:20-10:3이 이 책에 이차적으로 확장된 부분이라고 생각하며, 9:18-19가 좀 더 만족스러운 결론을 제공해주고 있다고 생각했다. 존스(Jones, 1978)는 정반대의 견해를 갖고 있다. 그는 9:20-10:3이 첨가된 부분이 아니라 이 책의 본질적인 부분이며, 대칭적인 균형을 이루는데 있어서 필수불가결한 부분이라고 생각했다. 클라인스(Clines 1984)는 다섯 개의 서로 다른 이야기들을 구분했다: (1) 맛소라 본문 이전의 이야기; (2) 9:20-10:3의 부록이 없는 원 맛소라 본문 이야기; (3) 맛소라 본문 이야기; (4) 70인경이 나오게 만든 후대의 증수 부분들; (5) 소위 알파 본문(the alpha-text), 이것은 맛소라 본문 이전의 이야기로부터 파생되었으며, 위의 이야기들과 병행해서 그 나름의 역사를 갖고 발전됨. 이 알파 본문은 과거에 종종 루키아누스 수정본(the Lucianic recension)과 연결되어졌다. 70인경은 다음 여섯 개의 첨가된 내용들을 갖고 있다: (1) 모르드개의 꿈, (2) 아르타크세르크세스(Artaxerxes)의 조서, (3) 모르드개의 기도, (4) 에스더의 기도, (5) 아르타크세르크세스의 또 하나의 조서, (6) 부림절과 관련한 모르드개의 꿈에 대한 해석. 이 이야기의 히브리어 판본이 163절을 갖고 있는데 반해 70인경은 270절을 담고 있다. 그러나 이 증수 부분들이 원래 이야기의 일부가 아니라는 점은 명백하다.

고전적인 문헌들과 설형문자 문헌들은 대체로 저자가 페르시아의 궁정 생활에 대해서 잘 알고 있었다는 것을 보여주고 있다. 헤로도토스(Herodotos)는 크세르크세스를 여자들에게 눈길을 주는 성질 급하고 참을성 없는 군주로 그리고 있다(Yamauchi 1980, 104). 헤로도토스는 또한 이 페르시아 군주가 일곱 명의 모사들로부터 자문을 받았다는 사실을 확증하고 있다(1:13-14; 참고, 스 7:14). 바벨론에서 가까운 보르시파(Borsippa)에서 나온 한 설형문자 문헌은 크세르크세스 치세 초기에 수사 궁에서 마르두카(Marduka)란 사람이 민정관으로 일하고 있었다고 말하고 있다. 다른 어떤 학자들은 이 사람이 바로 모르드개라고 보았다. 헤로도토스(3:125, 159; 4:43; 참고, 에

2:23; 6:4; 7:9; 8:7; 9:14, 25)는 죄인을 나무에 다는 것이 형 집행의 방법으로 사용되었다는 것을 기록하고 있다. 또한 그는 많은 자식들이 얼마나 자랑스러운 것이었는지를 증거해 주고 있다(1:136)(에 5:11; 9:7-10). 페르시아에서는 반역자의 재산은 왕의 것이 되었다(헤로도토스 3:128-29; 요세푸스, *Ant* 11:17; 에 8:1). 또한 발굴 작업을 통해서 페르시아 궁정의 사치스러움이 드러났다.

반면에 고전적인 자료들은 또한 에스더서에 관련된 수많은 문제들을 드러내주고 있다. 에스더는 크세르크세스 7년부터 12년까지 왕비로 있었다(Levenson 1997, 23-7을 보라. 그는 저자가 페르시아 제국에 대하여 광범위한 지식을 갖고 있다는 것은 인정한다). 헬라 역사가들에 따르면 크세르크세스의 아내는 아메스트리스(Amestris)였다. 이 여자를 와스디나 에스더와 동일시하려는 시도들(예를 들어 Wright 1970과 Shea 1976)이 많이 있었지만 이 문제는 해결된 것으로 보이지 않는다. 헤로도토스(3:84)에 따르면, 페르시아의 왕비들은 페르시아의 일곱 가문들 중의 하나에서 선택되어져야 하는데, 이러한 사실은 이 왕이 유대인을 왕비로 선택했을 가능성을 배제시킨다. 그러나 이러한 주장은 아메스트리스 자신이 일곱 가문 중의 어느 하나의 출신이 아니라 오타네스(Otanes)의 딸이었다는 사실을 간과하고 있으며, 또한 다리우스 역시 이 가문들 출신 이외의 사람과 결혼했다는 사실을 무시한 것이다(1970:38). 이 책의 세부적인 내용들을 성경외적인 자료들과 조화시키는 데에는 이외에도 여러 가지 많은 난점들이 있다. 그러나 이러한 문제들은 모두 비교적 사소한 것이며, 거의 궤변에 가깝다.

도표 10	**에스더의 연대기적인 언급들**	
구절	일자	사건들
1:3	3/-/-	크세르크세스가 연회를 베품
2:16	7/10/-	에스더가 크세르크세스에게 감
3:7	12/1/-	하만이 제비를 뽑음
3:12	13/1/13	하만의 명이 선포됨
3:13	13/12/13	하만의 명의 시행일
8:9	13/3/23	모르드개의 명이 선포됨
8:12	13/12/13	새 명의 시행일

문 학 적 인   분 석

장르

　　최근 몇십 년 동안 에스더서는 연구의 초점이 되었다. 전통적으로 에스더서는 단순한 역사적 기록으로 이해되어 왔다. 이러한 생각은 70인경과 기독교의 성경에서 에스더서를 역사서들 가운데 포함시킨 점 속에 반영되어 있다. 그러나 많은 학자들은 이 책이 하나의 노벨라(novella), 즉 짧은 역사 소설이라고 생각하고 있다. 최근의 연구들은 또한 이 책과 지혜 문학과의 관계에 집중되어 있다. 탈몬(Talmon 1963)은 이 책이 지혜 문학에서 좀 더 두드러지게 나타나는 다음과 같은 특징들을 갖고 있다는 점을 지적했다: (1) 책의 관심사가 인간중심적이고 하나님, 언약, 제의에 대한 관심을 결여하고 있는 점; (2) 성경의 다른 문헌들의 특징인 과거에 대한 언급이나 종말론적인 소망보다는 현재의 이 세상의 현실적인 문제에 관심을 기울이고 있는 점; (3) 땅이나 유대 율법의 구체적인 어떤 사항 등의 뚜렷한 국가적인 주제들에 대한 구체적인 관심이 결여되어 있는 점. 이 이야기에 나오는 몇 가지 모티프들(왕들의 과음이 가진 위험성, 왕 앞에서의 바른 처신의 문제, 또는 자만심이 가진 위험성 등) 역시 잠언서의 중요한 주제들을 반영하고 있다 (잠 14:35; 16:14-15, 18; 19:12; 20:2; 24:21; 25:6; 29:4; 31:4). 히브리 성경에서는 에스더서는 구약의 세 번째 부분이자 마지막 부분인 성문서들 가운데서 발견되어지는데, 이 성문서는 주로 시가서나 지혜서들을 닮고 있다. 에스더서가 이 범주 속에 포함되었다는 사실은 이 책이 지혜 문학과 밀접성을 갖고 있다는 사실이 옛날부터 인식되어 있었다는 점을 반영하고 있을 수도 있다.

　　이 점과 관련해서 잘못된 이분법적 견해들이 논의의 초점을 흐리는 경우가 자주 있다. 저자가 상당한 문학적인 역량을 갖고 있고 또한 지혜 문학의 모티프들을 사용하고 있다는 점은 이 이야기의 역사성과 상치되는 것으로 이해되는 경우가 많았다. 그러나 역사가나 저술가가 항상 자신의 시각에 따라서 자료들을 취사선택한다는 사실을 우리는 알고 있다. 에스더서가 내러티브로서 주도면밀하게 구성되어 있다는 사실이 꼭 이 내러티브의 세부적인 사항들이 거짓이라거나 사실무근이라는 것을 의미하는 것은 아니다. 또한 이 책이 지혜 문학적인 모티브들을 갖고 있다는 사실이 이 책의 역사적인 토대를 무너뜨리는 것은 아니다. "우리가 역사를 통해서 배운다"는 것은 자명한 이치이다. 우리는 성경 저자들이 필요한 경우에는 에스더서와 같은 책에 색깔을 더하고 관심을 불러일으키기 위해 어느 정도의 문학적인 기교들을 도입했다는 사실을 인식해야 한다. 에스더서의 내레이터는 자신이 실제적인 사건들을 기록하고 있다는 것을 제시하고 있다(2:23; 10:2-3). 비록 이야기 속에 지혜서적인 주제들이 들어 있기는 하지만 그렇다고 해서 이 책을 확대된 형태의 비유(譬喩, parable)나 "역사화된 지혜담(wisdom tale)" 정도로 생각하는 것은 잘못된 일인 듯하다.

두 개의 최근의 연구는 에스더서의 저자가 이스라엘 역사상의 이전 사건들에 기초해서 이야기를 썼다고 결론 내렸다. 걸레만(Gerleman 1966)은 에스더서와 출애굽기 간의 수많은 유사점들에 대해서 지적했다. 두 이야기는 모두 이방의 궁정에서 일어나며, 유대인들이 당하는 위험이 그 내용이며, 원수들로부터의 구원과 복수에 대한 기록을 담고 있으며, 그 뒤를 이어 연례적인 절기의 제정이 따라온다. 거시적인 차원에서의 이러한 유사성은 세부적인 차원에서의 유사성으로 이어진다. 에스더와 모세는 둘 다 입양되었다(2:9; 출 2:7). 양자 모두 자신의 유대인으로서의 정체를 숨긴다(2:10, 20; 출 2:6-10). 양자의 경우 모두 아말렉 족속이 이스라엘의 원수이다(3:1; 출 17:8-16). 그러나 비록 이러한 유사점들이 두드러지기는 하지만 에스더서와 출애굽기 내러티브가 별로 상응하지 않는 면들도 많다. 버그(Berg 1979, 6-7)는 다음과 같은 점들이 걸레만의 주장에 대치된다고 주장한다. 두 책은 이방 왕에 대해 상당히 다른 태도를 보여주고 있음이 분명하다. 모세는 이방 정권을 통해서 일하는 것이 아니라 그것에 대항해서 일을 한다. 출애굽 이야기의 목표는 그 이방 영토를 탈출하는 것이지만 에스더서에서는 수사를 떠나고자 하는 의지가 나타나지 않는다. 에스더서에서는 유대인들이 왕의 목숨을 구하지만 출애굽기에서는 바로의 아들의 죽음이 연루되어 있다. 모세의 정체가 숨겨져 있다는 사실은 에스더서와는 아주 다르게 이야기의 중심과는 거리가 멀다.

대신에 버그(1979, 123-42)는 에스더서의 저자가 자신의 이야기를 의도적으로 요셉 이야기(창 37-48장)와 상응하게 만들었다고 주장한다. 그녀는 6:11과 창세기 41:42-43; 3:4과 창세기 39:10; 8:6과 창세기 44:34; 2:3-4과 창세기 41:34-37 간에 평행구절들이 있다는 점에 주의를 환기시킨다. 양 이야기는 비슷한 구조를 갖고 있다. 양자는 모두 유대인 영웅들이 이방 궁정에서 탁월한 위치를 차지하는 내용을 담고 있으며, 또한 그 점이 유대인들이 구원을 받는 도구가 된다. 양자는 모두 유대인 영웅들이 궁정 관리들과 접촉하는 내용을 담고 있다. 양 이야기에서 모두 왕이 수면을 방해받는 것을 통해서 영웅의 승진이 이루어진다(6:1-3; 창 41장). 요셉과 모르드개가 받은 상들 중에는 옷이 포함되어 있으며, 또한 그들은 자신들이 왕의 은총을 받았다는 것을 외치는 자와 더불어 말을 타고 성내를 행진한다(6:7-11; 창 41:42-43). 요셉과 에스더는 향연 중에 자신들이 유대인이라는 것을 드러낸다(7:1-6; 창 45장). 그러나 그녀가 걸레만의 주장에 대해 가한 비판과 같이 그녀의 이러한 주장은 별로 설득력이 없다. 요셉 이야기에는 하만처럼 유대인들을 위협하는 원수가 존재하지 않는다. 요셉은 자신의 정체를 에스더처럼 왕이나 원수 앞에서 드러내는 것이 아니라 자신의 형제들에게 드러낸다. 우리는 양자의 경우에 왕이 수여하는 상급과 옷에 대한 내용이 비슷할 가능성이 있다고 예상할 수 있으며, 따라서 6:7-11과 창세기 41:42-43의 평행구절은 의도적인 모방의 산물이 아닐 수도 있다. 걸레만의 경우와 마찬가지로 버그가 제시한 상응점들도 주목할 만하고 좋은 정보를 제공해 주고 있기는 하지만 에스더서의 저자가 의도적인 모방을 했다는 이론을 확립하기에는 불충분한 것 같다.

문학적인 기법

에스더서의 저자는 자신의 기록 속에 아이러니, 풍자, 반복적인 모티프들을 상당히 즐겨 사용하고 있다. 그리고 이러한 것들이 결합해서 하나의 주옥 같은 이야기를 형성하고 있다.

저자가 아이러니를 즐겨 사용하고 있다는 점은 그가 운명의 반전에 대한 내용을 자주 다루고 있다는 점을 통해서 드러난다(Jobes의 주석은 이 책의 아이러니의 사용에 대해서 탁월한 업적을 보여주고 있다). 행동이나 상황은 예상과는 다른 결과를 가져오는 경우가 자주 나타나는데, 특히 9:1, 22, 25에 이 점이 언급되어 있다. 이러한 문학적인 수법은 반전(peripety)라고 불린다(참고, Berg 1979, 104-6). 모르드개와 유대인들을 멸망시키려고 획책한 하만은 결국 자신 및 자신의 가족을 파멸의 길로 몰아가고 만다. 하만이 모르드개를 위해 만든 기둥은 자기 자신의 사망의 도구가 된다. 하만의 조서는 유대인들의 재산을 몰수하는 것이었지만 결국은 그의 재산이 유대인들의 손에 들어가는 것으로 끝이 난다. 자신이 받을 영광이라고 생각하고 이런저런 것을 말한 하만은 왕의 명령에 따라 모르드개를 영화롭게 하는 일을 맡게 된다(6:1-11). 하만은 왕의 인장을 한동안 소유하지만 결국 모르드개가 그것을 소유하고 모든 일들을 자신의 소견대로 할 수 있게 된다.

이러한 점들과 더불어 이 이야기 속에는 또한 다른 수많은 작은 아이러니들이 들어 있다. 아하수에로는 자신의 권력을 보여주고자 했지만 자신의 아내조차 다스릴 수 없다는 것을 보여주게 되고 말았다(에 1장). 그는 그녀가 자신의 앞에 나타나는 것을 허락하지 않음으로써 벌을 주려고 했지만 결국은 그녀가 나타나기를 거절한 점을 인가해 주는 꼴이 되고 말았다. 모르드개가 잘한 일이 있음에도 불구하고 상급을 받지 못한 점은 하만이 잘한 일이 없음에도 불구하고 상급을 받은 점과 대조된다(2:21-3:2). 하만은 자신에게 희생당할 자들의 정체를 숨기지만 자신에게 희생당할 사람들 중의 한 사람의 정체가 감추어져 있다는 사실은 모르고 있다(2:10, 20; 3:8-9). 하만은 모르드개가 자신의 등장에도 불구하고 일어나지 않는 것을 보고 화가 났는데(5:9), 이 점은 그가 이전에 절하기를 거절한 점과 아이러니컬한 대조를 이룬다(3:2-6). 하만과 왕이 술을 마시는 일은 유대인들이 금식을 하는 것과 아이러니컬한 대조를 이룬다(3:15; 4:1-3, 15-16). 처음에 술자리를 통해 공포된 조서(3:15)는 궁극적으로는 하만과 왕이 다시 술자리를 함께 하게 될 때 그 열매를 맺게 된다(7:1-2).

아이러니를 즐겨 사용하는 것과 아울러 저자는 페르시아인들, 그중에서도 특히 페르시아 남자들에 대한 풍자를 즐기고 있는 것으로 보인다(Clines 1984, 31-32). 왕은 자신의 아내도 다루지 못하면서 남자들이 자신의 집을 다스려야 한다는 조서를 발한다(1:12, 21-22). 거대한 제국의 통치자는 자신의 두 아내와의 성대결에서 패배한다. 크세르크세스 자신이 와스디의 거절에 의해서 당혹해하며(1:15), 왕궁의 모사들 역시 페르시아 제국에 새로운 여성우월주의가 등장하는 것을 두려워한다(1:17-18). 전 관료 조직이 왕과 잠자리를 같이 할 여인을 간택하는 일에 몰두해 있는 반면에(2:1-14) 교활하고 강력한 여인들이 자기 남편들의 행동들을 효과적으로 좌지우지한다. 에스더는 국사를 결정하는데 있어서 단독적으로 영향력을 미친다. 세레스는 자기 남편 하만에게 지시를 하며, 그의 남성으로서의 상처 입은 자존심을 향해 말을 한다(5:14; 6:13). 왕은 자기 아내를 과시하려고 한 의도(1:11)와는 달리 자신이 구경거리가 되고 만다(1:12; 2:1-2). 자신이 정한 법령이 변개될 수 없다고 우쭐대는 이 왕은 그 법령에도 불구하고 술책에 놀아나며 남의 손에 의해 좌지우지된다.

에스더서의 이야기는 잘 짜인 모티프들의 반복을 통해서 많은 문학적 아름다움들을 자아낸다. 술자리와 연회는 이 책의 중요한 주제들 중의 하나이다. 플롯상의 중요한 전환점들은 보통 연회와 연결되어 있다(1:3, 5, 8, 9; 2:18; 5:4-5, 8, 12; 6:14; 7:8; 8:17; 9:17-19, 22). 그리고 한 번은 그 반대의 모티프인 금식과 연결되어 있다(4:3, 15-18). 장신구들도 역시 중요한 모티프이다(1:11; 2:13; 3:10; 4:1-4; 5:1; 6:8-11; 8:8, 15). 이 책은 법령 및 법률적인 측면에 대해 지대한 관심을 보이고 있다(1:13, 15, 19; 2:1; 3:8-9, 14; 4:11, 16; 8:8, 13; 9:31-32; 참고, Clines 1984, 16-22). 크세르크세스와 와스디, 크세르크세스의 권력과 그의 무능함, 그의 주목을 끄는 여인들, 왕과 그의 죽음을 노리는 자들(2:21-23), 하만과 모르드개, 유대인과 그 원수들 등 명백하거나 함축적인 갈등들이곳곳에서 발견된다(Clines 1984, 10-11).

저자는 또한 쌍으로 이루어진 요소들을 즐겨 사용한다. 에스더가 자신의 정체를 숨겼다는 점은 두 번 언급되어 있다(2:10, 20). 이야기의 시작과 중반과 끝에 나오는 세 종류의 연회도 역시 쌍으로 나온다(두 번은 크세르크세스에 의해, 그리고 두 번은 에스더에서 의해서 주어졌으며, 그리고 나머지 두 번은 부림절 준수에 대한 것이다). 왕의 신하들에 대한 목록이 두 번 나오며(1:10-14), 여인들이 두 번 모이며(2:8, 19), 여인들의 집이 두 개가 있고

(2:12-14), 두 번의 금식이 나오며(4:3, 16), 하만이 자기 아내 및 친구들에게 두 번 조언을 구하며(5:14; 6:13), 에스더가 선약이 없이 두 번 왕에게 다가가며(5:2; 8:3), 모르드개가 옷을 입는 것이 두 번 언급되고(6:7-11; 8:15), 하만이 두 번 머리를 싸매고(6:12; 7:8), 하만의 아들들에 대한 언급이 두 번 나오며(5:11; 9:6-14), 하르보나가 두 번 등장하며(1:10; 7:9), 왕의 진노가 가라앉는 것이 두 번 언급되며(2:1; 7:10), 페르시아의 율법이 바뀔 수 없다는 것이 두 번 언급되며(1:19; 8:8), 유대인들이 복수를 수행하는 날이 두 날이며(9:5-15), 부림절 기념을 제정하는 편지가 두 번 전달된다(9:20-32). 이처럼 "중복적인 요소들"을 말하는 것이 저자가 선호하는 기법인 것 같다.

신학적인 메시지

정경 속의 에스더서의 목적은 부림절의 기원을 설명하고자 하는 것이라는 것을 쉽게 알 수 있다. 그러면 이 책은 하나님에 대해서는 어떤 것을 말하고 있는가? 이 책이 성경의 다른 책들과는 어떻게 연결되어 있는가?

하나님의 주권

이러한 질문들은 하나님에 대해서 언급을 하고 있지 않은 책과 관련해서는 이상하게 들린다. 그러나 여기에서 우리는 에스더서 저자의 천재성을 만나게 된다. 그의 이야기는 우연의 일치로 보이는 것들이 누적되는 것 위에 서 있는데, 이러한 요소들은 이 책의 이야기가 6장의 시작 부분에서 극적인 긴장의 정상에 이르게 되면 필수불가결한 것들이 된다. 에스더가 아름다웠다는 사실이나, 그녀가 다른 후보자들을 물리치고 선택되었다는 것이나, 모르드개가 암살 음모를 듣게 되었다는 것이나, 모르드개가 그 암살 음모를 보고한 것에 대한 기록이 왕의 연대기 속에 기록되게 된 것이나, 에스더가 자신의 정체를 감추고 있었던 것이나, 왕이 그녀를 부르지 않았으면서도 그녀를 만나 준 것이나, 왕이 그 날 밤에 잠에 들 수가 없었던 것이나, 그가 연대기를 낭독할 것을 부탁한 것이나 서기관이 모르드개에 대한 몇 년

전의 사건을 읽게 된 것이나, 왕이 모르드개에게 보상을 했는지에 대한 것을 물어 볼 정도로 정신이 맑게 깨어있었던 것이 유대인들에게는 얼마나 "다행"스러운 일들인가! 그들에게는 정말로 다행스러운 일들이었다.

에스더서의 저자는 주인공이 언급되고 있지 않은 이야기를 들려주고 있다. 하나님의 존재는 이야기 전체를 통하여 암시되어 있고 또한 그렇게 이해되고 있다. 따라서 이러한 여러 가지 우연의 일치들은 역사에 대한 그의 통치와 자기 백성에 대한 그의 섭리적인 돌보심의 부산물일 뿐이다. 이 이야기의 저자는 하나님의 역사하심과 통치에 대해 처음부터 끝까지 글을 쓰고 있으면서도 하나님의 이름을 단 한 번도 언급하지 않았다는 점에 있어서 비범한 문학적인 천재였다. 저자 당시의 유대인들에게 뿐만 아니라 이후 수 세기, 수천 년 간의 독자들에게 이 하나님의 섭리와 선택하심에 대한 이야기는 위로와 확신의 메시지를 주어 왔다. 비록 우리가 주변에서 일어나는 모든 일에 있어서 하나님의 목적을 이해하지는 못해도 그 어느 것도 그 분의 시야를 벗어나지 못한다.

이러한 하나님의 주권성에 대한 교리가 에스더서의 근간을 이루고 있지만 이것이 일종의 운명론은 아니다. 하나님의 역사하심과 목적들이 뚜렷하게 보이지 않는 곳에서는 인간의 순종과 신실성의 중요성이 더욱 분명해지기 때문이다. 이러한 점에 있어서 에스더서 4:13-14는 인간의 책임과 하나님의 섭리를 놀랍게 종합시켜 주는 다른 수많은 성경구절들과 연결되어 있다(예를 들어 욜 2:32[MT 3:5]; 마 26:24; 행 2:23; 3:18-19).

끝나지 않은 과업

에스더서는 성경에 기록된 다른 구속사적인 사건들로부터 고립된 희한한 외딴 섬이 아니다. 오히려 반대로 에스더서는 다른 구속사적인 사건들과 깊이 연결되어 있는데, 그 중에서도 가장 두드러진 것은 이스라엘과 아말렉 족속 간의 계속적인 갈등이다. 하만과 모르드개의 족보는 이러한 갈등을 도입한다. 모르드개는 사울의 아버지 기스 집안 출신의 베냐민 족속이다(2:5). 그리고 하만은 사울이 대항해서 싸운 아말렉 족속의 왕 아각(3:1)의 후손이다(삼상 15장). 출애굽의 시대부터 이스라엘과 아말렉 족속

사이에는 계속 갈등이 계속되어 왔다. 모세는 "여호와가 아말렉으로 더불어 대대로 싸우리라 하셨다"(출 17:16)고 말했다. 이스라엘은 "아말렉의 이름을 천하에서 도말"(신 25:17-19; 출 17:14; 삼상 15:23)하라는 명령을 부여받았으며, 아말렉 족속과의 계속적인 갈등이 성경 기록 속에 이따금씩 등장한다(삿 3:13; 5:14; 6:3, 33; 7:12; 10:12; 삼상 27:8; 30:13-18; 참고, 민 24:20). 사울은 아말렉 족속을 멸절하라는 하나님의 명령(삼상 15장)을 받았지만 하나님께 불순종한다. 사울과 아각 및 아말렉 족속 간의 이러한 사건은 결국 사울이 패배하고 왕조까지 잃게 되는 이유가 된다(삼상 28:18). 나중에 한 아말렉인은 자신이 사울을 죽였다고 주장한다(삼하 1:8). 히스기야 시대에도 이스라엘은 여전히 아말렉 족속과 싸우고 있었다(대상 4:43).

사울과 아각의 후손 간의 이러한 갈등은 이스라엘과 아말렉 족속 간의 오랜 반감의 연장성에 놓여 있다. 에스더서의 여러 가지 세부적인 사항들은 이러한 배경 속에서 이해될 수 있다. 모르드개가 하만 앞에서 절을 하기를 꺼려한 것은 이러한 이스라엘과 아말렉 족속 간의 장구한 적대감 속에서 이해될 수 있다. 이러한 적대감은 또한 원래는 단지 모르드개에게만 분노했던 하만이 모르드개가 유대인이라는 것을 알게 된 이후에는 왜 자신의 분노의 대상을 넓혀서 전체 유대인들을 멸절시키려고 했는지 그 이유를 설명해 준다(3:5-6). 모든 이스라엘을 멸절시키라는 하만의 조서(3:13)는 사실상 사울이 아말렉 족속에 대해 실패한 일(삼상 15:3)을 대신 반대로 이스라엘에게 행하려는 그의 노력에서 나온 것이다. 운명이 뒤바뀌어서 에스더와 유대인들이 자신들의 원수들에게 복수를 할 권한을 갖게 되었을 때 유대인들은 자신들이 처형한 이 사람들의 재산을 차지하지 않았다(9:10, 15). 모르드개 시대의 유대인들은 사울과 마찬가지의 실수를 하지 않았던 것이다(삼상 15:9-19). 이스라엘이 적들로부터 안식을 누리는 것은 아말렉 족속의 멸망과 관련되어 있다(신 25:19). 이 임무가 완성되었을 때 유대인들은 "대적에게서 벗어나서 평안함"을 누렸다(9:22).

에스더서의 상당 부분은 유대인과 이방인의 관계에 대한 문제에 관심을 쏟고 있다. 저자는 이스라엘이 세상의 여러 강대국들에게 오랫동안 복종해 온 것을 경험한 포로기 이후 시대의 청중들을 향해 글을 쓰고 있다. 앗시리아, 바벨론, 페르시아 등이 지배력을 행사해 왔으며, 또 다른 나라들이 그 뒤를 잇게 되어 있었다. 이런 상황 속에서 저자는 유대인들이 이방 권력에 의해 지배되는 세상 속에서 맹종할 필요가 없이 유대교에 충성하면서도 여전히 풍성한 삶을 살 수 있다는 것을 확인시켜 주고 있다. 우리는 왜 에스더서가 유대교에 그렇게도 중요한 책으로 남아 있는가 하는 것을 쉽게 이해할 수가 있다. 반(反)셈족주의적인 시도들, 박해들, 그리고 대학살 등으로 점철된 역사에 맞서서 에스더서는 "유다 인은 다른 데로 말미암아 놓임과 구원을"(4:14) 얻을 것이며, 하나님께서 선택하신 목적 때문에 이 나라가 영원할 것임을 확신시켜 주고 있기 때문이다.

신 약 으 로 의 접 근

수사에서 일어났던 사건들은 구속사 속에서 하나님께서 가지신 뜻이 계속 이어지는 것을 위협했다. 기독교인 독자들에게 있어서 에스더서가 중요한 점은 단지 유대 민족이 존속하게 되었다는 사실뿐만 아니라 구속자 메시야가 등장할 수 있게 되었다는 점이다. 베들레헴에서 거리상으로 수백 마일 떨어지고 시간상으로 몇 세기의 간격이 있는 먼 도시에서도 하나님께서는 여전히 세상의 역사를 섭리로 다스리심으로써 유대인과 이방인 간의 장벽을 무너뜨리실 그의 아들(갈 3:28)이 임하실 수 있도록 해 주셨다.

욥 기

욥기의 핵심적인 내용은 고난이다. 모든 사람은 다 고난의 경험을 갖고 있기 때문에 이 책은 보편적인 호소력을 갖고 있다. 그 메시지는 시간과 문화를 초월한다. 좀 더 구체적으로 말하자면 이 책의 주인공은 자신이 스스로 고난을 자초하지 않은 것 같음에도 불구하고 고난을 당한다. 따라서 그의 육체적인 병은 정신적인 번민으로 이어진다. "왜 나에게 이런 일이! 내가 이런 운명을 당해야만 할 일을 행했단 말인가?"

따라서 이 책은 인간이 직면하는 가장 당혹스러운 문제들 중의 하나, 즉 하나님이 공의로우신가 하는 문제를 제기한다. 이것은 신정론(神正論, theodicy)의 문제이다. 그러나 비록 이 책이 이 문제를 제기하고 있기는 하지만 과연 이 질문에 대해서 단순한 긍정의 대답 이상의 어떤 것을 가지고 해답을 제시해 주고 있는가?

욥기는 아주 감동적이면서도 믿을 수 없을 정도로 복잡하다. 이 책은 구약에서 가장 번역하기 어렵고, 따라서 가장 해석하기 어려운 책들 가운데 하나이다.

역 사 적 배 경

저작연대 및 저작권의 문제

이 책 자체는 저자에 대해서 언급을 하고 있

지 않으며, 또한 그 저작연대에 대해서도 어떤 뚜렷한 언급을 하고 있지 않다. 이 책은 익명의 저자의 책이다. 그러므로 저자 및 연대에 대한 주장들은 전부 이 책의 외부적인 증거들로부터 유추될 수밖에 없다.

학자들 사이의 지배적인 견해는 욥기가 오랜 과정의 산물이라는 것이다(다른 견해들로는 Zerafa 1978, 29-54를 보라). 대부분의 학자들은 대화들(3-31장)이 이 책의 근간을 이루고 있으며, 후대에 와서 좀 더 옛 산문체 민담이 나뉘어져서 외곽틀로 사용되어졌다고 생각한다. 이러한 학자들 중의 일부는 또한 엘리후와 여호와의 연설들 및 지혜에 대한 시(28장)가 다시 그보다 이후에 삽입된 것이라고 주장한다. 사실 이 책 중 어느 부분이 원래의 부분이고 어느 부분이 후대에 첨가된 부분이며, 또 언제 그렇게 되었는지에 대해서는 학자들의 의견이 별로 일치되어 있지 않다(아래의 "구조의 분석"을 보라).

보수주의 성경학자들은 이 책이 원래부터 하나로 통일된 책이라고 보려는 경향이 있으며, 어떤 이들(Archer, *SOTI*, 464)은 이 책이 모세에 의해서 저술되었거나 다시 쓰였다는 이른 시기의 유대교 전승을 언급하기도 한다. 이러한 이른 시기의 저작연대는 역사서의 경우 그것이 다루고 있는 사건에 좀 더 가까운 시기에 쓰였을수록 더욱 신빙성이 높다는 생각과 일치한다. 욥기는 이른 시기를 배경으로 하고 있기 때문에 어떤 사람들에게는 이 책이 이른 시기에 쓰였다고 믿는 것이 더 간단하게 보인다.

그러나 보수주의 학자들 중에도 어떤 이들은 이 책의 연대를 솔로몬 시대(Young, *IOT*)로 보거나 8세기(Hartley 1988)로 보는 경우가 있으며, 그냥 연대의 문제를 열어놓은 채로 남겨 두는 경우도 있다. 증거가 결여되어 있다는 사실을 비추어 볼 때 이 마지막의 태도가 가장 현명한 것으로 보인다.

시대적 배경

이 책의 형성 연대는 신비 속에 감추어져 있지만 이 책의 사건들의 배경이 언제인가에 대해 우리들에게 지침을 제공해주는 단서들이 몇 가지 있다. 하지만 이러한 역사적인 배경이 이 책의 형성 연대에 대한 확정적 단서들을 제공해주는 것은 아니다. 드라이버(Driver)와 그레이(Gray

1921, lxvi)는 이 점을 잘 말했다: "저자의 상상력은 시의 배경에까지 뻗쳐 있기 때문에 이 책의 주인공이 처한 상황들로부터 이 책의 저자의 연대를 추론하는 것은 실수이다."

플롯은 분명히 족장 시대를 배경으로 하고 있다. 욥은 아브라함과 매우 비슷한 이방인 족장이다. 욥의 거대한 부는 그가 소유하고 있는 가축들과 그가 거느리고 있는 하인들의 수를 통해서 말해지고 있다(욥 1:3; 42:12). 그는 또한 아브라함이 자신들의 가족에게 했던 것과 마찬가지로 한 대가족의 우두머리로서 제사장의 역할을 담당하고 있다(1:5). 이 점은 시내 산에서 정식적인 제사장 제도가 확립된 이후의 것으로는 생각할 수 없는 점이다. 또한 욥의 나이는 족장들의 나이를 초월한다. 그는 자신이 원래의 상태로 회복된 이후에도 140년을 더 살았다(42:16).

가장 두드러진 점은 욥이 이스라엘 사람이 아니라는 점이다. 비록 확정적으로 밝혀진 것은 아니지만 우스는 이스라엘의 영토 내에 포함되어 있지 않았던 것이 분명하다(Clines 1989, 10-11). 구속사의 점진적인 측면에서 본다면 욥은 언약 공동체가 하나의 특정 가족으로 좁혀지는 아브라함 언약 이전에 살았던 것으로 이해하는 것이 가장 그럴 듯하다.

그러나 위에서 언급한 바와 같이 이러한 증거들은 플롯의 배경을 말하는 것이지 이 책의 형성 연대를 말해주는 것이 아니다. 이 책이 이스라엘의 역사 중 다소 후기에 쓰였다는 것을 보여주는 단서들이 비록 확정적이지는 않아도 몇 가지가 있다. 많은 학자들은 욥기의 언어가 후대라는 사실을 가지고 이 책이 후대의 것이라는 주장을 하고자 한다. 그러나 이러한 노선에 바탕을 둔 주장은 매우 만족스럽지가 못하다. 최소한 이 책이 때때로 시대에 맞는 언어로 다시 쓰였을 가능성도 있기 때문이다. 그러나 경우야 어찌 됐든 증거들이 너무나도 모호하기 때문에 이 책의 언어가 사실은 비록 모세 시대 정도로까지 이른 것은 아니라 할지라도 상당히 이른 시기의 것이라는 주장이 제기되기도 했다(Robertson 1972).

이 책의 일부 종교적인 이념들은 이스라엘 역사의 후기에 등장한 것으로 보인다. 비록 구약의 종교적인 사상들이 엄격한 진화론적 발전(Wellhausen의 경우처럼)을 했다고 강력하게 주장하는 것은 잘못이지만 그럼에도 불구하고 구속사의 점진에 따라 성경이 천천히 진리를 드러내고 있다는 것도 역시 사실이다. 이 책의 발달된 천사론 및 사탄에 대한 상세한 개념은 이스라엘 역사의 후대에 파생되었을 가능성이 높다.

결론적으로 말해, 이 책이 배경으로 하고 있는 시대는 이른 것이 분명하지만 이 책의 형성 시기는 잘 알려져 있지 않다. 다행히도 우리가 저자나 형성 시대에 대해서 모른다는 점이 그다지 중요한 결과를 가져오지는 않는다. (욥기의 역사성에 대해서는 아래의 장르에 대한 항목을 보라.)

문 학 적 인 분 석

욥기의 문학 양식은 고대 근동에서 그 선구자적인 양식들을 찾아 볼 수 있기는 하지만 그럼에도 불구하고 여러 가지 점에 있어서 독특하다. 이 책은 모든 시대를 통하여서 서구 문학에 깊은 영향을 주어 왔으며, 문학비평학자들의 주목을 받아왔다.

이 책의 구조에 대한 분석을 먼저 하고 나서 고대 근동의 문학적인 배경 및 그 장르에 대해서 살펴보기로 하자.

구조

이 책의 현재 형태의 본문의 구조는 다음과 같이 간명하게 개관해 볼 수 있다.

욥기 1-2장	산문체의 프롤로그: 등장인물의 소개, 플롯의 시작
욥기 3-31장	욥과 세 친구의 대화
욥기 3장	욥의 탄식
욥기 4-27장	세 주기의 대화
욥기 28장	하나님의 지혜에 대한 시
욥기 29-31장	욥의 마지막 연설
욥기 32-37장	엘리후의 독백

| 욥기 38-42:6 | 여호와께서 폭풍 가운데서 말씀하심 |
| 욥기 42:7-17 | 산문체의 에필로그: 막이 내림 |

구조의 분석

다음 두 가지 이유 때문에 이 구조에 대해서 어느 정도 설명을 해 주는 것이 중요하다. 첫째, 이 책의 문학적인 통일성은 현대의 성경 비평 학계에 의해서 의심을 받아 왔다. 그러므로 이러한 통일성에 대한 공격들 중 몇 가지 중요한 것들은 언급해 줄 필요가 있다. 그러나 좀 더 중요한 이유는 우리가 이 책의 장르 및 메시지를 바로 이 책의 역동적인 구조 속에서 보아야 한다는 점이다.

프롤로그(1-2장). 욥기는 샌드위치 구조를 갖고 있다. 즉, 이 책은 산문체의 서론으로 시작해서 운문체 대화로 이어지다가 산문체 결론으로 끝을 맺는다. 이러한 시작과 끝을 여기에서는 산문체 외곽틀(prose framework)이라고 부른다. 우리는 에필로그로 다시 돌아갈 것이다. 그러나 이 프롤로그 및 에필로그와 관계된 비평학적 문제들은 서로 밀접하게 얽혀 있기 때문에 여기에서 다루기로 한다.

어떤 학자들은 이러한 산문체 외곽틀이 욥기의 여러 부분들 중에서 가장 오래된 부분이라고 주장했다. 이들은 원래 욥기가 하나님에 의해서 심판을 받는 중에도 신실성을 보인 결과로 물질적인 축복을 받은 한 사람에 대한 단순한 민담이었으며, 이 민담으로부터 이 책이 파생되었다고 주장한다.

앤더슨(F. I. Andersen)과 같은 보수적인 학자들은 산문체 부분의 현재 형태의 본문이 그 사이 부분에 들어 있는 대화들과 여호와의 반응을 전제로 하고 있다는 것을 보여주었다. 결국 에필로그는 "여호와께서 욥에게 이 말씀을 하신 후에"라는 말로 시작되며, 세 친구에 대해서 언급하고 있다. 이와는 대조적으로 산문체 이야기 부분이 원래 독립된 문헌이었다고 믿는 자들은 이러한 구절들이 "후대의 편집"이라고 반응한다. 그러나 이처럼 편집자를 마음 내키는 대로 활용해서는 이 산문체 부분이 원래 운문체 부분으로부터 독립되어 존재했다는 가설을 증명할 수도, 배격할 수도 없다.

또한 본문이 원래 통일성을 갖고 있었다는 것을 이야기의 논리적인 일관성을 가지고 증명하는 것도 불가능하다. 본문이 프롤로그부터 에필로그까지 자연스러운 흐름을 가지고 있다는 점은 본문이 오랜 동안의 역사를 갖고 있기 때문일 수도 있고 단일한 저자에 의해서 나왔기 때문일 수도 있다. 중요한 것은 정경적인 형태의 책 속에서 프롤로그와 에필로그가 하고 있는 기능이다. 이 책 전체를 통하여서 일관성 있는 신학적 메시지가 프롤로그로부터 에필로그까지 흘러나간다.

프롤로그는 중요 등장인물과 배경을 도입함으로써 내러티브의 문을 연다. 이 프롤로그는 해결되어야만 하는 문제, 즉 욥이 명백히 무죄함에도 불구하고 고난을 받는다는 문제를 제기함으로써 플롯을 시작한다. 프롤로그는 또한 독자들을 장면 뒤의 하나님의 궁정으로까지 인도해 간다. 우리는 등장인물들이 모르는 사실을 알고 있다. 우리는 욥이 하나님께 대한 신실성의 문제를 시험해 보기 위해 고난을 받는다는 사실을 알고 있다.

세 친구와의 대화(3-31장).

욥의 애가(3장). 프롤로그의 마지막 부분은 욥의 세 친구를 소개한다. 그러나 그들이 입을 열기 전에 욥은 애가의 형태로 독백을 시작한다. 그는 자신의 운명을 슬퍼하고, 왜 자신이 태어났는가 하는 것에 대해서까지 의아해한다. 이 장의 양식은 그 어조나 구조에 있어서 시편의 개인적인 애가와 비슷한 애가 형식으로 되어 있다(Westermann).

세 주기의 대화(4-27장). 이 대화들이 가진 시적인 성격은 이것들이 욥과 그의 세 친구 사이에 있었던 대화를 그대로 필사해서 대필해서 옮겨 놓은 것이 아니라는 것을 보여준다. 우리 시대의 사람들과 마찬가지로 고대 시대의 사람들도 서로 간에 대화를 할 때 시라는 양식을 사용하지는 않았다.

이 대화들이 고도의 문학적 성격을 갖고 있다는 사실은 그 구조에서 드러난다. 이 부분에는 각각의 친구가 먼저 욥에게 말을 하고, 욥이 그 각각의 친구에게 대답을 하는 식의 대화가 세 개의 주기로 이루어져 있다. 그 순서는 언제나 엘리바스, 빌닷, 소발로 되어 있다.

<table>
<tr><td>도표 11</td><td colspan="3" align="center">**욥기에서의 대화의 주기**</td></tr>
<tr><td>제 1 주기</td><td>제 2 주기</td><td>제 3 주기*</td></tr>
<tr><td>엘리바스(4-5장)</td><td>엘리바스(15장)</td><td>엘리바스(22장)</td></tr>
<tr><td>욥(6-7장)</td><td>욥(16-17장)</td><td>욥(23-24장)</td></tr>
<tr><td>빌닷(8장)</td><td>빌닷(18장)</td><td>빌닷(25장)</td></tr>
<tr><td>욥(9-10장)</td><td>욥(19장)</td><td>욥(26:1-27:12)</td></tr>
<tr><td>소발(11장)</td><td>소발(20장)</td><td>소발(27:13-23)**</td></tr>
<tr><td>욥(12-14장)</td><td>욥(21장)</td><td>욥(28-31장)</td></tr>
</table>

* 마지막 주기에서는 친구들의 연설이 훨씬 짧아졌는데, 이것은 이 세 친구의 열기가 떨어졌음을 반영하고 있을 수 있다.

** 세 번째 주기에서의 소발의 위치에 대해서는 제라파(Zerafa, 1-28)를 보라.

세 번째 주기의 마지막에서 가서 빌닷의 연설은 중간이 잘려져 나간 것처럼 보이고, 소발의 연설은 빠진 것처럼 보이며, 욥은 자신이 한 말에 모순되는 소리들을 하고 있는 것처럼 보인다는 점을 주목하라(27:13-23). 아마 이 세 번째 주기의 대화는 본문 전승의 과정 중에 오류를 겪은 것(Zerafa의 상세한 논의를 보라)처럼 보이며, 27:13-23의 욥의 말들은 빌닷의 연설의 일부이거나 없어진 소발의 연설인 것처럼 보인다. 그러나 이러한 사소한 본문상의 수정을 하고 나면 세 번째 주기의 짧은 연설들은 두 번째 주기에서 이미 나타나기 시작한 현상 — 즉, 연설들의 길이가 짧아지고 있는 현상 — 을 최종적으로 보여준다. 이런 현상을 통해서 이 대화들에 대한 본문은 욥의 세 친구들이 욥에게 논쟁에서 졌다는 사실을 전달해 준다. 이러한 문학적인 수법은 자연스럽게 엘리후의 절망스러운 연설로 이어진다(32-37장).

세 친구들은 인과응보의 신학에 대한 옛 지혜를 대표한다. 그러나 그들의 인과응보의 신학은 상당히 완고하고 기계적이다. 즉, 하나님께서는 의로운 자는 축복하시고 악한 자는 벌하신다는 것이다. 그러므로 만약 이것이 사실이고 욥이 고난을 당하고 있다면 그것은 그가 회개할 필요성을 가진 죄인임을 증명해 주고 있다는 것이 친구들의 논리이다(4:7-11; 11:13-20).

욥은 이러한 논리에 강하게 반발한다. 그는 고난을 당하고 있다. 그러나 자기 죄 때문에 그런 것은 아니다. 욥은 자신이 죄가 전혀 없다는 주장은 결코 하고 있지 않다. 그는 인간이 하나님 앞에서 의로울 수 없다는 빌닷의 주장에 동의한다(9:2). 그러나 자신이 하나님으로부터 공의를 얻어낼 수가 있는가 하는 것에는 의문을 표현한다. 그는 9:21-24에서 자기 친구들의 지혜와 정면충돌한다. 그리고 이러한 맥락 속에서 "하나님이 순전한 자나 악한 자나 멸망시킨다"는 대담한 주장을 한다.

욥과 그의 세 친구 간의 논쟁의 핵심에는 누가 지혜로우냐 하는 질문이 놓여 있다. 누가 욥의 고난에 대한 바른 시각을 갖고 있는가? 욥과 친구들은 서로 자신의 지혜가 옳다고 주장하고, 다른 사람의 지혜를 비웃는다(11:12; 12:1-3, 12; 13:12; 15:1-13). 우리가 앞으로 보게 될 것처럼 누가 지혜로우냐 하는 질문이 이 책 전체를 지배한다.

하나님의 지혜에 대한 시(28장). 28장에서 욥은 소발의 연설(27:13-23으로부터 재구성함)에 대해 반응을 하면서 한 줄기의 통찰력을 보여준다. 구약에서 가장 감동적인 시들 중의 하나인 이 시에서 욥은 모든 지혜가 하나님에게 귀속된다고 말함으로써 이 책의 결론을 예고한다.

이 시가 아름다움과 미를 갖추고 있다는 것은 보편적으로 인정되고 있다. 그러나 이 시가 이 책에서 차지하고 있는 위치에 대해서는 많은 논란이 있어왔다. 이 시는 욥의 생각 속에서 엄정한 논리적 일관성을 찾으려고 하는 자들이 볼 때에는 갑자기 중간에 끼어든 것처럼 보인다. 다시 말해 그는 이 시에서는 하나님의 월등한 지혜에 대해서 경의를 표하고 있지만 그 다음 세 장에서는 결국 다시 불평을 하고 있는 것이다. 그의 불평은 마지막에 가서 하나님께서 폭풍 속에서 말씀하실 때에야 비로소 해소된다.

그렇지만 이 장의 진정성을 받아들이지 않는 학자들조차도 이 장의 저자가 대화 부분을 지은 자와 동일한 인물이라고 본다. 그러나 그들은 이 장이 그의 생애의 후기에 쓰여서 나중에 첨가되어졌다고 주장한다.

문제는 욥기에 있는 것이 아니라 사고의 논리적인 흐름을 주장하는 학자들에게 있다. 28장에서 그는 한 줄기의 통찰력을 갖게 되지만 자신의 고통 때문에 이 통찰력은 곧 사라져 버리고, 낙심된 마음이 다시 깃든다.

욥의 마지막 연설(27-31장). 이 부분의 결론 부분의 마지막 몇 마디 말 속에서 욥은 자신이 하나님의 축복을 누렸던 과거의 일들에 대해 생각을 한다(29장). 그는 자신의 현재의 고난을 슬퍼하며, 하나님께서 자신의 호소에 귀를 기울이지 않으심을 불평한다(30:20). 그는 다시 한 번 하나님께 호소하며, 자신이 잘못이 없기 때문에 자신이 당하고 있는 고난을 당할 이유가 없다는 것을 천명한다.

엘리후의 독백(32-37장). 이 부분에서 엘리후가 끼어든다. 욥의 세 친구가 당대의 노인들의 지혜를 대표한다면 엘리후는 자신이 모든 것에 대한 대답을 갖고 있다고 생각하는 대담한 젊은이이다. 그는 나이에 대한 존경심 때문에 욥의 세 친구가 욥과 이 문제를 해결하기를 고대하면서 지금까지 기다려 왔다. 그러나 그들이 실패하자 그는 더 이상 참고 있을 수가 없었다(32:6-9). 그는 욥이 자만하는 것을 두고 볼 수가 없었다(2절). 근본적으로 그는 자신이 또 하나의 지혜자라고 제시한다(33:33).

그러나 자신이 뭔가 새로운 것을 말할 것이 있다고 주장(32:14)했지만 그는 옛 인과응보의 신학으로 돌아간다. 즉, 욥이 죄 때문에 고난을 당한다는 것이다(34:11, 25-27, 37).

엘리후의 독백이 이 책의 원래의 부분이 아니라는 비평학적인 견해에는 두 가지 근거가 있다. 첫째, 세 친구는 결론 부분에 가서 하나님으로부터 말씀을 들었지만 엘리후는 여기에서 빠져 있다. 그러나 바아(Barr)가 통찰력 있게 제시한 것처럼 하나님께서는 엘리후가 중요하지 않은 것으로 생각하셨기 때문에 그를 완전히 무시하심으로써 이 대담한 젊은이를 그의 원래의 위치로 되돌려 놓고 계시는 것일 수도 있다. 이 독백이 후대의 것이라는 것에 대한 두 번째의 근거는 그가 아무런 새로운 것을 이야기하지 않았다는 점이다. 그러나 이것이 바로 요점이다. 인간의 지혜가 바닥이 났고, 이제 하나님께서 등장하실 차례이다.

여호와의 연설과 욥의 반응(38-42:6). 전체의 대화들을 통해서 욥은 하나님과 대면하기를 원해 왔다(욥 23:2-7). 그런데 마침내 하나님께서 폭풍 속에서 그에게 나타나심으로써 욥은 자신의 이러한 소원을 성취했다. 하나님께서 폭풍과 같은 모습 속에서 나타나시는 것은 그가 심판을 위해 오셨다는 것을 시사해 준다(시 18, 29편; 나훔 1 장).

욥은 자신이 왜 고난을 당하는지를 알기 위해 하나님과 대면하기를 소망했다. 그런데 중요한 점은 하나님께서 욥이 하나님의 인과응보적인 섭리에 대해서 비난을 한 점만을 꾸짖으시고는 그의 의문에는 결코 직접적인 대답을 하지 않으셨다는 점이다. "네가 내 심판을 폐하려느냐, 스스로 의롭다 하려 하여 나를 불의하다 하느냐"(욥 40:8).

직접적으로 자신을 정당화하려는 대신에 하나님께서는 다른 질문, 즉 지혜의 근원에 대한 질문에 대답을 하신다. 우리가 본 것처럼 이 문제는 이 책 전체의 배후에 깔려 있다. 이제 하나님께서는 결정적인 대답을 하신다. 즉 하나님 자신만이 지혜롭다는 것이다.

폭풍 속에서 그가 하신 첫 번째 말씀들은 욥의 지혜가 어떤 수준에 있는 지를 명시해 주며, 하나님께서 욥에게 오직 창조주만이 대답할 수 있는 문제들을 퍼부어대시는 그 다음의 몇 장으로의 길을 열어준다:

> 무지한 말로
> 생각을 어둡게 하는 자가 누구냐?
> 너는 대장부처럼 허리를 묶고
> 내가 네게 묻는 것을 대답할지니라. (38:2, 3)

이 구절들의 뒤를 이어 나오는 질문들은 하나님의 완전하신 지혜와 그가 창조하신 자연 질서에 대한 완전한 지배를 증명해 주며, 욥의 무지를 이에 대비시킨다. 이 질문들 뒤에 함축된 의미는 도덕적인 질서도 이와 마찬가지라는 것이다. 하나님은 아시고, 욥은 모른다.

지혜의 근원의 문제에 대한 이러한 결론은 하나님의 연설의 전반에 걸쳐서 나타나는 일련의 수사의문문들을 통해서 특징지어지는데, 이 수사의문문들은 지혜의 근원의 문제에 대해서 좀 더 명백하게 질문을 던지고 있다. 욥기 38:36-37은 그 좋은 예이다(또한 39:14-18, 26을 보라):

> 가슴 속의 지혜는 누가 준 것이냐

> 수탉에게 슬기를 준 자가 누구냐
> 누가 지혜로 구름의 수를 세겠느냐

욥은 하나님의 말씀의 능력을 깨닫고 그에 겸손하게 회개하는 태도로 응답한다. 그는 우주와 자신의 뜻의 주권자이신 하나님 앞에 자신을 복종시킨다.

에필로그(42:7-17). 에필로그는 이야기를 행복한 결말로 종결짓는다. 욥은 하나님과 화해했으며, 그의 재산은 회복되었다. 하나님께서는 그를 축복하시고, 그가 장수하도록 하셨다.

욥은 비록 점점 하나님 앞에서 참을성이 없이 되어가기는 했지만 "하나님을 욕하고 죽지" 않았으며, 친구들의 빈약한 논리에 굴복하지도 않았기 때문에 하나님의 은혜를 받았다. 그리고 하나님과 대면했을 때 그는 바르게 회개하고 순종하는 태도를 취했다. 그 결과 그는 기계적인 인과응보라는 잘못된 지혜를 가진 자신의 친구들을 위해 중보기도를 할 수 있는 자리를 차지했다.

문 학 적 인   배 경

우리는 고대 근동의 글들 중에서 욥기와 비슷한 점들을 가진 글들을 만나게 되는데, 이것은 두 가지 점에서 놀랄 일이 아니다. 첫째, 욥기는 지혜 문헌인데, 지혜 문학은 국제적인 성격을 띠고 있다(Murphy 1981, 9-12). 둘째, 고난의 문제, 특히 어떤 사람의 경건과 관련된 고난의 문제는 꼭 성경의 종교가 아니더라도 일반적인 모든 종교에 있어서 중요하고 어려운 문제이다.

우리는 수메르, 이집트, 바빌로니아, 우가릿, 인도의 다른 유사한 문헌들을 찾아볼 수 있다(Andersen 1976, 23-32). 우리는 이러한 문헌들을 전부 다 샅샅이 살펴보는 것보다 단지 바빌로니아의 문헌들에 초점을 맞추어서 고대근동의 문헌들과 욥기 간의 유사한 점들과 상이한 점들을 살펴보고자 한다.

비슷한 바빌로니아 문헌들 중 가장 오래된 것은 루들룰 벨 네메키("내가 지혜의 하나님을 찬양하리라")이며, 보통 "바빌로니아의 욥기"(Babylonian Job)라고 불린다(COS, 1:486-92에 나옴). 이 이야기의 중심인물인 시-메쉬레-삭칸은 자신이 신과 왕을 섬기는 것에 있어서 흠이 없었기 때문에 자신이 현재 당하고 있는 고난에 대해서 불평을 하는 자이다. 이 책의 양식은 독백이며, 그 초점은 마르둑에 의한 그의 회복이다. 그는 자신의 고난에 대해서 신들에게 질문을 던진 적이 없다. 이 문헌을 뛰어난 문체의 영어로 번역한 램버트(Lambert, 21-62)에 따르면 이 문헌은 주전 이천년기 중반의 캇시트 시대(Kassite period)에 쓰인 것이다.

두 번째 바빌로니아 문헌은 좀 더 후대의 것으로 주전 1000년경에 쓰인 것으로 보이는 것이다. 이 문헌은 보통 "바빌로니아 신정론(神正論)"이라고 불린다(COS, 1:492-5; Lambert 1960, 63-91). 이것의 양식은 고난받는 자와 바벨론의 정통적인 신앙을 반영하는 한 친구 사이의 대화이다. 고난받는 자는 신들의 공의에 대해서 의문을 던진다. 친구는 그가 신성모독적이라고 지적하지만 마지막에 가서는 신들이 인간을 잘못되게 만든다는 견해로 돌아선다:

> … 그들은 가난한 자에게 도적처럼 해를 입힌다.
> 그들은 그에게 중상모략을 퍼부으며, 그의 죽음을 획책한다.
> 그가 보호받을 대상이 없다는 것 때문에 그를 범죄자처럼
> 모든 악에 대해서 고난을 당하게 만든다.
> 그들은 끔찍하게도 그를 종국으로 몰아가며,
> 불꽃처럼 그를 꺼뜨린다. (284-86행)

이런 비슷한 문헌들에 비추어 볼 때 욥기는 왜 의인이 고난을 받는가 하는 문제에 대해 묻고 있는 첫 번째 책은 아니다. 이 질문은 아주 보편적인 것이었기 때문에 이러한 이스라엘의 문헌과 바빌로니아의 문헌들 사이에 어떤 뚜렷한 관계가 있었을 것이라고 볼 필요조차도 없다. 욥기의 저자가 바빌로니아 문헌들에 대해 알고 있었을 수도 있지만 이 점에 대해서 우리가 확신할

수는 없다. 경우야 어찌 됐든 욥기는 아주 많은 점에 있어서 독특하다.

앤더슨(F. I. Andersen 1976, 32)은 이 점을 잘 말했다:

> 욥기는 인간의 비참이라는 주제를 집요하게 다루는 일관성에 있어서, 이 문제의 다양한 측면들을 검토하고 다루는 폭에 있어서, 대담한 도덕적 유일신 신앙의 강도와 투명성에 있어서, 각 견해의 대표자들의 성격 묘사에 있어서, 그 시적인 서정성의 수준에 있어서, 그 극적인 효과에 있어서, 그리고 인간의 실존이라는 "불가해한 난제"를 직면하는 지적인 능력에 있어서 다른 비슷한 문헌들을 훨씬 뛰어넘는다. 이러한 모든 점들에 있어서 욥기는 독보적이다. 우리가 알고 있는 욥기 이전의 어느 문헌도 욥기에 모범을 제시해 주지 못했으며, 모작(模作)들을 포함한 그 이후의 어느 문헌도 그 정도의 수준에 이르지 못했다. 욥기를 다른 문헌들과 비교하는 일은 욥기의 독보적인 위대성을 드높여줄 뿐이다.

장르

욥기의 독특성. 이 책의 구조 및 문학적인 배경에 대한 앞의 논의는 장르 파악을 하는데 도움을 준다. 욥기는 어떠한 종류의 책인가? 우리가 앞에서 살펴본 바와 같이 욥기와 아주 똑같은 책이 없기 때문에 이 질문은 대답하기가 어렵다.

내용적인 측면에서 보면 이 책은 하나님이 이 세상에 역사하시는 방법이 정당한가를 따지는 신정론(theodicy, 神正論)적인 문학이라고 볼 수 있을 것이다. 만약 하나님이 위대하시고 인자하신 분이시라면 무고한 자가 고난을 받도록 내버려 두실 수가 있는가? 그러나 이 책이 신정론적인 책이라고 볼 경우 이 책은 예견된 대답을 주지 않은 채 질문을 던진다. 하나님의 응답은 인간의 영역을 초월하는 대답이다.

아마 이 책의 장르에 대한 좀 더 나온 명칭은 "지혜 논쟁"일 것이다. 이 명칭은 이 책의 양식과 내용을 다 설명해 준다(Zerafa). 이 책의 핵심 속에는 지혜의 근원이 누구인가 하는 문제가 깔려 있다("신학적인 메시지" 항목을 보라). 이 책에 나오는 여러 등장인물들은 자신들의 지혜를 내세우고 다른 이들의 지혜를 논박한다.

욥기는 역사적인 책인가? 이 질문은 장르에 대한 논의를 할 때 다루는 것이 적절하다. 왜냐하면 이것은 욥기가 역사적인 책인가 허구적인 책인가를 묻는 질문이기 때문이다. 그러나 이 문제는 평범한 것이 아닐 수도 있다. 왜냐하면 이 책이 역사적인 정확성에 대한 강한 관심을 갖고 있지 않을지라도 역사적인 사실을 그 핵심에 두고 있을 수 있기 때문이다. 여기에서 우리가 염두에 두어야 할 점은 우리가 역사적인 정확성에 대해서 묻고 있는 것이 아니라 어떤 장르로 의도되어 있느냐 하는 점을 묻고 있다는 점이다. 다시 말해서 욥기가 과거에 실제로 일어난 사건에 대한 역사적인 기록으로 의도되어 있는가 하는 것과 만약 그렇다면 과연 욥기는 역사적으로 얼마나 정확한가 하는 것이 여기에서의 우리의 질문이다.

욥기가 단순한 허구가 아니라 어떤 역사적 사건에 뿌리를 두고 있다는 것을 보여주는 요소들이 많이 있다. 욥기의 첫 번째 절은 사사기 17장이나 사무엘상 1장의 첫 절과 비슷한데, 이 두 본문이 역사적 사건을 기록하고 있다는 점에는 논란의 여지가 없다. 둘째, 욥이란 인물은 욥기 이외의 본문들에서 세 번 언급되어 있는데, 그 중 두 번(겔 14:14, 20)은 구약의 다른 두 명의 역사적 인물인 노아 및 다니엘과 함께 언급되어 있다(그러나 후자의 이름들에 대한 문제들은 다니엘서의 해당 사항을 더 참고하라).

그러므로 이 책은 역사기록적인 의도를 갖고 있음이 분명하다. 우리는 욥이 과거에 실존했으며, 또한 고난을 받은 실제 인물이라고 이해해야 한다. 그러나 욥기 이외의 부분에서 — 특히, 고고학적인 증명을 통해서 — 욥의 존재를 증명하거나 배격하는 것은 불가능하다.

비록 욥기가 역사기록적인 의도를 갖고 있기는 하지만 이 책의 다른 요소들로 볼 때 역사적인 정확성이 크게 우선순위를 갖고 있지는 않다. 예를 들어, 대화들은 모두 시로 되어 있다. 사람들이 보통 운문체로 서로 대화를 하지 않으므로(특히 극심한 고통 가운데 있을 경우에는 더욱 그러하므로) 우리는 이 책의 본문에서 등장인물들 사이에 있었던 대화를 그대로 기록해 놓은 것을 보고 있는 것이 아니다. 그러나 그들의 대화의 기록은 비록 문자 그대로 기록한 것은 아니라 할지라도 그 내용상으로는 정확한 것일 수가 있다.

시는 어느 특정한 사건을 보편적인 적용성을 가진 이야기로 고양시켜 준다. 욥기는 단순한 역사적 기록이 아니다. 이것은 이 이야기를 듣는 모든 사람들에게 적용성이 있는 지혜 문학이다. 그러나 사실 이 책이 역사적인지 아닌지의 문제는 이 책의 의미를 이해하는데 있어서는 거의 영향을 주지 못한다.

신 학 적 인   메 시 지

하나님의 지혜

우리의 문학적인 분석이 밝혀준 바와 같이 이 책의 핵심사항은 지혜의 문제이다. 무고한 자의 고난 문제가 이야기를 밀고 나가며, 또한 이 점이 신학적으로도 중요하다. 그러나 "누가 지혜로운가?" 하는 질문이 플롯 속에서 우선권을 갖고 있다.

모든 등장인물들이 사실상 다 자기가 지혜롭다고 내세우고 있지만 이 문제가 완전히 판가름나는 것은 끝에 가서 하나님께서 폭풍 속에서 말씀을 하실 때이다. 이것은 도저히 경쟁이 안 되는 시합이다. 그 어떤 인간도 자신이 옳다고 주장할 수가 없다. 하나님만이 지혜의 근원이시며, 그는 자신이 옳다고 생각하시는 식으로 지혜를 펼치신다.

거기에 대한 인간의 응답은 회개와 복종이다. 욥 자신은 말한다:

> 내가 주께 대하여 귀로 듣기만 하였삽더니
> 이제는 눈으로 주를 뵈옵나이다.
> 그러므로 내가 스스로 한하고
> 티끌과 재 가운데서 회개하나이다. (42:5, 6)

욥기에 대한 이러한 접근태도는 일부 현대적인 주석가들 사이에서는 인기가 없다. 예를 들어, 커티스(Curtis)는 욥의 말과 행동이 하나님에 대한 모욕이라고 주장한다(욥의 말들에 대한 그의 독특한 번역과 해석은 그의 1979년

소논문을 보라). "폭풍 속으로부터는 오직 기진맥진한 욥을 내리누르는 불만에 찬 하나님의 권능만이 나올 뿐"이라는 칼 플랭크(Karl Plank)의 말 또한 이러한 해석 경향을 잘 보여준다. 이 말은 그가 한 유대교 해설 성경 속에서 한 말이다.

그러나 이러한 학자들은 현 시대의 "시대정신"(Zeitgeist)에 비추어서 성경책을 무조건적으로 해석하는 덫에 빠지게 된다. 고디스(Gordis)는 이것이 욥기와 관련해서 특히 조심해야 할 위험이라고 지적했다. 주석자가 "스스로의 이미지에 따라 욥을 창조하고는 이 책의 본문 속에서 삶과 의미에 대한 자기 자신의 시각을 보여주는 목소리를 찾아내는 일"이 흔하다(1978, xxxii). 욥이 세 친구에게 대항해서 자신을 변호한 것이 얼마나 옳은가 하는 것과는 상관없이 자신이 하나님에 대해서 인내심이 없었다는 점을 진심으로 회개하고 있다고 보는 것이 이 책의 원래 의도에 대한 바른 해석이라는 점에는 의심의 여지가 없으며, 이것이 또한 하나님을 경외하는 정경적인 태도와 더 잘 일치한다는 것은 확실한 일이다. 이러한 해석이 인간의 자율성을 강조하는 요즘의 경향들과 정면으로 충돌한다는 것은 중요한 일이 아니다(욥의 반응에 대한 전통적인 접근방법들을 옹호하는 입장을 보려면 뉴웰[Newell]을 보라). 나는 또한 욥이 "옳은" 말(42:8)을 했다는 하나님의 지적 역시 그가 여호와의 말씀들에 대해서 응답하면서 자신의 회개를 표현한 점을 가리키고 있다는 것을 주장하고자 한다.

인간의 고난

하나님께서는 "왜 제가 고난을 겪어야 합니까"라고 묻는 욥의 질문에 대해 직접적인 대답을 하지 않으신다. 대신 훨씬 더 중요한 문제인 지혜의 근원이라는 문제에 대해 답을 하심으로써 간접적으로 대답하신다. 그럼에도 불구하고 이 책이 고난이라는 중요한 문제에 대해서 말하고 있는 것은 분명하다. 결국 그 누구도 삶의 고통으로부터 벗어날 수가 없다. 우리는 모두 우리가 당하는 고난의 이유나 그러한 고난을 조금이라도 누그러뜨릴 수 있는 방법에 대해 통찰력을 얻기를 간절히 소망한다.

하나님께서 자신의 피조물인 인간들에게 이 질문에 대한 답을 계시하시는 쪽을 선택하시지 않으셨다. 그러나 그럼에도 불구하고 우리는 여전히 이 책으로부터 고난에 대해 많은 것들을 배운다. 예를 들어, 비록 우리는 왜 우리가 고난을 당하는가에 대해서 배우지 못했지만 이 책은 우리가 갖고 있는 통상적인 신념, 즉 소위 인과응보의 원리에 대한 신념이 잘못되었다는 것을 보여준다.

이 책에서 엘리바스, 빌닷, 소발이 대표하고 있는 인과응보의 원리의 기본적인 전제는 이것이다:

"네가 죄를 지으면 너는 고난을 받게 된다."

우리는 이 전제가 어느 정도의 진리를 말하고 있으며, 성경은 우리의 순종과 죄가 그에 따른 결과들을 가져온다고 가르치고 있다는 것을 인정해야 한다. 언약은, 순종하면 축복을 받고 불순종하면 저주를 받는다는 율법을 제시함으로써 이러한 틀을 내세우고 있다(신 28장). 신명기적 역사 역시 왕들의 죄 때문에 멸망이 임했다는 것을 분명하게 가르치고 있다. 잠언은 하나님의 길, 지혜의 길을 따르는 자는 "안연히 살며 재앙의 두려움이 없이 평안하리라"(1:33)고 가르치고 있다.

그러나 세 친구는 죄가 고난을 가져온다는 일반적으로 옳은 전제를 너무 많이 밀고 나갔다. 그들은 사실상 원인과 결과를 뒤집어서 이런 신념에 이르렀다:

"네가 고난을 겪고 있다면 그것은 네가 죄를 지었기 때문이다."

원인과 결과를 바꿈으로써 그들은 모든 고난이 다 죄에 의해서 설명된다고 말하고 있다. 고난은 죄의 표시가 되고 있다. 욥은 고난을 받는다. 그러므로 그는 죄를 지은 것이다.

욥기는 이러한 형태의 잘못된 생각에 대한 교정제로서 정경 속에 있다. 이 책은 정당한 성경적 인과응보의 진리를 지나치게 해석해서 기계적으로 적용하는 것을 방지하고 있다. 이 책은 죄 이외의 다른 이유 때문에 고난을 당하는 자를 보여줌으로써 그렇게 하고 있다. 독자들은 욥의 고난이 죄 때문이 아니라는 것을 프롤로그를 통해서 알고 있다. 그는 요한복음 9장에 기록된 바와 같이 태어나면서부터 소경된 자와 마찬가지의 이유 때문에 고난을 당하고 있다. 이 요한복음 9장에서 제자들은 한 소경을 보게 되는데, 그들의 질문은 세 친구가 한 것과 같은 인과응보의 신학을 반영하고 있다: "랍비여, 이 사람이 소경으로 난 것이 뉘 죄로 인함이오니이까? 자기오니이까? 그 부모오니이까?" 예수께서는 욥에게도 적용될 수 있는 대답을 하신다: "이 사람이나 그 부모가 죄를 범한 것이 아니라 그에게서 하나님의 하시는 일을 나타내고자 하심이니라." 욥과 요한복음 9장과 10장의 어려운 진리는 하나님이 자기 신실한 종들의 고난을 통하여 영광을 받으신다는 점이다.

욥기는 이 세상에서의 고난에 대한 모든 이유들을 설명하고 있는 것이 아니다. 욥기는 단지 고난의 기원에 대한 유일한 설명인양 제시되고 있는 세 친구의 인과응보의 원리를 배격하고 있는 것이다. 욥은 인간의 죄가 이 세상에서의 고난에 대한 유일한 이유가 아니라는 것을 확고하게 밝히고 있다.

신약으로의 접근

하나님과 인간의 고통과의 관계는 욥기에서 끝나는 것이 아니다. 욥은 하나님께서 모든 것을 주관하고 계시다는 것을 가르치고 있다. 그는 고난받는 무고한 자가 자신의 지혜와 권능에 대해 의문을 품는 것을 꾸짖으신다. 욥은 그에 대해 적절하게 회개로 응답한다.

신약은 고난에 대한 하나님의 대처와 관련해서 우리에게 더 깊은 이해를 갖게 해 준다. 예수 그리스도 안에서 그는 자신의 아들이 십자가에 달려서 죽도록 보내심으로써 자신의 죄 많은 피조물들에 대한 자신의 사랑을 보여 주셨다. 예수 그리스도는 진정으로 무고하게 고난을 받으신 분이시며, 유일하게 전혀 죄가 없으신 분이시다. 그는 죄 많은 인간에게 은혜를 베풀기 위해 자진해서 고난을 받으신 분이시다(욥과는 달리). 앤더슨(Andersen 1976, 73)이 말한 바와 같이 "하나님 자신이 악의 부당한 결과들을 껴안으시고 받아들이셨다는 점은 욥 및 욥과 같은 모든 인간들을 향한 궁극적인 해답이다." 예수 안에서 하나님은 인류를 구원하시기 위해 인간의 고난의 세계

속으로 들어 오셨다. 예수는 십자가 위에서 인간의 가장 커다란 고난을 겪으셨는데, 그렇게 하시면서도 아무런 불평도 하시지 않으셨다. 초대 교회 공동체는 욥과 예수 사이의 관계를 깨달았으며, 그렇기 때문에 수난주일 동안 욥기를 낭독하는 것이 통상적인 관행이었다(Delitzsch 1975, 32).

예수의 십자가상의 죽음이 고난을 종결지은 것은 아니다. 사실 기독교인들은 주님의 고난에 동참하는 것을 특징으로 한다. 기독교인들이 회심함으로써 현 세상의 악과 고통으로부터 구제를 받는다고 말하는 것은 복음을 오용하는 것이다. 고린도후서 1:3-11에서 바울은 기독교인들의 고난을 그리스도의 고난과 동일시하고 있는데, 그 이유는 그리스도를 통해서 오는 위로도 역시 전달해 주기 위해서이다. 그가 기독교 공동체는 고난과 위로의 교제를 나누는 공동체라고 묘사하고 있는 점은 흥미롭다.

그러므로 욥기는 현 시대의 기독교인들에게도 여전히 그 힘을 간직하고 있다. 그러나 이 욥기는 오직 전적으로 무고하게 고난을 받으신 분이신 예수 그리스도의 고난을 통해서만 바르게 읽혀질 수가 있다.

시 편

시편은 구약의 다른 책들보다 기독교인들의 주목을 더 많이 받아 왔다. 이 책의 인기는 신약으로 거슬러 올라간다. 왜냐하면 우리는 신약에서 시편에 대한 인용이나 언급들을 많이 찾아볼 수 있기 때문이다. 오늘날의 기독교인들은 이 책이 구약의 심장이라고 생각한다. 이 책은 지적으로나 감성적으로 고무적이다. 시편에 스며 있는 경건성과 헌신적인 분위기, 하나님과의 개인적인 관계에서 기원한 이러한 분위기는 현대인들의 정서에 와 닿는다. 시편의 어떤 구절들(예를 들어 "여호와는 나의 목자시니"[시 23:1])은 친숙하고 용기를 준다. 우리는 시편에서 평강을 느낀다. 그러나 면밀하게 검토할 때 시편은 우리를 놀라게 하며, 또한 우리는 그 메시지를 이해하는데 있어서 어려움을 느낀다. 첫째, 개별적인 시편들은 역사적·문학적 맥락이 없는 것으로 보이는데, 이 점은 구약의 다른 책들과 비교해 볼 때 사실 독특한 점이다 (그러나 Wilson이 제시한 다른 견해에 대해서는 아래를 보라). 둘째, 시편 기자의 태도는 자기 자신의 죄를 고백하고 원수를 사랑하라는 가르침을 받아 온 기독교인들에게는 가끔 이해가 안 될 때가 있다:

> 내가 나의 완전함에 행하였사오며
> 흔들리지 아니하고 여호와를 의지하였사오니
> 여호와여 나를 판단하소서 (26:1)

> 멸망할 딸 바벨론아

네가 우리에게 행한 대로
네게 갚는 자가 복이 있으리로다
네 어린 것들을
바위에 메어치는 자는 복이 있으리로다. (137:8, 9)

이 책의 영어 제목은 70인경(Psalmos)에서 파생되었으며, 불가타역을 거쳐서 우리에게 전해졌다. 이 헬라어 어휘는 자마르("노래하다", 혹은 "[악기의 현을] 튕기다"란 의미일 수도 있음)란 어근에서 파생된 히브리어 단어인 미즈모르를 번역한 것인데, 이러한 히브리어 단어는 이 책을 음악과 연결시킨다. 히브리어 제목인 테힐림(Tehillim)은 "찬양들"을 의미하며, 이 책의 지배적인 어조가 어떤 것인지를 말해주고 있다(이 책의 질에 대한 아래의 내용을 보라).

역 사 적 배 경

서론

시편에 대한 역사적인 배경은 다음의 두 가지 이유 때문에 다루기가 어렵다. 첫째, 이 책은 하나의 단일한 저작이라기보다는 하나의 모음집이다. 둘째, 개별적인 시들 그 자체가 역사적으로 구체적이지가 않다.

시편의 정경은 150개의 개별적인 작품들로 이루어져 있다. 이 시들은 한 번에 쓰인 것이 아니라 오랜 기간에 걸쳐 쓰였다. 시의 표제들을 그 배경에 대한 중요한 단서로 간주한다고 할 경우(아래를 보라) 최소한 한 개의 시(시편 90편)는 모세 시대라는 이른 시기에 쓰였다고 볼 수 있다. 반면에 내적인 증거들로 볼 때 어떤 시들은 포로시대 이후에 쓰였다(예를 들어 시편 126편). 이러한 시간상의 차이는 거의 일천년이다. 이런 관점에서 볼 때 시편의 역사적인 배경은 이스라엘의 역사이다.

이 책의 역사적인 배경은 다시 전체로서의 이 책 및 이 책의 부분 부분인 개별적인 시들이 구약의 전 시대 동안 가지각색의 가능성에 열려 있었다는 사실에 의해서 더욱 복잡해진다. 전체로서의 이 책에 관해서 보자면 개별적인 시들은 이미 존재하고 있던 모음집의 뒤에 그냥 덧붙여진 것이 아니었다. 시편 72:20은 시편의 제2권을 이렇게 마감하고 있다: "이새의 아들 다윗의 기도가 끝나니라." 우리는 시편의 전승과정의 역사에서 이 구절 앞에는 오직 다윗의 시들만이 들어 있었으며, 다윗의 시가 아닌 것들은 이 뒤에 들어 있었던 것으로 생각할 수밖에 없다. 사실 현재 상태의 시편에서는 이 구절 앞에 다윗의 것이 아닌 시들(시편 72편도 역시!)이 많이 들어 있으며, 또한 다윗의 많은 시들이 이 구절의 뒤에 나오기도 한다. 이 구절은 시편의 시들이 단순히 그냥 모음집의 뒤에 덧붙여지는 식으로 수집된 것이 아니라 책으로 편찬되어졌다는 것을 보여주는 확실한 증거이다.

개별적인 시들을 주의 깊게 연구해 보면 이 시들 또한 정경 시대 중에 갱신 작업(updating)을 받았음이 드러난다. 시편 69편의 저자에 대한 표제는 이 시가 다윗 시대의 것이라고 말해주고 있다. 반면에 이 시의 마지막 세 절(34-36절)은 포로시대에 나온 것으로 보아야 가장 적절한 듯하다. 그러므로 우리가 이 시의 저자에 대한 표제를 액면 그대로 받아들일 경우 우리는 개별적인 시들조차도 정경 시대 중에 열려 있었거나 동적이었다는 것을 보게 된다.

그럼에도 불구하고 어떤 학자들은 시편의 동적인 성격을 인정하지 않고 개별적인 시들의 역사적인 배경에 주의를 기울였다. 사실 시편에 대한 많은 주석들은 시의 내용을 분석함으로써 각 시가 기원한 역사적인 상황을 복구해 내려고 한다. 그러나 이러한 시도들은 학계의 나머지 사람들을 좀체로 설득시키지 못하였다. 따라서 개별적인 시들의 역사적인 배경에 대해 광범위한 의견의 불일치가 존재하는 것은 이상한 일이 아니다. 예를 들어, 어떤 학자들은 하나님께서 홍해에서 애굽인들에게 승리를 거두신 것을 묘사하기 위해 다른 곳들에서 사용된 특정한 어휘들에 근거해서 시편 98편을 출애굽 시대의 것으로 간주하였다("기이한 일", "그 오른손과 거룩한 팔"). 반면에 바이얼린(Beyerlin 1977, 49)은 이 시를 바벨론 유수로부터의 귀환 이후 시기의 것으로 보아야 한다고 강력하게 주장했다. 왜냐하면 그의 견해에 따르면 이 시편은 문학적으로 이사야서에 의존하고 있기 때문이다.

더 면밀한 검토를 해 볼 때 우리들은 개별적인 시들을 어느 한 역사적 사건과 연결시키는 것이 시들 자체의 의도와 어긋난다는 점을 인정해야 한다. 왜냐하면 시들은 역사적인 내용에 있어서 구체적이지가 않기 때문이다. 이러한 점은 시편 중의 구원시 하나(시편 24편)와 역사서 중의 한 구원의 노래(삿 5장)를 비교할 때 드러난다. 사사기 5장은 주전 이천년기 말에 이스라엘이 가나안인들을 무찌른 사건들에 깊이 뿌리를 박고 있다. 시편 24편 또한 군대가 성문으로 다가가면서 여호와를 "전쟁에 능한" 분(8절)으로 찬양하는 중에 군사적인 승리에 대해서 축하하고 있다. 그러나 이 시를 쓰게 된 동기가 된 구체적인 전투를 찾으려고 하는 것은 무리한 일이다.

시편이 역사적으로 구체적이지 않다는 점은 이 시편들이 이스라엘의 예배에서 계속적으로 사용되는데 있어서 기여를 한 점이다. 그러나 시들과 이스라엘의 예배 간의 관계를 기술하기 전에 시편의 표제들에 대해서 먼저 살펴보도록 하자.

시편의 표제들

시편의 표제들을 이 시점에 다루는 것이 적절하다. 왜냐하면 이 표제들은 시들의 좀 더 구체적인 연대를 지적하는데 자주 사용되어졌기 때문이다. 칭호들의 성격과 기원은 주의 깊게, 그리고 학자적인 겸손함으로 다루어야 할 까다로운 문제이다.

개관. 시편의 표제들은 개별적인 시들의 처음 부분에 나오며, 개별적인 각 시에 대한 정보들을 제공해 준다. 표제들은 시편의 저자, 역사적 배경, 곡조, 이스라엘의 예배에서의 용도, 그 역사 등의 사항들에 대해서 정보를 제공해 주고 있는 것일 수도 있다. 이 표제들에 대해서는 많은 논쟁이 벌어지고 있다. 그 중에서도 가장 중요한 것은 이것들이 이 시의 원래 부분인가 하는 것이며, 혹시 그렇지 않다고 할 경우 과연 이 표제들이 각 시의 기원이나 배경에 대한 신빙성 있는 지침이 될 수 있느냐 하는 것이다.

표제들의 진정성. 표제들의 진정성의 문제는 아마 시편의 해석자들이 대면하는 가장 어려운 문제들 중의 하나일 것이다. 많은 주석가들, 그리고 심지어는 설교가들도 이 표제에 제시된 역사적 상황을 중심으로 해서 자신들의 생각들을 펼쳐 왔다. 시편 51편은 아마 가장 좋은, 그리고 가장 잘 알려진

예일 것이다. 시편 51편의 표제는 이 시의 상황을 이렇게 말하고 있다:

다윗이 밧세바와 동침한 후 선지자 나단이 그에게 왔을 때.

이 표제는 이 시의 나머지 부분을 어떻게 읽어야 하는가 하는 것에 대해서 그 방향을 제시해 준다. 이 시의 "나"는 다윗이며, 이 시의 죄악은 그가 밧세바와 함께 저지른 간음이다.

역사적인 내용에 대한 표제들은 이러한 표제들을 갖고 있지 않은 시들의 해석에 대해서도 영향을 미쳤다. 학자들은 각 시를 가장 잘 설명해 주는 역사적 상황을 다윗의 삶 속에서나 이스라엘의 역사 속에서 찾아내려고 했으며, 또한 이러한 사건들에 비추어서 그 시들을 해석했다.

그 난점과 중요성을 생각해 볼 때 이 문제가 격렬한 의견의 불일치를 만들어 내었다는 것은 놀라운 일이 아니다. 어떤 학자들은 이 표제들이 진정성을 갖고 있으며, 무오한 것이라고 주장했다(Kidner). 반면에 다른 학자들은 이것들이 진정성이 있지도 않으며, 무오하지도 않다고 말했다(Mowinckel; Childs *IOTS*). 영(E. J. Young, *IOT*, 297-305)은 이 시 표제들이 진정성이 있는 것은 아니지만 이른 시기의 신빙성 있는 전승을 반영하고 있다고 주장함으로써 중간노선을 택하였다.

표제들의 진정성에 대해서 우리가 던질 수 있는 첫 번째 질문은 우선 이 표제들이 각 시가 쓰인 시기와 거의 동일한 시기에 그 시의 영감된 저자에 의해서 쓰인 것이냐 하는 질문이다. 이 문제를 대답하는데 있어서 우리는 독단적일 수가 없다. 우선 이 시들이 표제들이 없이 존재한 적이 있었다는 사본상의 증거는 존재하지 않는다. 그러나 물론 이 사실은 이 표제들이 구약 시대의 상당한 후기에 존재했다는 것을 증명해 주는 것일 뿐 이 표제들이 각 시들이 쓰였을 때 작성되었다는 것을 증명해 주는 것은 아니다. 또한 시편의 표제들이 후대에 첨가된 것이라는 것을 보여주는 상당한 정황적 증거가 표제의 후대성을 지지해 준다.

첫째, 물론 초기의 사본들이 모두 다 표제들을 결여하고 있는 것이 아니라는 것이 사실이기는 하지만 전승 과정의 초기 역사에 표제들의 수가 급속히 증가하고 있다는 것을 보여주는 증거가 있다. 심지어 시리아어 역본은 맛소라 사본의 표제들을 거부하고 새로운 표제들을 만들어 내고 있기까지 하다 (Slomovic 1979).

둘째, 시가 일인칭으로 되어 있는 경우에도 표제들은 삼인칭으로 되어 있다(예를 들어 시편 3, 18, 51편). 또한 역사적인 내용의 표제들은 사소한 예외들을 제외하고는 근본적으로 동일한 양식을 갖고 있다(특히 시간을 나타내는 전치사를 뒤이어 부정사 연계형이 따라 나오는 형태에 주목하라). 따라서 표제들은 후대에 첨가된 것으로 보인다. 물론 다윗 자신이 나중에 이 표제들을 첨가했다고 생각할 수도 있기는 하지만 말이다.

그러나 더 심각한 문제는 때로는 이 표제들이 각각 관련된 시들과 어울리지 않는 것으로 보이는 경우들이 있다는 것이다. 시편 30편이 그러한 예이다. 이 시의 표제는 이 시가 "낙성식"(아마 성전의 낙성식)을 배경으로 하고 있다고 말하고 있다. 그러나 이 시 자체는 성전이나 기타 어떤 종류의 "집"과도 뚜렷한 연결점을 갖고 있지 않다. 오히려 이 시는 거의 죽을 병에서 회복한 사람의 기도이다.

표제들의 문제에 대한 가장 좋은 해결책은 표제들이 저작권 및 시들의 배경에 대한 이른 시기의 신빙성 있는 전승이라고 간주하는 것이다. 그러나 표제들을 원래의 것이거나 정경적인 것으로 받아들여서는 안 된다. 이 결론은 시편의 저작권 및 배경에 대한 논의와 연결되어진다.

저작권. 시편의 많은 표제들은 아삽(12번), 고라 자손(11번), 솔로몬(2번), 여두둔(4번), 헤만, 에단, 모세(각각 한 번씩) 등의 구체적인 인물들의 이름들을 담고 있다. 다윗의 이름은 표제에 약 일흔세 번 나온다. 전통적으로 이러한 이름들은 저작권을 지칭하는 것으로 이해되어 왔다. 그러나 최근의 학자들은 이러한 생각의 정당성에 의문을 던지고 있다.

첫째, 저작권에 관한 표제들도 역사적인 것에 대한 표제들과 마찬가지로 후대의 첨가 부분인 것 같다고 생각되고 있다. 이 두 종류의 표제들은 시편의 전승과정의 역사에서 그 수가 배가하고 있다. 히브리어 본문의 전통에 따르면 다윗의 시는 일흔세 개인데, 이 수는 헬라어와 라틴어 역본들에서는 급속히 증가되었다.

둘째, 일부 학자들은 이 표제들에 들어 있는 이름들이 어떤 기능을 하고 있는지가 불확실하다는 점을 지적하고 있다. 이 표제들의 기능이 무엇인가 하는 것에 대한 열쇠는 이 이름들의 앞에 나오는 전치사(le)의 의미가 무엇인가 하는 것에 달려 있다. 셈족어의 전치사들은 어의론적으로 다양한 의미들을 갖고 있으며, 직접적인 문맥이 무엇인가 하는 것에 따라 그 의미가 달라진다. 불행하게도 시편의 표제에는 문맥이라는 것이 없다. 사람 이름인 다윗과 함께 사용된 전치사 le는 이론적으로는 "다윗에 의해", "다윗의", "다윗에 대한", "다윗을 위한" 등으로 번역될 수 있다. 구약 시대에는 이 전치사의 의미가 분명하게 이해되어졌을 것이다. 왜냐하면 이 표제들에는 분명하게 확립된 형태가 있기 때문이다.

학자들(최소한 과거에)이 시편에 대한 다윗의 저작권을 배척한 세 번째의 이유는 히브리 종교의 발전과정에 대한 그들의 고정된 시각 때문이다. 이 학자들은 이스라엘에서 다윗의 통치기와 같은 이른 시기에 그런 정도의 고양된 경건의 표현이 나올 수 있었으리라는 것을 인정하지 않았다. 그러나 이러한 견해는 오늘날에는 거의 주장되어지지 않는다. 왜냐하면 우리는 다른 셈계 문명들에서 나온 고대 시들에 대해서 잘 알고 있기 때문이다.

이러한 점들이 바로 왜 시편의 다윗 저작권에 대해 학자들이 반대하는가 하는 것에 대한 근본적인 이유들이다. 이 근본적인 이유들은 시편 속에 아람어의 흔적이 나타나고 있다는 점, 다윗의 시들 속에 성전에 대한 언급들이 나온다는 점, 그리고 우가릿의 바알 서사시들에서의 전치사 le의 용법 등의 수많은 부차적 논거들에 의해서 지지된다.

물론 다윗에게 귀속되어진 시들이 전부 다 그에 의해서 쓰였다는 것을 증명하는 것은 불가능하다. 그러나 이와 동시에 예배에서의 음악에 대한 다윗의 관심 및 열심에 대한 성경의 강한 전통을 볼 때에 다윗이 이 시들 중 그 어느 것도 쓰지 않았다고 생각하는 것도 인정할 수 없다.

전치사 le가 주제("다윗에 대한")나 문체("다윗의 문체에 따른")를 의미하는 것으로 해석하는 것도 가능하기는 하지만 증거상으로 볼 때 이 전치사는 저작권을 의미함이 분명하다("다윗의" 또는 "다윗에 의한"). 하박국 3장은 하박국 선지자의 시를 제공해 주고 있는데, 이 시도 역시 표제로 시작한다.

이 표제에는 "하박국의 기도"라는 구절이 포함되어 있다. 문맥상으로 볼 때 이 문구는 기원이나 저작권을 의미하는 것으로 이해할 수밖에 없다. 이것은 "하박국에 대한" 기도가 아니다. 시편 18:1은 이 문제와 더욱 밀접하게 관련 되어 있는데, 이 구절은 르다비드(ledavid)라는 문구가 저작권을 의미하는 것을 보여주는 다음과 같은 긴 표제를 갖고 있다: "영장으로 한 노래. 여호와 의 종 다윗의 (시). 여호와께서 다윗을 그 모든 원수와 사울의 손에서 구원하 신 날에 다윗이 이 노래의 말로 여호와께 아뢰어 가로되." 이 시의 표제는 다 른 표제들에서는 결여되어 있는 확장된 문맥을 제공해 주고 있으며, 표제들 에서 이 전치사의 기능이 무엇인지에 대해서 우리에게 알려 준다.

역사서들은 정형적인 예배의 상황 속에서 노래하는 것에 열렬한 관심을 갖고 있는 다윗의 모습을 강력하게 지지해 준다. 다윗이 공적인 인생을 시작 할 때의 모습에 대해서는 두 가지가 소개되고 있는데, 이 둘은 그가 어른으 로서의 삶을 살아가는 동안에 이룩한 두 가지 중요한 공헌들을 강조하고 있 다. 사무엘상 17장에서 다윗이 골리앗을 이겼을 때 그는 하나님의 용감한 전 사로서 소개되고 있다. 그리고 그 직전(16:14-25)에 나오는 이야기에서는 그 는 미친 사울 앞에서 편안한 음악을 연주하도록 고용된 음악가로서 등장하 고 있다. 다윗은 자기의 사후에 건축될 성전의 음악가들을 조직한 사람인데 (대상 25장), 그는 자신의 노래들을 이들의 지도자에게 넘겨주었다(대상 16:7). 그는 진실로 "이스라엘의 노래 잘하는 자" 였다(삼하 23:1; 참고, 또한 암 6:5).

시편의 시들의 저자가 다윗이라는 것에 대한 의심은 시편에 나오는 경건 의 표현들이 포로 시대 이후에나 가서야 나올 수 있는 것들이라는 생각이 금 세기 초에 등장하면서 파생된 산물이다. 이스라엘의 종교의 발전과정에 대 한 이러한 융통성 없는 진화론적인 접근방법들은 이제는 다 버려졌으며, 점 점 더 많은 수의 학자들은 시편의 시들이 이전에 생각했던 것보다 훨씬 더 이 른 시기의 것들일 수도 있다는 점을 인정하고 있다.

그러므로 표제들이 비록 정경적인 것이 아니기는 하지만 그럼에도 불구하 고 신빙성이 있는 것일 수가 있다. 그러나 개별적인 시들을 해석하는데 있어 서 이것들이 중요한 것은 아니다. 비록 각 시들은 역사적으로 구체적인 어떤 상황 속에서 나온 것이기는 하지만 의도적으로 그 상황에 대한 언급을 피하고 있다. 그러므로 어떤 시를 해석할 때 그 시의 원래 사건이라고 여겨지는 것에 비추어서 그 시를 해석하는 것은 시편 기자의 의도에 반하는 것이다.

시편은 역사적으로 명확한 언급을 하지 않으며, 그 때문에 하나님에 대한 이스라엘의 집단적·개인적 예배에서 계속 사용되어질 수가 있었다. 시편의 시들은 국가적인 사항들 뿐만 아니라 개인적인 사항들에 사용하기에도 적절했다. 따라서 고난받거나 박해받는 이스라엘 사람들은 자신들을 시편 69편의 "나"와 쉽게 동일시할 수 있었으며, 죽을 병에서 방금 고침을 받은 사람들은 시편 30편에서 좋은 모범이 될 만한 기도를 찾을 수 있었다.

사회적 배경

개별적인 시들의 모호한 역사적인 배경을 재구성하는 것은 무의미한 일이다. 그러므로 시편을 해석하는 사람들은 "이 시가 구약 이스라엘의 예배에서 어떤 기능을 했는가?" 하는 질문을 던지는 편이 더 낫다. 지그문트 모빙켈(Sigmund Mowinckel) 이후로 시편은 "고대 이스라엘의 찬양집"으로서의 기능을 했다는 것이 일반적으로 인정되고 있다. 시편의 시들이 예배라는 맥락에서 사용되어졌다는 것에 대한 가장 설득력 있는 증거는 이 시들 자체의 내용들로부터 나온다. 예를 들어, 일부 시들은 자신들이 거룩한 도성 예루살렘(또는 좀 더 구체적으로 성전)으로 가는 종교 순례 동안에 사용되어졌다는 것을 직접 밝히고 있다. 시편 24:3에서 시편 기자는 "여호와의 산에 오를 자 누구이니까?"라는 질문을 던지고 있다. 우리는 이 예배자가 성전이 있는 산을 올라가고자 하고 있다는 것을 가정해 볼 수 있다. 이 시의 마지막 네 구절은 그 도성으로 나아가는 자와 성의 문지기 간의 대화로 이루어져 있는데, 전자의 사람들은 성 안으로 들어가기를 구하고 있다.

어떤 시들은 직접적인 진술을 통해서 시편의 예배적 배경을 증거하고 있다. 시편 5:7은 이렇게 말한다:

오직 나는 주의 풍성한 사랑을 힘입어
주의 집에 들어가

주를 경외함으로
성전을 향하여 예배하리이다.

시편 66편은 감사의 시이다. 따라서 이 시는 그 이전에 드려졌던 애가에 대해 하나님께서 응답하신 것에 대한 반응으로 불리어진 것이다. 13-15절에서 시편 기자는 자신이 애가 중에서 한 약속을 지킬 것을 말하고 있다:

내가 번제물을 가지고 주의 집에 들어가서
나의 서원을 주께 갚으리니
이는 내 입술이 낸 것이요
내 환난 때에 내 입이 말한 것이니이다.
내가 숫양의 향기와 함께
살진 것으로 주께 번제를 드리며
수소와 염소를 드리리이다.

이 시들은 예배와 연결되어 있었던 것이 분명함을 보여주고 있는 시들의 두 가지 예이다. 우리가 이러한 예들을 더 많이 찾아내는 것은 아주 쉬운 일이다(Mowinckel 1962, 2-22).

시편과 현대의 찬송가 사이의 유사성을 잠깐 생각해 보면 우리의 이해에 도움이 된다. 현대의 많은 찬송곡들은 그 찬송을 쓴 사람의 삶 속에 있었던 어떤 구체적인 사건의 결과로 만들어진 것이다. 그러나 그 사건이 구체적으로 어떤 것이었는가 하는 것은 오늘날 그 찬송을 부르는 사람에게는 감추어진 채로 남아 있다(최소한 그 찬송가에 대한 역사적인 연구를 하는 경우를 제외하고는). 그 찬송곡은 그것을 부르는 자들이 그것에 공감할 수 있도록 쓰여 있다.

시편의 시들은 삶에 대한 여러 가지 다른 반응들, 즉 기쁨, 슬픔, 감사, 고요한 묵상 등의 여러 가지 반응들을 반영하고 있다. 이스라엘의 예배자들은 삶의 이러한 부침(浮沈)들에 대해 이미 만들어진 기도를 갖고 있다.

역사서들이 시편의 시들의 용도에 대해서 약간의 단서들을 제공해 주는 경우가 가끔씩 있다. 가장 유명한 두 가지 예는 한나의 시와 요나의 시이다. 사무엘상 2장에서 한나는 기쁜 마음을 가지고 하나님 앞으로 나아온다. 하나님께서 그녀의 기도를 들으신 결과로 그녀는 사무엘이라는 아들을 낳은 바가 있다. 이제 그녀는 하나님께 환희의 찬양을 부른다. 그녀가 부르는 시를 면밀하게 검토해 보면 그녀의 시와 시편 113편 사이에 많은 유사성이 드러난다. 한편 요나는 상당히 다른 상황 속에서 노래를 부른다. 그는 배에서 던져진 이후로 "큰 고기"에게 삼키어짐으로써 익사를 면한다. 그 결과 그는 하나님께 감사의 노래를 드린다(욘 2장). 그의 기도의 내용은 시편의 여러 시들을 모아 놓은 것이다.

어떤 학자들은 시편의 전반적인 배경이 이스라엘의 정형화된 예배라는 견해에 별로 만족하지 못했기 때문에 다른 좀 더 구체적인 용도를 찾으려고 노력해 왔다. 시편의 대부분의 시들을 어느 특정한 절기와 연결시키고자 하는 시도로서 가장 잘 알려져 있는 것은 모빙켈(Mowinckel 1962)의 연구이다. 모빙켈은 궁켈의 제자였으며, 시편에 대한 자기 스승의 양식비평학적 연구를 받아들였다. 그러나 그는 궁켈이 이스라엘의 정형화된 예배에서 시편이 하는 역할을 간과하고 있는 것에 만족하지 않았다. 대신 그는 당대의 인류학 이론(특히 Gronbeck의 이론)의 영향을 받아 시편의 배경을 이스라엘의 예배에서 찾아내려고 했다. 그는 시편을 신년 축제와 연결시킬 수 있는 증거를 자신이 찾아냈다고 믿었다.

구약은 신년 축제에 대해서 별로 말하고 있지 않지만 모빙켈은 메소포타미아의 신년 축제(아키투)의 많은 주제들이 시편과 유사성을 띠고 있다는 것에 주목했다. 신년 축제의 핵심은 왕과 최고신의 재등극 의식이었다. 메소포타미아에서는 마르둑(Marduk)이 신들 가운데 우두머리로 선포되었으며, 그의 왕적인 권위를 상징적으로 덧입고 있는 인간 왕도 다시 보좌로 추대되었다.

따라서 이스라엘의 신년 축제 의식에 대한 모빙켈의 재구성 이론의 핵심에는 소위 등극시(the enthronement psalms, 시편 47, 93, 95-98편)라는 것이 자리 잡고 있다. 이 시편들은 새로 왕으로 선포된 여호와를 찬양하는 것이다. 다른 대부분의 시들 또한 이 재구성된 축제를 배경으로 하고 있는 것으로 간주되어졌다. 예를 들어, 애가들은 왕이 자신의 왕으로서의 특권들을 빼앗긴 것에 대한 의식(儀式)의 일부분으로 보면 적절한 것으로 생각되어졌다.

비록 모빙켈의 이러한 주장이 시편들을 어느 한 절기의 맥락 속에서 보려고 한 첫 번째 시도이자 또한 고전적인 시도이기는 하지만 오늘날 그를 따르는 사람은 거의 없다. 성경에 그러한 절기가 있었다는 증거가 없다는 점과 더불어 시편 내에 들어 있는 증거가 희박하다는 점이 우리로 하여금 그의 접근방법을 배척하게 만든다. 그의 이론은 메소포타미아의 종교 사상을 성경의 세계에 강요하고 있는 것으로 보인다.

시편 전체를 어느 특정한 절기와 연결시키려고 하는 시도들은 또 있었다. 그 중 유명한 것은 크라우스(Kraus)의 이론인데, 그는 예루살렘이 하나님의 처소로 선택된 것을 축하하는 시온 축제에 시편이 사용되었다고 보았다. 또한 바이저(Weiser)는 언약 축제를 재구성했는데, 그의 이론은 시편과 언약 사상 사이에 밀접한 연관이 있다고 본 점에 있어서 설득력이 있다. 그러나 최종적으로 분석해 볼 때 시편은 그저 고대 이스라엘의 일상적인 대중 예배의 한 중요한 부분이었다고 말하는 것이 가장 낫다.

요약 및 결론

시편 전체나 개별적인 시편의 역사적인 배경은 파악하기가 쉽지 않다. 정경 시대에 시편은 하나의 동적이고, 증가되고, 변화되는 책이었다. 각각의 시들은 이스라엘의 공적인 예배에 언제나 사용될 수 있도록 만들어진 것이기 때문에 역사적인 면에 있어서 구체성을 띠고 있지 않다. 표제들은 비록 원래부터 있었던 것은 아니지만 이른 시기의 것이다. 또한 비록 정경적인 것은 아니지만 그럼에도 불구하고 신뢰할 만한 것이다.

문 학 적 인   분 석

시편의 문학적인 구조는 히브리 성경에서 아주 독특하다. 아가서를 제외하고는 시편은 성경상에 유일하게 존재하는 시 모음집이다. 또한 시편은 고전적인 형태의 히브리 시를 담고 있다. 서론에서 우리는 히브리 시의 문체에 대해서 기술하고 분석한 바 있다(이야기와 시; 구약의 시들이 사용하고 있는 기법 항목을 보라).

장르

이 시편이라는 것이 하나의 모음집이므로 우리는 부분으로부터 분석을 시작하는 것이 좋을 것이다. 정경상에서 이 책은 150개의 시들을 담고 있는데, 이 시들을 일곱 개의 기본적인 장르로 분류해 보는 것이 유익하다(Longman 1988, 19-36). 이 일곱 가지 장르의 시들은 이 시편이라는 책 속에서 전혀 조직적이거나 연대기적으로 배열되어 있지가 않다. 게다가 처음 읽을 때에는 이 시들의 배열이 전반적으로 무계획적으로 배열되어 있는 것처럼 보인다.

가장 많이 등장하는 세 개의 장르는 각 시에 표현된 감정에 따라 구분한 것이다. 이 장르들은 기쁨의 찬양시(hymn), 애가(lament), 그리고 감사시(thanksgivings) 등이다. 이 세 장르는 예배자들의 생활과 아주 밀접하게 연결되어 있다. 이스라엘이 하나님 및 자신이 처한 상황과 조화로운 관계를 유지하고 있을 때에는 하나님께 찬양시를 드렸다. 그리고 하나님께서 멀리 계시는 듯이 느끼고 예배자가 고통을 경험하고 있을 때에는 애가를 불렀다. 애가가 응답을 받았을 때에는 이스라엘은 감사의 노래로 반응했다. 브루그만(W. Brueggemann 1984, 25-167)은 이 세 개의 장르를 지향의 노래(a song of orientation), 상실의 노래(a song of disorientation), 귀정(歸正)의 노래(a song of reorientation)라고 불렀다.

우리의 연구는 시편에서 발견되어지는 이 세 개의 중요한 장르들을 분석하는 것으로 시작할 것이다.

찬양시(hymn). 시편에서 가장 두드러진 장르는 찬양시란 장르이다. 애가가 더 자주 등장하기는 하지만 이 책의 어조를 지배하고 있는 것은 역시 찬양시이다. 시편의 히브리어 제목이 이 점을 지지해 주고 있는데, 왜냐하면 테힐림(Tehillim)이라는 것이 "찬양들"이라는 의미를 갖고 있기 때문이다. 찬양시들은 시편의 시작 부분에서는 상대적으로 덜 등장하지만 마지막 부분에 가서는 대다수를 차지하고 있다. 그러므로 시편은 대찬양(大讚揚, the Great Doxology)이라고 알려져 있는 다섯 개의 마지막 시편들(146-50편)과 더불어 크레센도로 끝이 난다.

찬양시는 하나님을 향한 환희가 넘치는 찬양의 어조를 특징으로 하며, 결과적으로 가장 쉽게 파악된다. 이 장르에 해당하는 시는 시인이 다른 사람들로 하여금 자신에게 동참하도록 부르는 복음전파적인 찬양이다.

> 온 땅이여 여호와께 즐거이 부를지어다
> 기쁨으로 여호와를 섬기며
> 노래하면서 그 앞에 나아갈지어다
> 여호와가 우리 하나님이신 줄 너희는 알지어다
> 그는 우리를 지으신 자시요 우리는 그의 것이니
> 그의 백성이요 그의 기르시는 양이로다. (시 100:1-3)

시인은 대부분의 경우 찬양의 이유를 댄다. 그러나 시편 100편에서 볼 수 있는 바와 같이 그 이유들은 역사적으로 구체적인 것들이 아니다. 이 이유들은 일반적인 것이며, 심지어는 모호하기까지 하다. 이러한 일반화는 의도적인 것이며, 시편이 후대의 세대들과 새로운 상황들에 적용되어질 수 있게 해준다.

> 대저 여호와는 선하시니 그 인자하심이 영원하고
> 그 성실하심이 대대에 미치리로다. (5절)

비록 찬양의 이유들이 역사적인 사건들의 측면에서 구체적이지는 못하지만 그럼에도 불구하고 찬양의 이유들에 근거해서 찬양시들을 하부 장르로 다시 나누어 볼 수가 있다. 예를 들어, 시편 29편은 하나님께서 왕이시기 때문에 그분을 찬양한다(참고, 시 47, 93, 95, 96편). 시편 24편은 하나님께서 이스라엘의 원수들에게 승리를 거두셨기 때문에 그분을 찬양한다. 시편 45

편은 왕의 결혼식의 배경 속에서 하나님을 찬양한다. 그리고 시편 48편은 시온을 하나님의 특별한 거처로 높이 치하한다(시 46, 76, 87편).

애가.

> 하나님이여 나를 건지소서.
> 여호와여 속히 나를 도우소서. (시 70:1)

우리가 찬양시에서 애가로 옮겨감에 따라 기쁨은 슬픔으로 바뀐다. 시편 기자는 자신의 삶에서 고통들을 경험하며, 하나님께 도움을 구한다. 고통들은 세 곳으로부터 오며(Westermann 1980, 181-94), 애가들은 고통의 원천에 근거해서 구분되어질 수 있다. 물론 이 세 가지 원천 모두가 다 한 시에 들어 있는 경우가 드물지는 않지만 말이다.

고통은 "원수"로부터 올 수도 있다. 원수는 인간이며, 시편 기자를 해치고, 심지어는 죽이려들기까지 한다:

> 내 영혼이 사자들 가운데에서 살며
> 내가 불사르는 자들 중에 누웠으니
> 곧 사람의 아들들 중에라
> 그들의 이는 창과 화살이요
> 그들의 혀는 날카로운 칼 같도다. (시 57:4)

원수는 시에서 명시되어 있지 않다. 이름이 주어져 있지도 않으며, 구체적인 괴롭힘이 무엇인지도 언급되어 있지 않다. 따라서 이 시는 새로운 상황에 언제나 들어맞는다.

고통은 또한 시인 자신으로부터 올 수도 있다. 그는 자신이 경험하고 있는 아픔에 제대로 반응하지 못한다:

> 나는 물 같이 쏟아졌으며
> 내 모든 뼈는 어그러졌으며

> 내 마음은 밀랍 같아서 내 속에서 녹았으며
> 내 힘이 말라 질그릇 조각 같고
> 내 혀가 입천장에 붙었나이다
> 주께서 또 나를 죽음의 진토 속에 두셨나이다. (시 22:14-15)

시편 13:2는 이러한 내적인 투쟁을 생생하게 묘사한다:

> 나의 영혼이 번민하고
> 종일토록 마음에 근심하기를 어느 때까지 하오며?

그러나 시편 기자에게 가장 두려운 것은 바로 하나님과 싸우는 것이다. 그는 자신이 당하는 박해나 의심이나 아픔 속에서 하나님으로부터 버려졌다는 느낌을 받는다:

> 나는 재를 양식 같이 먹으며
> 나는 눈물 섞인 물을 마셨나이다
> 주의 분노와 진노로 말미암음이라
> 주께서 나를 들어서 던지셨나이다. (시 102:9-10)

따라서 애가는 시의 분위기에 의해서 쉽게 파악되어진다. 애가는 상실과 유기(遺棄)와 비탄과 아픔과 고난의 노래이다.

애가는 또한 일곱 개의 기본적인 요소들로 이루어져 있는 뚜렷한 구조를 갖고 있다:

1. 하나님을 부름
2. 하나님께 도움을 요청함
3. 불평
4. 죄의 고백 또는 무죄에 대한 주장
5. 원수들에 대한 저주

6. 하나님의 응답에 대한 확신
7. 찬양 혹은 송축

이런 일곱 가지 요소를 모두 다 갖추고 있는 시는 그 수가 아주 적기는 하지만(그리고 이 순서를 엄격하게 지키고 있는 시들은 더욱 적지만) 모든 애가들은 다 이 요소들을 적어도 한 개씩은 갖추고 있다.

시편 28편은 짧으면서도 좋은 예이다. 이 시는 하나님을 부르고 그분에게 도움을 간구하는 것으로 시작된다:

> 여호와여 내가 주께 부르짖으오니
> 나의 반석이여 내게 귀를 막지 마소서. (1절 전반절)

그리고 나서 그는 자신이 악한 자들처럼 다루어지는 것을 불평한다:

> 악인과 악을 행하는 자들과 함께
> 나를 끌어내지 마옵소서. (3절 전반절)

그는 원수들을 저주한다:

> 그들이 하는 일과 그들의 행위가 악한 대로 갚으시며 … .(4절)

마지막으로 시편 기자는 하나님에 대한 신뢰를 확인하고 그분을 찬양한다:

> 여호와를 찬송함이여
> 내 간구하는 소리를 들으심이로다 … .
> 여호와는 그들의 힘이시요
> 그의 기름 부음 받은 자의 구원의 요새이시로다. (6-8절)

애가의 통상적인 특징은 마지막에 가서 찬양으로 바뀐다는 점이다. 궁켈 (Gunkel)과 그의 추종자들은 이러한 슬픔과 기쁨의 혼합이 이 시의 후대성을 보여주는 증거라고 믿었다(그의 복합장르[Mischgattung]). 그러나 이러한 견해는 장르에 대해 지나치게 까다로운 사고방식으로부터 나온 것이다 (Longman 1985). 한 가지 대안적인 해석은 애가가 제사장에게 바쳐지는 것이며, 제사장은 그 때 확신의 말씀을 시편 기자에게 준다고 보는 것이다. 확신의 말씀은 시 속에 기록되어 있지는 않지만 예배자가 신뢰와 찬양으로 반응하게 해 준다.

경우야 어찌 됐든 간에 애가의 마지막 부분에서 슬픔이 기쁨으로 전환되는 것은 시편 기자가 하나님이 기도를 들으시는 분이시라는 것을 알았다는 것을 보여준다. 감사시들 또한 이러한 것에 대한 증거이다.

감사시. 애가의 기도가 하나님께 받아들여진 후에 시편 기자는 감사를 드리기 위해 다시 돌아간다. 감사의 시는 찬양시와 밀접하게 연결되어 있으며, 처음 부분에서는 마치 찬양시처럼 들린다. 양자의 차이점은 찬양의 구체적인 초점에서 찾아볼 수 있다. 시편 기자는 하나님께서 자신을 고통으로부터 구해 주신 것에 대해 감사한다. 이 점 때문에 브루그만(Brueggemann)은 이 시들을 귀정의 노래라고 불렀다.

시편 18편은 찬양시와 같은 모습으로 시작된다:

> 나의 힘이 되신 여호와여
> 내가 주를 사랑하나이다.
> 여호와는 나의 반석이시요, 나의 요새시요,
> 나를 건지시는 이시요,
> 나의 하나님이시요, 내가 그 안에 피할 나의 바위시요. (1절)

그러나 4-6절에서 시인은 자신이 하나님께 도움을 구했을 당시, 즉 고통의 때로 다시 돌아간다:

> 사망의 줄이 나를 얽고

불의의 창수가 나를 두렵게 하였으며
스올의 줄이 나를 두르고
사망의 올무가 내게 이르렀도다.
내가 환난 중에서 여호와께 아뢰며
나의 하나님께 부르짖었더니. (5절)

시편 18편은 그 상당 부분이 하나님의 구원을 이야기하고, 하나님께서 구원하신 것을 찬양한다는 점에 있어서 다른 감사시들과 비슷하다:

그가 높은 곳에서 손을 펴사 나를 붙잡아 주심이여
많은 물에서 나를 건져내셨도다
나를 강한 원수와 미워하는 자에게서 건지셨음이여
그들은 나보다 힘이 세기 때문이로다. (16-17절)

감사시는 하나님의 선하심과 권능에 대한 증거이다. 이 시는 회중 앞에서 하나님의 이름을 찬양하고, 또한 회중이 그분의 이름을 찬양하도록 인도한다:

여호와는 살아 계시니 나의 반석을 찬송하며
내 구원의 하나님을 높일지로다.
…
여호와여 이러므로 내가 이방 나라들 중에서 주께 감사하며
주의 이름을 찬송하리이다. (46, 49절)

찬양시, 애가, 감사시는 시편의 세 가지 중요한 장르이다. 이것들은 이제 우리가 나머지 덜 확인된 장르들을 파악하는데 도움을 준다. 우리는 확신의 시(Psalm of Confidence), 회상시(Psalm of Remembrance), 지혜시(Wisdom), 제왕시(Kingship Psalm) 등 네 가지 장르를 여기에서 더 검토하기로 한다.

확신의 시. 그 이름이 시사해 주는 바와 같이 확신의 시는 예배자가 수호자이신 하나님께 신뢰를 표현하는 것을 통해서 파악되어진다. 찬양시와 애가도 하나님에 대한 확신을 주장하고 있다. 그러나 약 아홉 개의 특정한 시들에서는 이러한 확신이 지배적인 역할을 하고 있다(11, 16, 23, 27, 62, 91, 121, 125, 131편).

뚜렷하게 구분되는 구조들을 갖고 있는 것은 아니지만 이 장르는 하나님을 안전한 피난처로 묘사하고 있는 놀라운 표현들을 특징으로 하고 있다. 하나님은 목자(시 23편)이시며, 자기 새끼들을 그 날개 아래에 품는 어미 새이시며(시 91편), 또한 강한 성과 빛(시편 27편)이시다.

회상시. 과거에 대한 기억은 시편에서 중요한 역할을 한다. 감사시는 과거에 응답을 받았던 회중 기도들에 대해서 언급한다. 찬양시와 애가들 중의 많은 시들은 하나님의 과거의 구원의 행위들을 떠올린다. 그러한 기억들은 하나님에 대한 신뢰를 쌓아 올린다. 그는 과거에 의지할 만한 구원자이심을 증명하신 분이시다. 그러므로 그분은 현재에도 그렇게 하실 것이다.

어떤 시의 내용이 하나님의 과거의 놀라운 구원 행위들을 전적으로 다루고 있는가 하는 것의 여부에 따라서 몇몇 시를 하나의 독립된 장르로 묶을 수 있다는 것은 놀라운 일이 아니다. 이러한 구원의 행위들은 현재의 신뢰를 구축하기 위해서 다시금 떠올리는 것들이다. 이 장르의 예들로는 시편 78, 105, 106, 135, 136편 등이 있다.

지혜시. 몇몇 시들은 우리가 구약 정경 중에서 지혜 문헌(특히 욥기, 잠언, 아가서, 전도서)이라고 분류하는 것들과 동일한 주제 및 관심사를 갖고 있다. 예를 들어, 잠언은 지혜로운 자와 미련한 자, 의인과 악인 사이의 구분을 날카롭게 하고 있는 것이 특징이다. 지혜로운 의인은 복을 받고, 어리석은 악인은 저주를 받는다. 하나님께 드리는 예배나 마찬가지인 시편의 서론의 역할을 하고 있는 시편 1편은 의인과 악인 사이를 철저하게 구분하고 있는데, 바로 이 점 때문에 이 시를 지혜시로 구분하는 것이 옳다:

복 있는 사람은
악인들의 꾀를 따르지 아니하며

> 죄인들의 길에 서지 아니하며
> 오만한 자들의 자리에 앉지 아니하고 … .(1절)
> 무릇 의인들의 길은 여호와께서 인정하시나
> 악인들의 길은 망하리로다. (6절)

학자들은 또한 지혜와 율법 사이의 밀접한 관계를 파악했다. 양자는 모두 하나님의 공동체의 바른 행실에 관심을 두고 있다. 시편 119편은 하나님의 율법을 길게 찬양하고 있다. 따라서 이 시 역시 지혜시로 분류하는 것이 옳다.

다른 지혜시들 중에는 시편 45편과 73편 등의 다양한 시들이 포함된다. 시편 45편은 왕의 결혼식의 시이며, 아가서의 사랑의 노래들과 여러 가지 유사한 점들을 담고 있다. 시편 73편은 의심과 회의에 대해서 다루고 있으므로 전도서와 비교하는 것이 적당하다.

제왕시(Kingship Psalms). 시편과 이스라엘 왕 사이에 밀접한 관계가 있다는 것에 대해서는 의심하는 사람이 없다. 그러나 학자들 가운데에서 분명하게 논란이 되고 있는 점들이 있는데, 그것은 왕권과 관련하여 시편에 깔려 있는 신학 및 이데올로기는 어떤 것이며, 또 왕정제도와 연관이 있는 시의 수는 몇 개인가 하는 것이다(Eaton 1976).

수많은 시들에 등장하는 무명의 "나"〔我〕의 정체가 무엇인가 하는 것은 정말로 어려운 문제이다. 시편 3편의 일인칭 화자는 결코 자신이 이스라엘의 왕임을 분명하게 드러내지 않는다. 그러나 자세하게 읽어보면 시편 3편이 제왕시임을 보여주는 증거들이 드러난다. 예를 들어, 이 일인칭 화자와 "대적" 사이의 갈등은 개인적인 갈등을 넘어선 것이다:

> 여호와여 나의 대적이 어찌 그리 많은지요
> 일어나 나를 치는 자가 많으니이다
> 많은 사람이 나를 대적하여 말하기를
> 그는 하나님께 구원을 받지 못한다 하나이다.
> …

내가 누워 자고 깨었으니
여호와께서 나를 붙드심이로다
천만인이 나를 에워싸 진 친다 하여도
나는 두려워하지 아니하리이다. (1-2, 5-6절)

이 시들이 왕과 관련이 되어 있다는 것은 시편의 표제에 의해서 제고된다. 이 시들의 표제는 주로 다윗을 그 저자로 하고 있다.

왕궁에서 나온 시들을 다 개관하지는 않겠지만 우리는 시편에서의 제왕시들을 (1) 하나님을 왕으로 찬양하는 시들과 (2) 이스라엘의 통치자를 왕으로 찬양하는 시의 두 가지 기본적인 형태로 파악할 필요가 있다.

하나님을 왕으로 찬양하는 시들은 이 시들이 시편의 기능에 대한 열쇠를 제공해 준다는 모빙켈(S. Mowinckel)의 주장 때문에 많은 주목을 받았다. 모빙켈은 이스라엘에 바벨론의 신년 축제와 같은 왕의 신년 등극 의식이 있었음을 증명하고, 그것을 재구성하기 위해 이 시들을 활용하였다. 그러나 이 이론은 심각한 비판을 받았으며(Kraus, Weiser), 이 가설은 버림을 받았다. 그러나 하나님을 찬양하는 제왕시들은 여전히 시편의 시들 중 가장 많이 연구된 시들이다.

하나님은 이스라엘의 왕일뿐만 아니라 또한 우주의 왕인 것으로 선포되어졌다(시 24:1-2; 95:1-5). 왕으로서의 하나님을 선포하는 것과 군사적인 승리 사이에 밀접한 연결성이 있다는 점은 주목받을 만하다. 하나님은 전쟁에서 자기 백성이 승리를 하게 만들어 주시며, 그들은 그분을 자기들의 왕으로 찬양함으로써 이에 응답한다:

새 노래로 여호와께 찬송하라
그는 기이한 일을 행하사
그의 오른손과 거룩한 팔로 자기를 위하여
구원을 베푸셨음이로다. (시 98:1)

이스라엘에서는 인간 왕은 하나님의 아들이자 그분의 종이다. 백성들이 왕을 요구한 것은 구원자로서의 하나님에 대한 신뢰의 부족에서 나온 것이다(삼상 8:7). 이 백성의 이러한 죄악에도 불구하고 하나님께서는 왕을 제공해 주셨다. 사무엘은 인간 왕이 왕으로서의 하나님의 희미한 그림자라는 것을 이 백성들에게 이해시켜 주기 위해 언약 갱신 의식을 치렀다(삼상 12장; Vannoy 1978를 보라). 왕정체제는 신정정치를 대신하는 것이 아니라 증진시키는 것이다.

그러므로 수많은 시들은 인간 왕에 초점을 맞추고 있다. 시편 21편은 좋은 예를 제공해 주는데, 특히 처음 몇 절의 경우가 그러하다:

> 여호와여 왕이 주의 힘으로 말미암아 기뻐하며
> 주의 구원으로 말미암아 크게 즐거워하리이다
> 그의 마음의 소원을 들어 주셨으며
> 그의 입술의 요구를 거절하지 아니하셨나이다
> 주의 아름다운 복으로 그를 영접하시고
> 순금 관을 그의 머리에 씌우셨나이다. (1-3절)

시편의 구조

우리가 알고 있는 시편은 150개의 독립된 시로 이루어져 있다. 그 중에서 현재는 나뉘어져 있는 몇 개의 시가 실제로는 하나의 시를 이루고 있었음을 보여주는 것들이 있다. 예를 들어, 시편 9편과 10편은 하나의 알파벳 두운시(시의 각 행이 히브리어 알파벳의 각 글자로 시작되며, 또한 알파벳의 순서로 배열되어 있는 시 — 역주)를 이루고 있으며, 70인경에서는 하나의 시로 되어 있다. 또한 시편 42편과 43편은 동일한 반복구로 묶여져 있으며, 따라서 하나의 시로 간주된다. 시편의 시의 수가 정확히 몇 개인가 하는 것에 대해서 우리가 절대적인 답을 찾을 수는 없지만 시편의 독특한 점 중의 하나가 그 창의적인 구조에 있다는 것만은 진정한 사실이다.

학자들은 현재의 시편에 들어있는 시들의 순서를 설명하기 위해 여러 가지 견해들을 제시했지만 그 어느 것도 설득력이 있지는 못하다. 프란츠 델리취(Franz Delitzsch)는 시편의 구조가 "중심어"(catchword)를 따르고 있다는 주장을 했다. 다시 말해서, 이것은 각 시가 바로 앞 시의 핵심 단어 또는 문구를 따라가고 있다는 것이다. 또 어떤 학자들은 예배의식적인 구조를 띠고 있다고 주장했다. 다시 말해서, 시편은 일 년 혹은 삼 년 주기로 회당에서 읽혀지도록 전체의 구조가 이루어져 있다는 것이다.

아주 최근에 와서 우리는 윌슨(G. Wilson)의 저작을 언급해야 할 것이다. 그는 많은 시편 학자들(Creach 등을 포함하여)에게 상당한 설득력을 발휘했다. 윌슨은 시편의 최종 편집본의 배열 순서에는 뭔가 원리가 있을 것이라는 자기 스승 차일즈(B. S. Childs)의 제안을 파고 들었다. 윌슨은 시편의 배열 순서의 문제를 고대 근동의 배경에 기초하여 연구하였는데, 이 고대 근동의 문헌들은 논란의 여지는 있지만 개별 시들을 배치하는데 있어서 의도성으로 보여주고 있다. 이러한 연구에 기초하여 그는 시편 역시 의도적인 배열을 갖고 있는 것으로 보는 것이 가능하다는 결론을 내렸다. 그는 소위 "봉합시들" (seam psalms)(즉 시편의 다섯 권의 책의 각 권의 시작과 끝에 위치한 시)이 이러한 구조를 보여주고 있다고 보았다. 그는 비록 전부는 아니지만 대부분의 시들이 다윗 언약과 관계를 맺고 있다는 사실에 깊은 인상을 받았는데, 이 언약에 따르면 하나님은 보좌에 오를 후손이 영원히 있을 것임을 다윗에게 약속하셨다. 우선 시편 제 1권의 첫 번째 시인 시편 2편은 이 언약에 대해서 말해주고 있는 사무엘하 7장을 암시적으로 언급하고 있는데 윌슨은 이 시를 이 언약의 선언으로 간주한다. 다음으로 시편 제 1 권의 마지막 시인 시편 41편은 다윗 언약에 대한 확신의 진술로 윌슨은 이해한다(비록 이 언약이 이 시에 명시적으로 언급되어 있는 것은 아니지만 말이다). 시편 제 2권에서 이와 관련 있는 시는 마지막 시인 72편이다. 이 시는 솔로몬의 시이지만 그는 이 시를 다윗의 시이자 솔로몬의 기도로 취급한다. 그러므로 이 시에서 언약의 약속은 아들에게 전수된다. 제 3권의 마지막 시인 시편 89편은 다윗 언약과 연관되어 있는 것이 분명한데, 그는 이 시를 다윗 언약의 실패에 대한 진술로 간주한다. 제 4권은 윌슨에 따르면 실패한 언약의 딜레마에 대한 대답으로 간주된다. 이 4권은 여호와를 왕으로, 그리고 특히 그의 백성의 피난처로 주장한다(이 주제는 Creach 1996에 의해서 전개되었다). 따라서 이 4권은 왕조가 사라졌으므로 여호와를 의지하라는 부름인 것이다. 제 5 권과 관련하여 윌슨은 원래 이미 묶음으로 존재하던 시들이 이 5권 속으로 들어왔기 때문에 이 5권이 정교하게 편집된 것은 아니라고 생각했다. 그러나 결론적으로 그는 이 5권이 "포로들이 귀환하도록 도와 달라고 호소한 것"에 대한 응답을 담고 있다고 주장했다(Wilson 1985, 227). 이 응답은 곧 여호와를 신뢰하고 의지하라는 것이다.

그러므로 윌슨은 시편의 구조 속에는 다윗 언약에 대한 신뢰에 찬 확신으로부터 그것의 실패로, 그리고 왕조가 사라진 가운데 여호와의 왕권에 대한 소망의 재확신으로의 흐름이 나타나 있다고 보았다. 그의 최근의 저작(Wilson 2002)에서는 이 소망에 메시야적인 의미가 가미되었다.

그의 이런 해석은 극히 독창적이고 매력적이기는 하지만 궁극적으로는 신빙성이 없다. 그가 제시한 플롯을 만들어 내기 위해 그가 언급한 시들은 선별적인 것에 불고하다. 그는 봉합 지점에 있는 모든 시들을 다 다루지 않았으며, 단지 자기 이론에 잘 맞아들어가는 것들만을 취급했다. 더욱이 시편 41편과 89편(이 시가 정말로 언약의 실패에 대해서 언급하고 있는 것인가?)의 경우에는 윌슨의 해석은 아무리 잘 봐줘도 논쟁의 여지가 너무 많다.

이와 대조적으로 증거들을 살펴볼 때 시편은 정경이 만들어지던 시대 동안에는 개방되어 있고 동적인 책이었다. 개별적인 시들은 일천 년의 기간에 걸쳐서 만들어지고 첨가되어졌다. 때로는 일군의 시들이 한 번에 시편에 더해지기도 했던 것으로 보인다. 시편의 시들을 배열하는 가장 통상적인 방법은 저작권이었던 것 같다. 시편 42-49편은 "고라 자손"의 시이다. 대부분의 학자들은 이 말이 고라의 혈연상의 후손들을 말하는 것이 아니라 그의 직업적인 후계자들, 즉 성전 예배에서 음악을 담당한 도제들의 계보를 따르는 자들을 말하는 것이라고 생각하고 있는데, 이러한 생각은 타당성이 있다. 두 번째 부류의 시들은 아삽의 시들이다(시편 50, 73-83편). 아삽은 법궤가 오벧에돔의 집에서 예루살렘으로 옮겨질 때 그 앞에서 노래를 불렀던 자로 역대상 15:17에 언급되어 있는 사람이다. 그의 가문은 그 음악적인 재능을 가지고 하나님을 섬겼던 세 가문들 중의 하나로 언급되어 있다(대상 25:1-9).

다윗의 노래들은 저작권에 근거한 시들의 부류들 중에서 가장 잘 알려져 있다. 한때는 다윗의 시들은 하나로 묶여져 있었다(시 72:20). 그러나 정경상의 시편이 형성되는 과정 중에서 다윗의 시가 아닌 시들이 이 모음집 속으로 끼어들었으며, 또한 어떤 이유에서인지는 모르지만 원래의 다윗 시의 모음집에 들어 있지 않았던 기타 다윗의 시들이 나중에 첨가되어져서 시편 72편 이후에 들어가게 되었다. 이러한 증거들은 시편이 개방되고 동적인 성격을 갖고 있다는 것을 확실하게 보여주고 있다.

시편의 시들을 한데 묶어주는 두 번째의 방법은 제의적인 기능에 근거한 것이다. 시편 120편부터 134편은 각각 "성전에 올라가는 노래"라고 되어 있다. 이 표제의 의미에 대해서는 많은 논쟁이 있다. 그 중에서 가장 가능성이 높은 것은 이 시들이 주로 예루살렘으로 순례를 하는 중에, 그리고 더 구체적으로 말하자면 성전으로 종교적인 순례를 하는 중에 불렸다는 것이다.

시들이 같은 표제 때문이 아니라 같은 내용 때문에 한데 묶여진 경우도 파악할 수 있다. 시편 93편과 95-99편은 하나님을 우주의 왕으로 선포하고 있다. 이 시들은 같은 시기에 한꺼번에 시편에 더해졌거나 아니면 그 유사성 때문에 같은 부분에 더해지게 되었던 것이 분명하다.

시편의 구조에 대한 주제로부터 옮겨가기 전에 우리는 시편이 다섯 개의 책으로 이루어져 있다는 점을 말하고자 한다(시 1-41, 42-72, 73-89, 90-106, 107-50편). 이 다섯 권의 책들은 각각 하나의 송영으로 끝을 맺고 있으며, 거기에 주로 사용된 하나님의 이름에 있어서 차이가 있다. 다시 말해서 제 1 권은 여호와란 이름을 선호하고 있음이 분명하다(여호와는 272번이 나오며 엘로힘은 단지 15번밖에 사용되지 않았다). 제 2 권에서는 선호된 이름이 서로 뒤바뀐다(여호와는 74번 사용되었으며, 엘로힘은 207번 사용되었다). 다섯 권으로 나뉘어져 있는 이유는 오경이 다섯 권으로 이루어져 있는 것을 반영시키고자 하는 시도에서 나온 것이다.

왜 이 책들이 현재 나뉘어져 있는 부분에서 나뉘어져 있게 되었는지를 파악하는 것은 불가능하다. 어떤 시들은 저자나 내용이나 기능의 유사성에 의해서 나뉘어져 있다. 그러나 이러한 분류는 임의적인 것이며, 전체의 구조를 밝혀주는 근거가 아직 드러나지 않았다. 우리는 아직 결정적인 견해를 기다리고 있다. 하지만 비록 시편의 전체적이고 형식상의 구조가 밝혀지지는 않았다고 해도 각 권 내에서의 내용상의 흐름이나 배열 이유는 나름대로 있는 것으로 보인다.

내용상의 흐름으로 가장 흥미로운 것은 애가가 지배적으로 나타나다가 찬양시 쪽으로 옮겨간다는 점이다. 따라서 우리는 시편을 읽으면서 그 전체적인 어조가 기쁨을 표현하고 있다는 인상을 받게 된다. 이러한 전체적인 인상은 왜 이 책의 히브리어 명칭이 테힐림, 즉 "기쁨의 노래"인지를 설명해 준다. 비록 시편에서 애가가 찬양시보다 많이 나온다는 사실이 약간 곤란스럽기는 하지만 비율상으로 볼 때 시편의 마지막 부분에 가서는 찬양시가 지배적으로 나타난다. 그러므로 전체적으로 기쁨이 지배적이라는 인상은 시편 자체의 흐름과 더불어 시편의 마지막 다섯 개의 시가 의도적으로 끝에 배열되어 있다는 점으로부터 파생된다. 마지막에 등장하는 시편 146-50편은 대찬양(the Great Doxology, 이 시들에 대한 전통적인 이름)을 구성하고 있다.

최종적인 모습의 시편이 시들을 의도적으로 배열하고 있다는 점은 우리로 하여금 시편의 시작 부분을 되돌아보게 만든다. 첫 번째 시가 시편 전체의 서론으로 적절하다는 것은 오랫동안 인식되어 왔다. 시편 1편은 악인과 의인 사이를 날카롭게 대조시키는 지혜시라는 점에 있어서 상당히 유별난 편이다. 예배자가 시편이라는 성소("신학적인 메시지" 항목을 보라)에 들어갈 때 그는 악이냐 공의냐 하는 근본적인 선택에 직면하게 된다.

시편의 독특한 구조 때문에 우리는 시편을 주석하는데 있어서 몇 가지 조심을 해야 한다. 그 중 가장 뚜렷하게 중요한 점은 대부분의 시들이 통상적인 문맥을 갖고 있지 않다는 점이다. 아주 드문 경우들을 제외하고는 각 시를 해석할 때 그 앞뒤의 시들과의 맥락 속에서 그 시를 주해하는 것은 타당치 못하다. 긍정적인 측면에서 보면 시편 전체의 구조는 장르 분석이 필요하다는 것을 일깨워 준다. 그러므로 각 시를 연구할 때 우선적으로 중요시해야 하는 문학적인 맥락은 그 시 바로 앞뒤의 시가 아니라 장르상으로 유사한 다른 시들이다.

신학적인 메시지

서론

시편의 신학적인 메시지에 대한 논의는 다음의 두 가지 점 때문에 어렵다. 첫째, 이 책은 150개의 독립된 작품들로 구성되어 있기 때문에 조직적인 내용을 담고 있지가 않다. 둘째, 우리가 아래에서 좀 더 상세하게 다루게 되겠지만 이 시들은 하나님께 노래로 드린 기도다. 그러므로 시편의 시들은 하나님께서 이스라엘 백성에게 주신 말씀들을 담고 있는 것이 아니라 회중들이 하나님께 아뢴 말들을 담고 있다. 그러면 시편의 신학적인 내용들을 어떻게 다룰 수 있을 것인가?

시편이 우리에게 조직적으로 정제된 신학을 제공해 주고 있지 않다는 것은 사실이다. 시편은 하나님의 속성이나 그가 인간과 맺고 있는 관계를 처음부터 끝까지 점진적으로 우리에게 제시해 주고 있지 않다. 그럼에도 불구하고 시편은 신학적인 가르침과 사색에 있어서 풍부한 원천이다. 시편의 신학이 조직적이 아닌 것은 사실이지만 반면에 우리는 시편의 신학이 방대하다는 사실을 빨리 간파해야 한다. 진실로 시편의 신학은 방대하기 때문에 시편은 구약의 총체적인 가르침의 "축약도"라고 볼 수 있다. 그러므로 시편의 신학을 논의하는데 있어서 정말로 어려운 점은 우리가 다루어야 할 주제가 부족하다는 점이 아니라 시편의 신학이 구약의 신학 전체만큼이나 방대하다는 점이다.

시편의 신학을 다루는데 있어서 또 하나의 잠재적인 걸림돌은 이 책이 주로 기도로 구성되어 있는 책이라는 점이다. 사람들은 하나님께 부르짖는다. 이러한 점에 있어서 시편은 구약의 다른 부분들과 대조가 될 수 있다. 예를 들어서, 선지서들에서는 우리는 하나님께서 자신이 세우신 중개자들을 통해서 백성들에게 말씀하시는 것을 분명하게 들을 수가 있다(" 여호와께서 이르시되"와 같은 친숙한 표현들을 참고하라). 이러한 대조점에 근거해서 많은 학자들은 시편이 우리에게 하나님과의 만남에 대한 인간의 반응을 제공해 주고 있다고 생각한다. 그러므로 시편이 가르침을 주기는 하지만 규범적인 신학은 아니라고 생각한다. 많은 사람들은 시편에 나오는 저주들(시 69:22-29; 109:6-21)에 근거해서 시편에 대한 이러한 견해를 지지한다. 결국 하나님께서 자기 백성들에게 원수들을 미워하라고 가르치시지는 않으셨을 것이다. 다른 곳들에서 하나님께서는 원수들을 사랑하라고 가르치시지 않으셨던가?

　시편의 시들이 하나님으로부터 주어진 말씀들이 아니라 하나님에게 드려진 기도라는 점에는 논의의 여지가 없다. 그러나 또한 시편이 정경 속에 포함되어 있다는 것은 이 시편이 하나님의 말씀으로서의 성격을 갖고 있다는 것을 확인시켜 준다. 비록 하나님의 존재는 선지서들이나 역사서들에서 더 분명하게 나타나기는 하지만 시편의 이 말씀들 역시 인간의 중개를 통해서 주어졌다. 또한 이스라엘이 드린 기도가 모두 시편에만 들어 있는 것은 아니다. 시편의 기도들은 이스라엘의 정형화된 예배의 형태로 제사장들에 의해 채택된 기도들이다(대상 16:4-38).

　그러므로 시편의 신학을 다루는 일은 의미가 있다. 그러나 우리는 이 책의 신학이 조직적인 것이 아니라 방대한 것이라는 점을 염두에 둘 필요가 있다. 이것의 신학은 추상적인 것이 아니라 고백적인 것이며 찬양적인 성격을 갖고 있다.

언약적인 기도서

　　　시편의 신학이 구약 전체의 신학과 같이 넓은 범위를 갖고 있기 때문에 우리는 시편의 신학을 완전하게 다 다루기보다는 단지 개관적으로만 다루고자 한다. 하나님과 인간의 만남은 구약뿐만 아니라 시편의 중심을 차지하고 있다. 다른 말로 표현하자면, 구약과 시편의 초점은 하나님과 인간 간의 만남이다. 이러한 관계는 하나님에 대한 여러 가지 비유적 표현들, 즉 목자, 용사, 아버지, 어머니, 왕, 남편 등의 여러 가지 표현들을 통해서 묘사되어 있다. 이러한 각각의 표현들은 하나님께서 자기 백성과 나누시는 관계의 특정 측면들을 강조하고 있다.

　구약이 독자들에게 제공해주는 다양한 비유적 표현들과 시각들에 손상을 주지 않고도 우리는 언약이 구약에서 이러한 관계를 표현해 주는 가장 포괄적인 이미지라는 것을 주장할 수가 있다. 하나님의 백성이 건국 조상 아브라함(창 15, 17장)의 때부터 시작해서 모세(출 19-24장), 다윗(삼하 7장)의 시대를 거치면서 계속해서 하나님이 언약관계를 맺고 있는 것으로 자각하고 있었다는 사실에는 의심의 여지가 없다.

그러므로 시편 기자가 기쁨과 슬픔의 기도를 통해서 자신의 마음을 하나님께 쏟아 놓을 때 그는 자신이 하나님과 친밀한 관계에 있다는 것으로 이해하고 있다. 그는 자신이 온 우주의 하나님과 언약을 맺고 있는 것으로 알고 있다.

언약의 성격 및 이 언약이 고대 근동의 조약들과 갖고 있는 문헌적 · 개념적 관계에 대해서는 다른 곳에서 이미 논의하였다(pp. 145-148). 또한 언약(베리트)이라는 개념이 분명하게 사용된 시는 단지 두 개밖에 안 된다는 점은 인정해야 한다(이 언약이라는 개념은 오직 시편 89편과 132편에서만 중심주제이다). 그럼에도 불구하고 우리는 시편 기자들이 언약이라는 맥락 속에서 말을 하고 있다는 사실을 무시해서는 안 된다. 이 시편 기자들은 하나님과의 언약 관계에 근거해서 하나님께 말씀을 드리고, 하나님에 대해서 말하는 자들이다. 그러므로 언약은 시편의 신학의 여러 줄기들을 함께 묶어 주는 개념이다. 우리는 이 주제를 완전하게 다룰 수는 없다. 그러나 다음의 다섯 개의 주제를 선별해서 예시적으로 다루고자 한다.

시온. 하나님은 자신의 임재가 시온 산에서 특별한 방식으로 알려지도록 만드셨다. 솔로몬은 다윗의 성, 즉 예루살렘의 북쪽 경계선 위에 있는 이 산 위에 성전을 건설하였다. 하나님의 함께 하심을 상징하는 다른 기물들과 더불어 언약궤를 보관하는 장소인 성전은 하나님께서 이스라엘과 친밀한 관계를 맺고 있음을 상징하는 것이었다.

그렇기 때문에 시온은 그 자체가 시편에서 찬양의 대상으로 자주 사용되어졌다. 시편 48편은 하나님의 거처를 애정 있게 묘사함으로써 하나님을 찬양하는 "시온" 시(詩)의 한 감동적인 예이다:

> 여호와는 위대하시니 우리 하나님의 성, 거룩한 산에서
> 극진히 찬양 받으시리로다

> 터가 높고 아름다워
> 온 세계가 즐거워함이여
> 큰 왕의 성 곧 북방에 있는
> 시온 산이 그러하도다
> 하나님이 그 여러 궁중에서
> 자기를 요새로 알리셨도다. (1-3절)

시온이 갖고 있는 거룩성은 예루살렘 성 전체를 포함하고 있는 것으로 확대되는 경우가 자주 있었는데, 그 결과 이 도성 자체가 찬양되어지는 경우도 시편에 자주 나타난다:

> 예루살렘아
> 너는 잘 짜여진 성읍과 같이 건설되었도다
> 지파들 곧 여호와의 지파들이
> 여호와의 이름에 감사하려고
> 이스라엘의 전례대로
> 그리로 올라가는도다. (시 122:3-4)

그러나 이러한 모든 사항들에도 불구하고 시온과 예루살렘이 그 자체로 거룩한 것은 아니라는 점을 기억하는 것이 중요하다. 이것들은 하나님께서 자신의 임재를 특별한 방식으로 알리고자 하셔서 선택했기 때문에 거룩한 것이다. 그의 축복은 바로 이 시온으로부터 온다.

역사. 역사는 성경의 언약들 속에서 핵심적인 역할을 한다. 하나님과 자기 백성 간의 관계는 그 역사적인 배경을 갖고 있는데, 이 역사적인 배경은 언약의 체결과 갱신 때에 언급되어진다(출 20:2; 신 1:6-4:49; 수 24:2-13; 삼상 12:8-15).

역사적인 과거에 대한 기억은 시편에서도 중요하다. 하나님께서 자기 백성들을 위해 베푸신 과거의 구원과 사랑의 행위들은 시편 기자들에 의해서 계속적으로 회상되어진다. 하나님의 백성은 그것들 속에서 기쁨의 이유를 찾는다(시 98:1-3). 그들은 자신들이 고통과 비탄 가운데 있을 때 그의 이러한 자비로운 행위들을 마음속에 떠올린다(시 77편). 많은 시들이 역사적인 요소들을 갖고 있지만 특히 몇 개의 시들(위의 "회상시" 항목에서 논의됨)은 그 핵심적인 목적 자체가 하나님의 역사 속에서의 행위들을 다시 말해주는 것이다(시 78, 105, 106, 136편).

그러므로 하나님의 언약적인 함께 하심은 추상적이거나 신비적이거나 개인적인 것이 아니다. 하나님은 이스라엘을 위해서 역사의 영역 속으로 들어오시며 또한 그들을 위해 행동하신다. 시편 기자는 하나님의 사역을 찬양할 이유들을 시공간 속에서 곧잘 찾아낸다.

율법. 하나님께서는 자기 백성들에게 율법의 형태를 띤 의무사항들을 부과하신다. 하나님은 이스라엘과 언약관계를 먼저 맺으시고, 또 구속사를 그 배경으로 한 이후에야 이 백성에게 율법을 수여하신다. 이러한 패턴은 출애굽기에서 분명하게 볼 수 있다. 십계명과 나머지 모세 율법이 이 백성에게 주어지기 이전에 하나님은 이 백성을 애굽의 압제에서 구원해 내셨다. 그러므로 율법은 하나님이 이 백성과 관계를 맺기 전에 주어진 것이 아니라 이 관계 속에서 주어진 것이다.

시편 기자가 바로 이러한 언약 관계 속에서 율법을 찬양하고 이 백성에게 그것을 지키도록 촉구한다. 어떤 시들은 율법을 그 중심주제로 삼는다. 시편 1편은 율법을 준수할 것을 충고하는데, 명령조로 그렇게 하는 것이 아니고 율법을 지키는 사람에게 흘러넘칠 축복들을 묘사함으로써 그렇게 한다. 시편 19편도 같은 맥락을 따르고 있다. 그러나 율법의 혜택들을 강력한 비유적 표현들을 사용해서 묘사함으로써 그렇게 한다:

> 금 곧 많은 순금보다
> 더 사모할 것이며
> 꿀과 송이꿀보다
> 더 달도다. (10절)

하나님의 율법을 찬양하는 시들 중에서 가장 잘 알려진 것은 시편 119편일 것이다. 22개의 연으로 이루어져 있는 이 거대한 시(176절)는 성경에서 알려진 것들 중 율법에 대한 가장 강렬한 사랑을 표현하고 있다:

> 내가 주의 법을 어찌 그리 사랑하는지요
> 내가 그것을 종일 작은 소리로 읊조리나이다
> 주의 계명들이 항상 나와 함께 하므로
> 그것들이 나를 원수보다 지혜롭게 하나이다. (97, 98절)

그러나 언약적인 의무가 이렇게 전면에 강조되어 있는 시들은 단지 이것들만이 아니다. 시편 기자는 회중이 하나님에게 순종으로 응답하기를 항상 촉구한다. 그는 회중을 향하여 자주 명령조로 말한다. 찬양은 하나님을 찬양하고 그가 하신 모든 일을 찬미하기 위한 것인 경우가 자주 있다(시 31:4-5).

왕권. 왕은 언약의 배후에 서 있다. 언약은 조약과 마찬가지로 백성을 대표하는 두 왕 사이에 동의된 것이다. 구약의 하나님과 인간 사이의 언약의 모델이 된 종속(從屬) 조약(the vassal treaty)은 정치적으로 우위에 있는 왕과 이 왕에게 자기 자신과 자신의 백성을 복종시키는 덜 강력한 왕 사이의 정치적인 관계이다. 구약의 언약들에서는 하나님은 우위에 있는 왕이고, 다윗 계보의 왕에 의해 대표되어지는 이스라엘은 그의 속국이다.

그러므로 시편에서 왕이라는 것이 중심주제가 되리라는 것은 예상치 못하는 바가 아니다. 우선 많은 시들은 하나님을 왕으로서 찬양한다(시 47, 93, 95-99편). 그는 이스라엘만의 왕이 아니라 전 우주의 왕이다. 그리고 전 우주는 그에게 찬양을 드려야 한다(96:1). 결국 그는 존재하는 모든 것들을 창조하신 분이시다(95:3-5).

다른 한편 시편에서는 인간 왕도 매우 중요한 역할을 한다. 그는 하나님의 백성을 인도하고 하나님의 왕권을 백성들에게 중개해 주도록 선택받은 자이다(시 2편). 많은 시들은 왕을 주제로 하고 있기 때문에 왕권이라는 주제와 분명한 연결성을 갖고 있다(예를 들어 20, 21편). 그리고 많은 수의 다른 시들도 그 표제나 화자를 묘사하기 위해 사용된 어휘들을 통해서 인간 왕과 분명하게 연결되어 있다. 예를 들어, 시편 3편에서 적들의 수 및 그들의 포학성은 여기에서 왕이라는 존재가 다루어지고 있음을 시사해 준다(Eaton 1976). 이러한 주장은 다윗의 저작권을 주장하고 있는 표제들에 의해서 지지를 받고 있다.

대관식의 시(Craigie 1983, 62-69)일 가능성이 가장 높은 시편 2편은 하늘 보좌에 있는 왕인 하나님(4절)과 그의 축복 속에서 통치하고 번영을 하는 기름부음 받은 왕(6-9절) 사이의 관계를 드러내 준다. 후자는 전자의 영광을 반영하고 있다. 하나님은 악한 반대자들로부터 자신의 기름부음 받은 왕을 보호하고 축복하신다.

왕과 하나님 간의 관계는 최근에 와서 집중적으로 많이 연구되어졌다. 모빙켈(Mowinckel) 및 스칸디나비아 학파(the Scandinavian school) 등의 뛰어난 시편 해석가들은 인간 왕과 하나님 사이에 밀접한 관계가 있다고 주장했으며, 심지어는 시들이 신적인 존재로서의 왕을 묘사하고 있다고 주장하는 학자들도 있었다. 이러한 입장을 증명하기 위해 사용된 가장 중요한 논거는 고대 근동 지역에 광범위하게 존재했던 것으로 가정되어진 왕권에 대한 개념으로부터 도출되었다. 그러나 이러한 극단적인 견해들은 이제는 시편 연구에서 더 이상 통용되어지지가 않는다. 크라우스(H.-J. Kraus 1986, 111)는 다음과 같이 말했다. "이스라엘의 예배에서 왕이 숭배의 대상이 아니었다는 것에는 의심의 여지가 없다. 그에 대한 아주 초보적인 형태의 숭배감도 전혀 발견되지 않는다." 왕은 이스라엘의 종교 및 시편에서 아무리 중요한 역할을 하고 있다고 하더라도 하나님의 종으로서의 사람일 뿐이다.

전쟁. 전투적인 용어들은 시편 전체에 걸쳐서 볼 수 있다. 전투를 시작하기 전이나 전투하는 동안, 그리고 전투 후에 불린 여러 시들을 파악해 내는 것이 가능하다(Longman 1982와 1985). 이 시들의 배후에는 하나님과 이스라엘 간의 언약과 관련된, 거룩한 전쟁이라는 성경적인 사상이 깔려 있다.

고대 근동에서는 위대한 왕은 자신의 속주에게 다음의 두 가지 약속을 하곤 했다. 첫째, 그는 만약 속주가 자신에게 반란을 일으키면 그를 공격할 것이라고 했다. 둘째, 그는 만약 속주가 적에게 공격을 당하면 그를 지키기 위해 임할 것이다. 우리는 구약 전체를 통해서 이러한 역학(力學)이 하나님과 이스라엘 사이에 작용하고 있음을 본다. 그는 자기 백성이 순종적일 때에는 그들을 위해 용사로서 싸우신다(출 15장; 삿 5장; 수 6장). 그리고 그들이 반항을 할 때는 바로 그들과 대적해서 싸우신다(수 7-8장; 삼상 4-5장; 애가서). 구약에서 이스라엘이 수행하는 전쟁은 거룩하다. 왜냐하면 그들을 전쟁으로 인도하시는 분이 여호와이시기 때문이다. 그는 이스라엘이 치르는 전쟁의 근본적인 원칙들을 세우신 분이셨다(신 7, 20장).

시편 7편은 이스라엘이 전쟁에 돌입하기 전에 드리는 기도의 대표적인 예이다. 시편 기자는 하나님께서 자신을 원수들로부터 구원하시기를 하나님께 간구한다(1-2절). 전쟁에 들어가기 전에 드리는 시에서 시편 기자는 하나님께 직접 말씀을 드리고 그의 도움을 간구하는 것이 전형적이다:

> 여호와여 진노로 일어나사
> 내 대적들의 노를 막으시며
> 나를 위하여 깨소서. (시 7:6)

하나님은 군사적인 것과 관련된 비유적 표현들(예를 들어 방패, 10절)로 칭해지는 경우가 자주 있으며, 전투를 준비하는 용사로 묘사된다(12-13절).

시편 기자는 전투 중에 위험에 처할 때 하나님께 대한 자신의 신뢰를 표현한다. 시편 91편은 전투와 전투 사이의 한 밤의 진영을 배경으로 하고 있을 가능성이 매우 높다. 시편 기자는 전투 중의 위험들(5-7절)과 전염병(6절)에 직면해 있다. 그럼에도 불구하고 그는 자기의 피난처이자 요새이신 하나님(1절) 안에서 전적으로 안전함을 느낀다.

마지막으로, 전쟁이 끝날 때 이스라엘은 승리를 가져다주신 분이 바로 하나님이시라는 것을 깨닫는다. 시편 98편은 세 개의 연을 갖고 있다. 첫 번째 연은 하나님께서 열방들의 목전에서 자기 백성을 위해서 달성하신 승리를 기념한다(1-3절). 승리의 결과로 하나님은 왕(4-6절)과 장차 오실 심판주(7-9절)로 선포된다.

많은 시들은 전쟁을 그 중요한 배경으로 하고 있다. 이러한 시들은 거룩한 전쟁이라는 이념에 의해서 동기부여를 받았으며, 용사로서의 하나님에 대한 장엄한 묘사를 제공해주는 경우가 많다:

> 여호와께서 하늘에서 우렛소리를 내시고
> 지존하신 이가 음성을 내시며
> 우박과 숯불을 내리시도다
> 그의 화살을 날려 그들을 흩으심이여
> 많은 번개로 그들을 깨뜨리셨도다. (시 18:13-14)

시편의 논변적인 기능

현재 우리들이 갖고 있는 잘못된 생각 중의 하나는 시편이 무시간성을 지닌 시들의 모음집이라고 생각하는 것이다. 오히려 그 반대로 시편의 시들은 그 당대의 상황과 밀접하게 연결되어 있다. 이 시들이 그 저작시기와 맺고 있는 연관성은 그 논변적인 성향에서 분명하게 보인다.

구약성경이 포괄하고 있는 시기 동안 이스라엘이 직면한 중요한 위험들 중의 하나는 우상 숭배이다. 많은 이스라엘인들은 고대 근동의 신과 여신들, 그 중에서도 특히 가나안의 신들에게 매혹을 당했다. 성경의 역사 기록들은 특히 바알 숭배의식이 그들을 사로잡았다는 것을 보여준다.

시편의 시들은 이 위험성을 여러 가지 미묘한 방식으로 보여준다. 특히 시편 29편은 바알과 비교해서 여호와를 찬양하는 시들 중의 한 가지 아주 좋은 사례이다(Cross, Craigie). 가나안 종교에 대한 지식을 갖고 이 시를 아주 주의 깊게 읽지 않으면 현대의 독자들은 이 시가 갖고 있는 신학적인 논변을 놓치기가 쉽다.

시편 29편의 많은 상세한 내용들은 우리에게 가나안의 시를 상기시킨다. 이 시는 우가릿에서 발견된 시 형식과 많은 특징들을 공유하고 있다. 우선 이 시는 보기 드물게 삼행 형식(三行 形式, tricola)을 많이 사용하고 있으며, 그 평행법은 아주 반복적이다. 이러한 특징들은 히브리 시의 특징이 아닌 우가릿 시의 특징들이다. 이 시는 "권능 있는 자들"에게 주는 권면으로 시작된다. 히브리어에서는 이 문구는 브네 엘림인데, 이것을 좀 더 직역하면 "하나님의 아들들"로 번역될 수 있으며, 문맥상 신들의 모임을 의미하는 우가릿어 표현인 bn' ilm(역시 "하나님의 아들들")과 비슷하다. 지명들(6, 8절) 역시 북쪽 지방들, 우가릿 및 기타 가나안의 지역들을 반영하고 있는 것들이다.

이러한 세부적인 사항들 이외에도 이 시에서 여호와와 연결되어 있는 비유적 표현들은 우가릿 문헌들에서 바알에게 사용된 비유적 표현들과 매우 유사하다. 여호와는 이 시에서 강력한 폭풍 구름으로 묘사되어 있다. 그의 번개와 천둥("목소리")은 땅을 뒤흔든다. 가나안의 신들 중에서 바알은 비와 풍요로움을 관장하는 신이었다. 시편 29편의 요점은 비가 가진 힘의 배후에 바알이 아닌 여호와가 계시다는 것을 말하고자 하는 것으로 보인다. 시편 기자가 의도적이고 논변적으로 여호와와 바알을 연결시키고 있다는 점은 여호와가 홍수 위에 좌정하고 계신다는 마지막 비유적 표현에 의해서 확증된다. 이것은 바알이 바다(얌, Yam)를 무찌르고 그의 왕궁을 차지했다는 바알 서사시의 유명한 일화를 우리에게 상기시켜 준다.

시편 29편은 시편의 시들 속에 고대 근동의 신화적인 표현들이 상당히 흔하게 발견된다는 것을 잘 보여주고 있는 하나의 좋은 예다. 이것을 우리는 고대 근동의 종교로부터의 무차별적인 차용으로 이해해서는 안 된다. 오히려 우리는 이러한 표현들이 의도적이고 논변적으로 활용되고 있다고 이해해야 한다. 이 표현들은 시편 기자들이 고대근동의 종교들을 선전하고자 하는 의도를 갖고 있음을 보여주는 것이 아니라 고대 근동의 실존하지 않는 신들보다 뛰어나신 여호와에 대한 배타적인 신앙을 증진시키고자 하고 있음을 보여주는 것이다.

신 약 으 로 의 접 근

누가복음 24장은 부활 후의 예수님의 모습에 대해서 기록하고 있다. 이 장의 후반부에서 예수님은 겁을 먹은 자신의 제자들을 만나신다. 그들은 그의 등장에 놀랐다. 그들의 의심에 대한 응답으로 그는 성경에 호소하신다. "또 이르시되 내가 너희와 함께 있을 때에 너희에게 말한 바 곧 모세의 율법과 선지자의 글과 시편에 나를 가리켜 기록된 모든 것이 이루어져야 하리라 한 말이 이것이라 하시고"(44절). 우리의 현재의 연구를 위해서 중요한 점은 바로 시편에 대한 언급이다. 문맥상으로 볼 때 예수님께서는 우리가 시편이라고 부르는 책만을 언급하신 것이 아니라 히브리 정경상의 세 번째 부분을 포괄해서 언급하신 것이 분명하다(Beckwith 1985, 111-12). 그렇지만 이 언급이 시편 자체를 포괄하고 있다는 점이 역시 자명하다. 예수님은 시편이 자기를 예견하고 있었으며, 그의 오심은 어떤 의미에서는 바로 이 책의 내용을 성취하신 것임을 분명하게 밝히시고 있는 것이다.

신약의 기자들은 예수님과 시편 사이의 이러한 연결점을 인식했다. 신약에 인용된 빈도수에 있어서 시편과 견줄 수 있는 것은 오직 이사야서밖에 없다(Harman 1968; Kistemaker 1985). 물론 신약은 꼭 기독론적인 내용뿐만 아니라 다른 많은 가르침들에 대해서도 증거를 대기 위해 시편을 인용하고 있다. 로마서 3장에서 바울은 자신의 논거들을 확증하기 위해 시편으로부터 많은 구절들을 빌려오고 있다. 예를 들어, 그는 하나님이 온전히 참되시고(4절, 시 51:4의 인용), 인간은 철저히 죄인(10b-18절)이라는 것을 주장하기 위해 이사야서로부터 도출한 짧은 문단을 포함해서 시편의 많은 시들을 인용하고 있다.

그러나 현재 우리에게 흥미가 있는 점은 대부분의 경우 신약의 저자들이 예수님께서 메시야이자 하나님의 아들이시라는 것을 증명하기 위해 시편을 인용하고 있다는 점이다. 좀 더 상세한 논의는 하만과 키스트메이커(Harman and Kistemaker)를 참고하라. 우리는 사도행전 4장에서 하나의 간단한 예를 볼 수 있다. 여기에서 베드로는 자신들에게 질문을 던지는 유대교 지도자들을 향해서 말을 하면서, 예수님의 버림받으심과 존귀케 되심에 대해서 말을 한다. 그는 시편 118:22을 인용하여 자신의 주장을 확증하면서 이렇게 말했다. "이 예수는 너희 건축자들의 버린 돌로서 집 모퉁이의 머릿돌이 되었느니라"(행 4:11). 예수는 버려졌지만, 결국 건물의 가장 중요한 위치에 놓이게 되었다.

시편이 좁은 의미에서의 예언은 아니라는 것을 인식하는 것이 중요하다. 어떤 유파들은 시편의 몇 개의 아주 중요한 시들은 구약과는 전혀 관련이 없으며, 오직 장차 오실 메시야와만 관련이 있다고 믿는다. 2, 16, 22, 69, 110편 등이 이러한 시들이다. 물론 이 시들은 신약의 기자들이 다른 어떤 시들보다 더 자주 인용하고 있으므로 특별히 중요한 것은 사실이다. 그러나 이

시들 역시 구약적인 맥락을 갖고 있다. 예를 들어, 시편 2편은 등극시가 분명하며(Craigie 1983, 64-69), 시편 69편은 시편 기자가 자신의 죄를 인정하고 있으므로, 이것이 죄 없으신 그리스도의 예언적인 말씀일 수가 없다(5절).

그러면 어떻게 시편이 그리스도 안에서 성취될 수 있었는가? 시편의 시들과 예수님 사이의 연결은 두 가지 전제적 사항들에 기초하고 있다. 첫 번째 사항은 시편 기자와 예수님 사이의 관계이다. 많은 시들의 화자는 다윗적인 왕이다. 또한 다윗적인 왕이 시의 초점인 경우도 자주 있다. 이 시점에서 우리는 이스라엘에서의 왕이란 직분에 대한 신학과 관련해서 몇 가지 점에 유념하여야 한다. 이스라엘의 왕은 하나님의 왕되심을 인간으로서 반영하고 있는 존재이다. 하나님께서 그를 통치자로 세웠기 때문에 그는 통치를 한다. 이것은 특히 다윗의 경우에 그러한데, 하나님은 그와 특별한 언약을 맺고(삼하 7장), 그의 왕권 및 왕조를 확립시켜 주셨다. 따라서 시편의 그렇게도 많은 시들이 이스라엘의 왕정제도, 그리고 좀 더 구체적으로는 다윗 및 그의 왕조와 연결되어 있다는 사실은 아주 중요하다.

이제 우리가 신약으로 눈길을 돌릴 때 우리는 다윗의 한 후손이 보좌에서 영원히 좌정할 것이라는 다윗 언약의 약속이 성취된 것을 보게 된다. 이 약속은 예수 그리스도라는 존재 속에서 성취되었다. 그는 바울에 따르면 "육신으로는 다윗의 혈통에서 나신"(롬 1:3) 분이시다.

따라서 누가복음 1:31-33(참고, 시 89:3-4)은 마리아에게 주어진 다음과 같은 축복을 기록하고 있다:

보라 네가 잉태하여 아들을 낳으리니 그 이름을 예수라 하라 그가 큰 자가 되고 지극히 높으신 이의 아들이라 일컬어질 것이요 주 하나님께서 그 조상 다윗의 왕위를 그에게 주시리니 영원히 야곱의 집을 왕으로 다스리실 것이며 그 나라가 무궁하리라.

또한 예수는 하나님의 아들이시기 때문에 시편에서 고대되었다. 시편의 시들은 하나님께 드려진 것이며, 삼위일체의 제2위로서 예수는 우리의 찬양과 탄식에 대한 적절한 대상이 되신다.

히브리서의 저자는 하나의 패턴을 세웠다. 그리스도가 천사보다 뛰어나신 분이심을 증명하기 위해 구약의 많은 구절들을 인용하는 첫 장에서 그는 예수와 관련해서 시편 102:25-27을 포함시켰다(히브리서 1:8을 보라):

> 또 주여 태초에 주께서 땅의 기초를 두셨으며
> 하늘도 주의 손으로 지으신 바라
> 그것들은 멸망할 것이나 오직 주는 영존할 것이요
> 그것들은 다 옷과 같이 낡아지리니
> 의복처럼 갈아입을 것이요
> 그것들은 옷과 같이 변할 것이나
> 주는 여전하여 연대가 다함이 없으리라 하였으나. (히 1:10-12)

구약의 맥락에서는 이 시는 여호와를 찬미하여 부른 노래이다. 그러나 신약의 시각 속에서는 이 시는 예수가 완전한 인간이시지만 또한 완전한 하나님이시며 하나님으로서의 찬양을 받으실 만한 분이시라는 것에 기초해서 정당하게 예수께 드리어진 것이다.

이러한 근거들과 신약의 예들을 따라서 우리는 시편을 정당성을 가지고 기독론적으로 읽을 수 있다. 클라우니(Clowney, 1973년과 1978년)는 기독교인으로서 시편을 읽는 방법에 대해서 간단하면서도 아주 시사적인 글을 썼다. 이러한 시각에서 그는 시편이 예수의 기도(히 2:12)이자 예수께 드려지는 기도로 읽혀질 수 있다고 주장했다. 따라서 예를 들어 예수의 노래들로서의 찬양시들은 그의 영화로움을 나타내주며, 그에게 영광을 돌리기 위해서 불릴 수 있다. 또한 애가들은 그의 낮아지심을 나타내며(또한 신약의 기자들에 의해서 그런 식으로 적용되어졌으며), 다른 한편 현대의 기독교인들의 고난의 표현으로서 그에게 기도로 드려질 수 있다.

잠 언

오늘날 잠언서는 많은 기독교 집단들에서 초점의 대상이다. 우리의 시대는
우리 자신의 이익 및 우리가 다른 사람들과 상대하는 법에 점점 더 많이 몰두
하고 있다. 그리고 많은 사람들은 이 책이 인간의 성격 및 행동을 이해하는
데 있어서 하나님이 주신 도움들을 주고 있다고 생각한다. (잠언, 즉
proverb란 단어는 "격언"과 비슷한 의미를 가진 단어이다. 책으로서의 "잠
언"과 개별 격언으로서의 "잠언"을 구별하기 위해 이 장에서는 전자는 "잠
언서"로 후자는 "잠언"으로 표기하도록 할 것이다. 구체적인 장절과 함께
언급되는 경우는 혼동의 여지가 없으므로 예외로 하겠다 — 역주)

그러나 다른 측면에서 볼 때 잠언서는 구약의 주류에서 벗어나 있는 책이
다. 이 책에는 위대한 구원의 행위나 언약에 대한 언급이 없으며, 하나님에
대해서 분명하게 말하는 경우가 거의 없다. 뚜렷한 종교적인 언어가 결여되
어 있다는 점 때문에 어떤 학자들은 이 책의 내용이 "세속적인" 지혜라고 생
각한다.

그러나 우리가 이 책을 더 깊이 탐구할 때 우리는 이 책이 얼마나 심오하게
신학적인가 하는 것을 깨닫게 된다. 이 책은 현실적인 조언을 담은 책이다.
이 조언은 "여호와를 경외하라"는 가르침의 맥락에서 주어진 것이다.

역 사 적 배 경

저작권

우리의 문학적인 분석이 드러내 주겠지만 잠언서는 각기 다른 시대의 저자들이 각기 다른 시대에 쓴 수많은 문헌들의 모음집이다. 그 각각의 부분들은 그 자체의 저자에 대해서 언급하고 있는 표제들을 갖고 있는 경우가 자주 있다. 이 표제들은 "지혜 있는 자"라고 불리는 집단(22:17; 24:33), 아굴(30:1), 르무엘 왕(31:1), 솔로몬(1:1; 31:10-31) 등이 지혜서의 원천들이라고 언급하고 있다. 오직 잠언 1:8-9:18과 31:10-31만이 명백한 저자에 대해서 언급을 하고 있지 않다. 잠언 1:1-7은 솔로몬이 저자인 부분에 대한 방대한 표제이자 서론으로서의 역할을 하고 있지만 이 부분의 자체의 저자가 솔로몬이라고는 말하지 않고 있다.

이 책 속에서 솔로몬의 역할이 가장 많은 주목을 받아 온 이유는 이 책의 상당 부분(10:1-22:16; 25:1-29:27)이 그의 이름과 연결되어 있을 뿐만 아니라 이 책의 표제 역시 언뜻 보기에는 그가 이 책 전체의 저자라고 말하고 있는 것으로 보이기 때문이다. 보수주의 쪽에서는 이 책 속에서 그의 것으로 명시하는 부분보다 더 많은 부분이 그의 것이라고 주장하는 경향이 항상 존재해 왔다. 예를 들어, 아처(G. Archer)는 1:1이 이 책 전체에 대해서 말하고 있는 것이며, 1:8-9:18도 솔로몬의 것이라고 주장했다. 그리고 또한 바로 솔로몬이 "지혜 있는 자의 말씀" 부분(22:17-24:34)도 수집했다고 주장하고 있다. 따라서 아처는 이 부분이 솔로몬 이전 시대의 것이라고 (아무런 증거도 없이) 주장하고 있다(Archer, *SOTI*, 476-77). 반면에 비평학계의 일부 극단적인 학자들은 잠언서 중 솔로몬 자신의 것으로 볼 수 있는 것은 없으며(Toy 1916, xix-xx), 이 책에 그가 등장하는 이유는 그의 전설적인 지혜 때문이라고 주장한다.

통상적인 바와 마찬가지로 이 책의 경우도 견실한 증거에 근거할 때 내릴 수 있는 결론은 이 양 극단 사이의 어디쯤이며, 대부분의 보수주의 학자들과 요즈음의 일부 비평학자들은 이러한 입장을 취하고 있다. 표제들이 제공해 주는 정보를 따를 때에 우리는 솔로몬이 공헌한 부분을 10:1-22:16과 25:1-29:27에 국한시키는 것이 가장 좋다. 그러나 이 부분들은 이 책 중에서 가장 큰 공헌을 한 부분이며, 또한 가장 이른 부분들일 것이다. 그러므로 잠언서의 첫 구절이 솔로몬을 이 모음집의 가장 중요한 공헌자이자 선구자로 밝히고 있는 것은 정당하다. 결국 열왕기에서 솔로몬의 시대와 관련되어 있는 역사기록은 솔로몬을 성경의 지혜와 연결시키는 것을 중심주제로 하고 있다. 그는 하나님께 지혜를 간구해서 받았으며(왕상 3:1-15), 또한 실제적인 일에서 자신의 지혜를 증명했다(16-28절). 그의 지혜는 세상의 나머지 모든 사람들의 지혜를 훨씬 초월했으며(왕상 4:29-31), 시바의 여왕까지도 놀라게 했기 때문에 그녀는 자신이 그에 대해 들은 소문을 직접 확인하기 위해 먼 길을 여행했을 정도였다(왕상 10:1-13). 그의 지혜는 지혜서들을 만드는 것으로 귀결되었다. 왕상 4:32는 그가 삼천 개의 잠언을 지었다고 밝히고 있다.

이 책에 언급된 다른 저자들에 대해서는 별로 알려져 있는 것이 없다. 아굴과 르무엘이란 이름은 아주 약간의 정보와 함께 단지 한번씩밖에 언급되어지지 않는다. "지혜 있는 자"들은 익명으로 되어 있다. 그러나 그들의 명칭으로 볼 때 그들은 궁정에서 봉사한 전문 학자들인 것으로 보인다.

이 책에 언급된 다른 유일한 집단은 "히스기야의 신하들"(the men of Hezekiah)이다. 이른 시기의 유대교의 전통은 이 책의 저작권을 이 사람들("히스기야와 그의 동료들이 잠언을 썼다", Baba Bathra 15a)에게 돌리고 있지만 잠언 25:1은 이들이 필사 작업, 혹은 개정 작업을 한 자들이라고 분명하게 밝히고 있다.

연대

잠언서는 모음집이기 때문에 오랜 기간에 걸쳐서 쓰였다. 그러나 익명으로 된 부분들도 있고, 또한 이 책에서 거명된 것을 제외하고는 우리가 알 수 없는 저자들도 언급되어 있기 때문에 얼마나 오랜 기간에 걸쳐서 이 책이 쓰였었는지는 알 수가 없다. 우리가 확실한 기반을 갖고 있는 곳은 오직 솔로몬(주전 10세기)의 것으로 이야기된 부분과 히스기야의 신하들의 편집 작업에 의한 것으로 지적된 부분뿐이다. 그러나 후자의 것으로 간주된 부분이 작은 부분에 지나지 않기 때문에 우리는 어떤 다른 편집 작업에 의해서 이 책 전체가 배열되어졌으며, 또한 짧은 서문(1:1-7)도 덧붙여지게 되었을 것이라고 추론할 수 있다. 이 마지막 편집 작업의 연대가 정확히 언제였는지는 알려져 있지 않다.

이 책의 다른 부분의 연대를 단지 상대적으로라도 추정하는 것은 사실상 불가능하다. 1:8-9:18이 이 책에서 가장 후대의 부분이라는 주장이 종종 제기되곤 했다. 학자들은 더 복잡하고 긴 문체(잠언 2장은 어떤 학자들에 따르면 하나의 문장으로 되어 있다), 더 분명한 종교적 시각을 가진 부분들(그리고 특히 지혜를 의인화한 부분), 그리고 후대의 것으로 간주된 일부 단어들(특히 잠언 7:16의 에툰, 즉 "아마를 재료로 한 천"[McKane, Scott, Soggin, *IOT*, 384를 보라])을 그 근거로 제시한다. 처음 두 개의 주장들(McKane에 의해서 가장 강하게 주장됨)은 폰 라트(1972, 24-50)에 의해 반박을 당했는데, 그는 이것들이 양식비평학자들의 허구라고 생각했다. 또한 마지막 주장은 언어학적인 논증이 연대와 관련해서 갖고 있는 어려움에 직면한다. 즉 확실한 것을 주장할 만큼 증거가 충분하지 않다. 최근에 카야츠(Kayatz 1968)는 1:8-9:18이 연대적인 면에서보다는 문체적인 면에서 차이가 있다는 주장을 했다.

문 학 적 인 분 석

문학적인 구조

잠언서는 뚜렷한 윤곽을 갖고 있는 책이다. 우선 우리는 잠언 1-9장과 10-31장을 구분할 수 있다. 전반적인 특징으로서는 첫 부분은 긴 지혜 강화들(wisdom discourses)을 담고 있는 반면에 이 책의 후반부는 우리가 보통 이 책의 제목과 관련짓는 짧고, 핵심을 찌르는 경구들로 이루어져 있다. 더 나아가서 우리는 이 책의 이 두 부분을 보다 세분화할 수 있다. 최종적인 편집자는 독자들에게 각 부분의 서두에 표제 등의 구분선을 제공해 주었다. 그 것들을 통해서 우리는 잠언서가 실제로 하나의 모음집인 것을 파악할 수 있다.

개요

머리말(1:1-7)

지혜에 대한 긴 강화(1:8-9:18)

솔로몬의 잠언들(10:1-22:16; 25:1-29:27)

지혜자의 잠언들(22:17-24:34)

아굴의 잠언들(30장)

르무엘 왕의 잠언들(31:1-9)

현숙한 여인에 대한 시(31:10-31)

내 용 분 석

머리말(1:1-7)

　　　　　머리말은 세 가지 기능을 한다. 첫째, 머리말은 이 책 전체의 표제를 제공해 준다(1:1). 첫 번째 절에서 솔로몬은 이 책에 나오는 지혜의 원천으로 거명된다. 이것이 그가 이 책 전체를 썼다는 것을 의미하는 것으로는 보이지 않지만 그럼에도 불구하고 그가 이 책의 형성에 중요한 역할을 했다는 것을 시사해 준다("저작권"에 대한 논의를 보라). 둘째, 머리말은 이 책의 목적을 분명하게 밝혀준다(2-6절). 잠언서는 어리석은 자와 지혜로운 자 모두에게 지혜를 주기 위한 것이다. 이 책이 처음 지어졌을 때에는 이 책의 구체적인 청중은 젊은이들이었다. 그러므로 이 책의 목적은 현실 세계에서 길을 찾으려는 젊은이들에게 토대를 깔아주고, 구체적인 지침들을 제공해주기 위한 것이었다. 그러나 1:5는 청중의 범위를 확대하여 지혜로운 자들까지를 포함한다. 머리말의 마지막이자 어쩌면 더 중요한 기능은 이 책이 무엇에 근거하고 있는 것인지 그 토대를 밝히는 것이다(7절). 즉, 모든 지혜의 근본은 여호와를 경외하는 것이라는 것이다. 다시 말해서, 이 머리말의 저자에 따르면, 관계가 윤리를 앞선다.

지혜에 대한 긴 강화(1:8-9:18)

　　　　　처음의 장들은 뒤의 장들과 그 양식에

있어서 아주 다르다. 이 책의 뒷부분은 짧은 경구(대부분 이행 형식[二行 形式, bicola]로 이루어져 있음)라는 전형적인 잠언 형식으로 대부분 구성되어 있는 반면에 처음 아홉 장은 좀 더 긴 형태의 잠언들을 담고 있다. 강화는 두 가지 형태로 이루어져 있다. 즉, 1:8-19에서 볼 수 있는 바와 같이 어떤 선생이 자기 아들(아마 그의 생물학적인 아들이라기보다는 제자)을 가르치는 형식이나 의인화된 지혜가 자신에 대해 외치는 형식으로 되어 있다(1:20-33).

이 부분의 정확한 단락구분이나 구조에 대해서는 의견의 불일치가 심하다. 이 부분에 대한 가장 철저한 연구들 중의 하나를 통해 와이브레이(Whybray 1968)는 열 개의 강화를 찾아내었다. 반면 더 전통적인 주석가들은 열다섯 개의 강화가 들어 있다고 생각한다(Bullock, 174-75). 어쩌면 이 주제에 대한 가장 독창적인 연구 중의 하나에서 스케한(Skehan 1971, 9-14)은 이 강화들 중의 어떤 것들(1, 8, 9장)은 다른 일곱 개의 강화(2-7장)에 대한 외곽틀로서의 역할을 하고 있다고 주장하며, 그는 이 일곱 개의 강화들을 지혜 여인(Lady Wisdom)의 집의 "일곱 기둥들"이라고 본다(9:1).

스케한의 해석과 관련하여 가장 큰 난점은 1장의 두 개의 분리된 강화들(1:8-19; 1:20-33)을 문학적인 외곽틀의 일부로 보아야 할 이유가 없다는 점이다. 그리고 어떤 부분들에서는 확고하게 단락 구분을 하기가 어렵다. 한 가지 다행스러운 것은 이 부분을 이해하는데 있어서 강화들을 나누는 일이 그다지 중요하지 않다는 것이다. 하지만 주의 깊은 연구를 통해 볼 때 다음과 같이 본문을 나누는 것이 적절한 듯하다.

1:8-19:	악인들과의 관계를 피하라.
1:20-33:	지혜 여인(woman wisdom)을 배격하지 말라.
2:1-22:	지혜의 길의 혜택
3:1-12:	여호와를 신뢰하라.
3:13-20:	지혜에 대한 찬양
3:21-35:	지혜의 완전성
4:1-9:	지혜를 껴안으라.
4:10-19:	바른 길에 머무르라.

4:20-27:　　　 네 마음을 지키라.

5:1-23:　　　　 방탕한 여인을 피하라; 네 아내를 사랑하라

6:1-19:　　　　 지혜의 견책: 빚, 게으름, 거짓말, 기타 주제들

6:20-35:　　　　 간음의 위험성

7:1-27:　　　　 방탕한 여인을 피하라: 제 2 부

8:1-36:　　　　 지혜의 자서전

9:1-6, 13-18: 궁극적인 대립: 지혜냐 우매냐

9:7-12:　　　　 갖가지 지혜의 말씀들

강화들은 이 책의 나머지 부분을 해석하는데 있어서 해석학적인 지침으로서의 작용을 한다. 이 강화들은 10장 이후에 따라나오는 잠언들에 종교적인 토대를 제공해 준다("신학적인 메시지" 항목을 보라).

이 강화들이 이런 기능들을 하고, 또 뒤에 나오는 므샬림보다 복잡한 문학양식을 갖고 있기 때문에 이 장들은 보통 가장 후대에 삽입된 문헌인 것으로 간주되어졌다. 그러나 문학양식들이 단순한 것들로부터 복잡한 것들로 변천했다는 생각이 꼭 사실은 아니다(von Rad, 27-28). 그리고 굳이 솔로몬 시대 저작설을 주장하는 것도 위험하기는 하지만 후대의 연대를 독단적으로 고집하는 태도에도 조심할 필요가 있다.

솔로몬의 잠언들(10:1-22:16; 25:1-29:27)

두 개의 표제(10:1; 25:1)가 이 본문의 잠언들의 저자가 솔로몬이라고 밝히고 있다. 이 중 두 번째 표제는 히스기야의 신하들이 이 본문의 전승에 기여를 했다는 것을 말해주고 있다("저작권" 항목을 보라).

양식적인 측면에서 보면 이 부분들은 거의 전부 짧은 이행 형식(bicola)으로 이루어져 있다. 그러나 때때로 확대된 형태의 지혜에 대한 명상이 들어있기도 하다(27:20-27). 대조평행법(antithetical parallelism; 아마 첫 부분에서는 약 9할 정도; 참고, von Rad 1972, 28)이 특히 많이 등장하는데, 이 대조평행법은 동일한 진리를 두 가지 반대의 시각에서 밝혀준다:

> 의인의 마음은 대답할 말을 깊이 생각하여도
> 악인의 입은 악을 쏟느니라. (15:28)

대조평행법이라는 양식의 사용은 이들 잠언의 중심주제들 중의 하나, 즉 지혜로운 의인과 어리석인 악인의 대비라는 주제와 잘 들어맞는다.

그 간결성 때문에 이 많은 수의 잠언들을 읽고 소화하는 것은 쉬운 일이 아니다. 짧은 분량 속에서 이 잠언들은 인간이 경험하는 바들에 대한 관찰사항들을 표현하고 있으며, 좀 더 긴 사색을 요구하는 강렬성을 갖고 있다. 이러한 강렬성은 직유와 은유의 광범위한 사용에 의해서 제고되어 있는데, 이 점은 또한 독자들의 해석을 필요로 한다.

비록 잠언들이 강렬하기는 하지만 항상 심오한 진리만을 담고 있는 것은 아니다. 때때로 잠언 양식은 다소 세속적인 사항에 대한 새로운 시각과 관심을 창출하기도 한다. 예를 들어, 보통 게으른 사람은 방 속에 묻혀 있기를 좋아하고 밖으로 나가 일하기를 싫어한다. 그러나 잠언 22:13은 아주 간단한 내러티브를 담고 있는 한 경구를 통해서 우리의 주의를 끈다.

> 게으른 자는 말하기를
> 사자가 밖에 있은즉 내가 나가면 거리에서 찢기겠다 하느니라.

개별적인 잠언들의 구조는 또한 이러한 많은 수의 잠언들을 단일한 배경 속에서 해석하기 어렵게 만든다. 최소한 표면적으로 보기에는 이 잠언들은 무작위로 배열되어 있는 것처럼 보인다. 술 취한 자에 대한 경구(20:1)는 왕의 분노(2절), 다툼을 피할 것(3절), 게으름(4절)에 대한 잠언들로 이어진다. 이 잠언들을 범주별로 배열한 흔적들(왕에 대한 경구들[25:2-7]과 어리석은 자 및 그의 어리석음에 대한 경구들[26:1-12])이 어느 정도 있기는 하지만 특정 주제에 대한 경구들이 전체에 이곳저곳 흩어져 있는 경우가 더 흔하다(예를 들어, 게으름에 대해서는 10:4, 5, 26; 12:24 등).

이 장들에 나오는 잠언들의 순서는 다수 무작위적이라는 것이 전통적인 견해였는데, 최근에 여기에서 어떤 구조를 찾아내고자 하는 시도들이 이루어졌다. 이 연구들이 잠언들 사이의 연결에 대해서 주장한 바들은 아주 복잡한 경우가 많으며, 이러한 주장들은 지금까지 기록된 해석사 속에서는 전에는 주목을 받지 못했었다(예를 들어 Heim 2001은 Hildebrandt 1988과 van Leeuwen 1988 등을 언급한다). 그러나 우리는 이러한 시도들을 받아들이는데 있어서 좀 조심해야 한다. 잠언들을 연결시키는데 사용된 기준들은 너무 광범위하고 일관성 없이 사용된 경우들이 자주 있었다. 어쩌면 서로 상관이 없는 것일 수도 있는 잠언들 사이에 연결성이 있다고 하는 주장들은 너무 쉽게 제기되었는지도 모른다. 왜냐하면 이러한 연결성이 있다고 주장하는 학자의 수만큼이나 많은 수의 주장들이 이러한 연결성을 보여주기 위해 제기되었기 때문이다. 그러므로 10-31장이 본질적으로 무작위적으로 배열된 모음집이라고 간주하는 것이 이 잠언들을 이해하는데 있어서 최선인 것으로 보인다(Longman 2006을 보라).

지혜 있는 자들의 말씀들(22:17-24:34)

이 부분의 화자는 독자들이 "지혜 있는 자들의 말씀들"(한글판 개역 성경은 "지혜 있는 자의 말씀"이라고 번역함으로써 원문의 복수[複數]가 잘 살아나 있지 않음 — 역주)에 귀를 기울이라고 촉구하고 있는 22:17에 의해서 분명하게 구분되어진다. 이 부분은 그 다음 부분의 시작을 알리는 표제(25:1)에 의해서 끝이 난다. 이 부분은 다시 두 개의 단락으로 구분되어 있는데 이 두 개의 단락은 "이것들도 또한 지혜 있는 자들의 말씀들이라"(24:23)는 설명구로 나뉘어져 있다. 지혜 있는 자들의 말씀들은 가난한 자들에 대한 민감성(22:22-23), 부의 덧없음(23:4-5), 음탕한 여자를 피할 것(23:26-28), 게으른 사람에 대한 비웃음(24:30-34) 등 솔로몬의 잠언들과 같은 주제들을 다루고 있는 경우가 많다. 그러나 이 짧은 부분은 솔로몬의 잠언들보다 훨씬 더 많은 다양한 문학 양식들을 담고 있다. 이행 형식(二行 形式, bicola)(22:28; 23:9)이 어느 정도 있기는 하지만 많은 강화(講話, discourse)들의 경우는 이것보다 길다.

이 부분, 그 중에서도 특히 이 부분의 첫 번째 부분과 이집트의 교훈(instruction)이라는 장르, 그 중에서도 특히 아메네모펫의 교훈(the

Instruction of Amenemopet)이라는 문헌(ANET, 421-25) 사이의 관계에 대해서는 많은 글이 쓰였다. 후자는 1924년에 버지(A. W. Budge)를 통해서 학계에 처음으로 소개되었다(비록 이 문헌이 발견된 것은 1888년이지만). 비록 버지가 잠언서와 아메네모펫 사이의 유사성을 어느 정도 깨닫기는 했지만 이 두 문헌 사이에 결정적인 연결관계가 있다는 것을 상세하기 논구한 사람은 어만(A. Erman 1924)이다. 단어와 문구들의 연결관계에 근거해서 그는 히브리 본문이 이집트 본문에 의존하고 있다고 확신했다. 그는 양자 사이의 이러한 관련성을 활용하여 히브리 본문이 이집트 본문과 더욱 밀접한 연결관계를 보여주도록 본문을 수정했다. 그리고 많은 성경학자들이 그의 뒤를 이었다(예를 들어 Gressmann, Sellin, and Humbert). 다른 한편 어떤 학자들은 양자 사이의 관계를 뒤집었으며, 이집트 본문이 잠언서에 의존하고 있다고 주장했다(Oesterley, Kevin, Drioton). 자신들의 이러한 입장을 입증하기 위해서 그들은 이 이집트 문헌이 셈족어의 영향을 보여주고 있으며, 다른 이집트 문헌들에 비해서 "더 높은" 수준의 도덕성을 보여주고 있다고 말했다.

양 본문 사이에 어떤 관계가 있다는 것을 부인하기는 힘들다. 양자 사이의 관계는 다음의 몇 가지 예를 통해서 볼 수 있다:

> 네 선조가 세운 옛 지계석을
> 옮기지 말지니라. (잠 22:28)

> 농경지의 경계선에 있는 지계석을 옮기지 말고,
> 측량줄의 위치를 바꾸지 마라 … (아메네모펫 6장에서 발췌)

다른 예를 보자:

> 부자 되기에 애쓰지 말고
> 네 사사로운 지혜를 버릴지어다
> 네가 어찌 허무한 것에 주목하겠느냐

정녕히 재물은 스스로 날개를 내어
하늘을 나는 독수리처럼 날아가리라. (잠 23:4-5)

마음으로 재물을 좇지 말라.
너의 마음을 외적인 것들에 두지 말라 …
그것들(재물들)은 오리처럼 날개를 달고
하늘로 날아가버리리라. (아메네모펫 8장에서 발췌)

이러저러한 연결점들은 이 본문이 어떤 관계를 갖고 있음을 보여준다(이러한 상호연결점들의 목록은 ANET, 424-46을 보라). 양자 사이에는 또한 구조상의 유사점들도 있다. 아메네모펫은 삼십 개의 짧은 장들로 구성되어 있는데 지혜 있는 자들의 말씀들의 첫 번째 부분의 도입부 역시 "삼십 개의 말씀들"에 대해서 언급하고 있다(22:20, 통상적으로 받아들여지고 있는 본문 수정이론을 가정할 때). 그러나 비록 양자가 밀접한 관련이 있기는 하지만 이 두 본문은 서로 단순히 베끼고 있는 것이 아니다. 브라이스(G. Bryce 1979)는 잠언서의 본문이 이집트 문헌을 자신의 세계관에 따라 "수정, 적용, 통합"하고 있다는 점을 지적함으로써 논의의 중심을 단순한 "차용"(borrowing)의 문제에서 이동시켰다.

양 본문 사이에 유사점들이 존재한다는 사실은 성경 자체에서도 인정되고 있는 지혜의 국제적인 싱격을 가지고 최소한 어느 정도는 설명할 수가 있다(왕상 4:29-34). 이스라엘의 현자들은 이집트의 문헌들을 알고 있었고, 이집트의 현자들 역시 마찬가지였다. 이 주제에 대한 최근의 연구들은 아메네모펫과 잠언서의 이 부분에 나타나 있는 유사성이 고대의 다른 잠언 문헌들에도 발견될 수 있다는 점을 강조하고 있다(Ruffle; Kitchen). 그러나 이집트의 문헌이 이스라엘의 문헌에 영향을 주었을 가능성이 더 크다고 볼 수 있는 근거가 두 가지 있다. (1) 지배적인 문화(여기서는 이집트 문화)가 종속적인 문화(여기서는 이스라엘 문화)에 영향받았을 가능성이 더 적다. (2) 비록 아메네모펫 문헌의 연대가 불확실하기는 하지만 이 문헌이 솔로몬 시대보다는 이른 시기의 것이었을 가능성이 좀 더 많다.

**아굴의 잠언들(30장); 르무엘 왕의 잠언들(31:1-9);
현숙한 여인에 대한 시(31:10-31)**

잠언서는 세 개의 비교적 짧고 독립적인 부분으로 끝을 맺고 있다. 두 번째 부분은 이스라엘 밖의 문헌들로부터 직접 온 것들이고, 아마 첫 부분도 역시 마찬가지인 것 같다.

아굴의 잠언들은 번역하고 해석하기가 매우 어렵다. 아굴은 하나님을 알 수 있는 가능성에 의문을 던짐으로써 회의적인 어조로 시작을 한다. 그의 회의적인 태도는 하나님의 계시에 호소를 함으로써 해결된다(5-6절). 차일즈(Childs)는 이 구절들이 이른 시기의 정경에 대한 인식을 보여주고 있다고 지적했다(*IOTS*, 556-57). 이 부분은 숫자를 이용한 잠언들로 끝을 맺는다.

르무엘 왕의 잠언들은 사실상 자신의 어머니로부터 전수된 것이다. 이 잠언들은 왕들이 어떻게 행동해야 옳은가 하는 것에 관심을 기울이고 있다.

이 책은 현숙한 여인에 대한 강한 인상의 알파벳 두운시(acrostic poem)로 끝을 맺고 있다. 이 여인은 잠언 8장의 지혜 여인(Lady Wisdom)과 연관이 있다. 이 여인은 가정과 밖에서 능력이 있다. 히브리 성경에서 잠언서(특히 잠언 31장)가 룻기 다음에 배열되어 있고, 그 다음에 아가서가 따라나오는 것은 의도적인 것이다. 이 세 책은 남자에게 전적으로 의존하지 않는 능력 있는 적극적 여성 인물들을 제시하고 있다.

신 학 적 인 메 시 지

많은 독자들은 잠언서를 이 책의 뒤쪽의 삼분의 이를 차지하고 있는 부분에서 발견되어지는 짧고 사려 깊은 경구들과 관련시켜 생각하는 경우가 많다. 약간의 예외적인 경우들을 제외하고는 이런 잠언들은 하나님이나 구속사나 언약에 대해서 명백한 언급을 하지 않는다. 겉으로 보기에는 이 잠언들은 삶에 대한 좋고 실제적인 충고들이거나 삶에 대한 통찰들인 것처럼 보이며, 신적인 권위를 갖고 있기보다는 인간의 시각인 것처럼 보인다. 첫 번째 잠언이 이에 해당하는 경우이다:

> 지혜로운 아들은 아비를 기쁘게 하거니와
> 미련한 아들은 어미의 근심이니라. (잠 10:1)

그러므로 잠언서에 대한 글들이 도처에서 아이스펠트(Eissfeldt)의 다음과 같은 지적들을 하고 있다는 사실은 전혀 놀라운 일이 아니다:

> 그러나 여기에서 제시되고 있는 경건은 보편적인 인간적 성격의 것이다. 이스라엘이 기여한 바라고 할 수 있는 것은 배후에 깔려 있을 뿐이다. 이러한 지혜와 경건은 한 편으로 순전히 세속적이고 이성적인 것이다… (*OTI*, 477)

잠언들이 비록 하나님에 대해서 별로 명백하게 말하고 있지 않다는 것은 사실(10:3, 22, 27, 29등)이지만 최근에 와서는 이 책의 도입부에 나오는 장들이 이 책의 나머지 부분을 어떤 식으로 읽어야 하는가 하는 것에 대해서 해석학적인 틀의 역할을 하고 있으며, 또한 그렇게 함으로써 개별적인 잠언들에 심오한 신학적 의미를 부여해 주고 있다는 점이 인식되고 있다.

우리는 이 책이 어떻게 두 개의 큰 부분으로 나누어질 수 있는지를 앞에서 살펴보았다(위의 "문학적인 구조" 항목을 보라). 처음 아홉 장은 긴 형태의 강화(講話, discourse)들로 이루어져 있으며, 이 강화들은 그 다음의 짧고 사려 깊은 삼언들, 즉 이 책의 특징적인 부분들로 이어진다. 여기에서 우리는 이 강화들이 잠언들을 해석하는데 있어서 필요한 맥락을 제공해 주고 있다는 것을 깨닫게 된다.

다시 말하자면, 독자들은 10-31장의 잠언들을 만나기 전에 먼저 1-9장의 가르침들을 듣게 된다. 이 앞 쪽의 장들의 지배적인 주제는 지혜가 커다란 가치를 갖고 있다는 것과 우매함이 아주 위험한 것이라는 것이다. 이 가르침은 9장에서 절정에 이르게 된다. 따라서 우리는 여기에 초점을 맞출 것이다.

독자는 9장에서 두 여인을 만나게 되는데, 이 둘 다 독자의 주목을 끌고자 한다. 이 두 여인은 지혜와 우매이다. 독자는 이 확장된 형태의 수사법 속에서 삶의 길을 따라 걷는 젊은 청년으로 상정되어진다. 그는 여행하는 중에

자신의 주목을 끌려고 하는 두 개의 목소리를 듣게 된다. 이 두 여인은 동일한 말로 호소를 한다:

무릇 어리석은 자는 이리로 돌이키라.
또 지혜 없는 자에게 이르기를 (4, 16절)

여기에서 상정되고 있는 독자는 남성이며, 그는 길에서 들려오는 여자들의 목소리에 특별히 귀를 기울인다. 그러면 이 여인들은 누구인가? 그들은 누구, 혹은 무엇을 상징하는가?

우리가 잠언 9장에 이르게 될 때쯤에는 지혜는 이미 이 책에서 확고하게 자리를 잡고 있는 존재이다. 잠언 1:20-23에서 이미 우리는 길에서 자신에게 교육받을 사람들을 부르고 있는 한 여인을 만나보았다. 그리고 잠언 8장에서 지혜는 하나님과 자신의 관계뿐만 아니라 자기 자신의 속성 및 목적에 대해서 상고했다.

의인화된 존재로서의 우매는 앞의 장들에서는 뚜렷하게 나타나 있지 않다. 그러나 이 우매란 여인은 "이방" 여인, 혹은 지혜로운 아버지가 자기 아들에게 경고하고 있는 음녀란 존재와 매우 유사하다(2:16-19; 5장; 6:20-35; 7장).

잠언 9장에서 지혜의 성격을 이해하는 요점은 그녀의 집이 "성 중 (가장) 높은 곳"(9:3)에 있다는 점이다. 고대 근동에서는 성 중 가장 높은 곳에서 거할 수 있는 권리를 가진 존재는 오직 그 도시의 신뿐이었다. 예루살렘에서도 역시 가장 높은 곳에 있는 건물은 시온 성전이었다. 이 점은 우리가 8장의 지혜로부터 이미 파악한 바를 확인시켜 준다. 그녀는 하나님의 지혜를 상징하며, 궁극적으로는 하나님 자신을 (제유법적으로) 상징한다.

한편 독자는 우매를 만나게 되는데, 우매 역시 여인으로 의인화되어 있으며, 삶의 길을 걸어가는 순진한 젊은이들에게 호소하고 있다. 중요한 점은 그녀의 집 역시 "성읍 (가장) 높은 곳"에 있다는 점이다. 그녀 역시 신을 상징한다. 그러나 이 경우에는 여호와와 대적하는 고대 근동의 다른 모든 신들을 상징한다. 이스라엘은 그 역사 전면에 걸쳐서 가나안의 바알(Baal)이나 아세라(Ashera) 등을 경배하는 유혹을 강하게 받아 왔으며, 바벨론의 마르 둑(Marduk)이나 이쉬타르(Ishtar) 등을 경배하려는 유혹 등도 받아 왔다.

그러므로 독자는 결정의 문제에 직면하게 된다. 두 여인 모두 그에게 함께 식사하고, 깊은 교제를 나누자고 초대를 하는데, 이 비유적인 표현을 풀어서 말하자면 자신들을 경배하라는 것이다. 누가 경배의 대상이 될 것인가? 지혜인가 우매인가? 여호와인가 바알인가?

그러므로 이제 우리는 잠언서의 길, 다시 말해 실제로는 인생의 길을 걸어 갈 때 직면하게 되는 양 대안을 분명하게 보게 되었다. 우리는 여호와를 껴 안거나 다른 신을 껴안게 된다. 누가 그가 될 것인가?

이것은 실제로 고대의 이스라엘이 직면한 상황이었다. 그는 여호와 숭배 나 바알 신앙 사이에서 선택을 해야 했다. 많은 이들은 양자를 혼합하고자 했다. 그러나 선지자들은 이러한 타협은 우상 숭배나 마찬가지임을 지적했 다(왕상 18:21). 그러므로 여호와 혼자만을 선택하거나 아무것도 아니거나 하는 것이었다. 그러므로 이스라엘에게 있어서 실제 상황은 바로 잠언 9장 의 모습 바로 그것이었다. 그들은 두 개의 대안을 갖고 있었다. 잠언 1-9장은 잠언서 마지막 장의 절정과 더불어 이러한 선택의 길을 강인한 인상을 주는 방식으로 제시하고 있다.

일단 1-9장의 프리즘을 지나고 나면 우리는 그 뒤에 이어나오는 개별적인 잠언들이 실제로는 얼마나 깊이 신학적인 성격을 가지고 있는지를 깨닫게 된다. 잠인 9장에 놓여 있는 양 대안에 비추어 볼 때 우리는 개별 잠언이 언 뜻 볼 때의 "좋은 충고"에 불과하다는 인상과 얼마나 다른지를 깨닫게 된다.

위에 인용한 잠언 10:1은 이러한 요점을 잘 예시해 준다. 만약 자식들이 자 기 부모들에게 기쁨을 가져다준다면 그들은 현명한 자들이다. 잠언 9장에 비추어보면 그들은 자신들의 행동을 통해서 자신들이 지혜를 선택했다는 것 을 보여주었는데, 그것은 바로 그들이 여호와에게 자신들을 헌신했다는 것 을 의미한다. 반면에 만약 자식들이 자기 부모들에게 슬픔을 가져다준다면 그들은 이방 신들의 시적인 표현인 우매란 여인에게 자신들의 행동을 통해 서 충성을 바친 것이 된다.

이런 점에서 지혜와 우매 사이의 선택은 "어떻게 이 세상에서 살아나가느냐” 하는 것 이상의 문제가 된다. 이것은 삶과 죽음의 문제이다. 결국 잠언 3:18은 지혜를 껴안는 자가 생명을 껴안게 된다는 것을 말해주고 있다. 또한 이 의인화된 우매와 관련해서 끔찍한 진리는 그녀가 살인자라는 것이다. 그녀는 사람들을 화려한 정찬에 초대한다. 그러나 그들은 다시는 나오지 않는다. “그의 객들은 음부 깊은 곳에 있다”(9:18).

신 약 으 로 의 접 근

많은 기독교인들은 잠언서를 “금언”(金言)들의 모음집으로 생각한다. 사람의 마음을 잡아끄는 잠언들은 바른 처신에 대해서 여러 가지 가르침들을 제공해준다. 그리고 좀 더 세련된 차원에서 잠언서는 “성경 상담학”의 자료집으로 사용되는 경우도 자주 있다.

이 책이 “지혜로움”, 즉 경건한 행위에 대해서 지침들을 제공해 주고 있다는 사실은 부인할 수가 없으며, 이러한 시각을 강조하고 있는 최근의 많은 글들 역시 유용하다. 그러나 우리는 두 가지 함정, 즉 (1) 잠언들을 절대화하는 경향과 (2) 잠언들을 정경적 맥락에서 고립시켜 추상적인 방식으로 읽으려드는 것을 반드시 피해야 한다.

잠언들의 절대화

개별적인 잠언들은 반드시 전체 책의 맥락 속에서, 그리고 성경 전체의 가르침 속에서 해석되고 적용되어야 한다. 이 개별적인 잠언들은 하나님의 영원한 약속들이 아니라 시간이 흐르면 밝혀지게 될 진실한 삶에서의 관찰들이다.

여호와를 경외하는 자에게는 견고한 의뢰가 있나니
그 자녀들에게 피난처가 있으리라. (14:26)

욥기는 이 잠언이 현재의 모든 경우에 다 옳다는 믿음에 대한 교정제이다.

이 잠언을 모든 경우에 다 기계적으로 적용하는 것이 바로 욥의 "세 친구들"의 주장 뒤에 깔려 있는 토대이다. 그러나 이 가르침은 하나님의 공의와 최후의 심판에 대한 성경의 가르침에 비추어서 볼 때에야 비로소 진정으로 옳은 것이 된다. 하나님은 악한 사람들에게 죽임을 당한 자들에 대해서까지도 "견고한 의뢰"가 되신다.

또한 어떤 잠언들은 비록 옳은 것이기는 하지만 어떤 특정한 경우에만 진실하다. 이러한 잠언들은 지혜를 축약한 것으로서 오직 지혜로운 자들만이 특정 잠언이 적용될 수 있는 상황을 파악할 수가 있다.

잠언들을 상황에 맞추어서 적용하는 것을 가장 극적으로 잘 보여주고 있는 경우가 잠언 26:4, 5에서 발견된다:

> 미련한 자의 어리석은 것을 따라 대답하지 말라
> 두렵건대 너도 그와 같을까 하노라
> 미련한 자에게는 그의 어리석음을 따라 대답하라
> 두렵건대 그가 스스로 지혜롭게 여길까 하노라.

다시 말하자면, 모든 것은 어리석은 자에게 달려 있다. 그리고 진정으로 지혜로운 사람은 상대방에 대해 민감하게 대처함으로써 어떤 때에 이것을 적용하고 어떤 때에 다른 것을 적용할 것인지를 안다.

잠언들의 고립화

잠언을 읽을 때의 다른 한 가지 위험은 개별적인 잠언들을 정경적인 배경에서 떼어내서 좋은 조언들을 얻기 위해 책을 뒤지는 식의 태도이다. 잠언 1-9장과 10-31장 사이의 관계에 대한 위의 분석은 이 책을 전적으로 도덕주의적인 태도로 읽는 것을 수정하기 위한 첫 번째 단계이다. 그 다음 단계는 잠언서의 신학을 신약의 신학과 연결시키는 것이다.

우리의 출발점 중의 하나는 신약이 예수를 지혜란 존재와 연결시키고 있다는 점이다. 예를 들어 바울이 "그는 보이지 아니하시는 하나님의 형상이요 모든 창조물보다 먼저 나신 자니"(골 1:15)라고 말했을 때 그는 잠언 8장의 표현을 활용하고 있다. 이와 비슷하게 예수께서 "하나님의 창조의 근본"이라고 말하고 있는 계시록 3:14도 역시 창조시에 지혜가 했던 역할을 반영하고 있다. 어떤 면에서는 예수 자신이 이런 관계를 암시하셨다고 볼 수도 있다. 그의 행동이 그의 적들을 화나게 했을 때 그는 "지혜는 그 행한 일로 인하여 옳다 함을 얻느니라"(마 11:19)라고 대꾸하셨다. 여기에서의 핵심은 예수께서 자신을 지혜와 동일시해서 잠언 8장이 그리스도 자신에 대한 일종의 예언이라는 식으로 말씀하신 것이다. 잠언 8장은 하나님의 지혜적인 속성을 시적으로 표현한 것이지 좁은 의미에서의 예언을 말하고 있는 것이 아니다. 잠언 8장이 예언이라고 믿는 것은 우리를 아리우스주의적인 이단으로 인도한다. 왜냐하면 그럴 경우 지혜는 어느 시점에선가 그보다 선재(先在)하신 하나님에 의해 창조된 것이 되기 때문이다.

그러나 예수와 지혜를 연결시키는 것 자체는 정당하다. 왜냐하면 예수는 하나님의 지혜를 육화(肉化)한 것이기 때문이다. 그리스도의 지혜는 신약에서 그의 가장 두드러진 특징들 중의 하나이다. 예수 그리스도는 하나님의 지혜이시다(고전 1:30). 그는 그 속에 "지혜와 지식의 모든 보화가 감추어져" 있는 분이시다(골 2:3). 그가 지상에서 사역하실 때에도 그의 지혜는 그의 가르침을 통하여 드러났다(막 1:22). 어렸을 때 그는 율법 교사들을 당혹하게 하였으며(눅 2:41-50), 그는 "그 지혜와 그 키"가 자랐다(눅 2:52). 그의 가르침 중 지배적으로 나타나는 양식은 비유(파라볼레, 히브리어로는 마샬, "잠언"이라고도 번역됨)이다.

그러므로 기독교인들은 잠언서를 읽을 때 신약의 계속적인 계시 속에서 보게 되므로 고대의 이스라엘인들과 같은 질문에 직면하게 되지만 그 질문은 다른 뉘앙스를 띠게 된다. 우리가 지혜와 저녁을 함께 할 것인가, 아니면 우매와 저녁을 함께 할 것인가? 우리를 부르고 있는 이 지혜는 다름 아닌 예수 그리스도이시다. 반면에 우리를 유혹하려고 하는 이 우매는 우리가 우리의 창조주의 자리에 대신 갖다 놓는 모든 피조물들이다(롬 1:22-23).

전 도 서

전도서는 마치 우리 시대를 염두에 두고 쓰인 책 같은 느낌을 준다. 물론 사실이 그런 것은 아니다. 성경의 모든 책들은 그 저작 당시를 향하여 쓰인 것이다. 그러나 스스로를 코헬렛(Qohelet)이라고 부르고 있는 전도서의 중심적인 목소리는 현대적으로 들리는 회의주의를 표현하고 있다. 그 결과 많은 사람들은 자신들이 사는 세계, 그리고 더 나아가서는 자신들의 하나님에게 대해 환멸을 느끼게 될 때 이 책에서 도움을 구한다.

역 사 적 배 경

저작연대 및 저작권의 문제

전통적인 견해. 저작권의 문제에 대한 전통적인 접근방법은 이 책의 중심적인 화자에 대한 밀접한 연구로부터 시작된다. 그 화자는 코헬렛(Qohelet, 한글판 개역 성경은 '전도자'라고 번역하고 있음 — 역주)이라고 불리고 있는데, 이것은 그의 원래의 이름이 아니라 익명이다. 이 이름의 어근이 되는 동사는 "불러 모으다"(assemble)라는 뜻을 갖고 있으며, 따라서 그의 이름(칼[Qal]형 분사 여성형)을 직역하면 "불러 모으는 사람"(Assembler)이 될 수 있다. 통상적인 영어 번역인 "설교자"(Preacher) 혹은 "선생"(Teacher)은 이 코헬렛이 가르침을 위해 불러 모은 대상이 어떤 유형의 집단이냐 하는 것에 대한 추측에서 나온 것이다. 따라서 이 후자의 두 가지 번역은 정확한 것이 못 되지만 "불러 모으는 사람"이라는 번역 역시 문맥상 이상하게 들린다.

전통적인 해석을 따르는 학자들은 코헬렛이 솔로몬의 별명임을 보여주는 단서들이 있다고 주장한다. 첫째, 그의 이름의 어근("불러 모으다")은 솔로몬이 성전 봉헌식에 사람들을 불러 모으는 장면인 열왕기상 8장에 자주 사용되고 있다. 또한 코헬렛 자신이 스스로를 왕이자 다윗의 아들이라고 밝히고 있다(1:1-2). 지혜의 선생으로 잘 확립된 명성을 가진 솔로몬과 연결되어 있는 이러한 명백한 단서들은 많은 사람들의 마음속에 솔로몬이 저자이며, 저작 연대도 바로 그 때라는 확신을 심어 주었다.

일단 이 점이 확립되고 나서는 전도서는 솔로몬의 생애 중에 일어난 이야기를 채우는데 사용되었다. 역사서들은 솔로몬이 지혜롭고 경건한 왕이었으나 말년에 가서 우상 숭배에 빠진 왕이라고만 말해주고 있다. 열왕기에 국한해서 볼 때 솔로몬은 여호와를 향한 열렬한 헌신적인 마음을 회복한 적이 없다. 그리고 북왕국과 남왕국의 분열은 그의 죄 때문인 것으로 되어 있다(왕상 12장).

어떤 사람들은 이 심오하고 경건한 지혜가 결국 우상 숭배에 빠진 사람에게서 나왔다는 것이 어울리지 않는다고 생각했다. 그래서 이 전도서가 늙어서 회개한 솔로몬이 쓴 것이며, 그의 배교 당시의 악행을 보여주고 있다는 전승이 일찍부터 만들어지게 되었다. 이 전승이 타당성이 있기 위해서는 코헬렛만이 솔로몬인 것이 아니라 에필로그에서 코헬렛에 대해 말을 하고 있는 목소리 역시 그의 것이어야만 한다(12:8-14).

우리는 솔로몬을 코헬렛과 동일인물인 것으로 보고, 그 저작 연대를 주전 10세기로 보는 견해를 "전통적인 견해"로 부르기로 한다. 이것이 보수주의적인 견해인 것은 아니다. 왜냐하면 앞으로 보게 되겠지만 많은 보수주의 학자들이 이 견해에 동의하지 않기 때문이다.

비평학적인 견해. 약간의 예외(예를 들어 다후드[Dahood])를 제외하고는 대부분의 비평학자들은 이 책을 이스라엘 역사상의 후기의 것이라고 보았다(가장 최근의 예를 들자면 시아오[Seow]는 이 책을 페르시아 시대의 것으로 본다). 아래에서 살펴보겠지만 전도서의 연대를 후대로 보는 데에는 좋은 근거들이 있다. 그러나 비평학자들의 후기 저작연대설을 보수주의 학자들의 후기 저작연대설과 구분 지어줄 필요가 있다. 왜냐하면 전자의 학자들은 이 책의 주장들을 따라야 한다는 강박관념을 전혀 느끼지 않는 반면에 후자의 학자들은 그것을 느끼고 있기 때문이다.

크렌쇼(1987)와 라우하(Lauha 1978, 3)는 전도서를 포로기 이후 시대, 그러나 마카베오 시대보다는 이전의 시대의 것으로 잡는다는 점에 있어서 전형적인 경우를 보여주고 있다. 크렌쇼(Crenshaw)는 좀 더 엄밀하다. "코헬렛의 연대는 225년에서 250년 사이로 보는 것이 가장 그럴 듯하다"(1987, 50).

이 책의 연대를 후기로 보는데 있어서 비평학자들이 내세우는 가장 중요한 논거는 언어와 문체이다. 예를 들어, 전도서의 어휘와 구문법을 후기 히브리어 및 아람어와 비교하고 난 이후에 어떤 학자들은 이 책의 연대를 아주 후대로 잡을 수밖에 없다고 생각하였다. 심지어는 잘 알려진 보수주의 학자인 델리취(Delitzsch)도 다음과 같이 말했다. "만약 코헬렛의 책이 옛날의 솔로몬 시대에 나온 것이라고 한다면 히브리어에는 전혀 역사란 것이 없어지게 된다"(1872, 190). 그러나 프레데릭스(Fredericks 1988)는 이 책의 연대를 후대로 잡는데 사용된 모든 언어학적인 증거들을 주의 깊게 연구하고 난 이후에 이 근거들이 설득력이 없다는 결론을 내렸다. 경우야 어찌됐든 우리는 아주 이른 시기의 성경 본문의 전승과정에 대해 거의 아는 것이 없으므로 그 전승과성에서 언어를 각 시대에 맞게 개정했을 가능성을 배제할 수 없다.

또 한 가지의 접근방법은 예를 들어 코헬렛의 언어와 헬라 사상 사이의 유사성을 보이고자 하는 것이다. 그러나 이 방법 역시 모호하다. 왜냐하면 아주 이른 시기의 사상 및 문학 양식과의 연결점들(Dahood)도 찾을 수 있는 반면에 아주 늦은 시기의 이방 사상과의 연결점들도 찾아볼 수 있기 때문이다.

이러한 논의들은 전도서가 솔로몬의 것이 아닌 후대의 것일 가능성이 있다는 것을 반박하려는 것이 아니라(아래를 보라) 비평학적인 입장을 지지하는데 사용되어진 틀에 박힌 논거들에 대해 의문을 제기하고자 하는 것이다.

또한 과거에는 이 책이 모순점들, 더 구체적으로 말하면 정통적인 내용들과 비정통적인 내용들 사이의 모순점들을 갖고 있다고 주장하는 것이 비평학자들의 전형적인 주장들이었다. 그들은 이 책의 원래의 화자는 과격하게 비정통주의적인 회의주의자였는데 그의 사상이 나중에 어떤 편집자나 일련의 편집자들에 의해서 난도질 되었으며, 이 정통주의적인 편집자의 손길은 에필로그 등에서 찾아볼 수 있다고 생각했다. 그러나 이 책에 들어있는 두 가지 다른 목소리를 다 고려하는 해석(아래의 "구조" 항목을 보라)을 택하게 되면 이런 식의 가설이 필요 없어진다.

대안적인 견해. 어떤 책의 저작 연대나 저자를 파악하는데 있어서 내적인 증거들은 아주 커다란 중요성을 갖고 있다. 전통도 종종 도움이 되며, 또한 무시해서는 안 된다. 그러나 전도서의 저작권에 대한 가장 이른 시기의 전통조차도 그리스도의 시대보다 앞선 것이 아니기 때문에 신학적인 요소들이 이미 진실을 왜곡시켰을 가능성이 있다. 레빈(Etan Levine)이 지적한 바와 같이 "바리새주의적인 유대교는 코헬렛의 책을 솔로몬의 것으로 보았다 … 그러나 솔로몬의 광채가 나타나 있기 때문이 아니라 단지 이 책을 히브리 정경 속으로 받아들이기 위해서, "그리고 이 책이 바리새주의적인 유대교의 문자와 정신에 맞게 해석되어질 수 있도록 하기 위해서 그렇게 했을 뿐이다"(1978, 66).

복음주의적 전통 위에 선 사람들 중 어떤 사람들은 전도서의 솔로몬 저작권을 정통성에 대한 일종의 리트머스 시험지처럼 대했지만 다른 많은 사람들은 이러한 견해에 의문을 던졌다. 스튜어트(Stuart), 헹스텐베르크(Hengstenberg), 델리취(Delitzsch), 영(Young), 키드너(Kidner) 등이 모두 솔로몬을 코헬렛과 동일시하는 것에 반대했다.

만약 코헬렛이 솔로몬이 맞다면 그가 왜 굳이 가명을 사용했겠는가? 그가 자신의 정체를 숨길 무슨 이유가 있는가? 이러한 의문들에 대해서는 좋은 대답이 존재하지 않는다. 반면에 전도서의 저자는 책의 첫 부분(1:12-2:26)에서 코헬렛이 삶의 의미를 추구하는 것을 서술하면서 솔로몬이란 존재를 넌지시 암시하고 있다. 그러나 이 부분 이후에서는 솔로몬에 대한 암시가 더 이상 나타나지 않으며, 코헬렛은 제삼자인 외부인으로서 왕에 대해 이야기한다(8:2-8). 따라서 이러한 가명은 "해 아래" 사는 삶의 의미에 대해서 추구하는 어떤 회의주의적인 현자(賢者)가 사용한 문학적 기교로 설명하는 것이 더 낫다. 사실 그는 자신이 마치 부, 쾌락, 박애정신 등이 의미 있는 것이라고 생각한 솔로몬인 것처럼 흉내내고 있다. 그러나 결국 "이미 되어진 일들 외에 왕의 후계자가 더 할 수 있는 일이 뭐가 있겠는가"(전 2:12b, 저자가 인용하고 있는 NIV의 본문을 번역한 것임 — 역주)?

이 책을 주의 깊게 읽어보면 코헬렛이 솔로몬이 아니라는 것을 보여주는 다른 단서들이 눈에 띈다. 예를 들어 "내가 큰 지혜를 많이 얻었으므로 나보다 먼저 예루살렘에 있던 자보다 낫다"는 1:16의 코헬렛의 말은 솔로몬의 입에서 나온 말이라고 보기에는 이상하다. 솔로몬 이전에 예루살렘을 다스린 사람은 그의 아버지 단 한 명뿐이다. 그렇다고 해서 그가 다윗 이전의 여부스인 통치자들을 의미하고 있다고 보는 것도 불가능하다(Young *IOT*, 348).

영(Young)은 또한 "나 전도자는 예루살렘에서 이스라엘 왕이 되어"라는 1:12의 과거시제가 솔로몬의 것 같지 않다는 점을 지적했다. 왜냐하면 그가 늙은 이후에 왕으로서 통치를 그만 둔 적이 없기 때문이다(348). 또한

> 이 책의 배경 또한 솔로몬의 시대와 어울리지 않는다. 이 책의 배경이 되는 시대는 비참과 허무의 시대였으며(1:2-11), 솔로몬 시대의 영광은 사라졌으며(1:12-2:26), 이스라엘에 죽음의 시대가 시작되었으며(3:1-15), 불의와 폭력이 현존하고 있으며(4:1-3), 이방인에 의한 폭정이 이루어지고 있으며(5:7, 9-19), 사는 것보다 죽는 것이 나으며(7:1), 사람이 사람을 주장(主掌)하여 해롭게 하였다(8:9). (Young, *IOT*, 348, Hengstenberg에 근거함).

그러므로 내적인 증거는 최소한 솔로몬과 코헬렛의 관계에 의심을 던지게 만든다. 저자가 이 양자를 동일시하고 있다는 것은 여러 가지 면에서 의심스럽다.

그러나 경우야 어찌됐든 비록 이 문제가 중요한 것이기는 하지만 저작권의 문제와는 무관하다. 전통주의자들은 솔로몬이 바로 코헬렛이며, 코헬렛=

솔로몬이 이 책을 썼다고 믿는다. 그러나 이 견해는 이 책을 공정하고 자연스럽게 해석할 때 그 안에 두 개의 목소리, 즉 코헬렛과 두 번째 지혜자의 목소리가 들어 있으며, 후자가 이 책의 내용을 통괄하는 내러티브의 목소리라는 사실을 고려하지 않는다.

구조를 다루는 항목에서 더 자세하게 설명할 예정이지만 이 책은 프롤로그(1:1-11), 본문(1:12-12:8 — 자서전적인 독백), 에필로그(epilogue)의 세 부분으로 나누어질 수 있다. 이 책의 본문에서 코헬렛은 일인칭으로 말을 한다.

저작권의 문제와 관련해서 가장 흥미로운 곳은 에필로그이다. 이 책의 내러티브의 목소리의 단일성을 옹호하는 학자들은 코헬렛=솔로몬이 자신의 과거에 대해서 말할 때는 일인칭으로 말하다가 자신의 과거를 현재의 관점에서 평가할 때는 삼인칭으로 전환하고 있다고 주장한다. 그러나 이 접근방법은 상당히 엉성하며, 그러한 선례를 찾아볼 수가 없다. 그러므로 두 번째의 목소리는 익명의 화자로서, 자기 아들에게 코헬렛의 말들을 평가해서 말해주고 있다. 7:27에 삼인칭이 갑자기 사용되고 있다는 점이 이 견해를 확증해 준다(Fox 1977, 1999, Longman 1997은 이를 수용함). 우리가 아래에서 보게 될 바와 같이 이 책의 주제, 그리고 이 두 번째 화자와 그 아들 간의 교담(交談)은 이것이 지혜문학적인 맥락을 갖고 있음을 보여준다. 그러므로 이 두 번째의 익명의 화자를 "제2의 지혜자" 혹은 외곽틀을 형성하고 있는 부분의 내레이터(frame- narrator)로 부르는 것이 적절하다(Fox 1977).

코헬렛이 에필로그 부분의 화자와 동일시되어서는 안 된다는 사실을 깨닫고 나면 솔로몬 저작권의 문제가 제거된다. 코헬렛이 아닌 제2의 화자가 이 책의 저자라는 것을 이 책 자체가 시사해 주고 있다. 구약의 다른 많은 책들과 마찬가지로 우리는 이 책의 저자의 이름이 무엇인지를 모른다.

문 학 적 인   분 석

구조

전도서는 세 부분으로 나뉜다. 이 책은 코헬렛의 사상의 몇 가지 주제들을 소개해 주고 있는 짧은 프롤로그(1:1-11)로 시작되어 코헬렛의 긴 독백(1:12-12:8)으로 이어지며, 간략한 에필로그(12:8-14)로 끝을 맺는다.

프롤로그와 에필로그는 코헬렛을 삼인칭으로 언급하는 것에 의해서 이 책의 본문과 구분되어 있으며, 양자가 합쳐서 코헬렛의 연설을 둘러싸고 있다. 이 책의 가운데 부분은 코헬렛의 연설이 차지하고 있는데, 이 코헬렛의 연설은 삶의 의미에 대한 자서전적인 반추로 이루어져 있다.

이 책의 전반적인 구조가 명백하기는 하지만 학자들은 이 책을 더 상세하게 분석하고자 할 때는 좌절감을 경험하게 된다. 코헬렛의 생각의 흐름들 바탕에 깔려 있는 구조를 발견하고자 하는 시도들(A. S. Wright 1968, 1980, 1983이 가장 유명하다)은 다른 많은 학자들에 의해서 추종을 받지 못했다. 면밀한 연구를 해보면 코헬렛의 생각의 흐름은 이리저리 배회하며, 자꾸 반복되고(1:12-18과 2:11-16; 4:1-3과 5:8-9; 4:4-12과 5:10- 6:9), 또한 때때로 스스로 모순이 된다. 그러나 이처럼 배열순서가 결여되어 있다는 점은 이 책의 메시지를 혼란스럽게 만드는 것이 아니라 바로 그것에 공헌을 한다(아래를 보라).

비록 코헬렛의 생각이 어떤 자세한 흐름을 갖고 있지는 않지만 몇 가지 점들이 점진적으로 발전해 나가고 있다는 것이 눈에 띈다. 그의 연설은 고대 근동의 자서전 전승들 가운데 잘 알려져 있는 문구로 시작된다 (1:12)(Poebel 1931; Longman 1991, 1997). 1:13-2:26에서 코헬렛은 "해 아래"에서 사는 삶 속에 들어 있는 의미를 탐구하면서 문학 속에서 가상화된 솔로몬이라는 인물을 활용한다. 6:10-12에는 코헬렛의 연설의 두 번째 부분으로의 전환점 속에서 일종의 약술(略述)의 역할을 하는 내용이 들어 있다. 그의 연설의 결론인 12:1-7에는 죽음에 대한 성찰이 들어 있는데, 이것은 자서전의 결론으로서 적절하다.

장르

성경이나 고대 근동의 문헌들 중에는 전도서와 정확하게 같은 형태의 문헌이 존재하지 않는다. 전도서에 나오는 질문들과 비슷한 질문들이 고대 근동의 다른 문헌들에 나오기는 한다. 심지어 메소포타미아의 한 문헌은

"바빌로니아의 코헬렛"(a Babylonian Qohelet)이라고 알려져 있기도 하다
(ANET, 438-40). 또한 전도서 9:7-9와 길가메쉬 서사시(the Gilgamesh
Epic) 간의 유사성도 잘 알려져 있다:

> 신들이 인간을 창조했을 때
> 그들은 인간들에게 죽음을 부여하고
> 생명은 자신들의 손에 남겨 두었다.
> 길가메쉬여, 너는 너의 배를 부르게 하고,
> 낮이나 밤이나 즐거워하라.
> 너는 매일 즐거움의 잔치를 베풀고,
> 낮이나 밤이나 춤추고 놀라!
> 너의 의복이 항상 깨끗하도록 하고,
> 너의 머리가 항상 씻겨 있도록 하고, 물로 목욕을 하라.
> 네 손에 붙어 있는 작은 것에 주목하라.
> 너의 배우자가 너의 품 안에서 즐거워하도록 하라!
> 이것이 바로 (인간의) 일이니!

바빌로니아와 이집트와 그리스의 이러저러한 고대의 문헌들도 코헬렛의
연설과 비슷한 사고방식 및 태도를 보여주고 있다(전도서와는 반대되게[아
래를 보라]).

그러나 더 흥미로운 것은 코헬렛의 연설과 대략적으로 얼추 비슷한 구조
를 띠고 있는 문헌들이다. 전에는 코헬렛이 왕의 유언들이나 이집트의 교훈
서들과 관련해서 연구되어졌지만 사실상 가장 비슷한 문헌들은 메소포타미
아의 지혜 문학적인 자서전들로부터 찾을 수 있다(나람-신에 대한 쿠타의 전
설[Cuthaean Legend of Naram-Sin], 아닷-구피 자서전[Adad-guppi
autobiography], 그리고 소위 '사르곤의 죄' 라는 이름의 문헌[the so-called
Sin of Sargon]) (Longman 1991, 6장; 2003). (쿠타는 바빌로니아의 고대
도시로서 한글판 개역 성경 열왕기하 17:24, 30에는 '구다' 로 되어 있으며,
사르곤이 사마리아의 거민들을 추방시켰을 때 쿠타의 거민들을 대신 그 곳

에 이주시킨 바가 있다 — 역주.) 이 자서전들은 같은 형태의 문구로 시작되며, 교훈과 충고로 끝을 맺는다.

결론적으로 말해, 우리는 이 책을 테두리를 가진 액자형 자서전(a framed autobiography)이라고 보는 것이 가장 좋다. 이러한 장르 파악은 우리가 전도서의 메시지를 해석하는데 있어서 중요하다.

신 학 적 인   메 시 지

전도서는 충격적인 책이다. 잠언서의 가르침과 코헬렛의 가르침을 비교해 보면 이 점을 알 수 있다. 우선 잠언은 지혜와 많은 수의 가족과 장수에 대해서 찬양을 한다(3:13-18). 반면에 코헬렛은 이렇게 말한다:

우매자가 당한 것을 나도 당하리니
내게 지혜가 있었다 한들
내게 무슨 유익이 있으리요 하였도다
이에 내가 내 마음속으로 이르기를 이것도 헛되도다 하였도다
지혜자도 우매자와 함께 영원하도록 기억함을 얻지 못하나니
후일에는 모두 다 잊어버린 지 오랠 것임이라
오호라 지혜지의 죽음이 우매자의 죽음과 일반이로다. (전 2:15-16)

사람이 비록 백 명의 자녀를 낳고 또 장수하여 사는 날이 많을지라도 그의 영혼은 그러한 행복으로 만족하지 못하고 또 그가 안장되지 못하면 나는 이르기를 낙태된 자가 그보다 낫다 하노니. (6:3)

더욱이 그의 어떤 충고들은 꽤 의아하다:

지나치게 의인이 되지도 말며
지나치게 지혜자도 되지 말라

> 어찌하여 스스로 패망하게 하겠느냐
> 지나치게 악인이 되지도 말며
> 지나치게 우매한 자도 되지 말라
> 어찌하여 기한 전에 죽으려고 하느냐
> 너는 이것도 잡으며
> 저것에서도 네 손을 놓지 아니하는 것이 좋으니
> 하나님을 경외하는 자는
> 이 모든 일에서 벗어날 것임이니라. (7:16-18)

또한 이 책에는 "바람을 잡으려는 것이니"라든가 "소득이 무엇이랴?"는 등의 후렴구들이 나오는데, 이 후렴구들은 우리가 이 책을 읽어나가는 중에 우리들의 귀에 쟁쟁거린다. 그러나 이러한 후렴구들 중에서도 가장 빈번하게 나오면서, 또한 가장 회의적인 후렴구는 "헛되고 헛되니 모든 것이 헛되도다"라는 후렴구인데, 이 후렴구는 또한 코헬렛의 연설을 앞뒤로 감싸고 있다(1:2; 12:8).

이 책의 정경성에 대한 고대의 논의를 촉발시키고, 해석사를 복잡하게 만든 요소는 바로 이 책 전반에 걸쳐 나타나 있는 강한 회의주의적 색채이다. 레빈(Levine)에 따르면, 해석사는 "검열과 억압과 논박"으로 특징지어질 수 있다(1978, 64). 우리가 어떻게 이 책의 메시지를 바르게 이해할 수 있으며, 또 어떻게 이 책을 정경의 나머지 책들과 조화롭게 만들 수가 있겠는가?

전통적인 접근방법(위를 보라)은 이 책의 마지막 부분인 에필로그에 호소함으로써 두 번째 질문에 대한 대답을 한다. 이 견해에 따르면, 에필로그는 우상 숭배를 회개한 솔로몬이 자신의 불경건한 시절의 방황들을 회고하면서 내린 결론들이다. 그가 하나님을 떠났던 과거("해 아래" 살던 때)에는 삶이 무의미했다. 그러나 마지막으로 그가 한 말은 "하나님을 경외하고 그 명령을 지킬지어다"(12:13)라는 말이었다.

전통적인 견해에 따르면, 코헬렛의 연설은 성경의 나머지 부분들과 비교해 볼 때 모호한 내용들을 많이 담고 있다. 그러나 이러한 비정통적이고 회의주의적인 가르침들은 솔로몬이 반항적이던 시절의 것들이며, 따라서 정통적인 신학이 아니다.

일부 최근의 주석가들은 본문에 대한 자연스러운 해석으로 보이는 것들에 대해 반대를 했다. 그들은 코헬렛의 가르침에 비정통적이거나 비관주의적인 것이 전혀 없다고 생각했다. 그는 "기쁨의 설교자"(Preacher of Joy)(Whybray)이거나 정통적인 사상의 한 본보기(Kaiser, Fredericks)이다. 이러한 해석에 도달하기 위해서는 우리는 이 책의 많은 평범한 내용들을 억누르고 왜곡해야 한다. 이 접근방법이 어느 정도 작은 부활을 맞이하고 있기는 하지만 사실은 이 접근방법은 이 책에 대한 탈굼식의 해석으로 돌아가고 있는 것이다. 탈굼이 이 책을 해석하면서 주석학적인 곡예를 하고 있다는 것을 우리는 쉽게 발견할 수 있다(Levine).

그러면 이 책을 어떻게 해석해야 하는가? 우리는 위의 문학적인 분석으로부터 출발해야 한다. 전도서에서 우리는 두 가지의 목소리, 즉 코헬렛과 익명의 지혜 선생의 두 가지 목소리를 들을 수 있다. 익명의 지혜 선생은 프롤로그를 통해서 이 책을 소개해 주며, 에필로그 속에서는 코헬렛에 대한 평가를 제공해 준다. 코헬렛은 의심이 많고, 회의주의적이다. 반면에 외곽 부분들에 나오는 익명의 화자는 정통적이며, 이 책 속의 긍정적인 가르침들의 원천이다.

그러므로 전도서는 욥기와 비슷한 구조를 갖고 있다. 또한 이 책은 그 독서 전략에 있어서도 욥기와 비슷한 독서전략을 요구한다. 이 두 책의 본문은 징경의 나머지 책들에 비추어 볼 때 의심스러운 가르침들을 담고 있다(세 친구와 엘리후와 욥의 연설들). 물론 모든 내용이 다 그런 것은 아니지만 거의가 그렇다는 것이다. 이 점은 전도서의 경우에 있어서도 역시 마찬가지이다. 코헬렛의 자기성찰적 자서전인 이 책의 본문에는 구약의 전통적인 정서와 상충하는 내용들이 많이 들어있다. 이 두 책의 긍정적인 가르침은 욥기에서는 폭풍 속에서 주어진 여호와의 말씀 속에 들어 있으며, 전도서에서는 두 번째 지혜자가 자기 아들에게 준 경고 속에 들어 있다.

그러므로 전도서를 이해하기 위해서는 에필로그를 주의 깊게 읽는 것이 중요하다. 에필로그의 몇몇 구절들에 대한 전통적인 번역은 의심스럽다.

폭스(Fox)의 좋은 제안을 따라서 우리는 12:8이 이 책의 외곽틀의 내레이터가 이 책의 끝에 가필한 부분의 시작점이라고 생각한다. 그는 코헬렛이 자주 사용한 후렴구인 "헛되고 헛되니 모든 것이 헛되도다"라는 말을 사용하여 코헬렛의 가르침을 정리하고 있다. 그리고 나서 그는 코헬렛의 노력들에 대해 경의를 표시한다. 그는 그가 자신의 임무를 열성적으로 감당한 지혜자였다는 것을 인정한다. 그러나 중요한 점은 비록 진정한 지혜의 특징은 항상 의와 경건(잠 1-9장)이지만 구약 시기 중에 지혜자란 자리는 때때로 악한 사람들에 의해서 채워지기도 했다는 점을 기억하는 것이다(가장 악명 높은 예는 요나답이다: 참고, 삼하 13장).

다음 몇 절은 코헬렛에 대해서 점점 더 비판적이 되어간다. 폭스(Fox 1989, 96)는 10-12절을 다음과 같이 잘 번역해 주고 있다:

"헛되고 헛되니 모든 것이 헛되도다"라고 코헬렛은 말한다. 따라서 코헬렛은 과연 지혜자였다. 그는 항상 백성들에게 지혜를 가르쳤으며, 심사숙고하고 탐구하는 가운데 많은 경구들을 썼다. 코헬렛은 정교한 말들을 찾으려고 했으며, 가장 정직한 진리의 말들을 기록하고자 했다. 지혜자들의 말들은 찌르는 채찍 같고, [지혜] 모음집들의 선생들[의 말들]은 한 목자가 준 잘 박힌 못과 같다. 그러므로 내 아들아, 이것들을 조심하라. 많은 책들을 만드는 것은 의미가 없으며, 많은 말들을 하는 것은 육체를 피곤하게 한다. 이 모든 것들을 다 들었으니 결론이 다음과 같다. 하나님을 경외하고 그의 계명들을 지켜라. 이것이 인간이 해야 할 의무의 전부이다. 왜냐하면 하나님께서는 모든 행위를 심판하실 것이며, 또한 선한 것이든 악한 것이든 간에 모든 감추어진 것들을 심판하실 것이기 때문이다.

코헬렛이 "오직 옳은 말들만을 추구하였다"라는 것은 속이 빈 칭찬이다. 왜냐하면 자신이 좀체 성공하지 못했다는 것을 그 자신이 스스로 인정하고 있기 때문이다(7:1-29). 그러나 폭스가 제안한 번역(Longman 1997이 따르는 견해)이 틀린 것이며 외곽틀을 형성하고 있는 본문의 내레이터가 코헬렛의 관점을 "옳은" 것이라고 평가하고 있는 것일 수도 있다. 이 경우 이런 평가는 코헬렛 자신의 말대로 "해 아래"의 삶을 가리키는 것으로 이해하는 것이 가장 적절할 것이다. 다시 말해 하나님("해 위")을 의지하지 않는 타락된 세상 속의 삶은 사망으로 끝을 맞이하는 어려운 삶인 것이다. 비록 그가 이런 신학적인 용어들을 사용하고 있지 않기는 하지만 말이다.

어떤 해석을 따르든 간에 채찍과 잘 박힌 못이라는 수사적 표현은 보통 긍정적으로 이해되고 있지만 사실은 부정적으로 이해되는 편이 더 낫다. 채찍과 못은 고통스러운 것이다! 많은 학생들이 즐겨 인용하는 유명한 구절인 12절은 많은 사람들이 생각하는 것과는 달리 코헬렛의 연설을 제외시키고 있는 것이 아니라 그것을 포함하고 있는 것이 틀림없다.

그러므로 만약 코헬렛의 긴 연설이 비관주의적이고, 구약의 정경의 나머지 부분들과 상치된다면 과연 어떻게 이것이 정경 속에 포함되어지게 되었는가? 코헬렛의 연설(1:12-12:7)은 두 번째 지혜자가 이스라엘 가운데 있는 사변적이고 회의주의적인 지혜의 위험성에 대해서 자기 아들(12:12)에게 가르침을 주기 위해 사용한 교재도구이다. 이 점은 욥기와 비슷한데, 욥기의 대부분은 인간 등장인물들의 비정통주의적인 말들로 가득 차 있다. 그러나 이것들은 하나님께서 폭풍 가운데서 말씀하시게 되자 다 분쇄되어 사라진다.

전도서의 긍정적인 가르침은 이 책의 마지막 두 구절에서 발견된다:

> 일의 결국을 다 들었으니
> 하나님을 경외하고
> 그의 명령들을 지킬지어다
> 이것이 모든 사람의 본분이니라
> 하나님은 모든 행위와 모든 은밀한 일을
> 선악 간에 심판하시리라. (12:13-14)

이 책의 두 번째 저자이자 내재적 저자(the implied author)는 간략한 표현들을 사용해서 구약의 메시지를 요약해 준다. 그는 자기 아들을 하나님과의 바른 관계(하나님을 경외하라)와 순종과 미래의 심판에 대한 바른 이해로 초대한다. 이 두 구절들 속에는 "복음의 정수"(the Gospel in a nutshell)가 담겨 있다.

신 약 으 로 의   접 근

전도서는 신약에서 전혀 인용되지 않았다. 그러나 로마서 8:18-22에 이 책의 메시지가 암시되어 있다:

> 생각하건대 현재의 고난은 장차 우리에게 나타날 영광과 비교할 수 없도다 피조물이 고대하는 바는 하나님의 아들들이 나타나는 것이니 피조물이 허무한 데 굴복하는 것은 자기 뜻이 아니요 오직 굴복하게 하시는 이로 말미암음이라 그 바라는 것은 피조물도 썩어짐의 종 노릇 한 데서 해방되어 하나님의 자녀들의 영광의 자유에 이르는 것이니라 피조물이 다 이제까지 함께 탄식하며 함께 고통을 겪고 있는 것을 우리가 아느니라.

여기에서 "허무"라는 단어는 70인경이 전도서의 중심단어인" 헛됨" 이라는 단어를 번역할 때 사용한 단어이다. 코헬렛은 정경의 나머지 부분들에 비추어 볼 때 비정통적인 것으로 들리지만 사실 그는 하나님의 구속적인 사랑의 빛으로부터 떨어져 있는 세상에 대한 평가를 제공해 주고 있다. 이 세상과 삶에 대한 그의 전망은 제한되어 있다. 그는 그것을 "해 아래 사는" 삶으로 묘사한다. 다시 말해서, 그의 절망은 하나님의 구속이 없는 언약적인 저주의 결과이다.

코헬렛은 하나님이 없는 세상의 절망을 아주 생생하게 포착하고 있기 때문에 아주 현대적으로 들린다. 그러나 양자 사이의 차이점은 현대 세상은 하나님이 존재하시는 것을 믿지 않지만 코헬렛은 하나님의 존재는 믿으면서도 그의 사랑과 관심은 의심했다는 점에 있다(5:1-7). 그 결과 코헬렛에게는 부나 지혜나 자비 등의 그 어떤 것도 의미가 없었다. 결국 죽음이 모든 것의 종말을 가져올 뿐이었다. 코헬렛은 이 책 전체를 통해서 죽음에 집착하고 있다 (2:12-16; 3:18-22; 12:1-7). 그는 이것을 초월하는 그 어떤 것도 보지 못한 다.

그러므로 어떤 차원에서 보면 코헬렛이 절대적으로 옳다. 하나님 없는 ("해 아래 사는") 세상은 허무하다. 사망이 모든 것의 종국을 가져온다. 따 라서 그는 삶에 대한 증오(2:17)와 하나님이 베푸시는 미천한 즐거움들(22-24절) 사이에서 방황한다.

우리가 위에서 본 바와 같이 코헬렛의 연설의 메시지는 이 책이 전달해 주 고자 하는 메시지가 아니다. 이 책의 메시지는 바로 마지막 몇 절 속의 가르 침이다. 그렇지만 우리는 코헬렛이 하나님과 동떨어져 언약적인 저주 아래 있는 세상의 공포에 대해서 잘 기술했다는 것을 인정할 수 있다. 그는 소망 을 결여하고 있다.

신약으로 가면 우리는 예수 그리스도께서 코헬렛이 겪었던 허무와 헛됨으 로부터 우리를 구원하셨다는 것을 보게 된다. 예수께서는 자신을 이 세상의 헛된 것에 굴복시킴으로써 우리들을 코헬렛의 허무한 세상으로부터 구원해 내셨다. 예수는 하나님의 아들이시다. 그러나 그는 우리를 세상의 허무로부 터 구원해 내시기 위해 이것을 경험하셨다. 그가 십자가에 달리실 때 성부께 서 그를 버리셨다. 이 순간 그는 코헬렛조차도 상상치 못할 방식으로 저주 아래 있는 세상의 허무를 경험하셨다. "그리스도께서 우리를 위하여 저주를 빈은 바 되시 율법의 저주에서 우리를 속량하셨으니"(갈 3:13).

그 결과 기독교인들은 코헬렛이 가장 고통스러워 한 것들 속에서 심오한 의미들을 경험할 수 있다. 예수는 지혜, 수고, 사랑, 삶의 의미를 회복시키셨 다. 결국 죽음을 맞이함으로써 예수께서는 코헬렛이 가장 크게 두려워한 것 을 정복하셨으며, 사망이 모든 의미 있는 것들의 끝이 아니라 하나님의 임재 앞으로 나아가는 입구라는 것을 보여주셨다.

아 가 서

아가서의 해석의 역사는 매혹적이다(Longman 2001, 20-49). 아마 성경의 그 어떤 책도 이 책만큼 시대에 따라서 다르게 읽혀지지는 않았을 것이다. 중세에는 이 책을 인간의 성(性)과 연결시켜서 읽는 사람은 아주 적었다. 그런 식의 해석은 위험한 것이었으며, 파문이나 그보다 심한 결과를 가져올 수도 있었다(Pope 1977, 112-16). 하지만 오늘날의 대부분의 기독교인들은 이러한 접근방법이 자연스럽고 옳은 것이라고 생각한다. 그러나 아가서를 이런 식으로 '비신학적으로' 읽는 것이 과연 바른 것인가? 왜 이처럼 성적인 내용을 뚜렷하게 담고 있는 책이 정경 속에 들어 있는 것인가?

문 학 적 인   분 석

장르

이 책의 해석의 역사와 관련해서 두 가지 주제가 아가서의 장르의 문제와 관련해서 다루어져야 한다. 첫째, 이 책은 희곡인가, 아니면 일련의 사랑의 시인가? 그리고 둘째의 이와 연관된 문제는, 이 책이 알레고리인가 하는 것이다.

희곡. 현대의 많은 아가서 번역본들은 난외 여백에 화자가 누구인지를 명시해 줌으로써 이 책을 희곡으로 해석하는 견해의 영향을 보여주고 있다. 예를 들어, TNIV는 서론부의 구절들(1:1-4)이 "그녀"(She)의 것이라고 보고 있다. 그 이외의 등장인물들은 "친구들"과 "그"(He)이다. 이러한 식의 화자(話者)들에 대한 표시는 원문에는 들어있지 않다. 이러한 화자들의 표시는 주후 400년경의 시내 산 책자형 사본(Codex Sinaiticus)에 처음으로 등장한다. TNIV는 이러한 화자의 표시가 원문에 포함되어 있는 것이 아님을 표시해 주기 위해 이것들을 이탤릭체로 표기하고 있다. 그럼에도 불구하고 이 표시들은 이 책을 희곡으로 해석하도록 영향을 미친다.

그러나 주의 깊게 연구를 해 보면 이러한 희곡적인 접근방법은 이러한 화자에 대한 표시들이 보여주는 것처럼 그렇게 명료한 것이 아니다. 사실 희곡적인 접근방법을 받아들일 경우 본문에 등장하는 등장인물들의 수가 몇 명이라고 보아야 하는지를 결정하는 것조차 쉽지 않다. 그리고 비록 이 문제를 해결한다고 해도 각 대사가 과연 어느 등장인물의 것인지를 파악해야 하는 문제가 여전히 어려운 숙제로 남게 된다. 희곡적인 접근방법을 지지하는 학자들 사이에는 두 개의 중요한 학문적 입장이 존재한다. 즉 등장인물을 두 명으로 보는 입장과 세 명으로 보는 입장이 존재한다.

전자의 접근 방법은 이야기 속의 중요 등장인물이 두 명이며, 그 두 명은 곧 솔로몬과 술람미 여인, 즉 사랑하는 자와 사랑받는 자라고 생각한다. 이들 사이에는 일종의 합창의 역할을 담당한 예루살렘의 딸들만이 끼어든다.

플롯은 왕과 이 여인의 사랑에 초점을 맞추고 있다. 이 여인은 보통 아름다운 "시골 처녀"(rustic maiden)인 것으로 간주된다(Delitzsch 1975, 3). 그녀는 이 도시적이고 세련된 왕의 마음을 사로잡았다. 그는 그녀 앞에서 무기력해진다.

이야기는 최초의 만남과 사랑의 표현들로부터 결혼(보통 3:6-5:1과 연결되어짐)으로 발전해 나간다. 이 관계는 결혼 후에 문제가 생기지만 종국(8:5-14)에 가서는 그들의 관계는 깊고 헌신적이다.

따라서 이 견해에 따르면, 아가서는 솔로몬과 술람미 여인이 나눈 순수한 사랑을 기록하고 있는 단일 플롯으로 이루어져 있다. 이 책은 솔로몬이 사악한 일부다처제와 복잡한 사랑놀음으로부터 떠나서 한 시골 처녀에 대한 일부일처제의 단순한 사랑으로 옮겨가는 것을 기술하고 있다.

세 명의 등장인물이 등장한다는 견해를 지지하는 자들은 아가서 속에서 사랑의 삼각관계를 찾아낸다(H. G. A. Ewald; Godet; Ginsburg, Seerveld). 솔로몬과 술람미 여인은 이 경우에도 여전히 중심인물들이다. 그러나 여기에서는 이 여인은 솔로몬과 사랑을 하고 있는 것이 아니라 보통 목동으로 생각되어지는 순진한 시골 청년과 사랑을 나누고 있는 것이다. 뻔뻔하게 배교(背敎)적이고 일부다처제적인 솔로몬은 술람미 여인을 자신의 하렘에 집어넣기 위해 비정하고 탐욕적으로 술람미 여인을 납치했다. 그러나 그녀는 헌신적이고 순수하게 목동을 향한 자신의 열렬한 사랑을 보존한다.

최근의 한 연구에서 프로반(Provan)은 삼인 등장인물설에 대한 흥미로운 변형을 가한 견해를 제시했다. 그는 솔로몬이 젊은 여인을 강제로 자기 하렘에 집어넣으려고 했다고 믿는다. 그러나 그녀는 고향의 목동과의 사랑을 유지한다. 이런 식으로 해서 아가서는 강요된 법적 사랑을 초월하는 진정한 사랑을 찬미한다.

아가서에 대한 희곡적인 접근방법에는 몇 가지 좀체 극복할 수 없는 난점들이 존재한다. (1) 문단들을 특정 등장인물들에게 확실하게 할당하기가 불가능하다. 이러한 모호성은 두 명의 등장인물이 있다고 보는 견해와 세 명의 등장인물이 있다고 보는 견해 사이의 논쟁 속에서 특히 분명하게 드러난다. 희곡에서는 등장인물의 수를 파악하는 것이 비교적 간단한 일이다. 그런데 아가서에서는 그럴 수가 없다는 사실은 이러한 희곡적인 접근방법의 타당성에 타격을 준다. (2) 희곡이라는 것은 성경이나 고대 근동의 문헌들 속에서는 발견되어지지가 않는다. (3) 이 책은 내러티브에서 보통 발견되어지는 특징들을 갖고 있지 않다. 플롯 지향적인 접근방법을 하는 학자들은 사건들과 막의 구분에 대해서 서로 많은 혼란이 있다. 서로 유일하게 정말 일치를 보이는 부분은 남자와 여인 사이에 성교를 하고 있는 것이 확실한 것으로 보이는 첫 번째 장면(4:16-5:2) 바로 앞에 결혼식의 장면이 들어 있다고 보는 것뿐이다. (4) 또한 메소포타미아와 이집트의 사랑의 시들(아래를 보라)은 아가서와 흥미로운 유사점들을 갖고 있다.

희곡적인 접근방법이 실패한 방법인 것은 거의 확실하다. 왜냐하면 이 방법은 명백한 플롯 구조의 존재를 증명하지 못하고 있기 때문이다. 이 방법의 지지자들이 이 책의 등장인물이 둘인지 셋인지에 대해 의견의 일치를 보여주고 있지 못하다는 사실이 이러한 문제를 잘 드러내 준다. 이 책은 도입부가 절정으로 발전해 나가고 그 후에 결말에 이르는 식의 내러티브적인 성격을 갖고 있지 않다. 그러나 주제와 등장인물상의 연속성은 있다. 비록 후자의 경우에 약간의 모호성이 존재하기는 하지만 말이다. 주석가들은 희곡적인 접근방법으로부터는 점점 더 멀어지고 있는 반면에 아가서가 사랑의 시들의 모음집, 성에 대한 내용의 시들의 모음집이라는 견해로 점점 더 다가가고 있다.

사랑의 시. 아가서의 장르를 사랑의 시로 보는 견해는 아가서와 고대 및 현대의 사랑의 시 사이의 유사성을 추적한 비교적 최근의 연구들에 의해서 지지를 받아 왔다. 예를 들어, 존 화이트(John White)와 마이클 폭스(Michael Fox)는 사랑받는 자를 "나의 누이, 나의 신부"라고 부르는 것 등을 포함해서 아가서와 이집트의 사랑의 시들 사이에 많은 유사점들이 있음을 보여주었다. 19세기에 베츠슈타인(Wetzstein)은 아가서의 시들과 자신이 방문한 시리아 마을들의 결혼식에서 불린 노래들 사이의 유사성을 지적하였다. (이집트와 시리아의 시들의 예는 아래에서 주어질 것이다.) 결국 아가서가 사랑의 시들을 느슨하게 연결시켜 놓은 모음집이라는 것이 점점 더 의견의 일치를 얻어가고 있다.

아마 아가서가 사랑에 대한 서정시들의 모음이라는 견해를 가장 잘 주장해 주고 있는 것은 마리아 포크(Maria Falk)의 견해일 것이다. 그녀의 책 「성경에 나오는 사랑의 서정시들」(*Love Lyrics from the Bible*)에서 그녀는 아가서가 서른한 개의 시들의 모음집이며, 이것들이 내러티브적인 통일성을 가지고 묶여진 것이 아니라 주제에 따라 연결되어 있다는 것을 분석했다. 그리고 나서 그녀는 이 시들에 문학적인 분석방법을 적용시켰는데, 그 목적은 플롯을 드러내기 위한 것이 아니라 수사적 표현들의 의미를 밝히기 위한 것이었다. 더 최근에 와서 롱맨(Longman 2001)은 아가서를 23개의 시를 집대성한 모음집으로 분석하였다.

아가서를 이런 식으로 이해하는 것의 약점은 포크 자신이 인정한 것처럼 이 책 속에 꼭 서른한 개의 시가 있다는 것을 확정적으로 증명할 수 없다는 사실이다. 그러나 이러한 증명이 이 책을 해석하는데 있어서 꼭 그렇게 필수적인 것은 아니다. 아가서(The Song)는 결국은 노래들이 모여서 이루어진 하나의 노래(a Song of Songs)이다. 다시 말해 아가서 안에는 많은 시들(노래들)이 들어 있다. 그러나 이 시들 사이에는 주제 및 등장인물상의 일관성이 존재하기 때문에 아가서는 결국은 내러티브적 통일성은 아니라 할지라도 여전히 통일성을 갖고 있다. 최근에 헤스(Hess 2005)는 아가서의 일관성은 아주 확고한 것이기 때문에 우리가 아가서를 모음집이라고 불러서는 안 되며, 대신 하나의 단일한 시로 간주해야 한다는 주장을 했다(또한 로버츠 [Roberts]의 철저한 분석을 참고하라).

결국 내적인 증거들에 대한 분석과 비교문헌학적인 증거들에 기초해 볼 때 최상의 결론은 아가서가 한 남자와 한 여자 사이의 사랑을 찬양하고 있는 시들의 모음집이라고 보는 것이다. 우리는 아가서를 이러한 바탕 위에서 해석할 것이다.

알레고리적인 해석의 문제

그러나 아가서를 사랑의 시들의 모음집으로 본다고 해서 이 책을 해석하는 방법에 대한 모든 것이 다 해결되어지는 것은 아니다. 알레고리(Allegory)는 어떤 장르라기보다는 하나의 해석방법이다. 여러 가지 많은 장르들이 다 알레고리적으로 해석되어질 수가 있다.

사실 지난 많은 세기 동안 아가서는 하나의 알레고리로 해석되어져 왔다(상세한 해석사에 대해서는 Pope 1977, 89-229을 보라). 알레고리는 최근까지도 기독교와 유대교에서 이 책을 접근하는데 있어서 주도적이고 거의 독보적인 방법이었다. 유대인 학자들은 이 책이 여호와와 이스라엘 간의 사랑에 대한 알레고리라고 해석했으며, 기독교 신학자들은 이 책이 메시야주의적인 것이며, 그리스도와 교회 간의 사랑을 찬양하고 있는 것이라고 주장했다(엡 5:22-33).

아가서의 탈굼(the Targum of the Song, 주후 7세기)은 유대교의 알레고리적 해석의 한 본보기이다. 유대교적인 다른 대부분의 해석들과 마찬가지로 사랑하는 자는 여호와이며, 사랑받는 자는 이스라엘 국가이다. 탈굼에서 아가서는 또한 구속사로 해석되어졌다. 이스라엘의 역사는 여호와를 향한 이스라엘의 사랑과 여호와의 함께 하심을 누리고자 하는 소망으로 특징지어 진다. 그러나 이러한 소망은 하나님에 대한 이스라엘의 죄에 의해 침해를 당한다. 이 책은 역사 속의 각각 다른 시기와 연결되어 있는 다섯 개의 부분으로 나뉘어져 있다.

그 한 예로 우리는 탈굼이 아가서 1:2-4를 어떻게 해석하고 있는지를 주목하여 보자:

> 그가 나에게 입 맞추도록 하자. ―
> 그의 사랑이 포도주보다 나으므로.
> 당신의 향수의 향기가 좋고,
> 당신의 이름이 쏟아진 향기 같도다.
> 처녀들이 당신을 사랑하는 것이 전혀 놀라운 일이 아니로다!
> 저를 데려가 주어요 ― 어서 서두르세요.
> 왕이 우리를 그의 침실로 인도하셨도다.

알레고리적인 시각에서 읽을 때 이 문단은 출애굽에 대해 언급하는 것으로 해석되어진다. 하나님은 이스라엘을 애굽에서 이끌어내서서 하나님의 침실 ― 곧 약속의 땅 ― 로 데리고 가셨다.

아가서에 내한 유대교의 다른 알레고리적 해석도 있다. 예를 들어, 유대교 신비주의자들은 사랑하는 자와 사랑받는 자가 각각 마음의 능동적인 측면과 수동적인 측면이라고 해석했다(Moses Ibn Tibbon, Immanuel ben Solomon, Pope 1977, 105를 보라; Levi ben Gersonides [주후 13-14세기의 프랑스 거주 랍비 ― 역주]의 분석에 대해서는 Kellner 1998을 보라). 이러한 양자 사이의 결합은 지성의 두 가지 측면의 신비적인 결합으로부터 오는 황홀경을 기술하고 있다.

이른 시기의 기독교의 해석 역시 알레고리적이다. 아가서에 대한 기독교의 해석으로서 지금까지 보존된 가장 오래된 것은 히폴리투스(Hyppolytus)의 일부 단편(斷片)들 속에서 발견된다(주후 200년경). 그는 위의 본문(1:2-

4)이 그리스도께서 성도들을 교회로 이끌어오시는 것에 대한 언급이라고 해석한다. 또 하나의 예는 알렉산드리아의 키릴루스(Cyril of Alexandria)이다. 그의 알레고리적인 해석에 따르면 "나를 사랑하는 자는 내 품 가운데 몰약 향낭이요"라는 1:13의 말씀에서 "품"(두 젖가슴 ― 역주)은 구약과 신약을 상징하는 것이며, 몰약 향낭은 "그 두 개의 성경 가운데 존재하시는" 그리스도시다.

알레고리적인 접근방법을 평가하기 위해서는 이것의 동기가 무엇인지를 물어볼 필요가 있다. 예를 들어, 구약에는 하나님과 그의 백성간의 관계를 비유적으로 표현하는데 있어서 결혼이라는 이미지를 사용하고 있다. 그러나 이 이미지는 보통 부정적으로 사용되어진다. 다시 말해서, 하나님의 백성이 그에게 거역을 하고 다른 신들에게로 돌아섰을 때 그들은 그에 대해 간음을 저지른 것으로 묘사되어진다(예를 들어 겔 16, 23장; 호 1-3장). 아래(" 신학적인 메시지")에서 우리는 이 책에 자주 등장하는 결혼이라는 은유가 이 책을 이해하는데 많은 도움을 준다는 것을 보게 될 것이다. 그러나 그렇다고 해서 이 책에 나오는 인간의 육체에 대한 이미지들을 무시하는 유형의 알레고리적 접근방법이 필요한 것은 아니다.

사실 이 책에는 이 책의 성애적 표현들을 영적인 차원에서 해석하도록 해주는 단서들이 전혀 없다. 그러면 왜 교회는 그 역사의 대부분을 통해서 이러한 해석을 배타적으로 고집했을까?

그 부분적인 대답은 초대 교회와 회당이 육체와 영혼에 대한 헬라주의적인 사고방식을 미묘하게 받아들였다는 사실로부터 얻어진다(" 플라톤주의적인 이원론, 스토아 철학, 헬라주의-로마의 종교들"; Davidson 1989, 2). 초대와 중세의 기독교 사상가들이 플라톤과 아리스토텔레스의 철학체계에 깊이 물들어 있다는 것은 잘 알려져 있는 사실이다. 그 결과 육체 및 그 활동들은 일시적이고, 죄악되고, 악한 것이라는 견해가 나왔다. 그리고 육체를 거칠게 다루는 관행이 만들어졌다(예를 들어 금식과 채찍질). 성적인 절제는 미덕으로 간주되어졌으며, 이러한 사고방식은 수도원 운동을 통해서 절정에 이르렀다. 이러한 지적인 환경 속에서 아가서를 성적인 시로 읽는 것은 아마 그 육체적인 즐거움에 대한 내용 때문에 당혹감을 불러일으켰을 것이다.

　어느 시대에서나 마찬가지로 문화적인 선입견들은 해석자들로 하여금 본문의 원래의 의미에 대해 편견을 갖게 했으며, 그 결과 아가서를 성적으로 해석하기보다는 영적으로 해석하도록 만들었다. 포프(Pope)가 지적한 바와 같이 오리겐(Origen)은 자신이 자신의 몸에 한 것과 같은 일을 아가서에도 하였다. 즉 "그는 그것을 왜곡시키고, 그것을 육적인 것으로부터 전혀 분리된 영적인 드라마로 바꾸었다"(1977, 115). 포프는 또한 오리겐이 자신의 제자들 중의 하나인 파울라(Paula)에게 그녀가 그녀의 딸에게 주어야 하는 바른 성경 교육과 관련하여 쓴 다음과 같은 편지를 자기 책에 실어 놓았다(119). 오리겐은 이렇게 충고한다:

　그녀의 보물들이 비단이나 보석들이 아니라 성경 사본이 되도록 하십시요. 그리고 이 경우에도 그녀가 금도금이나 바빌로니아 양피지나 아라베스크 무늬들보다는 구두점의 정확성과 바름에 대해서 더 많이 생각하도록 만드십시요. 그녀가 시편을 먼저 배우도록 시키고, 그 다음에는 솔로몬의 잠언에서 삶의 법칙들을 습득하게 하십시요. 전도서로부터는 그녀가 이 세상과 그 허무한 것들을 경멸하는 태도를 얻게 하십시요. 그녀가 미덕과 인내에 대해서 욥이 세워놓은 모범을 따르게 하십시요. 다음으로는 복음서로 넘어가도록 하며, 한 번 이것들을 손에 잡은 후에는 결코 손에서 떠나지 않게 하십시요. 또한 그녀가 기꺼운 마음으로 사도행전과 서신들을 마시도록 하십시요. 그녀가 이러한 보물들로 그녀의 마음의 창고를 풍요롭게 한 이후에는 그녀로 하여금 선지서들과 칠경과 열왕기 및 역대기, 그리고 또 에스라서 느헤미야서 두루마리들을 외우도록 시키십시요. 그녀가 이 모든 것들을 한 이후에야 그녀는 아가서를 안전하게 읽을 수 있을 것입니다. 그러나 그 전에는 결코 안 됩니다. 왜냐하면 그녀가 이 책을 가장 먼저 읽는다면 그녀는 비록 이 책이 육적인 언어로 쓰여 있지만 영적인 결혼에 대한 결혼식의 노래라는 것을 포착하지 못할 것이기 때문입니다. 그리고 이것을 이해하지 못하면 그녀는 바로 그것 때문에 고통을 겪을 것입니다.

우리는 오리겐과 제롬에게서 영적인 것과 육적인 것을 떼어놓으려는 강한 경향을 발견하게 되는데, 이러한 경향은 수 세기 동안 교회의 아가서에 대한 해석에 영향을 미쳤으며, 자연적인 접근방법을 떠나 알레고리적 접근방법을 택하게 만들었다. 이 영향이 무척 강했기 때문에 알레고리적인 접근방법은 오늘날 기독교계의 모든 대다수 종류의 학계로부터 배격을 받고 있음에도 불구하고 여전히 설교 강단에서 설파되고 있으며, 또한 많은 평신도들에 의해서 바른 해석으로 받아들여지고 있다.

그러나 19세기 말에 물결의 흐름은 알레고리적인 해석을 반대하는 쪽으로 돌아섰다. 이러한 전이가 이루어지게 된 데는 여러 가지 이유가 있지만 그 중에서도 특히 중요한 것은 메소포타미아와 이집트의 사랑의 시들이 발견되어졌다는 사실이다(Cooper, Lambert, White). 이 시들은 아가서와 많은 유사성을 갖고 있으며, 또한 오직 남녀간의 사랑을 찬미하는 것으로밖에 해석되어질 수가 없다. 해리스 500 파피루스 (Papyrus Harris 500, White 1978, 176-77에 해석되어 있음)에서 나온 다음의 예에서 사랑받는 자가 "누이"라고 불리고 있으며, 또한 이 시가 자연에 대해서 자주 언급을 하고 있음을 주목하라:

> 사암(sa'am) 나무가 그 속에 있고,
> 그 가운데서 나는 커 보이네.
> 나는 당신의 가장 좋은 누이.
> 나는 꽃들과 온갖 향기로운 식물들이 있는
> 왕의 영지와 같네.
> 북풍으로 우리를 시원하게 하기 위해
> 당신이 그 가운데 파놓은 운하가 아름다워라.
> 그 가운데 내가 산보하기 좋은 곳이 있네.
> 당신의 손이 나의 손에 있고,
> 나의 몸은 편안하네.
> 우리가 함께 다니는 것으로 인해
> 나의 마음이 즐거워라.

> 그대의 목소리를 듣는 것은 석류로 만든 술과 같네.
> [당신의 목소리를] 들음으로 인해 나는 사네.
> 항상 당신의 앞에 내가 있을 수 있다면
> 그것이 나에게는 먹고 마시는 것보다 나으리. (시 19번)

또한 19세기 말의 다메섹의 독일 영사였던 베츠슈타인(J. G. Wetzstein)은 시리아의 아랍 거주민들의 결혼식의 노래에 대한 자신의 연구를 발표했다. 이 노래들은 아가서의 시들과 상당히 닮은 점들이 많은데, 그 중에서도 특히 신부 및 신랑의 육체적 아름다움을 격찬하고 있는 와스프(wasf)가 특히 그러하다(참고, 4:1-5:2; 7:1-9). 델리취(Delitzsch)의 주석의 부록에서 베츠슈타인은 아라비아 시들로부터 발췌한 것들을 포함한 자신의 발견사항들을 예비적으로 보고하였다. 이 짧은 예(Delitzsch 1975, 174-76) 속에서 우리는 앞에서 언급한 아가서의 구절들과의 유사성을 쉽게 찾아볼 수 있을 것이다:

> 나는 말한다: 오 아름다운 이여, 당신의 매력을
> 나는 결코 말로 표현 못하리.
> 내 눈이 보는 것들을 나는 잘 묘사하지 못하겠네.
> 그녀의 머리는 수정 구슬 같고,
> 그녀의 머리카락은 깜깜한 밤과 같네.
> 그녀의 머리카락은 일곱 밤과 같으니,
> 그와 같은 밤들이 일 년 중 다시 없으리.
> 그것들이 이리저리 물결치네, 물을 긷는 그녀의 동아줄처럼.
> 그녀의 옆 모습이 모든 향기를 내뿜으니, 내가 죽겠노라 … .
> 그녀의 코는 이라크(Irak)의 대추와 같고, 인도 칼의 날과 같도다.
> 그녀의 얼굴은 꽉 찬 달과 같고, 그녀의 뺨은 심장을 깨도다.
> 침은 독사가 문 자리를 치료하는 순수한 햇 꿀과 같도다.
> 우아한 글씨처럼
> 세이자이(the Seijai)가 그녀의 뺨 아래로 흘러내리네.

그녀의 가슴은 상고의 배들이 시돈으로 가져오는,
잘 다듬어진 대리석 식탁과 같도다.
그 위에 잘 익은 석류알처럼 두 개의 반짝이는 보석덩어리들 ….

이러한 비근한 예들은 알레고리적인 해석을 배격하게 하며, 아가서를 하나님의 아름다운 선물인 남녀 간의 성과 사랑을 찬미하는 사랑의 시들의 모음집으로 보는 해석을 낳았다. 따라서 이 책의 많은 비유적 표현들은 성적으로 이해되어진다. 한 가지 예로 여인의 처녀성에 대한 아름답고 선정적인 표현들이 많이 나온다. 처녀성은 우물, 혹은 향기로운 정원이다(아가서 4:12-15). 여인의 결혼 전의 정숙과 관련해서는 여인의 처녀성은 "벽"이며, 또한 근동에서 확고하게 확립되어 있는 비유적 표현과 마찬가지로 정숙치 못한 여인은 "문"이다(8:9-12). 남녀 간의 성교는 시각(7:1), 후각(4:13), 미각(5:1), 청각(5:2), 그리고 촉각(7:8) 등의 오각의 즐거움을 통해서 밝게 표현되어 있다.

아가서는 인간의 경험에 대해서 성찰하고 있는 시이기 때문에 성경의 지혜 문학의 또 하나의 예임이 분명하다. 잠언과 마찬가지로 이것은 이스라엘이 하나님과 맺고 있는 언약 관계나 그 독특한 역사, 혹은 하나님에 대한 어떠한 종류의 언급도 잘 하고 있지 않다. 놀랍게도 이 책에는 하나님의 이름이 등장하지 않는다(8:6은 예외이다). 그러나 정경적인 맥락에서 해석할 때 이 책은 성이라는 인간의 중요한 경험 영역에 대한 신적인 통찰과 가르침을 주고 있다.

이 책의 신학적인 메시지를 다루기 이전에 한 가지 점을 더 다루어야 할 필요가 있다. 그것은 이 책과 결혼 간의 관계에 대한 것이다. 이 책 그 어디에도 이 사랑하는 자와 사랑받는 자가 결혼한 사이라는 말이 없다. 또한 비록 결혼의 노래들이 나오기는 하지만 이 책 어디에도 결혼식이 분명하게 언급되어 있는 곳이 없다. 그러나 이 책의 정경적인 맥락에서 볼 때 남녀 간의 강렬한 성관계를 묘사하고 있는 이 시는 결혼한 사이를 전제로 하고 있음이 분명하다(Childs, *IOTS*, 575). 다시 말해서, 아가서는 혼전 성교나 혼외정사를 금하고 있는 하나님의 율법 속에서 해석되어져야 한다. 최근에 호린(Horine

2001)은 아가서의 은유의 상당 부분 역시 남자와 여자가 혼인관계에 있음을 시사해 주고 있다고 주장하였다.

역 사 적　배 경

　저작권과 저작연대의 문제는 지금까지 미루어져 왔다. 왜냐하면 이 문제는 적절한 문학적인 분석에 의존하고 있기 때문이다. 이와 관련해서 가장 중요한 점은 아가서가 하나의 통일된 내러티브가 아니라 노래들의 모음집이라는 점이다. 이 사실은 아가서가 다른 시대의 다른 저자들로부터 나온 시들의 모음집일 가능성이 있다는 것을 열어 놓는다(비록 이 문제가 결정난 것은 아니지만). 이러한 점에 있어서 이 책은 시편과 같다.

　그러나 먼저 우리는 이 책의 서두를 여는 "솔로몬의 아가"라는 표제를 고려해 보아야만 한다. 아가서란 제목은 히브리어로는 최상급으로 되어 있다(Song of Songs). 이것은 이 노래가 "왕중왕"(King of Kings)이란 표현과 마찬가지로 모든 노래들 중 가장 뛰어난 것이라는 것을 의미한다.

　저작권과 관련해서 솔로몬은 이 책과 어떻게 연결되어 있는가? 히브리어로 보면 솔로몬의 이름은 전치사 le에 의해서 이 제목과 연결되어 있다. 히브리어 표제는 어의론(semantics)적으로 다양한 의미들과 많은 기능들을 갖고 있으며, 또한 의미를 좀 더 정확하게 파악할 수 있는 문맥이 결여되어 있는 아가서 1:1과 같은 곳에서는 특히 해석하기 어렵다.

　이와 비슷한 문제는 시편의 표제들 속에서도 발견된다. 거기에서 우리는 증거들이 다윗 저작설 쪽으로 강하게 기울고 있다는 것을 보았다. 시편의 표제들이 가진 의미들에 대한 이러한 해석은 우리가 아가서의 첫 구절이 솔로몬의 저작권에 대해서 말하고 있는 것으로 이해하는데 있어서 강한 논거를 제공해 주고 있는 것으로 볼 수 있다.

　그러나 이 책이 이른 시기의 연대를 갖고 있다는 것에 대해서는 강력한 반대논거들이 있다. 아마 그 중에서 가장 자주 언급되어지는 것은 이러저러한 이유로 해서 후대의 것으로 여겨지는 언어적인 특징들로부터 나온 논거이다. 그러나 언어학적인 논거들이 결정적인 역할을 하는 경우는 드물다. 우선 후대성을 보여주는 표시들에 대해서 우리가 독단적인 결론을 내리기가 어렵다. 예로서, 최근까지도 šᵉ(' ᵃšer대신에)란 관계대명사의 사용은 확실한 후대성의 증거로 여겨져 왔다. 그러나 포프(Pope 1977, 33)가 지적한 바와 같이 축약된 형태가 이른 시기의 시(삿 5:7)에서도 나타나기 때문에 이것이 후대성의 증거가 될 수는 없다. 또한 포프는 단순히 아람어가 "히브리어만큼 오래된" 언어라는 점을 지적함으로써 본문상의 아람어의 영향들이 후대의 저작 연대에 대한 논거가 될 수 없다는 것을 지적했다(33).

더 난해한 문제는 아가서에 묘사된 사랑과 열왕기의 많은 아내들과 첩들을 가진 솔로몬이 모순된다는 점이다(왕상 11장). 역사서들은 또한 솔로몬의 성적인 문란이 그의 악명 높은 배교행위의 원천이라고 구체적으로 밝히고 있다(왕상 11:1-3). 또한 이 책 중 솔로몬의 이름을 언급하고 있는 부분들은 그를 먼발치에서 보고 있는 듯하다(3:6-11; 8:10-12). 또한 솔로몬을 찬양하고 있는 3:6-11과 그를 거부하고 있는 8:10-12 사이에도 모순이 있다.

반면에 이 책이 솔로몬 시대에 나왔다고 할 때에만 가장 잘 설명될 수 있는 특징들도 많이 있다. 아가서에 나오는 동물과 식물들에 대한 관심은 솔로몬이 이러한 것들에 대해 관심이 많았다고 하는 왕상 4:32와 잘 어울린다. 이 책을 솔로몬 시대의 것(꼭 솔로몬의 것은 아니라 할지라도)으로 보는데 도움을 주는 상세한 논거들은 시갈(M. H. Segal 1962)과 걸레만(G. Gerleman 1962), 라빈(C. Rabin 1973) 등에 의해서 제시되었다.

이 책의 애매한 표제를 저작권에 대한 하나의 교조주의적인 주장으로 받아들이지 않을 경우에는 이 문제를 확실하게 확정짓는 것은 불가능하다. 아마 이 표제를 신중하게 취급하는 가장 좋은 가설은 이 책에 나오는 시들 중 다는 아니지만 그 중 몇 개가 솔로몬의 것이라고 보는 것일 것이다. 우리는 잠언도 부분적으로는 솔로몬에 의해서 저술되었다는 분명한 예를 갖고 있다.

아가서의 저자를 여자로 보려는 최근의 시도들에 대해서 주목할 필요가 있다. 이 학자들은 여성의 목소리가 이 책을 지배하고 하고 있다는 것을 지적한다(Brenner 1993, 79; Bekkenkamp and Van Dijk). 이런 주장을 하는 학자들은 단지 여성 학자들에 국한되어 있지 않다. 랜디(F. Landy)나 라코크(LaCocque) 등도 이 대열에 동참하고 있기 때문이다. 이 중 후자의 학자는 "아가서의 저자는 '청교도들을 조롱하기로' 작정한 어떤 여성 시인"이라는 자신의 주장을 펼치면서 전자의 말을 인용한다(LaCocque 1998, xi, Landy 1983, 17을 인용). 다시 말해서, 아가서는 여자는 사랑의 수용자가 되어야지 주도자가 되어서는 안 된다는 생각 등을 포함한 사회적인 규범들에 저항하는 한 여인에 의해 쓰였다는 것이다.

아가서의 이러한 여성 저작설의 점증하는 물결에 대항한 사람은 항상 "흐름에 역행하는" 식의 독서를 하는 클라인스(D. J. A. Clines)이다. 그의 견해를 핵심적으로 요약하자면, 아가서의 여인은 남성의 시각으로 볼 때 완벽한 여인이며, 대부분의 남자들의 꿈이다. 그러므로 이 여인은 남성에 의해서 만들어진 허구이다.

아가서의 저자가 남성인지 여성인지에 대한 논의는 사실 아가서 자체에 대해서 밝혀준다기보다는 그런 주장을 하는 사람들 자신이 어떤 생각을 갖고 있는 사람인지를 밝혀주는 경향이 있다. 이들의 주장은 남성이나 여성 저자가 글을 쓸 때 각기 성에 따른 정형화된 방식으로만 글을 쓴다고 가정하는 문학 이론이나 성 역할 이론에 기초하고 있다.

신 학 적 인   메 시 지

위의 장르 분석은 이 책의 신학적인 메시지에 대해서 부정적인 결론으로 이끄는 듯하다. 이 책의 가장 중요한 목표는, 하나님과 그의 백성 사이의 관계를 묘사하는 것이 아니라 남녀 간의 성적인 사랑을 찬양하는 것이다.

그러나 이러한 메시지는 언제나 그래왔던 것처럼 오늘날에도 중요하다. 사회와 교회는 인간의 성을 타락시키는 경우가 자주 있었기 때문에 결혼이라는 틀 속에서의 성은 하나님께서 주신 선물이라는 것을 일깨워 주는 것이 중요하다.

성의 타락은 두 가지 형태로 온다. 우선 우리 사회는 성을 하나의 우상으로 만들었다. 성은 사람들을 가장 많이 사로잡는 요소이다. 어떤 종류의 성 관계 — 이성간의 성, 동성애, 간음 — 이든지 상관없이 우리 사회는 성적 자극이 없는 삶은 최소한 따분한 것이며, 아마 어쩌면 무의미한 것일 수도 있다는 식의 생각들을 조장하고 있다. 성을 하나의 우상으로 만드는 일이 계속 벌어지고 있다. 많은 사람들은 창조주를 버렸으며, 자신들의 삶의 빈 공간을 성관계들을 통해서 채우려고 해 왔다.

다른 한편 교회 역시 성을 불결하고 금기시할 대상으로 만듦으로 해서 때때로 성을 타락시켜 왔다. 아직도 많은 교회들에서는 육신에 대한 편견을 갖고 있는데, 이러한 편견은 심지어 결혼 내에서의 성마저도 저열하거나 사악한 것이라고 보게 만들고 있다.

그러나 아가서는 이러한 성에 대한 타락을 고쳐주는 정경서이다. 이 책은 성이 선하고 유쾌한 것임을 우리들에게 일깨워준다. 결혼의 틀 속에서 이루어지는 성은 악한 것이 아니다. 그러므로 아가서의 대부분의 본문은 육체적인 사랑에 대해서 찬미한다. 또한 슈왑(Schwab)이 우리에게 일깨워 주고 있는 바와 같이 아가서에는 그가 소위 "주의사항에 대한 지적들"(a cautionary note)이라고 부른 것들이 들어 있다. 현실의 삶 속에서 깊은 관계를 맺으면서 문제들이 없을 수 없다. 그래서 어떤 시들(5:2-6:3을 보라)은 사랑이 기쁨만을 주는 것이 아니라 고통도 줄 수 있다는 것을 보여주고 있다.

그러나 아가서는 요즈음의 몇몇 책들의 주장과는 달리 단지 정경상의 성 교과서 이상의 것이다. 이 책은 성에 대한 성경신학적인 연구에 기여를 하고 있다. 동산에서의 성관계(2:3-13; 4:12-5:1; 5:2-6:3; 6:11; 7:10-13; 8:13-14)는 우리들에게 에덴 동산을 연상시킨다. 창세기 2:18-25는 여자의 창조 및 그 결과로 이루어지는 친밀한 남녀 관계에 대한 이야기이다. 이러한 양자 사이의 관계의 친밀성은 "아담과 그 아내 두 사람이 벌거벗었으나 부끄러워 아니하니라"라는 25절을 통해서 성적인 의미가 주어져 있다.

그러나 그 다음 장에서 아담과 하와는 뱀의 유혹에 넘어간다. 그 결과 그들과 하나님 간의 완전한 관계는 깨어지게 되었다. 또한 죄는 아담과 하와의 사이도 갈라 놓았다. 이러한 양자 사이의 소외는 3:7에서 성적인 측면에서 표현되어 있다. "이에 그들의 눈이 밝아져 자기들이 벗은 줄을 알고 무화과 나무 잎을 엮어 치마로 삼았더라.”

우리가 아가서로 돌아가서 볼 때 우리는 한 남자와 그의 아내가 동산에서 있지만 전혀 부끄러움을 느끼지 않는 것을 보게 된다. 트리블(Trible 1978, 144)이 말한 바와 같이 “아가서는 잘못 나간 사랑의 이야기를 구원해 주고 있다.” 이 책은 인간의 사랑이 타락 이전의 축복의 상태로 회복된 것을 그리고 있다.

그러나 이 이야기는 여기에서 끝나지 않는다. 이 책이 주로 인간의 성에 대해서 말해 주고 있기는 하지만, 이 책은 또한 우리들에게 우리와 하나님간의 관계에 대해서 말해주고 있다. 비록 이 책에 하나님의 이름이 전혀 언급되어 있지 않기는 하지만 결혼이라는 이미지는 구약에서 아주 잘 사용되고 있는 비유적 표현이다. 하나님께서는 결혼 언약과 아주 유사한 관계를 자기 백성들과 맺으셨다. 이 관계는 이스라엘에게 배타적인 충성을 약속해 주는 것과 아울러 그러한 배타적인 충성을 요구한다. 그러나 이스라엘은 하나님에 반항해서 행음을 하고, 더 나아가서는 그와 이혼하려고 했다(겔 16, 23장; 호 1-3장).

신 약 으 로 의   접 근

신약은 이러한 이미지를 긍정적으로 사용한다. 에베소서 5:22-23은 남편과 아내의 관계는 예수와 교회의 관계와 비슷하다고 가르친다. 결혼 관계속의 친밀성은 하나님과 우리 사이의 친밀성을 반영하고 있다. 따라서 아가서를 하나님과 그의 백성간의 관계에 대한 시로 읽는 것이 잘못된 것이 아니다. 아가서가 원래 인간의 성에 대해서 말하고자 하는 목적을 갖고 있다는 사실을 배격하지 않는 한은 말이다.

이 사 야 서

구약의 책들 중에서 그 장엄함과 광휘에 있어서 이사야서에 필적할 만한 책은 아마 없을 것이다. 신약의 저자들이 예수 및 교회의 성격에 대해서 논할 때 이사야서에 자주 의존했기 때문에 이 책은 기독교의 성경 해석사 속에서 특별히 중요한 역할을 하였다. 이 책의 중요성과 더불어 이 책의 분량 역시 이 책을 역사비평학의 시금석, 그리고 전쟁터로 만들었다. 전통적인 랍비적 견해나 기독교적인 견해에 따르면, 이 책은 주전 8세기 말과 7세기 초에 예루살렘에서 살았던 이사야 선지자의 저작이다. 그러나 18세기 말부터 시작된 비평학계는 대개 이 책이 시공간적으로 매우 다양한, 즉 최소한 두 명 혹은 세 명 이상의 저자의 산물이라고 보고 있다. 한동안 이사야서는 그 장엄함과 광휘 때문이 아니라 그 통일성 및 형성과정의 역사에 대한 논쟁 때문에 관심을 끌었다.

역 사 적 배 경

저작권의 문제

이사야서에 대한 연구사를 쓰는 일은 감히 엄두를 내기가 힘든 작업이다. 왜냐하면 이 주제 하나만으로도 몇 권의 책을 쓸 수 있을 정도이기 때문이다. 많은 선지자들이 어느 정도 관심과 연구의 대상이 되기는 했지만 이사야서의 경우는 거의 한 절 한 절이 다 아주 다양한 견해들의 연구

대상이 되었다. 지나치게 단순화하는 일을 피할 수는 없겠지만 우리는 이 연구사에 있어서의 굵직굵직한 흐름들을 간략하게 스케치하고자 한다.

전통적인 접근방법. 유대교와 기독교의 주석가들은 아모스(Amoz)의 아들(1:1), 8세기의 선지자, 히스기야의 친구이자 후원자인 이사야가 이 책 전체의 저자라고 보았다. 이사야는 최소한 산헤립의 사망 때까지 예루살렘에서 생존했다(37:38). 이 견해는 지난 두 세기 이전까지는 보편적인 견해였다.[1] 계몽주의 이전의 주석가들은 선지자들에 대한 영감을 통해서 하나님께서 인간 역사에 개입하신다는 것을 받아들이는데 어려움이 없었다. 그들은 미래에 대한 선지자들의 상세한 예언들이 불가능한 것이라고 보지 않았으며, 그러한 예언들이 그 본문들의 위작성(僞作性)을 보여주는 증거라고 생각하지도 않았다.

비평학적인 접근방법. 18세기 말의 되덜라인(Döderlein 1789)과 아이히호른(Eichhorn 1783)으로부터 시작해서 학자들은 이사야서의 통일성을 의문시하기 시작했으며, 이 책을 40장의 처음 부분을 기준으로 해서 그 앞부분과 뒷부분을 분리시켰다. 학자들은 아모스의 아들 이사야(혹은 "예루살렘의 이사야")와 제2 이사야(the Second Isaiah 혹은 Deutero-Isaiah)를 구분짓기 시작했다. 이사야서 40-66장이 다른 저자의 것이라고 보는 견해는 세 가지 중요한 논거에 기초하고 있다.

1. 역사적인 상황. 이 책의 전반부는 주전 8세기에 앗시리아가 이 지역에

---

1) 학자들은 랍비 아브라함 이븐 에즈라(Rabbi Abraham ibn Ezra, 1092-1167)가 자신의 주석에서 이사야서 40:1; 42:10; 49:4에 대해 한 언급의 의미에 대해서 논쟁을 해왔다. 이븐 에스라는 "이 책의 후반부의 비밀"이라는 말을 했는데, 바로 이 말로부터 많은 학자들은 그가 이 책의 후반부를 아모스의 아들 이사야의 것으로 보지 않는 후대의 비평학적 견해를 예견하고 있다고 생각했다. 그러나 45:4-5에 대한 이븐 에즈라의 설명들은 그가 이 책을 단일 저자의 것으로 보고 있음을 보여준다. 어떤 학자들은 랍비 아브라바넬(Rabbi Avravanel, 1437-1508)도 역시 이 책의 분리에 대해 비슷한 견해를 갖고 있었다는 주장을 했는데 그들의 주장은 그의 말을 잘못 이해한데서 나온 것으로 보인다. Radday 1973, 2,14와 Margalioth 1964, 15를 보라.

서 패권을 장악하고 있던 때의 예루살렘을 배경으로 하고 있다. 그러나 이 책의 후반부의 청중들은 이미 바벨론에 포로가 되어 있는 상태에 있다 (48:20). 그들은 곧 구원을 받아 시온으로 돌아가게 되고(40:9-11; 42:1-9; 43:1-7; 44:24-28; 48:12-22; 49:8-23; 51:11; 52:1-12), 그들을 사로잡은 자들은 곧 하나님에 의해서 벌을 받게 될 것을 예상하고 있다(43:14-15; 47:1-15; 48:14; 49:24-26; 51:21-23). 그들은 예루살렘과 성전이 폐허가 된 시기에 살고 있지만, 그것이 곧 재건될 때를 고대하고 있다(예를 들어 45:13; 51:3; 54:11-14; 58:12; 60:10; 61:4). 아모스의 아들 이사야의 시대에 바벨론은 아직 세계적인 제국이 되지 못했다. 그리고 또한 바벨론은 아직 하나님께서 복수를 해야 하실 만큼 이스라엘을 압제하지도 않았다. 이 선지자는 페르시아 왕 고레스가 곧 등장할 것을 예견하고 있으며, 그의 이름을 실제로 언급하고 있다(44:28; 45:1, 13). 이사야서 40-66장의 청중은 이사야서 1-39장의 청중과는 다른 듯하다. 이사야서 40-66장은 포로시대를 미래의 어떤 것으로 바라보고 있는 것이 아니다. 이 장들은 그 포로시대가 이미 발생한 것을 전제로 깔고 있다. 그리고 이제 이 장들이 고대하고 있는 것은 포로들의 해방이다. 그러므로 이 장들의 저자는 자신의 예언들이 전제하고 있는 시대에 살았던 사람이다(Driver 1905, 237). 그는 포로시대의 말기에 이 장들을 썼으며, 고레스에 의해서 바벨론이 정복을 당하고 유대인들이 예루살렘으로 귀환할 것을 예상하고 있다. 이러한 점에서 그는 이사야가 르신과 베가의 동맹이 실패할 것(7장)이나 산헤립이 패퇴를 당할 것(36-39장)을 예상한 것과 같은 일을 하고 있다. 이 두 선지자는 미래에 대해서 이야기하고 있기는 하지만 그것은 좀 더 가까운 미래에 대한 것이었다.

2. 신학적인 차이. 학자들은 이사야서 1-39장은 하나님의 위엄을 강조하고 있지만 이사야서 40-66장은 하나님의 우주적인 통치와 무한성을 강조하고 있다는 주장을 했다. 또한 이 책의 전반부에서는 이 나라가 다윗 계보의 왕(11:1)에 의해서 인도를 받지만 후반부에서는 제사장들과 레위인들과 방백들이 지도자의 자리를 차지할 것(61:6; 66:21)이며, 다윗 왕조에 대한 언급은 전혀 없다(그러나 55:3-4를 보라). 전반부의 메시야적인 왕(9:6-7; 11:1-11)은 제2 이사야서에서는 여호와의 종에 의해서 대체되었는데, 이 인

물에 대해서는 전반부에서는 언급이 없다. 신실한 남은 자에 대한 교리는 이사야서 1-39장의 특징적인 요소이지만 이 책의 후반부에서는 그 중요성이 떨어진다. 이 책의 첫 부분은 많은 신탁들에 대해서 구체적인 역사적 상황들을 언급하고 있지만 후반부에서는 역사적인 배경이 제공되어 있지 않다. 후반부에서는 이 선지자의 말을 둘러싼 상황에 대한 관심은 고사하고 이 선지자 자신의 이름조차 구체적으로 언급되어 있지 않다.

3. 언어 및 문체. 문체에 대한 견해들은 자의적일 뿐이다. 이 책의 후반부는 보통 전반부보다 "서정적이고, 유려하며, 감정이 풍부하고, 찬양시적"이라고 평가된다. 그러나 이러한 평가들은 본문에서 받는 인상을 지나치게 일반화하는 것이며, 이러한 평가들은 이사야서 1-39장의 많은 부분들에도 그대로 적용되어질 수 있다. 이러한 평가들은 주관적인 인상들을 표현한 것들이기 때문에 증거로서의 무게가 별로 없다. 그러나 좀 더 기술적이고 측정가능한 문체적 특징들도 있다. 예를 들어, 이사야서 40-66장에서 저자는 말을 반복해서 말하는 경우가 자주 있다(예를 들어 51:9의 "깨소서 깨소서"; "나여늘 나여늘"[I, even I]; 40:1의 "위로하라 … 위로하라"; 참고, 43:11, 25; 48:11, 15; 51:17; 52:1, 11; 57:6, 14, 19; 62:10; 65:1). 또한 이사야서 40-66장은 의문대명사나 명령형이나 언어유희나 수사의문문 등을 자주 사용한다. 그러나 이러한 많은 요소들은 이 책의 전반부에서도 역시 발견된다. 비록 그 빈도수가 다소 적기는 하지만 말이다.

어떤 학자들은 이 책의 두 부분이 서로 다른 저자의 것이라는 증거로서 어휘를 든다. 이들은 40장 이후에만 등장하는 단어들이나 구문들의 목록을 만들고(예를 들어 Driver 1905, 238-40), 이것들이 상이한 저자의 다른 문체를 증명해 주고 있다고 주장한다.

어떻게 두 명의 다른 저자가 쓴 책이 하나의 책으로 묶여지게 되었는가 하는 것을 설명하는 것은 중요한 일이었다. 파이퍼(Pfeiffer 1941, 415)는 어떤 필사가가 이사야서 1-39장을 필사할 때 그 두루마리의 남은 자리에 어떤 익명의 선지자(사 40-66장)의 글을 채워 넣었었는데, 어떤 표제나 제목이 이 두 권 사이를 구분지어 주지 않았기 때문에 곧 한 권의 책으로 읽혀지게 되었을 것이라고 주장했다.

배후에 깔린 문서들을 찾아내고 진짜 역사적인 이사야의 말들을 찾아내기 위해 이사야서의 표면 밑으로 파고 들어가는 통로가 일단 열려지고 나자 그에 대한 이론들이 폭중했다. 학자들은 곧 이사야서의 마지막 장들(56-66장)이 다른 시각과 배경을 갖고 있음을 발견하고, 이 장들이 첫 번째의 귀환자들이 도착하고 난 직후에 팔레스타인에 살았던 세 번째 이사야의 것이라고 주장했다. 세 번째 이사야서가 56장이나 58장에서 시작하는지, 아니면 혹시 그 이전의 장들에서 시작하는지에 대해서는 의견이 일치되어 있지 않다. 두 번째 이사야와 세 번째 이사야 사이에는 아주 커다란 유사성이 있으며, 또한 세 번째 이사야는 두 번째 이사야의 특징인 일관성을 보여주고 있지 않기 때문에 이에 대한 논거들을 찾아내는 것은 어려웠다. 그럼에도 불구하고 이사야서 56-66장은 이스라엘에 돌아온 귀환 공동체의 상황들을 반영하고 있는 것으로 간주되어졌다. 예루살렘의 벽들은 세워져 있으며(62:6), 사람들은 산지의 산당들에 자주 다니러 갔는데(57:3-7), 이러한 지형은 바벨론의 것은 아니었다. 이처럼 이사야서를 잘게 쪼개는 견해들은 늘어만 갔다. 이사야서 40-66장에서만도 학자들은 제 2, 제3, 제4, 제5, 제6 이사야 등을 찾아내기 시작했다.

이 책을 잘게 쪼개는 일은 이사야서 1-39장에서도 계속되어졌다. 이사야서 36-39장은 열왕기하 18:13-20:19과 비슷하다는 이유 때문에 이사야서 1-35장의 부록으로 나중에 덧붙여진 것이라고 간주되어졌다. 대부분의 학자들은 또한 이사야서 13-14장의 진정성을 의문시하였다. 왜냐하면 제1 이사야의 시대에는 앗시리아가 원수 나라였는데 반해 이 장들은 바벨론에 대해 말하고 있기 때문이다. 바벨론이 메대 사람들에 의해 멸망할 것이라는 예언(13:17)은 8세기가 아닌 주전 6세기의 제 2 이사야의 시대의 것으로 보는 것이 적당하다.[2] 이사야서 24-27장은 내적인 일관성과 통일성을 눈에 띄게 갖

2) 이 주장이 순환논법의 오류를 범하고 있다는 것을 우리는 쉽게 알아차릴 수가 있다. 이미 이사야서를 두 부분(1-39장과 40-66장)으로 나누었기 때문에 첫 부분에서 발견되어지는 두 번째 부분의 특징들은 모두 위치가 잘못 되었거나 후대에 삽입된 것으로 주장되어진다. 이 이론은 자신에게 상반되는 모든 증거는 거짓된 것으로 몰아붙인다.

고 있기 때문에 종종 "이사야 묵시록"(the Isaiah apocalypse)이라고 불려진다. 그러나 비평학계의 일치된 견해에 의하면, 이러한 묵시 문헌의 연대로 8세기는 너무나 이르기 때문에 이 장들 역시 어떤 다른 저자에 의해서 후대에 쓰인 것이라고 주장되고 있다. 또한 어떤 학자들은 12장이 포로 시대나 그 이후에 쓰인 것으로 보이는 시들과 유사하기 때문에 이 장 역시 후대의 것이라고 본다. 비평학자들이 보기에 8세기의 사건들과 어떤 연관성을 갖고 있지 않은 것으로 보이는 요소들은 전부 다 제거되어졌다. 가장 극단적인 비평 이론에 따르면, 이 책중 진정으로 이사야의 손에서 나온 것으로 남겨진 부분은 20퍼센트에서 40퍼센트에 지나지 않는다(Robinson, Duhm, Cheyne — 참고, Radday 1973, 9).

전통주의의 대응. 이사야서를 최소한 두 개 이상의 부분으로 나누는 이론은 20세기 초의 현대적인 비평학적 성경 연구의 공인된 결실들 중의 하나로 간주되어졌다. 그러나 여기에 모든 사람들이 다 동의를 한 것은 아니었다. 비록 소수이기는 했지만 유대교(예를 들어 Kaminka 1935; Margalioth 1964)와 기독교(예를 들어 Allis 1950; Young 1954, 1958)의 많은 학자들은 이 책의 통일성을 옹호하는 견해를 견지했다. 그들은 이 비평적으로 일치된 견해가 기초하고 있는 개별적인 논거들을 논박하고, 이 책을 묶어주는 공통된 주제와 어휘를 제시하며, 포로기 이전 시대의 다른 선지자들이 이사야에게 의존하고 있다는 사실에 주의를 환기시킴으로써 그 견해를 약화시키려고 노력하였다. 성경의 무오성과 무흠성을 주장하는 복음주의적인 기독교인들에게는 또한 이 책이 아모스의 아들 이사야에게 속하며(1:1), 이 책 전체가 이사야의 손에서 나온 것으로 말하고 있는 신약의 언급들 역시 중요하다.

1. 주제들과 어휘. 마갈리오트(Margalioth)는 이사야서 1-39장 중 이사야서 40-66장에 반영되어 있지 않은 장이 단 한 장도 없으며, 이사야서에 독특하게 사용된 수백 개의 어휘와 문구들이 두 부분에 다 나타난다는 것을 주장하였다(1964, 35). 그녀는 또한 이 책의 다음의 열다섯 가지의 영역에서 이 두 부분이 공통된 표현들을 사용하고 있다는 것을 주장했다: (1) 하나님, (2) 이스라엘, (3) 신탁들의 도입문구, (4) 시온과 예루살렘을 쌍으로 다루는 점, (5) 포로들의 집단, (6) 위로와 격려의 메시지들, (7) 기쁨과 환희의 표현

들, (8) 우주적인 천년왕국에 대한 소망들, (9) 견책의 말들, (10) 꾸중, (11) 정-반의 단어들을 쌍으로 사용하는 점, (12) 독특한 어휘들과 언어학적인 형태들, (13) 단어의 쌍들, (14) 비슷한 구조들, (15) 유사한 내용을 가진 평행적인 문단들. 상이한 저자에 의해 쓰인 두 개의 책이 이렇게 많은 유사성을 보여줄 수 없기 때문에 그녀는 이사야서가 통일성을 갖고 있는 것으로 가정하는 것이 좀 더 타당하다는 결론 내렸다. 예를 들어, "이스라엘의 거룩한 자"라는 표현은 전반부에서는 열두 번 나오고, 두 번째 부분에서는 열세 번 나온다. 그리고 이스라엘은 두 부분에서 모두 "소경"(29:18; 35:5; 42:16, 18, 19; 43:8; 56:10), "귀머거리"(29:18; 35:5; 42:18; 43:8; 52:19)로 묘사되어 있는데, 이것은 이 선지자의 부름받음과 사명을 반영하고 있다(6:9-10). 이스라엘은 두 부분에서 모두 "여호와의 속량함을 얻은 자들"로 되어 있다(35:10; 51:11). 예레미야서와 에스겔서에서 최소한 오십 번 정도 발견되어지는 통상적인 선지서의 표현인 "여호와의 말씀이 내게 임하니라"란 표현은 이사야서에서는 발견되어지지 않으며, 대신 이사야서의 전, 후반부는 모두 "여호와께서 말씀하시되"(1:11, 18; 33:10; 40:1, 25; 41:21; 66:9)나 "여호와의 입의 말씀이니라"(1:20; 40:5; 58:14)나 "한 목소리가 소리쳤다"(6:4; 40:3)(이 문구는 이 두 구절에서 약간 차이가 나며, 한글판 개역성경에서는 약간 다른 표현으로 번역되어 있다 — 역주) 등의 표현들을 사용하고 있다. 두 부분에서 모두 하나님께서는 흩어진 백성들을 모으시기 위해 기호를 사용하시며(11:12; 49:22), 대로를 준비할 것을 명하신다(11:16; 35:8; 40:3; 52:10). 또한 두 부분에서 "율법이 시온에서 나올 것이요"(2:3; 51:4)란 표현이 등장하며, 하나님의 영이 메시야적 왕과 종에게 임하시며(11:2-4; 42:1; 61:1), 늑대, 양, 사자가 평화로운 무리를 이룬다(11:6-9; 65:25). 마갈리오트는 이러한 수많은 예들에 주의를 환기시킨다.

2. 이사야서에 의존한 다른 선지서들에 의한 증거. 스바냐서, 나훔서, 예레미야서는 이사야서 40-66장의 내용들과 상당히 유사한 문단들을 갖고 있다. 만약 이러한 의존성이 확실한 것이라고 한다면 그것은 이사야서 40-66장 역시 포로기 이전 시대의 것이라는 것을 의미한다. 스바냐서 2:15는 이사야서 47:8과 비슷하다. "아름다운 소식을 전하는 자의 발"이란 표현은 나

훔서 1:15와 이사야서 52:7에 같이 나온다. 바다를 저어서 물결을 흉용케한다는 예레미야서의 표현(31:35)은 이사야서(51:15)에서도 그 비슷한 표현을 찾아볼 수 있으며, 예레미야 역시 이스라엘을 "나의 종"(30:10)이라고 부르고 있는데, 이것은 이사야서의 유명한 종의 노래를 반영하고 있는 것일 가능성이 있다(41:8-9; 42:1, 19; 44:1-2, 21; 45:4; 48:20; 52:13; 53:11).

3. 신약의 인용. 이사야서는 신약에서 이십 번 이상 그 이름으로 인용되고 있는데, 이러한 인용문들 중에는 이 책의 양 부분이 다 포함되어 있다. 요한은 이사야서 6:10과 53:1을 연속된 절들 속에서 인용함으로써 이 두 구절이 다 이사야의 것이라고 보고 있다(요 12:38-41). 이사야가 이러한 구절들을 말한 것은 그가 "주의 영광을 보고 주를 가리켜 말한 것"이기 때문이라는 것이다(요 12:41). 누가는 빌립이 에디오피아의 내시에게 다가갈 때 그 내시가 "선지자 이사야의 글"을 읽고 있었다고 말하고 있다(행 8:30). 그 에디오피아 내시가 읽고 있던 글은 이사야서 53:7-8이었다. 이사야서에 대한 신약의 인용구들은 이사야서의 열두 개의 장으로부터 나온 것들인데, 그 중 일곱 개는 이사야서 1-39장에서 나온 것이고, 다섯 개는 이사야서 40-66장에서 나온 것이다. 앨리스(Allis 1950, 42-43)가 언급한 바와 같이 이러한 증거들은 신약의 증거에 가치를 두는 모든 기독교인들에게 커다란 무게를 가진 것이다.

이사야서를 단일한 저자의 것으로 본 것은 단지 신약만이 아니었다. 18세기 이전의 그 어떠한 글도 다른 저자들이 있을 것이라는 문제가 명확하게 제기된 적이 없었다. 이사야서의 저작권에 대한 입장들과 관련된 최초의 성경 외적 증거는 주전 2세기 중반의 집회서(Ecclesiasticus)에서 발견된다. 이 책에서 저자는 히스기야의 때에 이사야가 미래에 일어날 일들을 계시해줌으로써 "시온에서 우는 자들을 위로했다"(집회서 48:24-25)고 말함으로써 이사야서의 후반부가 8세기의 것이라고 보았다. 쿰란에서 발견된 주전 2세기의 방대한 이사야서 두루마리는 이 책이 40장에서 나뉜다는 것을 보여주고 있지 않으며, 40:1은 그 란(欄)의 마지막 줄에 들어 있는데, 이것은 고대의 필사가들이 이 책의 두 부분 사이의 통일성을 받아들였으며, 이사야서 40-66장이 후대의 증보 부분이라는 생각을 갖고 있지 않았다는 것을 시사해 준다.

4. 표제들. 이사야가 그의 이름으로 되어 있는 책의 저자라고 보는 가장 명백한 근거는 이 책의 표제이다(1:1). 히브리 성경의 "후선지서"의 총 열다 섯 개의 책들은 모두 다 비슷한 표제로 시작되고 있는데, 이 각각의 표제들 은 그 책들이 어떤 선지자의 말들을 담고 있는지를 알려주기 위한 것이라고 이해하는 것이 가장 자연스럽다. 이사야서의 경우 이 표제 이외에도 이사야 의 것임을 말해주고 있는 개별적인 본문들 역시 이 점을 반복해서 말해주고 있다(2:1; 7:3; 20:2; 37:2, 5-6; 38:1; 39:5). 거의 대부분의 비평학자들이 포 로시대 후기의 것으로 보고 있는 이사야서 13-14장의 바벨론에 대한 신탁들 역시 "아모스의 아들 이사야"가 받은 것들임을 밝힘으로써 시작하고 있다 (13:1). 더 작은 선지서들을 쓴 선지자들의 이름도 표제를 통해서 그 이름이 충실하게 보존되어 있는데 어떻게 이 이스라엘의 가장 위대한 선지자(이사 야서 40-66장의 저자)만 그 이름이 상실되고 익명으로 남게 되었을 수 있겠 는가?

최근의 비평학계. 비록 이전의 비평학자들은 이사야서가 두 개의 독립된 책이 의도적으로 혹은 우연적으로(예를 들어, 어떤 두루마리의 남은 공간을 채우려고 하다가) 합쳐졌다고 보는 경향이 있기는 했지만 그럼에도 불구하 고 이 책의 이 두 부분 사이에 공통적인 주제와 어휘가 존재하고 있다는 것을 어느 정도씩은 다 인정했다. 물론 서로 정도상의 차이가 있기는 했지만 말이 다. 이러한 공통점에 대한 가장 통상적인 설명은, 이사야서 40-66장이 이 선 지자에 대한 기억을 보존하고 그의 시각을 후대의 시대들에 적용한 그의 제 자들 혹은 추종자들의 "학파"에 의해 쓰인 것이라고 보는 것이었다(8:16-18; 50:4). 즉 우리에게 알려져 있지 않은 이 인물들이 이사야의 기존의 가르침 들을 적용시킬 수 있는 사건들을 후대의 상황들 속에서 발견하였다는 것이 다.

언어적인 측면에 근거해서 복수 저자설을 주장하는데 사용된 논거들 역시 좀 더 면밀한 검토를 받아왔다. 이전 세대의 학자들은 저자가 다르다는 것을 증명하기 위해서는 두 책 사이에 차이가 나는 독특한 어휘나 문구들의 목록 을 제시하면 되었다. 그러나 컴퓨터 기술이 도래함으로써 좀 더 정교한 언어 학적 연구가 가능해지게 되었다. 라다이(Y. T. Radday 1973)는 많은 언어학적인 변수들(문장의 길이, 단어의 길이, 말에 사용된 요소들의 상대적인 빈도수, 전환을 나타내는 접속사들의 사용도, 어의론적으로 독특하게 사용된 어휘들, 어휘의 집중도 및 다양성)을 고려했는데, 이러한 점들은 이전의 연구들에서는 다룰 수 없는 것들이었다. 라다이의 연구는 다음의 몇 가지 점을 지적했다. (1) 이 책에는 두 개의 다른 부분이 존재한다(즉 이사야서 1-35장과 40-66장의 두 부분. 36-39장은 고려대상에서 제외됨). (2) 그는 1-12장과 40-48장이 언어학적으로 상당히 다르다는 것을 발견했다. 반면에 (3) 이사야서 13-23장은 이사야서 1-12장과 충분히 비슷하기 때문에 이 두 부분을 다 이사야의 것으로 보는 것이 상당히 타당성이 있다. (4) 이사야서 49-57장과 58-66장은 서로 유사한 점이 아주 많으며, 다른 부분들과는 다른 점이 아주 많기 때문에 이 두 부분이 제3의 저자에게 속한 것으로 보는 것이 가장 자연스럽다. 라다이의 작업은 이 책에 대한 전통적인 비평학적 견해를 확증하기도 하고 논박하기도 하였다. 그러나 라다이의 방법론 자체도 또한 그의 언어학적이고 통계학적인 모델의 측면에서 뜨거운 비판의 대상이 되었다(F. I. Andersen 1976; cf. S. Portnoy and D. Petersen, 1984, 11-21).

보통 "정경비평"(canon criticism)이라고 불리는 비평학적인 방법론 또한 이사야서의 정경적인 형태에 초점을 맞추었다. 정경비평은 각각의 성경 본문이 갖고 있던 원래의 배경이나 좀 더 적절한 배경을 찾아내기 위해 역사비평학적인 도구들을 사용하여 그 본문들을 현재의 문맥에서 떼어내려고 하는 대신에 각각의 성경 본문들이 성경 자체의 맥락 속에서 갖고 있는 기능들을 상조한다. 성경의 책들의 형성과정의 역사를 재구성하기 위해 본문을 원자화시키거나 조각내는 방법들을 거부하고 정경비평은 각 책이 우리에게 전수될 때 가진 모습에 주목한다. 하나의 방법론으로서의 이 비평방법은 성경의 책들을 현재의 모습대로 읽을 것을 촉구한다. 이 방법론을 이사야서에 적용한 차일즈(Childs, *IOTS*, 324, 337)는 (1) 이 책이 그 개별적인 본문들의 기원이 어디에 있느냐 하는 문제와는 상관없이 이사야 40-66장을 미래에 대해서 말하고 있는 8세기의 한 선지자의 말로 제시하고 있으며, (2) 만약 독자가 이 책을 제대로 해석하기를 원한다면 이 책의 이러한 문헌상의 특징을 하나의 역사적인 허구로 간주해서는 안 된다는 점을 지적했다.

정경비평과 문학적인 분석은 이사야서의 양 부분 사이의 주제 및 신학적인 상호관련성에 좀 더 많은 관심을 기울일 것을 촉구했다. 이러한 측면에 대한 관심이 고조된 것을 잘 보여주는 한 가지 현상은 1990년대의 초기에 성서 학회(the Society of Biblical Literature)가 이사야서의 통일성에 대한 토론을 주최했다는 것이다. 아크로이드(Ackroyd 1978), 렌토르프(Rendtorff 1984, 1990), 멜루긴(Melugin 1990), 자이츠(Seitz 1988, 105-26) 등의 주장들은 이사야서의 단일저작권을 주장해온 기존의 유대교 및 기독교 학자들이 이미 주장한 내용들과 여러 가지 면에서 유사하다. 이사야서를 우연적이고 임의적으로 형성된 역사적 발전과정의 산물로 보는 대신에 점점 더 많은 학자들은 이 책이 주도면밀하고, 사려있고, 신중한 신학 및 문학적 저작이라고 보고 있다. 어떻게 보면 이사야서의 통일성에 대한 논의는 한 바퀴를 완전히 돌아 원점에 도달했다고 볼 수 있다. 물론 이사야서의 통일성이 저자의 단일성에 의한 통일성이 아니라 편집과정에 의한 통일성이라고 보는 견해가 널리 받아들여지고 있다는 중요한 차이점을 제외하고 말이다. 어떤 학자들은 이사야서 40-66장이 하나의 독립된 저작으로서 우연히 8 세기의 선지자의 글에 덧붙여진 것이 아니라 전반부와 독립되어 존재한 적이 전혀 없으며, 전반부의 문헌에 비추어서 작성(여전히 복잡한 편집과정을 거쳤을 수도 있음)되었다고 주장하기도 한다.

평가. 많은 측면에서 이사야서에 대한 현재의 비평학적인 견해는 지난 18세기 말과 19세기 초의 학계의 특징이던 과도한 주장들로부터 회복을 했다. 비평학자들의 일치된 견해는 보수주의 학자들이 소중히 여기는 점, 즉 이사야서가 우연의 산물로서 내부적인 모순을 가진 책이 아니라 주제 및 모티프 상의 통일성을 가진 책이라는 것을 인정하는 쪽으로 움직여 왔다. 논쟁의 기조는 본문을 해부해서 자료와 배경을 찾아내는 것으로부터 현재 존재하는 그대로의 본문의 일관성과 통일성을 설명하고자 하는 쪽으로 이동했다. 보수주의 학자들이 주제 및 어휘상의 공통점에 기초해서 저작권의 통일성을 증명하는데 사용한 증거들은 이제는 이 책의 편집상의 통일성을 증명하는 논거들로 사용되고 있다.

저작권의 문제에 대해서 비평학적인 견해와 보수주의적인 견해는 여전히 나뉜 채로 남아 있다. 비록 이사야서의 전반적인 통일성에 대해서 점점 더 의견이 일치되어가고 있기는 하지만 비평주의 학자들에게 있어서는 그것은 단일한 저자에 의해서 만들어진 통일성이 아니라 편집과정의 역사를 통해서 만들어진 통일성이다.

보수주의적인 견해는 (1) 선지자들이 진정으로 계시를 받았다는 사실 — 즉, 하나님의 신이 고대의 저자들에게 미래에 대한 통찰력을 주었다는 사실 — 과 (2) 총체적인 성경이 진정성과 진실성을 갖고 있다는 사실 — 즉, 각 책의 표제의 내용들과 신약의 언급들이 진실성이 있는 것으로 받아들여져야 한다는 사실 — 에 대한 신학적인 확신에 뿌리를 두고 있다. 이사야서 40-66장이 견지하고 있는 태도는 여호와께서 미래에 대한 일들을 선언하셨으며, 또한 그것을 성취하실 능력이 있으시다는 것이다(40:21; 41:4, 21-29; 43:12-13; 44:6-8, 24-28; 45:11-13). 이사야서 1-39장 중 진정으로 이사야의 것이라고 보편적으로 인정되고 있는 본문들에서도 이미 포로 시대와 포로 시대로부터의 귀환이 일어날 것임이 예견되어 있다. 이 선지자는 소명을 받을 때 이미 예루살렘이 파괴되고 사람들이 추방될 날이 있을 것임을 내다보았으며(6:11-12), 포로생활로부터의 회복을 고대하는 이름을 자기 아들에게 지어주었다(7:3 — "스알야숩"은 "남은 자들이 돌아오리라"는 것을 의미한다). 그리고 이사야서 1-39장에서 이 선지자가 자주 사용하고 있는 남은 자 모티프는 바벨론으로부터 올 위험을 내다보고 있다(39:5-8). 이 선지자는 자신의 예언이 가까운 미래에 대한 것이 아니라 먼 미래에 대한 것임을 분명하게 밝혔다(8:16).

위에서 다룬 바와 같이 비평학적인 견해는 이사야서 40-66장이 8세기의 예루살렘의 이사야와는 다른 시대적 배경을 반영하고 있다는 사실에 가장 크게 기초하고 있다. 여기에서 우리는 비평학계의 입장과 보수주의적인 입장을 검토할 필요가 있다.

우선 우리가 하나님의 주권성과 예언자에 대한 영감을 인정한다면 우리는 "하나님께서 이사야에게 이런 방식으로 계시하셨을 리가 없다"는 주장을 해서는 안 된다. 역사비평학적 방법론이 내세우는 이런 순진한 확신은 하나님께서 이사야에게 그런 방식으로 계시하셨다고 믿는 것만큼이나 하나의 신학적인 주장에 불과하다. 하지만 그럼에도 불구하고 오스왈트(Oswalt 2003, 2)가 지적한 바와 같이 이사야는 대부분의 선지자들이 "미래 시대에 대해서 말했지만 그 누구도 이사야와 같은 방식으로 미래에 대해서 말하지는 않았다"는 점에서 다른 선지자들과 차이가 난다. 비평학자들이 이사야서 40-66장의 저자가 바벨론 포로 시대의 상당한 말기에 살았던 사람이라는 것을 그 배후에 깔린 역사적 배경에 의해서 주장한다면 이것은 보수학자들이 이미 대답할 준비가 되어 있는 주장, 즉 신명기 34장에 대한 주장과 다를 바가 없다. 모세와 신명기 간의 실제 관계가 어떤 것이 되었든지 간에 모세가 자신의 죽음에 대한 기록을 쓰지 않았다는 것은 분명하다(신 34:1-8). 이 책의 마지막 부분을 쓴 사람은 수많은 선지자들이 왔다 갔지만 모세와 같은 선지자는 아직 오지 않은 시대에 살았던 사람이다(신 34:10-12). 이것은 이 장을 둘러싼 배경(모세의 사후 시대)이 모세가 이것을 기록했을 가능성을 배제시킨다는 말이다. 비록 신약이 신명기를 인용(막 10:4의 신 24:1-3; 고전 9:9의 신 2:4)할 때 모세의 글이라고 말하고는 있지만 그 어느 누구도 신명기 34장이 여기에 포함된다는 주장을 심각하게 제기하려고는 하지 않는다.

신명기 34장의 배경으로 볼 때 이 장의 저자가 전통적으로 이 책의 저자로 생각되어진 모세보다 후대에 산 어떤 사람이라는 점을 인정하는 것과 이사야 40-66장의 배경으로 볼 때 이 장들의 저자가 포로시대에 산 사람이라는 것을 인정하는 것 사이에는 본질적으로 아무런 차이가 없다. 이사야는 이사야서의 후반부에서는 전혀 언급되어진 적이 없다. 그러나 그렇다고 해서 선지자에 대한 영감성이 배제되어지는 것은 아니다. 이사야가 디글랏빌레셀 3세(Tiglath-pileser III, 사 7장) (아래의 시대 항목을 보라)를 통해서 곧 어떻게 하실 것인지를 내다 본 것처럼 포로 시대 후기의 이 저자도 하나님께서 고레스를 통해서 곧 어떻게 하실 것인지를 내다보았다. 이 후대의 저자는 포로 시대와 남은 자에 대한 이사야의 예언들이 자신의 시대를 꿰뚫고 있다는 것을 발견하였으며, 이 이사야의 설교를 발전, 적용시켜서 자신의 동료 포로들에게 선포하였다. 비록 이 위대한 선지자의 익명성이 문제가 되기는 하지만 이것은 역사서의 저자들이나 히브리서의 저자가 익명인 것과 마찬가지로 드문 일은 아니다.

　이사야서의 형성과정과 저작권의 문제에는 어지럽게 얽히고설킨 신학적·해석학적·주석학적 문제들이 산적해 있다. 이러한 복잡한 문제들은 어떤 구호나 신학적인 주장에 의해서 단번에 해결될 수 있는 것이 아니다. 오직 신중한 연구 및 같은 문제를 다루는 다른 학자들에 대한 관용만이 사태를 진전시킬 수 있다. 이사야서의 저작권의 문제가 신학적인 십볼렛(삿 12:6)이나 정통성의 시금석이 되어서는 안 된다(Goldingay는 다수저작설을 지지하는 복음주의적 주석의 한 좋은 예를 보여준다). 어떤 측면에서 본다면 이 논쟁의 최종적인 결과가 어떤 것이 되더라도 그 가치는 별로 없다. 이사야서 40-66장이 8세기의 이사야에 의해서 쓰였든지 아니면 후대에 그의 통찰력을 적용한 다른 저자에 의해 쓰였든지 간에 이 장들은 주로 포로시대의 공동체에게 말해진 것임이 분명하다. 영(E. J. Young 1958, 71)이 지적한 바와 같이 1-39장은 "앗시리아 시대에서 갈대아 시대로 다가가는 계단을 제공해 준다. 양자는 함께 속해 있다. 왜냐하면 전자는 후자의 준비이며, 후자는 전자의 완성이기 때문이다."

시대

　　　아모스의 아들 이사야는 예루살렘의 거민이었다. 그는 웃시야 왕이 죽던 해(주전 740년 — 6:1)에 선지자로서의 사역을 시작했으며, 요담, 아하스, 히스기야의 시대까지 그 사역을 계속했다(1:1). 비록 이 책의 표제에 명시되어 있시는 않지만 그는 아마 므낫세의 치세까지 살았던 것으로 보인다(주전 696-642년). 왜냐하면 그가 37:38에서 산헤립의 죽음을 기록하고 있기 때문이다(681년). 이사야의 승천(the Assumption of Isaiah)이라는 외경은 그가 므낫세의 치세 중에 톱에 잘려 죽임을 당했다는 전승을 보존하고 있다(참고, 히 11:37). 그리고 탈무드는 그가 왕가의 친척으로서 웃시야의 사촌이라고 말하고 있다(Meg 10b). 그는 어떤 여자 선지자에게 장가들었으며, 최소한 두 아이의 아버지였다(7:3; 8:3). 역대기의 저자가 사용한 자료들에 따르면 그는 웃시야의 치세에 대한 역사를 기록한 사람이다(대하 26:22).

　그는 앗시리아 제국이 세력을 얻어가던 시기에 살았다. 디글랏빌레셀

(Tiglath-pileser III, 주전 745-727년)이 아람으로 세력을 확장할 때 이사야는 아하스가 아람과 이스라엘에 의해 주도되는 반앗시리아 동맹에 참가하지 말도록 경고했다(사 7장). 그러자 이 동맹은 아하스를 위협해서 유다가 자기들과 힘을 합칠 것을 강요했으며, 아하스는 앗시리아의 도움을 구했다. 디글랏빌레셀의 입장에서는 아하스가 이처럼 약점을 보인 것은 앗시리아가 유다에서 힘을 발휘할 수 있도록 초청한 것이나 마찬가지였다(대하 28:16-21). 디글랏빌레셀의 사망 이후에 살만에셀과 사르곤은 북왕국으로 진격해서 사마리아를 멸망시키고, 그 거민을 추방시켰다(주전 722년). 705년에 사르곤이 죽었을 때 산헤립은 시리아-팔레스타인 국가들과 바벨론의 반발에 직면했다. 바벨론의 므로닥발라단(Merodach-baladan)은 히스기야가 자기 동맹에 함께 참여해서 산헤립과 양면에서 싸움을 하도록 하자는 말을 전하기 위해 사신을 파견했다(39:1-8; 왕하 20:12-19; 대하 32:31). 산헤립은 다른 지역에서의 반란들을 처리하느라고 바빴지만 701년에 드디어 유다에 손을 대었다. 비록 예루살렘이 기적적으로 멸망을 면하기는 했지만 히스기야는 산헤립에게 조공을 바쳐야만 하게 되었다(사 36-39장; 왕하 18:13-16). 므로닥발라단의 사신들이 히스기야를 방문한 기사는 연대기적인 순서와는 상관없이 이사야서 36-39장에 기록되어 있다. 왕궁의 모든 부가 바벨론으로 옮겨지게 될 것이라는 말씀(39:6)은 이사야서의 전반부로부터 후반부로의 전환을 알려주는 신호탄이자 또한 앗시리아에 의한 위기에 대한 관심으로부터 바벨론에서의 유다인들의 포로시기에 대한 문제(40-66장)로 내용이 변화됨을 알려주는 신호탄이다.

신학적인 메시지

많은 학자들은 이사야가 구약신학자라고 생각한다. 하나님 및 하나님의 신성, 역사 속에서 그분의 활동들에 대한 그의 묘사는 심오하고도 아름답다. 그러나 이사야는 추상적인 신학자가 아니다. 그는 하나님의 속성 및 뜻에 대한 자신의 생각을 이스라엘이 직면하고 있는 실제적인 문제들에 적용시켰다. 그의 말들 속에는 다음의 몇 가지 주제들이 두드러지게 나타난다.

이스라엘의 거룩한 자로서의 하나님

웃시야가 죽던 해에 선지자로서의 부름을 받을 때(사 7장) 이사야는 하나님이 보좌에 높이 들리신 채로 앉아 계시며, 스랍들이 "거룩하다, 거룩하다, 거룩하다. 만군의 여호와여! 그 영광이 온 땅에 충만하도다"라고 창화하는 것을 들었다. 이 선지자가 소명을 받을 때 가진 이러한 경험은 그의 이후의 사역의 기조를 결정지었다. 이사야서 전체를 통틀어서 이사야가 하나님의 호칭으로 가장 좋아하는 것은 "이스라엘의 거룩한 자"이다(1:4; 5:19, 24; 10:17, 20; 12:6; 17:7; 29:19, 23; 30:11-12, 15; 31:1; 37:23; 40:25; 41:14, 16, 20; 43:3, 14-15; 45:11; 47:4; 48:17; 49:7; 54:5; 55:5; 60:9 − 참고, 열왕기하 19:22). 이사야서 이외의 구약 전체에서 이 표현은 오직 다섯 번밖에 나오지 않는다.

이스라엘이 처음에 국가로서 부름을 받을 때부터 하나님께서 자기 백성에게 명하신 바는 "내가 거룩하니 너희도 거룩할지어다"(레 11:44-45; 19:2; 20:7; 참고, 벧전 1:16)라는 것이다. 이사야는 이러한 이스라엘이 받은 국가적인 사명이 실현된 적이 없다는 것을 자신이 부름을 받은 첫 순간부터 깨달았다. 이 선지자는 굳은 마음을 가지고 지각이 없는 부정한 백성(6:5, 9), 선지자의 메시지에 귀를 기울이지 않는 것 때문에 멸망을 당하고 쫓겨나게 될 이 부정한 백성(6:11) 가운데서 살았다. 이 백성이 여호와의 도덕적인 완결성을 무시하고서 무사할 수는 없었다.

구원자이자 구속자로서의 하나님

그러나 하나님의 거룩성은 또한 그분께서 자신의 약속들에 충실하실 것을 의미했다. 하나님께서 이스라엘을 완전히 버리시지 않으시고 그들의 구원자이자 구속자가 되시는 것은 하나님께서 거룩하시기 때문이다(41:14; 43:3, 14; 47:4; 48:17; 49:7; 54:5). 이사야의 이름("여호와께서 구원하실 것이다" 혹은 "여호와는 구원이시다") 자체가 하나님의 이러한 측면을 반영하고 있다. 그는 이 백성을 시리아-에브라임 동맹(8:1-14), 앗시리아(17:10; 11:10-12:3), 바벨론(45:17; 48:14, 20; 49:25-

26)으로부터 구원하실 것이다. 하나님께서는 자기 백성을 구원하심으로써 열방들의 눈 앞에서 자신을 변호하실 것이다(52:7-10). 그들의 진정한 아버지는 아브라함, 이삭, 야곱이 아니라 여호와 자신이시며, 그는 자신의 자녀들에게 연민을 갖고 계시다(63:16).

히브리 성경에서 고엘("구속자" 혹은 "속량자")은 어의론적으로 구원 및 구출이라는 단어와 밀접한 관계가 있다. 특히 친척이 대신 속량을 해주는 것에 관한 율법들은 이스라엘 개개인이 자신의 재산을 상실하게 되거나 빚에 속박되는 것을 막아주기 위한 것이다. 이러한 친척-대속자는 자기 친척이 기업이나 자유를 상실당하는 것을 막기 위해서 대신 빚을 변제해 주었다(레 25:47-49; 룻기). 여호와께서는 이스라엘을 애굽에서 구원해 주신 것(출 13:15; 신 7:8; 9:26; 13:5; 15:15; 24:18; 삼하 7:23; 대상 17:21; 미 6:4)과 마찬가지로 바벨론의 압제로부터도 그들을 구출해 내시고, 그들에게 자신이 가나안에 준 기업을 회복하게 하실 것이다(예를 들어 1:27; 29:22; 35:9; 41:14; 43:1, 14; 44:6, 22-24; 47:4; 48:17, 20; 49:7, 26; 51:10). 그들은 "값 없이 팔렸으니 돈 없이 속량" 될 것이다(52:3). 이스라엘은 자신의 가장 가까운 친척, 바로 자신의 남편에 의해서 속량될 것이다(54:5). 이제 그들은 눈과 귀가 먼 나라가 아니라 "거룩한 백성"이 될 것이며, 속박에 묶여 있는 대신에 "여호와의 속량함을 얻은 자들"이 될 것이며, 버림받은 자들 대신에 "찾은 바 된 자"들이 될 것이며, 버려지고 황폐한 성 대신에 "버려지지 아니한 성읍"이 될 것이다(62:12).

남은 자 사상

이사야는 하나님을 이스라엘의 거룩한 자이자 구원자이며 구속자로 그리고 있는데, 이 점은 깊은 긴장을 남긴다. 어떻게 하나님의 거룩성 및 그 결과적인 공정한 심판과 하나님의 은혜 및 약속 사이에 조화가 이루어질 수 있는가? 구약에서는 이 신학적인 긴장은 남은 자 사상을 통해서 가장 많이 제시되고 있다(Dillard 1988, 1833-36).

남은 자는 하나님에 의해 주어진 재난, 보통 죄에 대한 심판으로 주어진 재난을 겪고 살아 남은 사람들이다. 이 사람들은 인류 혹은 하나님의 백성이 계속 보전되어지는 데에 있어서 중심핵이 된다. 이 생존한 남은 자들은 하나님의 약속들을 새롭게 보존한다. 그리고 미래의 좀 더 커다란 집단이 하나님의 심판을 겪고도 살아 남은 이 정화되고 거룩한 남은 자들로부터 성장하게 된다. 남은 자 모티프는 (1) 하나님의 진실된 백성과 거짓 백성, 그리고 (2) 현재의 하나님의 백성과 미래의 하나님의 백성을 구분지어 준다. 하나님의 심판을 통과하고 살아 남은 자들은 숙정(肅正)되고 정화된 신실한 남은 자들이 되며, 새롭게 선택된 하나님의 백성의 중심핵이 된다.

남은 자 사상은 한편으로는 하나님의 거룩성을 강조한다. 하나님께서 자기 백성을 그 죄 때문에 멸절하시고자 하실 때 이 백성의 존속은 위협을 받게 된다. 그들은 "포도원의 망대 같이, 원두밭의 상징막 같이"(1:8-9), 베어진 나무의 그루터기 같이(6:13), 감람나무 꼭대기에 남은 감람나무 열매 같이(17:4-6), 산꼭대기의 깃대 같이(30:17) 남겨질 것이다. 그러나 이 남은 자 사상은 다른 한편으로는 하나님의 은혜, 선택, 자비에 대해서도 역시 동일하게 이야기하고 있다. 새 생명이 그 그루터기로부터 자랄 것이고, 다윗의 집으로부터 의로운 가지가 나올 것이다(4:2-3; 11:1-16). 이 정화된 남은 자는 예루살렘을 "의의 성읍, 신실한 고을"로 만들 것이다(1:21-26). 파괴의 더미 속으로부터 남은 자들, 진실로 하나님께 의지하는 자들이 돌아올 것이다(10:20-23).

그들은 땅에 터를 잡고, 신실한 백성이 될 것이다(37:30-32). 이사야의 두 아들의 이름은 남은 자 사상의 이러한 양면을 반영하고 있다. 마헬살랄하스바스("급히 노략하여 서둘러 상날하라" — 8:13)는 임박한 심판의 확실성을 말해 준다. 그리고 스알야숩("남은 자들이 돌아오리라" — 7:3)은 미래의 소망에 대해서 말해 준다. 이사야의 아들들은 하나님의 의향에 대해 이스라엘에게 전조를 알려준다(8:16-18).

여호와의 종

소위 종의 노래(the Servant Songs)란 것은 두움(Duhm)에 의해서 그의 1892년 주석에서 처음으로 분리되어졌는데 구약에서 이 종의 노래라는 것만큼이나 흥미를 자아낸 주제는 드물다.[3] 이미 1948년에 노스(C.

R. North)는 이 노래들에 대한 문헌을 250개가 넘게 나열할 수 있었다. 그리고 그 이후로도 이 노래들에 대한 출판물은 줄지 않고 계속 배출되었다. 이사야서 40-66장의 종의 노래들은 하나의 집합으로, 혹은 개별적인 노래들로 간주되어 왔다. 이 노래들을 집합적으로 보는 해석은 이 종이 국가 이스라엘이나 신실한 남은 자나 이 국가의 어떤 다른 이상적인 모습을 가리키는 것이라고 본다. 개별적인 것으로 보는 해석은 이 종이 어느 특정한 사람(스룹바벨, 여호야긴, 모세, 웃시야, 에스겔, 선지자 자신, 한 문둥병자, 고레스)이거나 어떤 종말론적인 인물(메시야 혹은 메시야 예수)을 가리킨다고 본다. 어떻게 보면 이에 대한 논쟁은 막힌 골목과 같다. 왜냐하면 종의 노래의 본문들은 집합적인 것으로 보는 해석이나 개별적인 것으로 보는 해석 중 그 어느 하나의 해석에 전적으로 부합되어지지가 않기 때문이다. 이 노래들은 이 두 가지 해석을 모두 필요로 한다. 그러나 이 난감한 문제에 대한 열쇠 또한 남은 자 모티브에서 찾아낼 수가 있다.

학자들은 남은 자 사상이 이사야서의 후반부에서는 전혀 중요한 역할을 하고 있지 않다는 주장을 함으로써 이사야서 1-39장의 신학을 그 후반의 신학과 대조시키는 경향이 있다. 그러나 소위 "종의 노래들"은 이 주제에 직접적인 연관이 있다. 이사야서의 종은 최소한 이스라엘을 가리키는 것으로 이해될 수 있다는 것에는 의심의 여지가 거의 없다. 이 종은 "나의 이스라엘/

---

3) 어느 것이 "종의 노래들"이며, 그 노래들의 시작과 끝이 어디인가 하는 것에 대해서는 어느 정도 견해의 차이가 있다. 대부분의 주석가들은 41:1-4; 49:1-6; 50:4-9; 52:13-53:12를 이 노래의 일부로 보며, 61:1-3을 여기에 포함시키는 학자들도 많다. 종의 노래들에 대해서는 Clines(1976); C. R. North, *The Suffering Servant in Deutero-Isaiah, and Historical and Critical Study*(1948); W. Zimmerli and J. Jeremias, *The Servant of God*(1958); R. Whybray, *Thanksgiving for a Liberated Prophet*(1978); J. Rembaum, "The Development of a Jewish Exegetical Tradition Regarding Isaiah 53", *HTR* 75(1982): 289-311; C. McLain, "A Comparison of Ancient and Medieval Jewish Interpretation of the Suffering Servant in Isaiah," *Calvary Baptist Theological Journal* 6(1990): 2-31을 보라.

야곱"(41:8-9; 44:1-2, 21; 45:4; 48:20; 49:3-6)이라고 분명하게 불리고 있다. 이스라엘이 "고난받는 종"이라고 불릴 수 있는 이유는 신실한 남은 자들이 심판의 시기로부터 파생되기 때문이다. 하나님께서는 이스라엘이 불과 물을 지날 때 그들과 함께 있었으며(43:1-2), 이제 그는 "작은 이스라엘"을 다시 강하게 하실 것이다(41:8-14). 그의 종은 의로우며, 열방에 공의를 가져다 줄 것이다(42:1-9). 하나님께서는 자기 백성을 세상 끝으로부터 오게 하셔서 그들을 자신의 증인, 자신의 종을 삼으실 것이다(43:5-13). 그는 여호와의 종의 후손들에게 그의 신을 부어 주실 것이며, 그들은 초장의 풀처럼 번성할 것이다(44:1-4).

그러나 이사야서의 종은 또한 국가 이스라엘을 뛰어넘는다. 이사야는 이미 국가로서의 이스라엘과 신실한 남은 자/종으로서의 이스라엘을 구분지었다(49:5-6). 이사야는 또한 이 종을 하나의 개인으로 만들었다. 그는 한 여인에게서 날 것이며, 백성 가운데서 뛰어난 자가 되고, 야곱 족속을 회복시키고 이스라엘을 돌아오게 할 것이다(44:2; 46:3; 49:1).

회복 시대의 남은 자들의 공동체는 죄로부터 숙정되고 하나님의 명령에 순종하며 사는 정화된 나라, 하나님 앞에서 의롭고 흠 없는 거룩한 백성이 되리라는 이사야의 드높은 이상을 성취하지 못했다. 이사야 자신이 회복 공동체 내의 불의들에 대해 말하고 있다(사 58-59장). 그리고 스가랴도 이 회복 공동체의 모습이 바르지 못한 것에 대해서 말하고 있다. 그가 밤에 본 이상들 중의 하나에서 그는 율법의 두루마리가 회복 공동체 위에 떠다님으로써 이 백성에게 저수의 심판을 가져오는 것을 보았다. 이 두루마리를 뒤이어 이 백성의 죄악을 상징하는 인물이 하나 들어 있는 바구니가 뒤따라 나오는데 두 마리의 날개 달린 짐승이 이 바구니를 심판과 정화의 장소인 바벨론으로 가지고 간다(슥 5장). 에스라 역시 남은 자의 공동체 속에 죄가 존재하는 정상적이지 못한 상황을 목도한다. 이 백성이 죄를 계속 저지르는 가운데서 에스라는 긴 찬송과 죄의 고백의 기도를 끝맺으면서 이렇게 말한다(9:1-15). "그리하오면 주께서 어찌 진노하사 우리를 멸하시고 남아 피할 자가 없도록 하시지 아니하시리이까? 이스라엘 하나님 여호와여. 주는 의롭도소이다. 우리가 남아 피한 것이 오늘날과 같사옵거늘 도리어 주께 범죄하였사오니 이로 인하여 주 앞에 한 사람도 감히 서지 못하겠나이다." 회복 시대의 선지자들도 이 문제를 분명하게 깨달았다. 포로생활을 통한 심판과 정화의 시대는 순전한 백성, 즉 하나님의 명령에 온전히 순종하는 신실한 백성을 산출해 내지 못했다.

기독교 독자들은 어떻게 신약의 저자들이 이사야의 생각을 따르고 있는가 하는 것을 쉽게 이해할 수 있다. 그들이 보기에는 예수는 이스라엘의 남은 자가 되었다. 그는 신실한 이스라엘의 화신이었으며, 진실로 의롭고 고난받는 종이었다. 복구 시대의 남은 자들과 달리 그는 죄를 짓지 않았다(53:9; 벧전 2:22). 신실한 남은 자의 화신으로서 그는 죄에 대한 하나님의 심판(십자가 위에서)을 겪었으며, 포로생활(하나님에게서 버려져 무덤에 있던 삼 일간)을 감당하였으며, 하나님의 약속들을 새롭게 상속받는 새 이스라엘의 토대로서 생명의 회복(부활)을 경험하였다. 남은 자가 생명을 회복하는 것처럼 그도 새 나라, 즉 유대인과 이방인의 구분이 없는 새로운 이스라엘 속에서 하나님의 백성이 존속될 것에 대한 소망의 초점이 되었다. 새로워진 이스라엘의 핵심으로서 그리스도는 나라를 상속받을 "적은 무리"를 모으고(단 7:22, 27; 눅 12:32), 새로운 시대의 이스라엘의 열두 지파를 다스릴 사사들을 임명한다(마 19:28; 눅 22:30). 교회는 새로운 시대의 이스라엘(갈 6:16), 열두 지파(약 1:1), "택하신 족속이요, 왕 같은 제사장들이요, 거룩한 나라요, 소유된 백성"(출 19:6; 벧전 2:9)으로 여겨졌다. 죄악된 나라인 이스라엘은 세상의 죄를 대속하기 위해 대신 고난당할 수가 없었다. 흠이 있으면 제물로 드려질 수 없는 것과 마찬가지로 이스라엘은 자신들이 지은 죄악 때문에 이 역할을 감당할 수가 없었다. 오직 진정으로 의로운 종만이 이 무거운 짐을 질 수 있었다.

여호와의 신

구약의 많은 부분에서, 그리고 특히 선지서들에서 하나님의 신은 선지자들에게 영감을 주고 그들을 능하게 하는 영이다(민 11:25-29; 삼상 10:6, 10; 18:10; 19:20-23; 왕상 22:22-23; 왕하 2:15; 느 9:30; 겔 13:3; 욜 2:28; 슥 7:12 ― 참고, 눅 1:67; 행 2:17-18; 19:6; 28:25; 고전 14:1, 32,

37; 엡 3:5; 벧후 1:21; 요일 4:1; 계 16:13; 19:10; 22:6). 이러한 점들에 대한 강조가 이사야서에서도 빠지지 않는다. 하나님의 신은 지혜와 총명을 준다(11:2). 하나님의 신에 기름부음을 받은 여호와의 종은 좋은 소식을 선포함으로써 반응을 한다(61:1). 40:7-8에서 이 선지자는 "영"을 의미하기도 하고 "바람"을 의미하기도 하는 히브리어 단어의 모호성에 근거해서 언어유희를 하고 있는 듯하다. 비록 여호와의 바람/숨결(루아흐)이 불 때 풀은 시들지만 여호와의 말씀(이것 또한 그의 루아흐로부터 온다)은 영원히 선다. 여호와의 신은 하나님의 계획을 선언할 수 있게 만들어 준다(48:16).

그러나 이사야서의 나머지 부분들에서 하나님의 신은 혼란으로부터 질서를 이끌어 내시는 분이시다(창 1:2). 하나님의 신은 과거의 창조시에 활동하신 것처럼 바로 황폐한 땅을 재창조하기도 하신다(32:15; 34:16-35:2; 59:21-60:2; 63:10-14). 도덕적인 혼란으로부터 하나님의 신은 질서와 공의를 만들어 내신다(28:6; 42:1; 44:3).

역사를 지배하시는 하나님

거짓 선지자와 참 선지자를 구분하는 기준으로 구약에서 사용된 가장 중요한 기준은 선지자의 말이 성취되었는가 하는 것이다(신 18:21-22). 이 기준의 전제는 자신의 계획들을 선지자들에게 계시하시는 하나님(암 3:7)이 자신의 의도들이 성취되도록 역사의 과정을 지배하신다는 생각이다.

역사를 시배하시는 하나님에 대한 찬양은 이사야서 40-66장에서 그 정점에 이르렀다. 이스라엘은 이전 앗시리아를 통한 위기 속에서 하나님이 선포하신 바와 이루신 바를 목도했기 때문에 그분이 이제 자신들을 위해 새로운 일을 행하실 것이라고 선언하셨을 때 그것을 믿을 수가 있다(42:9; 43:9, 19; 48:3, 6). 그가 과거의 사건들 속에서 힘과 권세를 가지고 말씀하셨기 때문에 그가 미래에 말씀하시는 바들도 믿을 수가 있다. 우상들은 결코 이런 일들을 할 수가 없었으며, 그들의 이러한 무능력은 그들이 신이 아님을 보여주었다(43:8-11). 오직 이스라엘의 하나님만이 계시하시며, 구원하시며, 자신의 행위들을 선포하신다(12절). 그는 자신의 의도를 미리 선포하시며, 그것이 이루어지게 하시며, 자신의 선포한 내용들이 이루어지도록 돌아보신다. 이사야는 하나님께서 역사의 과정을 주권적으로 다스리시는 것을 찬양한다 (41:21-24; 43:8-13; 44:6-8; 45:20-21; 46:8-10).

이스라엘의 하나님에 대한 이사야의 묘사는 이스라엘의 포로들이 살고 있던 메소포타미아의 주민들의 신학적 사고와는 전적으로 다른 것이었다. 그들이 가진 신화들에 따르면, 열방의 신들은 거짓말하고, 유혹하고, 음모를 꾸미고, 속이고, 서로 전쟁을 벌였다. 그들은 인간의 삶을 지배하는 모든 인생의 부침(浮沈), 급변하는 상황, 불확실성 등에 묶여 있었다. 그들은 각자의 계획을 실행하기 위해서는 속임수와 잔인한 폭력에 의해서 서로 대항을 해야만 했다. 다시 말해서, 그들의 의지들은 오직 신들 사이의 권력 균형을 통해서만 실현될 수 있었다. 이사야의 하나님은 이러한 모습들과는 전혀 다르다. 그는 어떤 상황의 변화나 급작스러운 일을 당하지 않으시며, 말씀을 통해서 자신의 뜻을 이루신다. 그의 계획들은 좌절되지 않는다. 그의 계획들은 자신의 백성들에게 좋은 일을 하시기 위한 것이며, 그의 백성은 그가 선포하신 계획이 자신들 사이에서 곧 성취될 것을 확신할 수 있다.

문 학 적 인   분 석

이사야서는 크게 말해서 구약의 다른 몇 권의 책들과 비슷한 구조를 갖고 있다. 이 책의 첫 부분은 주로 이스라엘에 임박한 심판의 문제를 다루고 있다(사 1-12장). 그리고 이 장들 뒤에는 이방의 여러 나라들에 대한 심판에 초점을 맞춘 신탁들이 길게 나온다(13-35장). 이 책의 나머지 부분은 하나님의 백성에 대한 미래의 축복을 기술하는데 할당되어 있다(40-66장). 36-39장은 본문의 관심이 앗시리아에 의한 위기로부터 포로시대 및 그 이후 시대의 관심사들로 바뀌는데 있어서 전환점의 역할을 하고 있다(위의 "역사적 배경"을 보라). 이와 비슷한 구조는 에스겔서, 스바냐서, 요엘서, 예레미야서의 칠십인경 본문에서도 찾아볼 수 있다.

브라운리(Brownlee 1964, 247-49)는 현재 형태의 이사야서 본문이 이 책을 두 권으로 이루어진 저작으로 만들기 위해 의도적으로 본문을 배열함으로써 나온 산물이며, 1-33장(제1권)은 34-66장(제2권)과 평행을 이룬다고 주장했다. 그의 주장은 쿰란에서 발견된 큰 이사야서 두루마리의 33장과 34장 사이에 세 줄의 빈 칸이 있다는 사실과 34-35장이 제2 이사야의 것으로 간주되어야 한다는 이전 학자들의 주장에 근거하고 있다. 이 책의 구조에 대한 그의 주장들은 해리슨(R. K. Harrison 1969, 764)과 에반스(C. A. Evans 1988)가 지지하였다. 아래는 이사야서의 "이중적인 구조"에 대한 주장을 요

도표 12	이사야서의 이중적인 구조에 대한 이론
제 1 권	제 2 권
1. 유다의 멸망과 회복(1-5장)	1. 실낙원과 복낙원(34-35장)
2. 내러티브(6-8장)	2. 내러티브(36-39장)
3. 축복과 심판의 대리자들(9-12장) 45장)	3. 구원과 심판의 대리자들(40-
4. 열방들에 대한 신탁들(13-23장)	4. 바벨론에 대한 신탁들(46-48 장)
5. 하나님의 백성에 대한 심판과 구원(24-27장)	5. 여호와의 종을 통한 구속; 이스라엘의 영광(49-55장)
6. 윤리적인 설교들(28-31장)	6. 윤리적인 설교들(56-59장)
7. 유다와 다윗 왕국의 회복 (32-33장)	7. 복낙원(55-66장)

약해 놓은 것이다.

브라운리(1964)와 에반스(1988)는[4] 이 두 부분 사이의 평행적인 성격을 가장 많이 탐구하였다. 1번 부분에서 양 본문은 피조물들에게 들으라고 부르고 있으며(1:2; 39:1), 또한 열방들에게 귀를 기울이라고 명령하고 있다(1:10; 34:1). 하나님은 양 본문에서 모두 복수하실 것을 말씀하신다(1:24; 34:8; 35:4). 그는 시온을 구속하며(1:27; 34:8; 35:10), 죄지은 자들을 불로 멸망시킬 것을 약속하신다(1:31; 34:10). 이러한 일들이 이루어질 것이 확실함은 이러한 일들을 선포하신 것이 바로 여호와의 입이기 때문이다(1:20;

---

4) 브라운리의 주장에 대한 더 상세한 평가는 Evan 1988을 보라.

34:16). 또한 5:24과 34:3; 5:17과 34:10; 1:20과 34:5-6; 1:11-15와 34:6-7; 4:3과 35:8 사이에도 비슷한 점들이 발견된다.

2번 부분에서 양 내러티브들은 앗시리아와 관련된 사항들을 말하기 위해 예레미야 선지자가 유다의 왕들을 대면하는 이야기들을 기록하고 있다(7:3-17; 37:5-7, 21-35; 38:1-8; 39:3-8). 두 왕은 "윗 못 수도 끝 세탁자의 밭 큰 길"에서 하나님의 메시지를 듣는다(7:3; 36:2). 6장과 40장은 하나님의 회의 모습으로 시작되며, 하나님의 영광의 이상(異象)을 기록하고 있다(6:3; 40:5). 양 부분에서 모두 선지자는 질문으로 반응을 보인다(6:11; 40:6). 이사야가 소명을 받는 장면에서 사람들은 듣거나 보려고 하지 않고, 알거나 이해하려고 하지 않는 것으로 묘사되어 있다(6:9-10). 반면에 40장에서 그들은 듣고 보게 될 것이며, 알고 이해하게 될 것이다(40:5, 21, 26, 28).

3번 부분에서 이사야서의 이 두 부분은 모두 이상적인 왕(9:1-7[MT 8:23-9:6]; 11:1-10; 41:1-43:13)과 제2의 출애굽(11:11-16; 41:17-20; 42:15-16; 43:14-44:5)에 대해서 기술하고 있다. 이상적인 왕과 종은 열방들에게 빛이 될 것이며(9:1-2[MT 8:23-9:1]; 42:6), 어둠을 몰아내고(9:2[MT 9:1]; 42:7), 정의(9:7[MT 9:6]; 42:1-4)와 의(11:4; 42:6, 21)를 세울 것이다. 하나님의 신이 이 왕과 종에게 임할 것이며(11:2; 42:1), 그들 때문에 다른 사람들이 여호와를 알게 될 것이다(9:9; 45:6). 양 본문은 모두 하나님의 백성의 출애굽을 위해 준비된 대로에 대해서 말하고 있으며(11:11-16; 43:16-21), 또한 이 백성들이 땅 끝으로부터 와서 모이게 될 것이라고 말하고 있다(11:11; 41:9; 43:5).

4번 부분에서 바벨론에 대한 신탁들(13:1-14:23; 22:1-10)은 다른 이방 나라들에 대한 신탁들을 앞뒤로 싸고 있는데, 이것은 이 책의 후반부의 평행 부분에서 나오는 바벨론의 중요성을 부각시키기 위한 것이다. 양 권에서 바벨론 왕은 그의 보좌에서 물러나서 땅에 앉혀지게 될 것이다(14:9; 42:1; 참고, 66:1). 바벨론은 자신이 남들에게 쏟아부었던 분노를 스스로가 경험하게 될 것이며(14:6; 47:6, 11), 자신들의 자녀들을 잃게 될 것이다(13:16; 14:22; 47:9). 그녀의 조상(彫像)들은 깨뜨려질 것이다(21:9; 46:1).

5번 부분에서는 서로 상응하는 내용들이 많거나 분명하지는 않다. 양 본문에서 하나님은 손님들을 자신의 잔치에 초대하신다(25:6; 55:1-2). 하나님은 사망과 슬픔을 삼키실 것이며(25:7-8; 49:19), 슬픔은 멀어질 것이다(25:8; 51:11). 기쁨이 의인들의 몫이 될 것이다(25:9; 51:3; 55:12). 여호와께서는 바다짐승들을 베시는 분이시다(27:1; 51:9). 이 백성들에 의해서 깨어진 영원한 언약이 갱신될 것이다(45:3). 하나님은 다시 한 번 자기 백성을 불쌍히 여기실 것이다(27:11; 29:10-15; 54:8-10; 55:7).

6번 부분에서는 이 나라로부터 죄악들을 제거하는 것이 관건이다. 유다는 거짓을 행하고(28:15; 59:3-4), 하나님이 아닌 이방 나라들에서 피난처를 찾음으로써 온전한 충성을 보이지 못했다(28:15, 17; 30:2-3; 57:13). 유다의 선지자들은 술 취하고(28:1, 7; 29:9; 56:12), 눈이 멀고(29:18; 56:10), 아무것도 모르며(29:12; 56:10-11), 깊이 잠들게 하는 신이 하나님의 신을 대신할 것이다(29:10; 59:21). 그들에게는 금간 벽처럼 심판이 임박해 있다(30:13; 58:12).

7번 부분에서는 한때는 땅이 애도하고 사론(Sharon)이 황무지처럼 되었는데(33:9), 새로워진 세상에서는 애도가 그치고(61:2-3; 66:10), 사론은 풍요로운 목초지가 될 것이다(65:10). 강은 시온으로 흐를 것이다(33:21; 66:12). 예루살렘은 회복되고(33:20; 66:13-14), 시온에서는 더 이상 아픔이나 슬픔이 없을 것이다(33:24; 65:19-20). 하나님의 신이 갱신과 회복을 가능하게 할 것이다(32:15; 61:1; 63:14). 비록 모든 부분이 다 언어와 사상에 있어서 강한 상응성을 보여주고 있지는 않다. 그러나 2, 3, 4번의 상응성은 충분히 강해 보인다(Evans 1988, 145).

신 약 으 로 의   접 근

기독교의 기독론에서 이사야서의 중요성은 아무리 강조해도 지나치지 않을 것이다. 신약의 저자들은 자신들의 시대에 일어난 사건들을 설명하는데 있어서 자주 이사야에게 의존했다. 세례 요한은 하나님의 영광의 임하심을 준비하기 위해 광야에서 외치는 소리이다(40:3; 마 3:3; 눅 3:4-6; 요 1:23).

이사야는 예수의 동정녀 탄생에 대해서 말했다(7:14; 마 1:23; 눅 1:34). 이사야는 사람들의 마음이 완고하다는 것을 말했는데, 이러한 마음의 완고성은 왜 예수께서 비유로 가르치셨으며, 왜 그의 메시지가 청중들에게 받아들여지지 않았는지를 설명해 준다(6:9-10; 29:13; 마 13:13-15; 15:7-9; 요 12:39-40; 행 28:24-27). 예수는 이사야의 고난받는 종과 동일시된다. 이러한 동일시는 그가 배척당하고 고난을 당한 점(53:1; 요 12:38; 행 8:27-33)과 그의 치유의 이적들(53:4; 마 8:17)에 의해서 설명된다. 이사야가 말한 내용들은 이방들에 대한 예수의 선교의 근거가 된다(9:1-2; 마 4:13-16). 예수께서는 자신의 고향 나사렛에서 위협을 당하셨을 때, 그리고 그가 갈릴리에서 이방들에게 설교하고 이적을 베푼 것에 대해서 도전을 받았을 때 바로 자신이 이사야가 말한 종이라고 말씀하심으로써 자신의 그러한 사역을 정당화하셨다(61:1-3; 눅 4:14-21). 예수께서 유명해지는 것을 피하신 점도 이사야서에서 그 설명을 찾을 수가 있다(42:1-4; 마 12:13-21). 요한에 따르면 이사야가 소명을 받을 때 본 보좌에 앉으신 하나님의 영광은 바로 예수의 영광이었다(6:1-3; 요 12:41).

그러나 이사야가 초대 교회에 끼친 영향은 기독론을 훨씬 넘어선다. 바울은 이방인들이 하나님의 백성으로 편입되는 것을 설명하는데 있어서(11:10 — 롬 15:12; 65:1 — 롬 10:20), 이스라엘의 남은 자들에 대한 선포를 하는데 있어서(1:9, 롬 9:29; 10:22-23, 롬 9:27-28) 이사야 선지자에게 호소를 한다. 이사야서를 명백하게 인용하고 있는 경우들 외에도 신약의 저자들은 이 선지서에서 발견되는 아름다운 주제들을 활용하고 있다. 그 예들로는 복낙원에서의 피조물의 새로워짐(65:17-66:24; 롬 8:18-25; 계 21-22장), 하나님의 메시야와 백성의 관계에 대한 나무의 비유(5:1-7; 6:13; 4:2-3; 11:1-3, 10-11; 요 15장), 위선적인 행위들에 대한 경고(58:1-14; 마 23장), 하나님의 전신갑주(59:15-17; 엡 6장) 등 수없이 많은 예들이 존재한다.

앞에서 이미 말한 바와 같이 이 모든 것들은 이사야서를 성경 해석에서 특별히 중요한 책 이상의 것으로 만들어 준다. 또한 이 책은 장엄함과 광휘를 가진 책이다.

예 레 미 야 서

히브리 성경상의 예레미야서는 선지서들 중에서 가장 큰 책이며, 소위 십이 소선지서들을 합친 것보다 더 길다. 예레미야 선지자는 구약의 인물들 중 가장 파악하기가 쉬운 사람이다. 우리는 그의 생애에 대해 풍부한 역사적·전기(傳記)적 자료들을 갖고 있으며, 또한 선지자 자신이 스스로의 성격을 자신의 수많은 기도들 속에서 드러내 주고 있다.

예레미야는 앗시리아의 몰락과 바빌로니아 제국의 발흥을 둘러싼 혼란스러운 시대에 사역을 했다. 유다는 이집트와 바벨론에게 복속을 당했다가 다시 독립을 차지하곤 하는 일을 짧은 기간 동안에 반복적으로 경험했다. 예레미야서는 유다의 마지막 네 명의 통치자인 요시야의 세 아들 및 손자의 통치기를 주로 배경으로 하고 있다. 나라의 독립성이 종말에 이르렀으며, 예레미야는 예루살렘 성과 그 성전의 멸망을 목도하는 자리에 이르게 되었다.

역 사 적   배 경

여기에서 우리는 이 책의 저작권 및 시대에 대한 문제를 논의할 것이며, (1) 정치적인 상황, (2) 선지자 자신, (3) 역사비평학적 접근방법 등의 문제들을 고찰할 것이다.

정치적인 상황

비록 앗시리아 제국이 고대 근동의 세계를 2세기가 넘도록 지배하기는 했지만 그 종말은 아주 빨리 찾아 왔다. 이 거대한 앗시리아 제국은 마지막 왕 앗수르바니팔(Ashurbanipal)의 죽음(주전 631년) 이후 삼십 년 내에 축소되고 분열되었다. 한때는 나름대로 거대한 제국들이었던 나라들이 다시 앗시리아의 멍에를 벗어나게 되었다. 바벨론과 이집트는 앗시리아의 쇠퇴와 더불어 자신들의 제국에의 야망을 다시 펼치기 시작했다. 나보폴라살(Nabopolassar)과 그의 위대한 아들 느부갓네살(Nebuchadnezzar)은 티그리스와 유프라데스 강을 따라서 서북방으로 바벨론 군대를 진격시켰다. 이집트에서는 프사메티쿠스(Psammetichus)와 그의 계승자 느고(Neco)가 서북방의 고대 이스라엘과 시리아에 압력을 가하였다. 양국의 군대는 한때 거대한 제국이었던 앗시리아의 남은 지역들을 서로 차지하고자 했다. 주전 614년에 메대 사람들은 키악세레스(Cyaxeres)의 영도하에 앗수르(Asshur)를 정복했다. 그 당시 메대인들과 동맹을 맺고 있던 바빌로니아 사람들은 612년에 니느웨를 포위했다. 앗시리아 제국의 남은 지역들을 도와주고자 출정한 이집트 군대는 609년에 느고의 영도하에서 하란(Haran)을 향해 진군하고 있었다. 유다의 요시야는 느고의 진군을 막으려고 하였지만 결국 므깃도에서 자신의 목숨을 잃고 말았다. 앗시리아의 남은 곳들에 대한 영향력과 지배력을 확보하기 위한 가장 큰 전투(605년)가 마침내 북부 시리아의 갈그미스에서 일어났으며, 여기에서 느부갓네살은 결정적인 승리를 쟁취했다. 고레스와 페르시아인들이 539년에 힘을 얻게 되기까지 고대 근동 국가들의 미래는 바빌로니아인들의 손에 달려 있었다.

유다에서 요시야(주전 640-609년)는 여덟 살 때에 왕이 되었다. 열두 살 되던 해부터 그는 일련의 종교개혁들을 단행하였는데, 그 과정 중에서 그가 열여덟 살 되었을 때 성전에서 율법책이 발견되어졌다. 앗시리아의 지배력과 운명이 쇠퇴함에 따라 유다 역시 앗시리아의 멍에에서 벗어났다. 요시야는 한때 통일왕국의 일부였던 지역들에 대해서 다윗 왕조의 영향력을 재확립하려고 노력했다. 영토에 대한 자신의 야망에 의해서, 그리고 어쩌면 바빌로니아인들과의 연대 속에서 그는 므깃도에서 바로 느고의 군대를 막음으로써 이집트의 북방 확장 정책을 저지하고자 했다. 그러나 그는 이 전투에서 죽임을 당했다. 예루살렘의 시민들은 그의 둘째 아들인 여호아하스를 왕으로 기름부었다. 그러나 느고는 그를 요시야의 첫째 아들인 엘리아김으로 재빨리 대체시켰으며, 그에게 왕호로 여호야김이라는 이름을 주었다(주전 609-598년). 여호야김은 거짓으로 이집트와 바벨론 사이를 번갈아가면서 추종함으로써 힘의 정치를 구사하려고 하였다. 그러나 그가 조공을 바벨론에게 바치는 것을 거부함으로써 결국 바벨론에 의해 예루살렘이 포위를 당하였다. 여호야김은 이 포위가 끝나기 전에 사망했으며, 그의 아들 여호야긴이 유다의 왕족, 지배계층, 장인들과 더불어 바벨론에 포로로 잡혀갔다. 느부갓네살은 요시야의 다른 아들인 맛디야를 왕위에 앉혔으며, 그의 이름을 시드기야(주전 598-586년)로 바꾸었다. 588년에 바벨론인들은 다시 예루살렘을 포위했으며, 일 년 반 후에 그 성전과 도시를 멸망시켰다. 이제 유다는 바벨론의 한 지방이 되었으며, 느부갓네살이 임명한 그달리야의 통치하에 놓이게 되었다.

예레미야는 유다가 주변 국가들의 제국주의적인 야망의 부활과 격랑 속에서 자신의 독립을 유지하려고 애쓰는 그 격동의 시절을 목도하였다. 예레미야서는 국수주의, 편집증, 친바벨론계와 친이집트계의 갈등, 유다의 강경파와 온건파 사이의 투쟁을 생생하게 묘사하고 있다. 이러한 모든 것들 속에서 예레미야는 하나님의 말씀을 선포하도록 부름을 받았다. 그는 우선 만약 이 나라가 회개를 하면 하나님께서 축복을 주실 것임을 선포하였다. 그리고 나중에 하나님의 심판이 더 이상 돌이켜질 수 없는 것이 되었을 때에는 이 나라가 다시 회복될 것임을 증거했다(Unterman 1987을 보라).

선지자 자신

예레미야의 활동 시기는 요시야 13년(주전 627/26년; 렘 1:2)에 그가 선지자로 부름을 받은 때로부터 예루살렘이 멸망하고 그가 이집트로 떠날 때까지 계속되었다(41:16-44:30). 예레미야가 이집트에서 죽은 것 같기는 하지만 그의 사망 연대를 파악하는 것은 불가능하다. 그의 책은 에윌므로닥(Evil-Merodach, 562-560년; 렘 52:31-34)의 시대에 여호야긴이 감옥에서 풀려난 것을 언급하는 것으로 끝이 난다. 그러나 52장은 주로 열왕기 하 25장에 나오는 평행구절에서부터 끌어온 것으로 아마 이 선지자의 사후에 이 책에 덧붙여진 것 같다(참고, 51:64b).

비록 그의 사역 기간이 어느 정도였는지를 대략적으로 파악하는 것은 가능하지만 그가 사역할 당시의 나이가 얼마였는지를 파악하는 것은 다소 난감하다. 예레미야는 자신이 부름을 받을 때 자신을 "아이", 즉 어린 사람이라고 불렀다(1:6-7). 전통적인 접근방법을 따라 많은 학자들은 그가 주전 627년(요시야 13년)에 열두 살 정도 되었다고 주장하고 있다. 그러나 그가 요시야의 개혁 당시에 어린 사람으로 선지 사역에 활발하게 임했다고 한다면 그의 신탁들 중 요시야의 시대와 관련된 것이 전혀 없으며, 개혁 활동이나 율법책의 발견에 대한 언급이 전혀 없는 것이 문제가 된다. 표제에 나오는 요시야 13년이라는 연대(1:2)를 제외하고는 이 선지자의 사역기간 중 가장 이른 연대가 언급된 사건은 여호야김이 등극하던 해에 주어진 성전 설교이다(609년, 렘 26:1). 또한 예레미야가 독신 생활을 할 것을 명령받은 것은 하나님께서 자기 백성을 벌하시려는 결정이 돌이킬 수 없는 것임을 보여주는 신호(16:1-4)인데, 이 명령은 아마 여호야김이 예레미야의 첫 번째 두루마리를 불태운 이후일 것이다(36:9; 여호야김 5년, 약 604년).[1] 이 무렵부터 심판의 불가피성에 대한 선언(36:31)에 회개에의 촉구(36:7)를 압도하기 시작한 것 같다. 만약 예레미야가 640년 어간에 태어났다고 한다면 그가 독신 생활에의 부름을 받은 것은 삼십대 중반이나 후반 때인 것 같다(Holladay 1989, 2:25-26). "북방으로부터 오는 적"에 대한 신탁들 역시 불분명하다. 627년 무렵에는 앗시리아는 이미 쇠퇴기에 들어갔으며, 바빌로니아인들은 아직 그 힘을 얻지 못했을 시기였다.[2]

---

1) 43:9(MT 36:9)에서 70인경은 MT의 "오 년" 대신에 "팔 년"이라고 되어 있다. 이 것을 따를 경우 여호야김이 두루마리를 불태운 사건은 주전 601년으로 밀려난 다.

2) 이런 이유 때문에 이전의 주석가들은 "북방으로부터 오는 적"을 스키타이인의 침략을 가리키는 것이라고 보았다. 헤로도토스(Herodotos *Hist.* 1:103-6)는 앗 시리아의 세력이 기울기 시작할 무렵인 주전 625년경에 스키타이인들(the

바로 이러한 이유 때문에 어떤 학자들(예를 들어 Holladay, Hyatt 등)은 예레미야의 생애의 연대를 늦추었다. 즉, 요시야 13년(1:2)을 예레미야의 탄생 연대(1:5)로 간주했다. 이 주장에 근거하면, 이 책이 요시야의 개혁기간(주전 627-622년) 동안 침묵을 지키고 있는 이유를 설명하는데 어려움이 없을 것이다. 그는 율법책이 발견되었을 때 단지 다섯 살밖에 안 되었을 것이기 때문이다. 예레미야는 열여덟 살 정도 되던 해인 609년경에 사역을 시작했을 것이다. 그는 이십대 중반에 독신생활을 명령받았을 텐데, 이 나이 때에는 이러한 결정이 더욱 고통스러운 것이 되었을 것이다. 바벨론 역시 이 때쯤 부활하기 시작했을 것이다.

그러나 요시야 13년(주전 627년)이 예레미야의 출생 연도이며, 609년(요시야가 사망하고 여호야김이 등극한 해)이 그가 설교를 시작한 해라고 보는 것에 의문을 품게 만드는 점들이 몇 가지 있다. 우선 예레미야는 요시야의 생애 중에 받은 한 신탁에 대해서 분명하게 말하고 있다(3:6-14). 앗시리아에 대한 그의 언급(2:18) 역시 그 시기에 앗시리아가 여전히 군사 강국이었다는 것을 시사해 주고 있다. 만약 예레미야가 609년경까지는 아직 말씀을 선포하기 시작하지 않았다고 할 경우 이 때쯤에는 앗시리아는 이미 군사 강국이 아니었다.

이 선지자가 언제부터 공개적인 사역을 시작했느냐 하는 것에 대한 논쟁들은 아직 결론이 나지 않았다. 그러나 예레미야 1:2의 표현(" 여호와의 말씀이 … 임하니라")은 구약에 백 번 이상 나오는데 이 하나님의 말씀은 언제나 성인(成人)에게만 임하였으며, 보통 사역 중에 있는 선지자에게 임하였다. 이 문구는 보통 선지자가 자기 백성들을 향하여 전파해야 할 메시지들에 대한 도입문구로 사용된 것이므로 어린 아이에게 이런 표현이 사용되었을 가능성은 거의 없는 듯하다.

Scythian)이 서아시아를 침략했다고 말하고 있다. 그러나 예레미야서의 이 적이 스키타이인의 침략과 잘 맞아들어가지 않으며 이 사람들이 이스라엘을 공격한 적이 과연 있는가 하는 것 자체가 의심스럽다는 것 때문에 요즘은 이 북방의 적들을 스키타이인들로 보는 견해는 버려졌다.

　이 선지자는 예루살렘으로부터 2, 3 마일 정도밖에 안 되는 아나돗의 제사장 가문에서 태어났다. 비록 그가 제사장의 가문에서 태어나기는 했지만 그의 가족까지도 그를 적대했는데(11:21-23; 12:6), 그들이 음모를 꾸민 이유는 주어져 있지 않다.

　예레미야는 자기 시대의 정치 · 종교적 권세들에 저항했으며, 그를 이은 다른 많은 선지자들처럼 그 때문에 고통을 당했다. 그는 자신의 메시지 때문에 박해를 당했으며, 성전의 유사장(有司長)에 의해 매를 맞고 감금을 당했으며(20:2), 배반하고 선동하고 탈주했다는 비난을 받았으며(26장; 37:11-16), 자신에 대한 음해를 받았으며(18:18; 12:6), 구덩이에 갇히고(38:1-13), 시위대 뜰에 갇힘을 당했다(38:14-28). 이 선지자가 당한 이러한 고난들은 소위 예레미야의 "고백들"(confessions)이라고 불리고 있는 처절한 울부짖음과 기도들의 배경이 어느 정도는 된 것 같다(11:18-12:6; 15:10-21; 17:12-18; 18:18-23; 20:7-18). 이 선지자는 하나님에 버림받은 것 같은 느낌을 표현하며, 하나님께서 자기 원수들에게 복수하실 것을 기도하기도 하며, 자신이 고난에 직면하자 하나님의 선하심과 변함없으심에 대해 의심을 품기도 한다(Smith 1990의 논의를 보라).

역사비평학적인 접근방법들

　　　　　　　　예레미야서를 공부하는데 있어서 어려운 점 중의 하나는 본문이 두서없이 배열되어 있는 것처럼 보인다는 점이다. 그의 사역기간 중의 여러 다른 시대로부터 주어진 신탁들이 좀체 파악하기 어려운 근거들에 의해서 배열되어 있으며, 그 신탁들 중 대부분은 특정한 연대가 주어져 있지 않기 때문에 예레미야가 자신이 직면한 여러 가지 국제적 · 사회적 위기들에 어떻게 반응했느냐 하는 것을 파악하기가 어렵다(예레미야서의 본문들 중 연대를 파악할 수 있는 문헌들의 목록을 이 장 마지막에 부록으로 삽입해 놓았는데 그것을 참고하라). 연대가 언급되어 있지 않은 부분들을 그의 생애 중의 연대들과 연결시키려는 작업은 그 해당 신탁이나 내러티브가 과연 어느 특정 시기의 유다의 사회-지리-경제적 상황과 들어맞는가 하는 것에 대한 각 학자의 판단에 기초하고 있다. 그러므로 이 책의 상당 부분의 역사적 배경에 대해서는 의견이 매우 다양하다. 본문은 연대기적인 순서를 따르고 있지 않으며, 어떤 일관된 구도를 따르는 것 같지도 않다. 혹은 최소한 본문의 배열에 어떤 내적인 논리가 있다고 가정할 경우 그것이 아직 해석자들의 눈에 포착되지 않았다고 할 수 있다.

역사비평학계에서의 예레미야서에 대한 논의는 인간 예레미야와 그의 이름을 가진 책 사이의 관계에 대한 논의를 중심으로 전개되어 왔다. 이 책에 대한 연구사에는 크게 두 가지 접근방법이 주류를 이루어 왔다.

한 가지는 이 책 속에서 인간 예레미야와 그의 말들과 행위들에 대한 정확한 그림을 찾아내고자 하는 것이다(Lundbom 1986은 이 견해의 대표적인 학자이다). 또 하나의 접근방법은 이 책 속에서 후대의 편집자들에 의해 수집되고 배열된 개별적인 문헌들의 모음집들을 찾아내고자 하는 것이다. 이 방법론의 지지자들은 이 책의 형성과정상에 있었을 여러 가지 다양한 편집층들을 찾아내는 일에 초점을 맞춘다.

두 번째 접근방법에 초점을 맞춘 학자들은 인간 예레미야와 그의 책 사이에 별로 관계가 없다고 보았다. 우리가 이 책에서 만나는 예레미야는 이 책이 묘사하고 있는 그러한 모습의 역사적 인물이 아니라 대개 후대의 편집자들의 창작품이다. 구시대의 비평학이 성행하던 시절에 두움(Duhm 1901)은 운문으로 된 신탁들만이 예레미야의 본인의 것이었다고 주장했다. 그리고 시 문헌들 중에서도 두움은 아주 작은 몇몇 구절들만이 이 선지자의 것이라고 보았다. 모빙켈(Mowinckel 1904)은 두움의 입장을 따르기는 했지만 이 책에서 선지자의 신탁들("A"), 전기(傳記)적인 문헌들("B"), 산문체 설교들("C") 등의 세 가지 형태의 본문을 구분지었다. 두움의 경우와 마찬가지로 마지막의 설교들은 "신명기적" 자료인 것으로 간주되었다. 후에 모빙켈(1946, 61-63)은 세 가지로 구분되는 문헌자료들이 존재한 것이 아니라 세 개의 전승층들이 존재했다고 주장했다. 예를 들어, 예레미야의 성전 설교는 한 번은 전기적인 산문(7장)으로, 다른 한 번은 설교체 산문(26장)으로 기록되어 있다. 이후의 많은 학자들이 이런 삼구분법을 따르기는 했지만 운문체 문헌들("A")이 산문체 설교들("C")과 어떤 식으로 연결되어 있는가 하는 것에 대해서는 상이한 입장들을 취했다. 이 책에 대한 신명기적 편집 작업이 어느 정도나 이루어졌는가 하는 것에 대해서도 상당한 논의가 있었다. 어떤 학자들은 운문체 신탁들뿐만 아니라 산문체 설교들에서도 신명기주의적 (Deuteronomistic) 신학과 용어가 광범위하게 발견된다는 것을 발견했다. 반면에 맥콘빌(McConville 1991, 82-83)은 예레미야서와 열왕기의 신명기적 역사 사이의 신학적인 차이점들을 강조했다. 최근의 캐롤(Carroll 1986)과 맥케인(McKane 1986)의 주석들은 예레미야서와 예레미야란 이름을 가진 역사적 인물 사이에 그다지 연결성이 보이지 않는다고 보는 접근방법의 좋은 예들을 보여주고 있다.

다른 학자들은 이 책이 예레미야와 밀접한 관련이 있다고 주장했으며, 예레미야나 그의 서기인 바룩이 이 책의 대부분을 저술했다고 보았다. 최근의 주석들 중에서 할러데이(Holladay 1986, 1989)와 톰슨(Thompson 1979)은 이 방법론의 대표주자들이다. 할러데이는 신명기 31:9-13에 근거해서 신명기가 매 칠 년마다 대중 집회 가운데서 낭독되었다고 주장했다. 그는 신명기가 622년, 615년, 608년, 601년, 594년, 587년에 낭독되었으며, 이러한 낭독의식이 예레미야의 사역활동에 연대기적인 뼈대를 제공해 주었다고 주장했다. 그 결과 할러데이는 예레미야서 중 연대가 명시되어 있지 않은 대부분의 문헌들이 이 선지자가 예루살렘에 운집한 순례자들에게 설교한 시점과 일치한다고 보았다.

이 두 방법론 간의 대조는 여러 다른 구절들 속에서 그 예를 찾아볼 수 있다. 예를 들어, 예레미야와 그의 책 사이의 밀접한 관계를 강조하는 학자들은 예레미야의 "고백들"(위를 보라)이 예레미야 자신에 의한 자서전적인 내용들이라고 보았다. 이 고백들은 신앙과 소명에 대한 그 자신의 종교적 갈등들, 즉 자신이나 하나님에 대한 의심들을 드러내고 있는 것으로 여겨졌다. 예레미야와 예레미야서 간에 별로 관계가 없다고 보는 학자들은 이 고백들이 시편의 익명의 공동체 애가들처럼 후대의 편집자들에게 나온 익명의 문헌들이라고 간주했다.

예레미야서를 가지고 연구하는 학자들은 또한 예레미야가 여호야김 4년(주전 605년, 렘 36장)에 그의 앞에서 낭독한 원래의 두루마리의 내용을 복구해 내려는 노력을 했다. 여호야김이 이 두루마리를 서기관의 칼로 조각조

각 내어 불에 태워버린 후에 하나님께서는 예레미야더러 이 두루마리를 다시 쓰라고 명령했다. 예레미야가 "다른 두루마리를 취하여 네리야의 아들 서기관 바룩에게 주매 그가 유다 왕 여호야김의 불사른 책의 모든 말을 예레미야의 구전대로 기록하고 그 외에도 그 같은 말을 많이 더하였"다(36:32). 그러나 다시 한 번 학자들은 예레미야서의 내용 중 원래의 두루마리에 포함되어 있었던 부분이 어딘가에 대하여 상당히 다른 견해들을 취하고 있다.[3] 예레미야서의 각 부분이 그의 설교들 중 각기 다른 부분들을 부각시키고 있다는 것에는 의심의 여지가 없다. 예레미야의 설교들 중 많은 부분은 청중들로부터 회개를 이끌어 내는 것을 목표로 하고 있다(예를 들어, 성전 설교, 7:1-5; 26:2-6). 반면에 그의 설교들 중 어떤 부분들은 다가올 불우한 운명과 재난에 대한 선언만을 하고 있다(예를 들어, 4:5-8, 19-21).

이러한 차이점들은 예레미야가 각기 다른 시기에 선포한 내용들을 반영하고 있는 것일 수도 있다. 즉 회개를 통해서 재난을 피할 수 있는 가능성이 전혀 없어지게 됨으로써 오직 심판과 포로로 잡혀가는 일만이 남게 된 상황과 같은 경우를 반영하고 있는 것일 수도 있다(Unterman 1987). 이 선지자에게 중보기도를 하지 말도록 금하신 것(7:16; 11:14; 14:11-15:1)도 이러한 변화를 바탕으로 하고 있을 것이다. 두 무화과 광주리에 대한 이상(26장)에서 포로로 잡혀간 사람들은 좋은 무화과들이다. 그들은 하나님의 뜻을 받아들였으므로 하나님으로부터 축복을 받을 것이다. 그러나 본토에 남은 자들은 나쁜 무화과들이기 때문에 버려질 것이다. 맥콘빌(McConville 1991, 87)이 지적한 바와 같이 회개에 대한 설교는 결국 실패한 것으로 확인되고, 하나님께서 다른 방법으로 역사하실 것이라는 확신에 길을 내줬다. 이런 변화는 느부갓네살이 권세를 얻고 여호야김 4년에 지중해 해안을 따라 남부 지역을 점령한 것과 관련이 있을 가능성도 있다. 이 해는 여호야김이 두루마리를 태우고(36:9), 예레미야가 돌이킬 수 없는 심판을 선언(36:27-31)한 해였다. 그러나 그는 비록 멸망의 불가피성을 선포하기는 했지만 또한 소망과 회복의 선지자였다. 이 점은 그의 설교의 세 번째 국면일 수도 있다(예를 들어 30-

---

3) 이에 대한 연구사는 Thompson 1980, 56-59를 보라.

33장의 "위로의 책"[the Book of Consolation]). 그러나 예레미야의 설교를 이런 식으로 구분해서 연대기적인 순서를 따라 발전과정을 추적하려는 것은 너무 경직되고 단순한 태도일 수가 있다. 심판에 대한 신탁들이 회개에 대해서 분명하게 언급하고 있지 않은 경우에도 실제로는 항상 회개를 불러일으키는 것을 목표로 하고 있으며, 이 책에서 심판과 회개와 회복의 관계는 이런 해결책이 제시하는 것보다 더 난해하고 복잡하다. 맥콘빌(McConville 1991, 95)은 이 책이 원래 힐기야의 아들 예레미야가 진짜로 한 말들이기는 하지만 하나님께서 유다를 다루시는 방법에 대해서 그가 나중에 더 성숙한 마음으로 성찰하고 난 후에야 우리를 위해 기록된 것이라고 주장했다.

예레미야서의 사본

예레미야서는 소위 "하등비평"(lower criticism, 즉 사본비평)과 "고등비평"(higher criticism, 즉 역사비평학적 · 문헌비평적 접근방법)의 관심사항들이 교차되는 것을 보여주는 가장 좋은 예이다. 70인경의 예레미야서의 본문이 맛소라 본문에 들어있는 단어들 중 약 2, 700 단어, 즉 칠분의 일 정도의 내용을 담고 있지 않다는 사실은 오래 전부터 인식되어 왔다. 70인경은 짧기만 한 것이 아니라 또한 본문의 순서도 다르게 배열하고 있다. 가장 잘 알려져 있는 예를 들자면, 열방들에 대한 신탁(MT에서는 렘 46-51장에 들어 있음)은 예레미야서 25:13으로 자리가 옮겨져 있으며, 각 나라들의 순서도 차이가 난다. 지난 오랜 시간 동안 학자들은 이런 현상이 70인경 번역자들이 MT를 요약하고 나서 다시 편집과정에서 손질을 가했기 때문인지, 아니면 MT와는 다른 히브리어 본문을 따랐기 때문인지에 대해서 논쟁을 해 왔다. 그러나 이런 논쟁은 쿰란 동굴들에서 사본들이 발견되기 전까지는 별로 해결되지 못했다.

쿰란의 제4 동굴에서는 세 개의 예레미야서 사본의 단편들이 발견되었다. 이 중 두 개(4QJera, 4QJerc)는 MT와 아주 유사한 본문을 반영하고 있으며, MT 본문에 대한 가장 이른 시기의 증거를 제공해 주고 있다. 그러나 4QJerb은 비록 매우 단편적이기는 하지만 칠십인경의 번역자들이 사용한 것으로 보이는 히브리어 본문과 대체적으로 일치하고 있다.[4] 특히 이 4QJerb는 칠십인경으로부터 재구성해 낸 원본(Vorlage)이 MT와 차이가 나는 두 가지 중요한 점, 즉 더 짧은 형태의 본문을 갖고 있다는 점과 본문의 배열순서가 차이가 난다는 점 등을 그대로 보여주고 있다.

예레미야서의 두 판본 사이의 차이는 통상적인 사본 전승상의 실수들, 즉 필사가가 때때로 원래의 자리를 간과하고 본문을 생략(haplography)하거나 실수로 본문을 반복(dittography)하는 것, 그리고 본문을 잘못 읽거나 철자법을 틀리는 것, 그리고 짧은 설명문을 잘못 삽입하는 것 등의 사본 전승상의 실수들만으로는 설명이 되지 않는다. 우리가 여기에서 목도하고 있는 문제는 이 책의 형성과정과 관련된 문제이다. 예레미야서는 두 개의 서로 다른 판본이 각각 MT와 70인경을 통해서 보존되었으며, 쿰란의 도서관에서도 이 두 판본이 병행해서 존재했던 것이 분명하다. 쿰란에서의 발견 이후에 논쟁의 초점은 이 두 상이한 형태의 본문이 어떤 관계를 갖고 있는가 하는 쪽으로 옮겨졌다. 만약 우리가 예레미야서 속에서 문헌 형성과정상의 최종적인 단계들을 보고 있는 것이라면 이것은 매우 중요한 문제이다. 왜냐하면 우리는 구약의 다른 책들도 비록 이전의 판본들이 현존하지는 않지만 이런 비슷한 경로를 따라서 편집되고 다시 쓰이지 않았겠는가 하는 질문을 던질 수밖에 없게 되기 때문이다.

언뜻 보기에는 더 짧은 본문이 이 책의 본문의 역사에서 좀 더 이른 시기의 단계를 차지하고 있는 것으로 가정하는 것이 자연스러운 듯하다. 이 가정에 따르면 후대의 필사가들은 좀 더 이른 시기에 만들어진 본문의 뜻을 명확하게 하고 설명을 가해주고 독자들에게 도움을 주기 위해서 그 내용을 확장시키고 다듬었을 것이다. 대부분의 경우들을 살펴볼 때 좀 더 긴 형태의 본문(즉 MT의 본문)에 추가되어 있는 내용들은 보통 서기관들이 자신들의 글에 가하는 수정작업에 의한 것들이다. 토브(Tov 1981)는 이러한 차이들을 크

---

4) QJerb는 9,10,43장의 단편적인 내용들을 담고 있으며, 쟌젠(Janzen 1973)에 의해서 임시적으로 출판되었다. 비록 대체적으로는 MT보다는 칠십인경과 일치하지만 다섯 개의 경우에서는 칠십인경보다는 MT와 일치하며, 또한 몇 가지 독특한 독법들을 담고 있기도 하다(Tov 1981, 146-47).

게 (1) 편집에 의한 변화(editorial changes)와 (2) 주석에 의한 변화 (exegetical changes)로 구분했다. 편집에 의한 변화들은 (a) 본문 배열상의 변화(예를 들어, 열방 신탁들의 위치), (b) 개별 예언들에 추가된 표제들 (2:1-2; 7:1-2; 16:1; 27:1-2) (70인경에서 다수의 시들에 표제들이 추가된 것과 비슷), (c) 문단들의 반복(예를 들어, 6:22-24=50:41-43; 10:12-16=51:15-19), (d) 새로운 절과 문단의 첨가(아래를 보라), (e) 세부적인 내용의 첨가(예를 들어 25:20, 25, 26), (f) 내용의 수정이나 재구성(예를 들어 29:25; 35:18; 36:32) 등의 세부적인 범주들로 나뉠 수 있다.

그리고 주석에 의한 변화들은 (a) 개별적인 인물의 이름에 아버지의 이름을 더해주고, 하나님의 칭호들을 확대하거나 유사한 구절들이 동일한 모습을 갖게 해주는 것 등 본문의 조화를 위해 첨가된 부분들(이처럼 본문의 조화를 위해 첨가된 부분들이 예레미야서의 LXX 본문에 대한 MT 본문의 가장 빈번하면서도 커다란 특징이다), (b) 문맥상의 주석(단어나 어구 등을 좀 더 명확하게 만들기 위해서 추가된 본문들[예를 들어 27:5, 8; 28:3, 15 등]로서 특히 산문체 부분에 많음), (c) 보통 선지자의 말의 시작이나 끝 부분에 많이 나타나는 바와 같이 공식화된 표현들을 삽입하거나 증보한 경우들(예를 들어 "여호와께서 이르시되"라는 표현은 70인경에서는 107번이 나오는데 MT 에는 이보다 65번이 더 나온다) 등의 세부적인 범주들로 나 수 있다. 이런 변화들은 기존의 더 긴 본문을 요약한 것이라기보다는 기존의 본문을 나중에 수정한 것으로 이해하는 것이 훨씬 더 그럴 듯하다. 비록 70인경의 예레미야 서는 구약의 다른 어느 책의 경우에서보다도 MT와 많은 차이가 나기는 하지만 우리는 이런 차이점들을 지나치게 과장해서는 안 된다. 진정으로 확대된 부분의 수는 상당히 적으며,[5] 대부분은 이미 본문에 들어있거나 암시된 부분들을 상세히 기술하거나 명백히 하기 위해 변화가 가해진 경우들이다.

---

5) 최소한 한 절 전체가 70인경에는 없는데 MT에는 들어 있는 경우는 10:6-8; 17:1-4; 46:26(칠십인경 26:26에 빠져 있음); 51:45-58(칠십인경 28:45-58에 빠져 있음); 40:48(칠십인경 31:40에 빠져 있음); 33:14-26; 39:4-13(칠십인경 46장); 29:16-20(칠십인경 36장) 등이다. 아처Archer 1991, 144-47을 보라.

MT로 대변되는 예레미야서의 후대의 확대된 본문을 만든 사람은 누구인가? 대다수의 학자들은 MT에 첨가된 본문들이 후대의 서기관들과 해석자들로부터 파생되었다고 보며, 이 후대의 첨가부분들이 삽입된 연대와 사회적 배경을 찾아내려고 노력했는데, 대부분의 후대의 첨가부분들은 포로시대 이후의 시기의 것으로 간주되어졌다. 반면에 어떤 학자들은 예레미야 자신이나 그의 서기 바룩이 두 개의 현존하는 판본을 만들었다고 주장했다(예를 들어 Archer 1991). 우리는 여호야김에 의해 파손된 판본과 하나님의 명령으로 다시 쓰인 판본의 최소한 두 가지 판본이 존재했음을 알고 있다(36장). 더 짧은 70인경의 본문이 원래 예레미야나 바룩이 애굽에 있었을 때(41:16-44:30) 만들어진 히브리어 원문(the Vorlage)에 근거하고 있을 가능성이 있다는 것은 분명하다. 아마 이 판본은 애굽에서 회자되다가 거기에서 만들어진 이 책의 70인경의 토대가 되었을 것이다. 후에 예레미야가 이 책을 확대했거나, 아니면 바룩이 자신의 선생의 사후에 부가적인 문헌을 첨가하였을 수도 있다. 토브(1981, 154)는 MT에 들어있는 후대의 첨가부분들을 예레미야의 것으로 보기를 거부하는 회의주의적인 태도를 배격했다. 예를 들어, 그는 증명의 부담은 예레미야의 이름을 담고 있는 33:14-26(칠십인경에는 없음)이 이 선지자의 것임을 부인하는 자들 쪽에 있다고 주장했다.

비록 예레미야서의 확대된 본문(MT)이 예레미야나 바룩으로부터 기원한 부분들을 담고 있는 것으로 보이기는 하지만 어떤 부분들은 다른 사람들에 의해서 후대에 나온 것임을 보여주는 분명한 단서들이 있다. 여기에서는 두 가지의 예만을 들기로 한다. (1) 칠십인경은 MT 27:1-2에 나오는 표제를 갖고 있지 않다(아래의 도표 13에 나오는 본문의 비교를 참고하라). 이 부분의 표제는 그 이후의 문헌이 여호야김의 치세 때에 대한 것으로 말하고 있다. 그러나 이후에 나오는 신탁은 실상은 시드기야(27:3, 12) 및 여호야긴 치세 이후의 사건들(27:20), 즉 여호야김 이후의 사건들과 통치자들에 대한 것이다. 이 경우에 있어서 이 부분의 표제를 쓴 사람은 그저 단순히 실수를 범한

---

6) 이 점은 "여호야김"을 시드기야로 수정한 일부 히브리어 사본들의 필사가들에 의해 포착된 것 같다.

것으로 보이는데,[6] 예레미야나 바룩이 이런 실수를 범했을 것으로는 보이지 않으므로 이것이 후에 이 설명의 글을 써넣은 사람의 것으로 보는 것이 가장 간단한 것 같다. (2) 예레미야서 25:15-32에서 선지자는 바벨론의 왕이 가져 온 전쟁과 재난을 통해서 어떻게 고대 근동의 모든 나라의 왕들이 하나님의 분노의 쓴 잔을 맛보았는지에 대해서 말하고 있다. 그러나 25:26b에 약간의 문제가 있다. 바벨론 왕은 모든 열방뿐만 아니라 "세삭"에게도 하나님의 심 판을 가져다주는데, 이 "세삭"이라는 것은 "바벨론"을 암호화해서 쓴 것이 다.[7] 바벨론 왕이 정복 활동을 통하여 다른 모든 나라들에 심판을 가져다주 는 반면에 자신에게도 그러한 심판을 가져다준다는 것은 다소 이상하게 들 린다. 예레미야서의 칠십인경 본문은 세삭에 대한 MT의 두 구절(25:26; 51:41)을 다 언급하지 않고 있다. 예레미야 25:26에 넣어진 이 삽입문은 본 문의 문맥을 깨뜨리는 후대의 설명구인 것으로 보이며, 원 저자의 것이라기 보다는 후대 사람의 손으로부터 나온 것으로 이해되어진다.

도표 13   **MT와 칠십인경에서의 예레미야 27:1-11**

MT	칠십인경
27:1 유다 왕 요시야의 아들 여호야김의 즉위한 지 오래지 아니하여서 여호와께서 말씀으로 나 예레미야에게 이르시니라.	(렘 27 = 칠십인경의 렘 34장)
27:2 여호와께서 이같이 내게 이르시되: "너는 줄과 막대로 멍에를 만들어 네 목에 얹으라.	27:2 여호와께서 이같이 "너는 줄과 막대로 멍에를 만들어 네 목에 얹으라.
27:3 그리고 유다 왕 시드기야를	27:3 그리고 유다 왕 시드기야를

---

7) "세삭"이라는 말은 "바벨론"이라는 이름을 소위 아트바쉬('athbash)라고 불리
　는 단순대체적 암호 방식을 사용하여 바꾼 것이다. 이 방법은 히브리어 알파벳의
　스물두 자를 사용하여 알파벳의 첫 번째 글자는 마지막 글자로 바꾸고, 두 번째
　글자는 마지막에서 두 번째 글자로 바꾸는 방식으로 만드는 것이다. (즉 א은 ת로
　대체하고 ב는 ש로 대체한다는 데에서 이 아트바쉬란 이름이 나온 것이다 — 역
　주)'

보러 온 사신들을 통해서 에돔 왕과 모압 왕과 암몬 자손의 왕과 두로 왕과 시돈 왕에게 소식을 전하라. 27:4 그들에게 명하여 그 주에게 이르게 하기를 만군의 여호와 이스라엘의 하나님이 말씀하시되 너희는 너희 주에게 이같이 고하라. 27:5 나는 내 큰 능과 나의 든 팔로 땅과 그 위에 있는 사람과 짐승들을 만들고 나의 소견에 옳은 대로 땅을 사람에게 주었노라. 27:6 이제 내가 이 모든 땅을 내 종 바벨론 왕 느부갓네살의 손에 주고 또 들짐승들을 그에게 주어서 부리게 하였나니 27:7 열방이 그와 그 아들과 그 손자를 섬기리라. 그의 땅의 기한이 이르면 여러 나라와 큰 왕이 그로 자기를 섬기게 하리라마는 27:8 나 여호와가 이르노라. 어느 나라나 백성이든지 바벨론 왕 느부갓네살을 섬기지 아니하거나 그의 멍에를 메지 아니하는 백성은 내가 그의 손으로 진멸하기까지 칼과 기근과 염병으로 벌하리라. 27:9 너희는 너희 선지자나 너희 복술이나 너희 꿈꾸는 자나 너희 술사나 너희 요술객이 너희에게 이르기를 니희가 바벨론 왕을 섬기지 아니하리라 하여도 듣지 마라. 27:10 그들은 너희에게 거짓을 예언하여서 너희로 너희 땅에서 멀리 떠나게 하며 또 나로 너희를 몰아내게 하며 너희를 멸하게 하느니라. 27:11 오직 그 목으로 바벨론 왕의 멍에를 메고 그를 섬기는 나라는 내가 그들을 그 땅에서 머물러서 밭을 갈며 거기 거하게 하리라 하셨다 하라. 여호와의 말이니라.

보러 온 사신들을 통해서 에돔 왕과 모압 왕과 암몬자손의 왕과 두로 왕과 시돈 왕에게 소식을 전하라. 27:4 그들에게 명하여 그 주에게 이르게 하기를   여호와 이스라엘의 하나님이 말씀하시되 너희는 너희 주에게 이같이 고하라. 27:5 나는 내 큰 능과 나의 든 팔로 땅을 만들고 나의 소견에 옳은 대로 땅을 사람에게 주었노라. 27:6 이제 내가 이 땅을 내 종 바벨론 왕 느부갓네살의 손에 주고 또 들짐승들을 부리게 하였나니 27:7

27:8 나 여호와가 이르노라. 어느 나라나 백성이든지 그의 멍에를 메지 아니하는 자들은 내가 그의 손으로 진멸하기까지 칼과 기근 으로 벌하리라. 27:9 너희는 너희 선지자나 너희 복술이나 너희 꿈꾸는 자나 너희 술사나 너희 요술객이 이르기를 너희기 바벨론 왕을 섬기지 아니하리라 하여도 듣지 마라. 27:10 그들은 너희에게 거짓을 예언하여서 너희로 너희 땅에서 멀리 떠나게 하느니라. 27:11 오직 그 목으로 바벨론 왕의 멍에를 메고 그를 섬기는 나라는 내가 그들을 그 땅에서 머물러서 밭을 갈며 거기 거하게 하리라 하셨다 하라.

문학적인 분석

위에서 언급한 바와 같이 예레미야서의 문제들 중의 하나는 이 책의 본문이 알기 쉬운 배열순서나 구조를 보여주고 있지 않으며, 최소한 전체의 일관성 있는 구조조차 주석가들이 아직 발견하지 못했다는 점이다. 그러나 이 책 내의 작은 단위의 모음집들의 경우는 주제에 따른 배열을 보여주는 경우가 많다. 이러한 점에서 예레미야서는 이러한 작은 단위의 모음집들을 모아놓음으로써 만들어진 "책들의 책"이라고 볼 수 있다. 이러한 작은 단위의 모음집들은 다음의 예들에서와 같이 독자적인 표제들을 갖고 있다: "가뭄에 대하여 예레미야에게 임한 여호와의 말씀이라"(14:1-15:4); "유다 왕의 집에 대한"(21:11-22:30); "선지자들에 대한"(23:9-40); "열국에 대하여 선지자 예레미야에게 임한 여호와의 말씀이라"(46:1-51:64); "여호와께서 선지자 예레미야로 바벨론과 갈대아인의 땅에 대하여 하신 말씀이라"(50:1- 51:64).

어떤 것들은 한 문단의 끝에 주의를 환기시키기 위하여 들어 있다: "내가 그 땅에 대하여 선고한 바 곧 예레미야가 열방에 대하여 예언하고 이 책에 기록한 나의 모든 말을 그 땅에 임하게 하리니"(25:13); "예레미야의 말이 이에 마치니라"(51:64).

몇 가지 다른 문헌 모음집들도 보통 이 책에서 발견된다. 운문체로 된 1:1-25:13의 유다 및 예루살렘에 대한 심판의 선언들은 원래 하나의 모음집이었을 가능성이 있다. 25:1-3에서 선지자는 1장에 기록된 자신의 사역이 시작된 때를 다시 언급한다. 또한 25:3-9와 1:15-19 사이에는 여러 가지 유사한 문구들이 많이 들어 있는데, 이것은 1장과 25:1-13이 한 커다란 부분의 시작과 끝을 알리는 수미쌍괄식 구조를 이루고 있음을 시사해 준다. "이 책에 기록한 나의 모든 말"이라는 표현(25:13) 역시 이 책의 원래 문헌이 끝맺음을 했다는 것을 시사해 준다. 어떤 학자들은 1:1-25:13이 예레미야가 쓴 첫 번째 두루마리, 즉 여호야김이 태워버린 그 두루마리(36장)의 운문체 신탁들을 담고 있다고 말하고 있다. 이 문헌 속에는 몇 가지 다른 소규모의 문헌들, 예를 들어 이 선지자의 자신의 소명에 대한 갈등을 담고 있는 본문이나 그가 자기 자신에 대해 의심하고 하나님께 질문을 던지고 있는 문헌들, 즉 보통 "예레미야의 고백록"(Jeremiah's Confessions)이라고 불리는 부분들이 포함되어 있었을 가능성이 있다(위를 보라).

30-33장은 위로의 책(the Book of Consolation 또는 the Book of Comfort)이라고 불리는 경우가 자주 있다. 주로 시로 이루어진 두 장(30-31장)과 주로 산문으로 이루어진 두 장(32-33장)으로 구성되어 있는 이 문헌은 예루살렘의 미래의 회복에 대한 희망을 표현하고 있다. 그러나 이 작은 소망의 책에서도 임박한 심판의 말씀이 음울하게 드리워져 있다(30:5-7, 12-15, 22-23; 31:15, 18-19; 32:26-35; 33:4-5).

46-51장은 이방 나라들에 대한 예레미야의 신탁들의 모음집을 형성하고 있다. 칠십인경에서는 이 문헌들은 MT의 25:13 바로 뒤에 나온다(25:14는 칠십인경에는 나오지 않는다). 또한 이방 나라들에 대한 신탁들의 순서도 이 두 판본 사이에 차이가 난다. MT에서의 순서는 대략적으로 지리적인 순서를 따르고 있는데, 남쪽으로부터 북쪽으로, 그리고 서쪽으로부터 동쪽으로 움직이고 있다. 반면에 칠십인경에서의 순서는 대략적으로 정치적인 중요도에 따른 순서를 갖고 있는 것으로 보인다(Thompson 1980, 31). 거의 모든 선지서들은 이방 나라들을 향해 주어진 말씀들을 담고 있다. 이방 나라에 하나님의 말씀을 전달하기 위해 가장 처음으로 부름을 받은 사람은 모세(출 3:10-12)인데 이 위대한 선구자와 마찬가지로 예레미야도 "열방의 선지자"로 세움을 받았다(1:5, 10).

이 세 개의 대규모 모음집 사이에는 두 개의 문헌이 들어 있다(26-29장; 34-45장). 이것들은 대개 예레미야의 생애에 일어난 사건들을 기록하고 있는 전기적 성격의 내러티브들로 이루어져 있다. 그러나 이 문헌들은 연대기적인 순서로 배열되어 있지는 않다.

다른 소규모의 문헌들은 어떤 특정한 주제나 핵심 단어를 중심으로 모여 있는 듯하다. 예를 들어, 4-8장은 종종 "북방에서 오는 적"에 대해서 자주 언급하고 있으며, 2-3장은 "자식"(子息, youth)과 "행음"(harlotry)이라는 주제로 이루어져 있다.

이 책은 또한 다수의 상징적인 행위들에 대해 언급하고 있다. 오늘날의 설교자들처럼 이스라엘의 선지자들도 자신들의 설교 속에 이야기들을 사용하였다. 그러나 그들은 또한 "소도구들"이나 "실연"(實演)을 활용하기도 했는데, 구약 학자들은 이러한 방법들을 보통 "상징적 행위들"(symbolic actions)이라고 부른다. 예레미야는 유다가 멸망해서 소용없게 되리라는 것을 보여주기 위해서 베로 된 띠를 바위틈에다 감추었다(13:1-11). 그는 한 토기장이로부터 질그릇 하나를 사서 하시드 문(the Potsherd Gate, 하시드 문은 영어 표현에서 보듯이 히브리어 원문을 직역하면 "질그릇 조각의 문" 정도로 번역될 수 있는데, 그 이유는 이 문이 성 밖의 질그릇 조각 더미를 굽어보고 있기 때문이다 — 역주)에서 깨뜨렸는데, 이것은 하나님께서 그 성과 거민을 그렇게 멸망시키실 것임을 보여주는 상징이었다(19장). 그는 멍에를 하나 사서 자기 목에 두르고 느부갓네살이 열방을 자신의 멍에 아래 둘 것이라고 외쳤다(27:1-15). 거짓 선지자 하나냐는 예레미야의 설교에 대치되는 하나의 상징적인 행위로 멍에를 부서뜨렸다(28:1-4). 예레미야의 사촌 중 약삭빠른 한 사람이 유배 생활이 임박함을 보고 일부 토지를 팔아서 돈을 만들려고 하였다. 유다가 회복될 것임을 예레미야가 선포해 왔기 때문에 이 사촌은 예레미야에게 "말한 바대로 돈을 투자"할 것을 촉구하고, 그 재산에 대한 친족-대속자(the kinsman-redeemer)로서의 조치를 취할 것을 요구했다. 예레미야는 그 밭을 사고, 그것을 "사람이 이 땅에서 집과 밭과 포도원을 다시 사게 되리라" 하는 것의 상징적인 행위로 삼았다(32:6-15). 바벨론에 대한 하나님의 심판을 선언하고 있는 두루마리 하나가 바벨론의 포로 공동체에게로 보내졌는데, 그 두루마리를 유브라데 강에 던짐으로써 어떻게 바벨론이 "침륜하고 다시 일어나지" 못할 것인지를 보여주는 상징으로 삼으라는 명령이 함께 주어졌다(51:59-64). 일단 예레미야가 그달랴의 살해 후 예루살렘에서 도망한 자들과 함께 애굽에 이르자 그는 커다란 돌들을 취해서 다바네스(Tahpanhes)의 궁전 입구에 묻었다. 이 돌들은 바벨론의 왕이 이집트에서도 바로 이 돌들 위에 왕좌를 차지하게 될 것을 시각적으로 보여주는 것이었다(43:8-13). 예레미야 및 기타 이스라엘의 선지자들의 이러한 상징적인 행위들은 그들의 설교의 한 부분이었으며, 따라서 이러한 행위들은 하나님의 효과적인 말씀들이었다.

선지자들의 상징적인 행위들 중에는 실제적인 물건들을 사용하지 않는 것도 있었다. 이러한 유의 것들로는 제사장 바스훌을 상징적인 이름으로 개명한 것(20:3)이라든지, 하나님께서 그로 하여금 자기 나라에 대한 상징으로서 독신 생활을 하라고 명령하신 것(16:1-3)이라든지, 장례식에서 통곡을 하는 전통적인 의식을 거부한 것(16:5-9) 등을 들 수 있다.

예레미야는 자신 스스로가 상징적인 행위들을 실연했을 뿐만 아니라 또한 이 물질적인 세계를 넘어선 이상(異象)을 목도하기도 했다. 살구나무 가지(샤케드)는 하나님께서 자신의 말씀들이 이루어지도록 "지키시는 자"(쇼케드, 히브리어 자음은 동일하고 단지 모음만 틀림 — 역주)임을 일깨워 준다. 북쪽으로부터 기울어진 끓는 솥은 북방으로부터 열방들에게 재앙이 곧 닥칠 것임을 이 선지자에게 보여주고 있다(1:13-16). 두 무화과 광주리(24장)는 포로 생활을 하고 있는 자들과 본토에 남아 있는 자들의 다른 운명을 예시해 준다. 토기장이의 집을 방문하는 것(18장)은 하나님의 주권성에 대한 가르침을 제공해 준다.

오래 전부터 주석가들은 예레미야와 호세아가 서로 관계가 있을 수 있다는 점을 인식해 왔다.[8] 이 두 선지자는 동일한 수사법들과 어휘들을 사용하고 있다. 예레미야는 예루살렘의 약간 북쪽, 즉 북왕국의 남방 경계선 가까이에 살았으므로 북왕국과의 지리적인 거리로 볼 때 호세아에 관한 전승들을 알고 있었을 가능성이 있다. 어떤 학자들은 예레미야의 가문이 북쪽 지방의 실로(7:1-2; 26:6)에서 사역했던 엘리에게로 거슬러 올라가는 아비아달(왕상 2:26-27) 계보의 제사장의 후손일 수도 있다는 주장을 했다. 예레미야서 속에서 호세아의 영향을 특히 많이 보여주고 있는 곳은 예레미야서 2-3장이다. 호세아는 이스라엘을 향한 하나님의 "인애"(헤세드, hesed)에 대해서 자주 언급한다(4:1; 6:4, 6; 12:6). 호세아가 이스라엘을 간음한 아내로 그리고 있는 것처럼 예레미야 역시 이스라엘을 애인들을 따라다니는 정숙치 못한 아내로 묘사하고 있다(3:1-5, 20; 호 2:14-15[MT 16-17]). 예레미야는 이스라엘이 광야 시절의 젊은 신부로 가졌던 "신실성"(헤세드, 한글판 개역 성

---

8) 상세한 논의는 Thompson 1980, 81-85를 보라.

경은 "네 소년 때의 우의"라고 번역하고 있으나 이것은 너무 애매한 표현이
며 "너의 젊은 날의 신실성"이라는 번역이 나은 것으로 보인다 — 역주)을
회복할 것을 갈구하고 있다(2:2). 그러나 호세아의 아내 고멜과 마찬가지로
이스라엘 역시 행실이 바르지 못하고 간음하는 자가 되었다(3:1-20). 여호와
가 남편으로 머물러 있음에도 불구하고 말이다(3:14; 호 2:2, 16 [MT 4,
18]).

　"너희 묵은 땅을 갈고 가시덤불 속에 파종하지 말라"(렘 4:3)고 예레미야
가 이스라엘에게 한 말은 호세아서 10:12을 인용한 것일 가능성이 있다. 또
한 두 선지자는 모두 "하나님을 아는 지식"에 대해서 말하고 있다. 호세아는
땅에 지식이 없음을 지적하고 있으며(호 4:1), 백성이 이 지식 없음 때문에
멸망당할 것이라고 말하고 있다(호 4:6). 예레미야를 통해서 하나님은 법을
다루는 자들이 자기를 알지 못함을 지적하시며(2:8), "내 백성은 나를 알지
못하는 우준한 자요 지각이 없는 미련한 자식이라"(4:22)고 말씀하신다. 양
선지자는 이스라엘이 하나님을 알게 될 날을 예언했다(31:34; 호 2:20[MT
22]). 양 선지자는 십계명을 범한 것의 목록을 가지고 자기들의 나라를 고발
했다(7:9; 호 4:2). 예레미야가 호세아에 대해서 알고 있었을 가능성을 보여
주는 점들이 몇 가지 있음이 분명하다.

신 학 적 인　메 시 지

　예레미야가 자신의 가르침을 전통적인 조직신학적 표제나 범주로 정리한
적이 없다. 그의 "신학"은 이 선지자가 메신저로서 섬긴 하나님과의 관계,
그리고 예루살렘이 멸망한 직후의 변화하는 지정학적·종교적 상황들 속에
서 만난 예루살렘의 시민들과의 관계 속에서 역동적으로 형성되어진 것이
다. 비록 예레미야의 설교의 내용과 의미는 여러 방향으로 뻗어나갔지만 몇
가지 두드러진 주제들을 통해서 그의 설교의 내용을 엿볼 수 있다.

예레미야의 하나님

초기의 비평학계에서는 선지자들은 보통 이스라엘의 신학의 창시자들인 것으로 간주되어졌다. 그러나 이러한 생각은 예레미야에게는 전혀 낯선 것이었을 것이다. 예레미야는 하나님에 대해서 "새로운 생각들"을 도입하지 않았다. 그와는 정반대로 그는 자신 이전의 다른 선지자들이 했던 것과 같은 식으로 자기 나라의 백성들에게 외쳤다. 예레미야는 이 나라가 "옛적 길 곧 선한 길이 어디인지 알아보고 그리로 행하라"(6:16)고 촉구했다. 이 선지자는 자신이 이스라엘로 하여금 하나님과의 옛 언약에 신실할 것을 외치기 위해 부름 받은 자로 생각했다. 여호와는 살아 계신 하나님이시며, 생명을 주는 물의 공급원이었다(2:13)

예레미야에게 하나님은 세상에 대해서 절대적인 주권을 갖고 계신 분이셨다. 그는 우주의 창조자였다. 그러나 그는 또한 피조물에게서 손을 거두시고, 세상에 심판을 행하심으로써 세상이 다시 태초의 혼돈으로 돌아가게 하실 수도 있는 분이셨다(4:23-26; 18:1-11). 하나님은 자기 피조물에 대해 전적인 권한을 가지신 분이시며, 모든 피조물은 그의 주권 아래 있었다. 비록 여호와께서 이스라엘만의 하나님(2:3-4; 10:16; 17:13)이시긴 하지만 그는 또한 만국을 지배하시는 분이셨다. 예레미야는 이스라엘만을 위해 파송된 것이 아니라 또한 "열방의 선지자"(1:5)였다. 하나님은 그를 "열방 만국 위에 세우고 너로 뽑으며 파괴하며 파멸하며 넘어뜨리며 건설하며 심게" 하셨다(1:10). 이방 나라들에 대한 이 선지자의 신탁들은 이 선지자가 여호와의 우주적인 통치에 확신을 갖고 있음을 보여준다.

예레미야는 또한 이스라엘의 죄와 악을 크게 강조함으로써 하나님의 거룩성에 초점을 맞추었다. 하나님은 의로우신 분이시기 때문에 이 완악하고, 반역적이고, 회개하지 않는 나라를 그 죄 때문에 벌하셔야 하실 경우에는 벌을 하시는 분이셨다. 그러나 이러한 하나님의 거룩성과 공의 외에도 예레미야는 하나님이 인내심이 많으시고, 인자하시고, 자비로우시며, 오래 참으시는 분이시라는 것을 발견하였다(3:12; 13:14; 15:16). 비록 하나님의 인자가 한계에 달하셔서 진노를 예루살렘에 쏟아부으시는 경우에도 여전히 그는 자기 백성에게 인자와 은혜를 보이셨다(12:15; 30:18; 31:20; 33:26; 42:12).

백성과 언약

예레미야에게 이스라엘은 하나님의 선민이었다(33:24). 그는 자기 나라가 가진 독특한 지위를 묘사하기 위해 많은 은유적 표현들을 사용했다. 이스라엘은 하나님의 "첫 열매"(2:3), "참 종자, 곧 귀한 포도나무"(2:21), 신부(新婦, 2:2; 3:14), "양 무리"(13:17), "포도원"(12:10), 산업(12:7-9)이었다. 여호와는 방탕한 아들의 아버지이며, 정숙치 못한 아내의 남편이었다(3:19-20).

이스라엘은 하나님과 언약 관계에 있는 나라였다. 예레미야는 이스라엘이 여호와의 정숙한 신부였었던 모세 시대로 돌아올 것을 촉구하였다(2:2). 이 나라는 시내 산에서 하나님께서 요구하신 대로 신실하게 순종을 하여야 했다. 그들은 자기들의 땅을 유지하기 위해서는 온 마음과 정성으로 하나님을 사랑하여야 했다(11장). 에발 산과 그리심 산에서의 축복과 저주는 예레미야 시대의 사람들에게도 여전히 유효한 것이었다(11:26-32; 22:9; 참고, 신 27-28장). 하나님께서 이스라엘과 맺으신 고대의 언약은 이 나라가 그의 자비와 은혜를 누릴 권리가 있음을 보여주는 것이었다(14:21). 그러나 그러기 위해서는 이스라엘은 토라를 지켜야 했다(5:4-5; 8:7).

그러나 예레미야 시대의 유다는 정숙한 신부가 아니었다. 이스라엘이 자기들의 땅을 정복하던 그 때부터 그들은 행음을 하였다(3:1-20). 유다는 바알을 좇았으며, 정부들을 따라가고, 발정한 암낙타 같았으며, 성욕에 동해 헐떡거리는 암나귀 같았다(3:23-24). 유다는 징계를 받아들이지 않았으며(2:30; 5:3; 17:23; 32:33; 35:13), 그 결과 언약 조항들의 저주를 받았다(신 28:49-68).

예레미야는 이스라엘이 하나님과의 언약에 대해 잘못된 확신을 갖고 있음을 경고했다. 하나님께서 시온을 선택하셨다는 사실은 이 나라가 그의 명령들을 따르지 않는데도 불구하고 이 도성이 난공불락이라는 것을 의미하는 것이 아니었다. 잘 알려진 성전 설교(7, 26장)에서 예레미야는 이 나라가 십계명을 지키지 않고 있다는 것을 지적했다. 성전은 도둑질, 살인, 간음, 거짓 증언, 우상 숭배를 저지르는 자들의 피난처가 아니었다. 성전은 도적들의 소굴이 되었을 때에는 안전한 항구가 될 수 없었다(7:9-11).

하나님께서 다윗과 맺으신 언약에 대한 잘못된 확신도 용납될 수 없는 것이었다. 구약의 다른 책들에서와 마찬가지로 예레미야서에서도 우리는 하나님께서 다윗에게 주신 약속들과 순종에 대한 하나님의 요구 사이의 모순에 직면한다. 한편으로는 하나님께서 다윗과 맺으신 언약은 순종에 근거한 조건적인 것이었다(17:24-25; 21:12; 22:1-5, 20). 그러나 다른 한편으로는 이 언약은 회복불가능하게 파괴될 수는 없는 것이었다. 왜냐하면 하나님께서 다윗 및 그의 후손들과 새로운 언약(23:5; 30:9; 33:15-17, 21-22), 즉 밤과 낮의 약정처럼 확고한 언약을 체결할 것이기 때문이다(33:23-26).

예레미야 안의 하나님의 말씀

예레미야는 하늘의 왕의 사신이었다. 이 선지자는 자신이 모세로부터 이어지는 선지자들의 반열에 서 있다는 것을 확실하게 인식하고 있었다(아래를 보라). 이러한 점에 있어서 그는 모세가 자기를 이을 선지자들에게 약속한 바와 같이 하나님의 말씀이 자기 입에 있다는 것을 알고 있었다(1:9; 신 18:18). 예레미야의 말들은 시내 산에서 모세가 전한 하나님의 말씀들과 같은 효력과 힘을 갖고 있었다(신 18:14-22). 예레미야에게 주어진 하나님의 말씀들은 능력 있고 자중적인 것이었다(1:12; 4:28). 이 말씀은 억누를 수도 없고 이 선지자가 자신의 속에만 담아둘 수도 없는 것이었다. "내가 다시는 여호와를 선포하지 아니하며 그 이름으로 말하지 아니하리라 하면 나의 중심이 불붙는 것 같아서 골수에 사무치니 답답하여 견딜 수 없나이다"(20: 8-9). 이 말씀은 예레미야를 압도했다. "내 중심이 상하며 내 모든 뼈가 떨리며 내가 취한 사람 같으며 포도주에 잡힌 사람 같으니 이는 여호와와 그 거룩한 말씀을 인함이라"(23:9; 참고, 행 2:13). 하나님의 말씀은 바위를 깨뜨리는 망치 같으며, 짚단을 사르는 불같았다(23:29). 예레미야가 매국노로 치부되고 죽음의 위협을 당할 때에도 그의 유일한 변호는 오직 하나님이 자신을 그의 이름으로 말하도록 보내셨다는 사실이었다(26:12, 16).

그러나 예레미야가 가진 이러한 확신과 권위에도 불구하고 여전히 사람들은 그의 말을 들으려고 하지 않았다. 대신에 그들은 그를 꾸짖고 경책했다

(6:10, 19; 8:9; 17:15; 20:8; 38:4). 그들은 대신 거짓 선지자들의 위로와 안위의 말들을 택했다(14:13; 28:1-3). 그러나 거짓 선지자들은 하나님의 말씀을 듣기 위해 여호와의 회의에 참석한 바가 없었으며, 자신들의 마음의 헛된 것들을 외칠 뿐이었다(23:16-22).

예레미야와 모세

예레미야서에 신명기가 커다란 영향을 끼쳤다는 점 이외에도 많은 학자들은 예레미야란 사람 자체가 예레미야서에서 일종의 "제2의 모세"로 그려져 있다는 점을 지적했다(참고, Seitz 1989). 모세는 자기 뒤를 이을 선지자들의 한 전형을 세웠다. 하나님께서 모세의 입에 자신의 말씀을 두심으로써 그가 한 말은 사실상 하나님의 말씀과 마찬가지였던 것처럼 하나님께서는 또한 자신의 말씀을 선지자 예레미야의 입에도 두셨다(1:9; 신 18:18). 모세는 처음부터 이방을 향한 선지자로 부름(출 3:10)을 받았는데, 이 점은 예레미야가 소명을 받을 때에도 마찬가지였다(1:4, 10). 모세와 예레미야는 둘 다 자신들의 소명을 거부하였으며, 자신들이 말을 못하는 자라고 호소하였다(1:6; 출 4:10).

모세는 또한 선지자적인 중보자였다. 그의 임무는 단지 백성들 앞에서 하나님을 대리하기만 하는 것이 아니라 또한 하나님 앞에서 백성들을 대리하는 것이었다. 모세는 이스라엘이 가데스에서 반역을 했을 때 백성들을 위해 중보했으며(민 14:17-19; 신 9:23-29), 시내 산에서 자기 자신의 목숨을 대신 가져가실 것을 간구했으며(출 32:31-32; 신 9:15-21; 시 106:19-23), 미리암을 대신해서 호소했다(민 12:9-15). 예레미야는 이 점에 있어서도 모세가 세운 모범을 따랐다(21:1-2; 37:3; 42:2-4). 그러나 여기에는 아이러니컬한 반전이 있다. 아마 예레미야는 자기 민족을 위해서 하나님 앞에서 아주 오랜 기간 동안 중보기도를 올렸겠지만 이제 그는 더 이상 중보기도를 하지 말라는 명령을 받았다. 하나님의 돌이킬 수 없는 심판이 이제 이 나라에 임박했기 때문에 하나님께서는 이제 그의 기도를 더 이상 들으시지 않으실 작정이셨다(7:16; 11:14; 14:11-15:1).

모세는 자신의 중보 기도를 통해서 이 민족을 멸망에서 구원했다. 그러나 예레미야는 이 책임을 더 이상 감당하려고 하지 말라는 명령을 받았다. 모세는 한때 이 백성을 애굽에서 이끌어 냈다. 이제 마지막에 예레미야는 그 곳으로 돌아간다(43:1-7). 이렇게 해서 우리는 이 나라의 역사가 완전히 한 바퀴 도는 지점에 이르렀다. 이제 이 나라에는 영토도 없고, 왕도 없고, 제사장도 없고, 성전도 없고, 심지어는 백성도 없는 지경에 이르렀다. 에벳멜렉(38:7-12; 39:16-18)과 바룩(45:1-5)은 자기들 이전의 여호수아와 갈렙처럼 자신들의 신실함으로 해서 자기 동시대 사람들과 대비된다(Seitz 1989, 17-18).

미래를 향한 소망

예레미야가 자기 사촌의 밭을 구입(32:6-15)한 행동은 유다가 예루살렘으로 귀환할 것이며, "이 땅에서 집과 밭과 포도원을 다시 사게 되리라" 하는 그의 설교만큼이나 그의 신념을 크게 보여주는 것이었다. 그는 포로생활 중에 있는 자들을 위로하고, 비록 포로생활의 기간이 짧지 않고 길기는 하겠지만 하나님께서 아직도 은혜의 메시지를 갖고 있다는 것을 외쳤다. "너희를 향한 나의 생각은 내가 아나니 재앙이 아니라 곧 평안이요, 너희 장래에 소망을 주려 하는 생각이라"(29:11). 비록 31:31-34의 유명한 구절이 칠십인경의 예레미야서에는 나오지 않지만 많은 학자들은 새로운 언약에 대한 예레미야의 선포내용이 비록 이 선지자의 말들을 그대로 담고 있지는 않다고 하더라도 이 선지자 자신의 가르침을 반영하고 있다는 것에 동의한다. 돌판에 새겨진 율법 대신에 하나님은 자신의 율법을 마음속에 새기실 것이다.

예레미야는 또한 미래의 메시야적 소망들에 대해서 표현했다. 하나님은 다윗을 위한 "한 의로운 가지"를 일으키실 것이다(23:5-6; 33:15-16). 예레미야는 아마 이사야가 메시야를 "가지"로 묘사하면서 사용한 은유를 이용하고 있는 듯하기도 하며(사 4:2; 11:1, 10), 또한 스가랴는 예레미야를 따르고 있는 듯하다(슥 3:8; 6:12). 예레미야는 시드기야 왕에 대해서 언어유희를 하고 있는 듯하다. 느부갓네살이 맛다냐를 왕위에 세웠을 때 그는 그의 이름을 시드기야로 세웠는데, 이 이름은 "여호와는 의로우시도다" 하는 것이다.

여호와가 의롭다는 사실을 아는 것은 그가 심판자이심을 아는 것이다. 그러나 예레미야는 왕의 이름이 "여호와, 우리의 의"라는 이름으로 알려질 날이 올 것에 대해서 말하고 있다(23:6; 참고, 33:16). 여호와가 "우리의 의"라는 사실을 아는 것은 그를 은혜주시는 자로 아는 것이다. 예레미야를 향한 하나님의 목적은 "뽑으며, 파괴하며, 파멸하며, 넘어뜨리는" 것뿐만 아니라 또한 "건설하며, 심는" 것이기도 했다(1:10).

신 약 으 로 의 접 근

예레미야서는 신약의 저자들에게 강한 인상을 주었다. 신약에 나오는 약 사십 개의 직접적인 인용구들 중에서 대부분은 바벨론의 멸망과 관련해서 계시록에 나온다(예를 들어 50:8, 계 18:4; 50:32, 계 18:8; 51:49-50, 계 18:24).

예레미야는 하나님의 심판이 예루살렘에 떨어지려 하는 것을 보면서 마음에 커다란 슬픔을 느낀 사람이었다. 전통적으로 그는 "눈물의 선지자"로 알려져 있다. 우리는 예수께서 예루살렘이 화평이 아니라 포위와 멸망을 당하게 될 것을 탄식하시면서 예루살렘을 보고 우셨을 때 바로 누가가 예레미야의 이미지를 염두에 두고 있었던 것이 아닌가 하는 생각을 하게 된다.

예수께서는 이전의 미가와 예레미야처럼 예루살렘 및 성전의 임박한 멸망에 대해서 통렬한 선포를 하셨다(7:1-15; 26:1-15; 미 3:9-12). 그러나 예수께서 선동죄로 심문을 받았을 때 군중들은 "죽음이 부당하니라"(26:16)라고 외치지 않았다. 예수께서 성전으로 들어가시는 것에 대한 마태의 기록은 분명히 예수를 선지자로 간주하고 있다(마 21:11-12, 46). 예수께서 성전을 정결케 하신 것은 예레미야에게서 그 근거를 찾을 수 있다(7:11; 마 21:13).

윙클(Winkle 1986)은 마태복음 23:29-24:2와 예레미야의 성전 설교들(7, 26장) 간에 많은 강한 유사성이 있음을 지적하였다. (1) 하나님께서는 선지자들을 예루살렘으로 보냈으나 사람들이 들으려 하지 않았다(7:25; 26:4-6). 예수께서도 역시 선지자들을 이 나라에 보냈다(마 23:34; 참고, 마 5:12;

10:16). (2) 예레미야는 성전 구내에서 무고한 피를 흘리는 것에 대해서 경
고했으며(7:6), 성전 설교 후에는 그 자신의 죽음이 논쟁거리가 되었다
(26:15). 구약은 선지자의 살해에 대해서 두 번 분명하게 언급하고 있다(스
가랴[대하 24:18-22]와 우리야[렘 26:20-23]). 마태복음 23:29-37에서 예수께
서도 역시 선지자들의 죽음과 무고한 피를 흘림에 대해서 가르치셨는데, 이
피는 자신이 이 성에서 흘리실 피였다. (3) 예레미야는 하나님께서 실로를
버리신 것처럼 성전을 버리실 것이라고 경고하였다(7:12, 14; 26:6). 성전
경내를 마지막으로 떠나시면서 예수께서도 역시 이 사람들에게 그들의 "집"
(성전/도성/나라)이 황폐하게 버려질 것에 대해서 경고하셨다(마 23:38-
39). 그러나 마태복음에서는 성전을 버리신 하나님은 다름 아닌 바로 예수
자신이셨다(Winkle 1986, 171). 그는 나가서서 다시는 돌아오지 않으신다.

사람들이 예수와 예레미야를 연관시켜서 생각하도록 만든 점(마 16:13-
14)은 아마 예레미야와 예수 양자 모두가 성전 및 예루살렘 성에 대해서 심
판을 선포했기 때문이거나 "슬픔의 사람"과 상심한 선지자 예레미야 간의
유사성 때문이었을 것이다(마 16:13-14). 예레미야에 대해서는 음모가 꾸며
졌었으며, 이 때문에 그는 자신을 도살장에 끌려가는 양에 비교했는데, 이것
은 예수에게서 실현되었다(11:19; 사 53:7; 행 8:32).

스데반은 자신의 목숨을 잃게 만든 한 연설을 통해서 이스라엘을 마음과
귀에 할례 받지 못한 자들이라는 예레미야의 비난을 반복했다(6:19; 9:26;
행 7:51).

바울은 예레미야가 토기장의 집을 방문한 것으로부터 이방인을 향한 자신
의 소명과 관련해서 하나님의 주권성에 대한 가르침으로 삼았다(렘 18장; 롬
9:20-24).

도표 14　　　**예레미야서 내의 연대가 언급된 본문들**

예레미야서의 다음의 본문들은 연대에 대해서 상당히 분명한 언급들을 하고
있다. 다른 본문들의 연대설정은 다소 어렵다.*

요시야	13년	627년 주전	1:1-19	예레미야의 부름받음
여호아하스	1년	609년	22:10-12	여호아하스가 사로잡힘

여호야김	1년(?)	608년(?)	26:1-24	성전의 파괴
	1-3년(?)	608-605년(?)	22:13-19	권력의 남용
	4년	605/4년	25:1-30	분노의 잔
	4년	605/4년	46:1-49:33	애굽 및 열방에 대한 신탁
	4-5년	605-603년	36:1-32	두루마리를 태움
	4년	605/4년	45:1-5	하나님이 예레미야의 서기 바룩을 남기심
	?년	?년	35:1-19	레갑인들에 대한 축복
여호야긴	1년	598년	22:24-30	심판과 사로잡힘
시드기야	1년	597년	24:1-10	두 부류의 무화과
	1년(?)	597년(?)	49:34-39	엘람에 대한 신탁
	1년	597년	29:1-19	포로들에게 보낸 편지
	4년	594년	51:59-64	유브라데 강에 던져진 두루마리
	9년(?)	589년	34:1-22	예루살렘의 멸망예언, 노예들의 해방
	10년(?)	588년	37:1-38:28	시드기야에게 항복 권함
	10년(?)	588년	37:1-38:28	웅덩이 속의 예레미야; 성의 포위
	10년	588년	32:1-44	예레미야가 밭을 매입
	10년	588년	33:1-26	회복에 대한 말씀
	11년	586년	39:1-40:7	예루살렘 멸망 예레미야가 풀려남
	11년	586년	52:1-30	예루살렘의 멸망 포로들의 계수
총독 그다랴		586년	40:8-41:16	임명되고 암살됨
남은 자들의 지도자 요하난		586년	42:1-22	본토에 남으라는 충고
		585년	43:1-13	애굽으로의 도망
		585년	44:1-30	애굽의 포로들을 향한 마지막 연설
		560년	52:31-34	여호야긴이 에윌-므로닥에 의해서 석방됨

---

*MT는 27:1-32이 여호야김 시대의 것이라고 말하고 있다. 그러나 이것은 잘못된 것이 분명하다. 이 신탁은 시드기야의 시대에 속한다(28:1; 27:3, 12). 이 본문의 칠십인경은 연대에 대해서 아무런 언급도 없으며, MT의 연대에 대한 언급은 후대의 편집자에 의해서 잘못 삽입된 것으로 보인다.

애 가 서

주전 587년의 물리적 · 심리적 · 영적 황폐는 엄청난 것이었다. 이 때의 파괴의 정도는 열왕기하 25:1-21에 기록되어 있다. 성벽은 무너지고, 궁전과 큰 가옥들이 불에 탔다. 그러나 아마 그 중에서도 가장 끔찍한 일은 성전이 불에 타고, 그 소중한 성물들이 노략을 당한 일일 것이다. 게다가 바빌로니아 관리들은 거주민들 중 가장 가난한 계층을 남겨 놓고는 전부 포로로 잡아갔다. 이로 인해서 땅이 텅 비게 되지는 않았지만(Barstad 1996) 이것이 가공할 만한 타격을 입힌 것은 분명하다(예루살렘 멸망 후 몇 년간의 유배와 팔레스타인의 상황에 대해서는 렘 39-44장을 읽으라).

포로로 잡혀가는 사건에 대해서는 산문 기록들이 잘 포착하고 있다. 그러나 이 순간의 처절한 절망을 표현하고 있는 것은 바로 이 애가서라는 시가서이다. 이 책은 이 대량학살 사건의 배후에 있는 힘은 궁극적으로는 바빌로니아라는 전쟁기계가 아니라 하나님 자신이라는 사실을 깨달았을 때의 감정을 표현하고 있다. (예레미야 애가를 이 개론서에서는 그냥 Lamentations라고 부르고 있다. 그 이유는 예레미야가 저자인지 아닌지에 대해서 확신하고 있지 않기 때문이다. 이 책을 다루면서 일어나는 논의상의 혼동을 막기 위해 장르로서의 애가는 "애가" 로 적고, 책으로서의 애가는 "애가서" 라고 부르도록 하겠다 ― 역주)

역 사 적 배 경

저자 및 연대

다른 많은 책들과 마찬가지로 애가서는 익명의 책이다. 다른 많은 책들의 경우와 마찬가지로 이 망각된 저자의 이름이 무엇인지에 대해서는 고대의 전승이 말을 해 주고 있는데, 이 책의 경우는 그 저자는 바로 예레미야라고 되어 있다.

이 전승이 가능성이 없는 것은 아니다. 그러나 확실한 것도 아니다. 또한 이것은 논의할 가치가 있는 것도 아니다. 왜냐하면 본문이 그것을 주장하고 있는 것도 아니고, 이 본문에 대한 해석이 그것에 의존하고 있는 것도 아니기 때문이다(Provan 1992, 7-11).

히브리 성경 본문의 전통은 예레미야와 애가서 사이에 어떤 연결이 있다는 단서를 전혀 남겨놓고 있지 않다. 왜냐하면 애가서는 정경의 세 번째 부분, 즉 성문서(Ketubim)에 포함되어 있는 반면에 예레미야서는 두 번째 부분, 즉 선지서(Nebi'im)에 포함되어 있기 때문이다. 성문서에 들어 있는 책들의 순서는 다소 차이가 있기는 하지만 애가서는 보통 유대교의 특정한 절기들과 연결되어 있는 메길롯(Megillot — 에스더서, 아가서, 룻기, 애가서, 전도서 등의 다섯 개의 두루마리를 총칭하는 용어 — 역주) 속의 다른 책들과 함께 배열되어 있다. 이 애가서의 경우는 아브(Ab) 월 9일의 축제와 연결되어 있다.

그러나 헬라어 구약 성경은 두 가지 점에서 애가서를 분명하게 예레미야서와 연결시켜 놓았다. (1) 첫째 헬라어 구약 성경은 애가서를 예레미야서 바로 다음의 위치, 즉 에스겔서 바로 앞의 위치에 배열하였다. (2) 헬라어 구약 성경은 또한 애가서에 다음의 구절을 더하였다. "예레미야가 앉아서 예루살렘에 대해 애가서를 지으면서 이렇게 말했다"(Hillers 1992, 11). 탈굼 역, 페쉬타 역, 바빌로니아 탈무드, 불가타 역 등은 모두 헬라어 성경의 전통을 따르고 있다.

이 책이 예레미야에 의해 저술되었다는 생각을 버린 학자들은 때때로 다수 저작설을 받아들였다. 이 전승을 버린 첫 번째 사람인 폰 데어 하르트(H. von der Hardt)는 1712년 이 책의 다섯 장이 각각 다니엘, 사드락, 메삭, 아벳느고, 그리고 여호야긴 왕에 의해서 쓰였다는 재미있는 주장을 하기도 하였다(Kaiser 1982, 24). 비록 이 책의 다섯 장이 다섯 편의 독립된 애가(아래의 알파벳 두운시의 구조에 대한 논의를 보라)로 이해될 수도 있겠지만 다수 저작설은 필요 없는 가설이다.

저자의 정체를 정확히 밝히는 문제를 제외하고는 이 책의 대략적인 연대에 대해서는 상당히 의견이 일치되어 있다(프로반[Provan 1992, 7-19]의 회의적인 견해는 예외임). 이 책에 표현되어 있는 생생한 묘사와 충실한 감정에 비추어 볼 때 이 책의 연대를 예루살렘이 멸망된 지 칠십오 년 이상이 지난 이후의 연대를 제시하는 사람은 전혀 없다. 대부분의 학자들은 애가서의 연대를 훨씬 더 이른 시기로 잡는다. 그러나 한 학파는 이 장르가 성전 재건, 즉 주전 520-515년경의 시온 성전의 재건과 관련되어 있는 것으로 본다(아래를 보라).

시대

이 책은 주전 587년 바빌로니아인들의 손에 의해 예루살렘이 멸망당한 것에 대한 반응으로 쓰였다. 그러므로 이 책은 포로시대의 책이다(이 시기에 대한 서술은 Provan, Long, and Longman 2003, 278-86을 보라).

성경 역사가들과 선지자들의 시각에 따르면 포로 시대는 이스라엘과 유다의 백성들이 자신들의 하나님과 치른 긴 투쟁의 절정이었다. 하나님께서는 그들이 그 땅에 존속하는 것의 여부는 그들이 시내 산에서 세워진 언약에 순종하느냐 히는 것의 어부에 달렸다는 것을 오래 전에 모세를 통해 경고하셨다(신 28:15-68). 그럼에도 불구하고 그는 그들의 오랜 기간 동안의 반역과 죄에도 불구하고 그들에게 신실하셨으며, 그들을 다시 그와의 신실하고 활기있는 관계 속으로 돌아오게 하시려고 선지자들을 계속 보내셨다.

멸망을 향한 마지막 추락은 609년의 요시야의 죽음으로부터 시작되었다. 요시야와 그의 지지자들은 사회와 종교에 대해 개혁 조치들을 취함으로써 우상 숭배의 물결을 되돌려 놓으려고 노력했다(왕하 22:1-23:30). 그의 통치 기간은 외국의 압제로부터 일시적인 안식을 누리던 시기였다. 그러나 그가 전장에서 죽고 나자 유다는 당시의 강대국인 이집트와 바벨론 사이의 세력 다툼 속에서 장기판의 졸과 같은 신세가 되고 말았다.

　요시야의 아들 여호아하스는 자기 아버지의 자리를 대신 차지했다. 그는 작은 아들(Bright, 324)이었던 것 같다. 그러나 그는 자기 아버지의 반(反)이집트적이자 친 바벨론적인 정책을 계속 이어나갈 수 있으리라는 기대를 받으면서 자기 아버지를 계승하였다. 그리고 바로 이러한 정치적 입장 때문에 이집트의 바로 느고는 바벨론에 의해 격퇴를 당했을 때 여호아하스를 제거하고 대신 그 자리에 그의 형제 엘리야김을 여호야김이라는 이름으로 개명해서 왕위에 등극시킴으로써 지중해 연안에서의 자신의 세력기반을 공고히 하기를 꾀하였다. 여호야김은 이집트의 속주였으며, 예레미야와 갈등관계에 있었다는 점으로 해서 잘 알려져 있다(렘 1:3; 24:1; 27:1, 20; 37:1; 52:2).

　주전 605년에 바빌로니아의 장수 느부갓네살은 갈그미스(Carchemish)에서 이집트인들을 분쇄하고, 그들의 본토까지 이집트인들을 추격해 들어갔다. 이제 시리아와 팔레스타인을 점령할 시기가 무르익었다. 나보폴라살(Nabopolassar)의 죽음으로 해서 잠시 지체가 있기는 했지만 이제 왕이 된 느부갓네살은 604년에 유다로 돌아왔으며, 여호야김을 자신의 속주로 만들었다(왕하 24:1). 그러나 기회가 오자마자 여호야김은 다시 이집트 쪽으로 기울었으며, 이 때문에 바빌로니아인들은 598년에 다시 침공을 했다.

　여호야김은 느부갓네살이 도착하기 전에 사망했다. 성경 본문은 그의 죽음의 원인에 대해서 아무런 언급도 하고 있지 않다(그러나 그가 암살당했을 것이라는 추측이 있다). 그리고 그의 사망으로 인해 그의 아들 여호야긴이 왕관을 쓰게 되지만 그는 불가피하게 바빌로니아 군대에 의한 살육을 기다렸다가 경험해야만 했다. 그 당시에 열여덟 살밖에 안 되었던 여호야긴은 곧 항복을 했다. 그는 바벨론으로 옮겨졌으며, 왕족 중에서 친바빌로니아계 성향을 뚜렷하게 띠고 있는 엘가나(시드기야로 개명됨)가 왕좌를 차지했다.

　시드기야는 바벨론에 대항해서 반역을 일으키는 치명적인 실수를 범하였으며(왕하 24:12b), 그 때문에 587년에 예루살렘이 최종적인 멸망을 당하게 되었다. 애가서는 이 도시가 처참하게 멸망을 당한 것에 대한 반응으로 쓰였으며, 하나님께서 이 백성을 버리시고, 그들을 향한 은혜를 거두신 것에 대한 심리적·영적 고통을 표현하고 있다.

문 학 적 인 분 석

장르

헤르만 궁켈은 애가서가 복합장르(Mischgattung), 즉 몇 가지 형태의 장르가 혼합된 문헌이라는 결론을 내림으로써 애가의 장르에 대한 현대적인 논의를 개시했다. 그는 1, 2, 4장이 장송곡들이며, 3장은 개인적인 애가, 5장은 공동체 애가라고 주장했다.

최근의 연구들은 이 책을 좀 더 총체적으로 보려는 경향을 띠어 왔다. 이 입장은 여러 가지 문학적인 요소들이 시에 다양성을 부여하면서도 또한 통일성을 부여해 주고 있다는 것을 방대하게 조사한 그로스버그(Grossberg 1989)의 연구에 의해 모범적으로 잘 드러나 있다. 페리스(Ferris)는 애가서가 시편의 공동체 애가와 비슷한 것으로 분류될 수 있다는 결론을 내렸는데, 이 견해는 전형적인 견해이다. 그는 공동체 애가는

그 내용상으로 볼 때 재난에 대한 불평, 슬픔, 비탄 등을 표현하고자 하는 공동체에 의해, 혹은 공동체를 위해 지어진 것으로서 그 동기가 되는 물리적 혹은 문화적 재난이 이미 벌어졌을 때나 벌어지려고 할 때 하나님께 구원을 호소하기 위한 것이다(Ferris 1992, 10).

이 책의 어조나 내용이나 구조 등의 모든 요소들은 이 책이 공동체 애가임을 보여주고 있다. 게다가 이 책에 부여된 여러 가지 칭호들 역시 이 책의 장르를 무엇으로 보는 것이 옳은가 하는 것에 대해서 단서를 준다. 고대에는 이 책은 그 첫 번째 단어가 이름으로 활용되었다: 에카(" 어찌?"). 랍비들은 이 책을 키노트라고 부르기를 좋아했다. 헬라어 구약 성경은 이 책을 트레니(Threni)라고 불렀으며, 불가타 역은 이것을 라멘타(Lamenta)라고 불렀다. 이 이름들은 모두 애가라는 의미를 갖고 있으며, 영어역본들의 이 책의 이름의 토대가 되었다.

이 책이 언제나 공동체적인 시인가 하는 문제에 대해서는 논란이 있었는

데, 특히 3:1-21을 볼 때 더욱 그러하다. 이 본문은 " … 고난당한 자는 내로다"라는 구절로 시작되는데, 이 문장은 보통 어떤 한 개인의 감정표현이라고 이해되어졌다. 이 말의 화자가 누구인가 하는 것을 파악하기 위해서 많은 연구들이 행해졌다. 이 말을 한 사람은 바로 여호야긴이라는 사람도 있고, 패배한 군인(Lanahan, 45)이라는 사람도 있으며, 예레미야 자신이라는 사람도 있다. 그러나 이 말의 화자는 한 사람의 개인으로 의인화된 예루살렘이라고 보는 것이 좀 더 그럴듯한 해석인 것 같다. 그러나 비록 이 말의 화자가 어떤 한 개인이라고 본다고 해도 이 개인은 바로 전 공동체의 고난과 고통에 대해서 말하고 있는 것이다. 그러므로 비록 이 책이 여러 가지 다양한 표현을 사용하고 있다고 할지라도 여전히 이 책은 공동체 애가로 간주되는 것이 옳은 것 같다.

페리스(1992)는 애가서를 시편의 공동체 애가들과 연결시킨 점에 있어서 옳았다. 그는 시편에서 약 20개의 예를 찾아냈는데 그 중의 일부는 논란의 여지가 있지만 전투에서의 패배 후의 백성들의 절망을 표현하고 있는 다섯 개의 시들은 애가서와 뚜렷한 유사성을 갖고 있다(시 44, 60, 74, 79, 80).

애가서의 내용을 볼 때 이 책이 나오게 된 배경은 전쟁에서의 패배임이 분명하다. 이 책이 주전 587년의 멸망과 관련이 있다는 것에는 거의 의심의 여지가 없지만 정작 이 책에는 구체적인 역사적 사건에 대한 언급이 없다는 점이 흥미롭다. 이처럼 역사적인 구체성을 띠지 않은 점은 시편에서 발견되는 시들의 성격과 유사하다(서론과 시편의 역사적 배경 항목을 보라). 그러나 경우야 어찌됐든 애가서의 배경은 전쟁에서의 패배이다.

페리스는 통찰력 있게 또 한 가지의 삶의 정황에 대해서도 논의를 하고 있는데,[1] 이 삶의 정황은 본문상의 삶의 정황이라고 불릴 수도 있고 개념적인 삶의 정황이라고 불릴 수도 있을 것이다. 그 삶의 정황은 바로 열왕기상 8장에 성전을 봉헌할 때 솔로몬이 드린 기도이다. 그가 언급하고 있는 여러 가지 국가적 재난들, 즉 공동체의 기도가 나오게 만드는 그러한 국가적 재난들 중에는 특히 전쟁에서의 패배가 언급된다(8:33-34). 솔로몬은 이스라엘이

---

1) 다양한 삶의 정황에 대한 생각은 Longman 1985를 보라.

군사적인 패배를 겪으면 하나님께로 돌아올 것으로 보고 있다. 애가는 바로 그러한 때의 기도이다.

그러나 다른 학자들은 이 책의 정황을 전쟁에서의 패배라고 보는 견해를 그냥 따라가기보다는 좀 더 구체적인 정황을 파악할 수 있을 것이라고 주장했다. 메소포타미아의 애가들에 비추어서 이들은 이 책이 성전 재건 때 쓰였다고 믿는다. 그러나 이 책과 메소포타미아의 애가란 장르의 관계에 대해서는 많은 논란이 있었으므로 우리는 바로 이 점을 더 살펴보고자 한다.

메소포타미아의 애가들

애가란 장르는 이스라엘에게만 독특한 것은 아니다. 그 중 애가와 관련해서 가장 중요한 것은 수메르어의 에메살(emesal)[2] 이란 방언으로 쓰인 여섯 개의 성읍에 대한 여섯 개의 애가이다. 이 중에서 다섯 개의 애가는 우르 제3 제국(Ur III Empire)의 패망(주전 2004년) 이후 일 세기 내에 지어졌다.

1. 수메르와 우르의 멸망에 대한 애가(ANET, 455-63)
2. 우르의 멸망에 대한 애가(ANET, 611-19)
3. 에리두(Eridu)의 멸망에 대한 애가
4. 니푸르(Nippur)의 멸망에 대한 애가
5. 우룩(Uruk)의 멸망에 대한 애가
6. 에키마르(Ekimar)의 멸망에 대한 애가

이 여섯 개의 애가는 이 도시들의 군사적인 패배를 슬퍼하며, 외국 군대들의 공격 행위들이 신으로부터 기인한 것으로 보는 등 여러 가지 많은 주제들에 있어서 성경의 애가서와 공유하는 점들이 많다(Gwaltney 1983, 205-11). 크레이머(S. N. Kramer 1959와 1969)는 양 문헌 간의 비교연구를 유행시켰으며, 애가서가 이 수메르의 선구자격인 문헌들에 의해 영향을 받았

---

2) 이 수메르 방언은 보통 여인들이나 특정 부류의 제사장들(gala)이 사용한 것이다.

다는 견해를 주장했다. 가드(C. J. Gadd), 크라우스(H.-J. Kraus) 등과 부분적으로 견해를 같이 하는 그의 이러한 생각은 맥다니엘(McDaniel 1968)에 의해 비판을 받았는데, 그는 이 수메르 문헌들과 성경의 애가서 사이에 아주 커다란 시간적·문화적 격차가 있음을 지적했다.

최근에 와서 괄트니(Gwaltney 1983)는 메소포타미아에서의 애가란 장르가 *발락 애가*, *에르세마 애가*란 양식으로 계속되어졌으며, 이 양식들은 구바빌로니아 시대부터 주전 일천년기까지 계속 아카드어로 쓰였다는 점을 지적함으로써(Kutscher 1975를 보라) 크레이머의 옛 견해를 옹호하고자 했는데, 그의 견해는 힐러스(Hillers)에 의해서 수용되기도 했다. 괄트니에 따르면, 이러한 증거는 문화적·시간적 간격이라는 난점을 제거하며, 메소포타미아와 성경상의 이 장르 사이에 나타나는 공통적인 주제와 구조를 강조할 수 있게 해준다.

페리스(Ferris)는 괄트니의 주장들을 분석하고 수메르-아카드의 애가 전통이 성경의 애가서에 영향을 주었다는 그의 주장이 강점을 가지고 있다고 평가했다. 그러나 그는 괄트니가 양자 사이의 연결성을 지나치게 강조하고 있으며, 양자 간에 나타나는 유사성과 상이성에 대한 가장 좋은 해결책은 동일한 문화적·문학적 전통에서 찾아볼 수 있다고 결론내렸다(Ferris 1992, 174-75, Mowinckel을 인용하고 있음).

수메르-아카드의 장르와 성경의 애가서 사이의 느슨한 연결관계는 애가서가 성전 재건 당시에 쓰였다는 가설을 의심스럽게 만든다. 이 책이 성전 파괴 당시, 즉 이 사건의 고통과 쓰라림이 아직 생생할 때 쓰였다고 보는 것이 가장 가능성이 있다.

구조

이 책은 이 책의 다섯 장과 상응하는 다섯 부분으로 깨끗하게 나누어진다. 그러나 이 책의 구조는 또한 다층적인 성격을 갖고 있는데 우리는 이 책에서 여기에 대해 단지 간단하게 다룰 수밖에 없다. 우리는 이 책의 문학적인 장치들이 우리로 하여금 이 책을 통일성이 있는 것으로 읽게도 하며(구심력), 또한 개별적인 부분들에 주목하게 만들기도 한다(원심력)는 그로

스버그(Grossberg 1989)의 결론을 주지시키는 것으로 시작하고자 한다. 또는 갓월드(Gottwald 1954, 23)의 말을 따르면 "하나의 거대한 성당과 같이 이 책의 통일성은 수없이 많은 흥미로운 기법들을 사용하여 잘잘하게 쪼개져 있지만, 이 기법들은 결코 산만하지가 않고 언제나 전체적인 모습에 이바지를 하고 있다." 이 기법들 중 가장 중요한 것은 알파벳 두운시적인 양식이다.

처음 네 장은 비록 그 세부적인 점에서는 서로 다르기는 하지만 다 개별적이고 완전한 알파벳 두운시들이다. 1장과 2장은 삼행 형식의 알파벳 두운시(three-line acrostics)이다. 즉 삼행으로 된 연(stanza)의 첫 번째 글자만이 그 연에 할당된 알파벳 글자로 시작된다. 3장 역시 삼행으로 이루어진 연들로 되어 있다. 그러나 이 장에서는 각 연의 삼 행 모두가 다 해당 알파벳 글자로 시작된다(시편 119편의 연들과 비슷). 애가서 4장은 이행(二行)으로 된 연들로 이루어져 있는데, 1, 2장의 양식과 더 비슷하다.[3] 가장 흥미로운 것은 5장인데, 이 장은 전혀 알파벳 두운시가 아니다. 그러나 22개의 행을 가지고 있음으로 해서 알파벳 두운시의 구조를 흉내내고 있다.

왜 이런 알파벳 두운시의 형태를 사용했느냐 하는 것은 확실하지 않다. 이것이 기억을 돕기 위한 기법이라든지, 애가서처럼 마치 고난의 A부터 Z까지를 다 언급함으로써 시의 주제에 완결성을 주기 위해서라든지 하는 등의 추측이 있다(Ferris 1992, 102-3, de Wette를 인용하고 있음). 문학적인 관점에서 볼 때 놀라운 것은 비록 저자가 시적으로 다소 엄격한 틀을 따르고 있기는 하지만 그 때문에 자기 시 속에서 감정적인 표현을 자유롭게 표출하는데 속박을 당하지는 않았다는 점이다.

이 책의 구조에 가장 흥미로운 요소들 중의 하나를 제공해 주고 있는 것은 바로 이러한 감정적인 표현이다. 카이저(W. Kaiser)는 이 책이 세 번째 장의 중간에서 희망의 정점에 이르렀다가 다시 절망의 구덩이로 내려가고 있는

---

3) 2,3,4장에서는 פ과 ע의 순서가 전통적인 순서와는 반대로 되어 있다. 그러나 그 이유는 바로 이 순서가 그 당시에는 맞는 순서였기 때문일지도 모른다는 증거가 어느 정도 있다(Hillers 1992, 29).

것을 도표화해서 알기 쉽게 보여주었다(그가 도해 3에서 생생하게 보여주고 있음[1982, 24]).

도해 3   **애가서의 문학적인 구조**

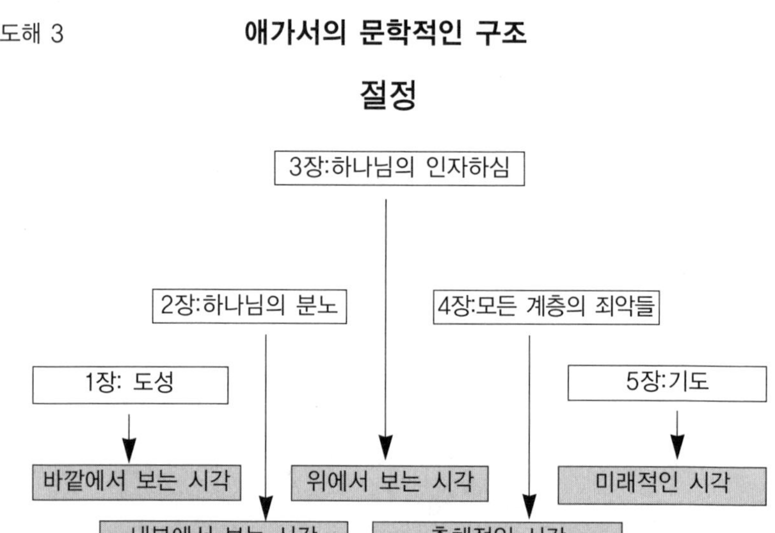

세 번째 장은 멸망 가운데서의 소망에 대한 가장 뚜렷한 언급을 담고 있다. 그러나 시인은 고요 가운데서 끝나는 것이 아니라 다시 소란 가운데로 내려 간다. 그는 나머지 두 장을 5:19-22의 애처로운 부르짖음으로 끝을 낸다:

> 여호와여 주는 영원히 계시오며
> 주의 보좌는 대대에 이르나이다
> 주께서 어찌하여 우리를 영원히 잊으시오며
> 우리를 이같이 오래 버리시나이까
> 여호와여 우리를 주께로 돌이키소서
> 그리하시면 우리가 주께로 돌아가겠사오니
> 우리의 날들을 다시 새롭게 하사
> 옛적 같게 하옵소서

> 주께서 우리를 아주 버리셨사오며
> 우리에게 진노하심이 참으로 크시니이다. (애 5:19-22)

이 시의 마지막에 가서 우리는 하나님과의 화해라는 사실을 발견하는 것이 아니라 화해에 대한 소망을 발견한다. 고디스(Gordis 1974, 292-93)는 이 마지막 시행이 다음과 같이 번역되어야 한다고 주장한다:

> 비록 당신이 우리를 크게 비웃으시고
> 우리에게 진노하심이 특심하실지라도.

그러나 비록 이 번역이 회복에 대한 간구를 더 확신 있게 만들어주기는 하지만 이럴 경우 이 책은 미래의 어떤 확실하지 않은 하나님의 개입을 소망하는 것으로 끝을 맺게 된다.

문체

애가서의 시적인 문체는 여러 가지 양상을 띠고 있다. 우리는 이 짧은 장에서 오직 다음 세 가지의 자주 반복되는 특징들만을 다룰 수밖에 없다 (또한 알파벳 두운시의 양식에 대해서는 위를 보라): 키나, 의인법, "언어를 통한 사역."

키나(qinah). 앞에서 우리는 히브리 시가 보법을 갖고 있다는 견해를 배격했다. 애가서 및 기타 애가 문학은 보통 그 나름의 독특한 보법을 띠고 있는 것으로 간주되어 왔으며, 그 보법에는 키나라는 이름이 주어졌다. 이 보법의 가장 중요한 특징은 평행구절의 두 번째 콜론(colon)이 항상 첫 번째의 것보다 짧다는 것이다. 이것은 좀 더 균형을 갖춘 3:3 보법과 비교해서 보통 3:2 보법이라고 불려진다. 이러한 균형 잡히지 못한 보법은 보통 일종의 "절뚝거리는" 리듬이라고 말해지며, 장례식 행진에 참여한 자들의 질질 끄는 듯한 걸음걸이에 적합한 것으로 여겨졌다.

가아(Garr)는 이 시 양식의 구문론을 연구했는데, 그는 첫 번째 콜론은 정상적인 산문의 단어 순서와 다르지 않지만 두 번째 콜론은 첫 번째 콜론의 내용을 이어나가고 있다는 결론을 내렸다.

비록 장송곡의 시나 애가의 시가 이처럼 긴 첫 행과 짧은 두 번째 행으로 이루어져 있다는 특징을 갖고 있는 경우가 많기는 하지만 이것이 다른 종류의 리듬과는 다른 어떤 보법이라고 보기는 의심스럽다. 또한 이 양식이 애가가 아닌 시들에서도 발견된다는 사실(Hillers 1992, 18)은 키나와 애가 사이의 관계를 약화시킨다.

의인법. 민츠(Mintz)가 지적한 바와 같이 언어가 깊은 고통을 표현하기에는 적합하지 않은 경우가 있다(1982, 1-2). 그러나 이러한 약점을 극복하는 한 가지 중요한 방법은 "개인적인 경험을 집단적인 것으로 만들고, 국가 전체를 한 개인의 측면에서 보는 것인데, 이 방법을 간단히 의인법(personification)이라고 부른다. 나라는 버려진 여인으로 그려지며, 좀 더 복잡한 예의 경우에서는 박해받는 사람으로 그려지기도 한다." 전자의 예는 바로 이 시의 처음부터 나타난다:

> 슬프다
> 이 성이여
> 전에는 사람들이 많더니
> 이제는 어찌 그리 적막하게 앉았는고
> 전에는 열국 중에 크던 자가
> 이제는 과부 같이 되었고
> 전에는 열방 중에 공주였던 자가
> 이제는 강제 노동을 하는 자가 되었도다
> 밤에는 슬피 우니
> 눈물이 뺨에 흐름이여
> 사랑하던 자들 중에 그에게 위로하는 자가 없고
> 친구들도 다 배반하여
> 원수들이 되었도다 . (1:1-2)

후자의 예는 3장에 나온다. 위에서 언급한 바와 같이 이 남자 인물이 도대체 누구인지를 파악하려는 시도가 참으로 많이 있었다. 그러나 이러한 연구는 열매가 없으며, 또한 불필요하다. 이 무명의 고난받는 자는 집단 전체를 상징한다:

> 여호와의 분노의 매로
> 말미암아 고난 당한 자는 나로다
> 나를 이끌어 어둠 안에서 걸어가게 하시고
> 빛 안에서 걸어가지 못하게 하셨으며
> 종일토록 손을 들어
> 자주자주 나를 치시는도다. (3:1-3)

이 두 명의 문학적인 등장인물은 유다의 생존자들이 예루살렘 멸망 이후에 겪는 몇 년 동안의 고난을 그림같이 생생하게 만든다. 한 독창적인 연구에서 라나한(Lanahan)은 우리가 이미 다룬 두 명을 포함한 다섯 명의 인물을 찾아냄으로써 애가서의 의인법의 사용에 대한 우리의 이해를 넓혀 주었다. 이 다섯 명은 이 책에서 각각 다음의 장소에서 말을 한다:

1. 예루살렘 도성(여인; 1:9c, 11c-22; 2:20-22)
2. 객관적인 보도자(1:1-11b[9c는 제외], 15, 17; 2:1-19)
3. 고난받는 일인칭의 남자(3장; 라하난은 그를 "한 군인"이라고 봄)
4. 부르주아(4장)
5. 예루살렘의 합창(5장)

이러한 의인법의 사용 효과는 페리스에 의해서 다음과 같이 지적되었다. "마치 이 언약 백성은 이 의인화된 다양한 인물들을 통해서 자신들의 이전 영광을 현재의 비애와 견주어 보면서 서로 대화를 하고 있는 것 같다"(Ferris 1992, 136).

"언어를 통한 사역". 이 표현은 민츠(Mintz 1982, 7)에게서 온 것인데, 이 애가서의 표현이 멸망에 대한 묘사를 넘어서는 것을 일컫는 말이다. 애가서 저자의 목적은 단지 사건만을 분석하는 것이 아니라 또한 치료자가 되는 것이다. 언어는 부적절하다. 그러나 바로 이 "부적절한 은유법들"을 사용해서 시인은 예루살렘의 멸망이 얼마나 믿을 수 없을 정도로 충격적이고 파멸적이었는지에 대해서 하나님과 의사소통을 한다. 그리고 이에 근거해서 하나님께서 개입하시기를 호소할 수 있다.

신학적인 메시지

어떤 의미에서는 애가서는 욥기가 개인적인 고난의 문제와 씨름하고 있는 것과 비슷하게 집단적인 고난의 문제를 붙들고 있다. 위에서 말한 것 속에서 함축되어 있는 바와 같이 애가의 신학적인 목적은 예루살렘에 대한 하나님의 심판을 인정하고, 그분으로 하여금 자기 백성을 위해 개입하시며 자기 백성을 회복시켜 주기를 간구하는 것이다(이 책의 결론을 보라).

지난 몇 십 년 동안 이 책을 산출해 낸 신학적인 전통이 무엇인가 하는 것에 대해 활발한 토론이 있어 왔다. 갓월드(Gottwald 1954)는 이 책의 신학적인 메시지는 신명기적인 신앙관과 예루살렘의 멸망을 통해 나타난 역사적인 현실 사이의 대비에서 찾아볼 수 있다고 주장함으로써 토론의 장을 열었다. 신명기는 하나님의 백성에게 축복, 안녕, 번영을 약속한다. 그러나 하나님의 백성은 하나님께서 원수로서 함께 하심을 경험한다(애 2:4).

하지만 알브렉슨(Albrektson 1963)은 갓월드가 신명기의 신학을 피상적으로 이해하고 있다는 지적을 했는데, 아마 이 지적이 맞는 것 같다. 신명기에는 이스라엘에게 무조건적인 축복을 약속하고 있는 곳은 한 곳도 없다. 이스라엘이 죄를 지으면 그들은 벌을 받게 되며, 애가서는 하나님께서 그들에게 대적하시는 이유가 그들의 죄 때문이라는 것을 인식하고 있다(Krasovek 1992, 22). 그러나 알브렉슨은 단지 신명기의 신학 대신에 시온 신학(Zion theology)을 집어넣는다. 난공불락의 시온이 무너지자 이 백성의 신앙도 무너진다.

사실 애가서에는 수많은 신학적 전통들이 성경의 다른 부분들에서 작용하고 있는 바와 동일한 방식으로 작용하고 있다. 이 책의 신학적인 전통을 다룰 때 특히 중요하면서도 자주 다루어지지 않은 두 개의 상호연관된 신학 전통은 언약 전통과 용사로서의 하나님이란 전통이다(Longman and Reid 1995; Gundry 2003).

언약은 갓월드가 말한 신명기적 전통을 좀 더 광의의 용어로 표현한 것일 수도 있다. 그러나 여기에서의 요점은 예루살렘의 멸망이 신명기적 언약에도 불구하고 일어난 것이 아니라 바로 그 때문에 일어난 것이라는 점이다.

> 네가 만일 네 하나님 여호와의 말씀을 순종하지 아니하여 내가 오늘 네게 명령하는 그의 모든 명령과 규례를 지켜 행하지 아니하면 … 곧 여호와께서 멀리 땅 끝에서 한 민족을 독수리가 날아오는 것 같이 너를 치러 오게 하시리니 이는 네가 그 언어를 알지 못하는 민족이요 그 용모가 흉악한 민족이라 노인을 보살피지 아니하며 유아를 불쌍히 여기지 아니하며(신 28:15, 49-50)

이 백성의 죄 때문에 임하는 이 심판의 배후에는 하나님께서 서 계신다. 그들을 멸망시키는 것은 바빌로니아인들이 아니라 바로 하나님 자신이시다. 특히 용사로서의 하나님 자신이시다. 물론 통상적인 경우에는 하나님께서는 자신에게 순종적인 백성들을 위해서 싸우시지만 심판의 때에는 그는 자기 백성과 대항해서 싸우신다(우리가 애 2:4-5에서 보는 바와 같이; 참고, 수 7장; 삼상 4장):

> 원수 같이 그의 활을 당기고
> 대적처럼 그의 오른손을 들고 서서
> 눈에 드는 아름다운 모든 사람을
> 죽이셨음이여
> 딸 시온의 장막에 그의 노를 불처럼 쏟으셨도다
> 주께서 원수 같이 되어
> 이스라엘을 삼키셨음이여

그 모든 궁궐들을 삼키셨고
견고한 성들을 무너뜨리사
딸 유다에
근심과 애통을 더하셨도다.

그러나 애가서의 신학적인 메시지는 전혀 부정적이기만 한 것은 아니다. 거기에는 또한 희망이 있다. 그러나 이것은 이 책에서 최소한의 중요성만을 갖고 있다. 이 책의 심장(3:22-23)에서 시인은 하나님께서 자기에게 도움을 구하는 자들을 버리시지 않으신다는 확신을 표현하고 있다. 비록 이스라엘이 과거에 죄를 범하기는 했지만(1:8, 14, 18; 2:14; 4:13) 그들은 하나님께 도움을 호소하며, 하나님께서 용서하시고 회복시켜 주실 것을 기대하고 있다. 그의 연민이 그의 분노보다 크다(3:31-33; Krasovek 1992).

신약으로의 접근

애가서는 하나님을 적으로 묘사하고 있다. 그는 자기 백성의 죄 때문에 자기 백성을 대적하고 있다. 이 책에 표현된 소망은 고레스의 조서로 인해 본토로 돌아가는 것을 통해서 부분적으로는 회복되었다. 그러나 비록 이 백성이 본토로 돌아가기는 했지만 그들은 정치적인 독립을 얻지는 못했다. 비록 성전이 재건되기는 했지만 그 성전은 이전의 영광을 갖고 있지 못했다. 이 백성은 기대해야 할 것이 더 남은 채로 남겨져 있다.

포로시대와 포로기 이후 시대의 선지자들은 미래를 들여다보고, 자기 백성을 위해 싸우시기 위해 역사 속으로 장차 개입하실 용사로서의 하나님에 대한 이상(異象)을 보았다(단 7장과 슥 14장). 신약은 예수 그리스도가 악의 세력들을 십자가에서 깨뜨리시고(골 2:13-15), 미래에 다시 오셔서 하나님의 모든 인간 적들 및 영적인 적들과 마지막 전투를 벌이실(계 19:11이하) 용사로서의 하나님이라고 말하고 있다. 예수 그리스도는 모든 원수들 중에서도 가장 강력한 원수인 사탄에 대항해서 자기 백성을 위해 싸우시는 용사로서의 하나님이시다.

우리는 앞에서 욥기와 애가서를 비교한 적이 있는데 양자 사이에는 한 가지 커다란 차이가 있다. 욥기에서는 개인의 고난이 자신의 죄 때문에 주어지지 않았다. 반면에 애가서의 집단적인 고난은 이 나라가 수 세기 동안 저지른 죄악들의 직접적인 결과이다. 그러나 욥의 고난이 진정으로 무고히 고난받는 자의 고난을 예견하고 있는 것처럼 포로 시대 당시의 이스라엘의 고난 역시 그리스도의 십자가에 달리심을 고대하고 있다. 그러나 그리스도의 경우에 있어서는 그 죄는 그 자신의 죄가 아니라 바로 우리들의 죄이다. 교회는 이러한 유비(類比)를 일찍이 깨달았는데, 우리는 이 점을 로마 가톨릭 교회가 수난주일(Passion Week)의 마지막 시기에 이 책을 낭독하는 점에서 알 수 있다(Gottwald 1954, 112).

에 스 겔 서

에스겔은 제사장의 아들이었다. 그는 유다 왕 여호야긴이 포로가 된지 5년째 되는 해(주전 592년, 1:1-2)에[1] 삼십 살이었는데, 이 점으로 볼 때 그는 623-622년경에 태어났음이 틀림없다. 또한 이 책에 나오는 신탁들 중 연대가 기록된 마지막 신탁은 여호야긴이 포로가 된 지 27년째 되는 해(571년, 29:17)에 주어졌는데, 이것으로 보아 그의 사역은 최소한 22년 동안 계속되어진 것으로 볼 수 있다. 그가 제사장 가문 출신이라는 사실은 이 책에서 그가 성전 및 성전에서의 제의에 대한 관심을 보여주고 있다는 사실을 통해서 드러나 있다.

제사장들은 보통 삼십 세가 될 때 성전에서의 사역을 시작했다(민 4:3). 그러나 에스겔은 예루살렘에서 멀리 떨어진 곳에서 포로생활을 하고 있었기 때문에 제사장으로서의 소명을 완수할 수가 없었다. 에스겔은 그 나이에 제사장으로서의 직무를 시작하는 대신에 하나님의 선지자로 부름을 받았다. 선지자로서 임명을 받을 때의 이상(異象) 속에서 에스겔은 하나님이 전차를 타고 계시는 것을 보았다. 그것은 불길한 전조였다. 왜냐하면 하나님께서 곧

---

1) 이 책은 두 가지의 연대에 대해서 언급함으로써 시작되는데, 이것은 여호야긴이 포로가 된 지 5년째 되는 해가 어떤 밝혀지지 않은 것의 제30년째 되는 해와 같은 해라는 것을 말해 주기 위한 것으로 보인다. 가장 그럴 듯한 결론은 이 30년째 되는 해가 이 선지자의 나이를 언급하는 것이라고 보는 것이다. 해석의 역사를 살펴보면 이 문제에 대해서는 기타의 다른 수많은 주장들이 존재했는데 이러한 다른 주장들에 대해서는 에스겔서의 주석들에 있는 논의들을 보라.

예루살렘을 버리실 것이었기 때문이다(10:1-2, 18-22). 하나님께서는 이제 그 성을 옹호하시는 대신에 그 멸망을 선포하시고, 계획하시고, 감독하실 작정이셨다.

에스겔이 속한 포로 집단은 유다 사회의 상류 계층 출신들이었다. 그들은 과거에 선지자들의 경고에 주의를 기울이지 않은 특권 집단들이었다(2:3-8). 그들은 포로 생활이 곧 끝나고 본래의 부와 특권을 누리는 생활로 속히 돌아가기를 희망했다. 그들은 에스겔의 메시지에 적대적이었으며, 그의 말들이 재미있는 잡담에 지나지 않는 것으로 배척했다(20:49; 33:30- 32). 그러나 하나님께서는 곧 자신과 자신의 선지자를 변호하셨다(33:33). 포로기간은 짧지 않을 것이고 예루살렘 성은 남아나지 않을 예정이었다.

역 사 적   배 경

에스겔은 요시야의 개혁(주전 621년, 왕하 22-23장)의 한 부분을 차지한 율법책이 성전에서 발견되기 일 년 전쯤에 태어났다. 한 제사장의 아들로서 그는 요시야가 성전 및 유다에서의 여호와 신앙을 지원하는 등의 경건을 보인 결과로 어떤 일들이 있었는지를 목도했을 것임에 틀림없다. 이 선지자는 앗시리아의 세력이 쇠퇴해 가는 동안 소년이었을 것이다. 젊은 사람으로서 그는 앗시리아의 쇠퇴가 곧 유다가 외국의 지배로부터 벗어나는 것을 의미하기를 희망했을 것이나, 그는 바벨론과 이집트 역시 앗시리아의 멍에로부터 벗어남으로써 불길하게 다시 힘을 회복하고 있다는 사실도 알고 있었을 것이다. 그가 십대에 이르렀을 때쯤 그는 요시야가 바로 느고의 진격을 막다가 므깃도에서 사망한 소식을 들었을 것이다(주전 609년 — 왕하 23:29; 대하 35:20-25). 에스겔은 아마 예레미야의 설교를 들었으며, 또한 하박국 및 스바냐의 사역에 대해서 알고 있었을 것이다. 그는 요시야의 사망에 뒤이은 정치적인 불안정과 격동의 시대를 목도했다. 유다의 운명은 이집트에 충성하느냐 바벨론에 충성하느냐 하는 것에 따라 급변했다.

요시야의 사망 이후에 바로 느고는 단 세 달밖에 왕위에 있지 않은 그의 계승자 여호아하스를 몰아내고, 여호야김을 이집트의 꼭두각시로 세웠다. 이집트가 604년에 갈그미스(Carchemish)에서 패한 후에 여호야김은 느부갓네살에게 충성을 맹세했다가 곧바로 바벨론에 반역을 하고 다시 이집트와 연합했다. 여호야김은 얼마 안 되서 곧 죽고, 그의 아들 여호야긴이 그들 대신해서 바벨론의 보복을 당해야 했다. 597년에 여호야긴은 왕위를 박탈당하고, 왕가 및 에스겔을 포함한 유다의 지배계층과 더불어 포로로 잡혀갔다. 느부갓네살은 그를 대신하여 시드기야를 왕위에 앉혔다. 비록 시드기야가 587/6년의 예루살렘의 멸망 때까지 유다를 다스리기는 했지만 포로들은 계속해서 여호야긴을 합법적인 왕으로 생각했다. 에스겔서는 선지서들 중에서 연대가 언급된 신탁들을 가장 많이 담고 있는 책인데, 이 연대들은 모두 여호야긴의 포로 생활 기간과 연관하여 언급되고 있다.

도표 15	**에스겔서 내의 연대에 대한 언급들**

주전 일천년기의 후반부의 연대기는 성경 및 고대 근동의 수많은 언어로 쓰인 성경외적 문서들의 연대기록들을 통해서 상당히 확실하게 파악되어 있다. 고대의 서기관들이 기록한 천문학 관찰기록들은 우리가 고대와 현대의 역법 체계를 상당히 신뢰성 있게 연결시킬 수 있도록 해 준다. 비록 아래의 몇몇 연대들이 이후의 발견들을 통해서 새롭게 조정될 수는 있겠지만 그 변화는 그렇게 크지 않으리라고 생각된다.

에스겔서의 모든 연대들은 여호야긴의 포로생활의 연수에 대한 것이며, 단 하나의 예외는 1:1인데 이것은 에스겔의 생애에 관련된 연도이다.

구절	년/월/일	율리우스력	사건
1:1	30/4/5	593년 7월 31일	소명 기사
1:2	5/4(?)/5	593년 7월 31일	소명 기사
8:1	6/6/5	592년 9월 17일	예루살렘에서의 사건들에 대한 환상
20:1	7/5/10	591년 8월 14일	장로들이 질의하러 옴
24:1	9/10/10	588년 1월 15일	예루살렘 포위 시작
26:1	11/−/1	587년 4월부터 586년 4월 사이	두로에 대한 신탁

29:1	10/10/12	587년 1월 7일	애굽에 대한 신탁
29:17	27/1/1	571년 4월 26일	두로 대신 애굽
30:20	11/1/7	587년 4월 29일	바로에 대한 신탁
31:1	11/3/1	587년 6월 21일	바로에 대한 신탁
32:1	12/12/1	585년 3월 3일	바로에 대한 신탁
32:17	12/–/15	586년 4월부터 585년 4월 사이	애굽에 대한 신탁
33:21	12/10/5	585년 1월 8일	예루살렘에서의 탈출자들이 도착함
40:1	25/1/10	573년 4월 28일	재건된 예루살렘에 대한 환상

에스겔은 메소포타미아 남부 니푸르(Nippur) 가까운 곳에 있는 넓은 관개 수로용 운하("그발 강", 1:1)를 따라 살고 있는 유대인 포로 사회 속에서 자기 아내와 함께 살았다(24:15-27). 느부갓네살 왕국 깊숙한 곳에 자리 잡은 이곳에서 에스겔은 바벨론 제국이 절정에 도달하는 것 및 그에 따른 그의 나라와 주변 국가들의 쇠락하는 운명에 대한 하나님의 말씀을 선포했다. 이 선지자가 이스라엘을 향해 소망, 회복, 자비, 은혜 등의 주제들로 가득 찬 말씀들을 선포하기 시작한 것은 예루살렘이 멸망한 직후부터였다(겔 33-48장).

연구사의 중요한 논제들

초기의 비평학자들은 에스겔서를 로울리(Rowley 1953, 163)가 말한 바와 같이 "비평학적으로 관대한 태도"(critical gentleness)로 다루었다. 이전 세기의 말엽 및 20세기의 초엽의 비평학자들은 이 책 전반에 걸쳐 한 인물의 족적이 강하게 찍혀 있다는 인상을 그대로 받아들였다. 1913년에 그레이(G. B. Gray)는 "구약의 책들 중 이 책만큼 저자의 통일성이나 본문의 통일성을 보여주고 있는 책은 없다"고 말했다.[2] 1905년에 드라이버(Driver)는 "이 책

---

2) *A Critical Introduction to the Old Testament*(London, 1913).

은 저작권과 관련해서는 아무런 비평학적 문제가 야기되지 않으며, 이 책의 처음부터 끝까지 변함없이 한 사람의 사상이 드러나 있다"고 말했다.[3] 그리고 스키너(J. Skinner)는 "이 책은 그 언어나 수사법이나 사상에 있어서 저자가 한 명이라는 인상을 전해 주고 있을 뿐만 아니라 그 글의 구도가 너무나도 명쾌하고 포괄적이기 때문에 문학적으로 의도된 구도를 갖고 있다는 생각을 도무지 피할 수가 없다"라고 썼다.[4]

그러나 그 이후로 이러한 의견의 일치는 무너졌다. 비평학자들은 이 책 내에서 볼 수 있는 긴장요소들 때문에 곤경에 처했다. 어떻게 에스겔이 사회적인 정의에 대해서 강한 생각을 갖고 있으면서도 또한 성전과 제의의 세세한 사항들에 대해 관심을 가질 수 있었는가? 전통적으로 비평학계는 보통 도덕적 · 사회적 관심사들을 제사장들의 율법주의적이고 제의적인 관심사들과 대치시켰다. 어떻게 예레미야와 동시대의 선지자가 예레미야와는 전혀 다른 글을 쓸 수 있었을까? 에스겔서는 복잡한 이상(異象)들과 알레고리들로 가득 차 있다. 그는 마치 묵시 시대의 여명기까지 한 걸음에 건너뛴 것처럼 보인다. 그러나 이러한 도약은 문학 장르들이 하나의 경로를 따라 순서적으로 발전했다는 비평학계의 생각과는 상치되는 것이었다. 어떻게 바벨론에 사는 이 선지자가 예루살렘에서 일어나는 사건들에 대해서 그렇게 상세한 지식을 가질 수 있었을까? 또한 그의 실어증(失語症), 그가 오랜 기간 동안 움직이지 않고 누워 있었던 점, 그리고 그의 신비적인 이상(異象) 등의 행동들도 관심의 대상이 되었다. 이러한 행동들은 선지자들이 겪는 공통적인 경험인가, 아니면 일종의 정신병적인 증세들인가?

이러한 다양한 모든 생각들을 다 분류해서 요약하는 것은 어려운 일이다. 그러나 이러한 문제들 때문에 많은 학자들은 이 책 전체 혹은 부분들의 진정성에 의문을 품게 되었다. 학자들은 후대에 증수된 부분들을 이 책에서 제거해냄으로써 역사적인 에스겔을 찾아내려고 하였다. 각 학자들이 이 책에서

---

3) *An Introduction to the Literature of the Old Testament*, 11th ed.(Scribner, 1905), 279.
4) *A Dictionary of the Bible*, ed. J. Hastings and J. Selbie(1898), 817.

모순되는 점 혹은 일관성이 없는 점으로 간주해서 제거해낸 부분이 어디냐 하는 것에 따라서 이 선지자에 대한 아주 다양한 그림들이 나타났다. 학자들은 이 책을 조각냈을 뿐만 아니라 후대의 증수 부분들로 간주된 부분들의 역사적인 배경을 재구성해 내기도 했다. 다음은 가장 중요한 문제들이다.

저작연대의 진정성

이 문제를 가장 극단적인 형태로 제기한 사람은 토레이 (C. C. Torrey)이다. 에스겔서는 에스겔의 사역이 모두 이스라엘 포로들의 사회를 배경으로 하고 있는 것으로 그리고 있다. 그러나 토레이는 이 책이 포로 사회의 실제적인 상황들을 반영하고 있지 않으며, 대신 주전 3세기의 위작이라고 주장했다. 토레이가 보기에는 이 선지서는 문학적인 창작물이며, 에스겔은 역사적인 실존인물이 아니었다. 40-48장은 그리심 성전(the Gerizim temple)에 대한 반(反)사마리아적인 편견을 반영하고 있다. 8-10장의 예루살렘에서의 죄악상들에 대한 기록은 원래 므낫세 시절에 나온 일군의 예언들을 3세기의 편집자가 포로 시대에 적용시킨 것임을 보여주고 있다.

개별적인 본문들의 진정성

이 책에는 중복된 부분들이 많으며, 많은 문단들이 후대에 삽입된 설명 부분들인 것으로 간주되어졌다. 어떤 학자들은 40-48장이 원래의 부분이 아니라고 주장했다. 또 어떤 학자들은 38-39 및 27, 36장의 부분들 및 기타 다른 부분들을 이 목록에 추가시켰다. 횔셔(Hölscher)와 어윈(Irwin)은 이 접근방법을 극단적으로 취했다. 횔셔(1924)는 에스겔이 시인이었다고 주장했으며, 그래서 산문으로 된 부분들은 원래의 본문에 아주 조금밖에 포함되어 있지 않았다고 보았다. 그는 이 책의 총 1, 273절들 중 170절밖에 안 되는 총 21개의 문단만을 원래의 본문으로 봄으로써 이 책의 약 1/7만이 원래의 선지자의 글이라고 보았다. 그리고 그는 그 나머지 부분들은 5세기의 편집자의 것이라고 보았다. 어윈(1943)도 역시 비슷한 방식으로 이 책을 해체했으며, 전체의 책 중에서 251절만을 이 선지자의 것으로 남겨 두었다.

최근에 그린버그(Greenburg)는 에스겔서에 대한 총체주의적 접근방법(a holistic approach)을 취하였다. 그는 "성경학계를 탄식에 젖게 만든 가정들과 방법론들의 불안정한 기초"에 근거하기보다는 현재 있는 그대로의 이 책의 모습에 초점을 맞추었다(1983, 19). 다른 학자들은 비록 휠서나 어윈보다는 전반적으로 많이 수그러든 모습이기는 하지만 여전히 본문이 어떠한 문헌상의 성장과정을 거쳤는가 하는 것에 집착하고 있다. 최근의 학계는 본문이 진정성이 있느냐 없느냐 하는 것을 문제로 삼기보다는 에스겔서를 전승사비평적인 방법을 사용하여 접근하고 있다. 이 방법론은 의도적인 손질, 계속적인 각색, 그리고 이 책의 본문 내에 계속적으로 새로운 정보를 도입하는 것 등의 작업이 있었음을 인정하기는 한다. 그러나 이 방법론은 이러한 후대의 손질 작업들이 이 책의 본문의 초기 형성 단계들과 맺고 있는 유기적인 관계 및 최종적인 본문을 산출해 낸 편집 작업 과정에 좀 더 많은 초점을 맞추고 있다. 이 책에 사용된 문학적 기법 및 구도적 기법들에 대한 새로운 연구들은 이전의 비평학계가 원래의 본문이 아닌 것으로 간주한 많은 본문들을 이 책의 원래의 부분들인 것으로 보고 있다.

침멀리(Zimmerli 1979, 1983)의 주석은 상당한 영향력을 발휘했으며, 대략적으로 현재의 비평학계의 일치된 견해를 보여주고 있다. 침멀리(1979, 71-74)는 다음의 네 개의 본문이 주변 문맥들의 흐름을 깨뜨리고 있기 때문에 후대의 삽입문이라고 주장했다: (1) 3:16b-21, (2) 18장, (3) 25-32장의 열방들에 대한 신탁, (4) 29:17-21. 그는 또한 애굽에 대한 신탁들(29-32장)과 두로에 대한 신탁들(26:1-28:19)이 그 나름대로의 편집과정의 역사를 가진 독립된 모음집이었다고 보았다. 그리고 그는 복구에 대한 계획(40-48장)이 최종적인 편집과정에 추가되었다고 생각했다.

선지자의 활동 무대의 진정성

이 책 자체는 에스겔의 전 사역이 바벨론의 포로들 가운데서 이루어졌다고 말하고 있지만 8-11장은 이 선지자가 예루살렘에서 블라댜의 죽음을 보았으며, 성전에서의 우상 숭배를 목도하였으며,

하나님의 영광이 성전에서 떠나는 것을 보았다고 말하고 있다. 에스겔이 바벨론에 있었다는 사실과 그가 예루살렘의 일들에 대한 상세한 지식을 갖고 있었다는 사실을 어떻게 조화시킬 수 있을까?

어떤 학자들은 이 선지자가 예루살렘에서 사역을 시작했다가 나중에 바벨론으로 옮겨갔거나, 아니면 혹시 그가 이 두 도시 사이를 여러 번 여행했을 것이라고 주장했다. 외스털리와 로빈슨(Oesterly and Robinson)은 이 선지자가 여호야김 시대에 부름을 받았으며, 포로들과 함께 바벨론으로 잡혀가서 거기에서 사역을 계속했다고 주장했다.[5] 베르톨렛(Bertholet)은 본질적으로는 이 견해를 따르기는 했지만 그가 최초로 부름받은 연대를 약간 늦게 잡아서 시드기야의 시대로 보았다. 그는 에스겔이 팔레스타인에서 받은 최초의 부름을 그가 바벨론에서 받은 두 번째 부름(파수꾼 모티프, 3장과 33장)과 구분지었다.[6] 또 어떤 학자들은 이 선지자가 항상 예루살렘에 있었다고 주장했다. 최근에 와서 이 주장을 한 사람은 브라운리(Brownlee 1986)이다. 그는 이 선지자가 길갈에 살았었는데, 이 지명이 후대의 서기관들에 의해서 "포로"를 의미하는 골라와 혼동되었다고 주장했다.

예레미야의 신탁들 중 많은 부분이 예루살렘에 사는 사람들에게 주어졌다는 점에는 의심의 여지가 없다. 그러나 이 점 때문에 그가 실제로 예루살렘에서 이 신탁들을 전했다고 하는 것은 전혀 별개의 문제이다. 정경 선지서들에 나오는 열방들에 대한 많은 신탁들은 그 선지자들이 그것들을 전하기 위해 그들 지역으로 실제로 갔다는 것을 의미하지는 않는다. 우리는 이 점을 분명하게 이해하기 위해서는 문학이론들에서 흔하게 볼 수 있는 바와 같이 가상적인 청중과 실제 청중을 구분해야 할 필요가 있다. 나훔서는 이에 대한 좋은 예를 제공해 준다. 비록 그의 사역과 설교는 앗시리아(가상적인 청중)를 대상으로 한 것임이 분명하지만 그의 책 자체는 이스라엘의 청중들(실제 청중)을 위한 것이다. 또한 포로자들과 이스라엘 거주자들 사이에 빈번한 접촉이 있었다는 것을 증명해 주는 증거들이 많이 있다. 만약 스마야의 신탁들

---

5) *Introduction to the Old Testament*, 2nd ed.(Meridian, 1958), 328-29.

6) A. Bertholet and K. Galling, *Hesekiel*(HAT 13; Tübingen: Mohr, 1936).

과 편지들이 예루살렘에 도달해서 대중적인 주목과 관심(렘 29:24-32)을 끌수 있었다고 한다면 에스겔의 경우도 그럴 수가 있었을 것이다. 우리는 또한 만약 에스겔의 사역이 전체적으로나 부분적으로 팔레스타인에서 행해졌다고 한다면 왜 편집자는 에스겔의 사역이 굳이 바벨론에서 이루어진 것으로 수고를 하고 있는 것인가? 에스겔이 팔레스타인에서 사역을 했다고 주장하는 학자들은 이 질문에 대해서 별로 그럴 듯한 설명을 제시하지 못하고 있다. 에스겔은 이상(異象)들에 대한 자신의 경험들이 하나님의 신에 의해 자신이 옮겨짐으로써 이루어진 것이라고 자주 말하고 있다(3:12, 14; 8:3; 11:1, 24; 40:1-3; 43:5). 다시 한 번 하나님의 병거가 이 선지자를 옮길 수도 있었을 것이다(왕하 2장; 참고, 2:11-12, 16; 5:26). 몸 안에 있었는지 몸 밖에 있었는지 모르는 바울처럼 말이다(고후 12:1-2).

선지자의 정신 건강

이 책을 읽는 사람들은 이 선지자가 가졌던 경험의 힘과 강도에 깊은 인상을 받지 않을 수가 없다. 현대의 서구의 기준에서 이 선지자의 행동을 병리학적인 것으로 판단하는 경우가 자주 있다. 그는 상당한 기간 동안 움직이지 않고 누워 있었으며(4:4-7), 벙어리가 되었거나 말을 하지 않았으며(3:24-27; 24:25-27; 33:22), 자기 아내가 죽었을 때 슬퍼하지 않았으며(24:15-27), 이상 속에서 몸이 이동을 했으며(8:1-4), 정상적인 것을 넘어서는 이야기들과 이상들에 대해서 언급하고 있으며(1-3장; 8-11장; 15-18장; 21장; 23-24장; 37-48장), 아주 이상한 행동을 했다(4:12; 5:1-4; 12:3-5).

정신분석학이라는 것은 동일한 문화 속의 살아 있는 환자를 다룰 때에도 어려운 점들이 많은 법이다. 그러나 이러한 점이 문화적으로 멀고, 시대적으로도 이천오백 년이나 떨어진 사람의 시각을 가지고 에스겔의 행동을 진단하려는 여러 가지 노력들을 막지는 못했다. 이 선지자가 자신의 책에서 자신이 경험한 바들을 설명하기 위해 사용한 그 당시의 일상적인 용어들은 정신분석학 교과서들의 용어들에 자리를 내어주었으며, 에스겔은 영매, 정신분열자, 간질병 환자, 긴장성 분열증 환자, 정신병 환자, 혹은 편집증 환자 등,

정신분석학의 유행이 어떤 것이냐에 따라 이런 저런 이름 등을 부여받았다. 아마 이 선지자에 대한 이런 유의 접근방법들 중 가장 악명 높은 것은 브룸(Broome 1946, 291-92)의 프로이트주의적인 분석일 것이다. 그는 에스겔이 진짜 "정신병 환자"로서, "만성적인 거세 환상과 무의식적인 성적 도태를 동반한 자기도취적-자기학대적 갈등", "정신분열적 퇴행", "박해와 영광을 받는 것에 대한 망상"을 겪은 사람이라고 결론 내렸다. 이런 유의 해석을 지지하는 학자들 중 더 최근에 나온 학자는 핼퍼린(Halperin 1993)이다. 그는 에스겔의 태도와 행동은 그가 어린 시절에 받은 학대로부터 야기되었으며, 이것은 주로 여성을 향한 분노로 표출된다고 주장했다. 그러나 에스겔이 겪은 것과 비슷한 행동들이 다른 선지서들(예를 들어 렘 16:2; 27:2; 28:10; 32:8-15)에도 나오지만 학자들은 다른 선지서들의 경우에는 이런 행동들이 정신병리학의 증후들이라고 보지 않았다.

에스겔서는 주로 이러한 행위들의 경험 빈도에 있어서 다른 책들과 차이가 난다. 현대의 설교가들은 자신들의 설교에 주로 예화를 사용하는 반면에 이스라엘의 선지자들은 소도구들을 사용하거나 상징적인 행위들을 사용했다. 그들의 행동은 그 문화 속에서는 예상할 수 있는 것이었으며, 또한 하나님의 신을 받은 사람들의 전형적인 행동이었다. 이 선지자는 자기 백성의 운명을 자신의 운명과 강하게 동일시했기 때문에 대속적으로 그들의 고난을 몸소 받으면서 그들의 운명을 자신의 고통으로 극화(劇化)한 것이었다.

그의 행동이 독특하다거나 끔찍한 것이라고 생각하기 이전에 우리는 그가 하나님과 자기 백성에게 얼마나 헌신되어 있는가 하는 것을 보아야 하며, 이 선지자가 하나님의 말씀을 선포할 때 거기에 동반된 수치를 얼마나 감당해야 했는지를 주목해 보아야 한다. 에스겔은 "자기 민족이 죽어감에 따라 자신이 선포하고 있는 하나님의 분노의 파괴적인 힘에 압도되고, 자기 동포들이 받을 벌을 예상하면서 그들의 죄에 기꺼이 동참하려고 함으로써 자신의 몸을 통해서도 직접 자기 민족들의 운명을 보여주었다"(Eichrodt 1970, 33).

에스겔서의 본문의 문제

칠십인경은 MT보다 4-5 퍼센트 정도가 짧은데, 이것은 예레미야서의 경우와 마찬가지로 우리가 여기에서 이 책에 대한 두 개의 다른 판본을 갖고 있는 것인가 하는 문제를 야기시킨다(Tov 1986; Lust 1981). 칠십인경과 비교해 볼 때 MT는 상당히 많은 수의 증수 부분들이나 해설적인 부분들을 갖고 있으며, 7장에서는 본문의 배열의 차이가, 36장에는 상당한 양의 본문이 증수되어 있다. 이러한 차이들은 아마 필사된 본문들에서 우연적으로, 혹은 때때로 발견되어지는 문제들과는 달리 상이한 문헌 전통이나 편집과정들을 반영하고 있는 것으로 설명하는 것이 더 나은 것 같기도 하다.

문 학 적 인   분 석

에스겔서는 다른 몇 개의 선지서들과 거시적으로 볼 때 동일한 구조를 띠고 있다. 이사야서, 스바냐서, 그리고 칠십인경의 예레미야서는 모두 (1) 주로 선지자 자신이 살았던 시기의 심판과 관련된 일련의 신탁들로 시작되며, (2) 다음으로 이방 나라들에 대한 방대한 신탁들을 나열하고, (3) 먼 미래에 관한 축복의 예언들로 끝을 맺는다. 에스겔서에서 1-24장은 이 선지자의 부름에 대한 기록 및 예루살렘의 임박한 멸망에 그의 경고들에 초점을 맞추고 있다. 소명 기사는 선지자가 자신의 선지자로서의 신분을 확립하기 위한 방편이었다. 이것은 그가 하늘의 회의에 참여했다는 것에 대한 증거였다(렘 23:18). 다음의 개관을 보라:

I. 유다와 예루살렘에 대한 심판(1—24장)
  A. 선지자의 부름 받음(1-3장)
  B. 예루살렘의 멸망에 대한 상징적인 행위들(4-5장)
  C. 이스라엘의 산들에 대한 신탁(6장)
  D. 종국(7장)

E. 마른 뼈들의 골짜기(37:15-28)

F. 두 지팡이가 하나가 됨(37:15-28)

G. 곡과 마곡(38-39장)

H. 회복된 예루살렘에 대한 환상(40-48장)

1. 성전 뜰과 문들(40장)

2. 성소(41장)

3. 제사장들의 방들(42장)

4. 하나님의 영광이 돌아옴(43장)

5. 왕, 레위인들, 제사장들(44장)

6. 땅의 거룩한 지역(45:1-12)

7. 제물들에 대한 규례들(45:13-46:24)

8. 소성케 하는 물(47:1-12)

9. 땅의 경계선들과 배분(47:13-48:29)

10. 성문들(48:30-35)

예루살렘의 화에 대한 말씀들은 에스겔의 아내가 죽기까지 계속되어진다. 그의 아내의 죽음은 예루살렘이 멸망했다는 소식이 포로로 잡힌 자들에게 전해질 것을 예고한다(24:15-27).

그리고 나서 예루살렘의 화에 대한 신탁들은 주변 나라들, 특히 두로와 애굽에 대한 신탁들에 자리를 내어 준다(25-32장). 선지자는 이스라엘의 가장 가까운 이웃들(암몬, 모압, 에돔, 블레셋)에 대해서 짧은 신탁들을 언급하고 있는데, 그 이유는 이들이 예루살렘의 멸망에 대해 기뻐했으며, 그 적들을 도왔기 때문이다(25장). 두로는 예루살렘처럼 느부갓네살에게 반항했다. 바빌로니아인들은 이 도시를 13년 동안 포위했다. 선지자는 두로가 실제로 멸망할 것을 내다보았으며, 이 도시가 예루살렘의 멸망시에 협력한 점을 비난했다(26-28장). 그는 섬에 위치한 이 거대한 항구 도시가 바다에 가라앉는 상선과 같은 것으로 묘사했다(27장). 두로의 왕에 대해서도 두 개의 신탁이 주어졌다(28장). 이 신탁들은 가나안 신화를 많이 인용하고 있다. 그 중 하나의 신탁은 이 왕을 에덴 동산의 문을 지키던 그룹으로 묘사함으로써 그의 교만을 표현했다(28:11-19).

애굽에 대한 신탁들(29-32장)은 이 나라가 그 역사를 통해서 적이 됐든 동지가 됐든지 간에 이스라엘에 얼마나 해악적인 영향을 끼쳤는지를 묘사하고 있다. 예루살렘이 멸망한 것처럼 애굽도 멸망할 것이다(29:18). 바로와 그의 군대는 지나간 제국들의 통치자들과 군대들처럼 음부에 이르게 될 것이다(32장).

이방 나라들에 대해서 예언을 한 후에 선지자는 이스라엘의 축복된 미래를 묘사한다(33-48장). 이 책의 마지막 부분은 에스겔 선지자가 파수꾼으로 부름을 받았다는 사실(33:1-20; 참고, 3:16-27)과 각 개인의 도덕적인 책임에 대한 그의 설교(33:10-20; 참고, 18장)를 다시 언급하고, 그의 아내의 죽음을 뒤이어서 벙어리 시절(24:25-27; 33:22)이 마감됨으로써 시작된다. 예루살렘의 멸망과 함께 에스겔의 초점은 미래의 도성과 하나님의 백성에 맞추어진다.

에스겔의 벙어리 생활의 기간 및 그 성격은 이 책 중에서 가장 많이 논쟁을 야기시킨 주제들 중의 하나이다. 언제부터 그의 벙어리 증세가 시작되었는지는 확실하지가 않다. 소명 기사에서 에스겔은 완전히 벙어리가 된 것이 아니라 오직 하나님께서 그에게 선포할 말씀을 주실 때에만 말을 하게 된 것 같다(3:26-27). 이 선지자는 자신이 소명을 받은 때로부터 예루살렘이 멸망할 때까지 육 년의 기간 동안 많은 신탁들을 전달했다. 그의 신탁들의 연대에 대한 언급들 및 1-24장의 존재가 이 점을 증명해 준다. 예루살렘이 멸망했을 때(24:27; 29:21; 33:22) 하나님은 이 선지자의 입을 여셨으며, 그의 메시지의 색채는 축복과 소망으로 바뀌었다.

현대의 성경의 독자들은 선지자들이 주로 하나님의 말씀을 다른 사람들에게 전한 자로만 생각을 한다. 그러나 의사소통은 이처럼 한 쪽 방향으로만 이루어진 것이 아니었다. 선지자들은 하나님 앞에서 하나님의 백성을 대표했으며, 그들을 위해서 기도를 했다(창 18:23-33; 출 32:11-14; 민 12:10-13; 사 37:21; 렘 10:23-11:14; 14:11-15:1). 제사장들이 제사로 했던 일들을 선지자들은 기도로 했다. 에스겔이 벙어리 신세였다는 사실은 최소한 그가 자기 민족을 위해서 하나님께 기도하지 않았다는 생각이 들게 한다. 예루살렘이 멸망할 것에 대한 하나님의 선언은 이제는 돌이킬 수 없는 것이 되었으므로 중보기도는 의미가 없는 것이었다. 하나님의 심판이 실현되기 전까지는 이 선지자의 입에 들어 있는 말씀이라고는 임박한 멸망에 대한 선언뿐이었다.

예루살렘 및 이스라엘의 미래에 대한 에스겔의 선포내용들을 주로 담고 있는 이 책의 세 번째 부분은 오랫동안 강한 관심의 대상이 되어 왔다. 선지서들에서 이상이나 알레고리적인 부분들을 읽을 때 독자들은 이러한 문헌들이 상징적인 성격을 갖고 있다는 것을 인식할 필요가 있다. 에스겔서의 경우 그 이상과 알레고리에 대한 본문들을 너무 문자적으로 해석함으로 주석가들은 많은 잘못들을 범하였다. 모세 자신이 이러한 장르의 문헌들을 읽을 때 이런 식으로 읽는 것에 대해서 경고를 하였다(민 12:6-8).

많은 대중적인 설교가들은 중동에 군사적인 긴장이 발생할 때마다 유창하게 떠들어댔다. 그들은 신문의 내용들을 에스겔서의 구절들과 직접적으로 연결시키려고 하는 경향이 있다. 특히 에스겔서 38-39장에 대한 대중적인 해석의 경우가 그러하다. 이 본문에서 메섹(Meshech)과 두발(Tubal) 왕 곡(겔 38:2)은 현대의 이 도시의 지도자들과 종종 동일시되어진다. 모스크바와 토볼스크(Tobolsk)가 지리적으로 에스겔이 서술하고 있는 지역과 멀리 떨어져 있음에도 불구하고 서로간의 발음상의 유사성에 근거해서 메섹은 모스크바이고, 두발은 토볼스크인 것으로 간주되곤 한다. 또한 "최고 우두머리"라는 문구에 사용된 "최고"라는 부분의 히브리어 단어는 머리를 뜻하는 로쉬인데, 어떤 사람들은 이 문구가 "러시아의 우두머리"를 의미한다고 주장하였다. 비록 가능성은 없지만 이 "로쉬"라는 단어가 "최고"라는 의미 대신에 어떤 지명을 의미한다고 보는 경우에도 이것이 현대의 러시아란 나라를 가리킨다고 보기는 힘들다. 지금까지 확인할 수 있는 바에 의하면 "러시아"란 단어는 중세 시대에 바이킹들에 의해서 키예프(Kiev) 북쪽의 지방에 도입되었으므로 그보다 일천년 전의 에스겔의 시대에 현대의 러시아에 대한 칭호로서 사용되었을 리가 만무하다. 메섹과 두발이라는 용어는 주전 12세기에서 8세기 사이의 앗시리아 문헌들 속에서 알려져 있으며, 또한 헤로도xh스(Herodotos, 7:72)와 요세푸스(Josephus, *Ant* 1:124)에 의해서도 언급되어졌다. 이러한 고대의 문헌들에 따르면 메섹과 두발은 아나톨리아 중부와 동부에 살았던 부족들을 지칭하는 이름이다. 8세기 후반의 무슈쿠인들(the Mushku, 메섹)의 한 왕은 앗시리아인들에게 미타스(Mitas)란 이름으로 알려졌는데, 이 왕은 바로 고전적인 역사가들에게 전설적인 부를 누린 왕인 미다스(Midas)로 알려진 인물이다. 이에 대한 에스겔의 용어들이 성경상의 자기 시대에 해당하고 지리적으로도 가까운 곳의 지명과 일치되므로 러시아가 중동의 다른 나라들을 침입하리라는 것과 같은 추론적인 해석들은 본문상의 근거를 얻을 수가 없다.

이스라엘에 대한 위협을 언급할 때 성경은 보통 북방으로부터 오는 적들에 대해서 언급하고 있다(사 41:25; 렘 1:13-15; 4:6; 6:22; 10:22; 13:20; 15:12; 25:9, 26; 46:10, 20, 24; 50:3, 9, 41, 49; 겔 26:7; 38:6, 15; 39:2; 단 11장; 슥 2:6; 6:6-8; 참고, 사 5:26-29; 13:1-13; 나 2:2-10; 3:1-3; 합 1:5-11). 포로기 이전 시대의 이러한 북방의 적들에 대한 언급은 보통 이스라엘의 전통적인 적들(앗시리아, 바벨론, 페르시아 등등)을 의미하는 것이었다. 그러나 포로기와 포로기 이후 시대의 글들에서는 북방으로부터 오는 적들은 초역사적이고 묵시적인 색채를 많이 띠고 있다. 곡 및 그의 군대와의 종말론적인 투쟁에 대해 다루면서 에스겔은 주변 나라들의 북쪽 경계선에 있는 부족들을 이스라엘의 종말론 속에 이미 자리 잡고 있는 북방으로부터 오는 적들의 화신으로 다루고자 했다. 미래의 사건들에 대한 여러 가지 억측을 하는 대신에 현대의 독자들은 에스겔이 이러한 나라들을 하나님의 백성에 대항하는 모든 나라들에 대한 상징적인 묘사로 사용했다는 것을 이해해야 한다. 에스겔서는 이방 나라들에 대한 많은 신탁들(겔 29-32장)을 담고 있으면서도 정작 자신과 자신의 동료 포로들이 사로잡혀 있는 바벨론에 대한 심판의 신탁은 담고 있지 않다. 그러므로 어떤 학자들은 마곡, 메섹, 두발이 실제로는 바벨론을 향한 심판의 신탁에 바벨론 대신 사용되어진 것이라고 주장한다.

이와 비슷한 오해가 재건 공동체에 대한 에스겔의 이상과 관련해서도 존재한다(겔 40-48장). 거의 모든 학자들은 고레스의 조서(주전 539년)를 뒤이은 예루살렘으로의 귀환이 에스겔의 이상 속에 묘사되어 있는 영광스러운 회복의 모습에 미치지 못한다는 생각을 한다. 성전이 지어지기는 했지만 그 성전은 이 선지자가 묘사하고 있는 찬란한 모습을 갖고 있지 못했다. 그리고 모든 부족들도 새로 분배된 땅 속에서 다시 정착하지도 못했다(47:13-48:29). 사해 주변의 영토의 성격은 바뀌지 않았다(47:1-12).

에스겔이 묘사하고 있는 것과 같은 성전(40-43장)이 실제로 지어지지 않았기 때문에 성경을 문자적으로 해석하는 사람들은 에스겔이 현대의 이스라엘 시민들이 예루살렘에 짓게 될 미래의 성전에 대한 청사진과 구체적인 세부사항들(참고, 겔 43:10-11)을 제공해 주고 있다고 주장한다. 그러나 이 선지자가 본 이상의 어떤 점들은 보통의 문자적인 해석을 초월하는 경우가 있는 듯하다(겔 47:1-12). 전체의 본문(겔 40-48장)이 하나의 이상이기 때문에 우리는 이 장르가 그 본질상 상징적인 성격을 갖고 있다는 사실을 중시하고, 따라서 전체의 이상이 하나님께서 자기 백성을 미래에 어떻게 축복하실 것인가 하는 것에 대한 하나의 상징적인 묘사로 이해하는 것이 좋다. 성전은 본질적으로 하나님께서 자기 백성들 가운데 거하신다는 것을 상징했다. 이상과 상징이라는 양식(겔 40:2; 참고, 민 12:6)을 통해서 이 선지자는 이스라엘이 역사 속에서 경험한 그 어떤 때보다도 크게 하나님의 함께 하심을 경험할 때, 즉 이스라엘이 질서와 평화와 공의로운 통치를 누리게 될 때를 그리고 있다. 기독교 독자들에게 있어서는 하나님께서 함께 하시면서 평화와 공의를 가져다주시는 초월적인 경험은 바로 성육신하신 하나님께서 예루살렘의 거리를 걸어다니시면서 새로운 성전으로서의 자신의 교회를 세우시던 그때 성취되었다. 임마누엘의 함께하심은 "여호와께서 거기 계시는"("여호와 삼마" — 역주) 바로 그 날의 표시였다(48:35).

새로운 성전에서의 제반 사항들에 대한 에스겔의 그림(44-46장)이 오경의 것과는 다른 부분이 많다는 사실은 흥미롭다(이에 대해서는 주석들을 보라). 에스겔은 새로운 재건 공동체의 새로운 출애굽, 포로생활로부터의 귀환, 새로운 언약, 그리고 새로운 마음과 영을 고대했음이 분명하다(36장). 나라의 재건은 죽은 자들의 부활과 같을 것이다(37장).

에스겔서는 사적인 성격이 아주 강하다. 이 책을 읽을 때 우리는 이 선지자가 직접 경험한 경외심, 두려움, 비탄, 증오, 번민 등의 감정에 몰입하게 된다. 그 이유 중의 하나는 에스겔서가 일인칭으로 쓰인 유일한 선지서라는 점이다. 우리는 에스겔의 경험을 삼인칭 내레이터를 통해서 만나게 되는 것이 아니라 그 자신의 입으로 묘사하는 대로 직접 듣게 된다.

이 선지자는 이 책 전체를 통해서 하나님으로부터 "인자"라고 불린다(예를 들어 겔 2:1, 3, 6, 8; 4:1, 16; 5:1; 14:3, 13; 15:2; 16:2; 23:2, 36). 이 표현은 "사람, 인간"이라는 뜻을 갖고 있으며, 이 선지자가 인간이라는 사실과 그의 연약함을 부각시켜 준다. 특히 이것은 에스겔이 이상 속에서 본 하나님의 영광 및 능력과 비교된다.[7]

이 책에는 상당히 다양한 문학 양식들이 사용되었다(Zimmerli 1979, 21-40). 즉, 장례식의 애가들(19장; 27장; 28:11-19; 32:2-16), 우화들과 알레고리들(15, 16, 17, 23장), 이상들(1:1-3:15; 8-11장; 37:1-14; 40-48장), 상징적인 행위들(4:1-5:17; 12:1-20; 21:11-29; 24:1-27; 33:21-22; 37:15-28), 역사적-신학적 내러티브(20장), 제의적이거나 제사직에 관한 규례들(43:18-27; 44:17-31; 45:18-46:12), 논쟁 형식의 신탁들(33:1-20; 3:17-21) 및 인용문, 맹세, 격언들, 잠언들과 같은 좀 더 짧은 형태의 양식들이 사용되었다. 이 선지자는 자신의 메시지를 효과적으로 전달하기 위해 많은 장르들을 사용하였다.

현대의 설교가들도 자신들의 설교에 예화들을 사용하는 경우가 많다. 그러나 에스겔 등의 선지자들은 자신들의 상징적인 행위들의 일부분으로서 소도구들을 좀 더 많이 사용했다. 그들의 상징적인 행위들은 그들의 다른 설교들과 마찬가지의 효과를 노렸다. 이 선지자는 예루살렘이 포위당할 것을 전철(煎鐵 ─ 가정에서 빵을 구울 때 사용하는 철판)을 활용하고 진흙 토판 위에 그림을 그리는 것(4:1-8)과 포위당했을 때 먹는 음식을 먹는 것(4:9-17) 등을 통해서 표현했다. 그는 자신의 수염을 깎아 그것을 나누어서 일부를 버

---

7) 이 "인자"라는 표현은 복음서에 75번 이상 등장하는 같은 표현(예를 들어 마 8:20; 9:6; 10:23; 11:19; 12:8,32,40; 13:37,41)과는 구분되어야 한다. 예수께서는 자신을 지칭할 때 이 칭호를 선호하셨는데 그 이유는 자신이 바로 다니엘서 7:13-14에서 나오는 "인자"임을 강조하시고자 하셨기 때문인 것으로 보인다. 예수께서 이 용어를 사용하실 때에는 이 용어는 그의 인성과 신성을 다 포괄하는 양면성을 갖고 있다.

림으로써 예루살렘 시민들이 당할 운명을 보여주었다(5장). 그는 자신의 가재도구들을 꾸리고, 성벽을 뚫는 행위를 통해 백성이 포로가 될 것을 묘사했다(12:1-20). 일종의 "칼춤"은 바벨론 왕이 예루살렘에 가져올 칼에 대한 실물 교훈이었다. 이 왕의 전략은 모래 위에 그린 지도를 통해서 표현되었다(21:8-23). 눌은 가마로부터 시작해서 자신의 아내의 죽음에 이르기까지 모든 것이 이 백성에게 임박한 운명에 대한 실물 교훈의 역할을 하였다.

신 학 적 인   메 시 지

에스겔서는 아주 길고 내용이 풍부한 책이기 때문에 그 주제들을 몇 가지로 요약하고자 할 때는 그 내용을 지나치게 단순화하는 것을 피할 수가 없다. 그럼에도 불구하고 이 책의 상당한 내용들은 다음의 몇 가지 제목으로 분류해 볼 수가 있다.

하나님의 거룩성과 초월성

에스겔서에서 하나님은 피조물과 선지자 자신을 초월하신다. 에스겔에게 주어진 계시는 보통 천사적인 존재를 통해서 중개되었다(8, 40-48장). 선지자는 천사적인 존재들 및 전사(戰士)들이 하나님의 명령을 수행하는 것을 목격했다(9-10장). 선지자가 하나님에 대한 이상을 보았을 때 그는 "여호와의 영광의 형상의 모양"을 보았다고 말하고 있는데(1:28), 이것은 그가 하나님을 실제로 보았다거나 또는 하나님에 대해서 묘사하고 있다는 암시 자체를 조심스럽게 피해가기 위한 수단이었다.

하나님은 거룩하신 분이시기 때문에 이스라엘의 죄를 그냥 목도하고만 계시지 않으실 것이다. 죄는 하나님의 거룩성과 정면으로 대치되는 것이다. 4-24장은 하나님이 이 백성의 죄를 더 이상 간과하지 않으실 것임을 선포하는 신탁들로 주로 채워져 있다. 이스라엘은 반항적인 백성이었으며(2:3-8; 3:9, 26-27; 12:2-3, 9, 25; 17:12; 24:3; 44:6), 이 나라의 우상 숭배는 더 이상 무시될 수 있는 정도가 아니었다. 포로기간은 정화된 백성, 즉 거룩하신 하나님에게 순종하는 정화된 남은 자들을 배출해 낼 것이다(6:8; 9:8; 11:12-13; 12:16; 14:22-23).

하나님의 은혜와 자비

하나님께서 유다와 예루살렘을 심판하실 것이라는 사실은 그가 이스라엘을 선택하신 목적을 어그러뜨리지는 않게 되어 있다. 하나님께서는 남은 자들에게 자비를 베푸시며, 남은 자들은 포로 시대를 거쳐서 살아 남아서 그의 약속들을 새롭게 물려받고, 자신들의 본토에서 회복을 갈구하게 될 것이며, 하나님께서는 다시 그들 가운데 계실 것이기 때문이다(48:35; 참고, 11:20; 14:11; 36:28; 36:23, 27). 이 백성은 의롭게 다스리는(34:23) 다윗적인 왕(37:24-25; 45:7)의 영도하에서 살게 될 것이다. 하나님께서는 자기 백성에게 새 마음과 새 영을 주실 것이다(36:24-28). 자신의 성전을 버리신 하나님(10장)께서는 영광 중에 다시 그리로 돌아오실 것이다(43장).

하나님의 주권성

하나님께서는 이스라엘뿐만 아니라 다른 모든 나라들의 정사와 운명을 지배하신다(겔 25-32장). 그는 한 곳에 묶이신 분도 아니고, 예루살렘 성전 안쪽의 조그만 방에 갇히신 분도 아니다. 모든 나라들은 그의 명령을 수행한다. 하나님께서 자신의 선지자를 통해서 하신 말씀들은 실현될 것이다. 이 책은 이 선지자가 한 말들의 진정성을 증명하는데 많은 관심을 보이고 있다. "그들이/너희가 내가 여호와인줄 알리라"라는 문구, 혹은 그와 비슷한 문구가 상당히 자주 나온다(2:5; 5:13; 6:7, 10, 13-14; 7:4, 9, 27; 11:10, 12; 12:15-16, 20; 13:9, 14, 21, 23; 14:8, 23; 15:7; 16:62; 17:21, 24; 20:12, 20, 26, 38, 42, 44; 21:5 및 다른 많은 구절들). 이 문구는 보통 "인정의 문구"(recognition formula)라고 불린다.[8] 하나님께서는 에

---

8) 다른 선지서들에 사용된 용법과 비교하라(사 49:23; 60:16; 렘 44:29; 욜 2:27; 3:17; 슥 2:9,11; 4:9; 6:15; 말 2:4).

스겔에서 하신 말씀들을 성취하심으로써 자신과 자신의 선지자를 변호하신다. 하나님께서 전에 에스겔에게 하신 말씀들을 성취하심으로써 이스라엘과 열방은 여호와께서 하나님이신 줄을 알게 된다(참고, 사 43:12). 예루살렘의 멸망은 하나님의 능력이 부족하시거나 없어서 일어난 것이 아니라 바로 그 것이 그가 뜻하신 바였기 때문에 일어난 것이다. 이 도시를 파괴할 때 보여 주셨던 능력은 또한 그가 하신 회복의 약속의 경우에도 역시 동일하게 보여 질 것으로 신뢰할 수가 있다. 하나님은 열방들만을 주관하시는 것이 아니라 또한 시간도 주관하신다.

개인적인 책임

포로생활은 하나님과 그의 율법에 반역했던 지난 세대들의 이스라엘의 축적된 죄악 때문에 일어난 것이다. 죄라는 것이 항상 이러한 집단적인 차원을 갖고 있기는 하지만 에스겔은 자신 이전의 그 어느 선지자보다도 순종과 불순종이 가져오는 개별적인 결과들을 강조했다(18:1-32; 33:10-20). 이 백성은 하나님이 조상들의 죄 때문에 자신들의 세대를 벌한다는 점에 있어서 하나님이 공의롭지 못하다는 요지의 속담을 사용하고 있었으며(18:2), 이렇게 함으로써 그들은 자기 자신들의 죄악을 돌아볼 필요는 간과하고 있었다. 그러나 하나님은 그들이 그렇게 함으로써 자기 자신들의 죄와 허물은 비껴가는 것을 허락하시지 않았다. 포로 세대의 죄악들 역시 예루살렘의 멸망에 기여하였다. 역대기의 저자는 부분적으로는 심판에 대한 이런 접근태도의 정당성을 증명하기 위해 이스라엘의 역사를 새로 기술하였다.

신 약 으 로 의   접 근

이 책의 가르침을 요약하려고 하는 것이 지나친 단순화를 피할 수가 없듯이 신약이 어떻게 이 책의 주제들을 전개하고 반영하고 있는지를 요약하려고 하는 것 역시 어려운 일이다. 신약에서는 에스겔서의 직접적, 혹은 간접적 인용구들이 최소한 65개 정도 나오는데, 그 중에서 48개는 계시록에 나온다(LaSor; Hubbard; Bush 1982, 478). 신약 시대에 예루살렘 및 그 성전은 다시 한 번 파괴되었다. 초대 교회의 탄생과 더불어 새로운 이스라엘의 새로운 회복이 진행 중이었다. 예수는 그들의 신실한 목자 왕(겔 34장)이셨다. 그는 살아 있는 돌들을 가지고 그들 가운데에 자신의 성전을 세우셨다. 초대 교회는 에스겔의 예언들 속에서 자신들 시대의 예루살렘이 멸망하게 된 것에 대한 동일한 원인들을 찾아내었다. 교회는 자신들이 회복의 약속들의 후사라고 보았다. 회복에 대한 에스겔의 이상은 하나님의 새로운 도성이 하늘로부터 내려오며, 하나님의 처소가 그의 백성과 영원히 함께 할 새로운 하늘과 새로운 땅에 대한 요한의 묘사에 바탕을 제공해 주었다(겔 43:35; 계 21:3).

에스겔 시대의 이스라엘과 주전 일 세기에 교회 및 이스라엘이 처한 상황이 역사적으로 아주 비슷한 모습을 갖고 있다는 점 이외에도 에스겔서의 많은 다른 주제들과 모티프들은 신약에서 이런저런 모습으로 발전되어졌다. 지면상 우리는 이러한 본문들 중 몇 개의 대표적인 본문들만을 개관하는 수밖에 없다.

에스겔은 강물이 제단의 남쪽으로부터 흘러나와서 이르는 모든 곳마다 생명을 부여해 주는 거대한 물결로 바뀌고, 사해 물을 신선한 물로 바꾸어 주는 환상을 보았다(47:1-12). 예수는 사마리아의 우물 곁에서 만난 여인에게 말씀하시면서 자신을 생명의 물의 근원이라고 밝히셨다(요 4:10-14). 후에 그는 한 절기 중에 예루살렘에 있는 군중들에게 이렇게 말씀하셨다: "나를 믿는 자는 성경에 이름과 같이 그 배에서 생수의 강이 흘러나리라." 요한은 "이는 성령을 가리켜 말씀하신 것이라"고 밝히고 있다(요 7:38-39). 그는 성전이 상징하는 모든 것이 되시는 분이셨으며, 이 세상을 변화시키기 위해서 오신 분이셨다. 에스겔은 과실나무들이 일 년에 열두 번씩 과실을 맺는 것을 보았다. 예수께서는 제자들과 함께 사마리아를 떠나실 때 끝없는 추수가 이미 시작되었다는 것을 가르치셨다(요 4:35-36). 솔로몬의 성전의 제단 남쪽에 있던 거대한 놋바다는 에스겔의 환상에서는 이 생명을 주는 강물로 대체되었다. 새로운 예루살렘에서는 이 바다가 없고, 대신 생명의 강물이 하나님의 보좌로부터 흘러나올 것이다(계 21:1; 22:1).

에스겔은 거짓 선지자들이 이익을 노리는 것에 대해서 비난했다. 상황이 어려워지고 자신들이 위험해지면 이들은 다 사라질 것이다. 그들은 벽에 틈이 벌어졌을 때 그 사이를 메우지 않았다. 그는 거짓 선지자들을 이런 식으로 묘사함으로써 그들을 모세와 대비시켰다. 모세는 하나님께서 이스라엘의 죄 때문에 진노하셨을 때 그 틈을 메웠었다(시 106:23). 후에 하나님께서 예루살렘을 멸하시기로 결정하셨다는 것을 선포했을 때 "성 무너진 데를 막아서서 나로 멸하지 못하게 할 사람"이 전혀 없었다(겔 22:30). 예수는 모세보다 더 큰 선지자이셨다. 그는 자신의 위험을 무릅쓰고 분노하신 하나님과 죄 많은 인간 사이에 서셨으며, 그렇게 하심으로써 자신을 믿는 자들이 멸망당하지 않도록 하셨다.

회복에 대한 에스겔의 이상 중에는 영광스러운 성전이 포함되어 있다. 그는 하나님께서 자기 백성 가운데 함께 하시는 것의 상징으로서의 이 성전이 너무나도 엄청나서 그 크기와 장엄함을 이상을 통해서밖에 표현할 수가 없었다. 요한은 예수께서 오셔서 우리 가운데서 성전으로 존재하셨을 때 우리가 "그 영광을 보니 아버지의 독생자의 영광이요 은혜와 진리가 충만하더라"라고 말하고 있다(요 1:14). 예수는 "하나님의 영광의 광채시요 그 본체의 형상"이셨다(히 1:3). 하나님의 영광이 가시적인 구름의 형태로 성막이나 솔로몬의 성전의 경우와 같이 두 번째 성전에도 임했다는 역사적인 기록은 없다. 이 하나님의 영광은 예수께서 예루살렘에 들어오셨을 때 두 번째 성전에 임했다.

다 니 엘 서

다니엘서는 극단적으로 양면적인 성격들을 가진 책이다. 예를 들어, 이 책은 성경에서 가장 단순한 책이기도 하고 가장 복잡한 책이기도 하다. 처음 여섯 장의 이야기들은 주일학교와 여름 성경학교에서 가장 인기 있는 주제들이다. 반면에 학자들은 이 책의 후반부에 나오는 복잡한 이상(異象)들에 대해서는 끝이 없는 논쟁을 하고 있다. 이 책이 가진 다른 대조적인 점들로는 아람어와 히브리어라는 두 가지 언어가 사용된 점, 이야기와 묵시라는 두 가지 장르가 지배적으로 사용된 점, 이방 통치자 등에 대해서 대조적인 태도들을 보이는 점 등을 들 수 있다.

다니엘서는 매혹적이면서도 어려운 책이다. 이 책은 수많은 논쟁의 원천이 되어 왔는데, 특히 그 역사성과 예언에 대한 해석의 경우가 그러하다. 또한 우리가 앞으로 살펴보게 되겠지만 이 책은 악을 이기시는 하나님의 권능을 강력하게 증거하고 있지만, 또 다른 한편으로는 이 책의 여러 가지 점들은 우리에게 신비로 남아 있다.

역 사 적 배 경

저자 및 연대

20세기까지의 유대교와 기독교인 학자들 사이에서의 지배적인 견해는 다니엘서가 주전 6세기에 활약했던 정치가이자 선지자인 다니엘에 의해 쓰였다는 것이었다. 다니엘이 이 책의 후반부에서 일인칭으로 말하고 있다는 사실(예를 들어 단 7:2, 4, 6, 28; 8:1, 15; 9:2; 10:2)은 다니엘이 저자라는 것에 대한 내부적인 증거로 받아들여졌다. 이것은 또한 다니엘서 12:4에서 천사가 다니엘에게 "이 책을 봉함하라"고 명령한 것에 의해서 지지되고 있는 것으로 간주되었다.

이러한 내부적인 증거는 최소한 다니엘이 다니엘서 7-12장의 이상 기사들의 출처라는 생각을 하게 만들어 준다(예를 들어 단 7:1). 이 이상 기사들은 종종 삼인칭으로 된 서론구에 의해서 구획되어 있으며, 이 점은 이 기사들이 다니엘이 아닌 다른 사람에 의해서 최종적으로 편집되었을 것이란 가능성을 열어 준다. 이러한 맥락에서 또 한 가지 중요한 점은 다니엘서의 처음 여섯 장 역시 삼인칭으로 쓰여 있다는 점이다. 신약은 다니엘서를 자주 인용하고 있지만 다니엘을 저자로 언급하는 경우는 다니엘서 9:2; 11:31; 12:11(모두 일인칭 본문들)에서 발견되는 "폐하여 멸망케 할 미운 물건"에 대한 예언들을 언급하고 있는 마태복음 24:15-16 뿐이다.

그러므로 내부적인 증거는 이 책의 후반부의 일인칭으로 된 이상들만이 다니엘에게서 직접 파생되었다고 보게 만들어 준다. 그러나 이 부분은 장래의 역사에 대한 기묘한 예언들 때문에 가장 논란이 많은 부분이다.

20세기의 전환기 이래로 학자들은 다니엘서의 기원에 대한 전통적인 견해에 점점 더 많은 도전을 해 왔다. 포르피리오스(Porphyry, 주후 233-304년)는 이 책에 대한 요즈음의 비평학적 견해의 선구자로 가장 많이 언급되는 사람이다. 현재의 대부분의 학자들은 다니엘서가 사실은 주전 2세기에 저술된 책이며, "사후 예언"(事後 豫言, vaticinium ex eventu — 즉 이미 일어난 일을 목격하고 난 이후에 그 일을 예언적인 문체를 사용해서 기록한 것 — 역주)을 활용한 가명(假名)의 책이라고 믿고 있다. 이런 입장은 일부 복음주의적인 학자들(Goldingay; Lucas는 아카드어로 된 허구적인 자서전들을 인용하고 있음)도 포함된다. 이들은 이러한 문헌들이 고대 근동에 알려져 있었으며, 청중들을 속일 의도는 없었다고 주장한다(이게 잘못된 견해임은 Longman 1991을 보라).

많은 학자들은 이 책의 최종적인 편집 활동의 연대를 거의 정확하게 제 몇 년이라고 못 박을 수 있을 정도로 확실하게 말할 수 있다고 자신하고 있다. 아이스펠트(Eissfeldt, *OTI*, 520)는 "이 책은 안티오코스 4세(Antiochos IV)가 이집트에 대한 자신의 두 번째 원정(167년)으로부터 돌아와서 163년 4월에 죽기까지의 사이 기간 동안에 나온 것임을 분명하게 증명할 수 있다"고 주장했다. 아이스펠트는 다니엘서 11장의 마지막 부분을 면밀하게 해석함으로써 이러한 결론에 도달했다. 그는 11:29-39가 "사후 예언"이라고 보는데, 그 이유는 이 본문이 167년에 안티오코스의 두 번째 원정 활동을 정확하게 기술하고 있기 때문이다. 그러나 그는 11:40-45에서 다니엘이 시도한 진짜 예언은 안티오코스의 죽음을 정확하게 기술하는데 실패했다고 보았다. "그가 장막 궁전을 바다와 영화롭고 거룩한 산 사이에 베풀 것이나 그의 끝이 이르리니 도와줄 자가 없으리라"(단 11:45). 하지만 우리는 안티오코스가 팔레스타인이 아니라 시리아에서 죽었다는 것을 폴리비오스(Polybios)를 통해서 알고 있다.

볼드윈(Baldwin 1978, 199-203; 또한 Longman 1999를 보라)은 잘 발달되어 있는 이러한 비평학적 견해를 보수주의적으로 반박하고 있다. 그는 예언과 관련해서 잘 알려져 있는 현상 — 즉, 당겨서 보기(telescoping)라는 현상 — 에 근거하고 있다. 이 당겨서 보기란 것은 예언이 갖고 있는 "압축적인" 성격을 표현해 주는 말이다. 다시 말해서, 선지자들은 나중에 성취되어질 때에는 각각 다른 시기에 일어나게 될 사건들을 하나로 뭉뚱그려서 이야기한다. 이것에 대한 가장 잘 알려진 예는 세례 요한의 메시지이다(마 3:1-12). 메시야의 도래에 대한 예언을 하면서 요한은 강력한 심판도 그리스도의 사역 중의 한 가지라고 말했다. "손에 키를 들고 자기의 타작마당을 정하게 하사 알곡은 모아 곡간에 들이고 쭉정이는 꺼지지 않는 불에 태우시리라"(12절). 그러나 요한에게도 안 알려진 것(마 11:1-19)이기는 하지만 사실 그의 예언은 그리스도의 초림과 재림을 압축해서 말한 것이다.

다니엘서 11:29-45를 이해하는데 있어서 이 개념을 적용한 볼드윈은 이 본문이 전체적으로 안티오코스 4세와 맞아들어가기는 하지만 꼭 그렇기만 한 것은 아니라고 주장했다. 이 본문은 미래의 다른 압제자들에게도 적용되어질 수 있으며, 이 본문의 궁극적인 성취는 이 세대의 마지막에 악의 화신이 될 적그리스도에게서 이루어질 것이다.

보수주의 학자들과 비평학자들 사이의 견해 차이의 밑바닥에는 본문에 대한 전혀 다른 접근태도들이 깔려 있다. 본문에 대한 이러한 근본적인 태도들은 역사적인 문제들을 다루는데 있어서도 극적인 영향을 미친다(아래를 보라). 다니엘서 8장에 대한 주석을 하는 과정 중에 타우너(Towner 1984, 115)가 예언에 대해서 한 언급은 다니엘서에 대한 비평학자들의 견해들을 잘 표명하고 있는 것으로 보인다:

> 우리는 이 전체의 이상이 사후 예언이라고 가정할 필요가 있다. 왜냐고? 왜냐하면 인간은 몇 세기 미래의 사건들을 정확하게 예견할 능력이 없으며, 다니엘이 그렇게 할 수 있다고 보는 것은 인간의 본성에 대한 확실한 사실들에 정면으로 위배되는 것이기 때문이다. 이 점은 하나님께서 다니엘에게 주시고, 천사들이 해석한 상징적인 계시들에 근거해서 그렇게 주장한다고 해도 역시 마찬가지이다. 그러므로 여기에서 우리가 갖고 있는 것은 주전 6세기에 그려진 미래 세계의 지도가 아니라 저자 자신의 시대, 즉 주전 167-164년의 사건들에 대한 해석이다.

타우너는 자신이 다니엘의 예언들을 불신하는 이유가 "인간 본성의 확실한 사실들" 때문이라고 했다. 그러나 이러한 주장은 받아들일 수가 없다. 비록 그가 인간 본성에 대해서는 틀리게 말하지는 않았지만 그는 하나님께서 죄 많은 인간 대리자를 통해서도 오류 없이 미래에 대한 예언을 하실 수 있다는 사실을 무시하고 있기 때문이다.

비평학자들이 다니엘서의 후반부의 예언들을 주전 2세기의 것으로 보는 것과 더불어 처음 여섯 장의 이야기들을 그보다 약간 이른 시기, 다시 말해 보통 주전 3세기의 것으로 보는 견해가 점점 더 인기를 얻고 있다. 이러한 연대를 잡는 가장 중요한 근거는 다니엘서 4장이 느부갓네살과 같은 군주들에게 긍정적인 태도를 갖고 있다는 점이다. 이와 같은 이방인 군주에 대한 긍정적인 태도는 안티오코스 4세의 박해 기간 동안과 같은 시기와는 어울리지 않는다는 사실이 잘 지적되어졌다. 다니엘서가 삼단계의 저술과정을 거쳤다는 주장에 대해서는 개미(Gammie 1976)를 보라.

요약해서 말하자면, 이 책이 6세기에 저술되었다는 견해로부터 멀어진 데는 두 가지 이유가 있다. 첫째는 이러한 정확한 예언이 불가능하다는 것이다. 우리는 이것이 용납할 수 없는 전제라는 것을 지적했다. 두 번째는 역사적인 오류들이 있다는 것이다. 이 문제는 어려운 것이기 때문에 아래에서 다루기로 한다. 거기에서 우리는 비록 이 문제에 대해서 확실한 것은 아니라 할지라도 납득할 만한 설명이 가능하다는 것을 보여줄 것이다.

이 장은 주전 6세기의 인물인 다니엘이 자신의 이름으로 된 책의 주인공이자 저자라는 견해에 근거해서 앞으로의 논의를 계속해 나갈 것이다. 이 견해는 후대의 어떤 익명의 제자들이 그의 연설들에 틀을 제공해 주었거나 삼인칭 이야기들의 일부 혹은 전부를 덧붙였을 가능성을 배제하지는 않는다. 그러나 미래에 대한 예언들이 "사건이 발생한 후에 기록된" 것이라는 견해는 배제한다.

우리는 우리가 다니엘서에서 얻을 수 있는 정보를 제외하고는 다니엘에 대해서 별로 아는 것이 없다. 에스겔서 14:14, 20에서 그는 노아 및 욥과 더불어 모범적인 의인으로 언급되어졌다(Dressler와 Day의 논쟁을 보라). 그의 이름은 아마 "하나님이 나의 재판관이다"라고 번역될 수 있는 듯하며, 이 이름은 이 책에 서술된 하나님의 성격과 잘 들어맞는다.

역사성

이 책은 이렇게 시작된다. "유다 왕 여호야김이 위에 있은 지 삼 년에 바벨론 왕 느부갓네살이 예루살렘에 이르러 그것을 에워쌌더라"(단 1:1). 정확한 연대를 언급하고 있다는 점과 아울러 구체적이고 잘 알려진 왕의 이름과 장소를 언급하고 있다는 점 등은 모두 이 저자가 독자들에게 역사적인 정보를 주려 하고 있다는 것을 알려 준다. 이 첫 인상은 이 책 전체를 통해서 계속 유지되며, 구약의 다른 구절들(겔 14:14, 20; 28:3)과 신약(마 24:15, 16)에 의해서 지지를 받는다. 처음 여섯 장이 민담적인 이야기들과 어느 정도 유사성을 갖고 있다는 점이 이러한 역사기록적인 성격을 해치지는 않는다(Longman 1987, 63-74).

비평학자들은 다니엘서를 언급할 때 보통 "허구적"(fictional)이라는 칭호를 붙인다(아래의 "장르" 항목을 보라). 그러나 대부분은 비록 이 책이 역사적인 측면에서 정확성을 갖고 있지는 못할지라도 역사기록적인 성격을 갖고 있다는 것은 인정한다(Towner 1984). 이 책 자체가 주장하고 있는 주전 6세기의 저술 연대는 바로 이 책이 역사적인 오류들을 담고 있다는 견해 때문에 자주 배척을 당한다.

두 가지 점을 우선 지적할 필요가 있다. 첫째, 다니엘서가 스스로 주전 6세기 저작설을 주장하고 있으며, 선지자적인 시각으로 미래(마카베오 시대를 포함해서)를 바라보고 있다는 것은 의심의 여지가 없다. 둘째, 이 책이나 그 내용이 주전 6세기의 것이라는 것을 증명하거나 반박하는 것은 불가능하다. 우리가 할 수 있는 최선의 것은 이 책의 내용과 주전 6세기라는 연대가 조화 가능하다고 보는 것이다. 확고한 정보가 결여되어 있는 이유는 이 문제의 시기에 대한 상세한 지식의 결여와 절충주의적인 성격 때문이다(Dillard 1988).

페르시아 시대에 대한 정보가 없다는 점을 생각해서 우리는 비판적인 판단을 삼가야 할 필요가 있다. 지난 일 세기 이상 학자들은 바벨론의 역사상 벨사살이 왕위에 있었던 적은 없었다고 믿었다. 고대의 문서들은 바벨론이 나보니두스(Nabonidus)란 왕이 왕좌에 있었을 때 망했다고 말하고 있다. 그래서 많은 학자들은 다니엘서가 벨사살 왕에 대해서 언급할 때 잘못을 범하고 있거나 혼동을 일으키고 있다고 생각했다(단 5:1, 2; 7:1; 8:1). 그러나 계속적인 연구에 의해서 나보니두스가 바벨론을 다스리던 벨-샤르-우쭈르(히브리어 음역=Belshazar, "하나님이여, 왕을 보호하소서")란 아들을 두고 있었다는 것이 밝혀졌다.

나보니두스는 통치 초기에 바벨론을 떠나 바벨론으로부터 약 천 마일 정도 떨어진 아라비아 서북부의 한 오아시스인 테이마(Teima)로 가서 살았던 것으로 보인다. 그가 이렇게 이주를 한 이유는 종교적이며 정치적인 것이었다(Beaulieu 1989; von Voightlander 1963, 183-207). 그러나 다니엘서에게 있어서 중요한 것은 그가 자리를 비운 사이에 바벨론을 통치했던 그의 아들이었다. 이 이상한 일은 왜 다니엘이 바빌로니아 시대의 말기에 나보니두스가 아닌 벨사살과 접촉을 했으며, 왜 벨사살이 다니엘에게 나라의 셋째 치리자로 만들어 주겠다는 수수께끼 같은 약속을 했는지를 설명해 주는 것 같다(5:16).

이 역사적인 난점은 만족스러운 해결을 보았지만 다니엘서에는 여전히 수많은 역사적인 난점들이 존재한다. 하지만 이 모든 문제들을 여기에서 다 상세하게 다룰 수는 없다. 윌슨(R. D. Wilson)은 이러한 문제들에 관해서 두 개의 커다란 책을 썼다(1917, 1938).

그의 연구는 오래되기도 하고 너무 교조주의적이기도 하지만 오늘날에도 여전히 가치가 있다. 우리는 다니엘서가 가진 좀 더 끈질긴 두 가지 문제들을 더 살펴보는 것으로 만족하기로 하자. 우리는 비록 최종적인 해답을 얻지는 못했지만 이 문제들이 결코 극복하지 못할 것은 아님을 보여주고자 한다. 그러나 우리의 대답이 확정된 사실이 아니라 가설들임을 염두에 두어야 한다.

다니엘서 1:1. "유다 왕 여호야김이 위에 있은 지 삼 년에 바벨론 왕 느부갓네살이 예루살렘에 이르러 그것을 에워쌌더니." 이 연대기적인 언급은 느부갓네살 왕 원년을 여호야김 4년과 일치시키고 있는 예레미야서 25:1과 상치된다. 한편 예레미야서는 바빌로니아인들이 여호야김 5년 때까지 예루살렘에 오지 않았다고 주장하고 있기도 하다(렘 36:9). 바빌로니아 연대기(the Babylonian Chronicle)를 겉핥기식으로 읽으면 이 구절이 지지를 받는 듯하다. 하르트만과 딜렐라(Hartman and DiLella 1978, 48)는 2세기의 다니엘서 저자가 대하 36:6-7을 왕하 24:1과 연결시켜서 이해함으로써 혼란을 일으키고 오도를 당했다고 주장하였다.

이 주장은 고대 근동에서는 두 가지 연대계산법이 사용되었으며, 이 두 가지 방식이 다 구약에서 발견된다는 사실에 근거해서 배격을 당했다(Wiseman et al. 1965, 16-18). 앞의 문단들은, 예레미야서는 어떤 왕의 통치 원년을 원년으로 계산하는 유다의 연대계산법을 사용한 반면에, 다니엘서는 원년을 "등극년"(accession year) 다음 해로 계산하는 바빌로니아의 연대계산법을 사용하고 있다고 보면 조화가 가능하다. 하젤(Hasel)은 그 결과를 다음과 같이 알기 쉽게 도표화했다(1981, 47-49):

<table>
<tr><td>도표 16</td><td colspan="6">예레미야서와 다니엘서의 왕들의 연대</td></tr>
<tr><td>등극년 연대계산법:</td><td>등극년</td><td>원년</td><td>제 2 년</td><td>제 3 년</td><td></td><td>단 1:1</td></tr>
<tr><td>비등극년 연대계산법:</td><td>원년</td><td>제 2 년</td><td>제 3 년</td><td>제 4 년</td><td></td><td>렘 5:1,9; 46:2</td></tr>
</table>

바빌로니아 연대기가 예루살렘의 포위에 대해서 언급을 하고 있지 않은 이유는 이 연대기가 "애굽인들을 격파시킨 것"에 흠뻑 도취되어 있었다는 것과 "이집트의 변경으로부터 돌아온 바빌로니아 군대가 유다를 성공적으로 침략한 점은 그 당시 느부갓네살이 '하티(Hatti) 전역'을 정복했다는 주장 속에 포함되어 있을 수 있다"는 것을 근거로 해서 설득력 있게 제시되었다(Wiseman et al. 1965, 18).

메대 사람 다리오(Darius the Mede). 바벨론이 멸망한 후에 벨사살은 처형을 당했으며, 메대 사람 다리오가 왕이 되었다(단 5:30; 9:1). 그는 62세였으며(6:31), "메대 족속"이다(9:1). 그는 다니엘을 마지 못해 사자굴로 보낸 왕이었으며(6장), 자기 왕국에 120명의 방백(satrap)을 세운 사람이다(6:1).

불행하게도 메대 사람 다리오는 다니엘서에서는 중요한 인물이지만 이 책의 밖에서는 전혀 알려져 있지 않은 사람이다. 또한 보통 "바벨론 왕"이라는 칭호를 얻을 수 있는 사람은 오직 페르시아의 위대한 정복왕 고레스밖에 없다. 게다가 성경외적인 자료에 따르면 방백 제도(satrapy system)를 처음으로 도입한 사람은 후대의 다리우스(Darius, 히스타스페스[Hystaspes])밖에 없다. 그리고 이 후대의 다리우스는 페르시아 제국 전역에 대략 20명 정도의 방백밖에 세우지 않았다.

로울리(Rowley)는 메대 사람 다리오의 역사성을 배격하는 비평학적 주장을 1935년에 확립했다. 그는 메대 사람 다리오가 역사적으로 혼동된 기억의 산물이라고 주장했다. 이 다니엘서의 기록은 바벨론이 정복당한지 수 세기 후에 쓰인 것이며, 메대 사람 다리오는 전혀 존재한 적이 없으며, "혼란된 전승들이 혼합된 것"이다(1935, 54). 첫 번째 혼란은 주전 520년 캄비세스(Cambyses)가 죽은 후에 바벨론이 반역을 일으켰을 때 그 바벨론을 다시 정복한 다리우스 히스타스페스와 관련되어 있다(1935, 54-60). 다니엘서의 저자는 다리우스 히스타스페스를 539년으로 옮겨다 놓았을 뿐만 아니라 그를 바벨론 멸망시에 예순두 살이었던 고레스와 섞어 놓았다. 또한 고레스나 다리우스 히스타스페스가 메대 사람이 아니기 때문에 다리우스가 메대사람이었다는 성경의 주장에 대해서는 약간의 설명이 필요하다. 로울리에 따르면, 이러한 혼란은 바벨론이 메대 사람들의 손에 멸망을 당할 것이라고 본 예레미야 51:11, 28과 같은 구절들 때문에 야기되었다. 마지막 혼란은 메대 사람 다리오의 아버지 이름인 아하수에로(Ahasuerus, 크세르크세스[Xerxes])에 있다. 실제로는 아하수에로는 다리우스 히스타스페스의 아버지가 아니라 바로 아들이다.

요약해서 말하자면, 로울리는 메대 사람 다리오가 페르시아 시대에 대한 참 지식의 결여에 바탕을 둔 혼란의 산물이라고 주장하고 있는 것이다. 로울리 등의 견해에 따르면 저자는 훨씬 후대의 사람으로서 실제 역사가 어떠했는지를 몰랐던 것이다.

그러나 이러한 역사적인 난점이 좀 더 보수적인 학자들에 의해서 묵과되어지지는 않았다. 메대 사람 다리오를 역사적 회의주의로부터 구출해 내기 위해서 다수의 시나리오들이 제시되어졌다. 성경 본문 속에 암시되어 있는 점들과 성경외적인 자료들을 배합함으로써 다니엘서 본문의 역사적 진실성을 지지하는 여러 가지 주장들이 제시되어졌다.

이러한 모든 조화주의적인 시도들 중에 모든 학자들에게 다 신빙성 있게 받아들여진 이론은 없으며, 보수주의자들을 다 만족시킨 이론도 없다. 그러나 비평학적 접근방법들의 다양성이 보수주의적인 입장을 더 가능성이 있는 것으로 만들어주지 않는 것처럼 이런 접근방법의 다양성이 회의주의에 대한 전적인 항복으로 받아들여져서도 안 된다(비록 양 집단이 다 이런 식의 주장을 하기는 하지만). 성경은 비록 역사에 기초하고 있기는 하지만 현대의 우리의 질문들에 다 대답해 주기 위한 역사 교과서는 아니다. 성경 기록상의 침묵과 더불어 성경외적인 자료의 결여는 우리가 역사적으로 가능성이 있는 것들을 불확실성 속에서 다루고 있다는 것을 의미한다. 그러므로 메대 사람 다리오를 알려진 역사적 사실들과 조화시키는 데에는 한 가지 이상의 방법이 존재한다. 가장 가능성이 큰 조화주의적인 견해는 휘트콤(Whitcomb), 와이즈맨(Wiseman), 셰아(Shea)의 견해이다.

휘트콤. 그레이스 신학대학원(Grace Theological Seminary)의 휘트콤이 자기 책 「메대 사람 다리오」(*Darius the Mede*, 1959)란 책을 썼을 무렵 보수주의 학자들은 다리오란 이름이 왕의 직분상의 이름, 즉 새로운 정치적 지위와 더불어 해당 인물에게 새롭게 주어지는 이름이라고 오랫동안 생각해 오고 있었다. 이러한 예로 유명한 것이 역대상 5:26에 발견되는데, 이 구절에서 디글랏-빌레셀(Tiglath-pileser)은 불(Pul)이라고도 불린다. 이 점을 염두에 두면 다리오를 성경외적인 문헌상의 다른 이름을 가진 인물과 연결시키는 것이 가능해진다.

증거들을 검토한 이후에 휘트콤은 메대 사람 다리오가 사실은 아카드의 문헌들에서 바벨론의 통치자로 알려져 있는 구바루(Gubaru)라고 결론내렸다. 그가 독자적인 공헌을 한 점은 설형문자 문헌들 속에서 구바루를 우그바루(Ugbaru)와 구분해 내고, 이 인물이 주전 539년에 고레스를 위해 바벨론을 점령한 장군이 아니라는 것을 주장한 점이다(1959, 21-22). 그는 나보니두스 연대기(the Nabonidus Chronicle)에 따르면 우그바루는 바벨론에 대해 승리를 거둔지 며칠이 되지 않아서 죽었다는 점을 지적했다(그러나 아래의 셰아의 견해를 보라). 구바루와 우그바루 간의 혼동은 최초의 번역본들 중의 하나에서 이 두 이름이 모두 고브리아스(Gobryas)(헬라 역사가들의 문헌들을 통해서 알려져 있는 인물과 같은 이름)로 음역된 것으로부터 야기되었다. 과거에는 이 둘이 동일인물인 것으로 간주되었기 때문에 구바루를 다리오와 연결시키는 것이 어려웠다.

그러나 휘트콤은 여전히 수많은 난점들을 해결해야 한다. 예를 들자면, 왜 다니엘서는 고레스의 신하인 바벨론의 총독을 "왕"이라고 부르고 있는 것인가? 윌슨(R. D. Wilson)은 왕이라는 히브리어 단어는 바벨론의 총독에게도 사용될 수 있다는 것을 보여줌으로써 이미 수십 년 전에 이 반대질문에 대해서 답을 제공해 주었다. 그리고 경우야 어찌됐든 바빌로니아인들의 시각에서는 그는 왕과 마찬가지였다. 또한 휘트콤 등은 다니엘서 9:1이 그냥 단순하게 다리오가 "왕이 되었다"라고 말하고 있는 것이 아니라 "갈대아 나라 왕으로 세움을 입었다"라고 말하고 있다는 점을 지적했다. 그는 이 구절이 그보다 큰 권력을 가진 자, 즉 고레스의 존재를 미묘하게 암시해 주고 있다고 주장했다. 비평학계(Grabbe 1988, 205)나 보수주의학계(Wiseman, 11-12)를 가리지 않고 이러한 견해를 비판하는 학자들에게는 이 주장은 너무 미묘하다.

와이즈맨. 와이즈맨은 유명한 영국의 앗시리아 학자이며, 바빌로니아의 역사 문헌들에 대한 그의 저서(1956)는 신바빌로니아 시대(the neo-Babylonian period)에 대한 가장 뛰어난 권위서들 중의 하나이다. 다른 학자들과 마찬가지로 와이즈맨 역시 위대한 정복자 고레스 이외의 다른 사람이 왕이라는 칭호를 갖고 있다는 견해가 문제가 있다고 생각한다. 그 결과 그는 메대 사람 다리오가 고레스 대왕과 동일인물인 것으로 간주하였다(1965, 12-16). 그는 고레스란 이름이 바벨론의 통치자로서 고레스에 의해 취해진 이름이라고 이해한다. 역사적인 자료들은 한 왕이 두 나라를 각기 다른 이름을 가지고 통치하는 관행을 증명해 준다. 따라서 그는 다니엘서 6:28을 "이 다니엘이 다리오 왕의 시대에, 즉 바사 왕 고레스의 시대에 형통하였더라"라고 번역한다. 이 번역 속에서 그는 접속사 봐브(waw)를 접속적 봐브(waw conjunctive)이 아니라 설명적 봐브(waw explicative)로 간주하였다. 와이즈맨은 역대상 5:26을 이와 유사한 예로 지적한다.

셰아. 조화주의적인 이론들 중에서 가장 매력적인 것은 셰아의 것으로 보인다. 그는 1971년부터 1982년까지 계속된 일련의 소논문들을 통해서 자신의 견해를 개진했다. 그의 출발점은 우리가 다루고 있는 시기의 왕의 칭호들을 검토하는 것이었다.[1] 이러한 자신의 연구를 통해서 그는 바빌로니아 시대 후기로부터 페르시아 시대 초기 사이에 칭호상의 변화가 있었다는 것을 지적해냈다. 신바빌로니아 시대에는 왕들은 자신들을 "바벨론의 왕"이라고 불렀다. 페르시아 시대 말엽에는 "열국의 왕"(the king of the Lands)이라는 칭호가 선호되었다. 그 사이의 시대인 페르시아 시대 초엽에는 "바벨론

---

1) 이 소논문들은 Andrews University Seminary Studies란 학술지에 vol. 9, no. 1(1971)부터 vol. 20, no. 3(1982)에 걸쳐 몇 번에 나누어 발행되었다.

왕, 열국의 왕"이라는 칭호가 흔하게 사용되었다. 그러나 셰아는 다음의 점을 지적한다:

> 이러한 패턴에는 한 가지 중요한 예외가 있는데, 이 예외는 바로 고레스의 등극년과 바빌로니아 통치 제1년의 시기 동안에 사용된 칭호이다. 그 이전에 바빌로니아를 통치했던 신바빌로니아의 왕들과는 대조적으로 고레스가 자신의 등극년과 통치 제1년의 대부분의 기간 동안 "바벨론 왕"이라는 칭호를 취하지 않았다는 것이 계약서 토판들의 증거를 통해서 분명하게 드러나 있다. 고레스 시대의 토판들에 나오는 왕의 칭호들 속에서 "열국의 왕"이라는 칭호에 "바벨론 왕"이라는 칭호가 추가되어 페르시아 시대 초엽의 완전한 칭호가 완성된 것은 오직 통치 제1년 말기에 이르러서였다. (1982, 236)

그에 대한 설명으로서 셰아는 그 14개월의 기간 동안 고레스가 "바벨론 왕"이라는 칭호를 가진 봉신(封臣)을 통해서 통치를 했다고 주장했다. 그리고 그는 이 봉신이 바로 메대 사람 다리오라고 보았다.

그러나 우리가 앞에서 살펴본 바와 같이 이 시기에 메대 사람 다리오라는 인물이 존재했다는 것이 문헌들 속에는 나타나 있지 않다. 따라서 셰아는 자기 이전의 다른 해석자들과 마찬가지로 다리오를 성경외적인 문헌들 속에 등장하는 다른 사람과 연결시키려고 노력하였다. 주도면밀한 연구를 통해서 그는 메대 사람 다리오가 나보니두스 연대기에 나오는 구바루(Gubaru)라고 결론내렸다. 이 구바루는 바벨론을 물리친 페르시아 군대의 한 장군인 구/우그바루(Gu/Ugbaru)로서, 이 사람은 휘트콤(Whitcomb)이 다리오와 연결시킨 동일한 이름의 총독과는 다른 사람이다. 장군 우그바루가 바벨론 정복이 정복된 지 며칠 후에 죽었다는 휘트콤의 반대에 대한 반박으로 셰아는 나보니두스 연대기의 관련 본문들의 사건들의 기록을 "소급적"(retrospective)인 것이 아니라 "순서적인"(consecutive) 것으로 이해해야 한다고 주장했다(1982, 240-43). 이 주장은 장군 구바루가 바벨론을 정복한 지 며칠 후에 죽은 것이 아니라 일 년이 지나고 난 며칠 후에 죽었다는 해석을 제시해 준다는 점에서 중요하다. 이 기간은 다리오가 바벨론의 총독 왕으로서 재임할 시간을 허락해 준다.

다니엘서와 역사를 조화시키려고 시도한 이러한 세 가지 주장들이 비보수주의 학자들 가운데서는 조용히 무시되어진 가운데 그랩(Grabbe 1988)이 최근에 와서 이 임무를 담당했다. 휘트콤의 견해에 대항해서 그는 총독 구바루(휘트콤이 장군이었던 인물과 구분한 인물)가 고레스 제4년 이전에는 그 직책을 담당하지 않았는데, 이 연대는 성경상의 다리오란 인물과 동일시되기에는 너무 늦은 연대라는 점을 주장했다. 그랩은 와이즈맨의 주장을 냉대했는데, 그 이유는 그의 주장이 잘못 되었기 때문이 아니라 그의 주장이 전적으로 다니엘이 역사적 인물임을 증명하고자 하는 흥미에서 나온 주장, 즉 그의 용어를 빌리면 "변증학적인 주장"(exercise in apologetics)이기 때문이었다(1988, 207). 와이즈맨은 어쩌면 이런 그랩의 비난에 대해서 반대하려는 대신에 그냥 증명의 책임은 고대의 역사적 문헌의 진정성을 인정하지 않으려는 사람의 어깨 위에 놓여야 한다고 말하고자 할 것 같다.

그랩은 셰아의 이론에 가장 많은 존경을 표시했다. 그는 고레스의 첫 번째 해에 비정상적인 상황이 있었음을 설형문자 문헌상의 증거들이 보여주고 있다는 것에 동의했다. 다리오가 속주 왕으로서의 역할을 한 것은 바로 이 해라고 셰아는 보고 있다. 그러나 그랩을 포함한 다른 학자들은 이런 비정상적인 동요는 고레스가 바벨론을 통치한 첫 해에 캄비세스와 공동섭정을 했기 때문이라고 본다. 셰아의 원래의 입장은, 일 년 동안의 공동섭정은 부자 간의 공동섭정의 전형적인 형태의 경우를 따라 고레스의 말년에 있었던 것으로 보아야 한다는 것이었다. 그러나 그랩은 공동섭정이 바벨론 통치 원년에 있었던 것으로 보아야 하며, 그 이유는"바벨론 왕"으로서의 캄비세스를 "고레스 제 일 년"과 연결시키고 있는 토판들이 존재하기 때문이라고 주장했다. 그럼에도 불구하고 그랩에 대한 응답으로 여기에서는 바빌로니아의 연대계산법, 즉 첫 해를 등극년으로 하고, 두 번째 해를 제 일 년으로 계산하는 연대계산법이 사용되고 있는 것으로 이해해야 한다는 점을 지적하고자 한다. 이 경우 우리는 캄비세스-고레스의 공동섭정의 시작 연대를 고레스 제 이 년으로 보아야 한다는 셰아의 두 번째 주장으로 돌아가게 된다. 셰아가 주장한 바와 같이 "캄비세스가 바빌로니아의 신년 축제에 참석한 것이 고레스의 통치 제2년 초"로 되어 있으며, "이 때 그가 왕으로 호칭되게 되었기" 때문 (1982, 240)에 제2년으로 보는 설이 제1년으로 보는 설보다 낫다. 따라서 세아는 그랩의 반대를 예상한 것으로 보인다.

간단하게 결론을 내리자면 메대 사람 다리오의 문제는 성경 역사상의 풀리지 않은 수수께끼들 중의 하나이다. 조화주의적인 이론이 세 가지가 제시되었다. 휘트콤의 이론은 개연성이 없는 것으로 받아들여져야만 한다. 어쩌면 아예 가능성 자체가 없는 듯하다. 와이즈맨의 이론은 가능성은 있다. 그러나 그것을 입증해 줄 증거가 별로 없다. 세아의 이론이 가장 그럴듯하기는 하다. 그러나 여전히 난점들이 남아 있다. 보수주의 학자들은 자신들의 해결책들을 너무 교조주의적으로 제시하는 잘못을 저질러 왔다. 이들의 주장들 속에는 신학적인 동기들이 개입되어 있다는 점을 인정해야만 한다. 앞으로 더 많은 증거가 나타나기를 희망할 뿐이다.

더 넓은 배경

이 책은 대략 주전 605년으로부터 530년대 중엽까지 ― 즉, 느부갓네살이 다니엘과 그의 세 친구를 바벨론으로 사로잡아간 것(1:1)으로부터 고레스 제3년(10:1)까지 ― 를 배경으로 하고 있다. 이 책 내의 사건들은 느부갓네살(1-4장), 벨사살(5-7장), 메대 사람 다리오(5:30-6:28; 9장), 고레스(10-12장)의 시기 등으로 그 연대가 언급되고 있다. 다니엘은 당대의 지도적인 정치적 인물들과 교류한 공공적인 인물이었다. 이 책을 정치적-군사적 역사의 시각 속에서 공부하는 것이 도움이 된다.

이스라엘이 모세 하에서 하나의 나라가 되었을 때 하나님께서는 자기 백성과 언약 관계를 맺으셨다. 이 언약 의식은 출애굽기 19-24장에 언급되어 있으며, 이것의 갱신 의식은 사십 년 후에 신명기 속에 언급되어 있다. 그 때 하나님께서는 이스라엘이 만약 순종하면 축복을 받겠지만 불순종하면 저주를 받을 것이라는 것을 경고하셨다. 진실로 하나님께서는 이스라엘을 멸망과 사로잡힘으로 저주하실 작정이셨다(신 28장).

열왕기는 이스라엘 및 그 지도자들의 계속적인 불순종에 대해서 증거하고 있다. 북왕국은 722년이란 이른 시기에 앗시리아에 멸망했으며, 유다는 명맥을 유지하기는 했지만 수십 년 동안 앗시리아에 의해 위협을 당했다. 그러나 이러한 위험이 유다로 하여금 회개나 순종을 하도록 만들지는 못했다. 그 죄는 계속되었으며, 므낫세의 통치 하에서 그 끔찍한 절정에 달했다. 요시야의 개혁조차도 임박한 멸망을 돌이킬 수는 없었으며(왕하 23:26-27), 609년에 그가 죽었을 때 멸망이 가시화되었다.

요시야의 계승자인 여호아하스는 단지 삼 개월밖에 통치하지 못했다. 이집트인들이 그 당시의 유다의 정치를 좌우하고 있었으며, 요시야의 다른 아들인 여호야김으로 여호아하스를 대체했다. 그래서 여호야김은 이집트의 속주가 되었다. 그러나 다니엘서 1:1에서 언급되고 열왕기하 24장에 기록된 대로 느부갓네살은 팔레스타인에서 이집트의 영향력을 몰아내고, 자신의 영향력을 행사할 수 있게 되었다.

느부갓네살은 신바빌로니아 시대라고 불리는 시대의 두 번째 통치자가 되었다. 그의 아버지 나보폴라살(Nabopolassar)은 앗시리아로부터 바빌로니아의 독립을 성공적으로 확보했으며, 바벨론을 급성장하는 제국으로 확립시켰다. 626년에 시작된 그의 반란은 612년의 니느웨의 멸망과 함께 절정에 이르렀다. 앗시리아의 잔존 세력은 아슈르-우발릿 3세(Ashur-uballit III)란 이름의 왕 아래에서 명맥을 유지했지만 황태자인 느부갓네살이 이끄는 군대 앞에서 와해되었다. 605년에 나보폴라살이 사망했으며, 그 때 느부갓네살은 시리아에서 군대를 지휘하고 있었다. 그는 바벨론으로 속히 돌아가서 자신의 권력을 거머쥐었다.

그러나 여호야김은 친이집트적이었다. 그래서 삼 년 후에 그는 바벨론에 대항해서 반란을 일으켰다. 그는 이집트가 자신을 도와줄 것이라고 희망했던 것 같다. 그러나 그런 일은 일어나지 않았다(왕하 24:7). 바벨론이 대응을 하기 전에 그는 사망했으며, 열여덟 살밖에 안 되었던 그의 아들 여호야긴이 그를 계승했다. 그는 예루살렘이 바빌로니아 군대에 멸망하기 직전까지 삼 개월을 통치했다(다니엘은 그 당시에 바벨론에 있었다). 이 정복활동의 결과로 더 많은 전리품과 사람들이 바벨론으로 옮겨졌다. 그럼에도 불구하고 유다는 비록 바벨론에 의해서 임명되기는 했지만 원래부터 계승권을 갖고 있었던 왕(시드기야)에 의해서 11년 동안 존속을 했다. 그러나 587년에 시드기야 역시 반란을 일으켰다. 이 때 바벨론은 유다를 완전히 멸망시키고, 그 거주민 대부분을 이주시켰다.

다니엘서는 느부갓네살의 통치기의 초기로부터 시작된다. 이 책에 언급된 그 다음의 왕은 벨사살이다. 그는 나보니두스의 공동섭정자로 앞에서 언급된 바가 있는데, 그는 신바빌로니아 시대의 왕이었다. 느부갓네살과 나보니두스 사이에는 세 명의 바빌로니아 왕이 더 통치를 했었는데, 그들은 다니엘서에서는 언급되어지지가 않았다. 이들은 느부갓네살의 아들 아멜-마르둑(Amel-Marduk, 562-560년)(에윌-므로닥[Evil-Merodach]으로 열왕기하 25:27-30에 알려져 있음), 네리글리살(Neriglissar, 560-556년), 그리고 그의 연약한 아들인 라바쉬-마르둑(Labash-Marduk, 556년)이다.

다니엘서의 많은 부분은 나보니두스의 통치기를 그 배경으로 하고 있는데, 그의 이름 자체는 본문에 언급되어 있지 않다. 왜냐하면 그는 자신의 왕으로서의 임무를 자신의 아들이자 공동섭정자인 벨사살에게 맡겼기 때문이다(위를 보라). 나보니두스의 조치는 바벨론의 많은 사람들, 특히 권세 있는 마르둑 제사장들을 분노하게 만들었다. 그들은 이 왕이 달의 신인 신(Sin)을 숭배하는 것을 좋아하지 않았다. 나보니두스가 이 달의 신인 신을 섬겼다는 것은 그가 왜 바벨론을 떠나 있었는지를 어느 정도는 설명해 주며, 그가 바벨론의 신년 축제를 무시한 이유를 분명하게 제공해 준다.

바벨론에서 내적인 갈등이 형성되고 있는 동안 동쪽에서는 새로운 별이 떠오르고 있었다. 페르시아인 속주인 고레스는 자신의 종주인 메대인 아스티아게스(Astyages)에 대항해서 반란을 일으켰으며, 550년경까지는 그를 축출했다. 그리고 이것을 토대로 해서 그는 리디아(Lydia)를 멸망시킴으로써 자신의 왕국을 확장시켰으며, 메소포타미아 상류와 시리아를 바벨론의 손아귀로부터 빼내었다. 그는 심지어는 자신의 왕국을 동쪽으로 오늘날 아프가니스탄이 있는 자리까지 확장시켰던 것이 분명하다.

그러나 바벨론은 539년에 가서야 그의 주목의 대상이 되었다. 이 무렵 기존의 강대국인 바벨론은 잘 익은 무화과 열매처럼 딸 때를 기다리고 있었다. 양자 사이의 완충지역은 더 이상 남아있지 않게 되었으며, 그 거주민들은 나보니두스에 대해서 불만을 품고 있었다. 고레스의 장군인 고브리야스 (Gobryas)가 바벨론에 이르기 전에, 바빌로니아의 군대는 티그리스 강 유역의 오피스(Opis)에서 있었던 전투에서 패배했다. 고브리야스는 별 어려움 없이 바벨론을 차지했던 것이 분명하며, 고레스 자신은 그 몇 주 후에 군중들의 열광적인 환영을 받으며 그 도성에 입성했다. 황금 머리가 은으로 된 가슴과 팔에 의해 대체되었다(단 2:31-32).

고레스는 메대 사람 다리오를 통치자로 임명함으로써 바벨론에 속주를 세웠다(위의 논의를 보라). 그의 봉신으로서의 권한은 오래 지속되지 못했으며, 그 후에는 고레스가 직접 통치를 했다. 다니엘서에 나오는 연대에 대한 마지막 언급은 고레스 3년이다(10:1). 다니엘의 사역은 이 때를 전후로 해서 마감을 한 것 같다.

그러나 그의 이상은 가깝고 먼 미래에 다 걸쳐 있기 때문에 최소한 주전 2세기까지의 고대 근동의 역사를 검토하는 것이 도움이 된다. 다니엘의 예언은 팔레스타인에서 일어나는 사건들에 초점을 맞추기보다는 주도권을 계승하는 나라들에 초점을 맞추고 있는데, 우리는 바로 이 점에 우리의 관심을 집중할 것이다.

고레스가 세운 제국은 약 2세기 정도 지속되었다. 그의 아들 캄비세스는 이집트까지 포함할 정도로 이 제국을 확장시켰다. 캄비세스가 자살을 한 이후에 많은 속주들이 반란을 일으켰다. 비록 다리우스 히스타스페스(Darius Hystaspes)는 탁월한 통치자이자 행정가였지만 이 제국은 팽창을 멈추었다. 그의 아늘이자 계승자인 크세르크세스는 당분간은 그리스에 대해 성공을 거두었지만 살라미스 근처의 중요한 해전에서 결정적인 패배를 당했다(479년).

그러나 페르시아의 권력은 하룻밤 사이에 사라지지는 않았으며, 그 이후 한 세기 반 동안 부침을 계속했다. 하지만 다리우스 3세(Darius III)가 통치자가 될 무렵에 그리스의 통치권은 알렉산더가 차지하게 되었는데, 그의 아버지 필립(Philip)은 마케도니아를 배경으로 해서 그리스의 세력을 키웠다. 이제 곰이 에게해에서의 주도권을 위해 막 표범과 맞부딪치려고 하는 상황이었다(단 7:5-6).

알렉산더의 짧은 생애는 세계 역사에 하나의 굵은 획을 그었으며, 그에게 "대왕"이라는 별칭을 가져다주었다. 333년에 그는 소아시아의 잇수스(Issus) 전투에서 다리우스 3세가 이끄는 페르시아 군대와 접전했다. 페르시아인들은 알렉산더 군대의 상대가 되지 않았으며, 다리우스는 도망을 쳤다. 알렉산더는 계속 진군을 해서 소아시아 전부를 차지했다. 그 후 그는 남쪽으로 방향을 돌려서 유다와 사마리아를 포함한 레반트 지방(the Levant; 지중해, 에게해의 동해안 지방 ― 역주)을 차지했다. 이집트는 저항을 하지 않고 그의 제국 속에 편입되었다.

이 시점에서 그는 페르시아 제국의 심장부로 향했다. 그는 다시 한 번 다리우스 3세가 이끄는 페르시아 군대와 대전했는데, 이번에는 그 장소가 가우가멜라(Gaugamela)였다. 다시 한 번 그리스인들은 페르시아인들을 무찔렀으며, 다리우스는 이 전투 후에 곧 암살을 당했다.

페르시아 제국은 알렉산더의 것이 되었으며, 그는 주전 327년에 인더스 강에 이르기까지 동편으로 계속 진군을 했다. 30세의 나이에 알렉산더는 이전의 그 누구도 차지하지 못한 큰 제국을 건설했다.

그러나 그는 자신의 정복활동의 열매들을 즐길 만큼 오래 살지를 못했다. 그는 33세의 나이에 바벨론에서 사망했다(323년). 그는 깔끔하게 권력이양이 이루어질 수 있을 만큼 자신의 제국을 공고히 하지 못했다. 그래서 그 결과로 그의 가장 강력한 네 장수들이 각각 힘이 닿는 만큼 제국의 일부를 차지했다. 그래서 세워진 네 왕국이 바로 트라키아(Thrace), 마케도니아(Macedonia), 프톨레마이아(Ptolemaia), 셀레우키아(Seleucia)이다. 다니엘서 7:6의 "날개 넷"과 "머리 넷"은 이 네 개로 나뉜 왕국들을 의미할 수 있다. 프톨레마이오스 왕가와 셀레우코스 왕가는 팔레스타인을 놓고 수 세기를 싸웠으며, 강력한 투쟁의 결과로 프톨레마이오스 왕가는 한동안 팔레스타인을 차지할 수 있었다(주전 301-200년). 그러나 마침내 주전 200년의 파네이온 전투(the battle of Paneion)에서 안티오코스 3세(Antiochos III)가 프톨레마이오스 왕가의 장군 스코푸스(Scopus)를 무찌르고 팔레스타인을 차지했다.

비평학자들은 다니엘서의 저작연대를 이 시기로 본다. 더 구체적으로는 그들은 다니엘서가 안티오코스 4세 에피파네스(Antiochus IV Epiphanes)의 시대에 나온 것이라고 본다(위를 보라). 그는 다니엘서 8:23-25의 "궤휼에 능한 자"이며, 다니엘서 11:21-45의 예언의 대상이라고 보통 생각되고 있다.

셀레우코스 왕조는 처음에는 유다에 호의적이었다. 안티오코스는 유다가 "조상들의 율법"에 따라 다스려지기를 허락하였는데, 여기에서 조상들의 율법은 토라를 의미한다(Hayes and Miller 1977, 577). 그러나 그는 유대인들의 문화적·종교적 정서들을 심하게 건드렸다. 예를 들어, 안티오코스 4세는 통치 초기에 뇌물을 받고 합법적인 대제사장인 오니아스(Onias)를 축출하고 야손(Jason)을 그 자리에 임명함으로써 대제사장 직분을 좌지우지하였다.

기존 문화에 대한 이런 오만한 태도는 단지 시작에 불과했다. 강력한 토비아스 가문(the Tobiad family)과 결탁한 안티오코스 4세는 이 도시에 헬라 문화를 강제적으로 도입시켰다. 이 도시의 사회적 중심, 그리고 더 나아가서는 종교적 중심은 성전이 아닌 체육관이어야 했다. 결국 야손마저도 토비아스 가문과 안티오코스에게는 지나치게 전통적인 것으로 여겨졌다. 그 결과 야손은 열렬한 헬레니즘 옹호자인 메넬라우스(Menelaus)에 의해서 대체되었다.

그러나 주전 170년에 야손은 1,000명으로 이루어진 군대를 이끌고 돌아왔으며, 이 때 안티오코스는 이집트의 프톨레마이오스 왕조와의 전투를 성공적으로 송결짓고 있었다. 169년에 그가 돌아왔을 때 안티오코스는 예루살렘과 성전을 황폐화시켰다. 그 때 그는 유다의 기존적인 종교적 관행들을 완전히 제거하려고 했다. 최악의 사건은 167년에 그가 성전 안에 제우스 신의 제단을 세우려고 한 일이었다. 이 일은 다니엘서 11:31에 "멸망케 하는 미운 물건"이라고 언급되어 있는 일과 관계된 것이었다.

포로 시대와 바빌로니아 정복자들의 압제 속에서 탄생된 다니엘서는 셀레우코스 왕가의 압제와 박해 기간 동안 살던 사람들에게는 특히 의미심장한 것이었다. 그러나 다니엘서의 미래에 대한 이상은 안티오코스에서 멈추는 것이 아니라 셀레우코스 왕조를 넘어서서 로마인들(큰 강철 이빨을 가진 짐숭)에게까지 이르며, 궁극적으로 하나님이 직접 개입하셔서 모든 억압적인 인간 나라들을 멸절시키시는 날, 즉 하나님의 백성이 이 땅의 나라들의 권세를 얻는 날까지 이른다(단 7:23-25). 이 날은 아직 미래의 것임이 분명하다.

문 학 적 인   분 석

장르

다니엘서에서는 두 가지 장르, 즉 궁정 내러티브(court narrative)와 묵시적 예언(apocalyptic prophecy)이란 장르가 두드러진다. 그러나 이러한 구분은 이 책을 구분해 주는 또 하나의 특징인 히브리어 부분과 아람어 부분 사이의 구분과는 일치하지 않는다. 궁정 내러티브는 이 책의 전반부(1-6장)를 차지하고 있으며, 묵시적인 부분은 후반부(7-12장)를 차지하고 있다. 다니엘서 2장은 궁정 내러티브이기는 하지만 느부갓네살의 꿈 부분에서는 묵시적인 부분과 유사하다. 이 느부갓네살의 꿈 부분은 매우 상징적이며, 다니엘서 7장에서 발견되는 것과 유사한 네 왕국의 구도를 계시해 주고 있다.

궁정 내러티브. 다니엘서의 전반부는 다니엘 및/혹은 그의 세 친구 ─ 하나냐와 미사엘과 아사랴 ─ 에 초점을 맞추고 있다. 여기에서 나오는 이야기의 유형이 무엇인지를 정확하게 정의하고자 하는 시도들이 많이 있었다. 콜린스(Collins)는 이런 시도들에 의해 내려진 정의들이 "동화, 전설, 궁정 이야기, 미담(美談, aretalogical narrative), 미드라쉬" 등이라고 나열했다 (1984, 42). 그러나 이 다섯 가지의 장르 이름들은 모두 이 이야기들이 역사성을 결여하고 있다는 의미를 내포하고 있다.

그러나 궁정 이야기(Court Tale, 콜린스 자신의 용어)는 다니엘서 1-6장의 이야기의 배경을 잘 제시해 주고 있기는 하다. 이 장들에 나오는 여섯 개의 이야기들은 이 책의 주인공들과 이방 궁정 사람들 사이에 일어나는 일들에 초점을 맞추고 있다. 험프리스(Humphreys 1973)와 콜린스(Collins)는 "궁정 내의 경쟁 이야기들"(Tales of Court Contest)과 "궁정 내의 갈등 이야기들"(Tales of Court Conflict)이라는 하부 범주를 구분하는데, 이 구분은 상

당히 유용하다. 다니엘서 5장은 전자의 예이다. 왕은 해석의 문제에 직면한
다. 벽에 쓰인 글씨는 신탁인 것이 분명하지만 해독할 수가 없다. 그는 나라
의 지혜자들을 부른다. 그들은 실패한다. 다니엘이 들어와서 벽에 쓰인 금석
문을 해석하고 상을 받는다. 다니엘서 3장은 "궁정 내의 갈등 이야기"이다.
다니엘은 이 장에 등장하지 않는다. 그러나 그의 세 친구들은 느부갓네살의
금신상에 절을 하기를 거부한 것 때문에 위험에 직면한다. 바벨론 궁정의 그
의 적들은 그들에 대해서 고자질을 하며, 그들은 풀무불에 던져진다. 하나님
께서 그들을 구하시고, 그들은 좀 더 높은 영광의 자리로 승진한다.

다니엘서의 처음 여섯 장의 장르를 이런 식으로 파악할 때 우리는 요셉 이
야기나 에스더서(Humphreys 1973) 등과 같은 다른 성경 본문들 및 아히칼
(Ahikar), 토빗(Tobit), 제3 에스라서 3장 등과 같은 성경외적인 문헌들과의
연결성을 보게 된다(Collins 1984, 42).

우리는 또한 이 이야기들의 공통적인 기능을 찾아볼 수 있다. 이 이야기들
은 교훈적인 기능을 갖고 있음이 분명하다. 이 이야기들은 하나님의 백성이
압제자들 앞에서 어떻게 처신해야 하는지를 말해 주고 있다. 타우너
(Towner)는 이 장들이 가진 도덕적인 교훈을 이렇게 요약해서 진술했다.
"하나님을 신뢰하고 그에게 순종하는 자들은 변호를 받을 것이고, 바벨론에
서조차 위대하게 될 것이다"(1984, 21). 이 메시지는 후에 안티오코스 에피
파네스(Antiochos Epiphanes)에 의해 박해를 받은 유대인들이나 신약 시대
에 박해를 받은 기독교인들에게 의미심장한 것이 되었다.

이 장들을 궁정 내러티브로 보는 것은 역사적인 측면에 대한 저자의 의도
를 의문으로 남겨 놓는다. 타우너(1984, 22)는 이 장르를 "허구적"이라고 부
름으로써 오늘날의 다니엘서에 대한 대부분의 학자들의 결론을 대변해 준
다. "확실히 여기에서의 저자의 강점은 역사적인 세부사항에 있는 것이 아
니라 그 내러티브 기법에 있다"라고 말한다. 그러나 콜린스가 지적한 바와
같이 "부정확성의 문제는 역사 기록이라는 장르와 양립가능하다"(1984,
41). 다시 말해서, 역사성의 문제는 장르 파악에 의해 해결될 수가 없으며,
그 반대의 경우도 역시 마찬가지이다. 콜린스 자신은 이 이야기들의 "민담
적인" 양상과 "기적적인" 요소들 때문에 비역사적인 것으로 보는 해석을 선

호한다. 역사성의 문제에 대해서는 앞에서도 다룬 바가 있지만 초자연적인 것과 미래적인 것에 대한 예언의 가능성을 인정하는 성경적 세계관을 받아들인다면 본문을 역사적인 것으로 해석하는 것에 방해될 것이 전혀 없다.

묵시적 예언. 비록 이 부분이 더 짧기는 하지만 다니엘서의 전체적인 성격은 보통 묵시적 예언인 것으로 간주되어진다. 결국 구약에서 아무런 논란 없이 묵시적인 문헌으로 간주되어지는 문헌은 이것뿐이다. 구약의 다른 많은 본문들, 예를 들어 이사야서 24-27장과 스가랴서(혹은 최소한 9-14장) 등과 같은 문헌 역시 묵시적이라고 불리기는 한다(그리고 그렇게 부르는 것이 옳다). 그러나 이러한 견해에 대해서는 많은 논란이 있다. 이러한 난점은 이 장르의 정의에 대해 의견의 일치가 이루어지지 않았다는 것으로부터 야기된다.

이 장르에 대한 전통적인 접근방법은 본문 내에서 그 본문을 묵시로 규정 짓도록 만드는 특징(들)을 추출해 내는 것이다. 예를 들어, 이 장르는 종말론의 특정한 종류, 즉 역사의 차원을 넘어서서 하나님께서 개입하셔서 억압받는 자들에게 승리를 가져다주실 "마지막 때"를 바라보는 그러한 종류의 종말론과 밀접하게 관련지어진다(Hanson 1975). 비슷한 맥락에서 로울랜드 (Rowland 1982)도 묵시문학이 특정한 종류의 종말론이 아니라 특정한 종류의 계시, 즉 하늘에서의 일들을 선견자에게 열어 보여주는 계시라고 정의하는 것이 낫다고 주장했다. 묵시문학에 대한 또 하나의 접근방법은, 정보제공적인 측면에서 아주 좋은 1979년의 콜린스(Collins)의 소논문을 통해서 제시되어졌다. 콜린스는 하나의 특징에 의존하지 않고, 대신에 묵시문학들에 나타나는 여러 가지 특징들을 열거했다. 그의 정의에 따르면, 묵시문학의 본질적인 특징은 세 가지, 즉 내러티브 형태의 외곽틀, 중개된 계시, 종말론적이고 천상적인 내용 등이다. 까르미냑(J. Carmignac)은 학자들이 묵시문학의 특징으로 제시한 여러 가지 특징들을 최근에 목록화했다.[2]

비록 19세기 초의 뤼케(F. Lücke)의 글 이래로 묵시문학은 하나의 독립된

---

2) J. Carmignac, "Qu' est-ce que l' Apocalyptique? Son emploi a Qumran," *RevQ* 37(1979): 3-33.

범주로 다루어지고 있지만 이 장르가 무엇으로 구성되어 있는가 하는 것에 대해서는 어떤 확실한 의견의 일치가 존재하지 않는다. 여기에서의 핵심사항은 묵시문학을 선지문헌과 구분짓는다는 점이다. 즉 우리는 다니엘서 7-12장이나 에녹서(the book of Enoch)와, 또한 나훔서나 예레미야서 사이에 있는 차이점을 암묵적으로는 인식한다. 그러나 어떻게 이 차이점들을 정의할 수 있는가?

여기에 있어서의 난점들은 묵시문학과 선지문헌을 너무 예리하게, 혹은 너무 단순하게 정의하려는 것으로부터 발생한다. 장르라는 것은 결국 사물들 속에 내재되어 있는 어떤 엄격한 범주가 아니라 경계선이 서로 겹치는 유동적인 문학적 사항이다. 히브리 산문과 운문 사이의 유동적인 관계를 인식함으로써 쿠겔(Kugel)은 후자의 정의에 장애를 준 난점을 돌파했다. 선지문헌과 묵시문학의 관계도 이런 식으로 정의하는 것이 좋다.

다시 말하자면, 묵시문학과 선지문헌들에 공통적으로 나타나는 특징들 중에는 전자에서는 자주 발견되지만(모든 경우가 다 그런 것은 아니고) 후자에서는 덜 나타나는 특징들이 여러 가지가 있다. 그런 특징들로는 다음과 같은 것들을 열거할 수 있다.

협의의 종말론. 묵시문학은 가까운 미래를 넘어서서 말세를 바라본다. 예를 들어, 다니엘서는 페르시아, 그리스, 로마의 압제를 넘어서서 하나님께서 개입하셔서 모든 억압들을 영원히 그치게 하는 시대를 바라본다. 신약은 다니엘서가 재림하시는 주에 대해서 언급하고 있는 것으로 이해했다. 계시록 1:7은 다니엘서 7:13을 원용하고 있다. 옛적부터 항상 계신 자에게 구름을 타고 오시는 인자는 바로 자기 백성을 억압에서 구원하시기 위해서 다시 오시는 예수 그분이시다.

중개된 계시. 선지자는 하나님의 말씀을 이 백성에게 가져다주는 존재이다. 예를 들어, 하나님은 예레미야에게 말씀하셨으며, 그는 다시 유다 백성에게 그 말씀을 전달한 사명을 받았다. 이 백성이 그 말씀에 어떤 반응을 보이면 선지자는 다시 새로운 말씀들을 받기 위해서 하나님에게로 돌아가고는 했다(렘 12장). 그러나 묵시문학에는 새로운 요소가 작용한다. 하나님은 중개자 ─ 보통 천사 ─ 를 통해서 다니엘에게 말씀을 하신다(단 12:5-13). 그는 이 백성에게 말씀을 전하도록 위임을 받은 것이 아니라 "마지막 때까지 이 말을 간수하고 이 글을 봉함하라"는 명령을 받았다(4절).

두 번째 종류의 계시의 중개는 "다른 세상으로의 여행"을 통해서 이루어진다(Collins 1979). 즉, 해석의 임무를 맡은 천사가 묵시적인 선지자의 여행을 안내하는데, 이것을 통해서 그 천사는 이 선지자에게 천상적이고 종말론적인 것들을 계시한다. 이것의 한 예는 에녹 1서(1 Enoch)이다.

보기 드문 상징들. 다니엘서나 기타 묵시문학적인 책들에서는 상징들이 상당히 많이 사용된다. 고전적인 예언자들이나 시에서도 상징적인 것들이 사용되기는 하지만 묵시문학의 상징들은 거의 경이로운 것들이다. 악은 가장 기괴한 표현들로 묘사되어 있다. 다니엘서에서 악한 왕국들은 잡종 짐승들로 그려지고 있다. 이런 혼종 동물들은 창조 질서 및 종간의 구분에 대해 뚜렷한 생각을 갖고 있던 이스라엘 사람들에게는 특히 끔찍한 것들이었을 것이다.

콜린스(Collins 1981)가 지적한 바와 같이 상징적인 표현들은 완전히 새롭게 만들어낸 것이 아니다. 그 토대는 이방종교의 신화에서 자주 발견된다. 네 짐승이 바다로부터 나는데, 잘 알려진 바와 같이 바다는 고대 근동의 신화에서 혼돈과 반(反)창조적인 힘의 상징이다(Day 1985). 가나안 종교의 문헌들에서 얌(Yam, 바다)은 바알과 싸우며, 메소포타미아 신화 에누마 엘리쉬(Enuma Elish)에서 티아맛(Tiamat, 바다)은 마르둑(Marduk)과 죽기까지 싸운다. 인자는 옛적부터 항상 계신 자 앞으로 구름을 타고 나아오는데, 이러한 인자의 모습은 바알의 통상적인 별칭인 "구름을 타는 자"라는 칭호를 연상시킨다.

억압이라는 배경. 묵시문학은 억압받는 사회나 어떤 사회 내에서의 억압받는 계층의 산물이다. 다니엘서는 바벨론 포로 시대 및 그 뒤를 이은 페르시아의 압제의 시대를 반영하고 있다. 이것은 헬레니즘, 그 중에서도 특히 안티오코스 에피파네스(Antiochos Epiphanes)하의 고통을 예언자적으로 미리 내다보고 있다. 신약에서의 묵시문학의 가장 대표격인 계시록은 요한이 밧모섬에 유배되어 있을 때 기록되었다(계 1:9).

억압은 우리가 묵시문학 속에서 만나게 되는 악에 대한 기괴한 묘사들 및 구원을 향한 고통스러운 부르짖음을 상당히 잘 설명해 준다. 소망은 먼 미래에 놓여 있다. 묵시문학 전반, 그리고 범위를 좁혀 말해서 다니엘서의 역할은 억압당하는 자들을 위로하는 것이다. 선지자들과 묵시문학 저자 간의 뚜렷한(약간 과장된 표현이지만) 차이점은, 선지자는 위안을 누리고 있는 자를 공격하는 것이고, 묵시문학 저자는 고통당하는 자에게 위로를 주는 것이다.

묵시문학에서 가장 흔하게 반복되는 주제들 중의 하나는 용사로서의 하나님이란 주제다. 묵시적인 선지자들은 하나님께서 억압하는 자들을 심판하시고 억압받는 자들을 구원하시기 위해 강하게 개입하실 것을 고대한다.

역사에 대한 결정론적 시각과 주도적인 낙관주의. 고전적인 선지서의 기능들 중의 하나는 하나님의 백성에게 하나님의 다가오는 심판을 경고하는 것이다. 따라서 선지자는 백성들에게 회개를 촉구한다. 반면에 다니엘은 심판이 확정적인 것을 선포한다. 그의 예언은 신실한 남은 자들(지혜 있는 재[단 12장])에게 정보를 제공해 주는 기능을 한다.

많은 사람들은 다니엘서가 심판이 불가피한 것으로 보기 때문에 비관주의적인 태도를 갖고 있다고 본다. 그러나 저자 및 그의 신실한 청중들의 시각에서 보면 그 반대로 보는 것이 맞다. 하나님이 이제 자신들을 구원하러 오신다. 구원은 먼 미래에 이루어질 소망이기는 하지만 그럼에도 불구하고 확실한 것이다.

가명성과 사후 예언. 묵시문학들은 사칭된 이름으로 쓰인 경우가 자주 있다(에녹, 스바냐, 에스라[Charlesworth 1983, 3-772]). 그러나 비록 많은 묵시문학들이 가명을 사용하고 있기는 하지만 모두가 다 그런 것은 아니다. 예를 들어, 대부분의 학자들은 요한이 계시록을 썼다는 것에 동의한다. 다니엘의 경우는 뜨거운 논쟁거리이다(위를 보라).

가명을 사용할 때 묵시문학 기자는 이전에 일어났던 많은 사건들에 대한 예언으로 시작함으로써 자신의 예언에 대한 신빙성을 높이고자 한다. 예를 들어, 제2 슬라브 에녹 묵시록(2 Slavonic Apocalypse of Enoch — 에녹의 이름을 가명으로 사용한 문헌 중 기독교적인 기원을 가진 문헌으로서 제 2 에녹서[2 Enoch] 혹은 슬라브 에녹서[Slavonic Enoch]라고도 불리며 유대교적인 문헌을 포함하고 있을 가능성도 있음 — 역주)에서 에녹은 홍수를 예언한다. 그러나 물론 이 책은 에녹과 홍수 사건보다 수천 년 이후에 쓰인 것이다.

함축된 의미들과 기원들. 다니엘서의 후반부는 우리가 묵시문학과 연결 짓는 특징들의 대부분을 확실하게 보여주고 있다. 이 부분은 메신저 천사로부터 기괴하고 때로는 끔찍한 상징들을 통해 받은 말세에 대해서 말하고 있다. 이 이상들의 목적은 회개를 외치는 것이 아니고 고통의 때에 신실한 자들을 격려하기 위한 것이다.

다니엘서를 읽을 때 우리가 유념해야 하는 점들은 무엇인가? 우선 우리는 이 책의 상징적인 표현들에 민감해야 한다. 이 책은 압제의 시기 중에 기록된 것이기 때문에 그 상징적인 표현들은 두 가지 기능을 갖고 있다. 즉 상징적인 표현들은 드러내는 기능도 하고 감추는 기능도 한다. 바벨론이 세력을 잡고 있을 때(단 7:1)에는 바벨론이 망할 것이라는 것을 단순한 글보다는 비유적인 표현들을 사용해서 그러한 믿음을 전달하는 것이 좀 더 안전하다. 많은 상징적인 표현들의 사용은 또한 소위 묵시적인 시간표들(예를 들어, 단 9:25-27)을 문자주의적으로 해석하는 것을 금한다. 다니엘의 칠십 주로부터 마지막 때의 시간을 산출해 내고자 하는 것은 본문을 잘못 사용하는 것이다. 왜냐하면 "묵시적인 시간 단위들(매우 상징적)은 단지 다니엘과 그의 백성들을 위한 중요한 진리들을 전달하기 위한 틀일 뿐"이기 때문이다 (Mickelsen 1984, 196).

묵시문헌이 사용하고 있는 비유법들의 독특한 성격 역시 우리들로 하여금 혹시 고대 근동의 신화로부터 차용된 것들이 없지 않나 하는 것을 살펴보게 만든다. 예를 들어, 포터(Porter 1983, 15)는 다니엘서 7장과 8장의 짐승의 상징들이 "궁극적으로는 메소포타미아의 점술적인 지혜 전승들"로부터 왔다는 것을 설득력 있게 주장했다.

장르 파악 작업은 또한 언제나 문학적인 맥락을 연구하게 만든다. 다니엘서를 신중하게 연구하는 사람은 신구약 중간기의 문헌들을 연구할 것이다. 그러나 또한 특히 이사야서 24-27장과 스가랴서와 같은 성경의 다른 예들도 연구할 것이다. 장르 파악 작업은 또한 구약의 다니엘서와 신약의 계시록 간의 관계를 부각시켜 준다.

성경의 묵시문학의 기원은 예언적 전통이다. 또한 지혜문학의 영향도 발견된다. 과거에는 성경의 후대의 책들, 특히 다니엘서의 묵시적인 부분에 페르시아의 영향이 강하게 나타난다는 것을 이야기하는 것이 유행이었다. 그러나 최근의 연구들은 다니엘서가 묵시문학적인 성격을 갖고 있다는 것이 다니엘서가 후대의 책이라는 것을 증명해 주는 것이 아님을 밝혀 주었다. 왜냐하면 고대 근동에는 주전 1200년 정도의 이른 시기에도 묵시문학적인 글들이 존재했기 때문이다(Longman 1991). 그러나 다니엘서의 묵시적인 부분과 가장 유사한 고대 근동의 문헌은 셀레우코스 시대(the Seleucid period)의 왕조 예언(the Dynastic Prophecy)인 것이 사실이다(Grayson 1975).

언어

두 가지 장르를 사용하는 것 외에도 다니엘서는 두 가지 언어를 사용하고 있다. 한 책에서 이처럼 두 가지 언어를 광범위하게 사용하는 것은 특이한 일이다. 다니엘서 1:1-2:4a와 8:1-12:13은 히브리어로 쓰여 있으며, 2:4b-7:28은 아람어로 쓰여 있다.

이러한 두 언어에 따른 본문의 배열은 쉽게 대답하기가 어려운 문제들을 야기시킨다. 예를 들어, 아람어 부분은 왜 2장에서 시작되는가? 아람어 본문이 "갈대아 술사들이 아람 방언으로 왕에게 말하되"라는 구절로 시작되기 때문에 어떤 학자들은, 내레이터가 그들이 말한 언어로 대화를 기록하기 원했기 때문에 아람어 부분이 여기에서 시작한다고 생각했다. 제국 아람어(the Imperial Aramaic)가 신바빌로니아 궁정의 언어였던 것은 사실이지만 그러면 왜 1장의 대화는 아람어로 기록되어 있지 않는가? 또한 내러티브 부분도 왜 아람어로 되어 있는가? 그리고 마지막으로 왜 7장의 이상 기사는 다른 이상들처럼 히브리어로 기록되어 있지 않는가?

다니엘서의 아람어 부분이 "히브리어 원문을 '번역한 아람어'라는 것을 보여주는 흔적이 전혀 없기" 때문에 이 부분이 원래의 본문 그대로라는 사실을 의심한 학자는 거의 없다(Hartman and DiLella 1977, 11). 그러나 이 책이 왜 두 개의 언어로 되어 있는지는 전혀 분명하지 않다. 어떤 학자들은 원래는 2-7장이 이 책의 나머지 부분과 독립되어 있었다고 믿고 있다. 긴스버그(Ginsberg 1954)는 이 책이 전체가 아람어로 되어 있었는데, "이 책이 정경으로 인식될 수 있도록 하기 위해서" 처음과 마지막의 장들이 히브리어로 번역되어졌다고 주장했다(Hartman and DiLella 1977, 14). 아마 7장은 그 메시지가 2장과 비슷하기 때문에 그대로 아람어로 보존되었을 것이다.

이러한 문제들을 완전히 해결하는 것은 불가능하다. 그리고 이것이 우리가 최종적인 본문을 이해하는데 있어서 많은 차이를 만들지는 않는다. 아주 흥미로운 점은 언어가 여러 가지 장르들과 겹쳐 있음으로 해서 우리로 하여금 이 책이 원래적인 통일성은 아니라 할지라도 최종적인 통일성을 갖고 있는 것으로 해석하게 만들어 준다는 점이다.

문체

최소한 현대의 학자들은 다니엘서의 문체에 대해서 높은 점수를 주지 않고 있다. "불일치하는 요소들이 도처에 깔려 있는데, 이것은 조화라는 헬라적인 법칙과는 완전히 상반된다"(Ernest Renan, *L' Antechrist*, 1896).

다니엘서의 저자는 문학적인 예술성보다는 종교적인 열심으로 훨씬 더 유명하다 … 다니엘서의 문체는 조잡하고 플롯은 초보적이며, 마지막은 갑작스러운 천우신조에 의해 다소 인위적으로 섬세하지 못하게 해피엔딩으로 끝이 난다.[3]

언어 및 장르가 혼재되어 있다는 점 이외에도 다른 몇 가지 점들 때문에 다니엘서는 구약의 문학적인 위업의 정점의 자리 — 요셉 내러티브나 다윗 내러티브 등이 차지하고 있는 자리 — 를 차지하지 못하고 있다. 예를 들어 인물들의 성격 묘사가 현대의 기준으로 볼 때 심오하지가 못하다. 다니엘과 세 친구는 아브라함, 모세, 사무엘과 비교해 볼 때 — 실제로 구약의 다른 어느

---

3) Renan과 Pfeiffer로부터의 인용문들은 Preminger and Greenstein 1986, 291-98에 나온다.

누구와 비교해 볼 때 — 이차원적인 성격을 벗어나지 못한다. 그리고 내러티브 속에서 그들은 어떠한 신앙적인 의심을 갖거나 죄악을 저지르지 않는다. 그들은 이상적인 의인들이다.

인물 묘사는 또한 이방 통치자들의 종교적인 입장에 대해서 의문을 갖게 만든다. 느부갓네살은 하나님이 전 우주의 하나님이시라는 것을 한 번 이상 선언하고 있다. 그는 여호와 숭배자가 되고 있는 것인가? 아니면 그는 그저 하나님이 다른 신들 중의 하나라고 말하고 있는 것인가? 그는 이러한 선언 후에 다시 곧 배교를 했는가? 본문은 이러한 질문들에 대답하는 것에 관심을 기울이고 있지 않다.

본문이 우리에게 이상적인 모습의 다니엘을 제공해주고 있다고 해서 이것이 비역사적인 기록이라는 것은 아니다. 다니엘은 아주 예외적으로 의로운 사람이었다. 이상화는 왜곡이나 위조가 아닌 선별의 한 기능이다. 그러나 본문이 다니엘의 흠이나 죄악에 대해서 말하고 있지 않다고 해서 역사상의 다니엘이 이러한 것들로부터 결백했다는 것은 아니다. 다니엘서의 다니엘에 대한 묘사는 역대기 기자의 솔로몬에 대한 묘사를 생각나게 만든다. 우리는 솔로몬이 우상 숭배를 했다는 것을 신명기적 역사의 기록을 통해서 알고 있다. 그러나 역대기 기자는 이러한 잘못에 대해 전혀 언급을 하지 않고 있다. 왜냐하면 후자는 다른 목적을 갖고 있기 때문이다.

게다가 다니엘이 왜 이상화되어 있는지 그 이유를 찾아보는 일은 이 책의 목적과도 부합한다. 이 책은 그를 압제와 박해의 시대의 모범적인 행실의 한 표본으로 그리고 있다. 그는 의로움의 역사적인 화신이다.

다니엘서의 전반부가 이상화된 등장인물에 대한 단순하고 상당히 에피소드적인 플롯들로 구성되어 있다는 것을 부정하는 것은 불가능하다. 또한 우리는 이 책의 후반부가 기괴한 상징들과 종잡을 수 없는 히브리어 산문으로 인해 이해하기 어렵다는 점도 부인할 수가 없다. 그럼에도 불구하고 이 책이 너무 천진난만하다거나 조잡하다고 말하는 것은 잘못이다. 단순한 플롯들, 이상화된 인물들, 그리고 생생한 상징적 표현들은 꼭 어린아이들 뿐만 아니라 다니엘서에서 현재의 위로 및 미래의 소망의 원천을 발견하는 자들에게는 강력한 힘을 발휘하고 있다.

다니엘서의 통일성

　　　　　다니엘서는 다양한 장르와 언어를 보여주고 있기 때문에 이 책의 원래적인 통일성의 문제가 오랫동안 논쟁이 되어 왔다. 한편으로는 대부분의 현대적인 주석들은 첫 번째 부분과 두 번째 부분 사이에서 이교도 왕들에 대한 태도가 차이가 난다는 점에 기초해서 첫 번째 부분이 후반부보다 이른 시기에 쓰였다는 것을 증명했다(Gammie and Collins). 반면에 보수주의 학자들은 이 책 전체의 저자를 선지자 다니엘로 보고자 하는 관심 속에서 이 책의 통일성을 옹호했다(Young). 더욱이 때때로 비보수주의적인 학자들도 이 책의 통일성에 설득을 당하기도 했다(Rowley).

　우선 우리가 통일성이란 용어가 무엇을 의미하는지를 명시하는 것이 중요하다. 현대의 성경학자들은 본문의 기원과는 상관없이 그 최종적인 본문에 초점을 맞추고 있다. 비록 다니엘서도 원래는 복합적인 본문이지만 현재는 통일성을 갖고 있으며, 정경적인 모습 속에서 해석되어져야 한다는 식이다. 그러나 본문의 원래적인 통일성에 대한 질문을 던지는 것은 여전히 하나의 관심사이며, 특히 본문 자체의 주장에 따라서 그렇게 하는 것은 더욱 그러하다. 그러므로 본문의 통일성의 문제는 위에서 다룬 연대 및 저작권의 문제와 얽혀 있다. 다니엘서가 내적으로 주장하고 있는 바는 다니엘이 이 책의 후반부의 이상들을 받은 자라는 사실과 이 책의 전반부에서는 그가 하나의 대상이라는 점이다. 전통은 이것보다 한 걸음 더 나아가서 이 책 전부를 그가 썼다고 보았다. 위에서 우리는 저작권과 연대에 대해서 전통적인 견해를 지지할 근거들을 제시했다.

　그러나 단일 저작권을 인정한다고 해도 이것이 꼭 이 저자가 한 번에 혹은 한 시기에 책 전부를 다 썼다는 것을 의미하는가? 우리가 전통을 따라서 다니엘서 전체의 저자가 다니엘이라는 것을 주장할 때도 이 때의 통일성이란 의미는 이 책이 한 시기에 다 쓰였다는 것을 의미하는 것은 아니다. 다니엘은 자신의 전 생애에 걸쳐서 이 책을 조금씩 저술했을 가능성이 있다. 이처럼 장시간의 저술기간은 이 책 안의 다양성을 잘 설명해 줄 수 있다. 그러나 이러한 다양성은 이 책이 한 시기, 예를 들어 그의 생애의 마지막 시기에 쓰였을 경우에도 역시 야기될 수 있다.

　모든 사람이 만족할 수 있도록 통일성의 문제를 해결하기는 불가능하다는 것을 우리는 기꺼이 인정해야 한다. 언어와 장르가 다르기는 하지만 이 책의 주제("신학적인 메시지" 항목을 보라)는 전체를 통하여 일관성이 있다. 한 저자가 한 책에서 한 가지 이상의 장르를 쓴다는 것이 통일성에 진정한 장애가 되는 것은 아니다. 장르상의 차이와 언어상의 차이는 서로 일치하지가 않는다. 장르상으로는 이 책은 1-6장은 이야기로, 7-12장은 이상들로 이루어져 있다. 그러나 언어상으로는 이 책은 1:1-2:3과 8:1부터 끝까지는 히브리어로 이루어져 있으며, 2:4부터 7장 끝까지는 아람어로 이루어져 있다. 하나의 뚜렷한 교차대조법적 구조가 이상들이 시작되는 장과 이야기들을 연결시킨다:

도표 17	**다니엘서의 교차대구적 구조**	
2　a	3　b	4　c
네 왕국 이상	구원의 이야기들	이방 왕들
7　a'	6　b'	5　c'

　정경상의 다니엘서의 통일성의 문제와 연결되어 있는 또 하나의 문제는 70인경에 세 개의 다른 이야기들이 더 존재한다는 문제이다. 이 이야기들은 개신교의 정경에는 포함되어 있지 않지만 외경(the Apocrypha)에서는 발견된다. 첫 번째 이야기는 아사랴의 기도(the Prayer of Azariah) 및 세 젊은이의 노래(the Song of the Three Young men)이다. 이 이야기는 다니엘서 3장의 맹렬히 불타는 용광로 이야기와 연결되어 있다. 불 가운데 있는 중에 아사랴는 기도를 하며, 그리고 나서는 세 명 모두가 찬송을 부른다. 두 번째의 수산나(Susanna) 이야기는 다니엘의 지혜에 대해서 이야기하는데, 이 이야기에서 다니엘은 두 명의 장로가 수산나를 성적으로 희롱하려고 하다가 실패를 하자 그녀가 성적인 죄를 저질렀다고 고발했다는 것을 밝혀낸다. 벨과 용(Bel and the Dragon)은 외경상의 세 번째 이야기이다. 다시 한 번 이야기는 다니엘의 지혜를 강조해 주고 있는데, 이 이야기에서 그는 신들이 사람들 앞에 놓인 음식들을 실제로 먹는다는 것을 사람들로 믿게 만들려고 한 바벨론의 제사장들의 속임수를 폭로한다.

이 세 이야기는 모두 다 재미가 있으며, 교육적인 목적을 갖고 있다. 그러나 이 이야기들은 실제의 역사적인 전통을 보존하고 있는 것 같지는 않다. 이 세 이야기들은 정경상의 다니엘서가 갖고 있는 것과 같은 주제적인 통일성을 갖고 있지 않다. 와츠(H. H. Watts)는 이 점에 주목을 해서 다음과 같이 지적했다. "벨과 용의 이야기와 수산나 이야기에서 다니엘은 선견자이자 이교도의 권세에 대항하는 자로 보이지 않으며(정경상의 모습과는 달리), 대신에 자신의 지혜를 가지고 문제들을 해결하는 명민한 세속적 인물로 보인다"(Preminger and Greenstein 1986, 294로부터 인용).

신 학 적 인   메 시 지

언뜻 보기에는 다니엘서의 신학적인 메시지를 요약하는 일은 엄청난 일인 것으로 보인다. 왜냐하면 이 책의 양 부분이 매우 다르며, 묵시적인 이상들이 아주 복잡하기 때문이다. 비록 이 책이 신학적으로 풍부해서 다 서술하기가 힘들기는 하지만 그럼에도 불구하고 이 책의 매 장을 관통해서 흐르는 명료한 메시지가 하나 있다. 그것은 바로 이것이다: 하나님이 주권을 가지고 통치하시며, 결국 모든 인간적인 악들을 이기실 것이다. 이 주제는 이 책의 양 부분에서 다 발견된다.

처음 여섯 장(1-6장)은 두 번째 장보다 친숙한 환경을 배경으로 하고 있다는 점을 우리는 이해해야 한다. 이방 통치자들에 대한 본문의 태도는 대부분의 경우 호의적이다. 그러나 이 부분에 나오는 많은 이야기들은 다니엘과 세 친구로 대표되는 하나님의 백성이 실제적인 혹은 위협적인 위험에 놓여 있는 이야기들을 담고 있다. 그리고 경우야 어찌됐든 포로생활이라는 것이 이 등장인물들의 머리 위에 항상 자리 잡고 있다.

이 책의 전반부에서 우리는 하나님께서 이 등장인물들의 역사적인 상황 속으로 개입하시며, 그들을 위험으로부터 구출해 내고, 그들이 당한 곤란을 그들의 경력과 권세를 증가시키는 도구로 사용하기도 하시는 것을 보게 된다. 다니엘서 6장이 바로 이런 경우이다. 이 장에서 다니엘의 목숨을 위험에 처넣기 위해 음모를 꾸미는 것은 다리오가 아니라 그의 질투심 많은 방백들이다. 그들은 왕이 다니엘을 사형에 처할 수밖에 없는 상황 속으로 다리오를 몰아간다. 다니엘은 사자굴 속에 던져지고 왕은 그 날 밤을 번민 속에 지새운다. 그 다음 날 아침 다리오는 사자굴로 달려가는데, 거기에서 그는 다니엘이 살아있는 것을 보게 된다. 하나님은 천사를 보내셔서 "사자들의 입을 봉하심"(6:22)으로 개입하셨다.

하나님은 악을 정복하시고 정의를 가져다주실 권세가 있으시다. 악한 음모자들은 자신들이 다니엘에게 주려고 했던 그 사형이라는 벌을 대신 받게 되며(6:24), 왕은 다니엘의 하나님을 찬양한다(6:26-27).

요약해서 말하자면, 이 이야기들은 압제의 시대에 어떻게 처신해야 할 것인지를 하나님의 백성에게 말해주고 있는 지침서이다. 이 이야기들은 요셉 이야기 및 에스더서와 비슷한데, 이 후자의 두 책은 지혜 문학에 비견되고 있으며, 또 그렇게 하는 것이 정당하다. 이 세 문헌은 잠언에서 현자들이 가르치고 있는 원리들을 분명하게 구현하며 몸소 실천해 보이고 있다. 다니엘은 자신에게 악의적으로 대할 수 있는 소지가 있는 왕들 앞에서 어떻게 처신해야 하는지를 잘 파악하고 있는 전범(典範)적인 지혜자이다. 성경의 모든 이야기들은 교훈적인 요소를 갖고 있는데(Longman 1987, 70), 다니엘의 경우는 특히 더욱 그러하다.

다니엘서의 후반부 역시 압제 속에서, 혹은 더 나아가서 박해 속에서 살고 있는 하나님의 백성에 대해서 말하고 있다. 그러나 여기에서 하나님의 구원은 하나의 역사적인 사실이라기보다는 미래의 소망이다. 이 책의 전반부에서도 다니엘과 그의 세 친구들은 자신들이 구원을 받고 옹호를 받는 일이 즉각적으로 일어나지 않을 것을 깨닫고 있었다. 아주 심오한 표현을 통해서 사드락과 메삭과 아벳느고는 자신들이 비록 맹렬한 불길의 용광로 속에서 죽을지라도 자신들이 하나님을 깊게 신뢰함을 밝히고 있다: "사드락과 메삭과 아벳느고가 왕에게 대답하여 이르되 느부갓네살이여 우리가 이 일에 대하여 왕에게 대답할 필요가 없나이다 왕이여 우리가 섬기는 하나님이 계시다면 우리를 맹렬히 타는 풀무불 가운데에서 능히 건져내시겠고 왕의 손에서도 건져내시리이다 그렇게 하지 아니하실지라도 왕이여 우리가 왕의 신들을 섬기지도 아니하고 왕이 세우신 금 신상에게 절하지도 아니할 줄을 아옵소서"
(3:16-18). 그들은 자신들이 산 채로 불태워질지도 모른다는 것을 알고 있었
다. 그러나 그들은 하나님께서 자신들을 돌보실 것을 믿었다. 그들은 순종적
이었다.

다니엘은 책의 후반부에서 악의 잠재성을 강렬하게 묘사하고 있다. 7장의
묘사는 이 점을 잘 보여주고 있다. 이 이상은 노도하고 있는 바다에 대한 묘
사로 시작된다(7:2). 이 당시 바다는 악과 혼돈에 대한 상징이었다. 산들이
질서와 신적인 것을 상징한다면 바다는 혼란과 무질서, 사악함과 악을 상징
했다(시 46편).

기이하게 생긴 짐승 하나가 바다로부터 올라온다. 이 짐승은 사자와 독수
리와 인간의 특징들을 혼합한 괴이한 형태로 생겼다. 이러한 짐승의 상징이
메소포타미아의 점술적인 지혜 문헌(Porter 1983)에서 기원했든지, 가나안
신화(Collins 1981)에서 기원했든지, 혹은 역사에 대한 상징이든지 하는 문
제는 여기에서 중요하지가 않다. 비록 세 가지가 다 그럴 듯하기는 하지만
말이다. 이러한 잡종적인 모습의 짐승에 대한 상징적인 묘사는 창조 질서 및
음식에 대한 정결법과 관련해서 민감한 의식을 가진 이스라엘 사람들에게
혐오스러운 것이었을 수밖에 없다. 네 짐승들은 모두 강력하고 기괴한 악을
상징한다.

다니엘서가 하나님의 백성을 착취하는 이교도 나라들의 악한 힘을 이러한
짐승들을 통해서 상징적으로 표현하고자 하고 있다는 점(7:17)에는 의문의
여지가 없지만 이 나라들의 정확한 정체가 무엇인가 하는 것에 대해서는 오
랜 세월 동안 격렬한 논란이 있었다. 전통적인 견해(Young 1949)는 이것이
다:

첫 번째 짐승: 바벨론
두 번째 짐승: 메대-페르시아
세 번째 짐승: 그리스
네 번째 짐승: 로마

비록 일부 복음주의 학자들 중에서도 강철 이빨을 가진 짐승이 그리스라는 주장을 한 자들(Gurney, Walton)이 있기는 하지만 이 네 나라를 바벨론, 메대, 페르시아, 그리스로 보는 다른 중요한 대안적인 견해(Rowley 1935)가 미래적인 것을 예언할 수 있는 가능성을 인정하지 않으려는 생각을 바탕으로 나온 것이라는 점을 생각할 때 위의 전통적인 견해가 가장 타당성이 있는 것으로 보인다.

그러나 경우야 어찌됐든 간에 인간의 악, 특히 국가적인 차원에서의 인간의 악이 강력하고 기괴한 것이라는 점에는 의심의 여지가 없다. 그러나 한 발 더 나아가서 다니엘서 7장의 상징(그리고 다니엘서의 다른 묵시적인 이상들)은 이 악한 나라들이 서로를 잡아먹는다는 점을 말해주고 있다. 역사를 통해서 우리들은 바벨론이 페르시아(메대와 연합)에게 무너지고, 페르시아가 그리스에게 무너졌으며, 그리스가 로마에게 무너졌다는 것을 알고 있다.

다니엘서는 이 끔찍한 인간적인 악의 기원이 무엇인지에 대해서 우리에게 말하지 않고 넘어가지 않았다. 여기저기에서 다니엘은 인간의 교만이 이처럼 엄청난 상태에 이를 수 있다는 것을 말해주고 있다. 예를 들어, 우리는 느부갓네살이 자랑스럽게 이렇게 떠드는 것을 보게 된다: "나 왕이 말하여 이르되 이 큰 바벨론은 내가 능력과 권세로 건설하여 나의 도성으로 삼고 이것으로 내 위엄의 영광을 나타낸 것이 아니냐 하였더니?"(단 4:30). 다니엘서 11장의 이상 속에서 우리는 미래에 올 한 왕이 "… 스스로 높여 모든 신보다 크다 하며 비상한 말로 신들의 신을 대적하며 … 그가 모든 것보다 스스로 크다 하고 그의 조상들의 신들과 여자들이 흠모하는 것을 돌아보지 아니하며 어떤 신도 돌아보지 아니할 것"이라고 말하고 있다(11:36-37). 교만이 다니엘서에 나오는 모든 악한 자들의 동인이다.

다니엘서는 단순히 악을 그림처럼 생생하게 묘사하는 것 이상이다. 우리는 혼돈의 바다로부터 하나님의 왕실로 장면을 옮긴다:

> 내가 보니
> 왕좌가 놓이고
> 옛적부터 항상 계신 이가 좌정하셨는데

> 그의 옷은 희기가 눈 같고
> 그의 머리털은 깨끗한 양의 털 같고
> 그의 보좌는 불꽃이요
> 그의 바퀴는 타오르는 불이며
> 불이 강처럼 흘러
> 그의 앞에서 나오며
> 그를 섬기는 자는 천천이요
> 그 앞에서 모셔 선 자는 만만이며
> 심판을 베푸는데
> 책들이 펴 놓였더라. (단 7:9-10)

옛적부터 항상 계신 이 ― 그리고 이제 곧 "인자 같은 이"라고 소개되실 분 ― 에 대한 이러한 그림에서 우리가 파악할 수 있는 첫 번째 사항은 이 묘사들이 짐승의 형상으로 되어있지 않다는 것이다. 여기에서 하나님은 숭앙받으실 만하고, 지혜로우시고, 능하신 심판관과 같은 인간적인 모습으로 묘사되어 있다. 이러한 인간적인 모습으로의 묘사는 인간의 악의 영역에 대해서 묘사할 때 사용된 짐승적인 이미지들과 대조되어지며, 또한 그 점을 크게 부각시켜 준다. 그리고 바로 이 점이 이 장 및 다니엘서의 나머지 부분들이 의도하고 있는 점이다. 즉 그것은 인간의 나라와 하나님의 나라를 날카롭게 대비시키는 것이다. 한편으로는 스스로의 교만 속에서 하나님을 배척하고 자신에게 힘을 끌어 모으려는 인간적인 존재들이 존재한다. 그러나 다른 한편 옛적부터 항상 계신 분, 즉 인자 같은 이와 천사들, 그리고 악의 세력들과 싸우고 있는 사람들이 존재한다.

다니엘서는 악한 인간의 나라와 선한 하나님의 나라(의로운 인간들을 포함) 사이의 이러한 전쟁이 하늘과 땅의 영역에서 동시에 벌어지고 있다는 것을 가르치고 있다(10:12-14). 다니엘이 살아서 예언을 하고 있던 당시에는 하나님의 백성이 억압과 짓밟힘을 당하고 있었다. 그러나 다니엘은 하나님의 나라가 결국 승리하게 되리라는 예언의 메시지를 전했다. 이 승리는 확실하고 완전한 것이 될 것이다. 이 이상의 전반부에서 절정을 차지하고 있는

한 뿔(7:8)에 대해서 천사는 이렇게 해석해 주고 있다:

> 그러나 심판이 시작되면 그는 권세를 빼앗기고 완전히 멸망할 것이
> 요 나라와 권세와 온 천하 나라들의 위세가 지극히 높으신 이의 거룩한
> 백성에게 붙인 바 되리니 그의 나라는 영원한 나라이라 모든 권세 있는
> 자들이 다 그를 섬기며 복종하리라(단 7:26-27)

요약해서 말하자면, 다니엘서의 메시지는 구약 전체의 메시지, 아니 더 나아가서는 성경 전체의 메시지와 잘 들어맞는다. 하나님은 악과 전쟁을 치르고 계시며, 틀림없이 악에 승리를 거두실 것이다. 이 메시지는 다니엘 시절의 이스라엘 중의 신실한 자들에게 위로를 주었으며, 이것은 오늘날도 마찬가지이다.

그러나 불행하게도 기독교인들은 다니엘서에 나오는 시간들의 수수께끼에 짓눌리곤 한다. 칠십 "이레"(9:25-27) 혹은 일천삼백삼십오 일(12:11-12)은 우리에게 연대기적인 청사진을 제공해 주고 있는 것인가? 다니엘서는 우리에게 말세가 언제인지를 말해주고 있는 것인가?

이 숫자들이 아주 상징적인 내용을 가진 문맥 속에서 나온다는 사실과 사람이 마지막 때의 날짜를 알 수 없다는 신약의 경고(마 13:32-36; 행 1:7-8)는 우리가 이 숫자를 해석하는데 있어서 독단적이 되지 않도록 방지해 준다. 마이켈슨(Mickelsen 1984, 186)은 이것에 대해서 다음과 같이 잘 말해 주었다. "묵시적인 시간 단위들(매우 상징적임)은 단지 다니엘과 그의 백성에게 중요한 진리들을 전달하는 틀을 제공하고 있을 뿐이며, 어떤 정확한 시간을 알려주고자 하고 있는 것이 아니다."

신 약 으 로 의 접 근

그러면 과연 이 책은 기독교인들에게 무슨 의미가 있는 것인가? 하나님께서 악을 영원히 멸하실 것이라는 이야기는 신약에서 완성된다. 예수께서는

자신의 지상 사역 기간 동안 사탄 및 악과 전투를 하신다. 그리고 아이러니컬하게 십자가 위에서 악의 세력들을 분쇄하신다(골 1:13-15).

그러나 이 승리는 예견적인 것이며, 그리스도께서 재림하실 때 완성될 것이다. 이 미래의 승리를 다루고 있는 계시록은 다니엘서를 자주 인용함으로써 양자 간의 밀접한 관련성을 보여준다. 예를 들어, 계시록에서 가장 커다란 악의 상징은 바다로부터 올라온 짐승인데(계 13장), 이것은 다니엘서 7장의 바다로부터 올라온 네 짐승을 연상시킨다. 더 주목할 만한 것은 예수 그리스도께서 마지막에 오셔서 악의 세력을 완전히 멸망시키실 용사로서의 하나님으로 묘사되고 있다는 점이다(계 19:11-21). 이 책의 첫 부분(계 1:7)에서 그는 다니엘서 7:13의 인용을 통해서 구름으로 된 전차를 타고 오실 분으로 묘사되어 있다. 그는 또한 옛적부터 항상 계신 이가 가진 속성들을 갖고 계신 것으로 묘사되어 있다(계 1:12-16).

계시록은 다니엘서에서 우리가 그리스도께서 오셔서 이 세상의 악을 제거하시고 자기 백성을 압제자들로부터 구원하실 때를 고대하고 있다는 것을 말해주고 있다. 이 메시지가 다니엘서가 쓰였을 당시의 이스라엘의 신실한 자들에게 위로를 주었던 것처럼 이 불완전하고 때로는 끔찍한 세상 속에서 살고 있는 우리 역시 위로해 준다.

호 세 아 서

호세아서는 보통 처음의 세 장의 내용만이 잘 알려져 있다. 이 장들에서 호세아는 자신의 깨어진 결혼을 이스라엘이 하나님과 갖고 있는 관계에 충격적으로 유비(類比)시킴으로써 독자들과 맞선다. 이 장들의 해석과 관련해서 몇 가지 깊은 논점들이 있기는 하지만 이스라엘을 향한 하나님의 심판과 사랑에 대한 호세아의 메시지는 대체적으로 명쾌하며 두말할 여지 없이 충격적이다.

이와는 대조적으로 나머지 장들(4-14장)은 성경 전체에서 가장 어려운 부분들 중의 하나이다. 호세아서가 "히브리 성경 중의 다른 책들보다 불가해한 구절들을 더 많이 갖고 있다는 점에 있어서 욥기에 필적한다"는 앤더슨과 프리드만(Andersen and Freedman)의 지적은 이 장들의 경우에 있어서 확실히 옳은 말이다.

이러한 닌점들 때문에 많은 학사들은 이 장들을 파고 들어가려고 하지 않았다. 우리는 끈질기게 풀리지 않는 난점들이 존재한다는 것을 부인하지는 않는다. 그러나 이런 점들 때문에 호세아서를 공부하기를 피한다면 그것은 유감스러운 일이 될 것이다. 왜냐하면 이 책은 하나님에 대해서, 그리고 하나님께서 자기 백성과 갖고 있는 관계에 대해서 가장 감동적인 표현들을 담고 있기 때문이다.

역 사 적   배 경

저작 연대 및 저작권

언뜻 보기에는 호세아서의 저작 연대와 저자의 문제는 명쾌한 듯이 보인다. 이 책의 표제는 저자가 "브에리의 아들 호세아"라고 말하고 있으며, 선지서들의 표제들의 전형적인 형식을 따라서 그의 사역 시기에 통치했던 왕들의 이름을 통해서 그의 사역 연대를 언급해 주고 있다: "웃시야와 요담과 아하스와 히스기야가 이어 유다 왕이 된 시대, 곧 요아스의 아들 여로보암이 이스라엘 왕이 된 시대"(1:1).

그러나 이 구절을 우리의 연대기 체계에 대입시켜보면 문제들이 발생한다. 이 책의 표제가 호세아의 생애와 사역의 연대를 주전 8세기로 말하고 있는 것은 분명한 사실이지만 우리가 좀 더 정밀하게 살펴보면 여기에는 몇 가지 난점들이 존재하고 있음이 분명하다.

예를 들어, 베가의 통치기간을 파악하는데 있어서 몇 가지 혼란스러운 점들(즉 그가 자신의 통치기간 중 과연 얼마동안이나 북왕국 전체를 통치했으며, 그 중 얼마의 기간 동안 공동섭정을 했는가 하는 것 등의 문제들)이 존재하기 때문에 여로보암 2세(Hubbard 1989, 22-23)의 통치가 언제 끝났느냐 하는 것에 대해서 의견의 일치가 존재하지 않는다. 하여튼 여로보암 2세의 말년의 연대로 제시된 연대는 주전 753년부터 746년 사이이다.

남왕국 유다의 왕들의 통치연대는 좀 더 확실하다. 웃시야의 통치는 791년(여로보암 2세는 793년경에 북왕국의 왕좌에 올랐던 것으로 추정된다)에 시작되었으며, 히스기야는 687/6년에 죽었다. 물론 호세아가 백 년에 가까운 기간 동안 선지자로 활동했을 수는 없다. 따라서 그가 여로보암 시대 말엽에 사역을 시작해서 히스기야 시대(715년에 시작) 초엽에 자신의 사역을 마쳤다는 추정이 제시되었으며, 이것은 또한 내적인 근거들에 의해서 간접적으로 지지를 받는다.

그러므로 이 책의 표제는 호세아가 주전 750년부터 715년 사이에 활동했다는 것을 독자들에게 말해주고 있는 것일 수도 있다. 이 경우 그는 소선지

자들 중 가장 이른 시기에 활동했던 선지자들 중의 하나였다(아모스 및 미가
와 더불어).

논제들 및 다른 시각들

　　　　　　　　호세아서를 읽는데 도움을 주는 역사적 배경을
다루기 전에 우리는 먼저 이 책의 저자에 대해서 성경 자체가 갖고 있는 증거
들에 대해 제기된 몇 가지 반대주장들을 고려해 보아야 한다.

어떤 학자들에 따르면 이 책이 복수의 저자를 갖고 있다는 근거가 표제 자
체에서 드러나 있다고 한다. 우리가 살펴보게 되겠지만 호세아는 북왕국의
선지자이며, 그의 예언은 주로 북왕국에 대한 것이었다. 이러한 점은 이 책
이 연대를 표시하기 위해 남왕국의 왕들이 길게 나열되어 있으며, 이 남왕국
의 왕들의 목록이 북왕국의 왕들의 목록과 그 종결 연대에 있어서 일치하지
않는다는 점 때문에 의문을 불러일으킨다. 또한 최종적으로 편집된 형태의
호세아서에 때때로 유다에 대한 언급들이 삽입되어졌다는 주장이 제기되었
다. 에머슨(Emmerson 1984, 56-116)은 유다에 대한 수많은 직접적 언급들
(1:7; 2:2[1:11]; 4:15; 5:5, 10, 12, 13, 14; 6:4, 11; 8:14; 10:11; 12:1,
3[11:12; 12:2])과 다윗 왕조의 왕에 대한 한 개의 언급(3:5)의 목록을 나열하
고 그것들에 대해서 논했다.[1] 이러한 점들 때문에 많은 비평학자들은 호세
아서가 나중에 유다에서 편집되었다는 확신을 갖게 되었다. 예를 들어 보자.
"그 기원은 북왕국에 있지만 그 전승과정은 대부분 유다의 역사 속에서 이루
이졌다"(Emmerson 1984, 1).

특히 유다에 주어진 구원의 신탁은 비평학자들의 관심의 초점이 되었다.
선지자들이 희망에 대해서 말하지 않았다는 잘못된 견해에 근거해서 호세아
의 모든 구원의 신탁들이 다 원래의 것이 아니라고 보던 시절(Marti 1904)은
지나갔다. 그러나 대신에 요즈음에는 호세아의 예언들이 남쪽에서 회자되어
짐에 따라 그를 추종하는 자들이 그의 예언들을 자신들의 상황 속에 적용하

---

1) 네모 괄호의 절 표기는 히브리어 성경과 차이가 나는 역본들의 절 표기이다.
　　Emmerson은 히브리어 본문에 기초한 절 표기를 사용하고 있다.

기 시작했으며, 그에 따라 그의 예언이 시간이 흐르면서 더욱 방대해지게 되었다는 생각이 받아들여지고 있다.

이 점을 개별적인 문단들의 수준에서 논구하는 것은 이 책의 본문에 대한 좀 더 상세한 연구서들(예를 들어 이 책에 대한 주석들)이 할 일이다. 그러나 이러한 비평학적인 결론들이 이 선지자의 미래에 대한 시각(심판과 소망)뿐만 아니라 하나님의 백성 전체(북왕국과 남왕국 전부)에 대하여 그가 갖고 있는 관심에 제한을 두고 있다는 점만은 여기에서 지적되어야 한다. 최근에 비평학자들은 이 책의 좀 더 많은 부분이 호세아의 것이라고 보는 견해에 점점 더 열린 태도를 갖고 있다. 앤더슨과 프리드만(Andersen and Freedman)은 "우리는 이 책이 본질적으로 한 사람의 저작이며, 본문이 기본적으로 견실하다고 생각한다"고 말했다(1980, 59; Wolff도 비슷). 개릿(Garrett)의 최근 주석은 호세아서가 저작권에 있어서 통일성을 갖고 있다는 이 견해를 지지하며 후대의 편집 본문들의 존재를 허용하지 않는다.

그럼에도 불구하고 이 선지자의 전승을 성실하게 따르는 후대의 추종자들이 이 선지자의 사후 수십 년 후에 그의 전승의 내용들과 남왕국의 상황 사이에 유사한 점들이 있음을 발견하고 이 책의 본문 속에 유다의 상황들에 대한 내용들을 삽입해 줌으로써 양자 사이에 연결점들을 제공해 주었을 가능성이 없는 것은 아니다. 이 견해는 본문에 가끔씩 어울리지 않게 유다란 단어가 언급되는 이유를 설명해 줄 수도 있다.[2] 이런 삽입구들은 성경의 형성과정의 일부이며, 이 본문들의 정경적인 권위에 손상을 주는 것은 아니다(이와 약간 비슷한 경우들이 오경에 발견된다).

역사적 시대

---

2) 예를 들어 12:2의 유다란 단어는 이 절의 두 번째 행의 야곱이란 단어와 평행법상의 대구를 이루고 있다는 점 때문에, 그리고 그 문맥 때문에 주목을 받을 만하다. 따라서 우리는 Emmerson 1984, 64와 같이 이렇게 말할 수 있을 것이다. "이스라엘이란 이름을 유다란 이름으로 바꿈으로써 심판에 대한 이 선지자의 말은 새로운 상황에 적용될 수 있게 되었다."

　　그러므로 호세아의 선지자로서의 사역은 여로보암 2세 말엽 및 남왕국의 웃시야의 시대에 시작되어서 남왕국의 히스기야 시대 초엽에 종결되었던 듯하다(Provan, Long, and Longman 2003, 266-77을 보라)..

　따라서 그의 사역은 북왕국과 남왕국이 공히 팽창과 번영을 누리던 시기에 시작되었다. 앗시리아는 자신의 북쪽 및 동쪽 경계선에 발목이 붙잡혀 있었으며(우랄인들[the Urartians]이 앗시리아의 경계선을 압박하고 있었다), 아람인들 역시 약화된 상태에 있었다(Davies 1992, 26). 따라서 이스라엘은 보통 북쪽 경계선에서 항상 존재하고 있던 압박감을 느끼지 않아도 되게 되었다(왕하 14:25). 이 시기에 주어진 아모스의 예언에서도 볼 수 있는 바와 같이 이 나라의 번영은 여호와에 대한 신앙을 고양시킨 것이 아니라 불경건과 권력 및 특권의 남용을 가져왔다(암 3-6장).

　호세아는 북왕국에 초점을 맞추었는데, 이 북왕국에서는 여로보암 2세 이후에 정치적인 상황이 급격하게 악화되고 있었다. 허버드(Hubbard 1989, 24-25)는 이 점을 다음과 같이 간명하게 잘 요약했다. "여로보암의 죽음 이후에 이스라엘 왕정체제는 삼십년 동안에 여섯 명의 왕이 갈리는 등 급속하게 불안정해졌는데, 이 여섯 명의 왕들 중 세 명의 통치기간은 이 년 미만이었으며, 네 명이 암살을 당했고(왕하 15장; 호 7:7; 8:4; 10:3; 13:9-11), 다섯 번째 왕은 찬탈을 당했다(왕하 17:4-5)." 여로보암 2세 이후의 시대는 또한 앗시리아가 다시 강력하고 공격적이 되는 시대였다. 이 앗시리아는 먼저는 디글랏-빌레셀 3세(Tiglath-pileser III, 주전 745-727년)에 의해서, 그리고 그 다음으로는 살만에셀 5세(Shalmaneser V)에 의해서 영도되었는데, 이 후자는 사실상 주전 722년의 북왕국의 완전한 패배와 병합으로 이어지는 갈등을 야기시킨 인물이다.

　그러나 이 마지막 패배가 일어나기 전에 북왕국과 남왕국 사이에도 중요한 갈등이 발생했는데, 이 점 역시 호세아서에 영향을 미쳤다. 위에서 언급한 바와 같이 디글랏-빌레셀 3세는 여로보암 2세가 사망한 지 얼마 안 되서 서쪽으로의 침공을 시작했다. 첫 번째의 침공은 주전 738년에 있었는데, 이 때 그는 하맛을 차지했다. 이 사건은 시리아-팔레스타인의 정적(靜寂)을 깨뜨렸으며, 이스라엘과 시리아의 왕들은 앗시리아의 제국적인 야심이 하맛을 차지한 것으로 끝나지 않을 것임을 알아차렸다. 그러나 시리아의 르신과 이스라엘의 므나헴은 조공을 바침으로써 이 침략 의욕을 누그러뜨리고자 하였다(왕하 15:19-20).

디글랏-빌레셀이 서쪽으로 돌아온 것은 사 년 후였는데, 그동안에 반(反)앗시리아적인 성향을 가진 왕위 찬탈자 베가가 므나헴의 아들 브가히야를 살해했다(왕하 15:23-25).

그와 시리아의 르신은 앗시리아의 압제에서 벗어나고자 했다. 그들이 이집트의 도움을 얻고자 했던 것 같기는 하지만 여기에는 논쟁의 여지가 있다. 그러나 그들이 그 당시 아하스에 의해 통치되고 있던 유다의 도움을 원했다는 것만은 확실하다.

아하스가 반앗시리아 연합에 가입하기를 거부하자 베가와 르신은 그가 가입하도록 강요하기 위해 그와 전쟁을 벌였다(주전 735년경). 이 전쟁은 보통 시리아-에브라임 전쟁(the Syro-Ephraimite War)이라고 불리며(왕하 16:1-9; 대하 28:5-7; 사 7:1-8:22; 미 7:7-20), 북쪽으로부터의 이러한 위협이 가해지자 아하스는 디글랏-빌레셀에게 자기를 북쪽으로부터의 공격으로부터 구해줄 것을 간구했다. 이 앗시리아 왕이 북왕국을 공격(733년경)함으로써 북왕국의 일부 거민들이 유배를 당하게 되었다. 그리고 북왕국의 왕으로는 친앗시리아계의 호세아가 임명되어지게 되었다. 디글랏-빌레셀 3세의 도움이 아무 대가 없이 주어진 것이 아니었기 때문에 비록 심각하지는 않았다고 해도 이 전쟁의 영향으로 해서 유다도 외국의 간섭을 더욱 많이 받게 되었다(왕하 16:7-8).

호세아의 많은 신탁들은 이러한 역사적 사건들과 연결되어 있는 듯하다.[3] 그러나 우리는 단지 몇 개만을 언급하고자 한다(좀 더 상세한 논의는 허버드[Hubbard 1989, 25]와 데이비스[Davies 1992, 28-29]를 보라). 예를 들어, 이 책의 시작 부분은 하나님께서 "조금 후에 내가 이스르엘의 피를 예후의

---

3) 그러나 신탁들을 역사적 사건들과 연결시키는 것에 대해서 낙관적인 견해를 가진 학자들(Wolff 1974를 보라)과 그렇지 않은 학자들(Andersen and Freedman 1980, 35) 사이에 견해의 차이가 있음을 주목하라.

집에"(1:4) 갚을 것이라는 예언을 담고 있다. 이 신탁은 여로보암 2세의 시대, 즉 여로보암의 아들이자 이 왕조의 마지막 왕인 스가랴가 살룸에 의해서 암살을 당함으로써 예후의 가문이 종말을 고하기 직전에 주어진 것으로 보인다(왕하 15:8-12). 데이비스(1992, 28)는 2:2-5, 8-13; 4:1-19; 12:2-10 등도 역시 경제적 성공과 종교적인 불경건을 특징으로 하는 바로 이 이른 시대의 것이라고 주장하였다.

이러저러한 많은 신탁들은 호세아의 사역이 주전 8세기 중엽에 일어난 역사적 사건들에 비추어 볼 때 가장 잘 이해가 된다는 것을 보여주고 있다.

호세아란 인물

이 책의 표제는 이 책의 외부에서는 알려져 있지 않은 인물인 호세아를 통상적인 관례를 따라 그 아버지의 이름과 더불어 소개하고 있다. 그는 "브에리의 아들 호세아"이다(1:1).

우리가 이 책에서 그의 신상에 관해 얻을 수 있는 정보는 처음 세 장에 들어 있다. 그러나 이것은 커다란 논쟁거리이다. 물론 이 장들의 주제나 메시지에 대해서는 의문거리가 없다. 신탁들은 하나님이 자기 백성과 맺고 있는 관계와 인간의 결혼관계 사이의 유비(類比)에 대한 이른 시기의 주목할 만한 용례를 담고 있다("신학적인 메시지" 항목을 보라). 이스라엘이 자신의 하나님에게 반항을 하는 것은 호세아의 아내의 정숙치 못한 행동 속에 반영되어 있다. 이 문제가 많은 결혼 생활을 통해서 태어난 자녀들은 여호와와 이스라엘 간의 언약관계가 파기되었음을 보여주는 상징적인 이름들을 갖고 있다(1:5, 6, 9).

문제는 역사에 대한 이러한 유비와 1-3장에 기술되어 있는 결혼 이야기의 상세한 내용들 사이에 어떤 관계가 있느냐 하는 것이다. 자주 지적되어진 바와 같이 다른 견해를 갖고 있는 사람들에게도 이 본문은 전형적인 역사 기록인 것으로 보인다. 그러나 본문을 있는 그대로 해석하면 하나님께서 호세아로 하여금 창녀와 결혼하게 명령하셨다는 결론이 나온다는 것 때문에 어려움이 생긴다. 긴장은 "너는 가서 음란한 아내를 취하라"(1:2)는 하나님의 명령으로부터 시작된다.

이 긴장은 비평학자들과 보수주의 학자들에게 동일하게 느껴졌다. 어떤 학자들은 나름대로의 해결을 시도했다. 수 세기 동안 제시되어 온 견해에 따르면 비록 본문 내에 어떤 뚜렷한 근거는 없지만 이 본문을 하나의 역사기록으로 해석하기보다는 하나의 상징적인 사건이나 이상(異象)으로 읽어야 한다는 것이다(Gressmann 1921; Young, *IOT*, 253). 스튜어트(Stuart 1987, 11) 역시 역사로 보는 견해를 배격하고, 고멜은 모든 이스라엘과 같은 부류의 창녀, 즉 우상 숭배자들이었다는 주장을 했다. 그러나 이런 견해를 가지고 어떻게 하나님의 선하신 속성을 변호할 수 있는지는 의문이다. 그의 견해에 따르면, 하나님께서 이 선지자에게 제 7 계명을 범한 여인과 결혼할 것을 명하신 것은 아닌 것이 되지만 결국 어쨌든 이 선지자는 처음의 두 계명을 범한 여인과 결혼을 해야 되기 때문이다. 가장 독창적인 견해는 볼프(Wolff)의 견해이다. 그는 고멜이 길거리의 창녀도 아니고 성소의 창녀도 아니며 단지 가나안의 결혼식에 참석해서 단 한 번의 제의적인 성관계를 가졌다고 주장했다(Wolff 1974, xxii; 또한 Fensham 1984).

우리는 이 문제에 대해서 결정적인 답을 제공할 수는 없다. 이 장들이 호세아에 대한 전기를 우리에게 제공하고자 하는 것이 아니라는 스튜어트의 말은 정당하다(1987, 11). 그러나 본문을 있는 그대로 읽을 때의 가장 자연스러운 결론은 호세아가 하나님과 이스라엘 간의 관계를 상징적으로 보여주기 위해 정숙치 못한 여인과 결혼하라는 명령을 하나님으로부터 받았다고 보는 것이라는 점을 다시 한 번 강조해 줄 필요가 있다. 우리가 이 명령의 도덕적인 문제에 대한 우리의 견해에 근거해서 이러한 해석으로부터 이탈하는 것은 방법론상으로 문제가 있다. 그리고 특히 어떤 것이 도덕적인 것이냐 하는 것에 대한 우리의 생각 자체에도 의문의 여지가 있다. 하나님께서는 제사장을 제외하고는 그 누구도 창녀와 결혼하는 것을 금하신 적이 없다(레 21:7, 14를 인용하고 있는 Hill and Walton의 견해가 이런 식).[4]

---

4) Andrew E. Hill and John H. Walton, *A Survey of the Old Testament*, 2nd ed.(Grand Rapids: Zondervan, 2000), 468. 지면관계상 우리는 호세아의 결혼과 관련된 여러 가지 문제들, 예를 들어 1장에 나오는 여인과 3장에 나오는 여인

우리는 이러한 모든 문제들 때문에 이 장들이 가르치고 있는 명백한 가르침을 놓쳐서는 안 된다. 호세아와 고멜의 결혼(이것이 역사적이든, 상징적이든, 알레고리적이든, 이상이든 간에)은 자신의 언약 백성에 대한 하나님의 증오와 사랑을 시사적으로 보여주기 위해 하나님에 의해 사용되었다("신학적인 메시지" 항목을 보라).

문 학 적 인 분 석

장르 및 연설의 양식들

호세아서는 선지서이며, 따라서 예언적인 신탁들의 모음집이다. "여호와의 말씀"(1:1)이라는 이 책의 표제는 이러한 장르상의 표시를 해주고 있다.

이 책은 산문으로 되어 있는 두 개의 신탁(1:2-2:1과 3:1-5)을 제외하고는 대부분 운문으로 되어 있다. 보통 운문으로 된 신탁들은 구전(口傳)으로부터 기원했다고 생각되고 있기는 하지만 이것은 확실하지는 않다. 경우야 어찌됐든 이 선지자의 원래의 직접적인 구전적 연설들이 기록화된 양식보다 권위 있는 것으로 잘못 간주되지만 않는다면 이 문제는 이 책의 해석에 별로 중요한 영향을 미치지 않는다(Yee, 27-50에 의해서 잘 지적됨).

다른 많은 점들의 경우에서와 마찬가지로 호세아서 1-3장의 신탁들을 개관하는 일은 호세아서 4-14장의 신탁들을 개관하는 일보다 더 쉽다("구조"를 보라). 예를 들어, 호세아서 1:2-9은 심판의 연설이며 1:10-2:1은 구원의 연설이다.

호세아서 4-14장에서는 구원에 관한 내용을 심판에 관한 내용으로부터 그

이 어떤 관계를 갖고 있는가 하는 문제, 그리고 2장이 역사상의 실제 결혼을 비유적으로 활용하고 있는가 하는 문제 등의 수많은 문제들을 여기에서 다룰 수가 없다. 자세한 논의는 Rowley, Stuart, McComiskey, Andersen and Freedman 등을 참고하라.

어조에 따라 구원해 내는 일은 비교적 쉽다. 그러나 각각의 신탁들을 구분해 내는 일은 훨씬 더 어렵다. 호세아서는 다른 선지서들에서 발견되어지는 전형적인 서론구들("여호와께서 이르시되" 등과 같은 문구들)과 결론구들을 생략하고 있는 경우가 많다. 또한 비록 볼프(Wolff 1965, xxiii-xxiv)가 호세아서의 연설들 속에 법률 용어들이 폭넓게 나타난다는 점을 잘 지적하기는 했지만 특정한 종류의 심판의 신탁들을 좀 더 구체적으로 세분화해서 구분하는 일은 더욱 어렵다. 또한 하나님의 일인칭 연설(하나님의 연설)과 하나님에 대한 삼인칭 연설(선지자의 연설)을 구분해 줄 필요가 있다. 데이비스(Davies 1992, 34-35)는 이 두 양식의 연설이 혼재해 있고, 또한 서로 미묘하게 변화하고 있는 것은 호세아와 하나님이 밀접하게 동일시되고 있음을 시사해 주고 있는 것일 수도 있다고 잘 지적했다.

구조

호세아서의 구조는 난해하다. 처음 세 장은 대부분의 주석가들이 동의하고 있는 대로 문단 구분을 할 수 있지만, 나머지 열한 장은 대략적으로만 개관할 수 있다. 우리는 이 책을 어떤 식으로 대략적으로 개관하든지 간에 이 선지서의 급격하고 미묘한 변화들을 어느 정도는 놓칠 수밖에 없다는 것을 인정하고 이러한 개관을 단지 이 책에 대한 지침 정도로만 받아들여야 한다.

모든 학자들은 호세아서 1-3장과 4-14장 사이에 커다란 차이가 존재한다는 것에 동의한다. 처음 부분에는 결혼에 대한 유비(類比)가 지배적으로 나타나는 반면에 이 책의 두 번째 부분에서는 여러 가지 비유적 표현들이 사용되고 있다.

또한 11장과 12장 사이에 또 하나의 구분선이 존재한다고 보는 것이 가능한데, 그 결과 나뉘는 각각의 부분은 각기 심판에서 희망으로의 전환을 담고 있다. 그리고 이러한 견해는 1-3장에서 심판(1:2-9; 2:2-13)에서 희망(1:10-2:1; 2:14-3:5[이 부분은 다시 두 개의 구원의 신탁으로 세분화할 수도 있다: 2:14-23; 3:1-5])으로의 전환이 두 번 나타나는 것과 비슷하다. 다른 학자들도 호세아서를 이처럼 세 부분으로 구분했는데, 볼프(1974, xxix-xxxii)와

이(Yee 1987, 51)가 특히 잘 알려져 있다.

표제(1:1)

I. 1:2—3:5 호세아의 결혼이 하나님과 이스라엘의 관계를 반영함

　A. 1:2-2:1 호세아, 고멜, 자녀들

　　1. 1:2-9 심판에 대한 선지자의 상징적 행위

　　2. 1:10-2:1 관계의 회복

　B. 2:2-23 하나님과 이스라엘의 결혼

　　1. 2:2-13 관계의 파기

　　2. 2:14-23 관계의 회복

　C. 3:1-5 호세아의 결혼 관계의 회복

II. 4:1—11:11 첫 번째 부분의 예언들

　A. 4:1-19 하나님께서 이스라엘의 신실치 못함을 책망하심

　B. 5:1-15 하나님이 이스라엘을 벌하심

　C. 6:1-7:16 호세아의 회개에 대한 촉구가 무시당함

　D. 8:1-10:15 하나님께서 이스라엘이 그를 배척한 것에 대해 벌하심

　E. 11:1-11 이스라엘에 대한 하나님의 사랑이 그의 진노를 뛰어넘음

III. 11:12—14:8 두 번째 부분의 예언들

　A. 11:12-12:14 이스라엘이 하나님께 범죄함

　B. 13:1-16 하나님이 자기 백성 이스라엘에게 분노하심

　C. 14:1-8 이스라엘이 회개하고 축복받음

지혜문학적인 성격을 가진 후기(後記, Colophon)(14:9)

문체

　　위에서 언급된 바와 같이, 이 책은 비록 두 개의 중요한 산문 부분 (1:1—2:1과 3:1-5)을 담고 있기는 하지만 그럼에도 불구하고 주로 시적이 다.[5] 이 책의 시적/문학적 특징과 관련하여 가장 두드러진 특징은 이 책에

---

5) 이런 주장은 복잡한 문제를 다소 지나치게 단순화시킨 것이다. 왜냐하면 호세아

사용된 직유와 은유들이다.

이러한 비유적 표현들은 그 대상이 누구냐 하는 것에 따라 하나님에 대한 것과 이스라엘에 대한 것으로 나눌 수 있다. 비유적 표현들을 나누는 두 번째 구분법은 이스라엘에 대한 하나님의 태도가 긍정적인가 부정적인가 하는 것이다. 예를 들어, 하나님은 질투하는 남편(2:2-13), 좌절한 양치기(4:16), 파괴적인 좀 혹은 원치 않는 부패물(5:12), 성난 사자(5:14; 참고, 또한 13:7-8), 그물(7:12) 등이다. 그러나 반면에 그는 또한 용서하는 남편(3:1-5), 치료하는 의사(6:1-2), 소성케 하는 비(6:3), 사랑이 많은 부모(11:3-4), 보호하는 사자(11:10-11), 생기를 주는 이슬(14:5), 푸른 잣나무(14:8) 등이다.

이 책은 북왕국을 불신실한 아내로 아주 빈번하게 묘사하고 있으며, 때로는 남왕국도 가끔 그렇게 묘사하고 있다(1:2-9; 3:1-5; 9:1). 다른 간헐적인 비유적인 표현들은 이스라엘을 순식간에 사라지는 아침 안개(6:5), 뜨거운 화덕(7:4-7), 어리석은 비둘기(7:11), 굽은 화살(7:16), 야생 나귀(8:9) 등으로 묘사하고 있다. 이스라엘에 대한 하나님의 임박한 심판은 폭풍을 거두는 것과 같고(8:7), 물거품이 사라지는 것과 같으며(10:7), 말을 듣지 않는 송아지를 길들이는 것과 같다(10:11).

다른 문학적인 기교들도 이러한 비유적인 표현들에 도움을 주는데, 아마 그 중에서 가장 중요한 것은 언어유희의 활용일 것이다. 호세아의 자식들은 "이스르엘", "로-루하마", "로-암미" 등이라고 이름지어졌는데, 그 이유는 "이스르엘"의 경우는 이스르엘 골짜기에서 저질러진 죄로 인해서 하나님이 예후의 집을 벌하실 것이기 때문이며, 로-루하마("긍휼이 없다")의 경우는 하나님이 이스라엘에게 더 이상 긍휼을 보이지 아니하실 것이기 때문이며, 로-암미("내 백성이 아니라")의 경우는 그가 자기 백성 이스라엘을 버리실 것이기 때문이다. 또한 에브라임과 야생 나귀 및 열매 사이의 언어유희도 주목할 만하다.

의 운문이 여러 가지 산문적인 요소를 갖고 있다는 것을 주장하는 사람들이 있기 때문이다. 예를 들어 앤더슨과 프리드만(Andersen and Freedman 1980, 60-66)은 이 책에 나오는 이런 요소들을 통계적으로 분석하고, 이 책이 시나 산문으로 뚜렷하게 분류될 수 없다는 결론을 내렸다.

신 학 적 인   메 시 지

호세아서는 요약하기가 힘든 심오한 책이다. 이 선지자는 하나님 및 그가 백성과 맺고 있는 관계에 대해서 무수한 비유적 표현들을 제공해 주고 있는데 우리는 여기에서 단지 그 일부만을 다룰 수 있을 뿐이다.

언약

다른 모든 선지자들의 경우와 마찬가지로 언약, 그 중에서도 특히 모세 언약이 호세아의 메시지의 배후에 깔려 있으며, 또 메시지에 동기를 부여해 주었다(Brueggemann 1968을 보라). 따라서 우리는 스튜어트(Stuart 1987, 6-7)의 다음과 같은 말에 동의한다. "호세아서의 메시지를 이해하는 것은 시내 산 언약을 이해하는 것에 달려 있다. 이 책은 호세아를 통해서 하나님에 의해서 이스라엘에게 선포되어진 일련의 축복과 저주들을 담고 있다. 이 각각의 축복과 저주는 각각 모세 율법의 축복과 저주에 근거하고 있다."

스튜어트는 호세아서의 심판의 연설들과 언약의 저주들 사이에 존재하는 수많은 연결점들을 지적했다. 그러한 많은 연결점들 중의 한 가지 예는 호세아서 4:10-11a에 대한 그의 분석이다(스튜어트의 번역):

그들이 먹으나 배부르지 못하고,
그들이 행음을 하지만 수가 늘지는 못할 것이다.
왜냐하면 그들이 여호와를 버리고 행음을 숭상하기 때문이다.

그는 이 심판의 연설이 "기근과 불임(不姙)"에 대한 언약의 저주로부터 나온 것이라고 보았으며, 신명기 28:17-18과 32:24-28를 증거구절로 인용했다.

때때로 호세아는 자신의 메시지에서 언약이 차지하고 있는 위치를 명시한다. 이스라엘은 언약을 깨뜨린 것 때문에 심판을 받을 것이다(6:7; 8:1).

호세아의 결혼

위("호세아란 인물" 항목)에서 우리는 호세아의 결혼이 상징적-신학적으로 사용된 것을 주목했다. 호세아는 한 여인과 결혼하라는 명령을 받았는데, 이 여인의 정숙치 못함은 이스라엘이 하나님께 신실하지 못함을 상징하는 것이었다. 비록 호세아가 인간의 결혼이란 주제와 하나님-인간 사이의 언약이란 주제를 처음으로 연결시킨 사람들 중의 한 명인 것은 분명하지만 이 두 주제는 성경 전체를 통하여 계속 사용된 아주 밀접한 주제였다(아래의 "신약으로의 접근" 항목을 보라). 오트룬트(Ortlund)는 성적인 부정(sexual infidelity)이라는 주제가 이미 오경의 출애굽기 34:11-16과 신 31:16 등에서 발견된다는 것을 인식하였다. 결국 배타성을 띨 수밖에 없는 유일한 두 관계는 결혼과 언약이다. 이 두 관계의 경우에는 경쟁자란 것이 용납될 수가 없다. 이런 점에서 고멜의 성적인 방탕은 이스라엘의 종교적인 방탕과 상응한다. 비록 호세아가 잘못된 결혼과 우상 숭배에 대해서 자기 책의 처음 세 장에서 주로 탐구했지만 나머지 장들에서도 이 점이 결여되어 있는 것은 아니다(특히 6:10; 7:4; 9:1을 보라).

최근의 한 책에서 서우드(Y. Sherwood 1996)는 호세아와 고멜의 결혼에 대하여 포스트모더니즘적인 여권신장론(feminist)적 해석을 하였다. 그녀는 이들의 결혼을 단지 이상(異象)이나 비유적인 것으로 간주함으로써 어려움을 피해가려는 견해들을 적절하게 비판하였다. 그러나 여권주의자로서 그녀는 호세아와 여호와가 이 여인과 자녀들을 다루는데 있어서 잘못하고 있다고 생각되는 점들을 제기한다. 더 나아가 그녀는 연민이 많은 고멜의 모습을 복구해 내기 위해 행간을 읽으려고 한다. 물론 이 과정에서 그녀는 본문 자체의 시각으로부터 벗어난다. (그녀의 긍정적인 공헌점들에 대한 인정과 더불어 탁월한 비판을 제기하고 있는 글은 Garrett 1997, 124-33을 보라).

심판과 구원

결국 불순종한 이스라엘에 대한 심판 및 하나님의 미래의 구원에 대한 소망 등은 모두 이 결혼으로 상징된 언약이라는 토대로부터 흘러나온다(위의 "구조" 항목을 보라).

　이스라엘의 불순종은 여러 가지 방식으로 나타나지만 그 모든 것의 배후에는 항상 그들의 배교행위가 깔려 있다. 그들은 참 하나님을 숭배하는 것에서 떠나서 우상들로 그를 대신했다(2:1-8[특히 7절을 보라]; 4:1-13; 5:11; 8:6; 13:2). 특히 이스라엘이 길을 잃게 만든 것은 제사장들(4:6; 5:1; 6:9; 10:5), 선지자들(4:5), 정치지도자들(5:1, 10; 7:3-7; 9:15) 등의 이스라엘의 지도자들이다. 그러나 이것은 하나님의 "백성이 지식이" 없기 때문이다(4:6). 하나님에 대한 그들의 신뢰감이 부족하다는 사실은 그들이 자신들의 국가적인 문제들을 해결하는데 있어서 자신들을 보호하시겠다고 약속하신 주권자 하나님을 신뢰하기보다는 외국과의 연합을 선호한 것 속에서 드러나 있다(5:13; 7:8-10; 8:9).

　따라서 하나님은 그들을 엄하게 벌하시겠다고 경고하신다. "문체"의 항목에서 우리는 호세아가 임박한 심판들을 묘사하는데 있어서 사용한 수많은 비유적 표현들을 열거했다. 또 하나의 은유적 표현은 이스라엘의 역사적인 전통들로부터 나온다.[6] 호세아는 임박한 심판을 광야로의 회귀와 동일시한다. 그들은 다시 한 번 하나님으로부터 떠나 방황할 것이다(2:14). 역사적인 시각에서 보면 그의 예언의 가장 직접적인 성취는 주전 722년에 북쪽의 지파들이 앗시리아인들에 의해 멸망을 당했을 때 이루어졌으며, 다음으로는 주전 586년에 유다가 바벨론에 완전히 항복하고 성전이 파괴되며 생존자들의 대부분이 유배를 당했을 때 이루어졌다.

　그럼에도 불구하고 호세아의 심판의 메시지는 미래의 소망에 대한 내용에 자리를 내어준다. 이 책의 가장 심오한 부분들 중의 하나 속에서 호세아는 자기 백성을 향한 하나님의 내적인 갈등을 다음과 같이 묘사한다:

> 에브라임이여, 내가 어찌 너를 놓겠느냐
> 이스라엘이여 내가 어찌 너를 버리겠느냐

---

6) 지면관계상 호세아가 이스라엘의 역사적 전통들을 어떻게 활용하고 있는가 하는 것에 대해서는 상세하게 다룰 수가 없다. 그러나 특히 대니얼스(Daniels 1990) 등을 보라.

> 내가 어찌 너를 아드마 같이 놓겠느냐
>
> 어찌 너를 스보임 같이 두겠느냐
>
> 내 마음이 내 속에서 돌이키어
>
> 나의 긍휼이 온전히 불붙듯 하도다
>
> 내가 나의 맹렬한 진노를 나타내지 아니하며
>
> 내가 다시는 에브라임을 멸하지 아니하리니
>
> 이는 내가 하나님이요 사람이 아님이라
>
> 네 가운데 있는 거룩한 이니
>
> 진노함으로 네게 임하지 아니하리라. (호 11:8-9)

하나님은 자기 백성이 심판과 포로생활 속에 영원히 남아 있도록 버려 두시지 않으실 것이다. 그는 이스라엘이 두 번째 출애굽을 경험하도록 하셨다 (2:14-15). 결국 그는 그들의 불순종으로 인해 생긴 상처들을 치료하시고, 그들을 본토로 복귀시키실 것이다(14:1-9).

신 약 으 로 의   접 근

신약에는 호세아서로부터 나온 매우 중요한 구절들이 몇 개 인용되어 있다. 바울(롬 9:25)과 베드로(벧전 2:10)는 이방인들이 하나님의 자녀의 일부가 될 것임을 증명하기 위해 호세아 선지자의 자녀들의 이름들을 각각 부정적인 용도와 긍정적인 용도로 사용하고 있다. 의인화된 형태의 죽음(아마 가나안 신 모트[Mot]를 반영하고 있는 듯)에 대한 호세아의 비웃는 듯한 언급("사망아 네 재앙이 어디 있느냐 네 멸망이 어디 있느냐?")은 바울이 그리스도께서 죽음에 대해 거두신 승리를 기념할 때 언급되었다(고전 15:55). 마지막의 인용구는 가장 난해한데 호세아서 11:1 ("이스라엘이 어렸을 때에 내가 사랑하여 내 아들을 애굽에서 불러냈거늘")의 인용문은 예수께서 애굽에서의 짧은 체류를 마치고 돌아오는 것에 대한 예언으로서 마태복음 2:15에 언급되어졌다.

그러나 이 마지막 인용구는 예수께서 하늘 아버지에게 불순종한 이스라엘과는 달리 의로운 하나님의 아들이었다고 믿는 신약의 신앙의 빛 속에서 이해되어야만 한다. 바로 이 점 때문에 복음서의 많은 부분들, 그리고 특히 마태복음서는 출애굽기를 반영하고 있다(Stock).

호세아서로부터 시작해서 다른 선지서들(특히 예레미야서, 에스겔서)을 거쳐 신약으로 흘러들어가는 마지막 주제는 하나님과 인간의 언약이 인간의 결혼이라는 거울을 통해서 다루어지고 있다는 점이다(Stienstra 1993을 보라). 에베소서 5:22-33은 이 주제를 기독교적인 시각에서 발전시킨 것임이 분명하다.

요엘서

요엘서는 달리 알려진 바가 없는 브두엘의 아들 요엘의 것이라고 표제에 언급되어 있다(1:1). 구약에 요엘이라는 이름을 가진 사람이 열두 명이나 더 있지만 이 선지자를 이 다른 인물들과 확실하게 연결할 수는 없다. 표제에 다른 정보가 나와 있지 않다는 사실은 요엘이 당대에 잘 알려진 사람이었기 때문에 그의 신원에 대한 더 이상의 정보가 필요치 않았다는 것을 의미할 수도 있다. 이 선지자는 예루살렘 주변에서 살았었던 것으로 보이는데, 이것은 그의 책의 배경을 제공해 준다. 그가 성전에 대해서 잘 알고 있고, 또한 거기에서 드려지는 예배에 관심을 기울이고 있다는 점 때문에 어떤 학자들은 그를 제의 선지자 혹은 성전 선지자로 생각한다(Kapelrud, Ahlström).

역 사 적   배 경

우리는 요엘서를 다음과 같이 개관할 수 있다:

표제(1:1)
I. 메뚜기 재앙: 임박한 재난(1:2-20)
  A. 재앙의 결과와 범위(1:2-12)
    1. 노인들과 모든 거민들(1:2-4)
    2. 술 취한 자들(1:5-7)

   3. 제사장들과 농부들(1:8-12)
  B. 금식에 대한 촉구 및 성전에서의 기도(1:13-14)
  C. 탄식과 기도(1:15-20)
II 여호와의 날: 임박한 재난(2:1-17)
  A. 경고의 외침, 공격에 대한 경고(2:1-2)
  B. 하나님의 군사로서의 메뚜기들(2:3-11)
  C. 회개의 촉구(2:12-14)
  D. 금식에 대한 촉구 및 성전에서의 기도(2:15-17)
III. 여호와의 대답(2:18-3:21[MT 4:21])
  A. 임박한 재난: 메뚜기들(2:18-27)
   1. 경고의 철회(2:18-20)
   2. 땅의 회복(2:21-24)
   3. 번영의 회복(2:25-27)
  B. 임박한 재난: 여호와의 날(2:28-3:21[MT 3:1-4:21])
   1. 이스라엘의 구원(2:28-32[MT 3:1-5])
    a. 모든 사람이 다 선지자가 될 것임(2:28-29[MT 3:1-2])
    b. 남은 자들의 구원(2:30-32[MT 3:3-5])
   2. 열방들에 대한 심판(3:1-17[MT 4:1-17])
    a. 노예들의 노예(3:1-8[MT 4:1-8])
    b. 악에 대한 거룩한 전쟁(3:9-17[MT 4:9-17])
     (1) 전쟁을 위한 소집(3:9-11[MT 4:9-11])
     (2) 여호사밧 골짜기에서의 사건들(3:12-17[MT 4:12- 17])
   3. 하나님의 백성을 위한 축복(3:18-21[MT 4:18-21])

우리가 선지자 자신에 대해서 아는 것이 별로 없기 때문에 우리는 이 책의 연대와 저작 목적에 대한 추가적인 정보를 얻기 위해서는 그가 살았던 시대의 사회적·종교적·정치적·문화적 상황에 대한 이 책의 내적인 정보를 검토해 볼 수밖에 없다.

 1. 대부분의 학자들은 이 책이 메뚜기 재앙이 발생한 이후에 쓰였다는 것

에 동의한다(1장). 그러나 이러한 재앙은 꽤 흔한 것이었던 것으로 보이기 때문에 이러한 재앙의 역사에 대한 자료를 갖고 있다고 할지라도 이 책에 기록된 재앙의 연대를 파악할 수는 없을 것이다.

2. 이 책은 성전이 정상적으로 존재하고 있었다는 것을 전제하고 있다(1:9, 13-16; 2:15-17). 이러한 이유로 해서 주전 586년에서 516년 사이의 연대는 확실히 배제될 수 있다.

3. 많은 나라들의 이름이 등장하는데, 이들은 주로 하나님께서 대신 복수하실 원수로 언급되고 있다(페니키아, 블레셋, 이집트, 에돔, 그리스, 스바 — 3장 [MT 4장]). 그러나 이 나라들은 대개 이스라엘의 전통적인 원수들이다. 하지만 이 책의 연대를 이 특정한 적들이 활동하던 것으로 알려진 어느 한 시대로 국한시키는 것은 아마 불가능할 것이다. 레반트 지역(the Levant, 지중해 동부의 섬들과 연안 지역을 가리키는 용어 — 역주)에서 그리스가 활동한 것은 앗시리아 문헌들을 통해서 볼 때 주전 8세기까지 거슬러 올라간다(3:6 [MT 4:6]). 비록 스바인들이 동쪽으로 가는 무역로들을 장악한 것은 주전 5세기(3:8 [MT 4:8])였지만 이들은 솔로몬 시대에도 활발하게 무역활동을 하고 있었다(왕상 10; 대하 9장).

이런 점에서 볼 때 눈에 띄는 것은 언급된 나라들의 이름보다는 언급되지 않은 나라들의 이름이다. 우리는 정복활동을 통하여 이스라엘과 유다에 지대한 영향을 끼쳤던 앗시리아와 바빌로니아에 대한 언급이 전혀 없다는 점에 주목하지 않을 수가 없다. 비록 이것은 침묵에 의한 논증이기는 하지만 이러한 침묵은 이 책이 앗시리아가 지중해 해안선을 따라 헤게모니를 장악하고 있던 시기(8세기 중반) 전이나 바벨론이 멸망한 다음(6세기 말)에 나온 책임을 시사해 주고 있다.

4. 이 책은 공동체에 대한 지도력이 장로들과 제사장들의 손에 들어 있는 상황을 가정하고 있으며(1:2, 13; 2:16), 왕들이나 궁정 관리들에 대한 언급은 없다. 비록 이것이 침묵에 근거한 주장이기는 하지만 이러한 사항들은 왕정제도가 없던 시기(포로기 이후 시대)나 왕정체제가 제한된 역할만을 하고 있었던 시기(9세기 말 요아스가 힘이 없던 시절과 같은 경우 — 열왕기하 11-12장; 대하 23-24장)를 시사해 주고 있다.

5. 이것도 침묵에 의한 논증이기는 하지만 이 책에는 북왕국에 대한 언급이 없다. 유다를 "이스라엘"이라고 지칭하는 것(2:27; 3:2, 16 [MT 4:2, 16])은 북왕국의 지파들이 포로로 잡혀간 시절(주전 722년)을 전제로 하고 있다고 보는 것이 가장 자연스럽다. 유다를 "이스라엘"이라고 지칭하는 것은 포로기 이후 시대의 책들에서 가장 흔하게 나타난다.

6. 요엘서와 다른 선지서들 사이에는 표현이나 개념에 있어서 수많은 일치점들이 나타난다. 이러한 현상은 다음 몇 가지의 경우로 설명될 수 있다. (1) 요엘이 기존의 선지서들을 폭넓게 활용했을 수 있다. (2) 그의 예언이 그를 따르고 그의 책을 인용한 사람들에게 큰 영향력을 행사했을 수 있다. (3) 요엘이 정말 다른 선지서들에 의존했던 것이 아니라, 선지자들 사이에 흔하게 사용된 관용적 표현들을 활용한 것일 수 있다. (4) 요엘이 다른 선지자들의 문구들을 사용했는지 아니면 그 반대의 경우인지를 파악하기 위해서는 각각의 경우를 그 자체로 평가해야 한다. 대부분의 학자들은 요엘이 기존의 문헌들에 의존하고 있다는 결론을 내렸다(Gray 1893을 보라).

7. 이 책의 신학적인 개념들 또한 이 책의 저작 연대에 대한 증거를 제공해 줄 수가 있다. 하나님께서는 자신을 이스라엘에게 일시적으로 계시하신 것이 아니라 상당한 기간에 걸쳐서 선지자들을 통하여서 자신과 이스라엘 간의 관계의 성격을 점차적으로 밝히셨다. 많은 경우에 있어서 우리는 특정한 주제나 모티프나 비유적 표현이 계속해서 사용되고 수정되어지기 때문에 그것들을 추적해서 연대기적인 순서로 배열하는 것이 가능하다. 열방들이 여호와에 대항해서 모이는 것에 대한 요엘의 묘사(3:7-17 [MT 4:9-17])는 주로 후대의 문헌들에서 발견된다(겔 38-39장; 슥 12:1-5; 14:1-7; 참고, 사 66:18). 성전으로부터 흘러나오는 샘물에 대한 묘사(3:18 [MT 4:18])는 에스겔서 47:1-12와 스가랴서 14:3-8에서 발견된다. 비록 이러한 예들이 성경의 문헌의 발전과정상의 후기 단계에서 발견되어지지만 이것들이 기존의 문헌들에 의존하고 있을 가능성이 최소한 어느 정도는 있다. 그러나 이번에도 역시 이러한 증거로부터 요엘서의 연대에 대한 확실한 근거를 찾아내기는 힘들다.

8. 이전의 학계는 성벽에 대한 언급들(2:7, 9)은 이 책이 느헤미야에 의해

서 성벽이 완성되고 난 후의 시대에 나온 것을 암시하고 있다고 생각했다. 그러나 이런 식의 주장은 이제는 거의 기각되었다. 비록 예루살렘 성벽이 상당히 파손(렘 52:14; 왕하 25:10; 대하 36:19)되기는 했지만 느헤미야의 시대에 성벽의 무너진 곳들이 보수되었다는 구절들(느 2:13; 3:8; 4:1)은 주전 586년에 성벽이 파괴될 때 성벽이 전부 다 파손된 것은 아니었다는 것을 시사해 주고 있다. 또한 만약 성벽이 완전히 파괴되었더라면 느헤미야와 일꾼들이 그 보수를 52일 만에 완성할 수가 없었을 것이다(느 6:15). 알스트룀(Ahlström 1971, 114-15)은 2:7, 9의 성벽에 대한 언급들을 예레미야 41:5의 성전에 대한 언급과 비교한다. 이 후자의 구절에 따르면, 비록 성전이 파괴되기는 했지만 사람들은 여전히 제물들을 "여호와의 집"으로 가져올 수가 있었다. 이것은 문맥상으로 볼 때 성전이 파괴된 후에도 상당한 구조물이 여전히 성전으로 인식되어질 수 있을 만큼 남아 있었다는 것을 보여주는 것이지 성전이 이미 재건되었다는 것을 의미하는 것이 아니다. 최근에 개럿(Garret 1997)은 군대가 성벽을 타고 오른다는 언급이 나온다는 것을 지적함으로써 이 견해를 반박하였다. 그는 만약 성벽에 무너진 곳들이 있다면 왜 그들이 굳이 성벽을 타고 오르겠느냐고 반문한다. 그러나 아무리 무너진 벽이라도 넘어가야만 할 장애물이 될 수가 있는 법이다. 그리고 누가 맞든지 간에 그가 지적한 바대로 이러한 군사의 침략은 이상(異象)으로 본 것일 가능성이 높다.

9. 유대인들이 열방으로 흩어진 것에 대한 언급(3:1-2 [MT 4:1-2]) 역시 포로기 이후 시대를 반영하고 있는 것일 수도 있다. 그러나 이러한 흩어짐이 꼭 바빌로니아인들에게 사로잡힌 것에만 국한되어 있는 것은 아니다(슥 1:18-21 [MT 2:1-4]). 거민들을 재배치하는 것은 앗시리아인들의 지속적인 정책이었다. 산헤립의 연대기는 그가 이미 유다 거민을 상당수 유배시켰음을 알려주고 있다. 그러므로 디아스포라에 대한 언급들이 꼭 바벨론 유수에만 국한되어 있는 것은 아니다.

10. 문체나 어휘에 대한 논증들은 대개 결론을 내리는 것이 쉽지가 않다. 요엘서의 언어학적인 특징들은 성경의 후대의 책들과 공통성을 갖고 있지만 우리는 이러한 특징들이 히브리어의 발전 단계상의 후대에 생겨난 요소들인

지, 아니면 단순한 우연의 일치인지를 결정할 만한 자료를 충분하게 갖고 있지 않다. 언어에 의한 논증은 다른 논증들을 지지하는데 도움을 줄 수 있지만 우리는 자신 있게 그것들을 사용할 만큼 충분한 양의 자료들을 갖고 있지 않다. 카펠루드(Kapelrud 1948, 86-87, 111-12)와 알스트룀(1971, 1-22)은 후대의 것으로 생각되어진 많은 언어학적인 특징들에 대해 논박했다.

11. 많은 학자들은 요엘서가 히브리 정경상에서 호세아 및 아모스 등의 8세기 선지서들 사이에 배열되어 있다는 점이 연대에 대한 하나의 단서라고 생각해 왔다. 그러나 이것은 어쩌면 아모스서 1:2; 9:13과 요엘서 3:16, 18 [MT 4:16, 18]) 사이의 유사점 및 아모스서와 요엘서가 두로, 블레셋, 에돔에 대해서 언급하고 있다는 사실에 기인한 결과일지도 모른다(Allen 1975, 21).

12. 이것 역시 침묵에 기초한 논증이긴 하지만 종교 혼합주의나 이방 신들의 숭배 등 포로기 이전 시대 선지서들의 특징적인 지적사항들이 이 책에는 결여되어 있다는 점은 지적할 만한 가치가 있다. 비록 요아스의 시대에 우상숭배가 잠깐 억압되어지기는 했지만 우리는 요엘의 설교 속에 그것에 대한 약간의 언급이 있을 것이라고 기대해 볼 수 있다. 특히 이 책이 폭풍의 신인 바알의 주요 활동 영역인 풍요 종교에 관련된 요소인 비와 풍요성의 문제에 집중하고 있기 때문에 더욱 그러하다. 카펠루드(Kapelrud 1948)는 풍요성에 대한 요엘의 관심이 가나안 풍요종교를 배경으로 하고 있는 것으로 해석하려고 했다. 그러나 그의 노력은 대체적으로 신빙성이 있는 것으로 밝혀지지 못했다.

요엘서의 연대를 확정하기 위해서 언급된 중요한 논거들에 대한 개관은 확실한 결론을 제공해 주고 있지 못하다. 그러나 이 책이 포로기 이후 시대의 연대로 기울고 있다고 보는 것이 공정하다. 다음은 이 책의 저작연대에 대해서 여러 학자들에 의해 제기된 대표적인 견해들이다. 좀 더 상세한 것은 프린슬루(Prinsloo 1985, 5-8)와 알렌(Allen 1976, 19-24)을 보라:

- 9세기의 요아스 시대: 크레드너(K. A. Credner), 알더스(G. C. Aalders), 영(E. J. Young), 비치(M. Bieÿ).

- 7세기 말엽: 카펠루드(A. S. Kapelrud), 켈러(C. A. Keller), 코흐(K. Koch).
- 6세기 초엽: 루돌프(W. Rudolph).
- 6세기 말에서부터 5세기 중반: 올브라이트(W. F. Albright), 마이어스(J. M. Myers), 라이케(B. Reicke), 알스트룀 (G. Ahlström), 알렌(L. Allen).
- 5세기 말부터 4세기 중엽: 바이저(A. Weiser), 볼프(W. Wolff), 뷰어(J. A. Bewer), 스테펜슨(F. R. Stephenson).
- 3세기 초엽: 트레베스(M. Treves).
- 2세기 정도의 후대: 두움(B. Duhm)

스튜어트(Stuart 1987, 226)는 이 책의 동기를 주전 701년, 598년, 혹은 588년의 앗시리아인들이나 바빌로니아인들의 침공과 연결시킨다.

"두움(Duhm), 메륵스(Merx), 슈타데(Stade) 등이 요엘서를 포로기 이후 시대로 끌어내린 것은 비평학의 가장 부패한 열매들 중의 하나"[1]라고 말한 델리취(Delitzsch)의 견해에도 불구하고 알스트룀, 마이어스, 알렌 등이 주장한 입장이 증거를 가장 잘 반영하고 있는 것으로 보인다.

문 학 적 인 분 석

요엘서가 연대 파악을 거부한다는 사실 속에는 이 책의 한 가지 다른 중요한 특징이 반영되어 있다. 몇 가지 특징들로 볼 때 요엘서는 전체적으로 말해 국가적인 애사(哀事)에 사용할 목적을 가진 예전적인 문헌이거나 아니면 최소한 어떤 그러한 슬픈 일에 대한 하나의 역사적인 본보기임을 보여준다.

시편의 몇 개의 시들은 이러한 경우에 지어진 것으로 보이며, 몇몇 이야기

---

1) *Old Testament History of Redemption*, trans. S. Curtiss (Scribner and Welford, 1881), 113.

들도 이러한 관행에 대한 예들을 제공해 준다. 자연적인 재난이나 군사적인 위협이 있을 때 (1) 사람들은 성소에 모여서 금식을 하도록 소환되는 일이 자주 있었으며(욜 1:13-14; 2:15-17; 참고, 대하 20:3-4; 왕상 21:9-12; 사 22:12; 32:11-14; 스 8:21; 렘 36:8-10; 49:3-6; 욘 3:7-8), (2) 거기에서 그들은 자신들의 탄원을 기도를 통해서 하나님께 고하고 그가 과거에 베풀었던 자비들을 상기시키며(욜 1:2-12, 15-20; 2:1-11; 참고, 대하 20:5-13; 시 12:1-4; 60:1-5; 85:1-7). (3) 하나님으로부터 자신들의 화복에 대한 대답을 듣는다(욜 2:12-3:21 [MT 4:21]; 참고, 대하 20:14-17; 시 12:5-6; 60:6-12; 85:8-13). 딜러드(Dillard, 2 Chronicles [WBC 15; Word, 1987], 154-55)와 옥덴(Ogden, 1983, 97-106)을 보라.

만약 요엘서가 성전에서의 예배의 한 부분으로 사용되어지도록 의도되었다면 이 책의 연대를 설정하는데 있어서의 어려움이 더욱 쉽게 이해되어진다. 만약 어떤 책이 예배에 계속해서 사용되어지려면 그 책은, 자연재해가 됐든 군사적인 위협이 됐든지 간에 여러 가지 다른 상황에서 사용되어질 수 있도록 작성되어야 한다. 역사적인 내용을 구체적으로 언급하면 그 책이 적용되어질 수 있는 사건들이나 그러한 사건들과 관련된 예배에 사용되어질 수 있는 경우들이 줄어들 수밖에 없을 것이다. 또한 죄의 고백과 관련해서도 이 책의 본문이 얼마나 "비역사화"(dehistoricize)되었는지를 주목하라. 비록 이 책의 본문이 회개를 촉구(1:13-14; 2:13-14)하고는 있지만 이 백성을 곤경에 처하게 만든 특정한 죄가 과연 무엇인지가 언급되어 있지 않다. 예배에 사용되어지는 문헌은 덜 구체적이면 덜 구체적일수록 그 용도의 범위가 넓어지게 된다. 이 책의 이러한 특징은, 왜 이 책이 연대를 파악하기가 힘든지를 설명해 줄 뿐만 아니라 또한 왜 이처럼 이 책의 비시간성이 이 책을 우리 시대에도 강력한 영향력을 가진 책으로 만들어 주는지를 설명해 준다.

20세기 초에 이르기 전까지만 해도 요엘서의 통일성은 근본적으로 공격을 당하지 않았다. 그러나 20세기 초에 두움(B. Duhm)은 이 책이 최소한 두 명의 다른 사람의 작품들로 이루어졌다는 주장을 개진했다. 포로기 이전 시대의 선지자는 지엽적인 메뚜기 재앙에 대해서 신탁들을 전달했다. 그가 말한 바들은 1:1-2:27의 큰 부분을 차지하고 있다. 그런데 후대의 마카베오 시대의 묵시적인 저자가 이 기존의 선지자의 저작을 여호와의 날에 대한 자신의 말들 속으로 집어넣었다. 두움은 2:28-3:21 [MT 3:1-4:21], 1:15, 2:1-2, 10-11이 이 후대의 인물의 것이라고 본다. 다른 학자들은 두움의 입장을 따르면서도 거기에 약간의 수정을 가했다.

최근의 학계(Allen, Chary, Dillard, Kapelrud, Keller, Myers, Romerowski, Rudolph, Stuart, Thompson, Weiser, Wolff)는 이 책이 편집 작업에 의한 약간의 증보부분들을 갖고 있기는 하지만 그럼에도 불구하고 한 저자의 작품이라고 본다. 이 책의 본질적일 통일성을 지지해 주는 가장 강력한 논거는 이 책이 애가(lament)적인 문학적 구조를 갖고 있다는 점으로부터 도출되어진다. 후대의 저자에 의해 1-2장에 첨가되어진 것으로 생각된 문단들은 실제로는 해당 문맥들과 확고하게 연결되어 있는 것으로 이해되었다.

1장의 메뚜기 재앙에 대한 기술과 2:1-11의 관계는 요엘서의 해석사에 있어서 가장 커다란 논쟁거리들 중의 하나였다. 그동안 대표적인 주장들과 거기에 대한 수정 이론들이 제시되었는데, 이것들 각각의 이론들은 그 나름대로 고대와 현대의 지지자들을 갖고 있다. 우리는 대표적인 접근방법들을 세 개의 범주 하에서 개관하고자 한다.

1. 어떤 주석가들은 2장이 단지 (1) 1장과 동일한 메뚜기 재앙이나 (2) 1장에 뒤이은 계절의 역사상의 실제의 메뚜기 재앙에 대한 또 하나의 서술이라고 생각했다. 사실 이 접근방법은 2장의 은유법적인 성격을 무시하고 실제의 메뚜기들을 하나님의 군대로 서술하고 있다고 주장한다(2:25). 2:1-11이 메뚜기 떼를 묘사하고 있다는 것과 거기에 묘사된 현상들(어둠, 소란, 강력함, 바람에 몰려 바다로 들어가는 것, 악취)이 메뚜기 재앙의 현실을 반영하고 있다는 것에 아무도 심각한 이의를 제기하지 않는다. 또한 하나님께서 메뚜기가 삼킨 몇 년의 재해를 보상하시겠다는 말씀(2:25)은 이러한 재앙이 한 번 이상 벌어졌음을 의미하는 것일 수 있다고 본다.

2. 어떤 학자들은 2장의 묘사가 (1) 이스라엘의 전통적인 적들 중의 하나인 외국의 군대의 예견된 침략을 비유법적으로 표현하고 있는 것이거나 (2) 이스라엘의 모든 전통적인 적들을 알레고리적으로 표현하고 있는 것이라고

생각한다. 이 접근방법에 따르면 그 얼마 전에 일어난 메뚜기 재앙(1장)은 역사상의 실제의 적에 의한 더 심각한 침략의 전조가 된다. 2:1-11의 적이 앗시리아인들이거나 바빌로니아인들이라고 본 최근의 주석가는 스튜어트(D. Stuart 1987, 206, 232-34, 250)이다. 스튜어트는 1장의 메뚜기 재앙 역시 역사상의 실제의 적에 대한 비유적 표현이라고 생각한다. 침략자들은 행군하는 군대로 묘사되어 있으며, 그들의 침략의 결과로 이방인들이 예루살렘에서 통치한다(2:17). 3(MT 4장):4-14, 19에서 심판을 받는 것은 이방 군대이며, 유다는 다시는 이방인들 앞에서 수치를 당하지 않을 것이라는 약속을 받는다(2:19, 26-27). 요엘서가 출애굽기 10장과 어느 정도 접촉점을 갖고 있다는 것은 누구나 인식하고 있는 사실이다. 출애굽기의 메뚜기 재앙은 그 당시의 가장 강력한 나라로부터 얻은 승리와 관련해서 일어난 것이다. 그러므로 요엘서와 관련해서도 다른 어떤 강력한 나라와 관련된 승리가 연관되어 있을 것이라는 생각을 해 볼 수가 있다. 이스라엘의 전통적인 적들은 주로 북쪽에서 오는 군대들이었다(2:20). 출애굽 사건들로부터 파생된 다른 요소들 역시 앗시리아 및 바벨론과 관련해서 다른 선지서들 속에서 재사용되고 있다(Stuart 1987, 234). 그리고 이스라엘의 다른 전통적인 적들 역시 곤충들로 묘사되어 있다(사 7:18). 그러나 하늘이 어두워지는 것(2:2)이나 산꼭대기에서 뛰는 것(2:5)과 같은 본문상의 다른 요소들은 실제적인 군대에 어울리지 않는다. 또한 만약 실제의 군대에 대해서 말하고자 하는 것이 진정한 의도라고 한다면 메뚜기 떼를 군대와 비교한 것은 다소 희한하다. 왜냐하면 은유가 어떤 의미에서는 직유 때문에 약화되고 있기 때문이다(Stuart와 비슷한 입장을 취하고 있는 Garrett 1997, 298-301의 반박을 보라).

3. 대부분의 현대적인 주석들이 지지하는 접근방법은 메뚜기의 침공에 대한 두 번째의 묘사가 1장에 묘사된 메뚜기 재앙에 바탕을 두고 확장된 것이라고 생각한다. 선지자는 최근의 재앙을 다가올 여호와의 날, 즉 악에 대한 성전(聖戰)에서 하나님께서 직접 하늘 군대의 장수로서 오실 심판의 날에 대한 전조로 사용한다. 이 경우 이스라엘이 직면하게 되는 위험은 역사상의 어느 특정한 적으로부터 오는 것이 아니라 하나님 자신의 군대로부터 온다(2:11). 이 입장은 하나님의 신현(神顯)을 묘사하는데 주로 쓰이는 용어들이

2:1-11에서 광범위하게 사용되고 있다는 사실로부터 지지를 받는다. 이 본문은 또한 은유법적인 성격을 갖고 있다. 하나님의 군대는 자주 인간의 군대처럼 묘사된다. 알렌(Allen, 64)은 2:1-11에서 앞의 메뚜기 재앙이란 모티프가 "취해져서 더 높은 음조와 더 장대한 배경과 더 빠른 속도로 바뀌었다"고 묘사했다. 따라서 이 본문은 유다와 곤충 떼의 만남에 대한 또 하나의 기록으로 격하될 수가 없다. 또한 이 책의 결론 부분에서 하나님은 유다에게 근자의 메뚜기 재앙의 결과로부터 구원하실 뿐만 아니라 말세의 심판의 날로부터 해방시키실 것을 약속하신다. 여호와의 이름을 부르는 이스라엘의 모든 자들은 구원을 받을 것이고(2:28 [MT 3:5]), 하나님께서는 자기 백성들의 피난처가 되실 것이다(3장[MT 4장]:16). 반면에 다른 나라들은 하나님의 군대와 대면하게 될 것이다(3[MT 4장]:1-3, 9-15). 선지자가 묵시록적인 위험의 제거에 이처럼 많은 지면을 할애하고 있다는 사실은 이 메뚜기 군대에 대한 그의 두 번째 서술이 이 묵시록적인 위험이 원래 시작된 곳이라는 것을 시사해 준다.

이 각각의 접근방법들 및 그 변이형들은 이 두 기록 사이의 관계를 이해하는데 있어서 꽤 가능성 있는 시나리오들을 제공해 주고 있다. 그러나 마지막에 기술된 접근방법이 이 책 전체의 내용의 흐름을 가장 잘 반영해 주고 있다. 그러나 1장과 2장의 관계에 대해서 우리 현대의 요엘서 독자들이 느끼는 모호성이 우리가 원래 저작 당시의 환경을 모르고 있기 때문에 생겨난 허구적인 산물인지, 아니면 이러한 모호성이 저자가 의도적으로 만들어 낸 것인지에 대해서는 우리는 의문을 가져야 한다. 만약 요엘서가 정말 예전적인 문헌이라면 이 책 속의 이러한 모호성은 이 책이 원래 나오게 된 상황과는 다른 상황 속에서 이 책이 사용되고 적용되어질 수 있도록 해 주는 작용을 하며, 이런 의미에 있어서, 이것은 고의적으로 의도된 모호성이라고 할 수 있다.

신학적인 메시지

요엘은 하나님의 주권, 거룩하심, 자비에 대해서 설파했다. 거룩한 하나님께서는 자기 선민의 죄를 간과하실 수가 없으셨다. 이 선지자는 메뚜기 재앙이 발발한 것 속에서 이스라엘을 꾸짖으시고 회개하도록 만드시려는 하나님의 손길을 보았다. 이 메뚜기 재앙은 이스라엘이 회개하지 않을 경우 훨씬 더 파괴적인 군대가 이 나라를 침공할 것에 대한 경고였다. 이스라엘은 하나님께서 개입하셔서 자신들의 원수들을 치실 것을 고대하고 소망하는 경우가 많았다. 그러나 요엘은 냉소적이고 풍자적으로 이 모티프를 뒤집는다(Kline, 119-20). 이스라엘은 용사이신 하나님의 영광스러운 수행원들인 날개 달린 그룹들의 수호를 고대했다. 과연 하나님께서는 날개 달린 전사들을 보내실 것이다. 그러나 그들은 구름과도 같은 메뚜기 떼처럼 이스라엘에게 심판을 행하기 위해서 올 것이다(2:1-11).

그러나 하나님의 주권은 이스라엘에게만 국한된 것은 아니다. 그는 모든 나라들에서 일어나는 일들을 다 주관하시며, 천사들의 군대가 열방들 속에서 하나님의 이름을 수호하기 위해 올 것이다(3장 [MT 4장]). 요엘은 다른 선지서들의 이방 나라들에 대한 통상적인 신탁들과는 달리 단지 이스라엘이 어떤 특정한 적들에게서 승리를 거둘 것만 그리고 있는 것이 아니라 여호와의 날의 악에 대한 보편적이고 종말론적이며 결정적인 우주적 전쟁에 대해서 그리고 있다.

열방들에 대한 이러한 무서운 심판의 날은 또한 하나님께서 자기 백성들 가운데서 회개를 하고 하나님의 이름을 부르는 자들에게 인자와 자비를 보이시는 날이다(2:32 [MT 3:5]).

신 약 으 로 의 접 근

교회 역시 요엘을 통해서 이스라엘에게 주어진 하나님의 메시지를 필요로 했다. 하나님께서 자신이 사랑하시는 자들을 견책하시고(잠 3:11-12; 히 12:5-11), 자신의 이름을 열방 중에서 수호하실 것이라는 것은 여전히 진실로 남아 있다.

2:28-32 [MT 3:1-5]이 신약에서 광범위하게 사용되었기 때문에 요엘서는

기독교인들에게 매우 친숙하다.

구약에서 하나님의 신은 주로 힘을 주고, 예언을 가능케 하는 영이다. 모세는 "여호와께서 그 신을 그 모든 백성에게 주사 다 선지자 되게 하시기를 원하노라"라고 말했다(민 11:29). 요엘은 하나님께서 모세의 기도를 들으시고, 예언의 영이 그의 모든 사람들에게 부어지는 날을 내다보았다(2:28-29). 베드로는 오순절 사건들 속에서 불을 통한 신현과 동반해서 요엘의 예언이 성취되어진 것을 보았다(행 2:14-21). 하나님의 임재의 불은 새로운 이스라엘로서의 교회에게는 위협이 아니었다. 그것은 그들의 언어를 권능 있게 하는 것이었다.

고대 이스라엘의 사회적인 서열에 있어서는 나이 많은 유대인 남자 자유민이 최고 높은 위치를 차지하고 있었으며, 이스라엘의 대부분의 선지자들은 바로 이 집단에 속했다. 동이 틀 무렵 유대인 남자가 드리는 고대의 기도는 이러한 구조를 반영하고 있다. 이 기도 속에서 남자는 자신이 "노예나 이방인이나 여자"로 태어나지 않은 것에 대해서 하나님께 감사를 드렸다. 그런데 요엘의 기도는 하나의 변화를 보여주고 있다. 왜냐하면 요엘이 내다보는 이스라엘 가운데서는 예언의 능력이 남자에게만 주어지는 것이 아니라 여자들("딸들과 … 남 … 과 여 …")에게도 주어지며, 나이 든 사람들에게만 주어지는 것이 아니라 젊은이들에게도 주어지며("너희 자녀들 … 젊은이"), 자유인들에게만 주어지는 것이 아니라 노예들("남종과 여종")에게도 주어지기 때문이다. 2:28[MT 3:1]에서 요엘이 말하는 "만민"은 유다의 시민들만을 말하는 것이었다. 그러나 새로운 이스라엘인 교회는 유대인들과 이방인들로 이루어진 만큼 이러한 장벽마저도 무너지게 되어 있었다.

바울이 "유대인이나 헬라인이나 종이나 자유인이나 남자나 여자나 다 그리스도 예수 안에서 하나이니라"(갈 3:28)라고 말했을 때 그는 아마 이 본문을 염두에 두고 있었는지도 모른다. 로마서 10:12-13에서 바울은 "유대인이나 헬라인이나 차별이 없음이라"고 주장하면서 요엘서 2:32(MT 3:5)을 인용했다. "모든 사람"은 이 양자를 다 포함하고 있음이 분명하다. 비록 이 구절에서 요엘은 이스라엘만을 말하고 있지만 바울은 이것은 육신의 이스라엘에게만 적용되는 것이 아니라 진정한 이스라엘에게 적용된다고 해석했다(롬

9:6-15). 여호와의 이름을 부르는 자들은 유대인이건 이방인이건 간에 그가 부르신 자들이다(롬 9:24; 참고, 욜 2:32b[MT 3:5b]).

옛 선지자들에게 권능을 주었던 바로 그 신은 또한 교회에게도 그 권능을 부여하실 것이다. 왜냐하면 교회 역시 성령이 임한 후에 하나님에 대해 증거할 권능을 부여받았기 때문이다(행 1:8). 개신교 신학은 보통 "모든 믿는 자들의 제사장직"에 대해서 말을 한다. 그러나 아마 우리는 "모든 믿는 자들의 선지자직"에 대해서도 말할 수 있을 것이다.

신약은 하나님을 부르거나 하나님의 이름을 부르는 것에 대해서 말하고 있다(행 4:9-12; 9:14, 21; 22:16; 고전 1:2; 딤후 2:22). 이 점에 있어서 이 구절들은 오순절 베드로가 설교를 할 때 요엘서 2:32[MT 3:5]에 호소한 것을 생각나게 한다(행 2:21). 베드로가 "여호와의 이름을 부르는" 것에 대해서 말을 할 때 이것이 예수의 이름을 부르는 것을 의미한다고 생각했다는 것에는 의심의 여지가 없다. 우리는 바로 예수의 이름으로 구원을 받는다(행 4:12).

아 모 스 서

아모스서는 큰 책이 아니다. 단지 146절과 2, 042 단어로 이루어진 9장에 불과하다. 그러나 이러한 작은 규모에도 불구하고 이 책은 집중적인 연구의 대상이 되어 왔다. 「아모스서의 이해」(*Understanding the Book of Amos*)란 책에서 하젤(G. Hasel 1991, 26)은 1960년대부터 1980년대까지의 삼십년 동안 아모스서에 대한 주석이 육십 권이 등장했다는 점을 지적했다. 하젤 (1991, 14)은 또한 이 작은 책에 대해서 1969년부터 1990년까지 팔백 개 이상의 글이 출판되었음을 발견했다. 이 책을 연구하는데 있어서 필요한 참고 문헌 연구가 판 더르 발(A. van der Wal 1986)에 의해서 출판되었다. 아모스서에 대한 연구가 현재까지도 계속 이어지고 있다는 것은 놀라운 일이 아니다. 그러나 어쩌면 그 강도는 예전 같지는 않은 것 같다.

저 작 권 의 문 제 및 역 사 적 배 경

이 책은 우리에게 아모스란 사람에 대해서 많은 것을 말해 주고 있다. 그는 8세기 전반기 이스라엘의 여로보암 2세(주전 793-753년)와 유다의 웃시 야(791-740년)의 치세 중에 살았던 사람이다(1:1). 아모스가 과연 얼마나 오랫동안 선지자로서 활동했느냐 하는 것에 대한 견해는 그가 그저 "이십 분 동안의 열변"(Rosenbaum 1990, 76, 100)을 토했을 뿐이라는 것이나 그가 하루 혹은 며칠 동안만 활동했다는 것으로부터 그보다 훨씬 긴 기간 동안 활동했다는 것까지 다양하다. 이 책은 이 점을 파악하는데 필요한 정보를 제공해 주지 않는다. 표제는 그가 대지진 직전의 비교적 짧은 기간 동안 선지자로서 활동을 했던 것을 시사하고 있는지도 모른다(1:1; 참고, 슥 14:5).

그의 설교는 여로보암과 웃시야 시대에 커다란 성공과 더불어 어두운 측면을 갖고 있는 북왕국을 배경으로 하고 있다. 이 시기는 분열왕국 시대 중 이전에 없었던 번영을 누리던 시기였다. 이 두 왕의 치세 중에 이스라엘과 유다의 영토는 요나가 예언한 대로 다윗과 솔로몬의 제국 시절의 영토를 거의 포괄할 정도로 팽창했다(왕하 14:25). 군사적인 성공과 영토 확장의 결과(왕하 14:25-28; 15:2; 대하 26:6-8)로 거대한 부가 이 두 왕국으로 쏟아져 들어왔다. 사마리아에는 강력하면서도 흥청망청할 정도로 부유한 계층이 성장하였다. 아모스의 설교의 초점이 된 것은 사마리아의 이러한 부유한 자들이 부와 권력과 특권을 남용한 점이다. 그러나 부와 군사적인 성공의 시기는 이스라엘 왕국의 짧고도 찬란한 일몰의 시기였다. 앗시리아인들이 이미 북 쪽에서 제국을 형성하고 있었기 때문에 두 왕국은 곧 그 세력하에 들어가게 될 예정이었다. 아모스의 설교는 이러한 침략의 위험이 음울하게 그림자를 드리우고 있는 가운데 주어진 것이다(3:11; 5:3, 27; 6:7-14; 7:9, 17; 9:4).

비록 그가 북왕국에서 설교를 하기는 했지만 아모스 자신은 유다의 베들레헴 남쪽 오 마일 지점에 있는 드고아란 마을 출신이다. 전통적으로 그는 고대 이스라엘의 하층민 출신인 것으로 생각되어졌다. 그는 양 떼를 치는 목자였다(1:1). 한 여름의 몇 달 동안 목자들은 양 떼를 몰고 낮은 지대로 갔는데, 그곳에서 그는 또한 돌무화과 나무(sycamore fig trees — 개역개정은 "뽕나무"로 번역함 — 역주)를 "다듬는 자"(dresser) 혹은 "칼집 내는 자"로서 일했으며(7:14), 아마 그 대가로 양 떼에게 풀을 먹일 권리를 얻었던 것 같다(Hasel 1991, 53).[1]

---

1) 돌무화과 나무(sycamore fig tree)는 북미의 시카모어 나무와 혼동하지 말아야 한다. 고대의 이스라엘에서 돌무화과 나무는 주로 평지에서 자랐다(왕상 10:27; 대상 27:28; 대하 1:15; 9:27). 이것은 음식으로 사용되었다. 그러나 이것은 보통 무화과처럼 크게 대접을 받지는 못했다. 그러므로 아마 이것은 가난한 자들의 음식이었던 것 같다. 이 열매가 잘 익도록 해주기 위해서는 칼집을 내주어야만 했

어찌 보면 학자들의 임무란 것은 안 뒤집어 본 돌이 없도록 샅샅이 조사를 하는 것이다. 비록 아모스에 대한 본문의 내용들이 첫 눈에 보기에는 일관성이 있고 솔직한 것 같지만 학자들은 면밀한 연구를 한 후 이 책 및 이 선지자에 관련된 거의 모든 문제들에 의문을 제기했다. 이러한 문제들 중에는 아모스의 사회적 지위, 그와 다른 선지자들 및 제의와의 관계, 그의 고향인 드고아의 위치, 그리고 과연 이 책 중 어느 정도가 이 선지자 자신의 글이나 설교를 반영하고 있는가 하는 것 등의 문제들이 포함되어 있다.

선지자의 사회적인 지위

언뜻 보기에 아모스는 천한 신분을 가진 사람이었던 것으로 보인다. 그는 양치기였으며, 계절에 다른 과수원 일꾼이었다. 그는 가난하고 착취당하는 사회계층 출신으로서 이들을 대변한 사람이라고 생각되어졌다. 그러나 1950년대 이래로 많은 학자들은 그 반대의 경우를 주장하고 있다. 다시 말해서 아모스는 이스라엘 사회의 상류 계층 출신이라는 것이다. 아모스에게 사용된 "목자"란 칭호(1:1)로는 이 직업을 가리키는 통상적인 단어가 아닌 다른 용어가 사용되었다. 우가릿어에서 이 단어의 동족어를 고려해 볼 때 아모스는 대규모 목축업자였거나 가축 중개인이었던 것 같다(Craigie 1982, 1983). 또 어떤 학자들은 아카드어에서 이 단어의 동족어가 메소포타미아 성전의 직원들 중 중간 계층의 관료를 지칭한다는 점에 근거해서 아모스가 예루살렘 성전에 속한 가축들을 감독하거나 관리하는 자였다고 주장한다. 메소포타미아의 성전들이 가축들을 소유하고 있었던 것은 분명하지만 예루살렘 성전이 가축이나 부동산에 재산을 투자했다는 뚜렷한 단서는 존재하지 않는다.

부유한 개인이었든지 아니면 성전에 고용되어 있는 관리였든지 간에 이러한 두 가지 견해에 따를 경우 아모스는 단순한 농부나 소작인이 아니라 좀 더

다. 이런 칼집은 에틸렌 가스의 생성을 증가시켜 주었으며, 이 열매가 익는 기간을 단축시켜 주었다(O. Borowski, *Agriculture in Iron Age Israel* [Eisenbrauns, 1987]).

부유한 사회계층의 사람으로서 그들의 죄악상을 고발했던 것이 된다. 어떤 학자들은 아모스서 7:10-17이 후대에 증보된 부분(예를 들어 Auld 1986, 40)[2]이라고 보거나 "돌무화과 나무를 배양하는 자"(7:14)란 표현이 "세금 징수원" 혹은 "정부 관리" 등을 의미(Rosenbaum 1990, 48-49)한다고 봄으로써 그를 묘사하는 또 하나의 표현인 돌무화과 나무를 배양하는 자란 말을 무시해 버렸다.

그러나 최종적으로 분석을 해 볼 때 아모스가 이스라엘 사회의 부유층 출신이라는 것은 분명하지가 않다. 우가릿어나 아카드어의 동족어를 가지고 주장을 펴는 것은 문화나 시간이나 지리상의 비약을 필요로 할 뿐만 아니라 사실상 히브리어에서의 noqed란 표현의 용법을 반영하고 있지 않다. 아모스 스스로가 자신을 "양 떼를 따르는 자"(7:15), 즉 부유한 가축 상인이 아니라 목자라고 말하고 있다. "돌무화과 나무를 배양하는 자"라는 표현에 어떤 다른 의미를 부여하고자 하는 언어학적인 주장들은 신빙성이 없다. 이러한 주장들은 방법론적으로 만족스러운 태도를 가지고 7:10-17을 대하는 것이 아니다. 역시 전통적인 해석이 가장 추천할 만하다.

어느 드고아?

성경에서 드고아란 이름으로 알려져 있는 유일한 마을은 유다의 베들레헴 남쪽에 있는 마을이며, 바로 이 마을이 전통적으로 아모스의 고향이라고 생각되어져 왔다. 그러나 아모스의 사역이 북왕국에서 이루어졌다는 사실과 더불어 유다의 드고아 근교에서는 놀무화과 나무가 자라지 않는다는 사실에 근거해서 많은 학자들(가장 최근에는 Rosenbaum 1990)은 아모스가 북왕국의 어느 곳에 있는 같은 이름을 가진 마을, 아마 갈릴리

---

2) 7:10-17이 이 책에 나오는 유일한 삼인칭 화법의 내러티브이기 때문에 비평학자들은 이 문단이 후대의 증보부분이라고 생각한다. 예를 들어 헤이스(Hayes 1988)는 이 본문을 현재의 문맥에서 떼어내어 주석 맨 마지막 부분에서 따로 다루고 있다. 다른 학자들도 이 본문이 후대에 삽입된 부분이기는 하지만 문맥에는 잘 들어맞는다고 생각한다(Andersen and Freedman 1989; Hubbard 1989; Stuart 1987; Hasel 1991, 41-42를 보라).

근처의 어떤 마을의 출신이라고 주장했다. 그러나 이러한 주장은 별로 강력한 것이 못되며, 여기에 대해서는 우리가 쉽게 반박을 할 수가 있다(Hasel 1991, 49-55을 보라).

아모스와 기타 선지자들

"나는 선지자가 아니며 선지자의 아들도 아니요"(7:14)라는 구절은 성경에서 가장 잘 인용되는 구절들 중의 하나이며, 또한 선지서에서 가장 논쟁이 심한 구절들 중의 하나이다. 히브리어 본문은 보다 문자적으로는 "I not prophet; I not son of prophet (또는 'disciple of prophet')"이다. 만약 이 두 구절을 과거시제로 번역할 경우, 그 뜻은 "나는 선지자가 아니었으며, 선지자의 아들도 아니었다"가 된다. 이것은 하나님께서 아모스를 양 떼를 치는 것으로부터 부르시기 전까지는 그가 선지자의 경험을 갖고 있지도 않았고, 선지자로서의 소명을 받은 적도 없다는 것을 의미한다.

그러나 만약 이 구절을 현재 시제("나는 선지자도 아니고 선지자의 아들도 아니다")로 번역한다면 아모스는 자신을 선지자라고 간주될 수 있는 다른 사람들로부터 구분하면서 자신이 선지자(나비), 즉 최소한 북왕국 제사장 아마샤가 사용하고 있는 의미에서의 선지자라고 주장한 적이 결코 없다는 것을 밝히고 있는 것이다. 이 해석은 독자로 하여금 왜 아모스가 (1) 이 나비란 용어가 나중에 선지자 직분을 지칭하는 표준적인 용어가 됨에도 불구하고, 그리고 (2) 직접적인 문맥(7:12)에서 볼 때 아마샤가 그를 "선견자"(호제) (아모스는 이 칭호에는 거부감을 나타내고 있는 것 같지 않음)라고 부르고 있음에도 불구하고 굳이 이 나비란 용어가 자신에게 적용되는 것을 피하려고 하고 있는가 하는 것에 대해 의문을 품게 만든다. 많은 학자들은 이 문제가 단순히 연대기적인 문제라고 주장해 왔다. 즉 나비란 용어는 아직 선지자를 지칭하는 표준적인 용어가 되지 않았다는 것이다. 또 어떤 학자들은 아모스 당시에 이 용어가 어떤 조소적인 의미를 내포하고 있었기 때문에 아모스가 이 용어를 회피했다고 주장했다. 페터슨(Petersen 1981)은 호제란 용어가 남왕국 유다에서 사용된 반면에 나비는 북왕국에서 사용되었다고 함으로써 이 두 용어를 구분했다. 이에 근거해서 그는 아모스가 "선견자"(유다 출신의 선지자에게 적합)란 용어는 받아들인 반면에 이스라엘 출신을 의미하는 "선지자"란 용어는 거부했다는 것이다. 그러나 현재의 문맥에서 이 두 용어가 의미상의 차이가 있는지는 확실하지 않다. 그리고 7:12, 15에서 호제와 나비가 사용된 것은 선지자 자신이 이 두 용어를 완전히 동일한 것으로 본 것임을 시사해 주고 있을 가능성 역시 동일하게 존재한다. 경우야 어찌됐든 현재의 문맥은 이 구절을 과거로 번역하는 것이 더 적절함을 보여준다. 아모스는 양치는 자이자 나무를 배양하는 자였다. 그러나 이제 하나님께서 그를 선지자로 불렀는데, 이것은 이전의 그가 했던 일과는 다른 것이었다. 아모스가 한 일들은 선지자가 하는 일들이었다. 그는 이상들을 보고, 설교를 했다. 그러므로 그가 이 용어를 피할 이유는 거의 없다. 아마샤와 아모스는 모두 다 그의 행동을 "예언하다"라는 동사를 가지고 지칭하고 있는데(히트나베, hitnabbe', 7:12, 13, 15), 선지자(나비)란 명사는 바로 이 동사 어근으로부터 파생되었으며, 이 점은 아모스 자신과 아마샤가 아모스를 "선지자"로 생각했다는 점을 시사해 준다(Vawter 1985의 견해와 대조됨).

선지자와 책의 관계

비평적인 사고가 등장하기 이전의 이 책에 대한 전통적인 견해들은 일인칭으로 된 신탁들이 선지자 자신의 것이라고 보았다. 그리고 삼인칭으로 된 7:10-17마저도 이 선지자 자신과 관계가 있거나, 아니면 그와 동시대의 한 목격자가 쓴 것이라고 보았다. 그러나 비평학적인 연구들은 비록 그 정도에 있어서는 차이가 있지만 이 선지자와 이 책 간의 관계를 각기 나름대로 깨뜨렸다. 아모스서에 대한 연구는 여러 가지 비평학 방법론들의 발전과정을 반영하고 있다. 하젤(Hasel 1991, 20-27)은 비평학적인 연구의 역사에서 세 가지 주요한 단계를 구분하고 있다.

오경의 문서비평 방법론이 등장해서 지배적인 위치를 차지하고 있던 시기와 일치하는 첫 번째 단계는 아모스 자신의 말들을 후대의 중수 부분들로부터 구분하는 것을 그 목표로 했다. 이것은 진정한 역사적 아모스를 찾기 위한 노력이었으며, 그 당시 복음서 비평학계에서 역사적인 예수를 찾던 것과 다를 바가 없다. 학자들은 이 책의 원래 부분이 아닌 것들로부터 아모스의 입시시마 베르바(ipsissima verba, "바로 그 말들" — 즉 아모스 자신의 말들 — 역주)를 찾아내고자 했다. 스미스(G. A. Smith 1928)와 하퍼(W. R. Harper 1905)의 주석들은 이 접근방법의 대표적인 경우들이다. 아모스는 이스라엘의 종교 사상의 새로운 국면의 발전, 즉 이스라엘의 고전적인 선지자들의 설교의 근간이 될 진정한 윤리적 유일신 신앙(the ethical monotheism)의 발명과 연관이 있는 것으로 간주되었다.

양식비평 및 전승사 비평의 발전은 아모스서의 비평학적 연구에 있어서 두 번째의 단계를 열었다. 이 방법론들이 아모스서에 적용되어지면서 학자들의 관심은 이 책 중 아모스의 원래의 말들의 진정한 뼈대를 찾아내는 것과 더불어 다른 두 가지의 방향으로 더 나아갔다. (1) 그의 원래의 구전 설교들의 구조 및 사회적인 배경이 조사되어졌다(즉 문헌화된 본문의 배후로 들어가는 것). (2) 성문화된 문헌이 어떠한 일련의 편집단계들을 거쳐서 성장해 나갔는지 그 단계들에 대해서 관심이 기울여졌다. 아모스가 고대 이스라엘의 전통들과 어떤 관계를 갖고 있는가 하는 것에 관심이 기울여짐으로써 기존의 비평학계에 대해 좋은 방향으로의 교정이 이루어졌다. 즉 아모스는 이스라엘의 종교에 있어서 어떤 새로운 단계를 고안해 낸 자가 아니라 이스라엘의 역사적 전통들에 깊이 젖어 있던 자였다는 것이다.

아모스서의 편집사에 대한 연구들은 이 책을 마치 바클라바 빵처럼 접근한다. 다시 말해서, 이 책의 얇은 한 켜, 한 켜의 층들이 각각 따로 분리되어져서 음미될 수 있다고 보는 것이다. 구약의 다른 책들에 대한 편집비평학적인 연구들이 흔히 그러하듯이 학자들은 아모스서의 편집층들의 숫자와 그 범위들에 대해서 매우 다양한 결론들을 내렸다. 볼프(Wolff)와 쿠트(Coote)는 이 접근방법의 대표자들이다. 볼프(1977, 106-14)는 여섯 단계의 발전과정을 찾아냈다. 쿠트(1981, 1-10)는 세 단계를 찾아냈다. 편집비평학적 접근방법들은 이 책을 점차적인 성장과정의 결과로 본다는 것을 공통점으로 갖고 있다. 즉, 일부 아모스의 원래의 신탁들이 이 선지자의 제자들로부터 나온 다른 문헌들 및 기타 그 이후의 증수 부분들에 의해서 보충되어졌다는 것이다.

아모스서의 수많은 구절들은 보통 증수된 부분들인 것으로 간주되고 있다. 7:10-17의 내러티브는 이 부분이 이 책의 유일한 삼인칭 내러티브라는 점과 이 부분이 일련의 이상들(7:1-8:3, 위를 보라) 사이에 끼어 있는 것으로 보인다는 점 때문에 후대의 증수 부분들인 것으로 보통 간주되고 있다. 이 전기(傳記)적인 내러티브는 아모스가 중보기도를 통해서 심판을 돌이키는 것에 성공한 내용을 담고 있는 두 이상(7:1-3, 4-6)과 심판이 돌이킬 수 없는 것으로 말해지고 있는 두 이상(7:7-9; 8:1-3) 중의 세 번째와 네 번째 이상 사이에 끼어들어 있다. 왜 편집자가 이 내러티브를 바로 이곳에 삽입했는지에 대해서는 수많은 이론들이 제시되어졌다(Freedman 1990; Williamson 1990).

열방들에 대한 신탁들(1-2장) 중에서 두로에 대한 신탁(1:9-10), 에돔에 대한 신탁(1:11-12), 유다에 대한 신탁(2:4-5) 등은 보통 후대에 증수되어진 것으로 간주되고 있는데, 그 이유는 이 신탁들이 기타 다른 나라들에 대한 신탁들과 양식상으로 사소한 차이들을 갖고 있다는 점 때문이다. 이 세 신탁들은 "이는 여호와의 말씀이니라"라는 결구가 없으며, 좀 더 축약된 형태의 심판의 선언을 담고 있다.

이 책에서는 또한 수많은 "찬양시 단편들"(1:2; 4:13; 5:8-9; 8:8; 9:5-6)이 발견되어지는데, 이것들은 보통 예루살렘 제의에 속한 어떤 편집자에 의해서 후대에 삽입되어진 것으로 간주되고 있다. 그러나 반면에 어떤 학자들은 이 "찬양시 단편들"이 후대에 삽입되어진 것으로 생각하기에는 각자의 문단들 내의 논변들 속에 너무 깊이 뿌리를 박고 있다고 주장하였다(McComiskey 1986).

9:11-15의 구원의 약속 역시 보통 포로기 이후 시대의 산물로서, 어떤 후대의 편집자의 친유다적 혹은 친예루살렘적 입장을 반영하고 있다고 생각되고 있다(이 논쟁에 대한 요약은 Hasel 1991, 12-15에서 찾아볼 수 있다). 벨하우젠(Wellhausen)이 표현한 바대로 학자들은 "피와 철로부터 장미와 라벤더 꽃으로의 갑작스러운 변화" 때문에 곤란을 겪는다.[3] 그러나 또한 상당히 많은 학자들은 이 마지막의 신탁이 원래 아모스의 것이라고 생각하고 있다(Hasel 1991, 15).

다른 짧은 구절들 역시 보통 후대에 삽입되어진 것으로 생각되고 있다. 예를 들어, 3:7의 예언에 대한 언급은 주전 6세기의 신명기사학파의 문헌에 속하는 것으로 간주되고 있으며, 5:13의 경구 역시 후대의 어떤 편집자의 것으로 간주되고 있다.

많은 학자들은 비평학계의 방법론들이 과연 성경의 책들, 특히 아모스서와 같은 작은 책들을 잘게 쪼개는 것을 허용해 주는가 하는 것에 대해서 점점 더 의심을 품고 있다. 특히 그러한 비평학적 방법론들이 그처럼 상이한 결과들을 만들어냈다는 점이 그러한 방법론들의 유용성에 대해 의문을 던지게 만드는 경우는 더욱 그러하다.

아모스서에 대한 연구의 세 번째 단계에서는 학자들은 문학적인 구조와 수사학적인 발전과정에 더 많은 관심을 가지고 이 책에 접근하고 있다. 최근의 접근방법들은 통시적인 문제들(어떻게 이 책이 존재하게 되었는가 하는 것에 대한 문제들)보다는 공시적인 문제들(현재의 모습의 이 책의 의미가 무엇인가 하는 것에 대한 문제들)에 더 많은 관심을 기울이고 있다. 이 접근방법을 택한 학자들은 이 책이 아모스 자신의 작품이거나 아니면 이 선지자의 동료로서 이 책의 문헌들을 하나의 일관된 체계로 통일시켜서 묶은 어떤 편집자의 작품이거나 간에 본질적으로 한 사람의 작품이라고 보는 경향이 있다. 앤더슨과 프리드만(Andersen and Freedman 1989), 폴(Paul 1991), 니하우스(Niehaus 1992), 스미스(G. V. Smith 1988; 2001), 스튜어트(Stuart 1987) 등의 주석들은 이러한 방법론적인 변화를 대표적으로 보여주고 있다. 헤르메네이아(Hermeneia) 주석 시리즈에 들어가 있는 이 책에 대한 두 개의 주석들(Wolff 1977; Paul 1991)을 비교해 보면 이러한 접근방법에 있어서의 극적인 변화를 확실하게 엿볼 수가 있다.

문 학 적 인   구 조

---

3) J. Wellhausen, *Die kleinen Propheten: Übersetzt und erklärt* (1892, 4th unchanged ed., 1963), 96. Hasel 1991, 12에 인용되어 있음.

　아모스서는 열방들에 대한 신탁들(1-2장), 이스라엘에 대한 일련의 심판의 말씀들(3-6장), 구원에 대한 신탁으로 절정에 이르는 일련의 이상들에 대한 기사들(7-9장)의 세 부분으로 나누어진다.

열방들에 대한 신탁(1-2장)

　　　　　　　　아모스는 일곱 나라에 대한 예언적인 심판의 말씀을 전하는데, 이스라엘에 대한 심판의 말씀은 가장 마지막에 가서야 언급한다.[4] 이러한 심판의 신탁들은 이스라엘을 중심으로 해서 일종의 "지리적인 교차대조법"(geographical chiasmus)을 이루고 있다(Niehaus 1992, 323). 즉 시리아는 동북쪽이고, 블레셋은 서남쪽이며, 두로는 서북쪽, 에돔과 암몬과 모압은 동남쪽, 유다는 남쪽이며, 마지막으로 이스라엘에 대한 말씀이 나온다. 이방의 나라들은 주로 전쟁에서의 죄악들 때문에 질책을 받는다. 각각의 심판들은 지혜문학에서 흔하게 나타나는 "X와 X + 1"("서너 가지 죄로 인하여" — 원문의 직역은 "세 가지 또는 네 가지 죄로 인하여"가 됨 — 역주)의 숫자 패턴을 사용하고 있다.

　가이어(Geyer 1986)는 열방들에 대한 아모스의 신탁들이 이사야서, 예레미야서, 에스겔서의 열방들에 대한 대규모의 신탁 모음집들의 특징인 신화적인 모티프들을 결여하고 있다는 점을 지적했다. 이러한 다른 모음집들의 경우와 달리 아모스서의 신탁들은 주로 이스라엘을 비난하기 위해 사용된 수사학적인 기법들이다. 그의 말을 듣는 청중들은 이웃 나라들이 저지른 잔혹행위들에 대한 비판들에 쉽게 고개를 끄덕이다가 결국은 사회적인 불의에 대한 비난이 자신들의 발등에 떨어지는 것을 보고 깜짝 놀라게 되었을 것이다. 라이켄(Ryken 1993, 342)은 이러한 신탁들이 점점 더 긴박감을 더해가다가 결국 이스라엘에 대한 신탁에서 절정에 이르게 됨을 지적했다. 신탁들의 배열은 아주 재치 있고 충격적이다. 주변의 적국 백성들에 대한 비난을 담고 있는 신탁들은 아무런 의심 없이 듣고 있는 이스라엘에게 갑자기 튀어오르는 덫이 된다.

---

4) 열방들에 대한 신탁들 전반에 대한 논의는 오바댜서를 보라.

학자들은 아모스가 어떤 도덕적인 권위에 근거해서 이러한 심판의 말씀들을 선포하고 있는가 하는 것에 대해 오랫동안 논쟁을 벌여 왔다(Barton 1980을 보라). 그는 어떤 보편적으로 받아들여진 국제법에 호소하고 있는가? 아니면 어떤 형태의 자연법이 존재했는가? 아니면 아모스는 이스라엘의 언약법을 이 경우에 적용함으로써 이런 심판의 말을 던지고 있는 것인가? 지혜 문학의 특징적인 문학적인 기법을 사용하고 있다는 사실은 그가 도덕적인 질서 속에 뿌리박혀 있는 보편적으로 인식된 강령들에 호소하고 있음을 시사해 준다. 히타이트의 고대 조약 문헌들은 전쟁 행위와 죄수들의 취급에 대해서 구체적인 조항들을 담고 있는데, 이 점은 아모스의 말들 배후에 깔려 있는 도덕적인 전제들이 폭넓게 받아들여진 것임을 증명해 준다.

이스라엘에 대한 심판의 말씀들(3-6장)

3-6장에서 아모스는 아주 다양한 문학 양식들을 사용하고 있는데, 그 중에서 가장 두드러진 것은 선지자적인 소송의 연설(the prophetic lawsuit speech) 양식이다. 이 양식에 따르면, 선지자는 이스라엘에 대한 하나님의 고소 내용을 전달하기 위한 법정 대리인의 역할을 한다(Niehaus, 318-19). 성경의 선지자적인 소송 양식들은 그 성경외적인 소송 양식들(Huffmon 1959)의 경우에서와 마찬가지로 조약 관계하의 종주(宗主) 혹은 군주가 대리인을 보내 자신과 언약 관계 하에 있는 순종적이지 못한 속주(屬主)나 봉신에게 언약의 의무사항을 일깨우고, 또한 그들이 그러한 의무사항들을 지키지 않는 것을 지적했다. 이것의 배경은 재판정(裁判廷)이다. (1) 검사-재판관이 호명된다. (2) 언약 당사자들 사이의 과거의 관계가 검토되는데, 특히 속주(屬主) 쪽에서의 최근의 불순종의 행위들이 지적된다. (3) 증인들이 호출된다. (4) 고발 내용이 진술된다. (5) 보통 수사의문문 형태의 대질 심문이 행해진다. (6) 회개가 촉구된다. 즉 언약-조약 관계의 회복 가능성이 선언된다. (7) 심판의 경고 내용이 구체적으로 언급된다.

이러한 요소들 중의 많은 것들이 아모스서 3:1-15과 같은 예에서 발견된다. 검사와 피고인이 소개되고(3:1a), 과거의 관계에 대한 간략한 역사 및 그 관계의 파기가 선언된다(3:1b-2). 대질심문은 수사의문문들을 통해서 이루어지며(3:3-6), 선지자-법정 대리인의 권한이 확증된다(3:7-8). 심판의 선언을 방청(3:10-15)하도록 주변 열방으로부터 증인들이 호명된다(3:9).

선지자적인 소송의 양식 이외에도 아모스는 또한 심판의 연설들(judgment speeches, 4:1-13; 5:1-7)과 저주의 신탁들(woe oracles, 5:18-27; 6:1-14)을 사용한다. 과거의 학자들의 연구는 3:1-6:14에 나오는 이러한 연설 양식들의 편집층 및 연대기적인 관계에 초점이 맞추어져 있었다. 그러나 최근의 연구는 이 문헌들의 의도적인 내적인 일관성 및 구조의 통일성을 관찰하고자 하는 경향이 있는데, 이것은 연대기적인 관계를 추정할 필요성을 어느 정도 약화시키는 경향이 있다(Hubbard 1989, 119; Gitay 1980; de Waard 1977; Tromp 1984를 보라).

이상들에 대한 기록들(7-9장)

선지자는 자신이 받은 다섯 개의 이상들에 대한 자서전적인 기록을 제공해 주고 있다. 이 이상들 중의 처음 네 개(7:1-3, 4-6, 7-9; 8:1-3)는 서로 비슷하지만 다섯 번째 것과는 뚜렷하게 차이가 난다(9:1-10). 처음 네 개에서는 하나님께서 이 선지자에 어떤 대상이나 사건 등을 "보이셨다"(7:1, 4, 7; 8:1). 그리고 그 속에는 하나님과 이 선지자 간의 대화가 들어 있다. 그러나 마지막 이상에서 보인 것은 바로 하나님 자신이며, 하나님과 선지자 간에는 아무런 대화가 없다. 아무런 행동도 없이 선지자는 하나님의 말씀을 조용히 경청한다.

처음 네 개의 이상들은 분명히 서로 연결되어 있으며, 하나의 집단적인 구조를 갖추고 있다. 처음 두 개의 이상은 사건들(메뚜기 재앙과 가뭄)을 묘사하고 있으며, 다음의 두 개는 물건들(다림줄과 과일 광주리)을 묘사하고 있다. 처음의 두 개에서는 아모스는 하나님과 대화하며, 하나님이 재앙들을 돌이키실 것을 간청해서 성공을 거둔다. 다음 두 개에서는 이상의 내용들을 돌이킬 수가 없다. 처음 두 개의 이상은 농경 사회에 일어날 수 있는 가장 큰 재앙들(메뚜기 떼와 가뭄)이며, 더 이상의 설명이 필요하지 않다. 그러나 다음 두 개의 이상은 설명을 필요로 한다. 다림줄은 하나님의 기준, 즉 율법을 상징하며, 어떤 물체의 수직성을 측정하는 이 물건은 이 백성의 불순종과 대조된다. 다림줄로 측정해 볼 때 벽이 어긋나 있는 성(城)은 계속해서 유지될 수가 없다. 마지막 이상에서 여름 과일 광주리를 통해 아모스는 예레미야서에 나오는 이상들(1:11-14)과 비슷한 언어유희를 한다. 여름(카이쯔) 과일은 이스라엘의 종말(케쯔)에 대한 메시지를 전달해 준다. 이 나라가 심판을 받을 때가 무르익었다. 각기 하나의 쌍으로 이루어진 이 두 부류의 이상들은 아모스의 사역기간 중의 각기 다른 시기에 나온 것일 수가 있다. 즉 처음 두 개의 이상은 심판을 피할 가능성이 여전히 있었던 시기에 나온 그의 이른 시기의 설교이며, 뒤의 두 개는 그의 메시지가 배격(7:10-17)을 당하고 심판이 불가피하게 된 시기에 나온 그의 후기의 설교들로 보는 것이 가능하다.

이 책은 구원의 신탁이 갑자기 주어지는 것으로 끝이 난다. 다림줄로 재어 볼 때 바르지 못해서 멸망당한 이 나라(7:7-9)는 다시 세워지며(9:11-12), 지나치게 익어버린 이 백성(8:1-3)은 열매가 풍성한 땅에서 다시 한 번 회복을 즐길 것이다. 이스라엘은 회복된 에덴 동산이 될 것이다(9:13-15). 소산물의 풍성함은 종말론적인 미래의 축복들을 묘사하는데 있어서 선지서들에 흔히 등장하는 모티프이다(예를 들어 겔 47장; 욜 3:17-21 [MT 4:17-21]; 슥 3:10). 비록 많은 학자들은 이 신탁을 후대의 편집자들과 연결시켰지만(위를 보라), 여기에서 이 선지자는 다윗의 장막(9:11) 속에서 남왕국과 북왕국의 통일 왕국이 재수립될 것에 대한 희망을 품고 있는 것으로 보인다(9:11).

아모스는 자신의 신탁들을 전달하는데 있어서 은유, 직유, 별칭, 잠언들, 짧은 내러티브들, 비꼼(sarcasm), 직설적인 저주, 이상, 조롱(taunt), 대화, 아이러니, 풍자(satire), 패러디(parody) 등의 상당히 다양한 문학적인 기교들을 사용하고 있기 때문에 "선지자들이 사용한 양식들의 모음집이나 다름 없다"(Ryken 1993, 342). 농사에 대한 비유적 표현들을 광범위하게 사용하고 있는 점은 양치기이자 돌무화과 나무 일꾼으로서의 그의 배경을 반영하고 있는 듯하다(1:3; 2:13; 4:9; 5:11, 16-17; 7:1-2, 14-15; 8:1-2; 9:9-15). 이 선지자는 또한 구조상의 반복(열방들에 대한 신탁들이나 이상 기사들의 경우처럼)이나 수사의문문들의 사용(3:3-6)이나 어구의 반복(3:4, 8)을 즐기는 것처럼 보인다. 그는 자기 대적들의 말을 인용할 때 "약술(略述)적인 인용”의 기법을 자주 사용한다(2:12; 4:1; 6:2, 13; 7:11, 16; 8:5-6, 14; 9:10). 그는 언어유희(5:5; 6:1, 6, 7; 8:1-2)를 사용하며, 청중들을 자주 호명함으로써 그들의 주의를 환기시킨다(3:1; 4:1; 5:1; 참고, 8:4).

신 학 적 인   주 제 들

아모스서의 설교는 다음 몇 가지의 뚜렷한 주제들로 묶어 볼 수가 있다.

하나님의 주권과 심판

역사의 흐름을 이스라엘의 하나님이 지배하고 있다는 믿음을 아모스가 정경상의 다른 선지자들과 공유했다는 것은 말할 필요조차도 없다. 아모스는 하나님께서 북왕국의 종교적·사회적 관행들을 거부하시고, 그들의 불순종 때문에 그들을 벌하시기로 결정하셨다는 것을 선언하고 있다. 허버드(Hubbard 1989, 108-9)는 이러한 주권적인 통치와 심판을 네 가지 상이한 차원에서 바라보고 있다. 첫째, **인격적·신적** 차원에서 보자면 심판에 있어서 주도권을 취하시는 분은 하나님 자신이시다(예를 들어 1:4; 3:2, 14; 9:4). 불순종이 그를 향한 것이기 때문에 그들을 벌하시는 것은 하나님의 의무이다. 둘째는 **창조**의 차원이다. 세상 자체가 악을 심판하기 위해서 일어난다. 이 나라에 심판을 행하기 위해 오시는 용사로서의 하나님의 임재 앞에서 피조물들이 요동을 한다(2:13; 8:8; 9:1, 5; 참고, 1:1). 셋째, **도덕적인 인과관계**의 차원에서 보자면, 다른 사람들을 향해 저질러진 악은 본인에게 악으로 되돌아온다(3:11; 5:11). 하나님께서 선지자를 통해서 주신 말씀을 배척한 일은 하나님의 말씀의 기근이라는 도덕적인 결과를 가져온다(8:11-12). 즉 벌이 죄와 상응한다. 넷째, **정치적인 역사**의 시각에서 보자면 하나님의 주권적인 통치는 세상의 열방들을 다 포괄한다. 그들은 그의 심판의 대상(1-2장)일 뿐만 아니라 이스라엘에 심판을 행하라는 그의 명령을 수행한다. 그들은 이스라엘 땅을 침략하기 위해서 오며(3:11), 이스라엘의 군대(5:3) 및 거민들(6:9-10)을 황폐화시키고, 영토를 점령하고 도시들을 파괴하며(3:14; 6:14), 지도자들을 사로잡아간다(4;2-3; 5;27). 하나님께서는 세상의 모든 영역 속에서 자신의 주권적인 힘을 과시하신다. 바다 속이나 산 속, 음부나 하늘 속으로 숨더라도 그의 심판을 피할 수가 없다(9:2-4).

우상 숭배와 사회적인 불의

하나님의 심판에 대한 아모스의 메시지는 우상 숭배와 사회적인 불의라는 두 가지 영역에 대한 것이다. 아모스 시대의 이스라엘에는 우상 숭배가 흔한 일이었다(2:8; 5:5, 26; 7:9-13; 8:14). 여호와 숭배 그 자체가 부패하게 되었으며, 외형적이고 허식적으로 치러지는 희생제사의 의무(4:4-5; 5:21-26)와 안식일 명령(8:5) 등의 종교적인 사항들은 모두 "율법의 더 중요한 요소들"을 상실했다. 또 어떤 자들은 하나님의 계명들을 공개적으로 무시했다(2:7-8).

여로보암 2세 하에서의 정치적이고 군사적인 성공에 따른 물질적인 번영은 이스라엘에 강력하고 부유한 상류계층을 창출해 내었다(3:12, 15; 6:4-6). 새로운 차원의 여유 시간과 잉여 재산 때문에 노골적인 악들이 저질러졌다. 그리고 술의 남용이 여성들에게조차 문젯거리가 되었다(4:1; 참고, 2:8). 부자는 공의를 돈으로 살 수가 있었지만(5:12), 가난한 자들은 돈에 팔릴 수밖에 없었다(2:6-7; 8:6). 가난하고 궁핍한 자들은 힘 있는 자들에 의해서 고통을 당하였다(2:7; 4:1; 5:11; 8:4). 하나님은 자신을 가난한 자와 과부와 고아의 수호자로 계시하였다. 그는 짓밟힌 자들을 보호하시고자 하였다. 권력과 부의 남용은 북왕국에 재난을 불러올 수밖에 없었다. 불의하게 얻은 재물은 다른 사람들에게 탈취를 당하고, 동료 이스라엘 사람들을 노예로 삼은 사람들은 결국 그 자신들이 먼 나라에서 노예가 될 수밖에 없었다(9:4). 아버지와 아들이 한 창녀와 관계를 가졌던 사람들은 자신들의 아내들이 창녀가 되고, 자식들이 칼에 죽임을 당하는 것을 보게 되도록 되어 있었다(7:17). 가난한 자들을 괴롭힌 자들(2:7; 4:1)은 자신들이 고통을 당하게 되어 있었다(2:13). 공의로우신 하나님께서는 자신의 언약 백성들 가운데 공의를 명하셨으며(5:15), 희생 제사보다는 순종을 요구하셨다(5:18-24).

언약과 남은 자

　　　　　아모스는 초기의 성경 비평학이 묘사한 것과 같은 급진적인 종교개혁가가 아니었다. 언약에 근거한 법정 소송의 대리자로서의 그의 위치는 언약의 존재를 바탕으로 하고 있다. 이 책은 오경의 내용을 많이 언급하고 있으며(Niehaus 1992, 322의 도표를 보라), 언약적인 이념을 잘 파악하고 있다. 예를 들어, 아모스는 2:8(출 22:26; 신 24:12-13); 2:12(민 6:2-21); 4:4(신 14:28); 4:11(창 19장) 등에서 기존의 오경 문헌을 활용하고 있음이 분명하다. 아모스는 자신이 모세의 뒤를 잇는 일련의 선지자들의 한 구성원이라고 보고 있다(3:7; 신 18:14-22). 이스라엘을 향해 선포된 하나님의 심판들은 신명기 28장과 레위기 26장의 저주 목록으로부터 도출된 것이다. 아모스는 이스라엘이 새로운 종교적 사고를 받아들이도록 촉구한 것이 아니라 기로에 선 이 나라에게 예레미야처럼 "옛적 길" 곧 "선한 길"을 택하도록 촉구했다(렘 6:16).

　선민, 즉 여호와와의 언약 관계 속에서 구속을 받은 나라라는 이스라엘의 지위는 이 책에서 중요한 역할을 하고 있다(3:1-2). 하나님은 아브라함의 후손들에게 자신을 전적으로 헌신했다. 그러나 그는 또한 그들이 거룩한 나라가 될 것을 요구했다. 언약의 규정들에 따라 사는 것에 대한 실패는 하나님의 진노와 심판을 불러일으킨다. 하나님께서 자비롭게 자기 백성에게 헌신을 했다는 사실과 이 백성이 그의 계명들을 지키지 못하는 것 사이에는 피할 수 없는 긴장이 발생한다. 그리고 이러한 긴장은 선지서들 속에서 주로 남은 자 모티프를 통하여 선포되어졌다(Dillard 1988; Hasel 1991). 하나님께서는 자신의 거룩성 때문에 이 백성의 죄를 심판으로 대응하시는 수밖에 없으시다. 그러나 이스라엘에 대한 그의 헌신 때문에 거기에는 항상 남은 자들, 즉 하나님의 심판을 통과하고 하나님의 계속적인 백성의 핵이 되는 자들이 항상 존재한다. 이 생존자들, 즉 남은 자들은 이 백성에 대한 하나님의 약속을 새롭게 상속받는다. 아모스가 볼 때에는 계획된 하나님의 심판은 에브라임과 므낫세의 존속을 위협하는 것이었다(5:15; 6:9). 이스라엘은 체 속의 곡식과 같았다. 한 알갱이도 땅에 떨어지지 않을 것이나 이 백성들 속의 모든 죄인들을 죽게 될 것이었다(9:9-10). 그러나 또한 하나님께서는 이 백성을 다시 심으시고 그들을 축복하실 것이다(9:11-15).

여호와의 날

이스라엘은 보통 "여호와의 날"이 이 나라가 변호를 받는 날, 용사이신 하나님이 이스라엘의 적들에게 심판을 행하시는 날이라고 보았다. 그러나 아모스는 이 개념을 뒤집었다. 여호와의 날은 이스라엘에 대한 심판을 의미했으며, 용사이신 하나님은 이 백성의 죄를 심판하기 위해서 원수의 군대들을 자기 백성에게로 보내실 것이다(암 5:18-20). 이스라엘은 다른 나라들과 마찬가지였으며, 하나님의 진노의 날에 그들보다 더 나을 것이 없었다. 아모스의 종말론에 대해서는 상당한 논의가 있었다(Hasel 1991, 5-8). 어떤 사람들은 아모스서의 "여호와의 날"이 종말론적인 개념이 아니라고 보았으며, 어떤 이들은 아모스서가 이 백성의 대중적인 종말론에 반기를 든 것이라고 보았으며, 또한 어떤 이들은 아모스서가 종말론적인 개념을 만들어낸 것이라고 생각하였다. 이 문제에 대한 대답은 우리가 "종말론"이라는 것을 어떻게 이해하느냐 하는 것에 어느 정도는 의존하고 있다. 우리가 종말론을 우주적이고, 종말적이고, 대격변의 사건을 의미하는 것이라고 볼 때는 "여호와의 날"에 대한 아모스서의 용법은 아마 종말론적인 것이 아닐 것이다. 그러나 만약 우리가 이 개념을 하나님께서 심판을 위해 장차 반드시 개입하실 것(비록 반드시 역사의 종말은 아니라고 할지라도)이라는 것으로 이해한다면 아모스서의 용법은 확실히 종말론적인 것이다.

하나님의 말씀

아모스는 선지자들을 통해서 계시된 하나님의 말씀의 능력과 효력에 대해서 다른 선지자들과 같이 신념을 갖고 있다(3:1; 4:1; 5:1; 7:14-16; 8:12). 하나님께서 자신의 처소에서 말씀을 하실 때에 땅은 그에 대한 반응으로 진동을 한다(1:2). 사자의 울부짖음은 그에 대한 반응을 불러일으킨다. 그럼에도 불구하고 이스라엘은 자신들이 하나님께서 그 종 선지자들을 통해서 계시하신 하나님의 말씀을 무시할 수 있다고 생각했다(3:3-8).

신 약 으 로 의 접 근

신약은 사회 정의 및 가난한 자들의 학대에 대한 아모스서의 관심을 공유하고 있다. 교회에서는 부자와 가난한 자에 대한 대우가 달라서는 안 된다(고전 11:22; 약 2:1-10). 진정한 종교는 궁핍한 사람들을 돌보고 그들을 억압해서는 안 된다는 것을 요구한다(약 1:27; 5:1-6). 가난한 사람들은 하나님의 특별한 관심의 대상이다(약 2:5). 복음서들 중에서 예수께서 궁핍한 자들에게 관심을 갖고 계시다는 것을 보여주는데 특별한 관심을 보이고 있는 것은 바로 누가복음이다(눅 4:18; 6:20; 7:22; 11:41; 14:13, 21; 18:22; 19:8; 21:2-3; 참고, 행 9:36; 10:4; 10:31; 24:17).

아모스서는 특히 신약의 몇몇 구절들 속에서 구체적으로 인용되어 있다. "악을 미워하고 선을 사랑하라"는 바울의 권면은 어쩌면 아모스서에 기초한 것일 수 있다(5:15; 롬 12:9). 스데반은 광야 방랑시절 동안 이스라엘이 국가적으로 우상 숭배를 했다는 것을 회상하는 가운데 이 선지서를 인용했다(5:25; 행 7:42). 아마 가장 흥미로운 인용구는 사도행전 15:16-17에 인용된 아모스서 9:11-12일 것이다. 비록 사도행전에 인용된 실제 구절의 원자료를 확정짓는 것은 어렵지만 예루살렘 공의회에서 야고보는 이방인들을 교회 속에 포함시키는 것이 이스라엘의 재연합에 대한 하나님의 약속을 성취시키는 것이라고 주장하고 있는 듯하다. 다윗의 무너진 장막을 다시 일으키며, 그 틈(통일왕국의 분열)을 수리하는 것은 이스라엘이라는 실제적인 나라에만 적용되는 것이 아니라 열방들을 모으는 것도 또한 포함하는 것이었다.

오 바 댜 서

"좋은 것은 작은 꾸러미에서 나온다"라는 옛 속담은 구약의 이 가장 짧은 책의 경우에 아주 적절한 말이다. 반대로 많은 학자들은 이 책에 대한 제롬(Jerome)의 말에 동의해 왔다: "quanto brevius est, tauto difficilius"("이 책은 짧은 만큼 어렵다").

역 사 적   배 경

저작권의 문제 및 역사적인 배경

선지서들에 대한 표제들은 보통 해당 선지자가 살았던 시기, 그의 출신지역, 그리고 그의 아버지의 이름 등에 대한 정보들을 제공해 준다. 그러나 오바댜에 대해서는 위의 아무런 정보도 제공되어 있지 않으며, 심지어는 그의 정확한 이름이 무엇인지에 대해서까지 논란이 있을 정도다. 오바댜라는 이름의 히브리어 모음부호에 따르면 이 이름은 "여호와를 예배하는 자"라는 의미를 갖고 있다. 그러나 70인경(Abidiou)과 불가타역(Abdias)에서는 그의 이름은 다른 모음으로 읽혀지고 있으며, 이 경우 그의 이름은 "여호와의 종"이라는 의미를 갖고 있다. 스튜어트(Stuart 1987, 406)는 이 이름들이 같은 이름의 변이형이라고 주장했다. 예를 들어, 영어 이름에서 Bert나 Burt 혹은 Beth나 Betty가 서로 같은 이름인 것과 같은 경우라는 것이다. 최소한 구약에서는 열두 명의 사람이 오바댜

라는 이름으로 불렸으며, 다른 흔한 이름중의 하나인 오베드(Obed)는 오바
댜라는 이름의 애칭이다. 그러나 우리의 이 선지자는 이들 중의 그 누구와도
일치되지 않는다.[1] 이 선지자에 대한 정보가 없다는 사실은 그가 그의 동시
대인들에게 널리 알려져 있었다는 것을 의미할 수도 있다. 어떤 학자들은 이
방 나라들에 대한 신탁들이 성소들에서 주어졌다고 주장하며, 그 때문에 어
떤 학자들은 오바댜 자신이 예루살렘 성전 직원들 중에 속한 제의 선지자(a
cultic prophet)였다고 주장한다. 또한 이 책이 어느 특정한 절기나 제의적
인 사건과 연결되어 있다는 주장도 있다. 그러나 이러한 결론들은 매우 추상
적이다. 알렌(Allen 1976, 136)은 이 책이 역사적 구체성을 띠고 있다는 점
은 이 책이 제의를 위해서 만들어졌다는 주장과 상치된다고 주장했다. 왜냐
하면 제의를 위한 글들은 그 어조가 좀 더 일반적이기 때문이다.

나훔서, 하박국서, 요엘서 — 책의 표제에 나오는 선지자에 대해서 정보를
거의 제공해 주지 않는 책들 — 등과 마찬가지로 독자들은 이 책의 연대 및
역사적인 배경을 파악하기 위해서는 내적인 자료들을 검토해 보아야만 한
다. 그러나 연구사를 보면 이러한 자료들이 꼭 통일된 결론들을 도출해 온
것은 아니다.

대부분의 학자들은 오바댜서가 주전 6세기의 것으로 간주되어야 한다는
데 거의 동의를 하고 있다. 즉 유다 왕국의 바벨론 유수 초기 혹은 이 세기의
후반으로 보는 것이 타당성이 있다는 것이다. 이 연대를 지지해 주는 가장
명백한 자료는 유다의 멸망 때 에돔이 유다를 침공한 것에 대해서 오바댜가
책망을 하고 있음이 분명하다는 것이다(11-16절). 이 사건은 다른 성경 구절

---

1) 바빌로니아 탈무드(Sanh. 39b)에 나오는 한 전승은 오바댜 선지자를 아합 왕의
  궁정에 있던 동일한 이름의 인물과 동일시하고 있다(왕상 18:3-16). 제롬도 이
  전승을 알고 있었다. 이 오바댜란 인물은 궁정의 한 행정관이었으며, 엘리야와
  힘을 합쳐 많은 선지자들의 목숨을 보호한 바가 있다. 그러나 탈무드의 이 전승
  이 잘못된 것임은 의심의 여지가 없다. 오바댜서는 6세기경의 것으로 보이는 반
  면에 오바댜란 이름을 가진 이 인물은 9세기의 사람이기 때문이다. 이 전승은 어
  떤 특정 장소나 인물을 다른 알려진 사건들이나 인물들과 연결시키기를 좋아하
  는 일부 학자들의 태도를 반영하고 있다.

들에도 기록되어 있다(시 137:7; 애 4:21-22). 외경인 에스드라 1서(4:45)는 에돔인들이 예루살렘 성전을 태운 것에 대해서 비난을 하고 있는데, 이 점에 대한 역사적인 토대는 확인할 수가 없다.

일부 학자들은 좀 더 늦은 시기의 연대를 주장했다. 뷰어(J. A. Bewer 1911) 등의 학자들은 에돔의 멸망에 대한 예언들이 사후 예언(事後 豫言, vaticinium ex eventu — 즉 이미 일어난 일을 목격하고 난 이후에 그 일을 예언적인 문체를 사용해서 기록한 것 — 역주)라고 보았다. 이들은 이러한 예언들은 5세기 말엽에 나바테아인들(the Nabateans)에 의해서 에돔이 멸망한 이후에 주어진 것이라고 주장했다. 그러나 2-9절은 과거의 사건들에 대한 기록이 아니라 예언적인 경고이다.

카일(C. F. Keil), 영(E. J. Young) 등의 소수의 학자들은 반대로 주전 9세기 중엽이라는 이른 시기의 연대를 채택했는데, 그들은 이 책을 여호람 시대의 사건들과 연결시켰다(왕하 8:20-22; 대하 21:8-10). 이러한 이른 시기의 연대는 만약 현재의 12소선지서들의 정경상의 순서가 연대기적인 순서를 반영하고 있다는 것을 받아들일 경우는 아주 매력적인 것으로 보인다. 그러나 12소선지서의 책들은 연대를 확인할 수 있는 경우에는 연대순으로 되어 있지만 연대기적으로 확실성이 덜한 책들의 경우는 주제상의 연결이나 동일한 어휘의 사용 등의 이유 때문에 그런 순서로 배열된 듯하다. 또한 70인경상의 배열순서는 히브리어 사본상의 배열순서와 차이가 난다.

오바댜서는 에돔에 대한 신탁이다. 이 땅은 또한 세일로도 알려져 있었다 (창 32:3; 36:20-21, 30; 민 24:18). 이 지역은 사해의 남쪽과 동쪽에 놓여 있으며, 와디 제레드(the Wadi Zered)로부터 아카바 만(the Gulf of Aqabah)까지의 지역에 걸쳐 있다. 이 땅은 농사를 지을 수 있는 땅의 변경에 놓인 꽤 좁다란 띠 모양의 땅이다. 다음의 두 개의 중요한 남북 교통로가 이 지역을 통과했다: (1) 소위 왕의 대로(the King's Highway): 물을 좀 더 쉽게 구할 수 있는 농경지를 따라 뻗어 있으나 동서간의 깊은 계곡들을 건너기도 해야 함. (2) 농경지의 동쪽 바깥 경계를 따라 뻗어 있는 길인데, 이 길을 따라 갈 경우 그러한 깊은 계곡을 건널 필요는 없음. 이 두 무역로는 요단 강 동쪽 편의 중요한 간선도로들이었다. 유럽과 아시아와 아프리카의 물품들이나 물건들이 이 길들을 따라 운반되었으며, 대상들에게서 거둔 세금이 에돔의 수입의 토대였다.

성경은 이스라엘과 에돔 간의 길고 빈번한 접촉의 역사를 기록하고 있는데, 그 대부분은 군사적인 갈등에 대한 것들이다. 에돔인들은 야곱/이스라엘의 형인 에서(창 36:1, 9)의 후손들인 것으로 기록되어 있다. 출애굽 이후에 에돔은 이스라엘이 자신들의 땅을 통해 가는 것에 반대했다(민 20:14-21; 삿 11:17-18). 발람은 에돔이 정복될 것이라고 예언했다(민 24:18). 통일 왕국 시대의 왕들 — 사울, 다윗, 솔로몬 — 은 에돔인들과 싸웠으며, 사실상 잠시 동안 그들의 땅을 지배했다(삼상 14:47; 삼하 8:13-14; 왕상 9:26-28; 11:14-22). 9세기 중 여호사밧의 시대에 에돔은 모압 및 암몬과 동맹을 해서 유다를 침공했다(대하 20장). 몇 년 후에 에돔은 여호람에 대항한 반역을 일으켜서 더욱 큰 성공을 거두었으며, 약 40년 동안 이스라엘의 지배로부터 자유를 누렸다(왕하 8:20-22; 대하 21:8-10). 8세기 초에 유다의 왕 아마샤는 다시 한 번 에돔을 정복했으며, 전쟁에서 승리를 거둔 후에 다시 많은 사람을 처형하였다(왕하 14:7; 대하 25:11-12). 8세기 중엽 아하스의 치세 중에 다시 한 번 에돔은 유다에 대한 공격을 감행하였으며, 포로들을 사로잡게 되었다(대하 28:17). 바로 이 때 에돔은 이스라엘의 멍에를 벗어나서 다시는 복속되지 않았다.

앗시리아와 바빌로니아가 지배하던 시기에 에돔은 이 강대국들의 속국의 지위로 전락했다. 한때 에돔은 바벨론에 대항한 음모에 가담한 적이 있었다(렘 27장). 예루살렘의 멸망 후에 에돔은 그 시기의 이점을 이용하였으며, 바빌로니아인들과 힘을 합쳤거나 아니면 단독으로 유다와 예루살렘에 대한 침공을 감행하였으며, 바로 이 사건이 오바댜서의 동기가 되었다(위를 보라).

고고학적인 증거들을 볼 때 페르시아 시대(6세기 말부터 4세기까지) 중에 아랍의 영향 혹은 침투가 점증하고 있다. 주전 4세기 말에는 나바테아의 아랍 왕국이 페트라를 중심으로 해서 자리를 잡고 있었다. 나바테아인들로부터의 압박에 따라 많은 에돔인들은 유다의 네게브 지역으로 옮겨갔으며, 이 지역은 이두매(Idumea)라고 불리게 되었는데, 이 이름은 에돔이라는 옛 이름을 보존하고 있다.

문 학 적 인 분 석

선지자 집단이 시작될 때부터 선지자들은 이스라엘에게 뿐만 아니라 이방 나라들에 대해서도 메시지를 선포했다. 모세는 애굽의 바로에게 말씀을 전달하도록 부름을 받았다(출 3:10). 예레미야는 "열방의 선지자로" 세움을 받았으며(렘 1:5), "열방 만국 위에" 세움을 입었다(렘 1:10). 호세아서와 학개서를 제외한 모든 선지서들은 이방 나라들에 대한 메시지들을 담고 있다. 그러한 말씀들을 폭넓게 수집해 놓은 것들은 이사야서 13-23장; 예레미야서 46-51장; 에스겔서 25-32, 35장; 아모스서 1-2장을 들 수 있다.

다른 선지서들에서는 한 이방 나라에 대한 신탁의 하나에 불과할 것이 오바댜서에서는 한 개의 독립된 책이 되었다. 이사야서 34:5-15; 예레미야서 49:7-22; 에스겔서 25:12-14; 35장; 아모스서 1:11-12; 말라기서 1:2-5에는 에돔에 대한 다른 신탁들이 들어 있다. 에돔은 이방 나라들에 대한 신탁들 중에서 다소 구분되어지는 신탁들의 주제이며, 선지서들에서 다른 어떤 나라에 대해서보다 간결하거나 혹은 일시적이면서 적대적인 신탁들의 주제이다(Stuart 1987, 404; cf. 욜 3:19 [MT 4:19]; 사 11:14; 렘 25:21; 애 4:21). 특히 오바댜서 1-9절은 예레미야서 49:7-16과 어휘적인 면이나 주제적인 면에서 밀접한 연결점들을 갖고 있는데, 그 유사성으로 볼 때 문헌상의 의존관계가 있었음이 거의 확실하다. 그러나 어느 쪽이 다른 쪽에 의존하고 있는지는 확실하지가 않다. 오바댜서는 예레미야서보다 이를 수도 있고, 뒤에 올 수도 있다. 이 두 신탁은 동일한 서론부(옵 1절; 렘 49:7)를 갖고 있으며, 양 신탁이 모두 에돔의 지혜 없음에 대해서 말하고 있다(옵 8절; 렘 49:7). 오바댜서 1b-4절은 예레미야서 49:14-16과 비슷하며, 오바댜서 5절은 예레미야서 49:9과 닮았고, 오바댜서 6절은 예레미야서 49:10a과 유사하다. 옥덴(Ogden 1982)은 이 두 문헌이 성전에서의 애탄의 제의(a lament liturgy)에 대한 응답들의 본보기라고 간주하고 있다.

다른 대부분의 선지서들의 경우에서와 마찬가지로 비평학자들은 이 오바댜서처럼 짧은 책에서도 그 통일성과 문헌상의 응집성에 대해 의심스러운 점들을 찾아내었다. 스튜어트(Stuart 1987, 403)가 지적한 바와 같이 성경상의 어떤 문헌에 대한 학자들의 논쟁은 그 의문점에 대한 답을 줄 만한 자료의 양에 역비례해서 증가한다. 이 책의 형성 단계를 파악하려는 시도들은 대체로 두 가지 중요한 접근방법을 따르고 있으며, 여기에는 수많은 변이형들이 존재한다. 첫 번째의 접근방법(Bewer, Keller 등)은 1-14, 15b절을 오바댜 자신의 것으로 보고, 그 나머지 부분들(15a, 16-21절)은 후대의 인물들이나 몇몇 개인들의 것으로 본다. 이러한 구분을 하는 중요한 근거는 이 책의 첫 번째 부분이 구체적인 역사적 상황을 다루고 있는 반면에 나머지 부분은 좀 더 묵시적인 성격을 갖고 있기 때문이다. 즉 첫 번째 부분은 예루살렘의 멸망 및 에돔에 대한 하나님의 임박한 심판을 반영하고 있는 반면에 나머지 부분은 여호와의 날에 대해서 선언하고 있으며, 또한 에돔 자체에 대해서보다는 더 폭넓게 열방들을 향해서 하나님의 심판과 이스라엘에 대한 변호를 말해주고 있다. 두 번째 접근방법(Weiser, Rudolph 등)은 19-21절만이 오바댜의 것이 아닌 것으로 보고, 15a, 16-18절은 오바댜 자신의 것이기는 하지만 독립된 신탁인 것으로 본다. 15a, 16-18절은 1-14, 15a절과 같은 역사적 상황과 관련되어 있다. 첫 부분에서는 열방들이 에돔을 벌하는 반면에 두 번째 부분에서는 열방들이 에돔과 마찬가지로 희생자들이 되고 있다. 또한 첫 부분에서는 에돔이 청중이며, 두 번째 부분에서는 이스라엘이 청중이다.

이 짧은 책에서 형성과정의 역사를 찾으려고 하는 이러한 접근방법들과는 대조적으로 다른 학자들은 이 책의 본질적인 통일성을 옹호했다(Thompson, Allen, Stuart). 이방 나라들에 대한 모든 신탁들은 특성한 이방 나라를 가상적인 청중으로 언급하기는 하지만 언제나 사실상의 청중은 이스라엘이나 유다이다. 따라서 에돔에 대한 말씀으로부터 유다에 대한 말씀으로의 이동은 전혀 놀라운 일이 아니다. 톰슨(Thompson), 알렌(Allen), 브로킹턴(Brockington)은 요엘서와의 비슷한 점들에 주의를 환기시켰다. 요엘은 임박한 사건들(메뚜기 재앙)을 통해서 열방들에 대한 더 크고 묵시적인 모습의 여호와의 날이 다가올 음울한 전조를 보았다. 이와 동일한 신학적인 전개가 오바댜서에서도 발견된다. 에돔이 유다의 영토를 병합했지만 이 일은 반전될 것이다. 에돔이 이스라엘에 붙인 불에 탈 대상은 바로 에돔 자신이며, 에돔의 산들은 점령될 것이다(18-19절). 여호와가 나라들을 부추겨 에돔에 싸움을 거실 것이다(1절 후반절). 그리고 시온 산은 "에서의 산들을 다스릴" 자들을 낼 것이다(21절). 따라서 임박한 역사적 순간으로부터 더 묵시적인 전망으로의 이동은 상이한 편집층들을 구분하는 기준으로서 적절하지 못하다. 비록 이 책의 후반부가 이스라엘과 열방들에 더 폭넓게 관계되어 있기는 하지만 여전히 에돔이 전면에 부각되어 있다(19, 21절).

이 작은 책의 구조에 대한 분석 또한 상당히 다양한 결과들을 낳았다. 학자들은 이 책을 두 부분, 세 부분, 네 부분, 다섯 부분, 혹은 여섯 부분으로 쪼개었으며, 서로 다른 식으로 이 책을 개관했다. 이에 대한 논의의 역사는 알렌(Allen 1976, 140-42)이나 스나이만(Snyman 1989, 59-71)을 보라. 선지자는 자신이 하늘 궁정으로부터 온 사신으로서 에돔에 대한 전쟁을 위해 열방들을 소집하려고 보내진 자라고 그리고 있다(1절). 하나님은 에돔에 대한 심판을 선언하시며(2-9절), 자신이 하나님으로서 내리는 심판을 밝히고 있다(10-14절). 그러나 에돔이 경험하는 여호와의 날은 여호와가 자신의 적들에게 분노를 내리고 자기 백성들을 옹호하는 위대한 날의 전조에 불과하다(15-21절).

신 학 적 인   메 시 지

이 작은 오바댜서는 이방 나라들에 대한 다른 신탁들과 동일한 신학적 토대를 공유하고 있다. 이러한 신탁들은 최소한 다음의 세 가지 점을 함께 갖고 있다:

1. 이 신탁들은 여호와의 보편적인 통치를 말해주고 있다. 이스라엘의 하나님은 어느 한 나라만의 하나님이 아니다. 그는 모든 나라들과 지역들의 하나님이시다. 그의 말씀의 능력은 이스라엘의 경내에만 국한되어 있지 않다. 그의 말씀은 선포된 모든 시간과 공간 속에서 효력을 발휘한다. 그는 열방들의 역사를 정하시며, 자신의 뜻을 자신의 선지자들에게 계시하신다.

2. 이 신탁들은 아브라함 언약(" 너를 축복하는 자에게는 내가 복을 내리고

너를 저주하는 자에게는 내가 저주하리니"[창 12:3])이 이스라엘 속에서 작용하고 있음을 밝히고 있다. 야곱과 에서, 이스라엘과 에돔 간의 오랜 전쟁의 역사는 에돔에게 다음과 같은 의미를 갖고 있다: "너의 행한 대로 너도 받을 것인즉 너의 행한 것이 네 머리로 돌아갈 것이라"(옵 15b절).

3. 이 신탁들은 이스라엘의 선지자들이 거룩한 전쟁(the Holy War)에 용사이신 하나님(the Divine Warrior)의 메신저들로 참여하고 있음을 말해 주고 있다(Reid and Longman 1995, 55-60). 역사서들 속에서, 그리고 고전적인 정경적 선지자들이 등장하기 전의 시대에 아주 빈번하게 이스라엘의 선지자들은 국가가 치르는 전쟁에 능동적으로 참여하여 전투를 할 것인가 말 것인가 하는 것에 대해 하나님의 뜻을 나타내 주고, 심지어는 전투를 치르는 방식에 대해서까지 지시를 하고는 했다. 이방 나라들에 대한 신탁들은 선지자들의 전쟁 참여의 연장선에 있는 것들이다. 이 신탁들 속에서 선지자들은 구체적인 역사상의 전투들의 자질구레한 부분들에 대해서 말하는 대신에 가깝고 먼 나라들을 향한 용사로서의 하나님의 뜻을 선포했다. 이것은 더 언어적 차원으로 옮겨진 거룩한 전쟁이다. 전투 전에 주어지던 통상적인 말씀은 이방 열강의 군대들이 실제로 전투를 위해 전장에 도열해 있지 않은 상황에서 그들에게 주신 신탁이 된다.

격분의 감정, 즉 에돔을 향한 격분의 감정이 이 작은 책에 가득 차 있다. 이 책의 정확한 배경은 파악하기가 어려울 것이다. 그러나 관계되어 있는 문헌들의 양이 풍부하기 때문에 우리는 이 책을 더 폭넓은 맥락 속에서 볼 수 있다. 이스라엘인 독자들에게 있어서 오바댜서는 이 책의 문맥을 넘어서서 여러 가지 맥락 속에서 이 책을 이해하게 만들었다. 에서라는 이름이 자주 사용된 점(6, 8, 9, 18, 21절), 야곱을 그의 형제로 말하고 있는 점(10, 12절)은 우리로 하여금 국가 간의 정치의 영역으로부터 가족 관계의 영역으로 옮겨가게 만들어 준다. 이 두 나라 — 이스라엘과 에돔 — 는 이삭과 리브가의 장막에서 태어날 때부터 서로 뗄래야 뗄 수 없이 연결되어 있다. 오바댜는 에돔이 열방 중에서 멸시를 받게(be despised) 될 것이라고 선언하고 있는데, 이 동일한 단어가 에서가 어떻게 자신의 장자권을 경홀히 여겼는가 (despised) 하는 점을 기술하는데 사용되고 있다(2절; 창 25:34). 에서가 받은 "축복"은 그가 아브라함이 받은 약속을 상속받은 후사인 자기 형제 야곱/이스라엘을 섬기게 될 것이라는 점이었다(창 25:23; 27:27-40). 하나님의 섭리 속에서의 에서의 역할은 바로 그 순간부터 영원히 고정된 것이었다(Robinson 1988, 92). 역사를 통해서 에돔은 자기 동생의 멍에를 떨쳐 버리려고 시도해 왔다(창 27:40). 그러나 에서 자신부터가 자기 동생 야곱을 공격하지 않았다(창 33장). 아브라함에게 주신 하나님의 약속의 역동성과 더불어 야곱과 에서 간의 형제관계가 오바댜서의 문학적인 바탕이 되고 있다는 점을 고려해 볼 때 에서의 배반에 대한 격분의 감정이 두드러지게 나타나고 있다는 것은 놀라운 일이 아니다. 에돔이 이스라엘을 공격한 것은 단순히 국제 정치 및 기회주의의 문제가 아니다. 이것은 형제에 대한 배반이며, 두 형제가 리브가의 자궁에 들어섰던 때인 수 세기 전부터 에돔을 향해 세우신 하나님의 계획에 대한 반역인 것이다. 먼 과거에 수립된 이 계획은 종말론적인 미래에 실현되게 될 것이다. 에돔은 하나님이 목적하신 대로 자기 형제를 섬기게 될 것이다(Robinson 1988, 94-95).

하나님의 주권 및 자기 뜻을 이루시는 하나님의 능력에 대한 강조 이외에도 오바댜서는 하나님의 정의에 대해서 두드러진 관심을 보이고 있다. 커다란 비극을 겪은 자기의 동시대인들에게 오바댜는 하나님의 정의 및 하나님의 궁극적인 의도들이 결국 승리를 거둘 것임을 말해주고 있다. 당시의 재판법, 즉 동해형 복수법(同害形 復讐法, lex talionis)이 선언되어 있다: "너의 행한 대로 너도 받을 것인즉 너의 행한 것이 네 머리로 돌아갈 것이라"(15b절). 에돔은 유다의 생존자들을 쓰러뜨릴 것이다. 그러나 에돔은 생존자도 남지 않을 것이다(14, 18절). 에돔이 유다의 영토를 점령하기는 했지만(13, 16절) 결국 에서는 시온 산으로부터 통치를 받을 것이다(21절).

비록 짧기는 해도 오바댜서는 다른 선지서들과 많은 신학적인 주제들을 공유하고 있다. 라베(Raabe 1996, 3)가 지적한 바와 같이 "이 짧은 책은 이스라엘의 적들을 향한 하나님의 심판, 여호와의 날, 심판의 기준으로서의 동해형 복수법, 분노의 잔 비유법, 시온 신학, 이스라엘의 땅의 소유, 여호와의 왕권 등의 선지서들의 많은 위대한 주제들을 요약해 주고 있다."

신약으로의 접근

야곱과 에서, 이스라엘과 에돔 간의 오랜 경쟁관계와 계속적인 갈등에 대해서는 신약에서 그 메아리를 찾아 볼 수 있다. 우리는 이두매인이자 에돔의 후손인 헤롯 대왕이 예수를 그 탄생시에 죽이려고 한 점에서 그것을 보게 된다(마 2:16). 이 이두매인은 이스라엘이 갖추어야 할 모든 본 모습을 구현할 이 아기를 죽이려고 했었다.

바울도 이 고대의 이야기를 회고하고 있다. 그는 선택에 대한 하나님의 주권을 변호하고 있다. 리브가의 두 아기는 한 동일한 아버지를 갖고 있었으며, 그들은 쌍둥이였다. 그러나 하나님은 "큰 자가 어린 자를 섬기"게 될 것이라고 결정하셨다(창 25:23; 롬 9:13). 이것은 마치 "내가 야곱을 사랑하였고 에서는 미워하였으며"(말 1:2-3)라는 말라기서의 말씀과 같다.

요 나 서

요나서는 성경 중에서 가장 기념할 만한 이야기들 중의 하나를 담고 있다. 사람들은 큰 물고기에게 삼켜진 이 선지자의 이야기를 잘 알고 있다. 이 이야기는 많은 사람들에게 경이를 불러일으켰고, 또 다른 많은 사람들로부터는 조롱을 샀다. 불행하게도 이 이야기의 역사성에 대한 논쟁은 이 책의 문학적인 아름다움과 신학적인 중요성을 가려 왔다.

요나서가 정경상의 다른 선지자들과는 다른 책이라는 것을 의심하는 사람은 없을 것이다. 대부분의 선지서들은 해당 선지자의 말들을 중심으로 하고 있다. 반면에 요나서는 산문체의 내러티브이다. 이 선지자가 전한 말씀은 겨우 한 절에 들어 있으며(3:4), 이 말씀은 하나님의 이름조차 언급하지 않고 있다. 한편으로는 독특하면서도, 다른 한편으로는 당혹스러운 요나서는 오늘날과 관련성이 깊은 신학적인 메시지를 담고 있다.

역 사 적 배 경

이 책은 저자나 저작 연대에 대해서 아무런 단서도 갖고 있지 않다(Young, *IOT*, 261과 대조됨). 이 책의 주인공인 요나는 여로보암 2세(786-746년)의 치세 때에 살았던 실제 선지자이다. 그는 나사렛 북동쪽의 가드 헤벨(Gath-Hepher; 엘[el-Meshded]) 출신이었다. 열왕기하에 따르면 그는 북왕국의 영토가 확장될 것을 예언하였는데, 이 일은 여로보암의 치세 때에 이루어졌다.

일부 보수주의 학자들은 이 책이 일종의 역사 기록이라고 주장한다. 확실히 우리는 요나가 실제 선지자였다는 것을 열왕기를 통해서 알고 있다. 또한 이 책은 구약의 소위 역사서들과 그 양식상 밀접하게 연결되어 있다. 더욱이, 이 입장을 지지하는 학자들은 요나와 니느웨에 대한 예수님의 언급(마 12:39-40; 눅 11:29-30)은 그가 이 책이 역사적인 기록임을 믿었다는 것을 보여준다고 주장한다.

이 책을 이처럼 직설적인 역사서로 읽는 것에 대해서 반대들이 제기되었다. 그 중 가장 흔한 것은 요나가 물고기의 뱃속에서 삼 일간 있었던 것에 대한 악명 높은 논쟁이다. 회의주의자들은 이 이야기가 당혹스럽다고 생각한다. 그리고 어떤 이들은 이것은 이 책이 그저 단순한 역사적인 기록이 아니라는 것에 대한 단서라고 주장한다. 변증적인 태도의 보수주의 학자들은 뱃사람들이 큰 물고기의 뱃속에서 살아남은(비록 건강상태가 좋지 못했지만) 현대의 경우들을 언급함으로써 이에 대응한다(Aalders, 5-6). 그러나 이러한 식의 주장은 주의 깊은 독자들에게 만족감을 주지는 못한다. 왜냐하면 성경 기록은 하나님께서 기적적으로 개입하셨다는 것을 암시하고 있기 때문이다.

요나서는 저자가 독자들이 이 책을 역사기록으로 이해할 것을 의도하지 않았다는 것을 보여주는 다른 특징들을 보여주고 있다. 예를 들어, 이 이야기 속에는 어느 정도 모호성이 내포되어 있다. 요나는 이 책에서 이름을 가진 유일한 인물이다. "니느웨 왕"조차도 그 이름이 언급되어 있지 않으며, 니느웨는 제국의 이름이 아니라 수도의 이름이기 때문에 이 칭호는 비정상적인 것이다.

이 책은 문학적으로 상당한 역량을 가진 책이다. 이 책은 그 구조, 아이러니, 수사법적인 기교들에 있어서 아주 뛰어나다(다음 항목을 보라). 이러한 명백한 문학성 때문에 어떤 학자들은 이 이야기가 역사적인 기록이라기보다는 일종의 허구인 것으로 이해해야 한다고 생각한다. 물고기 사건 이외에도 허구적인 과장인 것으로 이해되어지는 요소들이 더 있다. 그 중 가장 유명한 것 두 가지는 "짐승들의 회개"(3:7-8)와 니느웨 성의 크기에 대한 묘사이다

(3:3-5).

이러한 논거들에 설득된 많은 학자들(가장 대표적인 경우로는 알렌[Allen])은 역사적인 해석을 버리고 그것을 대안적인 해석으로 대체시켰다. 과거에는 알레고리적인 해석이 유행했지만 요즘에는 비유적인 해석이 가장 중요한 대안이다. 우리는 비유적인 해석을 지지하는 학자들이 전부 다 기적을 거부하는 것으로 지나치게 단순화시키지 않도록 주의해야 한다. 확실히 어떤 학자들은 물고기 사건이 불가능하다고 보기 때문에 이 책을 비역사적인 것으로 해석하는 쪽으로 돌아섰다. 그러나 알렌 등과 같은 학자들은 영감을 받은 저자가 자기 책을 역사적인 기록이 아닌 비유로 읽혀지도록 의도했다는 것을 받아들인다.

이러한 모든 주장들을 살펴볼 때 두 가지 점이 시야에 들어온다.

첫 번째 점은 우리가 어느 쪽으로도 독단적일 수가 없다는 것이다. 역사적인 해석에 반대하는 논거들에 반박하는 논거들 중에는 그럴 듯한 것들이 있지만 이것들을 증명하는 것은 불가능하다(역사적인 해석을 가장 잘 변호하고 있는 것을 보려면 알렉산더[Alexander]를 보라; 또한 Page 1995를 보라). 예를 들어, 요나서의 장르를 역사 기록으로 보는 자들은 동물들이 애곡 의식에 참여한 것을 언급하고 있는 헤로도토스(Herodotos)의 한 부분을 지적할 수 있고, 유딧서(Judith) 4:10에 호소할 수도 있다. 그들은 내레이터가 니느웨의 크기에 대해서 말을 할 때 그는 이 도성 자체의 크기에 대해서 말한 것이 아니라 행정 구역의 크기에 대해서 말한 것이라고 주장할 수도 있다. 반면에 역사적인 해석을 지지해 주는 논거들에 대해서도 증명할 수는 없지만 가능성이 있는 답변들이 있다. 역사적인 해석을 지지해주는 가장 강력한 논거는 요나 및 니느웨 성에 대한 예수님의 말씀이 그가 이 책이 역사적인 기록이라고 믿었음을 시사해 주고 있다는 것이다. 그러나 이러한 해석이 가능하기는 하지만 확실한 것은 아니다. 결국 예수님은 이것이 비유라고 할지라도 자신의 설교 속에서 이 사건을 언급할 수 있었을 것이다. 이와 비슷하게 비록 오늘날 선한 사마리아인이 실제의 역사적 인물이었다고 믿는 사람은 거의 없지만 그럼에도 불구하고 오늘날의 설교자는 회중에게 선한 사마리아인처럼 살라고 설교할 수 있다.

두 번째 점은 이 문제가 이 책의 해석과는 무관하다는 것이다. 이것은 이 문제가 중요하지 않다는 것은 아니다. 만약 이 책이 역사기록으로 의도되어 있음에도 불구하고 역사적인 사실에 대해서 실수를 범하고 있다면 이것은 신학적으로 중요한 문제이다. 그러나 이 책의 역사성의 문제는 이 책의 신학적인 메시지를 해석하거나 개별적인 본문들을 주석하는데 있어서는 전혀 영향을 미치지 않는다.

문 학 적 인   분 석

장르

이 책의 장르는 그 역사성과 아주 밀접하게 연관되어 있으므로 우리는 앞에서 이 문제를 논의했다. 마지막에 가서 우리는 이 문제에 확실하게 결론을 내리는 것이 불가능하다고 말했다. 시간상으로 우리와 거리가 멀리 떨어져 있는 이 문헌은 때때로 역사적인 기록으로 해석해야 할 것을 보여주는 장르 표시들을 담고 있다. 그러나 때로는 이 책의 장르 신호들은 비유적인 해석의 가능성을 열어 주고 있다. 우리는 이 영역에서 의견상의 불일치를 용납해야 한다.

문체

비록 요나서가 하나의 역사 기록으로 읽혀지도록 의도되어 있기는 하지만 그 문체가 상당히 고도화되어 있다는 점에는 의심의 여지가 없다. 저자는 문체에 상당한 주의를 기울임으로써 자신의 메시지를 강화시켰다.

이러한 문체에 대한 관심은 몇 가지 핵심어휘들이 계획적으로 반복되고 있는 것에서 찾아볼 수 있는데, 이 어휘들은 이 책 전체 혹은 이 책의 어떤 특정 부분에 연결점을 제공해 준다(Magonet). 이러한 핵심어휘들 중 하나는 "일어나다"(쿰)이라는 동사이다. 1:2에서 하나님은 요나에게 "일어나 저 큰 성읍 니느웨로 가라"(KJV, RSV; TNIV, NIV, NRSV는 그냥 단순히 "가라"고만 번역)고 명령하신다. 그 다음 구절은 독자들로 하여금 명령-성취의 전형적인 패턴을 예상케 만드는 방식으로 시작된다: "요나가 일어나서 …." 그러나 이 문장을 "니느웨로 갔다"라는 말로 종결짓는 대신에 저자-내레이터는 "다시스로 도망하려"(KJV)라는 말을 집어넣는다(한글판 개역 성경은 어순을 뒤바꾸어 놓았기 때문에 이러한 효과가 본문상에 나타나 있지 않다 — 역주). 이 단어에 대한 또 하나의 아이러니컬한 언어유희는 1:6에 나온다. 요나가 다시스로 도망하려고 할 때 하나님께서는 폭풍을 일으켜서 배의 안전을 위협하심으로써 그를 추격한다. 배를 위기에서 구출해 내려고 온 힘을 다하던 이교도 선원들은 요나가 배 밑층에서 잠을 자고 있다는 말을 듣고는 놀라워한다. 요나에게 주어진 "일어나라"는 하나님의 명령이 아직 우리 귀에 맴돌고 있는 가운데 우리는 배의 선장이 요나에게 "일어나서 네 하나님께 구하라"고 말하는 것을 듣게 된다. 이 이야기의 첫 번째 대단원은 요나가 "큰 물고기"의 뱃속에서 며칠 밤을 지내고 난 후인 3:2-3에서 찾아온다. 하나님은 이 선지자에게 "일어나 니느웨로 가라"는 명령을 다시 주심으로써 그에게 다시 한 번 임무를 부여하신다. 그리고 이번에는 요나는 순종을 한다. "요나가 일어나서 … 가니라."

위의 간략한 분석은 요나서의 문체의 흔한 특징들 중 하나를 다룬 것에 지나지 않다. "크다"(가돌, 1:2, 4, 10, 13; 3:2; 4:6), "예비하다"(to provide)(마나, 1:17; 4:6, 7, 8); "내려가다"(야라드, 1:3[두 번], 6; 2:6) 등의 단어에 대해서도 우리는 비슷한 연구를 제공할 수 있다.

구조

이 책은 각각 두 개의 장을 가진 두 개의 막으로 나눌 수가 있다. 이 두 막은 1:1-2과 3:1-2에 반복되고 있는 이 선지자를 향한 하나님의 명령에 의해서 나뉜다. 제1막에서는 대부분의 동작이 주로 바다에서 이루어진다. 이 막의 두 개의 장은 각각 (1) 배의 갑판 위와 (2) 물고기의 뱃속이다. 그 다음의 두 장(3장과 4장)은 제2막을 구성하고 있는데, 각 장은 각각 하나의 장을 형성하고 있다. 제2막의 첫 번째 장에서 요나는 설교를 하고, 니느웨는 회개를 한다. 마지막 장의 배경은 니느웨의 동쪽 편으로 옮겨지는데, 여기에서 요나는 하나님께서 심판과 구원을 베푸시는 방법을 두고 씨름을 한다.

요나의 시

요나서의 문학적인 통일성과 관련되어 제기된 단 하나의 심각한 문제는 2장의 시이다. 어떤 학자들은 이 시가 문맥과 잘 어울리지 않으며, 이 책의 나머지 부분과는 다른 성격의 요나를 보여주고 있다는 견해를 제시했다.

예를 들어, 우리가 이 이야기를 표면적으로 읽을 때 우리는 다른 형태의 시가 나올 것을 기대하게 된다. 요나는 이제 막 물고기에게 삼킴을 당했다. 따라서 우리는 그가 고난 중에서 부르짖는 애가를 읊을 것이라고 생각하게 된다. 그러나 본문의 시는 감사의 시임이 분명하다는 사실에 우리는 놀라게 된다. 특히 2:1, 6, 9에서 그는 자신이 마치 구원을 얻은 것처럼 말하고 있다.

그러나 이런 의문들은 요나가 처한 상황을 잘못 파악했기 때문에 나온 것이다. 이 물고기는 하나님의 심판의 도구가 아니라 그의 구원의 도구이다. 왜냐하면 이 물고기는 요나가 익사하는 것으로부터 그를 구원해 주었기 때문이다.

이것보다 더욱 어려운 문제는 요나가 이 시 속에서 아주 심오하게 하나님에 대한 자신의 충성을 약속했지만 그 다음 장에서는 다시 거리끼는 태도를 보여주고 있다는 점이다. 심지어 마지막 장에서는 그는 하나님에 대해 적대적이기까지 하다.

이 문제에 대한 대답으로 우리는 단지 요나가 단일한 성격의 인물(a flat character)이 아니라 복합적인 성격을 가진 인물(a complex character)이라는 점을 말하는 것으로 충분하다. 이처럼 주인공의 성격이 다양성이 갖고 있다는 점(Berlin, 23-24)이 바로 이 요나서가 매혹적이고 풍성한 내용을 가진 근거이다.

신 학 적 인 메 시 지

위에서 본 바와 같이 요나서는 여러 가지 면에서 평범하지 않은 책이다. 구약의 맥락에서 이 책의 가장 두드러진 특징 중의 하나는 언약 공동체 밖에 있는 사람들에 대한 이 책의 태도이다. 하나님께서 이방들에 대해 관심을 갖고 있다는 사상이 여기에 처음 나오는 것은 아니다(창 21:8-21; 왕하 5장), 사실 아브라함에게 주신 가장 중요한 약속은 "땅의 모든 족속이 너로 말미암아 복을 얻을 것이라" 는 약속을 담고 있다(창 12:3; 21:8-21; 왕하 5장). 그럼에도 불구하고 이방인에 대한 이런 주제가 구약에서 흔하게 등장하는 주제는 아니다.

요나서는 이스라엘 밖에 있는 사람들에 대한 하나님의 사랑에 대해 두 가지 방식으로 초점을 맞추고 있다. 첫째, 이 책은 영적으로 민감한 이교도들과 잘 순종하지 않는 이스라엘 선지자를 대비시키고 있다. 1장에서 이교도 선원들은 하나님의 진노의 폭풍 앞에서 무서워 떨지만 요나는 배의 밑창에서 잠을 잔다. 그들은 요나를 갑판 밖으로 던지면서 하나님께서 이 요나의 죽음에 대해서 자신들에게 책임을 묻지 않도록 간구한다. 이 책의 후반부에서 요나는 니느웨 사람들에게 설교를 한다(3:4). 그러나 그는 하나님의 이름이나 회개의 가능성에 대해서 언급을 하지 않는다. 그럼에도 불구하고 이들은 회개를 하며(3:5), 이들의 왕은 요나의 메시지를 간접적으로만 듣고도 온 성에 회개를 명령한다(3:7-9). 둘째, 이 책은 니느웨에 대한 하나님의 생각에 초점을 맞추는 가운데 끝을 맺는다. 그는 요나에게 "이 큰 성읍을 아끼는 것이 어찌 합당하지 아니하냐" 는 수사의문문을 던진다.

이 책은 이스라엘인이 아닌 사람들에 대한 하나님의 연민을 표현함과 아울러 이스라엘에 대한 엄중한 비난을 가하고 있다. 요나는 이 책에서 이스라엘 사람들을 상징한다. 실제로 그는 이 책에 등장하는 유일한 이스라엘인이다. 선지자로서 그는 영성의 정수를 보여주어야 한다. 선지자들은 하나님의 종들이다. 그러나 이 종은 하나님의 명령을 수행하지 않기 위해 별별 시도를 다한다. 결국 그가 니느웨에 가게 되었을 때에도 그는 여전히 계속 내키지 않는다는 식의 태도를 취한다. 그리고 니느웨 사람들이 회개를 하고 하나님께서 그들에게 심판을 내리시지 않자 요나는 깊은 절망과 하나님에 대한 분노로 가득 찬다. 요나는 하나님과 단절한다. 이스라엘도 얼마나 이와 마찬가지인가!

여기에서 어느 정도 논의를 필요로 하는 문제는 요나가 절망에 빠진 이유가 무엇인가 하는 것이다. 어떤 학자들은 요나가 자신이 거짓 선지자로 인식될까 두려워서 니느웨에서 설교하는 것을 꺼려했다고 생각한다(Rendtorff *OTI*, 226). 다시 말해서, 하나님께서는 그가 니느웨로 가서 그곳의 사람들에게 다가올 운명에 대해서 경고할 것을 원하셨지만 하나님은 오래 참으시는 하나님(4:2)이시기 때문에 심판을 내리기를 꺼려하실 수도 있으며, 그렇게 되면 결국 예언이 실현되어지지 않게 되리라고 요나가 생각했다는 것이다.

그러나 이러한 잘못된 견해에 대해 차일즈(Childs, *IOTS*, 420-21)가 반박한 바와 같이 이 선지자의 임무는 악한 민족으로 하여금 회개하게 만드는 것이었다. 그러므로 어떤 의미에서는 이 선지자의 메시지는 이 백성들의 반응에 따라 달려 있는 것이었다.

요나의 못마땅해하는 태도 및 결과적인 낙담은 하나님의 연민이 단지 이방인에게만 미치는 것이 아니라 자기 조국을 끊임없이 위협해온 사악하고 잔인한 제국에게까지 미친다는 점으로부터 야기된 것으로 이해하는 것이 최선이다. 요나가 생각하기에 이스라엘은 그 하나님이 자기 원수들에게 용서를 베푸시는 것을 보고만 있어야 하는 것보다는 더 나은 대접을 받아야 마땅했다. 시편 기자는 하나님이 자기 원수들을 멸하시기를 끊임없이 호소하고 있다. 그런데 여기에서 하나님은 그 원수들을 용서하고 계신다.

따라서 우리는 하나님이 이스라엘만의 하나님이 아니라 온 세상의 하나님이신 것을 배우게 된다. 이 메시지는 다른 한 가지 방식을 통해서도 강조되고 있는데, 이 점은 우리가 "임명하다" 혹은 "공급하다"라는 뜻을 가진 또 하나의 중요 어휘(Leitwort)인 '마나' 란 단어를 검토해 보면 드러난다. 이야기 전체를 통해서 요나는 하나님에게서 도망하려고 한다. 그러나 하나님께서는 자신의 피조물들을 사용하셔서 그가 돌아올 수밖에 없도록 만드신다. 요나가 결코 자신으로부터 도피할 수 없다는 것을 보여주시기 위해 하나님은 큰 물고기(1:17), 넝쿨(4:6), 벌레(4:7), 후덥지근한 동풍(4:8)을 보내신다. 그는 이스라엘의 하나님이시며, 니느웨의 하나님이시며, 전 피조물들의 하나님이시다.

신 약 으 로 의   접 근

　물론 신약은 이방인들이 하나님으로 돌아올 수 있으며, 그들 역시 언약 백성의 일부라는 것을 선포하고 있다. 예수 그리스도는 이스라엘만을 위하신 것이 아니라 세상을 위해서 세상에 보내지셨다(요 1:6-14).

　예수님 자신이 자신의 사역을 요나의 사역과 비교하시고, 또한 대비시키셨다(마 12:38-45; 눅 11:24-32). 그는 기적적인 표적을 보여 달라는 소리를 들었을 때 그에 대한 대답으로 자신이 땅 속에 삼일 밤낮을 있을 것이라고 말씀하셨다. 그는 이것을 요나가 물고기 뱃속에서 머물렀던 것과 비교하셨다. 그가 말씀하신 내용은 원래는 그가 십자가에 달리실 것과 부활하실 것에 대한 것이었다(눅 24:46). 그러나 그는 "요나보다 큰 분"이셨다. 왜냐하면 요나는 자신의 뜻에 반하여 한 성을 구하기 위해 말씀을 선포했지만 예수님은 많은 이들을 구원하시기 위해 자신의 생명을 기꺼이 드렸기 때문이다.

미 가 서

루터에 따르면 "선지자들은 말을 희한한 방식으로 하는 사람들로서, 질서정연하게 말하는 것이 아니라 이 말 했다 저 말 했다 하는 식으로 말을 해서 도대체 종잡을 수 없고 무엇을 말하고자 하는지를 파악할 수 없게 만드는 사람들처럼 보인다"(Smith 1984, 8로부터 인용함). 그의 이러한 말의 예를 미가처럼 잘 보여주는 선지자는 없다. 그의 심판의 연설들과 구원의 연설들 사이에서 우리는 길을 잃기가 쉽다. 그 구조는 파악하기가 난감하다.

그러나 다른 한편, 이 여섯 번째 소선지서는[1] 그 수사학적인 웅변성과 힘에 있어서 이사야서에 비견될 만하다. 또한 미가서에는 구약에서 가장 유명한 본문들이 몇 개 들어 있다. 이 본문들은 하나님의 산이 우뚝 솟을 것이고(4:1-5), 베들레헴에서 한 통치자가 나올 것을 예언하고 있으며(5:2), 공의와 자비와 겸손이 하나님께서 자기 백성들 속에서 찾으시는 특질들이라고 말하고 있다(6:6-8).

역 사 적   배 경

---

1) 다시 말해서 미가서는 맛소라 사본의 전통 속에서 여섯 번째의 소선지서라는 말이다. 헬라어 구약 성경은 미가서를 아모스서와 호세야서, 즉 그 동시대의 책들에 이어서 세 번째에 위치시키고 있다.

저작권 및 저작 연대

첫 번째 구절(1:1)은 여러 가지 점들 중에서도 특히 선지자의 이름을 그의 고향과 연결시켜서 언급하고(모레셋 사람 미가), 그의 사역 연대를 동시대의 왕들의 이름을 나열하는 것을 통해서 언급하고 있다는 점에 있어서 선지서들에 전형적으로 나타나는 표제들과 마찬가지의 형태를 띠고 있다. 미가란 이름은 구약에서 흔한 이름이며(이 이름의 좀 더 긴 형태는 미가야이다), "여호와와 같은 이가 누구인가?"라는 뜻을 갖고 있다.

모레셋은 예루살렘 서남쪽으로 약 25마일 떨어진 곳에 있는 마을이다. 이 마을은 해안 평지 가까운 곳의 세펠라(Shephelah)의 느린 경사면을 가진 구릉지역 변경에 위치해 있다. 학자들은 왜 미가의 아버지의 이름이 언급되어 있지 않은지에 대해서 확신을 갖고 있지 못하다. 어쩌면 그의 가문이 대단하지 않기 때문일 수도 있다. 그의 사역이 다른 도시(아마 예루살렘)에서 행해졌기 때문에 그의 신원은 그의 고향의 이름을 통해서 밝혀져 있다.

미가는 구약의 다른 곳에서 단 한 번 언급되어 있다(렘 26:17-19). 여호야김이 유다에서 왕이 되었을 때 제사장들과 거짓 선지자들은 예레미야를 죽이려고 했다. 그러나 몇몇 장로들이 그를 위해서 말을 했으며, 예레미야의 심판에 대한 예언을 정당화하기 위해서 미가의 사역을 언급했다. 심판에 대한 예언 때문에 예레미야를 죽이려고 한 여호야김과 달리 히스기야는 회개를 했었다.[2]

언제나 그렇듯이 비평학자들은 진정성의 문제를 제기했다. 과연 미가가 자신의 이름과 관련되어 있는 이 신탁들을 전한 사람인가? 비평학자들 사이의 공통적인 입장은 미가 자신의 신탁이 처음 세 장에 국한되어 있다는 것이다(아래의 "연구사"를 보라). 그러나 만약 미래를 예언할 수 있다는 가능성을 인정하고 나면 미가가 이 책의 모든 부분의 저자라는 것을 거부할 만한 설득력 있는 이유가 없다.

첫 구절은 미가의 사역 연대에 대한 우리의 정보 자료이다. 미가가 이 백

---

2) 커크패트릭(A. F. Kirkpatrick)에 따르면 "히스기야의 개혁은 미가의 설교 때문이다"(Allen 1976, 240에서 인용).

성들 가운데서 심판과 구원에 대해 설교한 시기를 표시해 주기 위해 요담(주전 750-732년), 아하스(732-716년), 히스기야(715-686년) 등 세 명의 유다의 왕의 이름이 언급되어 있다. 미가의 사역은 요담의 말년 경에 시작해서 히스기야의 시대 초에 종결되었을 가능성이 있지만 그의 사역의 정확한 기간에 대해서는 확실히 알 수가 없다. 어느 경우가 됐든 그의 사역기간은 이사야의 사역기간과 겹친다(Smith, 211).

사마리아에 임할 심판에 대한 언급(1:6)은 미가의 사역이 사마리아가 앗시리아의 세력에게 무너진 해인 주전 722년보다 훨씬 이전에 시작되었을 것이라는 것을 시사해 준다. 그 연대를 상당히 정확하게 파악할 수 있는 또 하나의 신탁은 1:8-16에 들어 있다. 이 문단에 언급되어 있는 도시들은 산헤립이 701년에 예루살렘에 다가갈 때 취한 경로일 가능성이 높다. 예레미야 26:18은 히스기야 시대 동안 전해진 신탁이 미가서 3:12라고 말하고 있다.

시대

미가의 예언과 관련된 이스라엘 및 유다의 역사는 사마리아가 살만에셀 5세(Shalmaneser V)가 지휘하는 앗시리아 군대의 손에 멸망을 당한 때(주전 722년)로부터 시작해서 간단하게 개관해 볼 수 있다(더 상세한 내용은 Provan, Long, and Longman 2003, 271-77을 보라). 사르곤 2세(Sargon II)의 치세중에 이스라엘은 반란을 일으키지 않았다. 그러나 이 강력한 왕이 사망하고 그의 아들 산헤립이 등극하자 히스기야는 바빌로니아의 반란자 므로닥-발라단(Merodach-baladan)이 이끄는 동맹에 가입을 했다(왕하 18장 이하). 그에 대한 반응으로 산헤립은 예루살렘의 독립을 위협했다(701). 하지만 이사야와 미가의 사역을 통해서 히스기야는 자신의 죄를 회개했으며, 하나님은 예루살렘을 남겨 주셨다. 그럼에도 불구하고 히스기야가 사망한지 얼마 안 되어 유다의 통치자들이 하나님에게 등을 돌렸다. 예를 들어, 그의 아들 므낫세는 유다에 많은 슬픔을 가져다주었다. 미가는 바빌로니아에 의해서 유다가 멸망할 것을 예언했는데, 이 일은 주전 586년에 이루어졌으며, 미가는 더 나아가서 포로들의 귀환을 예언했다(539년).

연구사

위에서 언급한 바와 같이 비평학계의 가장 흔한 견해는 미가의 신탁들이 처음 세 장에 국한되어 있다는 것이다. 이러한 결론을 내리고 있는 연구문헌들을 개관한 예페젠(Jeppesen 1978)은 이 결론에 의문을 표시했다.

미가서 해석사에 있어서 전환점은 1881년의 슈타데(Stade)의 소논문이다. 그러나 이 논문에 대해서 기술하기 전에 예페젠은 초자연적인 예언을 부인하는 등의 계몽주의적인 전제들이 선지서 연구를 점점 침식하고 있는 것 등 이 슈타데의 연구가 나오게 된 배경에 대해서 먼저 다루었다. 그 통일성에 대해서 의심을 받은 첫 번째 선지서는 18세기 말의 이사야서였다.

19세기 초기의 처음 몇십 년 동안 미가서의 저작 연대 및 진정성의 문제는 변화와 혼란을 겪었다. 그러나 의견의 일치를 이루어내지는 못했다. 논쟁점들 중의 한 가지는 이 선지서의 표제(1:1)가 예레미야서 26장에 언급되어 있는 이 선지자 및 히스기야의 관계와 무슨 연결점을 갖고 있는가 하는 것이었다. 대부분의 학자들은 이 선지자의 모든 사역이 이 왕의 시대에 이루어졌던 것으로 생각되어져야 하며, 그 이전에 이루어졌다고 보아서는 안 된다고 생각했다. 그러나 이러한 결론은 원래의 미가 선지자의 것으로 간주된 부분들에만 한정된 것이며, 당연히 이 책에는 후대에 가필된 부분들이 존재하고 있는 것으로 여겨졌다. 6-7장이 1-5장과는 상이한 후대의 시대를 배경으로 하고 있다는 에발트(Ewald)의 주장이 학자들에게 확고하게 받아들여진 때가 바로 이 때라고 예페젠(Jeppesen 1978, 114-15)은 지적했다.

이 분야의 일치된 의견으로 급속히 받아들여진 이론을 처음으로 주장한 사람은 베른하르트 슈타데(Bernhard Stade 1881)였는데, 그는 미가의 신탁들이 처음 세 장에만 국한되어 있으며, 이 책의 최종적인 형태는 포로기 이후 시대에 가서야 그 모습을 갖추게 되었다고 주장했다. 그는 6-7장에 대해서 에발트의 의견에 동의했으며, 이 두 장이 제2 이사야의 시대에 나온 것이라고 보았다. 슈타데의 시대 이후로 미가서는 그 최종 저작 연대가 포로기 이후 시대인 복합적인 문헌이라는 생각이 비평학계의 보편적인 의견이 되었다.

최근의 연구는 이 책의 발전과정에 있어서의 편집과정의 역사를 밝혀내는 쪽으로 확대되었다. 학자들은 이 책이 오랜 기간에 걸쳐서 만들어졌으며, 포로기 이후 시대에 가서야 겨우 완성되었다는 결론을 내렸다. 그러나 이 학자들은 원칙적인 면에서는 동의를 하지만 이 책의 구성에 대해서는 다소 다양성을 보이고 있다(특히 Jeremias, Mays, Renaud 등을 보고, 그에 대한 비평으로 Childs *IOTS*, 431-34를[3] 보라).

문 학 적 인   분 석

미가서의 구조에 대해서는 많은 논쟁이 있다. 이에 대한 견해들은 극단적으로 다르다. 어떤 학자들은 이 책이 전혀 전체적인 구조를 갖고 있지 않으며, 그저 이 선지자의 신탁들을 느슨하게 엮어 놓은 것이라고 주장한다. 또 어떤 학자들은 이 책에 대해서 극히 복잡다단한 구조들을 제시한다. 그러나 다음의 몇 가지 점만은 확실하다:

1. 미가는 이 신탁들은 한 시기에 다 전한 것이 아니다. 이 책은 그의 사역 기간 전체에 걸친 선지자적 메시지들의 모음집으로 이해되어져야 한다.

2. 비록 책의 서두에서 미가가 사마리아의 멸망과 산헤립의 침략에 대해서 예언하고 있으며, 결론 부분에 가서는 바벨론 유수와 회복에 대해서 예견하고 있기는 하지만 연대기적 순서는 이 책의 구조를 파악하는 열쇠는 아니다.

3. 예언은 대략적으로 경고와 소망의 메시지를 교차적으로 배열하는 것에 근거한 구조를 갖고 있다. 하나님께서는 자기 선지자를 통해서 자기 백성과 두 번에 걸친 언쟁을 한다. 첫 번째 언쟁은 1-5장에 나온다. 여기에는 엄한 심판의 메시지(1:2-3:9[2:12-13은 예외일 수 있음])가 나오지만 구원에 대한 언급(4-5장[5:10-15는 예외일 수 있음])도 들어 있다. 두 번째 언쟁(6-7장) 역

---

3) 차일즈(Childs) 자신은 미가의 메시지가 이사야의 문헌들을 가지고 작업했던 전승자 그룹에 의해서 만들어졌다고 주장했다(434-36).

시 심판(6:1-7:7)으로 시작하지만 소망에 대한 심오한 언급(7:8-20)으로 종결되어진다.

개관

표제(1:1)

I. 심판과 구원에 대한 첫 번째 언쟁(1:2—5장)

   A. 배교에 대한 하나님의 심판과 사라미아 및 유다의 사회악(1:2-3:12)

   B. 이스라엘을 향한 하나님의 소망의 말씀(4-5장)

II. 심판과 구원에 대한 두 번째 언쟁(6—7장)

   A. 하나님과 이스라엘의 언쟁(6:1-8)

   B. 이스라엘의 사회악에 대한 하나님의 책망(6:9-16)

   C. 이스라엘의 상황에 대한 선지자의 탄식(7:1-7)

   D. 소망과 찬양의 시들(7:8-20)

문체

미가서의 힘찬 문체는 두 가지 이유에서 간과되어 왔다. 첫째, 이 책의 히브리어가 난해하며, 그 구조가 현대의 독자들에게 명료하지가 않다. 둘째, 미가는 동시대의 좀 더 잘 알려진 인물인 이사야의 그림자에 가려져 왔다.

그럼에도 불구하고 선지자 미가는 언어와 수사법에 있어서 탁월한 인물이었다. 미가서 1:10-16보다 이 점을 더 잘 보여주고 있는 부분은 없을 것이다. 역사적으로 이 문단은 산헤립의 군대가 예루살렘으로 진군할 때 취할 경로에 대한 예언적인 서술이다. 이 문단 속에는 구체적인 성읍과 도성들이 언급되어 있으며, 미가는 재미있는 언어유희들을 사용하여 장차 일어날 일들을 기술하고 있는데, 이 언어유희들은 각 도성의 이름과 그 도성이 처할 운명을 연결시켜 주고 있다. 대부분의 경우 영어 번역본들은 이러한 양자 사이의 연결을 보여주지 못하고 있지만, 모팻(Moffatt)의 의역은 독자들에게 본문이 어떻게 되어있는가를 어느 정도 보여준다(Smith 1952, 213에 인용되어 있음):

텔링턴(Tellington)에서 말(tell)하지 말라!

웨일링(Wailing)에서 곡(wail)하지 말라!

더스트 매너(Dust Manor)가 티끌(dust)을 먹을 것이고,

드레시 타운이 벗은 채로 도망을 하고,

(Dressy Town − 이 지명의 문자적인 의미는

'옷 잘 입는 고을' 이라는 뜻 − 역주)

세이프폴드(Safefold)가 구원을 얻지 못하고(not saved),

월체스터(Wallcester)의 담들(walls)이 무너지고,

비터튼(Bitterton)이 쓴(bitter) 잔을 마실 것이다.

(평화의 성 예루살렘에 하나님께서 전쟁을 보내신다.)

군마(軍馬, steed)에 병거를 매어라,

바스테드(Barstead) 사람들아!

(시온은 이스라엘의 죄에 버금가는 죄악의 근본이다.)

웰페어(Welfare)에게 마지막 작별(farewell)을!

왜냐하면 트래핑(Trapping)이

이스라엘의 왕들을 속였기 때문이다(trapped).*

(* 이 모팻의 번역은 미가가 성경상의 지명들을 가지고 언어유희를 한 것을 그와 동일한 효과를 낼 수 있는 서구의 지명으로 치환하여서 영어로 다시 언어유희를 한 것이다. 예를 들어, 히브리어의 가드란 지명이 "말하다"라는 뜻의 히브리어 나가드와 연결시켜서 미가는 "가드에서 말하지 말라"라는 언어유희를 하고 있는데 모팻은 그것을 텔링턴[Tellington]이란 지명과 "말하다"라는 뜻의 "tell"이란 동사 사이의 언어유희로 바꾸고 있다 − 역주)

신 학 적 인   메 시 지

미가서의 신학은 주로 죄에 대한 하나님의 심판에 관심을 기울이고 있다. 여호와는 미가가 자기 백성에 대한 이 심판의 메시지를 전달하도록 임무를

부여하셨다. 이스라엘과 유다는 모두 다 하나님의 길을 떠나서 죄를 저지름으로써 하나님을 진노케 하였다. 이러한 죄들은 제의적인 것들(1:5-7)과 사회적인 것들(2:1-2)이었다. 이스라엘의 공공 지도자들(3:1-3)과 종교 지도자들(2:6-11[선지자들]; 3:11[제사장들])은 하나님의 길을 버렸다. 그들은 하나님에 대해서 잘못된 안위의 마음을 갖고 있다.

그들의 이런 확신은 미가가 자주 지적하고 있는 거짓 선지자들의 태도에서 잘 볼 수 있다. 그들은 이스라엘이 안전하다고 가르치면서 하나님의 말씀을 외치지 않았다. 판 더르 바우데(Van der Woude 1969)는 미가가 미가서 3:11 등의 예에서 볼 수 있는 바와 같이 자신의 적인 선지자들의 말들을 자주 인용하고 있다:

> 그들의 우두머리들은 뇌물을 위하여 재판하며
> 그들의 제사장은 삯을 위하여 교훈하며
> 그들의 선지자는 돈을 위하여 점을 치면서도
> 여호와를 의뢰하여 이르기를
> 여호와께서 우리 중에 계시지 아니하냐
> 재앙이 우리에게 임하지 아니하리라 하는도다.

따라서 하나님께서는 자신과의 언약을 깨뜨린 이 백성에 대한 소송을 집행하신다. 그는 이 백성에 대항해서 싸우는 전사로서 자신을 계시하신다(1:3-4). 하나님은 자기 백성이 자기를 사랑하고 공의롭게 행하기를 희망하신다. 그는 그들이 자기에게 돌아오기를 요청하신다.

아마 이 책에서 가장 감동적이고, 또한 오늘날 가장 확실하게 잘 알려져 있는 본문은 6:6-8일 것이다. 유대교의 전통에서는 이 본문이 율법의 요약인 것으로 받아들여졌다:

> 내가 무엇을 가지고 여호와 앞에 나아가며
> 높으신 하나님께 경배할까
> 내가 번제물로 일 년 된 송아지를 가지고 그 앞에 나아갈까

> 여호와께서 천천의 숫양이나
> 만만의 강물 같은 기름을 기뻐하실까
> 내 허물을 위하여 내 맏아들을,
> 내 영혼의 죄로 말미암아 내 몸의 열매를 드릴까
> 사람아 주께서 선한 것이 무엇임을 네게 보이셨나니
> 여호와께서 네게 구하시는 것은
> 오직 정의를 행하며 인자를 사랑하며
> 겸손하게 네 하나님과 함께 행하는 것이 아니냐

어떤 학자들은 이것이 모든 제의적인 종교에 대한 논박이라고 해석하고자 하지만 대위스(Dawes 1988)는 이것이 단지 일부 이스라엘 사람들 사이에 존재하는 외적 종교에 대한 건전치 못한 강조를 교정하고자 하는 것임을 잘 지적하였다(또한 암 5:21-27; 호 6:6; 사 1:10-17을 보라).

죄에 대한 심판이 이 책의 중심적인 어조이기는 하지만 소망에 대한 내용이 결여되어 있는 것은 아니다. 2:12-13과 같은 앞부분에서도 여호와는 심판의 구원에 대해서 위로의 어조로 말씀하신다. 하나님에 대한 마지막 묘사(7:18-20)는 그가 은혜가 풍성하시며, 아브라함에게 주신 언약의 약속을 지키시는데 있어서 신실하시다는 것을 보여주고 있다. 다윗에게 주신 약속들은 죽은 것이 아니다. 그것은 장차 성취되어질 것이다(5:1-2).

신 약 으 로 의 접 근

미가는 자기 당대의 이스라엘과 유다에게 심판과 소망의 신탁들을 전하기는 했지만 직면한 역사적 위기를 초월하는 표현들을 사용하였으며, 이렇게 함으로써 자신의 독자들을 더 먼 미래로 인도하였다(온건한 비평적 입장에서 미가서의 종말론을 연구하고 있는 것을 보려면 카펠루드[Kapelrud]를 보라).

신약의 저자들은 이 점을 인식했다. 마태복음은 예수께서 베들레헴에서 탄생하심을 언급하면서 미가서 4:2를 인용했다(마 2:5를 보라). 미가서의 문맥 속에서는 이 신탁은 미래의 다윗과 같은 통치자를 고대하는 것이다. 이 점이 바로 베들레헴이란 탄생장소의 중요성이다.

　미가서 4:1-5는 하나님의 산이 우뚝 솟아 있는 것과 세상의 모든 민족이 하나님을 경배하려고 모이는 것에 대해서 묘사하고 있다. 거기에는 평화만이 있고 전쟁이 없을 것이다. 이 신탁은 "말일에"라는 문구로 시작된다. 이 예언은 종말에 그 궁극적인 성취가 이루어지겠지만 구속사가 펼쳐지는 가운데 그 중 몇 가지는 선행적(先行的)으로 성취된 듯하다. 월트키(Waltke)는 이렇게 말했다:

　　이 이상 속에서 미가는 시온 산에 대한 최종적이고 완결적인 이상을 제시하는데, 이에 따르면 시온 산은 모든 나라들의 제의적이고 도덕적인 중심으로 영원히 확립될 것이다. 그리고 이어지는 신탁들 속에서 그는 이 이상이 어떤 단계들을 거쳐서 성취될 것인지를 제시하고 있다.

　　이 예언의 성취의 첫 번째 단계는 바벨론으로부터의 귀환과 제2 성전의 건설이다. 그 다음 단계이자 더 위대한 단계는 그리스도께서 하늘 성소로 올라가시고 땅의 모형이 사라짐으로써 실현된다. 세 번째 단계이자 절정의 단계는 새 하늘과 새 땅에서 완성될 것인데, 이 때 땅의 왕들은 자신들의 영광을 하늘에서 내려오는 새 예루살렘으로 가지고 올 것이다(계 21:1, 10, 22-27).

나훔서

"위로"라는 의미를 가진 이름의 선지자 나훔은 주전 7세기에 앗시리아를 향해 강력한 심판의 메시지를 전했다. 이 책의 어조는 거칠며, 구체적인 시기에 한 구체적인 나라를 향한 그 메시지는 다른 많은 사람들과는 무관한 것으로 보인다. 비록 이 생각이 잘못된 것이기는 하지만 바로 이러한 생각 때문에 많은 기독교인들은 이 책을 공부하지 않았다. 그러나 이 책의 심미적인 가치를 부정하는 사람은 없으며, 또한 역사적이고 신학적인 맥락 속에서 이해한다고 해도 이 책은 오늘날의 우리들에게 굉장한 중요성을 갖고 있다.

역 사 적   배 경

저작권

이 책의 표제는 저자의 이름이 나훔이라는 것을 우리에게 알려 준다. 우리는 그가 엘고스 사람이라는 것을 제외하고는 그에 대해서 알고 있는 것이 거의 없다. 불행하게도 우리는 이 엘고스란 고장이 어디에 위치해 있었는지에 대해서 확고한 증거를 갖고 있지 못하다. 네 가지의 가설이 해석의 역사 속에서 제시되었다: (1) 동방교회의 중세 시대 전통에 따르면 엘고스는 니느웨 근처에 위치하고 있으며, 나훔은 포로로 잡혀간 북왕국 가문의 후손이었다. (2) 어떤 이들(고대의 제롬과 최근의 판 더르 바우테[Van der Woude])은 엘고스가 엘-카우제(El-Kauzeh)라고 불리는 갈릴리의 한 장소라고 생각한다. (3) 북왕국의 다른 한 장소도 역시 제시되었다. 이 장소는 갈릴리 바다 북부 연안에 있는 가버나움이다. 가버나움의 어원은 "나훔의 도시"(Nahum's city)일 가능성이 있다. (4) 또 하나의 제시된 장소는 유다에 위치해있다. 위(僞)-에피파니우스(Pseudo-Epiphanius)로부터 시작해서 오늘날의 해리슨(R. K. Harrison, *IOT*, 26)에게까지 이어지는 한 전승에 따르면, 엘고스는 현대의 베이트 이브린(Beit Jibrin)인 베게바르(Begebar) 주변의 한 지역인 것으로 믿어지고 있다.

이 네 개의 장소는 앗시리아를 포함하여 이전의 북왕국의 지역, 유다를 포함한 모든 가능성들을 다 포괄하고 있다. 불행하게도 이보다 더 깊은 논의를 하는 것은 순전한 추론의 영역으로 들어서는 것이나 마찬가지이다. 그리고 이것은 우리가 이 책을 이해하는 데에 거의 아무런 도움을 주지 않는다.

시대

나훔은 역사적 상황에 깊이 뿌리를 박고 있다. 따라서 그 메시지가 현대의 독자에게 의미가 통하게 되기 위해서는 먼저 이 책의 역사적인 배경을 이해하는 것이 중요하다.

이 책의 예언은 주전 7세기를 그 시기로 하고 있다. 이 연대는 주전 664년의 테베의 멸망에 대한 언급(3:8)과 이 선지서의 초점인 612년의 니느웨의 멸망에 대한 예언에 의해서 확정된다. 만약 이 책의 예언적인 성격을 심각하게 받아들인다면 나훔은 최소한 이 도시가 멸망하기 몇 년 전의 것으로 보아야 할 것이며, 이보다 더 엄밀하게 말하기는 힘들다. 어떤 학자들(Maier 1959, 35-36)은 테베에 대한 언급이 너무나도 생생하기 때문에 그의 예언은 그 예언이 성취된 연대보다는 테베의 멸망 연대 쪽에 더 가깝다고 주장했다. 그러나 이러한 식의 주장은 이 선지자가 가진 시적인 능력을 볼 때는 빈약하다. 나훔이 비유적 표현들을 탁월하게 잘 사용하고 있는 것을 볼 때 그는 아마 아주 고대의 사건도 "생생하게" 만들 수 있는 능력이 있었을 것이다. 이보다 가능성이 있는 주장은 나훔이 앗시리아 제국이 상당히 약화되기 전(이 약화 과정은 주전 630년을 전후해서 눈에 띌 정도가 되었다)에 이 책을 썼다고 보는 것이다. 이 입장은 앗시리아가 "강장하고" 중다하다고 말하고 있는 나훔서 1:12에 근거하고 있다. 우리는 정확한 연대에 대해서 유연성을 가져야 하기는 하지만 이 책의 연대로 가장 가능성이 있는 것은 주전 652년(내전이 일어난 시기[아래를 보라])부터 바벨론이 앗시리아의 지배력을 흔들어 쓰러뜨리기 위한 긴 전쟁을 시작한 626년 사이에 쓰였다고 보는 것이 가장 좋은 것 같다.

이 선지서의 초점은 앗시리아에 대한 심판이다. 그러므로 우리가 논의하고 있는 시기의 앗시리아의 역사를 제대로 파악하고 있는 것이 중요하다. 8세기 후반과 7세기의 초엽은 앗시리아가 주도권을 쥐고 팽창하던 시기였다. 디글랏-빌레셀 3세(Tiglath-pileser III, 745-727년), 살만에셀 5세(Shalmaneser V, 726-722), 사르곤 2세(Sargon II, 721-705년), 산혜립(704-681년), 에살핫돈(Esarhaddon, 680-669년) 등의 능력 있는 지도자들 하에서 앗시리아 제국은 제국의 지배력을 그 선례가 없을 정도로 제고시켰다. 앗시리아의 힘과 문화는 앗수르바니팔(Asshurbanipal, 668-627[?]년)의 초기에 정점에 이르렀다. 비록 그의 아버지 에살핫돈이 이집트를 침공하기는 했지만 앗시리아가 제국의 역사에서 정점에 이른 것은 앗수르바니팔이 이집트의 고대의 수도인 테베를 점령했을 때라고 보는 것이 아마 옳을 것이다.

그러나 652년에 이미 심각한 문제들이 발생했다. 바벨론은 오랜 기간 동안 앗시리아의 정치적 속국이었지만 언제나 골칫거리였다. 에살핫돈은 스스로 보기에 바빌로니아의 문제와 자신의 사후에 자신의 후손들 사이에서 일어날 수 있는 위험한 갈등의 잠재성을 해결할 수 있을 것이라고 생각되는 계책을 생각해 냈다. 고대 근동의 역사는 형제들이 권좌를 놓고 서로 싸우는 이야기들로 가득 차 있다. 에살핫돈은 자신이 죽으면 한 아들(앗수르바니팔)은 앗시리아의 왕좌를 차지하고 다른 아들인 샤마쉬-슘-우킨은 바벨론의 왕좌를 차지하도록 지시했다. 물론 바벨론이 앗시리아의 아래에 있는 것처럼 샤마쉬-슘-우킨은 앗수르바니팔의 아래에 있었다. 이러한 조치는 십 년이 넘도록 잘 유지되었다. 그러나 652년에 샤마쉬-슘-우킨은 갈대아인들을 이끌고 자기 형제에게 반란을 일으켰다. 비록 앗수르바니팔이 이 전쟁을 이기기는 했지만 그 대가는 컸다. 앗시리아의 힘은 기울고, 멸망을 향한 길고 느린 나선형 추락이 시작되었다.

앗시리아의 마지막 몇 년과 그의 죽음 직후의 몇 년에 대해서는 문헌이 별로 없기 때문에 잘 알려져 있지 않다. 그러나 바빌로니아 기록(Wiseman)을 통해서 우리는 나보폴라살(Nabopolassar)이라는 이름을 가진 갈대아 지도자가 자기 백성을 선동해서 앗시리아에 대항해 반란을 일으켰으며, 오랜 기간 동안을 서로 밀고 당기고 했다는 것을 알고 있다. 이 전쟁은 612년에 니느웨가 멸망하는 것과 더불어 절정에 이르렀다.

니느웨의 멸망에 대한 바빌로니아 및 후대의 기록들은 어느 정도 모호한 부분들을 갖고 있기는 하다(Zawadzki 1988). 그러나 실제로 이 성을 멸망시킨 것은 메대인들(the Medes)이었던 것으로 보인다. 바빌로니아인들은 자신들의 기록 속에서 이 성, 그리고 특히 이 위대한 도성의 성전들에 대한 약탈 행위들이 자신들과 상관없는 것인 양 조심스럽게 거리를 두고 있다. 그러나 메대인들은 이 성을 영원히 소유하는데 관심이 없었거나 아니면 그럴 능력이 없었으며, 따라서 이 성은 결국 그들의 동맹인 바빌로니아인들의 손에 들어가게 되었다는 것이 분명하다.

문학적인 분석

문체

나훔의 시적인 문체는 상당히 뛰어나다. 그 아름다움은 그 거친 메시지와 아주 대조적이다. 감독 로우쓰(Lowth)는 이 점을 다음과 같이 잘 표현했다:

그러나 소선지자들 중에서 그 대담성, 정열, 장엄함에 있어서 나훔서에 견줄 만한 것은 없는 것으로 보인다. 그의 예언은 아주 정제되고 아름다운 시로 되어 있다. 그 시작 부분은 단순히 찬연하기만 한 것이 아니라 진정으로 장엄하기도 하다. 니느웨의 멸망에 대한 준비 및 그 멸망과 황폐화에 대한 묘사는 아주 생생한 색채로 표현되어 있으며, 최고도로 대담하고 찬란하다(1753, 234).

비유적인 표현들이나 짜임새 있는 평행법들을 통해서 나훔은 자신이 탁월한 시인임을 보여주고 있다.

장르

이 책의 처음에 나오는 표제는 독자들이 이 선지서 속에서 만나게 될 문헌의 종류와 관련해서 세 가지 용어를 쓰고 있는데, 그것들은 각각 "책"(book, 한글판 개역 성경은 "글"이라고 번역함 — 역주), "이상"(vision, 한글판 개역 성경은 "묵시"라고 번역함 — 역주), "신탁"(oracle — 한글판 개역 성경은 "경고"라고 번역함 — 역주) 등이다.

"책"(세페르, seper)은 나훔의 예언이 다른 것들과는 다소 상이함을 시사해 준다. 대부분의 선지자들은 설교자들이었으며, 그들의 선지서들은 그들이 말한 바들을 나중에 모은 것들이었다. 그러나 나훔은 책을 썼던 것으로 보인다. 이 책의 여러 가지 시적 기교들 — 예를 들어 나훔서 1장에 나오는 불완전한 형태의 알파벳 시(Longman 1993) 등 — 은 귀보다는 눈에 호소하고 있다. 이 선지서가 기록 문헌의 성격을 갖고 있다는 사실은 또한 왜 나훔서가 설교들의 모음집처럼 보이는 다른 선지서들(미가서)과는 달리 그렇게 잘 구성된 구조를 갖고 있는가 하는 것을 밝혀 준다(다음 항목을 보라).

이 책은 또한 "이상"(하존)을 담고 있는 것으로 밝히고 있다. 이 책의 전부가 이상은 아니지만 이상을 담고 있는 두 개의 주목할 만한 문단(2:3-10; 3:2-3)이 들어 있다(Horst and Sister).

그러나 어떤 의미에 있어서는 가장 중요한 장르 표시는 바로 "신탁"(맛사)이라는 용어이다. 이 용어는 "짐"(burden)으로 번역될 수 있다. 그러나 현대의 해석가들은 "신탁"이 맞는 번역이라고 파악한다(Naud 1969). 하지만 "신탁"이라는 번역 역시 너무 막연한 번역일 수 있다. 왜냐하면 이 단어는 이 선지자가 이방 나라에 대해서 강한 어조로 말할 때 주로 사용되고 있기 때문이다. 그러므로 맛사는 "전쟁 신탁"(war oracle) 혹은 "이방 나라에 대한 적대적인 신탁"(oracle against a foreign nation) 등을 의미하는 고대의 용어인 것으로 보인다.

구조

표제(1:1)

    I. 용사로서의 하나님에 대한 찬양시(1:2-8)

    II. 용사이신 하나님이 자기 백성을 치리하시고 구원하신다(1:9-2:2)

    III. 니느웨의 멸망에 대한 이상(2:3-10)

    IV. 사자에 비유해서 하는 조롱(2:11-13)

    V. 니느웨에 대한 저주의 신탁(3:1-3)

    VI. 마술사-창녀에 비유해서 하는 조롱(3:4-7)

    VII. 테베와 니느웨의 역사를 비유해서 하는 조롱(3:8-10)

    VIII. 니느웨에 대한 계속적인 모욕(3:11-15c)

    IX. 메뚜기에 비유해서 하는 조롱(3:15d-17)

    X. 결론으로서의 장송곡(3:18-19)

이 책을 주의 깊게 분석해 보면 그 짜임새 있는 구조가 드러난다. 이 책은 선지자의 이름, 도시의 이름, 그의 주제에 대해서 말해 주는 상당히 전형적인 표제로 시작된다: "니느웨에 대한 중한 경고." 이 책의 예언은 시편의 많은 시들(예를 들어, 시편 24편과 98편)과 비슷한 형태를 가진 용사로서의 하나님에 대한 장엄한 승리의 찬양시(1:2-8)로 시작된다. 이 찬양시는 역사적인 면에서 구체적이지 않으며, 사악한 자들에 대한 심판자이자 자기 백성의 수호자로서의 하나님을 찬양한다. 그 다음 부분(1:9-2:2)은 이 두 가지 측면의 내용을 담은 승리의 노래로부터 흘러나온다. 선지서들 중에서는 독특하게 나훔서는 유다에 대한 구원의 신탁(1:12, 13, 15; 2:2)을 니느웨에 대한 심판의 신탁과 함께 엮는다(1:9-11, 14; 2:1). 이 부분의 극적인 긴장은 구원과 심판의 대상이 누구인가를 고의적으로 늦춤으로써 고양된다. 유다는 1:15까지는 명시되어지지 않으며, 니느웨는 이 부분에서는 아예 언급되어 있지가 않다.

이 선지서는 이 책에서 발견되어지는 한 개 혹은 두 개의 이상으로 계속 이어진다(2:3-10). 이것은 사건에 대한 이상인데, 마치 나훔이 니느웨의 마지막 멸망의 장면에 실제로 있었던 것처럼 되어 있다. 강력하고 억압적인 이 도시의 멸망에 대한 생각을 염두에 둔 채 나훔은 니느웨에 대한 조롱을 한다. 나훔서 2:11-3:7은 일종의 구심적인 구조를 갖고 있다(Schulz 1973). 2:11-13과 3:4-7은 은유법을 사용한 조롱으로서 같은 구조를 갖고 있다(2:13과 3:5에 결론으로 나오는 심판에 대한 표현을 보라). 첫 번째의 조롱은 앗시리아를 죽임당하는 사자라고 놀리고, 두 번째 조롱에서는 앗시리아를 마술사-창녀로 놀린다. 그 가운데 부분에 나훔은 전쟁의 신탁과 더불어 사건에 대한 이상을 집어넣는다(3:1-3). 이러한 양식의 기원은 장례식의 애가이다. 따라서 사실상 나훔은 니느웨가 "죽은 것과 마찬가지"라고 말하고 있는 것이다.

이 책의 마지막 부분까지는 조롱들이 계속 이어진다. 첫째, 나훔은 니느웨를 테베와 같이 비교하고 있는데, 이것은 "역사를 활용한 조롱"(a historical taunt)이라고 부를 수 있을 것이다. 그리고 나서 이 선지서는 조약의 저주에 근거한 것으로 보이는 일련의 짧은 조롱들로 계속 이어지며(3:12-13), 니느웨의 멸망을 풍자적으로 애도하는 장송곡으로 끝을 맺는다(3:18-19). 수사 의문문으로 끝을 맺는 또 하나의 유일한 책은 요나서인데, 이 책은 니느웨의 구원에 대한 선지서이다. 이러한 의도적인 대비는 일부러 부각되어지도록 의도되어 있는 것이 확실하다(Glasson 1969).

신 학 적 인   메 시 지

나훔서 1:7-8은 나훔서의 중심적인 메시지를 요약해 준다:

> 여호와는 선하시며
> 환난 날에 산성이시라
> 그는 자기에게 피하는 자들을 아시느니라
> 그가 범람하는 물로 그 곳을 진멸하시고
> 자기 대적들을 흑암으로 쫓아내시리라

나훔서에서는 하나님은 자기 백성을 위해 전쟁을 할 준비가 되어 있는 용사로 나타나 있다. 주전 7세기에 처음 이 책을 읽는 유대인들에게는 이 선지서는 오랫동안 기다려 온 희망의 메시지였다. 그들은 오랜 기간 동안 앗시리아의 그늘 속에서 살았다. 그러나 이제 하나님께서 자신들의 오랜 적과 대결을 하려고 하신다. 앗시리아, 그리고 특히 니느웨의 멸망에 대한 심판의 메시지는 하나님의 백성에게 위로를 주었다.

하나님은 이 예언의 약속을 성취하셨으며, 니느웨는 주전 612년에 메대와 바빌로니아에 의해 멸망을 했다. 그러나 유다 백성들은 자신들의 죄로 가득 찬 반항을 통해서 하나님의 인내를 계속 시험했다. 그 결과 그들은 바벨론이 팔레스타인으로 눈길을 돌림에 따라 자신들이 심각한 곤경에 빠졌다는 것을 곧 발견하게 되었다. 586년에 위대한 왕인 바벨론의 느부갓네살은 유다를 정복했다.

신 약 으 로 의   접 근

많은 학자들은 나훔서가 오늘날의 교회와 전혀 상관이 없다고 생각한다. 이 선지서는 너무 구체적이고 유혈낭자하기 때문에 예수 그리스도와는 아무 관련이 없는 것으로 보인다.

우리는 전반적인 역사적 상황으로부터 구체적인 역사적 상황으로 나훔서의 움직임을 살펴보았다. 나훔서의 영속적인 의미는 자기 백성을 구원하시고 원수들을 심판하시는 하나님을 찬양하고 있는 위대한 찬송인 1:2-8에서 가장 잘 찾아볼 수 있는 것으로 보인다.

구약에서의 용사로서의 하나님에 대한 묘사는 신약에서의 예수 그리스도의 임재를 고대하고 있는데, 그리스도 역시 신약에서 용사로 빈번하게 묘사되었다(Longman 1982; 1985a, b; Longman and Reid 1995). 그러나 하나님의 전쟁의 대상은 구약과 다르다. 구약에서 여호와는 이스라엘의 육신적인 원수들(가나안 족속, 블레셋 족속, 앗시리아인 등)에 대항해서 싸우시며, 또한 불순종한 이스라엘과도 싸우신다(애 2:6). 반면에 바울서신에서 그리스도의 죽으심, 부활, 승천은 사탄 및 그의 군대에 대한 전쟁의 절정인 것으로 되어 있다(골 2:14, 15; 엡 4:7-11). 전사로서의 하나님에 대한 구약의 묘사와 사탄과 그리스도 사이의 전쟁은 계시록에서 이 주제가 그 절정에 이르는 때를 내다보고 있다(예를 들어, 계 19:11-21을 보라). 예수께서 사탄 및 그의 마귀 및 인간 군대에 대해서 자신의 군대를 이끌고 마지막 전쟁을 수행하심으로써 악은 끝이 나게 된다. 그러므로 비록 니느웨가 더 이상 존재하지 않지만 나훔서의 영속적인 중요성은 신약에서의 그리스도의 전투에서도 역시 찾아볼 수 있다.

하 박 국 서

이 선지자에 대해서는 별로 알려진 것이 없다. 그의 이름은 오직 이 책의 표제들과 그의 이름을 담고 있는 시 속에만 나온다(1:1; 3:1). 이 이름은 "껴안다"라는 의미를 가진 히브리어 동사에서 파생된 것일 가능성이 있다. 어떤 이들은 그의 이름이 정원의 식물을 의미하는 아카드어 단어에서 나왔다고 생각한다.

많은 학자들은 하박국이 제의 선지자(a cult prophet)라는 결론을 내렸다(Floyd 2000, 84-86을 보라. 이 책에서 그는 이 책에 제의적인 요소들이 많이 있기는 이 점이 이 책을 제의문이 되게 하는 것은 아니라는 결론을 내렸다). 이 책은 성전과 관련되어 있는 문학 양식인 애가(lament)라는 장르를 사용하고 있음이 분명하다. 3장의 시에 나오는 음악 용어들 역시 이 책이 예배에 사용된 것을 시사해 준다. 레위 지파 음악가들은 예언적인 기능을 갖고 있었다(대상 25:1-6). 신현(神顯)에 대한 서술(3장)은 제의적인 배경을 갖고 있다고 보는 것이 가장 자연스러운 것 같다. 그러나 "제의 선지자"라는 표현은 그 자체가 명료하지가 않다. 선지자들과 성전의 정확한 관계가 무엇이었느냐 하는 것은 구약학에서 가장 논쟁이 된 요소들 중의 하나이다. 만약 "제의 선지자"라는 용어가 성전의 수입으로 생계를 유지하고 성전 예배의 한 부분으로서 선지자적인 직무를 수행하는 제의 관계자를 의미하는 것이라면 하박국이 이러한 인물이었다는 것을 확인할 만한 자료가 충분하지가 않다. 그리고 이러한 정체는 성경에 언급된 다른 선지자들의 경우에도 모호하다. 어떤 선지자들은 제사장을 겸임하기도 했다(예를 들어, 에스겔과 스가랴). 그러나 그들은 자신들의 제사장 직분 때문에 선지자가 된 것은 아니다. 선지자란 직분은 전수되어지는 것이 아니다. 그러나 만약 이 "제의 선지자"란 용어가 성전을 배경으로 해서 일관된 사역을 하는 선지자를 가리키는 것이라면 이 용어는 하박국 및 다른 많은 선지자들에게 적용되어질 수 있을 것이다. 차일즈(Childs, 452)는 비록 하박국서의 상당부분이 제의적인 배경 속에서 기원했을 수는 있지만 이 책의 자서전적인 요소들(2:1; 3:2, 16-19)은 이 책의 현재 모습이 제의의 영향을 받지는 않았다는 것을 보여주고 있다고 주장했다.

이 선지자에 대해서 알려진 것이 거의 없다는 사실은 왜 이 선지자에 대해 여러 가지 다양한 전설들이 존재하는지를 설명하는데 도움을 준다. 벨과 용(Bel and the Dragon, 다니엘서의 외경적인 첨가 부분)의 한 사본은 하박국이 레위인이라고 말하고 있는데, 이것은 그가 성전과 관련이 있다는 것을 반영하고 있는 전승이다. 어떤 랍비 문헌들은 그가 술람미 여인의 아들이라고 말하고 있는데, 이것은 열왕기하 4:16에 "껴안다"라는 단어가 나온다는 사실 때문에 생겨난 것이다. 또한 어떤 이들은 그가 이사야서 21:6에 언급되어 있는 파수꾼과 동일인물이라고 말했는데, 이것은 2:1에서 이 선지자가 이러한 비유적 표현을 사용하고 있다는 사실 때문에 나온 것임이 분명하다. 이러한 전승들은 이 선지자에 대해서 아무런 사실적 정보를 제공해 주지 않는다.

탈무드(Makkot 23b)는 한 랍비의 다음과 같은 말을 담고 있다. "모세는 이스라엘에게 육백십삼 개의 계명을 주었으며, 다윗은 열 개를 주었고, 이사야는 두 개를 주었지만 하박국은 '의인은 그 믿음으로 말미암아 살리라'(2:4)는 한 가지 계명만을 주었다."

역 사 적 배 경

하박국서는 갈대아 사람들이 일어난 시대(1:6), 즉 주전 7세기 후반이나 주전 6세기 초에 쓰였다. 앗시리아는 주전 625년을 전후해서 급속히 쇠퇴하기 시작했는데, 이것은 느부갓네살의 아버지 나보폴라살(Nabopolassar)이 바벨론의 권좌를 차지하던 때와 거의 일치한다. 느부갓네살은 자기 아버지가 죽은 후에 갈그미스 전투(the battle of Carchemish)를 전후한 사건들의 와중에서 바벨론의 왕이 되었다(604년). 그리고 나서 바벨론 군대는 한때 위대했던 앗시리아 제국의 남은 도시국가들을 무찌르고 난 후 시리아-팔레스타인 지역의 나라들로 주의를 돌렸다. 598년에 느부갓네살은 예루살렘의 왕가 및 지도층의 시민들과 더불어 유다 왕 여호야긴을 사로잡아갔다(왕하 24:8-17; 대하 36:9-10). 갈대아인들의 발흥에 대한 언급(1:6)은 625년에서 604년의 연대를 시사해 주는 반면에 바빌로니아 군대가 거둔 수많은 정복에 대한 언급(2:5, 8-10)은 다소 후대의 연대를 시사해 준다. 앤더슨(2001, 27)은 주전 605년부터 575년의 시대를 제시한다. 하박국은 어쩌면 예레미야, 스바냐, 나훔, 그리고 요엘의 동시대인이었을 가능성이 있다.

비록 이 책의 내적인 증거는 저작 연대에 대한 확고한 시기를 제시해 주는 것으로 보이지만 비평학계는 이러한 자료에 언제나 만족하지는 않았다. 학자들은 이 책의 연대로 주전 7세기 초부터 2세기 초까지의 연대들을 제시했다. 죄켄(Jöcken 1977)은 이에 대해서 심도 있게 조사를 했다.[1] 저작 연대의 문제는 1:4와 1:13에 언급되어 있는 악인의 정체의 문제와 주로 연결되어 있다. 1:4에서는 악인은 유다와 예루살렘의 거주민들 중 악한 자들을 의미하는 것으로 보인다. 그러나 어떤 학자들은 이들이 갈대아인들에 의해서 멸망을 당한 이스라엘의 압제자들인 앗시리아인들이라고 생각한다. 그러나 악한 앗시리아인들이 유다 내부의 부패를 나타내는데 적합한 표현인 "율법의 해이"

---

1) 이 책의 저작연대를 알렉산더의 시대나 셀레우코스 왕조 등의 극단적인 후대의 연대로 보는 견해는 본문상의 카스딤(Kasdim, 갈대아인들)을 킷팀(Kittim, 헬라인들)으로 수정하는 것에 의존하고 있다. 두움(Duhm)과 하펠(Happel)은 이처럼 본문을 수정하는 이론을 20세기 초에 제시했다. 그러나 그들이 내린 결론들은 대부분의 학자들에 의해서 배격을 당했다. 아이러니컬하게도 쿰란 공동체 역시 자신들의 하박국서 주석에서 이처럼 본문을 수정했음이 후에 발견되었다. 그러나 쿰란 분파의 구성원들 사이에서는 킷팀은 로마인들을 지칭하는 암호였다. 하지만 쿰란 공동체의 성경 속에 하박국서가 포함되어 있다는 사실 자체가 그런 늦은 저작연대설을 불가능하게 만든다.

라는 문구로 묘사되어지지는 않았을 것 같다. 1:13에서의 악인은 갈대아인 들인 것으로 보인다.

어떤 학자들은 이 책의 좀 더 이전의 판본이 정말 3장의 시로 끝이 났는가 하는 것에 대해서 의문을 품었다. 이 시는 독립된 표제(3:1)를 통해서 도입 되어 있는데, 이것은 이 시가 현재처럼 이 책의 결론의 역할을 하는 것이 아 니라 독립적으로 존재했었을 가능성이 있음을 시사해 준다. 또한 1948년 쿰 란 동굴 1번에서 발견된 주석은 2장으로 끝이 나며, 이 시를 포함하고 있지 않다. 그러나 이 점은 쿰란 분파가 1-2장의 본문이 자신들의 목적을 위해서 더욱 유용하다고 생각했으며, 따라서 3장에 대한 주석은 쓰지 않았음을 반 영하고 있을 수도 있다. 이 시는 70인경의 모든 완전한 사본들 속에는 다 포 함되어 있으며, 주후 2세기 초의 와디 무라바아트 두루마리(the Wadi Murabba' at scroll) 속에서도 발견된다(Brownlee 1959, 92).

문 학 적 인 분 석

우리는 하박국서를 다음과 같이 개관할 수 있다:

표제 (1:1)
I. 최초의 대화(1:2-11)
  A. 선지자의 불평(1:2-4)
  B. 하나님의 응답(1:4-11)
II. 두 번째 대화(1:12-2:5)
  A. 선지자의 불평(1:12-17)
  B. 하나님의 응답(2:1-5)
III. 압제자들에 대한 저주의 신탁(2:6-20)
  A. 노략자가 노략될 것임(2:6-8)
  B. 정복자가 수치를 당할 것임(2:9-11)
  C. 건축자가 헛됨(2:12-14)

    D. 수치가 없는 자가 수치를 당할 것임(2:15-18)
    E. 우상 숭배자들이 잠잠할 것임(2:19-20)
IV. 하박국의 순종의 시(3:1-19)
    A. 기도(3:2)
    B. 용사이신 하나님의 등장(3:3-15)
    C. 믿음으로 사는 선지자(3:16-19)

이 책의 첫 부분(1:2-2:5)은 하나님과 선지자 사이의 대화로 이루어져 있다. 1:2-4와 1:12-17에서 선지자는 애가의 양식을 사용하여 하나님 앞에 자신의 불평들을 늘어놓는데, 이 애가 양식은 시편의 애가시들(시 6; 12; 28; 31; 55; 60; 85편)과 어느 정도 비슷하다. 시편에서는 보통 이러한 애가시들은 하나님께서 그 시편 기자의 불평을 들으시고, 그를 구원하고 보호하시며, 그나 이스라엘의 적들을 심판하실 것을 확약하시는 하나님의 응답으로 연결되어진다(시 6:8-10[MT 6-9]; 28:6-9; 31:22-23[MT 23-24]; 55:22-23[MT 23-24]; 60:8-10[MT 10-12]; 85:8-13[MT 9-14]).

하박국은 우선 유다에 횡행하고 있는 악과 불의와 폭력에 대해서 불평했다(1:2-4). 이 선지자는 "왜 악인이 번성하는가?"라는 오래된 질문을 던진다. 여기에 대한 하나님의 대답은 이 선지자가 기대했던 것이 아니었다. 하나님께서는 유다에 멸망과 사망을 가져다 주기 위해서 진군하는 갈대아인들을 들어 세우심으로써 유다의 악을 심판하실 것이다(1:5-11). 이것은 위로가 아니다. 하나님의 대답은 선지자의 질문을 해결하는 것이 아니라 그것을 한층 더 어렵게 만드는 것이다. 하나님은 악을 심판하실 것이다. 그러나 그는 이를 위해서 유다의 악보다 더 악한 악을 도구로 사용하실 것이다. 그리고 더 악한 이들은 더욱 번성할 것이다.

이러한 문제는 이 선지자의 두 번째 불평을 도입한다(1:12-17). 어떻게 거룩하신 하나님께서 악한 자들을 참아 보실 수 있는가? 어떻게 하나님께서 악한 자들이 자신들보다 의로운 자들을 집어삼키도록 허락하실 수 있는가(13절)? 그들은 계속해서 번성하고 그들의 그물을 채우며, 계속해서 사치스럽게 살 것인가(16-17)? 선지자는 하나님께서 어떻게 대답하시는지를 보려고 파수꾼처럼 인내하며 기다린다(2:1). 하나님은 자신의 계시가 성취될 때 증거가 될 수 있도록 이 선지자가 자신이 계시하는 바를 기록할 것을 명령하신다(2:2-3). 하나님께서는 불의한 자들을 벌하실 것이다. 바벨론의 오만은 그의 심판을 벗어나지 못할 것이다(2:4-5). 바름과 잘못됨에 대한 인간의 생각은 역사 속에서의 하나님의 행위들을 평가할 능력을 갖고 있지 못하다. 그러나 진실로 의로운 자들은 하나님께서 자신의 약속들을 지키실 것이라는 신실한 믿음 속에서 산다(2:4b). 아브라함이 하나님을 믿음으로 의롭다는 인정을 받은 것(창 15:6)처럼 이 선지자 역시 하나님에 대한 믿음을 계속 유지해야 한다.

하나님께서 갈대아인들 역시 심판하실 것이라는 것은 이후의 다섯 개의 저주의 신탁들을 통해서 확약되었다(2:6-20). 악이 항상 번성하지는 않을 것이다. 땅은 하나님의 영광을 아는 지식으로 채워질 것이며(14절), 하나님 앞에서 침묵할 것이다(20절). 비록 모든 일들이 점점 악화되어지는 것 같아도 하나님께서는 여전히 통치하시며, 자신을 지키실 것이다.

자신이 본 이상에 대한 이 선지자의 반응은 하나의 찬양시, 즉 용사이신 하나님께서 자신의 병거를 타고 나타나심을 묘사하고 있는 승리의 노래이다. 그가 오실 때 천지가 떨 것이다(3:3-7). 하나님은 창조 때처럼 혼돈의 물들을 다스리심을 보여주실 것이다. 그는 출애굽 때처럼 열방들을 심판하기 위해서 무기를 가지고 오실 것이다(3:8-15). 하박국은 하나님께서 과거에 하신 일들로부터 확신을 얻으며, "우리를 치러 오는 나라에 임할 환난의 날을 인내로 기다리는"(3:16) 중에 믿었다("무리가 우리를 치러 올라오는 환난 날을 내가 기다리므로"라는 한글판 개역 성경은 오역이다 — 역주).

3장의 시는 고어체(古語)적인 히브리어로 쓰여 있는 것으로 보인다. 어떤 학자들은 이 선지자가 하나님이 과거에 행하신 일들을 나열하면서 의도적으로 고어체적인 문체를 사용하고 있다는 결론을 내렸다. 또 어떤 이들은 이 시가 현존하지 않는 좀 더 방대한 고대의 서사시의 단편(斷片)들로 이루어진 것일 가능성이 있다고 보았다(Patterson 1987).

이 구조는 대부분의 주석들에 광범위하게 받아들여졌다(Andersen 2001, 3-8을 보라). 그러나 플로이드(Floyd 2000, 81-84; Roberts 1991; Bruckner

2004도 이에 비슷하다)는 이에 이의를 제기하고 각 장이 이 책의 개요상 분리된 부분이라고 주장했다. 즉 1장은 이전에 주어진 예언에 대한 불평이며, 2장은 "신탁에 대한 질문의 보고문"(the report of an oracular inquiry)이며, 3장은 시 형태의 예언이라는 것이다.

신 학 적 인   메 시 지

하박국은 역사의 마지막 시기에 처한 유다와 예루살렘에 말씀을 선포했다. 이 나라는 내적인 부패로 썩어 있었으며, 새롭게 부각하는 바벨론의 세력이 곧 성전과 도성을 멸망시킬 운명이었다. 그러나 선지자가 볼 때에는 이러한 이중의 악이 횡행하는 가운데 하나님께서는 활동하시지 않고, 무관심하신 것처럼 보였다.

많은 학자들은 악의 번성과 의로운 자의 고난에 대한 하박국의 불평들을 욥기와 비교했다. 욥처럼 이 선지자도 아무리 현상이 반대로 된 것처럼 보이고 아무리 상황이 어려워 보여도 계속해서 하나님의 약속들을 믿고 신뢰해야 하며, 온 땅의 하나님이 공의를 행하신다는 것을 확신해야 함을 배웠다(3:16-19). 하박국은 믿음으로 사는 법을 배우고 있었다(2:4). 재난에 직면해서 이 선지자는 자신의 구원자이신 여호와를 찬양하는 법을 배웠다.

신 약 으 로 의   접 근

하박국 이후 수백 년 후에 다시 악과 불의가 전에 자주 그랬던 것처럼 흥왕하고 있었다. 다시 한 번 하나님의 성전은 위협을 당하고 있었다. 그러나 이번에는 이 성전은 그리스도의 몸으로 상징되는 성전이었다. 사람들은 그리스도를 조롱하며, 다시 한 번 "하나님이 어디 있느냐"고 물었다(마 27:41-43). 하나님은 그를 구원하시기 위해 오시지 않으셨으며, 다시 한 번 악은 승리한 것처럼 보였다. 그러나 그는 하나님을 신뢰했으며(마 27:43; 히

10:35a), 하나님께서는 그를 죽은 자들 가운데서 일으키심으로써 그를 변호하셨다(롬 1:4). 예수의 부활은 하나님이 멀리 계시지 않으며, 악이 승리하지 못할 것이라는 것에 대한 하나님 자신의 선언이었다.

바울은 예수께서 자신을 따르는 자들이 믿음의 삶을 살도록 부르셨다는 것을 초대 교회에 주지시켰다. 바울은 의가 믿음으로부터 말미암는다 — 처음부터 마지막 때까지 아브라함, 욥, 하박국 및 모든 자들에게 있어서 — 는 것을 주장(롬 1:17)하면서 하박국서를 인용하고 있다(2:4). 비록 우리가 악의 시대(갈 1:4) 속에서 살지만 의인은 믿음으로 산다(갈 3:11). 믿음은 "바라는 것들의 실상이요, 보지 못하는 것들의 증거"이다(히 11:1). 옛 사람들은 주변의 모든 상황이 다 믿음은 보상받지 못한다고 말하고 있는 가운데에서도 하나님을 믿었기 때문에 칭찬을 받았다(히 11:2-40). 우리 역시 동일한 신앙의 삶으로 부름을 받았다. 왜냐하면 용사이신 하나님이 장차 오셔서 자기 이름을 수호하실 것이기 때문이다(계 19:11-16).

스 바 냐 서

스바냐는 아주 상세한 족보와 함께 소개된 유일한 선지자이다. 그의 조상은 히스기야란 이름을 가진 4대 조상까지 거슬러 올라간다(1:1). 비록 이 히스기야가 동일한 이름을 가진 그 유명한 왕이라는 것을 구체적으로 밝히고 있지는 않지만 바로 이 점이 이러한 장황한 족보가 사용된 이유라는 것은 거의 의문의 여지가 없다.[1] 그가 왕족이었다는 사실 때문에 그는 궁정에 들어갈 수 있는 권한이 있었던 것 같으며, 이러한 자신의 지위로 인해 그는 유다의 지도자들의 죄악상을 관찰하고 그에 대해 외칠 수 있었을 것이다(1:8, 11-13; 3:3-4).

표제는 스바냐가 요시야 시대에 사역했다고 말하고 있다. 따라서 스바냐는 아마 하박국 및 예레미야와 동시대의 인물이었을 것이다. 이 선지자는 아마 므낫세와 아몬 치세하의 우상 숭배 및 앗시리아 압제의 시대에 성장했을 것이다.

---

1) 벤첸(Bentzen, *Introduction to the Old Testament* [Copenhagen: G. E. C. God, 1948-49])은 구스(Cush)가 북쪽의 누비아를 가리키는 성경상의 명칭이었으므로 스바냐의 아버지 구시(Cushi)는 에디오피아나 누비아 출신의 흑인 성전 노예였을 것이며, 따라서 이 긴 족보는 이스라엘 내에서 그의 위치를 확립시켜 주기 위한 것이라고 주장했다. 단 한 번 밖에 나오지 않는 이 인명은 나머지 추론들을 떠받쳐 주는 논거로서는 너무나도 빈약하다.

역 사 적 배 경

스바냐서의 해석과 관련된 두 가지 문제가 이 책의 역사적 배경을 연구하는 것과 아주 밀접하게 연결되어 있다. (1) 스바냐의 사역은 주전 621년의 율법책의 발견과 관련된 요시야의 개혁 이전인가, 이후인가? (2) 이 선지자는 임박한 침략에 대해서 말하고 있는데, 어느 이방 나라를 말하고 있는 것인가?

스바냐의 사역 시기

이 책은 율법책의 발견과 관련된 개혁 조치들(왕하 22-23장)에 대해서 아무런 뚜렷한 언급을 하고 있지 않다. 이 점과 더불어 대중적인 종교의 남용 및 저열한 상태에 대한 이 책의 내용(1:4-6, 8-9, 12; 3:1-3, 7)은 대부분의 주석가들로 하여금 스바냐의 사역이 주전 621년 이전에 이루어졌다고 생각하게 만들었다. 그러나 "바알의 남아 있는 것"(1:4)이란 언급은 바알 신앙이 이미 압제를 당하고 있었으며, 개혁 조치들이 이미 취해지고 있었음을 나타내 주는 것일 수가 있다. 하지만 다른 한편으로는 요시야의 개혁이 621년 이전에는 취해지지 않았었다는 것 자체가 확실하지 않다. 열왕기는 개혁이 동심원적으로 진행되는 것을 그리고 있다. 즉 율법책이 성전에서 발견되는 것으로부터 시작해서 예루살렘 성을 거쳐서 외곽에 있는 지파들의 영토로 개혁이 진행된다. 만면에 역대기는 개혁을 연대기적인 순서대로 기술하고 있다. 그 결과 열왕기에서는 요시야 18년(주전 621년 ― 왕하 22:3//대하 34:8) 이후의 사건들과 연결되어 있는 많은 사항들이 사실은 요시야 12년, 즉 그가 20세의 성인이 된 해인 그의 치세 제12년(주전 627년 ― 대하 34:2-7)에 시작된 것으로 되어 있다. 또한 이 왕의 공식적인 개혁 활동들과 부자 및 일반 민중 가운데서의 죄악 사이를 구분해 줄 필요가 있을 가능성이 있는데, 이 경우 이 책에 언급되어 있지 않은 죄들을 가지고 스바냐가 요시야의 개혁 이전에 활동했는지 이전에 활동했는지를 결정하는 확정적 증거로 사용할 수는 없다. 개혁이 대중적인 종교의 외향적 성격에 영향을 주었을 것이라는 것은 거의 확실하지만 이것이 모든 상업적 · 종교적 죄악들을 다 제거했을 것이라고 생각하는 것은 비현실적이다. 이 최종적인 분석에 따를 경우 스바냐의 사역의 좀 더 정확한 배경을 파악하는 것은 어쩌면 불가능한 것으로 보인다.

침략자는 누구인가?

이 선지자는 예루살렘의 멸망을 가져다 줄 이방 나라의 임박한 침략을 예견하고 있는 것으로 보인다(1:4, 10-13; 2:1; 3:1-4). 학자들은 이 선지자가 예견한 적이 누구인지에 대해서 서로 다른 의견들을 갖고 있다.

1. 많은 학자들(예를 들어 Smith 1984, 123)은 예견된 적이 앗시리아라고 주장한다. 유다는 7세기의 상당 기간 동안 앗시리아의 위성 국가였으며, 북왕국이 겪었던 앗시리아에 의한 병합 및 그에 병행된 시민들의 유배는 유다에게도 항상 위협거리였다. 그러나 앗수르바니팔의 통치 중엽(주전 669-627년)에 앗시리아는 급속히 쇠퇴했다. 그리고 627년 무렵에는 앗시리아의 힘은 분쇄되었으며, 앗시리아는 유다에게 별로 위협거리가 못 되었다. 하나님의 심판을 받을 대상으로 니느웨(2:13-15)가 언급되어 있다는 사실이 꼭 앗시리아가 여전히 유다에게 위협거리라는 것을 의미하는 것은 아니다(Kapelrud 1975, 122와 비교하라). 오히려 이와 반대로, 이 선지자는 앗시리아의 세력이 이미 줄어든 사실을 반영하고 있는 것으로 보인다(2:15). 비록 스바냐의 사역이 요시야의 개혁 이전에 이루어진 것을 주장하는 것은 가능하지만 앗시리아가 유다에게 심각한 위협이었던 것 같지는 않다.

2. 스키타이인들(the Scythians)은 러시아의 남부 스텝 지방, 즉 주로 북해의 북쪽 지역에 거주하던 유목민 집단이었다. 헤로도토스(Herodotos, 1:105)는 스키타이인들이 프삼메티쿠스 1세(Psammetichus I, 주전 664-610년)의 치세 때 아스글론(Ashkelon)이란 블레셋의 도시와 이집트에 침략을 감행한 것을 언급하고 있다. 이 침략은 633년에서 610년 사이에 이루어졌다(Yamauchi 1982, 84). 학자들은 이 침략이 이방의 공격에 대한 스바냐의 예상과 북방으로부터 오는 적에 대한 예레미야의 예언(렘 4-6, 8-9장)의

배경이 된 것이 아닌가 하는 것에 대해 오랫동안 논쟁을 해 왔다. 많은 학자들은 헤로도토스의 기록의 신빙성에 대해서 회의적이었는데, 이제는 점점 더 많은 증거들이 이 스키타이인들의 침략이 실제로 있었던 것에 대해 신빙성을 더해주고 있다(Yamauchi 1982, 87-99). 하지만 헤로도토스가 스키타이인들의 침략에 대해서 기록한 것은 간략하며, 해변가의 국제적인 간선도로(바닷길, Via Maris)를 따라 위치한 장소들에 국한되어서 유다에게 주는 직접적인 영향은 거의 없었을 가능성이 있다. 스키타이인들과 관련된 독특한 형태의 화살촉은 주전 6, 7세기의 사마리아, 라기스, 암만(Amman)에서 상당수 발견되었다(Yamauchi 1982, 87). 이 화살촉들은 스키타이인들의 침략군이 실제로 이 지역에 왔었음을 말해 줄 수도 있고, 혹은 나중의 바빌로니아인들의 침략 때에 스키타이인 용병 부대들이 포함되어 있었음을 말해 줄 수도 있다. 그러나 고대 근동에 무기 무역이 광범위하게 이루어졌으며, 군사 기술이 폭넓게 전파되었을 가능성도 고려해야 한다. 따라서 스키타이인들에게서 나온 기술이 꼭 그들 가운데서만 사용된 것이 아닐 가능성도 있다.

3. 스바냐는 주변 국가들(2:4-12), 그리고 더 나아가서는 앗시리아(2:13-15) 자체에 영향을 미칠 "여호와의 날"의 재앙에 대해서 예견하고 있다. 그는 예루살렘의 멸망과 거주민들의 유배를 예상하고 있는 것으로 보이며, 따라서 그들 중의 남은 자들의 생존과 그들의 모임도 더불어 예상하고 있는 것으로 보인다(3:10-20). 이러한 넓은 범위의 재난은 스키타이인들에 의한 침략을 넘어서는 것 같다. 그리고 만약 앗시리아가 그 재난의 대상 중의 하나라고 한다면 그 위협은 앗시리아 자체에서 나온 것일 수는 없을 것이다. 따라서 스바냐가 예견하고 있는 위험의 원천으로 유일하게 남은 후보는 바벨론이다. 열왕기의 저자는 바벨론의 미래의 침입이 이미 요시야의 시대에 예상되었다고 말하고 있다(왕하 22:15-20). 그러나 바벨론은 요시야의 사망(주전 609년) 당시에는 겨우 힘을 회복하기 시작하는 상태였으며, 바빌로니아가 시리아-팔레스타인 지방에 침략을 시작한 것은 겨우 갈그미스 전투(604년) 이후였다. 그러므로 선지자적인 통찰력이나 선지자의 예지 능력을 받아들이지 않는 사람은 이 책을 요시야 시대의 것(1:1)으로 보는 입장을 거

부하거나[2] 바벨론 포로 시대와 회복 시대를 반영하고 있는 부분들이 본문에 후대에 첨가된 것으로 볼 수밖에 없게 된다.

문 학 적 인   분 석

우리는 스바냐서를 다음과 같이 개관할 수 있다:

표제(1:1)
I. 유다에 대한 신탁(1:2—2:3)
  A. 우주적인 심판(1:2-3)
  B. 여호와의 희생제사(1:4-9)
  C. 예루살렘의 심판(1:10-13)
  D. 여호와의 날(1:14-2:3)
II. 열방들에 대한 신탁(2:4—3:8)
  A. 블레셋(2:4-7)
  B. 모압과 암몬(2:8-11)
  C. 구스(2:12)
  D. 앗시리아(2:13-15)
  E. 예루살렘(3:1-7)
  F. 우주적인 심판(3:8)
III. 구원의 신탁(3:9-20)
  A. 온 세상의 경배(3:9-10)
  B. 유다의 축복과 회복(3:11-20)

---

2) Hyatt(1949)와 Williams(1963)는 스바냐가 예견한 적이 바벨론이라고 생각했으며, 이 때문에 그들은 이 책이 여호야김 시대(주전 609-598년)의 것이라고 보았다.

전통적인 비평학계는 원래의 진정한 이 선지자의 말들을 후대의 삽입부분이나 해설을 위한 첨가부분으로부터 구분해 내는데 관심을 기울여 왔다. 후대의 부분들을 구분해 내는데 사용된 기준들은 개별적인 학자마다 다르므로 그러한 방법의 결과들은 일관성이 없었다. 3:14-20에 들어 있는 구원의 신탁은 보통 후대에 삽입된 것으로 간주되어졌다. 또 어떤 학자들은 2:7-9a, 10-11, 15; 3:1-4 등이나 기타 작은 부분들을 잘라내었다. 랑고르(Langohr 1976)는 이러한 연구의 역사를 개관하고, 이러한 접근방법의 최근의 예를 제공해 주었다. 이처럼 일부 본문들을 후대의 것으로 분리해 내는 중요한 이유들로는 3:4-20에 포로기 이후 시대의 시각이 들어 있다는 점, 에스겔서나 이사야서의 뒷부분과 비슷한 언어와 개념들이 나온다는 점, 그리고 묵시문헌과 비슷한 종말론적인 기대가 등장한다는 점 등이다(Childs, *IOTS*, 458). 차일즈(Childs, 461)는 이러한 이차적인 삽입부분들이 정경화 과정의 본보기들이며, 이 과정에 따르면 이스라엘의 이후의 세대들이 스바냐의 말들을 자신들의 당대의 역사적 상황에 비추어서 해석한 것이라고 생각한다.

다른 접근방법들은 이 책의 논리적이고 질서정연한 사상적 흐름에 주목하였으며, 스바냐서가 주도면밀하게 구성된 통일체를 이루고 있다는 점을 강조하는 경향이 있다. 이 선지자는 보편적인 심판(1:2-3; 3:8)을 선언했으며, 그것이 유다(1:4-2:3; 3:1-7)와 열방들(2:4-15)에 미치는 결과들을 상술했다. 그리고 이것은 보편적인 축복과 이 보편적인 축복이 유다 및 열방들에 미치는 결과들에 대한 선포로 이어졌다(3:9-20). 볼(Ball 1987)은 이 책이 2:1-7을 수사(修辭)적으로 확장시킨 결과로 만들어진 통일된 책이라고 보았으며, 이 책이 짜임새가 있음을 강조했다. 하우스(House 1988)는 일인칭과 삼인칭으로 된 하나님의 연설이 교대로 등장하고 있는 것에 주목했으며, 이 책을 예언적인 희곡으로 간주하고, 그것을 장과 막으로 나누었다. 비록 그 최종적인 분석이 신빙성이 없기는 하지만 하우스는 이 책에 문학적 접근방법을 적용함으로써 많은 흥미로운 수사학적 특징들을 부각시켜 주었다.

많은 학자들은 스바냐서의 구조가 다른 선지서들에서 발견되어지는 구조와 비슷하다는 것을 깨달았다. 대강 이야기해서 이사야서, 에스겔서, 70인경의 예레미야서, 그리고 스바냐서는 모두 (1) 유다의 직접적인 역사적 상황과 관련된 일련의 신탁들로 시작하며, (2) 그 다음에 열방들에 대한 신탁으로 이어지며, (3) 미래의 종말론적인 축복에 대한 신탁들로 끝을 맺는다.

신학적인 메시지

심판이라는 주제와 은혜와 자비라는 주제가 이 책의 지배적인 주제이다. 하나님의 심판은 주로 여호와의 날에 대한 비유적인 표현들로 묘사되었다. 그리고 하나님의 은혜는 주로 남은 자와 회복이라는 모티프들을 통해서 기술되었다.

1. 여호와의 날은 선지서들에 자주 나오는 주제이다. 스바냐는 아모스서(암 5:18-20; 8:3-13)와 이사야서(사 2:6-22)에 이미 사용된 비슷한 개념들을 알고 있었던 것으로 보인다. 이 날은 하나님께서 자신이 명예를 지키시고, 열방들(2:4-15)이나 이스라엘(1:14-2:3)의 죄를 심판하시기 위해 오시는 날이다. 피조계는 무너지고, 우주는 동요하며 원시의 암흑으로 돌아간다(1:2-3, 15-18; 3:6-8). 즉 우주는 그 생명이 없고 형체가 없는 상태로 되돌아간다(1:3). 여호와는 악과 대항해서 거룩한 전쟁을 치르는 이 위대한 날에 전사로서 오신다(1:14-16). 그의 임재는 불과 같은 신현 현상(theophany)에 의해 신호로 알려진다. 스바냐에게 있어서는 이 위대한 날은 역사 속에서 기대되어진 것이었다. 그러나 하나님께서 개입하시는 이러한 역사적 행위는 또한 죄가 이 땅으로부터 제하여지는 종말론적인 심판의 그림자였다(1:3).

2. 이러한 하나님의 진노에 대한 두려운 기대와 병행해서 남은 자를 향한 하나님의 신실하심과 자비라는 주제가 또한 지배적으로 나타나고 있다(3:12-13). 남은 자 모티프는 성경의 많은 책들 속에서 발견된다. 어느 한 집단이 보통 죄에 대한 심판 때문에 일어나는 어떤 재앙을 겪을 때 그 재앙을 통해서 살아 남아 존속하는 인류 혹은 하나님의 백성의 핵이 되는 자들이 바로 남은 자들이라고 불려진다(Dillard 1988을 보라). 하나님의 백성의 미래의 존속은 하나님의 약속을 새롭게 상속받는 이 정화되고 거룩한 남은 자들에 초점이 맞추어져 있다. 스바냐 선지자는 여호와의 날에 살아 남을 수 있

을 가능성을 열어 놓았다(2:3). 스바냐가 기대하는 하나님의 진노는 이 나라를 정화시켜서 죄가 없는 남은 자들이 나타나게 만들어 주는 것이었다(3:13). 그리고 이 남은 자들이 열방들 가운데서부터 다시 모여서 본토와 하나님의 은혜를 회복하는 것이었다(2:7; 3:19-20). 이스라엘을 택하신 하나님의 목적은 지금 당장 주어진 심판에 의해서 좌절되어지는 것이 아니라 선택된 남은 자들 속에서 실현되어지는 것이다. 전능하신 하나님은 교만한 자들을 용납하지 않으신다(1:12-13; 2:10, 15). 그러나 온유하고 겸손한 자들은 보호를 받을 것이다(3:12).

3. 이스라엘의 하나님은 우주적인 하나님이시다. 그는 중동의 한 자락의 땅에 대해서만 주권을 갖고 계신 것이 아니다. 그는 모든 나라들을 다스리시며, 자신의 거룩성과 그들이 자기 백성을 어떻게 대했는지에 따라 그들에게 심판을 내리신다(2:4-15). 그가 이 땅을 창조했으므로 그의 심판은 그 전체에 걸쳐 내려진다(1:2-3). 우주를 통치하시는 그는 항상 모든 열방에 대해 자비로운 마음을 갖고 계신다(창 12:3; 22:18). 자신의 심판을 선포하기 위해 열방들을 소집하시는 그분(스 3:8)은 또한 그들이 자신의 은혜를 받도록 하시기 위해서 그들을 모으신다(9절). 모든 이들이 여호와의 이름을 부르게 될 것이다.

신 약 으 로 의   접 근

기독교 독자들은 스바냐서에 나오는 많은 비유적 표현들과 모티프들이 신약에서도 역시 사용되어지는 것을 보게 된다. 스바냐는 임박한 역사적인 재난과 하나님의 심판을 기대했다. 여호와의 날에 있었던 바벨론에 의한 정복 및 유배는 말세에 전 우주적 규모로 이루어질 거대하고 끔찍한 그 날의 전조였다. 바울은 여호와의 날, 그리스도의 날에 대해서 자주 언급했으며(롬 2:16; 고전 1:8; 빌 1:6, 10; 2:16; 딤후 4:8), 역사 속에서 하나님께서 마지막으로 나타나셔서 최종적으로 자신을 옹호하실 날을 고대하고 있다. 요한은 용사이신 하나님이 심판을 위해 군대를 이끌고 오시는 것을 기술하고 있다

(계 19:11-6). 스바냐는 하나님 자신이 드릴 끔찍한 희생제사(1:7)에 대해서 언급하고 있는데 요한은 여호와의 날을 기술하면서 같은 이미지를 사용했다 (계 19:17-18; 참고, 겔 39:18-20).

다른 선지자들과 마찬가지로 스바냐는 모든 열방들이 이스라엘의 하나님을 인정하고 경배할 날을 고대했다(3:9-10). 유대인과 이방인으로 이루어져 있는 교회(갈 3:8-9, 14, 26-29)가 볼 때에는 이것은 이미 현재에 실현된 사실이다. 그러나 교회 역시 이 세상이 진정한 왕의 다스리심을 인정할 때가 올 것임을 알고 소망하면서 살고 있다(빌 2:9-11).

학 개 서

우리는 이 선지서로부터 얻을 수 있는 정보를 제외하고는 선지자 학개에 대해서 아는 것이 거의 없다. 우리는 그가 스가랴와 같은 시대에 예루살렘에서 말씀을 선포했다는 점은 확실하게 알고 있다. 스가랴서에 대한 장에 있는 연대표를 보라. 그가 단순히 "선지자"라고만 언급되고, 그의 아버지의 이름이 제시되어 있지 않았다는 사실은 그가 동시대 사람들에게 잘 알려져 있었다는 것을 시사해 준다(스 5:1; 6:4). 스가랴는 소위 소선지서들 중에서 가장 긴 책들 중의 하나로서 좀 더 많은 주목을 받은 반면에 학개서는 구약에서 가장 짧은 책들 중의 하나이다.

학개란 이름은 "축제, 절기" 등을 의미하는 히브리어 단어에서 파생되었는데, 이 점은 그가 이스라엘의 절기들 중의 하나에 태어났을지도 모른다는 것을 시사해 준다. 라틴어 이름인 페스투스(Festus)나 헬라어 이름인 힐러리(Hilary)의 경우와 비교해 보라. 학기(창 46:16; 민 26:15)나 학깃(삼하 3:4)도 비슷한 종류의 이름들이다. 또한 삽브대(Shabbethai, 스 10:15, "안식일에 태어남"이란 뜻을 갖고 있는 듯)와 같은 이름도 고려해 보라.

제롬의 학개서 주석에 따르면, 이 선지자는 또한 동시대인인 스가랴와 마찬가지로 제사장이었다. 그러나 이 전승은 증명될 수는 없다. 70인경과 페쉬타 역본(the Peshitta)의 일부 시편의 표제들은 여러 개의 시편을 그의 것으로 보고 있다.

역 사 적 배 경

또한 스가랴서의 역사적 배경에 대한 논의를 보라(또한 Berquist 1995; Provan, Long, and Longman 2003, 285-303을 보라).

유대인들의 귀환을 허락하는 고레스의 조서(주전 539년 ― 대하 36:23; 스 1:2-4)가 선포된 이후에 우리는 바벨론의 유대인들이 대거 귀환했을 것이라고 추측할 수 있을 것이다. 도대체 누가 포로 및 유형(流刑)의 생활로부터 "귀환"하기를 원치 않겠는가? 그러나 사실은 그렇지가 않았다. 이스라엘 포로들은 예레미야의 충고를 따라서 "집을 짓고 거기 살며, 텃밭을 만들고 그 열매를 먹었으며, 아내를 맞이하여 자녀를 낳았으며"(렘 29:5-6), 바벨론의 번영과 함께 번영했다(7절). 예루살렘의 멸망 이후로 이제 거의 오십 년의 세월이 지났다. 포로시기 중에 태어난 세대는 오직 바벨론만을 고향으로 생각했다. 그러므로 바벨론에 사는 이스라엘 사람들 중 대부분은 예루살렘으로 돌아가는 대신에 자신들이 포로 생활 중에 쌓아 올린 재정적인 안정과 위안을 선택했다.

귀환을 하기로 결정한 포로들은 거의 오만 명 정도였다(스 2:64; 느 7:66). 그들이 도착했을 때 그들은 여러 가지 어려운 점들에 직면했다. (1) 땅은 경작되어지지 않았으며, 조상들의 집은 수리가 되어 있지 않았다. 해야 할 일들은 아주 많았다. (2) 그 땅에 남아 있던 하층민 유대인들(렘 52:15-16)은 그들이 버리고 간 소유들을 취했다(겔 11:3, 15). 귀환자들과 그 땅에 남아 있었던 자들 사이의의 권리의 문제들을 조정하는 것을 포함해서 복잡한 법적 절차들이 야기되었다. 귀환자들과 남은 자들 사이에 긴장이 발생했는데, 이 긴장은 한 세기 이후에도 여전히 남아 있었다(느 5:6-8). (3) 예루살렘 및 성전 재건 역시 이웃 민족들 및 그 지역을 담당하던 페르시아 관료들로부터 외적인 반대에 직면했다(스 4:1-5; 5:3-5). 성전 뜰의 제단을 복구하고, 성전을 위한 기초를 놓은 후에는 별로 일이 진척되지 못했다(스 3:2-10). (4) 성전 건설은 시작하면서부터 낙심되는 말들을 들었으며, 원래의 성전을 본 적이 있던 사람들이 첫 번째의 성전의 광휘와 비교해서 듣기 좋지 못한 말들을 하는 소리가 들렸다(스 3:12-13; 학 2:3; 슥 4:10).

이런저런 난점들을 고려해 볼 때 귀환자들이 성전 재건에 별로 우선권을 두지 않고 자신들의 힘을 자신들의 집들을 재건하고 농경지를 복구하는데 쏟아부은 것은 놀라운 일이 아니다(학 1:3-11). 세월이 흘러 마침내 주전 520년에 하나님께서는 학개와 스가랴란 선지자를 세우셨는데, 이들은 백성들이 우선순위를 바로 세우고 성전을 건설할 것을 촉구했다. 백성들은 이 두 선지자가 선포한 말씀에 순종해서 516년에 성전을 완성시켰다(스 6:15).

비록 에스겔의 예언들이 이 짧은 책보다는 많은 수의 연대들을 언급하고 있기는 하지만 학개서는 모든 선지서들 중에서 연대에 대한 언급들의 밀도에 있어서는 가장 높다. 이 책을 구성하고 있는 네 개의 신탁들은 선포된 연대를 밝히고 있다(학 1:1; 2:1, 10, 20; 참고, 1:15). 이 모든 연대는 다리우스 1세(Darius I, 주전 522-486년) 제2년의 사 개월이 채 안 되는 기간에 포함되어 있다. 고레스는 530년에 전장에서 죽었으며, 캄비세스(Cambyses, 530-522년)가 그의 뒤를 이었다. 캄비세스는 보좌에 오르면서 왕국에서의 자신의 지위를 공고히 하고 잠재적인 경쟁자를 제거하기 위해 자기 형제 바르디야(Bardiya)를 암살했다. 캄비세스는 자살을 한 것으로 보이며, 왕의 측근 중에 있던 다리우스가 일어나서 왕위를 계승했다. 다리우스가 왕위에 등극할 때 페르시아 제국의 각처에서 반란들이 일어났다. 그 중 가장 중요한 반란은 바르디야라고 자처하는 한 인물이 주도한 것이었다. 다리우스는 이 522년 9월말에 이 거짓 바르디야를 분쇄했다. 다리우스가 제국의 다른 곳들에서 일어난 반란들을 언제 진정시켰는가 하는 것은 확실하지가 않다. 많은 학자들은 학개와 스가랴가 말한 여러 가지 내용들이 다리우스 치세 초기의 페르시아 제국에서의 이러한 소요를 반영하고 있다고 해석해 왔다(예를 들어 학 2:6-7; 슥 1:11-15; 2:7-9). 이방 나라들의 지배에서 자유를 얻고 다윗 왕조를 회복하겠다는 희망들을 자극시킨 것은 바로 이 페르시아 제국에서의 정국의 불안정 때문일지도 모른다(학 2:20-23). 재건 공동체는 이사야가 선포한 영광스러운 미래에 대한 소망들과 함께 살았다(예를 들어 40:9-10; 41:11-16; 43:1-7; 44:1-5, 21-23). 고레스는 새로운 시대를 알리는 자로 예정되어 있었다(사 44:28-45:1-4, 13).

이 책에 알려진 그의 네 달 동안의 대중 사역을 제외하고는 우리는 학개의 운명에 대해서 더 이상 아는 것이 없다. 만약 일부 학자들이 2:3에서 추론하는 것처럼 그가 느부갓네살에 의해 포로로 잡혀간 예루살렘 시민들 중의 한 명이라면 그가 사역을 할 당시에는 이미 늙은 사람이었을 것이다. 성전 재건이 시작되고 그의 선지자로서의 사명이 다한 후에 그는 곧 사망했을 가능성이 있다.

문 학 적 인   구 조   및   신 학

학개서는 다리우스 1세 제2년이라는 연대가 주어진 네 개의 신탁으로 구성되어 있다(Hystaspes). 천문 현상에 대한 관찰사항들을 담고 있는 고고학적 기록들은 우리가 이 고대의 연대들을 우리의 현대의 연대 계산법으로 상당히 정확하게 환산할 수 있도록 해 준다.

대부분의 다른 선지서들은 선지자들의 설교들과 신탁들을 집대성해 놓은 것이다. 반면에 학개서는 직접적으로 설파된 신탁들이 산문으로 된 내러티브 틀(1:1, 3, 12, 15; 2:1, 10, 20) 속에 들어가 있는 모습을 하고 있기 때문에 이 책은 마치 학개의 말들과 그 말들이 청중들에게 끼친 효과에 대한 보고서인양 보인다(Verhoef 1988, 9). 내러티브 틀 속에서 학개는 삼인칭으로 언급되어 있는 것에 근거해서 많은 학자들은 그가 이 책의 저자가 아니라 어떤 편집자가 그의 말들을 이러한 내러티브의 틀 속에 집어넣었다고 결론내렸다. 루돌프(Rudolph 1976)는 이 편집자의 정체가 성진 재건과 관련해서 학개의 역할을 스가랴의 역할보다 높이 드러내고자 한 학개의 친구나 제자라고 주장했다. 아크로이드(Ackroyd)와 보이켄(Beuken 1967)은 이 편집자가 한두 해 후에 살았었으며, 역대기 기자의 영향 하에 있었다고 보았다. 그러나 학개서와 역대기 간의 유사성은 학개 및 스가랴서가 먼저 존재해서 역대기의 편찬자에게 영향을 주었기 때문이지 그 반대가 아닐 가능성이 높다. 한편 어떤 학자들은 학개 자신이 이 책의 저자이며, 자신의 기록의 객관성과 역사성을 재고하기 위해서나 혹은 자신의 신탁들을 하나님의 말씀으로 권위를 부여하기 위해 삼인칭 내러티브로 된 틀을 사용하였다고 주장했다.

마이어스와 마이어스(Meyers and Meyers 1987)는 학개(그리고 스가랴서 1-8장)의 최종적인 본문은 실제로 성전이 봉헌되기 전에 쓰였을 것이라고 주장했다. 그 근거로 그들은 만약 이런 기념비적인 사건이 발생했다면 언급되지 않았을 리가 없다는 것을 들었다. 또한 그들은 성전의 봉헌이 학개의 명성을 높였을 것이라고 주장했다. 보다(Boda, 2004)는 학개의 경우에는 이런 주장이 맞지만 스가랴의 경우에는 아니라고 주장했다.

첫 번째 신탁(1:1-11; 주전 520년 8월 29일)은 간략한 논쟁과 더불어 심판의 말씀을 담고 있다. 이 신탁은 그 달의 첫째 날(고대의 역법에 따르면)에 전달되었는데, 신년 축제를 지내기 위해 모인 대중들에게 선포되어졌을 가능성이 매우 크다(민 28:11; 10:10; 시 81:3[MT 4]; 스 3:5). 성전의 폐허가 있는 장소에 백성들과 그 지도자들이 모인 이 기회가 이 선지자가 취임 신탁을 하기에는 완벽한 배경을 제공해 준 듯하다. 성전에 대한 공사를 연기한 것을 합리화하기는 상당히 쉬웠을 것이다(1:2). 귀환자들은 자신들의 집을 짓고, 곡물을 경작하는 등 자신들의 안녕을 위해 공을 들였음에도 불구하고 흉작, 물가 상승, 가뭄 등의 일을 겪었다. 그들의 노력은 헛된 듯이 보였다. 학개는 이러한 헛수고가 그들이 성전을 무시했기 때문이라고 주장하고 있다. 하나님께서 이 백성에게 기분이 좋지 않음을 어떻게 표현하고 계신지 주목할 만한 가치가 있다. 그는 이들을 "내 백성"이라고 부르시는 대신에 "이 백성"이라고 부르신다(1:2). 흉작(신 28:38-40), 식량의 부족(48절), 가뭄(23-24절), 헛된 수고(20절) 등은 다 언약에 순종하지 않았기 때문에 온 저주였다.

보통 선지자들의 말에 이스라엘은 무관심, 조롱, 적대감 등으로 반응을 했지만 여기에서는 그와는 달리 이 선지자가 말한 것의 정당성을 인정하고 열정적으로 반응한다(1:12-15). 일은 이십삼 일 후에 시작되었다(1:15; 520년 9월 21일).

학개의 두 번째 신탁(2:1-9; 520년 10월 17일)은 성전에 대한 작업이 시작된 지 한 달이 채 못 되어 주어졌다. 일곱 번째 달은 바로 티쉬리 월(Tishri, 또한 에타민 월[Ethamin]이라고도 불림)인데, 이 달에는 장막절이 15일부터 7일 동안 치러졌다(레 23:33-43; 민 29:12-39; 신 16:13-15; 겔 45:24). 그러므로 이 달 21일이라는 것은 이 절기의 마지막 날을 가리키는 말일 것이다 (Verhoef 1988, 263). "이 전(殿)"이라는 언급(2:3) 역시 이 신탁이 사람들이 성전의 경내에 모였을 때 주어진 것임을 증명해 준다. 솔로몬의 성전이 장막절에 봉헌(대하 7:8-10; 왕상 8:2)되어졌으므로 바로 이 장막절에 이전 성전(2:3)과의 비교를 언급하는 것은 아주 적절하다. 일꾼들이 일을 시작한 지 삼 주 밖에 안 지났기 때문에 두 번째 성전이 첫 번째 성전보다 훨씬 더 못했을 것은 자명하다. 첫 번째 성전을 기억하는 사람들은 아마 대부분 그 당시 일흔 살 정도 되었을 것이다. 선지자는 모든 사람들에게 격려의 메시지를 주고, 이 두 번째 성전의 영광이 첫 번째 성전의 영광보다 뛰어날 것임을 확신시켜 주었다(2:6-9).

학개의 세 번째와 네 번째의 신탁(2:10-19, 20-23)은 같은 날(주전 520년 12월 18일)에 주어졌는데, 이 날은 성전에 대한 작업이 시작된 지 세 달째 되는 날이었다(1:15). 세 번째 신탁은 두 부분으로 나뉘어 있다. (1) 토라에 대한 질문(2:10-14; 슥 7:1-3의 말씀들을 보라): 여호와와 이 선지자 간의 대화 형식으로 되어 있다. (2) 격려의 메시지(2:15-19). 이 법률적인 질문에 대한 요점은 바로 이것이다. 거룩한 것이 전염성을 가진 것이 아니라 — 단지 성전을 짓는 것이 이 백성을 거룩하게 하지는 않는다 — 바로 제의적인 부정 혹은 더러움이 전염성을 가지고 있다. 그리고 성전도 이 백성의 부정함에 의해 더럽혀질 수 있다. 그러므로 이 백성이 하나님의 인정과 포용을 받을 수 있는 유일한 길은 바로 하나님의 은혜뿐이다. 성전이 어떤 마술적인 부적은 아니다. 아마도 일이 시작된 이래 세 달 동안 이 백성은 약간 낙심했던 것 같다. 그래서 선지자는 하나님께서 그들의 수고를 축복하실 것임을 천명함으로써 그들을 격려하고 있다. 12월은 농산물이 자라는 기간인데, 선지자는 이 백성들이 농사를 지을 시간에 성전을 짓는다고 해서 소산물들이 줄어드는 것이 아니라 반대로 풍년을 맞게 될 것임을 말해 주고 있다(참고, 1:5-11).

학개의 네 번째 신탁(2:20-23)은 유다의 총독이자 여호야긴의 계통을 따르는 다윗의 자손인 스룹바벨에게 주어졌다. 예레미야서에서 하나님은 전에 여호야긴을 빼어서 버릴 인장 반지라고 말씀하셨다(렘 22:24-25). 학개서에서 하나님은 동일한 상징을 사용하시긴 하시지만 그것을 뒤집어서 이번에는 여호야긴의 한 후손이 하나님의 손에 들려진 인장 반지가 될 것이라고 말하고 있다. 비록 학개와 스가랴 및 동시대인들은 당대에 이방 나라들의 통치가 무너지고 다윗의 통치가 회복될 것을 기대했겠지만 스룹바벨은 그러한 다윗 계보의 왕이 아니었으며, 단지 그는 하나님께서 하늘과 땅을 흔드실 그 종말의 날을 가리키는 자였다(2:6-7, 21).

신 약 으 로 의 접 근

구약에서는 하나님이 어떤 성소나 제단을 승인하실 때 보통 불이 나타났는데, 이 불을 좀 더 구체적으로 이야기하자면 랍비들이 "셰키나 영광"(the Shekhinah glory)이라고 부르는 바로 그 불과 구름 기둥이었다(출 40:34-38; 삿 6:21; 왕상 8:10-11; 18:38; 대상 21:26; 대하 5:13-14; 7:1-3). "영광"이라는 단어는 또한 부와 풍요로움을 의미하는 것일 수도 있었다. 이사야의 기대와 소망(사 66장)을 따라 귀환 공동체는 열방의 부가 예루살렘으로 흘러드는 때를 고대했다. 학개는 2:3, 7-9에서 "영광"이라는 단어를 이 두 가지 의미로 사용함으로써 이 모호함을 활용하고 있는 듯이 보인다(Wolf 1976). 그러나 페르시아인들이 이 두 번째 성전의 건설과 제의를 승인(스 1:6-7; 6:7-10; 7:15-18)해 주기는 했지만 이것은 이방의 부가 이 도시로 쏟아져 들어오리라는 선지자의 말과는 상당히 동떨어진 것이었다. 하나님의 영광이 이 성(겔 43:1-7)으로 되돌아올 것이라는 에스겔의 말(겔 43:1-7)에도 불구하고 불과 구름 기둥이 이 두 번째 성전에 나타났다는 것에 대한 암시나 주장은 전혀 없다. 또한 비록 유다의 유대인들이 페르시아의 통치 하에서 어느 정도의 자율을 누리기는 했지만 이방의 통치가 분쇄된 것은 아니었다(2:22). 그리고 유대인들은 이방의 여러 주인들을 계속해서 섬겨야만 했다.

고레스의 조서와 성전의 재건, 그리고 다윗 계보의 스룹바벨이 치리를 하는 것을 통해서 새로운 시대가 왔다. 그러나 이것은 장차 올 일들에 대한 임시적인 단계일 뿐이었다. 예수께서 "우리 가운데 거하심으로써(tabernacled) 우리가 그 영광을 보게 될 때"(요 1:14) 비로소 가시적인 하나님의 임재가 제2 성전에 나타나게 되었다. 왜냐하면 그분은 "하나님의 영광의 광채시요 그 본체의 형상"(히 1:3)이시기 때문이다. 열방의 부는 이방의 현자들(마 2:1-12)의 선물을 통해서, 그리고 공히 유대인과 이방인들의 살아 있는 돌들로 만들어진 새 성전(고전 3:16-17; 벧전 2:4-10)을 통해서 예루살렘으로 들어온다. 새로운 왕국 ― 이 세상의 왕국이 아니라 다른 모든 것들을 초월하며 또 그 모든 것들을 지배하는 왕국 ― 이 다윗의 다른 자손을 통해 임하게 되며, 그는 지금도 다스리시며, 모든 만물을 그 발에 두시고 있다.

그러나 이러한 것들 역시 모든 만물의 종국, 즉 모든 것들이 새로워지고, 말로 표현할 수 없이 휘황찬란한 도성에서 하나님께서 사람들과 함께 거하시며, 모든 눈물이 닦여질 바로 그 때를 향한 하나의 단계에 지나지 않는다(계 21장).

스룹바벨이 선택받은 것은 단지 다윗 계보의 통치가 시작된 것만을 보여 주고 있는 것이 아니다. 이것은 또한 우주의 천재지변을 미리 형상화하고 있다(2:6-7, 21-22). 히브리서의 저자는 이 종말적인 시대가 이미 그리스도 안에서 시작되었다고 보고 있다(히 12:26-29; 참고, 출 19:18; 마 27:51).

스 가 랴 서

스가랴서는 소선지서 중에서 가장 긴 책이다. 이 책은 또한 아마 가장 어려운 책일 것이다. 제롬(Jerome)은 이 책을 히브리 성경에서 "가장 모호한" 책이라고 불렀으며, 이후의 학자들 역시 이 견해를 자주 인용하고 또 대체적으로 받아들였다. 이 책이 가진 난점들 때문에 이 책의 여러 부분의 연대 및 저작권, 그리고 개별적인 문단들의 해석과 관련해서 수많은 견해들이 나오게 되었다. 그러나 이 책은 또한 기독교 독자들에게 가장 중요한 책이다. 스가랴서 9-14장은 그리스도의 수난 기사(the Passion narratives)에 사용된 구약의 구절들을 가장 많이 담고 있다(Lamarche, 8-9). 또한 에스겔서를 제외한 다른 어떤 책보다도 바로 이 책이 계시록의 저자에게 가장 많은 영향을 끼쳤다.

스가랴서는 흔한 이름이었음이 분명하다. 성경에는 이 이름을 갖고 있는 사람이 스물한 명 이상이다. 이 선지자는 잇도의 손자 베레갸의 아들이라고 명시되어 있는데(1:1), 그는 더 간단하게 잇도의 아들 스가랴라고 알려져 있는 인물과 동일한 인물인 듯하다(스 5:1; 6:14; 느 12:16). 만약 이것이 맞다면 스가랴는 포로생활에서 귀환한 제사장 가문들 중의 한 명이었을 것이다. 이것은 또한 그가 성전과 관계된 일들을 잘 알고 있고, 또한 거기에 흥미를 보이고 있다는 점을 잘 설명해 준다(예를 들어 1:16; 3-4장; 6:9-15; 8:9, 20-23; 14:16-21).

역사적 배경

　　스가랴서는 바벨론 유배로부터 돌아온 귀환자들의 첫 세대를 배경으로 하고 있다(Berquist 1995; Provan, Long, and Longman 2003, 285-303). 그의 밤의 이상들(night visions)은 다리우스 2년(주전 520/519년)의 것으로 되어 있다. 비록 페르시아 왕 고레스가 539년에 유대인들로 하여금 예루살렘으로 귀환해서 하나님의 성전을 재건할 수 있는 권한을 부여해 주었지만 귀환자들은 자신들이 외적인 반대(스 3:8-4:5, 24; 5:1-6:22)와 여러 가지 인간적 · 현실적 난관들(학 1:5-11; 2:15-19; 슥 8:9-13)에 직면해 있다는 것을 발견했다. 하나님의 집에 대한 작업은 하나님께서 학개와 스가랴란 두 선지자를 세우셔서 백성들이 성전의 완성에 몰두하도록 박차를 가하시기 전까지는 계속 미루어져 있었다(스 5:1-2). 그러나 그들의 활동에 따라 성전에 대한 작업은 곧 재개되어졌으며, 516년에 마침내 공사가 완공되어졌다(스 6:13-15). 학개와 스가랴가 같은 역사적 상황 속에서 동일한 청중에게 말씀을 선포하였기 때문에 그들의 선포 내용이 공통적인 주제들을 갖고 있다는 것은 놀라운 일이 아니다(참고, 학 1:5-11; 2:15-19와 슥 8:9-13; 학 2:20-23과 슥 4:6-10).

　본질적으로 스가랴서의 처음 여덟 장은 회복 공동체와 밀접하게 연관된 문제들로 채워져 있다. 밤의 이상들은 열방들에 대한 보복의 문제(1:7-21 [MT 2:4]; 6:1-8), 예루살렘의 안보의 문제(2:1-12 [MT 5-17]), 성전의 건설과 완성의 문제, 정화된 것으로 생각되고 있는 남은 자들 속에 여전히 죄가 존재하고 있는 것의 문제(3:1-10; 5:1-11) 등에 대한 의문들을 제기하고 있다. 디아스포라에 있는 유대인들로부터 파견된 대표단이 예루살렘 성의 멸망과정들을 기념하기 위해 치러지고 있는 금식들을 계속해서 준수해야 하느냐 하는 것에 대한 질문을 하기 위해 이 성에 도착한다(7-8장). 이 장들은 회복 시기 초기의 이 공동체의 역사적 배경을 반영하고 있다. 그러나 마지막 여섯 장은 긴급한 관심사들에는 별로 관심이 없는 듯하다. 대신에 이 장들은 주로 더 먼 미래에 관련된 종말론적이고 묵시적인 상징들을 포함하고 있다. 이러저러한 이유 때문에 비평학자들은 9-14장이 다른 시기의 다른 저자에게서 나온 것이라는 의견의 일치에 도달했다.

도표 18 **학개 및 스가랴와 관련된 연대들**

구절	다리우스력상의 연대(년/월/일)	연대	내용
학 1:1	2/6/1	520년 8월 29일	성전이 지어져야 함
학 1:15	2/6/24	520년 9월 21일	성전 공사의 재개
학 2:1	2/7/21	520년 10월 17일	성전의 영광
슥 1:1	2/8/-	520년 10월/11월	스가랴의 권위
학 2:10,20	2/9/24	520년 12월 18일	미래에 대한 축복 스가랴—하나님의 인
슥 1:7	2/11/24	519년 2월 15일	첫번째 밤의 이상
슥 7:1	4/9/4	518년 12월 7일	금식의 포고
스 6:15	6/12/3	515년 3월 12일	성전의 완성

문 학 적 인   분 석

스가랴서 1-8장과 9-14장이 다른 시대의 다른 저자에게서 나왔다는 비평 학계의 지배적인 견해는 다음의 여러 가지 증거들로부터 도출되었다. (1) 위에서 언급된 바와 같이 이 두 부분은 서로 다른 시기에 대해 초점을 맞추고 있다. 1-8장은 회복 공동체에 밀접하게 관련된 문제들에 더 많은 관심을 기울이고 있는 반면에 9-14장은 더 묵시적이고 종말론적인 상징들을 담고 있다. (2) 이 두 부분은 또한 문학 양식적인 측면에서도 구분이 된다. 1-8장은 주로 스가랴의 밤의 이상들 및 금식의 준수에 대한 질문을 뒤따라 나오는 금식에 대한 설교들로 이루어져 있다. 반면에 9-14장은 두 개의 큰 부분(9-11장; 12-14장)으로 구성되어 있는데, 이것들은 "경고"(맛사, 9:1, 12:1; 참고, 말 1:1)라고 지칭되어 있다. (3) 양 부분의 일부 어휘와 구문이 차이가 난다. 이런 증거들은 저자가 다르다는 것을 증명하는데 자주 사용되었다. 라다이와 비크만(Radday and Wickmann 1975)은 지금까지 사용되어진 것보다 훨씬 더 정교한 통계학적 모델을 사용하여 이 전통적인 주장을 새롭게 평가했다. 그들은 또한 자료를 축적하는데 있어서 컴퓨터를 활용했다. 그들이 찾아낸 점은 9-11장의 저자가 1-8장의 저자와 다르다는 것을 주장할 만한 언어학적인 증거가 불충분하다는 것이었다. 그러나 이러한 통계학적 자료는 또한 12-14장의 저자가 1-11장의 저자와 동일할 가능성이 아주 적다는 것을 시사해 주었다. 포트노이와 피터슨(Portnoy and Petersen 1984)은 라다이와 비크만에 의해서 사용된 이러한 통계학적 방법을 비판하고, 그들의 통계학적 방법이 가진 오류가 그들의 결론을 무효화시킨다고 주장했다. 포트노이와 피터슨은 다른 통계학적 모델을 제시했는데, 이것은 1-8장과 9-14장의 저자가 다르다는 전통적인 비평학계의 일치된 의견을 확인시켜 주었을 뿐만 아니라 9-11장과 12-14장의 저자도 다르다는 것을 제시해 주었다.

(4) 9-14장의 연대에 대한 내적인 증거는 1-8장의 배경인 회복 시대의 초기와 일치하지가 않는다. 예를 들어, 가사 왕에 대한 언급(9:5)이나 앗시리아 및 애굽을 적으로 간주하고 있는 언급(10:11) 등은 포로기 이전 시대의 배경을 시사해 주지만 이러한 연대는 너무 이른 것이다. 반면에 헬라인들에 대한 언급(9:13)은 보통 알렉산더의 정복 활동 이후의 시대를 가리키는 것으로 이해되어지는데, 이 경우 이것은 1-8장의 배경과는 최소한 두 세기는 늦은 것이다. (5) 다소 난해한 11:4-17은 마카베오 시대의 상황들을 반영하고 있는 것으로 간주되어졌다. 선한 목자는 오니아스 3세(Onias III, 마카베오 2서 4:1)이며, 끊어진 세 목자(11:8)는 토비아스(Tobias)의 아들들인 시몬(Simon), 리시마쿠스(Lysimachus), 메넬라우스(Menelaus)인 것으로 생각되어졌다. (6) 1-8장에서는 구체적인 인물들(스가랴, 여호수아, 스룹바벨, 그리고 6:10-11; 7:2에 나오는 인물들)이 중요한 역할들을 하고 있는 반면에 9-14장에는 인명이 전혀 언급되어 있지 않다. (7) 1-8장에서는 연대가 중요하지만 9-14장에서는 연대가 언급되지 않는다. (8) 1-8장에서는 대제사장 여호수아와 다윗의 후손 스룹바벨이 공동체의 지도자이지만 9-14장에서는 불확실한 어떤 인물들을 지칭하는 목자들이라는 표현이 사용되고 있다. 바로 이러한 것들이 비평학자들이 이런저런 형태로 9-14장을 1-8장으로부터 분리시키기 위해 보통 사용되어진 중요한 논거들이다.

비록 이러한 논거들에 대해서 구체적인 대답들을 줄 필요가 있기는 하지만 여기에서는 이것들에 대한 응답을 간단하게만 다루고자 한다. 위의 1, 2, 6, 7, 8의 논거는 이 책의 양 부분의 차이점들로 파악되어진 점들에 근거해서 제기되어진 것들이다. 양 부분의 차이점들은 저자와 배경이 다르다는 주장을 지지해 줄 수 있을 만큼 충분히 많고 두드러진다고 생각되어졌다. 그러나 다른 주장들 역시 이러한 차이점들을 설명해 주고 있는지에 대해 질문을 던져야만 한다. 만약 현대의 저자가 자신의 자료를 그 주제나 문학 양식에 따라 주의 깊게 배열한다면 우리는 이것들이 그의 뛰어난 정리 능력의 증거라고 생각하지 이 문헌들이 각기 다른 저자에게서 나온 것으로 보아야만 한다고 생각하지 않는다. 이와 마찬가지로 만약 고대의 저자가 자신의 문헌을 문학 양식(이상, 신탁)과 주제(직면한 문제들, 먼 이후의 문제들)에 따라서, 혹은 기타 다른 기준들(예를 들어 연대가 언급된 문헌과 언급되지 않은 문헌)에 의해서 분리했다면 우리의 서구적인 시각에서 볼 때 합리적이고 정리 능력이 뛰어난 사람의 것으로 보아야 할 것이다. 한 저자가 단지 한 가지 종류의 글밖에 쓰지 않는다는 어리석은 개념에 집착하지 않는 한 이런 논거들은 그 자체로는 좀처럼 다수 저작권에 대한 증거가 될 수 없다.

위의 3 번의 논거와 관련해서 우리는 몇 가지 조심해야 할 사항들을 염두에 두어야 한다. (1) 인간 언어의 담화 문법(discourse grammar)을 관찰한 것을 일반화시켜 볼 때 우리는 어떤 사람의 글의 주제가 바뀌면 문장의 길이, 어휘, 구문의 구조 등도 바뀌게 될 것이라는 점을 예상할 수가 있다. 현 시대의 한 가지 예를 살펴보는 것이 도움이 될 것이다. 윌리엄 에프 버클리(William F. Buckley)의 사설들은 그의 소설들과 비교할 때 어휘, 문장의 길이, 구문의 구조 등에 있어서 상당한 차이가 있다는 점에 의심의 여지가 없다. 그러나 이 경우 언어학적인 자료들은 저자상의 차이를 나타내는 것이 아니라 장르상의 차이나 주제상의 차이를 나타낼 뿐이다. 독자들은 자신의 고등학교나 대학교 시절의 학술적인 글들과 자신이 쓴 편지 및 경건한 글들에서 이와 비슷한 차이점들을 발견할 수 있을 것이다. 독자들은 산문체 문헌(1-8장)과 시 문헌(9-14장)을 대조할 때 이런 중요한 차이점들을 발견한다고 해서 놀랄 필요가 전혀 없다. 포트노이와 피터슨(Portnoy and Petersen

1984, 12)은 스가랴서 내의 상이성이 저작권의 문제를 설명해 주느냐 하는 것의 문제를 지적했다. (2) 이 책을 저술하고 있는 지금 이 시점의 성경학계는 저작권의 문제를 평가하기 위해 정교한 통계학적 모델을 사용하는데 있어서 아직 유아기적 단계에 있다. 라다이와 비크만의 방법과 포트노이와 피터슨의 방법 사이의 불일치는 이 분야가 가진 이론적인 난점들을 잘 보여준다. 이러한 연구들로부터 얻어진 결론들은 다른 무엇보다도 다른 논거들에 의해서 개진된 가설들에 대한 교정제 정도로나 쓰일 수 있다. (3) 스가랴서는 통계학적인 방법들을 신빙성을 가지고 적용하기에는 너무나도 문헌의 양이 적다(Portnoy and Petersen 1984, 12).

우리는 스가랴 선지자에 대해서 아는 것이 거의 없다. 그가 스가랴서 1-8장에 기술된 사건들 이후로도 훨씬 더 오래 살았다고 보는 것은 가능하다. 그리고 이 책의 두 부분 사이에 상당한 시간의 흐름이 개입되어 있을 수도 있다. 스가랴서 1-8장이 묵시문학적인 특징들을 조금만 보여주는데 반하여 9-14장은 이런 요소들을 훨씬 더 자주 보여주고 있다. 따라서 후반부는 훨씬 더 "발전된" 묵시 사상을 보여주며, 따라서 훨씬 후대의 것이라고 보는 것이 일반적인 시각이다. 그러나 우리는 묵시 사상의 발전과정에 대해서 이런 단순한 직선적 견해가 과연 타당한 것인지에 대해 의문을 가질 수밖에 없다. 만약 9-14장이 이 선지자의 생애의 후기에 파생된 것이라고 한다면 그 배경이 되는 사회 상황이 1-8장의 낙관주의로부터 후반부의 장들의 특징인 하나님의 직접적인 개입에 대한 소망으로 바뀌기에 충분한 정도의 시간이 그 사이에 흐를 수도 있었다고 보는 것이 가능하다. 그러나 이러한 두 가지 태도가 한 개인이나 사회 속에서도 공존할 수 있기 때문에 이러한 시간의 경과를 가정할 필요가 꼭 있는 것인지도 의심스럽다.

위의 4번의 논거와 관련해서 헬라인들에 대한 언급(9:13)이 알렉산더의 정복 이후의 시대를 가정할 것을 요구한다고 보는 것은 이상스럽다. 사르곤(Sargon)과 산헤립(Sennacherib)의 금석문들은 헬라인 무역상들과 용병들이 최소한 주전 8세기 정도의 이른 시기에도 근동 지역에서 활약하고 있었다는 것을 보여준다(참고, 겔 27:13; 욜 3:6 [MT 4:6]). 위의 5번 논거와 관련해서는 상당한 의견의 불일치가 존재한다. 크레머(J. Kremer 1930, 83-87)는 이 세 명의 목자의 정체에 대해서 제시된 견해가 삼십 개가 넘는다는 것을 파악했다(참고, Harrison *IOT*, 953).

　요약하자면, 비록 스가랴서 9-14장이 스가랴서 1-8장과 같은 시기의 같은 저자에 의해서 나오지 않았다는 것을 증명하기 위해 상당한 증거들이 제시되어지기는 했지만 이러한 증거들이 꼭 그러한 결론을 도출하게 만들지는 않는다고 말하는 것이 정당한 것으로 보인다(9-14장의 저작연대를 1-8장에 가까운 연대[페르시아 시대 초기]로 설정하는 최근의 주장에 대해서는 Hill; Boda; Redditt를 보라). 오히려 다수 저작설을 지지해 주기 위해서 제시된 논거들의 대부분은 이 책을 하나의 통일체로 읽는 데에도 적용될 수 있는 것으로 보인다. 또한 이 책의 양 부분은 아래와 같은 상당히 많은 주제들을 공유하고 있다(Smith 1984, 242, 248; Childs, *IOTS*, 482-83): (1) 예루살렘에 부여된 중요성(1:12-16; 2:1-13 [MT 2:5-17]; 9:8-10; 12:1-13; 14:1-21); (2) 공동체의 정화(3:1-9; 5:1-11; 10:9; 12:10; 13:1-2; 14:20-21); (3) 하나님의 나라에서의 이방인들의 위치(2:11 [MT 2:15]; 8:20-23; 9:7, 10; 14:16-19); (4) 기존의 선지서들에의 의존성(1:4 및 7:4-10과 사 58장; 5:27-62과 아모스서 1:9-10 및 9:1-8; 11:1-3과 렘 25:34-38; 14:1-4과 겔 47:1-10); (5) 낙원적인 비옥성의 회복(8:12; 14:8); (6) 언약의 갱신(8:8; 13:9); (7) 사로잡힌 자들의 재결집(2:6 [MT 2:10]; 8:7; 10:9-10); (8) 성령의 부으심(4:6; 12:10); (9) 메시야(3:8; 4:6; 9:9-10).

　위에서 기술된 바와 같이 비평학자들 사이에 일치된 의견은 9-14장의 저자가 1-8장의 저자와 다르다는 것뿐이며, 이것을 넘어서서는 일치된 의견이 별로 없다. 이 책의 후반부의 저작 연대와 배경에 대해서는 주전 8세기로부터 마카베오 시대까지의 당혹스러울 정도로 다양한 견해들이 제시되었다. 에브라임을 하나의 독립적인 정치적 실체로 언급하고 있는 것(9:10, 13)과 앗시리아 및 애굽을 적으로 언급하고 있는 점(10:10; 14:19)은 사마리아의 멸망 이전의 연대를 제시해 준다. 이미 17세기에 케임브리지의 학자인 조셉 미드(Joseph Mead)는 단지 마태복음 27:9가 스가랴서 11:13을 예레미야서에 귀속시키고 있는 것으로 보인다는 것 때문에 스가랴서 9-11장을 예레미야의 것이라고 주장했다.

어떤 학자들은 9:13의 그리스에 대한 언급이 통일된 헬라 제국을 전제로 하고 있으며, 9:1-8이 알렉산더 하에서 빠르게 진군하고 있는 헬라 군대들을 묘사하고 있다고 주장했다. 이들은 9-14장의 배경은 바로 이 시기의 전쟁과 불안이며, 바로 이 점이 메시야적인 소망이 일어난 이유를 설명해 준다고 생각한다. 다른 한편 11:4-17 및 13:7-9의 목자라는 비유적 표현과 12:10의 살인에 대한 언급 속에 마카베오 시대 통치자들의 행위와 운명이 묘사되어 있다고 생각하는 학자들은 마카베오 시대의 저작연대를 주장했다. 이러한 생각은 또한 이 책의 후반부의 좀 더 "발전된" 묵시 신앙이 주전 2세기를 배경으로 하고 있다는 생각에 의해서 주장되었다.

이 책의 후반부의 연대에 대한 문제들 이외에도 또한 학자들은 이 후반부가 과연 통일성을 갖고 있느냐 하는 것에 대해서도 의문을 제기했다. 어떤 학자들은 9-11장과 12-14장의 배경이 다르다고 주장했으며, 또 어떤 학자들은 9-14장이 수많은 자료들로 이루어진 잡동사니이거나 모자이크라고 주장했다. 또한 어떤 학자들은 이 책의 후반부를 고대 이스라엘의 제의 속에 정초시키거나 포로기 이후 시대의 사회적인 배경 속에 정초시켰다. 존슨(Johnson 1955, 58-59)은 스가랴서 9-14장을 고대 이스라엘의 가상적인 신년 축제와 연결시켰다. 그러나 고대 이스라엘에 이러한 축제가 있었느냐 하는 것 자체가 의문이다. 이것과 관련된 축제 및 의식들은 주변 문명들 및 몇 개의 성경 본문들의 간접적인 증거들로부터 도출한 추론들에 근거한 것이다. 핸슨(Hanson 1975)은 스가랴서 9-14장이 제2 이사야의 추종자들 및 포로기 이후 시대 초기의 이스라엘의 제사장적 성직 계층의 영향과 통치에 반대한 권력 소외 계층의 레위인들에 의해 만들어진 논변(반론)적인 문헌이라고 보았다. 핸슨에 따르면, 지배적인 제사장 집단들은 있는 그대로의 상태에 만족하는 상황유지적인 신학을 갖고 있었다. 반면 레위인들과 선지자들(이상을 말하는 자들, 묵시 신앙주의자들)의 연합체는 당대의 사회구조가 하나님의 개입에 의해서 뒤집혀지고 대체될 것이라고 주장함으로써 당대의 상황을 뒤집고자 했다. 다른 학자들은 포로기 이후 시대 초엽의 신학적 집단들을 양극화하는 핸슨의 견해는 진실을 호도하는 지나친 단순화라고 생각했다.

전반적으로 볼 때 스가랴서 9-14장을 앞의 장들과 분리시키기로 일단 결정하고 나자 이 후반부 장들의 역사적·사회적 배경을 파악하는 문제는 그 보다 더 당혹스러운 문제가 구약학 내에서 없다시피 할 정도로 난감한 문제 가 되고 말았다.

신 학 적 인 메 시 지

먼저 스가랴서의 개관을 살펴보고 나서 이 책의 두 부분을 상세하게 검토 하도록 하자.

I. 스가랴의 권위에 대한 주장(1:1-6)

II. 밤의 이상들(1:7−6:8)

    A. 장수와 그의 군대(1:7-17)

    B. 네 뿔과 네 공장(工匠)(1:18-21 [MT 2:1-4])

    C. 척량 줄을 가진 사람(2:1-13 [MT 2:5-17])

    D. 더러운 옷을 입은 제사장(3:1-10)

    E. 촛대와 감람나무들(4:1-14)

    F. 날아다니는 두루마리(5:1-4)

    G. 악(惡)이 담긴 바구니(5:5-11)

    H. 네 병거(6:1-8)

III. 대제사장의 면류관(6:9-15)

IV. 금식에 대한 질문(7:1−8:23)

V. 이스라엘의 적들과 미래의 시온의 왕과 목자에 대한 두 개의 이상(9-11장; 12-14장)

스가랴서 1-8장

많은 선지서들은 각 선지자가 부름 받은 것에 대한 기록을 포함하고 있다. 모든 선지자들 이전의 모세(출 3장)가 그러하고, 기타 선지 자들도 부름 받는 장면의 이상을 통해서 하나님의 존전으로 나아갈 수가 있었다(사 6장; 렘 1장; 겔 1-2장; 참고, 삿 6장; 왕상 22장). 이러한 소명기사들은 해당 선지자가 자신의 권위를 주장하는 근거들 중의 하나가 되고 있다. 비록 스가랴서는 소명 기사로 시작되어지지는 않지만, 스가랴는 자신이 이스라엘에게 권능과 권위를 가지고 말했던 모세의 후계자들과 같은 선상에서 있는 것으로 생각하고 있음이 분명하다. 이 선지자는 자신의 말들이 자기 앞에 존재했던 선지자들의 말들과 같은 효력을 가지고 있으므로 이 백성이 자신의 말들에 귀를 기울여야 한다고 경고했다(1:4-6). 회복 공동체는 과거를 살펴보고, 자신들의 조상들이 저질렀던 것과 같은 실수들을 저지르지 않도록 해야 했다.

스가랴의 여덟 개의 밤의 이상들은 다소 느슨하게 교차대조법적 구조를 이루고 있다. 이상 1과 8(1:7-17; 6:1-8)은 여러 색깔의 말들과 이방 나라들의 운명에 대해서 그리고 있다. 두 쌍의 이상들 — 이상 2와 3(1:18-21[MT 2:1-4]; 2:1-12[MT 2:5-17]), 그리고 6과 7(5:1-4, 5-11) — 은 덜 분명하다. 양자는 회복 공동체가 직면하고 있는 장애들, 즉 이방 나라들로부터의 반대(이상 2와 3)와 언약 공동체 내의 죄(이상 6과 7)에 관심을 두고 있다. 이 두 쌍의 이상들은 하나님의 심판(1:21[MT 2:4]; 5:4)과 포로됨(2:6[MT 2:10]; 5:10-11)에 대해서 다루고 있다. 가운데의 한 쌍의 이상(4와 5[3:1-10; 4:1-14])은 성전 주변을 배경으로 하고 있으며, 회복 공동체의 행정 지도자들 및 제의 지도자들에 관심을 두고 있다(여호수아, 스룹바벨). 이 환상들은 여호와의 일곱 눈에 대해서 언급하고 있다(3:9; 4:10). 총체적으로 볼 때 이 환상들은 일반적인 이방 세계(이상 1번과 8번)로부터 예루살렘(2, 3, 6, 7번 이상)으로, 그리고 마지막으로는 성전 주변(4, 5번 이상)으로 나아가는 구심적 구조를 갖고 있다.

첫 번째의 밤의 이상(1:7-17)은 실현되지 못한 종말론의 문제를 다루고 있다. 유대인들은 여호와의 날을 경험했으며, 거룩한 하나님의 분노를 배웠다. 그러나 이방 나라들은 "평안하여 조용한" 것으로 보였다(1:11). 여기에서 여호와의 군대의 대장의 역할을 하는 하나님의 사자는 하나님께서 진노를 그치시고, 자기 백성을 수호하실 것을 간구한다. 선지자는 하나님께서 자기 백성을 잊지 않으셨다는 확신과 위로의 말씀을 듣는다. 이사야서 40:2를 어느 정도 연상시키는 말씀 속에서 열방들은 이스라엘을 벌하라는 하나님의 도구로 사용되는 중에 지나친 열심을 보였다는 고발을 당한다. 열방들은 여호와의 날을 경험하게 될 것이며, 시온은 다시 하나님의 은혜의 대상이 될 것이다.

두 번째 밤의 환상(1:18-21[MT 2:1-4])을 해석하는데 있어서 가장 중요한 문제는 네 뿔과 네 대장장이의 정체이다. 많은 주석가들은 네 뿔을 다니엘서의 사중의 형상이나 네 짐승(단 2, 7장)과 연결시켰다. 또 어떤 이들은 사(四)라는 숫자가 "하늘의 사방 바람"과 비슷한 용도로 사방을 의미한다고 보았다(2:6[MT 2:10]; 6:5). 그 세부적인 내용이 아무리 난해하다 할지라도 이 밤의 이상의 요점만은 분명하다. 그것은 하나님의 백성에게 대적하는 자들은 다 분쇄될 것이라는 것이다.

벽이 없는 성은 침공을 당하기 쉽다. 그래서 고대의 정복자들은 성들을 무력화시키고자 할 때는 그 벽들을 무너뜨렸다. 포로생활에서 귀환한 자들은 자신들이 적의 공격에 열려 있으며, 또한 수가 적다는 사실을 염려하고 있었음이 분명하다. 세 번째의 밤의 이상(2:1-13[MT 5-17])에서 선지자는 여호와께서 성, 번영으로 넘쳐흐르는 도성을 둘러싼 불의 벽이심을 보았다. 이 상징은 전 도시가 불기둥, 즉 셰키나 영광(the Shekinah glory — 여호와의 임재를 상징하는 불기둥을 가리키는 것으로서 출 13:21-22; 24:15-18; 40:34-35 등을 참고하라 — 역주) 속에 들어 있다는 것을 보여주고 있다. 이제 더 이상 하나님의 임재는 성전 내의 지성소에 국한되어 있지 않으며, 전 도성이 하나님의 처소가 되었다. 이 주제는 스가랴서 14:20-21에 다시 나타나며, 계시록 21:3, 22-27에서도 사용되었다.

성경에는 악의 화신이 하나님의 존전 앞에 나아갈 수 있는 것으로 묘사하고 있는 경우가 몇 번 있다(욥 1-2장; 왕상 22:21-23). 네 번째의 밤의 이상(3:1-10)에서 스가랴는 재판 장면을 목격한다. 하나님의 천사가 재판장으로 앉아 있고, 참소하는 자("사단"은 "고발하는 자"를 의미 — 한글판 개역 성경은 "대적하는 자"로 번역하고 있음 — 역자 주)가 더러운 복장을 하고 있는 대제사장의 잘못들을 지적하고 있다. 이 이상이 어떤 때를 배경으로 하고 있는가 하는 것에 대해서는 많은 논란이 있었다. 본문 상의 여러 가지 특징들은 속죄일(the Day of Atonement)이 그 배경일 가능성이 가장 높다는 것을 보여주고 있다. 다시 말해서 이 본문은 대제사장이 여호와의 존전 앞에 서 있는 때와 관계가 있는데, 이스라엘의 제의 제도 속에서 이런 때는 곧 대제사장이 속죄일에 지성소에 들어간 때라고 보는 것이 가장 자연스러울 것이다. 본문은 또한 속죄일의 특별한 초점 사항인 대제사장의 복장(레 16:4)에 대해서 관심을 기울이고 있다(3:9). 한편 어떤 학자들은 속죄일을 배경이라고 보는 견해에 대한 대안으로 제사장의 의복 착의식이나 기타 다른 제의들이 그 배경이라고 제시했다. 여러 가지 측면에서 이 이상은 또한 나중에 신약에서 더욱 발전되게 될 주제들과 아주 많은 관련을 맺고 있기 때문에 거의 "스가랴 복음"이라고 불러도 좋을 정도다. 하나님은 대제사장을 정결케 하시고 대제사장이 스스로의 힘으로 얻은 것이 아닌 의(義)를 그에게 제공해 주심(3:4)으로써 참소자가 기소할 거리의 토대 자체를 제거해 버리신다. 수백 년 후에 바울은 "만일 하나님이 우리를 위하시면 누가 우리를 대적하리요? … 누가 능히 하나님의 택하신 자들을 송사하리요? 의롭다 하신 이는 하나님이시니"라고 말했다(롬 8:31-33). 제사장이 하는 일들이 죄를 제거할 수는 없다(히 10:1-4, 11-13). 그러나 하나님께서는 이 땅의 죄악들을 단 하루 만에 제거하실 수 있다(3:9). 스가랴 당대의 역사적인 사건들의 맥락 속에서 대제사장은 나라 자체를 의미하는 것이었다. 그가 하나님에 의해 정결케 됨을 입었다는 것은 그와 동시대의 귀환자들이 하나님께서 받으실 만한 성전을 지을 수 있게 되었음을 확인시켜 주는 것이었다.

다섯 번째의 이상(4:1-14)에서 선지자는 하나의 받침 위에 일곱 개의 촛대가 있으며, 또 그 각각의 촛대는 다시 일곱 개의 가지를 갖고 있는 촛대, 즉 마흔아홉 개의 불꽃을 피울 수 있는 촛대를 보았다. 이 촛대를 위한 기름은 그 배후에 있는 감람나무와 열매들로부터 나오는 것이었다. 그리고 이 나무들로부터 나오는 기름은 관(管)들을 통해서 촛대로 직접 옮겨졌다. 원래 제사장들은 성전의 등대를 하루에 두 번씩, 즉 아침과 저녁에 한 번씩 돌아보며, 심지를 돋우고, 등잔에 기름을 채우도록 되어 있었다. 그러나 지금 여기에 있는 등대는 사람의 관리가 필요 없는 촛대였다. 따라서 이 이상의 요점은 명백하다. 성전의 일은 하나님께서 하시는 일이며(4:6), 하나님께서는 이 일을 끝까지 돌보실 것이다(4:9). 비록 어떤 이들이 자신들이 짓고 있는 성전이 실망스러운 것(학 2:2-3; 스 3:12-13)이라고 생각했지만 하나님께서는 그 일을 기뻐하셨다(4:10). 4:10의 NIV 번역은 이러한 요점을 다소 모호하게 만든다. 이 구절은 "작은 일의 날이라고 멸시하는 자가 누구냐? 온 땅에 두루 미치는 여호와의 눈들은 스룹바벨의 손 안에 있는 척량줄을 보고 기뻐하느니라"라고 번역하는 것이 좀 더 나을 것이다. 스룹바벨과 여호수아는 하나님께서 이 일을 성취하시기 위해 사용하시는 도구들이었다(4:12-14). 요한은 나중에 이 상징을 수정해서 다른 목적에 활용했다(계 11:4).

여섯 번째와 일곱 번째 이상(5:1-11)은 한 연극 속의 두 개의 막과 마찬가지이다. 날아다니는 두루마리는 십계명을 요약하고 있는 것으로 보인다. 처음 네 개의 계명은 하나님에 대한 죄로서 하나님의 이름으로 거짓 맹세하는 것에 의해서 대표되고 있으며(5:4; 출 20:7), 마지막 여섯 개의 계명은 다른 사람들에 대한 죄로서 도둑질하는 것에 의해서 대표되고 있다(5:4; 출 20:15). 포로 생활은 이스라엘을 정화시키고, 정화된 백성을 만들어 내는 것이 목적이었다. 그러나 율법(두루마리)은 이 회복 공동체 속에서 아직 심판받아야 할 죄가 있다는 것을 찾아내었다. 또 선지자는 죄를 상징하는 한 인물을 담고 있는 한 에바를 보았다. 이 죄는 바벨론, 즉 심판의 장소로 옮겨질 것이었다(시날 땅, 5:11). 2번과 3번 이상에서는 회복 공동체의 목표가 실행되는 것에 대한 장애가 외적인 반대로부터 왔었다. 그러나 6번과 7번 이상에서는 장애들이 공동체 내부로부터 온다.

여덟 번째 이상(6:1-8)은 첫 번째 환상(1:7-17)에서 사용된 여러 색깔의 말들의 이미지를 다시 사용한다. 그 상세한 내용들 중 난해한 것늘도 있기는 하지만 이 이상의 요점은 명료하다. 그것은 하나님께서 몸소 열방들을 벌하심으로써 원수를 갚으실 것이라는 것이다.

이 책의 전반부의 나머지 부분들은 이상이라기보다는 기록들이나 역사적인 사건들에 대한 것으로 보인다. 6:9-15에서는 일부 사로잡힌 자들이 아직 포로생활을 하고 있는 유대인들로부터 성전에 바치는 헌물들을 가지고 예루살렘을 방문하는데, 그 금은 대제사장을 위한 면류관을 만드는데 사용되었다. 많은 주석가들은 이것이 문제가 있다고 생각한다. 왜냐하면 면류관은 다윗의 후손으로서 왕이 될 자격이 있는 스룹바벨과 같은 왕가의 인물의 머리에 씌워지는 것이 좀 더 그럴 듯하기 때문이다. 실제로 일부 성경 번역본들은 여호수아(6:11) 대신에 스룹바벨이란 이름을 사용하기도 했지만 그 어떠한 고대의 사본도 이러한 본문의 수정을 지지해 주지 않는다. 비록 "순"(branch)(6:12)이라는 표현이 다윗 계보의 사람과 연결(사 4:2; 렘 23:5; 33:15)되어 있기는 하지만 이미 스가랴서 3:8에서 여호수아가 이 칭호와 연결되어 있다. 전통적으로 기독교 학자들은 이 본문 속에서 제사장 직분과 왕의 직분이 메시야 속에 결합되어 있는 것으로 해석했다.

포로 시대 동안 예루살렘 멸망을 전후한 사건들을 기념하기 위해서 네 번의 금식이 준수되어져 왔다. 이제 포로 시대가 끝이 나고 성전이 완성되었으므로 유대인들은 자신들이 계속해서 이 성의 멸망을 기념하는 금식을 행해야 하는 것인가 하는 것에 대해서 질문을 던지기 시작했다. 그것 때문에 제사장들에게 이 문제에 대한 자문을 구하기 위해 대표단이 예루살렘으로 왔던 것이다(7:1-3; 참고, 학 2:11; 말 2:7).

스가랴는 위선적인 금식과 마음으로부터의 순종이 없이 율법적인 사항들에 집착하는 경건적 태도에 대해 몇 개의 설교를 하는 기회로 이 자문단의 일을 활용했다(7:4-8:23). 비록 포로기 이후 시대의 이스라엘이 자신들을 이방인들로부터 구분하는데 집착(스 9-10; 느 13:23-30)해 있었지만 스가랴는 이방인들이 유대인들과 같은 토대 위에서 하나님을 경배할 날을 예언했다(8:20-23; 14:16-21).

스가랴서 9–14장

최근의 어떤 학자들은 스가랴서 9-14장의 통일성, 그리고 더 나아가서는 이 장들과 앞의 장들 사이의 통일성 혹은 밀집성에 대해서 강조를 했다(Bie 1962; Lamarche 1961; Jones 1964; Baldwin 1972). 라마르쉬(Lamarche)는 9-14장 전체는 단일한 저자가 반복적인 주제들을 중심으로 해서 작성한 복잡한 교차대조법(chiasmus)적 구조로 이루어져 있다고 주장했다. 이 구조를 구성하는데 사용된 반복적인 주제들은 전쟁을 통한 이스라엘과 열방들의 심판 및 구원(9:1-8; 9:11-10:1; 10:3b-11:3; 12:1-9; 14:1-15), 메시야적 왕의 등장과 함께 시작되는 여호와의 날(9:9-10; 11:4-17;

12:10-13:1; 13:7-9), 그리고 우상 숭배의 억제(10:2-3a; 13:2-6) 등이다 .

　학자들이 이 책의 두 부분 사이의 저자가 다르다는 생각을 받아들이든 받아들이지 않든 간에 이 책은 분명히 하나의 문학적인 통일성을 보여주고 있다. 주석가는 이 두 부분이 각자의 해석에 어떻게 서로 영향을 미치고 있는가 하는 것에 반드시 주의를 기울여야 한다. 이스라엘의 예언적인 소망 속에서 포로의 귀환은 이스라엘에게 주어진 하나님의 약속들 중 많은 것들을 성취시켰다. 하나님의 목적과 계획 속에서 회복 공동체가 차지하고 있는 위치에 대한 것이 1-8장의 대체적인 관심사이다.

　귀환은 새로운 출애굽이고, 새로운 구원이었다. 그러나 이것이 최종적인 구원은 아니었다. 포로 생활로부터의 귀환이 의미하는 모든 것들에도 불구하고 장차의 더 완전한 구원은 여전히 앞에 놓여 있었다. 이 완전한 구원이 주로 9-14장의 관심사이다. 비록 포로생활로부터의 구원이 이스라엘의 예언적인 소망들의 많은 주제들과 관련되어 있기는 하지만("문학적인 구조" 항목을 보라) 귀환은 하나님께서 가져다주실 궁극적인 구원의 시작 단계이자 예비적인 단계일 뿐이다. 포로생활로부터의 귀환은 장차 다가올 ej 큰 구원의 상징이자 예시였다.

신 약 으 로 의   접 근

　이 선지서를 읽는 기독교인 독자들은 나귀를 타고 의와 十원을 예루살렘으로 가져오시는 겸손한 모습을 가진 메시야적 왕에 의해서 완전한 구원의 시대가 시작되었다는 것을 금방 포착할 것이다(9:9; 마 21:5). 그는 목자의 모습을 한 왕이기는 하지만, 또한 매를 맞은 목자였다(13:7; 마 26:31). 그는 창에 찔리고, 배반을 당했다(11:12-13; 12:10; 마 26:15; 27:9-10; 요 19:34, 37). 그러나 열방들을 무찌르시고(12:8-9), 사람들 속에 자신의 나라를 세우실 분은 바로 이 왕이시다(14:3-9).

말 라 기

말라기서는 십이 소선지서의 열두 번째 책이며, 세 부분으로 구성된 히브리 정경의 두 번째 부분(느비임, Nebi'im)의 마지막 책이다. 헬라어 역본의 전통을 따르는 영어 번역본들에서는 말라기서는 구약 정경의 마지막 책이다. 십이 소선지서들 중에서 이 책이 마지막에 위치하게 된 이유는 말라기가 마지막으로 활동한 선지자이기 때문인 듯하다. 물론 의도적으로 배열이 그렇게 된 것은 아니지만 이 책이 선지자 엘리야의 도래를 고대하면서 구약을 매듭짓고 있는 반면에, 신약 시대의 최초의 목소리들 중의 하나가 예수께서 엘리야와 연결시킨 세례 요한이라는 점은 주목할 만한 일이다(마 11:14).

역 사 적 배 경

저자

첫 번째 절은 단순히 이렇게 말하고 있다. "여호와께서 말라기를 통하여 이스라엘에게 말씀하신 경고라." 이 구절은 선지서의 표제의 양식을 띠고 있기는 하지만 그 간결함 때문에 문제들이 야기되었다. 다른 표제들과는 달리 이 구절은 이 선지자의 조상이나 고향에 대해서 아무런 정보도 제공해 주지 않는다. 그는 "선지자"라고 불리지 않았으며, 기타 다른 칭호로 불리지도 않았다. 대부분의 선지서들의 표제들이 한두 가지 이상의 정보를 제공해 주기는 하지만 이 선지자를 그냥 말라기라고 부른 것과 같은 예가 전에 아주 없었던 것은 아니다.

그러나 어떤 학자들은 말라기가 고유명사가 아니라 그냥 "나의 사자"(my messenger)라고 번역될 수 있는 보통명사이며, 이 사자는 3:1에 나오는 "사자"와 동일시되어야 한다고 주장하고 있다.[1] 그러나 3:1의 사자는 미래에 도래할 자(Childs *IOTS*, 493)이기 때문에 이 책의 저자와 동일한 인물일 수가 없다.

말라기가 사실상 익명의 책이란 견해의 배후에 숨겨져 있는 동기를 살펴보기 위해서 우리는 잠시 스가랴서로 돌아갈 필요가 있다. 밤의 이상들 뒤에 "경고"(맛사, 참고, 9:1과 12:1; 이것은 개역개정판의 번역이고 개역개정판은 9:1에서는 이 단어를 아무 근거 없이 "말씀"이라는 단어로 번역하여 원문을 왜곡하고 있음 — 역주)라는 단어로 시작되는 본문이 두 개 나온다. 이 두 본문은 역사적인 인물 스가랴의 시대를 초월하는 미래적인 예언을 담고 있는데, 미래적인 예언의 가능성을 인정하지 않는 학자들은 이 두 본문을 이 선지서의 뒤에 그냥 덧붙여진 익명의 선지 문헌으로 보아야 한다고 주장한다. 맛사란 단어는 또한 말라기서의 처음에 나오는 단어이다. 그러나 이 책은 따로 나뉘어졌는데, 그 이유는 이것을 열두 번째의 책으로 만듦으로써 십이 소선지서에 완성감과 종결성을 주도록 하기 위한 것으로 간주되었다.

하지만 이러한 주장은 초자연적인 계시와 미래적인 예언을 믿는 사람들에게는 아무런 효력이 없다(예를 들어 Baldwin 1972, 221을 보라).

말라기서의 표제에 대한 가장 자연스러운 해석은 말라기란 단어가 다른 곳에서 언급되이진 바도 없고 우리에게 거의 알려신 바노 없는 어떤 선지자의 이름이라고 보는 것이다.[2] 그의 이름에 하나님의 이름의 생략형이 들어

---

1) Torrey 1898, 1은 그저 단순히 이 견해를 "가정" 할 수 있다고 느꼈다.

2) 어느 정도 이른 시기부터 말라기란 단어를 고유명사가 아닌 것으로 오해한 증거들이 있다. 70인경은 이 단어를 "그의 천사"로 번역하고 있는데, 이것은 이 단어 마지막의 요드를 봐브로 착각한 것에서 파생된 것임이 분명하다. 그러나 70인경 역시 이 책의 이름을 말라기라고 함으로써 이 단어가 고유명사를 가리킨다는 생각을 반영하고 있다. 그러므로 Klein 1987, 22의 말대로 "70인경의 증언은 혹자들의 생각과는 반대로 이 책의 익명성을 결정적으로 증거해 주고 있는 것이 아니다."

가 있을 가능성도 없지 않은데(왕하 18:2의 '아비' 라는 이름에서 유추할 수 있는 바와 같이; 참고, 대하 29:1의 아비야), 이 경우 그 의미는 "야(웨)께서 나의 사자이시다"라는 의미가 된다. 그러나 "나(여호와)의 사자" 라는 의미가 더 가능성이 있다.

연대 및 역사적 배경

약간의 예외를 제외한 학자들은 말라기가 "페르시아 시대의 사람" 이라는 글레이지어-맥도날드(Glazier-McDonald 1987, 14)의 의견에 동의하고 있다. 이에 대한 증거는 압도적이다. 성전은 재건된 상태이며,[3] 이미 그 성전에 대한 환멸이 들어서 있다. 또한 1:8에서 사용된 "총독"(페하)이란 단어는 페르시아 시대의 전문용어이다.

비록 우리가 이 책이 페르시아 시대의 것이라고 지목할 수는 있지만 그 이상 정확한 연대를 추정할 수는 없다. 그러나 성전에 대한 환멸이 이미 생겨난 것으로 볼 때 성전이 완공된 후 몇십 년이 흘렀다고 볼 수 있을 것이다. 또한 에스라와 느헤미야가 이 책에 언급되어 있지 않은 것으로 볼 때 이 말라기가 그들보다 선대의 사람일 것이라는 가정이 통용되고 있다. 그러므로 대부분의 학자들은 이 책이 주전 475년에서 450년 사이에 쓰였다는 결론을 내린다.

이 시기는 이스라엘에게 있어서 특히 어두운 시기였다. 포로기 직후의 시기(주전 539년에 고레스의 조서로 시작된 시기)는 아주 낙관적인 시기였다. 팔레스타인으로 돌아갈 수 있는 길이 열렸으며, 재건 사업이 시작되었다. 특히 하나님의 함께 하심의 상징인 성전이 재건되어졌다.

그럼에도 불구하고 유다는 페르시아 제국에서 비교적 중요하지 않은 위치에 여전히 머물렀다. 하나님께서는 자기 백성에게 번영을 허락하시지 않는 것처럼 보였다. 따라서 낙심과 더불어 도덕적인 타락이 수반되었다. 카이저(Kaiser)는 말라기가 직면한 수많은 문제들이 느헤미야가 직면한 윤리적 문제들과 밀접함을 지적하였다. 그는 다음의 다섯 가지 점을 나열했다(Kaiser

---

3) 이것은 주전 516/515년에 완공되었다.

1984, 16):

1. 잡혼(말 2:11-15; 참고, 느 13:23-27)
2. 십일조를 준수하지 않음(말 3:8-10; 참고, 느 13:10-14)
3. 안식일을 준수하는 일에 관심이 없음(말 2:8-9; 4:4; 참고, 느 13:15-22)
4. 부패한 제사장들(말 1:6-2:9; 참고, 느 13:7-9)
5. 사회적인 문제들(말 3:5; 참고, 느 5:1-13)

문 학 적 인 분 석

장르 및 구조

표제(1:1)는 이 책이 예언이라는 것을 시사해 주는 장르 표지들("경고"와 "여호와의 말씀")을 사용하고 있다. 이 책의 내용들은 저자가 제의적이고 사회적인 악들에 대해서 비판하고 있을 뿐만 아니라 미래의 심판의 날에 신실한 자들이 구원을 받을 것에 대해서 예언하고 있는 것으로 볼 때 이러한 장르 표지들을 지지해 주고 있다.

말라기의 예언의 독특한 모습은 이 책을 주의 깊게 읽을 때 드러난다. 많은 학자들(Clendenen은 드문 예외임)이 지적한 바와 같이 이 책은 일련의 논쟁들을 핵심에 담고 있는데, 하나님께서는 그 속에서 자신의 선지자를 통해서 자신의 속성을 묘사하시고, 자기 백성의 잘못된 행위들을 꾸짖으시며, 자신이 어떻게 그들을 심판할 것인지를 묘사하신다.

표제에 이어 말라기는 여섯 번 이 백성과 논쟁한다.

1. 첫 번째 논쟁(1:2-5)은 통상적인 패턴을 보여주고 있다. 하나님은 자신의 속성에 대한 진리를 자기 백성에게 주장하심으로써 말씀을 시작하신다. "내가 너희를 사랑하였노라." 이에 대해 이 백성은 하나님께 되묻는다. "주께서 어떻게 우리를 사랑하셨나이까?" 하나님은 에서의 후손인 에돔 사람들의 멸망에 대해서 말씀하심으로써 그 질문에 응답하신다. 에돔은 특히 이스

라엘에게 성가신 적(오바댜서를 보라)이었기 때문에, 그들의 멸망은 가장 환영할 일이었으며, 또한 이스라엘을 향한 하나님의 사랑의 표시로 환영받았다.

다섯 개의 좀 더 긴 논쟁들 역시 비슷한 양식을 따르고 있다.

2. 제사장들이 하나님께 보여준 모멸에 대한 논쟁(1:6-2:9)

    a. 서론: 하나님은 영광을 받으실 만한 아버지이자 주인이다.

    b. 질문: "우리가 어떻게 주의 이름을 멸시하였나이까?"

    c. 대답: "너희가 더러운 떡을 나의 단에 드렸다."

3. 이스라엘이 언약을 어긴 것에 대한 논쟁(2:10-16)

    a. 서론: 하나님은 만물의 아버지이자 창조주이시다.

    b. 질문: "어찌하여 우리 각 사람이 자기 형제에게 궤사를 행하여 우리 열조의 언약을 욕되게 하느냐?"

    c. 대답: "어려서 취한 아내"와 이혼함으로써.

4. 하나님의 공의에 대한 논쟁(2:17-3:5)

    a. 서론: 하나님은 자기 백성들의 말들로 인해 지치심.

    b. 질문: "우리가 어떻게 여호와를 괴로우시게 하였나?"

    c. 대답: 하나님께서 악을 조장하시거나 무시하셨다고 비난함으로써.

5. 회개에 대한 논쟁(3:6-12)

    a. 서론: 하나님은 변개치 않으시나 너희는 변개한다.

    b. 질문: "우리가 어떻게 하여야 돌아가리이까?"

    c. 대답: 십일조를 하나님으로부터 훔쳐가지 않음으로써.

6. 하나님에 대한 완악한 말들에 대한 논쟁(3:13-4:3[MT 3:13-21])

    a. 서론: 하나님께서 이 백성의 완악한 말들을 꾸짖는다.

    b. 질문: "우리가 무슨 말로 주를 대적하였나이까?"

    c. 대답: "하나님을 섬기는 것이 헛되다."

이러한 분석 이후에 세 절이 남는데, 이 세 절은 일종의 부록들이다. (1) 4:4[MT 3:23]은 하나님의 말씀을 따를 것에 대한 촉구이다. (2) 4:5-6 [3:24-

25]은 장차 여호와의 날이 이르기 전에 엘리야 선지자가 도래할 것을 선포하고 있다. 마지막 책(헬라어-영어 역본들의 경우)인 말라기서는 바로 이 말씀으로 끝을 맺는다.

대체적으로 이 책의 통일성은 한 가지 중요한 예외, 즉 부록 부분들을 제외하고는 도전을 받지 않았다. 스미스(R. L. Smith 1984, 340-41)는 이 구절들이 앞 부분과 형식적으로 아무런 연관이 없으며, 두 가지 점에서 내용이 차이가 난다고 주장했다. 첫째, 사자는 3:1과 다른 이름 및 기능을 갖고 있다. 둘째, 장차 올 여호와의 날은 부록에서는 앞 부분과 다른 이름을 갖고 있다.

그러나 면밀한 검토를 해보면 양자를 조화시키는 것이 가능하며, 그것도 아주 쉽게 그렇게 할 수 있다. 양자의 경우에 부록은 앞에서 개략적으로 소개된 개념들을 좀 더 상세하게 다루고 있을 뿐이다(Clendenen 1987, 17 n.26). 말라기서 전체의 통일성에 위배될 만한 심각한 난점은 전혀 없다.

문체

말라기서의 문체의 가장 두드러지고 창의적인 측면은 바로 그 논쟁이란 양식이다(위에서 논의함).

말라기서가 과연 산문이냐 운문이냐 하는 문제는 논쟁의 핵심이다(W. Kaiser와 B. Glazier-McDonald를 비교하라). 가장 흔하게 사용되어지는 히브리 성경(BHS)은 이 책을 시 형태로 배열해 놓은 반면에, 가장 흔하게 사용되어지는 영어 역본은 이 책을 산문으로 배열해 놓고 있다. 이런 논의가 발생한 것 자체가 성경 히브리어에서 무엇이 운문이냐 하는 것을 정의하기가 힘들다는 사실과 더불어 이 두 가지 양식 사이의 밀접한 관계를 증거해 준다("서론"의 "문학적인 분석" 항목을 보라).

아주 이른 시기의 학자들은 구약 시대의 말엽에 가서 히브리어 문체가 질이 떨어진 것을 말라기서가 보여주고 있다고 생각했다(De Wette, Duhm — Torrey 1898, 14-15에서 인용됨). 그러나 이것은 옳지 못하다. 말라기서는 그 양식에 있어서 창의적이며, 메시지가 분명하며, 그 논리가 설득력이 있다.

신학적인 메시지

말라기가 이스라엘에게 준 메시지의 핵심에는 언약이 들어 있다. 레위 지파와의 언약(2:8),[4] 조상들과의 언약, 결혼 언약 등의 세 가지 언약이 분명하게 언급되어 있다(2:10-16). 말라기는 이스라엘에게 그들을 향한 하나님의 사랑이 언약에 근거하고 있으며(1:2-5), 하나님의 심판은 이러한 언약 관계들을 위반하는 것에 기초한다고 선포한다. 레위 언약은 제사장들이 하나님 앞에서 자신들이 맡은 책임들을 따라 살지 않는 것을 지적하기 위해서 언급된 것이 확실하다. 피쉬베인(Fishbane 1983)은 제사장들이 범한 죄들을 비판하기 위해 민수기 6:22-27의 제사장의 축복에 나오는 표현이 제사장들을 향한 논박 속에 어떻게 활용되고 있는지를 통찰력 있게 잘 묘사하였다. 조상들이 맺은 언약이 족장들의 언약을 말하는 것인지 시내 산 언약을 말하는 것인지는 분명하지가 않다. 그러나 어떤 것이 됐든 간에 이것은 백성들이 하나님과 맺은 언약을 파기했다는 비난에 힘을 더해준다. 말라기서는 이스라엘인들이 결혼 언약을 깨뜨린 점을 언급하고 있는데, 이것은 그들이 우상들을 숭배하는 이방 여자들과 결혼하기 위해 자신들의 동족 여인들과 이혼을 하고 있었기 때문이다. 이러한 행위 역시 말라기가 사역하던 시절의 이스라엘인들의 태도를 시사해 준다.

그러므로 말라기는 하나님께서 자신이 이스라엘을 사랑한다는 증거들(1:2-5)을 여전히 보이고 계시면서도 정작 이스라엘이 자기를 사랑하는지에 대해서는 의심하고 계시다는 것을 보여주기 위해 말을 하고 있다. 바벨론 유수가 보여준 바와 같이 언약의 파괴는 추방이라는 심판을 가져왔는데, 말라기는 위에서 지적한 논쟁적인 문체를 사용하여 이스라엘에 경고를 하고 있다. 피서(Fischer)가 지적한 바와 같이 여섯 개의 논쟁은 그 각자가 하나님에 대해 적극적이고 근본적인 점들을 가르치고 있다. 좀 더 구체적으로 말해서,

---

4) 이 언약의 기원을 파악하는데 있어서의 난점은 McKenzie and Wallace(1983)을 보라. 그러나 말라기서의 문맥 속에서 이 언약이 제사장 계층의 특권과 책임을 확립시키고 있다는 것은 분명하다.

그는 각 논쟁의 서론을 분석하고 나서, 하나님 및 그분이 그의 백성과 맺고 있는 관계에 대해서 다음과 같은 신학적인 주장들을 하고 있다고 지적했다:

1. 하나님은 자기 백성을 사랑하신다(1:2).
2. 하나님은 이스라엘의 아버지이자 주인이시다(1:6)
3. 하나님은 이스라엘의 아버지이자 창조자이시다(2:10)
4. 하나님은 공의로운 하나님이시다(2:17)
5. 하나님은 변하지 않으시는 분이시다(3:6)
6. 하나님은 정직하시다(3:13).

그러나 말라기는 단지 이스라엘이 그 과거의 죄 때문에 현재 회개해야 한다는 점만을 지적하고 있는 것이 아니라 또한 그들의 미래에 대해서 희망찬 이상을 제시해 준다. 위에서 언급한 바와 같이 말라기는 환멸에 찬 시대에 사역을 했다. 이전의 선지자들은 이스라엘의 회복기가 영광과 권능의 시대가 될 것이라고 제시했다(포로기 이후 시대의 세대에 대한 이사야서 40장 이하의 영향력에 대해서는 Klein 1987, 29-30을 보라). 그러나 이제 상당한 시간이 흘렀음에도 불구하고 그들은 여전히 이방의 지배 하에서 살고 있었다.

그래서 다른 여러 가지들 중에서 말라기는 더 영광스러운 어떤 것에 대한 이러한 미래의 소망에 다시 불을 붙이고자 했다. 이제 한 날, 즉 하나님께서 인간사의 일에 개입하셔서 하나님의 율법들에 순종하는 자들에게 승리를 가져오시고, 율법들에 순종하지 않는 자들에게는 심판을 가져오실 닐이 다가오고 있었다(3:1-5; 4:1-6).

신 약 으 로 의 접 근

마가복음은 말라기서 3:1과 이사야서 40:3을 결합한 인용문으로 시작된다.

보라 내가 내 사자를 네 앞에 보내노니
그가 네 길을 준비하리라
광야에 외치는 자의 소리가 있어 이르되
너희는 주의 길을 준비하라
그의 오실 길을 곧게 하라 . (막 1:2-3)

말라기서의 소위 부록 부분은 이 사자가 엘리야라고 밝히고 있다. 엘리야는 승리와 심판의 날에 하나님에 앞서 등장한다. 신약에서 이 길을 예비하는 사자는 바로 세례 요한인데, 그는 말라기서 3:1-5에 묘사된 것과 같은 임박한 멸망에 대한 강력한 메시지를 전달한다. 그는 예수님의 지상 사역에 선행하며, 또 예수님의 지상 사역으로의 길을 연다. 그리고 말라기에서 예고된 이러한 메신저의 역할을 하는 엘리야가 요한이라고 밝히신 분은 바로 예수님 자신이시다(마 11:7-15; 또한 눅 7:18-35를 보라). 블롬버그(Blomberg 1987, 104에 나오는 상세한 논의를 보라)는 여기에 고도의 기독론이 들어 있다는 점을 지적했다. 왜냐하면 예수님은 넌지시 자신을 말라기서 본문에 언급되어 있는 강림하실 여호와와 동일시하고 있기 때문이다. 간단히 말해서, 말라기서의 종말론적인 희망들은 복음서들에서 성취된다.

참 고 문 헌

서 론

예비적 고찰

B. W. **Anderson,** *Understanding the Old Testament* (Prentice-Hall, 1975); G. L. **Archer,** *A Survey of Old Testament Introduction* (*SOTI*; Moody, 1964); W. **Brueggemann,** *An Introduction to the Old Testament: The Canon and Christian Imagination* (Westminster John Knox, 2003); B. S. **Childs,** *The Book of Exodus* (Westminster, 1974); idem, *Introduction to the Old Testament as Scripture* (*IOTS*; Fortress, 1979); P. C. **Craigie,** *The Old Testament: Its Background, Growth, and Content* (Abingdon, 1986); J. G. **Eichhorn,** *Einleitung in das Alte Testament*, 3 vols. (Leipzig, 1780–83); O. **Eissfeldt,** *The Old Testament: An Introduction* (*OTI*; Oxford, 1965); R. H. **Gundry,** *Jesus the Word according to John the Sectarian: A Paleofundamentalist Manifesto for Contemporary Evangelicalism, Especially Its Elites, in North America* (Eerdmans, 2001); R. K. **Harrison,** *Introduction to the Old Testament* (*IOT*; Eerdmans, 1969); O. **Kaiser,** *Introduction to the Old Testament* (Oxford, 1975); Y. **Kaufmann,** *The Religion of Israel* (University of Chicago Press, 1960); A. L. **Laffey,** *An Introduction to the Old Testament: A Feminist Perspective* (Fortress, 1988); W. S. **LaSor,** D. A. **Hubbard,** and F. W. **Bush,** *Old Testament Survey* (OTS; 2nd ed.; Eerdmans, 1996); R. **Rendtorff,** *The Old Testament: An Introduction* (*OTI*; Fortress, 1986); A. **Rivetus,** *Isagoge, seu introductio generalis, ad scripturam sacram veteris et novi testamenti* (Leiden, 1627); J. A. **Soggin,** *Introduction to the Old Testament* (*IOT*; Westminster, 1976); M. **Sternberg,** *The Poetics of Biblical Narrative* (Indiana University Press, 1985); E. J. **Young,** *An Introduction to the Old Testament* (*IOT*; Eerdmans, 1949).

역사적 배경

R. **Alter,** *The Art of Biblical Narrative* (Basic Books, 1981); M. Z. **Brettler,** *The Creation of History in Ancient Israel* (London: Routledge, 1995); D. **Damrosch,** *The Narrative Covenant: Transformation of Genre in the Growth of Biblical Literature* (Harper & Row, 1987); P. R. **Davies,** *In Search of "Ancient Israel"* (Sheffield: JSOT Press, 1992); B. **Halpern,** *The First Historians* (Harper & Row, 1988); D. M. **Howard** Jr. *An Introduction to the Old Testament Historical Books* (Moody, 1993); K. A. **Kitchen,** *On the Reliability of the Old Testament* (Eerdmans, 2003); N. P. **Lemche,** *Ancient Israel: A New History of Israelite Society* (Sheffield: JSOT Press, 1988); B. O. **Long,** *I Kings with an Introduction to Historical Literature* (FOTL 9; Eerdmans, 1984); V. P. **Long,** *The Art of Biblical History* (Zondervan, 1994); idem (ed.), *Israel's Past in Present Research: Essays on Ancient Israelite Historiography* (Eisenbrauns, 1999); A. R. **Millard,** J. K. **Hoffmeier,** and D. W. **Baker,** eds., *Faith, Tradition, and History* (Eisenbrauns, 1994); I. **Provan,** "Ideologies, Literary and Critical," *JBL* 114 (1995): 585–606; I. **Provan,** V. P. **Long,** and T. **Longman** III, *A Biblical History of Israel* (Westminster John Knox, 2003);

G. W. **Ramsey,** *The Quest for the Historical Israel* (John Knox, 1981); T. L. **Thompson,** *Early History of the Israelite People from the Written and Archaeological Sources* (Leiden: Brill, 1992); J. **Van Seters,** *Prologue to History: The Yahwist as Historian in Genesis* (Westminster John Knox, 1992); idem, *The Life of Moses: The Yahwist as Historian in Exodus–Numbers* (Westminster John Knox, 1994); K. W. **Whitelam,** *The Invention of Ancient Israel: The Silencing of Palestinian History* (Routledge: London, 1996).

성경 역사와 고고학

W. F. **Albright,** "The Impact of Archaeology on Biblical Research—1966," in *New Directions in Biblical Archaeology,* ed. D. N. Freedman and J. Greenfield (Doubleday, 1969): 1–14; W. G. **Dever,** "Archaeological Method in Israel: A Continuing Revolution," *BA* 43 (1980): 40–48; idem, "Retrospects and Prospects in Biblical and Syro-Palestinian Archaeology," *BA* 45 (1982): 103–8; I. **Finkelstein** and N. A. **Silberman,** *The Bible Unearthed: Archaeology's New Vision of Ancient Israel and the Origin of Its Sacred Texts* (Free Press, 2001); K. A. **Kitchen,** *On the Reliability of the Old Testament* (Eerdmans, 2003); G. E. **Wright,** "Archaeological Method in Palestine—An American Interpretation," *Eretz Israel* 9 (1969): 125–29; idem, "The Phenomenon of American Archaeology in the Near East," in *Near Eastern Archaeology in the Twentieth Century: Essays in Honor of Nelson Glueck,* ed. J. A. Sanders (Doubleday, 1970), 3–40.

문학적인 분석

R. **Alter,** *The Art of Biblical Narrative* (Basic Books, 1981); idem, "A Response to Critics," *JSOT* 27 (1983): 113–17; idem, *The Art of Biblical Poetry* (Basic Books, 1985); A. **Berlin,** *Poetics and Interpretation of Biblical Narrative* (Sheffield: Almond, 1983); idem, *The Dynamics of Biblical Parallelism* (Indiana University Press, 1985); P. **Brooks,** *Reading for the Plot: Design and Intention in Narrative* (Vintage Books, 1984); G. B. **Caird,** *The Language and Imagery of the Bible* (Westminster, 1980); S. **Chatman,** *Story and Discourse* (Cornell University Press, 1978); N. **Frye,** *Anatomy of Criticism* (Princeton University Press, 1957); idem, *The Great Code* (London: Ark, 1982); S. A. **Geller,** *Parallelism in Early Biblical Poetry* (HSM 20; Missoula: Scholars, 1979); J. **Kugel,** *The Idea of Biblical Poetry* (Yale University Press, 1981); T. **Longman** III, "A Critique of Two Recent Metrical Systems," *Bib* 63 (1982): 230–54; idem, "Form Criticism, Recent Developments in Genre Theory and the Evangelical," *WTJ* 47 (1985): 46–67; idem, *Literary Approaches to Biblical Interpretation* (FCI 3; Zondervan, 1987); idem, *How to Read the Psalms* (InterVarsity, 1988); idem, "Storytellers and Poets in the Bible: Can Literary Artifice Be True?" in *Inerrancy and Hermeneutics,* ed. H. M. Conn (Baker, 1988), 137–49; idem, *Reading the Bible with Heart and Mind* (NavPress, 1997); idem, "Literary Approaches to Old Testament Studies," in *The Faces of Old Testament Studies* (Baker, 1999), 97–115; T. **Longman** III and L. **Ryken,** eds., *A Complete Literary Guide to the Bible* (Zondervan, 1993); R. **Lowth,** *Lectures on the Sacred Poetry of the Hebrews* (1778; repr. London: T. Tegg and Son, 1835); M. **Minor,** *Literary-Critical Approaches to the Bible: An Annotated Bibliography* (Locust Hill, 1992); M. **O'Connor,** *Hebrew Verse Structure* (Eisenbrauns, 1980); G. R. **Osborne,** *The Hermeneutical Spiral: A Comprehensive Introduction to Biblical Interpretation* (InterVarsity, 1991); M. H. **Pope,** *Song of Songs* (AB 7C; Doubleday, 1977); M. A. **Pow-**

ell, *What Is Narrative Criticism?* (Fortress, 1990); D. **Rhoads** and D. **Michie,** *Mark as Story: The Introduction to the Narrative as Gospel* (Fortress, 1982); L. **Ryken,** *How to Read the Bible as Literature* (Zondervan, 1984); L. **Ryken,** J. **Wilhoit,** and T. **Longman** III, eds., *The Dictionary of Biblical Imagery* (InterVarsity, 1998); M. **Sternberg,** *The Poetics of Biblical Narrative* (Indiana University Press, 1985); D. **Stuart,** *Studies in Early Hebrew Meter* (Missoula: Scholars, 1976); P. **Trible,** *Rhetorical Criticism: Context, Method, and the Book of Jonah* (Fortress, 1994); K. J. **Vanhoozer,** *Is There a Meaning in This Text? The Bible, the Reader, and the Morality of Literary Knowledge* (Zondervan, 1998); W. G. E. **Watson,** *Classical Hebrew Poetry* (JSOTS 26; Sheffield: JSOT, 1984).

신학적인 메시지

J. **Barr,** *The Concept of Biblical Theology: An Old Testament Perspective* (Fortress, 1999); R. **Beckwith,** *The Old Testament Canon of the New Testament Church* (SPCK, 1987); W. **Brueggemann,** *Theology of the Old Testament* (Fortress, 1997); W. J. **Dumbrell,** *Covenant and Creation: An Old Testament Covenantal Theology* (Paternoster, 1984); P. **Enns,** *Inspiration and Incarnation* (Baker, 2005); J. **Goldingay,** *Old Testament Theology: Israel's Gospel* (InterVarsity, 2003); G. F. **Hasel,** *Old Testament Theology: Basic Issues in the Current Debate* (Eerdmans, 1975); W. C. **Kaiser** Jr., *Toward an Old Testament Theology* (Zondervan, 1978); M. G. **Kline,** *Images of the Spirit* (Baker, 1980); T. **Longman** III, *Reading the Bible with Heart and Mind* (NavPress, 1997); E. **Martens,** *God's Design* (Baker, 1981); T. E. **McComiskey,** *The Covenants of Promise: A Theology of Old Testament Covenants* (Baker, 1985); J. **Murray,** "Systematic Theology: Second Article," *WTJ* 26 (1963): 33–46; C. M. **Pate** et al., *The Story of Israel: A Biblical Theology* (InterVarsity, 2004); V. S. **Poythress,** *Symphonic Theology* (Zondervan, 1987); O. P. **Robertson,** *The Christ of the Covenants* (Presbyterian and Reformed, 1980); S. L. **Terrien,** *The Elusive Presence: Toward a New Biblical Theology* (Harper & Row, 1978); W. **Van Gemeren,** *The Progress of Redemption: The Story of Salvation from Creation to the New Jerusalem* (Zondervan, 1988); G. **Vos,** *Biblical Theology* (Eerdmans, 1948).

창 세 기

주 석

G. C. **Aalders,** *Genesis* (BSC, Zondervan, 1981); W **Brueggemann,** *Genesis* (Interp; John Knox; 1982)· U **Cassuto,** *Commentary on Genesis,* 2 vols., trans. I Abrahams (Jerusalem. Magnes, 1964); G W **Coats,** *Genesis with an Introduction to Narrative Literature* (FOTL 1; Eerdmans, 1983); V **Hamilton,** *Genesis 1–17* (NICOT; Eerdmans, 1990); ıdem, *Genesis 18–50* (NICOT, Eerdmans, 1995); J. E. **Hartley,** *Genesis* (Hendrikson, 2000); D. **Kidner,** *Genesis* (TOTC; InterVarsity Press, 1967); K. A. **Matthews,** *Genesis 1:1–11.26* (NAC, Broadman, 1996); R. W. **Moberley,** *The Old Testament of the Old Testament: Patriarchal Narratives and Mosaic Yahwism* (Fortress, 1992); M. **Noth,** *Exodus* (Westminster, 1962); O. P. **Robertson,** *Christ of the Covenants* (Baker, 1980); J. H. **Sailhamer,** "Genesis"

(EBC, Zondervan, 1990), N. M. **Sarna,** *Genesis* (JPS Torah Commentary; Jewish Publication Society, 1989); J **Skinner,** *Genesis* (ICC; T. & T. Clark, 1910); E. A. **Speiser,** *Genesis* (AB 1; Doubleday, 1964); G. **von Rad,** *Genesis* (OTL; Westminster, 1961); B. K. **Waltke,** *Genesis* (Zondervan, 2001); J. H. **Walton,** *Genesis* (NIVAC; Zondervan, 2001); G. J **Wenham,** *Genesis 1–15* (WBC 1; Word, 1987); idem, *Genesis 16–50* (WBC; Word, 1994); C. **Westermann,** *Genesis: A Commentary,* trans. J J. Scullian (Augsburg, 1984–86).

소논문들

T. D. **Alexander,** *Abraham in the Negev: A Source-Critical Study of Genesis 20:1–22:19* (Paternoster, 1997); O. T. **Allis,** *The Five Books of Moses* (Presbyterian and Reformed, 1943); R. **Alter,** *The Art of Biblical Narrative* (Basic Books, 1981); idem, "Harold Bloom's 'J'," *Commentary* 90 (1990), 28–33; J. **Barton,** *Reading the Old Testament* (Westminster, 1984)· H. **Blocher,** *In the Beginning: The Opening Chapters of Genesis* (InterVarsity Press, 1984); H. **Bloom,** (with D. Rosenberg), *The Book of J* (Grove Weidenfeld, 1990); P. **Borgman,** *Genesis: The Story We Haven't Heard* (InterVarsity Press, 2001); D. M. **Carr,** *Reading the Fractures of Genesis: Historical and Literary Approaches* (Westminster John Knox, 1996); U. **Cassuto,** *The Documentary Hypothesis,* trans. I. Abrahams (Jerusalem: Magnes, 1961 [Heb. ed., 1941]); B. S. **Childs,** *Introduction to the Old Testament as Scripture* (*IOTS*; Fortress, 1979); D L. **Christiansen** and M. **Narucki,** "The Mosaic Authorship of the Pentateuch," *JETS* 32 (1989): 465–72; D. J. **Clines,** *The Theme of the Pentateuch* (Sheffield, 1978); T B. **Dozeman,** *God on the Mountain* (SBLMS; Missoula: Scholars, 1989); B. **Eichler,** "Nuzi and the Bible: A Retrospective," in *DUMU-E-DUB-BA-A. Studies in Honor of Ake W. Sjoberg,* ed. H. Behrens et al. (Samuel Noah Kramer Fund, 1989), 107–19; J A. **Emerton,** "An Examination of Some Attempts to Defend the Unity of the Flood Narrative, Part II," *VT* 38 (1988): 1–21; J. P. **Fokkelman,** *Narrative Art in Genesis* (Assen and Amsterdam, 1975); R. E. **Friedman,** *The Bible with Sources Revealed* (Harper SanFrancisco, 2003); W R. **Garr,** *In His Own Image and Likeness* (E. J. Brill, 2003); D. **Garrett,** *Rethinking Genesis: The Sources and Authorship of the First Book of the Bible* (Mentor, 2003); J **Goldingay,** *Old Testament Theology Israel's Gospel* (InterVarsity Press, 2003); J. **Hoffmeier,** *Israel in Egypt* (Oxford, 1997); I. M. **Kikawada** and A. **Quinn,** *Before Abraham Was The Unity of Genesis 1–11* (Abingdon, 1985); K. A. **Kitchen,** *Ancient Orient and Old Testament* (InterVarsity Press, 1967); idem, *The Bible in Its World* (InterVarsity Press, 1978); H.-J. **Kraus,** *Geschichte der historisch-kritischen Erforschung des Alten Testaments* (Neukirchen-Vluyn, 1956); J. D **Levenson,** *Creation and the Persistence of Evil* (Princeton University Press, 1988); T. **Longman** III, "Form Criticism, Recent Developments in Genre Theory, and the Evangelical," *WTJ* 48 (1985): 46–67; idem, *How to Read Genesis* (InterVarsity Press, 2005); A. A. **MacRae,** "Response" in *Hermeneutics, Inerrancy, and the Bible,* ed. E. D. Radmacher and R. D. Preus (Zondervan, 1984), 143–62; J. G **McConville,** *Law and Theology in Deuteronomy* (JSOTS 33; Sheffield: JSOT, 1984); S. E. **McEvenue,** *The Narrative Style of the Priestly Writer* (Rome: Biblical Institute Press, 1971); A. R. **Millard** and D. J. **Wiseman,** eds. *Essays on the Patriarchal Narratives* (Inter-

Varsity Press, 1980); I. **Provan,** V P **Long,** and T. **Longman** III, *A Biblical History of Israel* (Westminster John Knox, 2003); R. **Rendtorff,** *Die überlieferungsgeschichtliche Problem des Pentateuch* (1977); J W **Rogerson,** *Old Testament Criticism in the Nineteenth Century: England and Germany* (Fortress, 1985); A. P **Ross,** *Creation and Blessing: A Guide to the Study and Exposition of Genesis* (Baker, 1988); W. H. **Schmidt,** "Playdoyer für die Quellenscheidung," BZ 32 (1988): 1–14, M. **Selman,** "Comparative Customs and the Patriarchal Age," in *Essays on the Patriarchal Narratives,* ed. A. Millard and D. J. Wiseman (InterVarsity Press, 1980), 91–140; J A. Soggin, *Introduction to the Old Testament (IOT,* Westminster John Knox, 3rd ed., 1989); R. J. **Thompson,** *Moses and the Law in a Century of Criticism Since Graf* (Leiden: Brill, 1970); T L. **Thompson,** *The Historicity of the Patriarch Narratives (BZAW* 133; 1974); J. H. **Tigay,** *The Evolution of the Gilgamesh Epic* (University of Pennsylvania Press, 1982); L. A. **Turner,** "Book of Genesis," DOTP (InterVarsity Press, 2003), 350–59; J **Van Seters,** *Abraham in History and Tradition* (Yale University Press, 1975); idem, *Prologue to History: The Yahwist as Historian in Genesis* (Westminster John Knox, 1992); B. K. **Waltke,** "Historical Grammatical Problems," in *Hermeneutics Inerrancy, and the Bible,* ed. E. D Radmacher and R. D. Preus (Zondervan, 1984), 69–130; G J **Wenham,** "The Date of Deuteronomy: Linchpin of Old Testament Criticism: Part II," *Themelios* 11 (1985): 15–17; idem, "Genesis: An Authorship Study and Current Pentateuchal Criticism," *JSOT* 42 (1988): 3–18; idem, *Story as Torah: Reading the Old Testament Ethically* (Baker, 2004); R. N **Whybray,** *The Making of the Pentateuch · A Methodological Study* (JSOTS 53; Sheffield: JSOT, 1987); M. J **Williams,** *Deception in Genesis: An Investigation into the Morality of a Unique Biblical Phenomenon* (Peter Lang, 2001).

출애굽기

주석

U **Cassuto,** *Commentary on Exodus,* trans. I. Abrahams (Jerusalem: Magnes Press, 1967); B. S. **Childs,** *The Book of Exodus* (Westminster, 1974); G. W **Coats,** *Exodus* (FOTL, Eerdmans, 1999) R. A. **Cole,** *Exodus (TDOT,* InterVarsity Press, 1973); J I **Durham,** *Exodus* (Word, 1987); P **Enns,** *Exodus* (NIVAC, Zondervan, 2000); T E. **Fretheim,** *Exodus* (Interp; Westminster John Knox, 1990); W H. **Gispen,** *Exodus* (BSC; Zondervan, 1987); D E. **Gowan,** *Theology in Exodus Biblical Theology in the Form of a Commentary* (Westminster John Knox, 1994); J. B. **Hyatt,** *Exodus* (NCB; Eerdmans, 1971); W **Kaiser,** "Exodus" (EBC, Zondervan, 1990); M. G. **Kline,** *Treaty of the Great King The Covenant Structure of Deuteronomy* (Eerdmans, 1963); M. **Noth,** *Exodus* (Westminster, 1962); W H. C. **Propp,** *Exo-*

dus 1–18 (AB; Doubleday, 1998).

소논문들

G. L. **Bahnsen,** *Theonomy in Christian Ethics* (Craig Press, 1977); J J. **Bimson,** *Redating the Exodus and Conquest* (JSOTS 5; Sheffield. JSOT, 1978); W M. **Clark,** "Law," in *Old Testament Form Criticism* (Trinity University Press, 1974), 99–140· G. W. **Coats,** *Rebellion in the Wilderness: The Murmuring Motif in the Wilderness Traditions of the Old Testament* (Abingdon, 1968); T B. **Dozeman,** *God on the Mountain* (SBLMS; Scholars Press, 1989); J. P. **Fokkelman,** "Exodus," in *The Literary Guide to the Bible,* ed. R. Alter and F Kermode (Harvard, 1987): 56–65; D W. **Gooding,** *The Account of the Tabernacle* (Cambridge, 1959); B. **Halpern,** "Radical Exodus Redating Fatally Flawed," *BAR* 13 (1987): 56–61, M. **Haran,** *Temples and Temple-Service in Ancient Israel* (Oxford, 1978); J. K. **Hoffmeier,** *Israel in Egypt: The Evidence for the Authenticity of the Exodus Tradition* (Oxford University Press, 1997); C. J. **Humphreys,** "The Number of People in the Exodus from Egypt: Decoding Mathematically the Very Large Numbers in Numbers 1 and 26," *VT* 50 (2000): 196–213; P. **Kiene,** *The Tabernacle of God in the Wilderness of Sinai* (Zondervan, 1977); K. A. **Kitchen,** *Ancient Orient and the Old Testament* (London, 1966); idem, *On the Reliability of the Old Testament* (Eerdmans, 2003); D. **Livingston,** "The Location of Biblical Bethel and Ai Reconsidered," *WTJ* 33 (1970): 20–44; idem, "Traditional Site of Bethel Questioned," *WTJ* 34 (1971): 39–50; T. **Longman** III, "The Divine Warrior: The New Testament Use of an Old Testament Motif," *WTJ* 44 (1982): 290–307; idem, "God's Law and Mosaic Punishment Today," in *Theonomy: A Reformed Critique,* ed. W. S. Barker and W R. Godfrey (Zondervan, 1990): 41–54; idem, *Literary Approaches to Biblical Interpretation* (FCI 3; Zondervan, 1987); idem, *Immanuel in Our Place* (P and R Publishing, 2001); idem, *Reading the Bible with Heart and Mind* (NavPress, 1997); T **Longman** III and D. **Reid,** *God Is a Warrior· Studies in Old Testament Biblical Theology* (Zondervan, 1995); G. **Mendenhall,** "Covenant Forms in Israelite Tradition," *BA* 17 (1954): 50–76; P. D **Miller** Jr., *The Divine Warrior in Early Israel* (Harvard University Press, 1973); R. **Moberly,** *At the Mountain of God: Story and Theology in Exodus 32–34* (Sheffield. JSOT, 1983); I. **Provan,** V P **Long,** and T **Longman** III, *A Biblical History of Israel* (Westminster John Knox, 2003); J. R. **Rushdoony,** *The Institutes of Biblical Law* (Craig Press, 1973); H. W. **Soltau,** *The Holy Vessels and Furniture of the Tabernacle of Israel* (London, 1865); M. **Sternberg,** *The Poetics of Biblical Narrative* (Indiana University Press, 1985); A. **Stock,** *The Way in the Wilderness* (Liturgical Press, 1969); B. K. **Waltke,** "The Date of the Conquest," *WTJ* 52 (1990): 181–200; J. H. **Walton,** "Book of Exodus," DOTP (InterVarsity Press, 2003), 249–72; J W. **Wenham,** "Large Numbers in the Old Testament," *TynBul* 18 (1967): 19–53

레 위 기

주 석

W H. **Bellinger** Jr , *Leviticus, Numbers* (NIBCOT, Hendrickson/Paternoster, 2001), R. **Gane,** *Leviticus, Numbers* (NIVAC; Zondervan, 2004); E. **Gerstenberger,** *Leviticus* (OTL, Westminster John Knox, 1996); R. K. **Harrison,** *Leviticus* (TOTC, InterVarsity Press, 1980); J E. **Hartley,** *Leviticus* (WBC, Word, 1992); G A. F **Knight,** *Leviticus* (DSB; Westminster, 1981); B. A. **Levine,** *Leviticus* (JPS Commentary; Jewish Publication Society, 1989); J **Milgrom,** *Leviticus 1–16* (AB; Doubleday, 1991); idem, *Leviticus 17–27* (AB; Doubleday, 2001)· A. **Noordtzij,** *Leviticus* (BSC; Zondervan, 1982); M. F **Rooker,** *Leviticus* (NAC; Nashville, 2000); N H. **Snaith,** *Leviticus and Numbers* (NCB; Eerdmans, 1967), G J **Wenham,** *The Book of Leviticus* (NICOT, Eerdmans, 1979).

소논문들

A. A. **Cody,** *History of Old Testament Priesthood* (Rome: Pontifical Biblical Insti tute, 1969); D **Damrosch,** "Leviticus," in *The Literary Guide to the Bible,* ed. R. Alter and F Kermode (Harvard, 1987), 66–77 D J **Davies,** "An Interpretation of Sacrifice in Leviticus," *ZAW* 89 (1977): 387–99· M. **Douglas,** *Purity and Danger* (London, 1969); M. **Haran,** *Temples and Temple-Service in Ancient Israel* (Oxford, 1978); P P **Jenson,** "The Levitical Sacrificial System," in *Sacrifice in the Bible,* ed. R. T Beckwith and M. J Selman (Baker, 1995), 25–40· Y **Kaufmann,** *The Religion of Israel* (University of Chicago Press, 1960), N **Kiuchi,** *The Purification Offering in the Priestly Literature Its Meaning and Function* (JSOTS 56; Sheffield Academic Press, 1987); idem, "Book of Leviticus," DOTP (InterVarsity Press, 2003), 522–32 M. G **Kline,** *Images of the Spirit* (Baker 1980); B. A. **Levine,** *In the Presence of the Lord* (Leiden: Brill, 1974); T **Longman** III, *Immanuel in Our Place* (P and R Publishing, 2001); J. **Milgrom,** *Cult and Conscience The "Asham" and the Priestly Doctrine of Repentance* (Leiden. Brill, 1976); J. **Neusner,** *The Idea of Purity in Ancient Judaism* (Leiden. Brill, 1973); G J **Wenham,** "The Theology of Unclean Food," *EvQ* 53 (1981): 6–15; idem, "The Theology of Old Testament Sacrifice," in *Sacrifice in the Bible,* ed. R. T Beckwith and M. J Selman (Baker 1995), 75–87.

민 수 기

주 석

R. **Allen,** "Numbers," ın EBC, vol. 2 (Zondervan, 1990), 655–1008; T R. **Ashley,** *The Book of Numbers* (NICOT, Eerdmans, 1993); W H. **Bellinger** Jr *Levıtıcus, Numbers* (NIBCOT, Hendrıckson, 2001); P J **Budd,** *Numbers* (WBC, Word, 1984); R. D **Cole,** *Numbers* (NAC, Broadman, 2000)· E. W **Davies,** *Numbers* (NCB; Eerdmans, 1995), T **Dozeman,** "The Book of Numbers," ın NIB, vol. 2 (Abıngdon, 1994), 149–53 R. **Gane,** *Levıtıcus, Numbers* (NIVAC, Zondervan, 2004); G B. **Gray,** *Numbers* (ICC, T & T Clark, 1903); H. **Gressmann,** *Mose und seıne Zeıt. Kommentar zu den Mose-Sagen* (Vandenhoek & Rubrecht, 1913); R. K. **Harrison,** *Numbers* (WEC, Moody, 1990); B. **Levine,** *Numbers 1–20* (AB; Doubleday, 1993); ıdem, *Numbers 21–36* (AB; Doubleday, 2000); J **Milgrom,** *Numbers* (JPS Torah Commentary; Jewish Publicatıon Socıety, 1990); A. **Noordtzij,** *Numbers* (BSC; Zondervan, 1983); M. **Noth,** *Numbers A Commentary* (OTL; Westmınster John Knox, 1966); D. T **Olson,** *Numbers* (Interp; John Knox Press, 1996); P **Philip,** *Numbers* (CC, Word, 1987), W **Riggans,** *Numbers* (DSB; Westminster, 1983); N. H. **Snaith,** *Levıtıcus and Numbers* (NCB; Eerdmans, 1967); G J **Wenham,** *Numbers* (TOTC, InterVarsıty Press, 1981).

소논문들

W. **Baroody,** "Exodus, Levıtıcus, Numbers, and Deuteronomy," in *A Complete Literary Guıde to the Bible* (Zondervan, 1993), 121–36; D. J. A. **Clines,** *The Theme of the Pentateuch* (JSOTS; Sheffield. JSOT, 1978); G. W **Coats,** *Rebellion ın the Wilderness* (Abıngdon, 1968); G. I. **Davies,** *The Way of the Wilderness* (Cambrıdge Unıversity Press, 1979); M. **Douglas,** *In the Wilderness The Doctrıne of Defilement ın the Book of Numbers* (Sheffield Academıc Press, 1993); J. **Hackett,** *The Balaam Text from Deır'Alla* (Chico: Scholars, 1984); Won W. **Lee,** *Punishment and Forgiveness in Israel's Migratory Campaign* (Eerdmans, 2003); D. T. **Olson,** *The Death of the Old and the Bırth of the New: The Framework of the Book of Numbers and the Pentateuch* (BJS 71; Chıco: Scholars, 1985); ıdem, "Book of Numbers," ın DOTP (InterVarsity Press, 2003), 611–18.

신 명 기

주 석

D L. **Christensen,** *Deuteronomy 1 1–21 9* (WBC; Word, 2001); ıdem, *Deuteronomy 21 10–34 14* (WBC, Word, 2002), R. **Clifford,** *Deuteronomy with Excursus on Covenant and Law* (OTM, Wilmıngton. M. Glazıer 1982); P C. **Craigie,** *The Book of Deuteronomy* (NICOT, Eerdmans, 1976) G **Cunliffe-Jones,** *Deuteronomy* (TBC, SCM, 1951); S. R. **Driver,** *A Crıtıcal and Exegetıcal Commentary on Deuteronomy* (ICC Scribner, 1895), A. D H. **Mayes,** *Deuteronomy* (NCB; Eerd mans, 1979); J **McConville,** *Deuteronomy* (Apollos, 2002); E. H. **Merrill,** *Deuteronomy* (NAC, Broadman, 1994); P D **Miller** Jr , *Deuteronomy* (Interp; John Knox, 1990); D F **Payne,** *Deuteronomy* (DSB; Westminster, 1985); J. **Ridderbos,** *Deuteronomy* (BSC; Zondervan, 1984); J. A. **Thompson,** *Deuteronomy* (TOTC, London: InterVarsity Press, 1974); J. H. **Tigay,** *Deuteronomy* (JPS Torah Commentary; Jewish Publication Society, 1996); G **von Rad,** *Deuteronomy* (OTL, Westminster, 1966); C. K. **Wright,** *Deuteronomy* (NIBCOT; Hendrickson/Paternoster, 1996).

소논문들

E. **Achtemeier,** "Plumbing the Riches: Deuteronomy for the Preacher," *Interp* 3 (1987)· 269–81; J A. **Baker,** "Deuteronomy and World Problems," *JSOT* 29 (1984): 3–17, C. M. **Carmichael,** *The Laws of Deuteronomy* (Cornell University Press, 1974); R. E. **Clements,** *Deuteronomy* (OT Guides; Sheffield: JSOT, 1989); idem, *God's Chosen People* (Allenson, 1968), G. D **Collier,** "The Problem of Deuteronomy· In Search of a Perspective," *ResQ* 26 (1983): 215–33; F. M. **Cross,** *Canaanite Myth and Hebrew Epic* (Harvard University Press, 1972); R. **de Vaux,** "La lieu que Yahve a choisi pour y etablir son nom," in *Das ferne und nahe Wort,* ed. L. Rost (*BZAW* 105, 1967): 219–28; J. **Gold,** "Deuteronomy and the World: the Beginning and the End," in *The Biblical Mosaic,* ed. R. Polzin and E. Rothman (Fortress, 1982)· 45–59; R. P **Gordon,** "Deuteronomy and the Deuteronomic School," *TynBul* 25 (1974): 113–20; B. **Halpern,** "The Centralization Formula in Deuteronomy," *VT* 31 (1981): 20–38; L. J. **Hoppe,** "The Meaning of Deuteronomy," *BTB* 10 (1980): 111–17; idem, "The Levitical Origins of Deuteronomy Reconsidered," *BibRes* 28 (1983): 27–36; W. **Kaiser,** *Toward an Old Testament Ethics* (Zondervan, 1983); S. A. **Kaufman,** "The Structure of the Deuteronomic Law," *Maarav* 1/2 (1978–79): 105–58; K. A. **Kitchen,** *Ancient Orient and Old Testament* (Leicester: InterVarsity Press, 1966); idem, "The Fall and Rise of Covenant, Law and Treaty," *TynBul* 40 (1989): 118–35; idem, *On the Reliability of the Old Testament* (Eerdmans, 2003); M. G **Kline,** *Treaty of the Great King* (Eerdmans, 1963); L. **Kuyper,** "The Book of Deuteronomy," *Interp* 6 (1952): 321–40 N **Lohfink,** ed., *Das Deuteronomium: Entstehung, Gestalt und Botschaft* (Leuven University Press, 1985); idem, *Das Hauptgebot: Eine Untersuchung literarischer Einleitungsfragen zu Dtn 5–11* (AnBib; Rome: Pontifical Biblical Institute, 1963); R. **MacKenzie,** "The Messianism of Deuteronomy," *CBQ* 19 (1957): 299–305; G. T. **Manley,** *The Book of the Law. Studies in the Date of Deuteronomy* (London: Tyndale, 1957); S. D **McBride,** "Polity of the Covenant People: the Book of Deuteronomy," *Interp* 3 (1987): 229–44, D. J **McCarthy,** *Old Testament Covenant: A Survey of Current Opinions,* 2nd ed. (Rome: Pontifical Biblical Institute, 1978); J G **McConville,** "God's 'Name' and God's Glory,'" *TynBul* 30 (1979)· 149–63; idem, *Law and Theology in Deuteronomy* (JSOTS 33; Sheffield: JSOT 1984); idem, *Grace in the End* (Zondervan, 1994); idem, "Book of Deuteronomy," DOTP (InterVarsity Press, 2003), 182–93; J. G. **McConville** and J G. **Millar**, *Time and Place in Deuteronomy* (JSOTS 179; Sheffield Academic Press, 1994); E. W **Nicholson**, *Deuteronomy and Tradition* (Fortress, 1967), D **Olson**, *Deuteronomy and the Death of Moses* (Fortress, 1994); R. H. **Polzin**, "Deuteronomy," in *The Literary Guide to the Bible*, ed. R. Alter and F Kermode (Harvard University Press, 1987): 92–101 idem, *Moses and the Deuteronomist* (Seabury, 1980); idem, "Reporting Speech in the Book of Deuteronomy· Toward a Compositional Analysis of the Deuteronomic History," in *Traditions in Transformation*, ed. B. Halpern and J Levenson (Eisenbrauns, 1981)· 193–211, G **von Rad**, *Studies in Deuteronomy* (Westminster, 1953) J. H. **Walton**, "Deuteronomy: An Exposition of the Spirit of the Law," *GraceTJ* 8 (1987): 213–25, M. **Weinfeld**, *Deuteronomy and the Deuteronomic School* (Oxford. Clarendon, 1972); G **Wenham**, "The Date of Deuteronomy· Linchpin of Old Testament Criticism" (in two parts) *Themelios* 10 (1985): 15–20; 11 (1985). 15–18.

여 호 수 아

주 석

A. G **Auld**, *Joshua, Judges, and Ruth* (DSB; Westminster, 1984); R. G **Boling** and G. E. **Wright,** *Joshua* (AB; Doubleday, 1982); T **Butler**, *Joshua* (WBC 7 Word, 1983), C. J **Goslinga**, *Joshua, Judges, Ruth* (BSC, Zondervan, 1986); E. J **Hamlin**, *Joshua: Inheriting the Land* (ITC, Eerdmans, 1983); L. D **Hawk**, *Joshua* (Berit Olam, Liturgical Press, 2000); R. S. **Hess,** *Joshua* (TOTC; InterVarsity Press, 1996); D M. **Howard** Jr., *Joshua* (NAC; Broadman and Holman, 1998); J M. **Miller** and G M. **Tucker**, *The Book of Joshua* (CBC, Cambridge University Press, 1974); R. D **Nelson,** *Joshua* (OTL, Westminster John Knox, 1997); M. **Noth,** *Das Buch Josua* (HAT 7, Tübingen: Mohr, 1953); J **Soggin**, *Joshua* (OTL, Westminster, 1972); M. **Woudstra,** *The Book of Joshua* (NICOT, Eerdmans, 1981).

소논문들

A. **Alt,** idem, *Essays on Old Testament History and Religion* (Oxford: Blackwell, 1966); "Die Landnahme der Israeliten in Palästina," *Kleine Schriften*, 2 vols. (Munich. C. H. Beck'sche, 1959): 1.89–125; A. G. **Auld,** *Joshua, Moses, and the Land. Tetrateuch-Pentateuch-Hexateuch in a Generation Since 1938* (T. & T. Clark, 1980); P. **Bienkowski**, "Jericho Was Destroyed in the Middle Bronze Age, Not the Late Bronze Age," *BAR* 16 (1990): 45–46, 69; J. J **Bimson**, *Redating the Exodus and the Conquest* (JSOTS 5; Sheffield: JSOT 1978); W **Brueggemann**, *The Land* (Fortress, 1977); idem, *Introduction to the Old Testament* (*IOT*; Westminster John Knox, 2003); J. A. **Callaway,** "Was My Excavation of Ai Worthwhile?" *BAR* 11 (1985): 68–69;

B. **Childs,** "A Study of the Formula 'Unto This Day,'" *JBL* 82 (1963): 279–92; G. W **Coats,** "The Ark of the Covenant in Joshua," *HebAnnRev* 9 (1985): 137–57; idem, "The Book of Joshua: Heroic Saga or Conquest Theme," *JSOT* 38 (1987): 15–32; idem, "An Exposition for the Conquest Theme," *CBQ* 47 (1985): 47–54; R. C. **Culley,** "Stories of the Conquest," *HAR* 8 (1984): 25–44; P. R. **Davies,** *In Search of "Ancient Israel"* (JSOT Press, 1992); W. G. **Dever,** *Who Were the Israelites and Where Did They Come From?* (Eerdmans, 2003); I. **Finkelstein** and N. **Silberman,** *The Bible Unearthed: Archaeology's New Vision of Ancient Israel and the Origin of Its Sacred Texts* (Free Press, 2001); L. J **Greenspoon,** *Textual Studies in the Book of Joshua* (HSM 28; Chico: Scholars, 1983); D. M. **Gunn,** "Joshua and Judges," in *The Literary Guide to the Bible,* ed. R. Alter and F Kermode (Harvard University Press, 1987); B. **Halpern,** "Gibeon. Israelite Diplomacy in the Conquest Era," *CBQ* 37 (1975): 303–16; L. D **Hawk,** *Every Promise Fulfilled. Contesting Plots in Joshua* (Westminster John Knox, 1991); idem, "Book of Joshua," in DOTHB (InterVarsity Press, 2005); R. S. **Hess,** "Asking Historical Questions of Joshua 13–19: Recent Discussion Concerning the Date of the Boundary Lists," in *Faith, Tradition, and History: Old Testament Historiography in Its Near Eastern Context,* ed. A. R. Millard et al. (Eisenbrauns, 1994): 191–205; Y. **Kaufmann,** *The Biblical Account of the Conquest of Palestine,* 2nd ed. (Jerusalem: Magnes, 1985); K. A. **Kitchen,** *On the Reliability of the Old Testament* (Eerdmans, 2003); 242–74; H. J. **Koorevaar,** *De Opbouw van het Boek Jozua* (Heverlee: Centrum voor Bijbelse Vorming Belgie, 1990); N. P. **Lemke,** *Early Israel: Anthropological and Historical Studies on the Israelite Society before the Monarchy* (VTSup 37; Leiden. E. J. Brill, 1985); D. **Livingston,** "The Location of Biblical Bethel and Ai Reconsidered," *WTJ* 33 (1970): 20–44; idem, "Traditional Site of Bethel Questioned," *WTJ* 34 (1971): 39–50; T. **Longman** III and D. **Reid,** *God Is a Warrior· Studies in Old Testament Biblical Theology* (Zondervan, 1995); G. E. **Mendenhall,** "The Hebrew Conquest of Palestine," *BA* 25 (1962): 66–87; idem, *The Tenth Generation* (Johns Hopkins University Press, 1973); E. H. **Merrill,** "Palestinian Archaeology and the Date of the Conquest: Do Tells Tell Tales?" *GraceTJ* 3 (1982): 107–21, J M. **Miller,** "Archaeology and the Israelite Conquest of Canaan. Some Methodological Observations," *PEQ* 109 (1977): 87–93; J J **Niehaus,** "Joshua and Ancient Near Eastern Warfare," *JETS* 31 (1988): 37–50; M. **Noth,** *Überlieferungsgeschichtliche Studien* (1st ed., 1943 2nd ed., Tübingen. Max Niemeyer Verlag, 1967, first half trans. as *The Deuteronomistic History* [JSOTS 15; Sheffield: JSOT, 1981]); R. **Polzin,** *Moses and the Deuteronomist* (Seabury, 1980); I. **Provan,** V P **Long,** and T **Longman** III, *A Biblical History of Israel* (Westminster John Knox, 2003); G. W **Ramsey,** *The Quest for the Historical Israel* (John Knox, 1981); G **von Rad,** "The Promised Land and Yahweh's Land in the Hexateuch," *Problems of the Hexateuch and Other Essays* (McGraw Hill, 1966), 79–93, B. **Waltke,** "The Date of the Conquest," *WTJ* 52 (1990): 181–200; M. **Weinfeld,** "Divine Intervention in War in Ancient Israel and in the Ancient Near East," in *History, Historiography, and*

Interpretation, ed. H. Tadmor and M. Weinfeld (Jerusalem. Magnes, 1983), 121–47, M. **Weippert**, *The Settlement of the Israelite Tribes in Palestine* (Allenson, 1971); G J **Wenham**, "The Deuteronomic Theology of the Book of Joshua," *JBL* 90 (1971)· 140–48· B. G. **Wood**, "Did the Israelites Conquer Jericho? A New Look at the Archaeological Evidence," *BAR* 16 (1990): 44–58, idem, "Dating Jericho's Destruction: Bienkowski Is Wrong on All Counts," *BAR* 6 (1990): 45–49, 69; Y **Yadin**, "Is the Biblical Account of the Israelite Conquest of Canaan Historically Reliable?" *BAR* 8 (1982)· 16–23; E. J **Young**, "The Alleged Secondary Deuteronomic Passages in the Book of Joshua," *EvQ* 25 (1953): 142–57, K. L. **Younger** Jr., *Ancient Conquest Accounts. A Study in Ancient Near Eastern and Biblical History Writing* (JSOTS 98; Sheffield: JSOT 1990); idem, "Early Israel in Recent Biblical Scholarship," in *The Face of Old Testament Studies· A Survey of Contemporary Approaches* (Baker 1999), 176–206, Z. **Zevit**, "Problems of Ai," *BAR* 11 (1985): 56–69

사 사 기

주 석

A. G. **Auld,** *Joshua, Judges, and Ruth* (DSB, Westminster 1984); D I. **Block,** *Judges, Ruth* (NAC, Broadman and Holman, 2002); R. G **Boling,** *Judges* (AB, Doubleday, 1975); C. F **Burney,** *The Book of Judges* (London. Rivingtons, 1918)· A. E. **Cundall** and L. **Morris,** *Judges and Ruth* (TOTC, InterVarsity Press, 1968); C. J **Goslinga,** *Joshua, Judges, Ruth* (BSC; Zondervan, 1986); J **Gray,** *Joshua, Judges, and Ruth* (NCB; Eerdmans, 1967); E. J **Hamlin,** *Judges At Risk in the Promised Land* (ITC, Eerdmans, 1990)· A. H. **Lewis,** *Judges/Ruth* (EBC, Moody, 1979), J D **Martin,** *The Book of Judges* (CBC; Cambridge University Press, 1975); G F **Moore,** *A Critical and Exegetical Commentary on Judges* (ICC, T & T Clark, 1895); T J. **Schneider,** *Judges* (Berit Olam, Liturgical Press, 2000); J A. **Soggin,** *Judges* (OTL; Westminster, 1981); L. **Younger,** *Judges/Ruth* (NIVAC, Zondervan, 2002).

소논문들

Y **Amit,** *The Book of Judges The Art of Editing* (Brill, 1998); M. **Bal,** *Death and Dissymmetry* (University of Chicago Press, 1988); idem, *Murder and Difference,* trans. M. Gumpert (Indiana University Press, 1988); W R. **Bodine,** *The Greek Text of Judges. Recensional Developments* (HSM 23, Chico: Scholars, 1980); M. Z. **Brettler,** "The Book of Judges. Literature as Politics," *JBL* 108 (1989): 395–418; M. **Buber,** *Kingship of God,* trans. R. Scheimann (3rd ed., Harper & Row, 1967); F M. **Cross,** *Canaanite Myth and Hebrew Epic* (Harvard University Press, 1973); A. E. **Cundall,** "Judges—An Apology for the Monarchy?" *ExpTim* 81 (1970)

178–81, D. R. **Davis,** "A Proposed Life-Setting for the Book of Judges" (Ph.D diss., Southern Baptist Theological Seminary, Louisville, Ky , 1978); idem, *Such a Great Salvation* (Baker, 1990); W. **Dietrich,** *Prophetie und Geschichte eine redaktionsgeschichtliche Untersuchung zum deuteronomistischen Geschichtswerk* (FRLANT 108; Göttingen: Vandenhoeck und Ruprecht, 1977); C. **Exum,** "The Center Cannot Hold: Thematic and Textual Instabilities in Judges," *CBQ* 52 (1990)· 410–29; F. E. **Greenspan,** "The Theology of the Framework of Judges," *VT* 36 (1986). 385–96; K. R. R. **Gros Louis,** "The Book of Judges," in *Literary Interpretations of Biblical Narratives,* ed. K. Gros Louis, J. Ackerman, T. Warshaw (Abingdon, 1974): 141–62, B. **Halpern,** *The First Historians* (Harper & Row, 1988); A. J. **Hauser,** "The Minor Judges. A Re-evaluation," *JBL* 94 (1975): 190–200; idem, "Unity and Diversity in Early Israel Before Samuel," *JETS* 22 (1979)· 289–303; L. R. **Klein,** *The Triumph of Irony in the Book of Judges* (Sheffield: Almond, 1988); W. S. **LaSor,** D. A. **Hubbard,** and F. W. **Bush,** *Old Testament Survey* (Eerdmans, 1982); J. P U **Lilley,** "A Literary Appreciation of the Book of Judges," *TynBul* 18 (1967): 94–102, A. D H. **Mayes,** *Israel in the Period of the Judges* (SBT 29; Allenson, 1974); E. T **Mullen** Jr., "The 'Minor Judges' Some Literary and Historical Considerations," *CBQ* 44 (1982): 185–201, M. **Noth,** *Überlieferungsgeschichtliche Studien* (1st ed. 1943; 2nd ed., Tübingen. Max Niemeyer Verlag, 1967, first half trans. as *The Deuteronomistic History* [JSOTS 15; Sheffield. JSOT, 1981]); R. H. **O'Connell,** *The Rhetoric of the Book of Judges* (VTSup 63; Brill, 1996); R. **Polzin,** *Moses and the Deuteronomist* (Seabury, 1980); W **Richter,** *Die Bearbeitungen des "Retterbuches" in der Deuteronomischen Epoche* (BBB 18; Bonn: Peter Hanstein, 1964); R. **Smend,** "Das Gesetz und die Volker: ein Beitrag zur deuteronomistischen Redaktionsgeschichte," Probleme biblischer Theologie: Gerhard von Rad zum 70 Geburtstag, ed. H. W Wolff (Munich: Chr Kaiser Verlag, 1971), 494–509, L. **Stone,** "Book of Judges," in DOTHB (InterVarsity Press, 2005); T **Viejola,** *Das Königtum in der Beurteilung der deuteronomistischen Historiographie. ein redaktionsgeschichtliche Untersuchung* (Annales Academiae Scientiarum Fennicae, Ser B., Tom. 198; Helsinki. Suomalainen Tiedeakatemia, 1977), B. G **Webb,** *The Book of the Judges An Integrated Reading* (JSOTS 46; Sheffield. JSOT, 1987).

룻 기

주 석

D. **Atkinson,** *The Message of Ruth* (BST, InterVarsity Press, 1983); A. G **Auld,** *Joshua, Judges, and Ruth* (DSB; Westminster, 1984); D I. **Block,** *Judges, Ruth* (NAC, Broadman and Holman, 1999); F **Bush,** *Ruth/Esther* (WBC; Nelson, 1996); E. F **Campbell** Jr , *Ruth* (AB; Doubleday, 1975); A. E. **Cundall** and L. **Morris,**

Judges and Ruth (TOTC; InterVarsity Press, 1968); J. **Goslinga**, *Joshua, Judges and Ruth* (NCB; Eerdmans, 1967); R. L. **Hubbard** Jr., *The Book of Ruth* (NICOT, Eerdmans, 1988); K. **Nielson**, *Ruth* (OTL; Westminster John Knox, 1997); K. **Sakenfeld**, *Ruth* (Interp; Westminster John Knox, 1999); J. M. **Sasson**, *Ruth. A New Translation with Philological Commentary and a Formalist-Folklorist Interpretation* (2nd ed., JSOT, 1989); L. **Younger**, *Judges, Ruth* (NIVAC; Zondervan, 2002).

소논문들

R. **Beckwith,** *The Old Testament Canon of the New Testament Church* (Eerdmans, 1985); M. **Bernstein,** "Two Multivalent Readings in the Ruth Narrative," *JSOT* 50 (1991): 15–26; J L. **Berquist,** "Role Differentiation in the Book of Ruth," *JSOT* 57 (1993): 23–37; S. **Bertman,** "Symmetrical Design in the Book of Ruth," *JBL* 84 (1965): 165–68; D. N. **Fewell** and D. M. **Gunn,** *Compromising Redemption: Relating Characters in the Book of Ruth* (Westminster John Knox, 1990); B. **Green,** "The Plot of the Biblical Story of Ruth," *JSOT* 23 (1982): 55–68; R. M. **Hals,** *The Theology of the Book of Ruth* (Fortress, 1969); D. M. **Howard** Jr., *An Introduction to the Old Testament Historical Books* (Moody, 1993): 126–39; D A. **Leggett,** *The Levirate and Goel Institutions in the Old Testament with Special Attention to the Book of Ruth* (Mack, 1974); W. S. **Prinsloo,** "The Theology of the Book of Ruth," *VT* 30 (1980): 330–41; D. F. **Rauber,** "Literary Values in the Bible: The Book of Ruth," *JBL* 89 (1970): 27–37; F. C. **Rossow,** "Literary Artistry in the Book of Ruth and Its Theological Significance," *Concordia Journal* 17 (1991): 12–19; L. **Ryken,** "Ruth," in *A Dictionary of Biblical Tradition in English Literature,* ed. D. L. Jeffrey (Eerdmans, 1992): 669–70; N. M. **Tischler,** "Ruth," in *A Complete Literary Guide to the Bible,* ed. L. Ryken and T. Longman III (Zondervan, 1993): 151–64.

사 무 엘 서

주 석

P R. **Ackroyd,** *The First Book of Samuel* and *The Second Book of Samuel* (CBC; Cambridge University Press, 1971); A. A. **Anderson,** *2 Samuel* (WBC 11; Dallas. Word, 1989); B. T **Arnold,** *1 and 2 Samuel* (NIVAC; Zondervan, 2003), J **Baldwin,** *1 and 2 Samuel* (TOTC, Leicester· Inter-Varsity, 1988); W **Brueggemann,** *First and Second Samuel* (Interp; John Knox, 1990); R. P **Gordon,** *1 and 2 Samuel* (Zondervan, 1988); H. W **Hertzberg,** *I and II Samuel* (OTL, Westminster 1964), R. W. **Klein,** *I Samuel* (WBC 10; Word, 1983); P K. **McCarter** Jr , *I Samuel and II Samuel* (AB; Doubleday, 1980 and 1984); D F. **Payne,** *I and II Samuel* (DSB; Westminster, 1982), H. P. **Smith,** *Samuel* (ICC; T & T Clark, 1899)· R. **Youngblood,** "1, 2 Samuel," in EBC (Zondervan, 1992), 551–1104

소논문들

R. **Alter,** *The David Story A Translation with Commentary of 1 and 2 Samuel* (W W North, 1999)· B. **Arnold,** "Book of Samuel," in DOTHB (InterVarsity Press, 2005); B. C. **Birch,** *The Rise of the Israelite Monarchy. The Growth and Development of 1 Samuel 7–15* (SBLDS 27, Missoula. Scholars, 1976); A. F **Campbell,** *The Ark Narrative* (SBLDS 16; Missoula. Scholars, 1975); R. A. **Carlson,** *David the Chosen King* (Stockholm. Almqvist and Wiksell, 1964); F. M. **Cross,** *Canaanite Myth and Hebrew Epic* (Harvard University Press, 1973); W **Dietrich,** *David, Saul, und die Propheten Die Verhältnis von Religion und Politik nach den prophetischen Über-lieferungen vom frühesten Königtum in Israel* (BWANT 122, Stuttgart: W Kohlhammer, 1987); L. **Eslinger,** *Kingship of God in Crisis: A Close Reading of 1 Samuel 1–12* (Sheffield: Almond, 1985); J **Flanagan,** "Court History or Succession Document? A Study of II Samuel 9–20 and I Kings 2," *JBL* 91 (1972): 172–81; idem, *David's Social Drama. A Hologram of Israel's Early Iron Age* (Sheffield. JSOT, 1985); J P **Fokkelman,** *Narrative Art and Poetry in the Books of Samuel,* 3 vols. (Assen. VanGorcum, 1981, 1986, 1990); M. **Garsiel,** *The First Book of Samuel. A Literary Study of Comparative Structures, Analogies and Parallels,* trans. P Hackett (Ramat Gan: Revivim, 1985); K. R. R. **Gros Louis,** "The Difficulty of Ruling Well. King David of Israel," *Semeia* 8 (1977): 15–33, D. M. **Gunn,** *The Fate of King Saul* (JSOTS 14, Sheffield: JSOT, 1980); idem, *The Story of King David* (JSOTS 6; Sheffield: JSOT, 1978); B. **Halpern,** *The Constitution of the Monarchy in Israel* (HSM 24; Chico: Scholars, 1981); idem, *David's Secret Demons: Messiah, Murderer, Traitor, King* (Eerdmans, 2001); W. L. **Humphreys,** "From Tragic Hero to Villain: A Study of the Figure of Saul and the Development of 1 Samuel," *JSOT* 22 (1982): 95–117; idem, "The Tragedy of King Saul: A Study of the Structure of 1 Samuel 9–31," *JSOT* 6 (1978): 18–27; T. **Ishida,** *The Royal Dynasties in Ancient Israel* (*BZAW* 142; Berlin: de Gruyter, 1977); W C. **Kaiser** Jr., *The Messiah in the Old Testament* (Zondervan, 1995); G N. **Knoppers,** "The His-torical Study of the Monarchy· Developments and Detours," in *The Face of Old Testament Studies A Survey of Contemporary Approaches,* ed. D. W. Baker and B. T. Arnold (Baker, 1999), 207–35; V P **Long,** "First and Second Samuel: A Liter-ary Introduction," in *A Complete Literary Guide to the Bible* (Zondervan, 1993); idem, "How Did Saul Become King? Literary Reading and Historical Reconstruc-tion," in *Faith, Tradition, and History,* ed. D. W. Baker, J. Hoffmeier, and A. R. Millard (Eisenbrauns, 1994); idem, *The Reign and Rejection of King Saul. A Case for Literary and Theological Coherence* (SBLDS 118; Atlanta: Scholars, 1989); D J. **McCarthy,** "The Inauguration of Monarchy in Israel," *Interp* 27 (1973)· 401–12; S. L. **McKenzie,** *King David: An Autobiography* (Oxford University Press, 2000); P D **Miller** Jr. and J. J. M. **Roberts,** *The Hand of the Lord: A Reassessment of the "Ark Narrative" of I Samuel* (Johns Hopkins University Press, 1977); P **Miscall,** *1 Samuel: A Literary Reading* (Indiana University Press, 1986); M. **Noth,** *Über-*

lieferungsgeschichtliche Studien (1st ed., 1943; 2nd ed., Tübingen: Max Niemeyer Verlag, 1967; first half trans. as *The Deuteronomistic History* [JSOTS 15; Sheffield: JSOT, 1981]); R. **Polzin,** *Samuel and the Deuteronomist* (Harper & Row, 1989); I. **Provan,** V P **Long,** T. **Longman** III, *A Biblical History of Israel* (Westminster, 2003); L. **Rost,** *The Succession to the Throne of David,* trans. M. Rutter and D Gunn (1926, Eng. trans. Sheffield: Almond, 1982); W. M. **Schniedewind,** *Society and the Promise to David: The Reception History of 2 Samuel 7·1 17* (Oxford University Press, 1999); M. **Tsevat,** "The Biblical Account of the Foundation of the Monarchy ın Israel," ın *The Meaning of the Book of Job and Other Biblıcal Studıes Essays on the Lıterature and Relıgıon of the Hebrew Bible* (Jersey City· KTAV, 1980): 77–99; E. **Ulrich,** *The Qumran Text of Samuel and Josephus* (HSM 19; Missoula: Scholars, 1978); A. **Weiser,** *Samuel Seine geschichtliche Aufgabe und relıgıöse Bedeutung* (FRLANT 81; Göttingen: Vandenhoeck und Ruprecht, 1962); R. N. **Whybray,** *The Successıon Narrative· A Study of II Sam. 9–20 and I Kings 1 and 2* (SBT 9, 2nd ser.; Allenson, 1968); E. **Würthwein,** *Dıe Erzählungen von der Thronfolge Davıds—theologische oder politısche Geschıchtsschreibung?* (Zürıch. Theologischer Verlag, 1974).

열 왕 기

주 석

A. G. **Auld,** *I and II Kings* (DSB; Westminster, 1986); W. **Brueggemann,** *1 and 2 Kings* (SHBC; Smyth and Helwys, 2000); M. **Cogan,** *I Kings* (AB 10; Doubleday, 2001); M. **Cogan** and H. **Tadmor,** *II Kings* (AB 11, Doubleday, 1988); S. **DeVries,** *1 Kings* (WBC 12, Word, 1985); R. H. **Dilday,** *1 2 Kings* (CC; Word, 1987); J **Gray,** *I and II Kıngs, a Commentary* (OTL, 3rd ed., Westmınster, 1977); T. R. **Hobbs,** *2 Kıngs* (WBC 13, Word, 1985); P R. **House,** *1, 2 Kings* (NAC; Holman, 1995); G H **Jones,** *1 and 2 Kings,* 2 vols. (NCB; Eerdmans, 1984); B. O **Long,** *1 Kings* (FOTL 9, Eerdmans, 1984); R. D **Nelson,** *First and Second Kings* (Interp; John Knox, 1987); M. **Noth,** *Könıge* (BKAT, Neukırchen: Neukırchener Verlag, 1968); I. **Provan,** *1 and 2 Kings* (NIBCOT, Hendrıckson, 1995); H. F **Vos,** *1, 2 Kings* (BSC; Zondervan, 1989); D. **Wiseman,** *1 and 2 Kings* (TOTC, Inter-Varsıty Press, 1993); E. **Würthwein,** *Das erste Buch der Könıge* (ATD; Göttıngen. Vandenhoeck und Ruprecht, 1977–84).

소논문들

S. **Bin-Nun,** "Formulas from Royal Records of Israel and of Judah," *VT* 18 (1968): 414–32, J. **Bright,** *A History of Israel,* 3rd ed. (Westmınster 1981); L. **Bronner,** *The Storıes of Elıjah and Elısha* (Leıden. Brill, 1968) W **Brueggemann,** "The Kerygma of the Deuteronomistic Historian," *Interp* 22 (1968): 387–402; A. F. **Campbell** and M. A. **O'Brien,** *Unfolding the Deuteronomistıc History: Orıgıns,*

Upgrades, Present Text (Fortress, 2000); B. S. **Childs,** *Introduction to the Old Testament as Scripture* (*IOTS*; Fortress, 1979); idem, "On Reading the Elijah Narratives," *Interp* 34 (1980): 128–37; M. **Cogan,** *Imperialism and Religion: Assyria, Judah, and Israel in the Eighth and Seventh Centuries* B.C. (SBLMS 19; Missoula: Scholars, 1974); R. **Cohn,** "Convention and Creativity in the Book of Kings: The Case of the Dying Monarch," *CBQ* 47 (1985): 603–16; idem, "The Literary Logic of 1 Kings 17–19," *JBL* 101 (1982): 333–50; A. **Cook,** "Fiction and History in Samuel and Kings," *JSOT* 36 (1986): 27–48; F M. **Cross,** *Canaanite Myth and Hebrew Epic* (Cambridge: Harvard University Press, 1973); H. **Donner,** "The Separate States of Israel and Judah," in *Israelite and Judean History,* ed. J. Hayes and J. Miller (OTL; Westminster, 1977): 381–434; J. **Ellul,** *The Politics of God and the Politics of Man* (Eerdmans, 1972); D. **Fewell,** "Sennacherib's Defeat: Words at War in 2 Kings 18:13–19:37," *JSOT* 34 (1986): 79–90; G. **Gerbrandt,** *Kingship According to the Deuteronomistic History* (SBLDS 87; Atlanta: Scholars, 1986); F **Gonçalves,** *L'expédition de Sennachérib en Palestine dans la littérature hebraïque ancienne* (Études biblique, NS, 7; Paris: Librairie Lecoffre, 1986); D. **Gooding,** "Jeroboam's Rise to Power: A Rejoinder," *JBL* 91 (1972): 529–33; idem, "Problems of Text and Midrash in the Third Book of Reigns," *Textus* 7 (1969): 1–29, idem, "The Septuagint's Rival Versions of Jeroboam's Rise to Power," *VT* 17 (1967): 173–89; W. **Hallo,** "From Qarqar to Carchemish," *BA* 23 (1960): 34–61, R. **Klein,** "Jeroboam's Rise to Power," *JBL* 92 (1973): 217–18; idem, "Once More: Jeroboam's Rise to Power," *JBL* 92 (1973): 582–84; G. N **Knoppers,** *Two Nations under God: The Deuteronomistic History of Solomon and the Dual Monarchies,* 2 vols. (Scholars Press, 1993–1994); G. N. **Knoppers** and J. G. **McConville,** eds., *Reconsidering Israel and Judah: Recent Studies on the Deuteronomistic History* (Eisenbrauns, 2000); A. **Lemaire,** "Vers l'histoire de la redaction des livres des Rois," *ZAW* 98 (1986): 222–36; A. **Malamat,** "Aspects of the Foreign Policies of David and Solomon," *JNES* 22 (1963)· 1–22; idem, "Organs of Statecraft in the Israelite Monarchy," *BA* 28 (1965): 34–65· J G. **McConville,** "Narrative and Meaning in the Books of Kings," *Bib* 70 (1989): 31–49; idem, "Book of Kings," in DOTHB (InterVarsity Press, 2005); J. **McKay,** *Religion in Judah under the Assyrians* (SBT, 2nd series; Allenson, 1973); S. L. **McKenzie,** *The Trouble with Kings* (Leiden: Brill, 1991); J. **Mejia,** "The Aim of the Deuteronomistic Historian: A Reappraisal," *Proceedings of the Sixth World Congress of Jewish Studies* (Jerusalem: 1977): I: 291–98; G. **Mendenhall,** "The Monarchy," *Interp* 29 (1975): 155–70; A. **Millard,** "Sennacherib's Attack on Hezekiah," *TynBul* 36 (1985): 61–77; R. **Nelson,** "The Anatomy of the Book of Kings," *JSOT* 40 (1988): 39–48; idem, *The Double Redaction of the Deuteronomistic History* (JSOTS 18; Sheffield: JSOT, 1981); M. **Noth,** *Überlieferungsgeschichtliche Studien,* 2nd ed.; Darmstadt: Wissenschaftliche Buchgesellschaft, 1967), the first half of this volume appeared in English as *The Deuteronomistic History* (JSOTS 15; Sheffield. JSOT, 1981); B. **Peckham,** *The Composition of the Deuteronomistic History* (HSM 35; Atlanta. Scholars, 1985); B. **Porten,** "The Structure and Theme of the Solomon Narrative (1 Kgs 3–11)," *HUCA* 38 (1967): 93–128; I. **Provan,** *Hezekiah and the Books of Kings* (*BZAW*

172; Berlın: de Gruyter, 1988); A. **Rainey,** "Compulsory Labor Gangs ın Ancient Israel," *IEJ* 20 (1970): 191–202; H. **Reviv,** "The History of Judah from Hezekiah to Josiah," *World History of the Jewish People* IV.1:193–204; H.-C. **Schmitt,** *Elisa: traditionsgeschichtliche Untersuchungen zur vorklassischennordisraelitischen Prophetıe* (Gütersloh. Gütersloher Verlagshaus, 1972); H. **Spieckermann,** *Juda unter Assur in der Sargonidenzeıt* (Göttingen. Vandenhoeck und Ruprecht, 1982); M. A. **Sweeney,** *King Josıah of Judah: The Lost Messıah of Israel* (Oxford Unıversıty Press, 2001); M. W **Thompson,** *Situation and Theology: Old Testament Interpretations of the Syro-Ephraimite War* (Sheffield. Almond, 1982); J **Trebolle,** "Le texte de 2 Roıs 7:20–8:5 a la lumiere des decouvertes de Qumran (6Q4 15)," *RevQ* 13 (1988): 561–68; idem, "Redactıon, Recensıon, and Midrash ın the Books of Kıngs," *Bulletin of Septuagint Studies* 15 (1982): 12–35; G. **von Rad,** "The Deuteronomic Theology of History in I and II Kings," *The Problem of the Hexateuch and Other Essays* (London: Oliver and Boyd, 1966), 205–21; R. S. **Wallace,** *Elijah and Elısha* (Eerdmans, 1957); M. **Weinfeld,** *Deuteronomy and the Deuteronomic School* (Oxford: Oxford University Press, 1972); J. **Wevers,** "Exegetical Principles Underlyıng the Septuagint Text of I Kings ii.12–xxı.42," *OSt* 8 (1950): 300–322; C. **Whitley,** "The Deuteronomic Presentatıon of the House of Omri," *VT* 2 (1952): 137–52, J **Whitney,** "'Bamoth' ın the Old Testament," *TynBul* 30 (1979): 125–47; H. W. **Wolff,** "The Kerygma of the Deuteronomic Historıcal Work," *ZAW* 73 (1961): 171–86; S. **Yeivin,** "The Divided Kingdom: Rehoboam-Ahaz/Jeroboam-Pekah," *World History of the Jewish People* IV:1:126–79; Z. **Zevit,** "Deuteronomistic Historıography in 1 Kings 12–2 Kings 17 and the Reinvestiture of the Israelıan Cult," *JSOT* 32 (1985): 57–73.

왕국의 연대기와 관련하여 선별된 참고문헌 목록

W. F **Albright,** "The Chronology of the Dıvided Monarchy of Israel," *BASOR* 100 (1945): 16–22; K. T. **Andersen,** "Dıe Chronologıe der Könıge von Israel und Judah," *ST* 23 (1969): 69–114; J. **Barr,** *Biblical Chronology, Legend or Scıence?* (London. Unıversıty of London, 1987); D. J. A. **Clines,** "Regnal Year Reckonıng ın the Last Year of the Kingdom of Judah," *Australıan Journal of Biblical Archaeology* 2 (1972): 9–34, S. **DeVries,** "Chronology, OT," *IDBSup,* 161–66; J. **Hayes,** *A New Chronology for the Kings of Israel and Judah and Its Implıcatıons for Biblical History and Literature* (John Knox, 1988); E. **Kutsch,** "Das Jahr des Katastrophe: 587 v. Chr: kritische Erwägungen zu neueren chronologischen Versuchen," *Bib* 55 (1974): 520–45; J. D. **Shenkel,** *Chronology and Recensional Development in the Greek Text of Kings* (HSM 1, Cambrıdge: Harvard Unıversıty Press, 1968); H. **Tadmor,** "The Chronology of the First Temple Perıod: A Presentation and Evaluatıon of the Sources," *World History of the Jewısh People* IV 1·44–60; E. **Thiele,** *The Mysterıous Numbers of the Hebrew Kings,* rev. ed. (Eerdmans, 1983); W **Wifall,** "The Chronology of the Dıvided Monarchy of Israel," *ZAW* 80 (1968): 319–37

역 대 기

주 석

P **Ackroyd**, *I and II Chronicles, Ezra, Nehemiah* (TBC; SCM, 1973); L. **Allen,** *1, 2 Chronicles* (CC; Word, 1987); R. **Braun,** *1 Chronicles* (WBC 14; Word, 1986); R. J. **Coggins,** *The First and Second Books of the Chronicles* (CBC; London: Cambridge University Press, 1976); E. L. **Curtis** and A. **Madsen,** *A Critical and Exegetical Commentary on the Books of Chronicles* (ICC; T. & T Clark, 1910); R. B. **Dillard,** *2 Chronicles* (WBC 15, Word, 1987); A. E. **Hill,** *1 and 2 Chronicles* (NIVAC, Zondervan, 2003); G. N **Knoppers,** *1 Chronicles* (AB; Doubleday, 2002); idem, *2 Chronicles* (AB; Doubleday, 2004); J G. **McConville,** *I and II Chronicles* (DSB; Westminster, 1984); F **Michaeli,** *Les livres de Chroniques, d'Esdras et de Nehemie* (CAT 16; Neuchâtel: Delachaux et Niestlé, 1967); J. M. **Myers,** *I and II Chronicles* (AB 12, 13, Doubleday, 1965); W. **Rudolph,** *Chronikbucher* (HAT 1/21, Tübingen: J. C. B. Mohr, 1955); M. **Wilcock,** *The Message of Chronicles* (BST, InterVarsity Press, 1987); H. G. M. **Williamson,** *1 and 2 Chronicles* (NCB; London: Marshall, Morgan, and Scott, 1982).

소논문들

P **Ackroyd,** "History and Theology in the Writings of the Chronicler," *CTM* 38 (1967): 501–15; idem, "The Theology of the Chronicler," *LTQ* 8 (1973): 101–16; L. **Allen,** *The Greek Chronicles,* 2 vols. (VTSup 25, 27, Leiden: Brill, 1974), R. **Braun,** "The Message of Chronicles: Rally 'Round the Temple," *CTM* 42 (1971): 502–14, idem, "A Reconsideration of the Chronicler's Attitude to the North," *JBL* 96 (1977): 59–62; idem, "Solomon the Chosen Temple Builder: The Significance of 1 Chronicles 22, 28, and 29 for the Theology of Chronicles," *JBL* 95 (1976): 581–90; idem, "Solomonic Apologetic in Chronicles," *JBL* 95 (1976): 581–90; A. **Caquot,** "Peut-on parler de messianisme dans l'oeuvre du Chroniste?" *RTP,* 3rd ser. 16 (1966): 110–20; W M. L. **de Wette,** *Beitrage zur Einleitung ini das Alte Testament* (2 vols.; Schimmelpfennig, 1806); R. B. **Dillard,** "The Chronicler's Solomon," *WTJ* 43 (1980): 289–300; idem, "The Literary Structure of the Chronicler's Solomon Narrative," *JSOT* 30 (1984): 85–93; idem, "Reward and Punishment in Chronicles. The Theology of Immediate Retribution," *WTJ* 46 (1984): 164–72, idem, "The Reign of Asa (2 Chr 14–16): An Example of the Chronicler's Theological Method," *JETS* 23 (1980): 207–18; R. **Duke,** "Book of Chronicles," in DOTHB (InterVarsity Press, 2005); T. **Eskenazi,** "The Chronicler and the Composition of 1 Esdras," *CBQ* 48 (1986): 39–61; D. N. **Freedman,** "The Chronicler's Purpose," *CBQ* 23 (1961): 436–42; J. **Goldingay,** "The Chronicler as Theologian," *BTB* 5 (1975). 99–126, M. P. **Graham,** K. G **Hoglund,** and S. L. **McKenzie,** eds., *The Chronicler as Historian* (Sheffield Academic Press, 1997); idem, *The Chronicler as Author: Studies in Text and Texture* (Sheffield Academic

Press, 1999), M. P **Graham**, K. G **Hoglund**, S. L. **McKenzie,** and G N. **Knoppers,** eds. *The Chronicler as Theologian Essays in Honor of R. W Klein* (T & T International, 2003); S. **Japhet,** "Conquest and Settlement in Chronicles," *JBL* 98 (1979)· 205–18; idem, "The Historical Reliability of Chronicles," *JSOT* 33 (1985): 83–107, idem, "The Supposed Common Authorship of Chronicles and Ezra-Nehemiah Investigated Anew," *VT* 18 (1968): 330–71, W **Lemke,** "The Synoptic Problem in the Chronicler's History," *HTR* 58 (1965) 349–63, J G **McConville,** "Book of Kings," in DOTHB (InterVarsity Press, 2005); R. **Mosis,** *Untersuchungen zur Theologie des Chronistischen Geschichtswerkes* (FTS; Freiberg: Herder 1973); J D **Newsome,** "Toward a New Understanding of the Chronicler and His Purposes," *JBL* 94 (1975): 204–17, R. **North,** "The Theology of the Chronicler," *JBL* 82 (1963): 369–81, K. **Peltonen,** *History Debated. The Historical Reliability of Chronicles in Pre-Critical and Critical Research,* 2 vols. (Helsinki: Finnish Exegetical Society, 1996); D L. **Petersen,** *Late Israelite Prophecy* (SBLMS 23; Missoula: Scholars, 1977); W **Rudolph,** "Problems of the Books of Chroni cles," *VT* 4 (1954). 401–9; M. **Throntveit,** "Hezekiah in the Books of Chronicles," *SBL Seminar Papers,* 1988 (Atlanta: Scholars, 1988): 302–11; T **Willi,** *Die Chronik als Auslegung* (FRLANT 106· Göttingen: Vandenhoeck und Ruprecht, 1972); H. G M. **Williamson,** "The Accession of Solomon in the Books of Chron icles," *VT* 26 (1976): 351–61; idem, "Eschatology in Chronicles," *TynBul* 28 (1977): 115–54, idem, *Israel in the Books of Chronicles* (London: Cambridge University Press, 1977).

에 스 라 서 – 느 헤 미 야 서

주 석

J **Blenkinsopp,** *Ezra-Nehemiah* (OTL, Westminster, 1988); L. H. **Brockington,** *Ezra, Nehemiah and Esther* (NCB; Eerdmans, 1969); D J A. **Clines,** *Ezra, Nehemiah, Esther* (NCB; Eerdmans, 1984), R. J. **Coggins,** *The Books of Ezra and Nehemiah* (CBC, Cambridge, 1976), F C. **Fensham,** *The Books of Ezra and Nehemiah* (NICOT, Eerdmans, 1982); D **Kidner,** *Ezra and Nehemiah* (TOTC; InterVarsity Press, 1979); J G **McConville,** *Ezra, Nehemiah and Esther* (DSB; Westminster, 1985); J. M. **Myers,** *Ezra, Nehemiah* (AB; Doubleday, 1965); M. A. **Throntveit,** *Ezra-Nehemiah* (Interp; Westminster John Knox, 1992) H. G. M. **Williamson,** *Ezra-Nehemiah* (WBC, Word 1985).

소논문들

P R. **Ackroyd,** "The Historical Literature," in *The Hebrew Bible and Its Modern Interpreters,* ed. D A. **Knight** and G M. Tucker (Fortress/Scholars, 1985), 297–323; idem, "The Temple Vessels—A Continuity Theme," in *Studies in the Religion of Ancient Israel* (VTSup 23 [1972]): 166–81; J **Berquist,** *Judaism in Persia's Shadow: A Social and Historical Approach* (Minneapolis:

Fortress Press, 1995); M. J. **Boda**, *Praying the Tradition: The Origin and Use of Tradition in Nehemiah 9* (BZAW 277; Walter de Gruyter, 1999); R. L. **Braun**, "Chronicles, Ezra, and Nehemiah," in *Studies in the Historical Books of the Old Testament* (VTSup 30 [1979]): 52–64; P **Briant**, *From Cyrus to Alexander: A History of the Persian Empire* (Winona Lake: Eisenbrauns, 2002); J A. **Emerton**, "Did Ezra Go to Jerusalem in 428 BC?" *JTS* 17 (1966): 1–19; T. C. **Eskenazi**, "The Chronicler and the Composition of 1 Esdras," *CBQ* 48 (1986): 39–61; idem, *In an Age of Prose A Literary Approach to Ezra-Nehemiah* (Atlanta: Scholars, 1988); L. L. **Grabbe**, *Judaism from Cyrus to Hadrian*, 2 vols. (Minneapolis: Fortress, 1992); D. **Green**, "Ezra-Nehemiah," in *A Complete Literary Guide to the Bible*, ed. L. Ryken and T. Longman (Zondervan, 1993), 206–15; K. G. **Hoglund**, *Achaemenid Imperial Administration in Syria-Palestine and the Missions of Ezra and Nehemiah* (Atlanta. Scholars, 1992); D. M. **Howard** Jr., "Ezra-Nehmiah" in his *An Introduction to the Old Testament Historical Books* (Moody, 1993), 273–313; S. **Japhet**, "Sheshbazzar and Zerubbabel—Against the Background of the Historical and Religious Tendencies of Ezra-Nehemiah," *ZAW* 94 (1982): 66–98; idem, "The Supposed Common Authorship of Chronicles and Ezra-Nehemiah Investigated Anew," *VT* 18 (1968): 330–71; R. W. **Klein**, "Ezra and Nehemiah in Recent Studies," in *Magnalia Dei. The Mighty Acts of God*, ed. F. M. Cross, W. E. Lemke, and P. D. Miller (Doubleday, 1976), 361–76; K. **Koch**, "Ezra and the Origins of Judaism," *JSS* 19 (1974): 173–97; T. **Longman** III, *Fictional Akkadian Autobiography* (Winona Lake: Eisenbrauns, 1991); D J **McCarthy**, "Covenant and Law in Chronicles-Nehemiah," *CBQ* 41 (1982): 25–44; J. G. **McConville**, "Ezra-Nehemiah and the Fulfillment of Prophecy," *VT* 36 (1986): 205–24; P. M. **McNutt**, *Reconstructing the Society of Ancient Israel* (London/Louisville: SPCK/Westminster John Knox, 1999); K. **Min**, *The Levitical Authorship of Ezra-Nehemiah* (JSOTS 409, London: T. & T Clark, 2004); S. **Mowinckel**, "'Ich' und 'Er' in der Ezrageschichte," in *Verbannung und Heimkehr: Beitrage zur Geschichte und Theologie Israels im 6. und 5. Jahrhundert v. Chr.*, ed. A. Kuschke (Tübingen, 1961), 211–33; I. **Provan**, V. P. **Long**, and T. **Longman** III, *A Biblical History of Israel* (Westminster John Knox, 2003); Z. **Talshir**, "Ezra-Nehemiah and First Esdras: Diagnosis of a Relationship between Two Recensions," *Bib* 81 (2000): 566–73; M. A. **Throntveit**, "Linguistic Analysis and the Question of Authorship in Chronicles, Ezra and Nehemiah," *VT* 32 (1978): 9–26; J. C. **VanderKam**, "Ezra-Nehemiah or Ezra and Nehemiah?" in *Priests, Prophets and Scribes Essays ⋯ in Honour of Joseph Blenkinsopp*, ed. E. Ulrich et al. (JSOTS 149, Sheffield. Sheffield Academic Press, 1992), 55–75, G. **von Rad**, "Die Nehemia Denkschrift," *ZAW* 76 (1964) 176–87, J. P **Weinberg**, *The Citizen-Temple Community* (JSOTS 151, Sheffield: Sheffield Academic Press, 1992); H. G. M. **Williamson**, "The Composition of Ezra i–vi," *JTS* 34 (1983): 1–30; idem, *Israel in the Books of Chronicles* (Cambridge University Press, 1977), idem, "Exile and After: Historical Study," in *The Face of Old Testament Stud-*

ies, ed. D W Baker and B. T. Arnold (Grand Rapıds. Baker, 1999), 236–65, E. **Yamauchi,** *Persıa and the Bible* (Grand Rapıds: Baker, 1990); ıdem, "Books of Ezra-Nehemiah," ın DOTHB (InterVarsıty Press, 2005).

에 스 더 서

주 석

J. G. **Baldwin,** *Esther: An Introduction and Commentary* (TOTC; InterVarsity Press, 1984); H. **Bardtke,** *Das Buch Esther* (*KAT*; Gütersloh: G. Mohn, 1963); A. **Berlin,** *Esther* (Philadelphia: JPS Publishing Company, 2001); R. W. **Bush,** *Ruth/Esther* (WBC; Dallas: Word, 1996); G. **Gerleman,** *Esther* (BKAT 21; Neukirchen-Vluyn: Neukirchener Verlag, 1970–73); K. **Jobes,** *Esther* (NIVAC; Zondervan, 1999); J. D. **Levenson,** *Esther* (OTL; Westminster John Knox, 1997); C. A. **Moore,** *Esther* (AB 7B; Doubleday, 1971); L. B. **Paton,** *A Critical and Exegetical Commentary on the Book of Esther* (ICC; T&T Clark, 1908); W. **Vischer,** *Esther* (Munich: Chr. Kaiser Verlag, 1937).

소논문들

B. W. **Anderson,** "The Place of the Book of Esther in the Christian Bible," *JR* 30 (1950): 32–43; S. B. **Berg,** *The Book of Esther: Motifs, Themes, and Structure* (SBLDS 44; Missoula: Scholars, 1979); E. **Bickerman,** *Four Strange Books of the Bible* (Shocken, 1967); D. J. A. **Clines,** *The Esther Scroll* (JSOTS 30; Sheffield: JSOT, 1984); W. **Dommerhausen,** *Die Estherrolle* (Stuttgart: Verlag Katholisches Bibelwerk, 1968); M. V. **Fox,** "The Structure of the Book of Esther," *Isaac Leo Seeligmann Volume* (Jerusalem: E. Rubinstein, 1983), 3:291–303; idem, *Character and Ideology in the Book of Esther* (Columbia: University of South Carolina Press, 1991); G. **Gerleman,** "Studien zu Esther," *Biblische Studien* 48; Neukirchener-Vluyn: Neukirchener Verlag, 1966); R. **Gordis,** "Religion, Wisdom and History in the Book of Esther," *JBL* 100 (1981): 359–88; idem, "Studies in the Esther Narrative," *JBL* 95 (1976): 43–58; W. W. **Hallo,** "The First Purim," *BA* 46 (1983): 19–26; B. W. **Jones,** "Two Misconceptions about the Book of Esther," *CBQ* 39 (1977): 171–81; idem, "The So-Called Appendix to the Book of Esther," *Semitics* 6 (1978): 36–43; J. A. **Loader,** "Esther as a Novel with Different Levels of Meaning," *ZAW* 90 (1978): 417–21; W. **McClarty,** "Esther," in *A Complete Literary Guide to the Bible,* ed. L. Ryken and T. Longman (Zondervan, 1993); A. R. **Millard,** "Persian Names in Esther and the Reliability of the Hebrew Text," *JBL* 96 (1977): 481–88; C. A. **Moore,** "Archaeology and the Book of Esther," *BA* 38 (1975): 62–79; W. H. **Shea,** "Esther and History," *AUSS* 14 (1976): 227–46; S. **Talmon,** "'Wisdom' in the Book of Esther," *VT* 13 (1963): 419–55; T. C. G. **Thornton,** "The Crucifixion of Haman and the Scandal of the Cross," *JTS* 37 (1986): 419–26; J. S. **Wright,** "The Historicity of the Book of Esther," in *New Perspectives on the Old Testament,* ed. J. B. Payne (Word, 1970), 37–47; E.

Yamauchi, "The Archaeological Background of Esther," *BibSac* 137 (1980): 99–117; R. **Zadok,** "On the Historical Background of the Book of Esther," *BN* 24 (1984): 18–23.

욥 기

주 석

F I. **Andersen,** *Job* (TOTC, InterVarsity Press, 1976); D. J A. **Clines,** *Job 1–20* (WBC 17; Word, 1989); F **Delitzsch,** *Job* (repr Eerdmans, 1975); E. **Dhorme,** *A Commentary on the Book of Job* (Thomas Nelson, 1984 [orig. 1926]); S. R. **Driver** and G B. **Gray,** *The Book of Job* (ICC; T & T Clark, 1921); R. **Gordis,** *The Book of Job Commentary, New Translation, Special Studies* (New York. Jewish Theolog ical Seminary, 1978); N C. **Habel,** *The Book of Job* (OTL, Westminster, 1985); J E. **Hartley,** *The Book of Job* (NICOT, Eerdmans, 1988); J G **Janzen,** *Job* (Interp; John Knox, 1990); R. E. **Murphy,** *Wisdom Literature Job, Proverbs, Ruth, Canticles, Ecclesiastes, Esther* (FOTL 13, Eerdmans, 1981); M. H. **Pope,** *Job* (AB 15, Doubleday, 1965); H. H. **Rowley,** *Job* (NCB; Eerdmans, 1970).

소논문들

J **Barr,** "The Book of Job and Its Modern Interpreters," *BJRL* 54 (1971–72): 28–46; D J A. **Clines,** "The Arguments of Job's Three Friends," in *Art and Meaning Rhetoric in Biblical Literature,* ed. D. J A. Clines et al. (JSOTS 19; Sheffield: JSOT, 1982): 215–29 J **Curtis,** "On Job's Response to Yahweh," *JBL* 98 (1979)· 497–511; W W **Hallo** and K. L. **Younger,** *Context of Scripture* (Leiden. Brill Academic, 2003), W G. **Lambert,** *Babylonian Wisdom Literature* (Oxford, 1960); L. **Newell,** "Job, Repentant or Rebellious?" (Th.M. thesis: Westminster Theological Seminary, 1983); C. A. **Newsom,** *The Book of Job. A Contest of Moral Imaginations* (Oxford, 2003); D. A. **Robertson,** *Linguistic Evidence in Dating Early Hebrew Poetry* (SBLDS 3; Missoula. Society of Biblical Literature, 1972); C. **Westermann,** *The Structure of the Book of Job,* trans. C. Muenchow (Fortress, 1981); P **Zerafa,** *The Wisdom of God in the Book of Job* (Rome: Herder, 1978); B. **Zuckerman,** *Job the Silent* (Oxford, 1991).

시 편

주 석

L. C. **Allen,** *Psalms 100–150* (WBC, Word, 1983), A. A. **Anderson,** *Psalms* (NCB; Eerdmans, 1972); C. A. and E. G. **Briggs,** *A Critical and Exegetical Commentary on the Book of Psalms* (ICC, T & T Clark, 1906); C **Broyles,** *Psalms*

(NIBCOT, Hendrickson/Paternoster, 1999); P C. **Craigie,** *Psalms 1 50* (WBC, Word, 1983); M. J. **Dahood,** *Psalms* (AB; Doubleday 1965–70), F **Delitzsch,** *Biblical Commentary on the Psalms* (Hodder and Stoughton, 1887); E. S. **Gerstenberger,** *Psalms* (FOTL, Eerdmans, 1989); idem, *Psalms, Part 2, and Lamentations* (FOTL, Eerdmans, 2001); H. **Gunkel,** *Die Psalmen ubersetzt und erklart* (HKAT Vandenhoeck und Ruprecht, 1926)· D. **Kidner,** *Psalms* (TOTC, InterVarsity Press, 1973–76); G A. F **Knight,** *Psalms* (DSB; Westminster, 1982); H. J **Kraus,** *Psalmen* (BKAT; Neukirchener Verlag, 1978; English trans., Augsburg, 1985); J L. **Mays,** *Psalms* (Interp; Westminster John Knox, 1994); M. E. **Tate,** *Psalms 51 100* (WBC; Word, 1990); W. **VanGemeren,** "Psalms" (EBC, Zondervan, 1991); A. **Weiser,** *The Psalms* (OTL; Westminster, 1962); G. H. **Wilson,** *Psalms,* Vol. 1 (NIVAC, Zondervan, 2002).

소논문들

R. B. **Allen,** *When the Song Is New: Understanding the Kingdom in the Psalms* (Thomas Nelson, 1983); B. W **Anderson,** *Out of the Depths: The Psalms Speak to Us Today* (Westminster, 1983); R. **Beckwith,** *The Old Testament Canon of the New Testament Church* (London. SPCK, 1985); W. **Beyerlin,** *Wir sind wie Träumende* (Stuttgart: Verlag Katholische Bibelwerk, 1977); W. **Brueggemann,** *The Message of the Psalms* (Augsburg, 1984); B. S. **Childs,** "Psalm Titles and Midrashic Exegesis," *JSS* 16 (1971): 137–50; E. P **Clowney,** *Preaching and Biblical Theology* (Presbyterian and Reformed, 1973); idem, "The Singing Savior," *Moody Monthly* 79 (1978)· 40–43; J **Creach,** *Yahweh as Refuge and Editing of the Hebrew Psalter* (Sheffield, 1996); F M. **Cross,** *Canaanite Myth and Hebrew Epic* (Harvard University Press, 1972); J H. **Eaton,** *Kingship and the Psalms* (Allenson, 1976); E. **Gerstenberger,** "Psalms," in *Old Testament Form Criticism,* ed. J H Hayes (San Antonio: Trinity University Press, 1974), 179–224· J. **Goldingay,** "The Dynamic Cycle of Praise and Prayer in the Psalms," *JSOT* 20 (1981): 85–90; A. **Guilding,** "Some Obscured Rubrics and Lectionary Allusions in the Psalter," *JTS* (NS) 3 (1952): 41–55, A. **Harman,** "Paul's Use of the Psalms" (Th.D dissertation, Westminster Theological Seminary, 1968); O **Keel,** *The Symbolism of the Biblical World: Ancient Near Eastern Iconography and the Book of Psalms* (Seabury Press, 1978); S. **Kistemaker,** *The Psalms Citations in the Epistle of the Hebrews* (Amsterdam, 1961, repr 1985); H.-J **Kraus,** *Theology of the Psalms,* trans. K. Crim (Augsburg, 1986)· C. S. **Lewis,** *Reflections on the Psalms* (London: Collins, 1961), T **Longman** III, "The Divine Warrior: The Old Testament Use of a New Testament Motif," *WTJ* 44 (1982): 290–307, idem, "Form Criticism, Recent Developments in Genre Theory, and the Evangelical," *WTJ* 48 (1985): 46–67, idem, "Psalm 98 A Divine Warrior Victory Song," *JETS* 27 (1984): 267–74; idem, *How to Read the Psalms* (InterVarsity Press, 1988), P D **Miller** Jr *Interpreting the Psalms* (Fortress, 1986); idem, *They Cried to the Lord. The Form and Theology of Biblical Prayer* (Fortress Press, 1994); S. **Mowinckel,** *The Psalms in Israel's Worship* 2 vols.

(Abingdon, 1962); E. **Slomovik,** "Toward an Understanding of the Formation of Historical Titles in the Book of the Psalms," *ZAW* 91 (1979). 350–81, M. S. **Smith,** *Psalms. The Divine Journey* (Paulist, 1987); J R. **Vannoy,** *Covenant Renewal at Gilgal* (Mack, 1978); B. W **Waltke,** "A Canonical Process Approach to the Psalms," in *Tradition and Testament*, ed. J S. and P D. Feinberg (Moody, 1981), 3–18, C. **Westermann,** *The Psalms· Structure, Content, and Message* (Augsburg, 1980); G H. **Wilson,** "Evidence of Editorial Divisions in the Hebrew Psalter," *VT* 34 (1984): 337–52, idem, "The Use of 'Untitled' Psalms in the Hebrew Psalter," *ZAW* 97 (1985). 404–13; idem, *The Editing of the Hebrew Psalter* (SBLDS 76; Chico: Scholars, 1985).

잠 언

주 석

R. J **Clifford,** *Proverbs* (OTL, Westminster John Knox, 1999); M. V **Fox,** *Proverbs 1–9* (AB; Doubleday, 2000); D A. **Garrett,** *Proverbs. Ecclesiastes. Song of Songs* (NAC; Broadman, 1993); D **Kidner,** *Proverbs* (TOTC; InterVarsity Press, 1964); T **Longman** III, *Proverbs* (Baker, 2005), W **McKane,** *Proverbs: A New Approach* (OTL; Westminster, 1970); R. E. **Murphy,** *Proverbs* (WBC; Thomas Nelson, 1998); L. G **Perdue,** *Proverbs* (Interp: John Knox Press, 2000); R. B. Y **Scott,** *Proverbs, Ecclesiastes* (AB; Doubleday, 1965); C. H. **Toy,** *The Book of Proverbs* (ICC; Scribner 1916); R. **van Leeuwen,** "Proverbs," in *The New Interpreter's Bible* (Abingdon, 1997); B. **Waltke,** *Proverbs 1 15* (NICOT, Eerdmans, 2004); idem, *Proverbs 16–31* (Eerdmans, 2005); R. N **Whybray** *Proverbs* (NCB; Eerdmans, 1994).

소논문들

L. **Bostrom,** *The God of the Sages: The Portrayal of God in the Book of Proverbs* (CBOTS 29, Almqvist and Wiksell International, 1990); G. E. **Bryce,** *A Legacy of Wisdom. The Egyptian Contribution to the Wisdom of Israel* (Lewisburg: Bucknell University Press, 1979); C. H. **Bullock,** *An Introduction to the Old Testament Poetic Books* (Moody, 1979); E. **Drioton,** "Le Livre des Proverbes et la sagesse d'Amen-emope," in *Sacra Pagina. Miscellenea Biblica Congressus internationalis Catholici de Re Biblica*, ed. J. Coppens, A. Desamps, E. Massux, col. 1 Bibliotheca ephemeridum theologicarum Lovaniensium, cols. 12–13 (Gembloux: J. Duculot, 1959), A. **Erman,** "Eine ägyptische Quelle der 'Sprüche Salomos,'" *Sitzungsberichte der Preussischen Akademie der Wissenschaften zu Berlin Phi.-his. Klasse* 15 (1924). 86–93, H. **Gressmann,** "Die neugefundene Lehre des Amen-em-ope und die vorexilishche Sprochdichtung Israels," *ZAW* 42 (1924): 272–96; K. M. **Heim,** *Like Grapes of Gold Set in Silver· An Interpretation of Proverbial Clusters in Proverbs*

10:1–22:16 (Walter de Gruyter, 2001); T Hildebrandt, "Compositional Units in Proverbs 10–29," *JBL* 107 (1988): 207–24; P Humbert, *Recherches sur les sources egyptiennes de la littérature sapientiale d'Israel* (Memoires de l'Universite de Neuchâtel, vol. 7; Neuchatel: Secretariat de'l Universite, 1919), C. Kayatz, *Studien zue israelitischen Spruchweischeit* (WMANT 28; Neukirchen-Vluyn, 1968), R. O Kevin, *The Wisdom of Amen-em-ope and Its Possible Dependence upon the Book of Proverbs* (Austria: Adolf Mozhausen's Successors, 1931); K. A. Kitchen, "Proverbs and Wisdom Books of the Ancient Near East: The Factual History of a Literary Form," *TynBul* 28 (1977): 69–114; B. Lang, *Wisdom and the Book of Proverbs: An Israelite Goddess Redefined* (Pilgrim, 1986); T. Longman III, *How to Read Proverbs* (InterVarsity Press, 2002); W O. E. Oesterley, *The Wisdom of Egypt and the Old Testament in the Light of the Newly Discovered 'Teaching of Amenem-ope'* (SPCK, 1927); J Ruffle, "The Teaching of Amenemope and its Connection with the Book of Proverbs," *TynBul* 28 (1977)· 29–68; E. Sellin, "Die neugefundene Lehre des 'Amen-em-ope' in ihrer Bedeutung für judische Literatur und Religions-geschiechte," *Deutsche Literaturzeitung fur Kritik der internationalen Wissenschaft* 45 (1924): 1873–84; P W Skehan, *Studies in Israelite Poetry and Wisdom* (CBQMS 1, Washington, D.C.: Catholic Biblical Association of America, 1971); J A. Soggin, *Introduction to the Old Testament (IOT,* Westminster John Knox, 3rd ed., 1989); R. C. van Leeuwen, *Context and Meaning in Proverbs 25–27* (SBLDS 96; Atlanta: Scholars, 1988); G. von Rad, *Wisdom in Israel* (Abingdon, 1972); R. N. Whybray, *Wisdom in Proverbs: The Concept of Wisdom in Proverbs 1–9* (Allen son, 1968); idem, *The Book of Proverbs: A Survey of Modern Study* (E. J Brill, 1995); J. G. Williams, *Those Who Ponder Proverbs: Aphoristic Thinking and Biblical Literature* (Sheffield: Almond, 1981).

전 도 서

주 석

G A. Barton, *Ecclesiastes* (ICC, T & T Clark, 1908); W. P. Brown, *Ecclesiastes* (Interp; Westminster John Knox, 2000); J. L. Crenshaw, *Ecclesiastes* (OTL; Westminster, 1987); F. Delitzsch, *Proverbs, Ecclesiastes, Song of Solomon* (Eerdmans, 1975 [orig. 1872]); M. A. Eaton, *Ecclesiastes* (TOTC; InterVarsity Press, 1983); M. V Fox, *Qohelet and His Contradictions* (Sheffield. Almond, 1989); idem, *A Time to Tear Down and a Time to Build Up A Rereading of Ecclesiastes* (Eerdmans, 1999); D A. Garrett, *Proverbs. Ecclesiastes. Song of Songs* (NAC; Holman, 1993); C. D Ginsburg, *The Song of Songs and Coheleth* (Jersey City: KTAV, 1970 [orig. 1957]); R. Gordis, *Koheleth. The Man and His World* (Schocken, 1951, rev ed. 1987); D Kidner, *A Time to Mourn and a Time to Dance* (InterVarsity Press, 1976), A.

Lauha, *Kohelet* (BKAT 19, Neukirchener Verlag, 1978); T. **Longman** III, *Ecclesiastes* (NICOT, Eerdmans, 1997), R. E. **Murphy,** *Ecclesiastes* (WBC; Dallas, 1992); I. **Provan,** *Ecclesiastes/Song of Songs* (NIVAC, Zondervan, 2001); R. B. Y **Scott,** *Proverbs, Ecclesiastes* (AB 18 Doubleday, 1965); C. L. **Seow,** *Ecclesiastes* (AB; Doubleday, 1999); R. N **Whybray,** *Ecclesiastes* (NCB; Eerdmans, 1989).

소논문들

G **Bartholomew,** *Reading Ecclesiastes Old Testament Exegesis and Hermeneutical Theory* (Biblical Institute Press, 1998); E. S. **Christianson,** *A Time to Tell Narrative Stratagies in Ecclesiastes* (Sheffield, 1998); M. **Dahood,** "The Phoenician Background of Qoheleth," *Bib* 7 (1966): 264–82; M. **Fox,** "Frame-Narrative and Composition in the Book of Qohelet," *HUCA* 48 (1977): 83–106; D. C. **Fredericks,** *Qoheleth's Language: Re-evaluating Its Nature and Date* (ANETS 3; Lewiston: Edwin Mellon, 1988); idem, *Coping with Transcience* (Sheffield, 1993); E. W. **Hengstenberg,** *Der Prediger Salomo* (Berlin, 1858); B. **Isaksson,** *Studies in the Language of Qoheleth* (Uppsala, 1987); W. C. **Kaiser** Jr. *Ecclesiastes: Total Life* (Moody, 1979); E. Levine, *The Aramaic Version of Qoholet* (Sepher-Hermon, 1978); T. **Longman** III, *Fictional Akkadian Autobiography* (Eisenbrauns, 1991); idem, "Israelite Genres in Their Ancient Near Eastern Setting," in *The Changing Face of Form Criticism,* ed. M. A. Sweeney and E. Ben Zvi (Eerdmans, 2003), 177–98; D. **Michel,** *Untersuchungen zur Eigenart des Buches Qohelet* (de Gruyter, 1989); A. **Poebel,** *Das Appositionell Bestimmte Pronomen der 1-Pers. Sing. in den Westsemitischen Inschriften* (AS 3; 1931, repr. Eisenbrauns); R. N. **Whybray,** "Qohelet: Preacher of Joy," *JSOT* 23 (1982): 87–92; A. S. **Wright,** "The Riddle of the Sphinx: The Structure of the Book of Qoheleth," *CBQ* 30 (1968): 313–34; idem, "The Riddle of the Sphinx Revisited: Numerical Patterns in the Book of Qoheleth," *CBQ* 42 (1980): 38–51; idem, "Additional Numerical Patterns in Qoheleth," *CBQ* 45 (1983): 32–43; J. S. **Wright,** "The Interpretation of Ecclesiastes," in *Classical Evangelical Essays,* ed. W C. Kaiser Jr. (Baker, 1972 [orig. 1945]), 133–50.

아 가

주 석

J. **Bekkenkamp** and F **van Dijk,** "The Canon of the Old Testament and Women's Cultural Traditions," in *A Feminine Companion to the Song of Songs,* ed. A. Brenner (Sheffield: JSOT Press, 1993); G B. **Caird,** *The Language and Imagery of the Bible* (Westminster, 1980); G. Lloyd **Carr,** *Song of Solomon* (TOTC; InterVarsity Press, 1984); F. **Delitzsch,** *Proverbs, Ecclesiastes, Song of Songs,* trans. J Martin (Eerdmans, 1975; orig. Engl. trans. 1885); C. D. **Ginsburg,** *The Song of Songs and Coheleth* (Jersey City· KTAV 1970 [orig. 1857]), S. C. **Glickman,** *A Song for Lovers* (Inter-

Varsıty Press, 1976); R. **Gordis,** *The Song of Songs and Lamentatıons,* rev ed. (New York, 1974); R. S. **Hess,** *Song of Songs* (BCOTWP· Baker 2005); S. **Horine,** *Interpretive Images ın the Song of Songs From Wedding Charıots to Brıdal Chambers* (Peter Lang, 2001); O **Keel,** *Song of Songs* (CC; Fortress, 1994); T **Longman** III, *Song of Songs* (NICOT Eerdmans, 2001); R. E. **Murphy,** *The Song of Songs* (Hermeneıa, Fortress, 1990); M. H. **Pope,** *Song of Songs* (AB 7C, Doubleday, 1977); I. **Provan,** *Ecclesıastes/Song of Songs* (NIVAC, Zondervan, 2001), P **Roberts,** *"Let Me See Your Form" Seekıng Poetic Structure in the Song of Songs* (forthcomıng); C. **Seerveld,** *The Greatest Song* (Trınıty Pennyasheet Press, 1967), Y **Sefati,** *Love Songs ın Sumerıan Literature Crıtical Edıtıon of the Dumuzı-Inanna Songs* (Bar-Ilan Unı versıty Press, 1998); J G **Snaith,** *The Song of Songs* (NCB; Eerdmans, 1993).

소논문들

A. **Brenner,** *A Femınıst Companion to the Song of Songs* (Sheffield. JSOT Press, 1993); D J A. **Clines,** "Why Is There a Song of Songs and What Does It Do to You If You Read It?" *Jian Dao* 1 (1994): 1–27, J S. **Cooper,** "New Cuneıform Parallels to the Song of Songs," *JBL* 90 (1971): 157–62, R. M. **Davidson,** "Theology of Sexualıty ın the Song of Songs: Return to Eden," *AUSS* 27 (1989): 1 19, M. **Falk,** *Love Lyrics from the Bible* (Sheffield: Almond, 1982); M. V **Fox,** *The Song of Songs and Ancıent Egyptıan Love Songs* (Madıson: Unıversıty of Wisconsın Press, 1985), G **Gerleman,** "Dıe Bildsprache des Hohenlıedes und die altägyptısche Kunst," *ASTI* 1 (1962): 24–30, F **Godet,** *Studıes ın the Old Testament,* 9th ed. (Hodder and Stoughton, 1894)· 241–90, reprinted ın *Classıcal Evangelıcal Essays,* ed. W C. Kaıser Jr (Baker, 1972); M. D **Goulder,** *The Song of Fourteen Songs* (JSOTS 36; Sheffield. Almond, 1986) M. **Kellner,** *Commentary on the Song of Songs Levi ben Gershom (Gersonides)* (New Haven. Yale University Press, 1998); A. **LaCocque,** *Romance She Wrote A Hermeneutical Essay on the Song of Songs* (Harrısburg, Pa. Trinity Press International, 1998); W G. **Lambert,** "Dıvıne Love Lyrics from Babylon," *JSS* 4 (1959): 1–15; idem, "The Problem of the Love Lyrıcs," ın *Unity and Diversity Essays ın the History Literature, and Relıgion of the Ancient Near East,* ed. H. Goedicke and J J M. Roberts (Johns Hopkıns Unı versıty Press, 1975): 98–135 F **Landy,** *Paradoxes of Paradise Identıty and Dıfference ın the Song of Songs* (Sheffield. Almond, 1983); A. **Mariaselvan,** *The Song of Songs and Ancient Tamil Love Poems Poetry and Symbolism* (Rome: Edıtrıce Pon tificıo Istituto Biblıco, 1989); C. **Rabin,** "The Song of Songs and Tamil Poetry," *Studies in Relıgion* 3 (1973)· 205–19; G M. **Schwab,** *The Song of Songs' Cautionary Message concernıng Human Love* (New York: Lang, 2002); M. H. **Segal,** "The Song of Songs," *VT* 12 (1973): 470–90; P **Trible,** *God and the Rhetoric of Sexuality* (Fortress, 1978); J G. **Wetzstein,** "Sprachliches aus den Zeltlagern der syrısche Wüste," *ZDMG* 22 (1868): 69–194; J B. **White,** *A Study of the Language of Love in the Song of Songs and Ancıent Egyptian Poetry* (Scholars, 1978).

이 사 야

주 석

R. E. **Clements,** *Isaiah 1–39* (NCB; Eerdmans, 1980); B. **Duhm,** *Das Buch Jesaja ubersetz und erklart* HKAT 3/1 (Göttingen, 1892, 4th edition 1922); J **Goldingay,** *Isaiah* (NIBCOT, Hendrickson, 2001); G. B. **Gray,** *A Critical and Exegetical Commentary on the Book of Isaiah 1–27* (ICC, T & T Clark, 1912); A. S. **Herbert,** *The Book of the Prophet Isaiah,* 2 vols. (CBC, Cambridge: 1975); O. **Kaiser,** *Isaiah 1–39* (OTL, Westminster, 1972); A. **Motyer,** *Isaiah* (Leicester, UK. Inter-Varsity Press, 1999); C. R. **North,** *Isaiah 40–55* (TBC; SCM, 1952); J N. **Oswalt,** *The Book of Isaiah, Chapters 1–39* (NICOT; Eerdmans, 1986); idem, *The Book of Isaiah, Chapters 40–66* (NICOT, Eerdmans, 1998) idem, *Isaiah* (Zondervan, 2003); J **Ridderbos,** *Isaiah* (BSC; Zondervan, 1985); J F A. **Sawyer,** *Isaiah,* 2 vols. (DSB, Westminster, 1984, 1986); J **Skinner,** *Isaiah Chapters 1–39* (Cambridge University Press, 1909); J **Watts,** *Isaiah* (WBC 24–25; Word, 1985, 1987); C. **Westermann,** *Isaiah 40–66* (OTL, Westminster, 1969), R. N **Whybray,** *Isaiah 40–66* (NCB; Eerdmans, 1980); H. **Wildberger,** *Jesaja,* 3 vols. (Neukirchen. Neukirchener Verlag, 1972–82); E. J **Young,** *The Book of Isaiah,* 3 vols. (NICOT, Eerdmans, 1965, 1969, 1972).

소논문들

P R. **Ackroyd,** "Isaiah 1–12 Presentation of a Prophet," VTSup 29 (1978): 16–48, O T **Allis,** *The Unity of Isaiah* (Presbyterian and Reformed, 1950), F I **Andersen,** *Style and Authorship* (Tyndale Lectures, Parkland, Australia, 1976 Tyndale Fellowship for Biblical Studies in Australia, 1976); W A. M. **Beuden,** "The Main Theme of Trito-Isaiah, 'The Servants of YHWH, " *JSOT* 47 (1990): 67–87, W H. **Brownlee,** *The Meaning of the Qumran Scrolls for the Bible* (New York. Oxford University Press, 1964); W **Brueggemann,** "Unity and Dynamic in the Isaiah Tradition," *JSOT* 29 (1984) 89–107; B. S. **Childs,** *Isaiah and the Assyrian Crisis* (SCM, 1967); R. E. **Clements,** "Beyond Tradition History· Deutero-Isaianic Development of First Isaiah's Themes," *JSOT* 31 (1985): 95–113; idem, *Isaiah and the Deliverance of Jerusalem* (JSOTS 13; Sheffield: JSOT, 1980); idem, "The Unity of the Book of Isaiah," *Interp* 36 (1982): 117–29; D. J. A. **Clines,** *I, He, We, and They· A Literary Approach to Isaiah 53* (JSOTS 1; Sheffield: JSOT, 1976); R. B. **Dillard,** "Remnant," in *Baker Encyclopedia of the Bible,* ed. W. Elwell (Baker, 1988), 2·1833–36; S. R. **Driver,** *Isaiah. His Life and Times* (Frances Griffens, 1905); W **Dumbrell,** "The Purpose of the Book of Isaiah," *TynBul* 36 (1985): 111–28; C. A. **Evans,** "On the Unity and Parallel Structure of Isaiah," *VT* 38 (1988): 129–47; A. **Kaminka,** *Studies in the Bible, Talmud, and Rabbinic Literature* (Hebrew; Tel Aviv: 1935); P. **Machinist,** "Assyria and Its Image in the First Isaıah," *JAOS* 103 (1983): 719–37; R. **Margalioth,** *The Indivisible Isaiah* (New York: Yeshıva Unıversıty, 1964); R. **Melugin,** "The Servant, God's Call, and the Structure of Isaıah 40–48," *SBL 1991 Seminar Papers,* ed. E. Lovering Jr (Atlanta. Scholars, 1990), 21–30; E. **Merrill,** "Isaıah 40–55 as Anti Babylonian Polemıc," *GraceTJ* 8 (1987): 3–18, ıdem, "The Literary Character of Isaiah 40–55," *BibSac* 144 (1987): 24–43, 144–56; D **Odendaal,** *The Eschatological Expectation of Isaıah 40–66* (Presbyterıan and Reformed, 1970); R. H. **Pfeiffer,** *Introductıon to the Old Testament* (Harper & Brothers, 1941); S. **Portnoy** and D. **Petersen,** "Biblical Texts and Statıstical Analysis: Zechariah and Beyond," *JBL* 103 (1984): 11–21, Y. T. **Radday,** *The Unity of Isaıah in the Light of Statistical Lınguistics* (Hildesheim. Gerstenberg, 1973); R. **Rendtorff,** "The Book of Isaiah: A Complex Unity Syn chronic and Diachronıc Reading," *SBL 1991 Seminar Papers*, ed. E. Lovering Jr (Atlanta: Scholars, 1990), 8–20; idem, "Zur Komposıtion des Buches Jesaja," *VT* 39 (1984): 295–320; C. **Seitz,** ed. *Reading and Preaching the Book of Isaiah* (Fortress, 1988); G. T **Sheppard,** "The Antı-Assyrian Redaction and the Canon ical Context of Isaıah 1–39," *JBL* 104 (1985): 193–216; M. **Sweeney,** *Isaıah 1–4 and the Post-Exilic Understanding of the Isaianıc Tradition, BZAW* 171 (Berlin: de Gruyter, 1988); J **Vermeylen,** "L unıté du lıvre d'Isaïe," *The Book of Isaıah—Le lıvre d'Isaıe,* ed. J Vermeylen, BETL 81 (Leuven. Peeters, 1989)· 11 53· R. N **Whybray,** *Thanksgıvıng for a Liberated Prophet* (JSOTS 4· Sheffield. JSOT, 1978); E. J **Young,** *Isaıah Fifty-three* (Eerdmans, 1952); ıdem, *Isaıah's Message for Today* (Cincınnatı Bible Semınary, 1961); ıdem, *Studıes ın Isaiah* (Eerdmans, 1954); ıdem, *Who Wrote Isaiah?* (Eerdmans, 1958)

예 레 미 야

주 석

J. **Bright,** *Jeremıah* (AB 21, Doubleday, 1962); R. P. **Carroll,** *The Book of Jeremıah* (OTL, Westmınster, 1986); R. E. **Clements,** *Jeremıah* (Interp; John Knox, 1988); H. **Cunliffe-Jones,** *Jeremıah* (TBC, Macmillan, 1961); R. **Davidson,** *Jeremiah and Lamentatıons,* 2 vols. (DSB; Westmınster, 1983, 1985), A. **Dearman,** *Jeremiah/Lamentatıons* (NIVAC, Zondervan, 2002); B. **Duhm,** *Jeremia* (Tübıngen. Mohr, 1901), T E. **Fretheim,** *Jeremıah* (SHBC, Smyth and Helwys, 2002); R. K. **Harrison,** *Jeremiah and Lamentations* (TOTC, InterVarsıty Press, 1973); W L. **Holladay,** *Jeremiah,* 2 vols. (Hermeneia; Fortress, 1986, 1989); G T **Keown,** P J **Scalise,** and T **Smothers,** *Jeremiah 26–52* (WBC; Word, 1995); T **Laetsch,** *Jeremıah* (Concordıa, 1965); J R. **Lundbom,** *Jeremıah 1–20* (AB; Doubleday 1999); ıdem, *Jeremıah 21–36* (AB; Doubleday 2004); ıdem, *Jeremiah 37 52* (AB; Doubleday, 2004); W **McKane,** *A Crıtıcal and Exegetıcal Commentary on Jeremiah,* 2 vols.

(ICC, T & T Clark, 1986, 1996); E. W **Nicholson,** *Jeremiah,* 2 vols. (CBC; Cambridge, 1973 1975); W **Rudolph,** *Jeremia,* 3rd ed. (HAT; Tübingen. J C B. Mohr, 1968); J. A. **Thompson,** *The Book of Jeremiah* (NICOT; Eerdmans, 1980)

소논문들

P R. **Ackroyd,** "The Book of Jeremiah—Some Recent Studies," *JSOT* 28 (1984) 47–59, G L. **Archer,** "The Relationship Between the Septuagint Translation and the Masoretic Text in Jeremiah," *TJ* 12 NS (1991)· 139–50, S. H. **Blank,** *Jere miah—Man and Prophet* (Cincinnati. Hebrew Union College, 1961); P M., **Bogaert,** ed. *Le livre de Jérémie* (BETL 54, Leuven. Leuven University Press, 1981); J **Bright,** "The Date of the Prose Sermons of Jeremiah," *JBL* 70 (1951)· 15–35; W **Brueggemann,** "The Book of Jeremiah: Portrait of a Prophet," *Interp* 37 (1983)· 130–45; R. P **Carroll,** *From Chaos to Covenant. Uses of Prophecy in the Book of Jeremiah* (SCM, 1981); R. **Clements,** "Jeremiah, Prophet of Hope," *RvExp* 78 (1981): 345–63; T **Eskenazi,** "Exile and Dreams of Return," *CurrTM* 17 (1990): 192–200; J P. **Hyatt,** *Jeremiah, Prophet of Courage and Hope* (Abingdon, 1958); J G. **Janzen,** *Studies in the Text of Jeremiah* (HSM 6; Cambridge: Harvard University Press, 1973); D. **Jobling,** "The Quest of the Historical Jeremiah: Hermeneutical Implication of Recent Literature," *USQR* 34 (1978): 3–12; J **Lundbom,** "Baruch, Seraiah, and Expanded Colophons in the Book of Jeremiah," *JSOT* 36 (1986): 89–114; J. G. **McConville,** "Jeremiah: Prophet and Book," *TynBul* 42 (1991): 80–95; idem, *Judgment and Promise: The Message of Jeremiah* (Eisenbrauns, 1993); M. **Menken,** "The References to Jeremiah in the Gospel according to Matthew," *EphTL* 60 (1984): 5–24; S. **Mowinckel,** *Zur Komposition des Buches Jeremia* (Kristiana. Jacob Dybwad, 1914); idem, *Prophecy and Tradition* (Oslo, 1946); E. W **Nicholson,** *Preaching to the Exiles: A Study of the Prose Tradition in the Book of Jeremiah* (Oxford: Blackwell, 1970); K. **O'Connor,** *The Confessions of Jeremiah Their Interpretation and Role in Chapters 1–25* (SBLDS 94; Atlanta. Scholars Press, 1988); T **Overholt,** *The Threat of Falsehood* (SBT, 2nd ser., 16; Allenson, 1970); L. G **Perdue** and B. W **Kovacs,** *A Prophet to the Nations Essays in Jeremiah Studies* (Eisenbrauns, 1984); T. M. **Raitt,** *A Theology of Exile: Judgment and Deliverance in Jeremiah and Ezekiel* (Fortress, 1977); H. W. **Robinson,** *The Cross in the Old Testament* (SCM, 1955); C. R. **Seitz,** "The Prophet Moses and the Canonical Shape of Jeremiah," *ZAW* 101 (1989): 3–27; idem, *Theology in Conflict: Reactions to the Exile in the Book of Jeremiah* (BZAW 176; Berlin. de Gruyter, 1989); H. **Shanks,** "Jeremiah's Scribe and Confidant Speaks from a Hoard of Clay Bullae," *BAR* 5 (1987): 58–65; J **Skinner,** *Prophecy and Religion* (Cambridge University Press, 1922); M. S. **Smith,** *The Laments of Jeremiah and Their Contexts* (Scholars, 1990); L. **Stulman,** *The Prose Sermons of the Book of Jeremiah* (Atlanta: Scholars, 1986); E. **Tov,** "Some Aspects of the Textual and Literary History of the Book of Jeremiah," in Bogaert (1981), 145–67; *The Septuagint Translation of Jeremiah and Baruch* (HSM 8; Cambridge: Harvard University Press, 1976); J **Unter-**

man, *From Repentance to Redemption* (Sheffield. JSOT, 1987)· M. **Weinfeld,** "Jeremiah and the Spiritual Metamorphosis of Israel," *ZAW* 88 (1976): 17–56; H. **Weippert,** *Die Prosareden des Buches Jeremia* (Berlin. de Gruyter, 1973)· M. J **Williams,** "An Investigation of the Legitimacy of Source Distinctions for the Prose Material in Jeremiah," *JBL* 112 (1993)· 193–210; J **Willis,** "Dialogue Between Prophet and Audience as a Rhetorical Device in the Book of Jeremiah," *JSOT* 33 (1985) 63–82, R. **Winkle,** "The Jeremiah Model for Jesus in the Temple," *AUSS* 24 (1986)· 155 72, idem, "Jeremiah's Seventy Years for Babylon: A Re-assessment," *AUSS* 25 (1987): 201–14 289–99; L. **Wisser,** *Jérémie, Critique de la vie sociale* (Le Monde de la Bible; Geneva. Labor et Fides, 1982).

애 가

주 석

R. **Davidson,** *Jeremiah* (vol. 2) *and Lamentations* (DSB; Westminster, 1985)· A. **Dearman,** *Jeremiah/Lamentations* (NIVAC, Zondervan, 2002); F W **Dobbs-Allsopp,** *Lamentations* (Interp; Westminster John Knox, 2002); E. **Gerstenberger,** *Psalms, Part 2, and Lamentations* (FOTL, Eerdmans, 2002); R. K. **Harrison,** *Jeremiah and Lamentations* (TOTC, InterVarsity Press, 1973); D R. **Hillers,** *Lamentations* (AB; Doubleday, 1972, rev ed. 1992); R. **Martin-Achard** and S. P **Re'emi,** *Amos and Lamentations* (ITC, Eerdmans, 1984); I. **Provan,** *Lamentations* (NCB; Eerdmans, 1992).

소논문들

B. **Albrektson,** *Studies in the Text and Theology of Lamentations* (Lund: Gleerup, 1963); H. M. **Barstad,** *The Myth of the Empty Land* (Oslo: Aschehoug AS, 1996); D L. **Bock,** ed., *Show Them No Mercy. 4 Views on God and Canaanite Genocide* (Zondervan, 2003); J **Bright,** *A History of Israel,* 2nd ed. (Westminster, 1972); M. E. **Cohen,** *The Canonical Lamentations of Ancient Mesopotamia,* 2 vols. (DCL Press, 1988); F W **Dobbs-Allsopp,** *Weep O Daughter of Zion: A Study of the City-Lament Genre in the Hebrew Bible* (PBI, 1993); P. W **Ferris** Jr., *The Communal Lament in the Bible and the Ancient Near East* (Scholars, 1992); W R. **Garr,** "The Qinah: A Study of Poetic Meter, Syntax, and Style," *ZAW* 95 (1983): 54–75; R. **Gordis,** "The Conclusion of the Book of Lamentations (5:22) " *JBL* 93 (1974) 289–93; N K. **Gottwald,** *Studies in the Book of Lamentations* (SCM, 1954); D **Grossberg,** *Centripetal and Centrifugal Structures in Biblical Poetry* (Scholars, 1989); H. **Gunkel,** "Klagelieder Jeremiae," in H. Gunkel and L. Zscharnack (eds.), *Die Religion in Geschichte und Gegenwart,* vol. 3, 2nd ed. (Tubingen, 1929, cols. 1049–52); W. C. **Gwaltney** Jr., "The Biblical Book of Lamentations in the Context of Near Eastern Lament Literature," *Scripture in Context II* ed. W W Hallo, J C. Moyer, and L.

G Perdue (Eisenbrauns, 1983); W. C. **Kaiser** Jr., *A Biblical Approach to Personal Suffering* (Moody, 1982); S. N. **Kramer,** "Lamentation Over the Destruction of Sumer and Ur," in ANET; idem, "Lamentation over the Destruction of Ur," in ANET, idem, "Sumerian Literature and the Bible," AnBib 12 (Studia Biblica et Orientalia 3 [1959]: 198–225; idem, "Lamentation Over the Destruction of Nippur: A Preliminary Report," *Eretz Israel* 9 (1969): 85–115; J. **Krašovek,** "The Structure of Hope in the Book of Lamentations," *VT* 57 (1992): 223–33; R. **Kutscher,** *Oh, Angry Sea (a-ab-ba hu-luh-ha): The History of the Sumerian Congregational Lament* (New Haven: Yale University Press, 1975); W. F **Lanahan,** "The Speaking Voice in the Book of Lamentations," *JBL* 93 (1974): 41–49; T. **Longman** III, "Form Criticism, Recent Developments in Genre Theory, and the Evangelical," *WTJ* 48 (1985): 46–67; T. **Longman** III and D. **Reid,** *God Is a Warrior* (Zondervan, 1995); T F. **McDaniel,** "Alleged Sumerian Influence on Lamentations," *VT* 18 (1968): 198–209, A. **Mintz,** "The Rhetoric of Lamentations and the Representation of Catastrophe," *Prooftexts* 2 (1982): 1–17, M. S. **Moore,** "Human Suffering in Lamentations," *RB* 90 (1983): 534–55, I. **Provan,** V P **Long,** and T **Longman** III, *A Biblical History of Israel* (Westminster John Knox, 2003); W H. **Shea,** "The *Qinah* Structure of the Book of Lamentations," *Bib* 60 (1979): 103–7

에 스 겔

주 석

L. C. **Allen,** *Ezekiel 20–48* (Word, 1990); J. **Blenkinsopp,** *Ezekiel* (Interp: Westminster John Knox, 1990); D. **Block,** *Ezekiel 1–24* (NICOT, Eerdmans, 1997); idem, *Ezekiel 25–28* (NICOT, Eerdmans, 1998); W H. **Brownlee,** *Ezekiel 1–19* (WBC 28, Word, 1986) P C. **Craigie,** *Ezekiel* (DSB; Westminster, 1983); I. **Duguid,** *Ezekiel* (NIVAC, Zondervan, 1999); W **Eichrodt,** *Ezekiel* (OTL, Westminster, 1970); P **Fairbairn,** *An Exposition of Ezekiel* (T & T. Clark, 1851, repr Grand Rapids: Sovereign Grace, 1971); D. E. **Gowan,** *Ezekiel* (KPG; John Knox, 1985); M. **Greenberg,** *Ezekiel 1–20* (AB 22, Doubleday, 1983); R. M. **Hals,** *Ezekiel* (FOTL; Eerdmans, 1989); J. B. **Taylor,** *Ezekiel* (TOTC; InterVarsity Press, 1969); J W. **Wevers,** *Ezekiel* (NCB; Eerdmans, 1969), W **Zimmerli,** *Ezekiel,* 2 vols. (Hermeneia; Fortress, 1979, 1983).

소논문들

R. **Abba,** "Priests and Levites in Ezekiel," *VT* 8 (1978): 1–9; P **Ackroyd,** *Exile and Restoration* (OTL, Westminster, 1968), M. C **Astour,** "Ezekiel's Prophecy of Gog and the Cuthaean Legend of Naram-Sin," *JBL* 95 (1976) 567 79, E. C **Broome,** "Ezekiel's Abnormal Personality " *JBL* 65 (1946): 277–92; W. H

(1983): 83–110; K. W **Carley,** *Ezekiel Among the Prophets* (SBT, 2nd series, 31; Allenson, 1974); R. B. **Dillard,** Notes on Ezekiel in *The Reformation Study Bible* (Thomas Nelson, 1995); G. R. **Driver,** "Ezekiel: Linguistic and Textual Problems," *Bib* 35 (1954): 145–59; 299–312; J. **Finegan,** "The Chronology of Ezekiel," *JBL* 69 (1950)· 61–66; M. **Fishbane,** "Sin and Judgment in the Prophecies of Ezekiel," *Interp* 38 (1984): 131–50; M. V **Fox,** "The Rhetoric of Ezekiel's Vision of the Valley of the Bones," *HUCA* 51 (1980): 1–15; D. N. **Freedman,** "The Book of Ezekiel," *Interp* 8 (1954)· 446–71, B. **Gosse,** "Le recueil d'oracles contre les nations d'Ezéchiel XXV–XXXII dans la rédaction du livre d'Ezéchiel," *RB* 93–94 (1986): 535–62, M. **Greenberg,** "The Design and Themes of Ezekiel's Program of Restoration," *Interp* 38 (1984): 181–208, idem, "Ezekiel 17 A Holistic Interpretation," *JAOS* 3 (1983): 149–54; idem, "The Vision of Jerusalem in Ezekiel 8–11 A Holistic Interpretation," in *The Divine Helmsman,* ed. J. Crenshaw (New York: KTAV, 1980), 143–64; B. **Halperin,** *Seeking Ezekiel. Text and Psychology* (Penn State University Press, 1993); M. **Haran,** "The Law Code of Ezekiel XL–XLVIII and Its Relation to the Priestly School," *HUCA* 50 (1979): 45–71, G. **Hölscher,** *Hesekiel, der Dichter und das Buch* (*BZAW* 39; Giessen: Töpelmann, 1924); W. A. **Irwin,** *The Problem of Ezekiel* (University of Chicago Press, 1943); T. **Kruger,** *Geschichtskonzepte im Ezechielbuch* (*BZAW* 180; Berlin. de Gruyter, 1988); W S. **LaSor,** D A. **Hubbard,** and F. W **Bush,** *Old Testament Survey* (Eerdmans, 1982); W E. **Lemke,** "Life in the Present and Hope for the Future," *Interp* 38 (1984) 165–80· J D **Levenson,** *Theology of the Program of Restoration of Ezekiel 40–48* (HSM 10; Missoula. Scholars, 1976); J **Lust,** "Ezekiel 36–40 in the Oldest Greek Manuscript," *CBQ* 43 (1981)· 517–33 J G **McConville,** "Priests and Levites in Ezekiel. A Crux in the Interpretation of Israel's History," *TynBul* 34 (1983): 3–31 C. A. **Newsom,** "A Maker of Metaphors—Ezekiel's Oracles Against Tyre," *Interp* 38 (1984): 151–64; S. **Niditch,** "Ezekiel 40–48 in a Visionary Context," *CBQ* 48 (1986): 208–24, J **Pons,** "Polémique a Tel Aviv en 591 av J C." *ETRel* 61 (1986): 165–75; W R. **Roehrs,** "The Dumb Prophet," *CTM* 29 (1958): 176–86; H. H. **Rowley,** "The Book of Ezekiel in Modern Study," *BJRL* 36 (1953)· 146–90; C. **Sherlock,** "Ezekiel's Dumbness," *ExpTim* 94 (1983): 296–98; S. **Talmon** and M. **Fishbane,** "The Structuring of Biblical Books. Studies in the Book of Ezekiel," *ASTI* 10 (1976): 129–53· C. C. **Torrey,** *Pseudo-Ezekiel and the Original Prophecy* (Yale University Press, 1930· reissued by KTAV, 1970); E. **Tov,** "Recensional Differences Between the MT and LXX of Ezekiel," *EphTL* 62 (1986)· 89–101, K. **Van Nuys,** "Evaluating the Pathological in Prophetic Experience (Particularly in Ezekiel)," *JBR* 21 (1953) 244–51, R. R. **Wilson,** "Prophecy in Crisis: The Call of Ezekiel," *Interp* 38 (1984)· 117–30 A. **York,** "Ezekiel I Inaugural and Restoration Visions," *VT* 27 (1977)· 82–98.

다 니 엘

주 석

J. G. **Baldwin,** *Daniel An Introduction and Commentary* (TOTC, InterVarsity Press, 1978), J. J. **Collins,** *Daniel with an Introduction to Apocalyptic Literature* (FOTL 20; Eerdmans, 1984); idem, *Daniel* (Hermeneia, Fortress, 1993), J. E. **Goldingay,** *Daniel* (WBC 30; Word, 1989); L. P. **Hartman** and A. A. **DiLella,** *The Book of Daniel* (AB 23; Doubleday, 1978); A. **Lacocque,** *The Book of Daniel* (John Knox, 1979); T. **Longman** III, *Daniel* (NIVAC; Zondervan, 1999); E. **Lucas,** *Daniel* (Apollos, InterVarsity Press, 2002), J. A. **Montgomery,** *A Critical and Exegetical Commentary on the Book of Daniel* (ICC, T. & T. Clark, 1927); N. W. **Porteous,** *Daniel A Commentary* (OTL, Westminster, 1965); A. **Preminger** and E. L. **Greenstein,** *The Hebrew Bible in Literary Criticism* (Ungar, 1986); W. S. **Towner,** *Daniel* (Interp; John Knox, 1984); E. J. **Young,** *The Prophecy of Daniel* (Eerdmans, 1949).

소논문들

J. **Barr,** "Jewish Apocalyptic in Recent Scholarly Study," *BJRL* 58 (1975/76): 9–35; P. A. **Beaulieu,** *The Reign of Nabonidus 556–539 B.C.* (YNER 10· Yale University Press, 1989); J. **Berquist,** *Judaism in Persia's Shadow* (Fortress, 1995); J. H. **Charlesworth,** *The Old Testament Pseudepigrapha. Apocalyptic Literature and Testaments,* vol. 1 (Doubleday, 1983); J. J. **Collins,** "The Court-Tales in Daniel and the Development of Apocalyptic," *JBL* 94 (1975): 218–34 idem, *The Apocalyptic Vision of the Book of Daniel* (HSM 16; Missoula. Scholars, 1977); idem, *Semeia 14 Apocalypse The Morphology of a Genre* (Missoula: Scholars, 1979); idem, "Apocalyptic Genre and Mythic Allusions in Daniel," *JSOT* 21 (1981): 83–100· J. **Day,** "The Daniel of Ugarit and Ezekiel and the Hero of the Book of Daniel," *VT* 30 (1980): 174–84; idem, *God's Conflict with the Dragon and the Sea* (Cambridge University Press, 1985); R. B. **Dillard,** "Harmonization. A Help and a Hindrance," in *Inerrancy and Hermeneutic,* ed. H. Conn (Baker, 1988), 151–64; H. H. P. **Dressler,** "The Identification of the Ugaritic *Dnil* with the Daniel of Ezekiel," *VT* 29 (1979): 152–61, D. N. **Fewell,** *Circle of Sovereignty: A Story of Stories in Daniel 1–6* (Sheffield: Almond, 1988); J. G. **Gammie,** "The Classification, Stages of Growth, and Changing Intentions in the Book of Daniel," *JBL* 95 (1976): 191–204; H. L. **Ginsberg,** "The Composition of the Book of Daniel," *VT* 4 (1954): 246–75; L. L. **Grabbe,** "Another Look at the Gestalt of 'Darius the Mede,'" *CBQ* 50 (1988): 198–213; A. K. **Grayson,** *Babylonian Historical-Literary Texts* (University of Toronto Press, 1975); S. **Gundry,** *Show Them No Mercy: Four Views on God and the Canaanite Genocide* (Zondervan, 2003); R. J. M. **Gurney,** "The Seventy Weeks of Daniel 9:24–27," *EvQ* 53 (1981): 29–36; P. D. **Hanson,** *The Dawn of Apocalyptic* (Fortress,

1975), G F **Hasel,** "The Book of Daniel. Evidences Relating to Persons and Chronology," *AUSS* 19 (1981): 37–49; J. H. **Hayes** and J. M. **Miller,** *Israelite and Judean History* (Westminster, 1977); W. L. **Humphreys,** "A Life-Style for Diaspora: A Study of the Tales of Esther and Daniel," *JBL* 92 (1973): 211–23; S. P **Jeasonne,** *The Old Greek Translation of Daniel 7–12* (CBQMS 19; Washington, D C.. Catholic Biblical Association, 1988); J **Kugel,** *The Idea of Biblical Poetry* (Yale University Press, 1981); T **Longman** III, *Fictional Akkadian Autobiography* (Eisenbrauns, 1991), idem, *Literary Approaches to Biblical Interpretation* (FCI 3; Zondervan, 1987); A. B. **Mickelsen,** *Daniel and Revelation Riddles or Realities?* (Thomas Nelson, 1984); idem, *God as a Warrior* (Zondervan, 1995); R. H. **Pfeiffer,** *Introduction to the Old Testament* (Harper & Brothers, 1941); P A. **Porter,** *Metaphors and Monsters: A Further Literary Critical Study of Daniel 7 and 8* (CBQMS 20; Lund: CWK Gleerup, 1983); C. **Rowland,** *The Open Heaven* (Crossroads, 1982); H. H. **Rowley,** *Darius the Mede and the Four World Empires in the Book of Daniel* (Cardiff: University of Wales Press Board, 1935); W. H. **Shea,** "Darius the Mede: An Update," *AUSS* 20 (1982)· 229–47, (J **Trever,** "The Book of Daniel and the Origin of the Qumran Community," *BA* 48 (1985): 89–102; E. **von Voigtlander,** "A Survey of Neo-Babylonian History," Ph.D. dissertation, University of Michigan, 1963 J. H. **Walton,** "The Four Kingdoms of Daniel," *JETS* 29 (1986) 25–36; J C. **Whitcomb,** *Darius the Mede. A Study in Historical Identification* (Eerdmans, 1959); R. D **Wilson,** *Studies in the Book of Daniel,* 2 vols. (Baker, 1972 [orig. 1917, 1938]); R. R. **Wilson,** "From Prophecy to Apocalyptic: Reflections on the Shape of Israelite Religion," *Semeia* 21 (1981): 79–95; D J **Wiseman,** *Chronicles of the Chaldean Kings* (British Museum Publications, Ltd., 1956); D J **Wiseman** et al. *Notes on Some Problems in the Book of Daniel* (London. Tyndale, 1965); E. J **Young,** *The Messianic Prophecies of Daniel* (Delft: van Keulen, 1952).

호 세 아

주 석

F I. **Andersen** and D N **Freedman,** *Hosea* (AB; Doubleday, 1980); G I. **Davies,** *Hosea* (NCB; Eerdmans, 1992); D A. **Garrett,** *Hosea. Joel* (NAC; Broadman, 1997); D A. **Hubbard,** *Hosea* (TOTC; InterVarsity Press, 1989); K. **Marti,** *Das Dodekapropheton* (Tübingen, 1904); J L. **Mays,** *Hosea* (OTL, Westminster, 1969); T E. **McComiskey,** "Hosea," in *The Minor Prophets An Exegetical and Expository Commentary,* ed. T E. McComiskey (Baker, 1992), 1–237, G A. **Smith,** *Hosea/Joel/Micah* (NIVAC, Zondervan, 2001); D K. **Stuart,** *Hosea-Jonah* (WBC; Word, 1987); H. W **Wolff,** *Hosea* (Hermeneia, Fortress, 1965).

소논문들

W Brueggemann, *Tradition for Crisis A Study in Hosea* (John Knox, 1968); M. J **Buss,** "Tragedy and Comedy in the Latter Prophets," *Semeia* 32 (1984)· 71–82, D R. **Daniels,** *Hosea and Salvation History* (De Gruyter, 1990); J **Day,** "Pre-Deuteronomic Allusions to the Covenant in Hosea and Psalm LXXVIII," *VT* 36 (1986). 1–12, G I. **Emmerson,** *Hosea An Israelite Prophet in Judean Perspective* (JSOT 1984), F C. **Fensham,** "The Marriage Metaphor in Hosea for the Covenant Relationship Between the Lord and His People (Hos. 1.2–9)," *JNWSL* 12 (1984)· 71–78; P. A. **Forseth,** "Hosea, Gomer, and Elective Grace," *Reformed Journal* 35 (1985)· 15–18, G **Hall,** "The Origin of the Marriage Metaphor," *HS* 23 (1982): 169–71, J G **Janzen,** "Metaphor and Reality in Hosea 11 " *Semeia* 24 (1982)· 7–44; W C. **Kaiser** Jr., "Inner Biblical Exegesis as a Model for Bridging the 'Then' and the 'Now' Gap: Hos. 12.1–6," *JETS* 28 (1985)· 33–46, P A. **Kruger,** "Prophetic Imagery: On Metaphors and Similes in the Book of Hosea," *JNWSL* 14 (1988): 143–51; J. L. **Mays,** "Response to Janzen: Metaphor and Reality in Hosea 11," *Semeia* 24 (1982): 45–51; S. **McKenzie,** "The Jacob Tradition in Hosea XII 4–5," *VT* 36 (1986): 311–22, R. C. **Ortlund** Jr., *Whoredom. God's Unfaithful Wife in Biblical Theology* (Eerdmans, 1996); B. **Peckham,** "The Composition of Hosea," *HAR* 11 (1987): 331–52; I. **Provan,** V P. **Long,** and T **Longman** III, *A Biblical History of Israel* (Westminster John Knox, 2003); H. H. **Rowley,** *Men of God* (London, 1963), 65–73; Y **Sherwood,** *The Prostitute and the Prophet Hosea's Marriage in Literary-Theological Perspective* (JSOTS 212; Sheffield Academic Press, 1996; N. **Stienstra,** *YHWH Is the Husband of His People. Analysis of a Marriage Metaphor with Special Reference to Translation* (Pharos, 1993); A. **Stock,** *The Way in the Wilderness* (Liturgical Press, 1968); R. J **Weems,** "Gomer· Victim of Violence or Victim of Metaphor?" *Semeia* 47 (1989): 87–104; H. W **Wolff,** *Old Testament: A Guide to Its Writings* (Augsburg Press, 1974); D. B. **Wyrtzen,** "The Theological Center of the Book of Hosea," *BibSac* 141 (1984): 315–29, G. A. **Yee,** *Composition and Tradition in the Book of Hosea. A Redaction Critical Investigation* (Scholars, 1987).

요 엘

주 석

L. L. **Allen,** *The Books of Joel, Obadiah, Jonah, and Micah* (NICOT, Eerdmans, 1976); J A. **Bewer,** *The Book of Joel* (ICC; T. & T Clark, 1911)· M. **Biè,** *Das Buch Joel* (Berlin: Evang. Verlagsanstalt, 1960), P **Craigie,** *Twelve Prophets,* vol. 1 (DSB; Westminster, 1984); R. B. **Dillard,** "Joel," in *The Minor Prophets An Exegetical and Expository Commentary,* ed. T E. Comiskey (Baker, 1992); T **Finely,** *Joel,*

Amos, Obadiah (WEC, Moody, 1990); D **Garrett,** *Hosea. Joel* (NAC: Broadman, 1997); D R. **Jones,** *Isaiah 56–66 and Joel* (TBC, SCM, 1972); C. A. **Keller,** *Joël, Abdias, Jonas* (CAT 11a, Neuchâtel· Delachaux et Niestlé, 1965); M. G. **Kline,** *Images of the Spirit* (Baker, 1980); S. **Romerowski,** *Les livres de Joël et d'Abdias* (CEB; Vaux-sur-Seine: Édifac, 1989); W **Rudolph,** *Joel, Amos, Obadia, Jona* (*KAT* 13/2; Gütersloh. Mohn, 1971); D **Stuart,** *Hosea–Jonah* (WBC 31, Word, 1987); J. D W **Watts,** *The Books of Joel, Obadiah, Nahum, Habbakuk and Zephaniah* (CBC; London. Cambridge University Press, 1975); A. **Weiser,** *Die Propheten Hosea, Joel, Amos, Obadja, Jona, Micha* (ATD 24; Göttingen. Vandenhoeck und Ruprecht, 1979); H. W **Wolff,** *Dodekapropheten. Joel* (BKAT 14/5, Neukirchen. Neukirchen Verlag, 1963); idem, *Joel and Amos,* trans. W Janzen et al. (Hermeneia; Fortress, 1977)

소논문들

G W **Ahlström,** *Joel and the Temple Cult of Jerusalem* (VTSup 21, Leiden. Brill, 1971); S. **Baron,** *The Desert Locust* (Scribner, 1971); W **Baumgartner,** "Joel 1 and 2," in *Karl Budde zum siebzigsten Geburtstag,* ed. Karl Marti (*BZAW* 34, Giessen, 1920)· 10–19; J **Bourke,** "Le Jour de Yahve dans Joel," *RB* (1959)· 5–31, 191–212, B. **Duhm,** *The Twelve Prophets* (Adam and Charles Black, 1912); C A. **Evans,** "The Prophetic Setting of the Pentecost Sermon," *ZNW* 74 (1983); Y **Freund,** "Multitudes, Multitudes in the Valley of Decision," *Beth Mikra* 65 (1975): 271 77, G B. **Gray,** "The Parallel Passages of Joel and Their Bearing on the Question of Date," *Expositor* 8 (1893)· 208–25 A. S. **Kapelrud,** *Joel Studies* (Uppsala. Almqvust och Wiksell, 1948); L. **Keimer,** "Pendeloques en forme d'insectes faisant partie de colliers égyptiens," *Annales de Service des Antiquités de l'Egypte* 32 (1932): 129–50; 33 (1933): 97–130; 37 (1937): 143–64; A. **Kerrigan,** "The Sensus Plenior of Joel III:1 5 in Act.II:14–36," *Sacra Pagina* 2 (1959): 295–313, E. **Kutsch,** "Heuschreckenplage und Tag Jahwes in Joel 1 und 2," *TZ* 18 (1962): 81–94, J M. **Myers,** "Some Considerations Bearing on the Date of Joel," *ZAW* 74 (1962). 177 95; G. **Ogden,** "Joel 4 and Prophetic Response to National Laments," *JSOT* 26 (1983): 97–106; W. S. **Prinsloo,** *The Theology of the Book of Joel* (BZAW 163; Berlin: Walter de Gruyter, 1985); B. **Reicke,** "Joel und seine Zeit," *ATANT* (Fs. Walter Eichrodt): 59 (1970): 133–41; W **Rudolph,** "Wann wirke Joel?" *BZAW* 105 (1967): 193–98, O R. **Sellers,** "Stages of Locust in Joel," *AJSL* 52 (1935–36)· 81–85; F R. **Stephenson,** "The Date of the Book of Joel," *VT* 19 (1969): 224–29; J A. **Thompson,** "The Date of Joel," in *A Light Unto My Path,* Fs. J M. Myers, ed. A. Bream et al. (Philadelphia: Temple University Press, 1974); idem, "Joel's Locusts in the Light of Near Eastern Parallels," *JNES* 14 (1955): 52–55; idem, "The Use of Repetition in the Prophecy of Joel," *On Language, Culture, and Religion,* Fs. E. A. Nida; ed. M. Black (Hague: Mouton, 1974): 101–10; M. **Treves,** "The Date of Joel," *VT* 7 (1957): 149–56; J. D **Whiting,** "Jerusalem's Locust Plague," *National Geographic* 28, 6 (1915): 511–50.

아 모 스

주 석

S. **Amsler,** *Amos* (Neuchâtel. Delachaux & Niestlé, 1982); F I **Andersen** and D N **Freedman,** *Amos* (AB; Doubleday, 1989); A. G **Auld,** *Amos* (Sheffield. JSOT, 1986); P C **Craigie,** *Twelve Prophets,* 2 vols. (DSB; Westminster, 1985); T J **Finley,** *Joel, Amos, Obadiah* (WEC, Moody, 1990); W R. **Harper,** *Amos and Hosea* (ICC, T & T Clark, 1905); D. A. **Hubbard,** *Joel and Amos* (TOTC, InterVarsity Press, 1989); J. **Jeremias,** *The Book of Amos* (OTL, Westminster John Knox, 1998); J **Limburg,** *Hosea–Micah* (Interp; John Knox, 1988); R. **Martin-Achard** and S. Paul **Re'emi,** *Amos and Lamentations* (ITC, Eerdmans, 1984), J L. **Mays,** *Amos* (OTL, Westminster, 1979); J A. **Motyer,** *Amos: The Day of the Lion* (BST, Inter-Varsity Press, 1974); J **Niehaus,** *"Amos"* in *The Minor Prophets An Exegetical and Expository Commentary,* ed. T E. McComiskey (Baker, 1992); S. M. **Paul,** *Amos A Commentary on the Book of Amos* (Hermeneia, Fortress, 1991); W **Rudolph,** *Joel, Amos, Obadja, Jona* (*KAT*· Gütersloh. Gütersloher Verlagshaus Gerd Mohn, 1971); B. K. **Smith,** "Amos," in *Amos, Obadiah, Jonah* (NAC Broadman, 1995) 23–170, G A. **Smith,** *The Book of the Twelve Prophets,* 2 vols. (Armstrong, 1928); G V

Smith, *Amos: A Commentary* (Zondervan, 1988); idem, *Hosea/Amos/Micah* (NIVAC; Zondervan, 2001), R. **Soggin,** *The Prophet Amos: A Translation and Commentary* (SCM, 1987); D. **Stuart,** *Hosea–Jonah* (WBC 31; Word, 1987); B. **Vawter,** *Amos, Hosea, Micah, with an Excursus on Old Testament Priesthood* (OTM; Wilmington: Michael Glazier, 1981); J. D. W. **Watts,** *Vision and Prophecy in Amos* (Leiden. Brill, 1958); H. W. **Wolff,** *Joel and Amos* (Hermeneia; Fortress, 1977).

소논문들

B. **Alger,** "The Theology and Social Ethics of Amos," *Scripture* 17 (1965): 109–16, 318–28; L. C. **Allen,** "Amos, Prophet of Solidarity," *Vox Evangelica* 6 (1969): 42–53; S. **Amsler,** "Amos, prophéte de la onziéme heure," *TZ* 21 (1965): 318–28; J. G. **Bailey,** "Amos, Preacher of Social Reform," *The Bible Today* 19 (1981): 306–13; H. M. **Barstad,** *The Religious Polemics of Amos* (Leiden: Brill, 1984); J. **Barton,** *Amos's Oracles Against the Nations: A Study of Amos 1:3–2:5* (Cambridge University Press, 1980); J. **Bright,** "A New View of Amos," *Interp* 25 (1971): 355–58; R. **Coote,** *Amos Among the Prophets: Composition and Theology* (Philadelphia. Fortress, 1981); P. **Craigie,** "Amos the *nôqēd* in the Light of Ugaritic," *Studies in Religion* 11 (1982)· 29–33; idem, "The Tablets from Ugarit and Their Importance for Biblical Studies," *BAR* 9 (1983): 62–73; J. **Dearman,** *Property Rights in the Eighth-Century Prophets: The Conflict and Its Background* (Atlanta: Scholars, 1988); J. **de Waard,** "The Chiastic Structure of Amos v 1–17," *VT* 27 (1977):

170–77; idem, "Translation Techniques Used by the Greek Translators of Amos," *Bib* 59 (1978): 339–50; J. **de Waard** and W. A. **Smalley,** *A Translator's Handbook on the Book of Amos* (United Bible Societies, 1979); R. B. **Dillard,** "Remnant," *Baker Encyclopedia of the Bible* (Baker, 1988): 2:1833–36; W. J. **Doorly,** *Prophet of Justice: Understanding the Book of Amos* (New York: Paulist, 1989); L. **Epstein,** *Social Justice in the Ancient Near East and the People of the Bible* (SCM, 1986); D. N. **Freedman,** "Confrontations in the Book of Amos," *Princeton Sem Bul* 11 (1990): 240–52, D. A. **Garrett,** "The Structure of Amos as a Testimony to Its Integrity," *JETS* 27 (1984): 275–76; H. **Gese,** "Komposition bei Amos," VTSup 32 (1981): 74–95; J B. **Geyer,** "Mythology and Culture in the Oracles Against the Nations," *VT* 36 (1986): 129–45; Y. **Gitay,** "A Study of Amos's Art of Speech: A Rhetorical Analysis of Amos 3:1–15," *CBQ* 42 (1980): 293–309; B. **Gosse,** "Le recueil d'oracles contre les nations du livre d'Amos et l' 'Histoire deuteronomique,'" *VT* 38 (1988): 22–40, G. **Hasel,** "The Alleged 'No' of Amos and Amos' Eschatology," *AUSS* 29 (1991): 3–18; idem, *Understanding the Book of Amos* (Baker, 1991); J. H. **Hayes,** *Amos, His Time and His Preaching: The Eighth-Century Prophet* (Abingdon, 1988); H. **Huffmon,** "The Covenant Lawsuit in the Prophets," *JBL* 78 (1959): 285–95; idem, "The Social Role of Amos' Message," in *The Quest for the Kingdom of God. Studies in Honor of G. E. Mendenhall*, ed. H. B. Huffmon et al. (Eisenbrauns, 1983); A. **Kapelrud,** "God as Destroyer in the Preaching of Amos," *JBL* 71 (1952): 33–38; K. **Koch,** *Untersucht mit den Methoden einer strukturalen Formgeschichte* (Neukirchen-Vluyn. Verlag Butzon & Burcker Kevelaer, 1976); B. **Lang,** "The Social Organization of Peasant Poverty in Biblical Israel," in *Anthropological Approaches to the Old Testament,* ed. B. Lang (Fortress, 1985): 83–99; J. **Limburg,** "Sevenfold Structures in the Book of Amos," *JBL* 106 (1987)· 217–22; T. E. **McComiskey,** "The Hymnic Elements of the Prophecy of Amos: A Study of Form-Critical Methodology," in *A Tribute to Gleason Archer,* ed. W Kaiser and R. Youngblood (Moody, 1986), 105–28; R. **Melugin,** "The Formation of Amos. An Analysis of Exegetical Method," in *SBL 1978 Seminar Papers* (Missoula. Scholars, 1978), 369–91, D. L. **Petersen,** *The Social Roles of Israel's Prophets* (Sheffield: JSOT, 1981); M. E. **Polley,** *Amos and the Davidic Empire: A Socio-Historical Approach* (New York: Oxford University Press, 1989); I. **Provan,** V. P **Long,** and T **Longman** III, *A Biblical History of Israel* (Westminster John Knox, 2003); D. **Reid** and T **Longman** III, *God Is a Warrior* (Zondervan, 1995); S. N **Rosenbaum,** *Amos of Israel A New Interpretation* (Macon: Mercer University Press, 1990); H. J **Routtenberg,** *Amos of Tekoa: A Study in Interpretation* (Vantage, 1971); L. **Ryken,** "Amos," in *A Complete Literary Guide to the Bible* ed. L. Ryken and T. Longman III (Zondervan, 1993), 337–47; W. **Schottroff,** "The Prophet Amos: A Socio-Historical Assessment of His Ministry," in *God of the Lowly: Socio-Historical Interpretations of the Bible,* ed. W. Schottroff et al. (Orbis, 1984), 27–46; F. H. **Seilhamer,** "The Role of the Covenant in the Mission and Message of Amos," *A Light unto My Path: Old*

Testament Studies in Honor of Jacob M. Myers, ed. H. Bream et al. (Temple University Press, 1974), 435–51; L. A. **Sinclair,** "The Courtroom Motif in the Book of Amos," *JBL* 85 (1966)· 351–53; W. A. **Smalley,** "Recursion Patterns and the Sectioning of Amos," *The Bible Translator 30* (1979): 118–27; A. S. **Super,** "Figures of Comparison in the Book of Amos," *Semitics* 1 (1970): 67–80; S. **Terrien,** "Amos and Wisdom," in *Israel's Prophetic Heritage. Essays in Honor of James Muilenburg,* ed. B. Anderson and W Harrelson (Harper & Brothers, 1962), 108–15; B. A. **Thorogood,** *A Guide to the Book of Amos, with Thema Discussions on Judgement, Social Justice, Priest and Prophet* (London: SPCK, 1971); N. J **Tromp,** "Amos V 1–17: Towards a Stylistic and Rhetorical Analysis," *OTSWA* 3 (1984): 65–85; A. **van der Wal,** *Amos: A Classified Bibliography* 3rd ed. (Amsterdam: Free University Press, 1986); idem, "The Structure of Amos," *JSOT* 26 (1983): 107–13; B. **Vawter,** "Were the Prophets *nabî's?"* *Bib* 66 (1985) 206–19; L. **Walker,** "The Language of Amos," *SWJT* 9 (1966)· 37–48, M. **Waltzer,** "Prophecy and Social Criticism," *The Drew Gateway* 55 (1984–84)· 13–27; J. **Ward,** "The Eclipse of the Prophet in Contemporary Prophetic Studies," *USQR* 42 (1988)· 97–104; D L. **Williams,** "The Theology of Amos," *RvExp* 63 (1966): 393–403; H. G M. **Williamson,** "The Prophet and the Plumb-line," in *In Quest of the Past,* ed. A. van der Woude (OTS 26; Leiden. Brill, 1990)· 101–21

오 바 댜

주 석

L. C. **Allen,** *The Books of Joel, Obadiah, Jonah, and Micah* (NICOT Eerdmans, 1976); D W **Baker,** T D. **Alexander,** and B. K. **Waltke,** *Obadiah, Jonah, and Micah* (TOTC; Leicester· Inter-Varsity, 1988), R. J **Coggins** and S. P **Re'emi,** *Nahum, Obadiah, Esther· Israel Among the Nations* (ITC; Eerdmans, 1985); J H. **Eaton,** *Obadiah, Nahum, Habakkuk, Zephaniah* (TBC; SCM, 1961); T J **Finley,** *Joel, Amos, Obadiah* (WEC; Moody, 1990); C. A. **Keller,** *Joël, Abdias, Jonas* (CAT 11a, Neuchatel. Delachaux et Niestlé, 1965); J **Limburg,** *Hosea-Micah* (Interp; Louisville: Knox, 1988); J **Niehaus,** "Obadiah," in *The Minor Prophets An Exegetical and Expository Commentary,* ed. T E. McComiskey (Baker, 1992), 495–541, P **Raabe,** *Obadiah* (AB; Doubleday, 1996); W **Rudolph,** *Joel, Amos, Obadia, Jona* (*KAT* 13/2; Gütersloh. Mohn, 1971); B. K. **Smith,** *Amos, Obadiah, Jonah* (NAC; Broadman, 1995); J M. P **Smith,** W H. **Ward,** and J A. **Bewer,** *Micah, Zephaniah, Nahum, Habakkuk, Obadiah and Joel* (ICC, T & T Clark, 1911); D. **Stuart,** *Hosea–Jonah* (WBC 31, Word, 1987); J A. **Thompson,** "Obadiah," *IB* 6 (1956)· 855–67; J D W **Watts,** *The Books of Joel, Obadiah, Nahum, Habakkuk and Zephaniah* (CBC, London. Cambridge University Press, 1975); A. **Weiser,** *Die Propheten*

Hosea, Joel, Amos, Obadja, Jona, Micha (ATD 24; Göttingen. Vandenhoeck und Ruprecht, 1979); H W **Wolff,** *Dodekapropheten* (BKAT 14/5, Neukirchen: Neukirchen Verlag, 1963); idem, *Obadiah and Jonah* (Augsburg, 1986).

소논문들

M. **Biè,** "Zur Problematik des Buches Obadja," *Congress Volume,* Copenhagen, 1953 (VTSup 1; 1953): 11–25; D. J. **Clark,** "Obadiah Reconsidered," *Bible Translator* 42 (1991): 326–36; J. R. **Lillie,** "Obadiah—a Celebration of God's Kingdom," *CurrTM* 6 (1979): 18–22; G. S. **Ogden,** "Prophetic Oracles Against Foreign Nations and Psalms of Communal Lament: The Relationship of Jeremiah 49:7–22 and Obadiah," *JSOT* 24 (1982): 89–97; D. **Reid** and T. **Longman** III, *God Is a Warrior* (Zondervan, 1995); R. B. **Robinson,** "Levels of Naturalization in Obadiah," *JSOT* 40 (1988): 83–97; S. D. **Snyman,** "Cohesion in the Book of Obadiah," *ZAW* 101 (1989): 59–71; P. **Weimar,** "Obadja: eine redaktionskritische Analyse," *BN* 27 (1985): 35–99; H. W. **Wolff,** "Obadja: ein Kultprophet als Interpret," *EvTh* 37 (1977): 273–84.

요 나

주 석

L. C **Allen,** *The Books of Joel, Obadiah, Jonah and Micah* (NICOT, Eerdmans, 1976); D W **Baker,** T D. **Alexander,** and B. K. **Waltke,** *Obadiah, Jonah, Micah* (TOTC, InterVarsity Press, 1988); J **Baldwin,** "Jonah," in *The Minor Prophets. An Exegetical and Expository Commentary,* ed. T E. McComiskey (Baker, 1992), 543–90, P C. **Craigie,** *Twelve Prophets* (DSB; Westminster, 1985) J **Limburg,** *Jonah* (OTL, Westminster 1993); F S. **Page,** *Amos, Obadiah, Jonah* (NAC; Broadman, 1995); W **Rudolph,** *Joel, Amos, Obadja, Jona* (*KAT;* 1971); J M. **Sasson,** *Jonah* (AB; Doubleday, 1990); D **Stuart,** *Hosea–Jonah* (WBC; Word, 1987); H. W **Wolff,** *Obadiah and Jonah A Commentary,* trans. M. Kohl (Augsburg, 1986).

소논문들

G Ch. **Aalders,** *The Problem of the Book of Jonah* (London: Tyndale, 1948 repr 1976) T D **Alexander,** "Jonah and Genre," *TynBul* 36 (1985): 35–59, A. **Berlin,** *Poetics and Interpretation of Biblical Narrative* (Almond, 1983); D E. **Hart-Davies,** "The Book of Jonah in the Light of Assyrian Archaeology," *Journal of the Transactions of the Victoria Institute* 69 (1937): 230–47; J D **Magonet,** *Form and Meaning Studies in the Literary Techniques in the Book of Jonah* (Bern. Herbert Lang, 1976)· R. D. **Wilson,** "The Authenticity of Jonah," *PTR* 16 (1918)· 280–98; H. W **Wolff,** *Studien zum Jonahbuch* (1964, 2nd ed. 1975).

미 가

주 석

L. C. **Allen,** *The Books of Obadiah, Jonah, and Micah* (Eerdmans, 1976); F. I
Andersen and D N. **Freedman,** *Micah* (AB; Doubleday 2000); D W **Baker,** T
D. **Alexander,** and B. K. **Waltke,** *Obadiah, Jonah, Micah* (TOTC; InterVarsity
Press, 1988); E. **Ben Zvi,** *Micah* (FOTL, Eerdmans, 2000), D. **Hillers,** *Micah*
(Hermeneia; Fortress, 1984); T **Longman** III, "Micah," in *Evangelical Old Testa-
ment Commentary,* ed. W A. Elwell (Baker, 1989), 659–764; J. L. **Mays,** *Micah*
(OTL, Westminster, 1976); G V **Smith,** *Hosea/Amos/Micah* (NIVAC; Zonder-
van, 2001), R. L. **Smith,** *Micah–Malachi* (WBC; Word, 1984); B. W **Waltke,**
"Micah," in *The Minor Prophets An Exegetical and Expository Commentary,* ed. T
E. McComiskey (Baker 1992), 591–764.

소논문들

S. **Dawes,** "Walking Humbly: Micah 6:8 Revisited," *SJT* 41 (1988): 331–39, K.
Jeppesen, "New Aspects of Micah Research," *JSOT* 8 (1978): 3–32; idem, "How
the Book of Micah Lost Its Integrity· Outline of the History of the Criticism of the
Book of Micah with Emphasis on the 19th Century" *ST* 33 (1979): 101–31, J **Jere-
mias,** "Die Bedeutung der Gerichtswörte Michas in der Exilszeit," *ZAW* 83 (1971):
330–53, A. S. **Kapelrud,** "Eschatology in the Book of Micah," *VT* 11 (1961): 392–
405, I **Provan,** V P **Long,** and T **Longman** III, *A Biblical History of Israel*
(Westminster John Knox, 2003)· B. **Renaud,** *Structure et attaches littéraires de
Michee IV V* (Paris, 1964); idem, *La Formation du Livre de Michee* (Paris, 1977);
L. P **Smith,** "The Book of Micah," *Interp* 6 (1952)· 210–27, B. **Stade,** "Bemerkun
gen über das Buch Micha," *ZAW* 1 (1881) 161–72, A. S. **Van der Woude,**
"Micah and the Pseudo-Prophets," *VT* 19 (1969)· 244–60

나 훔

주 석

E. **Achtemeier,** *Nahum–Malachi* (Interp; John Knox, 1986) D W **Baker,**
Nahum, Habakkuk and Zephaniah (TOTC, InterVarsity Press, 1988); M. H. **Floyd,**
Minor Prophets, Part 2 (FOTL, Eerdmans, 2000); C. A. **Keller,** *Nahoum* (Neuchâ-
tel. Delachaux et Niestlé, 1971)· T **Longman** III, "Nahum," in *Commentary on the
Minor Prophets,* ed. T E. McComiskey (Baker, 1993); W A. **Maier,** *The Book of
Nahum. A Commentary* (Concordia, 1959; repr Baker, 1980); R. **Patterson,** *Nahum,
Habakkuk, Zephaniah* (WEC; Moody 1991); J M. **Roberts,** *Nahum, Habakkuk,*

and *Zephaniah* (OTL, Westminster John Knox, 1991); W **Rudolph,** *Micha, Nahum, Habakuk, Zephanja* (Guterslow: Verlagshaus Gerd Mohn, 1975); J M. P **Smith,** *A Critical and Exegetical Commentary on the Book of Nahum* (ICC, T & T Clark, 1912), R. L. **Smith,** *Micah–Malachi* (WBC, Word, 1984) K. **Spronk,** *Nahum* (HCOT, Kok Pharos, 1997); A. S. **Van der Woude,** *Jona, Nahum* (Nijkerk, 1978)

소논문들

K. J. **Cathcart,** *Nahum in the Light of Northwest Semitic Philology* (Rome: Pontifical Biblical Institute, 1973); idem, "The Divine Warrior and the War of Yahweh in Nahum," in *Biblical Studies in Contemporary Thought,* ed. M. Ward; Somerville, Mass., 1975), 68–76; J S. **Cochrane,** "Literary Features of Nahum," Th.M. thesis (Dallas Theological Seminary, 1954); T F. **Glasson,** "Final Question in Nahum and Jonah," *ExpTim* 81 (1969): 54–55; A. **Haldar,** *Studies in the Book of Nahum* (Uppsala, 1947); F **Horst,** "Die Visionsschiderungen der alttestamentlichen Propheten," *EvTh* 20 (1960): 193–205; W **Janzen,** *Mourning Cry and Woe Oracle* (*BZAW* 125; Berlin: De Gruyter, 1972), J. **Jeremias,** *Kultprophetie und Gerichtsverkundigung in den spaten Konigszeit Israels* (WMANT 35; Neukirchen-Vluyn, 1970); T. **Longman** III, "The Divine Warrior: The New Testament Use of an Old Testament Motif," *WTJ* 44 (1982): 290–307; idem, "Psalm 98: A Divine Warrior Victory Song," *JETS* 27 (1985): 267–74; idem, "The Form and Message of Nahum: Preaching from a Prophet of Doom," *Reformed Theological Journal* 1 (1985): 13–24; T. **Longman** III and D **Reid,** *God Is a Warrior* (Zondervan, 1995); R. **Lowth,** *Lectures on the Sacred Poetry of the Hebrews* (1753; repr. London: T. Tegg and Son, 1835); J. A. **Naudé,** "*Maúúâ'* in the Old Testament with a Special Reference to the Prophets," *OTSWA* 12 (1969): 91–100; H. **Schulz,** *Das Buch Nahum* (*BZAW* 129; Berlin-New York, 1973); M. **Sister,** "Die Typen der prophetischen Visionen in der Bible," *MGWJ* 78 (1934): 399–430; M. A. **Sweeney,** "Concerning the Structure and Generic Character of the Book of Nahum," *ZAW* 104 (1992): 364–77; A. S. **Van de Woude,** "The Book of Nahum: A Letter Written in Exile," *OTSWA* 20 (1977); J **Van Doorslaer,** "No Amon," *CBQ* 11 (1949): 280–95; E. **von Voigtlander,** "A Survey of Neo-Babylonian History," Ph.D. diss. (University of Michigan, 1963); D **Wiseman,** *Chronicles of the Chaldean Kings (626–556 B.C.)* (British Museum Publications, 1956); S. **Zawadzki,** *The Fall of Assyria and Median-Babylonian Relations in Light of the Nabopolassar Chronicle* (Delft: Eburon, 1988).

하 박 국

주 석

F I. **Andersen,** *Habakkuk* (AB; Doubleday, 2001); D. W **Baker,** *Nahum, Habakkuk and Zephaniah* (TOTC; InterVarsity Press, 1988); F. F **Bruce,** "Habakkuk," in *Commentary on the Minor Prophets,* ed. T. E. McComiskey (Baker, 1993); J. **Bruckner,** *Jonah, Nahum, Habakkuk, Zephaniah* (NIVAC; Zondervan, 2004); J. H **Eaton,** *Obadiah, Nahum, Habakkuk, and Zephaniah* (TBC, SCM, 1961); K. **Elliger,** *Das Buch der zwölf kleinen Propheten* (ATD 25; Göttingen: Vandenhoeck und Ruprecht, 1950); M. H. **Floyd,** *Minor Prophets, Part 2* (FOTL, Eerdmans, 2000); D. E. **Gowan,** *The Triumph of Faith in Habakkuk* (John Knox, 1976); C A. **Keller,** *Nahoum, Habacuc, Sophonie* (CAT 11b; Neuchâtel. Delachaux et Niestlé, 1971); R. **Patterson,** *Nahum, Habakkuk, Zephaniah* (WEC, Moody, 1991); J M. **Roberts,** *Nahum, Habakkuk, and Zephaniah* (OTL, Westminster John Knox, 1991); O. P. **Robertson,** *The Books of Nahum, Habakkuk, and Zephaniah* (NICOT Eerdmans, 1990); W. **Rudolph,** *Micha–Nahum–Habakuk–Zephanja* (KAT 13:3; Gütersloh: Mohn, 1975); R. L. **Smith,** *Micah–Malachi* (WBC 32; Word, 1984); R. F. von **Ungern-Sternberg** and H. **Lamparter,** *Der Tag des Gerichtes Gottes. Die Propheten Habakuk, Zephanja, Jona, Nahum* (Botschaft des Alten Testaments; Stuttgart: Calwer Verlag, 1960); J D. W **Watts,** *Joel, Obadiah, Jonah, Micah, Nahum, Habakkuk, Zephaniah* (CBC; Cambridge University Press, 1975).

소논문들

W. F. **Albright,** "The Psalm of Habakkuk," in *Studies in Old Testament Prophecy Dedicated to T H Robinson,* ed. H. H. Rowley (T. & T Clark, 1950), 1–18; W M. **Brownlee,** "The Composition of Habakkuk," in *Homages à Andre Dupont-Sommer* (Paris: Librairie d'Amerique et d'Orient Adrien-Maisonneuve, 1971), 255–75; idem, *The Text of Habakkuk in the Ancient Commentary from Qumran* (Philadelphia: JBL Monograph Series, 1959); idem, *The Midrash Pesher of Habakkuk* (Missoula: Scholars, 1979); S. **Coleman,** "The Dialogue of Habakkuk in Rabbinic Doctrine," *Abr Naharain* 5 (1964–65): 57–85; A. H. J **Gunneweg,** "Habakkuk and the Problem of the Suffering Just," in *Proceedings of the Ninth World Congress of Jewish Studies* (Jerusalem: World Union of Jewish Studies, 1986), A:85–90, T **Hiebert,** *God of My Victory· The Ancient Hymn in Habakkuk 3* (Scholars, 1986); J. G. **Janzen,** "Eschatological Symbol and Existence in Habakkuk," *CBQ* 44 (1982): 394–414; P **Jöcken,** *Das Buch Habakuk Darstellung der Geschichte seiner kritischen Erforschung mit einer eigenen Beurteilung* (BBB 48, Bonn: Hanstein, 1977); C. A. **Keller,** "Die Eigenart des Propheten Habakuks," *ZAW* 85 (1973): 156–67; B. **Margulis,** "The Psalm of Habakkuk: A Reconstruction and Interpretation," *ZAW* 82 (1970): 409–42; E. **Nielsen,** "The Righteous and the Wicked in Habaqquq," *ST* 6 (1953)· 54–78; K. G **O'Connell,** "Habakkuk, Spokesman to God," *CurrTM* 6 (1979): 227–31; E. **Otto,** "Die Theologie des Buches Habakuk," *VT* 35 (1985) 274–95; R. D. **Patterson,** "The Psalm of Habakkuk," *GraceTJ* 8 (1987): 163–94; B. **Peckham,** "The Vision of Habakkuk," *CBQ* 48 (1986): 617–36;

W. **Rast,** "Habakkuk and Justification by Faith," *CurrTM* 10 (1983)· 169–75; J.
A. **Sanders,** "Habakkuk in Qumran, Paul and the Old Testament," *JR* 38 (1959):
232–44; H. H. **Walker** and N W **Lund,** "The Literary Structure of the Book of
Habakkuk," *JBL* 53 (1934): 355–70; G J **Zemek,** "Interpretive Challenges Relat-
ing to Habakkuk 2·4b," *GraceTJ* 1 (1980)· 43–69

스 바 냐

주 석

D W **Baker,** *Nahum, Habakkuk, and Zephaniah* (TOTC InterVarsity Press,
1988); A. **Berlin,** *Zephaniah* (AB: Doubleday, 1994); J H. **Eaton,** *Obadiah, Nahum,
Habakkuk, and Zephaniah* (TBC, SCM, 1961); K. **Elliger,** *Das Buch der zwölf
kleinen Propheten* (ATD 25, Göttingen. Vandenhoeck und Ruprecht, 1950); M. H.
Floyd, *Minor Prophets, Part 2* (FOTL, Eerdmans, 2000); C. A. **Keller,** *Nahoum,
Habacuc, Sophonie* (CAT 11b; Neuchâtel: Delachaux et Niestlé, 1971)· O P
Robertson, *The Books of Nahum, Habakkuk, and Zephaniah* (NICOT; Eerdmans,
1990); W **Rudolph,** *Micha–Nahum–Habakuk–Zephanja* (*KAT* 13.3, Gütersloh.
Mohn, 1975); L. **Sabottka,** *Zephanja* (Rome: Biblical Institute Press, 1972); R. L.
Smith, *Micah–Malachi* (WBC 32; Word, 1984); R. F von **Ungern-Sternberg**
and H. **Lamparter,** *Der Tag des Gerichtes Gottes. Die Propheten Habakuk,
Zephanja, Jona, Nahum* (Botschaft des Alten Testaments, Stuttgart: Calwer Ver-
lag, 1960); J. D. W. **Watts,** *Joel, Obadiah, Jonah, Micah, Nahum, Habakkuk,
Zephaniah* (CBC, Cambridge University Press, 1975)

소논문들

G. W. **Anderson,** "The Idea of the Remnant in the Book of Zephaniah," *ASTI* 11
(1977/78): 11–14; I. J. **Ball,** "The Rhetorical Shape of Zephaniah," in *Perspectives
on Language and Text,* ed. E. Conrad and E. Newing (Eisenbrauns, 1987); H.
Cazelles, "Sophonie, Jérémie et les Scythes en Palestine," *RB* 74 (1964)· 24–44; R.
Dillard, "Remnant," *Baker Encyclopedia of the Bible* (Baker, 1988), 2:1833–36; G.
Gerleman, *Zephanja: textkritisch und literarisch untersucht* (Lund: Gleerup, 1942);
P R. **House,** *Zephaniah A Prophetic Drama* (Sheffield. Almond, 1988), J P
Hyatt, "The Date and Background of Zephaniah," *JBL* 7 (1949)· 25–29· A. S.
Kapelrud, *The Message of the Prophet Zephaniah* (Oslo: Universitetsforlaget,
1975); G. **Langohr,** "Le livre de Sophonie et la critique d'authenticité," *EphTL* 52
(1976): 1–27; B. **Renaud,** "Le livre de Sophonie: le jour de YHWH theme struc-
turant de la synthese redactionnelle," *RSciRel* 60 (1986): 1–33; T. T. **Rice,** *The
Scythians* (London: Thames and Hudson, 1957); L. P. **Smith** and E. R. **Lache-
man,** "The Authorship of the Book of Zephaniah," *JNES* 9 (1950): 137–42; D. L.

Williams, "The Date of Zephaniah," *JBL* 82 (1963): 77–88; E. M. **Yamauchi,** *Foes from the Northern Frontier* (Baker, 1982).

학 개

주 석

S. **Amsler,** *Agee, Zacharie, Malachie* (CAT 11c; Paris: Delachaux et Niestlê, 1981); J. G. **Baldwin,** *Haggai, Zechariah, Malachi* (TOTC; London: Tyndale, 1972); M. J **Boda,** *Haggaı, Zecharıah* (NIVAC; Zondervan, 2004), M. H. **Floyd,** *Mınor Prophets, Part 2* (Eerdmans, 2000), 251–300; D. R. **Jones,** *Haggaı, Zecharıah, and Malachi* (TBC; SCM, 1964); C. L. **Meyers** and E. M. **Meyers,** *Haggai, Zecharıah 1–8* (AB; Doubleday, 1987); J A. **Motyer,** "Haggaı," in *The Minor Prophets An Exegetıcal and Expository Commentary,* ed. T E. McComıskey (Baker, 1998), 963–1002, D **Petersen,** *Haggai and Zechariah 1–8* (OTL, Westminster, 1984), W **Rudolph,** *Haggai—Sacharja 1–8/9–14—Maleachı* (KAT 13/4; Gutersloh. G Mohn, 1976); R. L. **Smith,** *Micah–Malachi* (WBC 32; Word, 1984); P **Verhoef,** *The Books of Haggaı and Malachı* (NICOT, Eerdmans, 1987).

소논문들

P R. **Ackroyd,** *Exile and Restoratıon* (OTL, Westminster 1968); ıdem, "The Book of Haggaı and Zechariah 1–8," *JJS* 3 (1952): 151–56; idem, "Studıes ın the Book of Haggaı," *JJS* 3 (1952): 163–76; J **Berquist,** *Judaism ın Persıa's Shadow A Socıal and Cultural Approach* (Fortress, 1995); W **Beuken,** *Haggaı—Sacharja 1–8. Studıen zur Überlıeferungsgeschıchte der frühnachexilischen Prophetıe* (SSN 10; Assen. van Gorcum, 1967); M. J **Boda,** "Haggai. Master Rhetorıan," *TynBul* 51 (2000). 295–304; T **Chary,** "Le culte chez les prophetes Aggee et Zacharıe," *Les prophetes et le culte a partır de l'exil* (Paris. Gabalda, 1955), 119–59; A. **Gelston,** "The Foun dation of the Second Temple," *VT* 16 (1966): 232–35; P **Hanson,** *The Dawn of Apocalyptic* (Fortress, 1975), 246–62, R. A. **Mason,** "The Purpose of the 'Editorial Framework' of the Book of Haggai," *VT* 27 (1977): 415–21; F S. **North,** "Crıtıcal Analysis of the Book of Haggai," *ZAW* 68 (1956): 25–46; D **Petersen,** "Zerubbabel and Jerusalem Temple Restoration," *CBQ* 36 (1974): 366–72; I. **Provan,** V P **Long,** and T **Longman** III, *A Biblical History of Israel* (Westminster John Knox, 2003); P **Verhoef,** "Notes on the Dates in the Book of Haggai," in *Text and Context,* ed. W Classen (JSOTS 48; Sheffield: JSOT, 1988), 259–67; W J **Wessels,** "Haggai from a Historian's Point of View," *OTE* 1, 2 (1988): 47–61; H. **Wolf,** "'The Desire of All Nations' in Haggai 2:7: Messianic or Not?" *JETS* 9 (1976): 97–102; H. W **Wolff,** *Haggai* (BS 1, Neukirchen: Buchhandlung des Erziehungsvereıns, 1951); J S. **Wright,** *The Building of the Second Temple* (London: Tyndale, 1958).

스 가 랴

주 석

S. **Amsler,** *Aggée, Zacharie, Malachie* (CAT 11c; Parıs: Delachaux et Niestlé, 1981);
J G **Baldwin,** *Haggai, Zechariah, Malachı* (TOTC Tyndale, 1972); M. J **Boda,**
Haggai, Zechariah (NIVAC, Zondervan, 2004); M. H. **Floyd,** *The Minor Prophets,
Part 2* (FOTL, Eerdmans, 2000); G **Gaide,** *Jérusalem, voıcı ton Roı. Commentaıre
de Zacharie 9–14* (Parıs. L'edıtıons Cerf, 1968), D R. **Jones,** *Haggai, Zecharıah,
and Malachı* (TBC, SCM, 1964); P **Lamarche,** *Zacharie ıx–xıv Structure, Lıt-
teraıre, et Messıanısme* (Parıs: J Gabalda, 1961); T E. **McComiskey,** "Zechariah,"
ın *The Minor Prophets An Exegetıcal and Exposıtory Commentary,* ed. T E.
McComıskey (Baker, 1998), 1002–244, C. L. **Meyers** and E. M. **Meyers,** *Haggaı,
Zecharıah 1–8* (AB; Doubleday, 1987); ıdem, *Zecharıah 9–14* (AB; Doubleday,
1993); D. **Petersen,** *Haggai and Zecharıah 1–8* (OTL; Westminster, 1984); ıdem,
Zechariah 9–14 and Malachı (OTL; Westmınster John Knox, 1995); A. **Petitjean,**
Les oracles du Proto-Zacharie (Parıs. J. Gabalda, 1969); W. **Rudolph,** *Haggaı—
Sacharja 1–8/9–14—Maleachi* (*KAT* 13/4; Gütersloh. G Mohn, 1976); R. L.
Smith, *Micah–Malachı* (WBC 32, Word, 1984)

소논문들

P. R. **Ackroyd,** *Exile and Restoratıon* (OTL, Westmınster, 1968); S. **Amsler,**
"Zacharie et l'orıgıne d'apocalyptıque," VTSup 22 (1972): 227–31, J **Berquist,**
Judaısm in Persıa's Shadow. A Socıal and Cultural Approach (Fortress, 1995); W
Beuken, *Haggai—Sacharja 1–8. Studıen zur Überlıeferungsgeschıchte der früh-
nachexılıschen Prophetie* (SSN 10; Assen. van Gorcum, 1967); M. **Biè,** *Das Buch
Sacharja* (Berlın: Evangelische Verlagsanstalt, 1962); M. J **Boda,** "From Fasts to
Feasts. The Lıterary Functıon of Zecharıah 7–8," *CBQ* 65 (2003): 39–407, ıdem,
"Readıng Between the Lınes: Zechariah 11:4–16 in Its Lıterary Contexts," ın *Brıng-
ıng out the Treasure. Inner Bıblıcal Allusion and Zechariah 9–14,* ed. M. J. Boda and
M. H. Floyd (Sheffield, 2003), 277–91; F. F **Bruce,** "The Book of Zechariah and
the Passion Narrative," *BJRL* 43 (1961): 336–53; H. **Gese,** "Anfang und Ende der
Apokalyptik, dargestellt am Sacharjabuch," *ZTK* 70 (1973): 20–49; B. **Halpern,**
"The Rıtual Background of Zecharıah's Temple Song," *CBQ* 40 (1978): 167–90; P
Hanson, "In Defiance of Death: Zechariah's Symbolıc Unıverse," *Love and Death
ın the Ancıent Near East,* ed. J. Marks and R. Good (Guilford, Conn. Four Quarters,
1987): 173–79; ıdem, *The Dawn of Apocalyptic* (Fortress, 1975); A. E. **Hill,** "Datıng
Second Zecharıah: A Lınguıstıc Reexamination," *HAR* 6 (1982): 105–34; C. **Jere-
mias,** *Die Nachtgeschıchte des Sacharja* (Göttingen. Vandenhoeck und Ruprecht,

1977); A. R. **Johnson,** *Sacral Kingship in Ancient Israel* (Cardiff: University of Wales Press, 1955); J. **Kremer,** *Die Hirtenallegorie im Buch Zacharias* (Munich: Aschendorff, c. 1930); E. **Lipiñski,** "Recherches sur le livre de Zacharie," *VT* 20 (1970): 25–55, R. A. **Mason,** "The Relation of Zech. 9–14 to Proto-Zechariah," *ZAW* 88 (1976): 227–39; D **Petersen,** "Zechariah's Visions: A Theological Perspective," *VT* 34 (1984): 195–206; S. **Portnoy** and D. **Petersen,** "Biblical Texts and Statistical Analysis. Zechariah and Beyond," *JBL* 103 (1984): 11–21, I. **Provan,** V P **Long,** and T **Longman** III, *A Biblical History of Israel* (Westminster John Knox, 2003); Y **Radday** and D. **Wickmann,** "The Unity of Zechariah Examined in the Light of Statistical Linguistics," *ZAW* 87 (1975): 30–55; P L. **Redditt,** "Nehemiah's First Mission and the Date of Zechariah 9–14 " *CBQ* 56 (1994): 676–86.

말 라 기

주 석

E. **Achtemeier,** *Nahum–Malachi* (Interp; John Knox, 1986); J G **Baldwin,** *Haggai, Zechariah, Malachi* (TOTC InterVarsity Press, 1972)· P C. **Craigie,** *Twelve Prophets* (DSB; Westminster 1985); C. D **Isbell,** *Malachi* (Zondervan, 1980); W C. **Kaiser,** *Malachi God's Unchanging Love* (Baker, 1984); H. G **Mitchell,** J M. P **Smith,** and J A. **Bewer,** *Haggai, Zechariah, Malachi, and Jonah* (ICC; T & T Clark, 1912) G S. **Ogden** and R. R. **Deutsch,** *Joel and Malachi A Promise of Hope, a Call to Obedience* (ITC Eerdmans, 1987); R. L. **Smith,** *Micah–Malachi* (WBC; Word, 1984), P A. **Verhoef,** *The Books of Haggai and Malachi* (NICOT Eerdmans, 1987)

소논문들

D C. **Allison** Jr "'Elijah Must Come First, " *JBL* 103 (1984)· 256–58, J G **Baldwin,** "Malachi 1 11 and the Worship of the Nations in the Old Testament," *TynBul* 23 (1972)· 117–24; J L. **Berquist,** "The Social Setting of Malachi," *BTB* 19 (1989)· 121 26; C. L. **Blomberg,** *CTR* 2 (1987): 99–117 E. R. **Clendenen,** "The Structure of Malachi. A Textlinguistic Study " *CTR* 2 (1987). 3–17 W J **Dumbrell,** "Malachi and the Ezra-Nehemiah Reforms," *RTR* 35 (1976). 42–52, J A. **Fischer,** "Notes on the Literary Form and Message of Malachi," *CBQ* 34 (1972): 315–20; M. **Fishbane,** "Form and Reformulation of the Biblical Priestly Blessing," *JAOS* 103 (1983) 115–21, J A. **Fitzmyer,** "More About Elijah Coming First," *JBL* 104 (1985): 295–96; B. **Glazier-McDonald,** *Malachi. The Divine Messenger* (SBLDS 98; Atlanta: Scholars, 1987); D. E. **Johnson,** "Fire in God's House: Imagery from Malachi 3 in Peter's Theology of Suffering (1 Pet. 4·12–19)," *JETS* 29 (1986): 285–94; G L. **Klein,** "An Introduction to Malachi," *CTR* 2 (1987): 19–37, B. V **Mal-**

chow, "The Messenger of the Covenant in Malachi 3:1," *JBL* 103 (1984): 252–55, S. L. **McKenzie** and H. N **Wallace,** "Covenant Themes in Malachi," *CBQ* 45 (1983): 549–63, E. M. **Meyers,** "Priestly Language in the Book of Malachi," *HAR* 10 (1986): 225–37, J **Proctor,** "Fire in God's House: Influence of Malachi 3 in the NT," *JETS* 36 (1993): 9–14, C. C. **Torrey,** "The Prophecy of Malachi," *JBL* 17 (1898): 1–17

● **독자 여러분들께 알립니다!**

'**CH북스**'는 기존 '**크리스천다이제스트**'의 영문명 앞 2글자와
도서를 의미하는 '**북스**'를 결합한 출판사의 새로운 이름입니다.

최신 구약 개론 제2판

1판 1쇄 발행 2009년 9월 25일
1판 중쇄 발행 2022년 3월 22일

발행인 박명곤 **CEO** 박지성 **CFO** 김영은
기획편집 채대광, 김준원, 박일귀, 이은빈, 김수연
디자인 구경표, 한승주
마케팅 임우열, 유진선, 이호, 김수연
펴낸곳 CH북스
출판등록 제406-1999-000038호
전화 070-4917-2074 **팩스** 0303-3444-2136
주소 서울시 강서구 마곡중앙6로 40, 장흥빌딩 10층
홈페이지 www.hdjisung.com **이메일** main@hdjisung.com
제작처 영신사

© CH북스 2009